国家社会科学基金重大项目（16ZDA222）研究成果

国家出版基金项目

"十四五"国家重点出版物出版规划项目

上海市重点图书出版项目

复旦大学新闻学院一流学科建设项目

内容提要

时局波谲云诡，读报人在大变局中呈现何种面相？作为思想资源和概念工具的报刊是意义呈现的窗口。

本卷以北洋政府时期报刊阅读为研究对象，以新闻事件史为线索，通过深描政治阅读、文化阅读、社会阅读的联动机制，勾勒政党性报刊、思想类报刊与商业报刊阅读的阶段特征。

大变局催生复杂的阅读景观，在具体文本中得以展现。本卷提供了五个观察视角：从报刊媒介与思想的角度，探讨"报战"与"思想战"之间的因果关联；从报刊"政治纸""文化纸"的角度，探讨大变局中读者阅读的政治思想文化意涵；从新文化运动与阅读革命的角度，研究新思潮对阅读观念的深刻影响；从阅报组织和阅报教育的角度，探讨公共阅读发展和大众阅读推广；从读者阅读机缘和交往网络的角度，探讨个体的日常生活与精神世界。

报刊是观点与思想的汇集地，冲击着读者的头脑。从分裂到和平，从主义到问题，从合群到分群，读报人的所思、所念揭橥了传统与现代、进步与保守、开放与封闭的激烈冲突，他们被席卷其中，又呈现多重风华。

中国报刊阅读史
（1815—1949）

第二卷 北洋政府时期（1912—1927）

许高勇 蒋建国 著

目 录

导 论 ………………………………………………………………… 1

第一章　报刊时空分布、阅读推广与社会影响 ……………… 14
　第一节　民国初期报刊的时空格局 ………………………………… 14
　第二节　综合性大报的传播与阅读 ………………………………… 27
　第三节　小报与读者的阅读 ………………………………………… 32
　第四节　杂志的发行、传播与阅读 ………………………………… 40
　第五节　读者读报、读报方法与读报运动 ………………………… 49
　小　结 ………………………………………………………………… 71

第二章　民国初期时局变动、新闻报道与读者观感 ………… 73
　第一节　民国肇始与读者反响 ……………………………………… 73
　第二节　第一次世界大战与读者反响 …………………………… 151
　第三节　袁世凯称帝与读者反响 ………………………………… 194
　小　结 ……………………………………………………………… 242

— 1 —

第三章　政党政争与报刊读者的心路历程 ………………………… 244
第一节　国民党系报刊的舆论政治与读者阅读反响 …………… 245
第二节　《甲寅》与报刊读者的阅读偏向 ……………………… 253
第三节　进步党系报刊与读者阅读取向 ………………………… 259
第四节　保守党报刊的守旧与阅读传统 ………………………… 262
第五节　《异哉所谓国体问题者》的传播与阅读 ……………… 264
第六节　袁世凯御用报刊与可读性缺失 ………………………… 268
小　结 ……………………………………………………………… 270

第四章　五四运动前各类杂志的传播与阅读 …………………… 271
第一节　消闲性刊物的传播与阅读 ……………………………… 271
第二节　商务系刊物的传播与阅读 ……………………………… 277
第三节　中华系刊物的传播与阅读 ……………………………… 289
小　结 ……………………………………………………………… 295

第五章　五四时期的新闻呈现、时政阅读与时事追踪 ………… 297
第一节　中国参战、张勋复辟、南北纷争与读者感受 ………… 297
第二节　五四运动与读者反响 …………………………………… 353
第三节　直皖战争与读者反响 …………………………………… 370
第四节　第一次直奉战争与读者反响 …………………………… 387
小　结 ……………………………………………………………… 423

第六章　五四时期读者的报刊阅读与思想世界 ………………… 424
第一节　五四时期的社会思潮与报刊阅读 ……………………… 424
第二节　《新青年》的阅读与思想变革 ………………………… 437
第三节　商务系报刊和中华系报刊的阅读与读者的知识世界 … 443
第四节　知识人的报刊阅读与思想轨迹 ………………………… 464
小　结 ……………………………………………………………… 491

第七章　学生的报刊阅读与社会互动 493
第一节　民国初期新式学校发展与学生读报活动的开展 493
第二节　为他日国人之导师——胡适 499
第三节　以办报为职志——吴宓 503
第四节　以报刊为思想工具——恽代英 507
第五节　以报刊为人生指导——杨贤江 509
小　结 517

第八章　大革命时期的时局变动、报刊阅读与读者心态 519
第一节　第二次直奉战争与读者观感 520
第二节　军阀混战、浙奉战争与读者因应 560
第三节　五卅运动与读者观感 588
第四节　国民革命军北伐与读者因应 596
小　结 656

第九章　读者、报刊与政治的联动：《向导》的阅读史 658
第一节　《向导》的问世、出版与发行 659
第二节　《读者之声》的设置及其评价 662
第三节　《读者之声》的讨论话题与编读之间的互动 674
第四节　《向导》的政治宣传与读者的联动 681
第五节　《向导》的社会动员与读者阅读反响 689
小　结 693

第十章　学术性刊物与知识人的学术性阅读 695
第一节　知识人的学术阅读概述 695
第二节　知识分子的商务系刊物阅读 705
第三节　《学衡》《甲寅》的传播与阅读 714
小　结 723

第十一章　阅报组织与公共读报活动的拓展 ·· 725
　第一节　民国初期的阅报组织与读报活动的推广 ·································· 726
　第二节　新文化运动时期的阅报组织与读报活动的延展 ························ 732
　小　结 ··· 743

结　语 ··· 745

参考文献 ·· 754

导 论

北洋政府时期是中国社会大动荡、大转变时期，也是古典阅读向现代阅读转变的重要阶段，报刊阅读呈现出纷繁复杂的局面。报刊阅读风气的形成，是北洋政府时期政治、经济、文化、学术等因素的综合体现。系统研究北洋政府时期报刊阅读史，有助于我们从读者的角度深化对这一时期文化史、思想史、社会史、传播史的认知。

读书人的报刊阅读世界幽微曲折、复杂多变、景象万千。民国报刊业风起云涌、蔚为大观，读报成为读书人生活中不可或缺的一部分。翻阅捧读报刊，可以打开丰富多彩的世界。时局波谲云诡，报刊阅读自然"重峦叠嶂""月映万川"。报刊阅读是一种社会现象，我们需要从政治、经济、文化、社会等方面对其进行深入考察。身处变局中的读报人，在复杂的社会环境和阅读网络中，展现出多重风华。

一

民国初期是中国报刊发展的政治联动时期，中国报业呈现出"起—降—起"的现象。[①] 这与民国初期政治局势多变存在密切的关系。1912年1月1

---

① 倪延年：《论民国初期新闻业态的"起—降—起"现象及动因》，倪延年主编：《民国新闻史研究（2015）》，南京师范大学出版社2015年版，第24—36页。

日，中华民国临时政府成立，随后颁布《中华民国临时约法》，规定"人民有言论、著作、刊行及集会结社之自由"，为新闻自由提供了法律保障。同时，中华民国临时政府颁行了诸多有利于新闻事业发展的法律法规，新闻事业随之而"起"。其中，以政党报刊为主，呈现出欣欣向荣的局面。

袁世凯当选为中华民国临时大总统后，为维护其统治，对新闻的态度发生了重大变化。袁世凯政府修改了《中华民国临时约法》中有利于新闻事业发展的条例，颁行了《戒严法》《报纸条例》《出版法》《修正报纸条例》等法律法规，严格限制新闻事业的发展。同时，袁世凯创办御用报刊，提供政治资金笼络收买报纸和报人，迫害和残害反对派报刊，使新闻事业遭受重创。新闻机构锐减，新闻事业"起"势转"降"，史称"癸丑报灾"。

1916年6月6日，袁世凯称帝不久便去世，专制力量大为削弱，新闻事业再次迎来了新的发展机遇，"中央政府和各省的军阀，都无法有效地控制大学、期刊、出版业和中国知识界的其他组织"。[①] 加之新上台的黎元洪、段祺瑞、冯国璋等北洋政府人士为笼络人心，开始改变袁世凯统治时期对新闻事业的摧残，表面尊重新闻自由，使新闻业逐渐得以恢复，新闻事业又开始振衰而"起"。

在"起—降—起"的格局下，读者对于报刊的认知和阅读也呈现出不同的样态。读者通过阅读报刊，拉近了与国内外新闻的距离，有一种身处历史、见证历史的沉浸感。民国建立、宋教仁被刺、二次革命、第一次世界大战、签订"二十一条"、袁世凯称帝等影响中国历史进程的大事件在读者的日记中均有体现。读者通过逐日记载的"大事件"，把自己带入历史场景之中，对其褒贬不一，并从不同角度提出"个人之见"。通过报刊，不少读者见证了民国初期的变乱，这进一步激发了他们改造社会的动力，播下了他们走向革命的种子。

读者对于时政的观察视角，源于大变局与新闻人物认知的差异。以袁世

---

① [美]费正清编：《剑桥中华民国史（1912—1949年）》（上卷），杨品泉等译，中国社会科学出版社1994年版，第314页。

导 论

凯为例,包括传统官绅在内的读者们对他的态度有着很大分歧。民国肇始,袁世凯两面派的形象尚未显现,一些官绅对袁世凯政府还抱有幻想,认为袁世凯会成为曾国藩式的英雄人物,能挽救清王朝于危难之际。但随着时间的推移,读者进一步知晓袁世凯在获取权力之后,通过各种手段逼迫宣统帝退位,成为清王朝的掘墓人。他们对袁世凯由支持转为反对,殊为沉痛,只能在日记中表达自己的不满。

政党报刊的崛起为读者提供了更多选择。政党报刊折射出民国初期政治格局的变化,国民党系报刊、进步党系报刊和袁世凯的御用报刊代表了不同政治势力。政党报刊通过各种方式"嵌入"读者的阅读世界中,带给读者别开生面的阅读体验。1910年创刊的《民立报》对辛亥革命的胜利起到了推动作用。民国建立后,《民立报》发挥其新闻报道的特长,大量报道民国初期的时政要闻,广受读者欢迎。一些官绅、青年学生表达了对《民立报》的偏爱,他们坚持不懈地阅读《民立报》,通过《民立报》了解事态的发展,分析时局的变化。另外一份国民党系报刊《甲寅》以传播思想见长,仅出版十期,其以"条陈时弊、朴实说理"的方式普及政党知识,迎合了诸多读者的心理,受到知识界的关注,并成为知识分子发表政见的平台。进步党系报刊早期因"拥袁"获得了当局的支持而发展迅速,如《时事新报》《亚细亚日报》《神州日报》《庸言》《大中华》等颇有声名,读者众多。梁启超在其中发挥了重要作用。进步党系报刊的影响力虽不如《民立报》《甲寅》等国民党系刊物,但亦有不少支持者。进步党系报刊与袁世凯政府决裂的标志是梁启超《异哉所谓国体问题者》一文的发表。此文尚未见刊便受到读者的关注,随着全文在北京英文《京报》中文版见刊,引发其他报刊竞相转载,乃至一些读者到处搜求此文。这直接推动了反袁活动的开展。总之,政党报刊对读者思想的转变有着深刻影响。

一些读者从报刊中获取政治常识与思想资源,淡化了政党政争的意识。虽然国民党系报刊与进步党系报刊在民国初期政党政争中冲突激烈,但读者们似乎并不特别留意党争危机,而更多地从报刊中观察时局。他们希望借助报刊改变自身的境遇,但时局的变动难以为他们提供跻身仕途的机缘,不少知识分子因此而感受到边缘化危机。

值得指出的是，相当一部分普通读者通过阅读杂志了解时政知识、文艺作品。晚清报刊两分的格局在民国初期表现得更为明显，报纸传播时政，杂志传播知识，尤其是时政类杂志极大地推动了读者的政治阅读。民国初期影响力较大的杂志有《甲寅》《庸言》《国民杂志》《不忍》《孔教会杂志》等。这些杂志隶属于不同的政治派别，传播不同的政治声音。读者购阅之后，自然由此及彼，心意难平。

阅读杂志可以增加政治常识。从帝制到共和，不仅是朝代的更迭，更是政治的改头换面。对于突如其来的政局变动，读者心境复杂，往往表达出不同的政见。向往民主共和的读者多倾向于《甲寅》《庸言》《国民杂志》等刊物，希望对民主共和有更多的了解与认知，故对此类刊物心向往之，不断汲取民主共和的知识。对君主立宪比较感兴趣的读者多阅读《不忍》《孔教会杂志》等刊物，留恋帝制时代，甚至产生"民国乃敌国"的观点。布新与守旧交织，传统与现代冲突，构成了民国初期思想界的一大特色。读者参与其间，感同身受。在民主共和与君主立宪之间，制度之争的背后是思想和路线之争。

阅读文艺作品可以消遣解闷。民国初期，以趣味性、娱乐性为主的文艺报刊传播甚广，成为不少读者逃避政治、寻求精神安慰的对象。尤其是以鸳鸯蝴蝶派为代表的刊物颇受市民社会的欢迎。此类刊物以猎奇斗艳为主要题材，包括言情、社会、黑幕、娼门、家庭、武侠、神怪、军事、侦探、滑稽、历史等类型，受到读者热捧，成为都市阅读之风尚，对民国初期阅读风气有着深刻影响。

商务印书馆、中华书局创办的杂志以其专业性、知识性、思想性而受到读者欢迎。《东方杂志》《中学生》《小说月报》等杂志各具特色，内容丰富，成为不少读者，尤其是知识青年课堂之外的必读刊物。"商务系"和"中华系"的系列杂志，形成了出版业两峰对峙的局面。从发行量和读者的阅读范围来看，商务印书馆的刊物种类较多、发行较广、影响较大，在民国初期的思想启蒙和文化普及中发挥了重要作用。

在民国初期党争和政治阅读导向下,乱局中的读书人渴求报刊,从中寻求思想资源和精神动力。报刊为读者提供精神慰藉,也为读者提供道路选择,但又会使读者产生政治幻觉,他们的阅读情境随时局而变动,阅读心理深受重大新闻事件的影响。例如,一些向往共和的读者对辛亥革命充满希望,通过阅读报刊了解革命的进程,有些读者甚至加入革命的队伍。但革命高潮过后,他们期盼通过革命向社会上层晋升的希望破灭,进而转变为失望。但他们依然通过阅读报刊不断充实自己,憧憬着能有一场更大的运动来改变自己的生活,而五四新文化运动正好提供了这个契机,使他们的人生变得不一样。①

二

五四新文化运动时期是报业发展的文化联动时期。陈独秀、李大钊、胡适等思想先驱以《新青年》为阵地,发起新文化运动,带动了一大批新式刊物的发展,促进了中国报业的进一步繁荣。《新青年》的广泛传播与阅读,也进一步推动了新文化运动的发展。近年来的研究表明,《新青年》产生全国性的影响是在五四运动之后。② 分析《新青年》在某一地区的阅读现象,仍要以陈独秀将《新青年》带到北京大学作为重要标志。应该看到,《新青年》最先在北京、上海这样的大城市产生影响力,之后才逐渐扩展到其他中小城市,形成阅读上的圈层效应。就具体的阅读情况而言,《新青年》的主要读者对象为知识青年。身处北京、上海的知识青年通过阅读《新青年》不断汲取"民主科学""文学革命""反孔""世界语"等思想资源,进而塑造"新青年"的形象。他们以救国为己任,通过阅读《新青年》参与五四运动。在他们的影响下,许多边缘的知识青年向往北京、上海,毅然决然地冲破家庭的

---

① 瞿骏:《天下为学说裂:清末民初的思想革命与文化运动》,社会科学文献出版社2017年版,第92页。
② 相关研究见桑兵:《〈新青年〉与新文化运动》,《学术月刊》2020年第5期,第163—184页;周月峰:《五四后"新文化运动"一词的流行与早期含义演变》,《近代史研究》2017年第1期,第28—47页;霍新宾:《"五四运动"一词的早期文本传播与语义演化》,《中共党史研究》2019年第10期,第32—48页。

束缚，追求民主自由和自我解放。在北京，因阅读新式刊物，不少边缘青年聚集在一起，形成了藤井省三所言的"四合院共同体"的阅读群体。① 在上海，一些知识青年投身到新闻出版活动中，促进了报刊业的繁荣。报刊作为一些知识青年"晋升的阶梯"，为他们带来了丰厚的文化资本，推动了文人办报与文人议政的有机结合。

进而言之，以《新青年》为起点，《每周评论》《新潮》《国民》等杂志继而引领思潮，民主、科学理念不断深入人心。五四运动后，各类新式刊物承《新青年》之余绪，竞相继起，如《星期评论》《建设》《解放与改造》《少年中国》《新教育》《学艺》等杂志顺势而生，形成壮阔之势。各地不断兴起的新潮杂志一改思想界惯习，许多读者从过去多关注时事问题改变为讨论学理问题。由道而术，从主义到问题，从合群到分群，体现出思想界的新动向。青年学生以阅读新式刊物、创办新式刊物为荣。整体而言，新式刊物引领了学术和政治两种文化，前者以《新潮》为代表，后者以《国民》为代表。此后，这两种文化声势浩大，推动了中国社会的发展。

《新青年》引发的新文化运动推动了商务系报刊的改革，促成商务系报刊向新文化运动靠拢。新青年派为争夺阅读市场，向斯时第一大刊《东方杂志》发起挑战，以《质问〈东方杂志〉记者——〈东方杂志〉与复辟问题》一文，揭开了东西文化论战的序幕。商务系报刊在《新青年》杂志的诘问下，被贴上了"旧"的标签。商务系报刊由此饱受压力，为迎合新思潮，开始在栏目设置和内容上全面革新，以适应时代发展和市场竞争。

借助新文化运动的东风，不少报刊的风格亦发生重大变化，知识分子纷纷以报刊为阵地，开展自由讨论，报纸副刊、杂志读者来信、问答栏目成为文人论政、问学、交往的园地。不少副刊注重介绍新知识、新思想、新文艺，并推出一些知名作家、学者专栏，小说、杂文、笔谈、诗歌等各种文艺作品颇有市场。以《学灯》《觉悟》《晨报副镌》《京报副刊》为代表的五四时期

---

① ［日］藤井省三：《鲁迅〈故乡〉阅读史——现代中国的文学空间》，董炳月译，南京大学出版社 2013 年版，第 19 页。

导 论

"四大副刊",推动了新思潮的传播,形成较为典型的副刊文化,引发了读者的阅读热潮,并为读者、编者与作者建立了广泛的交往网络。

报刊业的兴盛,为民众提供了更为丰富的阅读选择。读报刊,知时局,观潮流,思未来,更多读者将报刊视为精神食粮,读者在阅读活动中亦呈现出丰富的样态。读者通过报刊关注时政,聚焦重大新闻事件。在读者的读报记录中,对德宣战、府院之争、张勋复辟、南北纷争、护法战争、五四运动、直皖战争、第一次直奉战争、曹锟贿选等历史事件成为关注的焦点。对于应接不暇的政乱和战争,一些读者痛心疾首却无能为力,对时局深感悲观。他们无法干预政治,便积极投身文化事业中,希望通过报刊发出声音,实现文人论政的抱负。总之,军阀的政治机制使读者感到失望,他们从而转向阅读的文化机制。

新思想引发了青年人的联动,知识青年不仅"心"动起来,而且行动起来。他们由分到合,组建了各种各样的社会团体。其中,中国共产党的成立便是集体行动的重要体现,从而推动组织化阅读的进一步发展。

值得注意的是,不少新青年以学术为旨趣,热衷于学术杂志的阅读,体现新式知识分子阅读的转向。许多新式刊物以学术为主旨,刊登中外各类学术文章,颇受知识分子,尤其是青年学生的关注。他们从刊物中阅读感兴趣的学术文章并记录于日记中,对分科化知识进一步归类,体现出他们的学术旨趣。不少读者养成长期阅读某种学术刊物的习惯,并积极向刊物投稿,形成知识接受、生产与传播的链条,进一步推动学术体系的建构。一些读者亦在长期积累中潜移默化,走向了学术之路。

不少知识青年以实用阅读为主。实用阅读,主要指两个方面。第一,报刊成为知识青年课外的重要学习对象。课余时间,他们往往在图书馆、自习室阅读各类新式书刊,从中汲取各类新式知识,增长学识,为将来人生奠定良好的基础。第二,报刊成为知识青年获取社会资本的重要来源。报刊作为社会资源配置的重要手段,不仅为读者提供了投稿的平台,使一些读者获得了丰厚的稿费,减轻在求学过程中的经济负担,而且使读者能够通过发表文章获得声望,为实现人生的晋升积累资本。这些都是阅读文化机制带来的积极影响。

在这一时期，学生成为报刊的重要读者群体，不少学生在学业阶段或者在更小的年龄"阅报知中国"。报刊介入学生的学习方式，呈现出一种新的网络群体生活方式，颠覆了传统社会的生活形态。一些学子凭借报刊观察世界，融入社会化过程。报刊促使青年学子文化、政治意识的觉醒。更重要的是，阅读报刊成为接受新学新知的重要途径。在校生恽代英不得不通过投稿赚取稿费以维持整个家庭的正常运转。在选择未来职业时，恽代英产生过以报业为志向的念头。杨贤江的人生道路与报刊紧密相连。他在1915—1918年的日记中，真实记录了自己在中等师范学校和商务印书馆的经历，呈现了自己走向社会的艰难历程。这些青年人因阅报而在选择职业的道路上殊途同归，表明民国初期青年在职业选择上对报业情有独钟。在青年学子向精英知识分子转变的过程中，报刊媒介的作用甚大。

新文化运动不仅带动了学术的发展，使读者积极参与到各类学术阅读中，而且造就了小报的繁荣。相对于大报而言，小报以其自身的特色迎合读者的需要而获得一席之地，在竞争激烈的中国报业中赢得生存空间。小报不像大报，大报的生存除靠发行外，广告也是其中一个重要的来源，而小报基本靠发行来获得生存。因此，小报非常重视读者的地位。号称"四大金刚"的小报《晶报》《金刚钻》《福尔摩斯》《罗宾汉》等，由于内容以"市民的视角观察都市，营造别一样都市的想像"，① 形成了以政府要员、文人、一般职员、店员、学生群体为主的读者群，塑造了以小报为中心的市民文化空间，推动了近现代阅读文化的大众化与平民化，拓展了通俗文化的公共空间。

三

大革命时期是报业发展的社会联动时期。此阶段是中国新闻事业"大发展、大变动"时期。② 从具体的报刊发展状况来看，首先，中国共产党创办的报刊兴起并壮大起来。在中国共产党的领导下，中共中央机关报《向导》创

---

① 李楠：《晚清、民国时期上海小报研究——一种综合的文化、文学考察》，人民文学出版社2005年版，第132页。
② 方汉奇主编：《中国新闻事业通史》（第二卷），中国人民大学出版社1996年版，第125页。

刊。《向导》积极宣传中国共产党的路线、政策和方针，大力推动国共合作、工农运动，举起反对帝国主义和封建军阀的旗帜，在新闻宣传方面促进了大革命的发展。继《向导》之后，《新青年》复刊，成为传播马克思主义、介绍国际共产主义运动经验的重要阵地，为读者了解中国革命的形势提供了媒介资源。除《新青年》《向导》外，中国共产党还创办了各地区委机关报、中国社会主义青年团报刊、群众性报刊，奠定了良好的革命传统，为革命的发展提供了传播平台。

其次，国民党报刊得到复兴。在国共合作的基础上，国民党改组《民国日报》，创办各类党报、军人报刊。这些报刊在中国共产党和国民党左派的支持下，积极宣传孙中山的新三民主义，致力于进行国民革命，推翻军阀。但孙中山逝世后，国民党右派利用报刊不断攻击国民党左派和共产党，国民党报刊亦沦为反对革命、反对中国共产党的工具。大革命失败后，国民党右派掌握了国家政权，利用报刊大造反革命舆论，使国共合作的成果丧失殆尽。

再次，民营报刊得到较大的发展。民营大报《申报》《新闻报》稳步发展，新记《大公报》《商报》《世界日报》等报刊创办，促进了民营报刊的发展。民营报刊在内容与版面、发行量、阅读范围上进一步拓展，尤其是对军阀混战进行了详细报道，使读者近距离地了解战局，加深了读者对军阀混战的理解。

最后，北洋军阀为了维护自己的统治，运用种种手段限制新闻事业的发展。一方面，军阀出钱由别人办报，或收买报纸和记者替自己代言，达到自我美化的目的；另一方面，一些军阀对持异议的报刊和报人进行打击，捕杀邵飘萍、林白水等进步报人。北洋军阀试图操纵新闻出版界，但事实并未遂军阀所愿。通过阅读报刊中对军阀混战的报道，读者加深了对乱局的了解，尤以第二次直奉战争最为突出。此次战争参战人数之多、波及范围之广、影响之大，超过以往任何一次军阀混战。读者对于此次战争原委、经过的记录非常详细。另外，直奉矛盾的激化、江浙战争的过程、直奉战争的进程、"北京政变"、善后会议等事件的"细节"，在读者的日记中均有所呈现，这些"有闻必录"的行动表达出他们对国事的关切。第二次直奉战争后，由奉系企图武力统一全国的军阀混战得以延续，奉系南下、奉浙战争、"郭松龄倒戈"、张冯之争等军阀争斗依然成为读者关注的重点。随着北伐战争的推进，读者从不同角度了解战事进程。两湖战场、闽浙战场的相关情况记录甚详，宁沪之争、南京国民政府的成立使一些读者开始阅读三民主义的相关书刊，了解国民党政权的相关政策，以便更好地适应社会发展之需。总之，随着时局的变动，读者以不同的方式观察时局，了解政治，思考社会。

中国共产党成立之后，动员人民群众参加革命，深刻改变了中国社会。国共合作的形成使革命向纵深化发展，推翻了旧军阀的统治，促成了国民革命的胜利。报刊在其中起到了重要的政治动员作用。近年来的研究表明，报刊的社会改造机制促进了革命（特别是家庭革命和社会革命）观念的建构，促进了中小知识青年的聚集和革命化，为革命的发展提供了思想基础。[①] 报刊阅读的社会联动影响了读者的知识结构与政治倾向，使他们能够积极参加革命，投身社会改造。

军阀混战之下，暗流涌动，围绕中国道路，关于社会科学的书刊开展了持续且广泛的讨论，对20世纪20年代的革命文化产生了较大影响。[②] 知识青年对社会科学的渴求有利于社会联动机制的形成。对于知识青年而言，社会科学的书刊提供的关于国家、民族、社会的知识触动了他们内心深处对于国事的关切，加之军阀混战导致民不聊生，促使他们寻求一条摆脱帝国主义和军阀压迫的道路，革命成为时代的主流。中国共产党的刊物《新青年》《向导》《中国青年》等不断宣传革命思想，激发一大批知识青年开始动起来，加入革命的队伍。从知识催生信仰的角度看，知识青年在"觅路"之际，《新青年》《向导》《中国青年》所传播的革命知识，能够改变他们模糊的政治意

---

① 参见唐小兵：《后五四时代的家庭革命与社会改造思潮——以〈中国青年〉〈生活周刊〉〈申报〉为中心》，《天津社会科学》2022年第2期，第142—154页；《后五四"社会科学"热与革命观念的知识建构——以民国时期左翼期刊为中心的讨论》，《史林》2022年第1期，第130—141页；《形塑家庭问题的思想资源与社会想象——以民国时期出版的"社会问题"系列图书为中心的考察》，《东岳论丛》2021年第7期，第75—84页；《民国时期中小知识青年的聚集与左翼化——以二十世纪二三十年代的上海为中心》，《中共党史研究》2017年第11期，第64—80页。

② 唐小兵：《后五四"社会科学"热与革命观念的知识建构——以民国时期左翼期刊为中心的讨论》，《史林》2022年第1期，第130—141页。

识，使他们产生高度的政治使命感。在革命文化的影响下，知识青年以强烈的政治使命感投身革命的洪流。

一些知识分子对乱局中的政治颇感失望，便潜心于学术性阅读。这与一些读者偏好消闲阅读大相径庭，他们通过学术性阅读来转移视线，进行学术研究，以期实现人生价值。可以看到，不仅是商务印书馆出版的刊物，而且诸如《学衡》《甲寅》《国粹学报》《华国》等刊物都成为读者阅读的重点。读者从这些刊物中汲取学术资源，为学术研究奠定了基础。文艺青年向学术青年转变，是后五四时期的一大动向。

可见，通过报刊阅读形成了社会动员机制，诸多知识青年受到报刊舆论的影响而加入革命队伍。新文化运动塑造的革命文化在大革命时期得到强化，一大批知识青年从文艺青年向革命青年转变，他们的报刊阅读也经历了从《新青年》到《向导》的转变历程，他们在种种主义中选择了马克思主义。马克思主义理论对中国社会的分析，对五四运动后的知识青年产生了思想上的震动，进一步指引他们认识到自身的价值与意义，将"阶级斗争""共产主义""国民革命"等"概念工具"运用到中国革命实践中，使革命"动"起来，促进了大革命的发展。

四

除上述三种阅读联动机制外，有关阅报制度、阅报组织问题值得研究。北洋政府时期，阅报成为共识。晚清梁启超所言开报馆之益在于"上下通"和"中外通",[①] 通过阅读报刊的方式达到启蒙的目的，从而为富国强民奠定基础。而民国时期，新闻界对于民众阅报的益处论述颇多，旨在通过阅报增加民众常识，从而培养起民众基本的政治认知。因此，报刊上有诸多讨论阅报的文章，从读报方法及顺序、报刊价格价值、读报法等方面揭示读报的重要性。

民国初期公众阅报社的发展是官方和民间力量合力的结果，但由于民国

---

① 梁启超：《论报馆有益于国事》，《时务报》1986年第1册，1896年8月9日，第1页。

初期的党争与政争，阅报组织呈现出规模小、零散化的特征。新文化运动推动了阅报组织的发展，少年宣讲团创设的阅报牌也是斯时的一大创举。在启蒙的口号下，这一时期阅报组织的发展主要以民间力量推动为主。民国初期阅报社对社会启蒙问题的高度重视，实际上已使阅报成为社会教育的重要内容。最直接的影响就是掀起民众读报的高潮，使报刊日益成为人们生活中重要的组成部分。许多读者对报刊在传递信息方面的作用有了充分的认识，阅报"看世界"成为国民共识。新文化运动的本质是用知识本位的新学取代伦理本位的旧学。报刊作为"知识纸"推动了新文化运动的发展，也促使一些精英和社会团体加入创办阅报场所的行列。

民国初期阅报社的发展进一步推动了社会下层的启蒙运动。一方面，对报刊功能的定位是"开通民智、增进民福"，在一定程度上延续了晚清阅报社的启蒙作用；另一方面，民国初年出现的大量阅报场所被称为"公众阅报所"，表明报刊阅读的目的在于培养"公众"，不仅区别于晚清的阅报社，而且不同于南京国民政府成立后推行的"民众阅报所"。"公众阅读""民众阅读"表明政府在推动社会教育的大众化、普适化。报刊营造出新的阅读文化，以往的精英阅读文化被打破，公共阅读、大众阅读兴起。各类图书馆、阅报社、阅报牌成为公众的聚集场所，他们在此阅报、谈论时事，并发表看法和意见，推动了"公共领域"的形成和发展。此类集体阅读不同于以往的个人阅读，集体读报的公共价值值得高度关注。另外，《兴华报》等报刊提出了"平民阅报运动"，旨在推动阅报运动的发展。但从《兴华报》的主张来看，《兴华报》的"平民阅报运动"只是为了增加其销售量和扩大其发行范围而制造的营销噱头，对"平民阅报运动"并未产生重大影响。

总之，本书通过梳理北洋政府时期"报刊地理"的空间分析，探讨报刊阅读的扩展进程。注重北洋政府时期政局变化与文化多元化的发展趋势，总结政党报刊、思想类报刊和商业报刊阅读的阶段特征。从个人际遇和报刊阅读的角度探讨青年读者读报与人生规划。以政治阅读、文化阅读、社会阅读三种阅读的联动机制作为主线，探究北洋政府时期读者、报刊与社会的互动关系。从报刊阅读与政治的角度探讨报刊呈现的政治常识如何被读报人吸收并推动"公共舆论"的形成。注重分析读报人对社会舆论、公众人物的关切度,通过读报人了解新闻事件的内在联系。从报刊媒介和思想的角度探讨"报战"与"思想战"之间的因果关联。从阅报体验和读报的社会化进程探讨报刊与社会变迁之间的内在逻辑。注重分析儿童读报、读报法等社会现象,探究个人读报与社会读报的内在联系。将报刊阅读作为理解社会、再现历史场景的重要手段和基本途径。

第一章

报刊时空分布、阅读推广与社会影响

与清季相较,民国初期的报刊业已不可同日而语。成名于维新时期的梁启超,在1912年从日本回国后,看到中国报界的情况,不免感慨:"今国中报馆之发达,一日千里,即以京师论,已逾百家,回想十八年前《中外公报》沿门丐阅时代,殆如隔世,崇论闳议,家喻户晓,岂复鄙人所能望其肩背。"① 戈公振用"风起云涌,蔚为大观"八个字形容民国初期的报刊壮举。② 报刊以前所未有的方式全方位地介入民众的生活,推动了大众阅读的发展与阅读文化的普及。在报刊的介入过程中,其"可得性"是考察读者阅读的前提。无论读者通过何种手段获取报刊,都与报刊的发行和传递有关。本章试图从报刊传播的角度出发,展现民国初期报刊的发展历程。

第一节 民国初期报刊的时空格局

报刊的形态及其在特殊历史时空格局中所发生的变化,对于揭示近代中国历史的图景具有重要的参考价值。要全面梳理民国初期报刊的具体情况殊

---

① 梁启超:《鄙人对于言论界之过去及将来》,《庸言》1912年第1卷第1号,第4—5页。
② 戈公振:《中国报学史》,岳麓书社2011年版,第153页。

为不易。仅依靠其种类和数量并不能说明问题,还需从消费端的角度进行考察,因为只有读者阅读才能完成报刊的消费环节。换言之,报刊阅读展现的不仅是报刊从中心流向边缘的发行环节,而且有益于地处边缘的读书人有机会接触到中心城市发行的报刊,以便从边缘走向中心的消费环节。报刊的生产、流通、消费与读报人阅读世界的扩展变化密不可分,应从报刊、读者与社会互动中进行综合分析。

一、报业的发展阶段

根据北洋政府时期报业发展的阶段性特征,大致可以将其划分为三个时期。

(一) 1912—1916 年报业发展概况

1912—1916 年是北洋政府时期报业发展的第一个时期。武昌起义前,国内报刊有 100 多家。[1] 武昌起义后,报纸呈现出快速发展的态势。中华民国建立的第一年,全国报纸"达五百家,北京为政治中心","独占五分之一",总销售 4 200 万份。[2] 但有学者提出了不同的看法。例如,赖光临认为,1912 年全国报刊达 270 家,主要分布地区如下:北京 41 家,天津 35 家,上海 29 家,广东 14 家,湖北 11 家。[3] 上述数据差距较大。俄国人波列伏依对 1912 年中国报刊做了详细的目录,较为可靠。波列伏依的报刊目录记载了 487 种中文报刊,其中,约 300 种是民国初年创办的。[4] 1913 年,随着袁世凯统治地位的加强,对报界采取紧缩政策,报刊数量急剧减少。到 1913 年年底,报纸只剩下 139 家,锐减了 300 多家,史称"癸丑报灾"。[5] 1915 年年底,报刊数量回升至 165 种,比 1913 年增加了 26 种。1916 年年底,全国报

---

[1] 丁淦林等:《中国新闻事业史新编》,四川人民出版社 2008 年版,第 142 页。
[2] 戈公振:《中国报学史》,岳麓书社 2011 年版,第 155 页。
[3] 赖光临:《七十年中国报业史》,"中央日报"社 1981 年版,第 7、12—17 页。
[4] 周振鹤:《一九一三年俄人波列伏依的中文报刊目录》,《出版史料》1993 年第 2 期,又见周振鹤:《周振鹤自选集》,广西师范大学出版社 1999 年版,第 310—332 页。
[5] 方汉奇主编:《中国新闻事业通史》(第一卷),中国人民大学出版社 1992 年版,第 1050 页。

纸多达289种。①

这一时期报刊的变动与政治息息相关。进入民国后，政治生态环境的变化促使更多人士办报，南京临时政府较为开明的态度为报业发展赢得了相对自由的空间。1913年，随着袁世凯统治的逐步稳固，对报界采取紧缩的政策，诸多报刊被取缔。1916年，袁世凯去世后，中国进入军阀混战的局面，众多报刊纷纷复刊，促进了报业的发展。此时的报刊以政党报刊为主，重点在于"健全舆论""舆论政治"，可称此阶段为政党报刊发展阶段。

（二）1917—1923年报业发展概况

1917—1923年是北洋政府时期报业发展的第二个时期。此时，政党报刊逐渐衰落，思想性报刊崛起，宣传文化性的报刊占据主流地位。与此同时，新文化运动开始兴起，各类综合性报刊和学术性刊物纷至沓来，呈现出欣欣向荣的趋势。赖光临统计了1918年、1919年、1921年三年的全国报纸数目：1918年全国有220份报纸，1919年280份，1921年550份。②据《第二届世界报界大会纪事录》统计，1921年，全国共有报刊1 134种。其中，日刊550种，二日刊6种，三日刊9种，五日刊9种，周刊154种，旬刊46种，两周刊5种，半月刊45种，月刊303种，季刊4种，半年刊1种，年刊1种。③

1923年出版的《中国年鉴》统计1922年中国的报刊有1 008种，分别为：安徽18种，浙江78种，直隶41种，北京164种，福建47种，河南14种，湖南37种，湖北40种，甘肃3种，江西21种，江苏116种，上海80种，广西23种，广东115种，贵州6种，山西32种，山东42种，陕西8种，云南27种，四川41种，南满15种，北满40种。④ 这大致反映了1922年中国

---

① 曾虚白主编：《中国新闻史》，三民书局1966年版，第294—295页。
② 赖光临：《七十年中国报业史》，"中央日报"社1981年版，第48页。
③ 转引自戈公振：《中国报学史》，岳麓书社2011年版，第295页。原文数据如此。
④ H. G. W. Woodhead, ed. *The China Year Book*, *1923*, The Tientsin Press Ltd. 1923, Chap. IX, pp. 152-199.

报业的发展状况。

以上勾勒了新文化运动期间中国报刊发展的基本概况。此阶段受新文化运动的影响，报业发展迅速，可被称为思想性报刊发展阶段。

（三）1924—1927年报业发展概况

1924—1927年是北洋政府时期报业发展的第三个时期，和第二阶段构成中国新闻业的现代化趋势，① 也是中国新闻业逐渐定型的阶段。

新文化运动打破了旧的枷锁，突出了人的重要性，新思潮在中国各地被国人接受。《共产党》的创刊，标志着中国无产阶级报业的产生。同时，孙中山在广州重组国民政府，国民党党报改变了民国初期国民党在宣传中不统一的局面。彼时，知识分子通过报刊"言政"，像"胡适派学人群"的形成殊为典型。② 这些新的变化促进了报业的多元化发展。

根据赖光临的统计，1923—1924年五大重要城市报纸数如表1-1所示。

表1-1　1923—1924年五大重要城市报纸数量③

城　市	数量（种）
北　京	37
汉　口	28
广　州	27
天　津	19
上　海	13

虽然报纸数目较之前减少了，但报纸的发行量大幅提升了。赖光临认为，报纸发行量增加的原因有二："一、内忧外患煎逼，促使人民关切国事，从而养成阅报的习惯。""二、新兴都市迅速发展，民国三年至九年，是中国民族

---

① 王润泽：《北洋政府时期的新闻业及其现代化（1916—1928）》，中国人民大学出版社2010年版。
② 章清：《"胡适派学人群"与现代中国自由主义》（全新修订本），上海三联书店2015年版。
③ 赖光临：《七十年中国报业史》，"中央日报"社1981年版，第48页。

工商业的黄金时代,纺织业、面粉厂及其他轻工业都十分繁荣,城市工人随着增加。……有利报纸发行。"①

日本学界一直以来注重对中国报业的统计,在长达30年的统计上,算得上了解中国报刊"数量最大与最集中的资料"。② 1926年,南满铁道株式会社《支那新闻一览表》报刊统计了69个县市的报刊共376种。③

1927年,中国报刊数量有628种。④ 具体统计如表1-2所示。

表1-2 1927年中国报刊数量⑤

省 市 别	数量（种）
北　平	125
汉　口	36
广　东	29
天　津	28
济　南	25
上　海	23
其他省市	362

1928年,国民党宣传部对国内的各种报刊进行统计,核定国内定期出版刊物共1 439种。具体情况如表1-3所示。

---

① 赖光临:《七十年中国报业史》,"中央日报"社1981年版,第49页。
② 周振鹤:《日本外务省对中国近现代报刊的调查资料》,《复旦学报（社会科学版）》1994年第6期,第69页。
③ 此数统计仅限于"中华邮政特准挂号认可新闻纸类",因而数据比往年少。参见王润泽:《北洋政府时期的新闻业及其现代化（1916—1928）》,中国人民大学出版社2010年版,第30—33页。
④ 赵君豪:《中国近代之报业》,商务印书馆1940年版,第98—100页。
⑤ 赵君豪:《中国近代之报业》,商务印书馆1940年版,第99页。

表1-3　1928年中国定期出版刊物明细表①

种　类	数量（种）
年　刊	5
季　刊	6
双月刊	1
月　刊	208
半月刊	130
旬　刊	128
周　刊	211
五日刊	16
三日刊	71
二日刊	8
日　刊	453
未　详	75
	总计 1 312

以上从计量史学的角度梳理报业发展的基本状况，但仅仅以种类和数量勾勒民国初期报刊的发展状况有一定局限。一方面，报刊在数量上的统计不够准确，报刊发行的时间、地点及量的多寡难以体现其地位和影响。例如，发行长达几十年的《申报》《东方杂志》等的价值远远大于那些发行一两期的报刊，但统计时并无报刊的主次之分。另一方面，报刊发行和传播应包含更为丰富的内容。发行量仅体现报刊的影响面，至于报刊如何影响读者及社会，需要从报刊阅读的角度进行解读。

二、报刊地理与空间分布

从报刊发行上分析中国报刊，难以呈现报刊的地理版图。为进一步审视

---

①　参见《中国国民党中央执行委员会宣传部十七年度部务一览》，国民党中央宣传部1929年铅印本，第165页。

报刊的布局,需要从空间上进行解读。从报刊地理的角度,可以将报刊的位置划为中心和边缘,这有助于从报刊的中心看边缘,亦有助于了解边缘人如何借助报刊走向中心。

以1928年为例,从地区分布来看,报刊分布于全国30多个省市地区。情况如表1-4所示。

表1-4 1928年中国各省市及海外定期刊物分布表①

地　区	数量（种）	地　区	数量（种）
南　京	109	上　海	282
广　州	42	武　汉	31
北　平	56	天　津	18
江苏省	133	浙江省	55
江西省	37	福建省	44
安徽省	27	广东省	55
广西省	26	山东省	31
山西省	39	湖南省	66
湖北省	10	河南省	43
河北省	64	云南省	12
贵州省	4	陕西省	9
甘肃省	16	绥远省	6
察哈尔省	4	四川省	70
青海省	4	辽宁省	19
吉林省	17	黑龙江省	3
海　外	70	未　详	37

---

① 参见《中国国民党中央执行委员会宣传部十七年度部务一览》,国民党中央宣传部1929年铅印本,第165—166页。

从地区分布上看，上海、北京为当时全国报业的两个中心，南京凭政治因素后来居上。这里仅列举作为中心的北京、上海，与相对边缘的天津、广东、湖南、湖北、四川、浙江、东北等地报业发展概况进行说明。

（一）中心的北京、上海

从报刊的地理分布来说，上海是全国报刊的中心。雷铁厓认为，上海能成为全国开风气之地，在于其"握言论机关之报纸"以"造成舆论"，"故上海为全国之导师，而上海报纸又为上海全埠之导师"。[①] 此外，一些新闻史专家从不同角度对上海的中心地位进行评述。姚公鹤认为，北京称上海报为"南报"，广东及香港、南洋群岛称上海报为"沪报"，皆说明上海报纸的中心地位。[②] 胡道静认为，上海能成为全国报业的中心在于"上海因为得着机械的帮助，环境的优越，人才的集中"。[③] 当时中国发行量最大的两份报纸《申报》《新闻报》皆在上海。

在作为政治中心的北京，报业发展呈现出另一番景象。民国元年，"北京创立之报馆，不下三四十家"。[④] 全国报社达500家，北京占五分之一，"已逾百家"。[⑤] 需要说明的是，民国初年出现的"已逾百家"的报纸多半属于"低级庸俗，没有什么明确主张的报纸"，并且这些报纸目的"在于牟利"，"并不认真办报"，"只靠剪辑拼凑的新闻和低级趣味的文字敷衍成篇"。[⑥] 筹安会成立后，北京报纸只余20家。[⑦] 管翼贤在《北京报纸小史》中梳理了北京报业的发展："北京自庚子年后，始有报馆之设，然仅具模型而已。至光绪末，北京始有报馆数家。宣统初，因各省人民代表到京奏请速开国会，促政府实现宪法，于是各省有志之士群集北京；复因设立资政院，一时报馆林立，各

---

① 铁厓：《论上海报纸观察广东义师之误》，原刊《光华日报》，1911年5月22日；收入唐文权编：《雷铁厓集》，华中师范大学出版社2011年版，第238页。
② 姚公鹤：《上海报纸小史》，《东方杂志》1917年第14卷第6号，第197页。
③ 胡道静：《上海的日报》，《上海通志馆期刊》1934年第2卷第1期，第219页。
④ 熊少豪：《五十来年北方报纸之事略》，申报馆编：《最近之五十年——申报馆五十周年纪念刊》（第3编），上海申报馆1923年版，第24页。
⑤ 梁启超：《鄙人对于言论界之过去及将来》，《庸言》1912年第1卷第1号，第4—5页。
⑥ 方汉奇主编：《中国新闻事业通史》（第一卷），中国人民大学出版社1992年版，第1040页。
⑦ 戈公振：《中国报学史》，岳麓书社2011年版，第155页。

逞笔锋，发挥伟大政论。编辑人等，尽属文坛巨擘、爱国热诚之流。"① 即便如此，北京报业的发展与政治紧密地联系在一起，以至于"各报非有政党之关系，即属政府之机关。既不能监督政府，复不能指导社会"。② 因此，民国之后，北京才成为中国的又一报业中心。

上海和北京报业发展的重要原因在于经济和政治地位。上海作为国际化大都市，商业气息浓厚，像《申报》《新闻报》等商业性大报迎合了上海的商业化需求。而北京政治意味比较浓厚，政治对报刊的影响甚大。管翼贤所说的"新闻事业之良窳与进退，端在政治之新旧以为定耳"③便针对北京报刊与政治之间的关系。

（二）地方性的其他省份

除北京、上海这些处于政治经济中心的报业外，地方性报刊同样值得关注。地方性报刊构成报刊史研究的重要一环，是考察报刊地理分布的重要对象。辛亥革命后，"通商大埠，报馆林立"，"内地小邑，亦各有地方报一二种"。④ 地方性报刊的出现是不争的事实。对地方性报业发展的相关情况，任白涛进行了论述：

> 今日我国之地方报，大都滥载中央或全国或世界各地之记事，鲜有以地方为本位者。其甚者，剪裁地方人已经阅过之京沪报以充篇幅，故地方人之稍具常识者，只阅京沪报而不阅地方报。不宁惟是，京沪各报，均尚未至发行"地方版"或"地方附刊"之时机，此时机一旦来到，则地方报之运命，将愈陷于窘境。……在一国之都会发刊之报纸，与在地方城市发刊之报纸，无论其资本多寡规模广狭，而其发刊之目的及其内容，均应有多少之差别。⑤

---

① 管翼贤：《北京报纸小史》，管翼贤纂辑：《新闻学集成》，中华新闻学院1943年版，第279页。
② 熊少豪：《五十来年北方报纸之事略》，申报馆编：《最近之五十年——申报馆五十周年纪念刊》（第3编），上海申报馆1923年版，第24页。
③ 管翼贤：《北京报纸小史》，管翼贤纂辑：《新闻学集成》，中华新闻学院1943年版，第282页。
④ 秦理斋：《中国报纸进化小史》，申报馆编：《最近之五十年——申报馆五十周年纪念刊》（第3编），上海申报馆1923年版，第24页。
⑤ 任白涛：《地方报之编辑》，《东方杂志》1921年第18卷第17号，第96—97页。

可见，地方报大抵依据京沪大报模式刊行，并没有多大区别，但它是构成地方性知识的重要一环，地方性报刊的地位自应得到重视。这里略举天津、广东、湖南、湖北、四川、浙江、东北等地的情况。①

天津报业受政治因素影响颇深，成为北方地区除北京以外的另一个重要中心。从数量上看，五四运动前后天津出现了90多种中外文报刊，对五四运动起到了重要的推动作用。从质量上看，《大公报》《益世报》是天津地区最有价值的报纸，在天津新闻史乃至中国新闻史上留下了一笔浓墨。此外，天津报业与北京发行市场紧密联系在一起。从发行和受众的角度来看，像《大公报》《益世报》这样的大报占据北京报业市场，从而带动了京津地区报业的发展。北京报纸虽多，但论影响力，《大公报》《益世报》更胜一筹，成为京津地区报业发展的一大景观。

广东报业具有革命传统和地方特色。民国初年，广东有15种报刊，计《七十二行商报》《震旦报》《平民报》《南越报》《时报》《又新报》《广南报》《广州共和报》《大公报》《岭华日报》《惟一报》《天职报》《华严报》《商权报》《中华新报》，②呈现出"短暂繁荣"的特征，③主要原因在于政治和个人报业时代所使然。④龙济光、旧桂系军阀统治时期，"报界一片惨淡"，"报业发展停滞"，"处于低潮"。⑤广州国民政府时期，"革命报刊发展起来"，一批无产阶级报刊诞生，与国民党党报互相联合，在宣传上组成统一战线，为宣传国民革命起到了重要的作用。⑥殊为可惜的是，广东鲜有影响全国的大报，但就整体而言，广东报业成为华南地区报业发展的代表。

两湖地区报刊业各具特色。武昌起义后，"武汉成为全国新闻舆论较量的

---

① 需要说明的是，选择上述区域进行讨论旨在说明地方性报刊"有"的一面，但并不能说明其他"无"的一面，没有具体讨论其他区域的原因在于受史料所限。
② 其中，《中华新报》在汕头出版，其他均在广州出版。参见赖光临：《七十年中国报业史》，"中央日报"社1981年版，第16—17页。
③ 邓毅、李祖勃编著：《岭南近代报刊史》，广东人民出版社1998年版，第370页。
④ 梁群球主编：《广州报业（1827—1990）》，中山大学出版社1992年版，第58页。
⑤ 梁群球主编：《广州报业（1827—1990）》，中山大学出版社1992年版，第59—60页。
⑥ 梁群球主编：《广州报业（1827—1990）》，中山大学出版社1992年版，第85—90页。

中心"。① 中华民国建立后,武汉出版报刊 11 种,包括《中华民国公报》《民心报》《震旦民报》《民国日报》《国民新报》《大汉报》《国民新报》《共和民报》《新闻报》《武昌公报》《群报》。② 二次革命失败后,武汉报业陷入低潮,黎元洪联袁制孙,制造了一系列"报案",武汉报馆出现闭馆风潮。袁世凯去世后,武汉报业出现复兴,先后成立报馆 40 余家。③ 五四运动前后,武汉地区出现报刊 100 多种。④ 北伐战争后,武汉成为"远东新闻中心"。⑤

与湖北一湖之隔的湖南报业发展颇为曲折。民国初年,"报纸应时而起,春皋净丽,百卉怒生"。⑥ 长沙有报 8 种,即《长沙日报》《湖南公报》《湖南民报》《军事日报》《大汉民报》《黄汉湘报》《湘汉新闻》《女权日报》。"癸丑报灾"后,长沙只剩下《大公报》(湖南版)和《湖南公报》。谭延闿主政湖南时,"报纸复风起"。傅良佐、张敬尧时期的湖南,"新闻事业""最艰苦"。五四运动后,谭延闿三主湖南,"一时大报有九,数量之多,为前此所未见"。⑦

四川报业发展也呈现出阶段性特色。四川地方报人孙少荆在《1919 年以前的成都报刊》一文中,对成都报业早期发展史做了简单的总结。他将 1919 年以前的成都报业发展史分为三个时期。⑧ 其中,第二个时期是中华民国成立后,成都报界"最盛","报纸异常发达","时兴时灭"。⑨ 第三个时期是

---

① 唐惠虎、朱英主编:《武汉近代新闻史》(上卷),武汉出版社 2012 年版,第 237 页。
② 赖光临:《七十年中国报业史》,"中央日报"社 1981 年版,第 16 页。
③ 湖北省报业志编纂委员会编:《湖北省报业志》,新华出版社 1996 年版,第 3 页。
④ 武汉地方志编纂委员会主编:《武汉市志·新闻志》,武汉大学出版社 1991 年版,第 9 页。
⑤ 唐惠虎、朱英主编:《武汉近代新闻史》(下卷),武汉出版社 2012 年版,第 348 页。
⑥ 李抱一:《长沙报纸史略》,李抱一著,黄林编:《李抱一文史杂著》,湖南人民出版社 2009 年版,第 5 页。
⑦ 李抱一:《长沙报纸史略》,李抱一著,黄林编:《李抱一文史杂著》,湖南人民出版社 2009 年版,第 5—10 页。
⑧ 孙少荆遗著:《一九一九年以前的成都报刊》,中国人民政治协商会议四川省委员会、四川省省志编辑委员会编:《四川文史资料选辑》(第八辑),四川人民出版社 1979 年版,第 138 页。此文原为行者:《成都报界回想录》,载于 1919 年 1 月 1 日的《川报增刊》第 2、3 版。保存此增刊的李哲生认为,行者即孙少荆。
⑨ 孙少荆遗著:《一九一九年以前的成都报刊》,中国人民政治协商会议四川省委员会、四川省省志编辑委员会编:《四川文史资料选辑》(第八辑),四川人民出版社 1979 年版,第 143 页。

"癸丑报灾"后,成都报纸"一落千丈",沦为政党相互攻击的工具。① 王绿萍编著的《四川报刊五十年集成(1897—1949)》指出,偏于西隅的四川地区报业相较于其他地方毫不逊色。②

浙江杭州因靠近上海,报刊"不容易发达",并且因为"没有明确的政治主张"和"新闻材料的供给太少",受到宋云彬的批评。③ 民国初年,浙江报业在"逆境中"发展,"短暂兴盛"。五四时期,浙江报业"生机勃勃","学生进步报刊纷纷破土而出"。大革命时期,浙江报业呈现"新貌",革命进步报刊和统一战线报刊相继创办,促进了革命的发展。其中,较为典型的报刊有《汉民日报》《越铎日报》《之江日报》《救国讲演周刊》《时事公报》《效实学生自助会周刊》《浙江新潮》《四明日报》《诸暨民报》《火曜》《责任》《浙江周刊》等。④

东北地区的报业发展也值得关注。民国初年,东北各省创办了一些报刊。另外,日俄战争后,日本逐渐蚕食东北。在舆论宣传上,日本创办了一系列中文、日文报刊(见表1-5),大肆进行文化殖民,为其侵略东北和发动全面侵华战争做准备。

表1-5 1928年前东北各地出版的报刊统计表⑤

	总类(含公报)(种)			杂志(种)		报纸(种)		总计(种)
	日文	中文	西文	中文	日文	中文	日文	
东北总类	9	12	1					22
辽 宁	5			8	23	10	19	65
大 连				3	95	4	15	117

---

① 孙少荆遗著:《一九一九年以前的成都报刊》,中国人民政治协商会议四川省委员会、四川省省志编辑委员会:《四川文史资料选辑》(第八辑),四川人民出版社1979年版,第147页。
② 王绿萍编著:《四川报刊五十年集成(1897—1949)》,四川大学出版社2011年版。
③ 宋云彬:《杭州的新闻界》,海宁市档案局(馆)编:《宋云彬文集》(第二卷),中华书局2015年版,第1—4页。
④ 王文科、张扣林主编:《浙江新闻史》,浙江大学出版社2010年版,第63—131页。
⑤ 陈鸿舜:《东北期刊目录》,《禹贡》1937年第6卷第3、4期合刊,第203—231页。

续 表

	总类（含公报）（种）			杂志（种）		报纸（种）		总计（种）
	日文	中文	西文	中文	日文	中文	日文	
旅 顺					11			11
吉 林	5			3	2		4	14
东省特别区	4				2	10	3	19
黑龙江	5				2			7
热 河								
合 计	28	12	1	11	134	28	41	255

其中，影响最大的报纸为《盛京时报》。《盛京时报》由日本人中岛真雄于1906年创办，出版近38年，是日本在中国东北地区出版的第一张报纸，也是日本在华出版最久的一张报纸，是日本在中国东北地区的主要喉舌。戈公振评价该报"以我国之文字与我国人之口吻，而攻击我政府与国民"。① 因此，东北地区报业深受日本影响，呈现出半殖民地化的特征。

以上从时间和空间两个维度梳理北洋政府时期报刊发展状况，但并不能全面反映中国报业的全貌，尤其是难以估计全国报刊的具体销量。因为"我国报纸的销数向来没有准确的统计，要在各报的销数方面作比较的研究当然很不容易"，② 所以从销量上讨论中国报业发展殊为困难。当然，对一些重要报刊的发行量做相关研究具有典型意义，如发行量超过十万份的《申报》《新闻报》等。需要注意的是，由于统计时段与对象各异，发行量仅具有参考价值。若要揭示报刊更深层次的内涵，需要进行多维度的探讨。报刊从中心到边缘的扩展，亦是阅读景观营造的过程。梳理报刊业的发展轨迹，是分析报刊阅读的重要前提。

---

① 戈公振：《中国报学史》，岳麓书社2011年版，第94页。
② 胡仲持：《关于报纸的基本知识》，上海生活书店1937年版，第118—119页。

第二节 综合性大报的传播与阅读

综合性大报指发行量多、知名度高、社会影响力大的报纸。① 民国时期,报刊类型繁多,各类晚报、日报、画报、学术性刊物、社团刊物、体育刊物、学生刊物等面向不同读者群,覆盖各个层次阅读公众的现代报刊传播体系日渐完善。② 尤其是一些大报,发行时间长,分布地区广,社会影响大,例如号称"四大报纸"的《申报》《新闻报》《大公报》《中央日报》知名度甚高。其中,《申报》《新闻报》作为商业性报刊的代表,成为读者阅读的重要对象;《大公报》以"四不"为原则,被认为是中国"最为进步、编辑最佳的中文报纸","倾向于迎合一部分受过优良教育的受众"。③

一、《申报》的发行与推广

《申报》是中国近代发行历史最长、影响最大的商业性报纸。1872 年,英国人美查在上海创办《申报》。1912 年,史量才接手《申报》,以"不偏不党"为宗旨,《申报》进入快速发展时期。史量才对《申报》进行了全面改革。首先,《申报》开始转变发行科的工作思路。《申报》早期的读者主要是政界人士和高级知识分子,读者群很狭窄。史量才转变《申报》的发行思路,促使《申报》面向不同类型的读者群,从而扩大发行范围。其次,改革栏目内容。对读者市场进行细分和深化,不断增加栏目,满足不同阶层、不同读者的需求,使服务对象范围得到极大扩展。1917 年 1 月,《申报》开辟《自

---

① 邱沛篁对大报定义有三:第一,从版面大小区分,对开报纸为大报,而四开甚至八开报纸为小报;第二,中国新闻实践中一般把各级党报(主要是中央和省级党报)称为"大报",其他报纸被称为"小报";第三,一部分人士从社会影响、知名度等角度区分报纸,知名度高、社会影响大的报纸被认为是大报,其余报纸则被认为是小报。依据邱沛篁的定义,本书所指综合性大报包含第一和第三双重含义。参见邱沛篁主编:《新闻传播手册》,四川大学出版社 2004 年版,第 265 页。

② 许欢:《中国阅读通史·民国卷》,安徽教育出版社 2017 年版,第 159 页。

③ 林语堂:《中国新闻舆论史》,王海、何洪亮主译,中国人民大学出版社 2008 年版,第 109 页。

由谈》一栏，刊载 40 多年的回顾，摘取《申报》40 多年来所载奇闻逸事及政治、风俗、诗歌、游戏、小品等文字，以飨读者。1919 年 8 月，《申报》出版《星期增刊》两张，专门翻译世界政治、外交、经济、军事、文化和学术等，同时翻译国外报纸杂志的论文摘要及要闻，对国际时事做系统介绍，满足关心国际形势的读者的需要。1920 年，《申报》增辟《知识》专栏，刊载介绍法律、经济、道德、卫生、科学、宗教、市政、文艺等各类知识性文章，为一般读者所欢迎。1924 年 2 月，《申报》特辟《本埠增刊》，专为争夺本市读者做努力，每日出版，为本市读者服务，颇受欢迎。① 最后，利用交通的进步扩大外地订户。以往《申报》一般由报贩贩卖。报贩吴鼎元雇三人为他分送《申报》，伙计每月可得银币十元，而他可获利七八百元，他们"夫妇及二子、二女之衣食住"，并他所吸食之"鸦片"，"悉取给于是"。报贩徐子卿"鬻报"3 000 余份《申报》，同样分给二级报贩贩卖，"其岁入可三千元有奇，报馆主笔之岁俸，亦不是过也"。② 为改变这种由报贩控制《申报》发行的局面，史量才做了重大努力。《申报》在稳定上海本地订户的基础上，积极扩大外地订户。在上海，《申报》自备汽车，争取最快把报纸送到读者手中。在外地，《申报》积极建立分馆和分销处，以求增加机关团体与个人订户的数量。此外，《申报》根据火车时刻表精心设立邮政线路，以保证邻近上海的苏州、杭州、南京等地的读者能读到当天的《申报》。通过上述努力，《申报》的发行量逐步增长，外地的长期订户多达一万多户，占总销量的一半。《申报》成为那个时代无人不知、无人不看的报刊。发行区域所至，即为读者阅读区域所至，因而为"近代中文第一报"。徐铸成称之为"一部中国近代史的详细的记录，充满了中国人民的心酸苦难、天灾人祸和革命斗争的曲折、失败、胜利"。③

根据李嵩生的统计，1912—1922 年《申报》的销数如表 1-6 所示。

---

① 马光仁主编：《上海新闻史（1850—1949）》（修订版），复旦大学出版社 2014 年版，第 549—550 页。

② 徐珂著，孙安邦、路建宏点校：《送报收入颇丰》，《康居笔记汇函》（第二册），山西古籍出版社 1997 年版，第 315 页。

③ 徐铸成：《民国记事：徐铸成回忆录》，广西人民出版社 2015 年版，第 245 页。

表 1-6 《申报》历年销数比较表①

年份（年）	每日平均销行份数（份）	年份（年）	每日平均销行份数（份）
1912	7 000	1920	30 000
1916	14 000	1921	45 000
1917	20 000	1922	50 000

二、《新闻报》的发行与推广

相比于《申报》，《新闻报》可谓是后起之秀。《新闻报》创刊于1893年，由中外商人合组公司，英国人丹福士为董事，蔡尔康和孙玉声先后任主笔。1899年，福开森购买《新闻报》的股权，聘请汪汉溪为总理。从此，《新闻报》进入福开森时代。福开森经营报业的理念是"主张明达之舆论，而又长持此明达之舆论于不衰；凡一切事业，足以助中国各界之进步者，无不助其张目；至若过情之论，又未尝不思有以阻尼之"。② 在福开森一系列报业革新思想的引领下，《新闻报》快速占领上海市场，并向全国拓展。《新闻报》很快成为与《申报》并驾齐驱的另一份大报。

《新闻报》在创刊之初，采取较为实用的经营策略，使其能在复杂的上海报业中迅速占领市场，赢得读者的信赖。汪汉溪改革《新闻报》的重要一面在于确定以经济新闻为重点，以工商界为主要读者对象。汪汉溪注重争取上海读者，认为"上海人口以从事工商业者为最多"，"首先应当适应工商界的需要"。③ 在栏目增设上，《新闻报》率先开辟报刊专栏，于1922年和1923年先后开辟经济新闻和教育新闻专栏，聘请知名学者徐沧永为经济新闻专栏编辑，增设以知识性、趣味性为特点的副刊《快活林》。在发行策略上，"延程寅生为出派员"。程寅生"亲往各地察视情形，次第设法添设分馆，分销处，

---

① 李嵩生：《本报之沿革》，申报馆编：《最近之五十年——申报馆五十周年纪念刊》（第3编），上海申报馆1923年版，第31页。
② 胡道静：《新闻报四十年史（1893—1933）》，《报学杂志》1948年第1卷第2期，第10页。
③ 陶菊隐：《记者生活三十年——亲历民国重大事件》，中华书局2005年版，第67页。

逐渐推广，"计前后成立者五百余处"，报刊发行数量"由每日销报五六千份起，逐年递增，至近年且超过十万份"。① 此外，《新闻报》的售价比当时的《申报》《沪报》低廉，雇有脚船将《新闻报》发行到苏杭地区。《新闻报》注重报道苏浙沪最近发生之事，"以邻近易于接触之故，多欲购阅，此报之印象遂久含于多数人之脑中，至今凡茶楼、酒馆、浴室、理发店以及各商号并与沪上各业之有关系者，莫不有《新闻报》一份"。② 在汪汉溪的努力下，《新闻报》成为名副其实的"柜台报"。

《报学杂志》统计了1912—1927年《新闻报》的发行量，如表1-7所示。

表1-7 《新闻报》历年销数比较表③

年份（年）	每日平均销行份数（份）	年份（年）	每日平均销行份数（份）
1912	19 418	1922	74 284
1914	23 629	1923	81 737
1916	33 045	1924	105 727
1919	45 782	1925	127 719
1920	50 788	1926	141 717
1921	59 349	1927	144 079

三、《大公报》的发行与推广

1902年，英敛之在天津创办《大公报》。1916年，王郅隆接手《大公报》，聘胡政之为主笔兼经理。1925年年底停刊。1926年，吴鼎昌、张季鸾、胡政之三人接手《大公报》，定办报宗旨为"不党、不卖、不私、不盲"，《大公报》进入辉煌时期。

《申报》和《新闻报》以新闻、广告见长，而《大公报》以言论见长。

---

① 胡道静：《新闻报四十年史（1893—1933）》，《报学杂志》1948年第1卷第2期，第9—11页。
② 陈伯熙编著：《上海轶事大观》，上海书店出版社2000年版，第266页。
③ 《新闻报历年销数比较表》，《报学杂志》1948年第1卷第2期，第11页。

《大公报》的社评、星期评论、新闻通讯、副刊被新闻界称为"四绝"。英敛之奠定了《大公报》言论的特色，为其发展创造了良好的条件。王郅隆时期的《大公报》烙上了派系的印记，"大公"精神虽有传承但出现衰退。① 新记《大公报》重新占领了中国言论的阵地，也成为受读者追捧的报纸之一。在此过程中，胡政之对《大公报》的改革卓有成效，使其发行量达到一万多份，对《大公报》的中兴起到了重要作用。《大公报》不断更新通信交通手段，以期让读者尽快读到报纸，从而提高报纸的时效性。《大公报》读者以京津地区为主，其中，天津读者可以读到当日报纸。该报利用京津之间的夜班火车运报，北京读者第二天便能阅览头天出版的《大公报》。《大公报》虽然在销量上低于《申报》和《新闻报》，但在影响力上并不逊于两者。

除上述三大报外，能被称为大报的还有上海《时报》《时事新报》《民国日报》、北京《晨报》、天津《益世报》等。这些报刊虽较三大报逊色，但在中国报业中的影响力不容低估。值得一提的是《民立报》，在民国初期因鼓吹革命之功，"销数骤增，直驾《新》《申》两报而上之"。② 但由于革命陷入低潮，加之袁世凯的打压，《民立报》只能在租界内发行，最后不得不停刊。

这些大报的副刊也值得重视。陈纪滢在1943年撰文回忆20世纪20年代的副刊时曾言："在若干年以后，也许深留在多数人脑海的是副刊。二十年前的《民国日报》，现在遗留在一般人脑海的，恐怕是邵力子先生编的《觉悟》，《晨报》时代的《晨报副镌》也是令人不忘的，《时事新报》的《学灯》甚至于《益世报》的《益智》都在人们记忆之中。"③ 副刊以刊登"消闲性小品"为主，具有鲜明的文艺色彩，常常运用多样化体裁，反映社会面貌，介绍科学知识，丰富大众文化生活。④ 副刊在一定程度上体现了报纸格调，对读者的文化需求和阅读有着重要影响。

---

① 沈静：《"大公"精神的承续与衰退——以王记〈大公报〉（1916—1925）言论为核心的研究》，华中科技大学博士学位论文，2015年。
② 陈伯熙编著：《上海轶事大观》，上海书店出版社2000年版，第266页。
③ 陈纪滢：《我们需要怎样的副刊》，《中外春秋》1943年第1期，第15页。
④ 严独鹤：《副刊的"四个要点"》，王文彬编：《中国报纸的副刊》，中国文史出版社1988年版，第29页。

综合性大报对近代中国之研究具有重要意义。综合性大报发刊时间长、影响力大、读者众多。而对于报刊本身而言，"近代中国改革之先驱者，为报纸"，"近代国家，报纸负重要使命，而在改革过渡时代之国家为尤重"。① 报纸的使命与责任和国家紧密联系在一起，而报刊既是近代信息最丰富的载体，亦是中国近代社会变迁最真实的写照。诚如李嵩生评价《申报》时所言："五十年间，思想界、物质界之进化，于是乎见焉，人心风俗之厚薄，与夫社会生活程度之高下，于是乎征焉。是不可以不记。其野也无所讳，其文也无所饰，其烦也无所惮。"② 一份大报的历史，便是社会发展、读者阅读的历史。

第三节 小报与读者的阅读

小报指一种篇幅小（一般为四开、八开），内容多为消闲娱乐之类的文艺游戏小品文，主要迎合市民的文化趣味，篇幅短小、风趣，记载名人的趣闻逸事，滑稽幽默，以消遣为主的通俗大众化报纸。③ 相对于大报而言，小报迎合读者的需要，以其自身特色，在竞争激烈的中国报业中赢得生存空间。小报不像大报，大报的生存除靠发行外，广告是其重要的收入来源，而小报基本靠发行来获得生存。因此，小报更重视读者的阅读需求。

一、小报发展概况

小报是晚清民国社会文化转型的产物。"现代都市的初步成型构制了小报生存的物质环境，近代市民社会和市民文化的衍变催生了小报文化形态的成熟，近代文化市场机制的建立提供了小报的传播渠道，现代报纸的发生和影

---

① 张季鸾：《本报一万号纪念辞》，《大公报》1931年5月22日，第1版。
② 李嵩生：《本报之沿革》，申报馆编：《最近之五十年——申报馆五十周年纪念刊》（第3编），上海申报馆1923年版，第29页。
③ 洪煜：《近代上海小报与市民文化研究（1897—1937）》，上海书店出版社2007年版，第17页。

响则成为引发小报出世的直接动因。"① 小报滥觞于晚清,一般认为李伯元创办于 1897 年的《游戏报》是小报鼻祖。② 至于对小报发展阶段的划分,学者们提出了不同的观点。③ 1912—1927 年无疑是小报发展的黄金时期,《晶报》《金刚钻》《福尔摩斯》《罗宾汉》四大小报风靡一时,颇受关注。

《晶报》,三日刊,由余大雄创办于 1919 年 3 月 3 日,原是《神州日报》的附刊,后分离出来成为独立的小报。主要撰稿人有包天笑、余大雄、江红蕉、黄转陶、张丹翁、陈孝威、黄文农等。《晶报》发刊词中对读者的定位为"读吾报者,虽不惮为过情之奖借,目为一种文章之结晶体,抑亦同人所不敢不勉者"。④《晶报》因在小报发展史上的特殊地位,被誉为"小报巨擘":"20 年代前期为三日刊的出版高潮,模仿《晶报》的内容、版式的综合性小报,多达 60 多种。"⑤《晶报》勇于揭露黄金荣纳妾、康有为和胡适的隐私,满足了读者窥私的欲望,同时,也起到了监督"名人"的作用。《晶报》因特殊贡献而成为"小报救大报"的典范。⑥

《金刚钻》,三日刊,最初成立是为和《晶报》发起笔战,创办于 1923 年 10 月 18 日。主要撰稿人有朱大可、蒋剑侯、蒋叔良、梯维生、沈秋雁、俞逸

---

① 李楠:《晚清、民国时期上海小报研究——一种综合的文化、文学考察》,人民文学出版社 2005 年版,第 26—27 页。
② 关于中国近代第一份小报,学者们提出了不同的观点。孙家振、张乙庐、曹聚仁、洪煜、李楠等认为,中国第一份小报为《游戏报》。刘惠吾、郑逸梅认为,小报鼻祖为李伯元创办于 1896 年的《指南报》。参见孙家振:《退醒庐笔记》,上海书店出版社 1997 年版,第 62 页;张乙庐:《天涯芳草馆笔记》,《小说日报》1923 年 1 月 26 日,第 10 版;曹聚仁:《我与我的世界》,人民文学出版社 1983 年版,第 362—363 页;洪煜:《近代上海小报与市民文化研究(1897—1937)》,上海书店出版社 2007 年版,第 54—55 页;刘惠吾编著:《上海近代史》(上),华东师范大学出版社 1985 年版,第 273 页;李楠:《晚清、民国时期上海小报研究——一种综合的文化、文学考察》,人民文学出版社 2005 年版,第 37 页。
③ 李楠将上海小报的发展划分为发轫时期(1897—1918)、定型时期(1919—1929)、衍变时期(1930—1937)、下降时期(1937—1952)。洪煜将上海小报的发展划分为初创时期(1897—1918)、鼎盛时期(1919—1930)、转型时期(1930—1937)、衍变时期(1937—1952)。参见李楠:《晚清、民国时期上海小报研究——一种综合的文化、文学考察》,人民文学出版社 2005 年版,第 36—49 页;洪煜:《近代上海小报与市民文化研究(1897—1937)》,上海书店出版社 2007 年版,第 53—74 页。
④ 朧猿:《晶报叙言》,《晶报》1919 年 3 月 3 日,第 2 版。
⑤ 秦绍德:《上海近代报刊史论》(增订版),复旦大学出版社 2014 年版,第 141 页。
⑥ 祝均宙:《图鉴百年文献:晚清民国年间小报源流特点探究》,华艺学术出版社 2013 年版,第 86 页。

芬、马直山等。《金刚钻》"欲持此光明之态度，坚固之精神，以与妖物相从事焉"。①《金刚钻》以刊登文艺作品为主，如程瞻庐的小说《奈何天》、拂云生的《十里莺花梦》《花影灯痕》、王小逸的《众生相》、汪仲贤的《角先生》等，深受读者喜爱。

《福尔摩斯》，三日刊，创刊于 1926 年 7 月 3 日，由吴微雨、胡雄飞、姚吉光、汤笔花四人合办。《福尔摩斯》"什么都要揭发，以致纠纷交涉，对簿公庭，那是经常的事。被涉及的人往往控告该报，致屡被罚款。可是每发生一次交涉，或者吃一次官司，他们都把它公诸报端，希望获得社会人士的公允评判"。②该报以专门刊发揭露内幕新闻、黑幕消息而著称。有人评价："《福尔摩斯》出版，作风一变，注重社会新闻，确实做到了'记大报之所不敢记'，所以出版后引起社会上的极大注意，风行一时。主事者是胡雄飞、姚吉光、吴微雨三位先生，由微雨担任笔政，有胆量，有精神，给小型报奠定了新的基础。最盛的时期，销到一万多份，提起《福尔摩斯》四字，大家都不觉敬畏起来。"③《福尔摩斯》被誉为"小报一绝"。④

《罗宾汉》，三日刊，创刊于 1926 年 12 月 8 日，由朱瘦竹、周世勋合办。《罗宾汉》在发刊词中称，希望效仿罗宾汉之所为，"禹鼎温犀，虽神奸巨憝，亦难逃吾报之铸烛"。⑤ 但事实并非如此。《罗宾汉》注重电影和戏剧消息，刊发弹词、戏曲，如马如飞的《黛玉还魂》《白蛇传》、王宛香的《笑中缘》、张笑农的《牡丹亭》、白玉霜的《目莲救母》、山药蛋的《蓝桥会》、富贵花的《昭君和番》、白凤鸣的《罗成算卦》、刘宝泉的《发子藏舟》、常村田的《下河南》等，因而被称为"戏报鼻祖"。⑥

继"四大金刚"之后，又有"四大日刊小报"，即《小日报》《上海报》

---

① 《发刊词》，《金刚钻》1923 年 10 月 18 日，第 1 版。
② 郑逸梅：《小型报中的"四金刚"》，《郑逸梅选集》(第 1 卷)，黑龙江人民出版社 1991 年版，第 954 页。
③ 灵犀：《小型报杂论》(6)，《社会日报》1941 年 1 月 1 日，第 2 版。
④ 孟兆臣：《中国近代小报史》，社会科学文献出版社 2005 年版，第 43 页。
⑤ 《发刊词》，《罗宾汉》1926 年 12 月 8 日，第 1 版。
⑥ 孟兆臣：《中国近代小报史》，社会科学文献出版社 2005 年版，第 50 页。

《上海日报》《报报》。此外，还有群起效仿的"小金刚"小报。这些小报组成了小报体系，为丰富现代都市的市民消闲娱乐做出了重要贡献。

二、小报读者

读者是小报能够生存的关键之所在。小报读者群体从传统士绅、高级文人逐渐向社会中下层市民转向，囊括了以政府官员、上海闻人、一般职员、店员、学生群体等为主的读者，几乎涵盖社会各个阶层。小报以"趣味为中心""不谈政治，所谓国家大事，概不与闻"为办刊思路，① 以其集娱乐、消闲、趣味于一体的办刊模式赢得了各类读者的喜爱。

（一）政客与文人

政界要人阅读小报，一方面基于娱乐之需，另一方面关注小报上对政界要人隐私的揭露。国民党政要吴稚晖是位"小报迷"，认为小报"能补识字"，对中国事业的发展"要算一个至有力量的机关"，"我国的事业，只患其不创，不患其不盛"。② 他对小报"是无报不看，无报不喜"，并且他"家中的陈设尤其滑稽，写字柜与杂志而外，大报与小报而已"。③ 蒋介石在与幕僚的讨论中评价小报："上海小报之潮，有增无减，足见上海文才之富，然无数小报中，能合所谓报之本旨者，固亦不少，而完全相反。背道而驰者，恐亦孔多。"④ 表明他对小报的重视。

随着小报的风行，不少政界人士颇为留意，一些政要和知名人士甚至为小报题词，大力鼓吹。《晶报》由三日刊改为日刊，上海特别市市长吴铁城专门为其题词"小报之王"。⑤《小日报》创刊后，潘公展为其题词："小日报出世，小中见大。日日新，报道一声来也。"⑥《福尔摩斯》创刊三周年纪念，

---

① 包天笑：《钏影楼回忆录》，上海三联书店2014年版，第417页。
② 丹翁：《吴稚老捧小报》，《晶报》1928年7月12日，第2版。
③ 范敬五：《吴稚晖与报报》，《报报》1928年12月1日，第2版。
④ 盼兮：《蒋总司令大谈上海小报》，《上海滩》1928年11月4日，第2版。
⑤ 吴铁城：《小报之王》，《晶报》1932年11月6日，第2版。
⑥《小日报》1926年8月2日，第2版。

熊式辉题字"三年有成",黄金荣赞其为"大侦探"。① 杜月笙对小报也是赞誉有加,认为"上海小报,得有今日之蓬勃,今日之声誉,今日之价值",是上海小报文人的"任怨任劳,勇往精神","又有具大无畏精神,秉笔直书,畅所欲言者,虽贻骂报之讥,然正见其热血沸腾","殊令我钦佩也"。②

不仅政客对小报情有独钟,一些文人对小报也信赖有加。胡适和吴稚晖对小报是"无报不看,不报不喜",③ 将小报视为精神食粮。胡适非常重视小报的地位,认为"上海的报纸都死了。被革命政府压死了。只有几个小报,偶然还说说老实话"。④ 林语堂对小报地位的评价更是振聋发聩:"大报失言论之责,故小报应运而生",小报"出而说心坎里的话……由是而乱臣贼子惧"。⑤ 梁实秋也是一位小报忠实读者,将看小报比作娶姨太太:"不娶最好,娶了也怪有趣的,即是多娶几个也无关宏旨。我们平常看大报,像是和太太谈天,她老是板着脸,不是告诉你家里钱不够用,就是告诉你家里兄弟吵架,使你听得腻而且烦,偏是翻开小报看看,她会嬉皮笑脸的逗你玩。姨太太逗你玩,使你笑迷迷的开心。我羡慕你,姨太太举止稍微不规矩一些,出言稍微欠庄重一点,我原谅她。"⑥

徐兆玮是《晶报》的忠实读者,在他的日记中出现阅读《晶报》的次数达26次。其中详细记录了《晶报》揭露周刚直事:

> 周刚直,江阴顾山人,第三师范毕业生,曾为宜兴小学教员,又至日本留学,归为川沙师范教员,于右任办上海大学,邀与共事。今春回家。近组织一佃户自救会,不知宗旨何如,而常熟、江阴、无锡三处绅士向官厅呈诉,谓要酿成抗租风潮。省长陈陶遗令江阴县拘办,周刚直到案,……省批察核办理。闻有一常熟省议员密呈省署,又令江阴县严

---

① 《福尔摩斯》1929年9月5日,第1版。
② 大巫:《杜月笙赞成骂报》,《上海滩》1929年12月19日,第2版。
③ 范敬五:《吴稚晖与报报》,《报报》1928年12月1日,第2版。
④ 胡适著,曹伯言整理:《胡适日记全编》(第5册),安徽教育出版社2001年版,第110页。
⑤ 林语堂:《为蚊报辨》,《社会日报纪念专刊》1932年,第12页。
⑥ 《梁实秋谈小报》,《铁报》1936年10月23日,第2版。

办，报总司令部，以宣传过激主义殊与治安有关，即令依照军法办理，而周刚直处决矣。①

徐兆玮认为此事"不见上海报"登载，只是"闻人传说而未得其详"，故"摘录于此"。② 朱鄂基亦有多次阅读《晶报》的记录。1922 年 6 月 21 日，其友萧山带来《晶报》一叠，朱鄂基"静坐披览，以资消遣。内如李涵秋之《爱克司光录》、包天笑之《一年有半》、马二先生之《都门客思录》、张丹翁之《谐谈》，均极可观"。翌日，他"终日楼居，披览《晶报》"。③ 1926 年 12 月 23 日，他又有阅读《晶报》之记录："十一日《晶报》载，张君励〔劢〕所著《武汉见闻》一书，内称国中之诋毁南军者，动曰赤化赤化，俄国共产主义之异名也。以我在汉所闻，无不保护尊重私有财产之旨，故以共产攻之者，不特无的放矢，且未了解国民党，所以交欢商民之心理也。"④ 朱鄂基对一些报刊诋毁南军表示反对。而偏于一隅的张棡也可以看到《晶报》。1925 年 7 月 11 日，张棡看《晶报》后写道："此报主笔系张丹翁，不知为何处人"，"材料大半为游戏之事"。7 月 15 日，他再看《晶报》，评价此报系"上海小报之一种"，中间"颇有趣味可寻"。⑤ 张允和小时候家里便订有《晶报》《金刚钻》等小报。⑥ 曹聚仁曾致信《社会日报》云："我爱读贵报成癖，并不是我在瞎恭维，贵报的确在指导读者，使（人）了解上海的社会。"⑦ 这些读者的阅读感想，证实了他们颇为偏爱小报。

文人不仅看小报，而且从小报中获取资料，供学习和研究之用，为文学创作提供素材。郑振铎口头表示不看小报，但实际上多留意小报文章，为他

---

① 徐兆玮著，李向东、包岐峰、苏醒等标点：《徐兆玮日记》（第 4 册），黄山书社 2013 年版，第 2768 页。
② 徐兆玮著，李向东、包岐峰、苏醒等标点：《徐兆玮日记》（第 4 册），黄山书社 2013 年版，第 2768 页。
③ 朱鄂基著，朱炯整理：《朱鄂生日记》（第 2 册），凤凰出版社 2021 年版，第 435 页。
④ 朱鄂基著，朱炯整理：《朱鄂生日记》（第 3 册），凤凰出版社 2021 年版，第 827—828 页。
⑤ 张棡著，温州市图书馆编，张钧孙点校：《张棡日记》（第 6 册），中华书局 2019 年版，第 2933、2935 页。
⑥ 张允和：《曲终人不散——张允和自述文录》，湖北人民出版社 2009 年版，第 9 页。
⑦ 曹聚仁：《乌鸦的自由》，《社会日报》1933 年 6 月 9 日，第 2 版。

的创作寻找题材。鲁迅在他的杂文中多次引用小报材料。为了研究文人之间的关系，他"连看了两个月"一份小报。① 他还对谢六逸说："《立报》见过，以为很好。"他在写给曹聚仁的信中提到阅读《社会日报》的经历："就定来看看，真是五花八门，文言白话悉具，但有些地方，却比'大报'活泼，也有些是'大报'所不能言。"② 报人唐大郎不仅经常阅读小报，而且成为小报的重要作者。他虽对小报的格调颇有微词，但回想其年轻时，也是小报的忠实读者，因此，他"是没有理由禁止儿子看小型报"。③ 张爱玲与小报更是有着难分难舍的感情："八岁时家住上海，当时家里订阅《小说月报》，她母亲坐在抽水马桶上看老舍的《二马》，一面笑，一面读出来，她也靠在门框上笑，屋里乱摊着小报。少年时代的她常以看看小报和父亲谈谈亲戚间的笑话为消遣。成年后，大叠的小报仍然会唤起她一种'家'的感觉。"④ 张爱玲将小报文章作为她文学创作的资源。她对小报有如下评价："我对于小报向来并没有一般人的偏见。只有中国有小报；只有小报有这种特殊的、得人心的机智风趣——实在是可珍贵的。我从小就喜欢看小报，看了这些年，更有一种亲切感。从前我写过一篇涉及小报的文字，想不到竟得罪了一些敏感的人。但我也没有去解释，懂得的人自然会懂得的。"⑤

不少政客文人不仅视小报为消闲读物，还经常给小报投稿。他们既是读者，又是作者，与小报有着密切联系。不同于大报的"正统"，小报揭露政界的内幕吸引了读者的"眼球"。其中，小报骂人现象值得关注。小报骂人既是小报报人的第一拿手戏，又是官僚的家常小菜。⑥ 这种骂人颇能解闷，受到读者的热捧，成为市民茶余饭后的谈资。

（二）学生与市民

晚清民国时期，学生是社会中最活跃的群体之一，是时代的"弄潮儿"。

---

① 鲁迅：《鲁迅全集》（第14卷），人民文学出版社2005年版，第5页。
② 鲁迅：《鲁迅全集》（第13卷），人民文学出版社2005年版，第560、573页。
③ 高唐（唐大郎）：《小时候我就爱看小报》，《铁报》1946年8月31日，第2版。
④ 罗苏文：《沪滨闲影》，上海辞书出版社2004年版，第156页。
⑤ 张爱玲：《女作家书简》，《春秋》1944年第2卷第2期，第74页。
⑥ 丹斧：《报馆还能骂人吗》，《世界小报》1923年4月12日，第2版。

受新式教育的影响,他们对新型传播媒介的关注度比较高。学生群体关注小报在于它"注重各学校珍闻密史,及女学生之私生活素描,于若辈有切身关系,有非看不可之势,既不便公开阅读,遂分别私购秘阅"。小报对学生的报道绘声绘色,自然吸引学生阅读。"女学生行经发行所前,每以铜元三枚,购得一份,藏诸书包,掉头而去。"① 中学时代的徐铸成在无锡市立图书馆阅读过《晶报》,印象尤为深刻的是"丹翁"的短文,"颇为隽永,耐人寻味"。② 男学生与青年店员最关心各校女学生消息,遂亦视小报为珍品。当时对小报读者的一份调查显示,小报读者以商学二界为主,但在暑假或者寒假,小报的销数会突然减少,足以表明学生也是小报读者不可忽视的一个群体。③ 学生不但喜读小报,还积极向小报投稿,成为小报的作者。一些小报会登载投稿简章,接受学生的来稿,从而吸引学生群体。《小日报》道出鼓励学生投稿的缘由,学生"重名而不重利,一篇稿子,能够替他登出,已经开心万分……他们稿子,于作法上虽然推板一些,然而有时不无好消息得到,尤以学校消息最灵通"。④《铁报》专登载全国各男女学校间与教职员的稿件,一切新闻及揭发学校黑幕之文稿尤为欢迎。⑤ 另外,有关学校运动会、舞会、俱乐部等方面的动态,学生参与其中,小报也乐于刊载。

普通市民也是小报读者群体的重要组成部分。小报集休闲性、娱乐性于一体,自然成为市民喜爱的读物。张爱玲的散文《公寓生活记趣》提到一位开电梯的小报读者:"我们的开电梯的是个人物,知书达理,有涵养,对于公寓里每一家的起居他都是一本清账。……我们的新闻报每天早上他要循例过目一下方才给我们送来。小报他读得更为仔细些,因此要到十一二点钟才轮到我们看。"⑥

---

① 啼红:《灯边话堕·杂谈刊物(下)》,《小说日报》1940年12月16日,第2版。
② 徐铸成:《民国记事:徐铸成回忆录》,广西人民出版社2015年版,第263页。
③ 张君良:《海上小报泛论》,《十年》,申时电讯社创立十周年纪念特刊,1934年7月,第176—177页。
④ 《上海小报概论》(28),《福报》1930年7月19日,第1版。
⑤ 《欢迎投稿》,《铁报》1937年6月12日。
⑥ 张爱玲:《公寓生活记趣》,《流言》1944年12月,第27—28页。

在市民中，小报读者群体主要以职员为主。职员读者群以"写字间的职员为多。大概分二种，一种是真正为看小报而看小报的，一种完全消遣性质。小型报文字的水准，因读者的水准都不高，所以力求通俗"。① 洪煜认为，公司职员、店员、妓女群体等构成了市民的读者群。② 例如，公司职员阅读小报是很常见的现象，以至一些公司禁止办事员看各种小报，"说是看了小报就失掉了人格，并且一经查出，立即停止职务"。③ 即使这样，也阻挡不了公司职员看小报的风潮，很多职员将小报"带到机关、公司、银行里去，也只能躲在厕所里偷看"。④ 妓女读者群体阅读小报主要是因为小报"记注娼优起居"，小报"无所不备，为优伶妓女所欢迎者，已指不胜屈"。⑤

小报读者渗透至社会各阶层，在相当程度上打破了传统的精英阅读格局，体现出大众化阅读的倾向。小报敢登大报"不敢登""不便登""不屑登"的文字，因而受到市民读者的喜爱。小报通俗化的叙事空间迅速延展，都市文化心态得以滋养和形塑。这些都是市民阶层重视小报的缘由。殊为可惜的是，小报读者多为仅受过初等教育的普通民众，他们留下的阅读记录较少，使得对小报读者群体进行系统研究较为困难。

第四节 杂志的发行、传播与阅读

吕思勉总结中日甲午战争以来的中国出版界："三十年来动撼社会之力，必推杂志为最巨。"⑥ 近现代中国思想的变迁，与杂志存在密切的关联。从个人阅读史的角度来看，个人阅读杂志的过程与其思想演变有密切的关系。尤其是学术性杂志反映了学科和学术发展态势，对读者学术能力的培养大有

---

① 《上海的小型报文化座谈会》，《杂志》1943 年第 11 卷第 6 期，第 12 页。
② 洪煜：《近代上海小报与市民文化研究（1897—1937）》，上海书店出版社 2007 年版，第 151—156 页。
③ 落花生：《看小报没有人格》，《笑报》1927 年 2 月 5 日，第 3 版。
④ 陈灵犀：《社会日报杂忆》，《新闻研究资料》1981 年第 4 期，第 36 页。
⑤ 圣徒：《大报化》，《铁报》1930 年 6 月 4 日，第 2 版。
⑥ 吕思勉：《三十年来之出版界（1894—1923）》，《吕思勉论学丛稿》，上海古籍出版社 2006 年版，第 287 页。

裨益。

甲午海战后，维新人士意识到学报的重要性。梁启超在《论报馆有益于国事》中提出："言政务者可阅官报，言地理者可阅地学报，言兵学者可阅水陆军报，言农务者可阅农学报，言商政者可阅商会报，言医学者可阅医报，言工务者可阅工程报，言格致者可阅各种天、算、声、光、化、电专门名家之报。有一学即有一报，其某学得一新义，即某报多一新闻。"① 梁启超希望各行各业皆有可阅之报。至民国，这种"一学即有一报"的格局更显突出。20世纪二三十年代，学术性刊物充当了学术争鸣的中介，为学术的传播起到了重要的促进作用。

就民国杂志的分期而言，五四新文化运动是一个重要的分水岭。民国的杂志，以时段而言，可划分为五四运动以前和五四运动以后。② 五四运动以前，较有影响的杂志有章士钊创办的《独立周报》《甲寅》，梁启超创办的《庸言》，孙中山、黄兴创办的《国民杂志》，谷钟秀、杨永泰、丁世铎创办的《正谊》，康有为创办的《不忍》，陈焕章创办的《孔教会杂志》，留美学生创办的《科学》等。其中，政论性刊物在民国初期起到了主导作用。而康有为创办的刊物《不忍》，积极宣传"君主立宪"，在民国初年"旧思想"的传播中起到了一定作用。

民国初期，政治与学术呈现出"剪不断，理还乱"的关系。康有为希望利用学术讨论政治。梁启超则意识到自己学术生涯中的政治色彩。他在《清代学术概论》中坦言："其后启超等之运动，益带政治的色彩。"③ 可以说，民国初期的杂志政论与思想并重，或者说学术性杂志难以割舍对政治的讨论。

民国初期读者关注政治变革，而五四时期读者更注重思想解放。传播新思潮的刊物应运而生。《新青年》成为当之无愧的引领思想解放的刊物。在

---

① 梁启超：《论报馆有益于国事》，《时务报》1896年第1册，1896年8月9日，第1页。
② 邢云霖：《中国杂志史简述》，刘瑞兴主编：《连续出版物管理史料选》，中国统计出版社1994年版，第134页。
③ 梁启超撰，朱维铮导读：《清代学术概论》，上海古籍出版社1998年版，第84页。

《新青年》创刊之前,新思潮还处于独裁者的压制之下,杂志影响有限。袁世凯去世后,言论较为自由,《新青年》通过陈独秀、胡适等同人的运作,逐步受到青年的欢迎。五四运动后,《新青年》成为影响全国的思想刊物,引发了知识界的办刊热,也带动了一大批读者从边缘走向中心,改变了他们的命运,报刊成为这些人"上升的阶梯"。[①] 通过文化的联动机制,新式杂志为边缘知识分子进入中心提供了种种机缘,以报刊为中心的城市媒介引领了思想界的潮流。读者、作者与新式杂志相互成就。

新文化运动兴起后,以《新青年》为标志,陈独秀等人创办了《每周评论》,傅斯年、罗家伦等人创办了《新潮》等,组成"新文化生力军"。五四运动后,杂志"如得甘霖,勃然兴起",《星期评论》《建设》《解放与改造》《少年中国》《新教育》《学艺》等"应运而生",《东方杂志》《小说月报》"随风转舵改为白话"。杂志引领潮流,成为社会风向标,"当时办杂志和读杂志者渐有形成一个社群的趋势,而不甚注意杂志之外的读物"。[②]

上海是杂志业的中心。吴芳吉将新闻纸分为政治文学、学校教育、妇女家庭、儿童幼稚园、小说、宗教、军事各类,并对每类代表性杂志进行了举例。他指出:"关于政治文学者,曰《大中华》,曰《东方杂志》,曰《雅言杂志》,曰《国学杂志》,曰《正谊杂志》,曰《夏星杂志》,曰《法政杂志》,曰《甲寅杂志》。""关于小说者,曰《小说月报》,曰《小说新报》,曰《小说界》,曰《小说时报》,曰《礼拜三》,曰《礼拜六》,曰《上海滩》,曰《小说海》,曰《眉语》,曰《繁华杂志》,曰《莺花杂志》,曰《双星杂志》,曰《妇女时报》,曰《月月小说》。"在以上杂志中,他认为《大中华》为"新闻界冠军"。他虽赞扬上海杂志业之发达,但也批评其中之不足,尤其是小说之杂志太多,可见"人心之趋向,少国家观念",又无"通俗教育,及美术、农业三者杂志,尚未得见,此诚大缺憾也",而"各报价目,无

---

① 章清:《清季民国时期的"思想界"——新型传播媒介的浮现与读书人新的生活形态》(下),社会科学文献出版社2014年版,第669—783页。
② 罗志田:《国家与学术:清季民初关于"国学"的思想论争》,生活·读书·新知三联书店2003年版,第308页。

一低廉者，是为销路不广之原因，贫者每无力以参考焉"。①

吴芳吉还评论了新文化运动以来的刊物，认为影响潮流之杂志有《新青年》《新教育》《新潮》《少年中国》《少年世界》《建设》《新中国》《解放〔与〕改造》《每周评论》《星期评论》《民风周刊》等，并记载了这些刊物的出版机构、发行量，如表1-8所示。

表1-8 吴芳吉所记著名杂志1919年相关情况②

报　　名	出　版　机　构	发行量（份）
《新青年》	北京大学一部分教员	7 000
《新教育》	江苏教育会	3 000
《新潮》	北京大学一部分学生	6 000
《少年中国》	少年中国学会	5 000
《少年世界》	少年中国学会	2 000
《建设》	旧同盟会孙系	5 000
《新中国》	研究系一派	2 000
《解放（与）改造》	上海时事新报一流	10 000
《每周评论》	即《新潮》《新青年》一流	2 000
《星期评论》	即《建设》《民国日报》一流	10 000
《民风周刊》	广州无政府主义一流	1 000

他认为，这11种杂志"除《新青年》外系三年前所创，其余都是五四运动以后次第发生的"。另外，他特地记载了"舆论界中之比较能作文者"，③介绍各杂志的代表性作者，如表1-9所示。

---

① 吴芳吉著，傅宏星编校：《吴芳吉全集》（下册），华东师范大学出版社2014年版，第1052—1053页。
② 吴芳吉著，傅宏星编校：《吴芳吉全集》（下册），华东师范大学出版社2014年版，第1267—1268页。
③ 吴芳吉著，傅宏星编校：《吴芳吉全集》（下册），华东师范大学出版社2014年版，第1268页。

表 1-9 吴芳吉所记能作文者和刊物①

作 者	刊 物	作 者	刊 物
两 极	《民风》	胡汉民	《建设》
胡 适	《新青年》	张东荪	《解放(与)改造》
蒋梦麟	《新青年》	杜亚泉	《东方》
杜山次	《东方》	曹志武	《新群》
杨亦曾	《新群》	汪敬熙	《新潮》
魏嗣銮	《少年中国》	宗白华	《少年中国》
朱剑农	《太平洋》	朱执信	《建设》
廖仲恺	《建设》	戴季陶	《星期评论》
沈玄庐	《星期评论》	陈独秀	《新青年》
钱玄同	《新青年》	李守常	《新青年》
傅斯年	《新潮》	罗家伦	《新潮》
刘南陔	《新潮》	宋 介	《曙光》
曾慕韩	《救国日报》		

对于新文化运动的主张,他结合《新青年》和其他新潮杂志的内容进行了归纳:

  对于政治,主张打破军阀及国民外交;
  对于教育,主张男女合校,废除考试及工读互助;
  对于社会,主张劳工神圣、女子解放及推翻大家庭制;
  对于学艺,主张白话文学及实验主义 Pragmaticism;
  对于德行,主张互助奋斗牺牲。

---

① 吴芳吉著,傅宏星编校:《吴芳吉全集》(下册),华东师范大学出版社 2014 年版,第 1268—1270 页。

此外则采仿"新村组织"以建设新生活之基础,采用"无抵抗主义"以为对付强权之手段。①

他还列举了各杂志在经济、哲学、文学、艺术方面译介较多的西方学者,如经济哲学的代表人物马克斯(马克思)、克洛泡特金(克鲁泡特金)、托尔斯泰、罗塞尔(罗素)、柏格森,文学、艺术的代表人物易卜生、萧伯纳、莫泊三(莫泊桑)、泰果儿(泰戈尔)等。而中国的新文化人士是"转译其唾余,依附其卵翼者,其自视之荣显,都有上天下地,惟我独尊之慨"。②

新式杂志对西方社会科学的译介,虽受趋新之士的欢迎,但固守传统之士则不以为然。藏书家刘承幹便抱怨:"因近来新教科书,市上所购者大都提倡革命,此种不经之书,余甚痛恨。念入学读书为孩童立身之始,万一邪言乱性,流害何穷。是以特购旧教科书,犹恐莠言未删,故亲自阅之。"③ 可见,他对上海新书刊的出版持反对态度。

北京为"杂志界之中心,颇极一时之盛",形成所谓"语丝派与晨报派"。《甲寅》复刊,《清华学报》《燕京学报》等各大学学报"多有可取",《国学季刊》皆在"上等之列",《努力》《青年》《弘毅》亦"颇不恶",《新国家》"明眼张胆,宣传国家主义"。此外,《北新》《现代评论》等杂志"迫于势"而迁往上海。北伐战争后,应时而出之文艺杂志"车载斗量,河滨沙,雨后笋",学生杂志"销路最广",研究党义杂志"势亦颇盛","最凶最多之杂志"当为"文艺与社会杂志"。在此过程中,杂志的读者也表现出诸多进步,如"各书店杂志之订户,较往昔加多数倍","杂志内有读者论坛一栏者,读者意见时有可取,且对于杂志之批评与建议改善者颇多",改变了昔日"杂志言黑则以为黑,杂志言白则从白"的局面。④

---

① 吴芳吉著,傅宏星编校:《吴芳吉全集》(下册),华东师范大学出版社 2014 年版,第 1256—1257 页。
② 吴芳吉著,傅宏星编校:《吴芳吉全集》(下册),华东师范大学出版社 2014 年版,第 1257 页。
③ 刘承幹著,陈谊整理:《嘉业堂藏书日记抄》(上册),凤凰出版社 2016 年版,第 146 页。
④ 邢云霖:《中国杂志史简述》,刘瑞兴主编:《连续出版物管理史料选》,中国统计出版社 1994 年版,第 136—140 页。

对民国初年杂志的发展概况,戈公振亦有相类的论述。他认为,"欧战"以前,"各杂志之所讨论,皆注意于政治方面,其着眼在治标"。"欧战"以后,杂志"风起云涌,其着眼在将盘根错节之复杂事汇,皆加以彻底之批判"。"诚我国思想界之一大变迁。"①

甘蛰仙将杂志的分期定格在1918年。1918年之前,杂志主要讨论"时事问题",此后关注"学理问题":

> 四年以前中国思想界所评论的,多半是时事问题;近四年来的思想界所评论的,多半是学理问题。四年以前的时事评论,与时局最有关系的,第一部便要推饮冰室政闻时言。从晚清戊戌政变直到蔡松坡打倒洪宪以后的中国政局,殆无一不被饮冰所批评;这种批评时事的倾向,在当时颇显著;以夙昔好谈"国故"之章太炎,在民国初元,也大发其政论。即严几道、王国维,在晚清时代,也似乎做过时论。到最近四年,我们青年所讨论,大半都是趋向于学理方面了。这种风气,《新青年》杂志实开其先。②

时事偏向于报道和叙事,学理偏向于思想和评论。这进一步证实了《新青年》开风气之说。

对于报刊呈现出的思想版图,胡适进行了深入思考。1917年,胡适自美归国,看到中国出版界的状况,说了一些"很可以悲观的话":

> 上海的出版界——中国的出版界——这七年来简直没有两三部以上可看的书!不但高等学问的书一部都没有,就是要找一部轮船上火车上消遣的书,也找不出!(后来我寻来寻去,只寻得一部吴稚晖先生的《上下古今谈》,带到芜湖路上去看。)我看了这个怪现状,真可以放声大哭。

---

① 戈公振:《中国报学史》,岳麓书社2011年版,第159页。
② 甘蛰仙:《最近四年中国思想界之倾向与今后革新之机运》(续),《晨报副刊》1922年12月3日,第2版。

如今的中国人，肚子饿了，还有些施粥的厂把粥给他们吃。只是那些脑子教［叫］饿的人可真没有东西吃了，难道可以把些《九尾龟》、《十尾龟》来充饥吗？①

在胡适看来，思想引领行动，报刊应是思想的引领者。

民国初年正处于新旧交替时期，旧思想未破，新思想未立，时人对出版界的现状抨击不绝如缕。其中，新潮社干将罗家伦的批评最为激烈。他在《新潮》的《书报介绍》栏介绍《新青年》时，对中国出版界有如下论述：

中国最可怕的情状，莫过于出版界的消沉。年来出版的书籍，好的不过一两部；其余的我们读了，非特无益，而又有害，消灭了我们的知识，破坏了我们的主义，沉沦了我们的生活，使我们一步一步的，照着历史的反背趋向，退化下去。杂志日报更不消说了。日报只是替那些武人、官僚、暴民、名士……一切似是而非的人，作起居注，替那些"浑沌学者""鹦鹉派的读书人"，作吹打机关。杂志多半含一种不可问的特殊作用，不然，便是没主义的，东拉西扯，只求充字数，不管主张是什么，真成就了"杂"志了。这些东西，不特不能供给我们知识和主义，帮助我们生活，反可以为我们的累，坠落在里面，便一天浑沌一天。②

罗家伦对中国杂志界更是失望。他进一步揭露：其一，"中国近年来杂志太多，不能全看"；其二，"这班杂志，忽生照灭，不知上年出版的，今年是否继续出版"。罗家伦还将杂志分为官僚派、课艺派、杂乱派、学理派，直面中国杂志界乱象横生。③虽然针对的是商务印书馆之十大杂志，但也反映了《新青年》未成为名刊之前民国思想界的状况。

《新潮》的另一干将傅斯年面对杂志的"杂"道出了缘由并进行了检讨：

---

① 胡适：《归国杂感》，《新青年》1918年第4卷第1号，第22页。
② 记者：《新青年杂志》，《新潮》1919年第1卷第2号，第353页。
③ 罗家伦：《今日中国之杂志界》，《新潮》1919年第1卷第4号，第623—632页。

> 我们看别人的杂志很杂，焉知后人看我们的杂志不说很杂呢？我们有孩子气，能以匠心经营的文艺品，繁复错综的长篇研究，比较得不如自然成就的文艺品，简括有力的短篇批评占胜些。我们要说便说，要止便止，虽则是自然些，有时也太觉随便。况且我们是学生，时间有限，所以经营不专，因而不深。①

从罗家伦、傅斯年等青年学生的言论中不难发现，陈腐之思想界已难以满足青年之需求，青年在裂变的时代需要寻求新的思想资源和"概念工具"。毛泽东对此有切身体会，他在写给周世钊的信中说："现在我于种种主义、种种学说，都还没有得到一个比较明了的概念，想从译本及时贤所作的报章杂志，将中外古今的学说刺取精华，使他们各构成一个明了的概念。"② 处于彷徨期的青年急需出版界能提供"解惑"之刊物。此类杂志的作用在于"使鼾睡者霍然醒觉"。③ 以《东方杂志》为代表的商业杂志和以《新青年》为代表的思想杂志能成为时代的宠儿，与青年的精神需求相关。

五四运动后，创办杂志成为风尚。诚如熊十力所言："今日优秀之才，多从事于杂志；以东鳞西爪之学说鼓舞青年，对于精深之学术，不能澄思渺虑，为有系统之研究。默观今日各校学生，每日除照例上堂外，人人读杂志，人人做杂志（此举大数言，不能说无例外），长此不改，将永远有绝学之忧。"④ 熊十力道出了杂志泛滥的缘由，也表达了对"杂志化"社会的担忧。抗父进一步指出："中国义理之学，与书画诸技术，及群众普通旧学之程度，在今日诚为衰颓，然昔人所谓考证之学，则于最近二十年中，为从古未有之进步。特专门之事，少数个人之业，世人鲜有知之者，而阅杂志之少壮诸君则知之尤鲜"，故"今日专门旧学之进步，实与群众普通旧学之退步为正比例"。⑤

---

① 傅斯年：《〈新潮〉之回顾与前瞻》，《新潮》1919年第2卷第1号，第202—203页。
② 毛泽东：《致周世钊信》，中共中央文献研究室、中共湖南省委《毛泽东早期文稿（1912年6月—1920年12月）》编辑组：《毛泽东早期文稿》，湖南人民出版社2008年版，第428页。
③ 戈公振：《中国报学史》，岳麓书社2011年版，第159页。
④ 《熊子真致蔡元培》，《新潮》1920年第2卷第4号，第828页。
⑤ 抗父：《最近二十年间中国旧学之进步》，《东方杂志》1922年第19卷第3号，第33页。

第一章　报刊时空分布、阅读推广与社会影响

在抗父看来,"专门旧学"的发展与学科分科化和专业主义有关,而"普通旧学"的衰微与报刊知识的转向和文体的冲击有关。

一些学术刊物创办者兼具教授的身份,一些大学生也加入其中。《新青年》的成名,离不开北京大学这块金字招牌。虽然《新青年》发表声明称"这个杂志完全是私人的组织,我们的议论完全归我们自己负责,和北京大学毫无相干",①但两者的关系非一纸声明所能撇清。大学与学术性刊物相互成就,无论是刊物的编者、作者还是读者,都与大学有着千丝万缕的联系。

与综合性刊物相比,学术性刊物的读者主要是大学教师及学生,例如《北京大学月刊》第一期就刊登陈汉章《答学生问十一事》②,其读者对象主要针对在校学生。学术性刊物为师生提供了公共讨论的空间。在大学学术分科化的背景下,学术性刊物提供的专业知识,为师生的学术研究开辟了新园地。此类刊物思想自由、观点多元,有利于公共讨论和学术争鸣,并为师生的学术发表提供了更多机会,进一步推动了学术的繁荣和发展。

第五节　读者读报、读报方法与读报运动

近年来,阅读史逐渐受到学界的关注。作为一种社会现象,阅读史主要探究什么人在读、读的是什么、在哪里读和什么时候读等问题,特别是怎么读和为什么读的问题。③ 作为一种社会行为,阅读本质上是一种集体现象,指阅读者与文本(此处仅指文字与符号等视觉信息)接触并相互影响的过程。④ 个体读者只是阅读公众的一分子。⑤ 总之,阅读史的学术价值在于可将阅读作为一种社会现象或社会行为来研究,诸如欧洲中世纪出现的从朗读到默读、从精读到泛读等。阅读方式的变化正是阅读史研究的重点,同时也构成了中

---

① 《新青年编辑部启事》,《新青年》1919年第6卷第2期,第1页。
② 陈汉章:《答学生问十一事》,《北京大学月刊》1919年第1卷第1号,第171—181页。
③ [美]罗伯特·达恩顿:《拉莫莱特之吻:有关文化史的思考》,萧知纬译,华东师范大学出版社2011年版,第132页。
④ 韦胤宗:《阅读史:材料与方法》,《史学理论研究》2018年第3期,第111页。
⑤ 戴联斌:《从书籍史到阅读史:阅读史研究理论与方法》,新星出版社2017年版,第17页。

国阅读史的重要基础。

在阅读史研究中,研究者对书籍的关注度显然高于报刊。阅读史虽不排斥报刊,但并不重视报刊。如何拓展"报刊阅读史"的研究成为本书关注的重点。丰富的报刊阅读史料,为构建对中国近现代报刊的初步认知和研究中国报刊阅读通史提供了可能。在这些报刊阅读史料中,一些关于阅报方法的相关史料颇值得重视。通过收集整理可以发现,这些史料不仅散布在一些报刊中,而且一些私人日记中也不乏相关论述。但长期以来,学术界对此问题却付诸阙如。鉴于此,本节拟对民国初期阅报法做初步探讨,揭橥报人、读者如何认知报刊的价值、基本观念,以及如何推动读报活动的进一步发展。

一、阅报何以成为共识

(一)报人阅报与示范作用

民国初期,报纸新闻业务发展的基本特征是由政论向新闻的转变,在此过程中,读者的重要性被报人益加重视。例如,徐宝璜认为,"新闻者,乃多数阅者所注意之最近事实也"。① 邵飘萍认为,报纸的第一要务是"报告读者以最新而又最有兴味,最有关系之各种消息"。② 读者在报刊生产过程中的地位越来越凸显。依据传播循环理论,书籍的影响从作者到印刷、出版、贩卖到读者。整个循环由读者完成,因为读者无论在作者创作之前还是之后都影响着作者。③ 对于报刊史而言,报刊的影响应从作者到印刷、出版、贩卖,最后由读者完成,因此,有学者提出"报纸=读者+作者+编者"的观点。④

在阅报人群体中,报人是一群特殊的读者。报人不仅是新闻知识生产者,

---

① 徐宝璜:《新闻学》,中国人民大学出版社 1994 年版,第 10 页。
② 邵飘萍:《实际应用新闻学》,邵飘萍著,肖东发、邓绍根编:《邵飘萍新闻学论集》,北京大学出版社 2008 年版,第 15 页。
③ [美]罗伯特·达恩顿:《拉莫莱特之吻:有关文化史的思考》,萧知纬译,华东师范大学出版社 2011 年版,第 90 页。
④ 高立林:《报纸=读者+作者+编者——2003 年非典启示之一》,《新闻与写作》2016 年第 10 期,第 71 页。

更是报刊第一批读者,被称为"首席读者"。① 作为报刊的生产者,他们要关注社论、新闻、文艺、广告等报刊内容,从而生产出一系列信息与知识,以吸引更多读者加入读报的行列。作为报刊的读者,他们需要从其他报刊中汲取知识,从而为办报提供信息资源。吴虞在办《四川公报》时,就从京沪渝等报刊中寻找"紧要新闻专电""本省外省新闻"。例如,"紧要新闻专电"从"北京、湖北、上海、各省函觅妥人专任","本省外省新闻"分派指定"上海《外交报》《东方杂志》《法政杂志》""《民立日报》《大公[共]和报》""重庆《光复报》《独立报》《国民报》《皇汉大事记》"等。② 郭沫若和友人在通讯社工作时,以《时事新报》为蓝本。他认为,五四时期的《时事新报》"很有革新气象,文艺附刊《学灯》特别风行一时"。当读到《时事新报》中的白话诗时,他将在日本所作之诗投给了《学灯》。当诗在《学灯》上刊登出来后,他"有说不出来的陶醉"。③ 此后,在办报时,他自觉地以《时事新报》作为样本进行办报活动。茅盾在担任《学生杂志》主编前,有一段与朱善元共事的经历。朱善元为实现《学生杂志》的改良,特意订阅《新青年》,希望从《新青年》中找到《学生杂志》改革的动力与方向。④ 从这个角度看,所有报人都是读者,只不过他们读报的目的主要是为办报服务。

同时,报人作为报刊的第一批读者,是检验报刊优劣的"把关人"。《益世报》创办时,在《本报四大特色》中指出:"(一)本报登载大总统令较天津各报独早一日,俾阅者先睹为快;(二)本报延聘中西名儒分任编辑撰述等事,并于通都大埠及欧美各国延请明练访员,以冀消息灵通,材料丰富;(三)本报为裨益商业起见,凡在本报登广告者,本报复将广告用明显大字,登于天津电车里面,及京奉铁路各大站,并不另取分文;(四)本报为引起社会阅报之兴味起见,预筹银一千元将长年定报之家编为号码,至本报出版周

---

① [新西兰]史蒂文·罗杰·费希尔:《阅读的历史》,李瑞林、贺莺、杨晓华译,商务印书馆2009年版,第286页。
② 吴虞著,中国革命博物馆整理,荣孟源审校:《吴虞日记》(上册),四川人民出版社1984年版,第18页。
③ 郭沫若:《学生时代》,人民文学出版社1979年版,第56页。
④ 茅盾:《我走过的道路》(上册),人民文学出版社1997年版,第141页。

年时，当众抽签，当签者赠银一千元以作纪念，而示优异。"① 报人在阅报的过程中，对报刊质量的把关至关重要。检验一份报刊的优劣最先从总编开始。赵敏恒在任《新闻报》总编辑时，每天"不仅每条新闻经他过目，然后由他打上一二三……版字样的圆戳，分交各版编辑，连广告、漫画他都不随便放过。看本市版尤其细心，每行每字，都必推敲"。② 总之，报人读报—办报的过程促进了报业的良性循环。

因为报人们的文化素养、兴趣爱好有一定差异，所以他们阅读报刊的目的与习惯大异其趣。例如，徐铸成每天下午四时要赶到报社看各报及新到的书刊。③ 据徐铸成回忆，张季鸾读报，"翻得比我们快，但有时，在某一条新闻上反复沉思"。张季鸾经常抽空"翻阅中外报章杂志，特别是日本的书报"。④ 可见，报人读报之方式与读者读报之方式存在一定差异。两者读报之最大区别，一是报人运用比较法读报，报人读报用较少的时间尽可能多地获取信息资源；二是报人通常以挑剔与怀疑的态度读报。报纸之优劣需从读者的角度辨析，报人作为最忠实、最职业的读者，他们对报刊的看法无疑最具代表性。黄天鹏在《为什么阅报》一文中将《申报》《新闻报》《时报》《时事新报》《民国日报》五大报列为读者读报的必选之报。⑤

一些报人读报后往往根据自身需求剪报。剪报，指将报刊上有用之新闻裁剪并粘贴，以便留待他日之用。一些报人在讲述读报法之时，多告诫读者须剪报。戈公振认为，剪报有四大益处："一、可以省时间；二、可以得要领；三、可为新闻保存之便利；四、可为事物本原之考查。"戈公振还告诫报人剪报时应注意以下问题："取用此剪报之时，不可不细加辨择，盖错误与虚伪，或在其中，处当时受人非难者，或现已消灭也。下笔之时，若有未可尽信之理，须研究之，今之受人称誉者，即使曩昔偶有不善，如无正当之理由，决

---

① 《本报四大特色》，《益世报》1915年10月2日，第2版。
② 赵世洵：《赵敏恒先生的记者生涯》（上），《传记文学》1985年第47卷第5期，第44页。
③ 徐铸成：《报海旧闻》（修订版），生活·读书·新知三联书店2010年版，第244页。
④ 徐铸成：《民国记事：徐铸成回忆录》，广西人民出版社2015年版，第143—144页。
⑤ 黄天鹏：《新闻学入门》，上海光华书局1933年版，第31—33页。

勿形之笔端，总之在公平与正确而已。"①

报人对读者的观察和调查也值得关注。报人办报时，对报纸预期的读者应有一个初步判断，因为一份报纸的成功与否与读者有密切的关联。在这方面，《密勒氏评论报》提供了例证。在《密勒氏评论报》创刊之前，其创办人之一鲍威尔调查了"报纸读者的分布面"，试图找出"最有代表性的读者群"。调查发现，在上海的8 000~10 000名英国人和美国人为主要读者，还有其他几千名外国人。调查还显示，最大的英文读者群是"年轻一代的中国知识分子"，这些知识分子"就读于中国学校或教会学校，有的已经毕业"，他们对"外部世界的事务，有着非常浓厚的兴趣，特别关注第一次世界大战的情况"，并且把《密勒氏评论报》当作"教科书"。在鲍威尔的倡导下，"许多学校组织了研习时事的俱乐部和班级"，"学员们订阅我们的报纸，多则几百份，少则十几份"，"既可用来了解时事，又可学习英文"。此外，通过调查，鲍威尔还发现了另一个读者群，他们"生活在交通不便的内地"，包括传教士、收购员、代理商、海关官员、灯塔看守人等，他们"对于阅读如饥似渴，连报纸上的广告页也决不放过"。② 调查结果坚定了鲍威尔创办《密勒氏评论报》的决心。这个例子表明，检验报刊优劣的程度需从读者的角度出发，对读者的关注和调查有助于报馆更好地办报。

以上关于报人读报的论述旨在说明，报人读报有着明确的目的，即为办报服务，获取更多信息资源，以便知己知彼，在报业竞争中赢得一席之地。

（二）报人读报法与示范效应

读书法，指向特定读者群提示与读书有关的各个方面。③ 编辑读书法，早已有之，相关的研究也不胜枚举。相应地，报刊阅读法，指向特定读报人提示与读报有关的各个方面。民国时期，粗通文墨的国民都能阅报。一些报人将其阅报经验书写出来并刊载于报刊之上，一些报人更是提出面向特定人群

---

① 戈公振：《报馆剪报室之研究》，《东方杂志》1925年第22卷第16号，第90—96页。
② ［美］鲍威尔：《我在中国二十五年——〈密勒氏评论报〉主编鲍威尔回忆录》，邢建榕、薛明扬、徐跃译，上海书店出版社2010年版，第12—14页。
③ 桑兵：《大众时代的小众读书法》，《学术研究》2013年第11期，第95页。

（如学生、儿童等）的报刊阅读法，旨在培养他们的阅报习惯，使他们能更早地融入社会。报刊阅读法是报人报刊阅读经验的总结和提升，主要告知读者为什么读报、该读哪些报、如何读报，以及如何指导学生阅报法。

1. 读报之缘由和重要性

作为阅报主体之一，报人阅读报刊的经验值得重点关注。一些报人会将阅报感受记载于日记之中；另一些报人则会投稿，将读报经验发表于报刊。

黄天鹏认为，阅报就是"要知道许多不知道的事情"。报纸作为"精神生活"的一面，已成为"人类精神的食粮"，每天"看看世界国家社会有什么事情"已然成为"一种日常生活必需的习惯"。① 在他看来，读报是人的精神生活的重要组成部分。读报成癖的叶圣陶专门写就《怎样读报》一文讨论读报之方法。他认为，报纸将"远地的事情，不容易晓得的事情，和人们必须要晓得的事情"告知人们，故须天天读报。② 金仲华向中学生介绍中国报刊发展概况时指出，读报的好处在于"从报纸中求得正确的知识"，故而每日看报。③ 严国柱、朱绍曾认为，学生读报在于"培养其阅读能力和兴趣"，"使儿童对于时事发生兴趣"，从而"获得各种常识"。④ 吕绍虞编的《书报杂志阅读的方法》分上、中、下三部，其中，后两部为专门介绍学人关于报纸杂志阅读之法，其中不乏出自名家之手的阅读方法。吴鼎昌认为，读报"要明了各报社各通讯社的性质及其立场""要具备对于某事件发生的基础知识""要明了事件发生的地方环境""要知道世界政治、经济之大势所趋""要记得社会各方面的新旧势力""要明白事件发生错综复杂的关系"。如具备以上六条，就可以"辨别消息的真伪与评论的是非"，还可以"把报纸当做你切磋学问的终身伴侣"。⑤ 尹彦认为，人之存于社会，必与社会发生联系，而"报纸正能供给我们丰富的新鲜的材料"，故不得不阅报。读报需要注意：第一，

---

① 黄天鹏：《新闻学入门》，上海光华书局1933年版，第24页。
② 叶圣陶：《怎样读报》，《叶圣陶童书》（第2册），海豚出版社2012年版，第77页。
③ 金仲华编：《报章杂志阅读法》，中华书局1935年版，第38页。
④ 严国柱、朱绍曾编著：《儿童读书报指导法》，大东书局1933年版，第75页。
⑤ 吴鼎昌：《报纸的读法》，吕绍虞编：《书报杂志阅读的方法》，友联出版社1937年版，第234—236页。

把报上所载的事实跟我们自己的生活联系起来;第二,我们看报,便应该在对于一件事实检讨后,观察这件事怎样影响到未来国际形势;第三,我们要从联系中去考察事变;第四,我们要经过详密的考察和检讨后,才能透过烟幕弹得到事实的真相。①

以上报人阅读法值得重视,报人的经验之谈有助于读者学会读报,从而推动报刊的大众化阅读。但从另一个角度看,报人的读报方法未必是一般读者所需要的,报人与读者的阅读立场、观点存在一定差异。

2. 阅报之方法和顺序

阅报方法早已有之。一些报人在长期的阅报过程中意识到阅报方法的重要性,故从学理上探讨阅报法。

黄天鹏认为,阅报应经过五个过程:选报、阅法、评断、监督、研究。②严国柱、朱绍曾关注儿童读报的方法。他们认为,对儿童进行指导的方法是一个循序渐进的过程,分为"揭示新闻""发表时事意见""组织新闻讲演会""置备阅报录""举行新闻测验"等部分。鼓励儿童培养阅报的方式有"实物刺激"与"奖励"。③叶圣陶认为,初读报时,比较困难,故读报前,须"有一些准备",做"常识的储蓄"与"时局的认识"。此外,"组织时事研究会"也是初读报章时需要准备的工作。读报时间历久,需要养成读报的习惯。具体言之,须"规定读报的时间"与"读报的地点"。其中,"读报的时间""最好在每天下午课后阅读半小时","读报的地点"选择"公众便利却又很安静的地方"。此外,"读报组织"必不可少。在选择报纸上,"最好选定了一种,长期阅读,发现不合的时候再更换一种",而标准是"能够供给我们丰富、新鲜和正确的时事"。在阅读一份报纸前,须明了"报纸的编制",如此可以达到事半功倍的效果。④

金仲华聚焦于报章杂志的阅读法,目的是培养学生阅读报刊的正确方法。

---

① 尹彦:《读报常识》,吕绍虞编:《书报杂志阅读的方法》,友联出版社1937年版,第293—295页。
② 黄天鹏:《新闻学入门》,上海光华书局1933年版,第30—39页。
③ 严国柱、朱绍曾编著:《儿童阅读书报指导法》,大东书局1933年版,第75—79页。
④ 叶圣陶:《怎样读报》,《叶圣陶童书》(第2册),海豚出版社2012年版,第79—87页。

他认为，须"读几本有价值的时事问题的书籍和杂志"，从而养成一种"观察时事的能力"。读完报后，需要剪报，从而保留有价值的新闻。① 他用大量篇幅分析了报纸与杂志的区别。他认为，"我们可以把各杂志内同一类的文字，在一个时间内去读，这样可以看出那［哪］一本杂志对于某一问题的文字，内容比较充实，且可使我们对于某一问题的知识，得到补充的功用"，此外，"我们对于杂志中讨论某一问题的文字，不能太迷信，而应该用合理的批判态度去读"。在阅读的过程中，"笔记可以帮助我们把读过的东西，有一个系统的理解，笔记中可以记自己读某一篇文字的心得，批评疑问，更可以摘录它的大意。等到记得多后，然后再加整理，可以成为一种比较有条理的东西。将来需用参考时，在检查上比较便利"。②

吴醒明非常在意报纸的政治背景，因为读者只有知晓报纸的背景，才能养成观察时事的能力。③ 高正方不仅在意报纸的政治背景，还注意报纸的"牟利主义"与"兴味主义"。④ 秀慧认为，阅读新闻纸之缘由在于新闻纸的三重性，即"报道性""社会性""教育性"。阅读新闻纸须"持之以恒"，同时，须"具有怀疑的态度"，"具有辨别真伪的能力"与"新闻纸的选择"。阅读新闻纸的三种方法是：精读、略读、选读。⑤ 郑树基关注经济新闻的阅读，认为"社会的构造，经济是下层基础"，"经济的变动，最后能决定政治的发展"，"读世界经济新闻，更可以了解国际贸易关系，经济状况，这样才能从基本上了解世界形势"。⑥ 沈函虚认为，读报的重要性在于"使我们对于环境的一切有广博而真切的认识"，而后可"应付环境"，进而"改造环境"。他提出应该按照以下顺序读报："本地新闻、国内要闻、国际要闻中关于本国的消息、

---

① 金仲华编：《报章杂志阅读法》，中华书局1935年版，第38—41页。
② 金仲华编：《报章杂志阅读法》，中华书局1935年版，第52—54页。
③ 醒明：《报纸的阅读法》，吕绍虞编：《书报杂志阅读的方法》，友联出版社1937年版，第238页。
④ 高正方：《怎样读报》，吕绍虞编：《书报杂志阅读的方法》，友联出版社1937年版，第244—247页。
⑤ 秀慧：《怎样阅读新闻纸》，吕绍虞编：《书报杂志阅读的方法》，友联出版社1937年版，第257—267页。
⑥ 郑树基：《阅读新闻纸的重要性与方法》，吕绍虞编：《书报杂志阅读的方法》，友联出版社1937年版，第274—275页。

国际要闻、专栏新闻、有系统的地方新闻、评论、专载、副刊、广告。"按照以下方法读报：略读，精读，笔记、编目或分类剪贴。① 尹彦聚焦于报上每一栏的读法，认为阅报要有以下做法：一是看报要养成一种习惯；二是经常地阅读一两种杂志。② 胡愈之以自身经验告诉读者如何读报：首先，读报要尽信报不如无报；其次，"许多报纸上的记载和评论，都得从反面去了解"。③

这些读报顺序和方法的介绍，目的是普及读报知识，提高读者阅读能力，推动报刊阅读的大众化。

二、读者读报的意义、方法

虽然报人读报比一般读者更为专业和深入，但报人仅是阅读大众中的少数分子。若要以读者为主体分析报刊的传播效果与社会影响，仍需从阅读大众这个角度全面探讨读者读报。作为中国近代第一报的《申报》对此颇有体会，可从该报读者的投稿与阅读反馈中略见一斑。

（一）报刊价格、价值与读者读报的推广

报刊价格是影响阅报门槛的一个方面。以《申报》为例，其价格在1912—1926年间为每份大洋三分，1926年9月1日后，每份涨到四分，预订一月一元二角，三月三元四角，六月六元六角，一年十二元八角。④ 对于普通家庭而言，一月一元二角的报资颇为昂贵，如何筹措报资成为一些读者颇感困难的问题。基于此，汪斐卿在《申报》上倡导家庭阅报法与小学校阅报法为阅报之最佳经济方式。家庭阅报法指邀集近邻三四家共订阅一报，不仅节约报资，而且阅毕能"互相研究，加以讨论"。小学校阅报法指学校三十学生为一组订阅一报，每位学生承担报资仅三分，"以极小之耗费而得悉世界新闻

---

① 沈函虚：《读报指导》，吕绍虞编：《书报杂志阅读的方法》，友联出版社1937年版，第286—290页。
② 尹彦：《读报常识》，吕绍虞编：《书报杂志阅读的方法》，友联出版社1937年版，第298—299页。
③ 胡愈之：《读报的一个经验》，吕绍虞编：《书报杂志阅读的方法》，友联出版社1937年版，第303—304页。
④ 戈公振：《中国报学史》，岳麓书社2011年版，第190页。

普通常识","其父母岂有不赞同者乎"。① 《申报》读者冠英与友人王君各出资五角合订《申报》一份,又将每月之旧报纸售卖可得五角充作报资以减少订报费,视为最经济之阅报法。② 益寿与冠英有相似经历,益寿之友人守真与邻友周君共订《申报》,每月一元,后将上月《申报》卖出,可得四角,分摊报资,每人每月三角足能遍阅《申报》,特致信申报馆,以为最节省经济之阅报法。③ 江宁家庭塾师李紫蓉因吸烟每月耗费三元,友人刘颂如劝其戒烟,可购《申报》阅之,该报中"《自由谈》《常识》栏及《平民周刊》""可广学识",常识又可"编入课程教授诸生"。李紫蓉始阅报,后戒除烟瘾,长期阅《申报》,为学生讲述常识内容,以致学生"灌入新知识不少"。④ 《申报》读者醒庵劝告友人王仰齐将吸烟费转作订阅《申报》之费,成为禁烟阅报之典范。⑤

此类劝说阅报的文章屡见《申报》报道。例如,杨迥之友王君深感"备春酒以联络顾客""效力亦至薄弱",故"废除春酒费"充报资用,阅报后"对于商业道德不无进步,营业因以日见发达",希望商人"仿而行之"。⑥ 一位读者认为,最经济之阅报法莫过于"投稿所得抵报资或尚有余"。⑦ 大抵来讲,个人难以筹措报资,《申报》便促使读者采用"集资"或其他方式阅报,如几家合订一份报刊来读,或将旧报贩卖以抵报资,或移其他开支来做报资,以纾解订报之困难。

阅报能够增长知识成为许多读报人的共识,更有读者认为阅报可增长知识及获取经济利益。⑧ 乡村小学教师杨迥认为,阅报于个人、乡民、学生、家庭皆有裨益。他每月一元订阅《申报》,每月将《自由谈》和《常识》汇编一册,每三月将《星期增刊》汇编一册,每半年将《小说半月刊》和《家庭半月刊》各汇编一册,张贴于乡间小黑板上,任乡民阅览以"增进乡民之知

---

① 汪斐卿:《阅报之经济》,《申报》1924年5月2日,第20版。
② 冠英:《最经济之阅报法》,《申报》1924年5月20日,第20版。
③ 益寿:《余友之节省经济阅报法》,《申报》1924年6月30日,第21版。
④ 江宁李紫蓉:《卷烟因阅报断瘾》,《申报》1924年8月15日,第18版。
⑤ 醒庵:《移吸烟费作阅报费之模范》,《申报》1924年5月27日,第17版。
⑥ 杨迥:《移春酒费作报费之模范》,《申报》1927年2月8日,第12版。
⑦ 徐絮:《最经济之阅报法》,《申报·常识》1923年6月28日,第1版。
⑧ 徐絮:《最经济之阅报法》,《申报·常识》1923年6月28日,第1版。

识"。择《自由谈》和《小说半月刊》中"文字浅显而饶有兴味者"油印作为"国文科补充之材料"。择《常识》之有关于学生者,"为与学生谈话之资","以增进其课外之知识"。择《家庭半月刊》中所刊小说之情节,"家中必须之常识详告家人",同时,"并察家中实情,杂以个人意见",半年多来,"家事日见进步"。①

　　读者还从其他层面谈及阅报的诸多好处。玉声认为,"国步之艰难,时局之变化,人之所以谋我,我之所以对人"之事皆载于报中,阅之可以"惊心动魄,明了国家大势",将"油然而生爱国之心","此即阅报所以爱国也"。②这旨在说明阅报发挥的教育功能。居天津近20年的"鹧寄客"甚喜阅《申报》,认为《申报》的可读之处在于精神及报道。在精神方面,十年以来"一线惯穿,未尝或变",《申报》能"指导正路",不为"迎合普通心理"。政客上台,《申报》"不加以欢迎之论";政客失势,《申报》"不极力抨击,与人以难堪"。《申报》之主张,"均较社会心理为高,故其持论有时若不合时下潮流,但过后思索,均一一有至理"。在新闻报道方面,《申报》"态度镇静,视若平常",其标题"固常常如是",对于事件的追踪,更是"再三注意","务期读者明了前因后果"。难能可贵的是,《申报》"摈而不录""里巷琐屑、新闻卑鄙淫逸资料",愿国人"提高思想,勿关心无谓之言"。此外,《申报》对于来稿采取审慎的态度,必"冠以来自何处,以明责任之所在"。③四川顺庆的陈丙杰委托在上海的友人林君订阅《申报》,从而知晓"中外大事"。他认为,阅报应为"吾人应有之常识"。④ 尚义从报纸教育的角度指出,阅报与做人具有连带的关系:"报纸是社会的命脉,做人的南针。"通过阅报,国民不仅可以知晓"我国政治上教育上以及社会上种种的事和全世界大概的情形",还能做"社会舆论的代表"。此外,通过阅报,起到教育的功效。⑤在林富益看来,欲知国内和国外的重要事变,唯一的方法便是阅报。阅报之

---

① 杨迥:《我之阅报谈》,《申报·常识》1924年2月23日,第1版。
② 玉声:《阅报即所以爱国》,《申报·常识》1923年7月20日,第1版。
③ 津门鹧寄客:《吾之阅报心得》,《申报》1924年3月3日,第20版。
④ 陈丙杰:《阅报后的我》,《申报》1924年3月14日,第17版。
⑤ 尚义:《做人和阅报》,《申报》1927年1月4日,第14版。

初，必然有一种困难，故阅报要有恒心。读者养成阅报的习惯可以扩大视线，充实常识。林富益认为，阅报的益处是广知识、增学问、知晓世界大势和国内情形。"看社论就知道时事的强弱，看广告就知道商情的变迁，看专电就知道外交的情形，看时评就知道政治的优劣"，如不看报，几乎不能和同学交谈。①

阅报训练是一个长期的过程。读者立生认为，报纸"以通信记其详，以专电记其要"，手捧一报，"远近中外之事，了如指掌"，"足不出户而能知世界"。他对不能长期阅报者表示担忧。社会上大部分人订报"上半年阅之，下半年则否"，"居于甲地时阅之，迁寓乙地则否"，"时局发生重要事时阅之，清平之时则否"。不能坚持阅报者，"事之始末鲜得其详"，若坚持阅报，如"无一日中断"，则"事之始末全知，时局之变化，无一不晓"，长此以往，"见闻既富，学问与知识自与之俱增"，故"阅报须有恒心"。②

读者成桂林热衷于在乡村推广阅报，认为要解决乡村阅报匮乏的问题须多设派报处，并随时随地加以劝导，以普及乡村阅报活动，因为乡村阅报活动不但能够"增进社会文明、发扬爱国思想"，而且可以出现"欧美人人阅报之好现象"。③

一些读者特别关注学生阅报的好处。一位笔名为忆玲的读者尤其关注学业优良且视阅报为第二生命的学生，认为学生阅报可以"明了时势"，"可资借镜"报中"嘉言"以知"人事之艰难"，减少因"阅历不深"而带来的困惑，报中之"名人学说"可资"课外之参考"，可知晓"教育界之消息"。④读者杨橘泉希望平民学校订阅《申报》以便让平民子弟"晓得一点普通知识"，"唤起看报的兴味"，从而培养起"阅报纸的志愿"。⑤

如何选择一份报纸阅读是读者颇为关心的问题，而报纸的优劣是读者选择的重点。《申报》的读者心一以十个标准来判断何为一份优秀的报纸：

---

① 林富益:《阅报的益处》,《梅讯》1923 年第 1 期,第 24 页。
② 立生:《阅报须有恒心》,《申报·常识》1923 年 9 月 5 日,第 1 版。
③ 成桂林:《推广社会阅报法》,《申报·常识》1923 年 6 月 1 日,第 1 版。
④ 忆玲:《学生阅报谈》,《申报·常识》1923 年 7 月 28 日,第 1 版。
⑤ 杨橘泉:《平民学校宜养成学生阅报的习惯》,《申报》1924 年 5 月 29 日,第 17 版。

（一）好报纸所取的态度是进取的和平的光明的，绝对无党派臭味的。

（二）好报纸的主张和批评公正无私。

（三）好报纸报告国内外消息非常迅速。

（四）好报纸所登载的新闻真确而详尽。

（五）好报纸的持论能代表真真民意。

（六）好报纸能指导社会。

（七）好报纸的内容果然丰富有趣，但不拿新奇怪诞来眩惑阅者的耳目。

（八）好报纸内编制分门别类，有条不紊，能使读者一目了然。

（九）好报纸的印刷是精美的，排误之字极少。

（十）总而言之，好报纸没有一处使读者不满意。[①]

从这些有关好报纸的标准来看，民国时期的《申报》《新闻报》《时报》《时事新报》《大公报》等报纸皆是读者心目中的好报纸，故报人或读者在介绍报纸时，多选择以上报纸作为推荐对象。

总之，读报对读者产生影响是一个长时间的过程。读者通过不断探索，渐悟报纸之重要性，对报刊之价值有所体悟，并将自身读报之经验加以介绍，形成有个体特色的阅报法，并通过投稿发表，分享自己的阅读体验，以期推动报刊阅读的大众化。

（二）读者对读报法的探讨

《申报》的一位读者恨呆对读者读报专栏的选择做了一定的分析。他根据读者阅读偏好判断其兴趣、职业、性格等。他指出：

（一）凡报到手，即看专电、路透电、东方通信社电者，必关心时局者也。

（二）凡报到手，凡看第三张后幅之戏目者，必说唱小东人先帝呀几

[①] 心一：《怎样选读报纸》，《申报》1924年3月26日，第20版。

句者。

（三）凡报到手，看之不已，口中多念念有词者，必识字不多者也。

（四）凡报到手，即看医生、药房告白，保证书者，必有疾病者也。

（五）凡报到手，即翻第四张自由谈者，必投稿家或爱读小说者也。

（六）凡报到手，即看大总统申令、策令者，其人必为官僚或关心政局者。

（七）凡报到手，先看各洋行拍卖告白者，其人必业□货生意。

（八）凡报到手，专寻花柳医生告白感谢信者，其人必患杨梅白浊。

（九）凡报到手，即看某公司五千元之大奖品，某药房赤金手镯之大赠品者，其人必想发财。①

此类分析虽失之偏颇，但从报刊内容类型的角度探讨读者的阅读心理和需求，有一定道理。另一位名为豪的读者认为，阅报应先阅"专电知国内外之重要新闻"，后阅"各省要闻本埠新闻"。他还认为，阅报需要长时间的训练，一日阅之似觉"困苦"，日日阅之，则"收趣味于无形"，长久阅之，"国家之大事，国际之交涉"将"了然于胸"。此外，了解"国步之艰难"，可以使爱国之心、奋发之气亦"逐渐增高"而激发"国强"之行动。② 署名为文的读者认为，阅报先阅紧要电报。其次阅本埠新闻，"先视其标题，如与吾人有留念之价值者，再一阅其全文，否则暂且置之"。再次，阅《常识》与《自由谈》，"可获不少益处"，择"生活问题"或"名人轶事"之"俊美文字""剪贴一书"，日久"自成巨帙"，"可作为文学看，亦可作为小说看"。最后，在晚间看小品文，"相对兴趣横生，其乐有非南面王所可得者"。③ 除阅报活动外，对相关信息的一些必要记载也很重要。

一位《申报》读者对笔记阅报法颇有心得。他对各类新闻如何选择要点记载提出了自己的看法：

---

① 佚名：《看报者之研究》，《申报》1915年11月24日，第14版；恨呆：《续看报者之研究》，《申报》1915年11月27日，第14版。

② 豪：《阅报之方法》，《申报·常识》1923年7月19日，第1版。

③ 文：《谈阅报》，《申报》1926年9月9日，第9版。

关于重要时事，用笔记体简明记出可名作大事记。

关于军事，战争起息之原因及进退之状况，分段择远因，知形势上之利害，兼长军事上之经验。

关于实业财政教育外交，凡遇特别记载，或择要录存，或综列成表，以资参阅。

关于社论及有兴趣之文字，分类搜存，裁订成册，为消遣之清品并可作名文研究。①

可见，读报是读者了解时政、学习知识、增长见闻的重要途径。通过读报，读者可以了解国家大事，获取必知的常识，促进个人成长。

读者"一得"读报甚多，对于读报有深刻的体会。他在各类报刊中选择读《申报》，因为该报"不带色彩不含作用消息较灵确，态度较纯正"。对于读报之次序，他认为，除各类广告外，应先读专电、译电、国内外及本埠新闻，再读时评，"盖时评大都根据本日发见之事实，以发为议论，不先阅各项新闻，不足以知时评之用意也"，最后阅《常识》和《自由谈》，"借以搜集知识怡悦性情焉"。阅报事关详读略读，因时间限制，阅报先阅标题，"视为有关系而欲详悉其内容者则详读之，否则从略，盖欲求时间之经济也"。此外，阅专电及通信，必须注意其来路。阅报须剪报，"报纸所载于政治经济历史地理各类有关者，余皆逐一剪下，分类庋藏，又如教育消息《常识》《自由谈》等，亦剪裁分订以备检阅，行之数年，所得材料日渐丰富，于余之知识大有裨益焉"。②

从以上论述来看，对一些读者而言，阅报不仅是简单地获取资讯，而且是建构社会意义的过程。

当阅报成为一种仪式，阅报后的所思所想就会与社会紧密联系在一起，具有更丰富的意义。一位《申报》读者从新闻哲理的层面对报刊内容做了价值判断：

---

① 慕颐:《阅报取材法》,《申报·常识》1923年10月20日,第1版。
② 一得:《余之阅报谈》,《申报》1926年8月14日,第18版。

1. 报载何人失败便想其人失败之因何在，如何便可除去失败之因，并自省有无与其人相似之点，有则改之，无则加勉。

2. 报载何地发生战事，便想该处之形势如何，交通如何，随时参看地图以明真相，则地理知识增进不少。

3. 报载何地遭遇兵祸或天灾，便想深受灾祸，如何痛苦，如何望人赈济，推己及人，人心皆同我，当量力赈济，以减轻其痛苦于万一。

4. 报载物价昂贵，便想祭［际］此米珠薪贵［桂］之秋，一人衣食住之费用，已属不赀，岂可养成烟酒赌博等恶习惯，即生活上所必需者亦以俭约为贵。

5. 本刊诸作均可为立身之常识，既得常识，便想实行，知而不行，则知有何用。①

此类因果判断虽并不准确，但对如何分析和联想新闻事件有一定的借鉴作用。从报刊舆论引导的角度看，积极推广阅读有助于社会良好风尚的形成。此外，大力提倡和推广读报活动，无疑推动了报刊阅读大众化的进程。

（三）学生读报活动与读报方法的探讨

学生读报是晚清民国大中学校较为普遍的社会现象。一些学生在认识到报刊的重要性后积极提倡阅报，希望从中得到实用性知识。这构成了"实用阅读"的重要一环。南开中学学生周恩来注意到报纸之重要性："报纸本集多数人之意见，发为公正之言论，确当之事实"，成为"吾人终日不可缺之物"，"亦开通民智必要之事也"。② 任弼时在 11 岁时即作文《说阅报之益》，阐述阅报的好处。③ 署名为建时的读者认为，革命青年亦要注意读报问题。在读报的重要性上，他认为，报纸不仅"是文明产物中最普遍而且最重要的日常生活必需品"，而且是"现代的活知识"。读报首先要"准备好一副科学的眼

---

① 道一：《阅报后之联想》，《申报》1926 年 9 月 24 日，第 14 版。
② 周恩来：《说报纸之利益》，中共中央文献研究室、南开大学编：《周恩来早期文集（1912 年 10 月—1924 年 6 月）》（上卷），中央文献出版社、南开大学出版社 1998 年版，第 82—83 页。
③ 任弼时：《说阅报之益》，中共中央文献研究室第二编研部编：《少年任弼时作文选》，中央文献出版社 2004 年版，第 29—31 页。

光，一副科学的头脑"，其次要"有一点常识"，特别是革命青年，不仅要"知道革命的种类"，而且"不要忘记了中国革命是世界革命的一部分"。在读报的方法上，他认为，读报时亦要剪报，"以备作文时翻阅之用"。①

对学生来说，读报的方法因人而异。一位名为周人敏的高三学生重视报刊阅读，从自身长期的读报经历中总结出三点经验：阅报以午餐之后为宜，阅报时间以半小时上下为合适；所看专栏有专电、时评、要闻、副刊或特刊，其他的"随个人意志"；在阅报的方法上，专电要"了解每个字的意义"，时评"当用自己的思想"与"时评的原文""两相对照，就能得着更确切的结果"，要闻"看他的题目"即可，"可免掉我们时间的不足"，副刊及特刊"完全是杂志性质"，阅读的方法"和杂志相同"。② 赵世炎认为，学生在阅读的时间分配上，阅读新书报、新杂志应占读书时间的十分之一。③ 顾泰来建议应在学校设读报科，以便教会学生阅报，养成完备之人格。④

晚近以降，学生逐渐走上历史舞台，学生思想的形塑与报刊阅读存在紧密的关联，阅读报刊成为学生课堂之外学习的重要方式，一些学生在启蒙阶段得益于报刊的影响，因此，他们非常关注和重视报刊。1926年，程侠思在《中华教育界》上发表《儿童读报问题的研究》一文，从四个方面研究学生读报问题。程侠思认为，儿童读报的重要性在于"补助公民教育""增进科学常识""增进读书能力"。学生读报兴趣的养成有赖于教师的积极推广。至于行之有效的方式，程侠思认为，以下四点至关重要："组织新闻报社""组织新闻讲演会""举行新闻测验""组织新闻表演团"。程侠思还认为，应该对学生读报的效果进行评估："每日调查儿童读报录上所载的""每周注意新闻投稿及新闻讲演所发表的""每月注意新闻测验的结果和表演材料的组织"。⑤

---

① 建时：《革命青年的读报问题》，《革命青年》1926年第2期，第2—4页。
② 周人敏：《我的阅报法》，《囊锥研究》1924年第2卷第1期，第34—36页。
③ 赵世炎将学生在校时间分为六个时段：(1) 校课占全时间（上课不计）十分之一；(2) 看参考书等占十分之二；(3) 看新书报、新杂志占十分之一；(4) 劳力工作占十分之二；(5) 劳心的事占十分之三或四；(6) 运动占十分之一或无。参见赵世炎：《我们读书时间分配的问题》，赵世炎著，中共中央党史研究室科研管理部编：《赵世炎文集》，人民出版社2013年版，第17页。
④ 顾泰来：《学校增设读报科之商榷》，《教育杂志》1919年第11卷第2期，第35—38页。
⑤ 程侠思：《儿童读报问题的研究》，《中华教育界》1926年第16卷第4期，第1—4页。

通过上述三个方面，可以了解学生读报的效果和情况。

三、读者阅报与报刊价值的多元认知

自1815年《察世俗每月统记传》创刊后，报刊阅读成为一种社会现象。读者通过读报，可以了解新闻的发生，以便对社会产生更深层次的认知。这一过程成为读者进行思想训练的主要途径，对读者的思想世界有着深刻影响。读报也是读者融入社会的方式与途径。读者通过读报，可以建立与外部世界的社会交往，从而促进个体的社会化。通过读报，一些读者与报刊产生新的关系，形成新的交往网络。一些读者通过投稿，在报章上发表文字，成就俗世声名。报刊甚至成为读书人晋升的阶梯。① 从大众读报活动的角度看，私人读报活动是报刊阅读中最普遍的现象，有利于公共领域的形成。张灏对1895—1920年前后"转型时代"的研究很好地证明了报刊这类制度性传播媒介在推动公共领域形成过程中的作用。② 民国时期的不少读者群体重视读报活动，已认识到报刊是建立社会交往的重要渠道。因此，探讨民国时期的报刊阅读史，不仅要重视报刊被阅读的情况，还要分析报刊阅读带来的社会影响。

（一）读者读报与思想启蒙

一些读者在阅报活动中，能够从报刊中获得新知识，从而促进思想启蒙。从现存材料来看，民国初期不少读者对读报的意义有着深刻认识。例如，杨昌济认为，"人不可一日不看报章杂志。报章杂志乃世界之活历史也，即皆自我之实现也。日日看报，则心目中时时有一社会国家之观念，而忧世爱国之心自愈积而愈厚，且得有种种之常识，积累久之，则深明世故，可以应无穷之变，投其所向而无不如志。此真精神知识之营养，如饮食之不可缺者矣"。"日日看报，即所以存君亲民物于我也。"不阅报之人"怠于观察，怠于观察则懵于时势，一旦有事必至有手足无所措者，不可不加深察也"。从历史发展的角度看，"世界活历史为有机的一大团体，生生而变化，血脉贯通，日日观

---

① 章清：《民初"思想界"解析——报刊媒介与读书人的生活形态》，《近代史研究》2007年第3期，第6—10页。
② 张灏：《中国近代思想史的转型时代》，《二十一世纪》1999年第52期，第29—30页。

察之，则相互之关系，必致之因果一一显明，而此一大物者乃真为我有矣，乐莫大焉"。① 1923年12月，周作人在《晨报》五周年纪念增刊上发文《读报的经验》，表达了对读报经验的见解。周作人谈道："我们平常的习惯，每日必要看报，几乎同有了瘾一样。"他还强调阅读"好的报纸"的作用"不下于读书"。②

报刊对一些读者认知能力产生了重要影响。恽逸群通过其表兄江友山借阅《新闻报》《晶报》和常州地方报《晨钟报》，并经常同江友山讨论时事。受江友山的启发，恽逸群"开始对国内外大事注意起来，特别对报上的时评更加感到兴趣"。他"开始独立思考起来，特别是阅读报纸后，接触了新知识、新见解，就对老师的意见产生了怀疑"。③ 20世纪20年代一直从事教育事业的舒新城在给江苏中等学校的建议中希望"省立中等以上学校添设'书报指导专员'"，认为"要能适应现社会之环境"，教科书"实不能为力"，只有"阅读当时报纸杂志之一法"。他批评一些中学教师不阅报刊，甚至不知《新青年》为何物。在他看来，为学问、生活计，应该每日看报纸，"阅读报纸杂志之效用，纵不能超于习教科书，最少亦当相等"。而添设"书报指导专员"的目的在于"引起学生阅读课外书报的兴趣"。④

（二）读者读报与报刊价值的认知

由于经常阅报，加之时常投稿，间或参与办报活动，曾琦深谙报纸对改良社会的影响。在致好友曹慎的信中，他明确表示："因中国报纸，太无生气，是以舆论亦复销[消]沉，予以为欲求社会进步，必先改良报纸。"因此，曾琦抱着改良新闻的决心，"十余年来，抱此志愿迄未克偿"。他改良新闻之途径有二："一曰增刊社论，二曰增刊社会新闻。"⑤ 总之，曾琦不仅希

---

① 杨昌济：《教育上当注意之点》，《湖南教育杂志》1913年第16期，参见杨昌济著，王兴国编注：《杨昌济集》（第1册），湖南教育出版社2008年版，第47—48页。
② 周作人：《读报的经验》，《晨报增刊》1923年12月1日，第7—8页。
③ 顾雪雍：《奇才奇闻奇案——恽逸群传》，上海人民出版社1996年版，第13—14页。
④ 舒新城：《对于江苏中等教育界的建议》，《教育与人生》1924年第16期，第3—4页。
⑤ 曾琦：《曾慕韩（琦）先生日记选》，沈云龙主编：《近代中国史料丛刊》（正编第2辑第19册），文海出版社有限公司1966年版，第55页。

望以后以报业为职志追求社会进步,而且期待回国后创办新闻大学求人才。他设想"就上海或北京创办新闻大学,其目的在(一)养成有知识有眼光之新闻人才,如主笔及通信员之类;(二)借报纸之力,以造成全国之舆论,而谋监督政治,改良社会内容"。为此,他制订了一个宏伟的计划:

> 予向有意于造就政治人才,以谋政治之刷新,而欲谋政治之刷新,必先求社会之改良,改良社会,其道固多,而先务之急,则为舆论。苟依上述方法行之,至少当可造成若干良好之新闻记者,使之从事于舆论之鼓吹,而促进社会之改良。社会苟有进步,政治不难刷新,此固事理之必然而无疑者。予昔有诗云:"淑世亦多术,举纲挈其纲,爱才如性命,宗法在湘乡。"创办新闻大学,所以造成多数鼓吹舆论之人才,舆论既以造成,全国人心一致,尚何愁政治之不改善哉!此乃予所以自效于国之道也,特书之以备他日之考量焉。①

曾琦所理解的报刊颇有"政治纸"的意味。他视报刊为造"全国之舆论""谋政治之手段"。此类见解并非曾琦一人所有,而是民国初期一些读书人的共识。

民国初期的另一位知识分子金毓黻将报刊视为"思想纸"。他认为:"欧美人喜阅报章杂志,嗜之成癖,一日不废,此其文明所由日进也。日本人虽为后进,阅报之风,亦足与欧西相颉颃。惟吾国人多半不喜阅报,即使阅之,亦时政要闻及市井琐闻而已。至于杂志之专言学术者,几乎无人过问矣。国人日就鄙野,学术日形窳败,有由然也;奚止风俗之日下,人心之日偷,为可忧哉!"② 他还将阅读报章杂志视为读现代史的重要表征。他在日记中较多地记载了他对阅报的观点和看法。例如,他在 1920 年 11 月 23 日记:"吾人读古史,谓可博见闻,增学识也。不知读今史尤重于读古史,语曰'知古而

---

① 曾琦:《曾慕韩(琦)先生日记选》,沈云龙主编:《近代中国史料丛刊》(正编第 2 辑第 19 册),文海出版社有限公司 1966 年版,第 44—45 页。
② 金毓黻著,《金毓黻文集》编辑整理组校点:《静晤室日记》(第一册),辽沈书社 1993 年版,第 52 页。

不知今，谓之陆沉。'荀子曰'法后王'，正知今之谓也。今史维何？报章杂志是也。现世之事，无始终条理以记载之史，欲广见闻，增学识，舍报章杂志莫属。此后有人询以求学浚智之方，余必以多阅杂志告之。"12月6日记："余谓吾人生于今世，所重即在知今，故读报章之价值，即等于读古史。""世人不明主从之分，重视古史，轻视报章，无怪昧于世界大势，而存崇古贱今之见也。"1921年3月4日又记："吾人日间所读之书，无一不当以史视之。读古书即读古代史，读报章杂志即读现世史。""然欲知现世史，舍报章杂志将于何求之乎？"从上述记载来看，金毓黻非常看重报章杂志的"学术纸"功能，并将读报章杂志视为"现代史记"。有一次，他半月未读报纸，阅报后感慨："目为之盲，耳为之聋，蜗角蛮触，不撄我虑，今日始一帘阅之，开我茅塞为不少矣。"对阅报的经验，他亦有所关注："日后阅报，于无谓之评论及新闻，皆以求速为主，期略观大意而止，为省时计也。不然，以阅报耗去时间大部，尚有何余暇读它书哉！"①

恽毓鼎对报纸的价值与金毓黻有着类似看法。恽毓鼎认为，阅读杂志乃是治学最有效方法。1912年5月11日，在与友人程伯葭的谈话中，他指出："看杂志及各报（择其切实有用者），固以自助，亦以策励子侄。"② 此后，他在日记中记载了类似的看法：

> 余素乏新识，中年脑力日减，不能更致力新书，而稍有一知半解，不见摈于当代闻人者，则得力于《国风报》（今已止版）、《东方杂志》及此种报纸居多。
>
> 四十以后，心血脑力俱减，诚不能如青年学子之整片段研摩，然月出之报册，如《国风报》《不忍杂志》《庸言报》《东方杂志》，尽可于灯下茶余作自在之浏览。其境不苦，其味正相引而长。③

---

① 金毓黻著，《金毓黻文集》编辑整理组校点：《静晤室日记》（第一册），辽沈书社1993年版，第159、170—171、270、662、225页。
② 恽毓鼎著，史晓风整理：《恽毓鼎澄斋日记》（第2册），浙江古籍出版社2004年版，第591页。
③ 恽毓鼎著，史晓风整理：《恽毓鼎澄斋日记》（第2册），浙江古籍出版社2004年版，第593、662页。

因为从报刊中能获取新知,所以他希望儿辈能够积极阅报,从而增长学识:

> 儿辈阅报,唯看新闻、笑话及嘲谑之文,于此种政理学说,从不留意,固由程度相差,亦是志识凡下,安望其有成乎?
>
> 吾所看月出之报三种,曰《东方杂志》《庸言报》《震旦杂志》,皆有实际。余语锡兄,谓儿辈中如有嗜学有志者,每月不必读他书,但取三报(《庸言》近来颇无足观,当易以《不忍杂志》),定为日程,专治而详究之,更参以《亚细亚》《国华》两日报之时事总论(京师日报数十种,以余所见,此两种议论较平实)。不过一年,即可成政治、法律学问通才。此事实不难,无如程度不足,志愿不宏,不能为,不肯为,徒悬虚望而已。①

金毓黻和恽毓鼎的例证旨在说明报刊并非仅为"新闻纸",更具有"思想纸"的价值。读者从报刊中汲取新知,增长学识,乃至形塑思想世界,通过报刊的功能延展,使阅读报刊的意义扩展,开辟了一种新的社交关系,进而扩展读者的视野,提升读者的独立思考和价值判断能力。

由此可见,关于读报活动和读报法的讨论构成了阅读史方法论重要的一环。从读者对读报的不同论述中可知,阅报是近现代社会一种重要的社会现象和社会行为。以上读者的讨论涉及哪些人在读报、读什么报、怎样读报等问题,至于在哪里读报和什么时候读报的问题,涉及面非常广泛,是公共阅读讨论的重点。关于阅读行为和阅读方法的探讨,扩展了社会知识论的研究视野。读报作为社会教育的重要组成部分,是培养阅读技能和规范阅读行为的主要途径。而读报法注重目的和过程,向读者传授阅读的基本技能,揭示阅读的经验特性,使读者能够养成阅读习惯,提升阅读的能力和素养,促进报刊阅读的大众化。

---

① 恽毓鼎著,史晓风整理:《恽毓鼎澄斋日记》(第2册),浙江古籍出版社2004年版,第599、651页。

第一章　报刊时空分布、阅读推广与社会影响

小　结

谭其骧先生在《禹贡》发刊词中指出:"历史好比演剧,地理就是舞台;如果找不到舞台,哪里看得到戏剧!"① 同样,报刊类似舞台,读者阅读好比演剧。如果找不到舞台,哪里看得到戏剧。本章从报刊时空分布、阅读推广的角度初步探讨了北洋政府时期报刊业的发展。在这一时期,中国已进入报刊社会。不管是知识分子还是下层民众,读报的机会大增,他们共享报刊带来的资讯,共同构建"知识仓库"。报与刊已成为两种类型,也造成了读者群的差异。粗通文墨之人有可能是报纸读者。而杂志注重知识的类型化、专门化和思想性,在一些学者型知识分子的日记中,读刊的记录明显多于读报,对刊物的评价亦高于报纸。这表明杂志的阅读更具思想价值。

各类报章构建了复杂的读者群体和阅读网络,《申报》《新闻报》《大公报》等综合性大报是这个网络的主体,它们将不同区域、不同类型的人群连接起来,编织大报的"意义之网"。小报是都市文化与市民文化的产物,代表中国报业发展的另一取向。与大报相比,小报的影响主要集中在都会,普通市民是小报的最大读者群,说明通俗化的报纸颇受欢迎。杂志注重传播专业知识和思想观念,受到新青年,尤其是学生群体的欢迎。北洋政府时期,报刊业的发展呈现出复杂多元的面相,为不同类型的读者提供了丰富的选择。对于读者而言,阅读报刊可以"识时务""助思考""增识举""遣与人不可无寄与之事"。② 可谓各有所好,各取所需,各有所得。

报刊阅读大众化的重要前提是吸引下层民众加入读报行列,因此,引导民众阅读报刊是推动报刊阅读大众化的重要举措。从阅报的诉求来看,报人对民众阅读报刊的引导最为积极。对于报刊经营者而言,报刊的发行与读者的阅读彼此相关。报刊的通俗化是大众化的前提。报刊作为大众读物要区别

---

① 谭其骧:《发刊词》,《禹贡半月刊》1934年第1卷第1期,第2页。
② 权:《学生与阅报》,《清华周刊》1917年第124期,第1—2页。

于传统的经典书籍,除了在内容上接近民众的日常生活外,其文体的变革是适应普通读者的必然趋向。从这个角度看,"劝民读报"是报人共同秉持的理想与追求。尤其是随着大众化报刊的发展,读者的主体地位进一步得到彰显,有关地方新闻与文艺娱乐等通俗性内容的推出,目的便在于引发读者的阅读兴趣,但是报刊的大众化并非报人主观的努力所能达到,因此,推行阅报运动的意义即在于此。

对于读者而言,阅读报刊带来的积极影响非常显著。如何让初识文字的民众有机会、有兴趣阅读报刊,是整个社会面临的一个时代命题。下层社会大众的读报活动是"开民智""牖文明"的重要途径,因此,如何让报纸易看、易懂已上升到救国救民和社会启蒙的高度。然而,对于下层社会大众而言,在他们的生活必需品没有得到很好的满足之前,在物质生活没有得到很好的改善之前,读报仍然被视为一种高级的精神追求,是一种对他们的生活并无实际价值的奢侈性消费。因此,一方面,我们肯定报刊在启蒙下层社会大众过程中做出的贡献;另一方面,我们认为报刊的实际启蒙效果并没有得到充分的释放。在报刊价值的发挥与读报人读报数量的增长之间,仍然存在明显的差距。

第二章

民国初期时局变动、新闻报道与读者观感

民国初期，时局纷乱，社会动荡不堪，尤其是政党政争，内乱不止，报刊新闻揭橥了当时复杂的社会局势。作为新式传播媒介，报刊以时效性、公共性、接近性等特点广泛地介入政治生活，对社会产生了重大影响。学界对于民国初期党争与政争的研究已是成果斐然。在报刊研究方面，主要从舆论的角度解读这一阶段的时政要闻，揭示了报刊舆论在政党政治中的价值与作用。① 现有研究成果主要从报刊文本的角度进行细致入微的分析，揭示了时政与新闻之间的内在关联。本章主要从读者的角度挖掘报刊文本的价值与作用，以重大新闻事件为基本线索，通过不同读者的记载，阐述报刊的社会影响与读者的阅读反响。

第一节 民国肇始与读者反响

1912年1月1日，中华民国成立，成为影响中国历史的重大事件。《申报》在头版对中华民国成立表示庆贺："中华民国万岁，孙大总统万岁。"② 国民党系重要报刊《民立报》发表了《民国唯一之纪念日》的社论。在社论

---

① 陈忠纯：《民初的媒体与政治：1912—1916年政党报刊与政争》，厦门大学出版社2011年版。
② 《申报馆同人拜贺》，《申报》1912年1月1日，第1版。

中，作者血儿祝愿"孙大总统以其共和之精神，尽劳尽瘁以嘉福我民国者"，并希冀"民国初造之时，尤期一德一心，共抒精诚，以扶助民国之发达，而奠国基于永固，静志竭谋，以襄大总统之所不及，拘出一篇丹心赤血，而从事各种极大问题之解决"。①《大公报》主要报道了清王朝的动态，对民主共和怀有一种无可奈何之心态，并且发表了一篇"闲评"，颇有自暴自弃之感。②此后一段时间，各大报刊几乎都刊登有关民国建立后的消息和评论，对于新生的民主共和国寄予厚望，希望新政权能够实现民族独立和国家富强。

报刊读者对民国建立的阅读、思考有时空差异，加之自身知识结构、身份认同的影响，他们对民国建立的态度和观点有较大分歧。随着时间的推移、时局的变化，他们的态度亦发生转变，显示出他们幽微复杂的阅读心态。

对于辛亥革命和民国建立的研究，尤其是解读民国建立前后时人的一些转变，相关论著做了较为全面的分析。例如桑兵所著《走进共和：日记所见政权更替时期亲历者的心路历程（1911—1912）》一书为我们提供了新视角。③但从整体上，时人如何了解时局的发展？如何因应时局？又如何从时局中实现人生价值？这些问题需要从报刊阅读史的角度加以考察。报刊为不同的读者提供了新闻和观点，为读者参与时局提供了可能。读者对新闻和时局的记录显示出他们的观点和态度。处于不同时空的读者如何看待民国建立这一重大事件，需要回归到历史现场，考察他们的所思所言所行，而日记提供了观察的绝佳文本。从日记中攫取读者的阅读记录、读报心态和动机取向，可以揭橥时局对读者的影响，以此分析读者、报刊与社会之间的互动关系，进而探究报刊阅读的社会影响与社会效果。

一、民国成立与读者阅读的复杂心态

从辛亥革命开始，这场影响中国历史进程的大事件就牵动着国人的心。

---

① 血儿：《民国唯一之纪念日》，《民立报》1912年1月1日，第1版。
② 梦幻：《闲评一》，《大公报》1912年1月1日，第1版。
③ 桑兵：《走进共和：日记所见政权更替时期亲历者的心路历程（1911—1912）》，北京师范大学出版社2016年版。

第二章　民国初期时局变动、新闻报道与读者观感

当南北陷入僵局时,读者通过报刊报道了解革命的发展。总统还是皇帝,民主共和抑或君主专制,不同的读者对此都有自己的观察与体会。

(一)官绅的报刊阅读与政治取向

1911年10月10日,辛亥革命猝然爆发,令清廷措手不及,内外官员面对源源不断的各类信息,反应迥异,特别是日记所载,记录了他们的切身感受。大小官员通过报刊了解事态的发展,并做出相应的反应,体现出对事态的关注与回应。

民国初立,北京城内混乱不堪,诸多前清大小官员表现不一,并且对时政的记录亦有所差异。尚在度支部大臣任上的绍英内心矛盾不已,颇为动情地写道:"虽客腊廿五日奉诏旨宣布共和政体,臣民未免失望,然果能皇室之虚荣罔替,未始非国家如天之福。今袁项城已允勉尽临时总统之义务,其优待皇室条件必能有加无已,岂非大清帝国二百九十余年深仁厚泽之报耶?况共和政体办理能否妥协,各国能否承认,尚未可知。将来皇上典学深纯,国民思念旧主,友邦推举贤明,未始不可由共和复归帝政,是在天演物竞,出于天理之自然,非人力所能逆料,惟祝国运亨通,苟全性命,获免瓜分,是诚五大族国民之幸福也。"绍英内心无奈,对清廷的苟延残喘抱有幻想,对于时政关注较少。1912年2月29日,绍英在日记中记载自己的遭际:"曹锟所统之第三镇兵变,开放枪炮,在城内焚掠一夜。余家被抢,损失甚多,大奶奶首饰等物约值万余金,均被抢去,余率同家中人逃至东邻暂避,幸人口平安。"袁世凯本欲在北京建都,怂恿部下骚乱,引发了诸多危机,像绍英这样的度支部大臣亦不能幸免。3月2日,绍英在日记中记录了天津兵变的情况:"抢掠一夜,天明始息。"①绍英内心痛苦不堪,直到袁世凯发布总统令,免去他度支部大臣职务,专任逊清小朝廷内务府事宜,他才稍为心安。

与绍英交好的王振声的心态较为平和。王振声于1907年在徽州知府任上乞休回京,此后赋闲在家,其日记所记录多为日常起居和亲朋往来,对于国家大事偶有记载。2月19日,王振声在日记中概述了《爱国报》所载宣统帝

---

① 绍英著,张剑整理:《绍英日记》(上册),中华书局2018年版,第183、185页。

退位的消息:"皇帝辞位,定为中华民国共和国体,客腊廿五日宣布。"此类新闻摘录丝毫看不出他的心里所想。3月1日,王振声闻"京齐化门、东直门内抢掠烧大乱"。① 这尚不能看出他对时局的关注程度。赋闲在家的王振声已远离政事,国体之变动并未在他内心掀起多大波澜。

供职于学部的恩光在心理上极为抵触"国变"。他在阅读《爱国报》等报刊后,用"天头文字"的形式记录了自己的不满。例如,1912年元旦这天,他在日记中愤怒地写道:

> 战事展期,亘古未闻,况与叛逆讲和,尤历代未有之事。军饷日需无算,度支早已告匮。或曰议和,或曰国会一面之辞,毫无把握。兹又展期,而军需逐日以何支应?各省黎庶生灵,时居水火,日被贼匪杀掳,反曰革军,王师不得痛剿,任肆纵横。如此延宕,不但人不聊生,直是养痈成患,伊于胡底,曷胜长叹!②

此类不满和哀叹之情贯穿于他写于民国元年的日记之中。例如,1912年1月4日,他对召开国会表达了自己的不悦:

> 战事展期,待开国会也。试问有何把握?逆党一言必从,动曰公理,反叛扰乱天下,灾及苍生,尚复谓之公谓之理乎?伍廷芳致袁电,狂吠亦无人理,革逆节节攻袭,官军处处退让,拘守成约,不敢妄加一矢,任逆肆鸱,加以土匪蜂起,焚掠杀害,亦名革军,官兵剿除,动曰有违条约,盖反叛未有不偏护贼匪取作声势者也。尚复向逆辈讲礼耶?可叹可忾!③

他从中国历史的角度认为,"共和"一词非中国所有,故在中国难以实行:

---

① 王振声著,徐慧子、李周整理:《王振声日记》,凤凰出版社2017年版,第214页。
② 恩光著,许庆江、董婧宸整理:《恩光日记》,凤凰出版社2020年版,第104页。
③ 恩光著,许庆江、董婧宸整理:《恩光日记》,凤凰出版社2020年版,第105页。

开辟以来，主持中国者，未闻何为君主，何为共和，此自出于外夷，近年不经之一说耳。逆辈假此为名，以遂其叛逆之意，扰害天下，涂毒黎庶，甘心为他人作伥。朝廷迫曲万端，特为生灵免遭涂炭，勉从众胁，共和开会，而附逆诸辈尚复进攻，谋危社稷，欲使天下尽成逆党。每日我四万万同胞，皆为无君无父，无人心，无天理，方称共和。狂谬妖孽，上天神灵曷不即殛之？①

可见，恩光对于共和极为反感。在南北和谈之际，恩光尤为愤恨。1月12日，他写道："天下大势尚不可定，我国家仁厚历古未有，叛军反戈，各省从逆者半，皆逼胁所致。试问天下人民，平心而论，良心有清乎？有革乎？昨看报载，岑春萱［煊］上庆邸，诸王公等言实行共和揖让之事，而近言此事者甚多，所谓一犬吠影，百犬吠声，此等辈概非人类，固不足责。而负戴百年深恩厚泽，亦复悖逆若是，直犬豕不如也，可叹！"他大骂岑春煊，认为他有负朝廷所望，成为悖逆，"犬豕不如"。19日，他对议和又展期颇为焦虑："自十一日闻又展期十四天。朝廷宵旰忧虑，亲贵请假，大臣纷纷告退，南省黎庶生灵，时遭涂炭，日在水火。而迭次展期，任逆设备掳掠。各处土匪，乘时扰害，军饷日匮，饥困渐至，如此延宕，伊于胡底？就使即开会，尚需时日。大局论议，均无定章。何日始获平靖耶？执政者何不刻刻思计也？"在焦虑议和展期的同时，他又对军队的"共和之情"表示疑虑。25日，他在日记中综述道："近闻张勋、姜桂题、冯国璋、张怀芝等统带各军，锐意剿叛，不知何故均有共和之情？变换无常，忠义安在？官军日费粮饷无算，时食清粟，朝廷内帑罗掘供给，反蓄贰心，辄欲反戈相向，何人心之无良如是？殊不可解。我国家待士之厚，历古未有。天心人事而论，何致不能有所转机？惟军事延宕，屡次展期，不能不有变机也。但愿忠勇各军，始终如一，幸甚祷甚。"②他祈愿军队能够忠于朝廷，勇于平叛，扭转局势。

---

① 恩光著，许庆江、董婧宸整理：《恩光日记》，凤凰出版社 2020 年版，第 105—106 页。
② 恩光著，许庆江、董婧宸整理：《恩光日记》，凤凰出版社 2020 年版，第 106、107、108 页。

1912年2月9日，有关宣统退位优待条件的修正案通过。恩光在阅读了修正案后，表示愤愤不平，在日记中哀叹：

亘千古未有之奇逆也。逼迫勒胁，内外交攻，彼谋夺社稷，倾陷家国，阴算毒计，已成其叛逆。妖孽扰害天下，亦系为他作伥。自后恐四海无宁静时也。哀哉，不胜令人痛哭流涕。抢呼长叹，至是待死而已，何辜值此！①

12日，溥仪退位，恩光读报后表示痛彻心腑："社稷已属他人，兆民何所依生？开辟以来，未有之变逆者也。当此之际，天理人心，数千年传流之礼乐伦常，将殆泯灭耶？抑将乱极当治乎？惟直不生不死之时，人何以堪？待毙而已。"② 他对清廷的灭亡极为痛心。

在京官绅心境复杂，在外官绅同样如此。因辛亥革命的爆发，郑孝胥"封疆大吏"的美梦破灭，蛰伏上海。他的日记对时局的记录颇多，反映出他对时局的关注。1912年1月4日，郑孝胥阅天津《经纬报》知袁世凯电准唐绍仪辞任北方代表，由袁世凯与伍廷芳直接"电商"。同时，两人约将"停战期限展长十五天"。袁世凯利用报刊舆论造势，希望举其为中华民国总统。5日，报纸新闻称："各省代表在南京正式选举黎元洪为副总统。"8日，郑孝胥阅报得知："内阁因民党要求让位，难于回答；开战则度支空虚，不能支持。"袁世凯称"此次议和不成，因'十九信条'颁布太早，民权之予畀太易，致使民党要求不留余地，虽虚君政体亦不承认，除要求君主退位，别无条件"，于是"率各大臣全体辞职"，原因有四："一、此次议和非达到君主立宪不可，而民党坚持共和，不能开议，是以不得不辞职；二、民党要求禅位，诸亲贵不允，难免意外之祸，是以不得不辞职；三、和议决裂，即须开战，军饷无着，兵心难固，数人之力不敢支此危局，是以不得不辞职；四、政体未

---

① 恩光著，许庆江、董婧宸整理：《恩光日记》，凤凰出版社2020年版，第110页。
② 恩光著，许庆江、董婧宸整理：《恩光日记》，凤凰出版社2020年版，第111页。

定，需款正殷，万难久持，是以不得不辞职。"袁世凯以此向清廷逼宫，颇为奏效。10日，岑春煊致电袁世凯，希望清廷为国家计，自动退位。郑孝胥颇为不满地质疑："岑岂亦被逼而发此电耶，抑已降于革党耶？怪哉！天下好名誉必让袁世凯一人做尽，南方士大夫真不值一钱也。"11日，报纸新闻称："南京、上海议和议不成，不必北伐，但在南京召集国会，决定共和政体，即行颁布，使政府及袁世凯势愈孤蹙，自当乞降云云。"因南京临时政府成立已造成既成事实，而南北议和陷入僵局，袁世凯"有南北分为两国之议"。①

在南北纷争难以决断的情况下，清政府决定开战。12日，郑孝胥阅报得知隆裕太后"出帑金八万余两，值银三百余万，以作军用"。23日，报纸新闻称，以载泽为首的清廷"反对逊位"，命铁良"统带北军开战"。在南方，15日，北伐军"多已拔队"，孙中山"将自率北犯"，令"黎元洪守南京"。②双方大有剑拔弩张之势。

清廷虽决意开战，但因军队唯袁世凯马首是瞻，终无法调动，南北方继续议和。16日，西报言："北京有逊位之议，袁世凯复辞职。"17日，有袁世凯为炸弹所攻之新闻，因此，为维护北方稳定，袁世凯坚持不出。22日，报纸宣传"北京将逊位幸热河""袁世凯将辞职"之新闻，使逊位之事变得扑朔迷离。23日，"奕劻、载沣等建议清廷仍留北京，命袁世凯于国会未开以前设临时政府于天津"，而某要人之信件论"袁世凯之真相"，使郑孝胥对袁世凯的态度发生了重大变化："吾以君子之心度项城"，而袁世凯"真尔朱兆之类，吾言不幸中矣"。很显然，袁世凯之野心已是路人皆知。24日，新闻报道载泽反对清帝逊位，"主义甚正"，但"无人助之"，恐怕"不足以制"袁世凯。26日，新闻称南方革命党允诺清帝退位48小时内"解散临时政府"，再谋求"统一之法"，或孙中山"入京"，或袁世凯"来宁"。③清政府

---

① 郑孝胥著，中国历史博物馆编，劳祖德整理：《郑孝胥日记》（第3册），中华书局1993年版，第1377、1378、1379、1380、1381—1382页。
② 郑孝胥著，中国历史博物馆编，劳祖德整理：《郑孝胥日记》（第3册），中华书局1993年版，第1382、1386、1384页。
③ 郑孝胥著，中国历史博物馆编，劳祖德整理：《郑孝胥日记》（第3册），中华书局1993年版，第1384、1386、1386—1387、1388页。

希望袁世凯挽救即将崩溃的专制政府，故给予了袁世凯诸多权力。而袁世凯运用种种手段，一方面从清政府手中接过更多权力，另一方面向南方政府施压，从而成为南北和谈的最大受益者。

议和期间，一些旧官僚纷纷致电袁世凯，希望袁世凯为和平积极奔走。10日，岑春煊致电袁世凯，希望从速议定和平协议。对于岑春煊致电袁世凯一事，郑孝胥认为："岑庸劣无根柢，一生色厉而内荏，固宜以降伏革党为收场也。岑避地沪上，本可不发一语；今一开口而肺肝尽露，原来亦是主张推翻王室之宗旨，平日声名扫地。此与自投粪坑何异，其愚至此，竖子真不知君臣忠义为何语！"13日，报载《袁世凯复梁鼎芬书》，郑孝胥赞叹："文笔清畅，朴质处颇可动人。"28日，报载《旅沪曾仕清人员谢孙文公启》，而郑孝胥本人未在公启上有任何表示，他认为"乃无耻者之所为也"。① 他对袁世凯的手段表示愤慨，对一些人公开献媚于袁世凯表示鄙视，因此，当有人借其名号向袁世凯示好时，他坚决抵制。

2月是议和的关键时期。4日，为逼宣统逊位，袁世凯大造舆论，上《袁世凯辞赐侯爵并陈为难情形》《段祺瑞等联名奏请逊位》二折，逼清帝逊位。郑孝胥认为，清朝皇室争"优待条款"，已甘心"亡国"，"哀哉"！假如皇室有"死社稷、殉宗庙、宁死不辱之志"，则"忠臣义士激发奋厉，纵至亡国"，"犹可为史册之光耳"。皇室已"苟活偷生，不敢反抗"，而"欲责忠义于臣民，难矣！"6日，北京君主立宪会发《谨告政府亲贵及北省人士勿信谣言》和《袁世凯致各军电》。郑孝胥认为，袁世凯"以优待皇室为己功，以勉膺总统为保护皇室之举，恐难以欺天下"。7日，他在日记中抄录《袁世凯奏请收回封爵成命及沥陈大局情形折》，希望袁世凯"以臣节终始之意"，假如他"负朝廷"，则为"不智"。② 很显然，郑孝胥希望袁世凯充当护国功臣，在清政府倾颓之际力挽狂澜，继续维护清政府的统治，但事态并非朝郑孝胥

---

① 郑孝胥著，中国历史博物馆编，劳祖德整理：《郑孝胥日记》（第3册），中华书局1993年版，第1381、1383、1388页。

② 郑孝胥著，中国历史博物馆编，劳祖德整理：《郑孝胥日记》（第3册），中华书局1993年版，第1390、1391、1393页。

所期望的方向发展。

在袁世凯的威逼利诱之下，宣统帝宣布退位。2月8日，报纸刊登"逊位条款"。9日，郑孝胥阅报得知"北京已允逊位条款"，"先下辞政之诏，仍改为虚君共和政体"。10日，新闻称"逊位谕旨闻已拟就，系由满王公等修改"。他将逊位谕旨抄录于日记中。13日，《大陆报》载，"昨夜九点一刻，逊位诏下，凡三道，仍以自行辞政为宗旨"，报中"印有宣统上容及袁世凯、唐绍仪、伍廷芳相"。15日，郑孝胥阅报纸增刊得知"南京党人欲袁世凯自至南京，乃由参议院举为总统"。17日，他抄录《清帝逊位诏书》，并愤慨地写道："北为乱臣，南为贼子，天下安得不亡。"①

历时两月之久的南北谈判以宣统皇帝退位而告终，此时，国内形势愈加复杂，如何建国的问题尚不明确。2月19日，报载袁世凯表示不能至南京，孙中山"可来京接任"。22日，南方政府派蔡元培、于右任等"赴北京迎袁世凯"。3月，袁世凯在北京制造了一系列混乱，以此表示不可离开北京。1日，《大陆报》载：北京昨日大乱，"内城火，街市断绝，枪弹及于东交民巷"，袁世凯"似颇危险，惟无排外之象"，西方人"居城市者，交通皆断。入夜稍定"。2日，郑孝胥知晓"北京作乱者乃袁世凯之亲军，焚掠内城，袁世凯无恙"。3日，《大陆报》载："北京于三月一号夜，西城复焚掠，庆王、桂公皆被劫，桂公所失财帛衣物直〔值〕二百余万金，叛兵乘火车赴保定。"有从保定来者对袁世凯云："保定城已陷，劫掠都尽，法教士被杀，叛兵复向北京。""北京城内各兵皆归营，街市以警察守之，犹有擅杀人者。"唐绍仪致书朱尔典，询"各国对于乱事之意见"，各国"欲调天津兵入京"。但2日"天津火车停行，捕斩乱者三十余人"。对于众谓"袁世凯能兵"之说，郑孝胥"素不信"，因"彼心粗"，并且"官场习气甚重故"。但经过此次混战，郑孝胥认为袁世凯"尚为有胆"。5日，郑孝胥阅报后记载："天津兵亦焚劫河北城市皆遍，造币厂亦毁。"直至6日，"京津乱皆稍定"。一系列混乱为袁

---

① 郑孝胥著，中国历史博物馆编，劳祖德整理：《郑孝胥日记》（第3册），中华书局1993年版，第1393、1394、1395—1396、1396页。

世凯不能南下提供了借口,因此,袁世凯在北京就任中华民国临时总统。3月10日,袁世凯"受任临时总统"。12日,袁世凯"大赦天下,免租税"。①

很显然,郑孝胥希望清政府能够屹立不倒。如此,他可以继续在清政府有所作为。因此,当袁世凯出面调停南北争议时,他期望袁世凯能够挽救清政府于危难之际。但袁世凯成为中华民国临时大总统,成了清政府的掘墓人。郑孝胥对袁世凯的态度发生了转变。他在日记中感慨道:"今日所见者只有乱臣、贼子及反复小人三种人而已。乱臣之罪浮于贼子,反复小人之罪又浮于乱臣,其余皆难民也。"② 此种责难,自然包括袁世凯之类的乱臣贼子和小人。

寓居上海的李辅燿因辛亥革命而卸任温州盐厘局督办,赋闲后注意观察时局的变化。2月12日,清政府颁布了退位诏书。13日,李辅燿阅报得知宣统帝退位的消息,痛心疾首地写道:"二百六十七年,大清一统天下,遂如此结局,可悲也夫。"他在日记中连续两日誊抄了《清帝退位诏书》《关于大清皇帝辞位之后优待条件》《清皇族待遇之条件》和《满蒙回藏各族待遇之条件》。16日,他阅公电知"举袁世凯为大总统"。17日为旧历年除夕,他记录了南北定都之争的消息:"孙中山辞职,袁慰亭当选,而政府地点主在南京,亦有主在北京者。据报言,主北京者有多数。以调停之故仍主南京,然则统一亦殊难言矣。"他在日记中沉痛地赋诗:"酒到杯中都是泪,云望窗外不成团。君知今夕为何夕,宣统三年大统完。"③ 一个"完"字将他消沉颓废之心态披露无遗。

因定都之争,袁世凯指使部下在北京制造骚乱。李辅燿不知,以为只是乱兵焚抢,"秩序大乱,商民逃奔,不可胜数",加之天津亦"大受创",似"将成流寇之乱"。李辅燿颇为担心:"如能在河北堵截剿抚兼施,犹可挽救,否则害及东南,益速瓜分之祸,奈何。"之后,事态平息,李辅燿心稍安。3

---

① 郑孝胥著,中国历史博物馆编,劳祖德整理:《郑孝胥日记》(第3册),中华书局1993年版,第1400、1400—1401、1402、1403、1404页。
② 郑孝胥著,中国历史博物馆编,劳祖德整理:《郑孝胥日记》(第3册),中华书局1993年版,第1403页。
③ 李辅燿著,徐立望、胡志富主编:《李辅燿日记》(第9册),浙江大学出版社2014年影印本,第169—180、182、182—183页。

月10日，袁世凯就任中华民国临时大总统。李辅燿在日记中记载了这一消息，并将袁世凯与孙中山就任总统之时的盛况进行了比较。①

同样遁居上海的左绍佐在辛亥年（1911）的最后一天颇为沮丧地写道："日建癸亥除夕，一年结局矣。自八月十九日鄂中事起，旋而东南随以独立，天下大扰，袁氏为内阁总理，南京建号，始议共和，于是本月二十五日，清帝逊位，群推袁氏为总统，而清室亡。"② 清室之亡不仅是朝廷之亡，更是个人命运的转折，本来等待优缺的他只能无奈地滞留上海，穷困生活。

和左绍佐有同感的孙宝琛在日记中颇为痛心地记载："今上奉懿旨逊位，宣布共和，宣统帝号不废，举袁项城为临时总统，殊堪浩叹。我朝自入关以来，深仁厚泽哉，三百年一旦毁于群小，真非意料所及也。"此后，报纸报道各地兵变频发，他甚为不满。3月6日，他听闻京津保顺一带兵变，"秩序大乱"。在他看来，"中国程度太低，共和断难骤行，饷项又奇窘，革军能乱天下而不能治天下，焉能太平"。18日，他与友人交谈后记载："驻扎道署之温台兵与马队大起冲突，竟至开枪，伤毙数人。各铺户均一律闭门，由军政府派马队弹压，即时镇定，而居民已受惊不浅矣。"至4月3日，孙宝琛阅报得知苏州兵变的消息，"闾门一带，居民铺户抢劫一空，大局真不堪设想"。③ 兵变之事一再发生，使他对民主共和深感失望。

被鲁迅称为"傻公子"的刘承幹也对清廷持强烈的支持态度。1912年1月3日，他阅报后得知"唐绍怡［仪］电内阁，辞代表之任，竟尔邀准"，他颇为清廷鸣不平，"袁世凯责问民军，既议召集满蒙回藏及十七省开国会，公决君主立宪民主立宪问题，何以遽举临时总统（临时总统孙文已于十三日赴宁登位，是日阴雨晦冥），其心显系叵测，须将总统撤销，此后议和事宜，须由伍廷芳与内阁直接"。他又闻秘密消息："武昌已经克服，黎元洪退守岳州，而此间举国

---

① 李辅燿著，徐立望、胡志富主编：《李辅燿日记》（第9册），浙江大学出版社2014年影印本，第201、208页。
② 左绍佐：《左绍佐日记》，湖北省图书馆编：《湖北省图书馆藏稿本日记四种》（第24册），国家图书馆出版社2021年影印本，第169页。
③ 孙宝琛：《孙宝琛日记不分卷》，上海图书馆藏稿本电子版（编号：T47017-41），1912年2月14日，3月6日，3月18日，4月3日。

若狂，以为新政府成立，兴高采烈，不知藩篱已破，窥穴有人，其败可立待也。"对于民军的不利舆论，他亦有所关注。例如，他阅报得知"援鄂军纷纷拔队"时，表示"皆系纸上空谈"，并拿"女革军三十人与队长野合而遁者"批评革命军，"丑行难以言语形容，今已全散，或逃或妍，不知去向矣"。①

刘承幹将拯救清政府的希望寄付于袁世凯。1月17日，报载袁世凯被炸消息，"好在未经掷中，仅伤卫队数人"，他对袁世凯的安危极为担忧。他阅报后得知内阁总理袁世凯"赐封一等侯爵"，对袁世凯寄予厚望，认为这是"酬其两月以来谋国之劳"。但当他知晓清王朝取消帝制时，甚感悲愤："念自甲申入承大统以来，迄已二百六十余年，历圣谟猷，深仁厚泽，不可胜纪，即翻撷二十四朝史乘，宽大政治，无有逾于本朝。乃民军起事于武昌，瓦解土崩，天下响应，自八月十九日起，以迄今日，为时仅十有余旬，以豺虎之革军，恃其运动之力，手枪炸弹，威吓万端，竟至禅让，天道宁有是耶？余虽未擂笏大廷，然忠愤之私，油然莫遏。丁兹乱世，其将学鲁仲连蹈东海而死乎？纪事直书，曷胜悲愤。"愤怒之余，当友人邀请他加入共和建设讨论会时，他"慨然允之"。②

旧历新年，刘承幹阅传单得知"已举定袁慰庭（世凯）为临时大总统，南京参议院投票都城欲建江宁，袁未允，尚在争论"，他颇为担忧。此后，各地兵变不断，他一一记录在册。3月7日，他阅报得知"北方兵变"，担忧之情更甚，"至今未靖，各国已调兵入京保护，恐起外人干涉"。③

辛亥革命爆发后，时年64岁的叶昌炽已退居故里四载，以读书、著述、藏书为乐，但纷乱的时局仍牵动他的神经。他一方面通过阅读报刊了解时政，另一方面阅读邸钞，了解清廷的人事变动。1912年元旦新历，他阅读了唐绍仪电奏原稿："和议一败，战端复起，度支之竭，蹶可虞民生之涂炭愈甚，列

---

① 刘承幹：《求恕斋日记不分卷》，上海图书馆藏稿本电子版（编号：线善 862624-74），1912年1月3日。刘承幹日记以旧历纪事，本书为统一起见，凡日记中使用旧历的日期改为公历。
② 刘承幹：《求恕斋日记不分卷》，上海图书馆藏稿本电子版（编号：线善 862624-74），1912年1月17日、1月29日、2月14日。
③ 刘承幹：《求恕斋日记不分卷》，上海图书馆藏稿本电子版（编号：线善 862624-74），1912年2月18日、3月7日。

强之分裂，必乘宗社之存亡。"他感慨道："莫卜以此恫喝之辞，施于君父。陈桥之变，崖山之祸，何一非欺人孤寡，天乎，噫嘻！"南北和谈期间，关于袁世凯的报道引起他的关注。1月17日，他了解袁世凯车行被炸的相关情况："项城车行，有人以炸弹相饷，毙马一，卫士二，当场捕三人，一为王天成，津人，其二皆黔人。"18日，又有袁世凯监国和被炸的概况："上谕袁世凯为副监国。""又言项城遇炸弹，式甚精，铜管三寸，中储小弹无数，药性猛烈，十七人重伤，二人立毙，都门又戒严。"①

此后，他多次记载各地动乱的新闻。2月26日，他闻"共和之政，陕以西不受命，吉帅前茅已至醴泉"。3月2日，又有北京兵变的消息，"北京第三镇统制曹琨〔锟〕部下兵变，纵火焚杀，东华、西华两门延及前门外红光烛天，枪弹如雨，一时秩序大乱，东交民巷使馆亦戒严，翊〔翌〕晨九点钟始定"。5日，他得知保定亦有兵变消息，"闻保定糜烂，永平、涿州均波及，直沽亦有警耗。北方兵事方始，共和安在？吾为康吉父子危"。②后康吉父子复信表示平安无事，他心稍安。

同在苏州的余鸿钧极为关注辛亥时局。1912年元旦，他抄录清朝亲贵拟派刺客刺杀民军首领和南北军交战的消息："今日报载载洵、载涛出运动费十万元，派刺客十余人来上海刺程德全、黄兴、伍廷芳、温宗尧、汪兆铭，已经启程。九江十二日电，本日八时停战期满，民军与清军在汉阳有接战消息。"他还赋诗一首："园亭风景久繁华，红紫相将颜色夸。一夜雪霜飞缀白，恨他压住几枝花。"③除了报刊休刊外，他几乎每日都会抄录重要新闻，读报抄报成为日常生活的重要内容。

在清帝逊位和袁世凯就任临时大总统几个特殊的历史节点上，他都特别留心观察。例如，1912年2月12日，清廷发布逊位诏书。他于15日节录了逊位诏书，并表示"现在宣统退位，正处于黑暗世界，可叹！"表达了他对宣

---

① 叶昌炽：《缘督庐日记》（第11册），广陵书社2014年影印本，第6851、6861、6862页。
② 叶昌炽：《缘督庐日记》（第11册），广陵书社2014年影印本，第6884、6885、6887页。
③ 余鸿钧：《余鸿钧日记》，苏州博物馆编：《苏州博物馆藏近现代名人日记稿本丛刊》（第24卷），文物出版社2018年影印本，第293页。

统逊位的惋惜之情。之后，南北达成一致，袁世凯于3月10日就任中华民国临时大总统。余鸿钧在日记中抄录了袁世凯就任临时大总统的情形："袁大总统已受新职，宣布誓词，交专使带宁。黎副总统代表大总统行受职礼已取消。临时政府地点设北京，俟内阁总理商定后即在南京组织一切，并将南京政府交代案件带京。南京参议院及内阁组织后，均拟迁往北京。"对于袁世凯就任临时大总统，余鸿钧相当不满，并赋诗讥讽："剪灭君权改共和，从教不战唱凯歌。诸人同表欢迎意，总统机谋占胜多。幼主堪怜谁顾恤，先朝遗泽已消磨。昭彰天理今安在，恨视彼苍可奈何。"①

辛亥革命后，在济南任山东试用道充调查局会办的傅增淯也关注南北和谈进展。1912年元旦，他见密电："革军要求停战，退军百里外。"此时，南北和谈初开，未知将来局势如何。1月4日，他留意报纸所载："唐绍宜〔仪〕因议和无效辞职，代表十一人亦皆签字之说。"对于这样的消息，他读后疑虑，写下"不知确否"四字。之后，他进一步了解事态发展。9日，他记载了"内阁与伍廷芳打笔墨官司""黎元洪有三路进兵""《济南报》请革军代表伍廷芳致书外交团，述和议决裂之由"和"端方入川，在途被害，并其弟端锦亦与难"的新闻。在他看来，内阁与伍廷芳打笔墨官司，"旗鼓虽云相当，伍则不勉强词矣"，而端方入川被害事，他认为"似此情形，四川恐又糜烂矣"。10日，报纸报道他的三弟傅增湘致电政府的消息："讨论无效，焦愤成疾，神志昏瞀，夜不能寐，拟叩请悉慈准予开缺，以资调摄。"12日，他见报纸所载"阁电"，非常担忧："恐和议决裂，革军三路北上，属严为防范。"此后，和议又展期十四日。②

在展期期间，一些新闻引起了他的关注。1月17日，有"民军各闹意见"的消息，"《大公报》载程德全有致黎元洪书，甚不满孙文，革军财政较政府，尤为艰窘"。申电称："有革军二千人由沪赴烟台，此系确消息。"他深

---

① 余鸿钧：《余鸿钧日记》，苏州博物馆编：《苏州博物馆藏近现代名人日记稿本丛刊》（第24卷），文物出版社2018年影印本，第357、405、416页。

② 傅增淯：《澄怀堂日记附澄怀杂存》，清华大学图书馆编：《清华大学图书馆藏稿钞本日记丛刊》（第16册），国家图书馆出版社2018年影印本，第171、173、175、176、176—177、178页。

感忧虑,指出:"如此看来,恐济南必为战场,宜速来岛。"19日,新闻纷传袁世凯"于东安门外被党人掷炸弹"的消息,"幸未中,凶手被获,并于船板胡同查得党人,内有妇人一名"。21日,他夜间览报得知:"有亲贵会议逊位允建共和之说,唯蒙古王公极力反对。"可见,清廷内部对共和存在争议。22日,他阅《大公报》,得知"袁内阁有五日内议决政体消息"。至于议决政体的结果如何,他没有关注。之后,南北又有重开战端的相关消息。28日,他阅《大公报》后判断:"似官、革两方面均预备战事,决裂已在日前,不过外交团认可与否,尚未得知,仅此一线生机耳。"①

3月初,和议有了最终结果。7日,傅增湉阅《大公报》得知"已有优待皇室条件"。8日,消息称:"旨张镇芳署直隶总督北洋大臣",但津人"有拒不接待,请收回成命者"。此外,对于袁世凯与孙中山所拥戴之虚君共和,"民军多数反对"。13日,《大公报》上有"廿四五宣布共和诏旨之说。袁内阁电召唐少川回"。至16日,他阅《胶州报》,知晓清廷宣布共和的消息:"本日十钟得电,共和已宣布,并悬五色旗,大庆一日。"清廷同意共和后,各地亦有一些反对之声。21日,他摘录《北京日报》新闻:"东三省反对共和,从不宣布,并招兵五十营,饷由泽公、肃王认筹之说,有某国人暗中主使。"两天后,友人告知,济南"尚不安稳",各地亦兵变不断。②

对于清廷的灭亡,归于乡里的何宗逊心态较为平和。1912年2月18日为农历新年。临时政府改用新历,何宗逊则表达不满。他指出:"然自夏禹至今,我中国四千余年岁首建寅未有变革,故民间仍循旧度岁。惟值过渡时代,清廷礼服既不适用,民国服章又未制定,官民概着便服,亦不贺年,洵古今未有之奇局!尤中国治乱之一大关键也。"国服未定,又不贺年,在何宗逊看来是中国"治乱"的一大关键。可见,他对民国取代清廷持消极态度。因此,他非常看好从旧体制中走出来的袁世凯。3月1日,何宗逊阅报得知宣统皇帝

---

① 傅增湉:《澄怀堂日记附澄怀杂存》,清华大学图书馆编:《清华大学图书馆藏稿钞本日记丛刊》(第16册),国家图书馆出版社2018年影印本,第179、180、182、186页。
② 傅增湉:《澄怀堂日记附澄怀杂存》,清华大学图书馆编:《清华大学图书馆藏稿钞本日记丛刊》(第16册),国家图书馆出版社2018年影印本,第191、195、196、197、201、202页。

逊位诏书颁布,他评论:"我中国已变君主为民主,公推内阁总理袁蔚庭侯爵为大总统。辫发为前清旧制,袁已于客腊二十八日剪除。我辈既乐从共和政体,自应一律改观。今日亦将辫发剪去,二兄与大侄亦然。天意所归,人心所向,舍旧谋新,固不能稍存拘执也。"① 既然民国是不可阻挡之潮流,顺潮流自然是众人所趋,何宗逊亦不例外,响应号召剪辫。

曾任小吏的赵元成对辛亥革命充满期待,对南北和谈颇为关注。他在日记中总结了报刊消息:"北方将士赞成共和,奏请清帝即行退位。"但和谈拖延较久,他颇为担心:"和议久延,危机隐伏,倘战衅一开,不特地方糜烂,生灵有涂炭之忧,且恐秩序一乱,将启列强之干涉。"当和谈取得进展时,他颇为兴奋:"昨报载北方将帅赞成共和,由段祺瑞领衔奏请清帝逊位。从此南北联合,协力进行,大局解决指日可待,民国之幸,苍生之福也。"1912年2月10日,他又知"民军代表与袁内阁磋议清帝退位之优待条件,大致就绪,不日即可宣布"。14日,他阅《时报》号外知晓了清帝退位的新闻,感慨道:"清自世祖福临入关,奄有中夏,传十世十一帝,享国二百□□年。"② 溥仪逊位,清廷灭亡,他颇为高兴,"喜志两律":"妖焰橪枪敛,兵光日月磨。共和新国体,统一旧山河。黍谷应吹竹,桃林庆止戈。晚来千骑过,齐唱凯旋歌。""中宫多盛德,揖让效唐虞。奉祀仍陵寝,铭勋协典谟。奇才应岳降,万姓愜嵩呼。为语忧民者,苍生喘未苏。"③

依据袁世凯的要求,宣统帝退位后,孙中山随之宣布卸任临时大总统,由议院选举袁世凯为临时大总统。2月17日,赵元成阅报知"民国统一,共和目的已达,孙中山宣告辞职,参议院于十五日开选举大会,全场一致举定袁世凯为临时大总统"。此后,南北双方围绕定都之议而展开。22日,他又阅《神州日报》,知晓定都之争非常激烈:"南北统一,共和告成,惟国都问

---

① 何宗逊著,韩宁平、夏亚平整理:《何宗逊日记》(下册),凤凰出版社2019年版,第862、863页。
② 原文中"二百"后有空白,可能是作者没有仔细推算,只知道有两百多年,故空了两格。倪春军整理版用△△△表示。
③ 赵元成:《辛亥日记》(中册),复旦大学图书馆藏稿本(编号:484077),1912年1月31日,2月7日,2月10日,2月14日,2月15日。

题争持未决。参议院初亦主张主北都,乃为少数议员所挟持。继由总统交议,遂翻前案,致起今日无谓之纷争。读章太炎《致参议会书》及庄都督《上孙总统电》,于建都之利害,阐发无遗。盱衡今日大势,则北方方在阽陧之际。以全国幅员论,则旧都实实为适中。是建都金陵,直无置议之价值,乃衮衮诸公始终坚持,致统一政府成立无期,对内对外之设施动多窒碍,我国家几陷于无政府之地位,诚不知其是何居心也。"① 各方发言引起了他的极大关注。

袁世凯为了确定北京为都城,纵容部下暴乱,以此为借口表示不能离开北京。赵元成留意北方暴乱的一些情况。例如,3月2日,他阅《申报》得知北京暴动的情形:"廿九夜北京第三镇兵士暴动,焚烧劫掠,全城秩序大乱。次日,西城又被乱兵焚掠多处。聚群不逞之徒而授之以杀人之器,又无整饬之纪律,与严明之官长以统驭之,欲其不为乱又乌可得?当此清帝逊位之初,统一政府尚未成立,宗社余孽方抵隙蹈瑕,时谋蠢动,大局之危,殆逾累卵。若不及早戡平,则乱机益炽,外人必借口保护以实行其进兵之策,中国前途尚可问乎!夫兵固为戡乱之利器,亦为致乱之祸阶。不戢自焚,古有明训。有整军经武之责者,宜惩前毖后,熟思统驭操纵之方,毋令灿烂神州重陷于悲惨之境也。"4日,他阅《时报》后记载了其他地方兵变的状况:"京乱甫平,津、保、丰台又复兵变,全省汹汹,势颇危亟。闻此次暴动,纯为劫掠而起,并无政治上之关系,北方运军人之知识于此可见一班[斑]。然此犹系叠经训练之兵也。彼乌合蚁聚、仓卒召募者,其亦鉴于此而思所以预防之策哉?"5日,他阅《时报》得知:"畴昔津门之变,河北一带几成焦土,现秩序已渐安宁,惟兵燹之后,疮痍满目,华商菁华殆尽,恢复亦正不易耳。"②

定都之争的最后,南方政府妥协,表示以北京为都城,实现南北统一。赵元成在日记中综述了南北建设统一政府的境况:"京乱虽平,北方秩序,尚未全复,袁总统势难即时南来,参议院议决允袁在北京受职。故袁世凯于今

---

① 赵元成:《辛亥日记》(中册),复旦大学图书馆藏稿本(编号:484077),1912年2月17日,2月22日。
② 赵元成:《辛亥日记》(中册),复旦大学图书馆藏稿本(编号:484077),1912年3月2日,3月4日,3月5日。

日在外部迎宾馆行受总统任礼,南京专使、政界、商界、僧界、各军统制、各省代表均莅。闻袁拟任唐绍仪为总理,赴宁代表宣布受任组织内阁,然后率阁员北上建设统一政府。"①

与黄兴、宋教仁交好的湖南平江人凌盛仪则是革命军的坚定支持者,他平日注意浏览报刊,关注革命形势。1912年1月2日,他闻"满兵进攻山西,有失守处",他疑虑:"袁贼谲谋,固知其昨诚心议和也。"4日,他又闻荆州复失的消息,对军方失利表达不满:"如果属实,则将校之疏忽,兵士之骄惰所自取也。"他还回顾武昌起义后民众支持革命的情形:"此次革命,鄂中首开战局,湘军先行赴援,而鄂中一般百姓老少男女躬首炮雨,饥则送食,伤则负尸,夺得敌军之物,则助搬运,前死后继。"10日,他阅报后评论道:"然袁世凯之谲诈,假议和以缓此征兵,而为进行计,或袁计中事也。孙文举总统后,黎元洪为副总统,内阁总理一职,已定宋教仁,黄兴则主军政。均为人民满意之选,但中国普通程度,实万万不足共和。"他察觉袁世凯的野心,并通过报刊新闻予以评述。12日,他阅报后写道:"袁世凯野心勃勃,利用满酋欲控制天下,于停战议和期内进攻山西,娘子关等处失守。当此时代人民程度。如此专制,犹或泛滥,何问共和。予年来创办女学,本欲为造就完全民国人民计,以今日无真革命程度也。今者湖北首倡起义,我湘响应,各省风从,然为问一般人民,实无些许程度,人人思帝王,其略与上等知识,亦希冀总统都督之想。"此论揭露了袁世凯等人的真专制假共和面目,可谓鞭辟入里。14日,他阅报得知载沣欲与外国相商镇压中国革命的消息,对时局深感忧虑,他分析:"载丰〔沣〕与外国相商,宁召瓜分,决不以完全土地归汉。袁贼又于停战期内使兵由河南袭安徽,我民国尚恃讲〔媾〕和,不早北伐,坐得彼攻自执锐者,刻下二诸公计何左也。"18日,他关注南京临时政府内阁成立后的人事任命:"陆军部总长黄兴,次长蒋作宾,海军部总长黄钟瑛,次长汤芗铭,司法总长伍廷芳,次长吕志伊,财政总长陈锦涛,次长王鸿熙,外交总长王宠惠,次长魏宸组,内务总长程德全,次长居正,教育总

---

① 赵元成:《辛亥日记》(中册),复旦大学图书馆藏稿本(编号:484077),1912年3月10日。

长蔡元培,次长景耀月,实业总长张謇,次长马君武,交通总长汤寿潜,次长于右任。"① 对于这些详细的名单,他抄而不议,只是表达关切之意。

旧历新年之后,凌盛仪以公历记录日记,对时事关注颇多,经常摘抄报刊新闻。例如,1月21日,他读报后记载:"袁世凯于议和停战期内令张勋进攻安徽,复向外国订购枪械,借和议以老我师。自筹战备,惟我省谭都督力主进战,而中央政府尚恃和议媾成,各省尚按兵不发,殊不可解。"这表明他对袁世凯和战的态度有着清醒的认识。23日,他记载:"恶报频传,山西省城失守,四川省城内乱,城市已成瓦砾之场,我湖南内部又极危险,汉奸乘间煽惑虏运,终内患迭起,滔滔谁挽,涕泗频流。"对于革命军的失利,他深表忧虑。而对于民国的未来,他充满期待。28日,他评论时局道:"见孙中山先生于横滨直接受盟,生死久置意[以]外,迄今民国初建,满贼未平,岂宜复有利禄之想乎?特是湖南内部,时有暗潮,为鬼为蜮,各分党派,置民国事业而不顾,惟个人权利之是营,虽欲闭口不言,而热血沸兴,遏不可止,我不想我极朝思梦想之民国,而竟有是种之人出而任事也。"②

此后,清帝逊位的消息多见诸报端,但凌盛仪对袁世凯的野心仍保持高度警惕。1月29日,他与友人交谈后写道:"清廷颇有让位之意,袁贼独主持君主立宪,进攻山西、陕西及安徽边境,和议不决,开战期近,尚望我民军效死疆场,毋徒信口空谈,指日北伐,痛饮黄龙也。"此类对袁世凯的批驳和戒防文字,出于一位平江小城的乡绅笔下,实属难得。2月1日,报纸又有"山西、陕西既为满兵所占,进攻安徽"的消息。他读后分析其中缘由:"满之将官均系军谙重降为统将,我军则多由兵目而充上级指挥官。满之兵士多西北强悍之人,且经宿练。我军多临时召募,且为骄恣,不奉命之徒。满军器械,多由德国暗助,我之器械,精与多均两逊。天方冰冻,北人耐寒,南人畏冷,天时之利,官又显然矣。所喜者满廷流毒,业已多年,离德离心,

---

① 凌盛仪:《凌盛仪日记》(第14卷),湖南图书馆藏稿本(编号:275/5),1912年1月2日,1月4日,1月10日,1月12日,1月14日,1月18日。
② 凌盛仪:《凌盛仪日记》(第15卷),湖南图书馆藏稿本(编号:275/5),1912年1月21日,1月23日,1月28日。

期吾同种，而袁世凯固非□族中之一人物乎。为虎作伥，效顺满虏，又何问无知之兵耶。吾惟望有当各省之时，急于合力一战，扫庭犁穴，是在一鼓之威，若老师丧气，未能遽操全胜之权，不知各道北伐之师，何以犹观望和议也。"在他看来，革命军应趁此时一鼓作气北伐，直捣北京："民国军队分四路北伐，一由徐州过山东，一由荆州，一由安徽而河南，一由海道至秦皇岛。陆军部长黄兴为北伐参谋总长，湖北都督黎元洪为北伐大经略，以蓝天蔚为湖北都督。"① 其用心良苦，可见一斑。

虽然凌盛仪希望南军北伐，但南北和谈似乎已成。2月15日，他读报得知"孙中山先生有让大总统之位于袁世凯之说"。他对袁世凯窃取大位甚为不满，评论道："欲弭南北之战祸，冀早日得共和之幸福，然袁之居心，恐有君主之定见，未必愿造成民国也。"18日，他闻议和已成，"溥仪逊位，退居蒙古，孙总统让位，袁世凯得选为总统，未知实否也"。22日，又有议和消息传来，他认为"实属谣说"，辩驳道："满清和议案列多条，孙总统仅认其满皇经费岁银四百万元云。至永远认为皇帝等条，均在否决之数。"他内心深处并不愿意和谈成功。但24日，报纸报道议和最终已成的消息："清帝逊位，暂驻颐和园，待以外国君主之礼，岁给费银四百万，王公均袭旧职，旗民俟另为筹生计，大总统已举袁世凯，孙总统已允退位，然东南各省人民多不认承［承认］袁云。至民国南北统一事，已属实，各省奉孙总统电，悬旗庆祝。"当日，他在日记中全文抄录了《民国新政府处置北京之宣示》一文。②

宣统帝逊位后，南北共推袁世凯为临时大总统。3月1日，凌盛仪得知南京临时政府参议院决定"第一次总统举袁世凯"，"孙总统已辞职"，但广东极力反对选袁世凯为总统，并且"北面招讨使谭人凤反对最为激烈"，他不免暗忖道："谭为湘人，年已六十五岁，性情如此，实不多觏也。"4日，报纸新闻报道："孙总统已遣人迎袁世凯来宁受任，两广两湖均反对，袁终怀疑，

---

① 凌盛仪：《凌盛仪日记》（第15卷），湖南图书馆藏稿本（编号：275/5），1912年1月29日，2月1日，2月2日。

② 凌盛仪：《凌盛仪日记》（第15卷），湖南图书馆藏稿本（编号：275/5），1912年2月15日，2月22日，2月24日。

惧不敢南渡。"9日,他读报后对袁世凯当权的乱局极为不满:"南北统一,袁为总统。南省反对颇多,且升允尚攻陕西,川滇现相疑杀,蒙藏为外人摇动。茫茫大局,尚未安全,而任事诸人,及一般社会,似以为已安已治,与满清时代相同,真可痛哭。"在他的认知中,南北虽统一,但只是形式上的统一,政局混乱,潜流涌动,引发出新的社会危机。16日,他摘录报纸新闻:"举袁世凯为总统,北方人不利袁南来受任,致起兵变。日俄美德以中国无统一权,遂乘隙起兵赴津,南京政府于是亦电袁勿南来,在北受任。袁因组织政府,内阁总理及陆海军长不过皆满政府旧有人物唐绍怡[仪]、段祺瑞一流也。袁电请黎副总统到宁代接任务,云将以孙总统任各国聘问大使。"对此现状,凌盛仪深表悲观:"孙必遁居海外,再提倡社会革命。黄兴必以已达革命目的引退。高阮黄果电请袁另简人任陆军部事,以退老林泉为定矣。胡经武(瑛)为吾旧日同志,同难之友,报载已任山东省都督,可谓得展其所为者。"① 虽然凌盛仪受革命思想影响颇深,但时局变幻莫测,国事蜩螗,他认为袁世凯被举为临时大总统后,并不能平定内乱,反而引发更大的社会危机。

然而,一些传统士绅怀念帝制时代的荣光,对清朝政权的覆亡颇为失望和不满。河北故城的贺葆真在维新时期乐于阅读新式报刊。辛亥革命后,他阅报,"惊悉皇帝竟退位,改帝国而共和"。他甚为悲痛地写道:"千古国体,一旦变更,闻之怆然。"② 这表达了他对帝制的留恋。为广东辛亥革命做出重要贡献的邓华熙于1912年年初记下了耐人寻味的一段话:"中华民国元年壬子、宣统三年十二月二十七日,皇帝降旨退位,中国大总统孙文等让举袁世凯为中国大总统,黎元洪副之。"③ 一方面,在各省宣布独立后,他与梁鼎芬主持广东政务;另一方面,他依然以"宣统三年"指代"民国元年",并且此后几年的日记皆以宣统年号纪年,对旧王朝充满了依恋和眷顾。经学家缪荃孙也固守传统,对清廷颇为留恋。旧历辛亥年最后一日,他颇为不满地写

---

① 凌盛仪:《凌盛仪日记》(第15卷),湖南图书馆藏稿本(编号:275/5),1912年3月1日,3月4日,3月9日,3月16日。
② 贺葆真著,徐雁平整理:《贺葆真日记》,凤凰出版社2014年版,第187页。
③ 邓华熙著,马莎整理:《邓华熙日记》,凤凰出版社2014年版,第244页。

道:"武昌乱蔓及天下。金陵于十月失陷,全家窜至上海,已及四月。……现闻上已逊位,清国遂亡。自此以后,偷息人间,与已死何异,而乱事不知何日止也。"① "与已死何异"是他内心的真实写照。此后,他寄情于古籍,很少发表与时政相关的评论。与之类似,经学家王闿运见电报云:"清帝逊位,袁世凯为总统,不肯来南,定为共和民国,以免立宪无程度也。"他颇为悲哀地写道:"清廷遂以儿戏自亡,殊为可骇。"② 清朝的覆灭,使固守传统之士心乱如麻,颇感惶惑。

总之,南京临时政府成立、南北和谈、宣统帝退位、袁世凯被选为临时大总统等一系列重要事件,通过报刊持续报道,引发官绅的强烈关注。时局变幻莫测。面对千年未有之变局,他们无所适从,忐忑不安。不少士绅为科举正途出身,一些人还有一官半职,本可在清王朝的庇护下过着安逸的生活,甚至希图在仕途上有所作为。但辛亥革命打破了他们的黄粱美梦。在走向共和的过程中,他们的心态颇为复杂,有"无可奈何花落去",却无"似曾相识燕归来"之感。另一些士绅在经历了新学新政和民主革命思潮的熏陶之后,对革命心向往之。在朝代更替之际,他们倍感振奋,欢迎新时代的到来,革命报刊成为他们的"身边纸",对于南军的一举一动,他们深表关切。而一些较为中庸的官绅,远离政治,虽留意报刊新闻,却心灰意冷,很少评论时局。可见,官绅阶层虽然都在时局剧变中阅读报刊,但观点、立场和阅读心理有较大差异,可谓一报在手,各取所需,各表其意。

(二)青年学子的报刊阅读与求变心理

民国肇始,官绅阶层基于自身利益的考量自然心态复杂,而那些受革命思想影响的青年学子没有那么多桎梏,能很快顺应潮流,对民主共和充满期待。

留日学生黄尊三在辛亥革命爆发后决定回国投身革命。1912年1月7日,黄尊三行至汉口,眼见各种乱象,颇为失望,在日记中描述:"盖此时南北和

---

① 缪荃孙著,张廷银、朱玉麒主编:《缪荃孙全集·日记》(第3册),凤凰出版社2014年版,第179页。

② 王闿运著,吴容甫点校,中华书局编辑部修订:《王闿运日记》(第6册),中华书局2022年版,第2692页。

第二章 民国初期时局变动、新闻报道与读者观感

议,尚未成功,北兵驻汉口、汉阳一带,武昌时在威胁中,而北兵又毫不守秩序,到处放火打劫,冯部入汉时,凡商店民户,无不被劫,间有一家搜劫至四五次者,尤以花牌楼一带为甚。抢毕,纵火大烧,十里商场,尽成焦土,损失之数,殆难计算,光景之惨,真不忍睹。"至长沙后,他听闻友人议论时政:"南京政府,不久取消,中山愿将总统让于袁世凯,请袁南下,另组新政府,因南方无力北伐,清帝又不愿退位,非利用袁世凯,共和目的不能达到,若不与袁以总统之位置,袁氏不能满所欲,岂肯为民国效忠,赞助共和,而推翻清室,战事一开,武昌即不能守,南京又何能支持,不如将大权让于袁氏,以换得不流血之共和为愈。余聆其言,若深有信赖于袁氏者,不禁为国民前途忧也。"① 本来满怀激情回国的黄尊三大为失望,于是再渡日本,完成学业。

黄尊三虽身在日本,但心系国内,通过阅读报刊了解国内情况。2月26日,黄尊三行至长崎,阅报后得知:"项城当选为临时大总统,中山派蔡元培为欢迎专使,汪兆铭、宋教仁、魏宸组、钮永建为副使,欢迎项城赴宁就职。"29日,他在东京记载国内兵变新闻:"北京、天津、保定同时大兵变,北京为曹锟统率之第三镇,天津为张怀芝之第四镇,变兵即此三四两镇,并放火抢掠,人心大为恐慌。"3月5日,黄尊三在与友人的交谈中获知:"中山政府,正办结束,专等项城来宁就职,袁如不来,则政府将在北京,前政府官吏,正待款遣散,将来再来东者必不少。"袁世凯当国已成定局,黄尊三内心甚为沉郁。4月21日,黄尊三阅报后得知上海联合会改名共和党,他甚为悲观地写道:"政党之争,将从此始。"②

黄尊三仓促回国参与革命,又满怀失望赴日。他对几个月来的见闻和行为进行了反思。他说:"回忆自九月民军起义,仓卒〔猝〕返国,至沪上,则见所谓志士者,莫不花天酒地,利海名场,终日昏昏,几忘国家大计,个人本分,不胜诧异,以为纵使革命成功,中国人心,非从新改造,国亦必亡。居月余返湘,而湘人之意见冲突,权利竞争,较沪上为尤烈,余固无心谋事,

---

① 黄尊三著,谭徐锋整理:《黄尊三日记》(上册),凤凰出版社2019年版,第311—312、313页。
② 黄尊三著,谭徐锋整理:《黄尊三日记》(上册),凤凰出版社2019年版,第316、317、321页。

人亦不余注意，默念既不作事，又不留学，归家何为，于是极力运动官费继续，幸得成功，故于中历腊月三十日再渡日本。课余自省，觉人固如是，己亦缺点良多，若不深自惕励，亦与他人何异，书励志浅语数条以自警。"这十条包括："一宗旨要正，二目的要定，三志行要坚，四思想要纯，五嗜欲要寡，六人格要高，七性情要真，几［八］胸襟要阔，九眼界要远，十气魄要大。"他表示："前十条为个人立身之要道。至于处世，更须有包括一切之量，信义为质，和平为度，并须顾全大局，牺牲小我。"① 国难当头，黄尊三的修身之要务是抱着"牺牲小我"的精神，期待将来能够"成就大我"，报效国家。

在苏州草堂中学读书的叶圣陶也通过报刊关注民国建立后的时局。1912年1月23日，他"无事消遣"，取《民立报》《时报》两种"从头读之"，知"清廷退位甚有可望，所为难者袁世凯一人。袁苟肯翻然服从我民国，则孙总统必以总统让之，盖此言孙总统受任时固已宣布也"。可见，叶圣陶极为认同中华民国，称之为"我民国"，并希望袁世凯"服从"民国。2月5日，叶圣陶阅报纸，知"清廷逊位大致可以有望，北方军队及大臣无不赞同共和国矣"。② 对此，他满怀期望，颇感兴奋。13日，叶圣陶阅《天铎报》，知该报中人发起国事纠正会，"反对优待清帝条件"。他指出：

> 反对之诚是也。夫以君主而加于人之上，为不平等，故推翻之。而民国之中国人人平等，无或超出者也。清帝既逊位，则只居于齐民之列；既齐民矣，何以曰优待，优待即不平等也。岂以巨数金钱，作其甘心自退之报酬乎？更进而言之，是谁之位而乃曰"逊"？必待其逊，是已如受清廷之命令矣。故苟其见机而自去，则为至善；如不自去，则北伐军队在，令之肯去亦去，不肯去亦去。清帝之去易事也，最重要者其安固民生，巩斯民国耳。③

---

① 黄尊三著，谭徐锋整理：《黄尊三日记》（上册），凤凰出版社2019年版，第320页。
② 叶至善、叶至美、叶至诚编：《叶圣陶集》（第19卷），江苏教育出版社2004年版，第85、91页。
③ 叶至善、叶至美、叶至诚编：《叶圣陶集》（第19卷），江苏教育出版社2004年版，第93—94页。

此可谓诛心之论,足见叶圣陶对君权、民权有着深刻的认知。对于袁世凯取代孙中山为中华民国临时大总统,他对孙中山的良苦用心进行了阐释:

> 噫,孙文之心良苦矣。而孰知南人之心有大不服袁世凯者乎?袁世凯挟清帝以为奇货,要求优待,要求厚礼,无非以示自己之威耳;今果堕其术中,又复莫之奈何,乃多方运动,使之任总统之职。以专制之魔王而任共和国之总统,吾不知其可也!如火如荼之革命,大雄无畏之革命家,竖自由旗,策国民军,血花飞舞,城市灰烬,乃其结果则为不三不四之和议,为袁世凯任大总统。呜呼!吾希望者已失望矣,奈何!更可恶者则为参议院,选举而可预先约通,则何必选举哉?此中人大半皆清廷政界走狗,今则改面易目,居然民国议员,可鄙!于此一思,令热心人长灰心之念。①

叶圣陶反对"优待清室",对袁世凯被选为临时大总统持否定态度,并且对各种政治投机分子甚为不满。政局的变动并未改变叶圣陶的窘境,他当小学教员不久便被老教员排挤,新总统也并未为他带来新的转机。

与叶圣陶相比,在两湖师范学堂学习的朱峙三则是一位革命的行动者。他一边读书,一边任《汉口中西报》和《公论新报》主笔,在学校散发革命书刊,宣传革命道理。民国新立,朱峙三在日记中写道:"今日为南京政府成立之日,即西历一千九百十二年一月一号。"他见"寒溪学堂贴有新联,彩旗飘扬,是为新历元旦",路人叹息谓"随洋人过年,行洋礼"。之后,经湖广学堂同学介绍,朱峙三谋得黄安县书记官一职,于1912年2月26日到任。在黄安县,他因为收阅报刊较为不易,所以对于时事新闻记录较少。3月7日,他看"上月秒北京兵变"之消息,判断"大约系袁世凯新策略"。9日,他又见"三号天津兵变"。12日,他阅报得知"江西以李烈钧为都督"。13日,他读报后记载:"广州(九号)兵变,因解散新募之兵。"②"乱"只是朱峙三

---

① 叶至善、叶至美、叶至诚编:《叶圣陶集》(第19卷),江苏教育出版社2004年版,第96页。
② 朱峙三著,胡香生辑录,严昌洪编:《朱峙三日记(1893—1919)》,华中师范大学出版社2011年版,第308、325、326页。

如实的陈述,并未反映出他"政治正确的偏见"。他"倾向革命,赞成共和",①但民国初立,兵变不止,一心向往革命的朱峙三在从学生向革命人士的身份转变中,在革命实践中深刻感受到时局的艰难。

仅以这三位青年学子的经历来观察学生群体的阅读面貌有着很大局限。不少青年学子受到民主革命观念的影响,平时阅读不少革命报刊,对民国取代清廷充满期待。政体变革不仅切合他们的心理需求,而且为他们提供上升的契机。有着革命思想的青年学子在民主共和从理念变为现实的背景下,迅速拥抱新生的革命政权,并希望在革命的潮流中寻找新的机会,实现自己的抱负,这是他们期望革命的重要原因。这种心理影响到他们此后对于政治的态度。

二、袁世凯统治初期的新闻报道与读者反响

1912年3月10日,袁世凯在北京就职,正式成为中华民国临时大总统。11日,《申报》刊登了《袁大总统莅任感言》的评论,对袁世凯的统治寄予厚望。作者表示,读了袁世凯莅任之宣言后,"不禁怦然有动,于中为之喜极而警毕然高望者"。《申报》此文彰显了其政治立场:对袁世凯成为中华民国总统充满期待,认为袁世凯内可消弭南北之争,外可定邦。总而言之,"民国今日集五族以共和,所重者在泯绝猜疑,消除五族之障碍而沟通之,融南北将士为一炉,合满蒙诸族为一□。赓续孙大总统之成迹[绩],发扬而光大之,教育之"。②《申报》对袁世凯政府充满期待,希望袁世凯能够内保和平,外安各邦,但事实上,袁世凯统治初期政局复杂多变,风波不断。报刊新闻和读者阅读记录可为之注解。

(一)袁世凯统治初期的"善政"与报刊读者的认知

袁世凯在执政之初,受到不少民众的拥戴,他们认为他在"塑造民国"方面厥功至伟。即将作为黑龙江驻京代表的翟文选阅报知墨西哥革命后内乱

---

① 桑兵:《走进共和:日记所见政权更替时期亲历者的心路历程(1911—1912)》,北京师范大学出版社2016年版,第210页。
② 《袁大总统莅任感言》,《申报》1912年3月11日,第1版。

第二章　民国初期时局变动、新闻报道与读者观感

不已，认为中国应该引以为戒。他在日记中写道："我国地大民众，议者谓大总统任期应较法、美两国延长。余谓任期仍须仿美国四年，如大总统能得国民欢心，准留三任，比美国多加一任。其与国民感情深厚之大总统，既可展其措施，可无拿破伦世袭之虞。即与国民感情稍恶之大总统，任期既有一定，亦不至有狄爱士被逐之辱。我国宪法尚未告成，特记此以观其后。""以观其后"表明了他对袁世凯的态度，如袁世凯能得"国民欢心"，可准留三任。可见，翟文选的想法颇为天真。1912年3月17日，翟文选阅报得知"临时政府十五日命令，已将直、东、秦、晋及东三省督抚，均一律改称都督"。他在黑龙江时曾力劝宋小濂"先事改革"，不意"政府竟先我行之"。①

到任黑龙江驻京代表后，翟文选经常阅读报刊并留意政局的变化。3月18日，他阅报得知"国务总理唐绍仪及南政府专使蔡元培，业已先后出京"。之后，他对报刊所载北京兵变焚掠情况，根据自己的见闻予以评论：

> 各处以内城东四牌楼为重，西四牌楼及前门外次之。惟各重要商店门前均黏有"被抢一空"纸贴。其实被抢者固有之，未被抢者亦多黏此帖，以防后来再抢，而奸猾者尤借此以搪塞债主。被焚之处惟东安市场较重，前门外只三四户，内城东、西四牌楼仅各数处而已，并非如报纸所载之甚。目下人民仍惊恐异常。观内外兵警防范之严，尚不至再有他变。惟由庚子迄今，京师两遭兵劫，商民如惊弓之鸟，自不能不有事后之恐慌也。②

袁世凯纵容部下骚乱引发社会动荡，但翟文选认为此非袁世凯之过。在与友人斗瞻的对话中，他为袁世凯辩护道："政体如何，姑不具论。但全国人心既趋重共和，项城苦心孤诣，和议早成，俾免兵连祸结，生灵涂炭，中外无不知之。但项城虽经受任，而临时政府尚未完全成立，未免启国民疑惧之心。"至于兵变之事，他辩解道："京师驻兵太多，易致聚而为乱。既无战争事，不

---

① 翟文选著，宋皓琨整理：《翟文选日记》，凤凰出版社2020年版，第132、134页。
② 翟文选著，宋皓琨整理：《翟文选日记》，凤凰出版社2020年版，第134页。

过有可靠兵队,足以弹压地面足矣。"① 他认为袁世凯在促成和议方面做出了重要贡献。至于兵变一事,非袁世凯所能随时把控。他相信袁世凯政府能够妥善处理兵变。

与翟文选类似,何宗逊对袁世凯亦持正面态度。3月19日,他阅报后知悉袁世凯在北京行受任大总统礼。他评论道:"从此共和统一,民国制度可以逐渐敷施,幸而措理得宜,二三年后庶见治平,谨拭目俟之。"5月13日,何宗逊阅报得知皖都督孙毓筠请病假一月,袁世凯任命柏文蔚署理。② 他认为袁世凯处理政务得当。翟文选、何宗逊等曾为晚清地方官员,在辛亥革命的冲击下迅速调整身份,转而拥戴袁世凯,是由于他们已从旧官员转变为新官僚,有着自身的利益考量。

随着袁世凯统治的巩固,推行了一系列政策。一些知识青年亦对袁世凯统治初期的"善政"颇为期待。向往革命的朱峙三对袁世凯的态度有了很大转变,更多地关注人事变动和新政举措。3月27日,朱峙三至丁宅阅报,得知"中央改各省督抚为都督,以张锡銮为直督,赵惟熙为甘督,阎锡山为晋督"。4月11日,朱峙三知中央各部人事任命:"陆徵祥为外长,赵秉钧内务,熊希龄财政,段祺瑞陆军,刘冠雄海军,蔡元培教育,王宠惠司法,宋教仁农林,陈其美工商,国务总理兼交通。"13日,他又见袁世凯任命黄兴职务的新闻:"黄兴为参谋总长并辖两江军队。"14日,他得知因陆徵祥辞职,北京任命"胡惟德署外交总长"。15日,他见南方政府的一些任命:"南京孙公布参议院法。又改任黄兴为南京留守,辖南洋各军。并任徐绍桢为参谋总长。"16日,新闻称"参议院议决,临时政府迁北京,黎副总统解去大元帅职。北京改任施肇基为交通总长"。29日,他看报后记载:"裁并江北军政府。参院改选吴景濂为正长,汤化龙副之。"5月1日,他阅报得知:"禁以武力迫胁议会。参院决议国会采用两院制。"7月3日,他又见中央人事变动:"前日北京任陆徵祥为国务总理。工商总长陈其美辞职,以次长王正

---

① 翟文选著,宋皓琨整理:《翟文选日记》,凤凰出版社2020年版,第135—136页。
② 何宗逊著,韩宁平、夏亚平整理:《何宗逊日记》(下册),凤凰出版社2019年版,第866、874页。

廷升任。"① 他详细记载此类新闻，并没有表达不满。

袁世凯执政初期推行的一系列政策，在朱峙三看来有些新政是"善政"。3月10日，朱峙三看到"京令各省通知各县停刑讯"的新闻，就表示是"善政"。30日，报载"各省议会选举法"，人们将有选举的权利。4月1日，又有"女子多人向参院要求参政权"的新闻。他认为，停止刑讯逼供、议会选举法、女子参政等举措是利国利民的"善政"。对于黄兴倡导的国民捐，他则持反对态度。4月28日，他见报纸有"黄兴倡议国民捐"的报道。6月16日，他将奉天省城兵变的原因认定为"官长指派国民捐"。7月4日，对于新闻报道"北京通令各省禁止国民捐"的消息，他认为"此捐为黄兴所倡，害人不浅"。② 可见，初出学堂的朱峙三身份认同非常模糊，对于政治的认识亦比较肤浅。面对新政权，他尚未建构自己的价值体系，通过新闻报道对时政亦不得其解。通过一些表象，他认为袁世凯政府的举措多属"善政"，显然是在认知上产生了偏差。

（二）袁世凯统治初期的纷乱与读者的歧见

事实上，袁世凯统治初期并非天下太平，而是内乱不断。报刊读者对此类新闻较为留意。例如，翟文选记载了安徽孙少侯、黎宗岳为争夺安徽都督开战的报道。他愤而写道："计自宣布共和后，起义诸君目的已达，遂出而互争一己之私权，从前出万死一生为国民造幸福，今竟易为为一己争权，前后两样人矣。思之令人浩叹。"对黎元洪调停山东张、胡交斗事件，他评价道："措词光明正大，令人倾倒。盖无论君主、共和，必须识量过人，方可大有于社会。黎公自起义以来口不言功，他人争功则出排解之，吾不知受其排解者，自视其功业能否出黎公之右，而又日事蛮、触之争，能无愧死？"③

在众多兵变中，苏州、南京兵变影响最大，新闻报道较多。3月19日，

---

① 朱峙三著，胡香生辑录，严昌洪编：《朱峙三日记（1893—1919）》，华中师范大学出版社2011年版，第328、331、332、335、336、345页。
② 朱峙山著，胡香生辑录，严昌洪编：《朱峙三日记（1893—1919）》，华中师范大学出版社2011年版，第325、329、335、343、345页。
③ 翟文选著，宋皓琨整理：《翟文选日记》，凤凰出版社2020年版，第141、142页。

左绍佐知晓苏州兵变的消息，甚为愤恨地写道："苏州大乱，系兵变。看来各省不奈兵何，欲遣散而无钱，乃谋借款。看来此等兵都是招集盗贼而成，岂数月恩饷能令其安静营业者乎？借款成，亦无如兵何，然则乱其方炽乎。"翌日，他又得知苏州乱兵搜捉赴沪者的消息："苏州乱兵，闻赴沪者多被搜捉，乃散匿乡间，三五十人一群，或七八十，或百余，肆劫，无从收拾。"除此之外，他还记录杭州和南京乱象："杭州情形可怕，每鸡蛋一枚捐钱二文，粪船一只，捐洋银一毫。怨声腾沸，亟思抵抗，徒以无火器兵械，忍恨吞声而已。""南京有兵八万五千余人，现皆不守规律，恐目前即不能安静。"从他的角度理解，辛亥之役带来的是各地混乱加剧，社会进一步动荡。3月22日，又有杭州兵变，他担忧"此间殆岌岌焉"，进而质疑："然则天下何时定乎？"①

此后，左绍佐又通过阅报知晓丁家被劫及河南、河北、湖北等地乱象。5月5日，他在日记中记录："今日丁家事报纸所载甚悉，要命不要钱，仇也。然或云只劫得箱只一件，而报纸云抢劫一空，则又传闻之异也。捕房所获之犯，明日宜可见报。"13日，他记载河南乱局："河南一省乱象殊重；河北三府彰德、卫辉、怀庆皆不靖，河南鲁山、叶县、新蔡、汝阳，皆有千百成群之大股。"在湖北随州"闻有自称霸王者，抢劫自由，兵力未能取胜"。河南汝州、湖北随州等地靠近应山，作为应山人的左绍佐颇感焦虑，怕土匪劫掠家乡。面对这样的乱象，他感慨国事蜩螗："独坐，觉古今旦暮，天地蘧庐，人生其间，如沧海之一沤，如电影之一掣，微乎其微，迅速倏忽。贾生云：忽然为人兮，何足控抟，其有所见哉，其有所见哉。"②

变乱的重要原因是兵饷。6月18日，左绍佐见报纸新闻所载各处兵饷之数，"为之浩叹"。他抄录了各地兵饷之数后评论："此报所载数目不确，然自肇事以来，各省添兵皆已数倍。又四两二钱原饷骤加至十元之多，所有盗贼，皆投入军伍，此刻养之不能，散之殊无善策。借款散之，自是急著。但此辈

---

① 左绍佐：《左绍佐日记》，湖北省图书馆编：《湖北省图书馆藏稿本日记四种》（第24册），国家图书馆出版社2021年影印本，第225、226、236页。
② 左绍佐：《左绍佐日记》，湖北省图书馆编：《湖北省图书馆藏稿本日记四种》（第24册），国家图书馆出版社2021年影印本，第282—283、305—306、320页。

既非良善，亦岂肯安静为农，患气恐未易弥也。"此论可谓切中要害，道出了内乱的根源。7月31日，他见报上所载"日本明治天皇崩逝"的新闻，感慨日本的发达："以一小国奋兴于东亚小岛之上，赫然列于地球第一等国，可谓雄略不世出之主矣。其国能自造船，自造枪炮，自造铁路，工艺皆发达，风气蒸蒸日上，水陆军皆足自立。"① 日本能蒸蒸日上，自立于世界，而民国之初社会困苦不堪。对比之下，他为之浩叹。

从国际反响看，民国肇基，"各国尚无承认新政权之消息，亦未见有瓜分中国之举动"，2月1日，左绍佐分析时局后认为"向后出何等情形，可预言乎"。他指出："外人非无欲土地之心，但列强相持，分配不匀，故久不能成议耳。其各相近之地，在其国势力范围所及者。"他列举了各国在中国的势力范围："若蒙古之于俄，西藏之于英，奉天之于日，山东之（于）德，云南之于英法，广东之（于）英，广西之（于）法，蚕食则有之矣。"在商务方面，"中土一大商场，各据所有，则税法应从各国之法，不若中国之易与！此商务最大之国所不愿也"。假如各国将中国瓜分殆尽，"则各皆须驻兵，彼兵费皆重，故亦不欲也"。此为不瓜分中国之缘由。但左绍佐认为此非常态，"其势力所及者进一步，则势力又增一步，中土之地不加多，而势力之增进无已时，终亦必归于尽焉。此易见者也"。但蒙藏比较例外，他评论道："其悍然不顾者，但库伦一处哲布单尊，其迫挟诸蒙又多以无道行之，诸蒙之不欲附库，自在意中。陶什陶贼盗性质，兵无纪律，又足以失民心，库殊不足虑，所虑者强俄为加翼也。藏事则川中无好手，筹地远而饷不济，达赖已离心，英人不得不保商，则不得不增兵。虽鞭之长不及马腹，似应付皆蒙更难耳。"国事不易，内乱更甚，造成边疆不稳，他感慨："凡论外事，先看内容。内治则外可渐及，内乱则外虽无事，一旦祸起，便不能支，秦隋之事了如指掌。秦隋尚承富厚之基，且如此矣。若以穷困之极，而更有煽乱之人，其内事不如秦隋，且倍之矣。"②

---

① 左绍佐：《左绍佐日记》，湖北省图书馆编：《湖北省图书馆藏稿本日记四种》（第24册），国家图书馆出版社2021年影印本，第381、383—384、433页。

② 左绍佐：《左绍佐日记》，湖北省图书馆编：《湖北省图书馆藏稿本日记四种》（第25册），国家图书馆出版社2021年影印本，第203—206页。

乱局同样引发在上海的藏书家刘承幹的不满。他在日记中记载了报刊报道的各地纷乱。1912年3月30日，他阅报得知苏州发生兵变，"在阊门外纵火劫掠。闻晋丰典搜掠一空，即付一炬，又焚去一庄（慎大），以外排户抢劫，计共五六百家，甚至惠中、苏台各旅馆之客亦被搜索，至有剥衣者，妓寮亦被劫，闻劫去妓女二人。自是夜起焚烧至初十日七句钟始止，当时闻警即已闭城，该军向城垣开炮，轰去丈余。而驻在留园之议员均即乘火车潜避沪上，约计损失不下百万。其军系从寿州归来，现已平静。"苏州兵变影响到上海，他的担忧之情更甚："然世乱日亟，新军之变，时有所闻，不知伊于何底，可叹可畏。"4月3日，他与其父阅报后聊及老家湖州有可能发生兵变："今日俞寰澄自上海赴湖郡各营出队……闻湖郡去年寰澄任军政分府时带到新军六百名，由上海带来，现因欠饷三月未发，各勇丁蠢然欲动，郡人电促寰澄回湖。昨日与庞莱臣同到浔溪，寰澄与费毓卿商量，欲预为之备，如有不逞率兵前剿。费坚持不可，盖恐扰乱地方，必不得已而出此下策也。"他对此极不赞同："伏念饷项支绌，安用此鲁莽灭裂之新军。况新应募者，大都游手好闲亡赖之徒，军事并无实验，徒拥敢死决死之虚名，招之即来，麾之不去，养虎自卫，贻祸无穷。真可好叹，天下事祸乱方始，我辈安得高枕乎？"在他看来，新募之兵皆是无赖之徒，不仅于地方治安无益，反而会引发更大的纷乱。果然，6月6日，他阅报得知湖州军队相互狠斗："本埠南市湖南军队在湖南会馆开会因细故，彼此狠斗，甚至开枪互击，伤十余人。居民一律罢市，旋经都沪军、都督军政府出而调停，始各收队。"此外，亦有南京和上海发生兵变的消息："南京于二十四夜，江西驻宁军又复兵变，放火抢劫，局面大震，闭城罢市，火车为之停班。各处兵变，时有所闻，可忧实甚。"他还列举："有攻制造局者，局中燃放空炮，以抵拒之，尤为危险。"① 兵变引发更大的社会危机，因此，他更加怀疑新政府，为之气闷。

叶昌炽起初得知袁世凯履任总统的消息后，颇为高兴，但此后各地仍兵

---

① 刘承幹：《求恕斋日记不分卷》，上海图书馆藏稿本电子版（编号：线善862624-74），1912年3月30日，4月3日，6月6日，4月14日。

变不断,使他甚感失望。3月28日,他关注报纸所载苏州兵变的消息:"今晨起,始知阊门外营兵焚劫,达旦火始息[熄],几酿第二津京之变,但城关皆下键自山塘街南至马路,损失之数尚未知,惟闻驾六所设晋丰质库已不保,北里搜括一空,倡条冶叶,狼藉路隅。又闻江北船帮皆联为一气,连橹运赃而去,商团已出队,葵伯归,可知其详也。"他认为,内乱起于伦理纲常之破坏,"天下安有无君父无政无学之国,而可以保治安哉!噫!"29日,他了解到兵变为第四十六标所引发:"军队自寿州调回。素不循纪律,军府养痈,流毒至此。共劫质库三家,其余商店、旅馆、妓寮亦有百余家,所至翻箱倒箧,寸草不留。"31日,他确认了兵变不止第四十六标,第四十二标亦参与了变乱:"鸟兽散后,皆窜至常熟、吴江一带,或有入太湖者。香山亦有逸匪,经乡人告密,商团已往搜捕。沪宁车站所获,皆真赃真盗,审实即枪毙,此间系累于途者,江北人居多,从土墙木板中搜出衣物无算计,其赃之多少,定罪之生死。佛言:刀头舐蜜,以身殉财,并及其孥,抑何愚也。噫!"①

此外,叶昌炽记载了南京兵变相关新闻:"报言宁垣赣军变,焚劫甚烈,又酿第三京津之变,杀人放火,载笔者但视为谈资,而不觉其可悲可骇,闻者亦若耳熟能详也。噫!"在他看来,苏州兵变是第二京津之变,而南京兵变是第三京津之变。兵变之多,使他甚为不安。向来敌视革命的他,得知庄思缄辞职江苏都督,悲愤不已:"北京命令以旧抚为新督,此以吾吴城双手奉送于革匪者也。郭伋重来,炎祚已改,天理所不容,王法所不贷。闻绅界犹有讴歌之者。噫!"他总结道:"海上革酋,今之所谓都督者,共和其名,盗贼其纤,明淫婪索,无恶不为。"② 言辞之间,对革命充满了仇视。

民国初立之后,余鸿钧留心时事,每日抄录新闻,多有评论。对唐绍仪与袁世凯因借款发生龃龉一事,他颇为留意。1912年6月19日,他记载唐绍仪逗留天津未归京的消息:"唐总理在津,竟不肯回。梁士诒苦劝无效。国务员[院]因唐总理不肯回,拟相率辞职,总统极力慰留。"20日,报纸又有

---

① 叶昌炽:《缘督庐日记》(第11册),广陵书社2014年影印本,第6899、6900、6901页。
② 叶昌炽:《缘督庐日记》(第11册),广陵书社2014年影印本,第6909、6910、6912页。

唐绍仪不归京的报道："参议员［院］因唐总理并不请假，私往天津，已无总理身分［份］，拟另举接任，总统则属意黎元洪。"21 日，他阅读关于唐绍仪请假的消息："国务总理唐绍仪呈，因病请假赴津调治，唐绍仪着给假五月，并命外交总长陆徵祥暂行代理国务总理事务。"22 日，他阅读了各方诘责唐绍仪的报道："唐绍仪未回京，各处电诘甚严，谓唐即回京，亦宜驱逐，惟黎副总统仍主张唐复任。"唐绍仪辞职后，"先赴青岛，后游德国，眷属同行"。因唐绍仪辞职，具有国民党背景的部长辞职，"袁总统主张超然内阁，另举总理。各部部长均不更动。今日宋教仁、蔡元培、王宠惠均辞职，总统极力慰留"。虽然袁世凯极力挽留，但他们去意已决，坚辞不就，"熊希龄、蔡元培、宋教仁、王宠惠、王振［正］廷均经总统批准辞职"。他们辞职后，袁世凯任命了新的部长："北京专电，陆总理兼外交，胡维［惟］德交通，周自齐财政，沈秉堃工商，王人文农林，孙毓筠教育，章宗祥司法，明日交参议院通过。"①

唐绍仪辞任总理后，围绕总理任命，争斗不断。先是徐世昌被任命为总理，但徐世昌表示"决不就总理之职"，谓其"不能为清国图存，何能为民国建设"，有识之士认为他"有自知之明"。徐世昌坚辞后，有人推陆徵祥为总理，但陆徵祥"坚辞署理阁总"，力请"劝唐回京"，并以"外交责任艰巨"，请"另简贤员接充"。但通过选举，陆徵祥得票最多，"简任陆徵祥为总理"。陆徵祥担任总理后，"发表政纲六条，拟从修订条约，收回权利入手"。颇为吊诡的是，"参议院不能通过，大为冲突。陆总理拟即辞职"。②

参议院因陆总理未通过案，大起冲突，"党见极烈"，有人认为"陆总理无能力"，某议员则"力驳"，"几至用武，现议员多有请假者"。为协调参议院议员，袁世凯"大宴参议员，疏通党见"，而"陆总理暂不辞职"。但"参议员拟全行告退要挟，总统笑谓曰，君等究竟是何用意，某甚不解。议员有惭色，此议遂罢"。因参议员拟"全行告退"，军界出面干预，"北京军界以

---

① 余鸿钧：《余鸿钧日记》，苏州博物馆编：《苏州博物馆藏近现代名人日记稿本丛刊》（第 24 卷），文物出版社 2018 年影印本，第 515、516、517、518、525、519、540、544 页。
② 余鸿钧：《余鸿钧日记》，苏州博物馆编：《苏州博物馆藏近现代名人日记稿本丛刊》（第 24 卷），文物出版社 2018 年影印本，第 520、523、526、527、528、545 页。

参议员不顾大局，意颇愤激，各省军界来电，亦有干涉之意"。此后，"鄂军电责参议院破坏大局，攘利营私，如再为难，定以武力解决"。在各省军界的压迫下，"参议院副议长汤化龙以军人违法，胁迫参议院，愤恨辞职，挈率全家南下"。① 此后，以陆徵祥不就总理而终，后选举赵秉钧为国务总理。围绕内阁总理之位所发生的戏剧性事件，余鸿钧细心摘录报纸相关报道，较为详细地呈现了事件的来龙去脉。

长期担任"小吏"的赵元成关注报纸新闻的重点以社会混乱和地方骚乱为主。例如，1912年3月23日，他阅《申报》后写道："常州军政分府司令赵乐群挟私怨擅杀故友陈大复，诬以侵吞公款之罪。"他颇为感慨："噫！草菅人命，蔑弃法律，此等野蛮之行为，不意见之于共和世界。吾常非尽无人，何一任若辈横行至此，诚可怪也！"25日，他阅《申报》后记载："黎副总统通电，沥陈统一政府不早成立之险象，与部员争执之非计。词意激昂，声泪俱下。"部员与黎副总统发生争执，他颇为同情黎元洪。29日，他阅《申报》所载苏州兵变的新闻："焚抢阊门外商店居民百余家，秩序大乱。"对于兵变一事，他痛心疾首地回顾道：

> 当革命之始，各处军政府滥行召募，蜂屯蚁聚，多多益善，综计兵额已达八十余镇。纪律既不严明，饷源又复窘竭，识者早知必致哗变之虞。自京津创乱于前，保定继之，粤东继之，今苏垣又见告矣。匝月之间，乱延南北，祸机遍伏，一触即发，若不及早设法弭止，吾国自此将无宁日。夫养兵所以卫民，今乃适以殃民，致吾人生命财产咸有岌岌不能自保之势。且内乱不已，必召外侮，万一涉及国际外人无理要求，将以何术对付？近颇有人主张移兵垦荒，未始非计。然所费既不赀而饷额仍如旧，蒿目时艰，殊无策以善其后也。②

---

① 余鸿钧：《余鸿钧日记》，苏州博物馆编：《苏州博物馆藏近现代名人日记稿本丛刊》（第24卷），文物出版社2018年影印本，第546、547、548、549、550、558页。
② 赵元成：《辛亥日记》，复旦大学图书馆藏稿本（中册，编号：484077），1912年3月23日，3月25日，3月29日。

如果不解决兵变，日后恐生出更大的变乱。但兵变愈演愈烈，不仅危害国家和地方，而且会引发国际问题，他为之心忧。

赵元成阅读《民权报》的一些言论后，对于袁世凯统治初期的政局颇为不满。他坦言《民权报》为"同盟会中人所组织，于今之政府诸子颇不满意，诋毁指摘，不遗余力。共和告成，一时舆论习为赞美之词"。在他看来，"此报独能不为流波所靡，可谓能尽监督政府之责，惜持论不无过激处耳"。受《民权报》的影响，他此后多次记录了变乱的新闻。例如，4月13日，他了解《民权报》"驻宁赣军于十一夜全标变乱"的新闻："焚掠三牌楼、北门桥等处，土匪和之。翌日，秩序渐复。当京津兵队暴动时，逆料南方必将有乱乎。"他"不幸言中"兵乱之事，并且表示："虽当局者措置得宜，得免地方糜烂、贻误大局，然吾民生命之牺牲，财产之损失，已不知凡几矣。此次变乱之原因，虽由饷项支绌，亦以苏浙广赣之军同驻一城，主客异形，易起龃龉。加之宗社余孽暗中煽动。有此三因，遂一发而不可御。大局既定，维持地方秩序，自有巡警任其责。然则军队之遣散，岂容缓乎？"① 他对地方变乱的分析，颇能切中要的。

此外，赵元成通过《民权报》摘录中央由治转乱的新闻。4月24日，他阅《民权报》知晓"国务员陆续抵京，统一政府于廿二日成立，参议院亦于是日行开幕礼"。对此，他非常憧憬议会政治能够为建设民国做出贡献："大局已定，建设之事，千端万绪，惟诸公是赖，想素负时望，定能不负人民委托也。"但因政党政争，中央政权陷入混乱。5月23日，他阅《民权报》，新闻称"近日参议院党见争持颇为剧烈"。在他看来，政党政争本是常态，从历史的维度看，"各国有议会，即有政党。有政党，即有竞争。然其所争者为政见。政见之生，原于事实"。但此时中国的政党政争脱离了为"公"的本质，而是为一党之私利而争。因此，他批评道："吾国人之所争为意见，意见之生，由于权利。同是党争，而一公一私，判若霄壤。况吾国今日外患日逼，

---

① 赵元成：《辛亥日记》，复旦大学图书馆藏稿本（中册，编号：484077），1912年4月30日，4月13日。

内讧未已,国势颠危。参议院为代表民意之机关,应如何勠力同心,慎思周虑,以达利国福民之本旨?今乃置而不顾,惟意见之是争,清夜扪心,其何似对吾民与吾国乎。"28 日,他又阅《民权报》,得知各报为"熊希龄借款"事而争论不休:"当银行团与唐总理谈判激烈时,要求请派外国武官监督撤兵,并于财政部内选派核算员监督财政,改良收支,争论几致决裂,经已屡次辩驳,派官一节乃作罢论,仅由中国政府委派税务司经理此次垫款,并另设一经理垫款核算处,财政部与银行团各派一人为核算员,管理支付垫款,会同签字。至所约七款大纲,并非正式公文,如能筹有的款,该约仍可取消。"在他看来:"此事发生已久,迄今尚无成议。至其真相,局外人无从深悉,传闻之词,亦难尽信。平心论之,依借款七条件,则外人所干涉不仅及于财政,实牵连于盐政、军事、关税以及各省之行政,丧失主权莫以为甚。轻率订约,熊固不能辞其咎,然而饷需浩繁,帑藏告匮,当局者亦实有为难之处。勉力担负,以为国家之后盾,实吾人应尽之天职。若徒托空言,狂詈丑诋而不从实际上着想,扰攘纷纭,一事未就,徒贻反对者以口实,吾知有识之士,决不出此下策也。"①

中央争论不休,加之袁世凯处处压制国务总理唐绍仪,唐绍仪被迫辞职。赵元成在阅读《民权报》知唐辞职赴津事后,颇为惊讶:"唐总理于前日赴津,逗留不返国。同盟会国务员拟一律辞职,政界内讧甚烈。"唐绍仪赴津原因不一,或有"受段、熊等逼迫",或有"因王芝祥督直事不果",更甚有"与外国某女士订昏[婚]而去者",总之,"传闻异词,固[故]难尽信"。在赵元成看来,这是政界起纷乱之所在。他进而揭露其中缘由:"中央政(府)为一国最重要之机关,总理又为此机关之首领,任是职者应如何同心协力,以保持此幼稚民国。乃数月以来,于体国经野,安内御外之策,毫末无所表见,国务员既迭起冲突,总理复懵然以去。于是全部动摇,政界大起纷扰,致影响及于全国。轻躁妄动,唐又安能辞其咎乎?"②

---

① 赵元成:《辛亥日记》,复旦大学图书馆藏稿本(中册,编号:484077),1912 年 4 月 24 日,5 月 23 日,5 月 28 日。
② 赵元成:《辛亥日记》,复旦大学图书馆藏稿本(中册,编号:484077),1912 年 6 月 20 日。

赵元成也较为留意新疆动态。6月26日,他阅《公言报》《民权报》,新闻称"新疆自都督袁鸿祐被戕后,匪乱愈炽。俄人自小亚细亚喀克加派兵队,新疆岌岌可危"。极为熟谙新疆地理的他进一步分析:"考新疆地势,东与甘肃毗连,由嘉峪关经安西而至天山东麓之哈密,哈密之南有库舍图岭,为全疆之锁钥。南与西藏接壤,康庄大道,交通便利。由哈密而南入吐鲁番境喀什噶尔,东引长河,西屏葱岭,洵为极边门户。由哈密而南经奇台、迪化诸城,北达伊犁,皆洪河大山。越洪流潞而北,群山耸峙,与外蒙古连疆。此四境之大略也。新疆为西陲之屏藩,与内地有唇齿之势,一旦有警,甘肃首当其冲,本部亦必受其影响。"他提出了解决新疆问题的建议与对策:"为今之计,宜速与俄人交涉,遵约退兵,复厚抚新疆人民,俾勿携贰,然后徐图。移兵屯垦,振兴教育,数年之后,财力充裕,智识不进,边圉自固,更何外患足忧?"当局的不作为是新疆危机的重要原因,对此,他批评道:"顾当局诸公见不及此,纷纭扰攘,惟党派私见之是争,致边陲之事日益败坏。行见天山南北万里之地将隶他人版图,悲夫!"①

与赵元成政治立场相似的凌盛仪,早在南北和谈之际便多以"袁贼"指斥袁世凯。他与不少革命党员交好,因此,他的日记多记载南方革命党人的相关情况。1912年4月7日,他阅报知晓孙中山、黄兴辞职的消息。他对孙中山评价非常高:"驱除胡虏,功成身退,且开我中国民族之初基,断绝独夫之专制,揖让还乡,为中华历史未有之荣。"对于黄兴辞职事,他却颇为担忧:"以南军不服袁总统北方所定之段瑞祺〔祺瑞〕为陆军总长,突痛哭劝告,均不见听,北方知之,乃改定(黄)兴为陆军长,并驻南京,分理南方政事也。"22日,他记载了孙中山辞职、黄兴为留守府的消息,评论道:"卢〔罗〕斯福于辞总统职后,周游演说,拳拳于阿美利加,孙公其同此心乎。孙辞职后二日,即至沪上,外人欢迎,比之为华盛顿云。南京临时政府既解散,即以黄兴为留守府。"凌盛仪对孙中山辞去大总统颇为赞赏,满怀信心地写道:"孙总统自解职后,袁总统拟聘之为高等顾问,以师礼事之,又将请其聘

---

① 赵元成:《辛亥日记》,复旦大学图书馆藏稿本(中册,编号:484077),1912年6月26日。

问各国，求各国之承认我共和，但孙意遍游中国，为演说计，且自认为社会党员，欲造民国百年后之结果，成世界未有之幸福，恐不肯就此也，现已返香山故里。香山县请改名中山县，以之比华盛顿地以人名。"①

对于各种内乱，凌盛仪颇为担忧。例如，4月22日，他读报后记载："前清督臣升允与董福祥之孙结合，各拥重兵在陕西、河南开战，民国军屡北。宗社党善耆在东三省，亦日日聚谋，图死灰复然［燃］之计。而我江苏、江西、安徽、广东、贵州、山东等省竞争权利，各持意气，劫火刀光，旌旗旋起，金瓯自破，必召瓜分，大陆将倾，呼天无语。"他将升允、善耆等视为敌对势力，而将苏、赣、皖、粤、黔、鲁等省份视为己方，表明新生的民国内部纷争不已，外部敌对势力环伺，新政权潜伏种种危机。30日，他分析了时局，对内乱外患纷争不断痛苦不已，视满汉之分如楚河汉界，希望汉族地方势力能结束各自为战的局面，一起对付清朝复辟势力，以维护新生的民国政权。②

作为革命党人，朱峙三除了关注中央内争，还留心各地人事变动和兵变的相关新闻。1912年4月26日，朱峙三读报得知"唐继尧为贵州都督。黑龙江兵变"。27日，他阅报后记载："任柏文蔚署安徽都督。杨荩臣开去贵州都督缺。广东举胡汉民为都督。"5月1日，新闻称"江西玉山兵变"。3日，他了解到"新疆袁鸿佑［祐］被戕"。4日，"北京任杨增新为新疆都督"。12日，他又见报纸所载一批地方人事任命："北京任胡瑛为新疆青海屯垦使。广福为伊犁镇边使。钟颖为西藏办事长官。"15日，他闻"苏州先锋营谋反解散"。6月8日，他记载："山东省城为欠饷兵变。撤南京黄兴留守职。"7月6日，他又记载人事变动和兵变的消息："准孙毓筠辞皖督，以柏文蔚继任。湖北黎督请实行军民分治。江西景德镇兵变。"之后，报纸纷纷登载各地兵变的报道。7日，"芜湖兵变。洛阳兵变。正式加任命各省都督，广西陆荣廷，云南蔡锷，四川胡景伊"。8日，"各省都督记名：鄂黎元洪，湘谭延闿，闽孙

---

① 凌盛仪：《凌盛仪日记》（第15卷），湖南图书馆藏稿本（编号：275/5），1912年4月7日，4月22日，4月29日。

② 凌盛仪：《凌盛仪日记》（第15卷），湖南图书馆藏稿本（编号：275/5），1912年4月22日，4月30日。

道仁，浙蒋尊簋，赣李烈钧，川尹昌衡，秦张凤翙，粤胡汉民"。① 各地兵变，反映出时局的混乱。

因国内动荡不安，外国势力更是变本加厉，强化在华的侵略活动。5月6日，朱峙三了解英人、俄人侵略中国的新闻："英人进兵片马。俄人在哈尔滨北驱逐中国军警。"6月8日，他又录"俄兵侵入伊犁"。② 内外交困，曾经对民主共和有美好期待的朱峙三，面对新闻所揭示的种种乱象，颇感失落。

与朱峙三类似，曾经向往新政权的黄尊三对袁世凯执政后的乱象也颇为不满。1912年7月，黄尊三从明治大学法科专业毕业归国。经友人推荐，他先至北京，目睹北京乱象横生，进一步加深了他的悲观情绪。他感叹：

> 北京政象污浊纷乱，党人机诈百出，唯私利之是图，毫无为国为民之意，日唯以酒食应酬为能。共和党则官僚占据地盘，日与政府相周旋，以猎官驱钱为务。统一党则太炎居其名，而利用之者仍为一班政鄙官蠹。建设讨论会如汤济武、梁任公辈，不外欲利用党权，以接近政权。邂初政党计划，余固赞同，然其政权心热，不顾利害，一意直行，亦为余所不取，遂决心不问政党，专从事于教育。盖余之主观，以国家之基础在地方，而人才之作成在教育，政权党派四字，误国乱国有余，而治国则不足，故邂初组党及请主办杂志，亦不愿与闻。余知党不足以救国，而余之本性，亦实不宜于党也。③

对政局深感失望之后，黄尊三决心以教育为职业。经宋教仁推荐，黄尊三前往新建立的江汉大学任教。此时的武汉仍是革命中心，黄尊三与诸多辛亥名人过往甚密。初到武汉，黄尊三便拜访黎元洪，为江汉大学校址选择、经费等事请求黎元洪相助，黎元洪爽快答应。此后，孙中山、黄兴等人来汉，

---

① 朱峙三著，胡香生辑录，严昌洪编：《朱峙三日记（1893—1919）》，华中师范大学出版社2011年版，第335、336、337—338、338、342、346页。
② 朱峙三著，胡香生辑录，严昌洪编：《朱峙三日记（1893—1919）》，华中师范大学出版社2011年版，第337、342页。
③ 黄尊三著，谭徐锋整理：《黄尊三日记》（上册），凤凰出版社2019年版，第337页。

黄尊三都甚为关注。9月4日，他受邀参加了孙中山的演讲会，对孙中山的印象是"态度庄严，声音洪亮，精神饱满，一望而知为伟大人物"。孙中山的演讲内容包括"革命历史，及此次共和成功经过，继演民权民生主义"等，黄尊三聆听之后，更增加了对孙中山的好感。10月26日，黄兴来江汉大学演说。黄尊三对黄兴的印象亦佳："黄君貌魁伟，须发蓬然，较在东时发扬多多。"28日，黄兴于大汉舞台演说，虽演说内容与在江汉大学"无差"，但因黄兴"讷于言"，故听众"多不甚了解"。11月4日，黄尊三拜访黄兴。相比于革命时期的黄兴"亡命光景，一人之身"，此时的黄兴"声势喧赫，门外卫队林立"，故"见面后，仅数语辞出"。①

继孙中山、黄兴之后，宋教仁亦来江汉大学，但因黄尊三返回湖南，两人并未见面。黄尊三听闻宋教仁对于政党内阁"颇为乐观"，其他人表示"此次选举成功"，宋教仁"出力居多"，将来正式总理，非宋教仁莫属，并且宋教仁"足迹所至，必有演说，大有外国政治家之风"，一时意气风发。作为知交，黄尊三却"深惧其气太盛，恐遭意外之祸"，故致函"规劝"宋教仁。②很显然，黄尊三偏向于国民党，并且和国民党诸多人士有着良好的交谊，在心理上和国民党比较亲近。

曾为清朝大臣的郑孝胥也对袁世凯的统治较为不满。对袁世凯主导向外国借款一事，他读报后大加批驳。1912年3月23日，郑孝胥阅《大陆报》得知唐绍仪"已与四国约定不另借款，何得私向英、比商借"。他认为："四国必监察借款之用法，而袁、唐必有秘密用处不能告人者，故私向英、比商借耳。"他对袁世凯"私借"款项表示怀疑。24日，各报报道四国借款事，唐绍仪"或将辞职"。直至袁世凯、唐绍仪向比利时借款之事公布天下，引起列强"抗争甚烈"。此后，奥地利与意大利要求加入向中国借债之列，郑孝胥认为中国被"瓜分之期至矣"，并表示"大清先亡，中国从之，呜呼，举国犹在醉生梦死之内也"。郑孝胥认为，袁世凯向四国借款是被"瓜分"的前兆。唐

---

① 黄尊三著，谭徐锋整理：《黄尊三日记》（上册），凤凰出版社2019年版，第340、346、347、348页。

② 黄尊三著，谭徐锋整理：《黄尊三日记》（上册），凤凰出版社2019年版，第360—361页。

绍仪因借款不力，袁世凯"使熊希龄续议"。5月10日，各报"主张公债"，造成"国民捐者渐盛"。郑孝胥进而感慨道："此苟有益于国，则画饼可以充饥矣。"14日，报言熊希龄"允资本团监督财政之法，由中国政府聘用顾问二人"解决借款中出现的问题。至7月15日，"借款破裂"，其主要原因是"中国现象无统一之望，内乱之可危，财政上之无信用，参议院之一事不能办，外人何苦投资于此极危之国？"① 借款之事以破裂告终，郑孝胥颇为高兴，这是他希望看到的结果。

郑孝胥还对报纸报道各地骚乱的新闻记载较多，表达他对袁世凯治国无方的不满。例如，3月26日，他留心报纸所载"镇江军政分府赵乐群杀中学堂监督陈士辛"的新闻。29日，他读《大陆报》得知"苏州乱兵劫掠城外及租界，城门未启"。30日，他阅《时事新报》后得知苏州变乱"全系兵士"。4月13日，新闻称"南京兵乱，城南未被掠"。6月5日，报纸报道苏州蒯际唐、蒯佐同、朱葆诚等作乱，"谋泄捕斩，先解散先锋营三营"。15日，《大陆报》载"廿八夜，济南兵变，城内焚掠，至廿九日午前未息"。② 各地骚乱与晚清时期的"稳定"形成了鲜明的对比，这坚定了他忠于清廷的信念。在他看来，晚清政府治下各地骚乱较少，社会比较安宁；而民国建立后，各地骚乱不断，社会动荡不安，因此，还是要回到清政府的统治之下，才能保证社会治安。

对于陕西升允举兵一事的报道，郑孝胥特别关注。在清帝逊位的情况下，升允举兵，希望迎宣统帝至西安，建立小王朝。3月14日，新闻报道齐耀琳劝升允"俯念民艰，勿再用兵，并力陈共和之善"。15日，郑孝胥阅报得知升允"率兵万人向大同府，有直趋北京之势"。上海甘肃同乡会电劝"升允顾念国民、勿破共和之局"。袁世凯亦"告黎元洪遣兵攻升允后路"。17日，《时事新报》载《升允到潼之确信》一文，升允率兵攻到潼关。郑孝胥认为，升允之举"可为忠臣义士吐气"。18日，《时事新报》载："升允侵入潼关，袁

---

① 郑孝胥著，中国历史博物馆编，劳祖德整理：《郑孝胥日记》（第3册），中华书局1993年版，第1407、1408、1412、1415、1416、1424页。

② 郑孝胥著，中国历史博物馆编，劳祖德整理：《郑孝胥日记》（第3册），中华书局1993年版，第1408、1409、1411、1419、1420页。

第二章 民国初期时局变动、新闻报道与读者观感

世凯因派王树枏驰往开导,并以升允部下带有回兵,即饬就近招抚。"同时,各报载"陕西乱事现已平靖",而郑孝胥认为"此必北京之畏言西事耳!"26日,升允军至西安,西安守兵自劫城内。同时,宗社党"大购军械,欲图恢复皇室"。① 郑孝胥关注升允的缘由在于升允以清王朝的利益为宗旨,与他一贯的主张相符合,故颇为留意相关新闻,以期升允在复辟之事上有所作为。

郑孝胥还留意袁世凯政府的人事布局。例如,3月31日,他关注袁世凯政府的内阁名单:"外交陆徵祥,陆军段祺瑞,司法王宠惠,教育蔡元培,海军刘冠雄,农林宋教仁,内务赵秉钧,财政熊希龄,工商陈其美,皆通过;惟交通梁如浩未通过。"但对国务总理一职,袁世凯迟迟难以决断。6月23日,新闻称国务总理一职"或以徐世昌、张謇为之"。但因"内阁总理未定,各党竞争甚烈"。同时,袁世凯命南京留守府裁撤。5月21日,报言"黄兴辞职"。6月7日,黄兴宣告:"南方军饷月需三百六十余万,军队约二十万人,今已裁去七八万人。"而《时事新报》译自《泰晤士报》所载《论中华民国已死》一文表明南京留守军"实仅万人"。② 郑孝胥抄录人事变动新闻较多,在各种负面报道中,他隐约有不太看好的意味。从整体上看,郑孝胥对袁世凯的统治持怀疑态度。

还有一些读者虽简要提及袁世凯政权相关新闻,但态度较为鲜明。例如,王振声通过记录中央政府官员辞职的消息来表达他对袁世凯统治的不满。他记载了"唐总理潜逃赴津""唐总理辞职。交通长施肇基辞职""内阁总理陆徵祥、工商部陈其美辞职"和"财政熊、司法王、教育蔡、农林宋、工商王,均辞职"的消息。③ 又如,孙宝琛阅报知总理唐绍仪"逃走"的消息:"唐少川逃往天津。总理逃走,为从来所未有,实属笑谈。似此情形,焉能望各国承认,中国前途殊可虑也。"④ 这些新闻的背后暗含南北之争,高层倾轧,他对国事颇为担忧。

---

① 郑孝胥著,中国历史博物馆编,劳祖德整理:《郑孝胥日记》(第3册),中华书局1993年版,第1404、1405、1406、1407、1408页。
② 郑孝胥著,中国历史博物馆编,劳祖德整理:《郑孝胥日记》(第3册),中华书局1993年版,第1410、1421、1422、1416、1419页。
③ 王振声著,徐慧子、李周整理:《王振声日记》,凤凰出版社2017年版,第219、220、221页。
④ 孙宝琛:《孙宝琛日记不分卷》,上海图书馆藏稿本电子版(编号:T47017-41),1912年6月28日。

从这些读者的读报活动中可以看出，袁世凯当选为中华民国临时大总统，虽然实现了中国的南北统一，民主共和的观点深入人心，但袁世凯统治初期，地方社会动荡，兵变不断，政局不稳。许多读者通过报刊新闻观察现实，思考政体的更迭是带来了和平民主的政治基础，还是引发了更大的社会动荡，进而引起外国势力的干预。读者基于自身政治立场和切身利益，对袁世凯当局的心态较为复杂。面对新政权，不少读者起初欢呼雀跃，在心态和行动上表示赞同；一些读者则痛惜不已，为旧王朝悲悯，甚至希图复古。一些稍具民主常识的读者认为民主共和会实现法律面前一律平等，如此，他们在民主共和的照耀下，人生会发生重大变化。但事实上，他们的命运没有出现转机。例如，叶圣陶从草桥中学毕业时，期望能因政权鼎革而有向上晋升的机会，故积极参加苏州地区的各类政治活动，结识不同的政治人物，接受革命的洗礼，希图在革命活动中实现自己的抱负。然而，叶圣陶之类的知识青年除了思想上受到洗礼外，行动上却很难实现人生道路的转折。他的同学顾颉刚在观望之后选择到北京大学深造，而他因家庭经济困窘，不得不在小学教书。旧式官绅受革命冲击较小，袁世凯当政后，仍然维护官绅的切身利益。例如，郑孝胥本拟任职湖南布政使，但革命的爆发使他的希望破灭，故他蛰伏上海，期望能东山再起。在上海的郑孝胥广置产业，拥有优渥的生活。虽然清廷已亡，但他不用为生活发愁，依然是社会的既得利益者。又如，左绍佐在辛亥革命后去职，对革命充满各种不满。1914年，他受黎元洪推荐入国史馆，能有一份不错的薪水以颐养天年，这是普通民众难以想象的。可见，辛亥革命很难突破固有的利益格局，政体的变动轰轰烈烈，普通民众很难从中获得实际利益，而变乱进一步加剧了他们对袁世凯当局的失望，甚至愤恨。

三、宋教仁案与读者政治观察

1913年3月20日，宋教仁在上海沪宁车站被刺，随后不治身亡。22日，《申报》在第10版"本埠新闻"详细报道了"宋教仁被刺纪详"的新闻，[①]

---

① 《宋教仁被刺纪详》，《申报》1913年3月22日，第10版。

并且在第 2 版刊载了《暗杀》的时评,对宋教仁被暗杀表示哀悼。① 《民立报》于 21 日在第 7 版发表了《宋教仁之被狙击》的消息,对宋教仁被刺表示惋惜,② 又在第 9 版详细报道了宋教仁被暗杀的新闻。③ 22 日,《民立报》发表了《呜呼,万恶之奸徒》的时评,对宋教仁被刺表示悲痛。④ 此时,政党政治大行其道,成为街头巷尾讨论的重点。而宋教仁提出的"责任内阁"来限制袁世凯的权力成为舆论热点。宋教仁案扑朔迷离,但宋教仁之死引发的舆论反响特别巨大,直接引发了"二次革命"。宋教仁案发生后,国人震惊,一些读者在日记中从不同角度叙述了这一重大新闻事件。

宋教仁被刺当天,消息便在上海广为传播。身在上海的郑孝胥完整地在日记中记录了宋教仁案的过程。1913 年 3 月 20 日,郑孝胥得知宋教仁被刺的消息。22 日,他记载:"闻宋教仁已死。"26 日,他得知:"获宋教仁刺客,曰武士英、应桂馨。"郑孝胥被宋教仁案吸引,不断记录相关新闻。4 月 26 日,他阅 25 日《时事新报》和《民主报》,分别登载武士英之死和宋教仁案之证据,报道称:"武士英死于营仓,乃政府欲以是灭口,惜太迟矣。此真盗贼之政府也。"郑孝胥对于袁世凯政府向来持负面态度,这一事件无疑又加重了他对袁世凯政府的不满。5 月 16 日,《时事新报》又载:"国民党与进步党协商举汤化龙或张謇为总理,国民党又议举余,皆不决。"⑤ 作为前清遗老,郑孝胥自然表现出对国民党人的敌视,但对宋教仁被谋杀,他少有极端言论。

同为旧官僚的李辅燿在宋教仁被刺的第二天便知晓此事。他在日记中描述了宋教仁被刺的经过:"宋教仁昨夕赴南京,将上车,忽被枪中腰腹,时方亥正,车站已无多人,故刺客得售其技。抬至铁路医院医治,视疾者车马填溢,医院即在本弄北口外道旁,观者亦复甚多也。"3 月 22 日,新闻报道云:

---

① 无名:《暗杀》,《申报》1913 年 3 月 22 日,第 2 版。
② 力子:《宋教仁之被狙击》,《民立报》1913 年 3 月 21 日,第 7 版。
③ 《宋教仁之被狙击》,《民立报》1913 年 3 月 21 日,第 9 版。
④ 血儿:《呜呼,万恶之奸徒》,《民立报》1913 年 3 月 22 日,第 2 版。
⑤ 郑孝胥著,中国历史博物馆编,劳祖德整理:《郑孝胥日记》(第 3 册),中华书局 1993 年版,第 1458、1461、1463 页。

"宋教仁竟不起,来送殓者皆痛哭失声,车马填溢,观者如堵墙也。"① 之后,李辅燿从友人处得知"宋案凶犯武士英猝然病故,亦动人疑,恐同党药之以灭口"。28日,李辅燿摘录《民立报》刊载的《程德全应德闳宣布宋案证据通电》一文:"宋案证据已宣布,程德全、应德闳已电袁总统,其中关系总统总理,明指其为主使杀宋者。"他感慨道:"措词如恼羞成怒,则指日决裂矣。生灵涂炭之祸,其能免乎。"为减轻国民党的攻讦,袁世凯免除了国务总理赵秉钧的职务。李辅燿知晓赵秉钧免职后,为他感到不平:"如此小激刺,何必辞职,似此则天下事何能担责。此等谩骂,只于其自起自灭可也。其镇静如此,诸君暴跳何为乎。"宋教仁案后,南北争斗加剧。5月3日,他阅报得知英国驻华大使朱尔典将调停南北纷争,高兴地在日记中写道:"果尔亦大佳,吾侪但得安居,固无南北之见也。"但事情并非如李辅燿料想的那样。6日,李辅燿访友人磐石后知北京已派军队两千人来沪保护军械厂,颇为担忧:"时势如此,将有不测风云,奈何。"8日,他阅报所载"袁世凯通令""黎元洪通电"和"岑春煊、李经羲等通电","皆以宋案、借款两事"。黎元洪通电"痛陈利害,力劝诸人勿持党见,力保平和。说得沉痛透辟",而袁世凯通令"语意梆硬,亦势通交此",至于岑春煊等通电"则大半国民党派,且枝枝节节,真无足观"。② 此后,南北之争愈演愈烈,引发"二次革命"。

另一位前清遗老叶昌炽则回忆了宋教仁被刺身亡后各界的追悼情况:"前革酉湘人宋教仁为人暗杀,其党问生送死,喑者诔者,执绋送殡者,开会追悼者,蜩螗羹沸,举国若狂。老僧正在蒲团入定,不见不闻。"他还记载了凶手武士英和应桂馨的概况:"既而得主名矣,凶手曰武士英,即吴福铭,晋产黔之校生,滇之军人也。主使曰应桂馨,号夔丞,鄞人,其实应尚非谋主,猛兽交斗,非绝有力,曷敢搏狮象,妄人臆测,而未必是识者,心知而不敢言。"对于宋教仁案,他认为国民党肯定还有后续行动,对此持悲观态度:

---

① 李辅燿著,徐立望、胡志富主编:《李辅燿日记》(第9册),浙江大学出版社2014年影印本,第540、541页。
② 李辅燿著,徐立望、胡志富主编:《李辅燿日记》(第9册),浙江大学出版社2014年影印本,第580、583—584、588、589、593—594、596—597页。

第二章　民国初期时局变动、新闻报道与读者观感

"今日微风起于蘋末,万窍怒号,安知不在呼吸,烈风雷雨之将至,希夷梦中,虽仍欲不见不闻,其可得乎,即濡笔起爇烛书之。"① 果然,"二次革命"发生。

与宋教仁交好的黄尊三自然对案件极为关注。1913年3月21日,他从友人处得知宋教仁在沪宁车站被刺,"为之震吓",此后几天接连记载宋教仁案相关情况。22日,友人怀九言,宋教仁"于三月二十日下午拟乘沪宁火车赴京,至车站,被刺客连击三枪,当时倒地,不省人事,抬入医院,医治无效,于昨日死于医院,凶手在逃未获"。另一友人桂荪言,宋教仁"平日言论过露锋芒,攻击北方,不遗余力,大抵因此得祸"。友人李丙文言,"遁初出京后,在湘鄂赣宁沪杭各地,到处演说,发挥其政党内阁之政见,大为各界所信,此次选举,国民党大见胜利,实皆其运筹之力,故隐然有候补总理之望,项城恐国会招集后,政党内阁实现,宋若上台,于彼必大不利,故先发之制之"。黄尊三认为,宋教仁"有才有胆,气盛而养不足,谋多而虑不远,政权之欲太热,故有此败,来日大难国将如何"。黄尊三给予宋教仁非常高的评价,"又为人才中之特出,不幸遭难,不仅国民党之不幸,实中国之大不幸",又预感宋教仁之死,"不知政海将来又发生如何波澜,可痛可惧也"。②

宋教仁死后,武昌有人谋"二次革命",故"全城异常戒严,每日杀人数十,各旅馆搜查,亦特别加紧,人心汹汹,大有不了之势"。加之江汉大学人事、经费等问题,黄尊三决意离开武汉,前往上海谋职。5月20日,宋教仁出殡安葬,新闻报道:"往送者数万人,葬礼隆重,经过之处,人山人海,交通为之断绝。"黄尊三"参列其间",颇感痛心地写道:"想遁初死后,得此哀荣,亦可以稍慰于地下也。"③

宋教仁案发生后,北京政府陷入混乱,熊希龄派人致函黄尊三,希望他"疏通上海《民立》《民权》各报",皆因"总理人选不易提出,凡项城欲提出之人国会多不表赞同,而国会信仰之人项城又不同意,故项城不得已有提出某公之意,奈民党方面多不赞同,上海舆论攻之尤力,故函余设法疏通"。

---

① 叶昌炽:《缘督庐日记》(第11册),广陵书社2014年影印本,第7102页。
② 黄尊三著,谭徐锋整理:《黄尊三日记》(上册),凤凰出版社2019年版,第362页。
③ 黄尊三著,谭徐锋整理:《黄尊三日记》(上册),凤凰出版社2019年版,第365、371页。

5月25日，黄尊三拜访邵力子、章士钊等人，"谈良久"。章士钊称："现在政治不上轨道，回［因］人人相向以伪，毫无诚心，伪则使人不能相谅，甚至以伪报之，举世以伪相向，国事其奈之何。"① 章士钊之说"有理"，故《民立报》婉拒了黄尊三的"疏通"，继续"造舆论"以攻袁世凯政府。

平江人凌盛仪直到3月28日才得知好友宋教仁被刺的消息，新闻称"宋教仁、黄兴、于右任在上海被刺，宋腰穴中枪卒"，他"闻之噭然欲哭"。悲痛之余，他高度赞赏宋教仁："宋遯初从前奔走国事十余年，迄前岁推倒满虏、建立民国政府于南京，有大勋劳，南北统一，任农林总长，以政见不合辞职，今年返湘省母，国事驰驱，倏又东下，突遭惨祸，谓非因党见及媚袁、欲建帝国者故戕之乎。遯初才识过人，不独为国民党中之健者，实中国之重要人物，有识者多谓国务总理非此君不能胜任。外患日亟，中国危亡，千钧一发，长城自坏，伤哉痛哉。"他回顾了与宋教仁相交的过往："且予昔与遯初同于日本结秘密会，相契甚深，及丙午争，日本取缔规则，则满清知予等平日行为，又同被逐，公义私情，更比他人有异。"因此，他致函国民党平江分部，拟发起宋教仁追悼会。此后，他通过阅报了解宋教仁案的善后工作。例如，4月3日，他阅报后了解宋教仁被刺的大致详情："三月二十日晚十一时，宋遯初由沪乘车入京，在车站被刺，刺贼以手枪击之，由腰上部洞入小肠，逼近心脏，……痛不能止，延至次日十时四十五分钟即卒，临终遗言，有邦基未固，民福未臻，即此撒手，殊为不甘。又嘱克强云，上有老母，幸勿令闻教仁死也。又云吾不料南北意见，调和之难，有如此者，诸人勿以教仁为念。"他阅后痛哭不已："吾不能不为中国哭也。现闻沪上已获凶手武士英，据供云系应夔丞所主使，应为总统府驻沪调查云。"5月4日，他又阅报了解宋教仁案的侦破过程："凶犯已服毒，毙于狱，是主使杀人者毒之，以绝口也。江宁都督程德全电告中央及各省，查刺宋之由据搜密电，实系袁总统、赵总理为主谋，因赵总理之秘书洪述祖与应夔丞电，有杀孙黄宋诸人电。又请夺朱勋位，又指为梁山逆贼，急电盖用梁山贼首宋江暗指教仁也。又民党

---

① 黄尊三著，谭徐锋整理：《黄尊三日记》（上册），凤凰出版社2019年版，第371、371—372页。

不法运动云云。诸电指斥民党彼实有君党在也。"对于宋教仁之死,他有着清醒的认知:"南北感情,当大决裂,外人乘隙,必召瓜分天祸,中国乃至于此耶,可为痛哭。"① 他最担忧的莫过于宋教仁案会引发南北再次分裂,进而引发列强干预,使中国遭受瓜分之祸。

宋教仁案发生,舆论哗然,读者对于宋教仁案亦态度不一,一些人支持国民党,对凶手咬牙切齿,也有人偏袒袁世凯、赵秉钧,为宋教仁被刺叫好,形成了对宋教仁案不同的舆论反响。读者对宋教仁案的解读,表明他们对国民党的不同立场。例如,叶昌炽对宋教仁的葬礼就嗤之以鼻,认为宋教仁被刺并不值得同情,而担忧政治争斗会使社会更加动荡。而黄尊三非常同情宋教仁,认为宋教仁性格太过于锋芒毕露,这是引发宋教仁案悲剧的主要原因。但他不希望中国引发更大的纷扰,因此,熊希龄希望他与国民党人"疏通"时,他还是勉为其难地同意了。从这个角度看,一些读者知晓宋教仁案所引发的社会后果,希望不再发生战乱,但事实并非如愿,很快,"二次革命"爆发,对社会产生了严重的冲击。

四、"二次革命"与读者的阅读心态

宋教仁之死引发了连锁反应,国民党对袁世凯的统治极为不满,开始策动南方亲国民党势力反袁,引发了"二次革命"。1913 年 7 月 12 日,李烈钧在江西湖口宣布独立,揭开了"二次革命"的序幕。当日,《申报》刊载了《江西之乱音》的时评,对江西"有乱无乱"提出了诸多疑议。② 但没有意料到,湖口起义,南北军对峙,"二次革命"爆发。14 日,《申报》的"专电""译电"刊载了湖口起义的简况。③ 15 日,《申报》刊载了《江西战事之杞忧》的时评。该文指出,此次战事不同于武昌首义,将会是一场血战。作者呼吁:"血战与?血战与?皆我中华民国之大同胞也。我为是言,我深望我言之不中也。"④ 不幸

---

① 凌盛仪:《凌盛仪日记》(第 17 卷),湖南图书馆藏稿本(编号:275/5),1913 年 3 月 28 日,4 月 3 日,5 月 4 日。
② 无名:《江西之乱音》,《申报》1913 年 7 月 12 日,第 2 版。
③ "专电",《申报》1913 年 7 月 14 日,第 2 版。
④ 无名:《江西战事之杞忧》,《申报》1913 年 7 月 15 日,第 2 版。

被《申报》言中,这场战事成为一场血战,乃至成为"二次革命"的肇始。从事件史关联的维度来看,"二次革命"是宋教仁案的延续,是"反抗袁世凯的独裁统治""维护民主共和制度"的必然结果。① 从新闻的重要性来看,读者对"二次革命"的报道高度关注,并且态度歧异,形成了对"二次革命"的不同解读。

(一)革命反对者的报刊阅读心态

"二次革命"事起江西湖口,既而南京独立。此后,南北军激战上海。战端初发,便引起读者关注。

7月12日,身处上海的郑孝胥便记载"九江有战事"。友人子益言,"湖口已为党人所据,陈廷训被杀"。15日,他又记载:"李烈钧据湖口,林虎应之,急攻北军,李纯败退。"此事将成为"袁世凯派兵来南之好机会"。16日,《大陆报》载:"昨晚南京兵变,杀要塞司令吴绍璘,毁浦口铁路大桥,举岑春煊为元帅。"17日,他阅报得知"安徽、湖南、福建皆称独立,以应江西,号讨袁军"。21日,他得知"广东宣布独立,数袁十二罪。陈炯明遣兵助战,福建孙道仁、许崇智应之"。② 革命浪潮之迅猛,出乎他的意料。

之后,郑孝胥对战事详加披露并予以评论。22日晚,郑孝胥被炮声惊醒,"起视,探海灯四射,巨弹向西北飞越吾楼。枪声如急雨",而"制造局已在战云中"。23日,郑孝胥又记载上海战况:"六点,激斗更烈,巨炮约五分钟一发,窗户皆震,至十点遂止。"各报言"南军攻制造局,已克第一隘,胜负未决"。晚,"复战,枪炮甚厉。有顷,炮止,仅闻枪声断续,无大激战,遂至曙"。24日,黄秀伯告知"南军败",其原因是"南军药弹不足,炮不得力",为"海军巨炮所苦,有退守江阴之议"。入夜,"枪声复作,炮声继之。闻南军有最后决战语。窗户震撼。顷之炮止,惟闻枪声在楼正南,渐东迫,彻夜不停。至天将曙,机关枪、巨炮皆发,极猛烈,约一刻钟乃寂"。25日,南军虽攻入制造局,但"为船炮击殒前队几尽,又不克"。各报言"南军经此

---

① 尚小明:《宋案重审》,社会科学文献出版社2018年版,第467页。
② 郑孝胥著,中国历史博物馆编,劳祖德整理:《郑孝胥日记》(第3册),中华书局1993年版,第1474、1475页。

痛创，决不能振"。夜九点，"枪炮又作"。十二点"极烈"。郑孝胥登楼见"军舰飞弹如火轮旋转。顷之稍稀，惟枪声如雨彻晓"。28日晚，"枪炮声大震"，郑孝胥"望军舰巨炮横飞"，比"前日之战加数倍"，疑"浦东有炮队与之交战"。29日，《大陆报》载："北洋军舰四艘抵吴淞，令于今晨七点钟交出炮台；炮台不答，严备待战，川沙伏陆军巨炮。"郑孝胥阅报后回顾："昨夜之战，有以水雷击兵舰，某舰受损，桂墅里火。"①

8月6日，郑孝胥闻"吴淞已战，海圻中炮"。同时，报载"广州兵乱，陈炯明逃至香港"。9日，郑孝胥见"上海南军退据吴淞炮台，北洋兵舰不能入"，故袁世凯派人"重赂刘福彪使为内应，居正击刘福彪走之"。11日，郑孝胥知"北军进攻吴淞，闻已战于江湾"。12日，他阅报后得知"钮军克江湾，北军退却十里"。13日，郑孝胥听夏瑞芳言："北军以十二万赂南军，遂献吴淞炮台。钮永建、居正等昨夜皆往南京，南京又称独立。"张元济告知郑孝胥："钮率其党三百人赴嘉定，炮台允不战，所有南军由北军给资解散。何海鸣等入南京，宣告独立。"② 至此，上海战役告一段落。

在郑孝胥的新闻叙事中，南京战局亦甚为惨烈。8月20日，报载："南京大战，北军死亡甚多，然南军无继，必不能久。"21日，南京战事"已二日不得消息"。22日，郑孝胥阅报后得知"柏文蔚入南京"，"钮永建亦往南京"。26日，郑孝胥阅号外，新闻称"张勋所部尹凤山攻克朝阳门，南京已陷"。27日，《大陆报》云"陷宁之信不确"。28日，他阅报后记载："张勋马队入朝阳门，为地雷所轰，不克。"至9月5日，他阅报知"南京实陷，张勋兵入城大掠"。张勋在"大掠"过程中，杀"日本人三人"，引起"日使诘责外务"。8日，西方报纸称："日本国论甚愤，似有用兵之意。"10日，郑孝胥闻"日本海军第三舰队将封锁长江"，而报言"日本要求甚和平"。③ 这些

---

① 郑孝胥著，中国历史博物馆编，劳祖德整理：《郑孝胥日记》（第3册），中华书局1993年版，第1476、1477页。

② 郑孝胥著，中国历史博物馆编，劳祖德整理：《郑孝胥日记》（第3册），中华书局1993年版，第1478、1479页。

③ 郑孝胥著，中国历史博物馆编，劳祖德整理：《郑孝胥日记》（第3册），中华书局1993年版，第1480、1481、1482、1482—1843、1483页。

细致的记载，表明郑孝胥极为关注南京战事。

"二次革命"以北军取得军事上的胜利而告终，袁世凯正式被选为大总统，但过程颇为艰辛。郑孝胥阅报后得知"北京解［戒］严，乃以兵胁迫议会之选举也。然举者七百余人，初选、次选皆不足额，三选得五百余票，遂定"。①

政治失意使郑孝胥蛰居上海，但他始终有东山再起的念想。这从彼时报界关于他的报道中亦可看出端倪，特别是宋教仁案发生后。5月16日，《时事新报》载国民党和进步党协商推举汤化龙或张謇任总理，国民党又推举郑孝胥任总理，"皆不决"。6月19日，《民权报》言："袁世凯欲请余督办川粤汉铁路。"② 从这两处记录可以看出，郑孝胥还是颇想在政治上有所作为。但"二次革命"使郑孝胥看清了一个事实：复辟之路异常艰难，像国民党这么强大的军事实力都被袁世凯各个击破，而复辟党的实力日趋衰落，重回大清帝国几无可能。

同在上海的左绍佐在上海爆发战争后分析了"二次革命"的初步进展："自黄兴、陈其美倡乱事，始于九江，旋据南京，遂攻沪上制造局，连五昼夜，炮声隆隆，人民惊骇。转徙流离，沪上秩序大乱，幸租界内洋兵戒严，保卫制御，尚无他虞。"此后一段时间，他记录了"二次革命"在上海和其他地方的相关情形。7月29日，他记载了上海制造局的战事："昨日制造局又有战事，自下晚八钟起至天明，云是钮永建所带一千五百人，内有学生三十人，已死二十人矣，制造局尚无恙。"8月3日，他根据报纸新闻回顾了各地"二次革命"的景况："目下湖南独立，云系谭人凤、龙璋所为，谭延闿之母昨已来沪，延闿已到湖北，在黎元洪处。安徽秩序大坏，湖北刘铁一股势颇蔓延，乱党于岳口筑炮台，以截襄河进攻之路。南京黄章俱去，云因无饷，程应不敢去，亦因饷不应手。福建许崇智云系某元帅所煽，广东龙济光兵已攻肇庆。"③ 对于战乱，恪

---

① 郑孝胥著，中国历史博物馆编，劳祖德整理：《郑孝胥日记》（第3册），中华书局1993年版，第1486页。
② 郑孝胥著，中国历史博物馆编，劳祖德整理：《郑孝胥日记》（第3册），中华书局1993年版，第1463、1468页。
③ 左绍佐：《左绍佐日记》，湖北省图书馆编：《湖北省图书馆藏稿本日记四种》（第25册），国家图书馆出版社2021年影印本，第503—504、504、506—507页。

第二章　民国初期时局变动、新闻报道与读者观感

守孔孟之道的左绍佐难以接受。在他看来，称这样的乱事为暴动毫不为过，乱事造成人民"受创颇巨"。23日，他又描述了各地战事新闻："南京尚未克复，然大军四集，当有摧枯之效。江阴炮台又复返，异于运械进兵，亦有妨碍矣。赣魄皖余毒皆萃于芜湖，大抵有五六千之数，有械者四千人内外，此处官军不多，故进攻稍缓。"直到各地战事平息，他内心尚未平缓，总结道："武昌事起辛亥八月，已二年矣。晴二年之间，当时造乱之人，为侯为王，气焰熏天矣。一朝转变，逃徙无迹，天道昭明，岂不彰显哉。"① 在他看来，曾经发动辛亥之役的诸多人士在"二次革命"中纷纷逃匿无踪，世事多变。这彰显的不仅是天道，更是个人命运。本来等待优缺的他却因辛亥革命而断绝前程。因此，在他内心深处，对国民党人恨之入骨。"二次革命"一役，武昌首义之人避走三川，作乱之人得到应有惩罚，他认为实在是"天道昭明"。

老迈的李辅燿于1913年回长沙芋园定居。在"二次革命"爆发的第四天，他收到友人来信，被告知江西独立事："江西已宣告独立，九江并已开仗，北军败衄，李烈钧电各省以期联合北伐，恐未能如愿耳。"7月17日，一众友人谈及江西独立事，有人言南胜北败，并提出其理由，有人反对之，亦有相当之理由。19日，传来湖口电："北军大败，夺野炮四营，枪数百枝〔支〕，子弹数十万颗，毙四百余人。"数量之多难以让人信服，故李辅燿表示"以四百余人而有子弹数十万颗，不知其生前每人能携带子弹万千，可以见此电之不实"。22日，传湖南独立事，"组安〔庵〕为众所迫胁，而然人心不免惶惑"。23日，通过阅读通电和报纸，李辅燿得知江苏、福建相继独立，他猜测湖南或不能幸免，故早做打算，拟至清水塘暂住。25日，他得知"宣布独立讨袁檄文及通电已见报纸"，并且长沙"街市遍悬五色国旗"，传闻湖南军政府前开会举谭人凤为都督，而军界大反对，"放空枪一排，势将不利于人凤"，公推谭延闿为都督，"秩序始肃然"，但他认为这对谭延闿而言并非好事，"益为组安〔庵〕危矣"。同时，友人言："前日北军攻制造局，火弹飞

---

① 左绍佐：《左绍佐日记》，湖北省图书馆编：《湖北省图书馆藏稿本日记四种》（第26册），国家图书馆出版社2021年影印本，第8、10、78页。

入上海县城,焚烧甚烈。以此例之,则焚戮之祸不能免矣。"26 日,他又看到报纸报道朱尔典调停的新闻:"英使朱尔典于江西开战后十七号即见袁世凯,愿为调停。"他认为,"此曾其为可信,惟选举正式总统,亦难得南北同意,势非一时可了。不过希望目前休兵,从容计划"。31 日,他闻友人言"湖口已为北军占领,李烈钧奔江西省城,湘军千人往援赣"。他内心自忖道:"恐亦未易得手,而日报则讳言之,仍铺张江军胜状,亦乃可笑。"①

此后,李辅燿留意北军胜利的新闻。8 月 5 日,他阅报后记载:"江西事起后,袁总统之通令长载,言之持论甚正,殊惬人意。"7 日,他了解战争的进程:"北军领制造局,南人攻之不下,流弹伤人及于美界,南北相距甚远,乃亦不能免焉。南京已取消独立,黄兴逃赴香港,伍廷芳入京,说总统罢兵。"在他看来,上述消息"所闻若确,亦佳耗。宁鄂属于中央。他省无能为役,特恐乱党未知石卵之势耳"。他对南军的失败幸灾乐祸。10 日,他归纳了近几日报纸新闻:"省中某某气澈已衰,外示镇静,内实仓皇。苏、宁、皖、粤皆已取消独立,则湘势益孤。南京之取消独立出于军官之口,逼送黄兴登日本兵舰,令其东行,可谓快事。此番之乱,固群奉黄兴为渠帅。今若此,则气笃得而不馁,吾意其且三而竭矣。又况沪已停战,外人出而干涉,驱逐'八伟人'不准寄居租界,岑春煊亦在此数,殊不值也。并闻驻岳军已与北师通款曲,桂兵已到永州界,贵兵已到芷江界,荆襄镇抚使兵已到澧州界,其外容似将攻湘者,意必有秘密命令。倘军官有如南京之识大局者,起而与梁周龙刘诸人为难,一如逐黄之故事,则湘中之福也。军队意本不愿有此榜样,当必有仿行者。"② 这番综述颇有为北军壮势之意。

生于长沙官宦世家,李辅燿自然关注湖南的局势。8 月 2 日,他认为湖南情况尚较为乐观:"吾湘尚可无恐者,黎氏有密电,各保各界,不相侵扰。果尔,则大佳。"15 日,他得知湖南取消独立的相关情况:"今日下午宣告取消

---

① 李辅燿著,徐立望、胡志富主编:《李辅燿日记》(第 10 册),浙江大学出版社 2014 年影印本,第 30、31、33—34、36、37、38—39、42 页。
② 李辅燿著,徐立望、胡志富主编:《李辅燿日记》(第 10 册),浙江大学出版社 2014 年影印本,第 45—46、46—47、48—49 页。

独立，电告中央，省中防卫益严，一防内患，一防赴岳赴赣之兵士。如此一闹，又是数百万。都督有改任向瑞琮之说，商界挽留组安［庵］，拟即电告中央也。"16日，湖南取消独立事有进展："取消事闻电中央请处分，中央任命三镇守使，一王正雅，一陶忠洵，一赵春霆，大约分驻岳州、永州、洪江三处。新募之兵，暂不退伍，此见办理之得法。若遽从节费起见，则必有旦夕之危祸也。"① 相比于郑孝胥、左绍佐等人，李辅燿养老长沙，政治目的趋淡，反而更加关注革命对湖南的影响。因为革命影响他的安全，并且湖南诸多友人参与其事，他颇为担忧，畏惧革命给地方造成危害。

与李辅燿类似，老迈的王振声已远离官场，闲居北京，颐养天年。"二次革命"对北京影响甚小，因此，他仅零碎地记录了"二次革命"的新闻。7月16日，他在日记中写道："数日传宣江西独立与北军开仗。"25日，他阅报得知"湖口克服"的消息。8月26日，报传"南京克服"。9月3日，他阅新闻得知"南京克服，命张勋为江苏都督"。之后，因"二次革命"，国务总理赵秉钧辞职，熊希龄代理总理。在平定了"二次革命"后，袁世凯被选为正式大总统，命令解散国民党。② 这些记载波澜不惊，并未对他的生活产生多大冲击。

在上海定居的刘承幹极端仇视国民党人，因此，他特别期待北军能够取得胜利，他的新闻叙事亦多倾向于北军。5月26日，他阅报得知徐宝山被炸弹炸毙的消息，非常肯定地认为："此举必系国民党无疑，因伊袒护政府，与项城交谊甚笃，近颇反对国民党之举动故也。"7月17日，他阅报了解南京宣告独立的消息，颇为不满地写道："虽昨报已露端倪，未敢遽信，今乃知确有是事。要塞司令吴绍璘已被枪击而死，以岑春煊为大元帅（春煊字云阶，广西西林人，前为邮部尚书，太子少保，历任粤蜀两督，颇著声望，易世后侨居海上，乃雄心未已，忽与鲁莽灭裂之徒联络一气，竟为该党元帅，不学无术，真可浩叹，况该党人物未必甘心奉命，不过自己已为天下人唾骂，欲借

---

① 李辅燿著，徐立望、胡志富主编：《李辅燿日记》（第10册），浙江大学出版社2014年影印本，第44、52—53、53—54页。

② 王振声著，徐慧子、李周整理：《王振声日记》，凤凰出版社2017年版，第238、240、242页。

岑声威以服人，云阶诚傀儡也），程德全仍为都督，黄兴自为总司令，组织讨袁军，章士钊为秘书长。"18日，他又留意南京独立的后续报道："程德全为黄兴等要挟，宣布独立，告示后即行谢职，留之不可。江苏省长应德闳亦辞职，偕同来沪，均挈眷而行。章梓代理都督，蔡寅代理省长。而北方消息将派大兵来剿，又海桑一劫也。"下午，上海亦宣布独立，"仍悬白旗，中间加红色一条"。19日，他阅报知"九江开战，林虎已为北军李纯击毙"。① 这些消息对北军甚为不利，他内心颇为不安。

之后，刘承幹重点关注了南北军争夺上海制造局的相关新闻。7月22日，他得知"刘福彪自南京带兵千余到沪，今夜决计与制造局北军开战"，并且有"陈英士在沪南，已与开战"之说。23日，他记载了南北军开战的消息："昨夜二句三刻钟，南北两军开战，约数小时，南军败至斜桥。适有沪南商团防守，北军追赶，连放排枪，伤商团数人，激动公愤，助南军攻入制造局，北军退至栅门以内，南军商团约五六百人甫入门，北军以炮轰之，全军覆没。"而据红十字会报告，"伤者已达千人，死者约千余人。北军盘踞制造局，以逸待劳。南军连放七八排枪，彼始回放一排枪，每次伤南军三四十名"。他进而对南军批评道："南军欲攻制造局，不顾南市商场，架此大炮，其心甚于豺虎，乃北军击而毁之，保全商界不少。"当晚，"南军攻打制造局，较昨夜尤烈，至天明少歇，须臾又战，至十时乃止，南军大败"。24日，刘承幹阅报后记载"南北两军战事与余所记大略相同"，友人孙镜蓉来述及"南军昨夜之战被北军击毙甚多，司令部已闭无其人，北军现在各巷搜捕乱党，南市肃清"。25日，他阅报后综述："战事甚烈，惟胜负未经明晰耳。"他电话询问各处战况，"亦不得胜负消息"。晚，南北军又大战，"枪炮之声尤加猛烈，南市纵烧民房，烟焰涨天，可惨可惨"。② 此后，南北军陷入胶着状态。

7月29日，刘承幹阅报后颇为兴奋地写道："袁总统命令严拿黄兴、柏文

---

① 刘承幹：《求恕斋日记不分卷》，上海图书馆藏稿本电子版（编号：线善862624-74），1913年5月26日，7月17日，7月18日，7月19日。
② 刘承幹：《求恕斋日记不分卷》，上海图书馆藏稿本电子版（编号：线善862624-74），1913年7月22日，7月23日，7月24日，7月25日。

蔚、陈其美三人,其罪状均已宣布,所有勋位及陆军官职嘉禾章一概取消,出有赏格,拿到重赏。"30日,他阅报知悉:"昨夜并无战事,所放数炮乃北军恐彼来攻,特以诱之,不应而罢,盖乱党已微,殊不成军也。"北军大胜,南军在上海"只有松江一军,孤立无援,不待朝晚而蒉除",并且"海军总长刘子英(冠雄)亦已率兵抵沪,出有告示"。他难掩喜悦之情,写道:"吴淞炮台虽未收复,藐兹丑类,不难荡平。就现在而论,上海一方可保无虞矣。"8月13日,友人王颂埠电话告知刘承幹"吴淞战事已平"。刘承幹内心自忖道:"惜乱党首领潜逃,不免仍有后患,深用忧耳。日前闸北要诸洋人保护,将该司令部驱逐,倘未逐出,则闸北战祸,岂能免哉。"① 此番独白,足见他对"乱党"恨之入骨。

刘承幹还关注其他地方的战况。7月26日,他得知:"程德全与应德闳回苏,因苏州军官迎归程应二人,就苏垣组织都督府,取消独立,通电已见报纸,殆系实讯。"对于江苏局势的变动,他颇为兴奋地指出:"南军既断苏援,其势益孤,灭此小丑,亦云易。"刘承幹通过阅报了解南京战事进展。30日,他得悉"南京黄兴、章梓已遁,城中现已无兵,乏人主持,特由官绅电请程都督、应省长前往安抚"。南军退败,他自然心情大好。但时局诡异,8月9日,他读报得知"南京又独立",叹之曰"群盗如毛,匈匈不靖,可叹也"。10日,又闻"南京独立又复取消",他甚感快慰,"特志之"。至9月1日,他得知"南京已于是日十一句钟攻陷太平门,张镇抚使已带兵入城矣。且云此系得之铁路报房,其讯甚确"。② 很显然,对国民党深恶痛绝的刘承幹自不希望南军取得胜利,其笔调以拥护北军为基础,其心态自然倾向于北方能够获胜。

与刘承幹一样,叶昌炽也记载了徐宝山被炸的新闻:"广陵徐宝山又遭炸弹之劫。"他回顾了此次事件的经过:"徐本枭匪,虽受抚,颇跋扈,革命军起,雄视江表,家累巨亿,浮慕古玩。此次之祸,即有人冒充骨[古]董客,

---

① 刘承幹:《求恕斋日记不分卷》,上海图书馆藏稿本电子版(编号:线善862624-74),1913年7月29日,7月30日,8月13日。
② 刘承幹:《求恕斋日记不分卷》,上海图书馆藏稿本电子版(编号:线善862624-74),1913年7月26日,7月30日,8月9日,8月10日,9月1日。

以一箧踵门，值其已寝。翊晨启视，触机立发，主仆两人皆糜碎。"他进而评论道："宋案尚悬，轩然大波又起，长此扰扰，安有宁宇。"不出他所料，"二次革命"爆发。7月15日，他披览报纸，得知九江不靖的消息："南北军已交绥，黄李两凶渠皆在赣，并有外人助虐，以暴攻暴，胜负皆非乐闻，但苦吾民耳。"16日，他阅报得知宁沪即将独立："宁垣有闭城停车警信，某师长迫协程酋出示讨袁，程不承认。"17日，他阅报后记载军界宣告独立的新闻："推黄凶为北伐总司令，岑春萱［煊］为大元帅，到沪欢迎。"同时，闻岑春煊"揽辔登车，隤家声，辱国体，尚有心肝耶！"军界独立，要塞司令官吴绍璘战死："要塞司令官吴绍璘为群凶枪毙，尚有三人同并命。苏人陈懋修被絷（孟午之子），张一爵逃（诵穆之子），皆袁党也。"他还记载上海与苏州的乱象："程与应季中同避沪，曹南笙往诊脉见之，昨传其附黄不确。此间制造局已戒严，洋厘飞涨，逾入钱粢。若晚车来言，苏垣商市往来已断绝，五十元以上即止付，人心岌岌，不可终日。宁人避难者络绎不绝，苏人将踵其后矣。"①

关于九江战事，各报报道不一，叶昌炽经常阅读的《民立报》《民权报》等报"袒党人，讳败为胜，拗曲作直，其言不可听"，其他报"亦传闻失实"，惟"西报言北军包围南军，占优势，差可信。战地名牯岭，在庐山之下"。九江事发，相关人士发表通电，表达各自的态度。黎元洪有长电通告各界。在他看来，黎元洪的长电是"宣布群凶罪状，引咎责躬，其言沈［沉］痛，出于至诚"，并且黎元洪性懦弱，"焦原可惜"。程德全与应德闳的通电则是推卸责任的表现，"则以一纸卸责耳矣"。他认为，程德全与应德闳对苏乱负有责任："程行后，党人举章梓代理都督，李烈钧在九江司令，彼所谓赣督，柏文蔚在临淮关司令，彼所谓皖督。从前置官，由上简授，今日由下推举，简授出于一人。推举出于众意，各一是非，各一恩怨，安得而不乱。"他进而分析各报报道。7月19日，他阅报得知"林虎阵毙"，评论道："赣军旅长此次开衅，即其戎首，本宜伏上刑也。"西报亦报道："南军陨一高级军官，其言合芜湖兵队，亦协其上官宣布独立，其余镇江、松江亦与宁垣合。"此

---

① 叶昌炽：《缘督庐日记》（第11册），广陵书社2014年影印本，第7132、7161、7161—7162页。

第二章 民国初期时局变动、新闻报道与读者观感

外,"扬州徐宝珍尚持两端。此间警长穆杼斋即行辞职,其下警官亦颇有随而去者。李钟珏毅然出而代之"。自江西独立后,皖粤两省独立。他阅报获知"皖粤皆宣布独立","皖都督胡万泰、民政长孙多森皆怵于党人威逼,非所愿也"。① 局势对北军甚为不利,他殊为沉郁。

此后,报刊上有诸多关于袁世凯处理南军的命令。7月21日,他阅报后记载:"袁有严令,声讨李烈钧之罪,有不爱国家、不爱乡土、不爱身家名誉、五大族共弃等语。北军统帅段芝贵、姜桂题皆南下至武汉,段兼江西宣抚使,受黎元洪节制。张勋前行亦至徐州。"局势大变。22日,报纸又有李纯、张勋等战胜南军的新闻:"李纯自九江电政府,叛军第九团之一、三两营及炮队、机关枪队来降,分兵攻下湖口,李烈钧逃某国兵舰中。又张勋、田中玉之军大败南军于利国驿(在徐州城外二十里),南军大将冷遹阵亡。"② 他读后对北军颇有期待。

随后,叶昌炽将重点放在南北军争夺江南制造局的战况上。例如,7月23日,他闻南北军开战,并不知孰胜孰负。次日,战事日渐激烈,"又闻巨炮声,其声更剧烈,枪声万弩齐发,如昆阳城下之战,屋瓦皆飞,硠礚腷膊之声,轰于耳鼓,山岳为之动摇,神鬼为之焦烂,不知毙生命几何矣"。他遍阅《申报》《新闻报》译自西报的消息,知"北军告大捷,乱党死亡无算。凶渠司令部在南市已被海军移檄,胁迁至闸北,实已不能军"。对于北军大捷,他甚为狂喜地写道:"凶人之肉,其足食乎。""凶人",即指国民党。可见,他对国民党深恶痛绝。第三日,南北军复又开战,"机关枪炮之声连珠不绝,照海镜空中闪烁,矶碏一见,即闻辟历〔霹雳〕一声,轰然坠地。想炸弹横飞,又不知毙生命几何矣。鏖战至三点钟,其声始渐微,渐移而远。然仍隆隆不绝于耳。五钟始平静"。他还阅报得知"两日夜战事,有苏军,有松军,有镇江军,有江阴军炮台军"。各地军队参与到抢夺江南制造局的战事中。对于此次战争的结局,他颇为兴奋地总结道:"此次乱党,三战三北,伤亡计有

---

① 叶昌炽:《缘督庐日记》(第11册),广陵书社2014年影印本,第7162—7163、7163—7164、7164页。

② 叶昌炽:《缘督庐日记》(第11册),广陵书社2014年影印本,第7165、7166页。

三千余人，亦可以休矣。"① 一个"休"字，将他的愉悦之情展露无遗。

北军最终取得了争夺江南制造局的胜利，并且各地北军相继战胜了南军，袁世凯令追剿孙中山、黄兴等人。7月27日，报载袁世凯通令："由于本大总统德薄能鲜者半，由于各界之形格势禁者亦半，又云昔以仁柔姑息，延兹厉阶。今当以勇猛精力，赎彼前愆。叛党欲破坏民国，惟本大总统责当平之。叛党欲涂炭生灵，惟本大总统责当拯之。"又有电"责程、应立功自赎"。28日，叶昌炽阅报得知又有袁世凯处罚黄兴、陈其美、柏文蔚的命令："袁令黄兴、陈其美、柏文蔚前有荣誉军职，一律褫夺。又通告，历数三人罪恶，布告遐迩。淮刘之洁、扬徐宝珍，皆电程取消独立，沪城避兵者渐归，警长穆、知事吴复起而任职，以为必无事矣。"30日，他在日记中写道："黄陈两凶已遁，未敢信。阅报，宁绅电程、应回省。袁有令，褫广东陈炯明职，龙济光为宣抚使，其弟觐光副之，自桂省进兵。"② 一心拥护北军的他，对此类新闻自然颇感振奋。之后，因他的四妹逝世，他的日记中断两月，对"二次革命"的跟踪无从判断。

"二次革命"引发苏浙地区混乱，《猗猗草堂日记》的作者身处苏州，突知苏州情形混乱不堪，久不阅报的他开始通过报纸新闻了解战事的进展。7月17日，他阅报得知"南京独立"，"沪上恐慌尤甚，各处戒严"。此后几日，他持续阅读报纸所载战事新闻。21日，他阅报后获知"沪上将开战矣"。报纸还报道"沪南昨夜南北军大战，南军大败"。上海战局造成"南市居民死伤数百人，南军大败"。至29日，他闻"沪上已停战"，但次日阅报后，新闻称"沪上又开战，叛军又败，法租界被流弹击损多处"。③ 这些零碎的记载，说明报纸新闻对他了解战事起到重要作用。他特别突出南军大败的消息，体现了他对北军的支持态度。

---

① 叶昌炽：《缘督庐日记》（第11册），广陵书社2014年影印本，第7169—7170、7170—7171页。
② 叶昌炽：《缘督庐日记》（第11册），广陵书社2014年影印本，第7173、7174、7177页。
③ 佚名：《猗猗草堂日记》（第3册），复旦大学图书馆稿本（编号：484057），1913年7月17日，7月21日，7月24日，7月25日，7月29日，7月30日。

第二章　民国初期时局变动、新闻报道与读者观感

（二）革命支持者的新闻阅读与焦灼心理

倾向于南军胜利的读者多为新式知识分子，他们对民主革命颇为向往，是国民党的坚定支持者。他们对报刊新闻的记载和解读，与自身的政治立场有着密切关联。例如，身为教育部秘书长的蒋维乔通过报刊和友人交谈了解"二次革命"的相关情况。7月17日，蒋维乔在日记中记录了"二次革命"爆发的原因："袁氏前因赣、粤、皖、湘四都督通电反对大借款，恨之，乃免赣、粤、皖三督官，派北兵入皖。本月十二日赣军遂与北军交战，十三日宣告独立，举欧阳武为都督，闻皖省亦将响应云。"他认为，袁世凯善后大借款是"二次革命"的诱因。20日，他闻"北军在徐州、湖口两处均获胜仗"，而友人忠元因受战事影响"未得其消息，殊为焦灼"。22日，他读报后记载了"北京于今日已宣布戒严令"的消息，得知"南中消息不通"，表示"以理度之，北军未必得手"，怀有侥幸心理。25日，他阅报后得知"北军在徐州大胜，南军攻制造局亦失败"，颇为惋惜。29日，他又闻"北军已于廿六日夺回湖口"，①对南军"二次革命"的失败甚为痛惜。

"二次革命"爆发后，在中国公学执教的黄尊三对局势甚为关注。7月15日，他阅报得知"湖南独立，江西、南京继起，战事发生在即"。他进而判断："果尔，则大乱发生，交通必断。当此乱世，何用家为，不如去电阻止，当即拟电嘱内子勿来，电去未久，并加快函阻之。"17日，报纸又载："江西都督李烈钧免职，欧阳武为护军使，李纯率兵入赣，旅长林虎已在湖口独立。"他感慨道："此为'二次革命'之导火线，而遯初之死，即其动机，人谓'二次革命'为袁项城所逼成，信不诬也。湖口既发难，南京黄克强，上海陈英士相继而树独立之旗，风云满江南，余则卧病武陵，虽欲奋飞，其赖此病魔何。"他虽在病中，却对南军的行动甚感振奋。19日，他"病稍愈阅报"。新闻称："熊秉三奉袁命组阁，湖南有取消独立消息，因林虎在湖口战败，李烈钧出走，故谭组庵遂将独立取消。然上海南京之情形如何，不得而

---

①　蒋维乔著，林盼、胡欣轩、王卫东整理：《蒋维乔日记》（第2册），上海人民出版社2021年版，第626、626—627、627、628页。

知。"局势多变，他为之不安。8月2日，他早起阅报，得知"上海陈英士，南京黄克强，相继失败，张勋入南京，黄走上海，陈亡命日本，讨袁军次第败亡，'二次革命'之局，于此告终"。对于南军的失败，他深入思考后认为："此固北军之善战，其实乃革命军太无计划，国民党自辛亥革命选举成功，一切举动，暂失人民之同情，袁氏利用时机与以迅速之打击，而进步党人又从而张之，为渊驱鱼，为丛驱爵，党人之罪其可恕乎？"这段评论可谓入木三分，道出了国民党失败的本源。3日，他收到友人黄镇臣自北京来函，得知"秉三已就国务总理，公学事自克强后，无人负责，款项拮据异常，现正与京董商议维持。自二次革命兴，军队占领学校，破坏不堪，开学之事，一时无望，请来京一行，共商善后"。他因此自忖："携眷去沪之计，势不可行，遂有去京之意。"① 事已至此，他对时局颇感无奈。

对于"二次革命"的结局，黄尊三结合各派系的现状进行了深入分析。他指出：

"二次革命"失败，项城权势如日升[中]天，炙手可热，大权集于一身，各省都督任其调遣，无敢抗命者，俨然一统天下，虽有国务总理，不过一承转栈关，重要政务，皆直接总统，总理不能过问，阁员亦无事可做，国会中之重要国民党人，或以谋逆见诛，或以嫌疑得罪，幽囚逃亡，颇不乏人。而普通民党议员，则借天坛为避难所，草制宪法，国会首领，日唯奔走府中，伺候项城意旨，以骗取金钱地位。其余普通议员，则不过混取一月四百元之岁费，以为嫖赌之资，唯恐总统一怒，而来解散之令，战战兢兢，不敢发言，国会神圣，如是而已。进步党为总统御用机关，其理事出入公府，声威赫赫，每日除猎官宴客，营私发财外，固无党务可言，太平湖之车马喧喧，鬼神趋避。国民党则掩[偃]旗息鼓，噤若寒蝉，党部即为军警所监视，党员则多借妓馆以藏身，故八埠

---

① 黄尊三著，谭徐锋整理：《黄尊三日记》（上册），凤凰出版社2019年版，第375、376、377页。

生涯，为之一盛。即其党所办之国民大学，亦有解散之忧，其可怜可哀之状，恰与二次革命以前，黄宋入湘以后共和党之地位，如出一辙。①

由此可见，黄尊三对"二次革命"后的北京政府不抱希望。政治糜烂如此，他倍感失落，更坚定了从事教育事业的决心。

叶圣陶在中学时代就向往民主革命。"二次革命"爆发后，他已在言子庙小学任教近一年，特别关注政局的变动。7月16日，叶圣陶阅报后记载："今日阅报，乃见江西、江苏均宣告独立，更有讨袁军之组织，以诛彼一人为主义。袁之罪恶，实在不赦。而彼固拥有重兵，南军声讨，彼必相抵。战鼓一鸣，骨肉横飞，昔年兵祸，行复重睹，此何可哉？或则乡里枭桀，名称响应，实行劫攘。民生虽苦，今犹能安其业。若如余所料，则亲戚流离，惨岂忍言哉。"战乱起，民遭殃。他希望战乱尽快结束。26日，他综述了上海讨袁战争的新闻："沪上战争，枪炮多中人民之家市。战地附近之人，有力者迁避一空，而贫苦之家既不得租别屋住客栈，又不得依亲就戚，暂作勾留，而枪弹炮子乃飞驰屋舍之上。人孰不愿其生，自不得不走。夜深无归，则走一最末之计策，相与枕藉乎英界马路之旁。虽云暑天，而风露中宵，情同丐者，亦大可怜矣。况战未必即已，则此况当非仅经一日，罹此凶兵，若辈真冤枉哉！"31日，他记载了上海战争之惨况："沪上之战已四五接而未已，租界之外，一曲淞波，殆皆白骨填沟，青磷明夜。脱灾遗孑，间有重归而泪流者，指残灰一角，相谓曰：此某当日魂断处也。鬼哭宵闻，阳光昼澹。他日相遇，且低回凭吊此古战场矣。"8月8日，他对"讨袁军司令们"的溃逃进行了抨击："时事复数日不志矣。讨袁军声势渐归泯灭，司令将军或竟一舸逸去。苟言世间法则，此辈逃将军最为余所不取。既执正义、握定见，不济则死耳。此时要逃，何如不为哉。"② 此类批评，显然有怒其不争的意味。

9月，报纸传来南京被攻陷的消息，叶圣陶悲愤地写道："南京第三次独

---

① 黄尊三著，谭徐锋整理：《黄尊三日记》（上册），凤凰出版社2019年版，第380—381页。
② 商金林撰著：《叶圣陶年谱长编》（第1卷），人民教育出版社2004年版，第127、128—129、129、129—130页。

立之兵，今已为袁军所败。南京一城已不守矣！讨袁军初起声势豪雄浑厚，若有实力，今南京一役当为其下场诗矣！然困守多日，士抱死志。悍敌纷至，曾未少馁……南京诸将士固失败之英雄也！"同时，报载袁世凯军入据南京城后"大肆劫掠，民居器物，尽入军营。通商要津，都余灰烬。兵不祥物，督以仁义，殆如谋素食于虎狼，夫人其迂也"。11月5日，苏州庆祝了光复纪念日，叶圣陶颇为感慨地写道："回忆去年此日，王废基平原中士女如云，肩磨踵接，万岁三声而归纳之于江苏都督，彼受此颂声者笑逐颜开，乐且无极，此老婆婆不啻身在天堂也。今年罢官，退处，曩时，高位已为人取而代之，小学生'全靠程都督'之歌声，不复闻于市集之间，亦应恨天何假我数年耶？而去年欢舞如痴之人，亦且复叹，痴怀渐醒，豪兴不再矣。唯公家局所，照例悬四盏红纸灯。世事如云，一年如此，可以慨也。"① 辛亥记忆与现实遭遇交织在一起，使叶圣陶甚为迷茫。

（三）革命观望者的阅读心态

徐兆玮作为众议院议员，在北京参加完众议院会议，本拟回乡，但"二次革命"使其行程稍受阻隔。1913年7月15日，徐兆玮欲于第二日乘早车趁津浦路行，知"九江兵变"后，闻"津浦路线中断"，便决定"改由水道"南归。22日，徐兆玮在轮船中闻"陈英士将攻制造局，南市及城中人均迁租界，以致拥挤也"，夜闻"制造局二时已开战，南军败也"。23日，徐兆玮致信孙子涵，表示南北战事不明，报纸"或言南军胜，或言袁军胜，各视党派以意为之"。他进而感叹"舆论之足以淆惑视听也如是"，就连"无党派"之《申报》和《新闻报》都不能提供真实信息。他认为，"大约人心厌乱，且讨袁二字不成问题，不足以鼓动听闻也。……此次南军断难久持，以饥疲之众当炎燠之时，既无两次革命之必要，又无各省独立之应声，纸上鼓吹，万不济事"，只不过"北军胜利，专制之虐焰继长增高，亦必有破坏之一日"。南军难以制胜，北军又专制腐败。乱局如此，唯有哀叹。26日，各种传闻莫衷一是，"言人人殊，停战与否未可知也"。27日，他期待阅览报纸新闻，但

---

① 商金林撰著：《叶圣陶年谱长编》（第1卷），人民教育出版社2004年版，第132、136页。

"信局之报又未到，不知上海信息若何，为之闷极"。28 日，徐兆玮借得 26 日《时事新报》一张，颇为失望地写道："阅之仍是模糊影响之谈耳。"战局仍不明朗。直至 30 日，他才得知确切消息："南、北军在上海仍未停战，而刘河一带居民纷纷迁移，有战线划至刘河之说。"他沉痛地写道："天心其尚未悔祸乎？"①

至 8 月，战火延至两江一带，身在常熟的徐兆玮通过报纸了解到的"二次革命"相关情况较少，所获信息也多以传闻为主。1 日，徐兆玮记道："儿辈见直南似战舰所放电光，且隐隐闻炮声。"12 日，谣传"北军自福山、浒浦、白茆各海口登岸"，傍晚闻"浒浦将扎营"，又闻"江阴有战事"，谣言太多，乃至"人心又扰攘不安"。14 日，新闻称"浒浦有苏军五百余人扎营，傍晚有自刘河搬家来者"，谓"吴淞已开战，未知胜负若何"。16 日，败退之钮永建驻嘉定，造成"太仓城中大为惊惶，纷纷谋迁徙"。19 日，他得知"松军于今晨至太仓，且欲借道沙溪而至常熟，则余乡亦其所由之一道也"。23 日，他得骞叔函，知"昨日之由沙溪往双凤者系苏军，陆续出发，惟绕道刘河、浮桥，想由昆至太，恐直接开衅耳"，而"太城南军已遣散，闻约发给二万元"。9 月 2 日，他阅报后得知南京"已为冯、张二军攻破。拔其在金陵，为何海鸣所窘，指为间谍，几遭枪毙，言之犹色变"。② 报纸新闻与传闻交织在一起，构成了徐兆玮了解"二次革命"的消息来源。这些不带感情的记录，说明徐兆玮对南北双方并不持特定立场，相对而言，他更专注于地方事务，热衷于读书著述。

"二次革命"初起，远在湖南平江的凌盛仪颇为关注。7 月 17 日，他阅报得知"黎又欲以祸湘者祸赣，遣北军入九江，九日北军欲袭九江，赣军御之，北军败北，并击沉兵舰一艘"。他发出悲天悯人的感慨："南北恶感，恐自此始。天祸中国，宁有已时耶。"此后几日，他颇为关注战况。19 日，他阅报后记载：

---

① 徐兆玮著，李向东、包岐峰、苏醒等标点：《徐兆玮日记》（第 2 册），黄山书社 2013 年版，第 1378、1379、1380 页。

② 徐兆玮著，李向东、包岐峰、苏醒等标点：《徐兆玮日记》（第 2 册），黄山书社 2013 年版，第 1381、1385、1386、1387、1388、1390 页。

"北军与江西军又开战一次,江西军胜,进据鄂界田家镇,并举李烈钧为北伐总司令,以讨袁氏。"他痛惜道:"南北之祸,开瓜分之局,将见已,令人心冷泪枯也。"他视"二次革命"为南北纷争之开端,"心冷泪枯",希望能够尽快停止战祸,但战争愈演愈烈。21日,他阅报知晓柏文蔚任安徽都督、李烈钧为讨袁司令、南方多省赞同革命的消息:"江南、广东、广西、湖南均赞成江西之举,推柏文蔚为讨袁总司令,易去北伐司令名。"在他看来,这些举动是"专对一独夫已"。翌日,他阅报得知南军胜利的消息,"北赣交战,赣军又胜",但黎元洪在湖北又诛杀多人,"并不问供,枭首沉尸于江,湘人为最多云"。对于黎元洪此举,他颇为痛惜。23日,又有讨袁军胜利的消息:"江西首义,讨袁连获大胜,杀北军及万人,粤、桂、皖、宁、川、闽各起而接应。"①

战役前期,因国民党准备充分,各地传来的胜利消息不断,使凌盛仪颇为兴奋。但随着袁世凯不断增兵南下,南方独立省份由胜转败,南军失利的新闻经常见诸报道,凌盛仪的心情亦开始低落。8月1日,他得知"南军噩耗":"上海枪炮制造局被焚,江西军败,湖口已失。"3日,谣传江西、安徽已失守,他难以相信此事为真,认为"大约袁党报纸闭门造谣者也"。4日,又有谣传"袁氏遣张勋攻湖南,张标攻湖北,郭人漳攻江西"。在此情形下,南北报纸报道不一,"国民党报所载北军无日不败,共和各党报载南军无日不败"。他表示:"反滋人疑窦也。""南北战事,报纸所载,□□粉饰,直至懒于阅,厌于闻也。"虽然他表示"懒于阅,厌于闻",但不利于南方的消息一再传来,使他内心焦灼不已。8日,他闻"南京已取消独立,黄兴逃之"。12日,他闻"南京取消独立,上海民军亦败,黄兴、陈其美皆逃,江西失守,北军有由澧萍进攻长沙"之说,又闻"岳州亦不日宣战"。对于这样的消息,他评价道:"如是等情,未知均子虚否也。"② 可见,与革命前期的兴奋相比,此时的凌盛仪颇为沮丧,对报纸新闻将信将疑。

---

① 凌盛仪:《凌盛仪日记》(第17卷),湖南图书馆藏稿本(编号:275/5),1913年7月17日,7月19日,7月20日,7月21日。
② 凌盛仪:《凌盛仪日记》(第17卷),湖南图书馆藏稿本(编号:275/5),1913年8月1日,8月3日,8月4日,8月8日,8月10日,8月12日。

此后,凌盛仪主要关注湖南取消独立的消息。8月13日,他记载:"江西已破,湖南已于今早宣布取消独立矣。"他讽刺道:"南北交哄,真成大笑话,贻笑外国人已。"① 他将湖南的独立和取消独立视为儿戏,并评论道:

> 予谓罪袁者,一为宋案解决,应在司法,一在借款,监督者自有议会正式政府成立在即,何必自先纷扰,或者谓袁以金钱购正式总统之票,不知此,袁将永往专制矣。然□□□□有宪法可以制其野心,他日即不受制,独不能暗杀之乎。美为共和先进,总统被刺七人,仁如林肯,尚且被戕,况不法者耶。若当此国基未固,列强尚未承认我国,乘衅欲分吾土地之时,自先扰乱,是启列强代治之心,而成开门揖盗也。二三贤豪固有愿革政治命以维共和者,而熏心利名之徒,借此举为终南径者,亦复不少。且军队是何程度,人民是何程度,祸机一发,恐遍天下多崔符矣。今日军哄未久,上海戕伤外人多名,已惹起各国交涉。又日间外国兵舰竟长驱直入,我湘中实行干涉之手段,是自召其辱也。吾固始终不赞成激烈主义,亦不主张推袁主义。②

显然,凌盛仪希望在议会政治和法律的范围内解决宋教仁案和善后大借款问题,从而牵制袁世凯,而不是以革命的形式推翻袁世凯的统治。因为革命容易招致列强"代治"中国,从而殖民中国。此类折中主义的态度,与他此前的"推袁主义"观点大不一样。

"二次革命"是国民党反抗袁世凯统治的重大举措,具有重大意义。从报刊报道与读者的阅读反响看,读者对相关新闻的阅读心态和价值取向有较大差异。对倾向于拥护袁世凯的读者而言,"二次革命"是国民党叛乱的象征。在中国传统政治认知中,"叛乱"是得不到支持的,他们认为"二次革命"的失败是必然的。而同情革命、支持民主共和的读者对"二次革命"的失

---

① 凌盛仪:《凌盛仪日记》(第17卷),湖南图书馆藏稿本(编号:275/5),1913年8月13日。
② 凌盛仪:《凌盛仪日记》(第18卷),湖南图书馆藏稿本(编号:275/5),1913年8月15日。

败感到惋惜，并探究其中缘由，思考民主共和的合法性和可行性，以图东山再起，期待建立一个西方式的民主共和国。也有读者置身事外，希望早日结束内战。当然，报刊的政治立场和新闻取向，也影响读者对战事的态度和判断。

五、"二次革命"后袁世凯统治的强化与读者观感

"二次革命"后，袁世凯大权独揽，政党政治让位于专制政治。1913年10月6日，国会选举袁世凯为中华民国大总统。为巩固统治，袁世凯采取了一系列措施，修改宪法，取消国会，集权力于一身，独裁统治更加明显。对于袁世凯的独裁，一些报刊进行揭露，也有一些报刊大力鼓吹。读者对于"二次革命"后袁世凯统治的强化，也存在较大分歧。

（一）支持者的报刊阅读与期盼心态

对于袁世凯的专制统治，一些传统士绅和新官僚颇为支持，如何宗逊、王振声、张枫、符璋、陈炳华等人通过报刊新闻表达赞成之意，并期望在袁世凯的统治下，社会能稳定发展。

何宗逊比较认同袁世凯的统治，在1914年的日记中较多地记载了相关新闻和个人见解。5月31日，他阅沪报后记载地方官制改革的新闻："大总统命令公布为省、道、县实三级制。各省民政长均改为巡按使，各省已设之；观察使均改为道尹，各省原设之；内务、教育、实业各司均裁撤，改设政务厅；各省国税厅、财政司均裁撤，改设财政厅。"同时，他还摘录了一些人事任命报道。6月2日，他阅报得知："大总统命令参政院现已成立，特任黎元洪为院长，汪大燮为副院长；又任命参政院参政，计七十人，前清尚书侍郎督抚居多数。又李斐君奉任命为广东巡按使。"7月8日，他阅沪报后记载："大总统命令裁撤各省都督，建将军府于京师，以陆军总长段祺瑞为建威上将军。各省被裁都督均加将军名号，督理该省军务。其以巡按使兼任者，则加将军衔。"① 何

---

① 何宗逊著，韩宁平、夏亚平整理：《何宗逊日记》（下册），凤凰出版社2019年版，第922、926页。

宗逊对人事的报道较感兴趣，但很少评论。

何宗逊也关注与他一起共事的河南督军赵倜的相关新闻。8月18日，他阅报得知赵倜追剿"汴匪"白朗有功，将受到袁世凯嘉奖，"特任周人为宏威将军，其余出力将士，并着周人查明请奖"。9月27日，沪报报道："大总统命令宏威将军赵倜，着改授为德武将军，督理河南军务。周人自剿平狼匪，勋望益显，畀以专阃，可信其胜任愉快也。"稍后，何宗逊收到他的外甥胡鹤寿来信，劝他出山协助赵倜襄理河南事务，但他以世事多变婉拒："欧洲列强之战现仍剧烈，日本进兵攻夺青岛，屡占我中立境土，扰害我中立人民，近且有侵犯我济南省城之说，不久必成事实。国势颠危，甚于累卵，处此时局，既无戡乱之才，何忍作干禄之想？山林终老，分所自甘。鹤寿之言，固未能惬我心曲也。"① 但经赵倜的再三相邀，何宗逊于1915年赴河南，襄助赵倜大约两年。

久经官场的王振声特别关注袁世凯政府的人事新闻。例如，1913年11月26日，他见报纸所载尊孔、组织政治机关的报道："命令厘定尊圣典礼，衍圣公给一等禾章。组政治会议机关。"12月15日，他了解到地方督抚任命的新闻："江苏都督冯国璋，直督赵秉钧，巡阅长江张勋。"1914年，他记载了不少人事变动的新闻。2月20日，他摘录报纸所载各部部长人选的任命："直督赵兼民政。刘应曾政治官员，梁启超币制局总，司法长梁辞职，教育汪辞职，司法长章宗祥，教育长严修。"28日，他摘录了朱家宝任命和解散省议会的命令："直督赵出缺，直督民政长朱家宝兼署督。命令解散省议会，暂不必另选举。"4月3日，他抄录报纸所载最新的官员人事动向："张謇出差，章宗祥代商部总长，陆军段回京，田文烈获豫督，都肃政史庄蕴宽。"5月1日，报纸登载内阁成员的变动："徐世昌为国务卿，汤化龙教育，梁敦彦交通。国务院废止。民国约法公布。梁士诒税务督办，政事堂左丞杨士琦、右丞钱能训。任命肃政史十六人，军政院评事十五人。"② 人事动向向来为报刊

---

① 何宗逊著，韩宁平、夏亚平整理：《何宗逊日记》（下册），凤凰出版社2019年版，第932、936、938页。

② 王振声著，徐慧子、李周整理：《王振声日记》，凤凰出版社2017年版，第245、246、252、254、255页。

所重视，也是舆论热议的焦点。王振声抄之不疲，颇为关注袁世凯政权。

温州士绅张棡从青年时期的维新派转变为民国初年的"拥袁派"，在"二次革命"后尤其明显。1913 年 11 月 1 日，张棡看《时报》所载"袁大总统受任仪节"的报道后，甚为欣喜地写道："颇极一时之盛。"他对于报纸所载政务新闻，也多有记录。例如，1914 年 1 月 2 日，他阅《时报》，见"政府另组织政事会，议长以李经羲任之，已于某日开会矣"。6 月 21 日，他阅《时报》得知"现官职已行三级之制，民政长改为巡按使，观察使改为道尹，下级即知事矣。天下共分为八十，道仍照前清区域用。徐世昌为国务卿，王闿运为国史总长，前清一班老臣如瞿鸿禨、唐景崇、樊增祥、李家驹等皆起废复用"。22 日，他读《时报》后记载："王壬秋为国史长，行为诡僻，晋京时带一姓周老媪，凡官场交接皆命周妈持名片，又不剪发，留辫子系红丝，衣冠亦沿清制，与人唱和诗遇满清字，必抬头，京中无不传为笑话。"有数首游戏诗嘲讽王闿运，他认为"颇切合"，表明他对王闿远怪癖的不满。对袁世凯为"戊戌六君子"昭雪，准许"京师及各省建立专祠致祭"，张棡阅读《时事新报》后追忆往昔，感叹："直道犹在人间也。"当日，该报又载："康南海前屡辞大总统礼聘，东渡日本，侨居日本须磨，近复返沪。闻总统已派人赴沪，敦请康先生来京一游。"① 这些记载透露出诸多线索。首先，张棡彼时获取的新闻主要来源于《时报》和《时事新报》。这说明上海的报刊能较快地"抵达"温州。其次，张棡除关注一些重大新闻外，还关注维新派人士的遭际和动向。这可能与他曾为维新派的拥趸有关。

在支持袁世凯的读者中，卞白眉的情况较为特殊。他于 1906 年留学美国白朗大学，1912 年毕业归国，参与中国银行的筹建工作，是袁世凯政权的坚定支持者。金融业与政局动荡紧密相关，因此，卞白眉关注时政报道。卞白眉从 1914 年开始记日记，主要通过《政府公报》了解时事。1 月 10 日，卞白眉到银行后阅《政府公报》得知"潘鸿宾已任命为东三省中国总分行督办"。

---

① 张棡著，温州市图书馆编，张钧孙点校：《张棡日记》（第 3 册），中华书局 2019 年版，第 1363、1378、1432、1472—1473 页。

11 日,卞白眉晚餐后阅《政府公报》,见"解散国会命令"之消息。2 月 14 日,他阅《政府公报》知悉"熊已辞职,总理一席由孙公慕韩代理"。熊指熊希龄,孙慕韩指孙宝琦。熊希龄于 1914 年 2 月辞职,由孙宝琦代理国务总理。20 日,他见《政府公报》所载新闻"梁任公已受任命为币制局总裁"。3 月 9 日,卞白眉见《政府公报》所载"殖民银行条例":"该行得发行兑换券,其中十之四以现金及中国银行兑换券为准备,余用保证准备。其营业范围内有以不动产为抵押借款一条,此照各国经验所得、学理所认,凡发行银行,不宜从事不动产,今反此为之,谅我国经验家所见,必有独到之处,非吾侪鄙弃已久之留学生所敢妄为置喙也。"① 作为银行家,卞白眉特别关注金融业的动向。

《政府公报》成为卞白眉了解政局变动的主要媒介。他披阅之后,往往择要记载。2 月 28 日,卞白眉见"赵智庵病卒信,继任者为朱经田"的新闻。3 月 4 日,他得知"北京约法会议当选人名"。11 日,他获知"山东乐安县知事因收税被戕",指出"可为急功嗜利者戒"。对于内阁人事变动,他也多有摘录。5 月 1 日,新闻报道"徐东海为国务卿"。2 日,他获知内阁新动向:"孙慕韩外交,朱仍内务,周子仪财政,章宗祥司法兼农商,汤化龙教育,梁敦彦交通。" 3 日,他又摘录新人事消息:"杨杏城公为国务左丞,钱能训右丞,梁燕荪税务处督办,闻周缉之公仍有长财政消息。" 25 日,卞白眉见"参议院组织法",表示"名为模仿美国,实则一种特别制度也"。② 高层人事变动,牵涉利益甚广,他偏爱《政府公报》,颇有政治参考的意味。例如,对于山东乐安县知事因收税"被戕",卞白眉表示"可为急功嗜利者戒"。卞白眉对袁世凯的一些具体举措颇为满意。他指出:"参政院参政俱派出皆耆年硕德或有功德在人之诸老先生,大总统可谓善于收罗矣。其中有法律知识者,仍施愚诸公,国中之有法律知识者,可谓寡矣,议长为副总统,副议长为汪大燮。"③ 对于大总统"善

---

① 卞白眉著,中国人民政治协商会议天津市委员会文史资料委员会编:《卞白眉日记》(第 1 卷),天津古籍出版社 2008 年版,第 7—8、8、11、12、13 页。
② 卞白眉著,中国人民政治协商会议天津市委员会文史资料委员会编:《卞白眉日记》(第 1 卷),天津古籍出版社 2008 年版,第 12、13、16、18 页。
③ 卞白眉著,中国人民政治协商会议天津市委员会文史资料委员会编:《卞白眉日记》(第 1 卷),天津古籍出版社 2008 年版,第 18 页。

于收罗人才",卞白眉甚为赞赏。

值得注意的是,虽然一些读者对袁世凯统治的记录较为零散,但依然能看出其政治态度。例如,刘承幹在袁世凯就任大总统这天写道:"是日大总统袁世凯即位于保和殿,东西洋十四国同日承认,沪上各商均悬灯张旗志庆。"① 此类表述既是新闻概要,又表达了一种心态上的认可。陈炳华也在日记中对袁世凯心生欢喜。1913年10月7日至8日,他阅报得知袁世凯被选为大总统后,"同声欢忭"。一个"忭"字,足见他的欣喜之情。10日至11日,他又记录了袁世凯就任大总统的相关情形:"中华民国第一任正式大总统项城袁公于今日上午十时在太和殿举行就任礼,悬旗张灯以志国庆。"②

总体上看,袁世凯的支持者大多为传统士绅。他们仍留恋帝制时代,对袁世凯政府的种种政策与举措抱有较高的期待。他们害怕革命,希望袁世凯政权能够维持权贵的利益,不至于被"革命"。

(二)反对者的报刊阅读与失望心理

对袁世凯持反对意见的有两类群体,他们通过报刊新闻表达自己的态度。

一类是极为依恋清朝的读者。其中,刘大鹏非常典型。刘大鹏对袁世凯一直有抵触情绪,视其为"逆贼"。这位乡村知识分子阅览了大量报纸,对政治变局颇为费解,在日记中颇多指责袁世凯。他认为袁世凯是推翻清政府的罪魁祸首,袁世凯不但不知悔改,而且身居大总统之位,因而在日记中多称袁世凯为"袁贼"。1913年2月6日为旧历年新正,刘大鹏写道:"自变乱以来,一切新党竞袭洋夷之皮毛,不但遵行外洋之政治,改阴历为阳历,即服色亦效洋式,而外洋各国之夷蚕食鲸吞,日甚一日。……新党虽推倒大清夺其政柄,号令天下,而对于外交,终无妙策足以控制洋夷……又况财政奇绌,内则剥削群民脂膏,敲骨吸髓,亦不足以供其用。日向洋商借款,经年未成,其将何以立国乎?"这段评论表明他对袁世凯近一年的统治相当不满。18日,

---

① 刘承幹:《求恕斋日记不分卷》,上海图书馆藏稿本电子版(编号:线善862624-74),1913年10月10日。
② 陈炳华:《钝盫日记五卷》,李德龙、俞冰主编:《历代日记丛钞》(第171册),学苑出版社2006年版,第159、160—161页。

他又表示:"辛亥大变以来,伦常全行破坏,风气亦更奢靡,礼义廉耻望谁讲究,孝弟忠信,何人实行,世变日亟,岌岌乎其可危!"作为传统卫道士,他对社会乱象极为不满。5月5日,他又大骂:"贼臣袁世凯推倒本朝政府,幽困皇上于深宫,身充大总统,号令天下,改为民国,一年有余,现又重举大总统,袁贼恐举他人,联络其党向外洋借款二千五百万磅(每磅十三两),作为军饷,意在据中国为己有,而不容他人之攘夺也。"在他看来,"袁贼"是造成乱局的罪魁祸首。1914年,刘大鹏依然怀着愤世嫉俗的心态"敌视"新政府。5月10日,他写道:"世乱纷如之际,流俗只以胜败视之,并不知其顺逆。如自变乱以来,叛逆多居要津,所到之处,人多谓叛逆之才能而钦之敬之,殊令人慷慨不平。"① 很显然,刘大鹏站在清廷的角度对"叛逆多居要津"的现象表示不满,但又无可奈何,只好在日记中大发牢骚。刘大鹏这类报刊读者没有西方民主政治的观念,长期生活于乡间,难以适应外间发生的种种变化。因此,对于中国变局,只能从传统文化中寻求答案。当传统与现实发生冲突时,从传统的视角批判现实,对变局极度不满却只能仰天长叹,有着悲天悯人的无奈。

另一类是留学生,如黄尊三、胡适等。他们从现代民主政治的角度,通过报刊新闻深入揭批袁世凯。黄尊三在1913年11月20日的日记中对报纸所载取消国会的消息大发感慨:

> 本日国会以人数不足法定,下令停会,民国法定之神圣机关,从此无形告终,而项城之蹂躏法权,摧残民意,亦可谓巧妙无伦,不以明令解散,冒公然违法之名,而以国民自身之缺点,反击自身,真可谓想入非非。所最难堪者,即秉三之副署,秉三聪明,本不愿得罪国会,今既不能于事前飘然引去,一旦令下,欲去不能,欲留不可,左右为难,政肠百折,而秘书长陈君则极力怂恿之,遂副署停会之令,而秉三之政治生涯,从此遂告终焉。②

---

① 刘大鹏遗著,乔志强标注:《退想斋日记》,北京师范大学出版社2020年版,第165、167、170、181页。

② 黄尊三著,谭徐锋整理:《黄尊三日记》(上册),凤凰出版社2019年版,第382页。

袁世凯直接取消国会，通过一系列操作，其权力更稳固。1914年2月12日，黄尊三写道："秉三辞国务总理，计熊君到任未五月，除善后借款、停止国会外，无他政绩，是岂秉三初意，亦时势使然也。"熊希龄被罢免后，袁世凯"命外交总长孙宝琦兼任总理，本日到院就职"。袁世凯加强统治，引发"人才内阁"的危机。21日，黄尊三阅报后评论："梁任公、汪伯棠均于是日辞职，人材［才］内阁，至此则完全结束。政局变迁，真令人可悲，亦复可笑。"他认为袁世凯的统治"可悲可笑"，终将出现问题。3月23日，他阅报后记载："政治会议，议决行总统制，国务院取消，盖自'二次革命'消灭以后，大权早集于项城一身，国务总理即成闲职，无事可办，今如是，反觉名实相符也。"他认为袁世凯会继续强化统治，为独裁扫清障碍。5月2日，他读报后得知"袁世凯之《约法》发表，国务院取消，以徐世昌为国务卿"。对于这样的变动，他失望至极，内心独白："余之职务，至此日可谓告终，而余亦自此不到院也。"3日，他又闻"国务院改为政事堂，院中旧有职员，秉三所用之人，除向构父得一佥事，马济中得一主事，外余所留者，均陈秘书长之熟人"。他甚感愤怒，对袁世凯彻底失去了信心："政界本以势力为消长，钻营为本领，余辈书生何能有为。"黄尊三难改书生意气，加之友人熊希龄的去职，他自问"何能有为"。4日，他得知"范静生辞教育总长，汤济武继之，梁善济为次长，汤、梁皆进步党中人也"。① 至此，袁世凯集大权于一身，为他称帝扫清了法律上的障碍。黄尊三读报后自然心意难平。

在美国留学的胡适将袁世凯归为守旧官僚派，认为守旧官僚派的政策对中国危害极大，尤其是他们的复古倾向，危害极大。1914年2月4日，胡适读报后得知"'政治会议'通过大总统郊天祀孔法案"，表示"此种政策，可谓舍本逐末，天下本无事，庸人自扰之耳"，对祀孔表达极大愤慨。此外，胡适颇为关注宋教仁案的后续报刊。他在2月19日记载："宋教仁被刺案中之秘密证据"在于应桂馨，但应桂馨1月19日出京时"被人用六寸长短刀刺

---

① 黄尊三著，谭徐锋整理：《黄尊三日记》（上册），凤凰出版社2019年版，第391、392、394、396页。

死",故宋教仁案成为悬案,惜哉!2月27日,英文报载:"直督赵秉钧二月廿七日暴死,人皆疑为被人用毒药暗杀。"胡适读后评论:"此案之诡谲,可谓极矣!凶手武士英死于上海狱中,应氏死于火车中,今赵氏复以毒死。继赵氏而死者谁耶?"①他进而推测,随着相关人物的死亡,宋教仁案会成为无头公案。

此后,胡适关注国民党和袁世凯政府和解一事。11月6日,他阅《纽约时报》,新闻称:"汪精卫,蔡子民,章行严三君与孙中山约勿起三次革命,乃与袁政府为和平协商,名之曰'爱国协约',袁克定助之。政府已解党禁,赦南中诸省之二次革命诸首领。"他认为,如果属实的话,"则祖国政局可以和平了结,真莫大之福,吾翘企祝诸公之成功矣"。对于如何解决国民党和袁世凯政府之纷争,他提出了自己的方案:"政府不许爱共和之志士以和平手段改造国家,而夺其言论出版之自由,绝其生路,逐之国门之外,则舍激烈手段别无他道。党禁一日不开,国民自由一日不复,政府手段一日不改,则革命终不能免。政府今日翻然而悟犹未为晚,否则政府自取败亡耳。"②他从劝告的角度,希望袁世凯政府能够与革命党达成和解,共同建设民国。

(三)中立者的报刊阅读与新闻描述

还有一类读者政治意识较弱,对袁世凯政府的政治保持中立,对时事新闻录而不评。例如,朱峙三、徐旭生等人虽勤阅报纸,但少有观念呈现。朱峙三相当在意时政要闻,并且了解颇详,涉及面甚广。

首先,朱峙三记载了中央政策出台的新闻。1913年11月5日,报纸登载"北京于本月三号始制定《国籍法施行细则》十五条公布"的消息。7日,他阅报得知"中央通令修复前清洪杨战事各勋臣祀典,中有各省起义以来辄有矫枉过情之举"。8日,他阅报后记载"据财政总长熊希龄呈,明令禁止各省官银钱行号滥发纸币"。24日,他阅报后了解"国务院通电各省派员到京会

---

① 胡适著,曹伯言整理:《胡适日记全编》(第1册),安徽教育出版社2001年版,第244、262页。
② 胡适著,曹伯言整理:《胡适日记全编》(第1册),安徽教育出版社2001年版,第524页。

议地方行政",并说明"此为民国第一次谈地方行政"。① 但他对这些时政新闻不予置评。

其次,朱峙三还会留意一些报纸所载地方新闻,包括地方人事变动、灾情、社会新闻等。10月29日,他得知北京政府任命"赵倜会办河南剿匪事宜,沈致坚为云南盐运使"。12月21日,他获悉"十九日准兼领湖北都督黎元洪辞免本官"。30日,他记载:"云南都督蔡锷辞职照准。令各省民政、财政两厅条呈税法。"31日,他得知叶恭绰任交通部路政局局长的消息:"任叶恭绰为交通部路政局局长,仍兼代交通部次长。"② 对此,他也是抄而不议。此外,他了解一些地方灾情。例如,11月1日记:"在家阅报,陕督电呈,该省秋间四十余日大雨,白河、泾阳、平利等十七县田禾尽淹,房屋倒塌,溺毙人畜无算。"10日又记:"报载,云南都督电,滇省姚安、大姚、楚雄等十五县入夏以来亢旱成灾,入秋又遭霪雨,请政府拨款赈之。"③

朱峙三还记载各地"兵变"与"民变"新闻。例如,10月24日记:"报载本月十九号福建仙游、德化两县土匪借抗拔烟苗事,约民众寻仇闹教,杀平民多人,毁教堂二座。"11月28日又记:"本月十六号,江阴兵变,系驻黄山炮台海军陆战队,抢洗北门外民居商店,再至各乡村。"④ 这些如实新闻摘录,表明朱峙三的报刊阅读没有"政治目的",新闻叙事相对客观。

在法国潜心古代史学研究的徐旭生颇为关注国内时局,经常披阅各种报刊。例如,1913年12月5日,他看多份中国报纸并记载:"中国行政区划为八十余区,未详也。"6日,他阅报后对熊希龄内阁的施政方针颇为赞同:"熊秉三内阁大政方针尚不大错,如能全实行,中国一二年中或有转机。"但转机并未出现,反而出现了危机。1914年5月1日,他到法国学生会看报后

---

① 朱峙三著,胡香生辑录,严昌洪编:《朱峙三日记(1893—1919)》,华中师范大学出版社2011年版,第403、405页。
② 朱峙三著,胡香生辑录,严昌洪编:《朱峙三日记(1893—1919)》,华中师范大学出版社2011年版,第402、407、408页。
③ 朱峙三著,胡香生辑录,严昌洪编:《朱峙三日记(1893—1919)》,华中师范大学出版社2011年版,第403、404页。
④ 朱峙三著,胡香生辑录,严昌洪编:《朱峙三日记(1893—1919)》,华中师范大学出版社2011年版,第401、405页。

第二章 民国初期时局变动、新闻报道与读者观感

得知"黑省兵变,俄兵入齐齐哈尔,政府派张勋往,张不听命"。他"深隐忧故",评价道:"中国今日政局激变,两方面皆快私忿,不顾大局,此次兵变,是否有民党之关系虽未可知,然以之成事则不足,以之牵制袁氏则有余。中国此时战事尚非大患,患在两方相持,使秩序不能回复,而国计民生将困敝无可救药矣。观报,则各报皆不言,惟《人道报》言之。此报与中国民党颇有关系,尚冀此系谣言。"① 作为海外游子,他特别希望国内政局稳定。

袁世凯就任中华民国正式大总统后,读者对袁世凯的态度不一。祖护袁世凯者多为袁世凯的政策叫好,并支持袁世凯在内政外交方面的举措。例如,卞白眉非常赞同袁世凯政府的诸多政策,认为袁世凯在国家治理方面井然有序,国家正朝着一条稳定的道路发展。而反对袁世凯政府的读者揭露了袁世凯统治时期的纷乱,并且对袁世凯的种种行径甚为不满。例如,刘大鹏在辛亥革命前本对袁世凯充满期待,认为他能挽救清王朝于危亡之际。但袁世凯在逼迫溥仪逊位、自任临时大总统后,刘大鹏对袁世凯颇为厌恶,多以"贼""袁贼"等称之,体现出一位乡村知识分子对帝制时代的留恋。也有诸如朱峙三之类的读者读报后录而不议,政权更替似乎并没有对他们造成多大冲击,读报纸,知时事,仍然与往昔并无多大区别。

六、白朗起义与读者观感

袁世凯统治时期,白朗起义影响颇广,报纸读者从不同角度记录了这一事件。

1914 年 7 月 10 日,童保暄阅报得知"白狼又破紫荆关,刘军(镇华)败退",他"为之愤恨",并痛惜道:"河南军队,前余在开封时询之甚详,盖兵而近于匪者也。陆将军将有事于内部,陕军不和,毅军少而劳,匪之猖獗,无兵为之御耳,可怜吾民之生命财产,无以自保也。"② 童保暄在日记中称"白朗"为"白狼",对白朗起义持敌对态度。

---

① 徐旭生:《徐旭生文集》(第 8 册),中华书局 2021 年版,第 124、139 页。
② 童保暄著,宁海县政协教文卫体和文史资料委员会编:《童保暄日记》,宁波出版社 2006 年版,第 144 页。

马济中重点记载了陕军追讨白朗起义的相关新闻。1914年4月3日,他通过电报得知"秦军由商州追逐,遇于孝义,与战不利。匪已出大峪口,张督退保西安。兵团通宵守陴,势已危迫,挡大峪口者,纯属平原,距省仅六十里"。对于战事进展,他评论道:"秦军既不能战,恐亦难守。"9日,他连日阅陕中警电得知:"匪迫西安不攻城而南窜鄠县,进陷盩厔(今周至),北渡渭水,破乾县,踪迹飘忽,十日可数十里,所向无前,陕军之无力可知。"还有总统电令:"甘蜀两督,一出凤翔,一出汉中,以扼匪西南分窜之道。"对于这样的布置,他有所怀疑:"不识能返赴戎机否。"① 但他对后续消息记载甚少。

在法国留学的徐旭生也关注白朗起义的相关新闻。1913年11月28日,他阅报了解白朗起义的消息:"土匪白狼陷信阳,心甚不宁故。"籍贯河南唐河的他为家乡忧,怕白朗起义骚扰唐河。此后,他多摘录报纸有关白朗起义的相关内容。1914年4月10日,他阅《巴黎时报》后记载:"白狼在陕西势颇猖獗,据得数城,出示,言将推翻政府,可叹。"28日,他至中国学会看报后评论:"白狼跳梁如故,此时中国将骄卒惰,盗贼遍地,其可忧孰甚。"寥寥数语,道出了乱局的缘由。他与友人聊及白朗起义事,对国内时局颇悲观,指出:"慨叹殊深,以为中国将亡,极力譬解之。中国现象真不佳,吾侪尚日止图饱食暖衣,绝无振作,诚属可耻也。"② 此类由此及彼的批评和反省,体现出他的拳拳爱国之情。

1912—1914年是袁世凯不断强化独裁统治、摘取辛亥革命胜利果实的阶段。袁世凯长袖善舞,左右逢源,不断打压国民党人,制造宋教仁案,迫使国民党发动"二次革命",在南北内战中大胜,巩固了其统治地位。之后,袁世凯又通过《中华民国约法》,解散国会,改责任内阁制为总统制,集权力于一身,不仅将辛亥革命的成果摧毁殆尽,而且企图复辟,走帝制的老路。报纸新闻从不同角度报道这些事件,乱象丛生,令人眼花缭乱。从读者的角度

---

① 马济中:《济中日记不分卷》(第14册),上海图书馆藏稿本(编号:线普长53632-40),1914年4月3日,4月9日。

② 徐旭生:《徐旭生文集》(第8册),中华书局2021年版,第121、132、138页。

看，不同读者对新闻解读有着复杂的社会背景、利益诉求和政治立场。偏向革命、向往共和的读者认为，袁世凯是"倒行逆施"，走逆历史发展潮流的道路。偏向立宪、向往稳定的读者则认为，袁世凯的统治有助于社会稳定，减少战争，有助于社会的发展。也有读者如实地记录了报刊相关报道，为理解袁世凯的统治提供了丰富的史料。这些丰富的读报记录"再现"了历史场景，从主体的角度揭示了袁世凯执政两年间的复杂政治局面和社会样态。但是，这些零散的日记史料也有很大的局限，日记的主人大多是社会精英，对事件史的叙述和评论都有个体的主观判断，而普通民众，尤其是不识字的下层民众，尚未充分运用报刊资源解读时局，他们如何观察和评论袁世凯的所作所为往往被历史"遮蔽"。我们看到的仅仅是种种面相的部分事实而已。

第二节 第一次世界大战与读者反响

1914年7月28日，第一次世界大战（简称一战）爆发。若将一战大致分期，1914—1916年是第一阶段，1917—1918年是第二阶段。对于这场影响世界格局的战争，报刊接连不断地进行报道，使中国读者远距离地知晓这场战争的进程。一些读者关注战事细节，留心记载，形成了个体阅读一战的事件史。

战争伊始，《申报》《东方杂志》等报刊就进行了深入报道。《申报》在塞尔维亚事件爆发的第三天发表了题为《暗杀》的时评，希望引以为戒，不再发生"弱肉强食"之事。① 当日，《申报》以"柏林电""萨拉桀伏电"的形式对事件进行了报道。② 奥匈帝国向塞尔维亚宣战后，《申报》对此继续进行了报道。在宣战的前一日，《申报》发表了题为《真点》的时评，对奥塞之争引起西欧列强之间的战争持悲观态度。③ 同时，在译电中大量刊载列强动

---

① 抱:《暗杀》,《申报》1914年6月30日, 第2版。
② "柏林电""萨拉桀伏电",《申报》1914年6月30日, 第2—3版。
③ 冷:《真点》,《申报》1914年7月27日, 第2版。

员参战的相关情况，大战有一触即发之态。7月28日，《申报》又刊载了相关"译电"，并且刊登了题为《奥塞果战与?》的杂评，大战间不容发。① 此后，《申报》关于一战的报道比比皆是，使读者能够知晓一战的详细情况。除《申报》外，《东方杂志》对一战进行了细致入微的分析和评论，其中不乏真知灼见。例如，《东方杂志》第11卷第2号发表了《欧洲大战争开始》一文，详细叙述了一战爆发前的欧洲战争情况。② 在次月第3号上，《东方杂志》相继发表了《大战争与中国》《战争杂话》《大战争续记》等关于一战的相关新闻，并且以"世界大事记"的形式记录了一战中的一些重要事件。③ 这些报道为读者了解一战提供了快捷途径，也拉近了与相关新闻事件之间的时空距离。

一、战争伊始与读者观感

第一次世界大战爆发于欧洲，与中国距离较远。从新闻的接近性视角来看，国内外读者对于欧战的感知与空间距离密切相关。虽然国内报刊能够快速地刊登相关新闻，但在欧洲的中国人对于战争的关注度仍高于国内读者。

1913年，颜惠庆出任驻德公使。德国首都柏林是东西方交通必经之地，以致"我国官方信函和私人信件、报纸"搭随行使在西伯利亚铁路上的火车传送到欧洲，"从不衍期"，因此，"使馆消息灵通，并不觉得祖国在万里之外"，同时，"国内发生的事件，很快就能传递过来"。除了德国的报纸，大使馆还订了《伦敦泰晤士报》和《纽约先驱报》的巴黎版。这两份报纸水平较高，至少不亚于德国的《汇报》。《汇报》像《法兰克福时报》一样，在外事报道方面做得比较出色。④ 在这个交通便利、传媒发达的地区，颜惠庆的日常生活与国内外事件紧密联系在一起，尤其是英文、德文报纸的新闻对他洞察一战新闻起到了重要作用。

---

① 无名:《奥塞果战与?》,《申报》1914年7月28日，第3版。
② 高劳:《欧洲大战争开始》,《东方杂志》1914年第11卷第2号，第5—12页。
③ 仓父:《大战争与中国》，高劳:《战争杂话》，高劳:《大战争续记》,《东方杂志》1914年第11卷第3号，第1—25页。
④ 颜惠庆:《颜惠庆自传——一位民国元老的历史记忆》，吴建雍、李宝臣、叶凤美译，商务印书馆2003年版，第112—113页。

第二章　民国初期时局变动、新闻报道与读者观感

1914年7月，一战爆发，身处柏林的颜惠庆密切关注一战的进展。1915年是一战的试验之年，战争"一团僵局"。① 在东线，德军在波兰进展迅速，1月29日，德军对俄军取得小胜利。在西线，德国在赛松河得胜，将法军赶出埃纳河以北地区。到6月，战局再起。13日，德国"各条战线有1万多名战俘；西线有炮战，东线有进展"。14日，据晚间公报报道，"东线又获进展，马肯森俘获1.6万人"。18日，《伦敦泰晤士报》载，"加里西亚德军大败，被俄军俘虏了1.6万人"。东线因俄国的"顽强防御"而陷入停顿。到6月底，德奥联军占领莱姆贝格，将俄军防线一截为二，俄军不得不撤退。7月1日，德国战报统计6月份共俘虏了16万余俄军。16日，德军渡过温道河。17日，兴登堡指挥的军事行动在毛拉附近俘虏俄军2.9万人。德军在东线节节胜利。8月6日，德军攻占华沙，并很快占领了整个波兰。② 9月，德军开始对俄军发起新的攻势，但进展不大，东线陷入对峙，直到1918年俄国发生革命。

海战与陆战同时进行。德国海军在海战中取得重大进展。1915年1月3日，德国海军在亚得里亚海击沉一艘法国潜艇。8日，《伦敦泰晤士报》报道了"无畏"号战列舰被德国潜艇击沉的消息。随后，"雄狮"号军舰亦被击沉，英国政府却矢口否认。从2月开始，德国海军封锁英国的计划实现，德国"宣布对英国实施封锁。中立国船只必须远离英国海岸"。对此，与英国利益相关的法国和荷兰报纸抨击德国的封锁。到3月中旬，多艘英国船只被德国潜艇击沉。为维护英国的利益，英国开始实行护航，希望经过其海域的船只涂上中立国的国旗。5月8日，"卢西塔尼亚"号客轮在爱尔兰海域被击沉成为各报的头版头条。"卢西塔尼亚"号客轮沉没的事件影响甚大，造成"大西洋的航运中断"，美国为此强烈抗议。③

---

① ［英］菲利普·史蒂文斯：《第一次世界大战史》，许宗瑞译，时代文艺出版社2014年版，第47—76页；［英］李德·哈特：《第一次世界大战战史》，林光余译，上海人民出版社2014年版，第125—190页。

② 颜惠庆著，上海市档案馆译：《颜惠庆日记》（第1册），中国档案出版社1996年版，第166、159、234、235、237、241、242、249、259页。

③ 颜惠庆著，上海市档案馆译：《颜惠庆日记》（第1册），中国档案出版社1996年版，第153、156、166、170、172、191、217、218页。

另外，1915年颇值得关注的是意大利的倒戈。4月26日，意大利与英、法、俄秘密签订《伦敦条约》，正式加入协约国。从5月开始，意大利加入协约国的消息不胫而走，成为两大军事集团关注的焦点。英国《伦敦泰晤士报》社评高度赞扬意大利的"高尚道德"，而德皇"扬言要摧毁意大利"。①

1916年，两大军事集团不分胜负，主要战场回到西线。1月初，德国"为了避免在枝节问题上分散兵力"，将军队集中于西线，以便对法国用兵。2月21日，德国发动凡尔登战役。27日，德军俘虏1.5万余人，此后，战役陷入拉锯战。7月1日，英法联军为取得战争的胜利，缓解凡尔登的压力，发起索姆河会战，但进展甚微。3日，法军"进攻顺利"，英军"进展甚微"。8日，"西线攻势无进展"。24日，"西线攻势暂息"，"比较沉寂"。俄军在东线发起"大规模攻势"。至9月底，索姆河会战"战斗激烈"，"德军又丢了几个村庄"。为挽救战争局势，10月中旬，德军在索姆河发动新攻势，"但无进展"。10月底，法军占领凡尔登，至此，凡尔登战役暂告一段落。② 经凡尔登战役与索姆河战役，两大军事集团消耗甚巨。故至年底，双方谈判媾和。

在海战方面，1916年6月的日德兰海战以英国海军胜利告终，英国虽然损失了"无敌"号和"玛丽皇后"号舰船，但重创了德国公海舰队，取得了海上霸权。有趣的是，事后交战双方都宣称海战胜利，柏林"全市悬旗庆祝"。③ 此后几日，各大报纸长篇累牍地报道海战的经过。

在国际关系上，因"卢西塔尼亚"号事件，美国与德国的局势"极为严重"。④ 至1916年年底，威尔逊当选美国总统，英国劳合·乔治组阁标志着欧洲战场将发生一系列变化。

徐旭生于1913年赴法国巴黎大学留学，其日记对欧战记载颇为详细。战前，他通过阅读法国的《人道报》《时报》等报刊，了解法国、德国的时局。

---

① 颜惠庆著，上海市档案馆译：《颜惠庆日记》（第1册），中国档案出版社1996年版，第223、219页。

② 颜惠庆著，上海市档案馆译：《颜惠庆日记》（第1册），中国档案出版社1996年版，第339、354、406、409、415、416、419、440、448、455页。

③ 颜惠庆著，上海市档案馆译：《颜惠庆日记》（第1册），中国档案出版社1996年版，第394页。

④ 颜惠庆著，上海市档案馆译：《颜惠庆日记》（第1册），中国档案出版社1996年版，第345页。

例如,他特别关注《人道报》,"因其为反对政府之机关报也"。12月4日,他阅《人道报》,新闻称"彼攻政府及总统矣"。除此之外,他亦通过阅读《时报》了解法国情况。11月30日,他阅报得知:"有法将军伯奈甘氏欲练安南土兵御中国议,《时报》驳之。"在他看来,"将来法练越土兵势必不免,然越兵练成日,即安南独立日也"。12月3日,他看《时报》后感慨:"其事终不甚明了,因吾于法财政情形不熟悉也。"4日,他再阅《时报》后披露:"德议院因萨外尔纳德兵官陵土人事,与政府大为冲突。"①

1913年年底,法国内阁变化频仍,他较为留意相关新闻。12月5日,他看《人道报》,新闻称:"法组织内阁者将为立包氏,社会党反对之。"但次日,报纸报道内阁就发生了重大变化,"立包辞组织内阁,组织内阁将为突必氏"。翌日,内阁再次发生变动,"突必氏亦辞,组织内阁者约为都买尔开氏,《时报》于都氏有微辞焉"。局势诡异,使徐旭生惊叹不已。此后,他的记录从法国、德国等国家拓展到其他国家。例如,1914年4月23日,他记载了欧洲各国,乃至美墨战争,"首即为欧梁公爵之政见,公爵为鲁意斐利王之嫡嗣。物望尚佳,近颇似有所运动,殆哉法之民政也。墨西哥及合纵国战端又开"。②

欧战一开,他勤于记载战事新闻,注重摘录细节并结合时局进行评论。1914年7月15日,他阅读了奥塞冲突加剧的新闻,并记载:"奥、塞情形日恶,塞人反对奥人风潮日剧,奥驻塞京公使之子已出避。"在他看来,"塞人浅化,对外徒逞意气,亦非国家之福也"。24日,他读报后得知奥匈帝国太子被刺后警告塞政府的消息:"奥因前太子被杀事警告塞政府,已下'哀的美敦书',限于星期六六钟前答复。"他进而分析:"此事以俄为之枢,若俄不助塞,塞必不敢枝[支]柱,否则战端一开,欧洲大局将有动摇也。"此后几日,他披露了战前的一些情况。26日,他记载各报对是否开战的不同报道:"观窗外卖报者胸前大字,似言战端已开,然不能清楚。……视之,则言战祸恐难免。俄、德报纸最激昂,法次之,意则似不欲与战事,英则尚望有和平

---

① 徐旭生:《徐旭生文集》(第8册),中华书局2021年版,第122—123页。
② 徐旭生:《徐旭生文集》(第8册),中华书局2021年版,第124、137页。

解决之法。"可见，各国报纸对战局的判断有较大差异。27日，《时报》所论《德欲加入战事耶》似乎为"德助奥之反动"。但在徐旭生看来，"然当日俄战争，日使离俄都即攻俄军，并未宣战，现据奥都来电，言奥似据前例，则尚有少时容列国之活动也"。28日，他阅《巴黎时报》，认为"英、德、法、意四国调和，或有转机"。但另有报纸新闻认为"情形日剧，恐难调和"，使他难以判断战事走势。至28日晚，他听人言，"战事已开，奥军已据塞都"。29日，他阅报得知"奥已宣战，据塞都虽未言，然确已交锋"。30日，他通过《时报》了解到俄奥双方的战备，"言俄已正式准备十四师团，此十四师常备兵四十万，连后备七十万，俄与奥外交直接关系约已断绝"。①

此后，他密切关注战争进展。8月6日，他听闻"比军将德军击退"，为印证此消息，他"取报一观，果然"。在与友人的交谈中，聊的话题仍然是欧战相关情况。友人昆吾比较希望德国能取得胜利，故言英国海军有"败征"，"因报言在苏格兰北，英、德水师相遇，英伤兵已登岸，医已往诊，其详不著，似英水军失利"。徐旭生则"不然其说"，认为"战事两军互有杀伤，安得以此而定其失利"，并且"英百年海军无敌于世界，未可轻"。在他看来，"因德人皆野心甚奢，其得志非世界之福"。很显然，他对英国抱有好感。7日，他阅报，新闻称"德军已入 Liège 城，炮台破二，余仍固守"，似乎"德军之前进，尚须稽延"，并且法国竟然不救援比利时。他读后颇感疑虑，写道："此余之所大不解者。如法欲固守不出境者，即大失计也。"新闻又报道："法军已过境，据 Vic 及 Moyen-Vic 地。此二地皆界上小邑，想无重要耳。"在东方战场，"俄入德境，据 Lyck-Biala 地。至德水师，则在芬兰湾内炮攻 Sveaburg，此系一岛，在芬兰都城前。报言其炮台式颇旧，其重要远逊 Hauge 炮台。然此在芬兰湾内，与圣彼得堡近，则德军气势之大可想见"。他晚归阅报，报纸报道："英巡洋舰名 Olymphion 者沉于北海，因德水师过时沈〔沉〕炸药于海，英舰触之，遂致沉没，此等惨剧，为从来所未有。"②

---

① 徐旭生：《徐旭生文集》（第8册），中华书局2021年版，第157、160、160—161、161、162页。
② 徐旭生：《徐旭生文集》（第8册），中华书局2021年版，第163—164页。

第二章　民国初期时局变动、新闻报道与读者观感

8日，报纸上关于欧战的报道非常多。徐旭生上午阅报得知"德在Liège已被击退，英、法、比军已相联合，以法军官能英语者为首领；至英、法北海水师，以英将领之；地中海水师，以法将Boué de Lapeyrère领之。至德被击退后，请二十四钟之休战期，比不许"。他还得知"英水师逐德水师于荷兰海岸"，"葡亦将与德宣战，因葡、英有同盟条约，此约甚古，现仍继续有效"。对于德之失败，他认为原因在于"德此次轻敌已甚，致被环攻，欲得胜利难矣"。午后，他又阅报，新闻报道云："法军在境有剧烈之战争，德军败退，法师已据Altkirch，向Mulhouse进攻。"另有新闻云："塞尔卑师入奥境，黑山师已据斯举达里矣。奥、德师不振，或不至如法报所言之甚也。"①满纸皆是战事，引发了他极大的关注，并抄录具体细节。

9日，报纸新闻报道较少。新闻称："法兵已入Mulhouse，德军向Neuf Brisach方面退去，Mulhouse为亚尔萨斯一大城，居民十万，法人得之，欢忻无既。此地居民见法兵之至，轩饔鼓舞［饔鼓轩舞］，若谓'不图今日复见汉官威仪'也。""英军在Togoland地，不血刃而取德之殖民地。"10日，战事进展迅速，新闻报道："Liège尚被围，然比防兵甚得势。奥遣二军助德攻法。俄由Styr谷攻入奥境，奥则占俄领波兰Olkusz、Wolbrom两地，与俄军遇。至日本则大有攻胶州之势。英已将德海岸封锁。""法东北Longuyon、Spincourt方面大失胜利者，报纸恐人心之惶惑，极力镇定，然其失利不可掩。"至11日，战事稍缓，他读报后写道："今日无他大事，不过法军底从Mulhouse退出而已。奥、俄界互有出入，无大胜负。"13日，他简要回顾读报内容："无要事，不过德两战舰逃入土耳其海，树土旗，谓土购此舰，真一异事。"14日，他仅提及"德太平洋舰队为英水师封闭，无要事"。②可见，他的日记几乎是战事新闻的"再现"，事无巨细，详加记载。

身处战争中心地带，颜惠庆、徐旭生等人的生活、学习受战争的影响甚巨。因此，了解、讨论战争成为他们日常生活中的重要内容。而远离欧洲的

---

① 徐旭生：《徐旭生文集》（第8册），中华书局2021年版，第164—165页。
② 徐旭生：《徐旭生文集》（第8册），中华书局2021年版，第165、166、167页。

留学生记载战事相对简约和轻松。

　　胡适于 1914 年在康奈尔大学留学。恰逢一战爆发,他对战事甚为留意。6 月 30 日,胡适在日记中写道:"廿八日奥太子飞的难[斐迪南]与其妻行经巴士尼亚省之都城,为一塞维亚学生所枪杀。巴省本属塞,奥人吞并为县,塞人衔之,今之暗杀,盖报复之一端也,怨毒之于人甚矣哉!"8 月 5 日,他在日记中将一战视为"欧洲大战祸",并从"空前之大战""塞奥交恶之始末""飞的难之暗杀案""三国同盟""三国协约""结论"六个方面抄录了相关报道。一战爆发后,《纽约时报》刊载英国外交部关于欧战之来往函电 159 件,胡适"读之一字不肯放过,其兴味之浓,远胜市上新小说也"。他表示,"此种文件,皆确实可靠"。在胡适看来,欧洲之罪魁祸首为奥匈帝国,"德阴助之以怒俄。奥无德援,决不敢侮俄也,则德罪尤大耳。英外相葛雷始终坚持和平之议,而德袖手不为之援。及八月之初,奥已有俯就羁勒之意,而德人已与俄法宣战矣"。① 可见,胡适对战事新闻留心评论。之后,关于欧战的报道铺天盖地,各国报章之"讽刺画多以此为题",其中"殊多佳品",胡适"偶择其尤",附载于日记之中。例如,他阅纽约《晚邮报》所载社论《将来之世界》,深为"表同意",故"引申其意",寄于《晚邮报》。② 相对而言,他摘录新闻的内容较少,而评论战事较多。

　　在日本留学的林伯渠有阅报之习惯,通过报纸新闻了解一战的相关情况。1914 年 7 月 31 日,他读报后对新闻进行归纳:"澳[奥]塞开仗期:七月二十八日;列强相对宣战期:俄对德,八月初二日;德对法,八月五日;英对德,八月四日。和[荷]兰、西班牙、瑞典、诺[挪]威、丁抹[丹麦]、美国、伊[意]大利,均先后宣布局外中立。中国亦于初六日宣布中立。惟日本尚未定。"8 月 2 日,他通过号外了解了德俄互争的消息:"德、俄两国因澳大[奥地]利与塞尔维亚事,亦加入战争圈内。"他还解释了一战的主要

---

① 胡适著,曹伯言整理:《胡适日记全编》(第 1 册),安徽教育出版社 2001 年版,第 308—309、403—408、438 页。

② 胡适著,曹伯言整理:《胡适日记全编》(第 2 册),安徽教育出版社 2001 年版,第 193、306 页。

相争双方:"德、澳[奥]与俄法相对。德、俄为主,澳[奥]、法为从。"①可以看出,林伯渠对一战的关注属于碎片化阅读,与颜惠庆、徐旭生的详细记录存在较大差别。这与新闻的接近性、时效性有关。

国内读者对一战的了解相对迟缓,并且记载和评论的侧重点不同。

郑孝胥是较早关注一战的读者。1914 年 7 月 26 日,他阅西报后记载:"奥太子被刺案发觉,其主谋为塞国之参谋部。奥已致哀的美敦书于塞国,限即日答谋[复]。奥使即日离塞。奥军后备队限二十四点钟聚集。俄国干涉此事,反抗奥国之哀的美敦书,谓至少必展限四十八点钟,以便各国协商此事。"奥匈帝国太子被刺,成为一战的导火索,他详加抄录,颇为重视。之后,一战正式爆发。29 日,他阅报得知:"塞已发炮击奥,(奥)迁都避之。英集各国公使欲和解之,德未答。" 31 日,新闻称"奥军已攻塞京"。8 月 6 日,他描述"竟日欧洲无来电,西人皆惶惶",报纸新闻云"英德海军在北海决战"。8 日,他记载了德国参战的新闻:"比利时与德人战,地雷发,德军八千人歼焉;然德军入比者已三十余万。德以哀的美敦书致意大利,欲与宣战。" 11 日,他读报后综述新闻:"德军已入里爱巨,唯炮台未下。德掳贵族为质,使炮台自降,意比皇亦在被掳之内。" 26 日,他概括当日报纸新闻:"德军入法境,英法联军皆败退。"② 奇怪的是,此后一年多,他极少记载一战新闻。

1916 年年底,郑孝胥重新聚焦一战。例如,12 月 14 日便记载了大量相关报道。他先综述新闻:"英国内阁改选,爱士葵辞职,乔治为总理,俄、法内阁同日皆更动。德国召集国会,有议和之说。"之后,摘录《大陆报》报道:"德国宰相已宣言,德人对于上帝人道,愿与敌国媾和,尽复未战以前之局;惟俄属波兰及某数省(立陶宛古大公国)在德军者,建立独立二王国以塞俄人侵略之道。"又转录英国报纸新闻:"德人无诚意,然协约国颇难于对答,至所提之条件则非无可议。" 21 日,他阅报后简要总结:"英国已拒绝德

---

① 林伯渠著,湖南省档案馆校注:《林伯渠日记》,湖南人民出版社 1984 年版,第 79、80 页。
② 郑孝胥著,中国历史博物馆编,劳祖德整理:《郑孝胥日记》(第 3 册),中华书局 1993 年版,第 1524、1525、1526、1528 页。

国之和议。"① 他较为留意参战双方的人事变动、和议条件,很少摘录具体战况。

年迈的严复虽留心一战新闻,但相关记载较为简略。1916年5月31日,他在日记中简要提及"英德海战,胜负相若"的消息,这是他首次关注一战的新闻。10月11日,他谈及报纸新闻所载一战军费的问题:"截止到1916年10月11日,军费达三十一亿三千二百万镑。"11月21日,他读报后得知"奥皇约瑟死"的消息。② 此类新闻只是严复病痛之余偶阅报纸的零星记录,虽力有不逮,亦有所侧重。

担任浙江讲武堂总办的童保暄也关注国际时局。一战爆发后,他阅报后记载:"奥塞开战,俄、法、德、意均跃跃欲试。"虽然战争尚未扩大,但作为军人的童保暄颇为担忧:"能挽回战祸,或限制战争之地域及时日,决惟英国,然亦难言矣。"他从好胜心的角度解释了战争爆发的原因:"此次欧洲战争,当局者每日增进国家之光荣,究之所谓光荣皆罪恶,即好胜之恶根而造世界无限之困苦灾难者也。试问此次交战国所生之损失,究与所争之光荣比较,其得失为如何乎?所谓英主,所谓体人,所谓功臣,所谓名将,所谓义士,所谓外交大家,种种历史上之好名辞,皆个人好胜心之所为,于人类究为祸乎?福乎?言之更为慨然。"③

马济中颇为关注一战的进展。1914年8月9日,他结合近来的新闻对战事进行了综述和评论:

> 近奥塞以奥太子被塞人狙击致死,交涉破裂,启欧陆之大战争。英俄法比诸国相继与德奥宣战,大地元黄,良可惨矣。德人自普法战后,以全力振[整]顿武备,迄今百年,其思择噬久矣。其尤不能忘情者,

---

① 郑孝胥著,中国历史博物馆编,劳祖德整理:《郑孝胥日记》(第3册),中华书局1993年版,第1637、1638页。
② 严复:《严复日记》,严复著,汪征鲁、方宝川、马勇主编:《严复全集》(第8卷),福建教育出版社2014年版,第614、631、637页。
③ 童保暄著,宁海县政协教文卫体和文史资料委员会编:《童保暄日记》,宁波出版社2006年版,第149、160—161页。

第二章　民国初期时局变动、新闻报道与读者观感

厥惟世仇之法国。法势本不及德，年来颇事振［整］顿，其陆相近在议会宣言，以五年训练之力，必能抗德，以尤德人之所深忌，故乘其未备之前，而向［相］机以动也。英以海军雄于世界，而德之疾起直追，大有相逼之势，故德乘法敝而英之助法，其用意亦复相同，就现势推测，德奥海军之力，诚不足以敌英法联军，德必挟陆军全力以攻法俄，不能越境为援，英又亦爱莫能助，胜负之分，将视法能自固与否。其战祸蔓延，恐非向月间所能定耳。我国昨已宣布，并联日美提议，限制战争区域，不得及于东亚语，未知能否办到。

8月11日，他读报后进一步分析："日来欧陆战耗，德似不甚得手，英法海军颇有窥胶州之势，日本亦跃跃欲试。果尔，则吾国之中立必破，不识当局者将何以待此也。"15日，欧洲战耗传来："德华与路透各异其说，盖各抱其为，祖国讳之私，不肯以真相示人也。惟英俄法规青岛之意，似较前为急，而同时又有德人交还青岛之说，恐未必无因也。"①但很快，日本宣布对德宣战并派兵攻占青岛。可见，他对一战波及中国的分析颇有见地。

定居上海的刘承幹家资雄厚，并且投资较广，他特别担忧一战会冲击中国社会，认为欧战会引发中国的金融动荡。他在日记中写道："因近日欧洲奥塞开战，英俄法与塞有护持之意，德意志与奥有联络之盟，恐此次战事因小及大，其祸连兵结，不知何时而已。"欧战一开，在中国的外国银行"为预备军需计，已经汇划不通，存款亦有一万以上须分期提还，不能全提之说"。金融风潮一起，对中国影响甚深："风潮陡起金融阻滞，金磅［镑］骤涨，洋厘亦大，市面甚形恐慌。"② 金融风潮必然对他经营银庄产生巨大的冲击，故他颇感不安。此后，果然如此，银庄外借之款多回收不了，经营陷入困境。

暮年的叶昌炽已是油灯将尽，精神不济，很难长期坚持阅读书报，但他

---

① 马济中：《济中日记不分卷》（第15册），上海图书馆藏稿本（编号：线普长53632-40），1914年8月9日，8月11日，8月15日。
② 刘承幹：《求恕斋日记不分卷》，上海图书馆藏稿本电子版（编号：线善862624-74），1914年8月2日。

仍然留意一战新闻。1914年8月5日，他根据报纸新闻概述了一战的情况："欧洲有战事，德俄法三国交讧，而以奥塞为嚆引。奥者，奥斯马加两扇帝国。塞为塞尔维亚省，文亦译为色斐亚。与奥国同在多瑙河流域，义从法，惟其马首是瞻。英虽宣言中立，亦未免牵入漩涡。欧洲全局震动，非常之战祸也。"此后，英国对德国宣战，他记载了英德宣战后海军对峙及对青岛的影响："报载英德亦宣战，海东军港皆为两国兵船游奕〔弋〕之地。青岛已下戒严令，侨寄诸公昔以为乐土而趋之者，今避地惟恐不速，天下何处有桃源哉。"1915年2月17日，他阅报后得知"德英俄法比土诸国已宣告暂停战两礼拜"的消息，评价道："阋墙非计，彼国其知之，瓜分之患，近在眉睫，吾国其可懵然邪！"① 这些零散的记载表明，他仍然关注世界大势，对国家安全深以为忧。

银行家卞白眉将第一次世界大战视为影响中国金融发展的"变局"，较为留意战事新闻。1914年8月3日，卞白眉了解到"塞、奥已开战，德华已停止支付。俄、德加入战团"。两日后，卞白眉得知"英、德宣战"。8日，卞白眉读报后得知"比国抵抗德人侵犯甚力"。11日，他据德华电文得知"英、法、俄有由山东进攻青岛"之说，甚感焦灼，指出："若然则中国中立破坏无疑，我有力量抵御否，日人恐且乘此起野心矣。闻有英兵迫招商船载往烟台事，此亦破坏中立之一端。"战火延烧，中国的中立政策恐怕难以持久。13日，报纸报道"欧洲战争甚烈"。因战事影响甚大，"美国有调停战事"之说。10月12日，卞白眉阅报得知"比安特勿勃已破"。② 英国、法国、俄国有进攻青岛之说，特别是日本将会"乘此起野心"，战事报道引发了他的担忧。

地方乡绅何宗逊简要了解到一战后的新闻。1914年8月13日，何宗逊接好友眉生信，被告知"因欧洲奥塞两国开战，震动全球"，乃至造成"上海金融机关闭塞不通，休人受此影响，已将修造峡溪桥之议暂行搁置"。17日，

---

① 叶昌炽：《缘督庐日记》（第12册），广陵书社2014年影印本，第7348—7349、7349—7350、7474页。

② 卞白眉著，中国人民政治协商会议天津市委员会文史资料委员会编：《卞白眉日记》（第1卷），天津古籍出版社2008年版，第21、22、24页。

他阅沪报后综述了列国争端的缘由："欧洲列国大启战争。初因塞国遣人暗杀奥国太子及其妃，奥与塞遂开战端。既而德国助奥，俄国助塞，德与俄又有战事。英法两国因同盟之故，又起而助俄。于是德以一国兵力，抵抗英法俄三大强国。并因出兵攻法，假道比国边境，又与比战。此后胜负虽不可知，而德皇威廉第二敢于出此，亦可谓气吞全欧矣。"① 但之后，他很少记载相关新闻，对一战的关注度并不高。

温州士绅张棡多年保持读报的习惯。一战期间，他对相关新闻记载较多。1914年8月12日，张棡阅《时事新报》后进行了时局研判："近日欧洲风云日变，奥、塞二国交际亦决裂开战，而俄助塞、德助奥，两方面已预备战事。外变日亟，恐积弱之中国，将来难免瓜分也。"9月15日，张棡读报后总结道："刻下战事德国大占优胜，法、比二国俱失败，比京城已破，法迁都避锐，日本从前觊觎青岛，近亦畏德，不敢交锋。德真地球之一大强国矣。"此类评论说明他对一战中的欧洲格局有着深刻认知。29日，张棡看《时报》后写道："欧洲战事，德国颇占优胜，闻美利坚有出为议和消息，然泰西数国生灵财产已破荡不少矣。"他在羡慕欧洲列强"强大"的同时，又为战争造成生灵涂炭而惋惜。此后，他多次记载《时报》相关新闻。10月22日，他连阅10月9日至13日《时报》后综述新闻："欧洲战事，德国又捷，比人已迁避远遁。山东青岛日人与德国亦开战数次。"他结合国内形势分析："列强竞争，扰及中国，而中国且不能中立，哀哉！"28日，他得知"德国屡获胜仗，比国已三迁都，其君亦为他国寓公矣。英、法、俄三国亦败多胜少"。11月13日，他摘录新闻："近日法国新发明一种杀人兵器，其光射出即令敌人皆麻醉而死，毫无苦痛，较之炸弹、绿气炮等尤烈云。前日法与德战，用此光射敌，德兵顿时均植立濠沟而死，且手中枪亦未抛弃，真可谓杀人之械愈出愈奇矣。"12月16日，新闻称："德国又已战胜俄、法、比诸国，被俘者已五六十万人，战死者不计其数。"他认为"真欧洲之大劫"。18日，他总结道：

---

① 何宗逊著，韩宁平、夏亚平整理：《何宗逊日记》（下册），凤凰出版社2019年版，第931、932页。

"欧洲战事仅四阅月,战死者已达一百万余人,被伤、被俘者又不下数十万人。"联想到前月看到的法国新式杀人武器,他感叹道:"杀人之器惟欧人制造最精,而受杀人之祸,今日亦惟欧人为最烈。"①

1915年,张棡依然坚持阅读《时报》,关注欧战新闻。10月2日,张棡阅报后分析:"欧洲战争近尚未息,财政已达穷窘之极点,正不知何以善后。"11月30日,他阅新闻后总结:"近日欧洲战事,德、奥二国均占优胜,英、俄几有支绌之象。"他认为:"若不及早议和,后祸恐不堪设想。而孱弱之中国,益复可危矣。"他由欧战联想到中国,指出欧战对中国亦有相当大的影响。12月19日,张棡结合长期以来的新闻观察,对战局进行了预判:"欧洲近日战事,英、法、俄已处失败地步,德国则着着占胜,闻其飞行机已经飞至伦敦,攻击扼要之处甚是得手,呜呼!"他感慨:"英固自命为地球第一强国、第一富国也,今忽被摧于德,兵力日绌,财力日困,若不亟为议和,必让德之雄视环球无疑矣。"② 失望之余,他对英国有哀其不幸、怒其不争的意味。

偏居太原乡下的刘大鹏通过阅读《申报》知晓欧战后,第一反应是"各国纷如,将波及于我国"。对于英国、法国、日本等国谋求在青岛的利益,他认为"中国必大受损伤"。同时,"洋人互相攻击,生命财产必大损",他解释:"天盖甚恶洋人之暴虐,使其相争以毙命也。"他将一战的爆发归咎于"天",表明这位乡村知识分子观点陈腐,缺乏现代思维。1914年9月9日,他读报后进一步描述了欧战对中国金融业的冲击:"欧战风云愈传愈厉,中国因此影响,则银钱日紧,不得疏通,银价日益加涨,吾乡每两银易钱二千二百余文,较今春高五百余文,可谓之暴价矣。"至1915年4月25日,他阅《申报》和《大共和日报》,得知"欧洲各国仍然剧战"。③ 这也表明,他在乡下并非每天读报,对欧战了解有限。

---

① 张棡著,温州市图书馆编,张钧孙点校:《张棡日记》(第3册),中华书局2019年版,第1452、1467、1471、1480、1482、1488、1499页。
② 张棡著,温州市图书馆编,张钧孙点校:《张棡日记》(第4册),中华书局2019年版,第1631、1661、1671页。
③ 刘大鹏遗著,乔志强标注:《退想斋日记》,北京师范大学出版社2020年版,第182—183、183、196页。

第二章　民国初期时局变动、新闻报道与读者观感

河南郑县的宋运贡也通过报刊了解一战。他的日记始于1914年年底，止于1917年，尤其是1915年有不少有关一战新闻的记载。1914年12月23日，他就注意到"欧洲中央战事甚为剧烈，为亘古所未有"。他回顾了一战的历程："自本年新历八月开战起，系英、俄、法、比、塞联军攻德，近日土、葡、高加索、阿富汗、波斯、埃及等国均右德御联军矣，且至非洲等国亦争欲脱欧羁绊而思独立，印度亦乱事蔓延，欲脱离英国羁绊，势将牵及亚洲西部。""日本既夺青岛，美人将诘日，不许趁欧洲战事侵略中国土地，日恐之，与英又结盟以御美。恐日人与黄［美］人将有剧烈之战矣。"因此，他建议政府"宜首先创立海军，急练陆军，赶令国民担任钧项，以备决裂"。这样的建议只是他内心的真实写照，"中央政府不少明达之士，必有以此政策入告者"。①

1915年，宋运贡关于一战的记载甚多。例如，5月10日，他阅《福音画报》得知"德军已退出法境，德似有退势"。新闻又报道："德国以北之各小国如荷兰、比利时、丹麦、瑞典、挪威等恐为德所灭，巴尔干半岛之各小邦，恐将来为俄所灭，在法以南之诸小邦，恐为法所灭。"对于欧洲战局，他以"诸侯争霸"进行类比："如吾国春秋战国时，大国并小国之后，大国与大国竞争，混为一团而后已。"30日，他阅《国民报》后记载："英俄法比联军攻德，当开战时，各国并未将宣战理由宣布。"该报进一步报道了各国对于战争的态度，德国皇太子谓"此次战争甚为蠢愚，英曾抵制，俄不准出黑海矣。而此次分与俄亲睦，同入达旦海峡"。英意则表示"该峡系形胜之区，与其为弱国所据，不若为强国所据之为愈，英与德战，盖欲扩本国商务而制德国商务之发展也"。结合新闻报道，他评论道："法与德战，盖欲把累世之仇而欲复其故土也。法土地为德所据。总之，此次战祸为亘古所未有。德以一国抵制英法俄三强国至十月之久而仍不退步，可谓壮哉。然英俄法德，双方损失，何止万万，且大背人道主义。请和之期，当不远矣。"次日，他阅报后记载：

---

① 宋运贡：《寓兰日记不分卷（1914—1917）》，上海图书馆藏稿本电子版（编号：826441-5），1914年12月23日。

"欧洲战事，英俄法联军攻土耳其，战事虽甚猛烈，然亦收效果"，新闻又称"意大利国亦欲与协商加入战团，攻德奥而条件尚未成立"。① 战事胶着，他注重分析局势。

对于一战的结局，宋运贡预判德国能够取得胜利，因此，他在日记中重点关注德国战事动态。例如，8月2日，他阅报知晓德国攻陷华沙的新闻："德国已将波兰旧京名华沙地方者攻陷。攻陷之后，俄京甚为慌恐，俄主张旧京森彼得堡及莫斯科均一律戒严矣。"一战周年之际，他在日记中总结道："现在欧战发生已期年矣（去年八月一号宣战），英法俄比联军攻德均未获胜，近意大利亦加入战团，仍未获胜，而报载将有议和消息，议和之后，德人将有报复日本之举，而我国适当其冲，恐欲中立而不能矣。"② 他希望德国战胜，期待德国报复日本攻占青岛之仇。

此后，围绕战争与和谈，宋运贡对相关新闻记载颇多。8月25日，他至阅报室阅报，知"欧战仍为德胜"。对报刊上德国胜利的新闻，他特别留心摘录。9月7日，他阅《通俗报》得知"俄德将有停战议和之举，其条件内有将鞑靼海峡归俄管辖之说"。但很快，德俄停战之说化为泡影，战事又起。9月23日，他阅《国权报》和《国事报》后得知"德国已将俄属之瓦萨攻破，德占比国地方，并占法国地方。以一国两战胜英俄法意诸强国，将来德国于战后，必获莫大之利益"。10月7日，他记载俄国因战败而向日本借兵的消息："俄因为德所败，乃向日本借兵三十万，以东蒙为报酬，又向日本借小铳二百万杆，日本正赶造，法国因为德国所败，乃练犬队。"③ 战争互有胜负，但他选择性记载德胜俄败的消息，内心偏向德国，期待德军能够最后取胜。

然而，战事并非如宋运贡所料，德国受到了较大的挑战。宋运贡阅《通

---

① 宋运贡：《寓兰日记不分卷（1914—1917）》，上海图书馆藏稿本电子版（编号：826441-5），1915年5月10日，5月30日，5月31日。
② 宋运贡：《寓兰日记不分卷（1914—1917）》，上海图书馆藏稿本电子版（编号：826441-5），1915年8月2日，8月19日。
③ 宋运贡：《寓兰日记不分卷（1914—1917）》，上海图书馆藏稿本电子版（编号：826441-5），1915年8月25日，9月7日，9月23日，10月7日。

俗报》所载美国对德宣战的消息："德国击沉美国商船一艘，美国愤甚，乃集议备饷五万万元，将与德宣战。"战局大变，"荷兰国、丹麦国均守中立，而亦预备战具，瑞典将与俄宣战，美国将加入战团，世界大势未悉何日始能和平"。但他依然对德国抱有希望，并分析德国能取胜的原因："俄国新招之兵百万，不明战术，未受军事教育，是以失败。德国八百万兵激昂慷慨，发奋为雄，是以取胜。英国兵士孱弱，海陆军均涉暮气，是以失败。奥国、土国均借德助，尚有抵抗力。意国力薄，恐终难取胜，塞国已无战斗力。自波兰之旧京华沙为德所破，俄国恐惶，乞援于日本，日本未允。美国已预备战费五万万元。欧战已死一千三百余万人，糜饷已数万万矣。"①可见，他对德国胜利充满信心，而对中国与德国绝交忧心忡忡。

湖南平江的凌盛仪有关一战的记载较晚，直到1914年8月11日，他在日记中写道："报载塞国刺杀奥国太子，和议不成，英俄法助塞，德独助奥，战云布满欧洲，牵动全球矣。但欧洲之战事，久欲思逞，此不过导线偶发耳。于是德海军以我青岛为根据地，英海军以我香港为根据地，我国于是亦作花样文章，告中立也。俄德交战，德已大胜。"他担忧一战将牵连中国，多关注战争的进展。14日，他阅报后评述："欧洲战争，德已胜俄，现又击沉英吉利舰队，且调驻青岛队击香港，英国海军断后援也。奥军队亦侵入法界矣。欧洲自拿破仑后，无此大战，但我中国香港竟成战地，枪林炮雨，又累我亚东矣。"18日，他读报后大发议论："欧洲之战，五大洲仅非洲未经牵动，风云浸浸，全球岌岌，于是英法俄意德奥及各十国外交事，均托美国代任，各国商业均准暂挂美国玫瑰花旗，美利坚洵荣誉无比者哉。远东海上警察权则托日本，吾国自卫之力不足，亦觍颜哆口曰告中立，不过求免侵害而已，其国势居何等，可想也。"在他看来，中国的中立政策"不过求免侵害而已"。25日，他摘录报纸所载同盟国和协约国的伤亡情况："报载英法俄比与德奥之战，德已大败，德军死伤一万六七千人，被俘一万余人，奥之马军一旅，

---

① 宋运贡：《寓兰日记不分卷（1914—1917）》，上海图书馆藏稿本电子版（编号：826441-5），1915年9月18日，9月21日。

亦悉歼焉。"另外，新闻又称："美总统以海牙平和会资格出而调停，现拟停战四星期，未知确否。"9月4日，他阅报知悉"德已胜比，占据比京，索供军费八百万，英法联军亦被德冲断"。① 此后，他多关注青岛战事和"二十一条"的相关消息。

1915年，凌盛仪对欧战仍有一些零星的记录。1月8日，他阅《公言报》"欧洲战事栏"，内载欧洲军备盛况："近百年间，全欧陆军常备兵平时且达四百万人，战时约得二千五百万人。其海军当十九世纪中叶发明铁甲舰，最优军舰一艘不过百万圆，今则优等军舰每艘值三千万圆矣。此次德与英法俄等国开战，即就德国一方面计，每日德军费平均需五千八百万马克，是每日约合中国银币二千万圆以上矣。德国战费如此，则兵力相等之法兰西、俄罗斯，当亦相若。并英吉利、比利时、璢太利［奥地利］、塞尔维亚之战费，合计之一日定需一亿万圆以上矣。"对比之下，他觉得中国遭受列强欺辱乃意中之事，"我中国文弱，自甘任人分割，四亿游魂走肉，固无尚武之心，即人心忽转，而整军经武费亦匪易也"。② 在军备与军费的对比中，其字里行间表达了对国事的担忧。

一些读者对一战的记载较为零碎。例如，在浙江省立第一师范就读的杨贤江，1915年7月开始记载有关一战的新闻。7月23日，杨贤江阅《申报》后获知欧战半年来的伤亡情况："欧战最初六个月中损失数占八百八十六万余人，死者占二百十四万人。"他哀叹："呜呼，惨矣！民命何其贱也！揆之良心究属不仁，上天好生之德，吾知其必不忍视也。"8月13日，他又阅《申报》后得知"东欧战事，华沙已被德军陷落"，认为这是"最可注意之端也"。③ 与之类似，吴芳吉看到英国政府公布一战开战以来的死伤失踪数据时，颇为沉痛地记载："伦敦英政府电称法国自开战至今，凡十阅月，死者四十万名，伤者七十万名，失踪者三十万名。"他感叹"可谓惨矣！"④ 朱鄂基则于1916年12月19日偶提及欧战："欧战近由德、奥、布、土四盟国提出和议，

---

① 凌盛仪：《凌盛仪日记》（第19卷），湖南图书馆藏稿本（编号：275/5），1914年8月11日、8月14日、8月18日、8月25日、9月4日。
② 凌盛仪：《凌盛仪日记》（第20卷），湖南图书馆藏稿本（编号：275/5），1915年1月8日。
③ 杨贤江：《杨贤江全集》（第4卷），河南教育出版社1995年版，第102、114页。
④ 吴芳吉著，傅宏星编校：《吴芳吉全集》（下册），华东师范大学出版社2014年版，第1057页。

德自得罗曼尼亚之后,军势转盛。英、法、俄、意诸联盟国以德之和议视为诡谋,恐战争尚未艾也。"① 此类分析表明他平时积累了不少欧战的新闻素材。王清穆读报后则以回顾的方式记载了一战的情形:"德皇威廉二世怀统一世界之雄心,在在以神命自负而作,用则专恃武力胜人。今欧洲之战,已历两年有半,各交战国之生命财产损失殆不可以数计,而尚无回复平和之望,兵力以德为较优,世界各国咸公认之,惟是以力服人者,非心服也。况各国未必能受屈服,徒见战祸延长,生灵涂炭而已矣。"② 此类综述,与他长期阅读报纸和留心时事有关。

总之,一战规模之大,武器之先进,伤亡之惨重,前所未见。报刊的持续报道引发了中国读者的关注与评论,一些读者还进一步思考一战给中国带来的影响。但因战场远离中国,读者对欧洲政治、经济、文化了解并不多,对战争的背景、性质、后果缺乏研究,在对战事第一阶段的记述中,难以结合各国情况进行深度评论。

二、战争相持与读者反响

一战第二阶段有两大标志性事件:一是俄国十月革命的胜利,新成立的苏维埃政权宣布退出战争,二是美国参战。这两大事件直接改变了一战的走向。读者对于一战的前后感知有所差异。一战进入第二阶段后,不少读者对相关新闻的阅读进入"疲劳"状态,相关记载较少。

在颜惠庆的新闻叙事中,1917 年为等待之年,战局紧绷。1916 年年底因媾和失败,协约国把"发动战争的责任加诸德国",并以"和平谈判的时机尚未来到"为由拒绝媾和。对此,德国报纸"咸感愤怒"。威尔逊开始调停,协约国予以拒绝,因此,德皇要求把"战争进行到最后胜利"。1917 年 1 月底,英国"积极准备春季大战"的消息不胫而走,成为德国报纸的头条。③ 2 月,

---

① 朱鄂基著,朱炯整理:《朱鄂生日记》(第 1 册),凤凰出版社 2021 年版,第 305—306 页。
② 王清穆:《农隐庐日记》(第 1 册),上海图书馆藏稿本(编号:线普长 744634-99),1916 年 11 月 24 日。
③ 颜惠庆著,上海市档案馆译:《颜惠庆日记》(第 1 册),中国档案出版社 1996 年版,第 488、490、501 页。

因墨西哥危机,美国宣布与德国断交,并鼓动各中立国对德宣战,但收效甚微,美国转向积极鼓动中国参战。因美德绝交,国际形势变得日益复杂,围绕他国参战,两大军事集团各自通过外交途径,尽量将中立国拉到己方阵营。

自3月起,俄国发生革命,报刊上出现大量关于俄国革命的报道。14日,颜惠庆还把二月革命理解为"骚乱"。① 15日,颜惠庆便将"骚乱"改为"革命":"彼得格勒发生革命成为轰动一时的新闻:大臣们被投入监狱;目前由俄国议会委员会在负责政局;警卫队站在俄国议会一边。"因无法判断俄国革命局势,德国"各报评论谨慎"。此后,颜惠庆对二月革命记载较多。16日,各报头条依然是俄国革命,晚报对革命前途"含含糊糊"。② 至3月底,沙皇宣布退位。

4月,除俄国革命外,威尔逊的一举一动亦受到颜惠庆的关注。17日,美国宣布"加入协约国,但不结盟"。与此同时,英法联军准备的"春季大战"受挫,德国报界"极为高兴",法国报界则表示"不满"。5月,因中德绝交,颜惠庆及大使馆工作人员离开德国前往哥本哈根。此后,颜惠庆在哥本哈根了解一战相关新闻。因俄国发生革命,德国为减小东线压力,愿意同俄国媾和。6月,德军在西线"发起猛烈攻势"。同时,因与俄国媾和失败,德国即在东线"发起进攻"。7月,俄军拟发动新的攻势。德国国内因工人罢工出现政治危机,各政党要求与协约国媾和。俄军攻占哈里资,继而攻占卡卢施。但因俄国革命继续酝酿,俄军撤离加鲁施,③ 德军在加西利亚推进了15公里,俄军节节败退。④ 身在欧洲的颜惠庆对一战的记载虽不如前两年细微,但仍然较为关注前线战事。

胡适在1917年积极参加新文化运动,并于当年10月入职北京大学。他

---

① 颜惠庆在3月14日写道:"在彼得格勒和莫斯科所发生的骚乱是严重的。"颜惠庆著,上海市档案馆译:《颜惠庆日记》(第1册),中国档案出版社1996年版,第526页。
② 颜惠庆著,上海市档案馆译:《颜惠庆日记》(第1册),中国档案出版社1996年版,第526、527页。
③ 卡卢施与加鲁施应为同一地,翻译上有区别。
④ 颜惠庆著,上海市档案馆译:《颜惠庆日记》(第1册),中国档案出版社1996年版,第542、544、545、566、575、582、583页。

在日记中仍然留意一战的报道，详录了1917年以来战争中英国和德国的损失："英国报载二月一个月中德人死伤者六万人；又德国自开战以来，死伤总数为四百十万余人。同日报载英国财政大臣罗氏报告，从一九一六年四月一日到一九一七年三月底，一年之中，英国政府每日平均支出六百万金镑。"他读之"恻然"，故"附记于此"。此外，胡适记载了俄国二月革命的相关情况。他认为："俄国突起革命，市战三日而功成，俄沙（皇）退位，逊于其弟密雪儿大公，大公亦谦让不敢当也。吾意俄国或终成民主耳。此近来第一大快心事，不可不记。"4月17日，胡适评述了俄国时局："俄国临时政府大赦旧以革命暗杀受罪之囚犯。其自西伯利亚赦归者盖十万人云。夫因拘十万志士于西伯利亚，此俄之所以不振，而罗曼那夫皇朝之所以必倒也。而爱自由谋革命者乃至十万人之多，囚拘流徙，摧辱惨杀而无悔，此革命之所以终成，而'新俄'之未来所以正未可量也。"① 胡适认为俄国将"终成民主"，因而看好在俄国发生的革命。

在郑孝胥看来，美国参战成为一战的重要转折点。1917年2月8日，郑孝胥闻"美德已绝交，但未宣战"。14日，他记载了美德"失和"的新闻："美、德因新潜艇战略失和，中国政府因受英、法、美之迫，出而抗议，致公文于德使；德使辛慈不受，谓此文可由柏林华使交德政府。"8月5日，他摘录《神州日报》所载《欧战三年之统计》一文。11月2日，郑孝胥通过路透社电文得知："德将麦刚森帅师三十万助奥，大破意军，虏获十八万人，得炮千五百尊，意军溃退百余里。德、奥军下山长驱，势不可止，英、法、美皆将救意，然恐无及。"1918年是战争的最后一年，各参战国为赢得战争不惜投入大量军力。3月24日，郑孝胥得知："德军大举进攻英军阵地，战线五十英里。"29日，新闻报道称："德军进攻，已越松末河，逐〔遂〕北过一九一六年战线，虏英军四万五千人，炮九百余尊，战车百余辆。"但《泰晤士报》认为"北段虽已受阻，南段激战未已，胜负呼吸，只在数时之内"。4月30日，

---

① 胡适著，曹伯言整理：《胡适日记全编》（第2册），安徽教育出版社2001年版，第556、582页。

《大陆报》称:"德军复占一山,英军北段甚危。"6月1日,郑孝胥阅报后记载:"德军进攻,越二河而前,英、法军未防此路,兵力不厚,然被俘者二万余人,失二巨镇,德军逼近巴黎。"10月8日,据《大陆报》消息,德国、奥匈帝国、土耳其三国联合以公文致美国总统提出和议,德国宰相"辞位","某王子继为宰相,宣言根据议会通过案,为人道主义故,提出和议"。17日,美国总统拒绝了德国人的"议和",而私自允许奥匈帝国"以离间之"。11月12日,郑孝胥读报后综述:"德皇退位往荷兰,令社会党某代理宰相,拔克士大公摄国事,西欧战线已于昨日十一点钟停战。"此次因奥匈帝国、土耳其"内乱",德国"退兵求和"。美国总理[统]要求"德皇退位"而停战。13日,报载停战条款七条,德国"以内乱故其亡"。郑孝胥总结道:"此役欧战至四年有余,理宜两败,同归于尽。兴亡反覆,不足道也。"①

围绕一战,郑孝胥还详细记载了俄国革命的经过。1917年3月20日,郑孝胥阅《大陆报》后记载:"俄皇逃至柯利米亚,乃黑海北岸,地近奥国战线。由此航海,可至高加索。"他猜测:"俄皇必就尼古拉斯营中议复俄京。"22日,他继续关注俄国革命的进展:"英前相爱士葵士质问现内阁俄国革命之状,似咎其内阁之失策。德军于西欧松末河战线忽自退约十英里。"郑孝胥"疑其将进攻俄境"。23日,他记载报纸新闻:"俄革命党遣人追捕俄皇,俄皇避往前敌军中。"26日,新闻称"俄皇已为乱党所获"。4月7日,他读报后得知:"德兵进攻渡河,俄军败退,集军拒之。"13日,英京报报道:"俄国主张讲和,军人及工党为多,皆以'杀戮太盛,有失人道'为言,自由党不欲和,力不能止也。"20日,他阅报后记载:"俄奥媾和,日本报纸颇研究此事。"25日,新闻称"俄国已向中央大陆国签约,暂行停战"。1918年2月28日,他记载了新成立的苏维埃政权和德国"媾和"的新闻:"俄已乞和于德。西欧战线德军兵力骤增。"②他持续关注欧战的具体细节,体现出一定的国际时政洞察力。

---

① 郑孝胥著,中国历史博物馆编,劳祖德整理:《郑孝胥日记》(第3册),中华书局1993年版,第1646、1676—1678、1690、1719、1720、1725、1731、1747、1749、1753、1754页。
② 郑孝胥著,中国历史博物馆编,劳祖德整理:《郑孝胥日记》(第3册),中华书局1993年版,第1653、1655、1656、1658、1659、1714页。

青年学生夏承焘亦记载了俄国革命的一些概况。彼时,他就读于温州师范学校,课暇之余,偶阅报纸。1917年3月23日,他阅《时事新报》后得知"俄罗斯以国内亲德派与仇德派反对,致酿成革命,俄皇退位,让大统于皇弟,实行立宪政体"。显然,他不太了解俄国发生革命的原因,只知发生革命是"亲德派与仇德派反对"。这符合国内一般人对革命的认知。27日,他阅《申报》,知"俄国革命未平","俄皇为变军所执","一部分军人欲奉前皇之叔践统"。① 此后,他很少记载俄国革命的后续消息。

年迈的严复曾支持袁世凯复辟。袁世凯去世后,他避祸于天津,心灰意冷的他也关注俄国革命。1918年3月11日,他在日记中写道:"俄国革命开始。"15日,他记载了"俄国沙皇让位于其弟"的消息。此外,他还关注到俄国军费问题:"俄国全国战费至1916年底共计二十三亿四千五百八十万镑。"②

童保喧则偶尔提及俄德媾和的消息:"俄德已无条件媾和,德兵进驻俄京,各国大使公使均离俄都,闻在俄德虏均携械,将及黑、吉两省。"③ 他主要从危及中国外交的角度看待此事。

相对于第一阶段,张棡对一战第二阶段的记载明显减少。1918年10月22日,张棡见《诚报》上刊有德国有新式药水之发明:"德国新发明一种真黑之药水,一抹身上,便隐形不露。惟恨尚有影不灭,并畏水退其药力,此二种理能达到完全,便可横行世界上。"④ 很显然,这是一则假消息。至欧战尾声,张棡读《申报》后得知"欧洲战争已有议和之意"。对比中国现状,张棡发出无奈之感:"我中国南北战事仍未调停,奈何之。"⑤

隐居于崇明老家的王清穆偶尔记载一战结束的相关报道。1918年11月

---

① 夏承焘著,吴蓓主编:《夏承焘日记全编》(第1册),浙江古籍出版社2021年版,第61、65—66页。
② 严复:《严复日记》,严复著,汪征鲁、方宝川、马勇主编:《严复全集》(第8卷),福建教育出版社2014年版,第650页。
③ 童保喧著,宁海县政协教文卫体和文史资料委员会编:《童保喧日记》,宁波出版社2006年版,第313页。
④ 张棡著,温州市图书馆编,张钧孙点校:《张棡日记》(第4册),中华书局2019年版,第1983页。
⑤ 张棡著,温州市图书馆编,张钧孙点校:《张棡日记》(第5册),中华书局2019年版,第2122页。

15日，他阅报得知德国投降的新闻，"德皇退位，逃往荷兰，民党已改建共和政府"，进而回顾战争给人类带来的伤害，并将希望寄托于巴黎和会："欧洲战争历时五稔，生灵涂炭，为亘古未有之浩劫，俄德皆称帝国，雄视五洲，而今已矣。俄既先蹶，德又继之，以黩武而至于亡国，此其显著者也。然能否弭世界将来之战祸，当于和平会议决之。"这反映出他对世界和平的强烈期待。25日，报纸报道："美总统赴欧洲，预备出席于平和会议，以贯澈[彻]其所主张之国际同盟，俟会议就绪，然后返国。"对于威尔逊，他本来极具好感，因而"知此行之有造于世界大局非浅鲜也"，① 言辞中对威尔逊抱有希望。

赵元成也记载了一战结束的新闻。1918年11月14日，他阅《顺天时报》后得知一战停战的消息："欧洲停战条约于本月十一日正式签字，德皇维[威]廉第二退次荷兰。"对于此次战争的结果，他受报纸舆论的影响，认为是"公理战胜强权"的表现："此次大战争，亘历五稔，牵动全球，协约国卒获最后之胜利。强权不能与公理抗而武力终必屈服于正义，于此亦足征矣。吾国自参加战团，未尝损一兵折一矢而凯歌传来，因亦与有荣幸。世界和平，瞬将实见[现]，消弭内讧，修明庶政，时哉不可失也。"一战结束，协约国普天同庆，中央政府决定各机关均休假一日。他阅报后记载中央政府庆贺的情形："元首御太和殿行阅兵礼，各国军队咸列。朱旗耀日，赤羽熙天，军客之盛，亘古所稀。"②

当日，寓居北京的左绍佐也通过报纸得知欧战结束的消息，进而总结："欧州[洲]战局昨日告停，凡大战四年。此次德国内乱，乃能结局，其损人损费数目甚大。"③

从以上读者的关注点可以看出，受俄国革命、美国参战等新闻报道的影响，读者对一战关注的范围较为广泛，并结合国内形势展开分析和评论。例如，俄国二月革命的爆发使读者对中国的断交政策产生了怀疑。他们认为，

---

① 王清穆：《农隐庐日记》（第5册），上海图书馆藏稿本（编号：线普长744634-99），1918年11月15日、11月25日。

② 赵元成：《辛亥日记》（中册），复旦大学图书馆藏稿本（编号：484077），1918年11月14日、11月28日。

③ 左绍佐：《左绍佐日记》，湖北省图书馆编：《湖北省图书馆藏稿本日记四种》（第29册），国家图书馆出版社2021年影印本，第32页。

中国宣布与德国断交发生在二月革命两日之后，是不明智的举措。假如德国取得一战的胜利，中国将蒙受巨大的损失。可见，一战后期的报道与国内局势有关联，不少读者通过记载相关新闻，进一步思考国内局势，提出意见和建议。这体现出由此及彼的新闻关联效应。

三、中国中立政策、"二十一条"与读者因应

中国政府应对一战大致可分为两个阶段：第一阶段是"宣告中立，避免殃及中土"，第二阶段是"对德宣战，争取战后收回利权"。[①] 其中，在第一阶段，中国严守中立，试图通过中立抵制日本的侵略。1914年8月6日，袁世凯以大总统令宣布保持中立，防范日本对中国的侵略。[②] 8日，《申报》以"专电"的形式报道了中立政策。[③] 对于中国的中立政策，《申报》评论道："中国亦已应时而宣布中立矣，且于宣布中立之外，复以申令通告国人，俾知以友义善待各国人民，不可谓非审慎而周详也。然窃谓欲此中立之有力对外者，且勿论以对内言，速以兵力铲除匪类，以财力调和经济，使不生意外之变，则中立真可恃也。"[④] 中国一直以中立的姿态周旋于欧洲列强之间。但事实上，中国中立政策最大的挑战并非欧美列强，而是近在咫尺的日本。日本借英日同盟协定，要求德国无条件交出胶州全部租借地，并对德国发出最后通牒。日德青岛战事不可避免。报刊上关于中国中立政策和日德青岛战事的报道引起了读者极大的关注，特别是日本侵占胶州湾后逼迫中国签订"二十一条"引发的国耻令读者极为愤慨，他们在日记中记载相关新闻并加以评论，表达他们对国事的忧思。

（一）读者对青岛战争的观察与态度

1914年8月15日，日本对德国发出最后通牒，要求德国撤走在日本和中

[①] 张华腾：《从中立到参战：第一次世界大战中的中国政府》，《南开学报（哲学社会科学版）》2020年第2期，第110—121页。

[②] 侯中军：《一战爆发后中国的中立问题——以日本对德宣战前为主的考察》，《近代史研究》2015年第4期，第52—65页。

[③] 《专电》，《申报》1914年8月8日，第3版。

[④] 无名：《中国宣布中立》，《申报》1914年8月8日，第3版。

国领海上的军舰与武装船只,并交出胶州全部租借地,否则将采取必要的军事行动。日本此举的目的在于借英日同盟协定攫取德国在山东的权益。对于日本的侵略行径,报刊报道连篇累牍,许多读者深受刺激,特别是日本攻打青岛后,舆情汹猛,引发广泛讨论。

叶昌炽从国民党人怂恿日本参战的角度观察一战对中国的影响。他读报后记载国民党人的参战主张:"党人要求日本政府三款:一、请以兵力相助,先占边隅一形势地为进兵根据。二、攻成之后,割幅员五分一之为日属。三、其余地方虽归中国管理,日人亦得自由行动。"一向仇视国民党的他愤怒地指出:"是直举我中土五帝以来相传之天下,尽为凶人馈赠品,虎狼之肉,岂足食哉。"他将德国比喻为秦国,将英俄法比等诸国比喻为六国,非常形象地写道:"英俄法比同起而为德敌。今日人借口青岛,亦下哀的美敦书矣。德人以一服八,毅然不挠者,不徒海陆军强,其器械精利,亦非群雄所可及。如果联军负而德军胜,与暴秦开关以延敌,而六国之师遁逃而不敢进,何以异哉。"因此,他"姑从壁上觇之",① 对此议不以为然。

欧战开打后,何宗逊长期阅读各类报刊,关注世界大局。他认为欧战会波及中国。他在日记中写道:"我中国远在东亚,本与西欧战衅毫不相干,袁大总统业已下令宣布中立。惟有一端可虑者,山东青岛久为德人所占,日本欲乘隙危害中国,必借口英日同盟,遣派兵舰来攻青岛,山东省境不能免战线之不侵入,恐中立藩篱因之破坏,我国将受祸无穷。未卜谋国诸公,亦有法以防[妨]制之否也?"他的分析可谓入木三分,所谓的"中立"政策难以中立。1914年11月14日,何宗逊阅报后得知:"日英联军已于阳历十一月初七日(即本月二十日)攻陷青岛。"他进而判断:"东亚战局从此可以收束,将来此胶州一岛如何处置,必俟欧战告终始能解决也。"② 这表明他对青岛问题有着深入思考和研判。

同何宗逊一样,马济中也留意欧战对中国的影响,特别担心日本恐借此另有所谋。他详细记载了日本借向德国开战而侵占青岛的相关新闻。1914年

---

① 叶昌炽:《缘督庐日记》(第12册),广陵书社2014年影印本,第7355—7356页。
② 何宗逊著,韩宁平、夏亚平整理:《何宗逊日记》(下册),凤凰出版社2019年版,第932、944页。

第二章　民国初期时局变动、新闻报道与读者观感

8月17日，他在日记中写道："本日报纸宣传日本已通牒德政府，迫其于一日内解除青岛武装，并以青岛交付日本。"此事非同小可，他认为日本是"司马之心"，颇感焦虑地指出："德素倔强，未必甘于俯首，吾国之中立殆矣。"友人绍勘还告知："政府对于青岛，原有索还之意，事机不密，为日使侦，故有昨日之举，未卜能否挽回。积弱之国，无往不为人所协，日以言外交手腕，难矣。"① 此说难以证实，但日本觊觎青岛非一日之想。长期关注一战报道的他认为，当局所谓的"中立"难以奏效。

19日，马济中记载报纸所登伦敦专电："驻美日使通告美政府，允以胶州交还中国，并保护美在东亚商业利益，美政府甚满意。"但此说未必可靠。《北京日报》则报道："英日法联合舰队已与东洋舰队在青岛附近海面接战。"两则新闻难辨真伪，令他迷惑。20日，他读报后得知局势恶化："青岛开战，似未确，惟本日交通部专电，青岛各国侨民妇孺及德人老幼均避走，中国银行及海关亦停止职务。"撤侨往往是战前的信号，他认为"开战之说又恐终不能免"。日本当局"迫德通牒，系限二十三日以前答复"。如果这样的话，"必以兵戎相见，则不出三日矣"。② 此后，日德围绕青岛问题愈争愈烈，几成不可调和之势。

26日，马济中详阅当日《北京日报》译载日本《朝日新闻》报道，读后写道："驻京新日使携有日政府拟中日协约草稿，已侪于日本保护国之列，大意以为中国今日所处地位，与中日之战，及日俄之战之朝鲜，及现今欧战之比利时。非日本代尽保护指导之责不可云云。"他结合新闻报道和自己对局势的观察，论述了日德交战后青岛问题的国际化及其危机，指出："中国之不忘，非列强有爱于我势均力敌，各不相下，莫敢先动而已，区区倭奴，乃思问鼎，括而有之，可谓以方寸之腹，作吞舟之想，适形其不自量耳。虽非辱之来，必向其德，其公然侮我，其未尝非进我之一道也。"③ 他深为痛恨日本的无耻行径。

---

① 马济中：《济中日记不分卷》（第15册），上海图书馆藏稿本（编号：线普长53632-40），1914年8月17日、8月18日。
② 马济中：《济中日记不分卷》（第15册），上海图书馆藏稿本（编号：线普长53632-40），1914年8月19日、8月20日。
③ 马济中：《济中日记不分卷》（第15册），上海图书馆藏稿本（编号：线普长53632-40），1914年8月26日。

29日,他分析了青岛战争带来的影响:

> 日来青岛战争已开始,日本尚无剧烈之攻击。以形势论,青岛之海防甚固,陆防较虚,水陆夹攻,不难一鼓而下,惟由陆路进兵,则非通过吾国境内不可。在吾国,固不以不克执行其中立之职务为忧。在日本,亦未见以破坏中国中立为利,不独侵略之志见忌于列强。即其同盟之英,亦甚不愿日据胶州,以张其势。且欧洲战耗,德有长驱之声威,狡如日本,未必定乘人于危而博不武之名,且结不解之仇于德,而启无穷纠葛以为后日之因。为今之计,似以先对青岛静以观变,德胜则□以市惠,败而取之,未为晚也。观日对德通牒,最后之目的,并无宣战字样,仅以相当之处置括之,其审大势,预留地步之情可见矣。①

相较而言,战争初期,日德双方较为和缓。为彻底占领青岛,日本增加兵力,加大攻势。10月2日,马济中读报后评论:"自日德战端启后,日军自龙口登陆以袭青岛之背。我政府无力以拒,于是由完全中立变为局部中立,仿日俄战争成例,自潍县以东,划入战线。强邻入室,而不敢动。国家之耻,孰有过于是者。近则日军仍不遵我约束,竟逼潍县,有西向之意。日使且以个人名义通告我政府,借口胶济铁路德人无暇以输运军。念我政府不能禁止,日军西发不过,欲暂时占领该路路线,此行军不得已之举,非有他意云云。日内外部及驻日使虽已提出抗议,参政院亦全体通过,提出质问,恐未必能以口舌争。司马之心,路人共见,邹鲁之乡,其将为辽沈之续耶。"②他对日本强占青岛痛心疾首。

为占领青岛,日本采取迂回战术,先占领胶济铁路,再占青岛。8日,他阅报得知:"日军已抵济南,我政府未闻有所以抵制之策。"他担忧日本借此侵占中国:"即如日人宣示其目的,仅在占领胶济路线,英廷且能为之担保,

---

① 马济中:《济中日记不分卷》(第16册),上海图书馆藏稿本(编号:线普长53632-40),1914年8月29日。

② 马济中:《济中日记不分卷》(第16册),上海图书馆藏稿本(编号:线普长53632-40),1914年10月2日。

他日战争结局，则鲁之路权所属，必为和约条件之一。国势不振，无往而不受欺人陵，任人宰割，真令人不胜其愤也。"日军不断进逼，时局危迫，报纸又传"日人有占据津浦北段路之意"。如果真是这样的话，"则是公然挑衅，是可忍孰不可忍，甚望其言之不确也"。①

对日本占领青岛的具体报道，马济中读后详加记载。11月5日，他颇为悲凉地写道："日来报，日本攻击青岛，已渐得手，然其损失颇不赀矣。夫竭全国百万之众，以临八千无援之军，胜之固亦不武。倘德果一战而霸，必全胜之威，作雪耻之图，小日本将有重忧。特均势之局一破，吾亦恐不免耳。"至8日，他阅报得知"青岛已于日昨下矣"。新闻称"德守军不及五千，是役日军死亡万二千人"。在马济中看来，"故其下也，并非全出日军猛攻之力。胶督殆遵帝论，不欲使庄严灿烂之青岛全化为一片焦土耳"。② 外国军队在中国领土上肆意妄为，令他甚为愤恨。

在国史馆任职的左绍佐较为清闲，也曾关注报刊有关青岛问题的报道。1914年8月24日，友人少石告知："青岛昨日已有战事。"在左绍佐看来，这是日本破坏中国中立政策，用心极其恶毒。翌日，他记载报刊相关报道："青岛据称前日三点钟开仗，日本海船打沉两只（阴历初三日）。中兵有二万人在山东陆路。若论中立办法，如日本取陆路进攻，非战不可。"11月8日，他读报后得知"青岛已陷"，认为"此数日内可看其布置端倪也"，进而指出日本的野心："德国在东亚势力，青岛是一处，太平洋有岛数处，可泊船者，今皆为日本所占。"经过欧战，左绍佐思忖世界"必有一番变动"，但于中国"有益无益，殊难质言"，皆因中国国力太弱，"便成此散漫不振之象，可为长叹"。14日，他分析了中国未来的处境："时局不佳，欧洲战事尚无停息之望，青岛之战事已罢，未见其下文。若何日人之举动，其心目中未尝有中国也。"③

---

① 马济中：《济中日记不分卷》（第16册），上海图书馆藏稿本（编号：线普长53632-40），1914年10月8日，10月14日。
② 马济中：《济中日记不分卷》（第16册），上海图书馆藏稿本（编号：线普长53632-40），1914年11月5日，11月8日。
③ 左绍佐：《左绍佐日记》，湖北省图书馆编：《湖北省图书馆藏稿本日记四种》（第26册），国家图书馆出版社2021年影印本，第392—393、468—469、480—481页。

湖南平江的凌盛仪在一战爆发之初就意识到战争会牵及中国，主要原因是英占香港和德占青岛成为战区，加之日本借英日同盟向德宣战。1914年9月4日，他读报后记载："现日本已进兵一万六千攻我青岛之德军矣。俄亦屯兵于汉口租界，拟攻德租界，美军舰四十余艘由巴拿马新河东来，借口保护远东和平，要皆不外作肉食中国之想耳。政府大老，其亦计及否耶？"列强环伺，青岛岌岌可危，他颇为担忧。19日，他阅览报纸所载日本拟进攻青岛的消息，结合新闻分析道："日军已至吾国青岛，围锁德在青之海军，枪林炮雨，当惨演于吾中立地已。"10月7日，他读报后描述了日本军队在山东无恶不作的消息："日本军队来攻德驻青岛之兵，登岸后驱逐山东各县官吏，奸淫妇女，不知其数。方此欧洲战争，列强不暇他顾，倭奴殆欲效满虏入关故智主我中夏，其必山东、福建为入手处乎。野心勃勃，真可畏可恨也。"他对日本在山东奸淫掳掠极为愤慨，担忧日本借此强化对中国的侵略。12日，他读报后得知"日本背吾国中立约，驻兵山东各县，借口云攻青岛之德兵"，还有张勋率兵将与日军战斗的消息："袁总统电止之，令张勋退，再与日公使交涉。"他认为中日"不免构隙"。28日，他得知"中国构隙"的新闻："日本青岛战事，于我国划分界线之外，强占六百余里，占据胶济铁路，打死电局人员，检查邮件。"他感慨道："惟是我国自满清以来，国政不纲，屡受外人侵略，不一战胜，国耻难雪，第国民心理，不知有国。凡外国国民，有内祸，辄政府借外侮以宣泄国民之愤。中国则不然，恐作乱者又趁机起事，与子同仇，可胜一叹。"局势进一步恶化。11月12日，他阅报得知："日本已攻破在青岛之德军，日人死万余，且增兵不已。"他评论道："是岂对德乎？殆即由山东始，灭我中国也。故其在山东各县杀吾人民，征吾粮饷，广贴告示，大书大正三年也。"① 由此可见，他对日本侵略青岛有着清醒的认知。他在日记中撰写《伤心语》，对日本侵略行径极为愤慨，深感无奈。1915年1月8日，他阅《公言报》，披露了日德胶州之战对中国的侵害："日人所过我山东

---

① 凌盛仪：《凌盛仪日记》（第19卷），湖南图书馆藏稿本（编号：275/5），1914年9月4日，9月19日，10月7日，10月12日，10月28日，11月12日，11月13日。

第二章 民国初期时局变动、新闻报道与读者观感

等州县,驱逐官吏,强占邮电等局,男丁掳作苦力,妇女则任意奸淫,勒供钱粮,焚烧屋舍,所求不餍,其欲枪毙难数,女子之惧辱投井及因奸毙命者,更不知凡几。"阅到此处,他"不禁心骨悲矣",并痛心地评价道:"万国公法,对于战〔占〕有地,尚当尊重其人民。彼假我道,而虐我如此,是尚以国家视我乎?比利时以弹丸之国,尚奋螳臂,以拒强德,虽故宫禾黍,山川浴血,然其不受人侮,即亡亦若不亡,以视我老大病夫国,不可同十年而语矣。"①

身在美国的胡适对日本借一战侵略中国的认识有一个复杂的变化过程。一战爆发后,日本以与英国结盟为由,欲攫取德国在中国的利益。1914年8月16日,胡适在日记中记载:"日本似欲战。昨日相大隈有宣言矣。日如合英攻德,德人必失青岛,青岛又归谁氏耶?以吾所料,日人或以归中国而索偿金焉。此说人皆以为梦想。"显然,胡适认为,日本占领青岛后会归还中国,不过是向中国"索偿金"罢了。17日,他又重申了此观点:"昨记吾所料日人将以青岛归中国。今晨读报,知日政府昨夜以'哀的米敦书'致德政府,要求二事,其第二事即令德政府以胶州租借地全境交与日政府,以为他日交还中国之计。吾所料中矣。但不知日政府之能践言否,又不知其所欲交换之条件如何耳。"可见,胡适认为,日本宣言所谓"他日将青岛交还中国"会实现:

> 吾之为"日本还我青岛"之想也,初非无据而言。他日世界之竞争,当在黄白两种。黄种今惟日本能自立耳。然日人孤立,安能持久?中国者,日之屏蔽也。藩篱之撤,日之所患,今日之政治家如大隈已有亲华之趋向。然日人侵略之野心,早为世界所侧视,中美之人尤疑之。日人果欲消除中国疑忌之心及世界嫉妒之心,决非空言所能为力。何则?历史之往事早深入人心矣。青岛之地,本非日有,日人得之,适足以招英人之忌。而又不甘以之让英、法。何则?英、法之厚,日之薄也。若为吾华取还青岛,则有数利焉:(一)可以交欢中国;(二)可以自告于世界,示其无略地之野心;(三)可以释英人之忌。吾所见如此,此吾政治

---

① 凌盛仪:《凌盛仪日记》(第20卷),湖南图书馆藏稿本(编号:275/5),1915年1月8日。

上之乐观也，吾何恤人之笑吾痴妄也？①

此番议论表明，胡适此时被日本的"空言"欺骗，乃至发出"中日亲善"之议论。

直至读到日本占领青岛、济南等地的新闻后，胡适才有幡然醒悟之意，看清日本借一战侵略中国的野心。8月24日，他得知"昨日，日本与德国宣战矣"。11月11日，他分析了青岛沦陷后的局面："青岛于四日前降日。青岛一破，东亚兵祸不日可息矣。惟日人已占胶济铁路全线，上日竟占济南。拒虎而进狼，山东问题殊不易解决也。"②胡适此时才意识到青岛问题不会因中国"交偿金"而轻易解决。相反，日本意欲谋求更多在华利益。

在法国的徐旭生于1914年8月9日得知"中国已宣布中立，日本则否"的消息。14日，报纸有日本向德国宣战的报道，他读报后甚为激愤，写道："日本势咄咄逼人，然彼志不过夺胶州，受其弊者，仍我国也。若其志不专在泰东，能以兵舰入窥泰西者，则大可为黄人吐气。吾虽中国人，亦当大呼中国万岁，然恐其志不及此也。抑又思之天道祸福，冥漠无朕，此次战祸，在欧人固为大不幸事，然战事之酝酿固已有年，已成不可避之时势。"③战事不可避免，他虽有假设，但对日本觊觎青岛已心知肚明。

通过上述读者的记载可以看出，青岛战事激发了读者极大的爱国热忱，他们通过报刊上的新闻对事态进行分析和研判，虽观察的角度不同，但都表达了对日本侵略青岛的忧虑，并建议政府有效应对。在他们看来，青岛战事是中华民国成立以来面临的巨大隐忧。日本借口进攻德国，又一次在中国领土发动战事，损害中国的领土主权和山东人民的生命财产，继而为侵略中国埋下了伏笔。他们深感痛恨，呼吁政府积极备战，保卫青岛，收回利权。

（二）读者对"二十一条"的阅读与情绪

日本占领青岛后，为使其占领合法化，逼迫袁世凯政府签订"二十一

---

① 胡适著，曹伯言整理：《胡适日记全编》（第1册），安徽教育出版社2001年版，第419—420、421—422页。

② 胡适著，曹伯言整理：《胡适日记全编》（第1册），安徽教育出版社2001年版，第438、532页。

③ 徐旭生：《徐旭生文集》（第8册），中华书局2021年版，第165、167页。

条",引发社会舆论。① 在日本发出最后通牒的当日,《申报》的评论指出:"和平与不和平之回答,非特我人不能预测,即身任其事之交涉者,亦不能预测也。何则?事变之来,瞬息而异。自来战争之起,每变于俄顷之间,观于前事可以知矣。"② 时局危殆,形势不妙。1915年5月8日,《申报》又有《城下之盟》的时评。③ "二十一条"签订后,作为重大新闻事件,引发报刊持续关注,舆论哗然。

向来关注时政新闻的马济中,颇为留意日本侵犯青岛后的动向。1915年1月29日,他读报后得知中国政府对"日本有请撤退山东日兵之举",日本却"大肆恫吓","提出要求条款至二十余款之多,其内容不仅关于利权之要让与兼有损及主权之胁迫"。马济中极为震惊地评论道:"凌蔑之甚,乃至于此,凡我国民同申愤慨,我政府近因内乱渐息,颇芒歌舞承平之思,得此以资警省,未始无益,语云,外患所兴邦,我之亡与不亡,固不必审之于人也,当求在我也。"3月31日,他阅报后记载:"陆子兴[欣]总长宣言,略谓中日交涉,虽甚棘手,决不如外间传言之甚。"此类说法,无非是替当局卸责。签订"二十一条"后,舆论持续发酵。5月9日,马济中继续关注相关报道:"中日交涉,日前日人已致最后通牒于我政府,限令夕答复其第五项各款关于福建要求,仍未删除。国势不竟,闻已决定作和平之对待。"得知如此结果,他甚为愤懑地指出:"呜呼!城下盟辱,不足以喻此。对此河山,能不慨然流涕。欧战终局,必多资为口实,以相攘夺我。吾国为南满、东内蒙、福建之续者,其有尽乎。"15日,他重提此事:"中日交涉,近已结束,最后通牒,各报早经腾布,想得阅矣。城下盟辱,何足以喻此。一俟欧战终局,为南满、东蒙及福建之傍者,其有尽耶。对此河山,能不慨然流涕。"为转移视线,中央政府提倡"储金救国之议":"自总统以次咸输巨款,政事堂各局所司员现亦约,各以一月俸金交储,分期交纳,予辈终日酣嬉坐耗厚禄。"马济中认为

---

① 郭传芹:《"二十一条"外交事件中袁世凯政府新闻策略及传播效果考察》,《国际新闻界》2011年第5期,第93—98页。
② 冷:《和平与? 不和平与?》,《申报》1915年5月7日,第2版。
③ 冷:《城下之盟》,《申报》1915年5月8日,第2版。

"此亦义不容辞也"。[1]

刘承幹也颇为关注"二十一条"相关报道。他在1915年4月13日沉痛地写道:"是月二十六日(阳历五月九号)为中日条约签字之日,为我中华受日人强迫最巨之耻辱,故时人号是日为国耻纪念之辰也。"之后,上海有救国储金团之提议,他记载了相关情况:"自日本要求条约,人人共愤,有马君发起提倡储蓄五千万元,名曰救国储金团,此时由国人分认。俟款集齐,然后开会磋议,添练陆军,广购兵轮,设立兵工厂三项,以为抵制日倭之举。现今海上已设临时救国储金团事务所,推虞洽卿为正干事长,贝润生、狄楚青及马君、陈君为副干事长,是日特来函举余为干事员。"[2] 对于此类倡议,刘承幹颇为赞同。

去职多年的吴焘在直隶都督朱家宝的邀请下,出任津海道尹,协助朱家宝处理直隶政务,他的日记对"二十一条"相关报道记载较详。1915年5月4日,他便开始记录"二十一条"的相关消息。此时不得"确实消息",而报纸"轰传日本通牒已到,政府势将决裂"。在他看来,"以日本之阴谋狡计,乘欧氛正恶戎,心思逞本在意中,政府恐人心摇动,秘密不宣,亦是正当办法。惟疆吏既负守土之责,又不悉个中情事,疆吏亦甚难为矣"。"疆吏难为"一语道出了地方官员的苦衷,中央政府对于处理"二十一条"的细节"秘密不宣",造成疆吏"难为"。6日,朱家宝令直隶各厅长议事,吴焘见政府各密电,知"日本已有兵船在秦王岛一带游弋"。下午,吴焘见政府电报中关于中日交涉的电文,"有解决之望,刻下仍在惊涛骇浪中"。8日,他接政府电"中日交涉业经解决,免寻干戈",吴焘心稍安,但亦评论道:"彼族之狡诈万端,尽行发露矣。"[3]

"二十一条"签订后,引起各地的反对。5月14日,吴焘阅电文得知:"汉口日人以交涉解决,拟开提灯会庆贺。我国商民忿极思逞,殴伤日本三

---

[1] 马济中:《济中日记不分卷》(第17册),上海图书馆藏稿本(编号:线普长53632-40),1915年1月29日,3月31日,5月9日,5月15日,5月23日。

[2] 刘承幹:《求恕斋日记不分卷》,上海图书馆藏稿本电子版(编号:线善862624-74),1915年4月13日。

[3] 吴焘:《吴焘日记》,王建朗、马忠文主编:《近代史研究所藏稿钞本日记丛刊》(第19册),国家图书馆出版社2020年影印本,第169—170、171—172、174页。

第二章 民国初期时局变动、新闻报道与读者观感

人,幸而弹压无事。"他引用《易经》所云"亢龙有悔"评论道:"此次中日交涉,日人之亢极矣,恐亦非彼国之福。"对日本的排斥发展为排斥日货,吴焘颇为担忧:"深恐其有所借口,又生波折。"①

凌盛仪几乎全程关注了"二十一条"的签订过程。1915年2月26日,他在日记中总结道:"倭奴乘欧战未终,向吾国无理要求,并限期答复,勒令我政府不得向各国及国内宣布,否则定须加以最严酷条件云云。探其条件,计有二十余条,其所知者,鄂赣皖三省矿权,闽设船厂,及铁道敷设,关于全国工业,准其自由投赀[资],全国军队聘日人为教练,东三省及山东由日设立警察,自由居住,旅大延期,所有德奥以前在中国所享利权,概归日本,如与第三国订约,须得日本同意。"对于这样的灭国条约,政府却"秘不宣",造成"国民罔觉",即使"有一二知者,不过欲作文字鼓吹,其对待主义,舍抵制日货,无他道也"。他悲愤地写道:"苟安苟活,无拳无勇,与朝鲜之政府国民同,吾侪虽死,其弃身何所乎。"3月10日,他又有类似的表述:"倭奴乘欧洲战事之秋,不暇他顾,欲吞我国,自卫无方,乞援无国,苟美欲伸远东海上权,派军舰于太平洋上,虽不争战,倭军当不敢出,吾国不亦犹吾鸽之得阴助乎。"②面对日本的侵略,他将希望寄托于美国,期待美国为中国主持正义。

此后,他非常关注日本的军事压榨。3月29日,他阅报后记载:"中日交涉,我政府委曲求全,已将南满自由居住及各重要机关聘日人充顾问一条亦许可矣。而日人犹强硬进兵,真可哭也。"形势危迫,日本的军事步步紧逼。4月1日,他阅报进一步知晓:"日本木屐儿以海陆军入我中国,迫胁我政府订亡我疆土,夺我主权之条约,刻已进兵南满、山东、天津、汉口,计已五大师团,益以驻在朝鲜、一苇即渡之兵当可得八师团,其志在翦灭华夏而朝食也。"3日,他又阅报得知:"日本日日加兵,中国有乘隙而动之势,群情甚愤,政府恐惹外交之困难,力制之。"对于日本的军事进逼和中国政府的

---

① 吴焘:《吴焘日记》,王建朗、马忠文主编:《近代史研究所藏稿钞本日记丛刊》(第19册),国家图书馆出版社2020年版,第180—181、205页。

② 凌盛仪:《凌盛仪日记》(第20卷),湖南图书馆藏稿本(编号:275/5),1915年2月26日,3月10日。

"力制之",他表示无可奈何。7日,他得知日本军队"势将开战"的新闻:"山东潍县已到倭兵一万数千人,掘沟布垒,势将开战矣。"①

在这种背景下,中国被迫签订"二十一条"。4月15日,他抄录中国政府"已允签约"六条的新闻:"一、山东商埠之开放;二、辽东半岛、南满铁路、安奉铁路九十九年之租期延长;三、吉长铁路九十九年管理之让与;四、日本在满洲有杂居、旅行、贸易、耕种、置地之权利;五、满洲政治、财政、军事、警务、教练员及顾问官须用日人;六、满洲路矿让与权,未经日本许可,不得给予他国,未经日本许可,中国不得以满洲路矿或税项为抵押品,向外国借债。"面对如此凌辱,他哀叹:"伤心惨目,满洲已直隶日本矣。外尚有十五□条约,结局当又可想。此二十一条外,日本近更有加求之一事,要求中国所用之军械,应与日本陆军中所用者同式。此项军械,或日本制造,或在中国兵工厂由日人经营管理者制造。"23日,报纸报道中日交涉"日本于二十一条外,又加以戾酷之要求,且进兵不已"的消息。在此背景下,英国出最激烈之言论,新闻报道:"日人出强迫之条约,中国应极力拒绝,不与谈判,欧战一终,列强自当出而相救,今中国既虚心于日,各国亦当作均利之求,即如中人允日延长安奉九十九年之借约,英人原还中国之舟山,亦可再占据而延长矣。"显然,英国的激烈之言论只是一种外交之姿态,依然不能抵挡日本的侵略。他评价道:"我中国犹一无人权人格之妓女,为数强有力者所□占,从甲则乙怒,从乙则丙怒,只得低首下心遍应酬之,羞耻既亡,脂血尽竭,不数年间,徒存疲病之躯壳,死后而已耳。"②

"二十一条"受到国内外的关注,日本最后对中国下"哀的美敦书",限令中国于5月9日前答复。凌盛仪对此消息的了解稍显滞后。10日,他读报后得知:"中日交涉,业已停议,日本已下'哀的美敦书'于我国,并指定满洲、山东、武昌三处为交战地,日间借保护商权,又驰兵舰二艘入湘矣。"11

---

① 凌盛仪:《凌盛仪日记》(第20卷),湖南图书馆藏稿本(编号:275/5),1915年3月29日、4月1日、4月3日、4月7日。
② 凌盛仪:《凌盛仪日记》(第20卷),湖南图书馆藏稿本(编号:275/5),1915年4月15日、4月23日。

日，他又闻"日已宣战，无所谓储，彼与我仇，则直排之"。12日，又有"中日交涉，尚未决裂，到湘始闻有停议之说"。① 中国政府已于9日被迫接受了"二十一条"的相关条款，而凌盛仪还停留在7日日本提出的最后通牒，同时，"宣战""尚未决裂"的谣言漫天飞，使他不知真假，直到最后阅报才确定真相，并沉痛地写道："中日条约，政府以日本宣战，力不能敌，委曲允从，国权国利尽丧于日本矣。予不忍书之记之。"6月3日，他得知"中国允约，已于二十五号签字矣。所认条约，已经宣布"。对此，他评价道："在政府忍辱含垢，畏日人之巨舰利炮，不敢宣战，使国家等于孤注之一掷，苦衷应相谅也。但吾人既生为中国人，自当卧薪尝胆，亡羊补牢，不得再泄泄沓沓矣。"② 然而，这种所谓的精神寄托，无法解决中国被瓜分的危机。

外交家颜惠庆向来留意中日关系。1915年1月28日，颜惠庆从报纸上得知日本以"与德国的战争尚未结束"为由拒绝从山东撤兵，判断此次事件将更为复杂。30日，他阅读《国民评论》，其中有抨击日本侵占青岛的评论。中国希望取消中立区，要求日本撤兵，遭到日本拒绝。日本变本加厉，谋求德国在山东的权益，并要求延长旅顺的租借期，以及谋取在福建与内蒙古的利益，此即著名的"二十一条"。对此，中国政府"保持缄默"，民众"极为激愤"。从2月初开始，中日双方在北京秘密举行谈判。到2月底，中国拒绝了日本的全部要求。3月初，各报登载了"二十一条"的相关内容。同时，各报的报道不尽相同，以致颜惠庆不得不通过电报向外交部咨询真假。③ 纵观整个谈判过程，中国处于弱势地位。

针对"二十一条"，英、美、法、俄等国态度不一。英国"反对"日本提出的"二十一条"，并提出"警告"；美国"抗议"日本的"侵略行为"；

---

① 凌盛仪：《凌盛仪日记》（第20卷），湖南图书馆藏稿本（编号：275/5），1915年5月9日，5月10日，5月11日，5月12日。
② 凌盛仪：《凌盛仪日记》（第21卷），湖南图书馆藏稿本（编号：275/5），1915年5月22日，6月3日。
③ 颜惠庆著，上海市档案馆译：《颜惠庆日记》（第1册），中国档案出版社1996年版，第165、167、169、170、183、189页。

俄、法等国虽对日本表示不满，"却因欧战无暇顾及"。① 日本肆无忌惮，"不能容忍他国干涉"。谈判陷入僵局，日本采取两种措施。其一，军事威胁。3月16日，报纸传言日本输送军队至中国。22日，《八点钟报》报道了"日本已动员了整个舰队"的新闻。24日，《伦敦中国每日电讯报》报道了"日本调动军队去中国"的消息。25日，柏林各大晚报报道了"日军在山东登陆"的消息。4月3日，柏林各晚报又报道了"日本在京奉线上采取了行动"的消息。日本的各项军事手段令中国政府倍感压力。其二，发出最后通牒。5月6日，日本向中国提出"最后通牒"，声称中国"必须在48小时内接受全部要求"。同日，柏林各晚报报道了此通牒。对此，袁世凯在总统府召开会议，决定接受最后通牒，向日本屈服。②

5月12日，颜惠庆收到外交部关于"接受日本的最后通牒"的来电。14日，《伦敦泰晤士报》"就日本的最后通牒及和平解决"发表了"长文电讯和社论"，对《民四条约》表示不满。15日，《伦敦泰晤士报》花较大的篇幅全文刊登了《民四条约》的内容，措辞"远没有原先二十一条苛刻"。26日，颜惠庆收到《民四条约》签订的消息。对日本的一系列行径，各报有不同反应。《密勒氏评论报》"措词十分强硬"，《荷兰日报》电讯"日本协议的条款是合适的，中国反应良好"。6月9日，颜惠庆读到从国内寄来的《京报》，《京报》登载"二十一条"谈判"内容非常丰富，叙述得很完整"。随后，《京报》陆续寄到，颜惠庆从中得知"总统就与日本谈判发布的命令"，袁世凯"承认外交上的失败，并强烈要求民众觉醒起来"。③ 至此，颜惠庆对中日关系的关注告一段落。

郑孝胥也非常留意"二十一条"的相关新闻。1915年2月10日，他摘录《大陆报》所载新闻："日本寺内大臣将出办中国交涉，以武力逼袁世凯，日

---

① 李新、李宗一主编：《中华民国史》（第二卷）（1912—1916）（下），中华书局2011年版，第510—511页。
② 颜惠庆著，上海市档案馆译：《颜惠庆日记》（第1册），中国档案出版社1996年版，第191、194、195、195—196、200、216页。
③ 颜惠庆著，上海市档案馆译：《颜惠庆日记》（第1册），中国档案出版社1996年版，第220、221、226、227、229、232、238页。

第二章　民国初期时局变动、新闻报道与读者观感

兵十万已备,于二日内可抵北京;京奉铁路及各使馆皆戒严。"郑孝胥猜测"两礼拜内将有变革之大举"。15日,他又从《大陆报》上得知:"北京派邹嘉来、梁敦彦、孙宝琦、刘玉霖议日本交涉。"郑孝胥"观其情形,终不成议"。及至日本下最后通牒,郑孝胥急切了解相关报道。5月8日,郑孝胥至时事报馆阅报,知"日本'哀的美敦书'限至廿六日午后三时,闻袁世凯已全许"。他感慨道:"中国遂入地狱矣。"9日,郑孝胥特地记载:"今日为阳历五月九号,乃允许日本最后通牒之日也。"①

卞白眉担心一战会成为日本侵略中国的借口,一语成谶,不幸成为现实。1915年1月30日,他阅报得知"日本要求条件甚苛",不禁"为国家忧"。2月3日,他读报后感叹:"中日交涉今日为最紧急日,不知结果如何,而城中销金窟里醉生梦死者,尚不知几许辈也。"11日,卞白眉听闻"日人有欲攘夺中国银行意",②表示难以接受。至5月,他留意日本提出的"二十一条"相关报道。5日,他表示"中日交涉闻有决裂消息"。7日,他听闻"日人'哀的美敦书'已到"。8日,他读报后得知"对于日人'哀的美敦书'已全完〔完全〕退让,除第五项暂不磋议,南满、东蒙已完全拱手让人矣"。③不管消息来源于报刊还是听闻,"二十一条"成为日本侵略中国的重要一步。对于"二十一条",卞白眉深以为虑,坦言部分领土"完全拱手让人"。

童保暄对日本侵略中国早怀有戒心。日本下"哀的美敦书"后,童保暄通过阅报知晓此事:"日本以最后通牒交我政府,国交危险,至此极矣。而反顾我国军事,毫无准备,即如我浙,即如我,均毫无准备,自杀之道也。"他指出:"于中日交涉初起时,即草《浙军出师准备纲要》。"他于2月18日面呈督军朱瑞,但朱瑞认为:"均以中国必不能战,中日交涉无论如何决不至于开战,沁沁〔泄泄〕沓沓,毫无准备,非独我浙江然也。"间接拒绝了童保暄

---

①　郑孝胥著,中国历史博物馆编,劳祖德整理:《郑孝胥日记》(第3册),中华书局1993年版,第1549、1550、1560、1561页。
②　卞白眉著,中国人民政治协商会议天津市委员会文史资料委员会编:《卞白眉日记》(第1卷),天津古籍出版社2008年版,第32、33页。
③　卞白眉著,中国人民政治协商会议天津市委员会文史资料委员会编:《卞白眉日记》(第1卷),天津古籍出版社2008年版,第37页。

的建议，但童保喧依然建议："战争由两方面组织成立，若一方面有开战决心，虽他方面如何平和，总至开战。盖逼迫至死亡，为人所不能忍者也。"他指出："交涉为一事，准备军事另为一事，若无若干之抵抗力，绝不能维持交涉也。"他颇为伤感地写道："敌我情况及浙军应准备之事项，今不幸而余言尽中，更不幸而余言尽不用。国家存亡，盖有气运，决非浙江一省所能挽回。"他颇为失望地写道："余之言更不足论矣。"1915年5月8日，他读报后得知："初七号午后六时，日公使致最后通牒于政府，限初九号午后六时答复，盖四十八钟也。"他表示"忿［愤］甚"。9日，他得知消息："除军械、顾问两件，余悉承认了结。"他希望国民能以此自勉："国家耻辱至此极矣，愿我国民永永世世不忘也，而余个人以此悬为大辱，益自勉励。"童保喧表示不能忘记国耻之事，并以此作为教育军人的教训。23日，在对军人进行演讲教育时，童保喧及其教官讲述内容多为日本对中国之欺辱："初由叶兰波讲演日本欺我之经过，及后来之祸患，继由潘介宗讲演日本谋我之政略及军略，而余续讲演我人以后应有之办法，初演讲我国不亡之理由，如余前日记所记者，继演应有之办法。"后来发生学生军裘奋"因日本人欺我太甚，交涉失败，忿而恨"而以手枪自杀事件，他颇有感慨地写道："忠勇义烈，颇足振作士气。其致余书未竟书，读之惨然。"①

一些知识青年视"二十一条"为日本灭亡中国的重要步骤，他们无法接受这一耻辱性条约。1915年3月24日，叶圣陶与诸友谈及日本向袁世凯提出的"二十一条"时指出："我设允其所求，则中国亦从此逝矣。当局知其如此，因屡与抗议，迄今尚未结束，而我人仇日之心炽矣。"4月3日，叶圣陶在日记中记载："观今日日报所载，颇有决裂之象，战争非幸事，然不战殆难了事。吾国兵力孱弱，战器窳败，固莫可讳言。而吾国人敌忾之心已炽至极度，有倡议集救国储金者，不数日间，应者潮涌，则以气壮心合而竟胜，亦应有事也。"4日，他披览报章后情绪低落地写道："日本之所要求于我者，

---

① 童保喧著，宁海县政协教文卫体和文史资料委员会编：《童保喧日记》，宁波出版社2006年版，第177—178、178、181、183页。

政府已十允其九,战事之祸虽可暂弭于此日,横暴之加且后悔于他年也。"①他对辱权丧国的"二十一条"有着切肤之痛。

青年学生杨贤江极为关注"二十一条"的进展。1915 年 5 月 5 日,杨贤江阅报得知"中日交涉已届最后之期,且有谓日已下'哀的美敦书'于我者"。他哀叹道:"惊耗频来,正卧薪尝胆之秋,顾人犹是嬉戏也,且出泪没良心之语,曰中国真弱,中国人真倒运,一若秦人视越人之漠不相关者,吾不知其究竟知国家否?究竟知中国之即我之国否?何彼之不切己着想如是也?呜呼!教育之效果乃竟如是,吾不知将有何言矣!"对于日本的最后通牒连发多次疑问和感慨,显示出杨贤江无可奈何的心境。6 日,他认为"日本究竟提交最后通牒与否,尚无确信",但"我国民能坚忍不惧,努力改进,无论战与不战,如斯方有效也"。8 日,他阅报知悉:"日本'哀的美敦书'已于七日下午六时提交我政府,限四十八小时内答复。"他再次"呜呼"道:"时已如此,为国民者宜如何勉励各尽天职乎!"10 日,他在日记中表达了要将国家命运与个人联系起来的想法:"我国政府对于日之'最后通牒'已全部承认,含辱忍耻已达其极。弱国究无能为力,所望者在后日耳。人人当奋勉一己之生涯,务尽当为之天职,养成稳固之势力,行与制我者,是不反其道耶!"在与友人的交谈中,他感叹道:"盖余将来之生活以编述书籍饷国人为期,欲践其实,无清爽之文笔以达之,愿终不遂也。呜呼!近年西学浸入,国学渐有衰颓之势,一国之精神骨髓未免潜伤,余亦感此潮流之一人,及今觉悟其非,是其尚可救药乎?然无名人指教,未知究当如何入门耳。"②他期望通过编辑书籍、研习国学来传承"一国之精神骨髓",可惜无人指点,不知如何入门。

在武昌教书的朱峙三也关注"二十一条"的签订。1915 年 5 月 7 日,朱峙三记载:"今日盛传袁总统与日本要订条约,日本硬提条件。"8 日,朱峙三知"京中以日本提二十一条件请袁总统答复"造成"人心惶惶"。10 日,谣言大起,谓"日本已提条件,如不答复即用兵来攻"。遥想八国联军侵华,

---

① 商金林撰著:《叶圣陶年谱长编》(第 1 卷),人民教育出版社 2004 年版,第 190、191 页。
② 杨贤江:《杨贤江全集》(第 4 卷),河南教育出版社 1995 年版,第 50、52、53、55 页。

"谈虎色变"。① 但对于具体内容，朱峙三并未谈及。他只是将签订"二十一条"视为一次外交事件，较少议论其危害。

当日本提出"二十一条"时，在美留学的胡适颇为留意。1915年4月1日，他在日记中抄录了"二十一条"全文。5月3日，他记载了抵制日货的消息："东京及祖国书来，皆言抵制日货颇见实行，此亦可喜。抵制日货，乃最适宜之抗拒，吾所谓道义的抗拒之一种也。" 5日，胡适读报后颇为担忧："东方消息极恶，报章皆谓恐有战祸。余虽不信之，然日京报章皆主战，其丧心病狂如此。远东问题之益棘手，有以也夫！"② 10日，他得知中日交涉暂时了结之消息："中日交涉得暂时了结，日人似稍憬然觉悟侵略政策之非计矣，故有最后之让步。"他将结果以英文的形式抄录于日记中。他表示："此次交涉，余未尝不痛心切齿，然余之乐观主义终未尽消，盖有二故焉。"他较为乐观地认为：

（一）吾国此次对日交涉，可谓知己知彼，既知持重，又能有所不挠，能柔亦能刚，此则历来外交史所未见。吾国外交，其将有开明之望乎？

（二）此次日人以青岛归我，又收回第五项之要求，吾虽不知其骤变初心之原因果何在，然日人果欲以兵力得志于中国，中国今日必不能抵抗。日之不出于此也，岂亦有所悔悟乎？吾则以为此日人稍悟日暮途远倒行逆施之非远谋之征也。③

虽然日本以强迫形式使中国签订"二十一条"，但他依然判断此事件可作为中国处理外交的教训。可见，身处异国的胡适对于时局还是缺乏正确判断。日

---

① 朱峙三著，胡香生辑录，严昌洪编：《朱峙三日记（1893—1919）》，华中师范大学出版社2011年版，第451页。
② 胡适著，曹伯言整理：《胡适日记全编》（第2册），安徽教育出版社2001年版，第110—113、123、127页。
③ 胡适著，曹伯言整理：《胡适日记全编》（第2册），安徽教育出版社2001年版，第131—139页。

第二章　民国初期时局变动、新闻报道与读者观感

本不会因为中国接受"二十一条"而停止侵略中国的步伐，反而会进一步加快侵华的进程。

一些老迈的传统士绅虽然对"二十一条"的相关新闻记载不多，但都表达了对此事的关注。李辅燿听闻中日交涉，忧虑地写道："甚为困难，不知发表后情形如何，纵令不启战端，而根本亦大摇动，大局若此，其奈之何！"当他知晓"二十一条"签订后，又颇为担忧："正群情激愤之时，奸人构乱，以为机会，殊可忧耳。"① 刘大鹏在阅《大共和日报》后得知"倭人要索南满东蒙之地及山东福建安徽江南之利权"。1915 年 5 月 17 日，刘大鹏阅《山西公报》得知"中日交涉和平解决，但未详何以解决"。② 但他对事件缺乏整体分析。张棡看《时报》知晓中国政府承认"二十一条"后，深为失望地写道："可谓灌西江之水不能雪此耻矣，民国云乎哉！"③ 在王振声看来，中日交涉是"和平解决"。④ 王闿运则颇为风趣地写道："日、俄、英、德、法大闹中华，中华殊不闹，惟报馆闹耳。"⑤ 傅增湜于 1915 年 5 月 5 日读报后得知"日本交涉，有将决裂之说"。7 日，他阅报后知悉日本对中国最后通牒的消息，"限四十八钟答复耳"。⑥ 这些零碎的记载表明，传统士绅虽有提及"二十一条"，但新闻来源有限，他们对事件缺乏整体陈述，评论不多。

总体上看，中国政府以中立政策应对一战，固然是为了寻求自保，但这一举措在日本的战争威胁下全面失败，中国政府被迫签订"二十一条"，引发了严重的民族危机。彼时，不少读者将"二十一条"签订之日视为"国耻日"，以自勉自励自强。从这个角度看，"二十一条"引发的国家危机，使不同时空的读者产生了共同的阅读体验，激发了读者的爱国热忱。读者读报后

---

① 李辅燿著，徐立望、胡志富主编：《李辅燿日记》（第 10 册），浙江大学出版社 2014 年影印本，第 414、447 页。
② 刘大鹏遗著，乔志强标注：《退想斋日记》，北京师范大学出版社 2020 年版，第 192、198 页。
③ 张棡著，温州市图书馆编，张钧孙点校：《张棡日记》（第 4 册），中华书局 2019 年版，第 1573—1574 页。
④ 王振声著，徐慧子、李周整理：《王振声日记》，凤凰出版社 2017 年版，第 274 页。
⑤ 王闿运著，吴容甫点校，中华书局编辑部修订：《王闿运日记》（第 6 册），中华书局 2022 年版，第 2879 页。
⑥ 傅增湜：《澄怀堂日记附澄怀杂存》，清华大学图书馆编：《清华大学图书馆藏稿钞本日记丛刊》（第 17 册），国家图书馆出版社 2018 年影印本，第 416、419 页。

对"二十一条"的思考和评论，表达了他们的危机意识和爱国情怀。

第三节 袁世凯称帝与读者反响

1915年12月12日，在各方的"拥戴"下，袁世凯决定于1916年元旦改元"洪宪"，加冕称帝。当日，《申报》刊载了各地关于袁世凯称帝的电文。《申报》主笔陈景韩（陈冷）以讽刺的笔调写道："观近日之京电，帝制事实发表在即矣，不但帝制事实发表在即，苟帝制事实而一发表者，则以前因帝制而所抱之疑问，无一不发表矣。赞成也，反对也；危险也，平安也；阻扰也，疏通也；祸也，福也；成也，败也；存也，亡也；皆将一一表示于世，而无可隐饰也，并不必以空言争也。呜呼，发表者果若何景象乎。"① 《大公报》以闲评的形式对袁世凯称帝表达了复杂的心情。一方面，对共和的逝去颇感失落："共和于是乎告终，君主于是乎成立。屈指星霜，于今四载，域中万象，又届更新，慨人事之无常，信沧桑之易变，无可奈何花落去，似曾相识燕归来，殆不啻为今日咏焉。"另一方面，对袁世凯称帝抱有期待："但念大总统缔造共和之初，经营擘画，中外倾仰，畴不以东方华盛顿相期，讵料民意忽回，群思旧制，书曰：黎民于变时雍，其即此之谓与！日前沪上炮声隆隆，虽出于乱党之肆扰，然即谓为饯送共和欢迎帝制之礼炮，亦何不可。"② 袁世凯在称帝之前，利用御用报纸，制造舆论，报道袁世凯称帝是大势所趋，顺应民心，天望所归。但袁世凯称帝后，各地反对声浪此起彼伏，因众叛亲离，袁世凯不得不取消帝制，实行共和，不久因病去世。纵观读者对于袁世凯称帝的关注，因立场不同，心态各异。

一、袁世凯称帝的舆论准备与读者观感

对于袁世凯称帝的野心，最早有所察觉的还是一些旧官僚。王闿运知

---

① 冷：《发表》，《申报》1915年12月12日，第2版。
② 无妄：《闲评一》，《大公报》1915年12月12日，第4版。

其学生杨度参与此事，在日记中予以赞同："看报记杨度事，颇有风潮，不愧为学生。"① 这些人对旧制度寄予厚望，希望将来能够实现复辟。而清朝旧臣郑孝胥对复辟态度较为暧昧。1914年2月24日，他在与孟森的交谈中得知"袁世凯有称帝之谋，使陆建章激其下为陈桥兵变之计，惟段祺瑞未允"。同时，另一友人丁衡甫言："袁世凯将称帝，唯忌四人：张作霖、龙济光、张勋、白狼。"8月31日，他阅《时事新报》，见刘幼云作《答礼制馆》一书，为"袁世凯复子明辟"，他认为刘幼云"其辞甚迂"。12月4日，《神州日报》报道称郑孝胥附和"中日合邦之说"，并"已与日人在沪密议"。他对友人言："袁之恐慌而猜疑，故作谣言以施其钩距之技。如为所动，则反成话柄。不理可也。"而孟森建议他"宜令律师干涉"。② 这说明他不愿牵扯其中。

不管时人如何猜度，彼时袁世凯称帝仍属捕风捉影之事，真正开始筹备是在1915年下半年。10月4日，郑孝胥在日记中写道："汪甘卿来，示电报四件，皆朱启钤等十二人致各省言公民选举事。"汪甘卿对他言："冯国璋不从逆，其将士皆听命。"次日，《时事新报》《申报》《新闻报》登出"公民选举事"，袁世凯称帝的野心大白于天下，故"袁世凯欲杀冯国璋，而以郑汝成代之"。12月16日，他记载最新进展："北京推举袁世凯，称其大功六，宜为皇帝"，而袁世凯"自言无可推诿，令其党筹备一切，且遣告各公使"。他听后"使人眦裂发指"，对袁世凯称帝表示愤恨。18日，他得知"袁世凯封黎元洪为武义亲王"。③ 表面上袁世凯已为皇帝。郑孝胥以遗老身份观察时局，虽赞成帝制，但在他看来，称帝的应该是宣统，而非袁世凯。

当筹安会在京发起帝制运动时，在长沙的李辅燿颇为关注政局动向，因为"筹安会六君子"中，"杨度居首，胡瑛、李燮和，此湖南三人也"。他抄录报纸所载筹安会的大体主旨："中华国体宜于君主立宪，民主则非所宜，报

---

① 王闿运著，吴容甫点校，中华书局编辑部修订：《王闿运日记》（第6册），中华书局2022年版，第2897页。
② 郑孝胥著，中国历史博物馆编，劳祖德整理：《郑孝胥日记》（第3册），中华书局1993年版，第1507、1508、1529、1541、1543页。
③ 郑孝胥著，中国历史博物馆编，劳祖德整理：《郑孝胥日记》（第3册），中华书局1993年版，第1580、1580—1581、1589页。

纸纷载赞成反对，不一其词，似闻各直省将军、巡按皆表同意，行将发表。"对于筹安会提倡"君主立宪"，李辅燿颇为迷信，在日记中将其视为真主降生之兆。当他读报后得知杨度关于君主立宪的相关论述时，赞同道："杨皙子君宪救国论三篇，于中国之不宜于共和，言之切当，尤极有沉痛之语，特恐未能人人皆悟耳。此文何以今始传出，深惜见之不早，每疑皙之多事也。"此后，湖南推行帝制运动，李辅燿记载了所谓的"选举"："明日在将军署选举国民代表，议复国体事。有选举权者二百余人，应举七十余人，而应举之人已早由官厅拟定，只须投三票者即为合格。"这反映了湖南的帝制运动并非民意，而是有官厅安排好的人选来推举"民意"。但对于袁世凯称帝，他仍认为是"天意"。1915年11月30日，他阅报后记载北京来电云："中央特别选举会解决国体，投票完竣，全体一致赞成君宪。代行立法院本日上午敦劝大总统登极，未蒙许可。下午代行立法院二次敦劝，已邀大总统俞［谕］允。本日北京全城升旗致贺。"袁世凯称帝已成定局，李辅燿对此颇为满足地写道："此事发之数月之久，今大定矣。若国号曰安，则真是前定不可不信数也。"他此前观天象得以应验。但袁世凯称帝并非定国号为"安"，而是建元"洪宪"，他颇为懊恼："洪宪二字，甚冠冕堂皇，有笑为共和犹存一半者，亦令人齿紧。"① 短短数语，表明他对复辟活动有着强烈的参与感和存在感。

在平江的凌盛仪于1915年6月1日得知："中日解决交涉后，袁总统有帝制自为之意，内则杨度，外则倪嗣冲、段芝贵、龙济光实赞成之。"在他看来，这样的谣传不可信："共和假面亦成立四年，袁公断不敢犯此不韪。况国势如此，即贵为天子，亦不过小朝廷耳。袁公又何取而为之乎。"可见，他对民国充满信心，认为袁世凯不会称帝。但形势急转直下，中央政府定了相见礼和封爵等制度，并且各省将军纷纷入京，新闻称"帝制将复活，各将军入京为承认画押"，他依然坚持袁世凯"料不冒此大不韪，或者因改爵等事，为人意揣风说耳"。至于封爵一事，他认为袁世凯"以尊为总

---

① 李辅燿著，徐立望、胡志富主编：《李辅燿日记》（第10册），浙江大学出版社2014年影印本，第515—516、580—581、550、579、590页。

统,贵同天子,岂如袁绍、袁术四世三公,以位未造极,必欲一过皇帝之瘾乎"。只不过是杨度等人"极力劝进,贪王公之位,不顾万世唾骂,则大有长君逢君之作为耳。袁公英明,岂为所欺乎"。① 可见,他始终认为袁世凯不会称帝。

此后,筹安会推行帝制活动兴起,凌盛仪读报后内心有所变化。8月24日,他阅报得知"参政孙毓筠、杨度、严复、刘师培、李燮和、胡瑛诸人为国体问题,发起变更国体之筹安会"。之后,他根据报刊新闻记载:"斯会即劝进帝制会也。夫中国人民程度,本不足梦想共和,但共和价值,亦非易于构成不得。以四年来艰危,即为共和诟病也。……杨度本为满清宪政党,想而胡瑛向持共和之议,今亦尔尔,又不可解,二人均在日本留学,为争倭奴取缔中国学生案同事颇久,故知之。"言外之意是,筹安会发起帝制运动是逆历史潮流。9月7日,又有段祺瑞辞职的消息,有人说段祺瑞辞职的原因是他"因国体变更,筹安会出,段非君宪派,故辞职坚,而允准易也"。他对段祺瑞去职表示遗憾。他记录国体变更的相关情况:"国体变更,筹安会已得五省首先承认,湖南其一也。除由将军派员赴京会议外,又于省城另立分会。此会之成,由湘人杨度发起,著有《君宪救国论》布告各省。"他评论道:"杨度功名念切,原不足异,所可异者,革命排满者湖南,独立起义者湖南,力赞共和者湖南,二次革命以倡乱者湖南,今倡君主立宪者又湖南。四年之间,国体政治种种反复,皆我湘人,何楚之多材耶?"② 对于湖南形势,他焦虑不已。

在帝制运动中,一些反对帝制的政要人士如黎元洪等人也引起了凌盛仪的关注。凌盛仪阅报后记载:"某参政往说黎副总统加入筹安会,黎公拒绝之。某云:公不加入,公眷口当甚危,吾可以吾妻保护公眷,盖某妻德意志女子也。黎怒云:我武人也,生死素所不计,岂肯托庇于他人儿女子乎,因挥之出。"此后,报载袁世凯、黎元洪两总统对话的新闻:"黎对袁公国体之议,

---

① 凌盛仪:《凌盛仪日记》(第21卷),湖南图书馆藏稿本(编号:275/5),1915年6月1日,7月30日,8月21日。
② 凌盛仪:《凌盛仪日记》(第21卷),湖南图书馆藏稿本(编号:275/5),1915年8月24日,9月7日。

无所谓赞否,惟对于国内安宁秩序之戒备,并预防意外匪乱各事,殷殷陈说。并云但使国体改革,四境无诛,不致令外人借口,别生枝节自杀,国基永固,元洪亦幸慰。"凌盛仪颇为赞赏黎元洪之言论:"老成谋国之忠,又非新进喜功一派,奉天承运话说也。"他还补充了黎元洪、徐世昌不愿就仕于袁世凯的新闻:"黎元洪辞参政院长职,徐世昌因病辞职,已迁回私第,二公大抵不愿北面称臣耶。"11月7日,又有"黎副总统已有学佛之志"的消息,以表示对袁世凯的抗议。①

此后,凌盛仪多次记载了袁世凯称帝的相关新闻。12月11日,他读报后得知"袁总统命马吉樟调查袁氏谱系,预备为皇室统系"。18日,新闻报道"袁总制已承认即皇帝位,宣告天下"的消息。22日,新闻报道袁世凯已受百官朝拜、即皇帝位的消息,"皇帝子孙,多不发达,予今为救国计,即皇帝位是牺牲子孙云云","封黎副总统为武义亲王",但"黎元洪辞封王爵,袁帝令勿固辞,册封宣统为懿德亲王"。同时,袁世凯大封功臣,"溥伦长参政,冯国璋领参谋长,陆徵祥组织内阁兼长外交"。凌盛仪讥讽道:"此新朝重要位置也。"28日,他披露了袁世凯准备在新年元旦"大封开国"的消息:"功臣、将军、镇守使、巡按使,分封公侯伯子男者已不下三四十人。"② 种种迹象表明,袁世凯称帝已成定局。

袁世凯称帝这一重大新闻引发社会广泛关注,读者读报后对新闻的记载具有选择性,形成了对袁世凯称帝的不同解读。马济中从"筹安会颇为人所集矢"的角度,重点关注了"筹安会六君子"之一的李燮和被其弟公然指斥的消息:"以为大干国宪,且咎内务当局及检察厅之溺职,有法律之观念者,固未可厚非其言论也。"此后,他开始关注袁世凯称帝后的相关情况。他对其师云:"国家之事不可知,吾辈所得而效忠者,国家而已。国存与存,国亡与亡可也。若国内之纷更,吾辈既不置身军国之重,则有惟沉机观变耳。"对于

---

① 凌盛仪:《凌盛仪日记》(第21卷),湖南图书馆藏稿本(编号:275/5),1915年10月12日,11月3日,11月7日。
② 凌盛仪:《凌盛仪日记》(第21卷),湖南图书馆藏稿本(编号:275/5),1915年12月11日,12月18日,12月22日,12月26日,12月28日。

国事，马济中一直留心记载新闻，保持一种"沉机观变"的心态。1915 年 11 月 9 日，马济中写道："变更国体，迩来各省国民代表大会多以一体表决赞成君宪。日来日英俄法四国驻京公使忽提出劝告书，大意以为变更之后，恐不免召乱，危及亚东商务为辞，并谓南方各省颇呈不稳之象，代表大会之表决实非真正民意。"这表明国际社会并不看好袁世凯称帝。对于变更国体之事，马济中认为"变更国体，本属国内之事，非他国所得干预"，皆因"内政不纲，武备不修，独立之保障已失，人乃得以无裕相加，尚何言乎"。从中可以看出，他开始支持袁世凯称帝。但外国势力的反对使袁世凯称帝的态度有所变动。12 日，他进一步分析："改革国体之事，初据报纸宣传，为十二月二日，近闻因四国警告，其事甚厉，已有缓期之说。"在他看来，"然人心惶惶，政象扰扰，不识当局者将何以安之也"。他进一步表达了自己的疑虑。12 月 11 日，马济中至报馆后得知"编辑改定君宪事，已由代行立法院审查终结，咨复劝进各种文告"。13 日，他读报后记载："日来国体解决已确定君宪矣，上下庆祝，举国若狂。"但在他看来，"而对外问题仍未解决，东邻第二次之警告闻不日将至，所非条件与春间所提出者，尚不可同日而语，未知我元首成算如何也"。① 此种担忧，也表达了他态度的变化。

童保喧虽然早就听闻袁世凯称帝的消息，但尚未引起重视，直到阅报得知"日英俄法已提出警告中国帝制问题之警告书"，读之"令人毛发悚然"，他进而评论："欧战方殷，东方发言权几尽移入日人之手，辛亥年革命，南北扰乱而日人不敢言者，忌英俄德法也。此次改变国体，南北之秩序如故，而日人竟提出警告书，盖群雄则互猜，一人则独占也，甚矣，外交现象之危险也。"他颇为担忧日本干涉所引发的后果。1915 年 11 月 2 日是浙江省国民代表解决国体之日，但他因请柬被下人误拾，未去参观。他猜测："能一致赞成君宪也。"6 日，他阅报得知"日使又质问政府为责任的担保"，认为这是"日人固尚有第二步办法也"。他回顾 5 月 7 日所论，"不觉黯然泪

---

① 马济中：《济中日记不分卷》（18），上海图书馆藏稿本（编号：线普长 53632-40），1915 年 8 月 23 日、10 月 9 日、11 月 9 日、11 月 12 日、12 月 11 日、12 月 13 日。

下。天下之痛有过于亡国者乎？"①

一些旧官僚和前清遗老对袁世凯称帝态度不一。作为朱家宝幕僚的吴煦在天津主动响应。1915年10月28日，直隶全省代表投票解决国体问题，"投票代表一百一十九人，全体赞成君主立宪并拥戴袁大总统为中华帝国皇帝"。②吴煦作为管理员协助投票事宜。此后，他重点关注北京的帝制运动。傅增湘阅《亚细亚报》得知筹安会成立一事，惊讶不已："真骇人听闻，发起者多名人，尤可怪，然疑有主动者。近日熊炳三之回南（今益曾见其发行李），张季直之游欧美，大都有不得已者。存尤为可怪者，则近来各将军之来京，乃不谋而合也。"此后，他记载了副总统黎元洪迁出公府的消息："居王府井，现正收拾家业，国体解决后迁入，而以西苑清室。"关于变更国体事，他闻"美使极力反对"。③对此，他颇为不安。叶昌炽则于1915年12月17日得知"以京外各团体劝进，大文章布告天下，布告各国，今日又册封异姓为武义亲王"的消息，他知事情发展难以预料，"风云日紧，茫茫天壤，袁闳土室之外，从何托足"。1916年1月3日，他阅报得知改1916年为洪宪元年的消息，"已见明令，此与开明阜昌何以异"，④表达对复辟帝制的不满。

袁世凯称帝，在地方乡绅中引发广泛讨论，并且反对声浪颇大。张枫对报纸所载一系列反帝制活动记载较多。1915年9月6日，张枫阅《时报》，新闻称："近日京中孙毓筠、杨度等发起筹安会，将为君主立宪，已电各省绅民，嘱其入会。闻上海绅商赞成者有之，中立者有之，而反对者亦不乏人。据报上言：'中国之体原以君主为适。'"对于筹安会提倡君主立宪，他认为："共和已经四年，今忽又起一波，定惹党人议论，恐此后又多一番纠葛矣。"可见，他预感袁世凯称帝会引发纷乱。10月5日，他阅《时报》后记载：

---

① 童保暄著，宁海县政协教文卫体和文史资料委员会编：《童保暄日记》，宁波出版社2006年版，第207、208页。
② 吴煦：《吴煦日记》，王建朗、马忠文主编：《近代史研究所藏稿钞本日记丛刊》（第19册），国家图书馆出版社2020年影印本，第349—350页。
③ 傅增湘：《澄怀堂日记附澄怀杂存》，清华大学图书馆：《清华大学图书馆藏稿钞本日记丛刊》（第17册），国家图书馆出版社2018年影印本，第524、559页。
④ 叶昌炽：《缘督庐日记》（第12册），广陵书社2014年影印本，第7643、7651页。

"国体问题,主张君主立宪者甚多,恐不日中华帝国大皇帝将出现于世界。"筹安会的连日宣传已取得效果,张棡认为袁世凯将会称帝。他还阅《申报》得知"袁大总统女公子七龄已许配清帝宣统为妻,时宣统年已九龄也"。他颇为不满地评论道:"袁氏之奸无异操、莽,操以女许配汉献,莽以女配汉平,然平、献皆不得其终,恐此次一番举动,未知为清帝之福抑祸也。"① 这门婚事虽然最后未成,但已暴露袁世凯的奸诈和野心。

1915 年年底,袁世凯称帝的步伐加快。11 月 11 日,张棡阅《申报》后得知:"袁氏已决意称帝。而国体问题外人极为注意。于是日本有规告中国之文,谓国体变更,未免起外来之蠢动,不如延缓其期或可稍弭祸乱,言甚切至。而无如政府之漫不省也。"12 日,他阅《申报》后得知袁世凯称帝的筹备工作:"北京礼制馆近因国体变更,一切典礼上筹备极为忙迫,如所议年号、国旗、朝服、皇帝即位典礼、群臣朝贺仪节、册立皇后、皇太子典礼及皇帝临朝应用之仪仗,正在悉心斟酌,尚未一律脱稿。又外交部答复日、英、俄三国劝告书,大旨谓共和国体元首常易必为绝大乱端,此次主张变更帝制,实出各省人民之愿,自然可以担保治安,不至费各友邦完全劝告之苦心。"筹安会大造舆论,将袁世凯称帝鼓吹为"各省人民之愿"。22 日,张棡读《申报》后再次记载日本的外交干涉:"日本对于国体变更问题,着着催其答复,而政府急于帝制复活,亦缓缓迟其答复,而一面预备皇帝登极之仪注。"12 月 19 日,他复阅《申报》得知复辟新进展:"筹备大礼处已经置办一切完全,大约明年元旦准定新皇登极,国号拟定'隆武'二字。"面对如此结局,张棡感慨道:"然予按明末三藩唐王亦号'隆武',岂有堂堂一统之中华帝国乃亦效偏闰之记号耶。"表达对国号的不满。23 日,他阅报后得知"大总统命令已于筹备处洋洋数千言之《劝进表》,已默认为中华帝国之皇帝矣"。1916 年 1 月 8 日,他读报后记载"明年民国已改为洪宪元年"。② 之后,他摘录了不

---

① 张棡著,温州市图书馆编,张钧孙点校:《张棡日记》(第 4 册),中华书局 2019 年版,第 1620、1632、1643 页。

② 张棡著,温州市图书馆编,张钧孙点校:《张棡日记》(第 4 册),中华书局 2019 年版,第 1650、1654、1671、1673、1689 页。

少相关新闻，持续关注"洪宪"时代的内政外交。

在筹安会准备为袁世凯称帝造势时，梁启超得知后予以猛烈回应，发表了《异哉所谓国体问题者》一文，引起张棡的共鸣。1915年12月10日，张棡看《申报》后得知："参政梁任公有辞职之表，骈四俪六，颇见高尚。"倡导"共和立国"非梁启超"平素宗旨"，但应袁世凯之邀"幡然出山"，受之"爵禄"，已经是"贬其丰节"，故其"托病辞职"，已经比杨度、刘师培等人"识高一筹"，但与其师康有为之"超然远引"相比，确"抱愧多多"。梁启超此时俨然成为反对袁世凯称帝最为重要的一支力量。至12月底，梁启超又发表《上大总统书》，张棡读后大加赞赏："洋洋数千言，其一种爱国爱民，惓惓忠告之心，流露言表，真近日卓出之文字，急录之，以资讽咏。"他将全文抄录于日记中。12月30日，他阅《申报》后得知："袁氏封黎元洪为武义亲王，徐世昌、李经羲、赵尔巽、张謇四人封为嵩山四友，以示不臣之意。至朱瑞、齐耀珊等封侯，屈映光、张鸣歧等封伯，朱庆澜、张广建等封子，许世英、戚扬、金永等封男。"① 袁世凯倒行逆施，实在不得人心。南方各省纷纷表示反对。此后，反袁斗争在南方兴起。

刘大鹏作为山西国民代表，不明所以地参与到支持袁世凯称帝的投票中。1915年10月30日，刘大鹏记载了荒唐的投票经历："昨日投票，予竟充代表中人"，但"未知代表何事耳"。次日，刘大鹏才知"代表投票解决国体"，其票为"君主立宪下书赞成二字，人皆一致，无一写他字者"，他表示"此系官界中人指示代表所书者"。对于这场荒唐的投票，刘大鹏感慨："人皆茫然，予亦昏昧。"在全国各地的"附和声"中，袁世凯称帝"名望所归"。当袁世凯"众望所归"称帝之际，山西衙署庆祝此事："各衙署及各铺号均悬旗结彩庆贺君主立宪告成，系中央来电所示，而省城遵行之。"庆祝之事在山西持续了三天，满城张灯结彩，"庆祝帝国三日，今日为中，满城商号住户均行悬灯结彩以贺之"。②

---

① 张棡著，温州市图书馆编，张钧孙点校：《张棡日记》（第4册），中华书局2019年版，第1666、1681—1684、1680页。

② 刘大鹏遗著，乔志强标注：《退想斋日记》，北京师范大学出版社2020年版，第205、206、207页。

第二章　民国初期时局变动、新闻报道与读者观感

刘大鹏本对袁世凯充满鄙夷,更痛恨袁世凯称帝。在他看来,袁世凯称帝的所谓民意只不过是各省区忌惮袁世凯的淫威而制造的"假象",本非人心所向,袁世凯称帝终归失败。

在国外,颜惠庆亦关注袁世凯称帝的相关消息。1915 年 1 月,颜惠庆从《午报》上知晓"袁世凯打算制订法律,使自己成为终身总统;继任人选由他提名"。因袁世凯"在复辟问题上引起一片混乱",最后决议举行新的总统选举法,总统"任期为 10 年,3 个继任人由总统提名"。1 月 31 日,颜惠庆从《京报》上看到总统选举法。2 月 12 日,颜惠庆阅"截止 12 月中旬的北京剪报",诸多人士对"复辟问题仍议论纷纷",但袁世凯"非常乐观"。① 此后,关于帝制的问题沉寂了一段时间。

8 月底,关于帝制问题的讨论又起。对此,《伦敦泰晤士报》刊载了"即将恢复帝制的问题"。该电文称:"北京对此事意见分歧,主要是反对袁世凯自我抬高地位。主张恢复帝制(或确切地说是抬高袁)的筹安会,是由参政和宪法起草委员会的一些委员所组成的。"其中,筹安会在复辟帝制中起到重要作用。9 月 10 日,颜惠庆和张君劢共进午餐时,张君劢表示"对国内局势不满","不反对帝制",但反对"目前的做法",认为"现在所需要的是诚实和坦率"。之后,颜惠庆读到《京报》刊载古德诺的《共和与君主论》一文,古德诺"强烈赞成中国实行帝制"。古德诺赞成帝制的主张引起国内外舆论界的强烈反响。13 日,《伦敦泰晤士报》刊载了古德诺关于中国实行帝制的看法的一条电讯。《京报》又刊载了古德诺的一条备忘录。根据备忘录,古德诺表示帝制成功主要在于"民众对政府须表现出更多的兴趣"。此后,报刊对袁世凯称帝议论纷纷。16 日,颜惠庆阅 8 月 21 日《京报》所载"肃政厅要求谴责杨度和孙毓筠组织的筹安会"的新闻。17 日,据《伦敦泰晤士报》报道,袁世凯称帝遭到舆论的抵制,"北京已放弃改变国体","上海一家赞成改变国体的报纸第一天出版就遭到严厉指责"。29 日,《京报》登

---

① 颜惠庆著,上海市档案馆译:《颜惠庆日记》(第 1 册),中国档案出版社 1996 年版,第 152、162、165、167、174 页。

载"很多有关改变国体的电讯",大部分"赞成"袁世凯称帝,其中,汤芗铭与张勋尤烈。① 可见,袁世凯调和了不少反对者,为称帝制造舆论。

9月初,梁启超的《异哉所谓国体问题者》一文见刊。10月2日,颜惠庆从《京报》上读到此文,知"梁启超反对帝制运动"。此时,袁世凯对于称帝尚未表明态度。对此,参议院将帝制运动"交各省代表研究",而各省与推行帝制的筹安会"指责中央政府在帝制运动中不起带头作用"。7日,颜惠庆读报得知"袁决心当总统。在内阁会议上,陆、梁和章宗祥在回答问题时全都含糊其词"。10日,他读《国民周报》所载"赞扬帝制运动"新闻。为进一步了解帝制运动的详细过程,颜惠庆致信唐在礼,嘱其"把报纸寄来让我仔细阅读"。一星期后,唐在礼寄给颜惠庆一批关于帝制运动的报纸,其中刊有梁启超、美驻沪总领事佑尼干、伦敦《每日电讯报》驻北京记者辛博森反对帝制运动的文章。此后,颜惠庆经常收到从国内寄来的《京报》,多有关于"帝制运动的电讯"。②

11月,袁世凯加冕称帝已成定局。1日,晚报报道"袁的加冕典礼已经决定。这项王冕原先是奉献给宣统的,但他嘱溥伦予以拒绝。袁经几次谦拒后接受了"。2日,晚报又报道了"日本、英国和俄国劝中国推迟恢复帝制"的新闻。日本、英国和俄国的反对,以致"帝制运动今后如何发展尚不得而知"。袁世凯为缓解国内外压力,宣布实行选举以确定是否实行帝制。而《晨报》通过通讯表明"由选举来决定国体是一个骗局",皆因"民众不得自由投票,反对帝制运动的报纸被取缔"。在国内,袁世凯不表态,由部下周自齐、梁士诒、朱桂莘等人推行帝制运动;徐世昌抵制帝制,当他阻挡不住时,"被迫辞职";驻外各公使因特殊身份,亦不表态,希望"通过外国干涉来阻止帝制运动"。迫于外国的压力,袁世凯将帝制运动"无限期推迟"。③

---

① 颜惠庆著,上海市档案馆译:《颜惠庆日记》(第1册),中国档案出版社1996年版,第270、276、277、278、279、284页。

② 颜惠庆著,上海市档案馆译:《颜惠庆日记》(第1册),中国档案出版社1996年版,第285、287、289、286、289、290页。

③ 颜惠庆著,上海市档案馆译:《颜惠庆日记》(第1册),中国档案出版社1996年版,第300、301、304、308、309—310、311页。

第二章 民国初期时局变动、新闻报道与读者观感

12月初,《京报》上有诸多关于帝制运动的电讯。同时,关于加冕的工作亦在筹备。13日,颜惠庆从报纸报道中知晓"袁已接受帝位",同时"保留总统称号,一直到适宜于加冕时为止"。18日,《伦敦泰晤士报》报道了袁世凯接受帝位的电讯。袁世凯接受帝号后,引发了一些内外势力的反对。严修"反对并鄙视总统接受帝位"。参议院要求驻各国公使发电表示赞同帝制,颜惠庆请曹汝霖代起草电稿,其态度是:"对此类胡闹之事""既无胃口,亦无意愿"。29日,他从报纸上知晓云南宣告独立,当地晚报亦详细报道了蔡锷领导的云南起义。30日,他得知"曹锟接受派遣带8万军队进攻云南"。在国外,在帝制运动中保持沉默的日本"突如其来"表示反对,俄国由希望推迟袁世凯称帝改为反对,英国希望在解决西藏问题的基础上承认帝国。①

一些知识青年也留心记载袁世凯复辟活动。朱峙三详加摘录袁世凯复辟的新闻。彼时,朱峙三任教于寒溪中学,除日常授课外,颇为关注国事。1915年9月12日,他"检阅近时报",记载"大总统在代行立法院发表对于国体变更宣言"。19日,他阅近日报纸所载"内务部呈复限制筹安会"的新闻。26日,他阅19日之报,新闻称"京中发起全国请愿联合会,推沈云霈为会长,鄢彦、张镇芳等二人为副会长"。他又阅20日之报纸后得知"代行立法院建议召集国民会议解决国体问题"。10月10日,他读报后得知"京内外筹安会成立",积极推动袁世凯称帝,各地恐"袁世凯欲称帝","双十节甚冷淡,且有未举行者",与往昔双十节的热闹形成鲜明对比。此后,袁世凯称帝的新闻常见于报纸。21日,他阅15日报纸所载"筹安会改组宪政协进会"的新闻。29日,他了解到"连日武汉各机关向北京袁世凯劝进,不久可登极",他表示疑问:袁世凯已"通过总统世袭",为什么"欲为君主"?11月18日,他阅11日报纸后记载:"英、俄、法等国驻京公使向政府质问变更国体能否延期。"19日,他摘录了筹安会的报道:"连日京城,各省各县为筹安会闹得极凶,纷纷劝进者皆系失意旧官僚与不肖大绅,竟欲袁为皇帝。"他抵

---

① 颜惠庆著,上海市档案馆译:《颜惠庆日记》(第1册),中国档案出版社1996年版,第321、323、324、325、327、328、324、326页。

触袁世凯称帝，甚为不满。21日，他读报后得知梁启超和杨度已分裂，特别是梁启超"已逃出京"。①

各地"劝进"袁世凯称帝的报道令朱峙三深感不安。12月6日，他回顾新闻报道并评论："连日各省劝进者多，袁世凯势必称帝。北京江庸等、湖南王闿运诸名流连翩劝进，谓袁之功德甚大，应天顺人，中杂许多卑劣肉麻之语。伤哉！文人无行也。湖南汤督芗铭，蕲水人，劝进尤力，闻已饬造币厂准备铸铜元为纪念。汤癸卯科举人，汤化龙之弟，入民国两度为海军次长者。督湘后贪污甚著，其人格不足论矣。"8日，他读报后得知"北京督察院根据各省请愿书，上袁总统请改君主文，一万余字"。16日，他阅13日报："驻京日公使因我国改帝制，要求政府至迟十五号应给予诚意满足之答复。"22日，他阅报后记载："袁世凯近日已申令对清室优待条件永远不变更。"25日，他闻"北京正筹备袁世凯登极，将有大封典"。"各省督军、省长，文授上大夫，武授某威或某武上将军。"他认为"袁氏叛清而清亡，叛民国，民国恐亦亡矣"。29日，他得知"武汉准备袁氏登极庆祝大典，阳历元旦须改称中华帝国矣"。他颇为不屑地指出，"一律挂羊头者"，"当括目看之"。②

浙江第一师范学校学生杨贤江对于袁世凯称帝甚为悲观。1915年8月20日，他阅《时报》得知："北京有'筹安会'之发起，拟复兴帝政云云。呜呼！国事不宁，而根本事业又须动摇，吾不知吾仍为民主国国民耶？抑将转而为君主国国民耶？"③民主共和已深入人心，袁世凯却突然回归帝制，令杨贤江始料未及。极为关注国事的杨贤江悲观的不是民国共和或君主立宪，而是国体变更造成"国事不宁"，会引发更大的危机。

远在美国的胡适通过阅报了解国内情形，对于古德诺支持袁世凯称帝表示强烈反对。1915年8月18日，报载袁世凯称帝，古德诺为其建言，胡适作短文论之，反对称帝。29日，胡适又作文，辟"古德诺谬论"："古氏在此邦

---

① 朱峙三著，胡香生辑录，严昌洪编：《朱峙三日记（1893—1919）》，华中师范大学出版社2011年版，第458、459、460、460—461、461页。

② 朱峙三著，胡香生辑录，严昌洪编：《朱峙三日记（1893—1919）》，华中师范大学出版社2011年版，第461、462页。

③ 杨贤江：《杨贤江全集》（第4卷），河南教育出版社1995年版，第117页。

演说作文，均言中国人无共和之程度，其说甚辩，足以欺世。又以其为一国名宿也，故其言为人所深信，于我国共和前途殊有影响，不可不辨；故乘此时机作此文攻之，以投《新共和国周报》，不知能登出否？"① 在美国接受民主共和思想的胡适强烈反对袁世凯称帝，并撰文以示抗议。

在法国的徐旭生也通过阅报了解袁世凯复辟的新闻。1915 年 10 月 23 日，他阅《时报》，"见梁卓如反对变更国体之文，甚沉痛"。26 日，法国报言"中国纷纷调兵"，他暗忖道："最怪者将湖北兵调往南京，岂因冯氏反对公路之帝制自为，而公路派兵以防之耶？"31 日，他阅报后记载"日本与英、俄干涉中国之复兴帝制，可叹"。② 他比较留意法国媒体的报道，对国内舆论关注不多。

受到西方民主共和思想影响的知识青年对袁世凯称帝嗤之以鼻，认为袁世凯此举是倒行逆施，重走专制的道路。这是他们最不能容忍的。特别是袁世凯称帝引发的国际国内危机，可能让中国遭受亡国之灾。他们内心深处对袁世凯充满了鄙夷，并且埋下了反袁的种子。

二、郑汝成被刺案与读者记载

1915 年 11 月 10 日，郑汝成在参加完日皇庆祝仪式回寓时被暗杀。11 日，《申报》刊载了《哀郑汝成》的时评，对郑汝成被刺表示哀悼。③ 同日，《申报》将六个不同访员的采访刊载于《本埠新闻》，使读者了解郑汝成被刺的详细情况。④ 作为袁世凯在上海的重要党羽，郑汝成被刺引起诸多读者的关注和联想，他们纷纷在日记中记载其事。

郑汝成被刺案发生后，不少官绅都纷纷通过报刊了解相关报道。例如，童保暄在车站听闻"鄞镇守使被害记"，"甚骇之，急取读之"，读报后得知"鄞镇守使于昨日趋贺日皇加冕途中被刺，即时出缺。同死者尚有副官长舒

---

① 胡适著，曹伯言整理：《胡适日记全编》（第 2 册），安徽教育出版社 2001 年版，第 240、266—267 页。
② 徐旭生：《徐旭生文集》（第 8 册），中华书局 2021 年版，第 169、170、172 页。
③ 冷：《哀郑汝成》，《申报》1915 年 11 月 11 日，第 2 版。
④ 《上海镇守使遇刺》，《申报》1915 年 11 月 11 日，第 10 版。

某"。他感慨道："甚矣，我国之荆轲也，心中为之不安者久之。"① 马济中也记载了郑汝成被刺的相关新闻："上海镇守使郑汝成将军于昨日赴日领事署贺日皇加冕，于道为客阻击，毙于英租界，警电传来，都人心为之一动。"他进而评论："郑于癸丑之变守上海制造局，颇著勤劳，今兹不得死。东南大局虽不必因而扰乱，然四国警告，遂不幸信而有征，国家已属风雨飘摇之时，不思取以图存之道，而惟私利是构，致酿阋墙之祸，可胜叹哉！"② 王闿运也听闻"上海镇守使被戕，此间镇守使不敢出"。后来看报了解详情，他感叹："惜郑汝成以生命觅封侯，而袁慰庭报之亦甚厚。"③ 傅增湘则通过上海方面的电文了解郑汝成被刺的消息："镇守使郑汝成贺日皇加冕，在某路为乱党放十八枪毙命。凶手被获，地方安静。"④ 陈炳华简略地记载了郑汝成被刺案的过程："今日日本天皇加冕，华官群至日公使署庆贺。上海镇守使郑公汝成乘汽车，行至外摆［白］渡桥被刺，当时拿获凶手三人。"⑤ 一向拥袁的他，自然颇感惋惜。张棡对郑汝成被刺身亡事件也甚为重视，全文抄录了《申报》关于郑汝成被刺身亡、刺客被抓和中央政府厚恤郑汝成的消息，并颇感意外地评论："从前宋教仁之死，非特刺客不办，且并无一毫恤典，而今郑氏之死，其优礼直超过前清所未有，亦历史来未闻之事也。"⑥ 语气有不满之意。凌盛仪听闻郑汝成被刺殒命，"不逞之徒又肆行矣"。后又记录中央封爵时，"郑汝成已追赠侯爵"。⑦ 这些读者从不同角度追述了郑汝成被刺案，表明这

---

① 童保喧著，宁海县政协教文卫体和文史资料委员会编：《童保喧日记》，宁波出版社2006年版，第209页。
② 马济中：《济中日记不分卷》（第18册），上海图书馆藏稿本（编号：线普长53632-40），1915年11月11日。
③ 王闿运著，吴容甫点校，中华书局编辑部修订：《王闿运日记》（第6册），中华书局2022年版，第2909、2911页。
④ 傅增湘：《澄怀堂日记附澄怀杂存》，清华大学图书馆编：《清华大学图书馆藏稿钞本日记丛刊》（第18册），国家图书馆出版社2018年影印本，第13页。
⑤ 陈炳华：《钝盦日记五卷》，李德龙、俞冰主编：《历代日记丛钞》（第171册），学苑出版社2006年版，第444页。
⑥ 张棡著，温州市图书馆编，张钧孙点校：《张棡日记》（第4册），中华书局2019年版，第1654—1655、1661页。
⑦ 凌盛仪：《凌盛仪日记》（第21卷），湖南图书馆藏稿本（编号：275/5），1915年11月15日，11月23日。

第二章 民国初期时局变动、新闻报道与读者观感

一事件产生了较大的社会影响和心理冲击。

传统士绅对郑汝成被刺案的态度,折射出其政治立场。刘承幹在郑汝成被刺的第二天得友人振声函,对案件描述颇详细:"昨日为日本大正皇帝加冕,上海各官咸至日本领事署道贺,镇守使郑子进将军汝成亦往贺,与日领借礼查西饭店宴客,将军宴毕出外,在外白渡桥垛突遇乱党数人,手枪炸弹齐发,将军与舒锦秀(京畿宪兵管司务长)均顷刻殒命于汽车中,临时拿获凶手王小峰、王铭山二人,市面为之大震,银根又紧。"对于此事,他痛惜道:"该逆贼如此残忍,闻之令人发指。"① 他夜阅报纸了解被刺案的来龙去脉,对郑汝成深表同情。

暮年的叶昌炽也是袁世凯的支持者。他在 1915 年 11 月 11 日读报后得知郑汝成被刺消息,并详加披露:"上海镇守使、彰威将军郑汝成,民国之干城也。前日因出贺日皇加冕,在白渡桥忽为乱党狙击,先掷一炸弹轰,气〔汽〕车隳坏,即跃登车,迭发手枪,鳞伤殒命,同死者一舒姓。当场获两凶手,一王明山,奉天人,一王晓峰,吉林人。然名号籍贯,记者据传闻异词。此犹前宋教仁案,开宗明义,第一章一篇大文,再听下回分解。"两日后,他再次披阅后续报道,详细记载了袁世凯优恤郑汝成的新闻:"郑镇守使噩电至京,项城令照上将例赐邺,追封彰威侯,赏银二万两治丧,拨小站营田三千亩赡其家属。上海地方及原籍建立专祠。报功之典,可谓至优极渥。郑治军严,南来颇有遗爱,沪上绅民为请优邺,铸铜象,开追悼会。"他对此颇为赞同,发自肺腑地写道:"其实在袁氏为忠臣,在民国为保障。吾人以春秋之法论,但可作壁上观,无所用其左右袒也。"对于前两日关于刺客的新闻,他有所订正:"刺客王小芬,吉林人,为首。王铭三,山东登州人。其从前记作王晓峰,亦有书为筱峰者。又误王铭三为奉天人,皆传闻之异词尔。"② 从其行文与评论可以看出,他对郑汝成颇有好感,对郑汝成被刺深表惋惜。

也有读者对郑汝成被刺颇为兴奋。例如,叶圣陶视郑汝成被刺为"革命

---

① 刘承幹:《求恕斋日记不分卷》,上海图书馆藏稿本电子版(编号:线善 862624-74),1915 年 11 月 11 日。
② 叶昌炽:《缘督庐日记》(第 12 册),广陵书社 2014 年影印本,第 7621—7622、7623 页。

党人的游侠精神"所使然。他说:"今日日本国皇举行加冕礼,沪上官守齐赴日领事馆庆贺。镇守使郑某驰车至中途,饮人掷弹而卒,群众为之哗然。盖自一二月以还,一般庸人倡为改更国礼之说,谣者乘此驰电劝进,郑居高位亦列名进表。益以癸丑之夏,郑实取人膏血植己勋绩,党人恨焉,爰有今日之举。世至举目皆呈恶象,惟有游侠足以药之。游侠之趋向,厥有二途:一曰杀身成仁,一曰摛思播教。二者并进,世其治矣乎。"① 可见,读者从不同角度记载了郑汝成被刺案,震惊之余,评论各有侧重,政治立场也有差异。

三、护国战争与读者因应

在袁世凯积极准备称帝之际,反袁势力也在各地集结。其中,滇军作为最重要的一支力量,在昆明向袁世凯发出最后通牒,希望袁世凯取消称帝。在遭到袁世凯拒绝后,滇军联合黔军、桂军组成护国军,讨伐袁世凯,并取得了胜利,史称护国战争。

在蔡锷、唐继尧、李烈钧发表反袁通电的第三日,《申报》登载了东方通信社的电文,报道了云南独立事。② 但对于云南独立这一重大事件,其他报刊的关注度显然不够,并且《申报》以电文的形式报道,并未引起广泛关注。直到护国战争愈演愈烈,其他报刊才纷纷关注战争的进展,相关新闻纷纷见诸报端,不少读者对战事进行跟踪和记载,展现了战事所产生的深刻影响。

向往帝制的沪上巨富和藏书家刘承幹在1916年2月6日阅报了解到云南、绥远独立的消息,他心存侥幸地写道:"知云南、绥远两处叛徒尚不猖獗,私心稍慰,盖吾辈当此时局,但求国泰民安,年丰物阜而已,他非所知也。"在他看来,云南、绥远不仅反袁,还是叛乱之举。至4月12日,报纸报道浙江独立,"朱将军不知下落,仍举屈巡按为都督"。得此消息,刘承幹颇为担忧老家南浔:"时(局)变迭,乘大局行将糜乱,湖郡七邑,吾浔又首当其冲,眷怀桑梓,为扼腕者久之。"5月20日,他阅报得知陈英士被刺身亡的消息,

---

① 商金林撰著:《叶圣陶年谱长编》(第1卷),人民教育出版社2004年版,第201页。
② "北京电""东京电",《申报》1915年12月27日,第3版。

第二章　民国初期时局变动、新闻报道与读者观感

当日在日记中详加披露:"陈英士于昨日旁[傍]晚五句半钟,在法租界萨坡赛路第十四号门牌山田纯一郎家被人击中三枪,其最致命之伤弹,由右嘴角上穿脑门而出,脑浆崩裂,立时气绝殒命。该刺客中亦有被击,枪弹由左乳旁洞穿背后而出,立倒于马路上者。当经捕房于刺客尸身搜出陈介凡名片。是否为介凡,亦未可知,而时凶手系坐意泰汽车行内雇得五百七十二号汽车。该汽车由鸿丰矿务公司所雇,捕房寻根穷源,拘获凶手许谷兰及嫌疑人李海秋等,据云均系党人也。"一向反对国民党的刘承幹颇为兴奋地评论道:"英士横行租界,动事暗杀。今日天道好还,卒亦为人暗刺,此种结果在当日早已料及。自陈被刺,在我湖人屡被恫吓索诈,亦可稍稍安逸矣。故获此消息,靡不欢声雷动,正不独我湖一乡人耳。"① 他以湖州人的身份,对陈英士之死幸灾乐祸。但他很少谈及袁世凯遭遇的危机。

郑孝胥自1916年3月开始关注有关护国战争的新闻。3月18日,《大陆报》等报报道"广西宣告独立"。20日,报载:"广西致袁世凯逼令退位书电,又,康有为劝袁退位书。"在南方各省的反对下,袁世凯宣布取消帝制。25日,他在与友人的交谈中得知:"袁世凯罢帝制,仍自为总统。"报纸号外报道:"袁之罢帝制求总统,乃朱尔典教之也。"4月5日,康有为作《复辟议》一文载于《上海周报》。郑孝胥认为此文"诚中肯也"。随着反袁的深入,袁世凯政府内阁内部也出现了分裂。25日,郑孝胥阅报得知"北京新内阁以段祺瑞为总理兼陆军总长,金邦平为农商总长"。28日,他摘录报纸新闻:"陆、龙已和,举岑春煊为都统。江阴、吴江皆为革党何嘉禄、萧某所据,冯国璋遣兵复吴江,与革党战于无锡,进攻江阴。"30日,他阅报得知"冯国璋联合各省求袁退位"。之后,他认为梁启超的《辟复辟论》一文是"伪作",皆因"自辛亥以来,乱臣昌言于上,贼子昌言于下,诬天下甚矣"。② 对于各地独立的新闻,他记载不多。

---

① 刘承幹:《求恕斋日记不分卷》,上海图书馆藏稿本电子版(编号:线善862624-74),1916年2月6日,4月12日,5月20日。
② 郑孝胥著,中国历史博物馆编,劳祖德整理:《郑孝胥日记》(第3册),中华书局1993年版,第1601、1602、1603、1606、1607、1608—1609页。

初到上海的叶圣陶甚为厌恶袁世凯的倒行逆施，在1915年12月28日读报后写道："日来时局日非，世几成为魔窟。"针对的是袁世凯"妄自称帝，媚人和之，相与讴歌盛德"，而"报纸翻来皆此类事，令人气郁"。在抨击袁世凯的同时，叶圣陶盛赞蔡锷："惟闻云南已扬独立之旗，声明不与相联，此则最正当之行为，国人之职务也。世至暗昧无人理，惟尚侠足以振之，称兵诛暴，白刃僇凶，皆侠行也。袁之果得剪除与否，胥视乎国人尚侠之程度如何已。"① 叶圣陶充分赞扬国民党人的反抗精神，将其视为推翻袁世凯统治之希望所在。

归隐苏州的叶昌炽也对各地反袁起事的新闻记载较多。他在1915年12月7日阅报得知沪上国民党人进攻制造局的新闻："攻城内外，警区皆无效，横尸路衢者已不少，流弹横飞，房屋生命亦多损伤，又沪南一小劫也。""沪南一小劫"后，云南反对帝制的消息传来，吸引了他的关注。28日，他阅报后记载了云南独立的消息："滇池反对帝制，宣告独立，时哉不可失，吾老矣，臣糜有高馨香祝之。"30日，报载唐继尧、任可澄致各省书，"义正词严，虽以共和为宗旨，未申君臣大义，但为友邦言，为国民言，不得不从权立论"。1916年元旦，报纸上载有袁世凯数唐继尧、任可澄三大罪的命令，"一曰引起友邦恶感，二曰违背国民公意，三曰侮辱元首"，并对滇事做如下处理："以张子贞代唐帅滇，任为巡按使，刘祖武代之。张、刘皆云南军官也。"对于此事，叶昌炽颇为不满地写道："相与愤叹，邻置无起而应者。报纸阿谀，依然承平雅颂，哀莫大于心死，岂海内之人心尽死邪。"此后，南方各省纷纷独立。1月19日，他读报得知"川黔两粤已步滇省后尘"独立，而"政府讳莫如深，内地报章不敢登录，至《民报》之远来者，则皆昌言无忌矣"。②

继滇黔川粤独立后，江浙一带亦有独立倾向。4月13日，叶昌炽记载："昨日传言独立，而今日又闻宣布之期，不出五日。又闻阊门外有军队屯驻，厝火积薪，触机立发。虽欲委心任运，其可得耶！"14日，又有杭州独立的传闻："浙帅朱瑞行遁，不知所往。沪杭交通已断绝，宁苏亦跃跃欲动。"而

---

① 商金林撰著：《叶圣陶年谱长编》（第1册），人民教育出版社2004年版，第203页。
② 叶昌炽：《缘督庐日记》（第12册），广陵书社2014年影印本，第7637、7647、7648、7649—7650、7658—7659页。

第二章　民国初期时局变动、新闻报道与读者观感

苏州也不稳定,"其势将出于一战,则阊门遭劫矣"。15日,他阅报得知"浙帅已微服至沪,巡按仍推屈映光,江浙交界无战事"。①

对于各省独立,袁世凯表示取消帝制,"并取消洪宪年号,仍称民国五年"。虽有如此表态,但叶昌炽认为:"迟矣迟矣,民气一动不可静,况又有强邻干涉耶!"此后,袁世凯又表示"愿退位","仍由伍廷芳、唐绍怡[仪]出而媾和"。叶昌炽感慨道:"孟蜀有世修降表李家,此二人独非专门和事老乎。"5月2日,他阅报上所载蔡锷劝袁世凯退位电:"项城承认帝制,辞退总统,国会选举已无效,世岂有未经选举之总统。"又云:"六十老翁,以退而安天下,尚复何求,缅怀谦德,常留国人不尽之思,追念前功,犹为民国不祧之祖。"他评价道:"其旨与唐致[继]尧略同,而词尤恳切,揆时度势,平情论之,项城实无恋栈之余地。"② 他希望袁世凯主动退位。

在南方各省独立报道中,粤省独立后议会冲突引起了叶昌炽的注意。4月15日,他阅报得知"羊城独立后忽于会议时冲突,党人谭典虞、汤觉顿,警长王广龄被戕,党魁徐勤兔脱,龙济光所派四统领独无恙,乱未艾也"。17日,他阅报了解羊城之变的情况:"龙济光部下统领颜启汉突然先出手枪,轰击贺文彪,继起毙十余人,中有福军代表何福乔,然则龙为戎首矣。"19日,他进一步了解广州之变的消息:"羊城海珠之会,至于流血,非龙造谋,竟是当场口角,骤以兵戈相向,龙部下贺文彪亦受重伤,此亦事之至可骇者也。"21日,他阅报后得知海珠祸首,"一说为贺文彪,一说为颜启汉。要之,皆龙部下。颜已窜沪,其原因由徐勤议将禁卫军编入护国军,因而冲突。又二说,龙之谋主,即为蔡乃煌,此则众恶皆归之说也"。26日,他阅报上所载龙济光与陆荣廷、梁启超达成决议条件:"其一,龙暂留都督任,然仍有谓其自愿辞职。其一,蔡乃煌处死刑,新历二十四日午后五时在河岸当众枪毙。国人皆曰可杀,虽以五百万元之巨,不能赎命,凶人其鉴。"30日,报上有

---

① 叶昌炽:《缘督庐日记》(第12册),广陵书社2014年影印本,第7703—7704、7704、7706页。
② 叶昌炽:《缘督庐日记》(第12册),广陵书社2014年影印本,第7695—7696、7706、7720页。

枪毙蔡乃煌的消息:"宣布罪状,有曰天下之恶皆归,擢发难数,国人皆曰可杀,无律可科,不意爱书,有此警语。"①

作为苏州人,叶昌炽自然关注苏州独立的新闻报道。4月19日,他阅报得知"宁沪警告,党人先后来苏,军界已受其运动,有如暴烈之弹导线,一然〔燃〕即轰发矣。吴民运命,惟在深源"。20日,报纸又载有国民党人到苏的消息:"遍谒殷道尹、朱师长、崔赵二警长,要求独立,拒未允,约三日再议,今其时矣。"21日,他记载吴江独立新闻:"钮永建、何家禄为首,有攻苏之举,前夜师船已至宝带桥。""朱师长部下炮兵已受党人运动。此皆谣风,未必确。"23日,他读报后获知"党人来,殷颇用调停手段,而朱则忠于政府,自兼篆后,即下令严捕党人。言人人殊,莫衷一是,皆未必确也"。又有"苏州已派师船驻吴江之尹山桥,备进攻"。24日,他闻"苏军至吴江,以寡击众,党人大挫,已退驻平望镇"。报纸新闻云:"深源赴宁辞职,实因有人告密,所部禁卫军两营将哗变。该营团长刘锡龄力辩其诬,既与深源冲突,全军亦起而反抗,势不能不避其锋,此实在情形也。"25日,新闻报道吴江战事甚详:"党首何家禄,其次殷培六、杨友贵皆逃。又有徐朴臣者,浙江缉私营长徐人骥之子,亦党魁也,尚在平望严墓一带,负嵎〔隅〕未退,苏军已进剿。苏人胆小如鼠,眼光如豆,谓党人为可信,谓独立即可无事。此间绅士所据宗旨亦同,幸深源之不见幼也。"②这些新闻细节揭示了苏州独立的过程。

在江浙战事中,江阴战事颇受叶昌炽关注。4月18日,叶昌炽阅报得知"江阴炮台混成第七十五旅兵五营与党人起事,营长王振邦被戕"。29日,他记载了江阴收复的消息:"江阴收复见于报纸,然不言战状,一若讳莫如深者,但于他项纪述旁见侧出,有取消独立之说,有和平解决之说,又似宁军先入江阴城内炮台后下,又一说以七万元买回,则无此政体也。"30日,他

---

① 叶昌炽:《缘督庐日记》(第12册),广陵书社2014年影印本,第7706、7707、7709、7711、7716、7718页。

② 叶昌炽:《缘督庐日记》(第12册),广陵书社2014年影印本,第7709、7710、7711—7712、7713、7714页。

阅报后详载江阴战事，并评论道："炮台陷落。噫！陷落与？收复与？名从主人，试问记者，自居何等与？据称乱军自无锡退至青旸后即生内讧，叛将萧光礼先反正，乱兵两团（百四十九团，百五十团），一团溃散，一团死抗，歼毙殆尽，生还者仅两人耳。党酋一生擒枭示，曰尤民，一兔脱，曰章武，其真姓名则不知也。"①

除苏州、江阴战事外，叶昌炽对无锡、南京、金山战事亦有所关注。4月25日，他记载了无锡战况："乱军架大炮于高桥，与北军激战，北军退守车站。"26日，他阅报得知南京战事："南京开到援军，乱军众寡不敌，向江阴退去。"又有"北军占优势，乱军已退，无锡已无危险"。他表示："此信当不虚。"27日，他阅报章后记载金山兵变："水警二厅第一专署长沈葆义驰抵株泾，已平定（金山县无城，即株泾镇为治所），以其实皆缉私兵弁，本与枭贩一气，又为党徒煽惑，但图劫掠，一驱即散，不足言独立也。"5月1日，报上又有冯齐致张謇电，"地方利害，洞若观火"。该电要言："欲保全江苏之治安，必先驱除此辈之扰乱。此辈指党人也。又灼知此物，但知保全一家，保全一乡，保全其实业公司，而于全省治安，如秦越人之视肥瘠，诛心之笔，语婉而讽处之，提南通作线，提伏龙周徐（皆南通党人，伏龙已伏诛）为比例，所谓以子之矛，陷子之盾也。"② 在日记中，他直斥张謇为"怪物"，对他甚为不满。

对于反袁斗争的新闻，温州乡绅张棡通过阅读《申报》《时事新报》《时报》等报刊，多方了解，详加披露。1916年1月8日，张棡读报后综述："云南将军唐继尧、巡按任［可］澄宣布独立，不承认帝国，并发电政府及各省将军"，而"各省均发电责之"，并且"政府已通令宣布唐、任及蔡锷罪状，褫夺勋章官职，一面将发兵征讨之"，"正不知此后如何结局也"。12日，张棡阅近日报纸，新闻称"云南独立，政府着各省发兵讨之"，但"广东省兵不肯行"，并要求"须先给军饷卅万乃行"。政府复电给五十万"以壮行色"。他又闻数省"均有反对帝制之意"，政府"大为恐慌"，但袁世凯仍有"再还

---

① 叶昌炽：《缘督庐日记》（第12册），广陵书社2014年影印本，第7708、7717、7718页。
② 叶昌炽：《缘督庐日记》（第12册），广陵书社2014年影印本，第7714、7716、7716—7717、7719页。

帝制之意"。13 日，他看《申报》得知云南已宣告独立，京师政府"日日开秘密会议"，"已遣曹琨[锟]率师团由湖南进兵征讨"，但湘中电称"曹琨[锟]已被刺，湘甚危"。同时，反袁范围进一步扩大，两广、苏、皖等七省"已将中央财政款项截留"，为"本省预备之用"，造成政府"颇为恐慌"。21日，张棡阅《时事新报》得知广西已"宣告独立"，政府"大为恐慌"，并且独立之省"各军均称共和军"，声势"颇大"，乃造成反袁势力的进一步扩大。2月26日，他看《时报》，见滇蜀消息"颇不甚佳"，政事堂会议有"取消洪宪年号及筹备大典事务处"。3月7日，张棡看《时事新报》，得知"讨袁檄文亦有数通"。24日，张棡阅《申报》后记载："广西已经宣布独立，陆荣廷并邀梁任公为之主持一切。似此情形，非特广东不能支撑，恐湖南之势更危矣。"① 各地相继宣布独立，反袁斗争取得了阶段性胜利。28日，他阅22日《申报》后得知"袁氏已颁罪己之诏，洋洋数千言"。虽然袁世凯宣布取消帝制，但"云、贵、广西诸师未必肯罢手"。当晚他看《时事新报》时，亦有南方讨袁之消息。广西独立，陆荣廷、梁启超"严电政府取消帝制之文"，"词甚畅达"。同时，汤化龙、康有为"致袁总统之书"，"淋漓痛快"，而康有为之文"尤推阐尽致"，孙洪伊讨袁檄文，"将其数年来贪位违法、误国殃民之大罪状历历叙出"，"尤令人一读一击节"。岑春煊致陆荣廷书，"详言袁有必败之理由"，"皆曲中袁氏病源"。他进而评论道："袁氏此次失败，直天壤无容身之地矣。""此时之袁氏真四面楚歌矣。"②

虽然袁世凯已取消帝制，但南方不可能停止反袁。4月5日，张棡阅《时报》知悉梁启超为南方调和主任。梁启超提出了南北调停的六大条件。张棡详述了前四条："一、袁氏退位；二、袁氏子孙三世不得选总统；三、袁氏逃外家产除五十万外余均充公；四、当时议帝制者处死。""余二条，则忘了矣。"7日，他看《时事新报》，报上载"梁任公批驳历来拥护帝制之电，洋洋数千

---

① 张棡著，温州市图书馆编，张钧孙点校：《张棡日记》（第4册），中华书局2019年版，第1689、1693、1698—1699、1715、1720、1727页。
② 张棡著，温州市图书馆编，张钧孙点校：《张棡日记》（第4册），中华书局2019年版，第1729页。

言，令人一谈一击节。而康南海书则淋漓尽致"。他读报后认为："报上言袁氏近日精神眩瞆、全失智觉，谅非虚言也。"12 日，他看《申报》后记载："广东又全省独立，闻政府益为恐慌。"5 月 2 日，一些反袁檄文流传，"又有康南海《劝袁氏出亡书》、伍氏廷芳《致袁总统书》、张季直《与徐东海书》，又有徐勤《讨袁檄文》"，"均洋洋大篇，可以讽诵"。① 反袁声浪极高，袁世凯已陷入全面危机。

在温州闲居多年的符璋对袁世凯取消帝制的新闻记载不多。1916 年 3 月 29 日，符璋阅报得知袁世凯"取消帝制及洪宪年号，仍以本年为民国五年。徐世昌为国务卿、段祺瑞为参谋总长"。4 月 17 日，符璋借得《新闻报》两张，报言"十二杭州事与所闻之说微异。又云九江独立"。21 日，符璋阅《申报》知"江西、山东之独立尚未确"。②

因袁世凯称帝，南方各省纷纷宣布独立，南北进行了一系列战争，卞白眉颇为留意战争的进展。1915 年 12 月 31 日，他闻"云南独立"消息。彼时，他尚在出差途中，因没看报，估计是听闻他人言"云南独立"事。1916 年 1 月 3 日，早膳时，船中执事人来询问卞白眉"云南、贵州、四川"等地名英字拼法，他表示"其必有由无线电报来新闻"。早膳后，他果见新闻数则，其一为"云南军党派兵攻四川，政府已调遣汉口兵御之"。2 月 15 日，他提出"协助川省军饷办法"，并指出"此项办法困难之意"，以表明对护国战争的态度。3 月 17 日，他得知"广西独立"新闻，讥讽"朝士又转喜为悲，可怜！"20 日，他分析："桂省独立，粤受影响，风潮侵入银行，幸抵御有方，不至出事。"③

在各省宣布独立后，袁世凯无力解决纷乱，于是决定"取消帝制"，实行民主共和。3 月 21 日，卞白眉闻"倪将军来主张调和，帝制有取消"。22 日，他得知"取消帝制之命令已交印铸局，大约明晨可以宣示，元首有请假一月

---

① 张棡著，温州市图书馆编，张钧孙点校：《张棡日记》（第 4 册），中华书局 2019 年版，第 1735、1736、1739、1747 页。
② 符璋著，温州市图书馆编，陈光熙点校：《符璋日记》（中册），中华书局 2018 年版，第 550、554 页。
③ 卞白眉著，中国人民政治协商会议天津市委员会文史资料委员会编：《卞白眉日记》（第 1 卷），天津古籍出版社 2008 年版，第 49、53、55、57 页。

之说，徐东海出任国务卿"。他表示政局变动难以预测："政局虽一变更，能否弭乱尚不可知，都中兵队能否免其骚动，亦难预测。"23 日，他见报上登载"取消帝制已见明令，中有'诚不足以感人，明不足以烛物'二语"。他认为，袁世凯"吃亏处即在于此，可谓道着矣"。同时，徐世昌"复任国务卿"。24 日，他知晓"洪宪年号取消，仍称民国五年，段芝泉将军任参谋总长"。虽然帝制已取消，但南方各省的诉求乃是要求袁世凯下台，各种谣言致人心恐慌。29 日，他颇为困惑地写道："外间风说甚多，人心恐怖，移家者纷纷。"30 日，他了解到"广东消息甚紧"。同时，谣言不断增多，"外间谣言甚多，要人离京甚夥，人心惶惶，予虽素主镇定，然妇孺从数太众，不得不作移家计矣"。4 月 8 日，卞白眉阅报得知"广东昨日独立"。12 日，沪行来电，谓"杭已独立，各处纷纷告急，予代拟电复，甚忙"。① 此后，他较少记载关于反袁斗争的报道。

严复因参与筹安会复辟帝制活动而声名狼藉，加之身体疾痛而不得不注射吗啡等药物止痛，对政治的兴味大减，在日记中关于时政的记录亦少，间或记载袁世凯与京中见闻。1916 年 3 月 21 日，严复即知晓袁世凯"取消帝制"的消息。31 日，他得知京中"大恶"的消息："汤化龙等率前参、众两院被逐人，自称全国代表，要求袁氏退位。本日，拱卫军以短饷故，欲踵壬子正月故事。出京者众，车站行李堆积如山。"形势不妙，严复进总统府拜见袁世凯，与之聊相关情况。但不久，"袁不见客，或言已去"。② 老迈的严复也心灰意冷，之后很少过问政治。

马济中较早得知云南独立的消息。1915 年 12 月 26 日，他在报馆看到政府宣布滇事长电，颇为沉重地写道："十日前外间即宣滇中大吏，有电反对帝制，不虞其言之果信也。西南一旦动摇，劳师转饷，迁动外交，亡国之祸，将立至矣，谁实为之，不堪为国家一哭也。"对帝制持支持态度的他听闻云南

---

① 卞白眉著，中国人民政治协商会议天津市委员会文史资料委员会编：《卞白眉日记》（第 1 卷），天津古籍出版社 2008 年版，第 57、58 页。
② 严复：《严复日记》，严复著，汪征鲁、方宝川、马勇主编：《严复全集》（第 8 卷），福建教育出版社 2014 年版，第 605、606、614 页。

起事的消息后,有些惊惧。30日,他记载了政府应对的新闻:"将唐任褫职,听候查办,并将蔡昭威亦褫职,勒令来京听候查办。"他认为,此类命令仅表达政府的一种态度,并无实质作用:"政府用意,或犹希其转圜,恐不过,为照例之文章耳。"此后,他又得知贵州反袁之事:"日来黔中消息颇呈不稳之象,闻昨已有电通告各省,请速招国民会议解决国体等语。此等论调,不啻致'哀的美敦书'于中央,云贵联合之势成矣,西南大局尚可问乎。"① 云贵联合,事态成不可控之势。

首先是南北双方在四川、湖南一带混战。在湖南,云贵军节节胜利。1916年2月15日,马济中听闻"洪江、黔阳至今尚不通电",外报报道:"托口亦为黔军所据,大有顺流而下之势。"25日,新闻称:"沅陵确已不守,北军一混成旅悉于辰沅之交歼焉。南军殆奋全力以求出湖南,乘当局之虚。"他认为,"沅陵既失,武陵尚不可守耶,南望故山,不胜庾信江南之感"。北军在湖南西部节节败退,但"居中枢者多不能得确息"。② 他亦难以了解战争的进程,只能零星记录。

在四川,战场主要集中于叙州。1916年2月14日,马济中从法使署得知消息"泸县已于十二日为滇军所据",只不过"政府迄未得该方面报告"。3月4日,马济中阅官报,新闻称"叙州不日可下",主要原因在于"滇军乏械,不得已而退出,非以战斗力能夺回",并且十日前闻"屏山由官军收复"。在他看来,"后方之联络截断,遂至此邪。否则尚未经大激战,何至遂有乏械之事,北军赖此可以掩纳溪之败矣"。6日,官报又有"收复纳溪之报"之说,"双方剧战,损失均重,滇军终败退者,则亦以乏械故"。③

其次是其他各省纷纷响应独立事。3月17日,马济中闻"广西已宣布独立,有通电到京"。在他看来,"此酝酿期中所获于中央之饷,若械殆达百五

---

① 马济中:《济中日记不分卷》(第19册),上海图书馆藏稿本(编号:线普长53632-40),1915年12月26日、12月30日、1916年1月4日。
② 马济中:《济中日记不分卷》(第19册),上海图书馆藏稿本(编号:线普长53632-40),1916年2月15日、2月25日、3月3日。
③ 马济中:《济中日记不分卷》(第19册),上海图书馆藏稿本(编号:线普长53632-40),1916年2月14日、3月4日、3月6日。

十万以上,霹雳一声,其有裨于共和滇军大矣,若粤若湘,能勿被其影响乎"。19日,外间又有"苏浙鲁赣及张定武五将军有联合调停乱事之意",他进而分析道:"合五省之兵力,以为左右袒,无论中央与西南,胥不能不有所顾忌,战事若如此结局,尚为中国之大幸也。"20日,他得知广东独立的新闻。他研判两广局势:"振武与陆为至戚,粤桂又为连疆之地,桂中行动,粤岂毫无所闻。然迄未告密中央,此其可疑一也。桂中独立,陆率师直趋桂林,以为窥湘之计,苍梧为由粤入桂之咽喉,水程旦夕可达,桂既不取上游之势以通粤,且不虞粤之袭已,此其可以二也。外报宣传中央得桂布告独立电报后,曾电商振武,嘱以征桂重任,而振武不应。综合各方面以为观察,粤纵不附桂,其必持中立之态度明矣。"①

在各方的激烈反对下,袁世凯被迫宣布取消帝制。3月22日,马济中闻"取消帝制之命将于翌日发表,陆相引退,东海又出山",其主要原因在于"苏浙鲁赣徐五将军之劝告"。在马济中看来,袁世凯取消帝制将会给其威信带来无法弥补的后果:"元首之威信坠地,纵能保守其固有之大总统地位,而欲有所施展,其有济乎。末路英雄,最忌短气,锋芒已尽,无能为矣。"23日,他得知"取消洪宪年号之命令,将于明日公布,建威亦出长参谋总长",认为"将来南北必仍处于议和,昨日之令必不能令滇军停战,欲求转圜,须借五将军之势以为重。宣武今日之地位,殆如韩信之在齐也"。②

马济中尤为留意老家湖南的战事。3月29日,他阅报得知"永顺失守",虽"未知确否",但他"甚以家人为忧"。4月7日,他阅报后进一步知晓:"永顺失守似属确实,盖不久而大庸亦告警矣,惟黔军与北军相持于辰沅之交,无从假道,且亦无据永之必要,其为土匪肆掠殆无疑。"而其邑靠近永顺,"桑梓之安危,不胜悬系"。③

---

① 马济中:《济中日记不分卷》(第19册)上海图书馆藏稿本(编号:线普长53632-40),1916年3月17日、3月19日、3月20日。
② 马济中:《济中日记不分卷》(第19册)上海图书馆藏稿本(编号:线普长53632-40),1916年3月22日、3月23日。
③ 马济中:《济中日记不分卷》(第19册)上海图书馆藏稿本(编号:线普长53632-40),1916年3月29日、4月7日。

第二章 民国初期时局变动、新闻报道与读者观感

此后,广东、浙江纷纷独立。4月8日,他见报上载有"广东独立警耗",至署,"则确有通电来"。他无所适从地写道:"大局收拾至此,益棘,其或有继起者,未可知矣。"13日,又有两浙"独立之耗警电传来","上下为之震慑,战云日弥,有渡江之势,大局恐难支矣"。14日,他到署,得知"浙江屈使忽有取消独立之通电,人心为之稍定",但不知是否可靠,"殊难悬测,且以云涌风起之怒潮,而谓能以独力障之,抑事之至难矣"。19日,他了解浙江忽独立又忽取消的相关消息:"日来浙中秩序甚乱,有云杭州已大火三日及绍兴独立,肆行惨杀者,嗣经确查,均系讹传,惟屈使已被拘,盖民军怒其无信,一方以都督名义安民,一方又以巡使名义入告也。"①

袁世凯政府为解决军费问题,向外国银行借款。4月10日,马济中记载政府向美国借款的相关消息:"当局近借美款,闻确已签字,最可痛者,实收仅六八折,而又例填六个月,多耗数十万之虚息,吾侪人民对之其感想为何如邪。"他对于中国政府借款导致的外债痛心疾首。5月13日,他又得知政府向法国借款的消息:"得白某法人之消息,当局已将京汉铁路抵借日款五千万元,外押五千万元,以十年为期。英文北京日报于昨晚刊其条件,冀于今晨露布,事为当局所闻,遂将该馆封闭。"时局危迫,他叹息:"京汉路者,横断黄河流域之腰脊,而又直扼长江流域之中心,脱届期不能收回,国将不国,当此和议酝酿之中,乃不恤人,言如此,殆抑不顾促成南北分裂之实现。"②言下之意,袁世凯政府已糜烂不堪,覆灭之灾难以避免。

在湖南平江乡下的凌盛仪颇为关注反袁斗争。1915年12月31日,他得知"云南兵变"的消息,"有谓系蔡锷、梁启超指使者",他评论道:"亦民国之殷,预以各省将军多愿执殳前驱,想不难平定之耳。"对于梁启超参与其事,他有点不相信。随后,他阅报得知"梁启超实在上海,并未赴滇"。他评价道:"任公固不如是之孟浪,不以政见之不合,掷国家如孤注云云,未知孰是"。③

---

① 马济中:《济中日记不分卷》(第19册),上海图书馆藏稿本(编号:线普长53632-40),1916年4月8日,4月13日,4月14日,4月19日。
② 马济中:《济中日记不分卷》(第19册),上海图书馆藏稿本(编号:线普长53632-40),1916年4月10日,5月13日。
③ 凌盛仪:《凌盛仪日记》(第21卷),湖南图书馆藏稿本(编号:275/5),1915年12月31日。

此后，反袁斗争愈来愈激烈。1916年1月2日，他阅报后记载："云南反对帝制者，将军唐继尧、巡按使任可澄及蔡锷为之主，政府令湘桂蜀军合剿之。"16日，他披露了云南独立后组织政府的消息："某党已组织政府，以岑春煊为元帅，推梁启超为内阁总理，唐绍怡〔仪〕任交通，伍廷芳任外交，李烈钧任陆军总长，蔡锷任参谋总长云云。"此外，贵州亦独立，"戴戡为之谋主"。29日，又有重庆独立的消息，造成"曹锟率征滇之师不能前进，屯兵于宜昌。黔军犯湘，开战于洪江，政府兵败"。3月18日，他阅报后了解滇军的军事组织构成情况："滇军第一军长为蔡锷，第二军长为李烈钧，又已拟在上海组织国会，会长仍为张继。"①

袁世凯因滇黔起事，决议取消帝制。3月29日，凌盛仪阅《大公报》号外得知："教令帝制一案，业已撤销，所有洪宪年号，应即废止，仍以本年为中华民国五年。"袁世凯本人"引罪自责，仍反〔返〕总统之职，又辞皇帝之尊，令徐世昌任国务卿，陆徵祥专任外交总长"。在凌盛仪看来，这是袁世凯改过自新的机会："大哉，勇于改过，诚今日知昨日之非乎。惟一般于帝制有功。"对于袁世凯的拥趸而言，"尔公尔侯，当一并削爵，恐未免作一路哭矣"。4月6日，他阅报得知："袁总统以滇黔桂之变，取消帝制。蔡锷等犹不承认，意欲必另举总统，杀筹安会发起人，以谢天下也。"虽然袁世凯取消帝制，自任总统，但南方起事诸省仍要求袁世凯辞总统职。10日，他阅报知晓袁世凯"辞总统职，自行提出条件，向民军交涉"，并提出如下条件："一、归住河南卫辉府，须民国政府担任保护；一、继任总统须由袁□指定三人，然后就此三人中投票公举；一、一年需经费一千万元；一、赦党人岑春煊、黄兴、李烈钧、柏文蔚等回国；一、不得危害筹安会倡复帝制诸人；一、兵制须另行改组。"②条件如此严苛，"民军"不可能全盘接受。

凌盛仪还关注广西、广东、浙江独立的消息。3月28日，他记载"广西将军陆荣廷又告独立"。4月12日，他阅报得知"广东已由龙济光宣布全省

---

① 凌盛仪：《凌盛仪日记》（第22卷），湖南图书馆藏稿本（编号：275/5），1916年1月2日，1月29日，3月18日。

② 凌盛仪：《凌盛仪日记》（第22卷），湖南图书馆藏稿本（编号：275/5），1916年3月29日，4月6日，4月10日。

独立"，并且湖南亦有独立的消息。19 日，他阅报了解了浙江独立的消息，"浙江又由民党迫屈巡按宣布独立"。南方各省宣布独立，同时，要求袁世凯辞总统职的电文亦如雪花片而来。27 日，凌盛仪阅读了一些政要通电袁世凯退位的电文，评价道："康则如老吏断狱，和盘托出，张则委婉告之，情义双至。辞职文字之最无耻者，则有发生帝制罪恶贯盈之参政杨度，其文云虽以俾士麦之霸才，不能治墨西哥之乱国。"①

在各省独立的情况下，袁世凯辞总统职。5 月 2 日，凌盛仪阅报知晓中央政府发生变动："中央已举行责任内阁制，以段祺瑞代徐世昌为内阁总理。"一些反对袁世凯称帝的北洋军阀内部人士（如冯国璋、段祺瑞）亦要求袁世凯退位。凌盛仪评价道："两公均袁公小站中人材，久为心膂，今一总内阁，一镇重省，又均为北军所钦崇者。记民国元年，媚袁者呈文劝进，有云冯段归心堪寄将军于阃外，今日如此，袁公尚能久于其位乎？" 10 日，他阅报后了解袁总统退位将成事实，其原因有四："一因外交逼迫，原有六个月不能自平内乱，外人当代以武力解决。日本尤秣马以待，盖约期已近也。一因数省独立，不复解款，中央财政非常困苦，订借美款，又为唐绍仪等电美阻止矣。一因冯国璋、陈宧等任调停南北之事，现已陈复无能为力。一因南方独立各省不肯停战，并拟组织新政府于广东，蔡锷既入川已久，陆荣廷取湘，又行将出发也。"② 在内外交困之中，袁世凯的失败难以避免。

定居长沙的李辅燿对于反袁斗争关注较早。当他得知云南唐继尧独立消息后，颇为不满，对唐继尧两面三刀的行为不耻："既先有劝进之同意，何忽又极端反对耶。"此后，云南独立愈演愈烈。1916 年 3 月 22 日，袁世凯宣布取消帝制。24 日，李辅燿阅报得知袁世凯取消帝制的新闻，其文云："代行立法院转呈拥戴之件，仍认为不合事宜，上年二月十一日帝制案即行撤销，由政事堂将各省区推戴书一律发还，参政院转发销毁，所有筹备事宜，亦即

---

① 凌盛仪：《凌盛仪日记》（第 22 卷），湖南图书馆藏稿本（编号：275/5），1916 年 3 月 28 日，4 月 12 日，4 月 19 日，4 月 27 日。
② 凌盛仪：《凌盛仪日记》（第 22 卷），湖南图书馆藏稿本（编号：275/5），1916 年 5 月 2 日，5 月 6 日，5 月 10 日。

停止。"又谓"洪宪年号亦有取消"。在李辅燿看来,"此于中央一面,已尽悔祸之义,特反对之滇黔桂三省,未知即能允罢兵否耶"。① 他对于袁世凯取消帝制能否解决滇黔桂三省起兵事表示怀疑。

果然,反袁斗争愈演愈烈。4月2日,他阅报知"滇黔桂三省皆责项城以逊位,此势所必然。项城已有召集法院议另举总统之说,此亦理所必有"。但他心里嘀咕:"然项城即逊位,仍不能逍遥事外。镇抚军界,恐他人无此威,惠则不堪闻矣。"② 在李辅燿看来,袁世凯被滇黔桂逼迫退位,情非得已。但要镇抚军事,恐袁世凯莫属。

李辅燿颇为关注曾任职的浙江的独立情况。4月16日,他读报后了解浙江将军朱瑞和巡按使屈映光对独立事意见不一。朱瑞"因军界倡言独立,不知所往",而屈映光"不从独立之言","电告中央,以维持秩序起见不得已",只得听从军界之言。中央政府嘉其"应变有方",着屈映光"督理浙江军务"。在李辅燿看来,浙江"似独立而非独立,亦一新局也"。20日,他阅报后得知浙江独立"甚详"的消息:"枫泾以北线路拆去一段,不令沪上北军入浙,防御甚严",并且"屈映光电告中央,乃兼将军督理军务,以保地方秩序,而又不受中央节制,亦不识为何等局面"。③ 对于浙江服从中央而又不受中央节制的状况,李辅燿已看不清局势,只希望事态早日平息。

李辅燿还关注湖南独立的报道。4月28日,他阅报得知"零陵镇守使望云亭已宣告独立,大声疾呼,专为保全人民而然,并无别意"。在李辅燿看来,"此亦辩解退位之办法也"。此后,围绕争夺湖南督军职位,各方势力不断博弈。5月9日,李辅燿阅《大中报》得知袁世凯有电致汤芗铭"决计退总统之位",令倪嗣冲"驻湘之北军即日退回"。《大中报》为汤芗铭之机关报。对于此电,李辅燿虽心存疑虑,不知真假,但依然颇有期待:"果尔,

---

① 李辅燿著,徐立望、胡志富主编:《李辅燿日记》(第10册),浙江大学出版社2014年影印本,第588、639页。
② 李辅燿著,徐立望、胡志富主编:《李辅燿日记》(第10册),浙江大学出版社2014年影印本,第645页。
③ 李辅燿著,徐立望、胡志富主编:《李辅燿日记》(第10册),浙江大学出版社2014年影印本,第657、661页。

第二章 民国初期时局变动、新闻报道与读者观感

则和平可望,然善后诸事,亦宜慎重,不能无戒心耳。"10日,他阅《大中报》所登袁世凯致汤芗铭电,袁世凯"退位已决定,现在赶急议以后之办法",先是将倪嗣冲"驻湘军队调回安徽原驻地方"。他对《大中报》报道的怀疑也消除了,"《大中报》非有可靠真消息,不能登载"。他进而判断"因此人心稍定耳"。①

此后,南北军纷纷撤离湖南,湘局稍定。5月20日,李辅燿阅报知"北军实行撤回"。由于汤将军与车镇守使电请求撤军,"中央致电,如能负完全责任,黔桂之军不侵扰湖南,尚有数条,均能担认,即准电饬驻湘北军军官将军队分起撤回"。汤芗铭等人致电表示"愿负责任",故"即日赶办接防之事",定"今日先送一营"。李辅燿读报后为之宽慰,写道:"得有此一举,谣言又可少息。北军名誉不良,兵官亦无纪律,且系新征之兵,按丁抽派,不知战阵为何事。"24日,他阅报得知"倪唐两军均已退撤起身,谣言当可少息"。南北军撤离湖南后,汤芗铭以湖南都督身份宣布独立。30日,李辅燿读报后记载:"汤都督有脱离袁氏独立长电,并分电独立与未独立各省。此次南京大会议,十五省各派代表,惟湘鄂鲁赣四省代表与冯张反对,致将四省代表斥逐出会,则所谓大会议者,仍是拥护袁氏主议,何以服众人之心,今鲁湘已宣布矣。"②对于这样的时局,李辅燿无可奈何。

一向拥护帝制的王闿运,对袁世凯向来赞赏有加。他看报得知袁世凯取消帝制后评论:"责总统退位者词严义正,非武力不可解决,但为国史增几篇佳文耳。"作为湖南文坛名宿,他较为关注湖南宣布独立后的局势。1916年5月7日,他读报后记载:"湘乡称兵,遣人送防军北还,又战局所无,喜多新样。"22日,他读报后关注衡阳、永州的战况和动向:"衡山已屯护国军,衡州响应,永州当不虚矣,令人思谭芝公。"6月9日,他读报后得知战事进展:"省城依然无恙,岳州已失守矣。"对此,他较为悲观地写道:"文明时代固应

---

① 李辅燿著,徐立望、胡志富主编:《李辅燿日记》(第10册),浙江大学出版社2014年影印本,第669、680—681、682页。

② 李辅燿著,徐立望、胡志富主编:《李辅燿日记》(第10册),浙江大学出版社2014年影印本,第694—695、698、704页。

匕鬯不惊，乃知前此之徒劳也。"①

在湖北，朱峙三不仅关注袁世凯称帝的动态，而且不厌其烦地记录各地反袁斗争的过程。1916 年元旦，友人汪小轩来与交谈，告知"县公署已有红布告贴出"，云袁世凯"登极已改元洪宪"。不久，程松师亦来，告知"衙门有电报，出腾黄称洪宪元年"。朱峙三沉痛地指出："民国已夭。"1 月 2 日，他读报后得知"武昌王占元大庆祝，已封为上将军"，在京之黎元洪"已封武义亲王"。朱峙三感叹道："局势转变如此，则人民所不及料者。"他在此后与友人的"共谈国事"中，"颇快意"，并准备"作筹安会劝进诗讥当世之无耻者"。10 日，他表示"刺当局诗四首已成"。② 可见，朱峙三对于袁世凯称帝甚为反感和不满。

此后，他多次摘录了报纸关于反袁斗争的新闻。1 月 12 日，朱峙三阅报后记载"贵州巡按龙建章及革命党人谋攻惠州"。2 月 8 日，他检阅近日各报，有"云南军入叙州""袁皇帝申令各将军及军师进剿滇军"和"贵州刘显世独立"之消息。13 日，他阅报得知"滇军前日已攻泸州"。21 日，他又闻"黔军已攻占湖南麻阳。反袁之革命党人又谋在长沙起事"。28 日，他阅报后记载："滇、黔兵出动讨袁，曹焜〔锟〕兵在川不能再进，滇督宦亦不稳，不知袁氏何以必欲做皇帝梦也。"29 日，他读报获知："两广龙济光、陆荣廷联合反对帝制，云南蔡锷、唐继尧势力已大，如逼湘，湘不稳。"湖南都督汤芗铭是"善观风色之人"，"现已成为众矢之的，虽出铸洪宪元年当十铜元以媚袁皇帝，惟彼系反复无常以求官者，终必倒袁也"。3 月 4 日，朱峙三阅报后得知"反对帝制者多，皇帝梦恐不久也"。6 日，报纸报道"云南兵力已到川，曹焜（锟）陷于不能前进"之新闻。17 日，朱峙三阅报后记载："川、滇似联合倒袁，帝制必取消。又闻袁在病中，登极仅一次即有病，或者清德宗阴击之与？"舆论对袁世凯的谴责之声不绝于耳。25 日，他阅报得知"洪宪国号已快取消"，袁

---

① 王闿运著，吴容甫点校，中华书局编辑部修订：《王闿运日记》（第 6 册），中华书局 2022 年版，第 2932、2934、2936 页。

② 朱峙三著，胡香生辑录，严昌洪编：《朱峙三日记（1893—1919）》，华中师范大学出版社 2011 年版，第 462、463 页。

世凯节节败退。28 日，沪汉各报载"袁皇帝自一月一号起至三月二十二号止，称皇帝已八十三天"。袁世凯的帝位就此结束。31 日，各报都转载取消帝制的新闻："本月二十二号，北京政府申令撤销承认帝位案，召集代行立法院临时会任徐世昌为国务卿，特任段祺瑞为参谋总长，废止洪宪年号。"① 袁世凯的皇帝美梦以取消帝制而结束。

各地反袁斗争的报道铺天盖地。4 月 3 日，朱峙三阅报，记载"黔军复占麻阳""滇军攻四川彭水"和"总统府焚毁关于帝制之公文共八百数十件"之新闻。4 日，报纸又载"广州、潮州、汕头已宣布独立。钦廉宣布独立"等新闻。7 日，他阅 2 日之报，报载"代行立法院撤销国民总代表名义及其决定之君主国体案"。9 日，他阅 5 日之报，报载"广州兵船'宝璧'、'江大'、'江固'均已归附民军"。此后，各地此起彼伏宣布独立。10 日，他阅报得知"广东省已宣布独立"。23 日，报纸报道"四月十六号，江苏江阴、吴江分别独立"。5 月 1 日，新闻称"湖南零陵镇守使望云亭近日已宣布独立"。13 日，他得知"云贵两广四省已组织军务院。次日陕南镇使陈树藩宣告独立"。25 日，报纸报道"四川已告独立"。6 月 4 日，报纸登载"湖南宣布独立"和"反袁革命党人又在奉天、西安分别宣布独立"之新闻。② 各地纷纷独立，昭示着袁世凯的统治已走向穷途末路。

四川广安的名士胡骏于 1915 年 12 月 29 日阅报得知滇省独立的消息："滇将军唐继尧、巡按任可澄初极赞成君宪，近乃通电各省，拥护共和。"他评价道："虽一隙之地，有若负嵎［隅］，然正恐天下从此多事矣。"他对这一事件的后果较为担忧。但至 1916 年 1 月 14 日，他又认为："滇南变起至今，各省竟无响应者，大是可喜事。……至于采政权、握兵柄者，早已惟命是听，其中岂无一二反复之人狡焉思逞。然以首虽在滇，取滇之首事者，与中央较，与其从蔡，不如拥袁，故各省将军、巡按诸大吏，同仇敌忾之电日

---

① 朱峙三著，胡香生辑录，严昌洪编：《朱峙三日记（1893—1919）》，华中师范大学出版社 2011 年版，第 463、465、466、467、468、468—469、469 页。

② 朱峙三著，胡香生辑录，严昌洪编：《朱峙三日记（1893—1919）》，华中师范大学出版社 2011 年版，第 469、470、471、471—472 页。

有数起，揣其用意，似非敷衍。此外，或当是时始解，继而去或回此，愈坚不肯出，无非置身局外，希心高尚保，无他意。滇变之无响应者，以意思推测，当有种种原因。予则亦惟日夜拭目以望太平而已。"他从太平的角度解读云南独立事，认为各地将军不会追从起事，但事实并非如此。21日，他读报后得知"滇军入川抵叙府境，川军已与接仗。杀机一动，何日始能廓清，为之郁怏不已"。22日，他得知"叙府城已被滇军占领"的新闻，进而分析："叙为云南入川第一咽喉，两军所必争之地，不识川中当局何以不派重兵扼守。叙既失，而泸县、自流井皆岌岌可危，泸则为窥渝所必取，井为川省财赋之区，饷源所系，滇军争之必力，是更不可不特别注意者也。"23日，他谈及四川局势："川势岌岌，闻之殊深焦虑。"24日，他得知自流井被占的新闻："自流井亦被滇军所占。果确，则成都震动矣。"3月23日，他知袁世凯"是日申令撤消帝制"，徐世昌"再起视事"。①

胡骏也注意到各地独立的新闻。4月9日，胡骏阅报上所载广东独立事，表示："粤东财赋之区，华侨托籍之地。今若此其影响于东南也大矣。"13日，他得闻"浙江又宣告独立矣。"19日，他评论时局道："外省今日宣告独立，明日宣言停战，彼党迫取都督，此方兴师问罪。胶胶扰扰，乱象纷如，而中央政府执政者已闻三日不视事。又有改组责任内阁及恢复省会之风说，乃主张帝制之领袖，如杨孙诸人，竟于前数日联袂辞参政职。"22日，报纸又有江苏独立消息："然则前日拥护中央之电，胡为更来哉。波谲云诡，真令局外人如堕五里雾中，然而世变从此益亟矣。"② 大变局即将到来，他甚感困惑。

山西乡绅刘大鹏通过其子刘玠知晓云南独立的消息。1916年1月12日，他在日记中写道："玠儿自省言归，传说云南不服改民国为帝国。"4月25日，他听闻陕西、山东等省"又有独立消息"，而山西"亦皆不稳，省城有危险之象"，他表示"吾邑密迩省城，不免恐惶"，故与李桐轩密商，"招集四

---

① 胡骏：《补斋日记》，沈云龙主编：《近代中国史料丛刊三编》（第8辑第73册），文海出版社有限公司1986年版，第634、658—659、672、678、679、787页。

② 胡骏：《补斋日记》，沈云龙主编：《近代中国史料丛刊三编》（第8辑第73册），文海出版社有限公司1986年版，第809、816、829—830、842页。

第二章　民国初期时局变动、新闻报道与读者观感

路绅士会商，防患之策乃定"。7月5日，刘大鹏阅《申报》，知"四川犹有战事，滇、黔独立仍未取消"，造成"大局岌岌可危，各省人心多不安稳"。①在各地反袁斗争中，他更关心的是地方稳定，他的日记中对山西当地的形势记载较多。

在国外，驻德公使颜惠庆颇为留意国内反袁斗争的新闻。1916年1月，云南起义的风潮波及贵州、四川、湖南、广东等地，各省相继宣告独立。4日，报纸报道"国内有5个省反对帝制"。5日，英、美、日、俄四国亦劝袁世凯"不要就帝位"。8日，颜惠庆读报得知"已有8万军队被派往云南及其邻近地区"。德国为赢得袁世凯的支持而赞助帝制运动。9日，法文报纸谈及"德国人在中国阴谋策划赞助帝制运动"。同时，《伦敦泰晤士报》大幅报道蔡锷领导的云南起义。因云南起义，"帝制的宣布将无限期推延"。颜惠庆讥笑《伦敦泰晤士报》的电讯"投票赞成帝制是真正的民意"。1月底，日本再次发表声明，表示绝不承认"袁为皇帝"。②

2月，反袁斗争继续进行。5日，颜惠庆阅晨报后记载："川军和滇军正在向前推进；蒙古人在向北京进军。"7日，颜惠庆收到北京发来的电报："一、只有云南有骚动；二、由于进行了司法审询［讯］，逮捕了总统秘书；三、日本未提出新的要求；四、蒙古人的骚扰成不了气候；五、登基典礼延期。"12日，颜惠庆收到国内寄来的《申报》，他摘录几则国内新闻："梁启超和袁决裂时写给袁的信件；黎元洪被封为'亲王'（此殊荣被拒）……"16日，《全国评论》登载了"云南叛乱的消息，以及总统发布命令的新方式"，特别"不提总统二字"。17日，颜惠庆从晚报上得知"国内有5个省叛乱"，"广东广西拥袁态度暧昧；贵州已转向叛军；四川与重庆宣布中立"。22日，颜惠庆阅读寄到的1月6日《申报》，报载"很多关于云南的官方电讯，要求该省领袖们服从帝制。云南的骚扰使北京产生某种恐慌心理"。24日，颜惠

---

① 刘大鹏遗著，乔志强标注：《退想斋日记》，北京师范大学出版社2020年版，第207、213—214、216页。
② 颜惠庆著，上海市档案馆译：《颜惠庆日记》（第1册），中国档案出版社1996年版，第330、331、332、338、339、340页。

庆收到外交部发来的电报："在纳溪的叛军已被包围，叛军对四川的袭击已告失败（被政府军队赶走）；贵州明显站在云南一边。"① 这当然是官方的一面之词。

3月，云南起义的消息依然连篇累牍地见诸各大报纸，态度暧昧的广西也加入护国运动的斗争。6日，颜惠庆读到1月5日的《文汇报》，该报"云南骚乱事件的报道占了大量篇幅，还有官方的声明"。同时，《学生月刊》转载了《京报》关于"投票赞成帝制的报道"，他认为"非常有趣"。此外，《伦敦中国每日电讯报》报道："总统已正式下达命令：加冕典礼延期。云南局势比人们猜想的还要严重。岑春煊偕其朋友动身去云南。"7日，他得知"政府军在叙府城内及其周围均取得胜利"和"政府军已占领叙府"之新闻。10日，颜惠庆收到"叙府业已攻克，以及湘军向麻阳挺近，桂军向云南进发"的电报。18日，颜惠庆看到路透社发自香港的电讯称"广西已独立"。23日，颜惠庆从美国晚间消息得知"根据内阁会议的结论，放弃帝制，恢复共和政体"。27日，《伦敦泰晤士报》驻上海记者报道"取消帝制运动将会安抚南方党派"。他还看到海牙发来的电报宣布："袁已取消去年12月关于接受帝制和'洪宪'年号的命令。徐世昌再次任国务卿。"他认为"整个事件简直是一出闹剧"，对于中国而言，"代价太高了"。28日，他收到北京寄来的长信和《伦敦泰晤士报》上刊载的一封信，该信论述了"当前局势和新的不安定因素，主要是对"袁的处事方式和称帝野心不满"，而"广西的起义起了十分重要的作用"。31日，东京报纸报道"袁已退位，由黎元洪继任"，② 袁世凯的政治地位岌岌可危。

反袁斗争的目的是彻底推翻袁世凯的统治。1916年4月1日，《伦敦泰晤士报》驻上海记者报道："国内局势令人沮丧。"唐继尧发电报给袁世凯，"要求他退位"，同时要求冯国璋"进行调停"。7日，据俄国人消息，袁世凯提出退位条件包括三点："继任者须从他指定的三人中选择；不得惩处帝制运

---

① 颜惠庆著，上海市档案馆译：《颜惠庆日记》（第1册），中国档案出版社1996年版，第344、345、347—348、349、350、351、352、353页。

② 颜惠庆著，上海市档案馆译：《颜惠庆日记》（第1册），中国档案出版社1996年版，第357、358、359、362、364、365、365—366、367页。

动拥护者；每年给他发年金 1 000 万。"袁世凯的条件遭到孙中山的抵制，孙中山号召南方继续反对袁世凯。8 日，《柏林日报》报道"广东宣布独立"。9 日，颜惠庆得知"汕头和厦门宣布反对北京"，"唐绍仪在南方明显起着主导作用。在南京召开国事会议之事已得到冯国璋同意"。12 日，《伦敦泰晤士报》刊登来自北京的电讯："有关局势令人沮丧；四川和云南在进行谈判；广东独立；由于袁尚未作出必要的让步，全体公务人员宣布反对他。" 13 日，路透社电讯"浙江宣布独立"。14 日，颜惠庆又知"江西宣布独立"。15 日，《伦敦泰晤士报》报道"国内有 6 个省独立"。16 日，颜惠庆和汪君谈及袁世凯如何解决问题，有如下几条："一、袁退位；二，共和方面让步；三、开战；四、南北分裂。"汪君表示"对袁由于自己犯了错误而落得如此下场表示惋惜"。17 日，据《伦敦泰晤士报》电讯报道，"北方军到达上海，搞得人心不安"，人民普遍要求"袁必须下台"。18 日，路透社电讯报道："袁仍为总统，下设责任内阁，军队由内阁掌管。"24 日，颜惠庆记录了 22 日外交部电报："除了 4 省以外，其它各省均平静无事。浙江守中立，冯国璋正准备进行调停。21 日训令责成徐（世昌）组织新内阁，共同负责，新政府不久即将组成。"26 日，外交部发来新内阁成员名单："陆、孙（财政）、刘（海军），张国淦（教育），章（司法），曹汝霖（交通），金邦平（农商），段（总理兼陆军），夏为次长（外交）。"① 新成立的政府内阁暂缓了南北之争。之后，局势稍缓和。

5 月，颜惠庆关于国内局势的记载较少。3 日，报纸报道"甘肃、福建、湖北和安徽亦已独立，总共有十个省"的新闻。28 日，据《日报》报道，"袁已正式表示在选定继任人后打算辞职"。但来自圣彼得堡使馆的消息正好相反，"南京召开了都督会议，并要加强中央的权力"。31 日，《伦敦泰晤士报》剪报言："中国的局势不明朗，南京国事会议无结果。袁必须下台。"②

---

① 颜惠庆著，上海市档案馆译：《颜惠庆日记》（第 1 册），中国档案出版社 1996 年版，第 367、370、371、372、373、374、375、378、379 页。

② 颜惠庆著，上海市档案馆译：《颜惠庆日记》（第 1 册），中国档案出版社 1996 年版，第 383、392、394 页。

至此，颜惠庆对反袁斗争的记载大致结束。作为资深外交官，他广泛采纳国内外报刊、电文，对各类新闻详加记载和分析，并通过外交渠道了解各国态度，较为全面地反映了护国战争的全过程。

也有读者仅偶尔提及护国战争的相关新闻。例如，王振声于1916年3月22日记载了"帝制撤销，洪宪废止"的消息。4月，他读报后得知"命令责任内阁制定政府"和"令各部总长更换"的消息。① 刘绍宽于1916年3月29日阅《时事新报》后摘录："云南、贵州独立，梁启超入广西陆荣廷幕，亦宣告独立。袁总统取销［消］帝制，并去'洪宪'年号。康有为有长函致袁总统。"② 白坚武在1916年5月4日早起后，"觅报阅"，知"大局仍无解决消息"。8日，他看《时事新报》上登载有梁启超著的《辟复辟论》，"以警告海上诸公"。③ 在法国的徐旭生偶阅报后得知："云南宣布独立，首事者蔡锷，从风者广西、贵州。"④ 这些零碎的记载，前后难有逻辑关联，仅是读者偶然所记。在他们的所读与所记之间，可能存在选择性记忆问题。

四、袁世凯去世与读者评价

经过三个多月的护国战争，袁世凯的势力迅速瓦解，各方势力纷纷要求袁世凯取消帝制。袁世凯不得不恢复总统制，重新回到总统的位置，但此时更多省份独立，纷纷要求袁世凯下台，袁世凯在一片反对声中去世。

1916年6月7日，《申报》报道了袁世凯去世的新闻。《申报》时评认为，袁世凯功罪留后世评判，但于时局"不能再有所损益"。⑤《大公报》对袁世凯一生进行了总结："袁总统以恩□起家，由佐贰而府道，而侍郎，而督抚，而枢相，而内阁总理，而临时总统，而正式总统，而非正式之短期皇帝。

---

① 王振声著，徐慧子、李周整理：《王振声日记》，凤凰出版社2017年版，第288、289页。
② 刘绍宽著，温州市图书馆编，方浦仁、陈盛奖整理：《刘绍宽日记》（第2册），中华书局2018年版，第597—598页。
③ 白坚武著，中国社会科学院近代史研究所编，杜春和、耿来金整理：《白坚武日记》（第1册），江苏古籍出版社1992年版，第23页。
④ 徐旭生：《徐旭生文集》（第8册），中华书局2021年版，第181页。
⑤ 冷：《前总统袁世凯去世》，《申报》1916年6月7日，第2版。

虽一间未达，却不可谓非一世之雄矣。"作者还将袁世凯的官运与国家联系在一起，指出："综计袁总统之官运，国家每经一次危劫，彼即高升一步，盖始终逢凶得吉遇难成祥者。屈指回溯，甲午战败议和，实为袁氏发轫之始；戊戌之变，于是乎一高升；庚子之役，于是乎再高升；及辛亥大革命，于是乎大高升。"但袁世凯仍不知足，"总统之位既固，皇帝之瘾忽发，于是乎惹起全国唾骂，引动遍地干戈，生灵涂炭，国是阽危，至不可收拾之下，乃以一瞑不视了之，虽亦由命尽禄绝，然神龙见首不见尾，其解决大局之手段，亦狡狯矣哉"。《大公报》也对袁世凯予以肯定："袁总统体质强健，精神充足，方自信克享期颐，有二十年总统之资格，而犹以为未足，将以立万世一系之基。"可惜袁世凯"不幸短命，此恨绵绵，当居仁受贺之顷，一则曰牺牲，再则曰牺牲，语气虽极雄豪，识者早讶为不祥之识矣"。袁世凯死则死矣，但留下南北纷争之局面，若"袁总统地下有知，当亦自恨其死之晚矣"。无妄对袁世凯之死流露出庆幸之情："乃毅然以一死解决之，快刀乱丝，一朝断决，论其一死之有功民国，殆较四年余之辛苦经营，盖尤万倍也。吾闻京电，敬为袁公悼，且为民国贺。"① 袁世凯去世，舆论评价不一，反响甚大。继任总统黎元洪对袁世凯评价颇高："民国肇兴，由于辛亥之役。前大总统赞成共和，奠定大局，苦心擘画，昕夕勤劳，天不假年，构疾长逝，追怀首绩，薄海同悲。本大总统患难周旋，尤深怆痛。所有丧葬典礼，应由国务院转饬办理人员，参酌中外典章，详加拟议，务极优隆，用副国家崇德报功之至意。"② 而南方革命党认为袁世凯"叛国违法""恶贯满盈"。例如，孙中山认为："今袁氏则既自毙矣。凡百罪孽，宜与首恶之身俱尽，继兹以往，其遂可以罢。"③ 针对袁世凯去世的报道，不少报刊读者留心记载新闻，抒发各自的感想，成为这一重大事件的见证者。

在袁世凯去世当天，时人通过不同途径知晓这一消息。内务府总管绍英在日记中写道："是日巳刻袁大总统薨逝，闻政府会议以黎副总统代行中华民

---

① 无妄：《闲评一》，《大公报》1916年6月7日，第2版。
② 《大总统申令》，《政府公报》1916年6月8日，第8版。
③ 《孙中山宣言》（二），《民国日报》1916年6月9日，第2版。

国大总统职权,由袁大总统告令宣告之。"① 与袁世凯关系密切的严复在袁世凯去世当日记载:"巳时,洹上薨。""洹上"是袁世凯被清廷罢免后归隐之所,严复以"洹上"称袁世凯,以"薨"表示其帝王之位,可见两者之间关系密切。两日后,他又记载:"洹上十点大敛,二点祭。"直到6月28日,他还记录了袁世凯"归榇彰德"。② 很少记录时政的严复却关注袁世凯去世的消息,说明他对这位故旧有着深厚感情。

在天津的卞白眉通过友人知晓袁世凯去世的消息。他在日记中写道:"袁世凯病死。"他评价道:"闻袁氏死耗,一世英名,付之流水,国家破碎至于如此,今以一死完事,盖棺论定,不知人之评骘何如也。"袁世凯称帝事件以他病逝而告终,他在民国初期建立的威望亦丧失,"不知人之评骘何如也"。国家处于多事之秋,卞白眉内心非常痛苦。他在日记中透露:"国家多事,银行气运亦不得不随为转移,予位卑俸薄而责任加重,国家银行几等于我之银行。君子以气节自重,岁寒然后知松柏后凋,所谓食人之禄忠人之事,正其时矣,吾复何言。予今日情形正与先君苦在安庆围城中相同,念及亡父,泪垂垂下矣。"③ 由国家联想到家庭变故,卞白眉情不自禁,潸然泪下。

同在天津的胡骏于6月6日闻袁世凯去世:"项城于本日早十钟薨逝,旋闻黎黄陂于翌日十钟就任大总统职。"他欣喜地评价道:"乃变惊为喜,以为从此可望南北息兵矣。"11日,他读报后又闻发生变故:"日人增兵京师,意殊难测。"他颇为忧虑地评论道:"现在项城殂谢,黄陂继任。此公忠厚长者,诚之一字,久为海内所共信,甚愿南北意见早日趋于一致,若再执党见纷争不已,设为强邻所乘,咎将谁归,是可幸者,此时可危者,亦此时忧时之士弥兢兢尔。"④ 国家危难,他希望南北双方停止争斗,和平共处。

---

① 绍英著,张剑整理:《绍英日记》(上册),中华书局2018年版,第320页。
② 严复:《严复日记》,严复著,汪征鲁、方宝川、马勇主编:《严复全集》(第8卷),福建教育出版社2014年版,第615、616、618页。
③ 卞白眉著,中国人民政治协商会议天津市委员会文史资料委员会编:《卞白眉日记》(第1卷),天津古籍出版社2008年版,第62、55页。
④ 胡骏:《补斋日记》,沈云龙主编:《近代中国史料丛刊三编》(第8辑第73册),文海出版社有限公司1986年版,第897、901—902页。

第二章 民国初期时局变动、新闻报道与读者观感

白坚武于6月6日阅《新闻报》得知袁世凯病故，他认为袁世凯是"旧奸雄"。结合《新闻报》的报道，他对袁世凯作如下评价：

> 彼之失败，在否认"道德"二字，责之未尝不是。惟历史上成功之人物，果不否认道德乎？然则何以成功也？故否认"道德"二字不足以责袁氏也。袁氏一生之自雄即在机智，余固谓袁氏之失败在智不足。皇帝之为物，历史上出产品也。今日无皇帝发生之余地，乃欲以手抟泥土为之，此所谓天夺其魄也，然而其智亦可笑矣。复次，余于袁氏之死，有二念荣襲于心：一则袁氏之皇帝，非袁氏一人之罪孽，乃国民有以造之促之，不可不分几分罪孽。今日方痛心之不暇，乃贪天功者相踵于途，此足以见民德之卑劣，而国家之祸方兴未艾也；一则以袁氏之雄才大略，倒行逆施，败犹不旋踵，则夫智与力不及袁氏万分之一者，亦可恍然悟矣。①

此段评论将袁世凯的败局归结为"智不足"，以及民众的"造"和盲从，颇有深意。7日，白坚武阅《申报》知黎元洪继任总统，段祺瑞"力任维持"。听闻是袁世凯的遗令，他表示怀疑："人之将死，其言也善，其信然欤？"8日，他在日记中大发感慨："袁氏死后，国人虚心静气以谋建设，前此政治上种种罪孽方期扫除，乃细察各方虚娇意气又日以发生，祸国之源即伏于此意者，非再劫之后不能忏悔耶！"② 他认为后袁世凯时代的政局并不乐观。

一向图谋复辟的郑孝胥在袁世凯去世次日通过《大陆报》知"袁世凯以初六日上午十点十分钟病死，黎元洪为总统，段祺瑞为总理，日本允以兵力助段，保北京治安，段辞之"。袁世凯之死引发新的复辟危机。一些复辟派"电至北京，请复辟，并分公使团"，并将郑孝胥之名列其中。6月8日，郑孝胥闻"升吉甫至济南，约张怀芝共图复辟"，"张勋现令王宝田至南京结冯

---

① 白坚武著，中国社会科学院近代史研究所编，杜春和、耿来金整理：《白坚武日记》（第1册），江苏古籍出版社1992年版，第27—28页。
② 白坚武著，中国社会科学院近代史研究所编，杜春和、耿来金整理：《白坚武日记》（第1册），江苏古籍出版社1992年版，第28页。

国璋"。12日，郑孝胥闻"冯、张等已一致决举龙旗复辟，十五六日可宣布"。7月12日，《神州日报》登有"复辟宣告文二千余言，词甚和平"。① 郑孝胥颇为留意复辟的情形。对于时局走向和变动，他亦通过新闻留心观察，乘机东山再起。

在上海的叶昌炽于6月1日阅报得知袁世凯病重的消息，并在日记中记载："昨日报登项城病重，得保首领于牖下方，谓天祐之，乃今日又登申令，关于帝制取消始末，明白宣布，以释群疑。煌煌大文，几千余字，精力弥满，非惟无病状，并让位亦去题愈远，莽莽前途，不知所届，岂劫运终不可逭耶！"语气中有因果报应意味，充满了悲凉。7日，他阅报得知袁世凯去世的新闻，难以相信，"疑其未确"。友人星台来言，他才确认袁世凯已去世，当日记载："军政两官界皆已接宁垣印电，袁昨午十一点钟病故，黎继任，国务院段即日销假，军警皆臂缠黑纱，各署局下半旗，以志哀。"他颇为伤感地评论："噫！项城果死矣。其死已晚，悬崖勒马，在其一身，不为非福。若云寰海兵争，从兹大定。吾未敢信。近日又宣传复辟之说，此诚馨香以祝者也，但恐反对者多。第一报匪，其次革匪，又其次军商学界之不匪而匪。人心喜乱，天命靡常，且听下回分解。"他为袁世凯的生前遭际鸣不平。翌日，他记载袁世凯去世后的"遗令"："以副总统黎元洪代行大总统职权，初七日就任，黄陂颇为中外人心所归向，外交各公使，均无异议，复辟之说，吾知其无望矣。遗令于帝制及南北和战，一字不题［提］。"② 他较为看重黎元洪，为黎元洪继任总统感到高兴。

马济中于袁世凯去世当日获知新闻并记载："大总统已于巳正薨逝，黄陂依法继任，军事外交均已节布置，有条不紊，大局从此定矣。日本特使顷已首途。项城不恤为刘豫，以冀自固，国之不亡，殆有天也。"③ 次日，他描述了京中情况："项城日昨薨逝，都中初似震恐，及闻黄陂依法继任，人心为之

---

① 郑孝胥著，中国历史博物馆编，劳祖德整理：《郑孝胥日记》（第3册），中华书局1993年版，第1613、1614、1618页。
② 叶昌炽：《缘督庐日记》（第12册），广陵书社2014年版，第7739、7743、7744页。
③ 马济中：《济中日记不分卷》（第19册），上海图书馆藏稿本（编号：线普长53632-40），1916年6月6日。

第二章 民国初期时局变动、新闻报道与读者观感

一安。今晨到署,闻都中自拱卫军以次所存枪弹,均由段相以密令饬缴,预防暴乱,而纸币、粮食亦均设法救济。若然,则数日所蕴之危机,或可潜移默运,诚国家之福也。"① 在他看来,袁世凯去世可能会引发京中动荡,但黎元洪继任总统后,市面平静,可为之一慰。

在长沙的李辅燿于袁世凯去世次日通过湖南《大公报》号外知晓了这一消息:"都督接北京参谋本部急电,曰项城本日物故,国务院议决公请黎黄陂明日接大总统任,外交团宣言赞助,市面安谧。参谋本部急殊可骇诧,此一故也。何其凑巧耶。"6月9日,他再次记录了此事:"袁项城本月六日已正病故之确耗,黎黄陂七日接任大总统之确耗,均于今日《大中报》明载无伪,且今升旗志庆矣。"② 对于袁世凯去世,风烛残年的李辅燿深表同情。

袁世凯去世后,各地纷争依然不断。9日,李辅燿得知"倪唐两军皆退出湘境",表示"静候大局解决,想此后可无战事"。19日,他阅报后记载:"广西桂军司令宾华东驻防湘潭,闻湘乡有匪千余劫扰,即派队迎击于离潭十五里地,夺获炮械多件,查悉匪首某人,系奉党魁龙璋授意,令其纠结土匪滋事。"汤芗铭在湘不得人心,桂系陆荣廷想取而代之,"由桂军马司令保护离湘"。李辅燿认为:"局面又一变。"7月6日,他阅报后综述:"汤督不见容于湘人,故决计逊位。现公举曾继梧代理都督,正任何人尚不得信,有公请陆督暂来镇抚之说,以桂军驻湘甚多也。北军已走尽,昨日桂军与之冲突,北军亦大创矣。"③ 地方诸侯各自为政,他尤为关注湘桂政局。

在湖南平江的凌盛仪于6月9日才知"袁世凯身故,国务会议以黎元洪继任总统,外交团已宣言赞助"的消息,他评价袁世凯:"袁氏以帝制不成,楚歌四面,愤懑成疾,已历一月矣,卒致不起。倘早死一年,便成完人,且属中华共和之鼻祖,光荣历史,与华盛顿同传矣。天将假之年,使其为民国

---

① 马济中:《济中日记不分卷》(第20册),上海图书馆藏稿本(编号:线普长53632-40),1916年6月7日。
② 李辅燿著,徐立望、胡志富主编:《李辅燿日记》(第10册),浙江大学出版社2014年影印本,第709、710页。
③ 李辅燿著,徐立望、胡志富主编:《李辅燿日记》(第10册),浙江大学出版社2014年影印本,第710、717—718、731、732页。

罪人，而以不得位而愤而死，俾与其远祖袁绍、袁术同此心思，同此结果，先后一辙，遗传性传染病，数千年尚留此毒，何袁氏人不幸如是耶。"① 此论可谓入木三分，言辞之中对袁世凯去世充满了鄙夷。

袁世凯去世后，黎元洪继任总统，政府颇有一番新气象。8月9日，凌盛仪记载了参众两院行开会式时的景况："黎总统轻骑简从，雍容莅会，盟誓之宣出以真意。内阁人员总理段祺瑞、内务孙洪伊、教育范源濂等均民国伟人，礼服到院，较袁氏初莅国会之时，人物亦大变观瞻云。"② 新总统到任后，新内阁成立。9月13日，报纸披露了内阁阁员已经议会通过的新闻："段内阁祺瑞兼长陆军，唐绍仪长外交，陈锦涛长财政，程璧光长海军，孙洪伊长内务，张耀曾长司法，范源濂长教育，许世英长交通，谷钟秀长农商。"③ 可见，袁氏去国，人事大变。

温州乡绅符璋得知袁世凯去世的消息较晚。6月8日，符璋"闻各机关接电"，方知"袁大总统初六去世，黎副总统就职"。13日，他阅《申报》知袁世凯"实殂于初六日十钟时，黄陂初七就任。致各处电及覆电并贺电多登报，内徐州一电独异"。7月2日，他阅报后记载"前总统于上月廿八出殡回彰德"。④ 他虽然摘录几则相关新闻，但没有对袁世凯"盖棺定论"。

虽然袁世凯去世了，但各地起义不断，乃至引发了此后一系列军阀混战。6月15日，符璋阅报后得知"秦、蜀、湘、浙均取销［消］独立，而湘、浙电尚未登报，未独立各省贺电亦未登齐。初七至十二所发命令无一新人耳目处，足见国是尚未定也。两粤军官誓师四义，至为正大公平"。对于继任者黎元洪之生平和其他一些时政，符璋进行了回顾："黎黄陂生于同治三年，宣统三年八月十九日首举义于武昌，旬日间响应者十四省。全国海军均表同情。讲和事宜由伍廷芳、唐绍仪在沪定议，清室于十月三十日承诺。交通银行亏八千余万，中国银行亏乙［一］千三百余万。江苏公民电段总理扣留梁士诒，

---

① 凌盛仪：《凌盛仪日记》（第22卷），湖南图书馆藏稿本（编号：275/5），1916年6月9日。
② 凌盛仪：《凌盛仪日记》（第22卷），湖南图书馆藏稿本（编号：275/5），1916年8月9日。
③ 凌盛仪：《凌盛仪日记》（第23卷），湖南图书馆藏稿本（编号：275/5），1916年9月13日。
④ 符璋著，温州市图书馆编，陈光熙点校：《符璋日记》（中册），中华书局2018年版，第560、561、563页。

清算以债［偿］国债。"7月2日，他阅报后关注各地纷争："川中周骏、陈宧交战，陈败周胜，占取成都。海军总司令李鼎新宣告独立。唐、梁为龙济光及约法事两电极透彻。上海议员定七月初十开会。帝制派三项人物。"12日，符璋阅报后记载："各省最高武官改称督军，文官改称省长，普加命令，已于初六日发表。改龙济光两粤矿务员，以陆荣廷继任。《封爵条例》废止，惟惩办祸首尚无闻。"这种形式上的变化，并不能改变政治格局。11月6日，他阅报后摘录几则要闻："冯国璋选为副总统；黄兴以呕血死于沪；国史馆馆长王闿运亦殁，年八十五。报纪其初入馆时一对云：'民犹是也，国犹是也，何分南北；总而言之，统而言之，不是东西。'与颂徐世昌以'清风徐来'同一滑稽。湖北杨惺吾守敬则殁于去年春。张勋请查办诬告一电，颇快人意。"① 从讣闻到轶事，喜欢谈古论今的他，在摘录之中，颇能体现他的兴味。

同在温州的乡绅张棡直到6月9日才知袁世凯去世。姜伯翰告知张棡："是月六日巳时袁总统因病薨逝，黎元洪已就任为正总统。"张棡感慨："想从此南北或免一番战争矣。然各报均带至六号止，未见明文，总俟此次报来，乃可披露真相也。"12日，他看《申报》后得确切消息："袁总统逝世，即于七日由副总统黎元洪接任，已颁发通令矣。"他进而评论："袁氏死于此时，免南北战争之祸，无及身孥戮之灾，尚可谓不幸中之大幸矣。"13日，他看《申报》后了解到"袁项城病殇情形，黎总统通电各省及各省电复赞成"，并有"南京张勋之电词仍崛强，国会谷钟秀等电亦态度不明，然人心一致拥黎，一部分乖违，总见其吃力不讨好也"。② 此类记载有助于了解袁世凯去世后的政局。

袁世凯去世的新闻传遍大江南北，读者的记载和反应各有不同。一些读者的记载较为简约。例如，在北京的王振声6月6日记载了"袁大总统薨，黎大总统继任，京城安静"的消息。28日，他又披露了袁世凯"殡出"的消息。③ 在上海的许菊圃在袁世凯去世当日即知晓了此事。次日，他又通过阅读

---

① 符璋著，温州市图书馆编，陈光熙点校：《符璋日记》（中册），中华书局2018年版，第561、562、563、565、577页。
② 张棡著，温州市图书馆编，张钧孙点校：《张棡日记》（第4册），中华书局2019年版，第1769、1779、1770页。
③ 王振声著，徐慧子、李周整理：《王振声日记》，凤凰出版社2017年版，第291、292页。

报纸号外予以确认。除此之外,他还知晓"黎氏接大总统之任"的新闻。① 在武昌的朱峙三则于6月9日得知袁世凯去世确信,他在日记中写道:"今日已得确切消息,袁世凯系本月六号病死。次日,黎元洪就职大总统。"② 在温州的刘绍宽通过省电于6月10日知晓"袁总统于六日巳时逝世"。③ 隐居上海崇明老家的王清穆则在袁世凯去世约四月之后评价道:"曩者,项城为总统,于国计民生全不措意,其汲汲于祭天祀孔者,无非帝制自为而已,固未尝有丝毫敬畏之真心也。然因项城之故,而谓凡为总统者,皆不应祭天祀孔,亦非正论,国会议员有提议废止祭天祀孔者,而竟得多数赞成,政府以力避项城称帝之嫌漫然许之于此,足觇人心世道之非岂细故耶。"④ 他主要从祭天祀孔的角度评价袁世凯当总统和称帝。

在德国的颜惠庆通过路透社得知此事。⑤ 6月7日,各报转载路透社关于袁世凯去世的消息,"并对中国的前途表达了悲观的看法"。随后传来北京方面的消息称"总统之死是由于尿中毒。副总统现已接任"。8日,北京发来官方电报:"总统是在6日上午11时去世的,副总统现已接任。"14日,《伦敦泰晤士报》电讯言:"袁的逝世是解决局势的最好办法。"7月6日,颜惠庆收到从国内寄来的《京报》,上面记载了袁世凯之死。⑥ 多方面的新闻来源,为颜惠庆了解袁世凯去世提供了详细的材料。

袁世凯死后,在美国留学的胡适得知"死矣袁世凯"的新闻,满怀欣悦之情,记录了美国华人对袁世凯之死的反应和他对袁世凯功过的评论:

---

① 许菊圃:《日记》(第9册),上海图书馆藏稿本(编号:线普492437),1916年6月6日,6月7日。
② 朱峙三著,胡香生辑录,严昌洪编:《朱峙三日记(1893—1919)》,华中师范大学出版社2011年版,第471—472页。
③ 刘绍宽著,温州市图书馆编,方浦仁、陈盛奖整理:《刘绍宽日记》(第2册),中华书局2018年版,第602页。
④ 王清穆:《农隐庐日记》(第1册),上海图书馆藏稿本(编号:线普长744634-99),1916年10月19日。
⑤ 颜惠庆著,上海市档案馆译:《颜惠庆日记》(第1册),中国档案出版社1996年版,第396页。
⑥ 颜惠庆著,上海市档案馆译:《颜惠庆日记》(第1册),中国档案出版社1996年版,第396—397、397、400、407—408页。

第二章 民国初期时局变动、新闻报道与读者观感

此间华人，真有手舞足蹈之概。此真可谓"千夫所指无病自死"者矣。吾对于袁氏一生，最痛恨者，惟其"坐失机会"一事。机会之来，瞬息即逝，不能待人，人生几何？能得几许好机会耶？袁氏之失机多矣：戊戌，一也；庚子，二也；辛亥壬子之间，三也；二次革命以后，四也。使戊戌政变不致推翻，则二十年之新政，或已致中国于富强。即不能至此，亦决无庚子之奇辱，可无疑也。袁氏之卖康、梁，其罪真不可胜诛矣。二十年来之精神财力人才，都消耗于互相打消之内讧，皆戊戌之失败有以致之也。辛壬之际，南方领袖倾心助袁，岂有私于一人哉？为国家计，姑与之以有为之机会以观其成耳。袁氏当是时，内揽大权，外得列强之赞助，倘彼果能善用此千载一时之机会，以致吾国于治安之域，则身荣死哀，固意中事耳。惜乎！袁氏昧于国中人心思想之趋向，力图私利，排异己，甚至用种种罪恶的手段以行其志，驯致一败涂地，不可收拾，今日之死晚矣。袁氏之罪，在于阻止中国二十年之进步，今日其一身之身败名裂，何足以赎其蔽天之辜乎？①

袁世凯死后，胡适乐观地认为"国事有希望"。他具体分析了国内新旧派系："我国今日的现状，顽固官僚派和极端激烈派两派同时失败，所靠者全在稳健派的人物。这班人的守旧思想都为那两派的极端主义所扫除，遂由守旧变为稳健的进取。况且极端两派人的名誉（新如黄兴，旧如袁世凯）皆已失社会之信用，独有这班稳健的人物如梁启超、张謇之流名誉尚好，人心所归。有此中坚，将来势力扩充，大可有为。将来的希望，要有一个开明强硬的在野党做这稳健党的监督，要使今日的稳健不致变成明日的顽固，——如此，然后可望有一个统一共和的中国。"接着，胡适又提出"政治要有计划"："吾国几十年来之政府，全无主意，全无方针，全无政策，大似船在海洋中，无有罗盘，不知方向，但能随风飘泊。这种飘泊，最是大患，一人犯之，终

---

① 胡适著，曹伯言整理：《胡适日记全编》（第 2 册），安徽教育出版社 2001 年版，第 401—402 页。

身无成；一国犯之，终归灭亡。"至于如何计划，胡适主张："须要先行通盘打算，照着国外大势，国内情形，定下立国大计，期于若干年内造多少铁路，立多少学堂，办几个大学，练多少兵，造多少兵船，造几所军需制造厂；币制如何改良，租税如何改良，人口税则如何协商改良；外交政策应联何国，应防何国，如何联之，如何防之；法律改良应注重何点，如何可以收回治外法权，如何可以收回租借地；……凡此种种，皆须有一定方针然后可以下手。"① 可以看出，胡适的政治计划相对宽泛笼统。他希望借助稳健派施行计划，但事实上，中国陷入了北洋军阀混战的格局，他的政治计划只是一厢情愿而已。

袁世凯之死是重大新闻事件，受到社会的广泛关注。读者对新闻的解读和评论各有侧重，从不同角度呈现了这一事件的深刻影响。读者由于年龄、经历、立场等方面的差异，对袁世凯生前的回顾，对时局的分析和展望，体现出"主体存在"。从事件史的角度看，袁世凯之死貌似使南北之争得以解决，但此后政治纷争加剧，军阀混战，国家分裂日甚一日，造成北洋军阀混战的局面，并进一步引发新的政局动荡，黎元洪继任大总统只是暂时稳定了中央政局，但中国未来的走向扑朔迷离。这都体现在读者对事件解读的文本之中。

小　结

1912—1916年是民国初期政局极为复杂的五年，民国初期政治最大的特点是以民主共和取代君主专制，中国由此进入民国。当各色人等怀着不同的心境进入民国时，因政局变动而跌宕起伏，显示出心境与行事的差别。② 进入民国，本是各色人等大展身手、显声扬名的大好机会，但对于绝大多数人而

---

① 胡适著，曹伯言整理：《胡适日记全编》（第2册），安徽教育出版社2001年版，第430—431、431—432页。

② 桑兵：《走进共和：日记所见政权更替时期亲历者的心路历程（1911—1912）》，北京师范大学出版社2016年版，第1页。

言,"走向共和"后,不仅没有看到希望,党派政争、日本加剧侵华、第一次世界大战、袁世凯称帝等重大事件进而引发了更大的社会危机,整个社会陷入撕裂和混乱,人们普遍感到失望和苦闷。

这一时期的报刊新闻对各类新闻事件都进行了较为深入的报道,呈现出民国初期社会的真实"面相"。读者的报刊阅读,自然是千差万别。从事件史的角度看,重大新闻自然是他们关注和阅读的重点。他们通过报刊了解时政要闻,从不同侧面记录了一系列重大事件的前因后果、来龙去脉,"再现"了具体的历史场景。作为观察者、亲历者,读者经历了民国初期社会的动荡,对当政者有着强烈的期待和诉求。他们解读新闻事件的过程,也是自我投射社会现实的体现。一些读者甚至采取实际行动,以求在变局中能够安身立命,并能体现自身的价值。在一些读者看来,辛亥革命是失败的,只是赶走了一个皇帝而已,南北争斗的加剧使社会进一步撕裂,百业凋敝,民不聊生。一些"老新党"对新生政权表示仇视,对纷乱的民国表示悲伤。他们从传统中央王朝的理念出发,认为晚清至少没有如此多的纷乱。他们向往清廷,怀念昔日的"安定"。一些传统士绅也对政局纷争、盗匪四起深感失望,认为革命违背了初衷。他们的读报时分,充满了怨怼和不安。而在新旧交替的过程中,随着学科分科化和西学新知的广泛传播,政治观念的冲突也日趋激烈,一些新式知识分子热烈拥抱新时代的来临,期待能借助新知识、新思想,大显身手。但外强环伺,内乱不止,地方各自为政,南北军冲突不断,真正的"知识人社会"并没有来临,军人政治反而使知识分子进一步被边缘化,他们难以进入政治中心,也难以在乱局中安身立命。从这个角度看,民国初期的一系列新闻事件,通过读者的各种呈现和解读,折射出整个社会的混乱局面。

值得特别强调的是,我们呈现的读报文本,绝大部分是精英读者所记载。而面对战乱和社会动荡,感受最深、遭际最苦的是社会下层民众,但他们无力、无法和无缘阅读现代报刊。对于重大新闻事件,他们很少留下文字记载,甚至无法发出历史的"低音"。这是研究事件史的一大缺憾。

第三章

政党政争与报刊读者的心路历程

国家对传播媒介的掌控自古有之。有关传播媒介与政治的关联，涉及的话题颇多，这里重点讨论的是读报人的"政治"，尤其是读报人在报刊时政要闻影响下的所思所想，直接引发了读报人的政治参与。报刊与政治的结合呈现出多重色彩。凡此种种，皆说明报刊与政治的密切关联。"政治纸"应被视为报刊的一种"概念工具"，提供给读报人诸多政治资源，促进近代国人政治概念的形成。换言之，阅读和政治的相关话题与政治传播紧密地联系在一起，阅报的过程转化为政治传播的过程。① 本章重点从政治的角度出发，探讨读报人如何参与政治。

开展报刊与政治的研究，离不开"公共舆论"这个话题。近代报刊的发展与公共舆论有着密切的关系。中国古代邸报官报呈现出的信息是政治话语的典型代表。作为朝廷发布信息的重要媒介，邸报服务于中央自上而下的治理方式，庶人不可"清议"邸报。新报的产生无疑打破了"庶人不议"的传统，促使更多人加入讨论政治的行列。从报刊产生之初起，政治便成为报刊永恒的话题。晚清《新民丛报》与《民报》的论争、冲突，即是政治话语的

---

① 政治传播指政治共同体的政治信息的扩散、接受、认同、内化等有机系统的运行过程，是政治共同体内与政治共同体间的政治信息的流动过程。参见荆学民、苏颖：《中国政治传播研究的学术路径与现实维度》，《中国社会科学》2014 年第 2 期，第 80 页。

鲜活例证。同时，报刊阅读产生了诸多"新名词"，在一定程度上说明政治话语在近代中国的传播所产生的影响。至民国，"一党即有一报"的格局初显。不仅是政党报刊，不少商业性报刊也纷纷加入讨论政治话语的行列。

1912 年，中华民国建立，政党性报刊发展进入黄金时期。根据戈公振的统计，当时全国报刊达 500 家，总销售 4 200 万份。[①] 其中，政党性报刊占多数。这些政党性报刊"分隶于不同的资产阶级党团，充当它们的喉舌，竭尽全力地为它们自己作宣传"。[②] 民国初期的政党性报刊包括国民党系报刊、进步党系报刊和袁世凯的御用报刊三大类。[③] 政治传播的主体非政党性报刊莫属。从凯文·夏普（Kevin Sharpe）的阅读政治学理论来看，读者、文本与政治文化密不可分。[④] 读者由于经历、观点与利益不同，对于政党性报刊的态度和立场亦有差异。他们对政党性报刊的阅读，蕴含对时局的观察、记录、判断和感想，真实地反映了他们的情感体验和心路历程。

第一节　国民党系报刊的舆论政治与读者阅读反响

1912 年 1 月 1 日，中华民国肇基，开启了共和时代。形形色色的亲历者怀着不同的心境进入新时代，他们的选择性阅读可观其端倪。民国初期，国民党系报刊发展可分为两个时段：从中华民国成立到"二次革命"，为国民党系报刊繁荣时期；"二次革命"至袁世凯称帝失败，为国民党系报刊衰落时期，特别是"癸丑报灾"，对国民党系报刊的打压非常严重，造成众多报刊停刊。在众多国民党系报刊中，比较受读者欢迎的有《民立报》《甲寅杂志》《民国日报》《民权报》《天铎报》《正谊杂志》等。本节以《民立报》为例，呈现国民党系报刊的舆论政治与读者的阅读反响。

---

① 戈公振：《中国报学史》，岳麓书社 2011 年版，第 155 页。
② 方汉奇：《中国近代报刊史》（下册），山西人民出版社 1981 年版，第 688 页。
③ 陈忠纯：《民初的媒体与政治：1912—1916 年政党报刊与政争》，厦门大学出版社 2011 年版，第 26—38 页。
④ Kevin Sharpe, *Reading Revolutions: The Politics of Reading in Early Modern England*, Cambridge University Press.

一、《民立报》的发行与影响

1911年10月1日，革命党人领导的辛亥革命取得胜利。革命党人以报刊为阵地，大力鼓吹革命，"革命舆论"产生巨大的影响力，备受读者关注。《民立报》《神州日报》《天铎报》等国民党系报刊发布辛亥革命的进展，使读者深入了解武昌起义的进展，广受欢迎。其中，《民立报》尤其受到关注。1910年，于右任在上海创办《民立报》，办报宗旨是"革命"与"建国"。至1913年停刊，《民立报》总共发行1 036期。1912年，《民立报》的发行量一度超过《申报》和《新闻报》，成为第一大报。《民立报》在发行的三年时间内影响颇广，通过社论、专电、新闻等栏目，全面报道武昌首义、各省起义和中华民国成立的盛况，受到读者欢迎，销量一度多达2万份，"报纸一出，购者纷至，竟至有出银元一元而不能购得一份者"。① 徐梅坤回忆了《民立报》等革命性报刊在工人中传播的盛况："上海租借地的各家报纸，尤其是《民权报》和《民立报》，言论十分激烈。每天上海报纸一到杭州，工人们就争相传阅。每当车间工人读报时，我就放下工作，专心倾听。晚上工余时间，我还要请人帮助读一、两篇重要消息或文章。这样，日久天长，我不仅养成了关心国家大事的习惯，而且思想觉悟也有了提高。"② 此外，《民立报》开创"投函"栏，对于营造阅读空间起到了重要的推动作用。③ 林一厂听闻《民立报》发行，"终夜不寐"，作诗两首祝《民立报》"万岁"。④《民立报》刊载"殉义烈士之嘉言轶事"，令"全国之革命思潮，有黄河一泻千里之势"，对辛亥首义成功"文字之功""不可没"。⑤ 邹鲁在多年后仍然感慨《民

---

① 沈焕唐：《上海光复前夕的一次重要会议》，中国人民政治协商会议全国委员会文史资料研究委员会编：《辛亥革命回忆录》（第四集），文史资料出版社1963年版，第48页。
② 徐梅坤：《九旬忆旧——徐梅坤生平自述》，光明日报出版社1985年版，第3页。
③ 杨琥：《章士钊与中国近代报刊"通信"栏的创设——以〈甲寅〉杂志为核心》，《安徽大学学报（哲学社会科学版）》2012年第4期，第100—108页。
④ 这两首诗如下。（一）无端万里动秋声，砧捣楼头月半明。塞外黄尘磨盾岭，宫前朱诏背搜营。同仇已负吴庭语，宣室难忘韩国盟。可有鲁阳戈挽日，劈天而起慰苍生。（二）月白星稀夜依栏，凉飙寂寞泪阑干。难知天意櫼枪在，易老秋容露电看。百二州中王气歇，五千年下夏声寒。森茫万里长江水，蒴作银河洗甲观。参见林一厂：《终夜不寐感祝〈民立日报〉发行万岁》，林一厂著，林抗曾整理：《林一厂集》（上册），广东人民出版社2015年版，第8页。
⑤ 冯自由：《革命逸史》（第3集），中华书局1981年版，第334页。

第三章　政党政争与报刊读者的心路历程

立报》的鼓吹之力:"清吏震惊,党人气盛。"①

辛亥革命前后,《民立报》不遗余力地为革命造势,使众多读者从《民立报》上了解到辛亥革命的进程。《民立报》作为读者观察时局、表达立场的"政治纸",对他们的阅读心理产生了深刻影响。在政要中,孙中山与《民立报》的关系最为密切。武昌首义胜利后,孙中山从海外归国至上海民立报馆,题词"勠力同心"以嘉奖《民立报》。南京临时政府成立后,孙中山邀请多位民立报馆报人担任政府要职。孙中山辞去中华民国临时大总统后,再次到民立报馆参观,高度赞扬《民立报》的鼓吹之功,以致"各方致孙中山函电"多通过《民立报》转呈孙中山。② 1913 年,孙中山入晋考察山西的铁路、矿产,并出席山西各界人士欢迎会。《民立报》对孙中山在晋时的行程进行全方位的报道。山西省立模范中学堂学生高君宇"无不搜寻阅读"《民立报》,以期了解孙中山在晋时的所有新闻。③

二、传统官绅的读报观感

《民立报》的"文字之功"受到读者的广泛关注,产生了较为深远的影响,时人的日记中多有记载。

武昌首义后,郑孝胥至上海。《民立报》登载郑孝胥到沪情形甚详,皆因"长须人"。④"长须人"可能为《民立报》记者,对郑孝胥进行了采访,故有此报道。此后,郑孝胥日记中多有《民立报》报道辛亥革命的记载。围绕中华民国成立和南北议和等中心的政治问题,引起了郑孝胥的极大关注。通过《民立报》等革命性报刊,郑孝胥时刻关注南北方的动态。⑤ 在他看来,革命

---

①　邹鲁编著:《中国国民党史稿》,《民国丛书》编辑委员会编:《民国丛书》(第 1 编第 25 册),上海书店 1989 年版,第 493 页。
②　桑兵主编:《各方致孙中山函电汇编》(第 1—2 卷),社会科学文献出版社 2012 年版。
③　王庆华:《高君宇传》,山西人民出版社 2013 年版,第 38 页。
④　1911 年 10 月 30 日记:"《民立报》登《郑先生来沪记》一则,言余登埠之状甚详,昨所遇长须人,屡顾余作欲语状,必此人也。"参见郑孝胥著,中国历史博物馆编,劳祖德整理:《郑孝胥日记》(第 3 册),中华书局 1993 年版,第 1354 页。
⑤　张笑川:《郑孝胥在上海的遗老生活(1911—1931)——以〈郑孝胥日记〉为中心》,《中国社会历史评论》2012 年第 13 卷,第 160 页。

既已发生，继续实行清政府的统治已不可能，最优的办法是革命党与清廷相互妥协，"虚君共和"。他指出："今革党欲倾覆王室，清臣欲保存王室，实则王室已成虚号，所争者乃对于王室之恩怨，固与改革政治毫无关涉者也。"① 此为郑孝胥内心的真实写照。

徐兆玮接触到《民立报》大约在 1911 年。1 月 30 日，他在日记中写道："阅《民立报》一号至五号。去岁向张美叔假《民立报》百号，为新年消寒之具，定以日阅五纸。遇有可资谈助者录入笔记，亦日以三纸为限。"此后的近一个月内，他皆有阅读《民立报》之记录，一直读到《民立报》第一百二十号。对于《民立报》，他的评价颇为公允："资料浓郁，《民立报》之长也，然好招人过，亦是一短。民报所以指导国民，当以和平出之，嬉笑怒骂，殊非长厚君子所当出也。"1912 年 1 月 3 日，他对《民立报》议论改元阳历之"如是轻率"深表反对，但细思之，"然不以是改新日月，又何以振兴民气乎？"对于《民立报》与《时报》的差异，他也有相关点评："上海《民立报》所记最得其实，《时报》多彼党一面之词，不足信也。"对于《民立报》的停刊，他也甚为关注。1913 年，他因久不见《民立报》出售，才知"通令禁止售卖"，② 没几日竟停刊，他对此表示惋惜。徐兆玮虽是立宪派的一员，但颇为赞同《民立报》的宣传主张，故能不间断地阅读《民立报》。从他对《民立报》及其所刊报道的公允评价中可以看出，他较为关注《民立报》的新闻。

定居温州的乡绅符璋较为留意《民立报》的史事和时政要闻。1912 年 8 月 26 日，符璋购阅《民立报》一份。9 月 1 日，他阅《民立报》所载《小共和国史略》一文，并摘录："开篇为莫斯里特共和国，面积四方英里，人口三千余人，山水绝美。虽纯然独立国，然实在德国保护之下。大统领及五名之评议员任期三年，为人民公选。首府人口千六百余人云云。《史略》为吴曜稿，亦一奇谈。闻类此者有十五个小共和国。又登有华、法、美、葡、瑞共

---

① 郑孝胥著，中国历史博物馆编，劳祖德整理：《郑孝胥日记》（第 3 册），中华书局 1993 年版，第 1376 页。

② 徐兆玮著，李向东、包岐峰、苏醒等标点：《徐兆玮日记》（第 2 册），黄山书社 2013 年版，第 1146、1147、1231、1354、1383 页。

和庆典记,亦可阅。"可见,符璋对于共和国之称较为关注,特加抄录。10月8日,符璋阅《民立报》后记载:"甘督赵惟熙及迪化都督杨增新反对议院删除'总统解散省议会约法'案及'民政长选用'案,语极恳切,电文亦佳。署甘藩何奏篯创一新法,曰'提盈余',凡委州、县缺,须缴现银,多者至一万二千两,各县价目不等,全年所入约十四万零。得缺者立合同,订明一年内不得更动云云。不谓此君举动一至于此。又在议会演说,谓总统为一国之君,知县即一县之君云云。"这说明他比较关注地方政局。他还注意报纸定价,在得知《民立报》"神州国光社及国粹报馆所出各种均大减价"的消息时,特地抄录于日记中。1913年2月5日,他阅《民立报》后得知:"《京报》及西人报登有总统府梁姓合参议员九人私借法国银行一百六十万镑事,系盗用总统印。事发后,梁士诒以嫌疑回粤,论者纷纷。"① 他留意记载此类"揭丑"新闻,也隐喻了他的政治立场。

安徽籍士绅何宗逊亦有阅读《民立报》的经历。1912年3月24日,他在《民立报》上读到两位安徽小军阀交战的新闻:"以《民立报》载有孙、黎两军日内将在大通开战之说。"孙指安徽都督孙毓筠,黎指新成立的大通军政府都督黎宗岳。两人皆派兵前往黟县收税,并且为争夺安徽的最高权力即将"大战"。于是,何宗逊和郝知事商量,黟县政府表示"俟孙、黎交涉解决,随后再筹对付之策"。② 这反映了民国初期的混乱局面。读报人利用报刊上的新闻处理地方事务,表明时政要闻对地方官员有着深刻的影响。

身处成都的吴虞热衷于办报,将《民立报》上刊载的新闻作为他采纳的"新闻资源"。武昌首义后,吴虞与友人严雨楼创办《西蜀报》。关于新闻的来源,吴虞罗列了一系列报刊,《民立报》赫然在列,表明吴虞注意到《民立报》的价值所在。在与友人的谈话中,友人告知《民立报》"曾一日销至三万张",令吴虞非常惊讶。在1912年的一则日记中,吴虞列举了"阅之平常"的

---

① 符璋著,温州市图书馆编,陈光熙点校:《符璋日记》(中册),中华书局2018年版,第448—449、450、457、460、482页。
② 何宗逊著,韩宁平、夏亚平整理:《何宗逊日记》(下册),凤凰出版社2019年版,第866页。

报刊,《民立报》名列其中,表明吴虞有阅读《民立报》的生活习惯。①

《民立报》声名远播,一些保守派官僚也较为关注。恽毓鼎对《民立报》印象极佳,认为"此报于政说学理特详,且具卓识,为南北各报之冠,而撷拾丰富,零金碎锦,多可采之辞(每日三大叶,字小行密,若综辑之,一星期即可成一巨册)",并表示他"素乏新识,中年脑力日减,不能更致力新书,而稍有一知半解,不见摈于当代闻人者",故经常读《民立报》,"每日晨餐毕,坐话兰簃看《民立报》二三份(沪报不能按日寄,必积三四份而一送)"。在他1912年和1913年的日记中,有不少阅读《民立报》之记录。例如,1912年5月30日记:"傍晚看《民立报》六叶[页]。"又如,6月21日记:"看《民立报》数份。"他认为:"读《民立报》,以增政见,广学识。"如果不能读《民立报》而看他报,"然意味迥逊矣"。看到《民立报》的佳文,他会深入思考。例如,读到《社会知觉论》一文,他认为此文"精微要妙,颇有至理,报纸阐明政理学理,唯此种耳"。看到章士钊所作《法律改良》一文,他评价甚高,赞叹:"根据学说,发为探本之言。余因悟社会学亦从此发生。反复读之,殊得深味。"至1913年1月5日,他"看《民立报》三日"。② 此后不再见他阅读《民立报》的记载。

《民立报》虽是同盟会的机关报,但因独立言论、监督政府的立场而受到诸多党外人士的关注和阅读。他们对《民立报》的言论颇为赞赏,甚至详加抄录和评论,表明《民立报》的言论较为客观,能引发读者的共鸣。尽管他们与革命党人的政治立场不同,但他们仍能不囿于党派之见,通过《民立报》了解民国初期的政局。

三、青年学子的《民立报》阅读

《民立报》鼓吹革命,倡导改革,为广大进步青年和学生提供了丰富的思

---

① 吴虞著,中国革命博物馆整理,荣孟源审校:《吴虞日记》(上册),四川人民出版社1984年版,第18、32、49页。
② 恽毓鼎著,史晓风整理:《恽毓鼎澄斋日记》(第2册),浙江古籍出版社2004年版,第593、597、594、596、597、599、623页。

想养料。浙江中学生徐志摩将《民立报》作为日常阅读的报刊，对于《民立报》的报道，他在1911年约半年的日记中记载甚详。例如，他在3月23日记中俄交涉事，在4月30日摘录广东革命军起义事，表明《民立报》的"革命鼓吹"已对他有着深刻影响。①

对于政党性报刊宣传的"革命思想"，学生最易受到鼓动。苏州草桥中学学生叶圣陶与同学笙亚、令时、映娄、怀兰共五人合资购买《民立报》一份，"令送报者按日送至校中"。②《民立报》鼓吹推翻清朝统治的思想深深影响到叶圣陶及其同学。

此外，对于《民立报》中的一些"知识资源"，叶圣陶也会抄录以便为己所用。例如，1911年6月18日，叶圣陶夜抄《民立报》中英伦通信《英国工党与社会党之关系》，"此篇甚长，分几日登。今日仅抄其一日也"。他抄录此文可能源于他对政党政治颇感兴趣，从此文中获取"政党知识"。25日，他晨起抄录《民立报》社论栏中《健儿篇》，"至吃饭抄其大半"。7月19日，《民立报》"杂录栏"中有《亡国奴传奇》之"波兰之故事"，叶圣陶想"其中必有趣味"，于是"夜间抄之"，而"以后则每日抄其每日所载出者"。9月28日，他阅《民立报》"杂录栏"中《佛学剩言》一种，因"迩来心乱似麻，安得遇一大哲学家"，"解决余所难决之诸问题"，而"此一种著作"，宛如"为我解决者"，故"喜极而抄之，以入于丛抄中"。③

叶圣陶在精神上依恋《民立报》。对于《民立报》被焚事件，叶圣陶甚为关注。对他而言，这是一种打击，"只得看他种报以待雨之停"。两天后，《民立报》重新出版，"仅一张"石印，另附民立报馆"被火纪念图一张"，被焚画面"殊令人惊骇"。对此，叶圣陶感叹："偌大一个报馆，竟一炬无遗，

---

① 《徐志摩日记》1911年3月22日记："阅《民立报》片刻。"23日记："《民立报》则详载中俄交涉事，势必经大战争而后已，为国民者，其知自警乎！"4月30日记："要闻：《民立报》载称，广东革命军起事，焚毁督署，水师大败。事之成败未可必，而我国志士之流血者已不鲜矣。"参见徐志摩著，虞坤林整理：《徐志摩未刊日记》（外四种），北京图书馆出版社2003年版，第20、21、40页。
② 叶至善、叶至美、叶至诚编：《叶圣陶集》（第19卷），江苏教育出版社2004年版，第14页。
③ 叶至善、叶至美、叶至诚编：《叶圣陶集》（第19卷），江苏教育出版社2004年版，第22、23、34页。

再欲发达至如此，难矣。诸报中'民立'为有气，今被火，岂天亦欲斯民之无气耶？"1911年2月20日，《民立报》"照旧样出报，另增画一张"，叶圣陶的反应是"卷土重来，煞是可喜"。《民立报》的"革命宣传"颇有感染力。叶圣陶读到杨笃生因广州起义失败而跳海自杀，"竟作一长叹"。① "二次革命"时，苏州禁售《民立报》，叶圣陶感到可惜。他说："《民立报》'杂录部'材料最富，今不复见得，未免可惜。"②

吴宓也与叶圣陶有类似的感受，当他阅报得知民立报馆因火灾而焚毁时，"扼腕悼惜"，替于右任惋惜。之后，他从友人处获悉《民立报》"复出版"，他为"未中辍"感到高兴。辛亥革命期间，吴宓阅读《民立报》，对其"盛称革命不遗余力"表示怀疑，皆因"北京各报极力辩护，言毫无事情，好传荫昌胜仗，实皆不可凭信。而上海诸报则极力鼓吹，言革军之多胜利，实亦有过分语"，因此，他"如在梦中，外间真确消息毫未闻知，实为不妥之至。恐事势紧急而临时尚无所知，不能预作防患之计，则诚非善也"。1911年年底，吴宓到达上海，"二三日内必一赴民立报馆，而亦无日不阅《民立报》，每晨以此为消遣物，阅之至详且尽"，"与《民立报》之缘甚深"。1912年年初，吴宓投考圣约翰大学，从《民立报》上得知其被录取，他"决意入约翰而已"。2月25日，吴宓知民立报馆得陕张都督电，言"升允以清帝退位，激而愈暴，殊形猖獗，进陷醴泉，咸阳危急，速乞接济军火等因"。26日，吴宓阅《民立报》所载"进德会发现及其章程"。吴宓颇欲"往入其特别会员之乙部，盖所主张者殊合于余之宗旨，而其事余又行之匪难也；然卒未果。实则凡个人富有自治力者，能破除嗜好、养成习性，则亦无待于斯会，而不必定列名其中也"。③ 由于其父吴建常和《民立报》特殊的人事关系，吴宓与《民立报》有着深厚的感情。

《民立报》停刊后仍然有较大的影响，许多读者后来读到《民立报》时

---

① 叶至善、叶至美、叶至诚编：《叶圣陶集》（第19卷），江苏教育出版社2004年版，第15、17、25页。
② 商金林撰著：《叶圣陶年谱长编》（第1卷），人民教育出版社2004年版，第130页。
③ 吴宓著，吴学昭整理：《吴宓日记》（第1册），生活·读书·新知三联书店1998年版，第36、177、203、191、198页。

仍深受感染。《民立报》是毛泽东从韶山到长沙后看到的第一份报纸。毛泽东对《民立报》"充满了激动人心的材料"念念不忘。其中，这份"民族革命的报纸"报道的关于黄兴领导的"广州起义"与"七十二烈士"事件令毛泽东深受"感动"。① 1919 年，应修人听闻好友敌秋"正在寻旧《民立报》的好新闻，就也来寻寻"。② 张申府非常喜欢于右任在《民立报》上发表的"短小精悍、生动活泼的文字"，其思想与文风受此影响，他"一生中常喜欢写短文，实肇端于此"。③

《民立报》对不少读者起到了思想启蒙的作用。施廷镛早年深受《民立报》的影响。通过阅读《民立报》，施廷镛"树立了浓厚的排满思想爱国观念"，为他以后走上革命道路奠定了基础。④ 郑逸梅在江苏省立第二中学读书时，"喜阅《民立报》和《民权报》"，其副刊篇幅很大，"小说、笔记、诗词、文章以及其它杂作，无不风华隽趣，引人入胜"，促使郑逸梅"获得例外的营养，作文也就丰富了词藻，开辟了思路"。《民权报》的征文启事使他"跃跃欲试"，投稿的《克买湖游记》得到登载，激发了郑逸梅投稿的积极性。⑤

《民立报》作为"二次革命"前影响较大的国民党系报刊，在民国初期报界中占据重要的一席之地。随着袁世凯加强对政治舆论的控制，特别是"癸丑报灾"发生后，《民立报》的影响被压缩在租界内，最后不得不停刊，但其引发的阅读反响值得重视。

第二节 《甲寅》与报刊读者的阅读偏向

"二次革命"后，从《民立报》出来的章士钊创办《甲寅杂志》（简称《甲寅》），继续为国民党代言。《甲寅》创刊于 1914 年 5 月，1915 年 10 月

---

① ［美］埃德加·斯诺：《西行漫记》，董乐山译，东方出版社 2005 年版，第 129 页。
② 应修人著，上海鲁迅纪念馆编：《应修人日记》，上海书画出版社 2003 年版，第 113 页。
③ 全国政协文史和学习委员会编：《所忆·张申府回忆录》，中国文史出版社 2012 年版，第 6 页。
④ 施锐编著：《奋斗一生——纪念施廷镛先生》，南京大学出版社 2008 年版，第 37 页。
⑤ 郑逸梅：《郑逸梅自述》，高增德、丁东编：《世纪学人自述》（第 1 卷），北京十月文艺出版社 2000 年版，第 90 页。

停刊，共出 10 期，其中，东京 4 期，上海 6 期。在《甲寅》畅销的时期，共有 46 处代销点，光成都粹记书庄就可以代派 50 份，还不包括成都最大的代销点华洋书报流通处和"据云"可以代购的有正书局。①

与《民立报》注重宣传革命思潮不同，《甲寅》则是一份政论性报刊，特别注重政治启蒙。该刊宣称："以条陈时弊、朴实说理为主旨，欲下论断，先事考求；与曰主张，宁言商榷，既乏架空之论，尤无偏党之怀，惟以己之心，证天下人之心，确见心同理同，即本以立说，故本志一面为社会写实，一面为社会陈情而已。"倡导以无党无偏的态度，从学理出发来讨论国事。它指出："本志非私人所能左右，亦非一派之议论所得垄断，所列论文，一体待遇，无社员与投稿者之分，任何意见，若无背于本志主旨，皆得发表。"② 因此，《甲寅》的言论没有《民立报》激烈，再加上创办人章士钊有着广泛的社会交往网络，《甲寅》甫一创办，就受到诸多知识分子的欢迎并成为他们争相投稿的对象。

一、知识分子的阅读与交往

《甲寅》颇受新式知识分子的关注。吴虞便是《甲寅》的热心读者。1914 年 6 月 21 日，吴虞收到堂弟吴君毅电，得知吴君毅从东京寄来《甲寅》"五月号一册"。③ 7 月 17 日，吴虞收到《甲寅》，这是他首次接触到《甲寅》并了解章士钊。18 日，他发"甲寅杂志社明信片一张"。10 月上旬，他阅读《甲寅》第二号，杂志中《中华民国之新体制》与《广尚同篇》"颇佳"。通过吴君毅的介绍，吴虞与章士钊建立交往并向《甲寅》投稿。1915 年 5 月，《甲寅》杂志社迁回上海，吴虞不知，以为停刊，"故余寄去之稿未登出也"。7 月 7 日，吴虞的学生陈岳安送来《甲寅》第五号。8 日，陈岳安又送来《甲

---

① 吴虞著，中国革命博物馆整理，荣孟源审校：《吴虞日记》（上册），四川人民出版社 1984 年版，第 209—210 页。
② 《本志宣告》，《甲寅》1914 年第 1 卷第 1 号，第 1 页。
③ 1914 年 6 月 21 日记："君毅本月廿二日曾寄《甲寅杂志》五月号一册，长沙章行严主宰，留学英国，吴保初（挚父子）之女婿，学术文章皆有时誉，其署名秋桐者是也。"吴虞著，中国革命博物馆整理，荣孟源审校：《吴虞日记》（上册），四川人民出版社 1984 年版，第 134 页。

寅》第五号一份。20日，吴虞"捐送《甲寅》杂志三册入成都科甲巷青年会"。此后，吴虞几乎每月都收阅《甲寅》。吴虞将《儒家重礼之作用》《儒家主张阶级制度之害》《儒家大同之说本于老子》三文投稿《甲寅》，并附"五言律诗五首"。《甲寅》登吴虞诗二十首。① 可以看出，吴虞与《甲寅》有着密切的联系。吴虞经由吴君毅、陈岳安的推介，通过投稿，他的非儒思想在《甲寅》上有所展现。借助《甲寅》，吴虞还结识了陈独秀，为他后来在《新青年》上发表文章奠定了基础。《甲寅》为他拓展了新的交往网络和言论通道。

维新时期喜读《时务报》的徐兆玮，思想不断进步。他对《甲寅》评价较高。1914年7月5日，他读到《甲寅》第一号后写道："《甲寅》为章行严所辑。"对比《独立周报》，他认为《甲寅》"印刷精致，胜于《周报》多矣"。9月10日，徐兆玮阅《甲寅》第二号。至于徐兆玮是否读过第三、四、五号，不得而知。② 此后，徐兆玮阅《甲寅》第六号至第九号。③ 他很少评论《甲寅》的具体内容，但"已读"本身就是"关注"。

李大钊也是《甲寅》的热心读者。李大钊非常喜欢阅读《甲寅》前身《独立周报》。当听到《独立周报》停刊时，李大钊"中情郁悒，莫可申诉"。当得知《甲寅》创刊时，李大钊"则更喜，喜今后有质疑匡谬之所也"。④ 留学日本期间，李大钊成为《甲寅》的撰稿人，在《甲寅》上发表了诸多文论。其中，李大钊所写《厌世心与爱国心》一文，回应陈独秀在《甲寅》上发表的《爱国心与自觉心》，并进行了委婉而温和的批评，两人的交谊亦源于此。

钱玄同对《甲寅》也情有独钟。1913年，钱玄同读《独立周报》中《论文学》一文，认为"陈义甚正"。随后，康心孚致钱玄同书，谓"《独立周报》拟扩充，加增篇幅，增门类"，希望钱玄同赐稿。钱玄同将《学校中宜改

---

① 吴虞著，中国革命博物馆整理，荣孟源审校：《吴虞日记》（上册），四川人民出版社1984年版，第136、149、151、181、197、199、202、209、220、221、230页。
② 徐兆玮著，李向东、包岐峰、苏醒等标点：《徐兆玮日记》（第2册），黄山书社2013年版，第1479、1495页。
③ 徐兆玮著，李向东、包岐峰、苏醒等标点：《徐兆玮日记》（第3册），黄山书社2013年版，第1567、1575、1580、1603页。
④ 朱文通主编：《李大钊年谱长编》，中国社会科学出版社2009年版，第142—143页。

良国文教授及加课小学一议》一文寄给了《独立周报》。《独立周报》改《甲寅》后，钱玄同亦多有留意，认为李大钊《论真理》一文"其说甚正"。① 可见，钱玄同注重《独立周报》《甲寅》等主张的观点，认真阅读并品评感兴趣的佳文。

与章士钊有私交的湖南籍名学者杨昌济对《甲寅》印象深刻。1914 年 5 月 27 日，杨昌济收到章士钊寄的《甲寅》，认真阅读后，对其内容颇为赞赏："秋桐诸作，觉均有长进，马一佛、谢元量、壬无生、王国维之诗文，均斐然可观。又见各人之通信，多足引人感想。"28 日，他又细阅《甲寅》，对章士钊所言"以好同恶异为社会种种罪恶之原因"非常认同，认为"大有所见"。他还根据章士钊的言论，引申出如下论述："人不可不尊重自己之言论自由，又不可不尊重他人之言论自由。"他认为，谢无量、马一浮（字一佛）之文"格高气古，固湘绮、太炎之流"，"以所见实惬鄙见"，而"王国维颐和园词，较胜于湘绮之圆明园词"，"乃有文学之价值"。6 月 11 日，杨昌济阅《甲寅》第一卷第二号曹工丞之《通信道德》，认为此文与其《论书信秘密权》"其意相同"，可以作为"余改良社会意见之一条也"，故摘录于日记中，以作"佐证"。他又阅浮田和民所撰《立宪政治之根本义》一文，认为"有一段与上文所言相发"，故录于日记中。② 7 月 9 日，他阅放鹤之《民德篇》，评论道：

> 论正人心端学术，而以讲学为急，谓程朱陆王颜李皆有可取，颇惬鄙意。其以明之东林、清之曾罗证程朱派之有人，尤为特识。及阅康率群读《汉学商兑》书后，乃为之愀然不乐。汉学宋学之争，程朱陆王之争，在今日已不成问题，此篇之作乃抹煞程朱陆王一派人，岂为平允之论？《亚细亚日报》载章太炎近日之言论，两汉学不如宋学，此后将专治宋学。以经学专家而为此言，可谓无门户之见者。③

---

① 钱玄同著，杨天石主编：《钱玄同日记》（整理本）（上），北京大学出版社 2014 年版，第 252、253、307 页。
② 杨昌济：《达化斋日记》，湖南人民出版社 1978 年版，第 18、19、26—28 页。
③ 杨昌济：《达化斋日记》，湖南人民出版社 1978 年版，第 44 页。

曾求学于岳麓书院的杨昌济，对宋学颇有研究，此论颇能体现他的学术取向。9月7日，他阅《甲寅》第一卷第三号自觉之文。该文指出："民利不张，国利胡有？民力不坚，国力胡生？民求民利即以利国，民淬民力即以卫国；凡言毁民而崇国者，皆伪国家主义也。政力背向论云：二力相排，大乱之道；二力相守，治平之原。"① 这符合他的民本主张，故也详加摘录。另外，他关注《甲寅》的学理问题，对于章士钊的政治主张有颇多赞同之处，并留意品评。

二、青年学子的《甲寅》阅读与认知

《甲寅》是一份思想性、学术性较强的政论性刊物，主要读者对象是高级知识分子，不少青年亦颇为喜爱，争相借阅、购阅和传阅。

毛泽东颇为关注《甲寅》。1915年7月4日，黎锦熙在日记中记载阅读《甲寅》和毛泽东到访。② 毛泽东与黎锦熙交往甚密，与蔡和森、邓中夏、张昆弟等人经常到黎锦熙住所请教问题，黎锦熙可能将《甲寅》推荐给诸人阅看。毛泽东在致萧子升的两封信中也透露喜欢阅读《甲寅》："自徐先生去，无《甲寅》杂志可阅，特请吾兄以自己名义给暇向徐借《甲寅》第十一期第十二期两本。""《甲寅》杂志第十一第十二两卷，欲阅甚殷，仍欲请兄剩暇向徐先生一借。"③ 殊不知，此时的《甲寅》已停刊。从中可以看出，毛泽东对《甲寅》期待很高，希望借阅。

时任小学教师的叶圣陶对《甲寅》爱不释手。1914年10月31日，他在灯下读《甲寅》后赞叹："此作为章行严氏所辑，言政言学熔诸一炉，真名著也。"他极为推崇《甲寅》。在致顾颉刚的信中，他指出："近时杂志殆如蚯虫之鸣，无有鸿响，然《甲寅》一种，乃突出侪辈，如九皋鸣鹤。近从剑秋所假得，急披诵之，首列章行严氏之《政本》一首，累几万言。大旨谓为政

---

① 杨昌济：《达化斋日记》，湖南人民出版社1978年版，第61页。
② 《毛主席青少年时代的一些回忆》，杨昌济著，王兴国编注：《杨昌济集》（第2册），湖南教育出版社2008年版，第1206页。
③ 毛泽东：《致萧子升信》（1916年1月28日），《致萧子升信》（1916年2月19日），中共中央文献研究室、中共湖南省委《毛泽东早期文稿》编辑组编：《毛泽东早期文稿（1912年6月—1920年12月）》，湖南人民出版社2008年版，第30—31页。

之本，在不好同而恶异，其说暗合于太炎之言《齐物》。虽非世之所忻闻，当是名山之作也。吾于此而益信言教者必出道家，古人之言不吾欺也。"1915年5月26日，叶圣陶"购《甲寅》杂志一帙而归，就灯下展诵，乃当半册"。①

在康奈尔大学读书的胡适也关注《甲寅》杂志，法国学者都德的《柏林之围》经胡适翻译后登载于《甲寅》。② 胡适称章士钊在《甲寅》上发表的政论"有章炳麟的谨严与修饰，而没有他的古僻；条理可比梁启超，而没有他的堆砌"，"与严复最接近"，"有点倾向欧化"。③ 这表明他对这份杂志有着深入了解，对章士钊的行文风格的评价可谓一针见血。

在法国留学的徐旭生亦能看到《甲寅》，他评价《甲寅》"甚佳，粹然学者之言"，将《甲寅》与《大中华》杂志相对比，认为前者更胜一筹，"余觉其持论不坚实，以是知《甲寅杂志》之超人一等矣"。④

邹韬奋回忆在中学求学时，其同学彭昕对《甲寅》"入了迷"："他常常在我面前把秋桐的文章捧上了天，赞不绝口。"邹韬奋因为彭昕的"入迷"，对《甲寅》"加了特殊的注意，每期都从我这位朋友那里借来看"。他认为，章士钊文字的最大特点是"能心平气和地说理，文字的结构细密周详，对政敌或争论的对方有着诚恳的礼貌，一点没有泼妇骂街的恶习气"。受章士钊文字的感染，邹韬奋对当新闻记者"也有相当的推动力"。⑤ 从这个角度来看，学生阅读《甲寅》在于"学"。《甲寅》传播的知识启蒙了广大学子，激发了他们的学习热情，使他们加入讨论政治的行列，进而影响他们的人生道路。

一些读者虽是只言片语，也能说明他们对《甲寅》的态度。例如，吴宓认为《甲寅》所载一些文章"颇心赞许"，其中，孟符先生《说元室笔乘》乃是"续前登《独立周报》"。⑥ 刘绍宽的高足、温州绅商王理孚也颇爱读章

---

① 商金林撰著：《叶圣陶年谱长编》（第1卷），人民教育出版社2004年版，第176、176—177、195页。
② 胡适著，曹伯言整理：《胡适日记全编》（第1册），安徽教育出版社2001年版，第440页。
③ 胡适：《五十年来中国之文学》，欧阳哲生编：《胡适文集》（第3册），北京大学出版社1998年版，第234页。
④ 徐旭生：《徐旭生文集》（第8册），中华书局2021年版，第171页。
⑤ 邹韬奋著，文明国编：《邹韬奋自述》，安徽文艺出版社2013年版，第20页。
⑥ 吴宓著，吴学昭整理：《吴宓日记》（第1册），生活·读书·新知三联书店1998年版，第358页。

士钊文字，对于《甲寅》颇为关注，当《甲寅》停刊时，他"惘惘如有所失"。① 这说明《甲寅》对他颇具吸引力。

第三节 进步党系报刊与读者阅读取向

民国初期创办的进步党系报刊在言论界占有一席之地，特别是舆论界骄子梁启超作为进步党领袖之一，在报界享有的地位是一般人无法比拟的。不同于国民党系报刊，进步党系报刊初期与袁世凯政府保持相当良好的关系。"二次革命"后，两者开始分化。袁世凯复辟帝制时，两者彻底决裂。其中，梁启超《异哉所谓国体问题者》即是决裂的标志。在进步党系报刊中，以《时事新报》《亚细亚日报》《神州日报》《庸言》《大中华》为代表的报刊影响较大。

不同于国民党系报刊激烈的言论，进步党系报刊的言论比较中立，他们宣传的主张是立宪建国，希望在立宪的框架内实现中国的民主与自由，因此，他们的态度比较温和，受到诸多知识分子的欢迎。徐兆玮与进步党系报刊关系比较密切，他在民国初期阅读的报刊主要有《神州日报》《庸言》《亚细亚日报》《时事新报》《大中华》，其中最主要的是《大中华》杂志。1915 年 1 月 20 日，《大中华》创刊并发行。徐兆玮于 1915 年 3 月 2 日读到《大中华》第 1 期，此时距《大中华》发行已过一个多月。此后，徐兆玮阅读《大中华》至第 2 卷第 4 期。② 与对商务印书馆《东方杂志》几乎卷卷皆阅的情形不同，徐兆玮有选择地阅读《大中华》。《大中华》早期凭借梁启超的大名赢得读者，但由于其内容令读者不甚满意，最后销量减少，导致停刊。

从可得性的角度看，偏居一隅的乡村知识分子阅读进步党系报刊的机会远远比不上大都会的知识人。温州乡绅张棡主要阅读《时事新报》。他从《时事新报》上得知大总统为戊戌六君子昭雪，并在北京及各省建立专祠致祭，

---

① 王理孚撰，张禹、陈盛奖编注：《王理孚集》，上海社会科学院出版社 2006 年版，第 53 页。
② 徐兆玮著，李向东、包岐峰、苏醒等标点：《徐兆玮日记》（第 3 册），黄山书社 2013 年版，第 1541、1547、1553、1563、1584、1587、1602、1609、1679、1689 页。

"可见直道犹在人间也"。① 张棡阅《时事新报》得知袁世凯宣布退位，则表示"直天壤无容身之地矣"。袁世凯称帝失败后，受到各方攻击，"此时之袁氏真四面楚歌矣"。② 至于其他进步党系报刊，张棡很少涉猎。

因对政党存在不同的看法，一些文人有意识、有选择地阅读报刊。1914年5月13日，杨昌济阅《庸言》所载黄远生之文论，颇为赞赏："论吾人之不可悲观，而谓人多悲观，即可为乐观之现象，不失为稳健之论，意者黄较刘稍热与！"③ 钱玄同对于国民党有所抵触，相对而言，他比较喜欢阅读进步党系报刊，如《大共和日报》。1912年10月11日，他取《大共和日报》上"章师各文函电等，割下粘空本上"。12月21日，他记载："取《大共和报》中师作，一一剪下，拟贴入《章先碎金》也。"在此后的日记中，钱玄同对国民党系报刊表示讨厌。例如，宋教仁案后，他评价国民党系报刊"无一不似瘐狗乱噬，宁可复教猱升木耶！"④ 汉侠女士颇为看重《庸言》，她阅某报大书特书《庸言》广告，"不觉忧从中来，文以情动，因草成七言律四，无以名之，名曰《庸言报颂》"。⑤ 前清遗老恽毓鼎也有关注《庸言》。1913年4月11日，恽毓鼎读到《庸言》第8期。1914年，《庸言》第5期登载恽毓鼎所撰《崇陵传信录》，他颇为高兴。他认为，"此报闻销及万册，可借其力以风行矣"。⑥

---

① 张棡著，温州市图书馆编，张钧孙点校：《张棡日记》（第3册），中华书局2019年版，第1472页。
② 张棡著，温州市图书馆编，张钧孙点校：《张棡日记》（第4册），中华书局2019年版，第1729页。
③ 杨昌济：《达化斋日记》，湖南人民出版社1978年版，第14页。
④ 钱玄同著，杨天石主编：《钱玄同日记》（整理本）（上），北京大学出版社2014年版，第228、249、265页。
⑤ 这四首诗如下。（一）一卷庸言千万身，与君约略证前因。昌言忍付东流水，清议难求南海滨。今日方知时务重，当年谁采国风新。沧江怅望风波恶，盼咐儿曹理钓纶。（二）《新民丛报》从头读，敬告国人上乘。明水敢云明如水，饮冰漫道饮非冰。艺蘅词选题红叶，诗界潮音咏紫菱。毕竟少年中国也，任公风骨本崚嶒。（三）好个传人黄远庸，东南园里且停踪。头衔耀日知编辑，海外思潮富内容。阅议于今成画饼，座谈犹自泣寒蛩。刷新体制今年改，告白价钱却不松。（四）整顿诸须时日多，两期合刊竟如何。艺文杂纂皆名宿，新学潮流压共和。记事中西明系统，时评内外费搜罗。天津日界庸言馆，漫拟他年作涧河。参见姜泣群编：《民国野史》，山西古籍出版社、山西教育出版社1999年版，第394—396页。
⑥ 恽毓鼎著，史晓风整理：《恽毓鼎澄斋日记》（第2册），浙江古籍出版社2004年版，第639、694页。

第三章 政党政争与报刊读者的心路历程

这说明他对这份刊物颇有期待。

值得关注的是，一些知识青年认同进步党系报刊，视其为"投稿"的重要对象。吴宓阅读的进步党系报刊有《时事新报》《庸言》《神州日报》等。他对于《庸言》上的小说《劫灰余烬》颇为赞赏，认为是"新出旧小说中不可多得之佳本也"，"笔力、词藻、宗旨均佳"，"叙泸县某大令家庭戚族间事：仗义疏财，而一己沦落，继遇贼逼，事后以功得祸"。吴宓阅后"大可为之痛哭"。吴宓作《箴冶游》投稿《亚细亚日报》，《亚细亚日报》以其宗旨"专主政谈，不与社会事业"为由拒稿，吴宓改投《大中华》。对于《神州日报》"微斥"筹安会，吴宓表示"行迹如此，必不至于召乱速亡，遏绝再生之机，而不止也"。①

远在美国的胡适阅读的进步党系报刊主要有《时事新报》《大共和日报》《亚细亚日报》《国民公报》《大中华》等。胡适曾为《大共和日报》作文，"以为养家之计"。其中，都德的《最后一课》经胡适翻译后刊载于《大共和日报》，成为爱国主义教育的典范，影响至今。②胡适后来不再投稿，因他与《大共和日报》"宗旨大相背驰"，表明他的政治立场。《大中华》之言论为胡适所喜，他认为该刊所载梁启超著《政治之基础与言论家之指针》一文"甚与吾意相合"，并指出其言"显刺康南海、陈炳章之流，任公见识进化矣"。对于谢无量之《老子哲学》，胡适的评价是"颇有卓见，足资参考"。③可以看出，彼时胡适的思想应接近于进步党。

从以上读者阅读政党性报刊的经历来看，政党的背景并未影响读者的阅读体认。从报人的角度理解报刊提供的"信息资源"，可能因阶级立场不同而有较大差异。政党性报刊往往夹杂诸多政治因素，因此，一些新闻记者告诫读者注意报刊的政治背景。但对于读者而言，他们的关注点并非在此。从读

---

① 吴宓著，吴学昭整理：《吴宓日记》（第1册），生活·读书·新知三联书店1998年版，第363—364、461、497—498页。
② 胡适著，曹伯言整理：《胡适日记全编》（第1册），安徽教育出版社2001年版，第267、440页。
③ 胡适著，曹伯言整理：《胡适日记全编》（第2册），安徽教育出版社2001年版，第156—157、228—231页。

者的角度看，他们的报刊世界中往往夹杂不同政治立场的报刊，不少读者阅读报刊往往汲取己之所需，为己所用，容易忽视报刊的政党背景，因而并未参与报刊的党争与政争。从这个角度来看，读者多重视报刊的"信息资源"与"思想资源"。对于他们而言，报刊的政治背景并非泾渭分明，他们也不一定要"站队"。

第四节 保守党报刊的守旧与阅读传统

保守党刊物，指宣传保守党政治、政党思想的刊物，以《不忍》《孔教会杂志》等守旧性质的刊物为主。

以《不忍》为例，不少读者均受其观点影响。傅斯年"曾是康有为创办的《不忍杂志》的热心读者，该杂志提倡政治和文化的保守主义，强烈反对不加选择地吸收西方文化和制度。《不忍》的主旋律是对于国家生存的关注应当超出对议会和民主的关注。勾勒出康有为乌托邦思想的《大同书》也在杂志上发表。傅斯年不喜欢康有为的乌托邦思想，但对他的其他思想表现出热烈的赞赏"。[1] 傅斯年的北京大学同学顾颉刚早年亦是康有为的忠实拥护者。顾颉刚看到康有为在《不忍》上发表的《孔子改制考》时，觉得上篇"极惬心餍理"，下篇汇集"诸子托古改制的事实，很清楚地把战国时的学风叙述出来"，更是"一部绝好的学术史"。他虽不"信服"康有为提出的孔子作《六经》，但对康有为"这般的锐敏的观察力，不禁表示十分的敬意"。[2]

一些读者通过赠阅、借阅、购阅等途径阅读《不忍》，并在日记中加以摘录和品评。例如，姚永概阅读的《不忍》由姚君悫所赠。[3] 吴虞向唐汝声借《不忍》，读后给予了高度评价："诗文雄奇苍悍，政见得失明昧参半，又不及梁。惟废省议最有见地。"他向孙少荆说明《不忍》的价值之所在。三个月

---

[1] 王汎森：《傅斯年：中国近代历史与政治中的个体生命》，王晓冰译，生活·读书·新知三联书店 2012 年版，第 27 页。

[2] 顾颉刚：《〈古史辨〉第一册自序》，顾潮编：《顾颉刚卷》，中国人民大学出版社 2014 年版，第 100 页。

[3] 姚永概著，沈寂等标点：《慎宜轩日记》（下册），黄山书社 2010 年版，第 1229 页。

后，孙少荆寄给吴虞第二册《不忍》。① 黄侃购《不忍》第三册、第四册两册并读之。② 金克木所在的县城都能读到《不忍》，皆因"总有人把这些书传来传去"。③ 叶圣陶在致顾颉刚的信中，批判了《不忍》杂志中《经治》一文。他说："此公穷老抱经，犬豕齐民，只宜幽黯郁死。机器铅模，当无印其书之鼓动，乃竟有此种杂志为迂儒发泄其郁抑之地，事诚无地不偶然也。"④ 随着孔教运动的兴起，东北受到影响，林传甲于1913年10月26日购《不忍》杂志两册。28日，林传甲表示阅读到《不忍》杂志中康有为两文《礼运注》和《大同书》，并"以授呼伦学生郭潛黄"。一个多月后，他收到《不忍》杂志第七册。⑤ 在法国的徐旭生也收到《不忍》杂志，他颇持差评，认为"康君以数十年之资格，现又自负为中国之先觉，而其立论仍同日报记者之堆砌，究一事之弊，必谓万弊皆自此生，推而极之，则革此一弊，国可立兴，自欺欺人，立论如儿戏，何其不长进乃耳"。⑥ 徐兆玮阅读了《不忍》前六册，前四册如何获得不得而知，第五册、第六册两册至北京劝业场购买。⑦ 陈独秀认为，《不忍》杂志"不啻为筹安会导其先河"。⑧ 对于《不忍》杂志中《共和平议》一文，他更是大加挞伐。⑨ 可见，读者对《不忍》的认知存在较大差异。受传统文化影响甚深的读者认为《不忍》在君主制度方面做出了重要贡献，而接受西方民主共和思想的读者批评《不忍》所宣传的思想太为陈旧，

---

① 吴虞著，中国革命博物馆整理，荣孟源审校：《吴虞日记》（上册），四川人民出版社1984年版，第84、101页。
② 黄侃：《黄侃日记》，江苏教育出版社2001年版，第2页。
③ 金克木著，段晴、江力编：《师道师说：金克木卷》，东方出版社2013年版，第118页。
④ 商金林撰著：《叶圣陶年谱长编》（第1卷），人民教育出版社2004年版，第134页。
⑤ 林传甲著，况正兵、解旬灵整理：《林传甲日记》（下册），中华书局2014年版，第561、562、586页。
⑥ 徐旭生：《徐旭生文集》（第8册），中华书局2021年版，第166页。
⑦ 徐兆玮阅读《不忍》杂志的记载如下：4月5日，"阅《不忍》第一册上半册"；4月6日，"阅《不忍》第一册下半册"；5月17日，"《不忍》第二册"；5月27日，"《不忍》一册。第三册"；7月13日，"阅《不忍杂志》一册。第四册"；10月4日，"至劝业场购《不忍》杂志五、六号二册"；10月7日，"《不忍》一册。第五册"；10月9日，"《不忍》一册。第六册"。参见徐兆玮著，李向东、包岐峰、苏醒等标点：《徐兆玮日记》（第2册），黄山书社2013年版，第1336、1361、1364、1378、1402、1404、1405页。
⑧ 陈独秀：《驳康有为致总统总理书》，《新青年》1916年第2卷第2号，第1页。
⑨ 陈独秀：《驳康有为共和平议》，《新青年》1918年第4卷第3号，第1—22页。

已不符合时代潮流的发展。

相比于《庸言》，恽毓鼎更为看重《不忍》。他于1913年7月11日记载："《庸言》近来颇无足视，当易以《不忍杂志》。"9月22日，恽毓鼎"在富强斋定《不忍杂志》全年"。① 但他的日记中未见他阅读《不忍》的具体记载。与恽毓鼎同为遗老的刘承幹在民国初期也特别重视《不忍》《孔教会杂志》等刊物，在日记中亦有购阅这些刊物的记录。② 曾琦在日本留学时读到《不忍》，③ 并且是在《不忍》停刊后的1918年。虽然不能推断《不忍》对曾琦产生了多大影响，但一份刊物在停刊多年后仍受到读者的青睐，说明其思想价值犹在。

第五节　《异哉所谓国体问题者》的传播与阅读

《异哉所谓国体问题者》是梁启超反袁的力作，是揭开护国战争序幕的惊世之作，④ 对反袁斗争起到了重要的舆论推动作用。

关于《异哉所谓国体问题者》见刊的背景，学界一般将其与筹安会鼓吹袁世凯称帝联系在一起。梁启超早期对袁世凯的统治还是抱有"希望"，加入袁世凯政府的智囊团，为他出谋划策。但当袁世凯企图复辟帝制时，梁启超就转变了拥袁的态度。1915年5月、6月，袁世凯复辟帝制的传闻甚嚣尘上。由杨度、孙毓筠、李燮和、胡瑛、刘师培、严复组成的"筹安六君子"于8月14日组建筹安会，为袁世凯复辟帝制进行舆论宣传，影响甚广。在此背景下，梁启超于8月22日撰写《异哉所谓国体问题者》一文。此文尚未发表，就有诸多报刊对其进行报道。27日，《时事新报·北京专电》载："梁任公草

---

① 恽毓鼎著，史晓风整理：《恽毓鼎澄斋日记》（第2册），浙江古籍出版社2004年版，第651、661页。
② 刘承幹著，陈谊整理：《嘉业堂藏书日记抄》（上册），凤凰出版社2016年版，第73、77、81、82页。
③ 曾琦：《曾慕韩（琦）先生日记选》，沈云龙主编：《近代中国史料丛刊》（正编第2辑第19册），文海出版社有限公司1966年版，第21页。
④ 李德芳：《梁启超〈异哉〉一文的公开发表问题》，《近代史研究》1998年第3期，第314—317页。

第三章 政党政争与报刊读者的心路历程

就一文,深以政体无人置论,但争国体为怪,此文将发表。"① 31 日,《时报·国内专电》载:"梁任公新著一文,对于国体问题欲发表其个人意见,将登载《大中华》杂志。"② 梁启超的《异哉所谓国体问题者》一文未刊载就受到舆论的高度关注,除了与梁启超的名气相关外,应与民国初期的政治环境存在密切联系。

9月3日,北京英文《京报》中文版刊载《异哉所谓国体问题者》。次日,《国民公报》开始连载《异哉所谓国体问题者》文万言。6日,上海《时事新报》《时报》《申报》《神州日报》连日刊出《异哉所谓国体问题者》。《时事新报》特别提及"今日在英文《京报》、《国民公报》发表,题曰《异哉所谓国体问题者》累万言"。③《时报》也突出"梁启超新著一文题曰《异哉所谓国体问题者》"。④ 7 日,《大公报》转载。8 日,《异哉所谓国体问题者》在《大中华》上发表。10 月 1 日,云南《觉报》转载。一时之间,《异哉所谓国体问题者》在社会上引起重大反响,成为舆论的焦点。《神州日报》有生动描述:

> 英文《京报》汉文部之报纸即日售罄无余。而凡茶馆、旅馆因无可买得,只可向人辗转抄读。又有多人接踵至该报请求再版。后因物色为难,竟售至三角,而购者仍以不能普及为憾。及次日《国民公报》转录,始少见松动,然《国民公报》因限于篇幅,不能登完,故四、五两日每至一机关一社会集合场所,则见彼此见面即问:"君有三号之《京报》否?今昨日之《国民公报》亦可。"于是,此两日《国民公报》之销场[畅],比之三号之《京报》又加多,盖传播绍介之力速于置邮。如此直至六日,购者仍接踵而至,而该报实已无余,乃宣言准于今日(七日)将梁氏之文单印发售。此两三日间,《国民公报》销路畅旺,为向来北京

---

① 《北京专电》,《时事新报》1915 年 8 月 27 日,第 2 版。
② 《国内专电》,《时报》1915 年 8 月 31 日,第 3 版。
③ 《电报》,《时事新报》1915 年 9 月 4 日,第 2 版。
④ 《国内专电》,《时报》1915 年 9 月 4 日,第 3 版。

报纸所未有。①

可以说,《国民公报》的销售奇迹,完全得益于梁启超文章的传播力和影响力。《异哉所谓国体问题者》能够成为舆论事件,除梁启超本人的知名度和政治立场外,报刊竞相转载也值得重视。在以往的报刊史研究中,转载的研究未得到重视。应该看到,不同报刊的读者群体和覆盖面有一定差异,而转载便是扩大覆盖面和影响力的重要方式。《异哉所谓国体问题者》先刊于《京报》,但《京报》传播力有限,故其影响力受到限制。后来通过《时事新报》《申报》等大报的转载,一朝之间,成为读者关注的焦点。《异哉所谓国体问题者》一文引发涟漪效应,一时洛阳纸贵,成为舆论事件,筹安会不得不予以应对。

《异哉所谓国体问题者》到底有多少读者恐无法估量,但其产生的巨大影响却有据可循。在陈寅恪看来,《异哉所谓国体问题者》的见刊无异于"摧陷廓清,如拨云雾而睹青天"。② 王造时听国文老师讲述《异哉所谓国体问题者》,促使他"民主思想的根子又深了一层"。③ 李大钊在回忆读《异哉所谓国体问题者》时,"尤足以唤起人心",④ 对梁启超也有不同的认识。徐铸成在若干年后读了仍然觉得"铿锵有力"。⑤ 程潜拜读了《异哉所谓国体问题者》后,表示"非常钦佩",并愿意和梁启超并肩作战反袁。⑥ 驻德公使颜惠庆是在 10 月 2 日读到《异哉所谓国体问题者》并记载:"据《京报》报道,梁启超反对帝制运动。"⑦ 吴宓听闻后,特意外出搜求《异哉所谓国体问题者》,在《国民公报》上阅到此文后,给予了很高的评价:"听风雨之鸡鸣,作颓波之砥柱,亦大可为共和吐气,使奸人丧胆。至其说理之透彻,词锋之

---

① 《国体声中之见见闻闻》,《神州日报》1915 年 9 月 11 日,第 6 版。
② 陈寅恪:《读吴其昌撰梁启超传书后》,《寒柳堂集》,生活·读书·新知三联书店 2001 年版,第 166 页。
③ 王造时:《王造时自述》,叶永烈编:《王造时:我的当场答复》,中国青年出版社 1999 年版,第 65 页。
④ 中国李大钊研究会编注:《李大钊全集》(第 2 卷),人民出版社 2013 年版,第 247 页。
⑤ 徐铸成:《民国记事:徐铸成回忆录》,广西人民出版社 2015 年版,第 54 页。
⑥ 陈先初:《程潜与近代中国》,湖南大学出版社 2004 年版,第 68 页。
⑦ 颜惠庆著,上海市档案馆译:《颜惠庆日记》(第 1 册),中国档案出版社 1996 年版,第 285 页。

犀利，措语之庄严，以及深心韬晦，使他人无懈可击，则更不待吾赞二公之文也。使天而不弃中国，何于此共和专制、生死存亡关键，竟无人焉，以真理率示愚众。"他对自己"力与学均未逮"表示深深的遗憾。① 丁中江认为《异哉所谓国体问题者》"对筹安会和袁称帝的打击，不下于蔡锷领导的护国之役"。② 当《异哉所谓国体问题者》一文流传到湖南时，"阅报室内的阅报者陡增数倍，且有情愿不吃晚餐而专读该文的"，皆因梁启超的论据"正是一般青年所欲说而不能说的；且能引经据典地说出，无异替青年们伸一口气"。在湖南高等师范求学的舒新城"读后并为抄存"。③

在湖南较为偏远的平江县，凌盛仪也阅读了《异哉所谓国体问题者》一文。9月12日，他认为梁启超撰写《异哉所谓国体问题者》是反对筹安会所作，"义正词严"。他摘抄该文部分内容："国家如重器，不宜变迁，致受损伤政体，固宜讨论国体不能变更。如予在前清受满人之虐待，微革命终难归国，何爱于清，而甲辰乙巳《新民丛报》主张君宪，且言种族历革命及共和之危难，此数年所历历险象，已入一应验，辛亥九月革命之时，犹著一书，冀延清命，以国体之变，于民不适，必致数年不安也。……"他进而评论："其论甚长，姑节其起段之意如是。"他花了好几天阅读，直到16日才阅读完。在文章结尾处，梁启超呼吁："公等如欲帝袁也，请俟袁总统于此十年任内整军经武，将来战胜外人，一洗国耻，由全国公戴即真。否则，或群雄割据，俟一一戡定，后改国体，而为君主，然未识勘定为何国人员，否则此举为教猱升木，不逞之徒恐亦请某国博士作古博士之空谈，谓君主国体，与中国不宜借此起事。诗云：嗟我兄弟，神人诸反，莫肯念乱，谁无父母。公等所为，是欲乱我全国矣。任公且此乞辞宪法起草之职，出国就医矣。"凌盛仪补充道："章太炎亦有殉国体之说，现已绝食矣。如赵尔巽等则倡言，既以君主为宜，则宣统无失德，应请复辟云云。陆军总长段祺瑞既以有国体变更之说辞职而去，近日教育总长汤化龙氏亦以身造共和之人，今将违其初愿，

---

① 吴宓著，吴学昭整理：《吴宓日记》（第1册），生活·读书·新知三联书店1998年版，第489页。
② 丁中江：《北洋军阀史话》（第2册），商务印书馆2012年版，第70页。
③ 舒新城著，文明国编：《舒新城自述》，安徽文艺出版社2013年版，第90页。

亦拂衣挂冠矣。"① 可见，这些读者深受《异哉所谓国体问题者》的鼓舞，为梁启超的文字所吸引，虽然不能立即有所行动，但精神世界已受到"感染"。许多读者进而向往民主和自由，反对君主专制。

第六节　袁世凯御用报刊与可读性缺失

袁世凯深谙舆论之道。民国成立后，袁世凯采取两面的方式对待报界：一方面，压制、迫害国民党系报刊；另一方面，收买、拉拢进步党系报刊为他服务，最主要的方式是给报馆津贴。据统计，民国初期接受袁世凯津贴的报馆总数在125家以上。② 有的报刊甚至成为袁世凯御用报刊，如上海《神州日报》和北京《亚细亚日报》。其中，《亚细亚日报》不仅带头改用"洪宪"年号，而且直呼袁世凯为"今上"，成为名副其实的"臣记者"报。其时，一些读者已留意到《亚细亚日报》的政治色彩。1916年2月25日，张棡在日记中独白："是日《申报》未到，而《亚细亚报》专袒政府，故于目前兵事尚未见有真消息也。"3月8日，他"晨起看《亚细亚报》"，又评论道："是报专拥护政府、力诋革党，双方笔墨竞争，正不知何种报为得实。然中国乱事之发生，民庶之遭扰，则固属意中事，讳无可讳，亦饰无可饰也。"10日，张棡闻姜伯翰言："近有杜君宾秋正自外来，言长江一带均有反正之志，湖南省已为滇军占去大半，四川、重庆正在危困之中，江、浙两省恐不日亦有变动，盖朱价人与冯国璋结为昆仲，此中自有深意。而《亚细亚报》犹是一味鼓吹帝制，可谓赧颜之至。《申报》言中央已有意取消帝制，各省道试，亦有停试之说，若非军事失败，何至出此下策耶。"③《亚细亚报》作为一份拥袁报刊，自然不可能真实地报道反袁的情况。

对于政客收买的政党性报刊，黄远生有着精辟的分析。他指出：

---

① 凌盛仪：《凌盛仪日记》（第21卷），湖南图书馆藏稿本（编号：275/5），1915年9月12日、9月16日。
② 方汉奇主编：《中国新闻事业通史》（第一卷），中国人民大学出版社1992年版，第1054页。
③ 张棡著，温州市图书馆编，张钧孙点校：《张棡日记》（第4册），中华书局2019年版，第1714、1720、1721页。

> 今以大借款为例。甲党之报,今赞成而前反对;乙党之报,则今反对而前实赞成。甚至同在一时,赞成唐绍仪之借款者,而不赞成熊希龄之借款;赞成熊希龄之借款者,而不赞成唐绍仪之借款。又试以对于政府之态度而论,于其未入国民党之先,则甲党赞成,而乙党思推倒之;于其既入国民党之后,则乙党赞成,而甲党思推倒之。同此一人,而前后有尧桀之别,同此一事,而出入有霄壤之分。大略竖尽古今,横尽万国,所谓政治家者,未有如吾国今日之政客之无节操之无主张,惟是一以便宜及感情用事。推其原因所由来,不外所争在两派势力之消长,绝无与于国事之张弛而已。①

此论可谓鞭辟入里,言中政客们的要害,道出袁世凯收买报纸的内在原因,也揭示一些报刊丧失"报格"的动因所在。在时人的回忆录中,不乏对政党性报刊政争的关注。例如,张季鸾指出:"同一事件,甲乙记载,必迥然相反。故阅报,即知其属于某党,至记载之孰真孰伪,社会不辨也。"②

一些读者的选择性阅读也证实了政党报刊"选边站"。童保喧于1913年2月21日阅《汉民日报》,该报当日载有他出洋留学一节,次日又更正并无此事。作为当事人的童保喧对报界颇为失望地评论:"盖余个人对报馆有一种决心,则以余之职务对国家负其责任,即对国家之行政官如都督者,始负其责任,其他余皆不对之负责任,故第三人之是非,余绝不为动心,况今日报馆之言论全带铜臭乎。"③ "全带铜臭"可能是民国初期不少报刊的真实写照。左绍佐认为"报纸随手可以评论人物,亦有当者固可畏也。此欧风东渐第一件,闻外人之纸,最有益于国家,与此间不同"。④ 言下之意,便是对当时报刊见风使舵的不满。

---

① 黄远生:《一年以来政局之真相》,《远生遗著》(第1卷),商务印书馆1920年版,第84—85页。
② 张季鸾:《追悼飘萍先生》,转引自方汉奇:《中国近代报刊史》(下册),山西人民出版社1981年版,第703页。
③ 童保喧著,宁海县政协教文卫体和文史资料委员会编:《童保喧日记》,宁波出版社2006年版,第113页。
④ 左绍佐:《左绍佐日记》,湖北省图书馆编:《湖北省图书馆藏稿本日记四种》(第26册),国家图书馆出版社2021年影印本,第181页。

小　结

从总体上看，在民国初期波谲云诡的时局中，政党性报刊在营造舆论方面起到了重要作用。报刊对时局的观察，影响读者对新闻的认知和判断。民国肇始，守旧士绅留恋帝制时代的安逸和富贵，各地军阀信奉武力解决问题，新式知识分子、青年学生则不甘于被边缘化，积极寻求上升的通道。读报是他们了解时局、寻找归属、表达主张的重要方式。报刊解读时局的报道与评论，直接影响读者的社会感知。读者对报刊的选择性阅读，又表明报刊具有凝聚"阅读共同体"的作用。可以看到，民国成立对社会产生极大的影响和冲击，报刊读者依据自身立场解读新闻，"制造"了不同的新闻场域和思想场域。民国初期政党性报刊的尖锐对立，为各自的政党利益互相攻讦征伐，再加上每个阵营内部还有派系分化，利益格局多元，价值观分歧，政治斗争激烈。政党性报刊便成为党争、政争的工具，一些报刊甚至成为御用的工具，呈现出复杂而浑浊的政治生态。

同时，也必须看到一些政党性报刊在思想启蒙、社会动员和推动民主方面的作用。尤其是一些国民党系报刊在反袁斗争中的宣传鼓动，对推动民主革命的发展起到了重要作用。进步党系报刊也在反帝制、反独裁方面产生了重要影响。即便是保守党报刊，也在传播国粹、维护传统方面起到一定作用。从读者的选择性阅读看，不同类型的政党报刊都在形塑价值观、政治观、文化观方面产生了一定影响。尤其是对于广大青年学子而言，他们正处于思想塑造的时期，读报是他们了解民国初期乱局、激发斗志的主要形式。读者从报刊中汲取政治知识和思想资源，阐发自己的立场和观点，进而付诸实际行动。报刊充当了读者与社会之间的桥梁。通过读者的广泛阅读和传播，政党性报刊的政治主张得以彰显，政治话语得以体现，政治目的得以推动，从不同侧面展示了民国初期的政治万花筒。

第四章

五四运动前各类杂志的传播与阅读

"阅读公众"是一个不可忽视的群体。哈贝马斯尤为关注"阅读公众",认为"一般的阅读公众主要由学者群以及城市居民和市民阶级构成,他们的阅读范围已超出了为数不多的经典著作,他们的阅读兴趣主要集中在当时的最新出版物上。随着这样一个阅读公众群体的产生,一个相对密切的公共交往网络从私人领域内部形成了。读者数量急剧上升,与之相应,书籍、杂志和报纸的产量猛增,作家、出版社和书店的数量与日俱增,借书铺、阅览室,尤其是作为新阅读文化之社会枢纽的读书会也建立了起来"。[①] 从一定程度上看,"阅读公众"形成的主推力还是杂志。报纸提供的主要是"信息世界",杂志呈现给读者的是"思想世界"。本章主要探讨刊物对"阅读公众"的推动,以及对大众阅读的推广和影响。

第一节 消闲性刊物的传播与阅读

民国初期,政党类报刊固然是观察政治的窗口。但对于普通民众而言,乱局使他们深受其害,他们对此颇为不满。他们的日常生活并非由政治主导

[①] [德]哈贝马斯:《公共领域的结构转型》,曹卫东、王晓珏、刘北城等译,学林出版社1999年版,序言第3页。

一切,他们有自己的喜怒哀乐,有自己的生活习惯和精神追求。除了庄重正式的政治话语,他们更需要说"平常话",阅览"有趣味"的读物来满足他们的阅读需要。以鸳鸯蝴蝶派刊物为代表的消闲类杂志,对普通民众有着较强的吸引力。

对于长期阅读报刊的读者而言,休闲类杂志是日常消遣、满足兴味的重要对象。徐兆玮作为文艺爱好者,对休闲类杂志颇有兴致。例如,对《独立周报》改《雅言》一事,他颇为留意。他认为《雅言》不如《东方杂志》和《小说月报》,因为前者"惜校雠不善,鲁鱼亥豕触目皆是",而后者"误字少",故读者对《雅言》失其兴味。他将新出版之《滑稽杂志》与《游戏杂志》相比较,指出前者"笔墨芜秽",更不如后者"材料丰富",从而感叹"大抵游戏笔墨亦须雅驯,方不染魔道,近时则每况愈下矣"。对于国民喜爱阅读《游戏杂志》之景况,他发出感慨:"大抵喜阅游戏之书必少正经之事,将率天下而为游民也,哀哉!"[①] 话虽如此,但他对此类杂志涉猎较多。

徐兆玮喜欢阅读小说类杂志,比较了小说类杂志:"《小说月刊》始于《新小说》及商务印书馆之《绣像小说》、小说林之《小说林》,其后有《月月小说》、《新新小说》继起,然皆未逾时而中止。自商务印书馆《小说月报》出,中华书局之《中华小说界》继之,二种或者可持久乎?《小说丛报》资料亦富,果能持久与否,未可必也。"[②] 此则日记不仅回顾了中国小说类杂志发展的历程,亦透露出商务系刊物与中华系刊物之争。

徐兆玮还注意到《古学汇刊》《文艺杂志》《国学丛刊》等旧学类杂志。虽然新学成为时代之主流,但"旧学不绝于缕",《文艺丛书》"荆兰杂揉,不免为大雅所羞称",因此,他还是较喜欢《文艺杂志》,因为《文艺杂志》虽"体例不纯",但"较坊行诸杂志固远胜之"。他对《文艺杂志》的喜欢在之后的阅读记录中得到印证。当读到《文艺杂志》第四期时,因杂志"校对

[①] 徐兆玮著,李向东、包岐峰、苏醒等标点:《徐兆玮日记》(第 2 册),黄山书社 2013 年版,第 1444、1457、1464 页。

[②] 徐兆玮著,李向东、包岐峰、苏醒等标点:《徐兆玮日记》(第 2 册),黄山书社 2013 年版,第 1479 页。

第四章 五四运动前各类杂志的传播与阅读

粗疏,讹字触目即是,中有不可意会者",故"不觉为之减兴"。①

对于一些文艺性杂志,徐兆玮也不乏点评,诸如《自由杂志》《游戏杂志》和后出的《香艳杂志》,他认为《香艳杂志》较诸杂志"为胜","材料丰富,却雅俗共赏,酒令一门尤佳,是杂志中之杰出者",因而阅读《香艳杂志》较多。1915 年,徐兆玮开始阅读《繁华杂志》第一期,认为其"于诸杂志中较为完善"。两天后,他阅读《繁华杂志》第三期,重点指出其优于其他杂志之原因:一则魔术,"如臆测中之天胜娘魔术,以不可思议之大幻术一经说破,令人恍然大悟";一则小说,"孙玉声之《续海上繁华梦》,以脍炙人口之书重开一幕,能使阅者兴会倍增";一则"《游戏杂俎》中之游戏画及游戏问题均崭新花样"。有此三,"可于混混尘埃中出一头地矣"。②

值得注意的是,徐兆玮颇为重视一些地方性刊物。对于《新常熟》的出版,徐兆玮颇有期待。中华民国成立后,各地办报风起云涌,蔚为大观,常熟也不例外。徐兆玮作为常熟代理民政长,自然留意办报之风潮,希望常熟能出版宣传同盟会言论的报刊。1912 年 7 月 20 日,同盟会职员会开会,决定出版同盟会常熟分会机关报《新常熟》,25 日发行五日刊,"此后乡人有喉舌矣"。他指出,创办《新常熟》之目的在于"健全地方政党",力矫"吾邑报界为一二掸弄笔墨者自贬声价,非痛骂即冷嘲"之弊端。他希望《新常熟》"必能发挥正论,为政党生色"。由于准备问题,《新常熟》改为 28 日出版,此版"南山一文甚佳",慰慈主编,"尚为出力"。③ 他记载《新常熟》之宗旨为"力求维持未成熟之民生主义,勤为鼓吹,阐先进之遗绪,培后日之新机"。④

为了与《新常熟》"互相提携","监督官署,伸长〔张〕民权",徐兆玮

---

① 徐兆玮著,李向东、包岐峰、苏醒等标点:《徐兆玮日记》(第 2 册),黄山书社 2013 年版,第 1492、1512 页。

② 徐兆玮著,李向东、包岐峰、苏醒等标点:《徐兆玮日记》(第 2 册),黄山书社 2013 年版,第 1492、1505、1528、1528 页。

③ 徐兆玮著,李向东、包岐峰、苏醒等标点:《徐兆玮日记》(第 2 册),黄山书社 2013 年版,第 1292、1293 页。

④ 《〈新常熟〉发刊辞》,《新常熟》第 1 号,1912 年 7 月 28 日,转引自沈秋农主编:《常熟老报刊》,广陵书社 2007 年版,第 8 页。

又提倡创办《常熟旬报》。① 1912 年 9 月 11 日,《常熟旬报》创刊,徐翰青、王采南主编,其宗旨为"欲以一种公正之议论","希望握政治权者实行","必先供献有言论权者决定"。② 此后,多见徐兆玮为《常熟旬报》写稿的记录。例如,1912 年 12 月 9 日记:"编辑《旬报》,竟日始毕。"20 日又记:"编辑《常熟旬报》,为撰社论一首。"29 日再记:"为《旬报》作社论一首、时评数则,颇有兴致。"③ 可见,徐兆玮颇为看重《常熟旬报》,将其视为政论的重要阵地。

《家庭杂志》由徐兆玮好友唐海平主办,出版第一期后,因"偏重实用主义,与流俗大不相合","出版以来所销不过千余部,所受损失已将三百元左右",故"第二期决计不出"。徐兆玮感慨道:"盖欲发行杂志,非有大资本及发行所不成,出版组合事业綦大,对于欲为托辣〔拉〕斯之商务、中华两家不啻宣告革命,必遭疑忌。"④

徐兆玮阅读刊物之多令人叹为观止,对于流行刊物,他多有所关注,可谓是"杂志迷"。当然,他多关注杂志,并不能说明他没有每日阅报的习惯。可能是因为报纸已成为日常生活中的必读品,报纸提供的信息多而杂,故他较少记载在册。这从他对《时报》副刊《小时报》的阅读中可见一斑。《小时报》为《时报》副刊,毕倚虹主编,因刊载小品文,风行一时。徐兆玮是《小时报》的忠实读者。他在日记中,几乎每日都抄录《小时报》文字。

与徐兆玮类似,温州乡绅张棡也喜阅文艺性刊物。从《张棡日记》的相关记载看,张棡阅读偏旧的一面较多。在文艺消遣性阅读方面,张棡偏向于鸳鸯蝴蝶派创办的刊物。1914 年 4 月 2 日,张棡阅《游戏杂志》。此杂志与

---

① 徐兆玮著,李向东、包岐峰、苏醒等标点:《徐兆玮日记》(第 2 册),黄山书社 2013 年版,第 1292 页。
② 《〈常熟旬刊〉发刊词》,《常熟旬刊》第 1 号,1912 年 9 月 11 日,转引自沈秋农主编:《常熟老报刊》,广陵书社 2007 年版,第 11 页。
③ 徐兆玮著,李向东、包岐峰、苏醒等标点:《徐兆玮日记》(第 2 册),黄山书社 2013 年版,第 1317、1319、1320 页。
④ 徐兆玮著,李向东、包岐峰、苏醒等标点:《徐兆玮日记》(第 3 册),黄山书社 2013 年版,第 1560 页。

《自由杂志》皆是上海陈蝶仙、王钝根、丁悚等人组织出版,分"文苑、谭丛、译林、小说、传奇、杂俎"诸门,"词料颇见丰富,与初学看,极浚发心思,较之缪莲仙《文章游戏》,则又推陈出新矣"。① 1915 年 3 月 4 日,他看《游戏杂志》上的《聂慧娘》,此文描写了一奇女子"竟有过人文才、过人胆量、过人辣手"。他又阅《遇之巧》,小说描写了"侠士救贞女","精神奕奕",均"不愧为佳小说"。1917 年 4 月 10 日,他看《小说画报》。该报为包天笑主编,"所辑诸小说尚多趣味可玩"。5 月 27 日,他又看《小说新报》载《破镜圆》一文,赞赏其"浓郁有味"。②

在鸳鸯蝴蝶派创办的刊物中,《礼拜六》是张棡的最爱。他在 1914 年 9 月 29 日读了《礼拜六》后,认为其"多短篇小说,皆是《游戏杂志》中诸主笔撰述"。10 月 26 日,他读《礼拜六》后记载,内有"瑶台第一妃事",记叙了"太平洪氏宫闱事",颇"艳丽有趣"。又有《欢喜菩萨》一则,叙述"雍和宫清世宗淫亵事",后"忽为龙女所刺",亦"离奇变换"。又有《香妃异闻》一则,与《庸言报》《春冰野乘》"所载事不同",皆可"作掌故秘闻"。③ 1915 年 3 月 27 日,他阅《礼拜六》所刊《鱼壳外传》一文,对此篇小说摘录颇多。该文叙述了"鱼壳"的一生。鱼壳乃康熙南巡之时与一女子所生之子,该子"弃于湖"而为王渔翁"网得",后来经康熙"访查"而"召入宫"。等到康熙死、雍正立时,雍正"诛戮同胞",鱼壳"始遁迹独山,结交英雄,劫掠奸暴",鱼壳大王"名震天下"。雍正屡次"思捕之",终"不可得"。后来,于成龙任两江总督时捕得一人,"乃鱼壳之帅黄某",鱼壳"老于海外"。张棡认为此事"颇离奇可玩"。④

这种阅读旨趣直接影响了张棡对刊物的选择。1914 年 6 月 23 日,他至千

---

① 张棡著,温州市图书馆编,张钧孙点校:《张棡日记》(第 3 册),中华书局 2019 年版,第 1402 页。
② 张棡著,温州市图书馆编,张钧孙点校:《张棡日记》(第 4 册),中华书局 2019 年版,第 1528、1903、1922 页。
③ 张棡著,温州市图书馆编,张钧孙点校:《张棡日记》(第 3 册),中华书局 2019 年版,第 1471、1481 页。
④ 张棡著,温州市图书馆编,张钧孙点校:《张棡日记》(第 4 册),中华书局 2019 年版,第 1535 页。

顷堂买《香艳杂志》一号，内有《红楼梦提要》一篇，颇"读书得间"。①1916年6月27日，他阅《文艺杂志》。该杂志为"扫叶山房编辑之本"，其中"搜罗轶闻如年羹尧之认罪覆折及左良玉讨马士英檄文"，均"有趣味可诵"。10月30日，他看《春声》刊《沧桑小史》一篇。该文描写"民国以来及清末造官场之腐败处"，颇与《官场现形记》及《怪现状》"相似"。② 张枫早期阅读旨趣在于"离奇变换""趣味可诵"，属于消闲阅读的一部分。由此可见，张枫不带目的性的消遣阅读成分较多，会简单介绍并点评一些乐闻趣见，表明消闲类杂志对他的休闲生活有着深刻影响。

对于报纸的文艺副刊和文艺杂志，一些知识青年亦有阅览。其中，叶圣陶就被《太平洋报》的文艺副刊吸引。1912年4月3日，叶圣陶购《太平洋报》，认为该报"系新近出版者，材料富足，议论宏大，以余观之定可压倒众报"。6月1日，他记载："所定阅《太平洋报》，今日起增字画一幅，计四页，皆近时名流所作，用连史纸石印，既不失真，复可久藏，珍品也。"7月23日，他"将几月《太平洋报》之《文艺》集聚出，订成三册，亦巨观焉"。8月1日，他"抄《太平洋报》中小说《断鸿零雁记》，系曼殊大师所著。曼殊邃中西文，并通梵文，著作甚富，近世大文学家也。以此记散见每日报纸，玩索殊费事，故萃抄一册"。28日，他向同学顾颉刚借阅《国粹学报》，读后写道："报中图画皆古人真迹，细意玩索之，颇有味也。"他颇为喜爱杂志，总结道："余观杂志凡六七种，其中所不堪欲观者益有之，时思减去数种，乃偶过书肆见有新刊，必出钱购之。此种结习，亦是莫明其故。然每月此项支出，必至两元。手头非裕，而为此亦徒自苦耳。"③

叶圣陶在与顾颉刚的往来信件中，不少内容便源于杂志。9月2日，叶圣陶致信顾颉刚，盛赞《太平洋报》副刊中的"言利"说：

---

① 张枫著，温州市图书馆编，张钧孙点校：《张枫日记》（第3册），中华书局2019年版，第1433页。
② 张枫著，温州市图书馆编，张钧孙点校：《张枫日记》（第4册），中华书局2019年版，第1777、1833页。
③ 商金林撰著：《叶圣陶年谱长编》（第1卷），人民教育出版社2004年版，第89、92、95、101、121页。

第四章 五四运动前各类杂志的传播与阅读

二号《太平洋》报内钝剑……斥孔，意与余侪颇合；又云"孔氏讳言利，而墨氏不讳也。夫天下者，利而已，仁与义即寓于利之中，舍利安有仁义？"此一段尤中鄙意；而犹嫌其胸中先有物在，不能冲决一切网罗也。我曾谓人生的目的，唯在满足其生活之欲望而已，即所谓自利者也。苟能自利，世界斯入至真、至美、至善之境。盖纷争扰攘，固皆错认殊途，不知自利者耳。钝剑所云"夫天下者利而已"，此利当即指自利而言，而天下事除利之外更别无一物。何云有仁义寓其中也？利即仁义，斯无所谓仁义。行见浅者之所谓仁者何？曰利己也；行见浅者之所谓义者何？曰利己也。仁乎义乎，有利而已。以钝剑高旷绝伦之人犹复曰仁义仁义。钝剑斥孔，已着孔魔。①

对于读过的各类杂志，叶圣陶大多会在日记中写下初步印象或阅读观感。例如，1914年5月3日，他读《游戏杂志》消遣，认为其中"虽多无稽诙笑之谈，而大足以赏心悦目"。6月1日，他"观教育小说《孤鸿感遇记》，油然生乐得英才而教育之之念"。在致顾颉刚的信中，叶圣陶表示《雅言》"古书流传历久而滋谬讹，不幸复经不通之人因其谬而为之曲说。若章刘诸君，则皆明乎小学，博通群书，各以所见诏示后生，是则我辈之大幸也"。②

从中可以看出，民国初期消闲性杂志有其生存和发展的空间。在政党报刊强烈烘托政治的背景下，消闲性刊物则追求闲情雅致，为民众提供了政治纷争之外的阅读空间，无论是传统士绅还是知识青年，消闲性刊物尤其是文艺刊物为他们提供了休闲解闷的养料，这恰恰是民国初期"鸳鸯蝴蝶派"风行一时的重要原因。

第二节 商务系刊物的传播与阅读

商务印书馆成立于1897年，由夏瑞芳、鲍咸恩、鲍咸昌、高凤池等人在

---

① 商金林撰著：《叶圣陶年谱长编》（第1卷），人民教育出版社2004年版，第101页。
② 商金林撰著：《叶圣陶年谱长编》（第1卷），人民教育出版社2004年版，第151、155、177页。

上海创办。1902年，张元济加入，商务印书馆开始转型，创办各类杂志。庄俞在《三十五年来之商务印书馆》一文中谈道：

> 定期杂志之属，为阅读界至佳至要之刊物，本馆发行多种。为提高本国学术地位，增进国民知识程度之助。讨论时政，阐明学术者，则有《东方杂志》；研究教育以促进步者，则有《教育杂志》；谋国内学生界交换知识，互通声气者，则有《学生杂志》；谋增进少年及儿童普通知识者，则有《少年》杂志、《儿童世界》及《儿童画报》等；讨论妇女问题，则有《妇女杂志》；谋促进学生英语知识者，则有《英语周刊》；研究中外文学者，则有《小说月报》；研究中国自然现象者，则有《自然界》杂志，无不内容丰富，材料新颖，见称于读者。①

这概述了商务印书馆出版的主要杂志。其中，《东方杂志》创刊于1904年，以"启导国民，联络东亚"为宗旨，成为中国杂志"最努力者"。《教育杂志》创刊于1909年，为近代中国办刊时间最长、影响最大的教育专业刊物，其读者以"中学或师范学校的老师为多"。《小说月报》创刊于1910年，早期为鸳鸯蝴蝶派的阵地，新文化运动后开始进行改革，成为文学研究会代用机关刊物。其刊载的小说风靡一时，受到读者热捧。《少年杂志》②创刊于1911年，因"插画丰富、行文浅显"受到入学三四年之生徒及粗解文义之人的喜爱。《学生杂志》于1914年创刊，是一本给中学生介绍课外知识的读物，其读者以学生为主。《妇女杂志》创刊于1915年，1931年停刊，被誉为"贤妻良母的杂志"，其读者多为知识分子及沪江浙一带的女学生。此外，《英文杂志》《英语周刊》《农学杂志》《留美学生季报》也有较高知名度。

凭借商务印书馆的发行网络，"十大杂志"获得不俗的销量。例如，《东方杂志》每期销量曾高达一万五千份，其读者群"大部分是在校的大学生、中学

---

① 庄俞：《三十五年来之商务印书馆》，王云五：《商务印书馆与新教育年谱》，江西教育出版社2008年版，第335—336页。

② 该刊第1卷封面刊名为《少年》，从第2卷起改为《少年杂志》。本书统一称之为《少年杂志》。

生、中小学教职员、一部分大学校教职员、军官以及公务员等"。① 也有人认为，《东方杂志》可以被视为"一份在商务支持下面向都市读者的'中层'刊物"。②《教育杂志》的具体销量不得而知，但是凭借商务印书馆的发行网络，应有不俗的成绩。早期《妇女杂志》的读者群为"中上阶层的识字妇女，即使是男性读者，也是精英取向"。新文化运动后，改革版的《妇女杂志》的读者群为"中学以上的学生和教员为主，男性与女性读者的比例可能不相上下"。③ 这些杂志注重分众传播，培养较为稳定的读者群体。

《东方杂志》是大型综合性、思想性杂志，也是影响最大的百科全书式刊物，内容极为丰富，颇受不同层次读者的欢迎。吴虞在1911年的日记中就有阅读《东方杂志》的记载，在1912年10月的日记中有对该杂志刊载黄祸论的记录。④ 此后，他多次阅读《东方杂志》，"晚看《东方杂志》"，"午后看《东方杂志》"，⑤ 此类阅读记录一直持续到1917年。

传统士绅虽然思想保守，但对《东方杂志》的新知识、新观念仍然有着较强的兴趣。曾为光绪帝"起居注官"的恽毓鼎就一直比较喜欢阅读《东方杂志》。从他日记的相关记载看，恽毓鼎应该订阅了《东方杂志》。例如，他在1913年1月16日记："《东方杂志》第四、五、六三册，俱由商务印书馆送来，随意浏览，遂尽半日。"此外，恽毓鼎非常看重《东方杂志》的科学价值。他认为，该杂志"注重心理学科学，颇有意味，恐南方乱后不能接续矣"。而《东方杂志》刊载的大小文字"颇入味"。他阅读《东方杂志》刊载的文章之后，往往会加以摘录和品评。例如，1912年5月11日，他灯下看《东方杂志》第8册中《振兴农工商业书》一篇，表示此文"利弊兴革了如

---

① 转引自罗奕：《〈东方杂志〉广告研究》，厦门大学出版社2016年版，第106页。
② 李欧梵：《上海摩登——一种新都市文化在中国（1930—1945）》（修订版），毛尖译，浙江大学出版社2017年版，第63页。
③ 周叙琪：《阅读与生活——恽代英的家庭生活与〈妇女杂志〉之关系》，《思与言》2005年第3期，第117、122页。
④ 11月15日记："看《东方杂志·黄祸论》。"参见吴虞著，中国革命博物馆整理，荣孟源审校：《吴虞日记》（上册），四川人民出版社1984年版，第71页。
⑤ 吴虞著，中国革命博物馆整理，荣孟源审校：《吴虞日记》（上册），四川人民出版社1984年版，第90、91页。

指掌,所筹办法切实可行。此为经世之文"。① 8月7日,他阅《东方杂志》中挪威人阿孟曾的《南极探险记》,极感兴趣,加以综述:

> 旅行年余,竟于去岁达南极圈中,渡冰界,登最高原,是为极心,树脑威国旗于其上,即名此原为阿孟曾。此地自四千年来,始有人迹焉。欧洲人雄心毅力,百折不挠,令人敬服。阿氏测得此地昔当与美洲毗连,经地震裂,海陷,遂与人世隔绝,动植物僵质,独有存者。将至圈中,自阳历二月至四月中旬,昼极短,夜甚长。自四月廿二日至八月廿四日,一百廿日不见日光,殆成长夜。圈中气候颇温,面积大于欧洲两倍,异日逐渐殖民,又将开一新世界矣。前岁有人探至北极,极心凹陷,海水汪洋。而南极则为大陆,且有距离海面一万英呎[尺]之高原。今乃知两极端一凹一凸。②

从现代地理学的角度看,《南极探险记》存在一些错误,但对恽毓鼎而言,可谓是地理学知识的启蒙,增加了他对地球新的认知。因此,他感慨道:"吾辈生当今日,真能闻所未闻也。"1913年7月2日,他对《东方杂志》中《社会今日趋势吾辈自处之方针》一文表示高度赞赏,认为"煞有见地"。11月17日,他又阅《东方杂志》第一号、第二号中《清宫二年纪》一文,表示该文为"裕庚女德菱所著",分析了该文的来龙去脉。他指出,该文"原系英文,近始译出",是德菱亲身经历所述,"德菱随其父归自巴黎,入宫事孝钦太后",在宫中,她所记"皆朝夕琐屑之事",而这些"掖庭掌故,往往为外廷所不知",如她记"景皇,谓实为智慧英明之主,而苦于不得施展",但"外间所传恶语,皆太监造言谤毁,盖先帝驭近侍极严也"。恽毓鼎评价道:"可谓窥乎其微,独得其真者矣。"他"阅之愉快竟日"。③ 作为曾经的京官,

---

① 恽毓鼎著,史晓风整理:《恽毓鼎澄斋日记》(第2册),浙江古籍出版社2004年版,第624、570、712、591页。
② 恽毓鼎著,史晓风整理:《恽毓鼎澄斋日记》(第2册),浙江古籍出版社2004年版,第602页。
③ 恽毓鼎著,史晓风整理:《恽毓鼎澄斋日记》(第2册),浙江古籍出版社2004年版,第602、650、668页。

恽毓鼎对前清逸闻非常感兴趣。

此外，恽毓鼎注意披阅有关理财学、读书心得的文章。1914 年 4 月 3 日，他看《东方杂志》第 6 期《理财学沿革小史》一文，认为其"甚条晰可观"，细阅之，"遂至夜深始就枕"。1915 年 7 月 10 日，他阅《东方杂志》中《读书刍言》一篇，评论道："其中论读书之益并择书专看法，有极精到语，学生当以为法。"① 这些具体的记载表明他特别注重吸纳这份杂志的新知识、新观点，为他的阅读生涯增添了不少情趣，也在一定程度上改变了他的知识结构。

除《东方杂志》外，恽毓鼎还阅读《教育杂志》《小说月报》等商务系刊物，不过关于这两种刊物的阅读记录较少。1912 年 9 月 28 日，他记载："看《教育杂志》，有贾丰臻论学校风潮一篇，语语本之经验，为校长者不可不知。"1916 年 4 月 9 日又记："连日郁郁不乐，唯以《小说月报》自怡。"② 此类简单的介绍，只是表明他"已读"。

进士出身的徐兆玮，对新思想、新知识有着强烈的渴求。从维新报刊、西学书籍到政党报刊，都广为涉猎。对于商务系刊物，他长期关注，阅读甚勤。如《东方杂志》《教育杂志》《妇女杂志》《小说月报》《少年》等，他都有订阅。他从 1907 年开始阅读《东方杂志》。此后，他几乎每期必读。徐兆玮选择阅读《东方杂志》的重要原因在于其"误字少耳"。对于《东方杂志》刊载的文章，徐兆玮详加阅读后提出自己的观点。例如，他读《侠女破奸记》后认为："小说甚不见佳，承《清宫二年记》之后，所谓极者难为继也。"③

徐兆玮从 1911 年开始阅读《教育杂志》，并结合自己的认知加以评论。例如，对张慰西所写《河套与治河之关系》一文，他赞赏道："论治河之要在于河套，可谓言人所未言。"④ 徐兆玮接触《妇女杂志》是在 1915 年 3 月 28

---

① 恽毓鼎著，史晓风整理：《恽毓鼎澄斋日记》（第 2 册），浙江古籍出版社 2004 年版，第 685、734 页。

② 恽毓鼎著，史晓风整理：《恽毓鼎澄斋日记》（第 2 册），浙江古籍出版社 2004 年版，第 609、765 页。

③ 徐兆玮著，李向东、包岐峰、苏醒等标点：《徐兆玮日记》（第 2 册），黄山书社 2013 年版，第 1444、1460—1461 页。

④ 徐兆玮著，李向东、包岐峰、苏醒等标点：《徐兆玮日记》（第 2 册），黄山书社 2013 年版，第 1518 页。

日，距其创刊仅两个月。7月，他读完《妇女杂志》第二卷第一号、第二号两期。对于其中一些文章，他也详加评论。例如，朱胡彬夏之《美国家庭》"述美国妇女之处置家事有条不紊"，他认为其"足为我国妇女对镜之资，事出征实，较理论易动人听也"。徐兆玮也较为关注《妇女杂志》之革新。他读了改革版后的《妇女杂志》，指出："其所编辑各种颇博雅，杂志中之以文胜者。"①

徐兆玮于1914年年底对《小说月报》"丝毫不懈"地"精选材料"表示赞扬。② 他从1910年《小说月报》创刊后不久便坚持阅读。1910年12月16日，他读后认为"《小说月报》亦商务印书馆所刊，文笔不及《小说时报》远矣"，表明创刊之初的《小说月报》不及《小说时报》，他并不满意。但之后，他几乎每期必阅《小说月报》。1914年2月11日，徐兆玮认为《小说月报》"所以能动人处"在于"误字少耳"。这说明他对《小说月报》的品质并不满意。他在3月23日"阅《中华小说界》一册，第一期"，认为"此报盖与商务之《小说月报》竞争，其体例格式无一不似，两者正未易轩轾也"，③表明中华系刊物正在挑战商务系刊物的独霸格局。徐兆玮对商务系刊物并非盲从，而是根据其内容进行深入分析，有褒有贬，态度平和中肯。

在温州中学任教的张棡颇为喜爱《小说月报》，阅览颇勤。1913年11月10日，张棡看《小说月报》所载《拊髀》一文，认为"极饶趣味，具见外人爱国之心甚切"。翌日，他又阅《游济宁记》一文，称该文"颇翔实有致"。④1915年9月14日，他在灯下看《小说月报》所登《云破月来缘》一文。该文为林琴南所译，叙"一女子为情人被杀，得一痴疾，后与夫婿结婚，仍木然无知"。张棡认为此文"文笔太冗长可厌"。林琴南因译《黑奴吁天录》而"得名"，最近"竟称雄于小说界"，而其"以译书得巨金"，盖"不知凡几"，

---

① 徐兆玮著，李向东、包岐峰、苏醒等标点：《徐兆玮日记》（第3册），黄山书社2013年版，第1660、1837页。

② 11月19日记："月报欲精选材料，却亦非易，惟商务之《小说月报》丝毫不懈。"参见徐兆玮著，李向东、包岐峰、苏醒等标点：《徐兆玮日记》（第2册），黄山书社2013年版，第1514页。

③ 徐兆玮著，李向东、包岐峰、苏醒等标点：《徐兆玮日记》（第2册），黄山书社2013年版，第1136、1444、1453页。

④ 张棡著，温州市图书馆编，张钧孙点校：《张棡日记》（第3册），中华书局2019年版，第1365、1366页。

故林氏"文过其质",能够"惊心悦目"者"寥寥"。12月6日,他看《小说月报》所载《许镖相事录》。经他查阅,瑞安无许镖相,而直洛叶守标"精通内家拳法","无与敌手",故"名震远迩",皆"啧啧称守标相"。叶守标又为邑城许雁山提军之亲戚,当僧访叶守标时,误以为叶守标为许雁山,"故老相传实有其事"。他考证后认为:"今《小说月报》中所载之许镖相必是守[叶]标相之讹传,殊不知其人因姓叶而非姓许也。"此类订正,展现了他的文史功力。1916年4月13日,他看《小说月报·苏家布》,上言近日"所通行之爱国布即由苏家布改良而来",可见,"吾国实业家本不逊于外人",但因"惟安常习",故"遂至让利权于外人",况且"近来颜料昂贵",非到"改良国货抵制之不可"。他读后评论:"足见有心人自然进步,不在人之贵贱、业之大小。"12月15日,他看《小说月报·人耶非也》,认为乃"科学发明,人体透明不为人见之事",颇"奇怪可玩"。①

张棡也颇为关注一些反映宫闱秘闻的小说,留下了不少文字。例如,1913年11月9日,他在灯下看《小说月报》中《南阳女侠》一节。该文写"当日清帝雍正阴谋,骨肉争杀,勋臣被戕,侠士受祸,曲折详尽,真清秘史之奇闻也"。又如,1914年10月29日,他看《小说月报》后对宫闱小说颇有印象,总结道:"是期内容极佳",《卖鱼娘》一文描写"清世宗夺嫡及吕晚村孙女行刺事",均"曲折如绘",与《南阳女侠》"颇有互相印证处"。除此之外,还有随园所记"于成龙所诛鱼壳大盗事",表示"初不详'鱼壳'二字何义,读此乃得悉其命名之意"。至于《双刀》《张绮兰》两则,亦"趣味盎然"。《鹣鲽姻缘》小说,则"缅写清豫王纳孀妇刘氏为妃事,洋洋数十章回,较之毛对山《墨余录》所载《孀姝殊遇》,尤觉引人入胜也"。与之相关的还有《百尺楼》,该书引"申庄氏史狱之轶事,不意覆巢尚有完卵,而大仇亦有克报之日,为之满浮大白"。又看《陆沉集》,其"文字之祸,亦不下庄氏、吕氏,而终获侠女之力,不至冤沉覆盆,大仇终

---

① 张棡著,温州市图书馆编,张钧孙点校:《张棡日记》(第4册),中华书局2019年版,第1623、1663—1664、1739、1855页。

雪,信前清之秘史也"。① 在之后的阅读中,他读到《陆沉集》,以为该文"盖述雍正年间禁书惨祸之事,而纬以吕晚村孙女、严鸿逵之女仗侠报仇事,尤觉可惊可愕也"。② 可见,他对于《小说月报》中的清宫秘闻颇有兴致,详加摘录,细细品味。

年迈的退职官员李辅燿闲居长沙,在关注时政要闻的同时,也对《小说月报》之类的读物感兴趣,例如,1915年12月7日,他接友人丙孙寄来《小说月报》一册,内载《盾鼻随闻录》,叙"粤乱初起于文恭公督师,肆口诋诬"。他阅后感觉"发指",并评论道:"然文恭公以身殉国,久邀光帝褒旌六十余年,已有不刊也。举猘之吠,初何损于鼎鼎之名,置之可也。"1916年5月25日,他细细品读《小说月报》中的"各册前所影照之画山水花鸟",颇为喜爱,并高度赞赏:"前人小象照片殊可爱玩,惜不善写真,若能临抚成册,亦雅观也。"③

与传统士绅相比,新式知识分子更注重从商务系刊物中吸纳"分科知识""学术观念"和"思想资源"。商务系刊物成为不少学生课外阅读的重要内容,对他们的知识结构和思想观念有着重要影响。

在法国巴黎大学读书的徐旭生便读到《东方杂志》。1914年4月20日,他阅伧父《精神救国论》,认为"大约主持维〔唯〕心哲学,排斥维〔唯〕物主义,尚佳"。次日,他又阅《东方杂志》"朱舜水先生行事","因念及文文山、岳鹏举诸人,心甚悲伤,几为泣下"。④ 远在异国他乡的他,读文伤怀,颇有"共情"体验。

叶圣陶在民国前三年的日记中记载阅读的商务系刊物有《东方杂志》《少年杂志》《小说月报》《教育杂志》。叶圣陶经常回家看杂志,从日记中透露

---

① 张棡著,温州市图书馆编,张钧孙点校:《张棡日记》(第3册),中华书局2019年版,第1365、1482、1515页。
② 张棡著,温州市图书馆编,张钧孙点校:《张棡日记》(第4册),中华书局2019年版,第1624页。
③ 李辅燿著,徐立望、胡志富主编:《李辅燿日记》(第10册),浙江大学出版社2014年影印本,第575、699页。
④ 徐旭生:《徐旭生文集》(第8册),中华书局2021年版,第135—136页。

的信息来看，家里已订有商务系的《东方杂志》和《小说月报》，而《教育杂志》假于王伯祥之手。他经常阅读《东方杂志》，并结合国内政事，和同学一起"慷慨激昂地议论时事"。例如，1912 年 7 月 31 日，他在日记中记载："重阅《东方》中写情小说《碎琴楼》。以儿女家常之事，运奇异惊人之笔，尤多阅世语及哲学家言。以余评之，当不让《红楼梦》独称美于前也。"①

除《东方杂志》外，叶圣陶阅读最多的是《小说月报》。1913 年 7 月 9 日，他得知《小说月报》出版，"即购归，就灯前读之。此物魔力独大，能使人不肯掩卷，暂停已读他种之书"。27 日，他又读《小说月报》。"前年所购之《小说月报》，其中所载诸篇今已渐渐忘之。午后择其隽雅者重阅，乃亦不至终篇不忍释手。"此类记载表明他颇为喜爱《小说月报》。1914 年 5 月 26 日，叶圣陶又盛赞《小说月报》："课毕至书肆，购《小说月报》五卷一号归，观之益叹精美无伦。易小本为大本，字用大号者殊弗损目；画幅精丽绝甚，印名家真迹，如其原本文字。采择最谨严，而门类尤众。如'笔记'、'画概'、'棋谱'之类，亦兼收并蓄，非独小说已也。小说月报近世已如星罗碧天，弥望皆是。然此北辰独烂，当推《小说月报》，余弗足观焉。"他还加以对比："近阅报端，见各种无道理杂志中颇有讲旧剧者，想皆君所乐闻，然我既弗买，他友亦不购，无可致也。《小说月报》已出至第六号，梨园佳话，所讲如某角色最重要戏为某出，某戏最难唱最难做在何处，语短意括，评论精审。以我想之，的是老内行大作家。抄寄苦无心思，待君归时当以携奉。"② 颇喜文艺的叶圣陶将《小说月报》视为知音，赞赏有加。

《教育杂志》也是叶圣陶阅读频率较高的一份商务系刊物。1914 年 11 月 21 日，叶圣陶购买《教育杂志》，读后欣喜地写道："近日教育界实用主义之声浪愈传愈高，此帙中亦多论之，并悬赏征其实施法，此正吾侪所转展思惟[维]者。有宏博之士撰文披露，是诚暗巷之明灯，吾仰首望之矣。"1916 年 4 月 7 日，他读《教育杂志》上德人郁根之传记和法人布格逊之传记，评论

---

① 商金林撰著：《叶圣陶年谱长编》（第 1 卷），人民教育出版社 2004 年版，第 95 页。
② 商金林撰著：《叶圣陶年谱长编》（第 1 卷），人民教育出版社 2004 年版，第 127、129、154、177 页。

道:"德人郁根谓人类于自然生活,每感其不足而更求其深。……惟一永久常存之真理,其字曰:普遍之精神生活者而已。人能以独立自尊之力,归向此普遍之精神生活,斯真人生之根柢也。一曰法人之布格逊。其说能提醒人精神之根柢,人称为灵魂之先知人。当代大哲,惟此二人。"① 此类人物传记,对他的思想境界和人格熏陶大有裨益,他读后自然颇有收获。

相较于叶圣陶,朱峙三接触《东方杂志》的时间较晚。他最早阅读《东方杂志》是在1913年11月16日。当日,他在日记中回顾:"《东方杂志》云,十日午后二时,美总统威尔逊在白宫内,按手电机炸药去巴拿马运河中,于是太平洋、大西洋之水合流。"1914年1月29日,他复阅《东方杂志》并记载:"去年八月预定在台湾谋革命之青年罗福星、吴觉民三百余人中,杀去一百五十九人。民国三年元旦出版,第十卷第七号,附有《清宫二年记》。"② 从朱峙三的日记中看,除《东方杂志》外,其他商务系刊物尚未进入他的阅读视野。

在清华学堂读书的吴宓也多次记载阅读《东方杂志》的经历。1914年4月5日,吴宓阅《东方杂志》所载《清宫二年记》篇,颇为赞赏该文,认为其"盛衰低徊之际,佳处不异《石头记》,且可以考镜庚子后清宫中实状。时易[移]势迁,尤成吉光片羽,非常珍贵"。1915年1月6日,吴宓阅《东方杂志》所载高劳君论文。文中云:"中国群治腐败,其原因实始于人皆以享福为目的,而又误以不劳心劳力,坐享安乐为福。"他读后认为言之有理,联系自己的经历,写道:"此论最的。惟然,故人皆重私利,好积聚,以消极的不办事为方针,社会遂日趋堕落。'福'之一字,害人不浅哉!吾昔年亦尝误以闲舒为福,故于功课稍忙,事务较繁之时,辄怨嗟不已。及今思之,谬甚。无论闲之非福,即求福而不得,我又何怨!足见学养不到。而今而后,余已全去其享福之念,终抱牺牲之志,虽眚弗恤,则心境亦可常安。少年光阴,虽分寸不可轻弃,其中乐境无穷,安可以心理之偏谬,尽害之哉?人须及

---

① 商金林撰著:《叶圣陶年谱长编》(第1卷),人民教育出版社2004年版,第137、205—206页。
② 朱峙三著,胡香生辑录,严昌洪编:《朱峙三日记(1893—1919)》,华中师范大学出版社2011年版,第404、414页。

时行乐,然行乐亦自有其术,知之则受用不尽。"3月8日,吴宓阅《东方杂志》所载伍廷芳《美国及美国人观》一文,认为该文"论极详切"。① 吴宓的几次记载都以所读印象最深刻的文章为例,进行深入思考,表达自己的阅读感受。

在浙江省立第一师范读书的杨贤江长期关注商务系刊物。他阅读的刊物有《东方杂志》《教育杂志》《英文杂志》《学生杂志》等。《东方杂志》作为"启导国民联络东亚"的"第一杂志",对他的思想观念有着深刻影响。1915年5月31日,他阅读《东方杂志》第5号,被《战争与文学之关系》一文吸引,认为该文"有以战争为文学之材料者,有以文学为战争之器具者,其间互为因缘之处甚多"。《战争与文学之关系》为杜亚泉所作,旨在论述战争与文学之关系,论述非常新颖,杨贤江在阅读后大加赞赏:"论旨新奇,引证详明,佳文也。"② 读与评的结合,体现出他对这份杂志的阅读甚为深入。他之后读的杜亚泉在《东方杂志》第10号所载《吾人今后之自觉》一文与第11号所载《国民共同之概念》一文皆为《东方杂志》篇首文章。这些文章引起杨贤江的特别注意,他往往细细品读,留心笔记。

《英文杂志》作为杨贤江自学英文的课外刊物,在他的课外学习中占有重要地位。《学生杂志》和《教育杂志》也是他吸纳新知识、新观点的重要刊物。他特别喜爱《学生杂志》的《文苑》栏目。他认为自己文笔"不稳妥",并且"炼字之法毫无讲究",故特别留意《学生杂志》中文笔较好之文,模仿其写作。他还摘录和评论《学生杂志》的一些文论。例如,他读《寒假两周记》后认为其"简而明",表示"自愧不如"。又如,读到艾迪氏关于"人生以道德为正当目的,金钱安逸均非目的"的言论时,他由衷地感叹:"箴言,箴言,敢不折服。"③

经过长期阅读实践,杨贤江积极向杂志投稿。在他看来,通过投稿,可

---

① 吴宓著,吴学昭整理:《吴宓日记》(第1册),生活·读书·新知三联书店1998年版,第329、382—383、413页。
② 杨贤江:《杨贤江全集》(第4卷),河南教育出版社1995年版,第68页。
③ 杨贤江:《杨贤江全集》(第4卷),河南教育出版社1995年版,第64、48、26页。

以提升能力，获得声誉，获取报酬，并能解决生活之忧。受师范类教育的影响，杨贤江较喜欢投稿教育类报刊。他投稿最多的刊物是《学生杂志》。1915年4月1日，早餐后，杨贤江"将文稿封好，由邮寄《学生杂志》社"。9日，杨贤江"抄英文一首，投诸《学生杂志》者，至此已完，再盖校印，即可寄出"。11日，杨贤江将此文邮寄给《学生杂志》，"中饭后，到联桥邮局挂号寄信，即投诸《学生杂志》之文稿，上午已由夏先生写条托傅先生盖校印，故即于此时寄去也"。从1915年第二卷开始，几乎每卷杨贤江都有文章发表在"论说"栏，《学生杂志》也为他支付稿酬。1915年8月26日，他读《学生杂志》后得知"特别征文已揭晓，余幸获第一，得赠书券二十元，系最高奖也。然余亦何得意，不过聊慰心愿耳"。[①] 由于经常向《学生杂志》投稿，他和萧公权、邹韬奋成为该刊投稿最多的三位作者。[②]

杨贤江因在《学生杂志》上登载文章较多，乃至一些互不相识之人给他邮寄刊物。1915年9月16日，他在日记中记载："成都《世界杂志》社寄来杂志一本，余本不识，内亦无信，惟有肖公弼君著作，知系肖君寄来。盖君亦属投稿《学生杂志》社，故知余也，君亦有心人哉！暇时当译'东文'以寄之。"[③]

由此可见，商务系报刊注意广泛采纳各类稿件，鼓励读者投稿。这也是不少新式知识分子乐于订阅的重要原因。一些读者在日记中的阅读和投稿记录提供了佐证。周作人最早阅读的商务系报刊是《小说月报》，可能与他曾向该刊投稿有关。此后，周作人有多次购阅《小说月报》的记载。1912年12月28日，他"由信局得上海《小说月报》社洋五元"。1913年3月9日，他"寄上海《小说月报》社函"。十天后，他又致函《小说月报》社。7月5日，因《怀旧》一文刊登于《小说月报》，他购《小说月报》一份。[④] 此后，购阅《小说月报》的记录增多，几乎每月都有购买《小说月报》的记载。这样的

---

① 杨贤江：《杨贤江全集》（第4卷），河南教育出版社1995年版，第25、31、32、120页。
② 邹韬奋著，文明国编：《邹韬奋自述》，安徽文艺出版社2013年版，第17页。
③ 杨贤江：《杨贤江全集》（第4卷），河南教育出版社1995年版，第132页。
④ 周作人：《周作人日记》（上），大象出版社1996年影印本，第427、439、440、456页。

购阅经历一直持续到 1917 年周作人去北京方告一段落。

商务系刊物的成功,引起不少报人的关注。一些知识分子在创办报刊时,往往将商务系报刊作为"参照系"。例如,林传甲在黑龙江省因办教育之需要,从《教育杂志》中寻找资源,以便筹办《黑龙江教育界》《教育通俗报》等地方报刊。① 1914 年 7 月 23 日,周作人购《教育杂志》第 6 卷第 3 期。② 彼时,周作人在编《绍兴教育杂志》,可能有意参考《教育杂志》。

第三节 中华系刊物的传播与阅读

当商务系刊物颇具影响时,中华系刊物才开始慢慢崛起。早期中华系刊物虽仿效商务系刊物,并与之竞争,但与之相比仍有一定差距。中华书局于 1912 年由陆费逵成立。中华书局出版的大量新式教科书,打破了商务印书馆数十年的垄断局面,形成了双峰对峙的格局。为与商务印书馆形成竞争格局,中华书局创办了大量报刊,希望在报业方面与商务印书馆争一席之地。中华书局创办了《大中华》《中华教育界》《中华小说界》《中华童子界》《中华学生界》《中华英文周报》《中华妇女界》《中华儿童画报》,分别对应商务系《东方杂志》《教育杂志》《小说月报》《儿童世界》《学生杂志》《英语周刊》《妇女杂志》《少年杂志》。总之,中华书局仿商务印书馆创办中华书局之刊物,由此形成了"中国现代出版史上期刊竞争的第一个战役性景观"。③ 总体上看,与商务系刊物相比,中华系刊物逊色不少。民国初期,中华书局强势进入出版界,希望与商务印书馆一争高下,在办刊方面亦颇为投入,仍难和商务系刊物比肩,其发行量和影响力也由此可见。

时为中学生的张国焘喜读《大中华》。他回忆:"我和当时的许多青年一

---

① 《林传甲日记》中有两次提及《教育杂志》。1913 年 8 月 30 日记:"通信:商务馆寄《教育杂志》第五卷三、四册。"9 月 27 日记:"通信:商务馆寄到第五号《教育杂志》。"此时,林传甲正在筹办《黑龙江教育界》和《教育通俗报》。参见林传甲著,况正兵、解旬灵整理:《林传甲日记》(下册),中华书局 2014 年版,第 528、545 页。

② 周作人:《周作人日记》(上),大象出版社 1996 年影印本,第 511 页。

③ 李频:《大众期刊运作》,中国大百科全书出版社 2003 年版,第 191 页。

样,以不甘落伍、力求上进的新时代青年自命,除了功课而外,还经常爱读《东方杂志》《大中华》等刊物,希望从此探究出一些救国治学的新门径。"①林传甲在创办报刊时,注重借鉴中华系报刊。他在黑龙江"拟以中华书局出版《中华教育界》为样本,名曰《黑龙江教育界》云"。②这些零散的记载都表明中华系刊物对读者有着深刻的影响。

在张棡的中华系阅读刊物中,《大中华》最受重视。1915年3月22日,他看《大中华》,认为其议论宗旨与《庸言报》"相仿佛"。内载蓝公武所撰《辟近日复古之谬》一文,谓"礼节孔教"皆为"今日不急之务"。他认为此文"议论乖谬,形同狂吠",中国"有此等谬论",读之令人"发指",而梁启超竟然"选之登报",不知"其是何肺肝"。1916年5月31日,张棡看《大中华》载《祭麦孺博诗》一文。该文为梁启超所撰,"洋洋五六十韵",为祭文"别开生面",而"双方详叙交谊,哀感凄艳"。原来,麦孺博为梁启超"少年患难之交",故"不觉言之沉痛乃尔"。③这些褒贬不一的评语,颇能体现张棡"秉笔直书"的风格。

张棡也多次阅读《中华小说界》。1914年6月23日,他见《中华小说界》第6期内《红楼梦提要》一文,较《香艳杂志》"尤详密可喜",认为此后读《红楼梦》,"方不被前人瞒过",而作者"苦心",已"届今数百年",乃"豁然披露",因而"拍案叫绝"。7月4日,他阅《中华小说界》所刊侦探小说《八一三》,称"离奇变换,颇醒睡魔"。此类新题材颇能满足他的好奇心。1915年2月4日,他又读《中华小说界》所载《劫外昙花》一文,叙述"吴平西叛逆,陈圆圆知机入道"事,以吴三桂"闺女吴楚英、勇士曹阿龙"为线索,颇"足补稗史轶闻"。④12月29日,他看《中华小说界》载侦探小说《淡娥》,觉得"曲折有味",并颇为自豪地写道:"谁谓中国侦探员

---

① 张国焘:《我的回忆》(第1册),东方出版社1991年版,第39—40页。
② 林传甲著,况正兵、解旬灵整理:《林传甲日记》(上册),中华书局2014年版,第302页。
③ 张棡著,温州市图书馆编,张钧孙点校:《张棡日记》(第4册),中华书局2019年版,第1533、1765页。
④ 张棡著,温州市图书馆编,张钧孙点校:《张棡日记》(第3册),中华书局2019年版,第1433、1439、1517页。

不及外人之灵敏。"① 说明他颇为喜爱侦探小说。

童保喧首次读到《大中华》时就对其赞誉有加。他颇有感触地写道："是日阅《大（中）华杂志》，梁启超论说，主将从事社会事业，足见卓识。惟任公去年曾宣言与政党相终始，今忽去之，揆之顾言顾行之义，终有未慊也。大抵文人轻于发言，鲜于有成，任公之入政局也，亦复绝少毅力，其大病与?"次日，他又阅《大中华杂志》所载《中国与土耳其异点》一篇，赞赏"的为确论"，表示"前言中国必不亡与任公言合"，《尊孔不必读经》诸篇"亦是至论"。② 童保喧对于梁启超之言论深表赞同，对梁启超"入政局"甚为惋惜。

叶圣陶阅读中华系刊物不多，在他的年谱中，仅有《大中华》。1915年7月26日，叶圣陶览张相文《塞北纪行篇》（载《大中华杂志》），记"秦晋蒙古之风教习俗，以及生计物产，并皆详尽。考证川岳，辨其原脉，复朗然如列眉，此君殆博学有心人也。古人谓周行天下足资学问，此其所诠。原非所云于流连景物、怡情山水之辈也。……入境而问俗，鉴弊而图革，庶几轮迹所经，成竹在胸，发为文章，则利害洞达；施于政事，而纲领斯举，能为此游者鲜矣！故张君之志，尤足钦也"。③

徐兆玮阅读的中华系刊物主要有《中华小说界》《大中华》。从《中华小说界》出版第1期始，他就有阅读，并详细读完了完整的30期《中华小说界》，是该刊的铁杆读者。1914年4月7日，他"阅《中华小说界》一册，第4期"，并对所读内容加以述评："短篇小说中如天笑《椭园形之小影》，长篇小说中如卓呆、天笑之《八一三》，林琴南之《情铁》，泪囚之《短命花》均佳。惟《谈丛》中《意我庐丛话》，《杂录》中《枕亚谈虎录》则皆下驷耳。"此后，徐兆玮还同时阅读《小说月报》与《中华小说界》。《小说月报》

---

① 张棡著，温州市图书馆编，张钧孙点校：《张棡日记》（第4册），中华书局2019年版，第1678页。
② 童保喧著，宁海县政协教文卫体和文史资料委员会编：《童保喧日记》，宁波出版社2006年版，第169页。
③ 商金林撰著：《叶圣陶年谱长编》（第1卷），人民教育出版社2004年版，第197页。

受到《中华小说界》的挑战，进行版面与内容的革新。徐兆玮对《小说月报》改为大本不太满意："内容亦极丰富，惟随笔无甚趣味，国故一门亦乏资料，足见骛于虚者为工，征于实者难制胜也。"① 1917 年后，他甚少看中华系刊物，而重点阅读商务系刊物。

周作人阅读的中华系刊物有《中华小说界》《中华妇女界》。1914 年 1 月 13 日，他在绍兴街上购《中华小说界》第 1 期。② 2 月 1 日，他的《艺文杂话》发表于《中华小说界》第 2 期。③ 3 月 7 日，他购《中华小说界》第 2 期。22 日，他购《中华小说界》第 3 期。4 月 27 日，他购《中华小说界》第 4 期。此后，他多次阅读《中华小说界》。1914 年 1 月 2 日，周作人得日本寄《中华妇女界》两册。④ 但此后很少购阅。他仅记载收阅或赠阅中华系刊物的情况，对具体内容很少述评。

中华系刊物在杨贤江的阅读世界中亦占有相当的比重。他对《大中华》《中华学生界》《中华教育界》《中华童子界》《中华小说界》等均有涉猎。他最喜欢读的要数《大中华》。1915 年 3 月 9 日，杨贤江读到《大中华》中梁启超关于社会教育之言论："孔子教义实际裨益今世国民者，为教人立身处世之道，与英国注重人格之以 gentleman 为理想之鹄者，恰相一致。"他颇有同感地写道："此诚为社会教育最盛美之大事业，凡诵法孔子者最重要之天职。" 6 月 6 日，他再读《大中华》，见"登有梁任公先生最近肖象[像]"，对肖像有如下描述："先生面貌端方，目光炯炯锐利，气象和平中有沉毅。"他看后"不竟[禁]反复玩味，不忍释手，举其耳目口鼻悉入我脑海中，可以永远不忘也"，内心"倾倒于先生者极矣"，并希望"能受人之崇拜敬爱如先生者"，"必有所树立于世"，"必有所裨益于世之日也"。11 日，浙江省教育会邀请梁启超到浙演讲，各校特假，他得以至第一舞台聆听梁启超演讲，但因

---

① 徐兆玮著，李向东、包岐峰、苏醒等标点：《徐兆玮日记》（第 2 册），黄山书社 2013 年版，第 1457、1475 页。
② 周作人：《周作人日记》（上），大象出版社 1996 年影印本，第 484 页。
③ 张菊香、张铁荣编著：《周作人年谱（1885—1967）》，天津人民出版社 2000 年版，第 103 页。
④ 周作人：《周作人日记》（上），大象出版社 1996 年影印本，第 492、494、499、482 页。

第四章 五四运动前各类杂志的传播与阅读

近视不能细察"先生之丰［风］采",而"先生之言论"因乡音"漠然不觉"。可见,杨贤江聆听了一场比较"失败"的演讲,但他的内心深处依然视梁启超为偶像:"然吾知梁先生必已有宏论发挥也,姑俟取明日新闻纸一阅之。"12日,他读《大中华》所载梁启超《菲斯得人生天职论评述》一文,观"我们以认识躯壳为己所有"一段后抄录:"我赖躯壳而得实现,彼实我之一部,故我认之曰我,即其他万物亦得如是,所谓万物皆备于我躯也。然二者(理性之我及物质之我)虽互相须要,以不使我中之我,为物中之我所制为归也。"26日,他再阅此文,抄录以下一段:"社会之恩我者甚深,我之所以靖献于社会者,当各就其所特长与所特好者,集全力以赴之,期发展其能力无所遗,其余事委之他人可也。故社会之阶级与分业乃为不可缺之要素,皆所以达人生理想之鹄之作用,虽殊途而同归。"他认为,此论"博明深切,又极精辟,梁先生之文,实足以传其神而泽其味也"。① 可见,梁启超是他心目中的精神偶像。

《大中华》在杨贤江的日记中共出现22次。1915年上半年出现的次数较多,几乎每月都有记载,3月他一连四天阅读该刊。其中,不乏书评类的记载。2月19日,他阅《大中华》杂志所载"国民教育之起源及主张",并"暇时当抄录也"。3月7日,他阅《职务上多坐者之运动》一文,深受感染,拟"实行其所言,定明晨也"。5月15日,他读《欲望与希望》一文,该文"说明其发原［源］、结果之差异及两者相互之关系",他似乎没有读懂,认为文中"惟理稍涉深奥,骤难领悉"。11月4日,他阅《国民生存之大问题》一文,文中指出:"今后当注重自觉的国民教育,其第一要义在养成国民性,则教育为应于时势之要求及适于生存之道。"杨贤江表示"语颇切实,诚救国之根本方法也"。5日,他阅《德哲学者尼采之学说及其略传》一文,认为其论"虽觉狂恣绝伦,然其特立独行,不为流俗所锢,令人知任重道远,有不容因循随同、苟且偷生者,其卓识有足多也"。他进而指出:"与其庸庸流同

---

① 杨贤江:《杨贤江全集》(第4卷),河南教育出版社1995年版,第16、72—73、76、76—77、85—86页。

于众，毋宁扪然而与世争。"6日，他读该刊所载小说《绿城歌客》，认为"此种小说余最喜阅，以能实写人生，耐人寻味，具令人有超轶流俗之志也"。① 这种读评结合的形式，不仅有助于他深化对内容的认知，而且有助于训练他的写作思维。通过不断思考，他得以提升自己的阅读和写作能力。

除《大中华》外，《中华学生界》亦是杨贤江常阅的刊物。他对该刊的自然科学知识颇感兴趣。例如，他在1915年2月23日摘录了《无线电之致用》一文，"不禁崇叹发明家马可尼之本领"。他相信"潜心研究亦必能有所得"，"惟望于教育界有所尽力"，进而写道："勉哉，勉哉！毋任宝贵光阴之荏苒！"6月15日，他阅《美国卫生医学大家高格斯（Gorgos）传》一文，指出"巴拿马运河之告竣，微先生之力不能及此"。他认为，成功的原因在于："惟有百折不挠之热心毅力，不惧艰难，不畏人言，循预定之期望，求最后之胜利耳。"他还赞叹道："古来伟人之成大业、建大功者，畴不有此精神，而先生气和言冲，益为不可及。"20日，他阅该刊关于科学书者，"篇数甚多"。他评论道："然此所谓科学，只可与人以一种常识，欲为学生研究之助，仍属不能。何则？以其只有皮毛也。"11月5日，他阅《英语单字之新记忆法》一文后记载："熟记独立、别无意义之语根及接头、接尾诸语，则逢字多能分析而理会其字义。"他颇有心得，"于字典中已翻阅过之文字加以记号，以便触目惊心"。7日，他读《王充哲学述略》一文后评论道："吾国古时亦有思想卓跞、不为俗拘之豪杰，惟人权乎一尊之说，好同恶异，不察其真，遂致晦没不闻，为可恨也。"②

杨贤江对《中华学生界》所载修身类文章记述较多。例如，1915年4月18日，他阅该刊后写道："修养几篇余已实践"，"自信非庸庸者"。6月12日，他阅该刊后觉其材料"裨益至人智慧者甚多，真良师友之一种也"。20日，他阅《学生与政治》一文，了解"学生被限制干政之由，与夫学生对于国政应取之态度"，认为此种文字"方为有价值"。10月2日，他阅李君《说

---

① 杨贤江：《杨贤江全集》（第4卷），河南教育出版社1995年版，第2、14、56—57、163—164、164、165页。

② 杨贤江：《杨贤江全集》（第4卷），河南教育出版社1995年版，第5、79、82、164、166页。

学生之不经济》一文后评价："多与吾夙所怀抱者有同一眼光,惟彼能说得透彻。"12月12日,他阅蒋竹庄(维乔)所写《静坐法讲演谈》一文后摘录:"静坐以养气,养气以全神,于以保全生之道。而扼要语,在乎实行之坚忍与有恒,切不可间断。"他进而指出:"益坚余对静坐之信仰,以为必能奏祛病延年之效也。"① 这些文章对他的修身养性颇有启发。他认真思考,并结合自己的言行进行对比和省悟。

此外,杨贤江经常给《中华学生界》投稿。1915年3月6日,他在日记中记载:"第三时录自一月一日起日记,拟应《中华学生界》征文。"12日,他致信《中华学生界》,将他的文稿投给该刊。6月8日,他收到《中华学生界》征文奖励,"中华书局寄来应大征文所得书券,值价三元",他表示"实得不偿失"。9月20日,他又收到《中华学生界》征文赠品,"杭州中华书局寄来书券洋贰元五角"。② 这些"赠品"是他在该刊发表作品的证据,也证明他是该刊的读者和作者。

小　结

在民国初期大动荡、大分裂的过程中,政党性报刊在呈现政治争斗和新闻事件中发挥了重要作用。同时,面对社会乱局,不同类型的媒介都在其中充当一定的角色。民国初期虽然还不是杂志占主导地位的时代,但各类杂志对读者知识、思想与精神消费层面的影响不可忽视。从类型的角度看,休闲类、时政类、小说类、专业类、综合类杂志都有其发行和消费市场,产生了较为广泛的影响。即便是广受诟病的鸳鸯蝴蝶派杂志,尤其是《礼拜六》杂志,事实是民国初期颇受都市民众欢迎的通俗读物,其才子佳人、男欢女爱的主题迎合了民众的休闲消费需求,甚至表达了受压抑、无归宿的"时代精神问题"。从阅读史的角度看,不少传统士绅和普通民众热衷于阅读消闲类杂

---

① 杨贤江:《杨贤江全集》(第4卷),河南教育出版社1995年版,第37、77、82、142、186页。
② 杨贤江:《杨贤江全集》(第4卷),河南教育出版社1995年版,第13、17、74、134页。

志,不仅是对传统题材和故事的怀念,也借以消解面对乱局的种种无奈、无力和无聊。

出版机构对杂志的重视,不仅与他们的营销策略有关,还体现出民国初期出版市场分众化的趋势。在新旧冲突之际,读者群体的类型更为多元,他们的阅读需求更为丰富。商务印书馆、中华书局等出版机构洞察到不同类型读者的消费需求,出版了一大批符合时代潮流的刊物。这些刊物特别关注新式知识分子的阅读需要,注重人文知识、专业知识、科普知识、时事政治、文学作品等方面的内容革新和传播。读者既阅读《东方杂志》《大中华》等百科全书式刊物,也根据自身需要选择《教育杂志》《学生杂志》《英语周刊》《妇女杂志》《少年》《中华教育界》《中华学生界》《中华英文周报》《中华妇女界》等"界别"杂志,还留意《小说月报》《中华小说界》之类的大型小说刊物。出版界将书与刊结合起来,为读者提供了丰富的媒介资源。无论是传统士绅还是新式学生,都能根据自身需要选择商务系刊物或中华系刊物。这些刊物虽然以知识普及为主,在思想革命方面缺乏"指引",但在民国初期读书人的阅读世界中仍然占有重要地位。

第五章

五四时期的新闻呈现、时政阅读与时事追踪

五四时期思想文化异常繁荣，但军阀混战加剧，社会动荡不安。在报刊阅读者的笔下，这种混战给整个社会造成了极大的破坏。他们留心报刊新闻，关注时局的变化，思考中国未来的命运。他们从报刊中汲取政治理论，探索中国发展的道路。他们中不少人由读报而办报，积极进行社会动员，谋求改变和改造黑暗的现实。本章从报刊、读者与社会的多元互动中，探讨五四时期的阅读史。

第一节 中国参战、张勋复辟、南北纷争与读者感受

1916年6月6日，袁世凯去世，北京政府内部分化，国内呈现出军阀混战的局面。在北京政府内部，黎元洪继袁世凯之后，成为中华民国总统，徐世昌任副总统，段祺瑞任国务总理。段祺瑞为扩充自己的势力，放弃了袁世凯时期的中立政策，准备对德宣战，以换取英日等国家的贷款支持。而黎元洪严守中立政策，避免中国卷入第一次世界大战的漩涡，由此引发了府院之争。张勋为调停府院之争，率领"辫子军"进入北京，赶走黎元洪，扶植宣统复辟，史称张勋复辟。段祺瑞达到了赶走黎元洪的目的，在小站起兵，进攻张勋军。张勋复辟失败后，段祺瑞独揽北京政府大权，对德宣战，实力进

一步扩张。同时，在广州的孙中山发起护法战争，南北纷争加剧，整个中国社会日益纷乱。对于研究者而言，这是一段耳熟能详的历史。但回到历史现场，不同读者的记忆或详或略，各有侧重，呈现出多元的新闻场景。

一、中国参战、府院之争与读者观感

1916年年底，威尔逊当选美国总统，调停欧洲事务。在调停无效的情况下，他希望更多中立国加入对德作战，因此，中国成为受邀的国家之一。在国际形势变化的背景下，中国决定参战。围绕这一重大事件，报刊进行了持续报道，读者则结合新闻文本从多方面进行记载和评论。

（一）中德断交与读者观感

1917年3月14日，北京政府正式宣布对德断绝外交关系。14—15日，《大公报》连发《为中德断交后之办法告政府》的社论，提出了诸多应对外交的办法，希望能引起政府的注意。① 15日，《申报》发表了《宣布断交》的时评，认为中国宣布对德断交意味着对德宣战。② 在中德断交前后，报刊进行了许多讨论，在断交问题上分歧较大。这种分歧在读者的"公共意见"中亦有争论。其中，最为典型的要数"事中人"颜惠庆。颜惠庆作为驻德公使，对于对德断交持否定意见。他的想法在日记中展露无遗。在颜惠庆的记录中，关于断交的讨论持续了较长时间。1917年1月，美国照会中国，希望中国参战。对此，中国政府的答复是"表示赞同，但无行动"。③ 可见，舆论界对于中国参战持反对态度，中国政府虽表示赞同，但无实际行动，委婉地拒绝了美国的要求。

2月，中德关系有了新的发展。中国照会德国，希望德国取消潜艇战争，否则宣布对德作战。这份影响中德关系的照会文件并非由驻德公使颜惠庆递交给德国，并且颜惠庆根本不知此事。为表明自己的态度，颜惠庆起草电报

---

① 冷观：《为中德断交后之办法告政府》，《大公报》1917年3月14日，第2版；冷观：《为中德断交后之办法告政府》（续），《大公报》1917年3月15日，第2版。
② 默：《宣布断交》，《申报》1917年3月15日，第2版。
③ 颜惠庆著，上海市档案馆译：《颜惠庆日记》（第1册），中国档案出版社1996年版，第498页。

第五章　五四时期的新闻呈现、时政阅读与时事追踪

致外交部，请外交部在放弃中立时应考虑并坚持六个原则："一、保证维护中国领土完整。二、签订诸如德国和土耳其之间所签订的那种条约。三、中国提供劳工而不提供军队；向中国提供新制造的枪炮和军火，而不是目前所使用的那种东西。四、中国在和会上有和别国同等的发言权。五、中国和其它国家有同等权利。六、战争手段不扩及贸易和个人。"① 很显然，对于这种不恰当的外交方式，颜惠庆颇感无奈，但有必要阐明自己的态度，因而从职业外交官的角度表达了自己的观点，即对德断交不能损害中国利益。

中国对德断交，各国表现不一。英美等国希望中国改变中立态度，积极参战；德国力劝中国保持中立，否则会被协约国当作牺牲品献给日本；日本亦不希望中国参战。3月，在对德问题上，黎元洪与段祺瑞出现分歧，段祺瑞首次递交辞呈。此后，因阿托斯事件和梁启超的推动，中国参议院、众议院两院通过投票支持对德绝交。中德断交后，一些督军和商界人士反对，中国对是否宣战一事犹豫不决。② 5月，因中德断交，颜惠庆离开柏林，前往哥本哈根。2日，颜惠庆读3月之《京报》，了解了对德断交的详细过程。③ 此时的颜惠庆已有落寞之感。在中德关系上，颜惠庆自认为处理得当，但因总统府与国务院之间的矛盾，中德以断交告终，实在是颜惠庆意想不到的。

白坚武也反对中德断交。作为江苏督军李纯的幕僚，他为李纯谋划颇多。透过白坚武的日记可知，国内报纸的讨论对他的新闻认知有着重要影响。1917年2月14日，他阅《顺天时报》，对政府加入协约国"有所论议"。随后的府院之争使他颇为担忧。当白坚武知道段祺瑞"辞职赴津"，他感慨道："国之将亡，凡事无不以儿戏出之者。""儿戏"一词表达了他内心的真实感

---

① 一个重要的原因可能是颜惠庆亲德，在对德问题上一直坚持保持中立政策。为避免麻烦，外交部直接通过德国驻华大使辛慈传达消息。因颜惠庆亲德，故中德绝交后，颜惠庆无缘提名外交部长。参见颜惠庆著，上海市档案馆译：《颜惠庆日记》（第1册），中国档案出版社1996年版，第509、518页。

② 颜惠庆著，上海市档案馆译：《颜惠庆日记》（第1册），中国档案出版社1996年版，第521、524、525、540页。

③ 对于处理中德关系，国内呈现出不同的意见。唐绍仪、孙中山、伍廷芳、刘式训反对中德绝交。唐绍仪认为绝交没有好处，孙中山担心引起排外情绪，伍廷芳、刘式训因绝事辞职。王正廷、梁启超等人赞成绝交。王正廷基于人道主义表示赞成。参见颜惠庆著，上海市档案馆译：《颜惠庆日记》（第1册），中国档案出版社1996年版，第551、550页。

受。在他看来，段祺瑞将国事当成儿戏实不应该，会造成政局更加混乱。当白坚武阅新闻传单知"中德邦交已绝"，他感叹道："斯真可谓以国赌也已。"以"国赌"为喻亦表明他对中德断交的真实看法，即是否对德断交需要全盘考虑，谋取中国利益的最大化，而不是受他国的鼓动而匆忙参战。假如德国取得第一次世界大战的胜利，对于中国来说是灾难性的。他在阅《中华新报》所载日本吉野博士《中国对德之评议》一文时认为，"平允适中，大可为当局之鉴"，"特录之以为资证"。同时，他赞同叶楚伧对外交的看法。叶楚伧认为，北洋政府外交"无方针"，"无方针"实为"无办法"。外交策略失误"犹可说"，但"无办法"是"并世国家所未有"。① 可见，白坚武希望政府通盘谋划中德关系，这才符合中国的根本利益，而不是像一个赌徒一样，拿国家来豪赌。

符璋对中德断交的态度则经历了从支持到反对的过程。1917年2月23日，符璋阅《神州日报》所载孙臞猿《论中国加入协约问题》一文，认为此文"持论明通"。3月9日，符璋见《神州日报》登有《对德外交之根本研究》一文，认为该文"深明大势，笔曲而达"。但随着形势的变化，段祺瑞赞成对德宣战，而黎元洪"颇不赞成"，谓"我惟有退让贤路，不做亡国总统"。于是，段祺瑞"辞职赴津"。此外，还有一说为黎元洪表示"须先镇抚北洋派军人及各省军人之反对后再决"，而段祺瑞暗示"协约国方面要求甚急，故须迅速解决"。黎元洪表示"外交非由自发"，故段祺瑞"愤然与范同去"。符璋赞扬黎元洪之言"伟哉"，"段、冯声望甚隆，一败于存土，一败于外交，难逃国人之公议"。赞同黎元洪言论意味着他从早期支持中德断交转变为支持黎元洪的言论。因此，当他读到《均势》《加入问题之研究》等关于外交言论的文章时，颇为赞同文中的观点。符璋认为，《均势》一文"亦好"，该文"引摩洛哥、朝鲜为鉴"，谓"法、德争于摩，势均，摩犹可存；法得全势，而摩随灭"，同样，中、日、俄"争于韩"，"势均，韩存"，"日

---

① 白坚武著，中国社会科学院近代史研究所编，杜春和、耿来金整理：《白坚武日记》（第1册），江苏古籍出版社1992年版，第56、59、60、63、64页。

得全势，而韩即并"，故"均势，平等交谊"才是小国存亡之道。《加入问题之研究》一文则讨论了中国加入第一次世界大战的后果。该文列举"朱异之纳侯景、杨国忠之对安南、童贯之连金元以取燕山"，又举"李德裕之不听退浑，党项请击乌介可汗，黠戛斯请攻安西北庭"之例来讨论中国对德宣战之害。他特别留意报纸上关于中德关系的新闻。14日，符璋阅报，所登各论、各电"皆反对加入协约，而议院多数与阁议同，可望通过"。对于这样的结果，符璋感到失望，写道："议员代表民意，今民意十七八反对加入，电音纷纷，而置若罔闻，然则无所谓民意也。既不代表民意，是代表政府矣，要此议员何为？……外交方针，总理全听梁启超一人之说，报纸已明言。"议员本是民意代表，当民意反对中国对德断交之际，代表却支持政府断交。可见，所谓的议员不是代表民意，而是代表政府，要这样的议员何为？但中德断交已成为事实。符璋阅报知国务院通告绝德缘由时颇为悲观。加之段祺瑞宣称："中国既行第三步，比较利益，自以加入协约为宜；既加入协约，则先美宣战；若在美国之后，不特坐失应享利益，且亦决无价值。"他更为不满，在日记中记录了康有为三上书，指责"政府大逆不道，丧心病狂"，① 以此来表达自己的立场。

卞白眉对中德断交的心态颇为复杂。1917年2月10日，他阅报得知"我国已对德国提出抗议"，开始关注中德关系。3月5日，他阅报知晓府院之争的基本概况："总理因外交事与首座龃龉，昨晚辞职离京。北洋政府总理段祺瑞与总统黎元洪，因对德关系问题发生矛盾，史称'府院之争'。"卞白眉在与友人的谈话中表示"所闻种种，不得不慨国事之日非，后去茫茫，余侪恐无噍类也"。他由国事联想到人生，悲观至极。此后，卞白眉知晓"参议院昨日通过对德断绝外交案"和"悉与德断交，昨日宣布"的消息。② 虽无内心的真实写照，但通过前面的描述，已表明他的心迹，国事之"日非"已使人"后去茫茫"，使他进一步心生悲观。

---

① 符璋著，温州市图书馆编，陈光熙点校：《符璋日记》（中册），中华书局2018年版，第595、597、598、601、602页。
② 卞白眉著，中国人民政治协商会议天津市委员会文史资料委员会编：《卞白眉日记》（第1卷），天津古籍出版社2008年版，第78、79、80页。

对德绝交后，中国开始逐步收回德国在华租界。在夏承焘看来，中德断交利大于弊。夏承焘阅《申报》知晓"我国各处德租界皆已收回"和"德国各租借地皆已收归"的消息。几日后，他再看《申报》转载《字林报》的一则消息，对于中国绝交德国、收回租界表示高度赞扬："我国此次与德绝交，叩［扣］留德舰，能以沉默之手段取胜，实为外人所钦佩。且德国各地租界皆已划归己有，平静无事，亦足见中国今日外交手段非曩时可比。"① 但是，这番言论并不符合当时外交的真实情况，只是列强为赢得国际舆论暂时舍弃的一点微末利益。

童保喧对于对德断交持否定态度。童保喧注意到关于府院之争的消息："段总理辞职赴津，已有来电，因外交问题与大总统意见相左也。德国提出无限制潜艇战争，美与德绝交，而我国步美后尘，提出抗议，日、俄、英、法、意、比、葡七国公使已露劝告加入协约国方面之意，内阁内定方针，与德绝交，或更进加入战争，盖关税七国允我国开议也。惟总统心狐疑不决，段愤而辞职，但此事或别有情节，外患方深而内讧又起，追念前途，殊觉茫茫。"他认为有必要向中央建言，故向吕公望示京院电两纸，"一为国务院之外交方针已得国会多数之同意，一为说明与德绝交之利害。言下与德绝交之宣言当不远矣"。1917年3月15日，童保喧在督军署阅京电数通，知"我国已正式宣布与德国绝交。另有一电为康南海所发，则反对绝交者也"。他感慨道："我国积弱，方图一致对外，南海长者所发电文如此，可为痛哭。"②

吴宓认为中央政府对德断交太过草率。1916年12月10日，他阅各报得知，"北京宪法会议会，各议员大为捣乱，殴伤多人，两方面议员各执一词，分电各省各机关。蜩螗沸羹，不可言状，受伤议员并向法庭起诉"。他非常气愤地评价道："如此议会，尊之曰神圣不可侵犯。时局如此，当何言哉！"两日后，他再阅报纸知晓议员殴伤案的进展，"被殴者已赴法庭，控告已有人，

---

① 夏承焘著，吴蓓主编：《夏承焘日记全编》（第1册），浙江古籍出版社2021年版，第64、66、69—70页。

② 童保喧著，宁海县政协教文卫体和文史资料委员会编：《童保喧日记》，宁波出版社2006年版，第259—260、261、261—262页。

第五章 五四时期的新闻呈现、时政阅读与时事追踪

双方调停取消"。他从新法的角度对此颇为不满,"控案能否取消,固无把握,但新法理刑事无取消之说,法庭何以自圆其说邪"。至21日,他继续关注议场殴伤议员案,读报后披露心迹:"参众两议院既日事捣乱,而府院之意见亦极深,怅望前途,可胜悚惧。"他对政途充满失望。因此,在吴焘的笔下,满目皆是乱局之象,"十三省军民长官电致总统总理并国会,痛下针砭之语。又张督军电询孙文,请款二百八十万,有无其事。又浙江督军有逃走赴沪之语"。他颇为失望地感慨道:"默揣目下景象,时局其又将变乎,可叹可叹!"①

可叹之处甚多,在吴焘的记载中,府院之争纷争不断。1917年2月8日,吴焘阅各报得知"美德两国公使均下旗回国"。在他看来,"虽未宣战,而战机已动。然则环球大地,竟无一干净土乎,岂运会适当其厄!虽天心仁爱,亦无如何乎"。至于中国,"应否附从合从之国,抑附连横之国,事体宏大,无从肛断,然亦不能付之不议不论也"。此后,美国怂恿中国加入战团,"而政府如何应付,迄未奉明文",作为局外人的吴焘亦"实无从窥测"。但政府如何应付很快引发了府院之争。3月5日,报纸报道"段总理之来津",来津的缘由在于"外交事请总统钤章,总统以须两院定议,始能宣布",其实质在于黎元洪反对段祺瑞对德断交,故段祺瑞"悻悻而出"。吴焘从欧美民主的角度解释段祺瑞出京是"总理与总统意见不合,原可辞职,但辞职则可遽尔出国门,似惟我中国之唐总理有此先例也"。吴焘密切关注事态变化。段祺瑞来津后,冯国璋亦到津敦促段祺瑞回京。吴焘暗忖道:"已经允许,似此举动,实不敢赞一词也。"②

黎元洪在段祺瑞的逼迫下,不得不签署对德绝交命令。3月14日,吴焘得知"与德国断绝邦交已奉明文",并且政府"预备绝交后一切事宜,极形忙碌"。但绝交后引发了舆情,"议论纷纷,莫衷一是"。有报纸登出朱家宝"反对绝交"说,"谓出自省会副议长王君之口,经议会多人电询,政府电文

---

① 吴焘:《吴焘日记》,王建朗、马忠文主编:《近代史研究所藏稿钞本日记丛刊》(第20册),国家图书馆出版社2020年影印本,第13—14、15、26、33页。
② 吴焘:《吴焘日记》,王建朗、马忠文主编:《近代史研究所藏稿钞本日记丛刊》(第20册),国家图书馆出版社2020年影印本,第67、73、88—89、90页。

已登入报纸"。吴焘一阅即知此为假新闻,皆因朱家宝"做事何等谨慎,岂有将如此重大之事,轻易向议员妄谈"。后来,他探明"王议长在议场中,以此事质问发电之六十余人,而此六十余人中,又多以未闻此事为辞。盖不过数人本其倾危之术,捏造电文"。①

对德绝交一事,吴焘有自己的考量,认为中央政府没有深思熟虑,其中一个重要的变数是俄国二月革命的爆发。3月18日,他阅报得知"俄京人民革命已成,盖为亲德起见",他悲痛地写道:"而我国适于此时与德国绝交,天为之邪?人为之耶?吾不得而知之矣。"19日,他又表达了类似的感受:"俄京之变,系本月十一、十二两日。而我国与德绝交,系十四日宣布。岂当不知俄京之变邪?殊不可解。""津埠德国租界自绝交后,已由我国接收,警察亦派兵站岗,乃接收甫两日,而我之警兵制服暨国旗已易荷兰国制度,话系代德国办理者。"在他看来,当道者不知世界局势已大变,而一味受美国怂恿对德绝交,无异于自取灭亡,"中华民国体面扫地以尽,国已不国,可为痛哭矣"。②

对德绝交后,财政部、交通部发生了侵吞巨款案,吴焘颇为留意。4月18日,他阅报知"财政部、交通部均有受贿侵款巨案",悲愤地写道:"纲纪凌替,至此极矣。"19日,他记录了侵吞巨款案的后续事宜:"财政总长次长均提交法庭,次长并闻风逃逸,津浦路局长处长亦撤差付惩戒,总长亦有局促不安之势。"在他看来,可谓是"咄咄怪事"。20日,他得知财政部次长潜逃的消息,"可谓无奇不有矣"。29日,他阅报了解财政次长潜逃的详情,"装饰妇人逃往南洋,可谓无奇不有矣"。和财政部牵连的交通部亦引起吴焘的关注。27日,他阅《公言报》知"交通部购车之案极为离奇,其所称华美公司竟系当事者,朋分库款,捏名浮销,较财政部发生之案情节尤重"。他愤而评论:"纪纲法度,荡然无存,可胜浩叹。"③ 在他看来,民国怪事连连,

---

① 吴焘:《吴焘日记》,王建朗、马忠文主编:《近代史研究所藏稿钞本日记丛刊》(第20册),国家图书馆出版社2020年影印本,第98、98—99页。
② 吴焘:《吴焘日记》,王建朗、马忠文主编:《近代史研究所藏稿钞本日记丛刊》(第20册),国家图书馆出版社2020年影印本,第102—103页。
③ 吴焘:《吴焘日记》,王建朗、马忠文主编:《近代史研究所藏稿钞本日记丛刊》(第20册),国家图书馆出版社2020年影印本,第135、136、145、142—143页。

无奇不有,这是所谓民主共和的恶果。

中国对德绝交,傅增湘和吴宓有同感,认为政府对于此事太过轻率。1917 年 3 月 17 日,傅增湘阅报知"俄国已革命,京城已叛,海陆军亦响应"。他痛惜道:"我国何苦与德断交。"次日,他闻绝交事,"得俄革命之电,政府即分电各省,于德即至绝交而止,不加入协约国"。虽然北洋政府表示对德绝交而止,不加入协约国,但在傅增湘看来,这属于政府处理信息欠缺的表现。既然作为重要协约国成员的俄国发生革命,德国战胜的概率大大增加,而中国政府却在俄国革命的第二日对德绝交,实属处理外交不妥。4 月 2 日,他阅报后记载:"德京柏林亦有闹饥荒事,不知的否。俄此次革命盖由闹饥荒事起也。"①

对于中德断交的相关情况,朱峙三亦"检阅近日报载",开始无"偏见"地记录。1917 年 3 月 27 日,他阅 10 日报后记载"北京国会投票表决与德国断绝外交关系",同时,"上海商会,鄂、皖省督军及康有为、孙文、唐绍仪均电北京请政府仍守中立"。又阅 14 日报,记录了"政府公布与德国绝交"的新闻。31 日,他阅"本月二十五号"报,得知"驻北京之德国公使起程归国"。② 这些记载说明,他对于时政没有做出自己的判断。当中德断交后,他又如实摘录了相关新闻。4 月 7 日,他见"本月四号"报载"驻京荷兰公使抗议我国收回德租界"。16 日,报纸报道"驻京美公使通告已与德国宣战"。24 日,他见"众议院近已议决缓议对德宣战案"的消息。5 月 1 日,他知"上月二十五号"最高军事会议开会决议"一致主张对德国宣战"。11 日,他又见报载"本月七号日本政府送该国对德宣战案与众议院"。③ 对朱峙三而言,此类记载大约有录以备考之意。

与朱峙三类似,郑孝胥关注了中国对德绝交的新闻报道,但未在日记中

---

① 傅增湘:《澄怀堂日记附澄怀杂存》,清华大学图书馆编:《清华大学图书馆藏稿钞本日记丛刊》(第 18 册),国家图书馆出版社 2018 年影印本,第 525、526、530 页。
② 朱峙三著,胡香生辑录,严昌洪编:《朱峙三日记(1893—1919)》,华中师范大学出版社 2011 年版,第 484 页。
③ 朱峙三著,胡香生辑录,严昌洪编:《朱峙三日记(1893—1919)》,华中师范大学出版社 2011 年版,第 485 页。

流露出自己的观感。1917年2月，郑孝胥阅报得知美国、英国、法国"皆欲"中国加入协约国，伍廷芳、陈锦涛希望听从美国的建议加入协约国，而段祺瑞"不欲绝德"。但随后，段祺瑞的态度发生了改变。3月5日，报载段祺瑞希望对德绝交，而黎元洪"不肯签字"，段祺瑞"出奔天津"，范源濂"从之"。黎元洪架不住段祺瑞的出走，宣布对德绝交。15日，《大陆报》载"中德已决裂，海容等舰扣留德舰六艘，皆已卸武装，泊于黄浦者。公使及各口德领事皆送护照遣之"。① 此类不带感情的记录从侧面反映出遗老郑孝胥的心态。袁世凯去世后，北洋政府四分五裂，国运衰落，复辟之路何时能够实现，已成为郑孝胥的心病。

中国对德绝交事，凌盛仪较晚得知相关新闻。他在日记中记载了中国政府矛盾的心态："我国不从，则恐各协约国认为交战国。从之，又恐德人终胜，势必仇我，我无以御之。故在朝在野之官吏、党魁，对于此事意见，各有不同。"他对中国政府与德绝交颇为担忧，"然无兵无械，何以御侮，所幸者肉体尚多，可供打枪之目标耳"。此后，他得知中德绝交的消息，"已电调驻德公使回国，保护德公使出境"。他列举了中德绝交后中国取得的一些权益："中德绝交，各联〔协〕约国约我进战，许以庚子赔款准中国作为兵费云。"之后，他满怀期待地写道："我国加入战团，与德绝交，许供协约国军食各需，而所望目前交换之利权：一为收回领事裁判，一改正庚子所订条约，一改正海关税则，一从前赔款均许从缓。"② 他对中德绝交的态度发生转变，希望中国能够借此机会实现富强。

总体上看，多数读者认为中央政府对德断交太过轻率，其中重要的原因在于德国作为一个新兴大国，很有可能成为第一次世界大战的胜利者，到时中国因断交会遭受来自德国的侵略，后果非常严重，故应继续保持中立，根据第一次世界大战形势的变化，再做出适当调整。这才是应对第一次世界大

---

① 郑孝胥著，中国历史博物馆编，劳祖德整理：《郑孝胥日记》（第3册），中华书局1993年版，第1646、1649、1651页。
② 凌盛仪：《凌盛仪日记》（第23卷），湖南图书馆藏稿本（编号：275/5），1917年3月9日，3月13日、3月20日、3月25日、4月8日。

战的正确方式。中央政府急切地与德断交,没有全盘考虑中国的利益,很有可能将中国拖入战争的泥潭。

(二)中国对德宣战与读者反响

中德断交后,在美国的怂恿下,国内出现参战的呼声,以段祺瑞为首的皖系态度最为坚决,加之梁启超的舆论攻势,中国参战的舆论迅速高涨。此时的颜惠庆在哥本哈根,通过电报或报刊了解国内的情况。1917年5月8日,颜惠庆阅读《伦敦泰晤士报》,知国内已有对德宣战的言论。6月,因段祺瑞去职,临时政府成立,反对对德宣战。7月,张勋复辟,引起新的政治危机。3日,段祺瑞马厂誓师。8日,张勋复辟失败,宣统退位,冯国璋任代理总统,段祺瑞任总理。① 段祺瑞整合各派势力,于8月14日宣布对德宣战。纵观整个中国参战过程,因中德绝交,颜惠庆在此次事件中已不能有所作为,加之他的亲德态度,使他未受到国内各派系的重视。

在对德宣战过程中,府院之争引发高度关注。赋闲在京的孟宪彝近距离地了解府院之争的来龙去脉,并在日记中详加披露所见所闻。1917年3月4日,议员王飏廷来访,告知孟宪彝"段总理出走赴津"。中午,在顺直议员的宴会上,诸多人聊起"段总理出走赴津"事,乃是"段总理与大总统议中德外交事冲突,段与阁员主张加入七协商国,与德绝交;黎谓须经国会同意"。段祺瑞的意思是宣战密件"难以先交国会,恐有漏泄",黎元洪表示"以宣战媾和为总统特权"与段祺瑞发生争执。双方难以达成共识,于是,段祺瑞"悻悻赴津"。② 段祺瑞出走后,联合其他督军向黎元洪施压。

相比于对德断交,郑孝胥关于对德宣战的记载较为详细。1917年5月5日,孟森对郑孝胥言:"北京加入协约国之议,梁士诒、徐世昌阴主之,段祺瑞、梁启超皆为徐所用。"《大陆报》同时报道了中国加入协约国之议的议论:"本定十四日于国会议加入之案,今已展期。"12日,郑孝胥知"政府以宣战案交国会,惧其反对,集无赖数千人,称公民称愿,围议院、殴议员以胁之。

---

① 颜惠庆著,上海市档案馆译:《颜惠庆日记》(第1册),中国档案出版社1996年版,第554、568、579页。

② 孟宪彝著,彭国忠整理:《孟宪彝日记》(上册),凤凰出版社2016年版,第298页。

国民党甚愤,进步党则助政府,乱甚亟。政府召张勋入京"。24日,郑孝胥得知府院之争矛盾加剧的消息:"黎元洪解段祺瑞之职,使伍廷芳代理内阁总理。段祺瑞赴天津,声言此令未经内阁副署,不能承认。"在黎元洪解段祺瑞之职的背后,"恃陈光远、张绍曾、江朝宗"等人"镇定京城"。25日,报言"黎又令朱家宝、倪嗣冲、李厚基皆免职"。黎元洪解除了段祺瑞国务总理的职务,以他人另代之。30日,郑孝胥阅昨日报得知"黎元洪举李经羲为内阁总理,众议院、参议院皆通过",认为"李狂佻,颇可笑,必覆此席,可立而待"。31日,他阅报知晓五省独立的新闻:"为奉、豫、鲁、皖、浙,发电宣布与政府绝。"其中,倪嗣冲独立最为积极:"倪嗣冲扣留火车机器车一百二十辆,囚蚌埠站长,津浦路断。"据《大陆报》言,"张怀芝、张勋、倪嗣冲合兵北上,将据德州"。6月2日,郑孝胥阅报后了解:"张怀芝、倪嗣冲之兵已至德州,赵调兵至彰德,张作霖兵至山海关。黎元洪欲辞职,王士珍、张勋欲出调停。"4日,他见报纸中有在天津成立新政府之消息:"天津已立新政府,'徐世昌为大元帅,王士珍为总理'等语。"作为调停的张勋"犹未到京"。14日,他阅报了解最新报道:"黎元洪解散国会,伍廷芳辞职,乃以江朝宗代为副署。"15日,他知晓张勋入京调停的消息:"张勋已入京。"① 这些记载大致反映了对德宣战引发府院之争的全过程。

在杭州的童保暄亦注意到府院之争的相关报道,"府院意见甚深,府联国会,借外交问题以倒阁,国家前途危险万状",他颇为担忧。1917年5月12日,他进一步了解了京城中府院之争的状况:

京中十时国会议外交问(题)时,集有公民万余人,分发传单,围住议院,抠[殴]打暴烈议员五六人,后由段总理饬警解散云。又电,张少轩电政府,欲带兵入京,段电止之。曹琨[锟]督军亦欲带兵入京,段又止之。阁员如伍、张、谷、程诸人均辞职云,外交问题已变为内政

---

① 郑孝胥著,中国历史博物馆编,劳祖德整理:《郑孝胥日记》(第3册),中华书局1993年版,第1660、1661、1663、1664、1665、1666、1668页。

问题矣。倒阁之声亦日盛，昨日段拟辞，而各督军阻之，此事究未知如何结果也。①

童保暄在与友人的交谈中，亦了解相关情况："段必不去，其中有阴谋派欲推冯为大总统，以梁任公任总理，故内幕有意推翻段以倒黎，段去即中计云，亦未知确否也。"5月20日，浙江省接诸多电，电文表示："举宪治不合国情诸点，呈请大总统、总理转知修正，否则，请解散国会。"23日，他知"张督军已有通电，声明赞成解散国会矣"。他夜接总统府秘书处大总统令："段总理免职，伍代总理，张士珏代陆部，京津为戒严临时警备区，以王士珍为总司令，江朝宗、陈尧远为副司令。知时局已决烈［裂］矣。"此后，中央电令不断，局势更加紧张，童保暄与吕公望决定浙江"不争先不落后"，"各军应团结一气，而沉静勿哗为要"，并希望"凡当军官，无事时常存有事之想，所谓有戒心是也；有事时应如无事之气度，所谓沉着处变是也"。②

虽然浙江方面希望"不争先不落后"，但时局甚危，各省纷纷独立，童保暄特别关注各省独立的消息。例如，6月6日，他记载广东、江苏、天津等省份独立的传闻，"唐、李谋在粤组织政府，而孙洪伊等又欲谋在宁组织政府，天津又有军政府之设之传闻"。此后，传闻成为现实。23日，他阅报得知上海海军一部分、两广独立的消息："上海海军一部分宣布独立云。又两广督军陈、谭两氏通电，宣布脱离中央内阁关系，军政暂自主云，惟遇重大事得径请示总统云。陆氏仍无表示。"对此，他评价道："查海军历年来等于市侩，去年袁死方宣布独立，尚要运动费二十万元，近复传言运动费六十万元云，其可耻如此，不足畏也。两广为维护地方秩序起见，不得已而出此，尚可原也。"③

---

① 童保暄著，宁海县政协教文卫体和文史资料委员会编：《童保暄日记》，宁波出版社2006年版，第268、269页。
② 童保暄著，宁海县政协教文卫体和文史资料委员会编：《童保暄日记》，宁波出版社2006年版，第270、271、271—272、273、274页。
③ 童保暄著，宁海县政协教文卫体和文史资料委员会编：《童保暄日记》，宁波出版社2006年版，第275、278页。

同时，张勋纠集"辫子军"进京调停时局。6月3日，童保喧听闻张勋"拟进京调停时局"。6日，他读报得知张勋"定明日进京"，定三件事："一、留元首；二、散国会；三、速组内阁。"8日，他了解到"张绍帅已于昨进京"。张勋进京后，以武力解散国会。11日，童保喧知晓解散国会的命令已拟就盖印，"惟伍拒副署，而李经羲亦不副署，故未下"。12日，他得知"解散国会令已下，由江朝宗副署，盖伍准免代理，总理本职由江代理故"。同时，张勋提出条件："改选国会，赦政治犯，修订宪法会议，责任内阁，优待清室条件加入宪法等条，由勋具指，奉大总统批准照办，交院办理，故各省应即日取消独立状态及撤兵。"①

李经羲准备就任总理，但各省督军皆反对李经羲组织内阁。在童保喧看来，"李九圆滑，组织人才亦不多也，而进步派反对尤烈，恐不能成立也"。反对之余，各省决议"请段出山，特派钱能训晋京与张、王接洽"。但在张勋的支持下，李经羲就任总理。6月25日，新闻报道："李经羲于廿四日通电就内阁总理职，而王士珍兼长陆军，萨镇冰长海军，财部由李自兼，命令已下，惟各督军反对之声仍未已。"在这样的动荡时局中，童保喧颇感不平："政客乱国，且谓现中国人材舍徐、段，不能有较良之政治人材。"②

在上海的刘承幹于1917年3月16日通过阅报了解中德断交的消息："吾国与德国断绝邦交，昨日正式宣布命令，今日又有详细布告，亦由总统正式申告之。"此后，他重点关注府院之争的相关消息。5月31日，他得知奉天、直隶、河南、山东、安徽、浙江、福建七省独立的消息，"要求解散国会，另定宪法，总统退位，斥其左右四凶（丁世铎、金永炎、哈汉章、黎澍），段总理复职"。6月15日，他阅报知晓"总统命令解散国会"的消息。③ 此后，张勋进京进行复辟活动。

---

① 童保喧著，宁海县政协教文卫体和文史资料委员会编：《童保喧日记》，宁波出版社2006年版，第274、275、276、277页。
② 童保喧著，宁海县政协教文卫体和文史资料委员会编：《童保喧日记》，宁波出版社2006年版，第276、277、278、277—278页。
③ 刘承幹：《求恕斋日记不分卷》，上海图书馆藏稿本电子版（编号：线善862624-74），1917年3月16日，5月31日，6月15日。

第五章　五四时期的新闻呈现、时政阅读与时事追踪

相较于前期对中德断交的高度关注,温州乡绅符璋对府院之争的记载较略。例如,他在1917年5月、6月披露了"段总理免职,京师戒严","以命令解散两院,副署者代理内阁总理、步军统领江朝宗也。张勋、李经羲十四到京","十九日之内阁总理伍廷芳也,十三十〔日〕之众院议长吴景濂也。浙江首先取消独立","广东省长朱庆澜合未独立各省誓师北伐,欲复国会。康南海一电极痛切"等新闻。7月,符璋又了解到"李京〔经〕羲于廿四号即初六日就总理职,廿六就财政总长职。阁员尚未全数提出,于黑龙江许兰洲之擅为都督、绥远王丕焕之攫取都统、闽赣与粤之兵事、山西之内讧,均不识如何处分"。① 这与他前期的感受迥然不同。简略叙事无法知晓他的真实感受,亦难以了解他对府院之争的真实态度。

张枫则对国事纷乱痛心不已。他阅《时报》知康有为和孙中山反对参战事宜。康有为责政府"不应加入战团,绝交危国,颇词严义正",孙中山"不赞成绝德外交之事",可是政府"已决意行之,正不知何以善其后也"。此外,张枫在与姜伯翰的闲聊中知"各省督军因黎总统听信议会,免国务总理段祺瑞之职"而"群起反对,宣布独立,与中央脱离关系",各省督军明言"元首惑于金壬,议会政尚专制,只得脱离独立,以求正当解决"。张枫痛心疾首地写道:"欧战正剧,加入战团之说尚未解决,而内政先自溃乱。"他将各省独立事视为"官僚革命",与"前番民党革命性质不同,天下纷纷,将何自平安乎?可为一叹!"1917年6月,地方独立之声不绝如缕,国事危羸日甚。4日,他看《民国日报》知"近日各省独立,惟倪嗣冲尤极力谋叛,宜亟用兵诛之,庶为国民谋幸福,主张调和便是失策之至"。他认为调和不能解决中国问题,应该"用兵"诛灭像倪嗣冲这样的地方督抚。《时事新报》"则主张调和,不责倪氏"。很显然,张枫并不赞同这样的论调,认为这样的论调"总不免归于一乱而已"。18日,他阅近日报纸得知:"黎总统已下解散国会命令。"他感慨道:"嗟乎,从前要求宪法,专为'国会'两字,一若国会不立,天下

---

① 符璋著,温州市图书馆编,陈光熙点校:《符璋日记》(中册),中华书局2018年版,第609、612、612—613、614页。

便不能一日安，此满清时国会代表人为要求国会事，几至牺牲性命也。不意共和成立以后，堂堂国会一摧于袁氏之专制，再摧于倪嗣冲、张勋之要挟，而国会几销声灭迹。虽由于世变人心之可畏，然亦国会诸君太无资格有以致之也。自今而后，民国天下生机斫丧尽矣，有心人能不为之痛哭流涕乎？"①张㭎对于黎元洪解散国会的命令深表失望，认为其摧残民国生机，几乎可比袁世凯专制。对于府院之争，张㭎从国事纷扰的角度表示担忧，体现了他的淑世意识。

同张㭎类似，朱鄂基对国事纷乱非常担忧。朱鄂基在1917年5月记载了府院之争加剧的新闻："两院议员因公民团围困事，纷纷南回，国务员亦多辞职，除财政陈、交通许，因纳贿被拘被传外，内务兼教育范、司法张、农商谷、外交伍、海军程均递辞折，陆军总长即总理段亦有辞职说，此亦未有之景象也。"段祺瑞"辞职说"很快成为现实。5月底，朱鄂基阅报知"段总理免职后，李经羲继其任，王士珍为陆军总长"，故梁启超"对于时局，悲观至极"。梁启超支持中国参加第一次世界大战，并且看好段祺瑞的相关政策，但段祺瑞被免职，梁启超感到"悲观至极"。②

段祺瑞被免职后，地方省份纷纷独立，以支持段祺瑞。6月1日，朱鄂基知"七省独立，吾浙亦在其列，请解散国会，改制宪法"，他表示"天下何多事耶"！此后，独立省份进一步扩大，"直隶、山东、山西、河南、湖北、安徽、浙江、福建、奉天、吉林均请解散国会，改制宪法，纷纷独立"。与此同时，"李经羲总理通过议院，而李鉴于时局棘手，坚辞不到"。对此，黎元洪通电各省，表示"俯仰一身，毫无愧怍，不忍见家国沦亡，同为臣仆，愿于诸君之前，谨谢不敏"，亦表示"辞职退位"，"不待各督军之强迫"。朱鄂基特地记载报纸所载邵飘萍的文章，谓"此次督军团起师之目的，阳为解散国会，阴则要求复辟。而一团之中意见亦复纷［分］歧，时局趋势直有不可思

---

① 张㭎著，温州市图书馆编，张钧孙点校：《张㭎日记》（第4册），中华书局2019年版，第1900、1925、1926、1932页。
② 朱鄂基著，朱炯整理：《朱鄂生日记》（第1册），凤凰出版社2021年版，第323、324—325页。

议之变象"。① 纷乱的时局使朱鄂基忧虑不已。

刘大鹏虽也留意对德宣战，但重点还是关注地方政局。他评论道："日来大局纷纷，独立之省不少，中央政府亦皆束手无策，惶惶然不知何以措手。"对于山西省长孙发绪赴津一事，他颇为担忧地写道："盖恐晋亦独立，致乱大生，先行逃脱以避患难。"1917 年 6 月 10 日，山西省"出戒严公布，省垣出兵戍守各关隘，民心闻之莫不恐惶"，民众畏惧"土匪之乘势蜂起"。14 日，刘大鹏在日记中透露："近因本省独立与他省一致进行，人心恐惶日甚一甚[日]。"29 日，他阅《顺天时报》所载景蔚文拟攻击阎锡山的消息："共八县，景为总司令，已电中央请撤阎任，即行罢兵，否则直捣太原。"② 此事非同小可，势必影响山西政局，他自然甚为忧虑。

关于中国参战问题，在温州师范学校就读的夏承焘阅读了大量相关报道。他虽为 17 岁少年，但长期留心时政新闻，主张中国"不可轻举妄动"。他认为：

> 夫国家之能执牛耳，抗列强于竞争世界者，其要素厥有三端，军力、财力、器械是也。自欧战开幕以来，至今已历年余，所以皆无大胜负者，实各有其三要素势均力敌。美国自近数年来畜[蓄]精养锐，以待机而发。苟此时加入协约，战而胜可为盟主于世界，纵战败，亦必无多损失，诚以其力厚，其势足也。若夫吾国，以频年革命，国本已在飘摇风雨之中，救亡尚恐不逮，更何暇对外？此次若战胜，则列强中利益尽占定，无沾及于我；不幸而败，则割地也，赔款也，吾恐中国之为中国不可得而言矣。故处此竞争最烈之世，不先图其本之固、源之远，断不可干涉列强。此事有关我国存亡，千钧一发，不可微忽。③

他希望当道者"再四思以处之"，切不可受美国鼓动而参战。在府院之争的报道中，夏承焘对黎元洪持正面态度。当他知府院之争陷入尴尬局面时，有黎

---

① 朱鄂基著，朱炯整理：《朱鄂生日记》（第 1 册），凤凰出版社 2021 年版，第 325、325—326 页。
② 刘大鹏遗著，乔志强标注：《退想斋日记》，北京师范大学出版社 2020 年版，第 227—228、228 页。
③ 夏承焘著，吴蓓主编：《夏承焘日记全编》（第 1 册），浙江古籍出版社 2021 年版，第 36—37 页。

元洪挽留段祺瑞之消息。黎元洪表示"对德问题总统不敢抗议,以副实权国会之名义"。本是黎元洪抗拒段祺瑞之手段,但在夏承焘看来,这是黎元洪"先国家而后及私","足见黎公之能事"的表现。①

对德宣战,梁启超鼓动甚多。夏承焘阅《申报》得知梁启超上书政府发表外交意见,希望政府"当加及协约国战团,不可与美国取同一态度"。而美国"交战问题日亟一日,威尔逊总统在国会宣读演说辞,一致赞成"。夏承焘认为,"想一旦美国加入战国,吾国定踵其武"。几日后,夏承焘阅报得知"美国已加入欧洲战国有日"。对此,"梁启超等急进党亦主张立刻加入",而黎元洪"既亦甚然之,闻一切布置尚甚秘密"。②

对德外交正处于尴尬之际,国内发生了财政总长陈锦涛、次长殷汝骊和交通次长许世英贪污一案。夏承焘读报后感叹:"吾国人徒知有家,不知有国,实为下流劣性。况当此经济孔亟、国事棘手之际,乃身居高位,既不能鞠躬尽瘁谋国家之安,反犯科渎职为人民之毛贼,将何以对四万万同胞当日企望之意。"此后,又有公民团围殴众议院事,他坦言:"究竟虽未易觑破,然亦可见吾国民之知识薄弱矣。处此外内交急时,尚不自思救济,犹懵懵以捣乱为事,读下为之唏嘘不已。"对德外交引发了连锁反应,几日后,他阅报得知张怀芝等请政府解散国会,阅之不胜骇异,他指出:"前日公民团围殴众议院事之发生,虽一时未可探其究竟,然实为犯国家法律,诸议员忿怒未平,坚请重办亦是人情。当道者正当如何劝解以释内讧,乃反出此言以恫吓之。况共和国家国会为命脉,无国会即无共和。去年袁氏以专制手段废国会,既经国民之反对,岂可今日复蹈其覆辙?"他将此事的解决寄托在黎元洪身上,"想黎总统素严明,必不惑此谗言,而有以大加斥拒"。③

围绕对德外交,形成了府院之争。夏承焘读《时报》后了解大致情况:

---

① 夏承焘著,吴蓓主编:《夏承焘日记全编》(第1册),浙江古籍出版社2021年版,第37、51页。
② 夏承焘著,吴蓓主编:《夏承焘日记全编》(第1册),浙江古籍出版社2021年版,第75、77、80页。
③ 夏承焘著,吴蓓主编:《夏承焘日记全编》(第1册),浙江古籍出版社2021年版,第87、103、104页。

第五章　五四时期的新闻呈现、时政阅读与时事追踪

"段总理因与黎总统冲突,已于前日发布命令,免其总理兼陆军部长,暂由伍廷芳代理,各督军倪嗣冲等三四人亦各免职,故段氏及各督军皆于是日出京,且谓此次总统令命无副署,反背宪法。"他认为段祺瑞等"此次必不肯干休,来难方多",料想段祺瑞肯定会以其他方式反对黎元洪。面对"外患未靖"而"内讧起",他不禁"为民国前途一恸"。几日后,他在与其师张楓的聊天中谈及"吾国各督军因拥护段氏,十余省皆反对政府而独立,浙江亦于今日继之"。张楓则表示"武人干政,至非国家之幸。若长此以往,中国不亡不止。间及近日国会之腐败,非金钱之运动,不可为议员"。如果府院之争继续下去,中国必遭大难。两日后,夏承焘阅报得知"各督军因拥护段氏",特别是安徽倪嗣冲和张勋电告政府,他们要求的五个条件中有"驱逐议员,宥赦帝制罪人","含有复辟之意味"。他读报后为之三叹:"盖时至今日,尚有此辈顽固不灵之人物,殊可痛恨。"①他十分痛恨帝制派倪嗣冲和张勋,为之气闷。

吴宓的态度较为激进,认为中国对德绝交已属外交失误,而对德宣战更是错上加错,表现之一为对德宣战引发了国会议员互殴案。1917年5月11日,他阅报后记载了这一奇闻:"日昨政府将加入战团案,付众议院议,突有公民团多人将议员殴伤多人,经警总厅、步军统领派多人弹压,始行解散。"吴宓虽不知公民团成员为何殴伤议员,但认为"亦可谓无奇不有矣"。12日,吴宓阅报后进一步了解公民殴伤议员案:"仍未议决,且牵动内部之争竞〔竞争〕,胶胶扰扰,未知所届也。"14日,他又听闻"国会议员、阁员多有来津者"的消息,盖因在京"气象不佳之故"。对于这样的变故,吴宓颇为迷茫地写道:"后路茫茫,诚不知伊于胡底也。"②

公民殴伤国会议员案引发各地不满。20日,吴宓阅报后获知:"在京各省督军呈总统文,深诋宪法有荒谬数条,竟同暴民专制,大有解散国会之意。"他心烦意乱地写道:"倘竟实行,纷扰固意中事矣,奈何!"次日,他阅

---

① 夏承焘著,吴蓓主编:《夏承焘日记全编》(第1册),浙江古籍出版社2021年版,第105—106、109、110页。
② 吴宓:《吴宓日记》,王建朗、马忠文主编:《近代史研究所藏稿钞本日记丛刊》(第20册),国家图书馆出版社2020年影印本,第156、157、158页。

报后揭示了事件的新进展:"各督军呈总统文,已明露解散国会之语。"此后,各省督军纷纷由京来津,他不免嘀咕:"解散国会一事已无可转圜邪?"①

各省督军逼迫中央解散国会,引发了更大的政治危机,府院之争冲突加剧。24日,吴焘阅报得知内情:"总理免职令先由总统秘书交内阁,令其发表。内阁秘书以无阁员副署,未经照办,又交印铸局执行,局长以印铸局从未与总统秘书直接手续不合却之,总统府遂径行宣布,似与向来办法政异,实无从索解也。"中央政府免除了段祺瑞的国务总理之职,任命李经羲为新的国务总理。29日,吴焘阅报了解中央的动态:"内阁总理一席,总统提出李九先生,参众两院均已通过。揆席有主时局,或可望稳固,但不知仲帅是否就职,殆又一问题也。"②吴焘亦不免怀疑李经羲是否同意担任国务总理一职。

黎元洪力图推荐李经羲担任国务总理一职,但各地督军极为反对。30日,吴焘阅报得知安徽、奉天两地电致中央表示反对:"安徽省长、奉天督军均电致中央,以暴民专制,请将国会解散,否则与政府脱离关系,情词颇为激昂,盖已决裂。"河南、山东、福建、浙江等地亦响应。在这种情形下,直隶督军朱家宝表示:"日来皖、浙、豫、奉等省均与中央脱离关系,其他各省多数赞同,并欲派兵北上。直隶居海陆要冲,为本省人民保持安宁计,曹督军已会同省长电陈政府,自今日起亦与中央脱离关系,一切政治仍照旧进行。将来究竟如何,实无从逆料也。"形势进一步恶化,各地除通电反对中央政府外,亦纷纷派兵北上,以武力逼迫黎元洪解散国会。6月2日,报纸报道"蚌埠、济南、河南、奉天各省军队均纷纷附火车北上",他感慨道:"天时如此,人事如此,诚不知作何景象也。"翌日,吴焘知"各省军队纷纷北上,中央又毫不退让,诚不知作何变相也"。5日,他综述近日新闻后写道:"报纸所述,现时状况无可登记。各省军队既陆续北上,而中央尚无退让消息。以后情形,

---

① 吴焘:《吴焘日记》,王建朗、马忠文主编:《近代史研究所藏稿钞本日记丛刊》(第20册),国家图书馆出版社2020年影印本,第163、164—165、165页。

② 吴焘:《吴焘日记》,王建朗、马忠文主编:《近代史研究所藏稿钞本日记丛刊》(第20册),国家图书馆出版社2020年影印本,第167—168、172—173页。

第五章 五四时期的新闻呈现、时政阅读与时事追踪

真无从逆料也。"①

在各省北上的军队中,吴焘特别留意张勋的相关消息。7日,他阅报得知:"张绍帅定于今日北上,夜间可到,所带马步八营,拟在丰台永定门外一带住〔驻〕扎。各督军与中央冲突一事,须俟张公到京后,始能解决也。"10日,他知"各督军联翩北上,张绍帅极力维持,劝总统解散国会,即可和平解结",并且闻"总统亦极愿照办,惟为人所挟持,故解散命令仍未发表"。他颇为担忧,"夜长梦多,万一决裂,奈何!"13日,他了解到黎元洪处理政潮的相关情况:"总统命令,伍总理辞职照准,内阁总理一席,前已任命李仲仙先生,惟尚未来京。又任命步军统领江宇澄暂行代理总理事务,即以江代理名义,副署总统命令。"他感慨道:"解散国会如此曲折,亦可谓别开生面矣。"②

此后,政局混乱不堪。吴焘持续关注中央与地方政局变动的新闻。15日,吴焘阅报后记载:"日昨张督军、李总理到京后尚无何等消息,惟陕西陈督军自宣告与中央脱离关系,军界颇有蠢动,李省长有拘禁之说,未识确否。"虽然张勋到京、李经羲任职,但各省退兵和组织内阁仍无消息,吴焘"殊为闷闷""闷损已极",认为"组织内阁固为第一要政,各省之脱离关系,尤望早日取消,内外政治方能联络一气"。20日,他读报后评述:"直隶、安徽两省取消脱离关系名义电文,闻其余各省亦一律取消。惟内阁之成立,尚不知何日耳。"22日,他阅报得知:"李仲仙将为内阁总理,惟各省督军颇有异议者,诚不知究竟如何也。"李经羲在被任命为总理后,重组内阁。26日,他综述新闻:"李仲老以总理兼财政总长,王聘卿为陆军部总长,仍兼参谋部总长,萨镇冰为海军总长,程璧光为海军总司令。此外交通内务各部尚未发表,不知究竟如何也。"③ 此后,发生了张勋复辟,吴焘因支持张勋复辟而被免职。

---

① 吴焘:《吴焘日记》,王建朗、马忠文主编:《近代史研究所藏稿钞本日记丛刊》(第20册),国家图书馆出版社2020年影印本,第173—174、176—177、178、179、181页。

② 吴焘:《吴焘日记》,王建朗、马忠文主编:《近代史研究所藏稿钞本日记丛刊》(第20册),国家图书馆出版社2020年影印本,第182—183、186、189页。

③ 吴焘:《吴焘日记》,王建朗、马忠文主编:《近代史研究所藏稿钞本日记丛刊》(第20册),国家图书馆出版社2020年影印本,第191、192、194、195、196、197、199—200页。

凌盛仪在平江乡下也对中国政府是否对德宣战问题极为关注。1917年5月24日，他综合报纸相关报道后写道："日来提交议院，似有不能通过之势，而忽有公民张尧卿、刘文锦一班武人围击议院。似此情形，不解散议院，必致倒阁。"他颇为痛心地评价道："外患争来，内讧自扰，系我中国其亡其亡。"5月31日，他阅《京报》知晓府院之争加剧的消息："总统令免内阁总理段祺瑞职，以外交总长伍廷芳代理之，免陆军部总长段祺瑞职，暂以次长兼任之，特令王士珍、江朝宗为近畿警备司令。似系内阁更动，北军原又系段系，故特戒严也。"他道出了段祺瑞被免职的原委："以段主张与德宣战，各督军多附和之，议院不肯通过，公民团既打击议员，督军团又迫请解散议会，故致倒阁之变。"段祺瑞被免职后，在京各省督军纷纷离京。第二天，凌盛仪进而推断："其心象似不可问已。先是督军团力请解散议院，总统以'不违法、不盖印、不怕死'九字拒绝之，而不日即有免职命令下，已迅雷不及掩耳。黎公生平第一次开山手段。"①

虽然黎元洪有如此气魄，但各省纷纷独立，先是倪嗣冲"反抗中央，宣告与中央断绝关系"，后谣传"山东、山西、奉天、浙江、河南、江西、福建等省督军均相继宣告独立"。凌盛仪听此消息，颇为痛恨，感叹道："外患日亟，内讧时起，而武人干政，致全国分崩离析，殊可哭。"此后，各省"独立纷纷，电告与中央断绝关系"。独立各省于天津组织新参谋部和新政府，"以雷震春为总参谋长"，"推徐世昌为大元帅，李经羲为总理，段祺瑞长陆军，汤芗铭、孙宝琦、朱家宝、梁启超等长海军、外交、交通、财政各部"。在此背景下，黎元洪邀请张勋进京调停。张勋调停提出五条意见："一、解散国会；二、责成内阁；三、惩罚公府人员；四、解散省议会；五、赦帝制党人。"他还要挟"二十四时答复，谓不能通过，不肯入京"。黎元洪被逼无奈，"通电未独立各省，云业已解散国会，并述非愿违法，奈迫于国势危险。又云，不解散国会，派斯总统，自总统退位，必致国体变更，非敢恋位，恐限民国

---

① 凌盛仪：《凌盛仪日记》（第24卷），湖南图书馆藏稿本（编号：275/5），1917年5月24日，5月31日，6月1日。

云亡耳,要求勿反对解散国会,致酿成南北战争云云"。① 在黎元洪解散国会后,张勋同意进京调停,此后,便有张勋复辟的奇闻。

在法国留学的徐旭生平时注意通过报刊了解国内时局,对府院之争引发的政局变动,他通过中外报刊进行较为细致的阅读、分析和评论。1917年5月25日,他阅法文报得知"段芝泉免职,总统命伍秩庸组织内阁"。他闻在法留学生言"中国恐有内乱",法报转载《泰晤士报》及路透电,言"北省军人颇反对政府免段氏职"。徐旭生"不然其言",认为"段氏免职,固非北方军人所喜,然无内主,无政党之推波助澜,当无大变"。可见,他对国事的判断稍显幼稚。此后,他颇为关注中央政府动向。他阅《诤议报》得知"北京将开一高等军官会议,议定立时宣战事宜"。他又读报后记载:"李仲仟任为内阁总理,将组织一连〔联〕合内阁。"②

虽然中央竭力维护和平,但地方纷乱已现。31日,他阅报后记载:"安徽宣布独立,中国又有乱事。"安徽宣布独立本为内乱之兆,他希望中央政府能够"善制"此现象:"余颇以为皖痈已成,此其溃决,如能善制,未必为恶现象,无论如何,不可望其调和,调和者,养痈之道也。"6月1日,他阅《时报》后分析:"起事者,安徽、奉天、河南、山东,至冯华甫,则助政府。"又有"安徽兵与□□兵在蚌埠交战"的消息。在他看来,"此事山东、奉天之附逆,余颇意料及之,独河南则出余意外,岂公路余党为之与?"此后,外报相关报道较为频繁。他阅《泰晤士报》所载电文:"安徽、奉天先宣告独立,河南、浙江随之,闻湖北、福建、山东亦附逆。"他评价道:"此事未可轻视,因此辈成事不足,败事有余,急时将不惜引外人以残同胞。"他又阅《不移报》得知:"中国乱党谋复辟,且有德谍暗助德华银行出巨款以酿乱事。"《时报》的报道称:"乱党谋逐总统,散国会,且复辟,附乱者闻有八省,除上述者外,尚有山西云云。"他认为:"彼言八省附乱,尚为拟定,辞或未确。"此后几日,有关地方变乱的新闻,徐旭生一一记录在册。3日,他

---

① 凌盛仪:《凌盛仪日记》(第24卷),湖南图书馆藏稿本(编号:275/5),1917年6月3日、6月8日、6月10日、6月16日、6月17日。
② 徐旭生:《徐旭生文集》(第8册),中华书局2021年版,第188、190页。

阅《邮便报》和《泰晤士报》了解"天津亦独立"和"独立者九省"的消息。4日，他阅报得知"独立日［者］八省"而非"九省"，即山西并未独立。他不免感慨道："或此为一小结束，亦未可知。想从乱者，亦止有此数省也。"他又阅《时报》，新闻云："乱党在天津组织临时政府，徐世昌为专制总统，王世［士］珍内阁总理，曹汝霖外交总长，段芝贵陆军总长。"5日，他阅报进一步了解天津临时政府的情况，"临时政府尚有汤化龙长内务，张勋已到天津"，并且有"临时政府求各国承认，北京巡警厅受临时政府命，监视黎总统之行动"的消息。张勋在抵达天津后，表示"入京系总统所招，因彼为乱首，然欲得不战之利，并未宣告独立"。① 可以看出，不管是中央还是地方，形势皆颇为紧张。

各地对抗中央和内乱的消息纷纷传来。14日，徐旭生阅《时报》和《午报》得知："天津叛党要求解散国会，改宪法，赦帝制党，并禁现国会会员不得干预国政等事，且言总统将正式承认。"翌日，他阅《晨报》，知"江朝宗受临时政府总理之任，副署总统解散议院令"。他认为此新闻"甚离奇"，因为江朝宗只是临时警备总司令部副司令，而一下子暂代国务总理，可见中央政府混乱达到何种程度，所以他认为此事甚奇。16日，他阅报得知黎元洪解散国会的命令："且许叛军各种要求，南省定将争议，然至现在北省获胜，摩利逊劝黎公勿署此令，然终不敌军人势力，中国现无内阁。"对于如此乱局，他悲观地写道："国势如此，不知何以善其后也。"可见，局势已发展到不能善后的地步。此后，局势更为混乱。18日，他阅《午报》后认为"中国情形未稳"：一方面，"南省争议国会解散事甚力，民情甚怒，且无立法机关，和议更不易"；另一方面，"张勋兵驻丰台，与英驻兵相距不过四百米，人心更恟惧"。南北纷争，地方军事进逼，使中央政府难以招架，局势到了不可收拾的地步。20日，他阅《诤议报》获知"黎总统将解散国会，署总理伍廷芳不肯副署，新选总理李亦不肯副署，伍公已辞职"。他又见《时报》所载新闻："中国情形甚虑，李仲仟附逆；黎总统迫于军人，已命解散议院；伍公不副

---

① 徐旭生：《徐旭生文集》（第8册），中华书局2021年版，第192、192—193、194页。

署,且辞职;新选举已令行,然以军人所反对之选举法选举,则此举难得效果。"① 他不断地从《时报》《午报》《泰晤士报》《诤议报》等报刊了解中国时局的动态与发展,为国事日夜担忧,难以释怀。

读者通过报刊了解对德宣战、府院之争、南北纷争等重大新闻事件,他们对新闻的记载详略不同,新闻叙事各有特色,观点和立场也有差异,但都表达了对国事的忧虑。从读者的角度来看,自袁世凯去世后,南北冲突加剧,中国逐渐分裂,社会动荡不堪,危机逐渐加深,他们认为最重要的是稳定,只有和平方能建国。然而,中央政府不仅对德断交,而且有对德宣战的趋向,会将中国拖入战争的泥潭。面对糜烂的政局和纷乱的政争,他们痛心疾首,却只能望局兴叹。他们对新闻事件的记载、分析和评论,折射出他们对政客作乱的厌恶,对国家前途的担忧。这是他们读报时分的共同情感体验。

二、张勋复辟与读者反响

1917年7月1日,在张勋、康有为的扶持下,宣统帝重新坐上龙椅,史称张勋复辟。2日,《申报》专电、外电多为"张勋复辟"的消息,并且刊登了题为《真力量》的时评。该文认为,张勋复辟不能免,盖因革命未解决复辟的基础,乃至袁世凯称帝。今虽张勋复辟,但不必"可悲而可伤",乃是"试验真力量之动机而国家兴亡转移之关键",希望读者诸君"勿骇勿怪勿悲勿伤","各奋发其真力量以求真结果"。②《大公报》发表了题为《复辟》的评论,亦不看好张勋复辟。作者冷观拿法国大革命和袁世凯称帝作比较,指出张勋复辟的结果必将失败,何必戚戚然。③ 与中德断交、制造对德宣战舆论相比,张勋复辟引起的舆论反响更为强烈。因为前者是外交事件,后者意味着中国重新有了皇帝,可谓"变天"。正如鲁迅所言:"见过辛亥革命,见过二次革命,见过袁世凯称帝、张勋复辟,看来看去,就看得怀疑起来,于是

---

① 徐旭生:《徐旭生文集》(第8册),中华书局2021年版,第198—199、199、201、202页。
② 冷:《真力量》,《申报》1917年7月2日,第2版。
③ 冷观:《复辟》,《大公报》1917年7月2日,第2版。

失望，颓唐得很了。"① 对于张勋复辟这一重大事件，舆情如何演变，社会各界如何反应，可以从读者本位的角度窥斑见豹。

(一) 帝制支持者的兴奋之情

前清遗老本是帝制的坚定支持者和受益者，对民主共和深表厌恶，民国初期的乱局更坚定了他们向往帝制的信念，他们心目中的皇帝是废帝宣统，期待有朝一日宣统帝能"复位"。因此，当张勋拥戴宣统帝复辟的消息传来，这些遗老们认为是天降甘霖，喜不自禁。

郑孝胥听闻张勋复辟就欢欣鼓舞。在他的新闻叙事和评论中，1917年可谓是"复辟之年"。他的日记中有诸多复辟之记录，但他的政治观察颇为老道，心态也有复杂的变化。1917年1月13日，郑孝胥闻"张勋将使陆宗舆赴日本商复辟事，乃徐世昌、杨士琦、梁士诒等之谋也"。他对此颇为期待，"所求复辟苟可达，当再图其后耳"。② 他希望清政府能够恢复帝制，这样他就可以继续为清政府效力，图谋东山再起。

张勋入京后，至故宫参拜宣统帝，着手进行复辟事宜。郑孝胥阅报得知"张勋觐见皇帝，奏称'恐危及皇室，故未敢力主复辟之议'"和"李经羲将为内阁"的消息。果然，张勋在7月初发动了复辟。1日夜，郑孝胥接姚文藻来笺，知张勋复辟事。"培老偕康入京，促定武立即复辟。"其后，司格礼亦告知郑孝胥宣统帝复辟，"特来贺"。郑孝胥颇感兴奋，认为夙愿即将达成。2日早，郑孝胥命仆人"买各报看之"，但各报"皆反对"，"唯《国是报》为康氏之机关，《申报》亦作旁观之论"。面对报刊的反对声浪，郑孝胥不以为然，外出与多人谈论此事，友人"皆称快，道贺"并传闻将升郑孝胥为某部侍郎。报纸报道称"各省不愿复辟，张勋将奉上往热河"，③ 他认定此为讹言，对报纸的报道甚为不满。

---

① 鲁迅：《南腔北调集·〈自选集〉自序》，《鲁迅全集》(第4卷)，人民文学出版社2005年版，第468页。

② 郑孝胥著，中国历史博物馆编，劳祖德整理：《郑孝胥日记》(第3册)，中华书局1993年版，第1641页。

③ 郑孝胥著，中国历史博物馆编，劳祖德整理：《郑孝胥日记》(第3册)，中华书局1993年版，第1668、1670页。

第五章 五四时期的新闻呈现、时政阅读与时事追踪

张勋复辟后,段祺瑞在马厂誓师,郑孝胥嗅到了危机。6日,他阅报得知详情:"段祺瑞至马厂,以李长泰之兵将攻北京。张勋以兵拒之,曹锟亦遣兵自保定来,张勋兵据德州兵工厂。"7日,报登上谕,让郑孝胥迅速来京,"预备召见"。8日,郑孝胥与李经迈联名电奏请辞,"窃闻畿辅诸将与议政大臣张勋意见不洽,已有构兵之举。北方将士皆朝廷所倚赖,一旦阋墙启衅,反使革命党人乘机取利,殊为可危。以张勋孤忠亮节而不为众人所谅者,以兼握大政故也。然观张勋志安社稷,必不以危险遗之君父。昔周公居东,流言自息,诚宜暂出督师,以弭谤讟",间接拒绝了复辟王朝的"预备召见"。郑孝胥观察局势后判断张勋复辟难以成功。不久,复辟果然失败。9日,他记载:"段祺瑞已入京,复辟之举遂败,前后才七日耳。"郑孝胥非常气愤:"张勋之无谋,刘廷琛之躁妄,皆足取败。辱我幼主,羞当世之士,哀哉!"10日,虽然退位诏书未下,但张勋已通电,承认复辟失败,"已请徐世昌组织完全内阁,实行立宪政体。勋已辞职,暂由王世[士]珍执行一切事务。一俟诸事解决,即行率队归徐"。11日,郑孝胥阅报后得知"陈光远以飞机入京城掷炸弹,日本公使出而禁止"。张勋宣言"不能迫皇帝退位,我宁以死争之"。13日,《字林报》登载其访员访问张勋之情形,张勋道出复辟的来龙去脉。郑孝胥认为张勋此举"必日本人为之主胆故也。彼名誉骤好,一死甚值,且不必遽死耳"。14日,他阅报得知段祺瑞"进攻天坛、南池子,战终日,段逆所部死伤甚多。纵兵万余合攻,张勋以汽车冲出,入荷兰使馆"。他在与友人的时事讨论中,对此事进行了预测:"张败之信似确。皇帝甚危,将奈何?必为段逆所监禁矣。"郑孝胥希望张勋能够复辟成功。但事实并未如其所愿,他只能在日记中表达对段祺瑞的反对,斥之为"段逆"。8月8日,他见报纸所载"万绳栻编《复辟记》",[①] 该文对复辟的来龙去脉叙述甚详。

同为帝制忠实支持者的刘承幹,也颇为重视张勋复辟一事。他在1917年7月2日阅报后披露:"昨晨四时张勋、王士珍、江朝宗、吴炳湘等入宫迎宣

---

① 郑孝胥著,中国历史博物馆编,劳祖德整理:《郑孝胥日记》(第3册),中华书局1993年版,第1671、1672、1672—1673、1673、1679页。

统帝复辟，即日以张勋、王士珍、陈宝琛、梁敦彦、袁大化、张镇芳、刘廷琛为议政大臣，盖帝以群臣恭具三折吁恳复位，其一系张勋、冯国璋、陆荣廷及各省督军劝进；其二由瞿鸿禨、陈夔龙、邹嘉来、朱祖谋等领衔，及诸旧臣劝进；其三则黎元洪恳请归还大政也。"他读此新闻，百感交集地写道："六载共和，仍归故主，谨书其事以志之。"但稍后各地的反对声此起彼伏，使他如坠深渊。报纸纷纷报道："复辟之事各省一致反对，南京设临时政府，冯国璋以副总统资格代理大总统，国务总理一席准李经羲辞职，以段祺瑞为之，夺张勋长江巡阅使安徽督军勋位陆军上将等职。"刘承幹在阅读到《复辟始末记》时，如鲠在喉，以讥讽语气写道："信口雌黄，未足据也。阅之徒深怏怏。"①

温州乡绅张棡念念不忘帝制时代的伦理道德，对张勋复辟表示支持。1917年7月4日，他听小泉先生言："本日接陈孟聪京电，伊叔介石言，清已复辟，秩序尚安。"他听后"为之大骇"。友人钱伯吹来，言"复辟必成功"，并责怪"戴统领立夫及学界之反对"。5日，张棡阅《申报》所载北京专电得知："宣统复辟乃梁鼎芬、康南海及张勋主持，黎总统死不承认，已退居瀛台。"他预测"此后必有大战争"。11日，他阅《时报》得知宣统帝登基，力行改革："一改君主立宪，一除民国刑律，一限皇室经费，一废印花，一删杂税，一断发自由，一满汉通婚。"同时，遗老康有为、陈宝琛、瞿子玖参与其中。张勋复辟引起"各省通电反对"，"攻其违背共和，决不承认"。张棡对各省反对者表示不满："然未知拥卫共和者果能革面洗心，坚持团体以与北京宣战否。此又一大问题也。"13日，友人醒同将2月、4月《时报》上外国报预言"中国复辟之事"示与张棡，张棡认为"复辟文一篇，尤为言之成理，持之有故"。他认为："康、梁当日之推翻袁氏，故意宣战解散议会，皆为复辟张本。而徐、段、张、冯、倪诸大臣督军，盖无一不早有成约。此次黎总统请张勋入京调停国会，所谓太阿倒持，授之以柄，而复辟之举，于是突然发生矣。今虽各省反对，飞电声讨，然皆虚张大势，意在哃喝，恐未必人人

---

① 刘承幹：《求恕斋日记不分卷》，上海图书馆藏稿本电子版（编号：线善862624-74），1917年7月2日，7月8日，8月17日。

齐心如北方之团结势力也。"可见，张棡对复辟持支持态度。但复辟旋即归于失败。17日，他至醒同处阅报后了解到："复辟之事已声销影灭，张勋辫子军溃散，康有为逃遁，张勋亦遁，或言尚负嵎〔隅〕于京，冯国璋已就总统之职，段祺瑞仍在国（会）〔务〕总理。"他唏嘘不已，颇为沉痛地写道："视国事如儿戏，置一君如弈棋，而其病皆由希荣求宠而来，吾不为张勋惜，吾窃为数十年好谈经济自命圣人之康南海惜也。段祺瑞讨逆文，洋洋数千言，闻是梁任公笔墨，以最相契之师弟，忽反颜而为仇敌，亦儒林中之怪现状也。"20日，他阅《时报》后记载后续消息："复辟事已消灭，张勋已逃往德国使馆求外人保护矣。而冯为总统，段为总理，国民派如孙洪伊、吴景濂、张继等犹反对之。"他颇为失望，为之长叹："今日国家现象，真陷于无政府之主义矣。"张勋复辟失败后，段祺瑞以"再造共和"自居，主导了北京政局，对德宣战。8月24日，张棡阅《时报》后知悉"中国已与德、奥宣战"。他愤慨地写道："借债穷兵，冒险赌命，皆无赖人之行为，而堂堂大国乃亦冒昧为之，此后大好江山，定为纤儿撞碎矣，可胜浩叹。"①

一向忠于清政府的山西乡绅刘大鹏得知张勋复辟后，欣喜之情溢于言表。他在日记中描述："一路之人闻宣统复辟，欣欣然色喜而相谓曰：'今中国之大权仍归旧主矣，何幸？'"他较少记载报刊时论。当阎锡山反对复辟时，他大加批驳："山西督军兼省长阎锡山，复辟以来不受山西巡抚之命，而反发兵出晋赴京讨张勋，指张勋为叛逆，抑何悖谬若此耶？"②短短数语，道出了他根深蒂固的复辟心理。

（二）帝制反对者的疑惧心理

病痛交加的严复在1917年7月1日这天用"宣统复辟"四个字概括这一历史事件。12日，他又用"拿张勋"三个字总结了复辟失败。③推崇君主立宪的他认为张勋复辟注定会失败，因为当年袁世凯权势滔天都未实现称帝的

---

① 张棡著，温州市图书馆编，张钧孙点校：《张棡日记》（第4册），中华书局2019年版，第1939、1941、1942、1943、1944、1956页。
② 刘大鹏遗著，乔志强标注：《退想斋日记》，北京师范大学出版社2020年版，第229页。
③ 严复：《严复日记》，严复著，汪征鲁、方宝川、马勇主编：《严复全集》（第8卷），福建教育出版社2014年版，第657、658页。

愿望，更何况张勋妄想实现宣统复辟。与严复有同感的胡骏在 7 月 1 日阅号外得知宣统复辟的消息："各报号外，昨夜三钟，宣统复辟。"他颇为不安地写道："轩然大波起，从此国内恐无宁日矣。"5 日，他总结近日新闻："此数日中，张勋盘踞燕都，段祺瑞视师马厂，各省督军亦多反对者。大陆之风云急矣，而由京迁家津门者络绎于道。"① 之后，他很少关注相关报道。

童保暄对张勋复辟的新闻甚为敏感。1917 年 7 月 2 日，他接督军署电话知张勋"来电请宣统复辟"，又阅报得知张勋复辟的详情："康有为、张勋等拥宣统已于初一日早登极，并由梁鼎芬往逼黎大总统退位，黎答愿以身殉民国，拒之。"他和督军署同人商量对策。他认为："变更国体为极重大之事，于国家无利，应慎重处置之。"吕公望则指出"万不可承认"，并且整个督军署与会人员"均大不以复辟为然"，故浙江督军署通电省内外机关及副总统冯国璋："军警长官集议，决定反对复辟。"② 童保暄随后收到各省通电，亦反对复辟。

此后几日，童保暄读报后多次提及反对复辟的情形。3 日，他得知段祺瑞"于冬日抵马厂第八师师部，第八师师长李长泰已率兵声罪致讨"。4 日，加入反对复辟的队伍越来越多："江西李纯督军、山西阎督军，兵已出至石家庄，直曹督亦派兵北上。段芝师［贵］复有通电声明讨叛，山东张督军、安徽倪省长亦均声罪致讨。"同时，有来自"清廷"的应对："以张勋、康有为等为议政大臣，而雷震春、梁敦彦等为各部尚书，张勋又自为直隶总督、北洋大臣，各省督军均改总督、巡抚、提督等，又废新刑律、废印花税等，五光十色，大有宣统三年以前之旧观，惟军机大臣改为议政大臣耳，仍用旧历、龙旗。"总统黎元洪"入日本公使馆"。6 日，童保暄了解到："天津已收复，第八师兵已抵郎［廊］坊，曹督兵已抵卢沟桥，上海卢使已派一混成旅往宁会师。"8 日，躲入日本公使馆的黎元洪发数道命令："一、免李经羲职，任段芝师［贵］职国务总理职；一、大总统有事故时准冯副总统代理。""段已在

---

① 胡骏：《补斋日记》，沈云龙主编：《近代中国史料丛刊》（第 8 辑第 73 册），文海出版社有限公司 1986 年版，第 1099、1099—1100 页。

② 童保暄著，宁海县政协教文卫体和文史资料委员会编：《童保暄日记》，宁波出版社 2006 年版，第 279—280 页。

第五章 五四时期的新闻呈现、时政阅读与时事追踪

天津设国务院办公处,而各省纷请冯代理总统。"11日,童保喧获知张勋兵败、宣统退位、段祺瑞即将入京的消息:"京中张兵已败,宣统又将退位,而段总理日内可进京。"16日,他得知张勋躲入荷兰使馆、段祺瑞进京的消息:"张勋于十三日兵败遁入和[荷]兰使馆,段总理于十四日晋京。定乱军已半遣散,徐州曾有兵变,旋由张文生镇定。"①

张勋复辟失败后,段祺瑞重组内阁。21日,童保喧了解到:"内阁已完全成立,外长汪大燮,财长梁启超,交长曹汝霖,内长汤化龙,教长范源廉[濂],农长张国淦,陆段自兼,海刘冠雄。"28日,他得知中央"征求召集临时参议院意见"的消息:"临时参议院系根据约法,浙省复电赞成。因旧国会万[无]召集之理,而召集新国会,选举法及两院组织法又不能不加修正,除舍召集临时参议院外别无他法。"此后,段祺瑞内阁重新分配地方权力。8月9日,童保喧记载新的人事变动消息:"大总统令李纯为江苏督军,陈光远为江西督军,傅良佐为湖南督军,吴光新为四川查办使。"此举的用意在于"政府对西南时局已解决之决心"。②

王清穆也于1917年7月2日阅沪报得知"张勋拥宣统帝复辟"。4日,他详述了复辟情况:"复辟之举,张勋、康有为主之。伴康入京者,沈子培、王聘三。久居北方者,劳玉初、梁节庵,皆力赞成之,对于旧君,可谓忠矣。然不明时势,不顾大局,贸然出此,其愚实不可及,清室一线命脉,或竟因此斩绝,危乎殆哉。"对于复辟之举,他颇为不安,担忧因此而祸连清室命脉断绝。9日,他读报后得知:"黎总统避居日本使署,冯副总统通告,于阳历七月七日就代理总统职。"15日,他记载张勋兵败的消息:"北方军队反对复辟,张勋负固廿四日,都门竟有战事,张勋兵败逃避荷兰使馆。"对于张勋复辟,他痛骂道:"人民何辜,遭此荼毒,首善之区,不啻万恶之薮,可慨也夫。"③张

---

① 童保喧著,宁海县政协教文卫体和文史资料委员会编:《童保喧日记》,宁波出版社2006年版,第280、281、282、283页。
② 童保喧著,宁海县政协教文卫体和文史资料委员会编:《童保喧日记》,宁波出版社2006年版,第283、284—285、286页。
③ 王清穆:《农隐庐日记》(第2册),上海图书馆藏稿本(编号:线普长744634-99),1917年7月2日,7月4日,7月9日,7月15日。

勋复辟失败后，以段祺瑞为首的内阁政府成立，宣布对德宣战。

卞白眉对张勋复辟深感痛恨，却又无可奈何。张勋进京调停之际，卞白眉往看孙多森，表示"张氏调停之局甚难"。但1917年7月1日，卞白眉在看到"张勋于昨夜午挟清帝复辟"的新闻时，开始紧张起来。2日，警厅强迫各商家悬挂龙旗，但中国银行"婉谢"，以表示对张勋复辟的反对。与此同时，段祺瑞达到目的，马厂誓师，以武力赶走张勋，因"再造共和"之功勋，主导北洋政府，对德宣战。卞白眉记录了段祺瑞武力讨张后的天津市情形。3日，卞白眉读报后了解到："段公反对复辟，马厂誓师。仲丈狼狈回津，荫公失望，面有可怜之色。"5日，他得知"杨以德又变态，市面又悬五色国徽。大姊等狼狈来津。十行移总处于津门"。6日，他描述当时情形："津京路断，谣诼多，逆兵败于万庄。"7日，他记载："消息沉滞，闻清又求和，津京路复通。"① 报纸纷纷报道府院之争引起的张勋复辟，友朋间讨论的事情亦是如此，新闻与传闻交织其中。卞白眉内心甚是焦虑，他记载的新闻文本也大致反映他的心态。

与卞白眉类似，朱鄂基在日记中详述了从张勋带兵入京到复辟失败、段祺瑞对德宣战的全过程，非常忧心国事。1917年6月14日，他阅报后得知"张勋带兵入京，强迫总统下令，解散国会，总理伍廷芳不肯副署"，造成"时局岌岌"。15日，他读报后进一步了解到："解散国会命令，伍廷芳不肯副署，由江朝宗以代总理资格署之，通电各省，以明万不得已之故，黎总统亦有通电，其辞尤苦。"他颇为不满地写道："时局每况愈下，恃强夺理，不知法律，遑论道德。"很快，张勋在掌控北京局面后，拥护宣统帝复辟。7月3日，朱鄂基阅报后证实："张勋、康有为拥宣统登位。"4日，他进一步披露："梁鼎芬、王乃澂、沈曾植、梁敦彦诸遗老纷纷入都，清谕谓此次复辟系张勋、陆荣廷、冯国璋等所请愿，黎总统因共和不足以治天下，愿归大宝。"②

张勋复辟引发各地反对。6日，朱鄂基记载各地动态："反对复辟，已有

---

① 卞白眉著，中国人民政治协商会议天津市委员会文史资料委员会编：《卞白眉日记》（第1卷），天津古籍出版社2008年版，第82页。
② 朱鄂基著，朱炯整理：《朱鄂生日记》（第1册），凤凰出版社2021年版，第327、329页。

第五章 五四时期的新闻呈现、时政阅读与时事追踪

十三省,冯国璋拥护共和,通电全国,措词甚佳。"此后,反复辟之声不绝如缕。7日,报纸刊载"梁任公通电反对复辟",但朱鄂基并不看好梁启超,认为"书生惯作大言,百无一用"。17日,朱鄂基阅沪报得知:"段祺瑞以总理名义兼讨逆总司令携军入都,张勋匿荷兰使馆,黎总统由日使署迁回己寓。徐州辫军因不愿归倪嗣冲管辖,哗散劫掠。"① 这宣告了张勋复辟失败。

对于张勋复辟失败,国内报刊多有评论,其中,徐彬彬的"燕京通信"吸引了朱鄂基的注意,"于时局多贯彻之谈"。他在日记中予以抄录:

《燕京惊尘》彬彬:黄陂威信,自下解散国会命令,已经一度之丧失。又发生复辟一场儿戏,论者并咎黎民之召祸,痛心于吾国经一次之变局,则丧失一中心之人物。黄陂沮丧之余,至以辞条之叶,坠涧之花自喻,然花虽坠涧,究是一花。西南电文遥戴,海军亦复屡电奉迎,可知此公为有维系新势力之惟一人物。前兹天津总参谋处讨黎时有"准去职,不准出京"之宣言,在今日势必实行无疑,某日黎发电将赴津时,警备乃骤添数百人,黎于是行不得矣。一日,黎出步中庭,突有某方面所派卫队突前行刺,幸为黎自身之卫兵所格,得趁隙疾趋交民巷法国医院,恐出京仍自不易,赴津养疴,亦未易成为事实也。王士珍、江朝宗、吴炳湘三人皆于免段后,力助黎氏维持秩序,布置大局者,此次政局翻回,三人皆将不安于位,王之陆军总长已经准其辞职,此因免段时,王不肯担任总理,故不日免职而准其辞职,彼此均念交情,留面子也。若伍秩庸则径署免段命令,故伍之外交总长不曰准辞,而曰着免本职矣。江、吴位置虽可不动,而地方上权力将移于卫戍司令之手,任斯职者段芝贵,即此次再造共和之东路司令也。②

张勋复辟失败后,段祺瑞以"三造共和"之功重新执掌北京政府,宣布对德宣战。8月6日,朱鄂基阅报后记载:"对德宣战问题即当宣布,冯氏已

---

① 朱鄂基著,朱炯整理:《朱鄂生日记》(第1册),凤凰出版社2021年版,第329、330页。
② 朱鄂基著,朱炯整理:《朱鄂生日记》(第1册),凤凰出版社2021年版,第331、331—332页。

进京就代理总统之任,俟各省劝进后,即正式就任。"17日,他阅《时报》后关注对德宣战的新闻:"对德奥宣战自八月十四日(六月廿七)上午十时起,已见大总统布告。报载大借款垫款一千万,又交通部亦借若干万,此皆所谓宣战之交换条件也。"① 可见,他对政府对德作战一事有所不满。

在平江的凌盛仪于1917年7月5日才听闻"张勋以兵围京,业已举宣统复辟"。他认为,如果消息属实,如同东汉末年何进召董卓进京,会引发更大的混乱。6日,他阅报后摘录张勋复辟的新闻:"张勋、康有为主叛民国,已于旧厂[历]五月十三日举亡清溥仪登基,以宣统九年之伪谕布告天下,附和张勋者为梁鼎芬、江朝宗、王士珍、陈光远、雷震春、李庆璋,而康有为又张勋之智多星也。皆以张勋等为议政大臣,以徐世昌、康有为为弼德院正副长,并电各省督军,改为总督巡抚。"他颇为沉痛地评价道:"此举一出,必受外人干涉,祖国沦亡矣。南省前之反对倪团者,师出有名。北洋系督军不愿复辟者,当亦有人亟起图之,以弭外患,国难或可稍解乎。"8日,他阅报得知段祺瑞反对复辟的新闻:"段祺瑞与梁启超率第八师攻北京,外国使馆有限张勋于二十四小时离京。"同时,其他省份亦纷纷反对。10日,他记载事态进展:"各省反对,即袁世凯之帝党,现任直隶督军,近在京畿,不知共和之曹锟亦通电反对矣。各省请照约法,大总统不能行使职权时,以副总统代理之,公请冯副总统于南京继位行权。冯公已承认,通告国中矣。"13日,报纸披露了复辟失败的新闻:"宣统已将逃赴热河,段祺瑞自为总司令,指挥段芝贵、李长泰进围北京,张勋兵败。湖南北伐军已派定陈复初率第二师首涂矣。"虽然宣统帝逃往热河是假消息,但张勋复辟失败已成事实。14日,凌盛仪进一步揭露张勋失败的消息:"张勋已逃入英使馆,自请处分,雷震春、张镇芳已被捕。清室皇帝梦又空做一星期矣。予深恐报纸之不实也。"对于张勋复辟,他甚为疑惧,进而分析:"盖张勋之作此举,北洋系军队当必运动多人,康有为亦必为之运动外国。以予之意,念日本久垂涎我国东三省,且久在其势力圈中。张勋失败,必奉小满酋去之东三省,日本必仍以保韩国

---

① 朱鄂基著,朱炯整理:《朱鄂生日记》(第1册),凤凰出版社2021年版,第334、335页。

第五章 五四时期的新闻呈现、时政阅读与时事追踪

故事保护其称帝于此,而设监督以收三省之利权焉。不幸言中,殊为中国之患也。"他深恐张勋复辟引发日本的干涉。张勋复辟失败后,中央政府发生了变化。7月19日,新闻称:"冯代总统已任段祺瑞总内阁兼长陆军任,刘冠雄长海军,免外交长伍廷芳职,以汪大燮代之,范源濂长教育,汤化龙长内务,梁启超长财政,张国淦长农商,曹汝霖长交通,林长民长司法。黎总统已出日本使馆,前海军总长程璧光派舰队往迎,黎决意辞职,已电告国中矣"。段祺瑞得以重掌中央政权并宣布对德宣战。凌盛仪嗟叹不已,8月25日,他读报后总结:"我国对德奥两国已宣布交战,毕竟利实何如,总难先卜。总之,我国无兵无械,以何可恃,真令人思力主战局之段祺瑞、梁启超之心理而不可得也。"而国内军阀作乱,川黔交恶,"川兵已围杀戴督军,戡省城,房舍焚烧几空,黔军之在成都者已无一存,平民被炮毙者以数万计,盖皆死于毒烟炮火中"。内外交困,世事无常,时局危迫。他读报后感慨:"惨无人道,一至于此,我国兵队真所谓御外不足,自杀有余已。"① 可谓言之确凿,一语道破。

平时留心时政的王振声亦有关注张勋复辟。1917年5月30日,王振声阅报后特地写道:"传各省独立。"6月2日,他透露报纸连日报道"独立各省派兵北上"。9日,他得知"张勋已到津"。14日,他了解到"张勋到京,李经羲同来"。7月1日,他见报纸新闻称:"上谕颁布派内阁议政大臣授各省督抚提督十四,派大学士各部尚侍丞。冯大总统就职南京。闻京南已开战,飞艇放炸弹。张勋辞职,闻两方停战。雷震春、张镇芳均辞职。"12日,他在日记中描述新闻场景:"自天明南方枪炮声不断,东北面亦枪炮声不绝。午后民军攻张勋宅,申刻火起,闻张勋逃东交民巷,遂停战。晚各军扎街,禁止行人。"之后,张勋被赶出北京,段祺瑞来京组织大局。段祺瑞执掌北京政局后,对德宣战。8月11日,王振声在日记中强调"大总统布告,对德奥二国宣告立于战争地位"的新闻。同时,他还得知"黎大总统出京赴天津"。②

---

① 凌盛仪:《凌盛仪日记》(第24卷),湖南图书馆藏稿本(编号:275/5),1917年7月5日、7月6日、7月8日、7月10日、7月13日、7月14日、7月19日、8月25日。

② 王振声著,徐慧子、李周整理:《王振声日记》,凤凰出版社2017年版,第309、311、313、314页。

张勋复辟是举国瞩目的大事,平时广泛涉猎报刊的徐兆玮进行了较为全面的跟踪。他很快通过《新闻报》了解张勋复辟新闻,并且预感:"天下从此多事矣!"此后,他再阅《新闻报》,知冯国璋、段祺瑞通电反对复辟,"沪上陆、海军联络一气"。他认为"民国存亡系于一发"。对于张勋之行事,他颇为不满地指出:"张大辫之卤〔鲁〕莽殊觉孤危可虑,大辫不足惜,如冲人何?"随后,他致函瞿良士,发表对时局的看法:"冯、段通电反对,黄陂避入日馆,天佑民国,尚足图存。张、倪肆逆,势甚孤危,所惜者冲人耳。"之后,他复丁芝孙函,认为"张大辫滑稽复辟,冯、段、程、卢一致反对,流血恐在所不免。所可怪者,如沈子培、刘幼云辈何亦暗于时势乃尔!"① 此后几日,徐兆玮在与友人的信函中,讨论张勋复辟之后的时局。

(三) 帝制中立者的观察

一些读者虽关注张勋复辟的新闻,但很少讨论帝制本身的优劣,往往通过摘录新闻表达"在场",不轻易透露自己的政治立场。

1917年7月1日下午,孟宪彝在北京见"街市龙旗飘扬,甚为骇怪",问之车夫,云"宣统又作〔做〕皇上"。他回到寓所,觅报纸一看,读后认为"多系张勋伪造之上谕",不禁为之"心悸不止",对张勋复辟产生怀疑。3日,他得知"津市上亦挂龙旗","朱家宝已授民政部尚书",说明其"归心帝制"。7日,他的儿子庆徵儿自北京归天津,描述北京见闻:"车上插英人旗帜;车到丰台,正值两军开战,客人多下车避之,迨车行时,妇女有不及上车者。凄惨情形不能名状。车后不远,由飞艇上抛下一炸弹。真无人道主义者。车上一日人,腿上受弹伤。此行诚危险也。"10日,友人敬宜自北京来访,告知他"张勋经英法两公使调停,令其兵队解除武装",但张勋"忽变卦",令军队"在永定门内开挖战壕",有"不惟民国所不容,亦外交团之公敌"等语。同时,辅助张勋复辟的张镇芳、雷震春、冯德麟等人被抓获。孟宪彝感叹:"溯自张勋来津之初,警岗清道,气焰不可一世,今几何时,一败

---

① 徐兆玮著,李向东、包岐峰、苏醒等标点:《徐兆玮日记》(第3册),黄山书社2013年版,第1810页。

第五章　五四时期的新闻呈现、时政阅读与时事追踪

涂地！倡乱之雷、张两伪尚书，亦身名俱裂，为天下笑。"15 日，孟宪彝阅报得知："张勋已逃入荷使馆，定武军已遣散，大局已定，善后事正在处置中。"①

远离官场的傅增淯记载报纸有关张勋复辟的新闻，录以备考。1917 年 5 月 22 日，他阅报得知"各督军已出京"的消息。7 月 1 日，他急切地读《北京日报》号外，新闻称"大清已复辟"，他"当即回寓发天津快信"。次日，消息称"有谓京城已安炮位者"。3 日，他阅报后记载黎元洪"避至日本使署"。7 日，他阅报了解最新战况："昨晨四钟城外开仗。""今晨长辛店开仗，曹锟兵死□百余人。"还有飞艇参战的消息。②

相对而言，符璋了解张勋复辟的时间较晚。1917 年 7 月 4 日，友人程文焕告知符璋前夜省电相关电文："有'张皖督吁恳复辟，万难承认，已派人赴沪密探'等语。警备队统带单名复电，有'逆贼张勋'之称，并有'大张挞伐'之语，且将电文送各报馆。"5 日，符璋阅 2 日《神州日报》后记载："京师有复辟之举，主其事者，康、张二人最显著，报所云，似一号午前四时复位。"16 日，他阅报后披露："瞿鸿禨辨明未曾疏请复辟电及梁士诒、李经羲反对复辟痛詈张勋各电。"报纸新闻又称："清廷拟取消复辟之文无人办理，盖已鼠窜一空。"在这种情形下匆忙复辟，"岂非儿戏"。新闻又报道："冯国璋于七号就代理总统职，段祺瑞为内阁总理。"8 月 5 日，他阅报后记载："冯国璋一号就总统职。"23 日，他见"宣战命令见于十四日，由是日十钟为始"。③ 他记载的这些文本，较为零碎，但表达了他对事件本身的关注。

（四）青年学子对张勋复辟的观感

在温州师范学校读书的夏承焘非常担忧府院之争，视之为同室操戈。张勋复辟之后，夏承焘恐惧之余，多方打探消息。在与友人的聊天中，友人纷纷"各甚切齿"，他坚信张勋复辟必将失败，结合自己的见闻评论："中国人

---

① 孟宪彝著，彭国忠整理：《孟宪彝日记》（上册），凤凰出版社 2016 年版，第 316、317、318、319 页。

② 傅增淯：《澄怀堂日记附澄怀杂存》，清华大学图书馆编：《清华大学图书馆藏稿钞本日记丛刊》（第 18 册），国家图书馆出版社 2018 年影印本，第 561、583、584、587—588、589 页。

③ 符璋著，温州市图书馆编，陈光熙点校：《符璋日记》（中册），中华书局 2018 年版，第 614、616、618、620 页。

民知识已非昔之可比。去年袁氏以奸雄之才作翻天覆地之举，图谋帝制，天下已入掌握矣，乃卒以蔡松坡倡议一呼，四方响应，忧忿而死。今张勋何人哉，以目不识丁之呆子，为背天逆人之事，十日之后亦徒见其悬首槁街，为后人留一件笑话。"1917 年 7 月 10 日，他阅《申报》后得知："洪［冯］副总统已代黎大总统，践位南京，讨逆军总司令段祺瑞败辫子军于卢沟桥一带，南方各省及张作霖、曹锟等皆来电反对。"他读后颇为欢欣地写道："想犁庭扫穴还我山河不远。"15 日，他得知"京师已于文日克复，各国使馆各无恙，康有为遁去为僧"，欣喜之情溢于言表："不胜忻喜，然亦予固所能料至。"16 日，他阅《申报》后确认了讨逆军的胜利："讨逆军已大得胜，唯张勋态度犹甚强硬，王士珍、江朝宗等再三劝降，不允。"他痛批张勋是"所谓至死不回头者"。24 日，他得知"张逆已因德人保护，未就擒"。①

张勋复辟失败后，黎元洪宣布辞去总统职务。夏承焘读报纸所载黎元洪辞职文电后评论："淋漓感慨，自罪不已，末且谆谆以今后当以解释党争，调和南北，毋再蹈覆辙为诫。"对黎元洪颇有好感的他，读报后充满期待："愿执政诸公其再三勉之，共襄大局，莫负黄坡［陂］一片苦心则幸。"与此同时，"黎黄坡［陂］与冯河间皆让总统职，内阁由段祺瑞组织，已召集"。几日后，夏承焘再阅《申报》得知黎元洪"已决意辞总统职，冯国璋因西南各省之否认，亦迟迟未来京。段总理以大器久虚非计，再三驰电苦劝，卒不允"。② 此后，他了解冯国璋就任大总统一职，对此事的关注告一段落。

吴芳吉对张勋复辟甚为不满。1917 年 7 月 7 日，他读到报纸上关于宣统帝复辟的紧急号外，在日记中对新闻加以分类："1. 黎总统元洪，被逆党胁迫，奏请奉还清政。2. 逆党拥戴亡清宣统帝，于阳历七月一号宣布复辟，改民国六年为宣统九年。3. 清帝改用阴历，下谕宣统九年五月十三日临朝听政。

---

① 夏承焘著，吴蓓主编：《夏承焘日记全编》（第 1 册），浙江古籍出版社 2021 年版，第 126、127—128、129、132 页。

② 夏承焘著，吴蓓主编：《夏承焘日记全编》（第 1 册），浙江古籍出版社 2021 年版，第 131、132、133 页。

4. 清帝任刘存厚为四川总督。5. 劝进恢复帝制者,实由康有为、张勋署名主持。"同时,他又得重庆镇守使熊克武通电,熊克武表示"川军第一、第五两师,一致拥护共和,誓死讨逆"。13 日,他获知宣统帝退位的消息,在日记中兴奋地写道:"亡清宣统帝已于七月七号退位,计复辟六日而斩,义军进围京畿,不日即可扫清妖逆。惟正本清源之道,须从国法解决,恐不能达到此耳。"①

在法国留学的徐旭生得知宣统帝复辟的消息后,"甚为骇异"。他通过各类报刊了解宣统帝复辟的详情。他通过阅读《小巴黎》和《晨报》等报纸得知"张勋已推宣统复辟"。他又购阅《午报》,见"张勋兵力甚盛,中国可无乱事",他"更甚骇异"。同在巴黎的唐在礼夫妇判断:"新军决不助张勋,如能推举冯华甫为总统,斯事当速毕。"《晨邮报》的评论认为:"中国无论南北,皆不喜清室之复兴。"《不移报》则指出:"总统不肯退位,乱党许封之为北京公。"这些报道使他能多方面了解宣统帝复辟的情形。此后几日,他急切地了解事态进展。1917 年 7 月 4 日,他读《时报》后得知:"张勋自为内阁总理,梁敦彦掌外交,张镇芳掌财政,尚有陆军内务,不知何人。"5 日,他在姜君处阅《晨报》,新闻称"张勋所组内阁有陈宝琛、梁鼎芬、袁大化诸人",姜君言"内务总长约朱启钤"。徐旭生又阅《午报》后了解人事任命:"清政府任命徐世昌为弼德院院长,康有为副之,张勋为北洋大臣、直隶总督,冯国璋为南洋大臣、两江总督。"他还了解到留法中国学生开会讨论决定致电国内:"议定电冯副总统,段前总理,各省督军、省长,请其速组织政府,召集国会,讨伐叛党,并速与德宣战;另一电言速与德宣战之理由,且以英文电致留英、美同学,请其一致进行。"6 日,他阅报得知段祺瑞反对复辟的消息:"段芝泉反对复辟,已召集重兵,将进北京,得副总统及山东张怀芝之助,北京外交团告张勋不得侵害总统之生命,张勋杀九人,一为溥伦。"《午报》则报道了黎元洪出逃的消息:"天津五日来电言昨晚总统潜出,到日

---

① 吴芳吉著,傅宏星编校:《吴芳吉全集》(下册),华东师范大学出版社 2014 年版,第 1096—1097、1097 页。

本使馆,令冯暂摄总统,段仍为总理,进讨逆贼,曹锟与张逆'哀的美顿书',限其于四十八小时退出北都,否则进攻云云;且言清帝号令不出北京。"《时报》则报道:"冯华甫得清诏,大怒掷之,言当速平乱事。"①

7日,各地反对张勋复辟的消息见诸报端。《晨报》和《地方报》言"两军相遇于郎[廊]坊",并披露:"民党大会于上海,有孙文、程璧光、萨镇冰、孙洪伊诸人,定移都城于上海,电致黎总统,请其来上海,如总统果来,形势必增剧。"《午报》则报道:"北省军人不信将有战事,缘张勋兵如知民军实力,将弃之而逃,谣传其留徐州府之兵已溃散,并言将有新政府成立于南北。"《时报》新闻称:"有日美兵将往北京,至廊房[坊],未能进,因京津路为张勋兵所断,曹锟兵至琉璃河,张勋兵三千,驻于离城六粁半处,并言宋国章得命为江苏督军,大约冯氏受总统之职。"8日,徐旭生阅《地方报》和《晨报》,新闻言:"北京人惧叛兵败时大肆劫掠,逃者甚众,张勋或挟清帝远遁,亦未可知。"《时报》新闻报道:"民军在京奉路线上,离京师六十粁弱,在京汉路线上,离北京十九粁,两军相接,战机已逼。"9日,他阅《人道》《地方》和《晨报》得知事态进展:"叛军败退,民军逼京。"《时报》报道:"民军入京,清帝退位,事可望和平了结。"《不移报》则称:"黎总统命段芝泉为总理,以总统印与之,冯副总统将为总统。"他将宣统帝复辟事"剪下,粘于纸本上,以备遗失",说明他对这些新闻有着留存的意图。张勋复辟失败,此后几日,报纸报道善后事宜。10日,徐旭生阅《时报》后揭露:"张勋请日公使作调和人,尚冀议和,至可怪骇。"11日,他阅《不移报》后强调"清帝尚未退位,张逆请徐菊人作仲裁人",对张勋颇为反感。14日,他阅《午报》后记载了事变的结局:"民军已入禁城,叛军尽降,张逆逃入荷兰使馆。"② 他对国内外报刊新闻的记载,从不同侧面反映了事件的动态。

综上所述,读者对于张勋复辟的新闻来源、观察角度、政治立场有较大

---

① 徐旭生:《徐旭生文集》(第8册),中华书局2021年版,第208—209、209、209—210页。
② 徐旭生:《徐旭生文集》(第8册),中华书局2021年版,第211、211—212、212、213、214页。

差异。支持张勋复辟的多是如郑孝胥、刘大鹏之类与清政府存在千丝万缕关系的遗老或"老新党",他们期待清王朝能为中国带来新的"转机",因此,当张勋复辟发生时,他们流露出欣慰之情,希望新政权能扭转局势,并为他们带来"制度红利"。而更多读者从忧心国事的角度考量,认为张勋复辟会给中国带来更大的动荡,会引发严重的政治危机,他们予以强烈反对。也有一些读者不持立场,从事件史本身的角度对新闻详加摘录,从不同侧面反映事件的动态和各方反响。虽然他们的新闻文本较为零散,但通过新闻传阅和抄录,他们拉近了与事件的距离。

三、护法运动、南北纷争与读者因应

张勋复辟后,段祺瑞以"三造共和"之功控制北京政府。为巩固统治,段祺瑞拒绝恢复《中华民国临时约法》和召开国会。因此,孙中山在广州成立"非常国会",组建军政府,准备以军事手段"护法",引发了南北对峙的局面,引起诸多读者的关注。他们从关切国家前途命运的角度出发,关心南北纷争的进展,留心摘录相关新闻并予以评论。

(一)传统官绅对时局的洞察与态度

护法运动时期,一些传统官绅依然通过报刊关注时局,并结合相关新闻详加解读和评论,留意事态的进展。

1917年,47岁的郑孝胥依然在上海蛰居,观察南北形势的变化。7月24日,郑孝胥阅报得知:"程璧光以海军助国民党,将赴粤为滇军之援。"此为他关注南北对峙之始。此后,围绕南北政府合法性问题,南方和北方互相指责。先是北方政府"下令缉拿孙文、吴景濂及其徒党,以其僭立非常国会,设立军政府、举孙文为大元帅并立各部、谋覆政府",而后"孙文称大元帅,下令通电各省,缉拿段祺瑞、倪嗣冲、梁启超、汤化龙"。双方互相攻讦,乃至兵戎相见。郑孝胥阅报知"北军退,南军复取衡山"。至10月底,郑孝胥阅读报纸后对高层人事变动予以记载:"政府免陈炳焜职,以李耀汉代之;免莫荣新,以李福林代之;以莫擎宇会办广东军务。"他对北洋政府此令产生疑问:"桂、粤脱离政府久之,此令其能行乎?"他认为:"为陆荣廷计,宜先通电斥政府,使

一切任职如故。"① 作为局外人，郑孝胥对人事变动有着深入观察和思考。

11月之后，郑孝胥主要通过阅读《大陆报》了解南北对峙的相关情况。4日，他得知"陈炳焜、李耀汉合出告示，言合力保护治安"。13日，他记载广东方面的战况："陈炳焜遣兵攻潮、汕，莫擜〔擎〕宇与李厚基援军合兵拒战，大败，死伤二千余人。"20日，他又摘录湖南政事："王汝贤亦遁，长沙大乱，湖南人自立临时军政府。"南北纷争加剧，一些人士开始居间调停。12月初，郑孝胥得知"南北调停之议未定，北方多主战者"。所谓北方多主战者，乃是直系与皖系对于南方政府态度不一，直系主和，皖系主战，并且皖系占据上风，因此，北方政府"多主战者"。南方政府内部也存在分歧。郑孝胥阅报记载："伍廷芳、唐绍仪欲任南北调和之局，陆荣廷拒之，谓可由桂军直接北京。"桂系利用直皖矛盾占领了湖南，一时气焰大盛，因此，陆荣廷拒绝和谈。同时，南方政府利用北方政府的矛盾，致电总统冯国璋，对段祺瑞表达不满："参议员李素者电致冯国璋，言段祺瑞为参战督办，必挟兵以乱国。……陆荣廷亦电冯国璋，斥段祺瑞之任参战督办。"② 由于内部矛盾重重，南北和战亦反复无常。

此后，郑孝胥简要记载了南北和战的进展。1918年1月1日，他读报后得知南方政府暂时和平："停战虽发布告，莫荣新谓政府无诚意，恐将复决裂。岑春煊欲任调停。"25日，郑孝胥阅《新闻报》知"岳州失守，各报皆载交战及王金镜告急，三面围攻之电"。此后，围绕湖南地盘，南北军事冲突不断。5月2日，郑孝胥阅报得知"南军复取醴陵，使萍乡、长沙之铁路不通，长沙、湘潭势危"。6月2日，他得长沙电："奉军五千人在祁阳战败，死者二千人，余皆被虏于韦荣昌之军。"9日，他得知"湖南停战"。③ 这预示着南北纷争暂告一段落，也标志着孙中山发起的护法战争失败。

在护法运动中，北洋政府内部直皖两系矛盾重重，主和的直系与主战的

---

① 郑孝胥著，中国历史博物馆编，劳祖德整理：《郑孝胥日记》（第3册），中华书局1993年版，第1674、1685、1686、1688、1689—1690页。
② 郑孝胥著，中国历史博物馆编，劳祖德整理：《郑孝胥日记》（第3册），中华书局1993年版，第1691、1693、1694、1696、1698、1700页。
③ 郑孝胥著，中国历史博物馆编，劳祖德整理：《郑孝胥日记》（第3册），中华书局1993年版，第1701、1706、1725、1731页。

皖系纷争不已。在郑孝胥看来,这是中国没有"皇帝"的恶果。他从一位遗老的角度出发,结合时局分析军阀混战给中国带来的恶果。1917年9月27日,他阅《大陆报》后记载:"冯国璋、徐世昌、赵尔巽已密商复辟事,将强逼段祺瑞;段不从,则除之。江朝宗保护北京,曹锟将以兵助之,改称中华帝国,五色旗之角加一黄龙。"11月4日,他阅《大陆报》得知:"李纯、陈光远、王占元反对军械借款,日内将宣布独立。"17日,有新闻称"冯国璋将命王士珍为总理"。但《大陆报》言"李纯或为总理"。18日,郑孝胥了解到:"段之辞职,冯之逼之也;北京或有乱事,今召李纯急入京。"19日,报纸报道:"冯留段,段允不去。"21日,他读报后知悉:"段罢陆军总长,王士珍代之;张作霖罢二十八师师长,以汪金纯代之。"因冯国璋强势主和,乃至报界有冯国璋复辟之言论。12月9日,他听闻冯国璋有"复辟之说",但"今日报纸乃无所闻",故他不太相信冯国璋复辟。12日,因"日来各报皆言复辟之谣甚盛",① 他颇为不安。

童保暄在南北纷争中依据时局的变化思考对策,以便能维护浙江的利益。1917年7月23日,他阅报得知"粤准备攻闽,莫擎宇有电告急于中央;川战尚酣,而粤又动",感叹道:"我国真无宁岁。"10月,段祺瑞暂时调和了北洋军阀内部派系矛盾,决定对南方用兵。31日,童保暄读报后记载:"政府对广东方面亦用武力解决,陈炳坤[焜]递[褫]级,李耀汉署广东督军,莫丰绪在潮州宣言与广东自主政府脱离关系,而陆荣廷亦调京,以龙济光为两广巡阅使;四川方面,川军得利,滇军已退守泸叙;湖南方面,围少挫,情形紧急。"这样的局面因"湘变"而被打破。11月18日,童保暄忽接长沙来电,述"傅督军出走,署名者均民党中人",他"大异之,以为传之不确",但稍后又接王汝贤、范国璋来电,"大意与前同,尤为骇异,盖湘局有大变动"。他与友人讨论时局,称"大局有变,国家前途不可问"。②

---

① 郑孝胥著,中国历史博物馆编,劳祖德整理:《郑孝胥日记》(第3册),中华书局1993年版,第1685、1691、1693、1694、1697、1698页。
② 童保暄著,宁海县政协教文卫体和文史资料委员会编:《童保暄日记》,宁波出版社2006年版,第284、296、298页。

南北之争，引发了北洋军阀内部派系之争。11月19日，浙江督军署接到电报，童保暄读后分析："冯倒段之策，而四督军主和之议恐又起矣。四督军者，苏李纯、鄂王占元、赣陈光远、直曹锟也。王汝贤亦直省人，大约为冯所授意者。"21日，北洋军阀派系之争愈演愈烈："段引咎辞职（因湘变），冯欲允之，屈文六谒芝师极言不可，复谒徐东海，极言北洋派之不可分裂，徐然之，往责备冯。而日使又有警告，而外交团关于财政上一时均停顿。冯不得已召集阁员及军警长官宣言留段，段亦虑国家之危险允留，阁员亦各允留，绝大危险本可挽回，奈又来四督主和之电，该电发自南京，曹领衔。曹自声明不知情，然段知北洋派将分裂，遂决意辞职，辞呈复上命令。"① 这样的结局是童保暄乐于见到的。

1918年，北洋军阀派系内斗更加激烈。3月1日，童保暄读报后获知"奉督张雨亭截留冯统总［总统］私购之械二万五千枝，并派兵一旅进驻滦州，闻将开驻徐州，为皖省声援"，并且主张调和的冯玉祥"在武穴通电主和，奉命递［褫］职，交曹锟查办"。9日，他得知"奉军开赴廊坊及独流者一旅人"。在这样的困境下，冯国璋向各省通电"说明困难，并露辞职之意"。在冯国璋无法解决纷争的情况下，各省通电要求段祺瑞主持大局。23日，童保暄知晓各省督军及三特别区电请段祺瑞主持大局的消息："十六省督军并三特别区由曹、张两司令领衔，致电元首，请以段芝老任总理，冯意反冷淡，说候长沙复后再议。今日督军复电曹、张两帅，请联电元首，径下段芝老组阁命令，未有［知］有效否。"25日，总统令段祺瑞为总理。②

同时，童保暄听闻粤政府内讧甚烈。5月17日，他得江西陈督军电："固守南雄粤军集中英德、韶关，孙文因改组军政府辞职，内讧甚烈。"6月26日，他阅报得知"南雄又失，香山袁带已败亡"。7月28日，他阅报后记载：

---

① 童保暄著，宁海县政协教文卫体和文史资料委员会编：《童保暄日记》，宁波出版社2006年版，第300页。
② 童保暄著，宁海县政协教文卫体和文史资料委员会编：《童保暄日记》，宁波出版社2006年版，第313、315、317、318页。

第五章　五四时期的新闻呈现、时政阅读与时事追踪

"岑青煊（春煊）抵广州，拟先平内乱，后御国军，并闻雷州已失守。"①

在童保暄的新闻叙事中，南方内讧不断，北方却达成一致。9月7日，他阅电文得知"第二任大总统徐世昌以四十余票当选"，岑诒复电赞成徐世昌当选为大总统，并附以三个条件："一、大总统须经正式国会补选，新旧国会一律取消；二、副总统不得再选北派；三、西南一年来军费须承认。"在童保暄看来，"此三条殊多接近，议和可望成立"。10月18日，他再得京电："段总理于双十节出阁，现由钱能训为总理云，副总统尚未选出。"②

新成立的政府开启南北和谈，童保暄留意其中细节。11月16日，他接陆军部电，电文奉总统谕："今日已有命令，撤退前方军队，原为示以平和真诚，以解友邦之责言而促西南之友省。惟撤退尚须时日，计划未决定以前仍固守阵地，维持现状。"在童保暄看来，"此项命令足见总统求和之诚意而力量亦不少"。12月16日，他阅《申报》得知"南北会议地点定上海。北方十人为朱启钤等，开议日期将定为春节"。1919年1月12日，他阅报后记载："北京总代表朱启钤及十代表等均于元月二日抵南京，南方军府与国会尚未一致，或难一时开议。"2月3日，他阅报知"南方和议代表已到沪"，开始和谈。③ 和谈结果尚未知，童保暄心绪不宁，不免感慨万千："近来心绪恶劣，四顾茫茫，万感交集。戴之已离，文卿又怨，醉青亦退，有后言树敌太多，旧友日散，一可惧也；妻执妾怨，家庭中毫无生趣，二可惧也；戍久天寒，将惰兵暮，三可惧也；和战未定，兵灾难解，一有未洽，国仍分离，四可惧也；是非未定，黑白混淆，上无道择，下无法守，五可惧也。怀此五惧，终日彷徨，颇难自安，然亦惟敬畏慎勤，尽心职务，以待天命之何如耳。"④ 1919年，他在愁苦中病逝。

1915年，王清穆回乡安葬父母并在崇明筑农隐庐居住。宦海多年的他难

---

① 童保暄著，宁海县政协教文卫体和文史资料委员会编：《童保暄日记》，宁波出版社2006年版，第330、343、349页。
② 童保暄著，宁海县政协教文卫体和文史资料委员会编：《童保暄日记》，宁波出版社2006年版，第356、358、364页。
③ 童保暄著，宁海县政协教文卫体和文史资料委员会编：《童保暄日记》，宁波出版社2006年版，第369、374、379、383页。
④ 童保暄著，宁海县政协教文卫体和文史资料委员会编：《童保暄日记》，宁波出版社2006年版，第379页。

得如此清闲，赋闲生活使他对时局有了更多思考。1918年年初，他综述了国内外形势："连日报载俄德媾和，外交情势险恶，而国内纷争，迄难调处。岳州战事又起，奉天张军突入关内，劫械进兵，中央政府褫令不行。"对此，他写道："时局之坏，一至于此，可慨。"① 10月5日，他阅报得知徐世昌预备就任总统。与徐交好的他致电徐世昌，先表示祝贺："闻公允就任，敬贺。本和平以谋统一，想有成算，曷胜庆幸。"他还以禁烟、京钞两事相建议，希望徐世昌在就任总统后注重这两件事："欲使烟祸廓清，宜撤销禁烟特派员，以祛蒙蔽。欲使京钞兑现，宜缩减各省军事费，以裕度支。"此时的王清穆关注禁烟，在日记中多次记录了禁烟相关信息。此外，他还留意废督裁兵运动。11月13日，他阅《时事新报》有关废督裁兵的相关评论："有废除督军、裁撤军队之议。盖深痛武人祸国之烈，非如此不足以图治安。"他认为此事难以实行，"以今日之政府与今日之议会，恐未必有此魄力"。② 之后，他持续关注废督裁兵的相关报道。例如，他在读到周凤岐改良军制的相关论述时，颇为赞同。周凤岐的论述略谓"今日之军队，非国家之军队，而为私人之军队也。自袁世凯小站创练新军，教官练兵，清廷授以全权。袁氏得以国家之禄位，为收揽部下人心之具，积以年岁，北洋军队只知有袁宫保，不知有清廷，识者早为清危，迨既利用其军队而为总统后，益发挥其方法，扩张其权力。推创民党而其效大显，不特其北洋派中师承有自，互相则效已也。各省之相继效尤者，亦比比皆是矣。为今之计，惟有将私人之军队，化为国家之军队而已"。在他看来，"斯言极为中肯，令人追想清季当轴谋国之误，且遗［贻］害无穷"。③

此后，王清穆重点关注报上有关南北和谈的新闻。1919年3月3日，王清穆了解到："南北和议有决裂消息，南代表已通电，宣言停止和议，以催促

---

① 王清穆：《农隐庐日记》（第3册），上海图书馆藏稿本（编号：线普长744634-99），1918年3月7日。
② 王清穆：《农隐庐日记》（第5册），上海图书馆藏稿本（编号：线普长744634-99），1918年10月5日，11月13日。
③ 王清穆：《农隐庐日记》（第6册），上海图书馆藏稿本（编号：线普长744634-99），1919年3月13日。

第五章　五四时期的新闻呈现、时政阅读与时事追踪

陕西停战,未有答复也。"可见,和谈并不顺利。8日,他得知"南北和议停顿,前途困难"。一些人并不看好南北和谈,认为即使南北能"言归于好",而"来日之患未已"。根本原因在于"督军制之不易废除"和"游民之无法安置",恐"政府专事粉饰敷衍,尚何统一之足云"。① 对此局面,他颇以为忧。在他看来,颇为流行的"废督裁兵"之法并非解决时局的办法。失望之余,他把更多精力投入农业上。

吴宓因支持张勋复辟被免职,此时的他赋闲在天津,观察时局的变化,以图能再度被任用。时局纷纭,"不可究诘",阅各报又"言人人殊矣,无从得其真相",报纸所叙"南北军各情形,互相歧异,无从得其真相",使他"殊为闷闷"。1918年3月21日,他阅报得知"段芝泉又为内阁总理",感慨道:"盖四次入阁矣。"6月16日,他阅报后记载陆建章被枪决的消息:"总统命令,将军陆朗斋(建章)被徐副司令有铮在津拿获,即时枪决,其罪状为勾结土匪,煽惑军队,意图倡乱。"他评论道:"惟新学家云军人资格极高,如犯违法之事,须开特别军事裁判,始能定罪。此次陆将军之枪决,似循先斩后奏之旧说。但将军为军人,极高资格,与从前之一品大员无异,何以不待人告,先行枪决,事后仅以一电报,同等诸决一盗匪邪。余于新法律,本属懵然,不敢赘一词也。"② 可见,他对陆建章被枪决存有疑虑。

1918年,地方纷争不断。3月1日,吴宓阅报了解到张作霖未奉令而带兵驻扎滦州的消息,"中外颇滋疑惧。处今之世,此等事已数见不鲜矣"。吴宓还留意报纸所载各地选举风波。例如,6月22日,他阅报得知云贵川粤选举风潮:"各省国会选举,西南云贵川粤数省不能举办而服从中央者,虽已举办,笑话又层见叠出,真可叹也。"25日,他阅报后又记载直隶选举风波:"直隶举参议院议员,先选出二人,一为河间之子,一为督军之弟。有牛姓者,以选举不公,肆口谩骂,合场秩叙[序]大乱,遂停止选举。可谓无奇

---

① 王清穆:《农隐庐日记》(第6册),上海图书馆藏稿本(编号:线普长744634-99),1919年3月3日、3月8日。
② 吴宓:《吴宓日记》,王建朗、马忠文主编:《近代史研究所藏稿钞本日记丛刊》(第20册),国家图书馆出版社2020年影印本,第233—234、239、219、276—277页。

不有矣。"除选举风波外，又有吉林人民抵制政府将林矿权抵押外人的风潮，"风潮甚烈，殊可感也"。①

黎元洪去职后，北洋政府于1918年下半年选举总统，吴焘颇为关注。8月27日，友人郭绍武告知吴焘"国会选举总统，已定阳历九月初八日"，吴焘感慨道："此固人民所同深企望者也。"9月4日，他闻"参众两院举徐菊人先生为总统"，颇为欢忻地在日记中记录："以后中原大局，或可稍安，惟副总统尚未举出，为可异耳。"其后，副总统选举颇为波折。5日，他记载："今日参众两院选举副总统，因不足法定人数，改期再选，诚异事也。"10月3日，他阅报纸后得知"日内议院即选举副总统"，认为"又不知作何怪象矣"。12日，他阅报后得知副总统选举失败的消息："前日国会选举副总统，议员不列席者极多，不足法定人数，故选举未成，会且未成，希当选者之失望更无论矣。"② 此类所谓的选举，可谓政治怪相。

在吴焘的笔下，1919年的政局仍然混乱不堪，他常阅各报，深感"时局益混沌，闷甚"。6月18日，他阅报后记载："粤桂两省又交相为恶，大启干戈，而政府自总理辞职后，继综国政者不知谁属，诚可谓混沌世界矣。"19日，他又记载了乱局中的一些消息："粤桂交恶事，外交失败事，阁员逐鹿事，以及山东之民变，过激派之煽惑于中国。"这些事件使他悲观不已，"前途竟有无可希望之势。我瞻四方，蹙蹙靡骋，惟有搔首呼天而已"。此后，在他的记录中，北洋政府内部争斗，南北纷争不断，使他忧思国事，感慨不已："民国无奇不有，真记之不胜记矣。""国势飘摇，真不知作何究竟，奈何！"③ 他忧心时局，但无能为力，不知所措。这也是不少读者内心的共同写照。

年逾六旬的王振声已老眼昏花，其日记主要记载一天的衣食住行，偶尔简要记载一些报刊新闻，已看不出他的政治立场。1917年11月16日，王振

---

① 吴焘：《吴焘日记》，王建朗、马忠文主编：《近代史研究所藏稿钞本日记丛刊》（第20册），国家图书馆出版社2020年影印本，第201、281、282、300页。

② 吴焘：《吴焘日记》，王建朗、马忠文主编：《近代史研究所藏稿钞本日记丛刊》（第20册），国家图书馆出版社2020年影印本，第330、337、338—339、359、368页。

③ 吴焘：《吴焘日记》，王建朗、马忠文主编：《近代史研究所藏稿钞本日记丛刊》（第21册），国家图书馆出版社2020年影印本，第3、51—52、52、82、118页。

声读报后得知湖南军政办公处主任王汝贤请求南北停战。两日后,他知晓王汝贤兼任湖南督军。19日,新闻报道"长沙失守。王汝贤退守岳州"。1918年,南北之争依旧。1月25日,他提及"岳州失守"。30日,他知北洋政府"命令宣战,讨伐两湖南军"。2月6日,他记载:"王汝贤、范国璋革职,留营效力赎罪。"①

对帝制持支持态度的藏书家刘承幹在张勋复辟失败后颇为沮丧,此后在日记中简要记载了一些后续新闻。例如,1917年12月3日,他记录了王士珍为总理、宁波收复的消息:"国务总理以王士珍(字聘卿)署理。宁波独立,已完全收复。"又如,1918年9月5日,他披露徐世昌被选为总统的消息:"昨日参众两院选举总统,议员出席者四百三十六人,徐世昌得票四百二十五票,当选为第二任总统,尚有十一票,计段祺瑞五票,王士珍、倪嗣冲、张謇、王揖唐各一票。"② 此类记载,难以体现他的政治立场。

以上为一些在任或蛰居于上海、北京等地官绅关于时局的记载,内容详略不同,但都与时局有关。而一些地方乡绅在大变局中,也通过报纸了解新闻,忧心国事。

1917年,张棡已57岁,仍任教于温州师范学校,通过报刊关注南北纷争的情况。7月29日,他阅报后得知"近日广东宣布独立",承认黎元洪为总统而不认可冯国璋,冯国璋"不敢受职",而黎元洪"又不愿再为",乃至"陷于无政府现象"。他感慨道:"中国岂不危乎?"9月6日,他阅《时报》,见"南北意见总未和洽",而"借款千万已经画押",正"不知何以善其后"。12月10日,他阅《时事新报》,知"武昌又有独立消息",而"南北调和之局仍纷纷不定",恐怕"中国战祸从此不能收拾"。③ 对于南北纷争,他害怕战祸,又无可奈何。

1918年,张棡在日记中多次流露出对时局万般无奈的心态。3月6日,

---

① 王振声著,徐慧子、李周整理:《王振声日记》,凤凰出版社2017年版,第319、322、323页。
② 刘承幹:《求恕斋日记不分卷》,上海图书馆藏稿本电子版(编号:线善862624-74),1917年12月3日,1918年9月5日。
③ 张棡著,温州市图书馆编,张钧孙点校:《张棡日记》(第4册),中华书局2019年版,第1948、1960、2003页。

他看《时报》后得知"广东海军长程璧光为人刺杀",殊感惋惜。9月13日,他又阅《时报》,见北京政府议会选举徐世昌为大总统,而徐世昌"犹迟延不肯上台",南方政府亦"尚不承认"。另有汤化龙被国民党人王昌刺死之新闻。他回顾民国成立后被刺杀身亡之政治人物:"民国大人物如宋,如陈,如汤觉顿、黄仲远均遭暗杀,而汤氏今又遇祸。"他进而感慨:"然则生此世界,扰扰者务争名利,有何益之有乎?"①

年届64岁的符璋有着数十年的阅报经历,虽已老迈,但仍订阅各种报刊,记载时政要闻。1917年7月26日,符璋阅报得知"滇军第六师师长张开儒单衔发电,不认冯、段为总统、总理,于冯诟詈尤甚,理由极足,可谓敢言。海军程璧光、林葆怿通电反对政府,率舰入粤"。②由于南北军阀沆瀣一气,孙中山的护法运动宣告失败。彼时,军政府改大元帅制为总裁合议制,孙中山行使权力受到限制,护法运动名存实亡。

从新闻叙事者的角度来看,张棡、符璋、刘绍宽、朱鄂基同属浙江人。张棡、符璋主要关注南北纷争,而刘绍宽、朱鄂基主要关注浙江的相关时局,尤其留意记载本地政事。1917年11月28日,刘绍宽读报后记载:"宁波于阳历廿六日军界独立,温州于今日响应,宣布自主,由道尹赵、统领戴、新军杨、水警游、警长徐署名,盖为下级军官及浪人所胁也。"但独立很快取消。12月2日,刘绍宽得知"宁波独立派败溃,温州即日取销[消]自主"。③浙江部分地区的独立如同一朵浪花,快速响应又旋即取消,南北纷争使江浙一带的读者颇感威胁。

刘绍宽侧重记载温州独立的概况,而朱鄂基留心宁波独立的情况。1917年11月28日,朱鄂基阅本地《四明报》,知"甬江由蒋百器、王文庆、周凤岐联络军警宣言自主,盛省传、洪复斋举为参议"。29日,有客自绍兴来,

---

① 张棡著,温州市图书馆编,张钧孙点校:《张棡日记》(第5册),中华书局2019年版,第2044、2107页。

② 符璋著,温州市图书馆编,陈光熙点校:《符璋日记》(中册),中华书局2018年版,第617页。

③ 刘绍宽著,温州市图书馆编,方浦仁、陈盛奖整理:《刘绍宽日记》(第2册),中华书局2018年版,第643页。

第五章 五四时期的新闻呈现、时政阅读与时事追踪

对他言"杭、甬两军自今日清晨起确已对击,流弹远及百官,市民纷纷迁徙"。下午,他闻"甬兵败回,城门紧闭,人心顿极惊惶,幸败兵并不下车,直退甬地。甬曹间火车全为载兵之用,行旅裹足。并闻车头均由甬军截留,以防追兵之乘车也"。30日,他得知"曹江退兵夜半又有五六百人到姚,或乘轮舟,或坐民船,纷纷东去",又闻"杭军系童保喧师长统率,今日可到。县署已遣人四出雇船,甬姚轮舟火车均截留于甬,交通全断,闻电报亦复不还",故他至车站"探信"。12月1日清晨,他闻"火车东来之声不绝",同友人闲权出门遇舟子小连自车站来,言"甬江党首向商会索去军饷八万元,已坐轮赴沪。乱兵遣散,现由官商遣车至曹,接童军往甬弹压。晚间甬轮抵姚,同闲权往访舟中帐友探问消息,大旨相同"。在一片乱象中,甬江取消独立。他哀叹:"大乱将兴,覆亡旦夕,奈何!"①

浙江靠近上海,受上海报刊中心辐射的影响较大,因此,不管是宁波,还是稍微偏远一点的温州,皆能较快阅读上海的报纸,感受时代的变化气息。而身处内陆的山西乡绅刘大鹏收阅报刊相对滞后。在刘大鹏的笔下,晋省民不聊生,他将希望寄托于中央。1919年2月1日为新年新正,他写道:"徐世昌为大总统,钱能训为内阁总理,徐、钱二人均系我清之臣,则君臣一伦已不讲矣",为可恨者在于"南北仍然分为两橛,莫能统一,中国人民均不堪命,有'欲与之偕亡'之想。外洋各国停战半年,尚未议和,时局之糜烂,未有甚于此时者也"。刘大鹏对纷乱的时局痛心疾首。他将希望寄托在徐世昌、钱能训两人身上。19日,他重申:"人情之坏,风俗之靡,日甚一日,卒难挽回,宜乎世局纷乱不可收,而乱臣贼子遍于国中,致使伦常大坏,人皆干犯法纪,究无所忌惮,洵堪为世道之忧也。"3月2日,他感慨时局之艰难:"时徐世昌为中华民国大总统,南北停战,在上海议和,西洋各国亦正在议和之时,吾晋平靖,惟物价异常腾贵,人民负担甚重,有十室九空之状耳。"刘大鹏对于晋省之难深表担忧,反对阎锡山主政山西。他说:"大总统为徐世昌,阎锡山为山西督军兼省长。时局阽危,民不聊生,晋政苛虐,日

---

① 朱鄂基著,朱炯整理:《朱鄂生日记》(第1册),凤凰出版社2021年版,第346、351页。

甚一日，草野百姓，十室九空，而风俗奢华，人心不古，迁流日下，不知伊于胡底矣。民何不幸而生于斯时耶，予何不幸而目睹此时局耶。"① 民国已七载，时局纷争不断，并且愈演愈烈，而刘大鹏仍留恋帝制，喜旧厌新，愤愤不平。

（二）知识分子的报刊阅读与时局观察

不少知识分子对于时局较为敏感，甚痛恨军阀混战，爱国热情甚炽。1917年，17岁的夏承焘在温州师范学校读书，非常担忧国事。他认为，南北之争盖因北洋军阀混战引起。7月24日，他阅《申报》，得知"西南各省民党以北洋派握权，多不甚舒服"。加之岑春煊"通电联盟反对"和孙中山"主张全体海军集于粤省零组内阁"，他感慨道："想南北不日又酿成分裂，大难未靖，来日方艰，我不胜于吾国前途抱悲观。"27日，他阅报后记载孙中山发表国会问题的演说："拟招集全国海军来粤组织国会，海军第一队及第二队已离中独立。"他评论道："一波才平，一波又起，吾恐中国其自此无宁日矣，读下不禁感伤。"② 南北争斗，时局动荡，他殊为不怿。

此后，各地独立的报道此起彼伏，"广东建立新政府，四川督戴戡殉难，刘存厚、罗佩金相持不下，云南唐继尧又独立，出师讨刘"。面对如此纷乱的局势，他忧虑"正未知如何解决"。9月1日，他读报得知"川、滇有联盟独立消息，加入战团，现尚在预备一切"。他表示"内乱犹如此，恐外交难着手"。11日，他又了解到"粤省举孙文为大元帅，川省战事尚未息"，各地纷乱"触目时艰，楚歌四起"，他不免"悲从中来"。10月2日，他阅报纸后记载"陆荣廷、唐继尧亦有与孙文同一主意，以抗中央之传，中央政府曾有电查获逸仙"。这一信息在夏承焘看来是"同室戈矛"，"未知何日已"。③

之后，浙江宣布独立。11月28日，夏承焘闻"宁波、绍兴等处有离省独

---

① 刘大鹏遗著，乔志强标注：《退想斋日记》，北京师范大学出版社2020年版，第249、251—252、252、253页。
② 夏承焘著，吴蓓主编：《夏承焘日记全编》（第1册），浙江古籍出版社2021年版，第132、133页。
③ 夏承焘著，吴蓓主编：《夏承焘日记全编》（第1册），浙江古籍出版社2021年版，第147、149、153、161页。

立消息",他感叹:"乱世不靖,何天之不佑中原。"29日,他又闻温州"已正式离杭省独立","由戴统带、赵道尹、徐警察长、游水师长签名发示宣告,且有再招兵二团等消息,但地方人民秩序安静如常,若毫不知有事者"。对比辛亥革命年间独立时"温道脱逃,人民如何慌恐,往往有迁居乡间以避乱,风声鹤唳,处处皆兵",但乱世已久,"人民亦厌闻之而不以为奇,亦可见天下之乱久"。未几,温州取消独立。12月3日,夏承焘得知"内地已消独立",乃"宁波南军失败"造成,他表达了对温州主政者的不满:"国事如此草草,真同儿戏,然亦可见当道诸人之不善慎始敬终。"①

至1918年年初,南北之争依旧。1月31日,夏承焘观《申报》,知"西南战事未靖,岳州已与[为]南军所取,鄂、闵[闽]各告急,冯总统有亲征消息,昨已成事实"。同时,谣言纷纷,或谓"总统将逗留南京不返,北京人心大为惶恐"。果若如此,则"中国内乱难即平定"。他联想到近月来西南兵祸、天津水灾和山西时疫,"生灵涂炭不堪",将其视为天亡中华之征兆,不禁"太息再三"。2月4日,他阅《申报》后记载:"冯总统已于前日返京,岳州失守,中政府褫石星川、黎天才职,命张敬尧等为援湘总司令。"对于如此时局,夏承焘悲从中来,"南北和局想已绝望,以干戈代玉帛,中原大乱正未有艾",不禁又"为之太息再三"。此后,南北纷争不断。3月15日,在与同学聊时局时,他知晓"广东海军总长程璧光被刺,主谋者为陆荣廷"。虽然"人言是非未可深信",但"中国人权利思想太重,为事每同室操戈,或者非无因"。9月10日,夏承焘读《申报》后得知:"选举总统,京中争乱未息,吴佩孚、张作霖电请南北议和,且已与南方携手,政府亦无法止之。福建方面盛传童保暄有降南消息。"他认为,如果消息属实,则"闽下而浙易摇动"。②他对南北纷争颇为担忧,忧心会引起更大的灾难。

比夏承焘年长14岁的朱峙三,1917年在湖北大冶中学任教,课余注意了解

---

① 夏承焘著,吴蓓主编:《夏承焘日记全编》(第1册),浙江古籍出版社2021年版,第194、196页。

② 夏承焘著,吴蓓主编:《夏承焘日记全编》(第1册),浙江古籍出版社2021年版,第230、232、251、325页。

时政要闻。10月10日，他在日记中记载："上月二十九号，冯国璋下令各省军民长官通缉孙文。本月七号，报载因孙文反对现时政府，冯国璋、段祺瑞并令其部下进攻孙文部。"此为南北纷争之始，至于其中的曲折过程，他并未透露。直到1918年5月非常国会选举岑春煊为主席总裁而取消了孙中山的领导权，他通过报纸新闻得知："广州非常国会选举唐绍仪、唐继尧、孙文、伍廷芳、林葆怿、陆荣廷、岑春煊为军政府常务总裁。"① 对此，他不予置评。

朱峙三更多地记载了护法战争之后的南北纷争。例如，1918年6月26日，他得知"北京政府派张怀芝、吴佩孚为援粤正、副总司令"，拟对粤政府开战。8月8日，他又通过报纸新闻了解到"南北两军在湖南境内大战"。11月，朱峙三得知"北京政府令南下前方之军队罢战退兵"和"驻粤美国领事劝广东军政府息兵"的消息。之后，南北双方开始调停。1919年2月25日，报载："南北代表两方于本月二十号在沪开大会，北方派朱启钤、施愚、吴鼎昌等十人，广东军政府派唐绍仪为全权代表，并章士钊、胡汉民、彭永彝等十一人。"② 调停暂时成功。

身在江津的吴芳吉尤为关注四川的护法战争，他的新闻叙事也以四川为重心。1917年7月18日，江津市人争相传言黔军进据江津，会和川军"互为激战"。对于黔军、滇军和川军的优劣，吴芳吉进行了详细的分析，认为："无论滇、黔胜负，终非吾民之福。使滇、黔而胜，则乘势焚杀，以逞其威；使滇、黔而败，则拼命淫劫，以泄其恨。要之，政府自顾未遑，惟听彼辈横行无已耳。"③ 进入8月，四川局势更加糜烂。5日，吴芳吉阅重庆当地报纸所载新闻："刘存厚围攻成都，任意攻击前督戴戡，着周道刚统辖所率各师，进解成都之围，滇、黔两军亦不得再行前进，以免糜烂。"他认为，假如军阀听命，将"造福川民真不浅矣"。但事实上，军阀混战更为激烈，表现是"刘

---

① 朱峙三著，胡香生辑录，严昌洪编：《朱峙三日记（1893—1919）》，华中师范大学出版社2011年版，第490、497页。
② 朱峙三著，胡香生辑录，严昌洪编：《朱峙三日记（1893—1919）》，华中师范大学出版社2011年版，第498、499、502、510页。
③ 吴芳吉著，傅宏星编校：《吴芳吉全集》（下册），华东师范大学出版社2014年版，第1098、1102页。

存厚改名所部为'拒滇军',任彭光烈为'拒滇总司令',钟体道为'拒滇左翼司令',刘成勋为'拒滇右翼司令',张澜为'留守司令',临阵川军已有四十余营,成都一隅,已无黔军踪迹,现由钟体道兼任督军,省长刘存厚亲自督战"。因川内形势复杂,北洋军决议加入战局。10日,吴芳吉阅重庆各报得知:"段祺瑞与川军第三师电,决用武力解决川乱,已遣陈树藩自秦出兵,派旅长管金聚南下,又遣吴光新自岳州率北军西上。"他进一步分析:"吾蜀形势已由滇、黔之争变为南、北之争。刘存厚北系也,故遣陈树藩、吴光新援之。唐继尧、罗佩金皆南系也,故熊克武中立。是川东川南已宥于民党,川西川北则属之政府,名虽川乱,实则民党与政府之争,南方与北方之争,国会与武夫之争,孙中山、唐绍仪派与冯国璋、段祺瑞派之争。彼刘存厚、戴戡、罗佩金者,特两争之犬马,人嗾使之而不自知,惟乐得机缘,小窃富贵者耳。渝州诸报,尝诋刘存厚之非,谓省议会之据阻滇军为梦呓,今且同声昌论,携手滇黔,共图中原大计,讨冯、段非法政府,而熊克武不加禁之,且又纵之。益见川乱潜机,非在省而在国也。"① 此论鞭辟入里,道破川乱危机的根源所在。

随后一段时间,吴芳吉集中记载了南北之争引起的川内混乱局面。9月9日,他在与友人的交谈中得知:"北兵前队尚逗留万县,周道刚新督军,拟俟北兵大队至渝,然后同赴成都。熊克武之兵实只有一旅,故不能与北兵抗。……传闻吾市驻军,今午拔队远徙,不知何故。或谓黔军将至,故散处险隘以待之;或谓今午调遣之军队乃沿江东去,意者渝州或有战事。谣诼纷纷,人心大乱。"10日,黔军到达江津,引起江津各地人心惶惶,草木皆兵,社会更加动荡不安。②

时任平江启明女校的校长凌盛仪颇为关注南北纷争,特别是南方政府发起的护法运动。1917年9月7日,他阅报得知:"云贵已独立,两广亦与之同调,两院议员纷纷赴广东,将开非常会议。陆荣廷闻亦反对黎之辞职,及解

---

① 吴芳吉著,傅宏星编校:《吴芳吉全集》(下册),华东师范大学出版社2014年版,第1110、1111—1112页。
② 吴芳吉著,傅宏星编校:《吴芳吉全集》(下册),华东师范大学出版社2014年版,第1130页。

散议院，组织非法内阁，与孙中山表同情。"他将此举视为南北内乱，感叹："中国内乱方始苍苍者，天何日乃厌乱也。"20日，他阅报进一步了解护法运动的动向："国会议员集合广东，开会组织西南军政府，举孙文为（大）元帅，陆荣廷、唐继尧为元帅，反对非法内阁，兴师北伐。陆电辞元帅职任。"孙中山组织西南军政府，"以军政府（大）元帅之权，特任伍廷芳长外交，唐绍仪长财政，张开儒长陆军，程璧光长海军，孙洪伊长内政，胡汉民长交通，李烈钧为参谋长，又命王运迁、居正等为各部次长，其他民党巨子均任参军、参议、秘书等名目"。① 此后，南北军争战于湘南，形势诡异。

10月9日，凌盛仪披露了南北军激战于衡山的新闻："北军与衡永独立军在衡山接仗，独立军死数十人，北军死数人，多用刀扎而死者，足见以短兵相见战衅甚烈也。桂军援湘已派有十余营之多，湘军第二师中有一营借与衡永合营，朱旅长追而斩之，且谓搜得证据，第一师师长赵恒惕确与衡永刘林相通。"10日，他记载了南北军接仗的消息："北军王旅长与前附刘林之第一师接仗，湘第二师朱旅长泽黄与刘林合之守备营接仗，互有死伤，湘省西南已不幸限［陷］入枪林弹雨中。"此后，湘中战事扑朔迷离，"报载北军胜利，道路谣传则附合衡永独立军胜。山中人真如目盲耳聋，不知不识"。② 湖南内乱不止，他为之心忧。

南北纷争不仅在军事上进行，政治斗争亦颇为激烈，双方通电互相指责对方。10月14日，凌盛仪揭露了南北双方相互攻讦："中央政府既命令缉捕西南反政府之孙文及非常议会中人为内乱犯矣。于是孙文亦下令捕中央非法内阁之总理段祺瑞等。"在凌盛仪看来，"此次肇乱为复辟之张勋。张勋之为逆，实由督军团解散议院之倪嗣冲辈肇之。今政府既不追论祸首，惩创倪等，而于国庆日内反晋倪之勋位，其何以服天下人心哉"。于是，北方政府希望陆荣廷调停，陆荣廷提出三个条件："一、撤换湘督傅良佐，以固西南门户；

---

① 凌盛仪：《凌盛仪日记》（第24卷），湖南图书馆藏稿本（编号：275/5），1917年9月7日，9月20日，9月25日。
② 凌盛仪：《凌盛仪日记》（第24卷），湖南图书馆藏稿本（编号：275/5），1917年10月9日，10月10日，10月18日。

二、取消吴光新入川；三、滇兵驻二师于川中。"但以上三个条件，特别是更换湘督傅良佐，"中央决不肯失用人之威信，决裂之事，在弹指间"。①

南北调停无望，而战事在湘南陷于持久战，凌盛仪心痛不已，发自肺腑地写道："我湘民因北方与西南权利之战争，地当冲要，致为他人之俎上肉。前北军开赴前敌，强拉夫役，搬运器械，数百人竟无归者，道路纷传已毙于弹雨中矣。湘潭一带，村市成墟，人烟绝迹，哀哉。"南北纷争愈演愈烈，遍及衡州、永州，战火进一步扩大，他悲痛地指出："我湘人民死于弹雨，携于道涂，村市无烟，禁城行劫，苦无可告，惟有呼天而已。"此后，北军失利，督军傅良佐、省长周肇祥逃，凌盛仪评价道："傅良佐挟盛气而来，作此银样蜡〔镴〕枪头，抱头鼠窜而去，徒使湖南罹战祸，惨不忍闻，真全湘之罪人已。"②南北军对峙于岳州一带，平江深受其害。凌盛仪身处乱局，甚为惊悚。

从总体上看，自袁世凯死后，中国便陷入军阀纷争的局面，社会动荡日甚一日，民不聊生，生灵涂炭。这是读者读报的共同感受。同时，读者由于身份、年龄、立场的差异，对新闻的记载各有所取，各有侧重，评论不一。面对府院之争、中德宣战、张勋复辟、南北纷争等新闻事件，他们疾首蹙额，内心焦虑不安，对北洋政府深感失望，希望新生力量能够出现，解决纷乱，实现社会的安稳。从这个角度来看，读者的读报活动反映了他们的所见所闻、生存境遇与精神世界。

第二节　五四运动与读者反响

1918年，第一次世界大战以协约国的胜利而结束。中国成为战胜国之一，国内普遍弥漫着"公理战胜强权"的舆论氛围，人们对于巴黎和会的召开抱有乐观态度并积极支持中国政府与会，争取战后合法权益。但英法等国将中

---

① 凌盛仪：《凌盛仪日记》（第24卷），湖南图书馆藏稿本（编号：275/5），1917年10月14日，10月18日，10月20日。
② 凌盛仪：《凌盛仪日记》（第24卷），湖南图书馆藏稿本（编号：275/5），1917年11月2日，11月17日，11月18日。

国收回山东半岛的合法权益出卖给日本,由"二十一条"签订以来的"国耻"突然爆发出来,学生、市民纷纷走上街头,表达对国事的深切关怀。5月6日,《申报》以专电的形式报道了学生至东交民巷游行演说、火烧曹汝霖宅的消息。[①] 7日,《申报》刊登《解散大学之无识》的时评,指出:"此次北京之事,决非发始者之本意,政府中人苟能平心静气以处置之,断不至因一时之激触,而有解散大学,以军法处置学生之说。何则?事有轻重,法有界限,不能径情而直行也。苟其不然,后祸尚有穷期哉。政府其深思之。"[②]《大公报》关于学生游行的报道早于《申报》。5日,《大公报》刊登了《北京学界之大举动》的报道,较为详细地报道了学生的举动。[③]

学界从不同角度揭示了五四运动的价值与意义,形成了对五四运动的不同解读。例如,陈平原以新闻报道和参与者的回忆录为主要线索,揭示了5月4日那一天的具体细节。[④] 本节以时人的日记作为主要线索,将五四运动放在更长的时间线索上进行讨论,通过读者的报刊阅读和新闻叙事,揭橥巴黎和会和五四运动的价值与意义。

一、巴黎和会的召开与读者观感

作为战胜国之一,中国希望在巴黎和会上能够收回德国在山东的权益。身在国外的颜惠庆通过《伦敦泰晤士报》了解国内情形。他通过阅《伦敦泰晤士报》得知"北京军方希望南北之间谋求和平",派人共同参加和会。但事实并非如此,北洋政府派代表参与和会,未与南方政府协商,而南方政府表示"他们将派全权代表去巴黎和会",并推选孙中山、伍廷芳、王宠惠、王正廷和伍朝枢为巴黎和会代表。代表团团长陆徵祥在大会上极力斡旋:一方面,"赞同成立国联并要求委员会里要有中国代表,特别是有关劳工问题的";另一方面,"向委员会提出有关青岛问题"。但中国的合法权益未得到和会各方

---

① 《专电》,《申报》1919年5月6日,第3版。
② 冷:《解散大学之无识》,《申报》1919年5月7日,第3版。
③ 《北京学界之大举动》,《大公报》1919年5月5日,第2版。
④ 参见陈平原:《触摸历史与进入五四》,北京大学出版社2018年版,第10—58页。

的重视,并且为了迎合日本,会议准备将德国在山东的权益秘密转交给日本。对此,"中国赞同公布密件",并表示"代表团的态度是一致的,而且得到全体中国人的支持"。为反抗这种不合理的待遇,中国抗议"在山东问题上的妥协"。同时,北京拒签和约,"因为签了和约即确认日本对山东的权利",并且"签了约局势可能会恶化"。1919年5月17日,《伦敦中国每日电讯报》载:"中国要求协约国对和会理事的决议作出正式解释。"颜惠庆阅读代表团对山东问题所提出的抗议书和梁启超的声明,表示公理战胜强权的"幻想破灭"。此后,中国代表团向美国寻求帮助,"参议院认为中国是和会的牺牲者"。中国代表团要求"在条约批准后无偿归还青岛,并废除1915年和1918年的协定"。7月16日,颜惠庆阅《伦敦泰晤士报》知晓中国拒绝签字的消息:"中国不签字,举国赞成。"① 很显然,颜惠庆对巴黎和会的召开不抱积极态度。他以多年外交官的经验判断,和会的召开并不能解决中国的问题。在他看来,五四运动的爆发是意料之中的。

南北和谈之际,欧战结束,童保暄颇为关注欧洲议和情形。1918年年底,他拜访了美国领事,谈及美国参战情形,"美国此次于欧战能出身[资]三百万,并述自身亦曾受军事教育",更言"德国之国民军事教育过于束缚,使国民近于机械而不活泼"。在童保暄看来,"欧战之结果,对美英两国平时毫无军事准备,此次能著此伟绩,国家强盛之素质要国民教育之发达,与经济力之进步,但求军事之精练而国民方面不能十分发达,仍不能不失败耳"。1919年2月21日,他关注报上所载威尔逊的"十四条"内容:"一体内宣布美国平和条件一篇,系为此次欧洲议和之基本,更为世界之新趋势。"他颇为赞同威尔逊的"十四条",并将内容抄录于日记中。读完"十四条",他对威尔逊尤感佩服:"读此约文均为世界事公道。威尔逊真世界和平之明星也。"②

军事斗争结束,童保暄重点关注中国与会代表的相关消息。1919年1月

---

① 颜惠庆著,上海市档案馆译:《颜惠庆日记》(第1册),中国档案出版社1996年版,第783、806、816、814、832、859、860、863、868、880、881—882、885页。

② 童保暄著,宁海县政协教文卫体和文史资料委员会编:《童保暄日记》,宁波出版社2006年版,第374、387—388页。

12日,他阅报得知"赴欧议和特使陆徵祥氏已于三日抵法京",评论道:"恐中国内部之议和尚不及欧战议和成功之速也。"2月3日,他了解和会最新进展:"欧洲和平会议,已于十八日开会,我国只准二人列席,大国五人,次者三人。"对于这样的安排,他内心极为不满:"我国为日本人所阻云,亦可耻也。"9日,他阅《新闻报》后记载"我国派往欧战平和会议特使并法国公使顾维钧氏演说青岛应归还"事,并特地摘录顾维钧演说内容:"(一)领土完全为北方门户;(二)民族宗教全系中国,难由它国管理;(三)孔圣产地,为中华文化之母,民意誓死保守;(四)对德宣战,胶州湾租借约立废。"顾维钧演说理由充分,日使小幡向中国外交部质问,"并要我政府撤换顾维钧、王正廷两人",造成"全国人民大愤,去电力争"。童保暄评论道:"此皆新正大事,为我国生死存亡所系者也。惟日本内部革命运动甚烈,汉口某银行经理即因此被逮,或日政府利用外交以缓内争之故智耳。然不合于世界潮流。日固无利,而我国积弱被人欺负亦自可愤耳。"后来,新闻继续报道日本要求中国撤换代表事,他甚为不满地指出:"虽文字间化大事为小事,其暗幕未知如何。按之威尔逊宣言之第一条所谓开诚布公,似未知为弱国道也,恨恨。"①

在温州的夏承焘于第一次世界大战未结束之际,就已注意到日本对中国的侵略和中日交涉的相关信息。1917年12月20日,夏承焘闻同学言"日人已在山东济南等处设立民政府,实行并吞手段。山东同胞全体反抗,集会商议对付方法,且派代表至京泣诉,求政府提出严重[交]涉",又有"山东会议各地(士)绅演说词,言辞沉痛慷慨,有'愿背城一战,誓不为日人奴'"。对于日本占领济南,夏承焘结合国内外时局评论道:

> 风云日急,外患内讧交至,日本于数年以来日以并吞我国为事,去年有十九条之要求,今又有亚东孟禄主义之提倡,阳又日言亲善,以对韩之术对我。此方政府既数惑其术,遇事忍为敷衍,故又敢乘此欧战未

---

① 童保暄著,宁海县政协教文卫体和文史资料委员会编:《童保暄日记》,宁波出版社2006年版,第379、383、384、388页。

终之时出此阴险方策。苟不于此时各自振作,一决雌雄,前途岂复可设想?况鲁省乃孔圣故墟,我国文化发源地哉!我愿驱十万横磨剑,洗尽羊惺,以一雪数十年中华国耻也。①

言辞之间,慷慨激昂。1918年5月16日,夏承焘阅《时报》得知"中日秘密交涉条约已揭破,国权丧失之大,更甚于去年'十九条'交涉,而以中日同出兵问题关系犹重大"。国内舆论多谓由"段祺瑞一派酿成之",段卖国之罪"不减于袁世凯"。他由此联想到"明之亡由于吴三桂,韩之灭由于李完用",表示国之亡不在外人,而由当道者卖国所致。21日,夏承焘又阅报知悉"中日交涉不日签约,留日学生因在日开会被捕甚多,以致激成众忿,纷纷归国"。他赞扬留学生的行为,同时,对国事产生了悲观情绪:"虽于事无所捕[补],亦可见国力不足,处人权势之下,一举一动之难矣。噫!外患内乱相逼而来,当道者既不能消患于无形,乃又瞀瞀从事,吾恐中华民国自今日始复添一五月九日之国耻。悲夫,言念及此,不禁为之放声一恸。"1919年4月24日,夏承焘阅《申报》,知"南北和议已再行开议,且有取秘密会议之说"。虽不知真假,但夏承焘希望"此次开议以后,双方各揭[竭]诚相接,苟有非大利害所关,不妨互让一著,希南北早日统一",否则"欧洲和会闭幕,而吾国内乱未平,恐又多生枝节"。②他希望南北能实现统一。

二、五四运动的爆发与读者响应

1919年4月下旬,中国在巴黎和会上失败的消息传回国内,群情激愤,民众游行示威,支持代表团拒绝在和约上签字。5月4日,北京各高校3 000多名学生走上街头,开始了轰轰烈烈的游行示威。不少报刊读者留心新闻报道,从不同侧面记载了这一重大事件。通过这些文字材料,可以进一步加深

---

① 夏承焘著,吴蓓主编:《夏承焘日记全编》(第1册),浙江古籍出版社2021年版,第205—206页。
② 夏承焘著,吴蓓主编:《夏承焘日记全编》(第1册),浙江古籍出版社2021年版,第282、284、364页。

对五四运动的了解。

在北京，蒋维乔于5月5日读报后在日记中描述了学生游行的情况："昨日京中各校学生为日本在巴黎和会强取我国青岛，相率聚集天安门，排队至东交民巷。推代表欲见美英法各国公使，请求主持公道，未得见，遂拥至曹汝霖住宅。曹遁匿，适驻日公使章宗祥在彼，乃群殴之，受重伤。曹宅起火，西院被焚。军警逮捕学生十九人，余各逃散。今日尚未释放。昨夕国务院开紧急会议，有主张解散大学者，有主张撤换蔡校长者。傅总长引咎辞职，事尚未了。"①

在北京的吴焘于5月5日读报后了解五四运动爆发的消息："日昨午后，各校学生聚有数千人，指称日本公使章公和君（宗祥）、交通部总长曹润田君（汝霖）、币制局总裁陆润生君（宗舆）为卖国贼，各执白旗一面，书此三字，麇聚赵家楼曹君宅外，其势汹汹，巡警拦阻，一拥而入，适章君与曹暨日本数人在坐，将章君大肆殴击，章君重伤，经同座日本人保出，送至医院，曹君并其父受有微伤，乘间而逸，曹宅焚毁多间，经警兵逮捕学生卅余人，几至酿成事变。"此后，他通过报纸了解事态进展。7日，他阅报知晓"各学生于今日在公园开团体大会"，并且闻友人西亭云"进城时见公园左近兵警无数，想禁止众学生不令开会也"。学生开团体大会，本拟救援被捕学生。9日，他阅报后记载："警察厅拘留学生三十余人，均释放。"在他看来，此举是"亦撤薪止沸之一道也"。10日，他阅报得知有元首命令，"饬警厅将拿获各学生，送法庭依法惩办"。他判断："此案究竟如何结局，殊难逆料也。"至18日，他阅报后进一步描述了事态进展："南北和议决裂，各处学校均有罢学之意，而抵制日货之举，尤为剧烈。"面对此种局面，他沉痛地写道："前路茫茫，变相不知何等也。"② 国事蜩螗，他颇为沉郁，不知所措。

其他一些在京的遗老也留心五四运动。例如，曾任翰林院编修的傅增湘

---

① 蒋维乔著，林盼、胡欣轩、王卫东整理：《蒋维乔日记》（第3册），上海人民出版社2021年版，第1122—1123页。

② 吴焘：《吴焘日记》，王建朗、马忠文主编：《近代史研究所藏稿钞本日记丛刊》（第21册），国家图书馆出版社2020年影印本，第23—24、26、27、28、32—33页。

第五章 五四时期的新闻呈现、时政阅读与时事追踪

简略地记述了五四运动的情况。5月4日,他在日记中记载:"三弟因学生三千人为青岛事起风潮,弹解未就,不能回。"此日为他们全家聚会日,但因五四运动,作为教育部总长的傅增湘未归家。5日,傅增湘通过阅报了解了五四运动的情况:"昨日学生风潮,殴章宗祥,焚曹汝霖房毁西院。"① 隐居北京的遗老王振声也较为简略地记录了五四运动的相关情况。五四运动爆发当天,王振声在日记中提及"学生聚众毁曹汝霖家,拳殴章宗祥"。6月9日,他读报后得知"章宗祥、交通曹、币制张均免职"。② 但对于事件本身,他则"记而不论"。

在上海的翁斌孙也对五四运动了解颇详。5月6日,他在日记中综述了事件的细节:"巴黎和会我使所争收回青岛有失败之说,都下各学校学生聚至四千余人,至曹汝霖宅,一人毁沿街窗入,开大门,众拥入,殴章宗祥几毙,又殴一日人,汝霖跳而免,火起,宅半毁,不知起火之因,或云匪人所放,或云走电。学生出,兵警尾其后,陆续捕三十余人。"他随后评论道:"此前日事也。汝霖甘心为日本之伥,卖国事非止一端,章宗祥、陆宗舆皆其同类,时三人同日本人方密议一事,学生入,宗舆独未被殴,亦云幸矣(章入医院,曹、陆挈眷逃至津)。"③ 从行文的语气看,他对曹汝霖、章宗祥、陆宗舆三人的卖国行径甚感不满。

久居上海的郑孝胥对五四运动的新闻陈述也较为及时。5月6日,郑孝胥读报后便记载:"北京各校学生以日本不还青岛事焚曹汝霖之居,殴章宗祥,或云已毙;捕数十人,大学堂解散。"他的记录距离五四运动爆发仅隔两日,彼时,上海的报纸进行了铺天盖地的报道。14日,郑孝胥知"巴黎和议决裂,德代表蓝超率其属于星期日离去凡塞尔[尔塞]",上海"南北和议亦停止,各代表皆辞职"。④ 但此后,他对相关新闻的述评较少。

---

① 傅增湘:《澄怀堂日记附澄怀杂存》,清华大学图书馆编:《清华大学图书馆藏稿钞本日记丛刊》(第19册),国家图书馆出版社2018年影印本,第394、395页。
② 王振声著,徐慧子、李周整理:《王振声日记》,凤凰出版社2017年版,第345、346页。
③ 翁斌孙著,张剑整理:《翁斌孙日记》,凤凰出版社2015年版,第141页。
④ 郑孝胥著,中国历史博物馆编,劳祖德整理:《郑孝胥日记》(第4册),中华书局1993年版,第1781、1782页。

在上海附近的崇明，王清穆亦通过报刊新闻了解五四运动的前因后果。他在5月7日的日记中写道："吾国专使在巴黎和会提议索还胶州湾事，为日本所持，英法美三国亦有爱莫能助之势，吾之外交遂至失败。北京得此消息，学界大愤，殴章宗祥，毁曹汝霖住宅，学生被逮者二十余人，都市戒严，沪上响应，将召集国民大会。"他进而评论："以此见人心未死，郁极必发，不识政府能善为应付否。"① 此后，他打探北洋政府的解决态度，关注五四运动的进展。例如，他抄录了张謇致徐世昌、段祺瑞和吴佩孚致政府的电文，评价道："语语切直而沉痛，非积数十年读书养气之功不能为此。"② 对张謇赞赏有加。

五四运动爆发之际，严修正在南京与江苏督军李纯商量南开大学筹款之事。5月6日，他返回镇江时读报得知："北京大学学生因青岛约失败，聚众至曹润田居宅，火其居，并殴伤章仲和，甚重，为之骇愕。"他与曹汝霖、章宗祥为旧识，读罢报纸，他倍感"骇愕"。7日，他至上海，江苏教育会副会长沈信卿持教育次长袁希涛密电约见，希望他能北上维持北京教育界局面，他以"蔡君似不至摇动"为由推却。12日，身在杭州的他目睹了学生游行示威活动的情形："是日清早，本城各校学生结队游行，均在湖滨齐集，同时出发，周行街市，手持白旗，书'还我青岛，毋忘国耻'等字，并往督署、省署求见督军、省长，其出发之地，适在本馆楼前，余在楼上历历见之。闻是日，各校学生皆不听校长训令，径自出校。缄甫愤甚，盖彼长甲种工校有年，师生感情浃洽，全校规律谨严，今忽破坏，宜其动气也。来余处与仲文讨论许久，余谓学生之举动，虽逾轨［规］范，然其意不恶，宜引之入于正轨，使为有益之事（化无益为有益），因推正美国之教授法，缄甫气渐平。"③ 此后几日，他与友人多次谈及杭州学生游行示威相关事宜。

---

① 王清穆：《农隐庐日记》（第6册），上海图书馆藏稿本（编号：线普长744634-99），1919年5月7日。

② 王清穆：《农隐庐日记》（第7册），上海图书馆藏稿本（编号：线普长744634-99），1919年5月26日、5月27日、6月14日、6月15日。

③ 严修著，《严修日记》编辑委员会编：《严修日记》（第4册），南开大学出版社2001年版，第2260、2261页。

第五章 五四时期的新闻呈现、时政阅读与时事追踪

在南京的白坚武于5月5日晚读报后得知:"北京学界全体以国权丧失,联合游行街市作示威运动,焚卖国党曹汝霖宅,殴章宗祥几毙。"他感慨"足征人心未死",颇为赞赏学生运动。7日,他进一步了解:"国民大会集者15 000余人,以三事要求于南北代表:1. 力拒亡国条约不签字;2. 电京释放被捕学生;3. 提出惩办卖国党段祺瑞、徐树铮、曹汝霖、陆宗舆、章宗祥等。"① 之后,他很少评述相关新闻。

在武汉的朱峙三亦通过报刊密切关注五四运动的进展。5月6日,他读报得知:"北京学生团三千余人为外交示威活动,烧曹汝霖宅,痛殴章宗祥。"9日,他读报后综述:"近日来,各省国民大会纷纷表示对青岛问题之主张。因留日学生被捕风潮,以本日为国耻纪念日。"14日,他翻阅13日报纸,新闻称:"上海南北会议和代表已辞职。"20日,他阅报知运动进一步蔓延:"京中各校学生宣告罢课,首言外交紧急,次言国贼未除,末言日本捕我国学生,要求政府表示关切,特先罢课等候结果。"26日,他阅报了解当局态度:"前日北京政府下令制止集众游行、演说、散传单。"6月4日,他进一步透露当局镇压学生运动的新闻:"北京大学生讲演团千人被捕,军警竟在北大搜捕四天之久。"② 持续的新闻跟踪表明他对五四运动的社会影响有着深刻认知。

1919年,从温州师范学校毕业的夏承焘任教于永嘉县立任桥第四高等小学。他于5月15日阅《时事新报》后得知"我国于欧洲和会青岛一案已完全失败,由英、法各国承认其由日本管理",闻之"天外霹雳,令人警骇欲悸"。又闻"北京学界以此事乃几个卖国贼所为,全体学生将章宗祥殴伤,且焚毁曹汝霖宅,大学校长蔡元培辞职不知去向,钱总理及傅总长亦有辞职",同时,"大段风潮现方激烈"。他读后颇多感想,引用古言"天作孽,犹可违;自作孽,不可活"来形容国事,进而评论:

---

① 白坚武著,中国社会科学院近代史研究所编,杜春和、耿来金整理:《白坚武日记》(第1册),江苏古籍出版社1992年版,第194页。
② 朱峙三著,胡香生辑录,严昌洪编:《朱峙三日记(1893—1919)》,华中师范大学出版社2011年版,第515、515—516页。

> 物腐虫生，国伐人伐，此天下之公理。朝鲜之亡于李完用，是其覆辙也。日人如封豕长蛇，乃又加之以汉奸，中国安得不继朝鲜而亡？段祺瑞、徐树铮、曹汝霖、章宗祥、陆宗舆辈死有余责矣。虽然，当道豺狼，上之人既不足以救国，苟我下民能鼓其热诚，誓死不回，为祖国争将亡之命，则众志成城，倭人虽悍，亦如之何哉！登高一呼，万壑皆应，北京学生之一击，未尝非我国民气勃发之先声。①

显然，初出校门的夏承焘被学生的爱国热情感动，对事件本身的意义有着深刻认知。6月18日，他又阅《时事新报》了解事态进展："北京前日被捕之学生已释放，卖国贼曹、章、陆免职令已下，上海亦有开市风说。"他闻之喜甚，盖因"此次乃竟以北京学界登高一呼，全国响应，卒战胜三人政府，盖自古未有之旷举，亦我国国运复进之先声"。然而，青岛问题尚未解决，此"不过对付卖国贼第一步成功"，况且"段祺瑞、徐树铮一等人尚据高位"，他祈愿"各界同胞尚须鼓其余勇，达到初心而已也可"。21日，他读报后披露："天津再行罢市，要求惩办国贼。"但青岛问题还未解决，不知是否有收回的希望。他颇为沉痛地写道："值吾国此等时代，殊令人多感慨。"②此后，他和学生一道，到温州各地演说，扩大了五四运动在地方社会的影响。

　　作为夏承焘的老师，温州乡绅张棡对五四运动的了解较晚。5月13日，他才了解北京大学学生火烧赵家楼事件。他在日记中回顾："因言近日内北京大学大闹风潮，盖即为章宗祥、曹汝霖、陆宗舆三人卖国贼私与日本缔卖中国要约，被中国留学生所泄露，章氏不得安于日本，急急归国。甫到京，大学诸生竟全体数千人齐赴曹汝霖家大闹，以章正在汝霖宅作秘密之议故也。曹氏知事不得了，纵火自焚其屋四十余间，学生愈聚愈多，章宗祥被击重伤，

---

① 夏承焘著，吴蓓主编：《夏承焘日记全编》（第1册），浙江古籍出版社2021年版，第374—375页。
② 夏承焘著，吴蓓主编：《夏承焘日记全编》（第1册），浙江古籍出版社2021年版，第387—388、389页。

第五章　五四时期的新闻呈现、时政阅读与时事追踪

曹亦击伤头面。"对于这样的传闻,他的反应是"不知目下如何结局,俟报纸来阅之,当得确实消息"。① 事情过去近十天,他才见到报纸,但此后未见他有相关阅报求证的记载。

在湖南平江,小学教师凌盛仪于5月9日才记载北京学生游行的相关新闻:"胶州青岛一案,日本在平和会提议欲占为己有,我政府电我国代表陆顾王三使,勿过为争执。北京学生大愤,于五月七号国耻日焚亲日派交通总长曹汝霖之私宅,时我国所派日本公使章宗祥亦回京,途遇学生丛击之,闻性命有危险之虞。政府逮捕学生六十余人,大学堂校长蔡元培愿以生命保之。"16日,他读报后评论:"日本悍不顾公理,不听各国调停,势将占有。我则勇于内哄,不敢对外,国土日削,其亡其亡。"18日,报纸披露了中国外交失败的消息:"英法赞助日本,一切权利都归日本,青岛非复我领土矣。"22日,他又披露了中国留日学生游行示威的活动:"我国留学日本各生,闻欧洲和平会议,日本提议决计占我青岛。当五月七日国耻纪念日,旧恨新愤,纷刺于心,先日传单开会,欲作示威之运动。日本警察强制禁止。届日各生集合,拟赴我国公使馆,手执国旗及'五七国耻纪念''复我青岛'等旗前往,至,则使馆为日本兵警环绕禁,不许入馆以内。……群情愤激,奔诉于英法各使馆,请求电法京和平议会,求复青岛主权。时日本警察骑兵电掣云驰,夺碎各旗。各生有手持国旗不释者,兵警对之搥焚凿死若干人,且挥刀以砍,骤马冲踏,血肉狼藉者若干人,捕去者六十余人,定罪下监狱者十三人,重伤者十数人,受伤者数十人。"对此情形,他读后难掩悲痛之情,愤而写道:"侮辱国旗,摧残人格,日本尚视我国为国乎!朝鲜琉球其先例也,哀我国人尚南北水火,自相残杀,是谓至愚也。"② 可谓百感交集,字字血泪。

在太原乡下,刘大鹏记载了五四运动在当地产生的影响。5月11日,其儿刘珩自太原归言:"省城各学校之学生,各执小旗,书'讨卖国贼'等字,

---

① 张棡著,温州市图书馆编,张钧孙点校:《张棡日记》(第5册),中华书局2019年版,第2187页。
② 凌盛仪:《凌盛仪日记》(第26卷),湖南图书馆藏稿本(编号:275/5),1919年5月9日、5月16日、5月18日、5月22日。

奔走呼号，向督军府而行。询系留东学生因驻日公使章忠宣［宗祥］将青岛私卖于日本，追章返国至天津，用炮击章，而步军统领捉拿一十九人下狱，议治该留学生之罪，都中各校一齐罢课，以救在狱之学生，吾晋省城亦然。"①此类听闻的可靠性难以考究，但报纸应该是重要的信息源头。

五四运动的新闻报道在海外引发较大反响。在德国，颜惠庆甚为关注巴黎和会后的时局。他阅《柏林市民报》得知："由于山东问题北京出现暴力场面，曹汝霖和章宗祥（或陆宗舆）遭到人身攻击。"5月13日，他通过《伦敦中国每日电讯报》了解五四运动的一些大概情形："北京火烧赵家楼曹宅，章宗祥遭痛打。"同时，国内"抵制日货与不乘日本船"引发北京内阁危机。但直到7月，他才收到5月国内报纸，"满载攻击曹和章的消息"。8月12日，颜惠庆阅国内寄来的6月12日的报纸，"整版登载曹汝霖、章宗祥和陆宗舆三人下台的消息。上海举行6天罢工"。同时，"国内报纸报道了内阁垮台的消息"。②

在日本留学的郁达夫听闻中国外交失利的消息，在日记中愤恨地写下对日本的敌视心情："山东半岛又为日人窃去，故国日削，予复何颜再生于斯世！今与日人约：二十年后必须还我河山，否则予将哭诉秦庭求报复也！"5月6日，他在日记中记载了学生火烧曹宅、痛打章宗祥的消息："北京大学生群起而攻曹汝霖、章宗祥、陆润田三人。"次日，他又写道："国耻纪念日也。章宗祥被殴死矣。"他还表示："午前摄影作纪念，以后当每年于此日留写真一张。"③虽然章宗祥"被殴死"属于假消息，但郁达夫的愤懑之情溢于言表。

在美国哥伦比亚大学就读的徐志摩，颇为关注五四运动前后的新闻，特别是梁启超被诬为亲日派令他愤愤不平。5月1日，有人以《纽约华报》见示徐志摩，上有"广东电王正廷，电阻任命梁任公为媾和委员。旧国会以梁

---

① 刘大鹏遗著，乔志强标注：《退想斋日记》，北京师范大学出版社2020年版，第255页。
② 颜惠庆著，上海市档案馆译：《颜惠庆日记》（第1册），中国档案出版社1996年版，第861、865、881、899、901页。
③ 郁达夫著，吴秀明主编：《郁达夫全集》（第5卷），浙江大学出版社2007年版，第12、13页。

亲日,已将梁产充公。又上海总商会亦反对梁为代表"等语,徐志摩认为"广东人积怨,污词殊不足听"。他记载《益世报》新闻:"中美通信社消息,巴黎有华人逆谋助日,以隳顾王之功,未知谁何,仅提某某亲日派。""陆、王、顾联电请任梁为对日协议委员。中日交涉先由两国协定再呈和席。"他进而评论:"今日最著之亲日派莫若新交通。而王景春、叶恭绰赴欧之含有政治关系,不难推测。惟今日千钧一发,万目睒睒,即有奸宄亦应震惮而稍敛迹。"次日,他阅读了梁启超《中国与世界和平》的小册子,文中"列述中国和平会议,要求款项合法洽理,而于归还青岛,废除密约诸项,尤申言凿凿"。他为梁启超感到不平:"梁先生之主张,风景之谈何自来也。""岂有丧心病狂,至于显佐大仇,以为全国之公敌?不幸梁先生亦羼入其中,嫉之者唱,而无识者和,即如王祖廉与任坚书认诼为信,讹虎三传一市尽走。梁先生赤心义胆为兆民,先日月之明可得而圬邪?"① 作为梁启超的拥趸,当有人诬梁启超为亲日派时,徐志摩认为有必要为梁启超辩白。五四运动爆发后,他非常支持学生的爱国行为,声称:"国内青年的爱国运动在我胸中激起了同样的爱国热。"②

三、五四运动的扩散与读者阅读

1919年6月,五四运动的风潮蔓延至上海,不少读者见证了运动演变的过程,并结合报纸新闻予以披露,各抒己见。

郑孝胥就有详细观察和记录。6月5日,他得知北京学生"求办曹汝霖、陆宗舆、章宗祥",并"求索还青岛","聚众演说,被捕千余人"。同时,上海各学堂"皆罢课",学生要求"商会罢市以应之",并且"今日南北市皆罢市"。6日,他阅《大陆报》后记载:"昨日华人聚众殴伤日人数人。"9日,学生"欲运动工厂罢工","卢永祥及英法租界皆出兵队弹压,乃稍定"。10日,寰球学生会为"工部局封闭","学生聚谋处移于惠中旅

---

① 虞坤林编:《志摩日记新编》,浙江人民美术出版社2017年版,第101、102页。
② 曾庆瑞、赵遐秋:《曾庆瑞赵遐秋文集(第十一卷)徐志摩传、新编徐志摩年谱》,中国传媒大学出版社2007年版,第321页。

馆",闻"电话已罢工,铁路亦将罢工",渐"酿成排外之举"。18日,报纸新闻称:"福州学生聚众滋事,军警拘捕六千人。"23日,他回想一个多月的新闻叙事,在日记中评论道:"近日举国乱事潜伏,乱党将阴结日本乱党推倒政府及军阀;然此辈惟知作乱,无立国之略,其终必成专制政府。"① 此论颇能体现他的政治立场。他非常厌恶学生运动,对民主自由持否定态度。

同样在上海的陆费墀也留意五四运动后的社会动向。6月5日,他根据新闻综述了五四运动的发展:"日来欧洲和会,青岛问题,我国外交失败,系因日本诡谋所致。现全国学校罢课,学生游行演说,一致抵制日货,要求政府力争青岛。昨日北京军警干涉学生行动,拘捕多人,沪上学生联合会发出传单,警告国人,商界全体罢市,致电政府力争云。"此后,上海各处罢市。6日,他记载了南京路罢市的相关情形:"各商店仍未开市,南京路一带游人拥挤,异万国商团中西印捕沿路巡查,如临大敌,各店高悬白旗,上书'热心爱国'种种话语,鱼肉市上无购处,吾家亦均蔬食,工人亦辞工。"直到12日,商店才"一律开市"。②

白坚武于6月4日收天津急电后记载:"北京军警捕演说学生400余人,步军统领王怀庆用非法刑具拷打学生,群情愤激。"之后,他颇为留意事态的进展。5日,他得知"上海商界全体罢市"的消息,并电告李纯。8日,他记载了其他地方罢市的消息:"自6日来,镇江、扬州、苏州等处相继罢市,宁亦因罢市殴伤学生10余人。"他感慨道:"国事如铜丸滚坡,非革到底不可也。"12日,他知北京政府免去曹汝霖、章宗祥、陆宗舆职务的命令,评论道:"国人希望十得二、三,乱方兴未艾也。各方市面渐恢复,惟学界蓄怨方深,不能敷衍耳。"14日,他又写道:"以手无寸铁之学子而可以倒曹、章、陆;以不肯多事沉默退守之张季直氏,而定徐、段以主犯之罪名。西南群帅

---

① 郑孝胥著,中国历史博物馆编,劳祖德整理:《郑孝胥日记》(第4册),中华书局1993年版,第1784、1785、1787页。
② 陆费墀:《民国八年日记一卷》,上海图书馆藏稿本电子版(编号:817591),1919年6月5日,6月6日,6月12日。

第五章 五四时期的新闻呈现、时政阅读与时事追踪

乃甘居降虏，竞权趋利，今试分解，南北当局之衷曲有以异乎？固知国民之事，非国民莫属也。"① 彼时，他颇为支持学生运动。

在天津的吴焘于6月4日沿路见学生多人到处演说，"抵制日货，警士已逮捕多人。似此景象，诚不知伊于胡底也"。5日，他阅报后记载："上海商界已罢市。"此后，上海罢市风潮扩展。6日，报纸报道"南昌又复罢市"，他颇为忧虑地指出："恐季孙之忧不在颛臾，而在萧墙之内，奈何。"7日，他阅报了解到北京学生被释放的消息："京城学生之逮捕者，虽已释放，惟学生云须奉释放明令，始肯脱离，而当道又不能俯允，缘处处均须顾到，几无转圜余地矣。"对于各省罢市风潮日渐剧烈，他不免产生怀疑，质问："将听其自然乎？抑真无术以处之乎？"10日，他阅报纸所载天津商会呈总统文，并摘录："以国贼未除，舆情愤激，不得已全体罢市，为要求斥逐某某等，以免巨祸等情。"他感叹道："津门既罢市，京市亦恐不免，侧身四顾，真有蹙蹙靡骋之势，奈何！"11日，他阅报纸后得知："众人指摘之曹、陆、章三人均免职，不仅曹公一人，惟以允准三人辞职为辞，并非将其罢斥。未识能餍众人之意否耳！"在曹汝霖、陆宗舆、章宗祥三人被免职后，他阅报后指出："天津已开市，当不致再有变故矣。"② 他期待事态早日平息。

虽然北洋政府罢免了曹汝霖、陆宗舆、章宗祥三人，但五四运动的根源问题（青岛问题）仍未解决，因此，山东民众至北京请愿，希望中央政府收回山东权益。6月20日晚，吴焘得知："山东民人约有百数，自东来京，以青岛归日本，巴黎和会行将签字，齐集新华门，求见总统，麾之不去。经东人马公龙标苦劝，始散，拟见总理后，再见总统。"他认为此事"殊难逆料"。22日，他阅报后记载："东省士民反对外交案，巴黎协约国会议事，中央组阁事，南北和议事，均停滞未定。"对此乱象，他"殊为闷闷"。23日，他阅报后了解"东省士民已见总统"。27日，又有山东民众求见总统的消息："山

---

① 白坚武著，中国社会科学院近代史研究所编，杜春和、耿来金整理：《白坚武日记》（第1册），江苏古籍出版社1992年版，第198、199页。
② 吴焘：《吴焘日记》，王建朗、马忠文主编：《近代史研究所藏稿钞本日记丛刊》（第21册），国家图书馆出版社2020年影印本，第43、44、44—45、45、47、48、50页。

东各界数百人刻正齐集新华门外,求见总统,请将东[高]徐、济顺两铁路草约取消。声泪俱下,并有若不得请,即非中国人民等之语。"① 他读此类报道颇生烦闷,却难以置身事外。

浙江永嘉的小学教师夏承焘也较为关注五四运动后的政局。6月21日,他阅报得知"徐总统、钱总理均有辞职","安福派运动倒阁甚烈",若安福系再登台,"恐中国前途不堪设想"。8月1日,他阅报知"安福派近又联络己未俱乐部议员,觊觎总统"。虽然各地有电话解散安福系,但因徐世昌大权旁落,对安福系亦无可奈何。他殊为烦闷地写道:"小人道长,君子道消,吾恐中国前途有不堪设想者。"②

安福系通过国会控制了中国政局,但依然无力改变南北纷争。5日,夏承焘阅报了解"南北和议又有复活消息",另外,"朱桂莘任事数月,毫无建白,而用去国币十一万余元,刻已辞职;陆徵祥任外交,需费达六十万余元,尚求款之使相望于道"。他读后唏嘘不已,指出:"以国家有限之财用,为一般老官僚无谓之消费,于国事民益了无所捕[补],吾国安得不穷哉!"8日,他阅报后得知"奉吉风云日形险恶,不久即有开战消息"。他甚感忧虑地写道:"当此外患频仍之日,若又加以内讧,我恐我国大局难收拾。"③

长期在湖北本地谋职的朱峙三颇为关注五四运动后的新闻,留心报刊相关报道,记载较多。6月16日,他读报后得知:"全国学生联合会成立于上海。上海各团体通电主张解散新国会。"21日,他读头天报纸所载新闻并记载:"京中各团代表请愿大总统三事:一、不保留山东则和约不签字。二、决定废除高徐、顺济两路草约。三、立即恢复南北和会。"7月5日,他见报纸报道:"自本月一号日本军人在山东拘捕爱国学生已引起商学各界奋起反抗浪潮。"6日,他阅报得知:"本月一号,日本军人在山东省拘捕爱国学生,已

---

① 吴焘:《吴焘日记》,王建朗、马忠文主编:《近代史研究所藏稿钞本日记丛刊》(第21册),国家图书馆出版社2020年影印本,第53、54、55、57页。
② 夏承焘著,吴蓓主编:《夏承焘日记全编》(第1册),浙江古籍出版社2021年版,第389、403页。
③ 夏承焘著,吴蓓主编:《夏承焘日记全编》(第1册),浙江古籍出版社2021年版,第404、405页。

第五章 五四时期的新闻呈现、时政阅读与时事追踪

引起商、学等各界一系列奋起反抗浪潮。"各界反日游行引发北洋政府的恐惧。8日，报纸新闻称："北京政府又通告禁止排斥日货风潮。"8月3日，他读报后得知："美国代表在巴黎和会调停中日交涉。"但各地请愿活动仍有发生。至10月3日，他闻"前日北京仍有外省代表为日本侵略山东事又向政府请愿"。① 报纸上关于五四运动的连续报道引发他对"国耻"的深思，而这类深思不是朱峙三一人所有，而是一种普遍情绪，这就可以解释为什么学生纷纷走上街头，表达对日本的不满。②

湖南平江的凌盛仪在五四运动后继续关注相关报道。他于5月29日记载了芜湖学生"聚击日商，伤死多人"的消息，颇为忧虑地指出："我国人五分钟热潮，妄逞一时之愤，不知政府固无武力之对付青岛已矣。芜湖妄动，又不知割地若干，方能了局。"平江亦有学生游行，他"拟与同志照十人团组织法集资振兴实业，抵制日货，作根本之解决"。6月10日，他阅报得知各地学生运动动态："京津申鄂各校为青岛事，停课演说，京师现在以兵警包围各校，不许出外。"尤其是湖北省，爆发了激烈的冲突："鄂省高等师范生出校游行演说，以军禁之不止，军士遽向天放枪，且以刀刺伤学生多人。"12日，他综述北京、天津、上海、南京等市的消息："北京学校学生日日上街演说，政府禁之不止，至拘捕学生二千余人，北京、天津商界亦因青岛事闭商，上海、南京亦闭市。"此后，各地罢市风潮逐渐扩大。6月17日，他读报后进一步总结了事态的进展："北京、天津、上海、南京、厦门、山东、汉口商界闭市，请争青岛，请释学生，请惩国贼，政府不得已，始许卖国之外交总长曹汝霖、交通总长陆宗舆辞职。"至7月10日，报纸又披露了各地风潮："青岛争约，民权大张，前自北京学生合群示威，生死不计，力挺曹、章、陆三卖国贼后，各省学生继起停课，天津、上海商界罢市后，各省亦多罢市之举。上海公民会集一次计八万人之多，镇守使卢永祥以兵力迫之，至于开枪，竟

---

① 朱峙三著，胡香生辑录，严昌洪编：《朱峙三日记（1893—1919）》，华中师范大学出版社2011年版，第516、517、519、520页。
② 马建标：《历史记忆与国家认同：一战前后中国国耻记忆的形成与演变》，《近代史研究》2017年第2期，第114—126页。

号哭不散。近日京城禁止公民代表入京，而多数代表仍不次径往，号呼撞头于总统府门，旦夕不止，先是内阁总理钱能训辞职，龚心湛代任，安福派思重占内阁。安福派即段祺瑞系，徐树铮为之伥。小徐者，威挟总统，力主征服南方之魁也。此次各省公民及民意机关，竟敢拍电都城，请解散安福俱乐部，罢斥段徐，有与政府宣战之势。"他从最初的担忧转为赞赏："民气申张，可谓一日千丈矣。惟望勿越轨道，致惹外交为幸耳。"① 在他看来，学生运动有理，民气可用，精神可嘉，但不必惹出外交争端。

在美国哥伦比亚大学就读的徐志摩仍然留意五四运动后的国内政局。6月22日，他在日记中表达了对五四运动的支持："五月四日以来全国蜂起情事。国内学生已结有极坚固、极致密之全国学生联合会，专诚援盾外交，鼓吹民气，一面提倡国货抵制敌货。吾属在美同学要当有所表示，此职任所在不容含糊过去也。"②

不同于回忆录，日记是作者心路历程的真实写照。当读者将报刊新闻记录到日记中时，表明新闻在读者的日常生活中产生了重要影响。读者的日记"重访"了五四运动的一些细节。这些细节既是新闻在读者阅读中的真实反映，亦是读者的选择性记录，表达出他们对国事的关注。不同读者的记载多寡、长短有所不同，但他们对学生游行示威表示极大的同情，希望政府能够正视学生的诉求，并要求政府能够拒绝巴黎和会上关于中国的不平等条约，力争青岛问题得到妥善解决。读者将五四运动与国家危亡联系在一起，他们的读报活动具有强烈的爱国主义情愫。

第三节 直皖战争与读者反响

五四运动对知识界的影响甚大，但对于北洋政府而言，则是一次学生的反政府运动。从报纸报道的议程来看，军阀混战依然是报界的重点内容。张

---

① 凌盛仪：《凌盛仪日记》（第26卷），湖南图书馆藏稿本（编号：275/5），1919年5月29日，6月10日、6月12日、6月17日、7月10日。

② 虞坤林编：《志摩日记新编》，浙江人民美术出版社2017年版，第104页。

勋复辟后，中国形成了以皖系、直系、奉系为主的三大军阀派系，其中，皖系实力最强。皖系首领段祺瑞时任国务总理，通过安福俱乐部操控1918年的国会选举，掌控了北京政权，并逐渐向其他地区扩展，与直系和奉系产生利益冲突。于是，直系和奉系联合起来，向皖系宣战，史称直皖之争。1920年7月14日，直皖战争在北京周边爆发。在战争爆发的前几日，报刊报道直皖军还处于相持阶段。直到16日，才有战争爆发的相关报道。《大公报》的报道较为详细。① 相对而言，《申报》的"专电"显得较为驳杂，不知战事是否发生，令读者感到疑惑。在直皖之争前后，不少读者较为关注军阀混战的新闻，从不同侧面反映了这场战争的进程。

一、直皖战争的爆发与读者的时政观察

直皖战争是报刊报道的重点。1920年7月15日，《申报》刊登了一篇名为《民国以来之兵祸》的时评。该文指出："黎元洪免段祺瑞之职而启各省兵谏，旋成张勋之乱。此已往之事，彰彰在人耳目者也。徐树铮免职，三总长恋栈而京津之间从此多事矣。此今日之事，彰彰在人耳目者也。故曰民国之兵祸，皆由失官而起也。"② 显然，《申报》关于兵祸的评论表面由失官而起，但直皖战争的实质就是军阀为争夺最高权力而起的纷争。对于这样的纷乱，不同读者对新闻的记载、理解和评论有所差异。

（一）京畿读者对直皖战争的关注与认识

从新闻的接近性角度看，直皖战争爆发于京畿附近，京畿读者对直皖战争的关注程度显然高于其他地区。

直皖战争爆发时，王清穆正好在北京，通过阅报和友人交谈了解战争的一些基本情况。1920年7月12日，友人治丞言："直皖之争以兵戈相见"，而"驻京军警皆属皖派，内阁则安福三总长不辞职，虽最后之胜负，尚在不可知之数"，目下形势是"总统已为皖派所包围，失其自由"。王清穆急切地想通

---

① 《近畿军事之昨闻》，《大公报》1920年7月16日，第2版。
② 《民国以来之兵祸》，《申报》1920年7月15日，第3版。

过报纸了解直皖战争的相关情况，但"上海各报未到，京津报纸可观者极少，纪载不实，徒淆人视听而已"，他只闻"团河有失守消息，是皖派军务主要机关已毁，直军颇有擒贼先擒王之手段，此后能贯彻主张，举动合乎尺度，则解决事件犹反掌"。此时战事还未爆发，但关于战事的消息满天飞。17 日，他于傍晚得知："边防军败退消息，京城居户颇为恐惧，亲朋电话纷来。"18 日，因战事双方严格控制消息，"战事消息沉寂之极，都人惟恐溃兵抢掠，有组织救济会者，有移居六国饭店者，有借住医院者。纷纷扰扰，颇有风声鹤唳，不遑宁处之象，大抵思患预防人之常情。虽军警戒严，地方尚属安靖，而群众之惊惶恐惧已如是。甚矣，兵事之为祸烈也。傍晚闻两方停战之说，实则边防军不堪战矣"。①

各种传闻令王清穆甚为惊恐。直到 21 日，他才通过阅报了解战争的相关情况。当日，他阅《益世报》后详细记载了战事：

  皖军枪炮皆日本最新式之军械，且有飞艇助战，而重炮之威力尤大，每轻视直军。谚曰轻敌必败，正坐此故。当吴佩孚之大本营在固安时，以连日皖军炮火之猛烈及飞机之盘旋于空中，军士咸露畏惧之危。吴佩孚颇踌躇，旋谓炮火虽猛，我宜以散队抵御；飞艇虽投炸弹，我辈宜在软地扎营。俾炸弹无效，并晓谕三军曰，是无足虑者，遂决定白昼不进改用夜战对。值初一晚大雨，吴佩孚曰时机至矣。遂冒雨，支配三军掩袭琉璃河之皖军大本营，于是一举而成功。盖夜战则飞艇大炮等于废物。此为皖军所不及料者。甚矣，战之不可以无谋也。若吴佩孚者，谋勇兼全，可谓儒将矣。②

直皖战争，揭开了北洋军阀争夺中央政府最高权力的序幕，势必对国内

---

① 王清穆：《农隐庐日记》（第 10 册），上海图书馆藏稿本（编号：线普长 744634-99），1920 年 7 月 12 日、7 月 14 日、7 月 17 日、7 月 18 日。
② 王清穆：《农隐庐日记》（第 10 册），上海图书馆藏稿本（编号：线普长 744634-99），1920 年 7 月 21 日。

第五章 五四时期的新闻呈现、时政阅读与时事追踪

政局造成极大影响。王清穆对此有着深入认识，结合袁世凯独裁留下的祸根，颇为感慨地写道：

>国家养兵，所以卫民。而吾国自改革以来，军队专为武人争夺权利之用。孔某军为某所统率者，只知有将领而不知有中央政府，故军队愈多，扰乱愈甚。余谓此种风气，实开自袁世凯。当袁氏小站练兵时，彼之下级军官，只知有袁宫保而不知有国家，清室之亡亡于此也，民国之坏坏于此也。欲救其弊，必先辨明军队之性质，平日训练，即告以军人只能为国家效力，不能为统兵者个人之奴隶，庶几内哄之祸可以少息。①

直皖战争结束，皖系被打败，直系开始清算安福系成员。7月26日，王清穆阅《北京日报》后摘录"直军全体将士对于驱除安福系宣言书"。该宣言书称："为社会驱除特殊势力，绝不扩张自身势力，为多数国民图谋幸福，绝不为少数人拥护权利。"他评价道："何等光明磊落，此后政治之善恶，全视乎能否实践！斯言为断。"然而，这只是直系战胜皖系后的姿态，所谓成王败寇即是如此。皖系在战前关于处置曹锟、吴佩孚的处分在直系胜利后自然撤销，"盖即战胜之结果也"。8月4日，王清穆见报上所载解散安福俱乐部明令，评价道："按该部之以安福名，因坐落在安福胡同也。数年以来，把持政局，败坏官场，勾结东邻，恃为外援，不惜丧失权利，最为国人所痛恨。虽有好名词，非其人则适得其反，祸国祸民，而几及其身，安福云乎哉。"②言辞之间，充满对安福系的鄙视。

直系取得胜利后，吴佩孚成为政治新贵。8月2日，王清穆阅《益世报》所载"吴佩孚致旧议员张鲁泉"电，其论"新旧国会均应取消之理由"，"极为透澈［彻］"。在王清穆看来，此文将国家混乱的缘由归结于新旧国会有其

---

① 王清穆：《农隐庐日记》（第10册），上海图书馆藏稿本（编号：线普长744634-99），1920年7月24日。
② 王清穆：《农隐庐日记》（第10册），上海图书馆藏稿本（编号：线普长744634-99），1920年7月26日，7月27日，8月4日。

合理之处，故录之。此后，他极为关注外界对吴佩孚的评价。6日，他阅《益世报》，见在京外国新闻记者多称赞吴佩孚："在京英美新闻记者对于吴佩孚将军极端称扬。英国记者某君云：吴佩孚将军乃中国军人中之唯一爱国者。又一记者云：吴佩孚之主张大公无私，曹张两使若能尊重吴将军之意见，惟吴之言是听，则时局必能彻底解决。中国之兴，亦可立而待。外人之推重吴氏如此。"7日，他阅上海《字林西报》驻京记者采访吴佩孚的报道。该文对吴佩孚亦大加吹捧："谈及此次举义，督军中有不肯尽力援助者。吴将军曰：大多数督军仅在吾军发见［现］有必胜之势时，始对于余之行动大表同情。此类人以唐继尧为尤甚，彼于战前与段联合，及段败即大变方针，欲与余联盟。然此种援助，余不重视之也。即此可见，督军中实心为国之人少，而于骑墙之见，专顾私利者多。若吴将军者，真有独立不挠之气概，绝不思依赖他人，欧美人多交口称之，非偶然也。"① 他特地摘录这段文字，亦隐喻了对吴佩孚的赞赏之意。

左绍佐于1914年由黎元洪推荐入国史馆，之前，他已在北京置办寓所，因此，全家由上海迁往北京。他的日记多记载北京见闻，对于直皖战争也有论述。1920年7月7日，他"顷因时局变幻"而联想到庚申"热河蒙尘，圆明园一炬，迄今整一甲子"，而1920年又是庚申年，"天未厌乱而人心汩没，皆趋于浊恶之途，未来真不可测"，观察时局，他对未来迷惘不已。11日，他大发感慨："时局扰乱，未见宁辑之象，向后光景，殊难逆料，可为浩叹。"12日，他听闻"京汉、京浦铁路皆有拆断之信，沪宁亦闻折［拆］断，交通皆废，京津则外交团已派兵守护"。此后，战事纷起。20日，他读报后感叹："战祸已开，弥缝未易，新有调处之说，殊无确耗，未来事黑如漆。"21日，他阅报后分析："直皖军颇有停战之说，但双方条件尚有窒碍，未知能否接洽，再听下文分解。"23日，他对报纸报道有所怀疑，称"未足深信"，进而判断："大抵向后可无战事。此次溃兵不入城，颇得外交团阻止之力，若能始

---

① 王清穆：《农隐庐日记》（第10册），上海图书馆藏稿本（编号：线普长744634-99），1920年8月2日，8月6日，8月7日。

第五章　五四时期的新闻呈现、时政阅读与时事追踪

终一致，城内自不至危险。"①

久居京城的吴燾虽奉徐世昌令交由内务部酌量任用，但因薪水只有区区60元，他难以接受，只好赋闲在家，但一直关注时局。1920年7月6日，他闻"吴段以党争之故，已在涿州开仗，在京诸要人多有送眷赴津者"。对此变局，他较为轻松地写道："余以闲人踽赴都门，无可为计，听之而已。"在他看来，皖系与直系之争实为党争，料想"日内必有战事"，而他内心独白："我本窭人，无所畏惧，作壁上观，亦从来未有之奇事也。"此后，皖系与直系互相通电，指责对方"罪行"。8日，他阅报纸，新闻称"段吴交哄之事，已经决裂"，并且"段吴之师已在涿州之琉璃河开仗"，他愤然评论道："以国家之卒伍饷械供若辈蛮触相争之用，政府熟视若无睹。犹幸外人干预，不得在畿城三十里之内为战场，故烽火犹在卅里以外。吾为国家痛，更为人民痛也。惟有搔首问天而已。"9日，他阅报纸后综述："段合肥上总统请讨曹吴呈文，语极激烈，即西文'爱［哀］的美敦书'是也。""见总统命令，曹吴罪名颇重，而罪状颇轻。"他进而评价道："元首之妙用，真令人莫测高深矣。"10日，他阅报进一步了解到"直系军人公讨合肥暨安福党檄文，措词尤为激烈"，他颇感无奈地写道："兵连祸结，后患不堪设想。"11日，他阅报知晓10日所传"开仗"纯属谣言。②

此后数日，双方虽未开仗，但相互攻讦，大有不战誓不罢休之态。12日，他阅报得知曹锟、段祺瑞"尚未开仗而互相丑诋，大有不容调停之势"的消息，他感慨道："孰胜孰负，固难逆料，而人民之遭蹂躏涂炭，毋待蓍龟矣。"曹段交战，多人出面调停，但"未识究竟如何也"。14日，报纸仍传"段曹尚未正式开仗"，并且闻"日内元首有下令调停之说"，但实际情形如何，无从窥测，"盖士夫人民，无不堕入五里雾中矣"。15日，他闻"段曹已开仗，段胜曹败"，"涿州一带难民纷纷外逃，可叹"。他读报后记载："元首命令，

---

① 左绍佐：《左绍佐日记》，湖北省图书馆编：《湖北省图书馆藏稿本日记四种》（第30册），国家图书馆出版社2021年影印本，第483、488、496、496—497、497—498页。
② 吴燾：《吴燾日记》，王建朗、马忠文主编：《近代史研究所藏稿钞本日记丛刊》（第21册），国家图书馆出版社2020年影印本，第309、310、311、311—312、312页。

词意浑含,仅令各路军队各归泛地云云。未识两方面能听从否也。"16 日,他阅报后写道:"段曹战事甚烈,曹军小挫,究竟内容如何,无从窥测也。"他迫切地想知晓战争的进展,但各报皆语焉不详。他通过《益世报》的报道竟无从得知战争的真相,内心颇焦灼。他描述了 18 日、19 日的见闻:"各城门俱闭,自系军情紧迫之故,但究竟孰胜孰挫,只能意会。京城报纸不敢实登也。""各城门惟永定门偶开,以进菜蔬。东西站火车均不能开。段军败北,受伤者纷纷送入医院,阵亡者极多。并闻段军曲师长炮队将到,师长询步队轰死数百人,到部军人质问曲师长,因何用炮轰击,情势汹汹。"他进而评价道:"民国军队自诩文明。其可叹如此,至人民之遭劫更无论矣。"20 日,他阅读《益世报》后判断:"将段军挫败各事一一揭载,足见报馆受贿之说不确,且报馆处势力范围之下,又值戒严期内,于报纸毫无隐饰,亦可见段军挫败之无疑义矣。"①

皖系战败后,段祺瑞派人前往东北暗杀张作霖的消息被报刊纷纷报道。22 日,吴焘阅报得知:"吉林长春站又经张雨亭拿获暗杀党姚姓十三人,讯供系某派某要人所主使。张极忿怒,正不知如何了局也。"23 日,他见报纸报道张作霖率师来津的消息,"恐难未已耳"。26 日,他又闻某总长派多人携巨款在东省勾买土匪扰乱地方的消息,"举事未成,即被拿获,业经认供[供认]不讳,可谓愈出愈奇矣"。同时,安福党人因段祺瑞的战败而纷纷作鸟兽散。29 日,吴焘闻"安福部首祸诸人,已奉元首命令宣布罪状,计共十人,明日即可见报也"。30 日,他通过报纸了解安福系党人的罪状:"报纸登载元首命令,宣布徐树铮、曾毓隽、段芝贵、丁士源、朱深、王郅隆、梁鸿志、姚震、李思浩、姚国桢等罪状,分别褫夺官职勋位勋章,由警察厅、步军统领一体严缉务获,依法讯办。"此案水落石出,"可谓民国以来大狱矣"。8 月4 日,他阅报又见徐世昌解散安福党的命令:"惟两议院议员安福党居多数,是国会亦无形取消矣。"他虽"不解法理",但认为"是固一大问题也"。同

---

① 吴焘:《吴焘日记》,王建朗、马忠文主编:《近代史研究所藏稿钞本日记丛刊》(第 21 册),国家图书馆出版社 2020 年影印本,第 313、314、314—315、315、315—316、316、317、318 页。

第五章　五四时期的新闻呈现、时政阅读与时事追踪

时，徐世昌下罪己令，吴焘进而展望："未识骄将悍卒能报戈流涕否？奉直张曹两帅已抵京，想必有一番改革也。"①

在宣统小朝廷当差的耆龄特别留意直皖战争。1920 年 7 月 2 日，耆龄闻"吴佩孚军有逼近直境之耗，人心大恐"。3 日，他得知"靳云鹏下野，周树模组阁"。6 日，他闻"段曹将有战事，已下动员令"，将信将疑的他电问恩溥，恩溥答曰："有之，张作霖调停，云有转机。" 7 日，耆龄闻友人云汀言："段曹已决裂，张作霖智力俱穷欲遁，段明日开军事会议，讨伐曹吴。"10 日，耆龄听闻段祺瑞战败的消息："段曹两军已开仗，段军三战三败，张作霖仍在天津，并有至保定与曹会晤之说。"② 但事实上，此时双方在积极备战，并未交战。从耆龄所记新闻的语气看，在此期间，他很少读报，这些听闻大多来自友朋的二次新闻传播。

14 日，直军和皖军交战，耆龄通过友人函电知晓战争情况。15 日，耆龄得叕老、赞西、健之电告，"段、曹已在高碑店开仗，曹军败退四十里"。次日又得电，"段军小胜"。此后几日，耆龄得到段军败退的消息。17 日，耆龄知西路段军"大败，伤亡七八千人，两师几乎全覆，段芝贵奔归"，东路段军"得利，已过杨村，至北仓"，而《晚报》谓"三路均败"。18 日，耆龄阅报得知"全局有瓦解之势，东路段军又退至杨村"，有人言"张作霖兵已至者，东西便门俱见溃兵且极多，其为败无疑"。耆龄见庄士敦，对方言"段祺瑞在交民巷租房是实"。他又收到友人珏生电告："段军三路均大败，降者极多，将一蹶不振。"③

此后几日，段祺瑞败退消息流传甚广。19 日，耆龄闻"段军溃败已不能成军，吴佩孚至黄村，张作霖军亦至黄村，段辞职并述溃败之故于总统"。晚上接到友人云汀电话："段以军败屈服，所部已允解除武装，听总统处分，惟不认曹、吴、张办复辟之事。"他听后认为段祺瑞是"智穷力尽，尚有要求，不过自居为国事犯而已"。20 日，他认为《益世报》报道直皖战争"颇详

---

① 吴焘：《吴焘日记》，王建朗、马忠文主编：《近代史研究所藏稿钞本日记丛刊》（第 21 册），国家图书馆出版社 2020 年版，第 319、320、321—322、322、323、324、328 页。
② 耆龄著，裘陈江整理：《耆龄日记》，凤凰出版社 2020 年版，第 79、80 页。
③ 耆龄著，裘陈江整理：《耆龄日记》，凤凰出版社 2020 年版，第 81 页。

实":"政府已有安置败兵计画,京城或不致再有兵灾。"① 此后几日,直奉军队进驻北京郊外,控制了北京政权。报刊、电话、电报等媒介都是耆龄获取新闻的来源,而他的友朋网络也提供了丰富的新闻资源。

王振声对于直皖战争的关注始于"吴佩孚免职夺官勋,交部惩办。曹免职留任。段与曹、吴斗"。1920年7月12日,他阅报得知"西南开仗,闻段军败"。14日,他闻总统"命令双方停战",但直皖双方依然开战。18日,他读报后记载:"段军败溃。京城无扰。段辞职未准。"25日,他得知"奉军来京,通告绝不进城"。27日,他知晓"吴总监奉派,段前曹革留吴革惩命令取消。准段辞职"。8月3日,他读报见总统命令:"解散安福部,曹、张到京,命令责己。"② 之后,他很少提及相关报道。

翁斌孙与友人华璧丈聊京师事,提及"直系、皖系之军阀亦将起而操同室之戈矣,生灵涂炭",言语间充满无奈之感。1920年6月30日,他阅报后写道:"曹锟令张作霖要挟,四条内第三条为撤徐树铮西北筹边使,东海已允云云,不知确否。"他认为"各督军尾大不掉,其祸烈于唐之藩镇",将军阀混战比作唐藩镇割据。7月5日,新闻称"徐树铮罢西北筹边使,授将军府威远将军"。7日,他读报后认为"徐又(树)铮罢西北筹边使,皖、直之争不可遏止,两派皆欲以武力从事",造成"人心惶惶,由京徙津租界者殆数千人矣,时局如此,乱靡有定,如何如何"。9日,他阅览新闻后认为:"直、皖之争仍无好消息,讹言琉璃河已开战,实未也。北京有力者纷纷来津,充满租界矣。"对于同室操戈,他甚感悲哀。13日,他见报上有八省反皖同盟讨伐段祺瑞之通电:"曹锟、张作霖、王占元、李纯、陈光远、赵倜、蔡成勋、马福祥联名通电,讨段祺瑞。"段祺瑞知不可战,故遣人要求徐世昌下停战令,但徐世昌并未下令,段祺瑞又遣人调处。15日,翁斌孙在与徐锡臣的交谈中得知:"在京闻段军皆不欲战,其败可立而待。"17日,他又听闻:"直军雨中不设备,皖军冒雨劫其营,直军败退之李家嘴,去北仓近矣,河北人

---

① 耆龄著,裘陈江整理:《耆龄日记》,凤凰出版社2020年版,第82页。
② 王振声著,徐慧子、李周整理:《王振声日记》,凤凰出版社2017年版,第364、365页。

闻信纷纷迁入租界，竟夜未止，凌润田云人心极皇皇［惶惶］。"18 日，他阅《益世报》号外，新闻云："段军第三师师长陈文运腿部受重伤，第十五师两旅长被俘，其军队已去武装。"19 日，他阅报后记载："直军大胜，街市传说吴佩孚已至北京，又云烧前门，殆不可信。"20 日，他阅报后写道："段遣人至津议和（此是实事），曲同丰被俘，宋子扬降，吴佩孚一军已抵芦沟桥，去团河不远。"至 25 日，他见报上所载："明令安福三总长免职，大约安福部当自行解散。"① 皖系败局已定。他对战事的追踪和记录，难以看出他的立场。

1920 年伊始，任职于中国银行天津分行的卞白眉又开始记日记，对于北洋军阀之间的混战多有记载。是年，段祺瑞借助总统徐世昌罢免曹锟、吴佩孚，皖系和直系双方矛盾进一步激化。7 月 9 日，卞白眉见报上有段祺瑞迫总统"免曹、吴职"之新闻。② 这一事件直接引发了直皖战争。之后，相关报道不断，他持续关注。

7 月上旬，双方发生战争，奉系张作霖以调停的姿态介入其中。10 日，段军驻师张庄，直抵北京，直军驻杨村，双方"相去仅十余里"且"各取守势"。同时，张作霖以武装调和，并将八省反皖同盟通电刊于《泰晤士报》。16 日，卞白眉闻直军在杨村先"小失利"，后"小却"，嗣后"有援复振"，已"攻占"落堡。至于"有援"来源于吴军或奉军则"未知孰是"。同时，"外人专车赴前敌观战"。17 日，段军得日军助力炮击，直军遂"退守北仓"。同时，奉军增援直军，在"北仓以北杨村以南作战"。《河北日报》号外称"直军西路已抵卢沟桥，东路抵方庄"。卞白眉认为"不足深信"，因为据他所知，西路已到长辛店，东路在杨村以北，距张庄近。奉军二十八师至北仓。据《泰晤士报》，奉军增援直军后，"在北仓北六里预备攻击"。而卞白眉听闻是奉直军在廊坊，"不知孰是也"。③

---

① 翁斌孙著，张剑整理：《翁斌孙日记》，凤凰出版社 2015 年版，第 168、172、173、174、175、176、176—177、178 页。

② 卞白眉著，中国人民政治协商会议天津市委员会文史资料委员会编：《卞白眉日记》（第 1 卷），天津古籍出版社 2008 年版，第 100 页。

③ 卞白眉著，中国人民政治协商会议天津市委员会文史资料委员会编：《卞白眉日记》（第 1 卷），天津古籍出版社 2008 年版，第 100、101 页。

7月下旬，皖系战败，段祺瑞下台，靳云鹏组阁，直系要求惩办徐树铮。20日，段祺瑞在军力不支的情况下，"有说和意"，并提出"条件四条"。直奉两系要求段祺瑞惩办徐树铮。21日，奉军攻占杨村，段军开始败退，拆断铁路、桥梁，西路肃清，京汉车"已通"。22日，段祺瑞通电辞职，语气和措辞甚哀怜，"大有日暮途穷之势，几不忍卒读也"，同时，徐树铮已至日使馆。23日，有徐树铮"逸往蒙古之说"。同时，双方休战，"以永定河、琉璃河、廊房［坊］为界"。29日，段祺瑞辞职"照准"，直奉两系要求"安福系各要人均下台"并予以"惩办"。8月1日，直奉军在北京城搜查安福系诸人"极严"。4日，张作霖、曹锟分别进京，宣布解散安福系。直皖战争以皖系失败、段祺瑞下台、安福系解散而告终，直奉两系最终控制了北京政权，改由靳云鹏组阁，"派署之阁员令发表，颜骏人长外交（为差强人意者）；周自齐长财政；叶恭倬［绰］长交通。旧交通系又据要津矣。闻财次有曲荔斋或荫桐荪说，亦有谓系汪向叔者"。① 卞白眉的新闻叙事，大致反映了战事的重要环节。

以上是京畿地区读者关于直皖战争的相关记载和述评，大多数人对于直皖战争引发的社会动荡表示痛惜。在他们看来，直皖战争并非所谓的"正义战争"，而是内斗、党争，战争的恶果是消耗中国的实力，引发更大的社会危机。

（二）京畿外读者的阅报记录与观感

与京畿人士对战争进程的关注不同，京外读者缺乏对战局的直接观察，他们对战争的记载详略不同，各有侧重。在上海的郑孝胥对此阶段的记录非常详尽。1920年7月8日，郑孝胥读报后评论："日来徐树铮已免职，然恐当与吴佩孚一战；若不能，真奴才也。"他认为，徐树铮被免一事是引发直皖之争的导火索。9日，郑孝胥阅报得知"曹锟革职留任，吴佩孚革去中将"。10日，他读报后研判"张作霖归奉天。徐树铮、吴佩孚各遣兵进攻，或言已

---

① 卞白眉著，中国人民政治协商会议天津市委员会文史资料委员会编：《卞白眉日记》（第1卷），天津古籍出版社2008年版，第101、102、103、104页。

战",双方呈现出剑拔弩张的态势。12日,他摘录新闻:"张勋至津,乘轮南下;段自言,三日可攻下保定。"13日,他阅《大陆报》后得知:"段军不肯战,日教员为之激励,将士皆不用命。徐世昌令曹、吴勿进兵,议调停条件。张作霖电致徐世昌,斥段为公敌。"因段军不肯战,段祺瑞亲自督战,但效果不佳。14日,郑孝胥从《大陆报》中知晓"段亲督战,其众不战而退,弃段于战壕中,一败涂地,将遁往库伦"。段祺瑞似乎败局已定。15日,他阅报后简述:"张作霖饬奉军之驻军粮城者悉听张勋指挥。皖系犹欲调停,似无效。"17日,报言:"张作霖遣兵入京,声言'保护都城,不与战事;有抗阻者则击之'。"24日,各报载:"曹琨[锟]、张作霖皆通电宣言无复辟事。"① 显然,郑孝胥将直皖之争看作复辟之举。一是因为张勋得到重用,皆是复辟派在起作用;二是因为复辟之传言层出不穷。郑孝胥的内心仍有强烈的复辟梦想,静待机会,以图有大作为。

一些读者则较为简略地记录了战争的部分新闻,并且解读各异。常熟县民政副长、众议院议员徐兆玮侧重记载直皖战争前后的一些动向。1920年7月11日,徐兆玮闻"新广勤停秤",乃知"北京有变动",料想是"直皖系冲突所致",然而,报纸未加报道,"不知详审"。12日,他阅《时报》得知"苏、沪冲突,沪军将开至昆山,宜李督军之设法以阻止之也"。他读报后判断:"段祺瑞请讨吴佩孚已成事实,恐兵连祸结,小民实受其殃。武人不扑灭,宇宙无宁日,当拭目俟之。"18日,他阅《申报》所载"直皖交战,直占优胜"消息,感慨道:"安福之猖獗甚矣,天祚民国,必无此辈。独惜段芝泉为共和保障,而刚愎自用,为群小所蒙,以至声名扫地,亦足悲矣。"② 足见他甚为痛恨安福系。

一直周游于宁沪的白坚武对战况亦有所了解。1920年7月17日,他读报后得知:"吴佩孚发元、文两通电讨段祺瑞。天津省议会、商会、各界联合会

---

① 郑孝胥著,中国历史博物馆编,劳祖德整理:《郑孝胥日记》(第4册),中华书局1993年版,第1833、1834、1835页。
② 徐兆玮著,李向东、包岐峰、苏醒等标点:《徐兆玮日记》(第3册),黄山书社2013年版,第2120、2123页。

通电讨段祺瑞。"他认为段祺瑞会战败。20日，他了解到"边防军在西路大溃，败不能军，寡助之征也"。他进一步表达了对段祺瑞的反感。23日，他知晓"段军西路溃败已不能军，徐又铮尚拟在东路背城一战，到底不弱"，颇为讥讽地写道："留〔流〕芳遗臭之语，乃腐士妄行分别之谈。以人性言之，凡抱一主张至万劫不回，俱为高等人类之好表现；滔滔皆属冯道、刘表之流，是尚得以人性言耶？虽然盖棺论定，今尚未能定段芝泉、徐又铮也，拭目以观之可耳。"24日，他读到"段祺瑞图自杀，为卫兵救护"的新闻，一改鄙夷段祺瑞的语调，颇为欣赏地写道："段不愧为男儿，尚有军人性格，视望气看风者不可同日语。"①

在浙江温州，年逾60岁的符璋将张作霖进京视为复辟。1920年1月8日，他阅报上所载京师传闻："张作霖定阴历元旦复辟，段以十万急电召徐回。"6月5日，他阅《大公报》，新闻报道"京城有复辟之谣，谓张勋借张作霖两师及饷械入关"。25日，他读报后认为："张胡到京已数日，安福系虽恐慌，尚无甚举动。"②他将直皖之争视为复辟行为，特别将张作霖视为复辟之首。当报刊上出现张作霖的新闻时，他便留心记载，表明他对"复辟"之事的关注。

同在温州的张棡回顾了直皖战争的概况。直皖龃龉，"曹锟与段派战大胜，安福系一律解散"，虽然段祺瑞败退，但"中国有兵一百五十万"，如果"不能给裁"，又无"善后之法"，那么军阀间的矛盾仍"不易解决"。③他认为，军队未裁，军阀混战依旧，国家仍然处于水深火热之中。

任教于温州任桥第四高小的夏承焘也简要记载了战争情况。1920年4月20日，夏承焘于东山图书馆阅报得知"靳云鹏已辞内阁政府，拟属周树模组阁"，他认为："去靳阴谋皆系安福党于中活动，且闻有推段再上台消息，若

---

① 白坚武著，中国社会科学院近代史研究所编，杜春和、耿来金整理：《白坚武日记》（第1册），江苏古籍出版社1992年版，第263、264页。
② 符璋著，温州市图书馆编，陈光熙点校：《符璋日记》（中册），中华书局2018年版，第743、765、767页。
③ 张棡著，温州市图书馆编，张钧孙点校：《张棡日记》（第5册），中华书局2019年版，第2332页。

果此人再出，我国与日交涉必无幸。"他对靳云鹏辞职表示悲观。7月，他至南京高等师范学院游学，恰逢直皖战争爆发前夕，江浙一带受到影响。10日，夏承焘阅报得知沪上报纸风传"政府因裁沪上护军使"，致使直系反对安福系，浙江宣布独立，苏督李纯运兵昆山预备作战，南京城内警察武装戒严，引起恐慌。20日，他又至图书馆阅报，知"北京直系与安福派已开战，段被吴败，京师摇动，干戈满地"。① 之后，他较少记载战事。

相对于京畿读者持续关注直皖战争，京外读者对于战争进程的关注度较低。除了像郑孝胥这样的前清遗老因热衷于政治而持续关注战争进程，其他读者只是在阅报之余偶尔记录战争的某些片段。发生在京畿附近的直皖战争对他们的影响较小，军阀混战多年，他们也许习以为常，很少全程"跟踪"。

二、直皖战争后读者的时政思考

虽然直皖战争以直系的胜利告终，但中国的主要军阀由皖系、直系、奉系变成直系和奉系两系，并且各地小军阀依然存在，社会仍然动荡不安，军阀混战的消息屡屡见诸报端。

在郑孝胥的日记中，关于这样的混战记载俯拾即是。在湖南，粤桂两军驱逐了张敬尧。1920年6月13日，郑孝胥阅报得知"长沙已为南军所据，张敬尧遁去"。在两广地区，粤桂两军激战异常。7月8日，郑孝胥记载："桂军集中于广州，似欲易粤督。岑当见机先去。"8月11日，他得知："桂军入闽，已击陈炯明之众于大埔。……西报言，有新联盟诸省，张作霖、陆荣廷皆与焉，倪嗣冲最奇。"9月12日，他阅报后知悉"桂军于惠州击败粤军，然犹未反攻"。15日，他读《大陆报》，新闻称："马济、沈鸿英皆战胜，粤军俘降者颇众。"26日，报纸又载："马济等大破陈炯明之众，进攻潮汕，势将一战荡平。"29日，他得知"广州有变，将逐岑、莫"。10月1日，他知晓"广州李福林、魏邦平宣言独立，欲令莫荣新将桂军退出广东；莫报陆荣廷候

---

① 夏承焘著，吴蓓主编：《夏承焘日记全编》（第1册），浙江古籍出版社2021年版，第525、545、550页。

令"。他认为:"恐不免一战,广东省会必大受损。"29日,他听闻"广州已战,报纸犹哗言桂军退出广州"。12月31日,他阅报后记载:"徐世昌以陆荣廷为两广边防督办,谭浩明为广西督军。《大陆报》言:长沙乱,赵恒惕杀省长林芝宇及其部下欲通李烈钧者;赵归附北京政府。"① 军阀混战引发的直接恶果是社会动荡,社会陷入无序状态。

直皖战争后,军阀混战加剧,其中,非常典型的便是苏皖之争。在苏皖一带,军阀之争异常激烈。1920年9月26日,郑孝胥阅报后得知:"忽有十省联盟之说,李纯为之首,盖欲排斥张作霖也。"实际上是"徐世昌阴嗾之,必以副总统许李纯而与革命党合"。若此事可成,"革命党南援陈炯明、北援吴佩孚以破复辟之举,张作霖、陆荣廷皆其敌也。张勋速出,则彼等难合;若陆破陈炯明,张灭吴佩孚,则复辟可成矣"。10月13日,《大陆报》报道:"登李纯相片,亦云昨早四点钟以手枪自杀,留书三封,言己志欲救国不遂之状,又遗令以家产若干为北方灾赈。"又有报道称:"北京已为张作霖所得,将复行专制,罢共和之政;曹锟出亡南下,或来南京、上海;吴佩孚不知下落等语。""京城安堵如故。或疑李纯为人暗杀。"14日,《大陆报》登载关于徐世昌的消息:"徐已辞职。北京已悬龙旗。各华报以为谣言。"16日,郑孝胥阅报得知:"靳云鹏将出督苏,周树模为内阁总理。齐燮元谋为苏督,使张季直电保。"②

另外,郑孝胥非常关注张勋的去向,在日记中多次提及。8月11日,苏、皖绅商电"请起用张勋"。9月12日,郑孝胥阅报后得知"张勋将为陕甘巡阅使"。同时,广西都督陆荣廷电:"若张勋复职,则议和可无条件;否则,将以两广让张,以成西南半壁之局。"13日,新闻又称"张勋将为长江巡阅使"。18日,郑孝胥得知"李纯为长江巡阅使,张文生署安徽督军"。他认为:"李纯与徐世昌合谋抑张勋,乃用张文生以塞张勋部曲之口,然怒者必众

---

① 郑孝胥著,中国历史博物馆编,劳祖德整理:《郑孝胥日记》(第4册),中华书局1993年版,第1829、1833、1837、1840、1841、1842、1843、1846、1853页。
② 郑孝胥著,中国历史博物馆编,劳祖德整理:《郑孝胥日记》(第4册),中华书局1993年版,第1842、1844、1845页。

第五章 五四时期的新闻呈现、时政阅读与时事追踪

矣。李纯、张文生皆为张勋请复职,而卒自得之,此徐世昌小人之技也。徐欲使新国会延期,而阴引刘恩格使举张作霖为副总统,亦是此术,真小人之肝肠也。"① 他延续了以前日记的风格,对时政,特别是军阀混战关注甚多。

1920年9月,吴燾受河南省省长张凤台之邀,至开封任汴省高等政治顾问。在开封的他依然通过报刊了解时政,情绪悲观。他感叹:"国事杌陧如此,波谲云诡,变幻无常,亦殊难逆料也。"10月11日,江苏督军李纯自戕去世,他甚为关注。14日,他阅报后记载:"江苏李巡阅实系自戕,并留有遗嘱,处分公事家事甚悉,当无疑义,惟既系患病日久,何以无侍病之人,仍不能无疑也。"16日,他进一步了解报纸所载相关新闻:"李巡阅使之自戕,虽无异议,亦间有不免微词者。至接替之人,则中央迄无定见。秦失其鹿,不知谁为捷足者,真无从拟议也。"19日,他阅报后总结:"李巡阅遗缺,尚未特简,有人盖谋夫孔多。苏人又倡废督之说。胶胶扰扰,无所适从,较唐之留后节度使,尤难措置。以意揣之,废督恐不能行,特逐鹿者多,未知谁属耳。"②

吴燾对军阀纷争方面的新闻记载较多。例如,10月21日,他阅报后记载:"山东田督军兼省长,东人反抗甚力。而江苏李巡阅遗缺,谋夫孔多,苏人又主张废督。议论纷纷,莫衷一是,诚不知伊于胡底也。"28日,他阅报得知内忧外患之事甚多:"粤军大胜,想羊城不日即归粤系矣。李秀山之死,又有谓非自戕者。吉林珲春庙街日人纷纷进兵。蒙古库伦俄匪滋扰,势极猖獗。汴省奇灾,赈务亦茫无头绪。侧身四望,怅怅何之,惟有旋系,图骨肉完聚耳。"在南北纷争不断的情况下,徐世昌下令调停。吴燾阅报后摘录新闻:"大总统已颁布统一命令,大致谓南北纠纷,累年未戢,民生久悴,国计日殚。前李巡阅有慨于统一未定,不惜一死以谢国人。广东军政府总裁岑春煊亦取消自主,由中央分别接管。陆荣廷、林葆怿等分电前情,自当早谋统

---

① 郑孝胥著,中国历史博物馆编,劳祖德整理:《郑孝胥日记》(第4册),中华书局1993年版,第1837、1840、1841页。
② 吴燾:《吴燾日记》,王建朗、马忠文主编:《近代史研究所藏稿钞本日记丛刊》(第21册),国家图书馆出版社2020年影印本,第378、375、377—378、380页。

一，以巩固中华民国维新之运。又令内务部依照民国元年公布之组织国会法暨两院选举法，即连筹办云云。而报纸又有陈炯明等另行组织军政府之说。究竟能否统一，尚在未定也。"①统一面临诸多挑战，久历官场的吴焘自然心存疑虑。

白坚武作为李纯幕僚，与其相处四载，但因直皖之争，与其产生龃龉后离开，并加入吴佩孚幕府，为之出谋划策。1920年10月12日，白坚武得知"江苏督军李纯闻于今日病逝"的消息，哀痛不已，回顾了与李纯的交情："余自赣至苏参其军幕者四载，余之言渠无一听者。前者京保之战，余与之张目，冲突尤甚；北来之际，渠对余更致不满。一旦契阔，以私交言之，惟有怅怅其走小径之自误耳。"他最初听闻李纯是"病逝"，但随后听闻是"自戕"，他不信，直到齐燮元通电"系以手枪自杀"，他惊讶不已："天下事竟有不（可）思议者乎？"作为曾经的幕僚，白坚武唁挽联一对："天下事尚可为也，公奈何捐躯一死，殉遗魄沙虫猿鹤之林，回首英名惟涕下。古今人岂相远乎？昔尝闻击楫中流，望羽书虎踞龙蟠而外，伤心往迹哀江南。"②对李纯之死表示哀伤。

夏承焘颇为关注直皖战后的格局。1920年10月16日，他阅报忽闻江苏督军李纯自杀，"真令人惊异"。李纯留下遗书四封分理家产，谓"久病不愈，贻误国事，自杀以谢国人"。报纸纷纷揣测，或谓"荐文歙［龢］事及陈光远反对灰心"，或谓"系被人迫，致中国恐有大事发生"。18日，夏承焘阅报后得知李纯之死或与复辟有关，"死后于枕下搜出手枪，显系被人暗杀"，疑点重重。同时，沪报谣传张作霖"又蹈张勋故辙复辟"，徐世昌已"逃往天津"。夏承焘评论："时至今日乃犹有倡复辟者，真咄咄怪事，特恐北方方苦饥馑，苟继以兵灾，吾民流离失所，不堪设想。"他疑惑不解，称"怪事连连"，当道者不以民间疾苦为重，反而以复辟为荣，实在是荒谬。他感叹：

---

① 吴焘：《吴焘日记》，王建朗、马忠文主编：《近代史研究所藏稿钞本日记丛刊》（第21册），国家图书馆出版社2020年影印本，第381—382、387、390页。

② 白坚武著，中国社会科学院近代史研究所编，杜春和、耿来金整理：《白坚武日记》（第1册），江苏古籍出版社1992年版，第278、279页。

"蜩螗时局，不闻则已，闻之反令人伤心，忆予自有生以来，观报绝无一日可喜国事过眼。"① 报纸所载皆是乱象，他为乱局感到悲哀。

不少报刊读者认为，直皖战争开创了北洋军阀混战的第一次高潮。在此之前，军阀混战还处于局部阶段，没有如此大的规模，更没有如此大的损伤。面对北洋军阀第一次大混战，读者们咬牙切齿，对军阀当道表示极大的反对，特别是皖系军阀，他们大多较为厌恶。所谓"得道多助，失道寡助"，皖系战败并非兵将不广、枪炮不行，而是整个安福系在执政期间不得人心，做出诸多有损中国利益的事情，因而战败乃是必然。

第四节 第一次直奉战争与读者反响

直皖战争后，军阀之争虽偶有缓和，但利益冲突一直存在，一旦矛盾激化，诉诸武力便成为军阀们的优先选择。1921年年底，张作霖为了独揽北京大权，利用梁士诒代替靳云鹏出任国务总理。直系和奉系之间的矛盾进一步激化。1922年4月28日至5月5日，直奉两系在北京周边进行了大规模的战争。4月30日，《申报》"国内专电"即有直奉开战的消息。② 《申报》主笔陈冷写了一篇《奉直大战开始》的时评，对时局持悲观态度。该时评指出："今日奉直之大战，即一疮痍之出血也。然而今之中国，譬之于人余毒犹多，岂能但经此出血而全病已耶。"他将直奉战争视为疮痍出血，仍然改变不了军阀混战的格局。③《大公报》在4月30日以"北京电话"的形式报道了直奉开战的消息。④ 在第一次直奉战争前后，不少读者关注时局的变化，对相关新闻述评较多。

一、直奉暗斗与读者感受

直皖战争推倒了皖系在中国的统治，形成了直奉对峙的局面。因此，报

---

① 夏承焘著，吴蓓主编：《夏承焘日记全编》（第1册），浙江古籍出版社2021年版，第597、598、600页。
② 《国内专电》，《申报》1922年4月30日，第4版。
③ 冷：《奉直大战开始》，《申报》1922年4月30日，第4版。
④ 《北京电话》，《大公报》1922年4月30日，第2版。

刊上关于直奉纷争的报道成为军阀混战的主题。例如，1921年9月11日，《申报》以《直奉之战机》为题评论了直奉相争的消息。① 14日，《申报》评论军阀混战时表示："远如皖直，近如直奉，表面虽互有敷衍，其实如同冰炭，各不相容，其间或因地盘，或以意气，以致彼此争持，迄未稍息，酝酿复酝酿，乃有此次湘鄂之战争。"② 鄂湘之争的背后即是直奉对峙的结果。在读者的读报记载中，直奉争斗成为重要的新闻话题。

（一）官绅阶层对直奉暗斗的记录与观感

官绅阶层对于政治的敏感性较强，对政治有更直观的感受。特别是报刊关于某些政要人物的报道，往往引起他们的关注。报刊提供的新闻素材，成为他们了解政局变动的首要方式。

卞白眉站在北京政府的角度对第一次直奉战争的来龙去脉进行了较为全面的观察和述评。1921年，北京政权表面缓和，实则暗潮汹涌，内斗异常激烈。直奉两系在和战之间不断反复，最后以奉系支持的梁士诒代替直系的靳云鹏组阁，引发了第一次直奉战争。2月14日，《申报》刊载了直奉暗潮的要闻。③ 卞白眉在与友朋的交流中亦闻奉直暗潮涌动，并嘱托吴震修一探。吴震修在电话中告知卞白眉直奉暗潮"无为不因"，"京汉车辆间有借给京奉者，开至廊坊每即扣而不回"。在与张鸿卿的电话中，卞白眉知晓吴佩孚部下已秘密至山海关。17日，亦有直奉争斗"甚烈"的说法。直系方面，曹锟兄弟"意和缓"，但吴佩孚"意激昂，有备战举动"，总统府"派员暗中调停"，乃至其后有"暗潮消弭之说"。而内阁总理靳云鹏与一二重要国务员主张曹锟、张作霖"会商国事"，卞白眉甚为不满地指出："一国政权操之于若辈跋扈军人、狼狈金壬之手。"靳云鹏想将周自齐、叶恭绰两人排挤出内阁，而两人拒不辞职，靳云鹏用"内阁总辞职法"使两人去职，新的人事任命如下："张远伯调交通，齐耀珊长内务，李鼎新长海军，蔡成勋长陆军，李伯芝则长财政。"至1921年年底，直奉暗潮进一步加剧，靳云鹏辞职，颜惠庆暂代理，

---

① 冷：《直奉之战机》，《申报》1921年9月11日，第6版。
② 《宣传中之南方北伐声》，《申报》1921年9月14日，第10版。
③ 《奉直形势与长江方面观》，《申报》1921年2月14日，第7版。

第五章 五四时期的新闻呈现、时政阅读与时事追踪

后梁士诒为国务总理,人事任命如下:"外交颜惠庆,内务高凌蔚[霨],财政张弧,农商齐耀珊,陆军鲍贵卿,海军李鼎新,交通叶恭绰,教育黄炎培,司法王宠惠。"对于内阁人选,媒体大哗,"《京津泰晤士报》于梁燕荪之组阁,颇致讥评"。① 人事调整背后,乃是不同派系利益争夺的结果。

各地军阀征战不休,特别是湘鄂之争,引发了直系吴佩孚的直接介入。1921年7月23日,卞白眉闻湘将攻鄂,内阁将改组,认为"大局恐有变化"。又从总处传来汉口分行消息,称"湘鄂战事,前方已交绥"。报中消息不一,谓"赵恒惕、吴子玉相比,意在驱王占元",卞白眉表示奉直之争"恐成近畿之争"。8月7日,卞白眉阅《明星报》所载新闻:"鄂军败,王有退志,并有萧耀南督鄂说。"10日,他读报后了解湖北局势变动新闻,王占元被免职,萧耀南继任为湖北督军,吴佩孚为巡阅使。29日,吴军占领岳州。直系声势"日增月盛",卞白眉评论:"然满损谦益,不知诸公有无戒心也?吴号称得人望,然当此时局,不知其能不贪权势、善全令名否也?"② 可见,他对直系颇为不满。

1921年年底,梁士诒组阁,推行了一系列有利于奉系的政策,并赦免了安福系诸人。这导致直系强烈不满,吴佩孚电责梁士诒。1922年1月1日,报载梁士诒有赦免安福系诸人的议论。8日,吴佩孚通电抨击梁士诒内阁,称其罪状是"谋借日款,妨碍胶济路赎回",并通电至总统徐世昌,责备其"既用洪宪幸臣,复赦安福祸首"。梁士诒亦通电"自辩"。10日,吴佩孚又通电诘问梁士诒"赦安福理由"。一系列诘问引发了连锁反应,先是齐燮元通电"责梁海军自由行动",后长江各督"反对梁阁",乃至形成了"各方攻梁甚烈"的局面,报言"梁阁或尚可支持旬日以上"。卞白眉痛批梁士诒是"颜之厚者固不恤人言",责梁行动造成"直、奉难免决裂"。③

---

① 卞白眉著,中国人民政治协商会议天津市委员会文史资料委员会编:《卞白眉日记》(第1卷),天津古籍出版社2008年版,第132、133、135、142、145、172页。
② 卞白眉著,中国人民政治协商会议天津市委员会文史资料委员会编:《卞白眉日记》(第1卷),天津古籍出版社2008年版,第153、154、155、156、158、156页。
③ 卞白眉著,中国人民政治协商会议天津市委员会文史资料委员会编:《卞白眉日记》(第1卷),天津古籍出版社2008年版,第177、179、180、181页。

吴佩孚联合冯玉祥、齐燮元等军阀，通电对奉作战。同时，张作霖通电历数吴佩孚多条罪状。双方纷纷增兵于京津地区，剑拔弩张。2月13日，卞白眉在与王仰先的电话中知段祺瑞已至天津，住意大利租界。又闻奉系阴谋勾结土匪扰乱山东、河南，并且鼓动西南军阀"劫"吴佩孚。20日，他在与张鸿卿的谈话中觉直奉之争"殆不能免"。曹锟兄弟因直奉之争"难操胜算"，为自保，拟于"战端开日即通电辞职"，但恐被吴佩孚"劫持"，不能如其所愿。报纸上的直奉之争日甚一日。23日，直奉"误解未能化除"，形势更加"险恶"。王承斌至东北调停，张作霖亦"未接见"。24日，报载张作霖资三百万"协济南方"，使南方"击湘、鄂"。3月14日，报载"吴佩孚示退让"，卞白眉表示"奉直或免争"。① 但"免争"甚难。对于后续消息，他记载不多。

白坚武于1921年受吴佩孚派遣，至上海代表吴佩孚行事。3月25日，他读《时事新报》所载复辟内幕："张作霖、曹锟将入京，而王士珍以不朝不野之态亦翻然戾止，是皆促乱之迹也，世安有一挂招牌而即成者，固知乱方始耳。"8月10日，他读报后记载："王占元去鄂。北京令巡阅两湖给吴佩孚、鄂督给萧耀南。"他评价道："吴斯时若真为北京实行巡阅，前途必败。"14日，他又得知新动向："王占元、孙传芳恨曹锟、吴佩孚之逗留不进。孙退守武穴收集残卒，拟与张文生合以图直军，预计奉直之争当不出一月或以军事相见。"27日，他进一步知晓"湘、直军激战，直军夺取城陵矶，然回头更难"。9月30日，他读报后了解"川军败退鄂境"，进而评价道："有目前结束之望。川、湘不同势，湘败则衡岳以北无守境，川则非有大力征服之，以鄂与之敌，即目下以口行和，一旦形势有变，川军又有下驶之虞。凡今之人，谋在支节者终自毙耳。"10月28日，他结合时局对吴佩孚进行讥评："吴佩孚感电措词徒以招谤，且不明事之真相。天下事智不能达者力无所用之，适自生障碍耳。"②

---

① 卞白眉著，中国人民政治协商会议天津市委员会文史资料委员会编：《卞白眉日记》（第1卷），天津古籍出版社2008年版，第185、186、187、190页。
② 白坚武著，中国社会科学院近代史研究所编，杜春和、耿来金整理：《白坚武日记》（第1卷），江苏古籍出版社1992年版，第305、325、327、331、335页。

第五章　五四时期的新闻呈现、时政阅读与时事追踪

12月24日，白坚武获知"梁士诒组阁令下"，不免猜测道："或将以此引起奉直战机。"27日，他陈述了梁士诒组阁后的举措："梁士诒组阁后，恢复六年宪法会议。黎元洪复任之说盛传，非独徐世昌问题无着，彼不至不得已时不肯甘心，即各军阀亦未至成熟之期，恐仍在酝酿时耳。世无英雄，易为庸人收侥幸之局。"1922年年初，白坚武至洛阳，正式成为吴佩孚幕僚，为吴出谋划策。1月5日，他记载了吴佩孚决定倒梁的消息："梁士诒借日款赎胶济路，吴子玉将军通电全国反对，决心倒阁。"吴佩孚嘱白坚武函孙伯兰"集合西南响应"。19日，新闻称"洛、宁、鄂、鲁、豫、秦，联衔电请罢梁士诒，否则即与内阁断绝关系"。白坚武判断："斯为最后之表示，梁无后援，去也必矣。"31日，他阅浙江卢永祥通电，"主财政公开"，进而质疑："梁士诒甫去，而卢电即出，其别有用意乎？"①

此后，直奉之争日趋激烈。4月15日，白坚武闻"奉军入关后，拘禁曹锳、赵子升"，预测"战事殆不免"。18日，他记载："奉直战事有开始之势。……阅直隶省议会电，恳求两方息战罢兵，不知进退至斯可谓极矣。"此后，他随军赴保定，参与战事。他认为："士气激昂，军心欢跃，可卜战事前途矣。"②

其他一些士绅也简略记载了直奉争斗的情况。从1922年4月起，报纸上关于第一次直奉战争的战前准备报道就引起了朱鄂基的关注。13日，朱鄂基了解到"周自齐署理内阁总理。四月九号大总统令，周任教长"。③刘大鹏则通过《申报》报道了解直奉暗潮的情形："北京政府捣乱又甚，二三月中内阁无总理，财政亦奇绌。……直隶省长曹锐加厘金附捐，直省人民群起反对，聚集山海关数十万人。……山东督军兼省长田中玉加增盐税，恢复河工附捐（六毛附捐），复预征十二年之丁漕，全省一百零七县开国民大会，群起反

---

① 白坚武著，中国社会科学院近代史研究所编，杜春和、耿来金整理：《白坚武日记》（第1册），江苏古籍出版社1992年版，第342、345、346、347页。
② 白坚武著，中国社会科学院近代史研究所编，杜春和、耿来金整理：《白坚武日记》（第1册），江苏古籍出版社1992年版，第355、356页。
③ 朱鄂基著，朱炯整理：《朱鄂生日记》（第2册），凤凰出版社2021年版，第421页。

对。"① 在刘大鹏看来，中央政府如此"捣乱"，地方政府更甚，这是物价昂贵的原因之一。左绍佐亦描述了各地的纷乱。1920年9月17日，他读报后记载"陈炯明有于十四日攻克广州之说"的消息。12月17日，他简述了"湖北兵变之事"的消息："连日报纸所见已有十余处，今日所报蕲州情形尤惨，楚祸未已，哀此遗黎，其何能淑。"② 郑孝胥则侧重记载奉系进攻和败退的情况。1921年2月5日，他从《大陆报》中得知"张作霖之能"："东三省吏治甚肃，财政甚裕，陆军甚练，而炮队、马队可以抗衡欧洲，今聘德员，教用飞机，亦设备甚周。张貌不扬，而作［做］事多得良效，度中国无可匹者。"③ 这些记载，大多支离破碎，并无内在联系，但体现读者对新闻事件的选择性记忆。

（二）知识青年的阅读感受与评述

一些对时政感兴趣的知识青年，也会从政局变化中了解事态的发展。1921年年初，夏承焘从北京至西安，任教于成德中学。他对当时颇为流行的废督裁兵进行了深入分析。他阅华会电得知："中国陆军有一百七十三万，居世界各国最多额，劝急裁减。"具体到他所处的西安，"共有兵万余，街道来往，无一时一处不见兵"，一城之中有此"万余坐食无生利者"，安得不穷？因此，亟须裁兵，但各个军阀拥兵自重，"莫肯先裁"。中国想要实现裁兵，"恐非外人干涉不行"。④

直系与奉系龃龉，直系剑指梁士诒，夏承焘读报后述评："国民代表蒋梦麟、余日章自美来电，报告北京政府擅与日人私定胶济路约。吴佩孚、萧耀南诸人通电宣布新内阁梁士诒罪状，留美学生亦有推翻梁内阁之大结合。"次日，有齐燮元、何丰林电斥梁士诒卖国的报道。对于吴佩孚、萧耀南、齐燮元、何丰林反对梁士诒内阁，夏承焘结合时局进行解读。他认为，吴佩孚、

---

① 刘大鹏遗著，乔志强标注：《退想斋日记》，北京师范大学出版社2020年版，第273页。
② 左绍佐：《左绍佐日记》，湖北省图书馆编：《湖北省图书馆藏稿本日记四种》（第31册），国家图书馆出版社2021年影印本，第56、161页。
③ 郑孝胥著，中国历史博物馆编，劳祖德整理：《郑孝胥日记》（第4册），中华书局1993年版，第1896页。
④ 夏承焘著，吴蓓主编：《夏承焘日记全编》（第2册），浙江古籍出版社2021年版，第635页、

萧耀南属于直系,"以党派关系波及于梁容或有之",但齐燮元、何丰林非直系,亦"群起而攻",可见是"公论所在"。对于军阀倒梁之事,夏承焘考虑更远。他认为:"武人对时局发言影响本大,况此举允符民意,梁阁由此而倒亦未可知。但梁阁倒后,牵引梁上台之奉张,安能默尔而息?时局至此,恐又有急转直下之势。"可见,他非常了解军阀派系争斗,才有如此之分析。之后,夏承焘阅《时事新报》了解梁士诒为直系所迫,"告假出京"。即使奉系为梁士诒辩护,亦没有挽回局面。夏承焘对武人干政颇为失望:"然此后组阁人物不易产出,武人干涉政治,国乱固未有艾。"① 在夏承焘看来,武人干政是国乱的根源。

湖北人朱峙三比较关注湖北政局的发展,尤其是鄂人驱王运动。1921年8月,发生了湖北人驱逐督军王占元事件,报刊对此进行了连续报道,朱峙三通过报刊了解驱王的消息。5日,连日报载"湖南军队以夏斗寅关系,助鄂人驱王占元"的新闻,南军队指湘军进攻湖北,湘鄂军大战,掀起了"倒王运动"。朱峙三认为,虽在京鄂人"控王在武昌纵兵大掠,及种种殃民事",但中央不理,故蒋雨岩"借兵来攻",鄂城之"刘菊坡、李治虞、余子祥等俱参加讨王,已攻至通城、蒲圻地域"。9日,他闻"湘军进入鄂境,距丁泗桥不远",但"省议会猪子[仔]议员,仍有一半袒护王占元",他感到非常奇怪。10日,他阅报后得知"昨日中央已免王占元职"。② 他对这一新闻事件的关注也大致结束。

读者大多认为,直奉暗斗是北洋政府派系斗争的产物。虽然报刊上报道较多,但不如直皖战争突出,新闻报道也多有猜度。读者对内部情况了解有限,往往根据一些新闻线索进行解读,但持续性不强。

二、第一次直奉战争与读者观感

第一次直奉战争涉及范围较广,影响较大,报刊进行了较为全面的报道,

---

① 夏承焘著,吴蓓主编:《夏承焘日记全编》(第1册),浙江古籍出版社2021年版,第636、651页。

② 朱峙三:《朱峙三日记》(第4册),国家图书馆出版社2011年影印本,第183、184页。

引发了较大舆论反响。读者的关注度高，在日记中记载较多，对事件有自己的认识和解读，有较为丰富的新闻叙事和阅读感想。

（一）京畿读者对第一次直奉战争的关注与认识

同直皖战争相似，第一次直奉战争爆发于京畿地区，历时更久，波及范围更广，读者的关注度也相应更高。

在北京大学任教的胡适较为留意直奉战争。1922年4月24日，他在日记中写道："津浦铁路断了几天了，昨天京汉铁路又断了。今天报上登的奉、直两方的电报，吴佩孚骂张作霖为'盗匪'，张骂吴为'肆无忌惮'。"胡适讽刺双方是"先无礼而后兵"。27日，他综述所读报纸新闻后评论道："这几天直奉的战争已到爆发的时期了。今天徐世昌下命令，叫双方撤兵。这真是梁任公说的'知其不可而为之'主义了！梁士诒也发一电，说他'养疴津门，淹滞旬月，旷时废职，方切疾心；乃报纸流传，盛称奉洛失和之事；人心惊遽，几若大难即在目前！'这又是梁任公说的'为而不有'主义了！"语气中颇带讥讽。直奉战起，他身处北京，描述自己的见闻："昨晚奉直两军已经开战了，今早我们都听得见炮声。今天下午会议时，也听见炮声，似乎更近了。"5月4日，他透露奉军败退的消息："今天城门都关闭了。听说昨夜吴佩孚把奉军打败了，奉军的溃兵退回，故有此举。"6日，他对此次战争进行了评述："吴佩孚此次大捷，竟把奉军打的七零八落。张作霖一败涂地，从此不能恢复了。我们总以为奉军此次至少能支持十几天；不料纸老虎竟如此不中用！此次奉军败后，裁去的兵约在十万左右。"31日，胡适论述直奉战争后的政局："现在旧国会的召集，已不成问题了。吴佩孚去徐之意甚坚，前此孙传芳通电主张旧国会及黎元洪复职；今天报上又登出孙传芳请南孙北徐同时退位的通电。徐世昌前日任王怀庆为察热绥巡阅使，并兼京畿卫戍总司令，似欲倚王为最后之一斗。这个老头子不肯去，也许北京还有戏法变出来。"①奉败直胜，更加坚定了胡适认定的"好政府主义"。他认为，只有"好政府主

---

① 胡适著，曹伯言整理：《胡适日记全编》（第3册），安徽教育出版社2001年版，第639、645—646、655、658、659—660、681页。

第五章 五四时期的新闻呈现、时政阅读与时事追踪

义"才是解决军阀混战的手段和途径。此后，胡适义无反顾地投入宣传"好政府主义"的活动。

王子壮本在北京大学安静地学习，但第一次直奉战争打响后，他的学习和生活被打乱。1922年4月13日，他闻同学言"奉直两方感情愈恶，势将开战。张作霖之运兵入关，即含挑战意"。他认为"此言虽不必的确"，但"自梁内阁下台以后，大局沉沉，必将有变"。直奉大战的谣言漫天飞，不少学生无心向学，纷纷讨论起战争近况："缘数日张运兵入关，驻扎津浦路北段。甚者有谓将据徐州者。吴佩孚在洛阳，亦终日扣车辆，积极防范。名义上纵未言宣战，而据实际上观之，势将冲突，两方缄默，不发一言，又不知葫芦中究买〔卖〕何药也。"此后，战局紧张日甚一日，大有剑拔弩张之势。在王子壮看来，双方之间本箭在弦上，步步紧逼，但报纸上美言其曰"填防"。战云纷飞，各说不同：有谓"沿津浦路线，奉军皆满"；有谓"已达徐州者"，而陇海线"尚在吴佩孚之手，为吴之心腹患者"，在于"豫督赵倜"；有谓"二军确已开仗者"。对于这些说法，王子壮只是从侧面了解。他综合各种消息进行研判："张分两路（一由龙口上岸，一沿路南下），进取德州兵工厂是也。如两军战于德州（现兵工厂为吴军驻守），则京济交通势将断绝，甚或山东内地受其搅，京地虽不甚要紧。"① 在他看来，如果发生直奉战争，山东必将受到影响，到时交通断绝，他与家中之通信亦断，他的母亲会非常担心。

王子壮东望白云孤飞，怕因交通断绝，母亲收不到信件。他说："余之日记几一变而大局记，此亦多人心理所同，祸在眉睫，虽恐受殃，故以全副精神注意及之也。"16日，他阅报后综述了张作霖入关的前因后果：

> 先是梁士诒为张作霖拥护组阁，吴佩孚以外交借口拼命攻击，遂致下台，两方感情骤为恶劣。曹氏兄弟身为直系名义上之领袖，养尊处优，官囊颇裕，雅不欲两方失和，再起纷乱。直省长曹锐于是以亲家资格赴

---

① 王子壮:《王子壮日记》（第1册），"中央研究院"近代史研究所2001年影印本，第105、106、107—108页。

奉调处。张作霖在某会议上卒问曹锐,苟余此时派兵入关,可否?锐谓亲家派兵入关,协同维持治安,甚所欢迎。迨今日张之带兵入关,节节近逼,即以此语为其因。曹氏于是懊恨莫已,故今日报载曹锐之辞职,即横被非难之所致。至曹锟,闻因张之逼人太甚,决意与吴以全权调度军队,似此战祸更将不远。又闻德州已为奉军所据,吴军退出。①

报刊新闻深入揭示战事的缘由,将曹锟兄弟塑造成颟顸之辈,将直奉之战引申为张作霖与吴佩孚之争。

此后几日,王子壮记载了不少战事新闻。21日,他的同学阅报后告知"津浦路断","所断在静海县"。有谓"系直军所掘,以制奉军者";有谓"两方现已开战者,情势如此,宜行紧急"。对于张作霖与吴佩孚"不愿战衅,欲维持和平"之通电,王子壮认为"是直欺人之谈,其虽信之,其中又不知有何黑幕也"。他对军阀祸国之罪表示深恶痛绝:"军阀祸国,其罪宁可逭与?"22日,他阅《益世报》得知"现正修路",他表示怀疑,"不知然否"。如果此言确定,则津浦线或"不日可通",但正此风声鹤唳、草木皆兵之时,铁路局未必会修路,因为一旦开战,"铁路终归于断"。直奉双方陈兵十余万,布置在沧州、丰台、长辛店一带,"既暂就绪",他注意到双方"互相发电叫骂"。尤为可笑的是,"电报中多骂军阀年来误国,一似自己骂军阀,则当然在军阀阶级以外者。人民虽不敏,何竟盲目至此!"23日,他阅《顺天晚报》知"津浦路局现已得两方军事长官之同意,从事修理,不日即可恢复"之消息,他表示果真如此,"余心亦少安矣"。铁路既然不通,有可能是战事双方"布防未毕之故"。此时,又有王士珍、赵尔巽等"多数之和事老[佬]出而调停",最为奇者,犯赃受贿之前财部总长潘复"亦以调人之名奔走其间"。王子壮感叹道:"政治舞台,无奇不有,光怪离陆[陆离],至斯而极。"②

---

① 王子壮:《王子壮日记》(第1册),"中央研究院"近代史研究所2001年影印本,第108—109页。
② 王子壮:《王子壮日记》(第1册),"中央研究院"近代史研究所2001年影印本,第110、112、114—115页。

第五章 五四时期的新闻呈现、时政阅读与时事追踪

24日,直奉双方互相叫骂之声充斥通电之中,不绝如缕。调停诸人希望张作霖、曹锟、吴佩孚"会议于天津,以便和平解决"。王子壮心怀忐忑:"不知结果能办到否。"又有"公使团将以外兵力量维持京津秩序"之传闻。在王子壮看来,"启外人干政之端者,非武人之咎而何!"25日,王子壮阅张作霖前日发表之敬电,谓"前此入关,系得曹使之同意,曹今既不愿,即应退出关外"。对于此言,有人解读为"张之态度似已软化",但王子壮认为此举可能是"缓兵计"。直系方面,曹锟"态度强硬",吴佩孚"为甚",表示"张之军队不出关,无调停可言之"。对于双方的态度,王子壮依据"两方之积极布置"观之,"决未带有软化之趋势,或终不免一战"。27日,局势更加紧张,"两方有即日冲突说",吴佩孚已至保定,决意拒绝调停,"并对于前方军事发紧急训令",张作霖亦有入关说。至此,调停人束手无策,徐世昌下令两方撤防的命令恐将无效。① 果然,次日双方大战。

28日,直奉大战爆发。王子壮阅《顺天晚报》得知"奉直今早四时开火",吴佩孚致奉军"哀的美敦书",限令奉军"二十四(时)内缴械出关",否则"强制执行"。王子壮预料"今早必实行开火",但因未接到前方战报,"胜败谁属"不知。对于战争结局,他颇为悲观:"战事既开,奉军如败,则京地恐受其影响。以城内现驻有若干奉军,闻其素日纪律不严,一旦败北,难免不发生抢掠之事。京地虽有多段其他军队,能否制止,亦属疑问。"因战争发生在北京近郊,北京城每日炮声隆隆,他急切地想知道战争结局。29日,他阅晚报,战事"至下午犹未分胜负"。30日,报载:"两军胜负之消息相左特甚,不知孰是。"据他推测,原因有二:"一、京地处于奉军势力之下,有奉军失利之消息,彼必不敢登;再则,此次战事规模宏大,一二日内不益见胜负,证以两日来之炮声,可知无甚退进,故所有胜负消息,概不琐记。"因此,只能等结果。在北京城内,步军统领王怀庆、警察总监薛之珩两人负完全保护之责,"两方战事长官已允,不于北京城四十里以内开战。又于外城楼

---

① 王子壮:《王子壮日记》(第1册),"中央研究院"近代史研究所2001年影印本,第115、117—118页。

之巅支设大炮，以防溃兵入城。据此城内秩序似无足忧"。总统徐世昌"复下命令，使两方停止进攻，以免多所搔［骚］动"。四乡来京逃难者颇多，王子壮描写了逃难者的惨状："扶老携幼，为状至惨。一至夜间，七八点以后，街巷肃然，杳无声息，但闻炮声阵［震］人耳鼓而已。"①

　　5月1日，战事稍缓和。王子壮描述了战事发生以来自己的心理变化："余近两日来，心颇不宁。同学亦多相与谈论战事，而余尤急。恐母亲闻知京城附近开仗，将焦急不堪。今马厂一带，既同时发生战事，不知邮务尚通行否。然余又不欲笃信，以现时家中无报纸，或犹不知开战事。如果因余信而致母亲恐惧，尤非计之得也。故不若暂宁一俟，若战事稍停，即报知家中可也。"2日，他未闻炮声，有人谓"冯玉祥（直军西路司令）往攻黄村（在丰台南），故奉军驰往救彼，因而西路未闻炮声"。他记载了近几日战争的相关情况："盖此次战争，两方各分为三路攻御。东路在天津南、马厂、任邱一带，直军司令为张国镕［熔］，奉军为张作相、张学良（张胡之弟子）。中路在固安、永清一带，奉司令为许兰洲（闻张自己亦在此），直军为王承斌。西路在长辛店南，奉方司令为张景惠、邹芬，直方为冯玉祥。"外人表示此次战争"自太平天国以来未有之大战"。相传两方最高级军官均有伤亡，"足征此次战争之烈，惟尚未证实耳"。3日，炮声又起，不知何地又开战，王子壮不管邮路是否畅通，"发一信片，言此地无虑，请母亲放心"，晚阅报有"吴佩孚阵亡之说"。果真如此，"则战争行将毕事"。②

　　4日，战争初见分晓。王子壮闻"城门皆全闭"，以"奉军大溃之故"，恐"溃兵入城"，"有扰治安也"。他不知战况如何，因"京地在奉军势力之下，多不敢直言，顾忌殊多，且数日来所传消息，均系直军大败，某某军官阵亡"。而奉军胜利的消息，立马会传遍北京城。但很显然，这些消息真假难辨。例如，3日，晚报所称吴佩孚之死，"可征其妄"。5日，他阅《益世报》

---

① 王子壮：《王子壮日记》（第1册），"中央研究院"近代史研究所2001年影印本，第118、119—120页。
② 王子壮：《王子壮日记》（第1册），"中央研究院"近代史研究所2001年影印本，第121、122页。

第五章　五四时期的新闻呈现、时政阅读与时事追踪

知晓直胜奉败的新闻:"中西两路之奉军,完全败北,直军占领丰台后,即未前追。"吴佩孚电话询问王怀庆京城治安状况,并告诫王怀庆"奉军溃散者,务望解除武装,以免直军进攻,有扰地方",王怀庆表示"当允办",并在商会竭力筹得六十万元,"发给溃兵,缴械遣散"。至于为何直奉战争胜负如此之快,王子壮阅报后道明原委:"吴军先用诱敌之计,使其军队出没无常,奉军追之即散。再进,则为地雷所陷。又每逢夜间,直军即开始搅乱,奉军以为敌军大至也,遂大开其炮。追至前晚,直军实行总攻击,而奉军枪弹告竭。现奉军惟有东李景林所管尚有两万余人,未曾败北,想已无大支持。"他又闻"秦皇岛助直之海军(杜锡珪)已登岸。信如是说,奉军之归路已断,想已无能为力矣",颇为"心慰":"战事能以结束,至堪庆幸。直军将才,兵士训练较优,故有此胜,但祝能使津浦早通车。"此后,他将关注点放在津浦线是否通车上,急迫地想写信告知母亲"一切安好"。①

第一次直奉战争爆发之际,蒋维乔亦在北京。1922年5月1日,蒋维乔在日记中描述:"昨六时至今日午止,炮声隆隆不绝,谁胜谁负,无真实消息。"可见,直奉战争初期,双方相持不下。4日,他记载了京中各报对直奉战争的报道:"京中各报亦如直皖战争时为军事当局所禁,只登载官样文章,绝无其消息可得。"据他猜测,应该是奉败直胜。5日,他得知直系军阀胜利的消息:"昨晚未闻炮声,奉军东、西两路皆大败,败军万余溃至京城外,于是东便、西便两门,阜成、西直两门皆闭。东便门外尤多欲冲进城内,经守兵开枪始止。吴佩孚之告示已揭贴西车站,连日各报不敢揭载真消息,今日皆大书特书。京师少数奉军及驻北苑、南苑者亦皆由军事机关勒令缴械,而奉军司令部亦掩门矣。"② 蒋维乔不太关注军阀混战,故在日记中仅简略提及。

同在北京的遗老王振声也简要记载了第一次直奉战争的相关战况。1922年4月26日,他回顾:"三月以来奉军陆续进关,督军、省长皆遁赴保定。

---

① 王子壮:《王子壮日记》(第1册),"中央研究院"近代史研究所2001年影印本,第123—125页。
② 蒋维乔著,林盼、胡欣轩、王卫东整理:《蒋维乔日记》(第3册),上海人民出版社2021年版,第1336—1337页。

吴佩孚北来。"双方为战争做准备。5月1日，他得知"两军夜战甚烈，在长辛店"。4日，他夜闻炮声，知"直军占长辛店，奉军东退，驻京奉军司令张景惠挈眷遁去"。7日，他得知总统"命令奉退出关，直退原防"。同时，"梁士诒、叶恭绰、张弧逮问"。随着直胜奉败，他通过报纸新闻了解到直系"夺奉张巡阅使督军省长职，候查办，三省巡阅一缺裁撤。赵倜免职查办"。同时，直系分享战后胜利果实，"冯玉祥豫督军，吴俊升奉督军"。此后，奉系逐渐退往东北，王振声得知"奉张退滦县"和"奉张退出关"的消息。① 从他行文的语气看，这些新闻大多来自报刊。

身处北京的吴承湜近距离地观察了直奉战争的战况。1922年4月28日，他夜闻"炮声隆隆，似为直奉军所发，直至夜尽未靖"。次日，他知晓了战况，"奉直军正在鏖兵，似西路奉军失利，炮声直至午正方息"，一时之间，"人心惶惑，一筹不展"。30日，他又闻"炮声隆隆"，似"直军又进逼"。5月1日，他读报后得知"战事仍在相持之中"。此后，奉军节节败退。4日，他了解奉军失败的消息："奉军西路已溃，中路亦馁，东路正在相持中，直军将领已抵京西卢沟桥。"下午，"败军将入城，为守军击退"。他感叹："诚为不幸中之幸事。"6日，战事结束，"市面安靖，战事已趋津南，似不致再生危险"。②

傅增清也在北京记载了第一次直奉战争。1922年5月1日，他读报后得知昨日战事："直军攻丰台用包抄法，奉军几不支，得所调张家口、通州所驻两军来犯，转败为胜，然已死五千人。"新闻还报道："张家口兵至西直门，又不欲战，孙枪毙数人，乃行赴战。"3日，他闻"南方仍有炮声，但较远耳"。4日，他知晓奉军失败的消息："有张家口调来兵五千。闻丰台已失，遂仍转回。由通州来兵千余，欲入东便门，止之不可，闻枪骇〔骇〕之，亦还击而去。"同时，友人来谈奉直军情，与报言"大同小异，亦有为报所不及知者"。奉直战后，"徐总统辞职，即赴天津"。③ 新闻与传闻交织，为他研判

---

① 王振声著，徐慧子、李周整理：《王振声日记》，凤凰出版社2017年版，第394、395、396页。
② 吴承湜：《吴承湜日记五种》，李德龙、俞冰主编：《历代日记丛钞》（第119册），学苑出版社2006年版，第365、366、367、368、369页。
③ 傅增清：《澄怀堂日记附澄怀杂存》，清华大学图书馆编：《清华大学图书馆藏稿钞本日记丛刊》（第21册），国家图书馆出版社2018年影印本，第33—34、36、37、38、66页。

时局提供了丰富的素材。

在天津的卞白眉较为详尽地记载了第一次直奉战争的全过程。1922年4月11日，奉军"入关者已众"，皆"驻军粮城"。12日，奉军向德州、徐州开进。同时，吴佩孚自四川、湖北调兵前往徐州、郑州，"或终不免于一战"。13日，吴军已至长辛店，马厂亦驻有奉军。奉系亦将河北省公署改充奉军司令部，乃至"人心惶惑，讹言繁兴"。直奉军事斗争已兵刃相见，表决裂之电报已见诸报端，"开火即在指顾间"。总统徐世昌令双方撤军，但"一纸空文不能止两虎之斗"。①

4月底，直奉双方分三路大战，战况惨烈。其间，谣言盛行，人心恐慌。例如，吴佩孚阵亡、张作霖战败炮轰天津等谣言流行盛广，卞白眉颇为诧异。29日，吴震修致电卞白眉，告知"奉军于两路败挫"，"黄村一带有战事"，丰台亦见奉军。30日，奉直"接触"，西路奉军"小却"，东路直军"稍挫"，大城、固安等处"相战甚烈"。《大公报》号外报道"奉占琉璃河"。5月1日，流言较多，战事消息"无确信"，卞白眉听闻"丰台、黄村间有激战"。2日，固安方面，奉军"稍退却"，直军"得利"。各种谣言流传，真相难辨，他认为西报"所载较无偏袒，大致似直军稍优胜"。3日，战争陷入胶着状态，有谣言称"吴佩孚阵亡"，亦有奉军在中国银行"强提三百万钞票"之传言。外报对直奉两军有如下评价："战术均不精，徒使士卒伤亡、子弹耗费，而难决胜负。"4日，京中报纸有"今日两方总攻击"之说。5日，战局的胶着状态被打破，直军占优，西路奉军被直军"包击"，溃败"不能成军"，长辛店、丰台"入直军手"。中东两路亦"不得利"，落堡"已有战事"。因奉军败挫，"过津者多，人心恐慌，迁徙者众"，奉军司令部"闻均迁移"。6日，"奉军纷纷撤退"，总统徐世昌令"双方回防"，并免除梁士诒、叶恭绰、张作霖的职务，"人心稍定"。7日，奉军退驻滦州，因有二师之众，"意在返〔反〕攻"。而杨柳青左近奉军"未全退"，并"小有战事"。同时，

---

① 卞白眉著，中国人民政治协商会议天津市委员会文史资料委员会编：《卞白眉日记》（第1卷），天津古籍出版社2008年版，第194、196页。

吴佩孚抵天津，驻新站。8日，奉败军逐渐"缴械遣散"，直军进驻军粮城。虽然奉军在滦州有备战反攻之说，但在卞白眉看来，"将不用命军无斗志"，亦成"强弩之末"。①

奉系失利之际，总统徐世昌电令免职张作霖，听候查办。5月底，直军攻入滦州，奉系全部退至山海关。11日，吴俊升代替张作霖职位，"候查办"，冯玉祥代替赵倜职位。卞白眉得唐山支行电，告知"奉军在唐山备战"，直军亦"不日到"，恐"冲突在迩"，造成唐山"人心极慌"。12日，直奉两军在唐山"小冲突"，若奉军仍然战败，"固必大战"。13日，滦州奉军"甚众"，备战"甚急"，恐怕"一时未易平"。16日，听闻直军"尚有三旅人未赴前敌"，等调齐后"恐即大战"。20日，奉军有"向后方退撤"之说。21日，奉军退出滦州东归。②卞白眉对整个战事的细节都有详细描述，较完整地展现了战事全过程。

（二）京外读者对第一次直奉战争的认知

上海资讯业向来发达，沪上报纸对第一次直奉战争有大量报道。一些本地读者可以较为全面地了解战事进展。久居沪上的郑孝胥在日记中详细记载了第一次直奉战争的战况。1922年4月30日，郑孝胥读报后记载："奉直于长辛店、廊房［坊］、马厂三处开战，奉军兵锋所指在保定，中路至固安，东路至大城，长辛店稍退。"5月1日，郑孝胥读报后又知"奉、直阵地未变动"。2日，郑孝胥购《新申报》《商报》，新闻称"大势奉军转强，直军犹求一逞"。几日后，郑孝胥知张作霖一路败退。7日，他得知"张作霖出关，各路皆不战而退"。17日，他了解"张作霖集兵滦州，宣布独立"。23日，他读报后披露"张作霖率军出关"。29日，新闻称"张作霖退出滦州，为矿产外交故，直军亦未能进攻"。③这些记载虽然简约，但颇能揭示战事的变化，体

---

① 卞白眉著，中国人民政治协商会议天津市委员会文史资料委员会编：《卞白眉日记》（第1卷），天津古籍出版社2008年版，第197、198页。
② 卞白眉著，中国人民政治协商会议天津市委员会文史资料委员会编：《卞白眉日记》（第1卷），天津古籍出版社2008年版，第199、200页。
③ 郑孝胥著，中国历史博物馆编，劳祖德整理：《郑孝胥日记》（第4册），中华书局1993年版，第1905、1906、1907、1908页。

第五章　五四时期的新闻呈现、时政阅读与时事追踪

现出郑孝胥对新闻关键词的高度概括和提炼。

在浙江余姚，朱鄂基也甚为留意直奉战事，记载了不少战事细节。1922年4月20日，他阅报得知："冯玉祥统十一师及阎师一旅并张旅全团进驻郑州，为吴佩孚后援，直军以全力扼守郑州，以近畿为一防区，保定至顺德为二防区，郑洛为大本营，信阳至偃〔郾〕城为后方防区，武胜关至汉口为供应区域。"21日，他读报后记载："奉军分三大支队，以张景惠为西路总司令，率近畿奉军西向保定，中路由张宗昌会合安福将领所招集之军队占据德州，南路由张勋统帅二旅奉军直趋徐州，会合旧部以扼津浦、陇海两路之要口。"26日，他阅报后记载："外团愿奉直一战，以便有强固政府出现，但英美向直，因吴直皖、川湘两役均胜，认为有力。日外交派力持旁观。"他根据国际形势研判："苟英美真有表示，恐必依军阀派主张向奉，此役如调停不下，将牵及远东和平。"29日，他阅报后得知："总统命令奉、直两方撤兵，集议和平统一方法，并有'如不听从、即行下野'等语。"① 但此类命令形同具文，毫无约束力。

5月，战争日趋激烈。1日，朱鄂基阅报得知："直、奉两军于阳历廿八、九在长辛店、马厂等处开战，胜负未悉。"3日，因战况不明，他认为"直、奉战信均有所偏"。4日，他根据新闻综述："奉军主力集中军粮城，西路延长至津浦线静海附近，东路至京汉线长辛店附近，中路至东安。直军主力集中保定，西路延长至涿州、琉璃河、房山。东路至马厂、大城间，中路至霸县、任丘、文安、河间。"7日，他揭示战事进展："直军已得长辛店、丰台、马厂。"11日，新闻称："张作霖在滦州一带集众举事，赵偶、赵杰在开封举兵对抗冯玉祥军。"19日，他读报后得知张作霖在战败之际发表宣言："东三省、热河、察哈尔特别区域及内外蒙古等自行担负一切责任，自本月一日起，所有北京订立条约，未得本司令允许，概不承认等语。自战争失败后，在滦州收集残师，并由奉天调兵，拟与吴佩孚背城一战。"至24日，局势已然陡

---

① 朱鄂基著，朱炯整理：《朱鄂生日记》（第2册），凤凰出版社2021年版，第422、423、424、425页。

转,他阅报后总结:"张作霖已由滦州退出关外。"① 战事大致结束,他如实地记录了战事的大致过程。

浙江温州的中学教师张棡也提及第一次直奉战争。他阅《新闻报》得知"奉、直两派已经开战,张作霖自奉带兵入关,吴佩孚则自鄂率师拒之"。因战线在天津、长辛店一带,他认为"京都寓公大半有行不得也"。1922年5月12日,他阅沪报,新闻称:"近数日内奉直大战数次,现直军吴佩孚大获胜仗,奉军张作霖已败窜出关矣。"他忧虑"两虎相斗,必有一伤,其如生灵涂炭何!"② 但有关战事的具体进展,他记载较少。

在湖北武汉,中学教师朱峙三亦颇为关注京畿地区的战况。他在1922年3月阅读了吴佩孚反对梁士诒的电文,其内容称:"反对梁士诒,系反对其媚外手段,非反对其组织内阁也。"4月19日,他阅报后得知"曹锟军队由马厂退回保定"。同时,张作霖"以保卫京师为名,运兵入关,记已九次,其兵多驻马厂北、通州等处"。此后,张作霖通电,表示"以弥[弭]兵为名,调兵入关后,百姓极度不安状态,现宣言决以武力为弥[弭]兵,后盾可疑也"。张作霖咄咄逼人的气势,引起直系不满。吴佩孚约各省军阀共通电,"讨张作霖",冯玉祥通电"反对奉兵入关"。朱峙三读报后内心有所不安:"恐战事在急[即],奉直战争与?"③

此后,战争打响,朱峙三殊为惊恐,认为"此之谓内战"。战端已开,驻京各国公使提议,"奉直军应出城作战,以后外人生命财产应负责"。5月8日,他阅报后述评:"奉直战争先互有胜负,现奉败至落堡矣。"10日,他知奉军败退至山海关外,"直军守原防地,此为内战第一幕"。同时,冯玉祥、王士祯[珍]、田中玉等人"明请奉直两方各守原防"。12日,报载"中央免张作霖职"。对于这样的结果,"东三省议会及各界,不承认中央免张职命令"。因和议不成,奉直双方在山海关附近又启战端。6月17日,朱峙三得知

---

① 朱鄂基著,朱炯整理:《朱鄂生日记》(第2册),凤凰出版社2021年版,第425、425—426、426、427、428、429页。

② 张棡著,温州市图书馆编,张钧孙点校:《张棡日记》(第6册),中华书局2019年版,第2556、2558页。

③ 朱峙三:《朱峙三日记》(第4册),国家图书馆出版社2011年影印本,第233、242页。

"奉直军和议破裂,又在山海关附近大战"。24 日,他阅报后记载:"奉直两军在秦皇岛附近大战多日。"28 日,报纸报道英国传教士调停,双方停战,"孙烈臣、张学良代表奉方,王承斌、杨清臣代表直方"。29 日,"报载奉直双方签约,定十九号起撤退"。在他看来,"此为中国人自杀"。①

在西安中华圣会中学任国文教员的夏承焘对战事细节也记载较多。1922 年 4 月 17 日,他读报后得知张作霖第二师四混成旅入关,"奉、直有已开战消息"。同时,冯玉祥"前三日在西关阅操",宣布"明日拔十一师出关赴洛战事"。对于冯玉祥参战,他颇为担忧:"陕垣只二十师、一师,若伏莽乘机而起,甚危险。"19 日,他阅《申报》,新闻"尚未及奉、直开战事"。26 日,他阅《申报》后知悉"奉、直未有战事,吴佩孚弃天津,集兵郑州一带"。28 日,他得省长公署消息:"张作霖计划已失败,段祺瑞、张勋不敢上台,吴佩孚节节进取,鲁、豫、晋各督皆愿助兵逐张关外。"29 日,《申报》新闻称"张、吴未开战"。30 日,他得省长公署消息:"奉、直已开战,奉军伤死三千余人,被掳五百余人,大战谅在目前。"5 月 5 日,他阅报后记载:"直、奉战争风声日紧,开火谅在目前。吴及齐燮元、萧耀南、冯玉祥等通电斥张十大罪状,张近已软化,有退步消息。京、陕交通已阻。"10 日,他又得省长公署消息,知"奉军大败,张作霖已逃出关。河南赵倜反攻冯玉祥,败窜无下落。冯已抵开封"。当日,他阅《申报》后得知:"奉、直各死二旅长,奉伤一师长。外人谓我国内乱无若此次烈者。双方布置均佳,战法甚有进步,惜操同室之戈。"13 日,报纸纷纷报道:"直军确已胜,张作霖出关,大总统下令通缉梁士诒、叶恭绰、张弧。"17 日,他阅本地报纸,新闻称:"大总统已下令,免张作霖、赵倜职,以吴俊升、冯德麟署奉、黑二省督军,冯玉祥调任河南督军,陕西省长刘镇华兼督军。"他为张作霖战败表示惋惜:"张作霖在东三省四五年,练兵十数万,已根深蒂固,不逾二旬,一败涂地,不可逆料。"张作霖战败后,"以满蒙独立,称满蒙君主立宪国,派于某东渡,

---

① 朱峙三:《朱峙三日记》(第 4 册),国家图书馆出版社 2011 年影印本,第 243、245、246、252、253、254 页。

愿以东三省隶日人版图，求其援手"。张作霖试图依附日本求援之行径，夏承焘又对张作霖产生鄙夷心态："日暮穷途，遂倒行逆施，覆亡可拭目待。"①

上述读者从不同侧面揭示了第一次直奉战争的事件史。应该看到，军阀混战给整个社会带来了极大的伤害。1922 年 5 月 7 日，《申报》刊载了题为《武人与政治》的时评。时评指出："盖武人未必即罪，武人而与政治相联，其罪乃成。亦以仅仅武人权利为有限，武人而兼政治生涯，并有所谓政治手腕，其权利乃无穷。故武人而稍一得志，未有不多政治之主张者，然而其倾覆亦即以此。"②作者陈冷对武人政治表示悲观。第一次直奉战争是武人政治的集中体现。此后，武人政治愈演愈烈，对中国政局产生了重要影响。对于读者而言，武人政治改变了中国的政治生态，他们产生了厌恶之感，对中国前途进一步失望。

三、直胜奉败、权力划分与读者观察

1922 年 5 月 8 日，《申报》刊载了一篇题为《如蝇》的时评。该时评指出："盖梁士诒、叶恭绰、张弧等固在必去之例［列］，而靳云鹏、张志潭、潘复之辈，亦岂有可以复用之价值，以其旧迹尽在国人耳目也。假使活动之人，而不自知，受人活动之人徒获附己而不知选别，则后之视今，亦犹今之视昔。"③作者陈冷极尽担忧直奉战争后的内阁。同样，读者亦对战后时局甚感不安。直奉战争后，中国依然是军阀政治，如何进行经济文化建设，形塑强大的国家，并非军阀们关注的重点。报刊新闻带来的大多是不好的消息，读者的读报时分仍然充满惶惑和失落。

（一）官绅对战后的观感与忧虑

直胜奉败后，身处京畿地区的一些官绅悲愤之情甚炽。吴宓在第一次直奉战争期间没有留存日记，故不得知他的所思所感。此后，他的日记多记载

---

① 夏承焘著，吴蓓主编：《夏承焘日记全编》（第 2 册），浙江古籍出版社 2021 年版，第 690、691、694、697、699、703、705—706、707、708、710 页。
② 冷：《武人与政治》，《申报》1922 年 5 月 7 日，第 3 版。
③ 冷：《如蝇》，《申报》1922 年 5 月 8 日，第 3 版。

时政要闻。例如,1922年11月14日,他阅多日报纸,记载多条新闻:"内阁又有摇动之说,参议院决选议长,竟至动武,议员多有受伤者。福建李厚基甫受讨伐粤军之命,旋即逃逸。安徽颍州府城被豫匪攻陷,烧杀掳掠,城中仅存祠庙三处,此外尽成灰烬,倪丹忱家已破,掳去子女四人,快枪万余支,子弹数百万,机关枪十数架,均入土匪之手,以后恐不可制矣。"18日,他阅报后概述吴景濂与王宠惠龃龉事,"竟至对骂"。在他看来,"本心而论,吴之议长,王之总理,皆与法理不合。其龃龉之故,虽以法理为名,仍为争权势起见,为此纷争耳。息咻中国,如蜩如螗,如沸如羹,今之时局,何以异于是乎"。19日,他颇为忧虑地写道:"国会与政府,已成不可解之仇。河南匪患又日炽,外人被掳多名,倘再养痈不治,庚子年前事可胜悚惧。"① 内斗不止,他甚为不满。

此后,吴宓对于议院与内阁的龃龉多有记载。例如,11月21日,他阅报后披露:"众议院与内阁交哄一事,两面均责难元首一人,阁员胁总统下罪己之令,议员又持之不令盖印,且各求军阀为护卫。胶胶攘攘,棼如乱丝,不知作何究竟也。"22日,他进一步指出:"内阁与国会交哄案,日形廓大,缘保定、洛阳两军阀各有所袒,两方即各恃为援。李唐文宗时遭甘露之变,官竖揽权,中书仅奏文书,行政不能专决,赖方镇刘从义等主持公论,抗拒不挠,奄人不敢大肆,宰相稍始能自立,彼虽借方镇为护符,视今日之依赖方镇,恬不知耻者,殆有霄壤之判矣。"② 借古喻今,表明他对政治内斗颇为不满。

报纸纷纷报道的罗文干案,引起了吴宓的极大关注。11月20日,他阅报得知罗文干案的基本情况:"众议院正副议长迫令元首派军警将财政总长罗文干逮捕,交检察厅拘押。"在他看来,"当此是非混淆之世,入主出奴,局外人无从论断。惟罗从前为总检察厅长,又为法部总长。今以一二人之告密,

---

① 吴宓:《吴宓日记》,王建朗、马忠文主编:《近代史研究所藏稿钞本日记丛刊》(第21册),国家图书馆出版社2020年影印本,第432—433、436—437、437页。
② 吴宓:《吴宓日记》,王建朗、马忠文主编:《近代史研究所藏稿钞本日记丛刊》(第21册),国家图书馆出版社2020年影印本,第439—440、440—441页。

罪状未明，竟有此等举动。前为坐上官，今为阶下囚，当局者不知有如何感想也"。23 日，他又记载："罗财长已出请室，系阁员奉元首命亲往法庭迎出者，即下榻于总统府中。盖洛阳军阀有违言，而有此举。不知国会方面依仗保定军阀者，不知又作何变相也。"围绕罗文干案，徐世昌与吴佩孚相互致电，吴佩孚表示"处分罗文干，大违法理，有实属不成事体"，而徐世昌复电表示"罗系已所派署，宁愿其果有罪名，自贻疵累"。25 日，吴焘又披露："罗案日益扩大，缘曹锟、王承斌均有电主张严办，并有凡与本案有关者，皆当一一究治。虽无主名，皆可默喻，盖党祸从此起矣。"此后几日，他详细记载了罗案的进展。26 日，他读报后写道："罗文干前经孙慕韩、汪大燮等保出，在公府礼官处看管。嗣保定曹锟、天津王承斌来电，非常严厉，并以罗曾为司法总长，法庭各员皆其旧属，恐其于罗案有袒纵情事，主张另行组织法庭，免其漏网，地检厅长熊君恐蹈徇庇之嫌，将案移转他处，太失体面。派法警到公府传罗问话，仍发看守所管押。军阀势力如此，法庭尊严，亦謦言耳。"28 日，他又揭示了罗案引发的政潮："自罗案发生后，王总理已通电辞职，竟不到阁，各阁员亦相率不到。欲觅替人，又以党争之故，元首不能下令，盖已为无政府之国家矣。尤可异者，内务孙总长、交通高总长，又为异系者所攻，体无完肤。"他大发感慨："胶胶攘攘，伊于胡底，吾不得而知之矣。"①

王宠惠辞职后，内阁总理归属成为吴焘关注的重点。先是汪大燮代理内阁失败。29 日，关于总理的归属仍未发表，据报纸言，"元首电商保定曹巡阅使，曹使电复总理，要职，军阀不应干涉。元首又命人赴保相商，故内阁今日仍无人办事，使者明日始能回京"。次日，他阅报得知"汪大燮得内阁总理，李印泉得农商总长"。但汪大燮因曹锟有"诘责之言，惧不到阁"，元首无奈，"派人约令商议要件，屡寻不得，盖已藏匿矣"。他感慨道："波谲云诡，一至于此，奈之何哉。痛快。"直到 12 月 1 日，他阅报纸得知："汪总理已经露面，元首力劝，已允暂行维持数日，仍请元首另觅替人，惟辞职已电

---

① 吴焘：《吴焘日记》，王建朗、马忠文主编：《近代史研究所藏稿钞本日记丛刊》（第 21 册），国家图书馆出版社 2020 年影印本，第 438—439、442—443、443—444、448、449—450、452—453 页。

全国，距电告就职仅只一月，未免骇人听闻耳。"汪大燮表示只代理内阁总理，希望徐世昌另找人署阁。在不得已的情况下，徐世昌找到张绍曾署阁。但张署阁一波三折。8日，吴焘阅报进一步揭示内情："内阁总理虽经元首提交国会，请求同意，但国会要人均赴保定，与曹巡阅使拜寿，须曹公点首，国会自无异议。刻下无从揣测也。"14日，他阅晚报，知总理提案又起波澜："今日众议院开会以总理同意案，党派纷争，竟至用武，有受伤者，真怪事也。"19日，报纸对总理人选颇有议论："元首提出之内阁总理张绍曾，众议院案经通过，尚须交参议院征求同意，但参院无议长，不知作何变相耳。"21日，报纸新闻又称："张内阁案到参院后屡次流会，以不足法定人数，无从开会，益有默为使之者。将来不知究竟如何也。"① 直到1923年1月，张绍曾才署理国务总理。

对政治颇为敏感的卞白眉亦关注直奉战争后权力划分的新闻。第一次直奉战争以英国的调停而告终。1922年6月底，直奉双方签订和约。自此，直系势力占据北京，分享胜利果实，奉系势力退守山海关。8月6日，唐绍仪任内阁总理，在其未上任之前，由王宠惠兼代。8日，吴佩孚反对唐绍仪组阁。直到年底，才由汪大燮组阁。11月30日，报载汪大燮代阁兼财长，王正廷掌外交。12月1日，报载汪大燮提出黄郛掌财政，因黎元洪"未盖印"而"愤而辞职"。同时，直系"颇反对"汪大燮组阁事，因王宠惠内阁倒台后直系"正分配人物计划新阁"，但黎元洪突然发表汪大燮内阁成员名单，导致直系"极不高兴"。②

1923年依然是不平凡的一年。1922年年底的罗文干案的影响在1923年依然延续。1922年9月20日，王宠惠在组阁后任命罗文干执掌财政。③ 11月18日，黎元洪下令逮捕财政总长罗文干。23日，罗文干出狱，"暂住总统府

---

① 吴焘：《吴焘日记》，王建朗、马忠文主编：《近代史研究所藏稿钞本日记丛刊》（第21册），国家图书馆出版社2020年影印本，第453—454、454、455、456、463、470、476、477—478页。

② 卞白眉著，中国人民政治协商会议天津市委员会文史资料委员会编：《卞白眉日记》（第1卷），天津古籍出版社2008年版，第209、223页。

③ 卞白眉著，中国人民政治协商会议天津市委员会文史资料委员会编：《卞白眉日记》（第1卷），天津古籍出版社2008年版，第214页。

礼官处"。25 日，报载王克敏与罗文干案"相涉"，因此，卞白眉去函询问王仰先。27 日，王仰先告知王克敏与罗文干案无关，卞白眉稍心安。1923 年 1 月 17 日，罗文干丧权辱国罪不成立，由法庭释放，但国会反对，"复逮系入狱"。18 日，蔡元培以教育总长彭久彝干涉罗文干案辞职。① 卞白眉对此案的关注到此为止。

  上海报界对新闻的报道非常快捷，北京发生的政潮通过无线电的形式很快就能在上海报纸上刊载出来。因此，上海读者能较快地知晓北洋政府的政潮。直系掌握北京政府政权后，有废除皇室优待条件之议论，郑孝胥对此特别关注。1922 年 6 月 28 日，郑孝胥阅报得知，吴佩孚建议黎元洪废止皇室优待条件，指出优待条件乃袁世凯"一时权宜之计"，但清室借此优待条件"久居民国首都"，"别具一小朝廷之规模"，对于前清遗老旧臣"依旧行其上谕赐谥"，最近又授予李国杰官职，难免不再起"复辟运动"。因此，为防止复辟，宜乘此"取消优待经费"，令清室以自身收入"支应一切"。此外，政府应将"万寿山、颐和园收归民国管理，现在之宫殿全部均须移交民国政府"。黎元洪认为此事事关重大，当"慎重出之"。清室闻之"大恐"，皇族中人提出以下三条自救：第一，所有累年积欠经费，求其发清；第二，查明皇产，变价自立银行，以资周转；第三，除经费以外之优待条件，不得变更。又将贵重财产全移入东交民巷保管，视民国处置如何，或当向外交团呼吁。② 与此同时，郑孝胥等遗老起草宣言，反对废除皇室优待条件。此后，郑孝胥草拟通电，并与其他遗老联合抵制。③

  上海对于周边的辐射作用较强。在余姚的朱鄂基很快便收到上海报刊，了解有关善后问题的新闻。1922 年 5 月 26 日，朱鄂基阅报后记载："熊希龄与汪大燮、林长民、蔡元培、王宠惠、谷钟秀、张耀曾、王芝祥等对于曹锟

---

  ① 卞白眉著，中国人民政治协商会议天津市委员会文史资料委员会编：《卞白眉日记》（第 1 卷），天津古籍出版社 2008 年版，第 222、231 页。
  ② 郑孝胥著，中国历史博物馆编，劳祖德整理：《郑孝胥日记》（第 4 册），中华书局 1993 年版，第 1911 页。
  ③ 郑孝胥著，中国历史博物馆编，劳祖德整理：《郑孝胥日记》（第 4 册），中华书局 1993 年版，第 1912、1916—1917 页。

等十九日电,我国之不统一实由于无宪法,欲图宪法早日结成,则惟有恢复六年国会,促其速行制宪,择期公布,此举既易进行,又无背乎法统一面,似应通电各省区,请派代表择一适当地点召集会议,讨论善后诸问题。"之后,围绕总统选举,发生了激烈的斗争。6月3日,朱鄂基见报纸所载"天津旧国会电"。该电认为,徐世昌由非法国会选举产生,"显为篡窃行为,应即宣告无效",他无权解散国会,应"由国会之完全行使职权,再由合法大总统依法组织政府"。在国会的压力下,"今日徐已出府,通电辞职"。围绕徐世昌任总统职位的合法问题,引发了激烈的争论。6日,浙江督军卢永祥、省长沈金鉴质疑徐世昌任职的合法问题,指出《大总统选举法》第五条明确规定:"大总统因故不能执行职务时,以副总统代理之。"但回到1917年府院之争,黎元洪辞职并非"不能执行职务",而是张勋复辟逼迫黎元洪下台,故"自不生法律问题"。再者,徐世昌由副总统代理总统,到此时任期已满,"毫无疑义"。因为"大总统选举法规定任期五年",而徐世昌"代理期满,即是黄陂法定任期终了",故徐世昌"早已无位可复",如果强行再担任总统,则为"非法"。①

7日,朱鄂基阅报得知国务院接收了徐世昌的大总统印信:"一、玉印五大颗:第一颗大总统之印;第二颗中华民国之玺;第三颗海陆军大元帅之玺;第四颗封册之玺;第五颗荣典之玺。二、小金印两颗:甲、大总统之章;乙、海陆军大元帅之章。三、小玉印八颗,内有阴文两颗,阳文两颗,长方形两颗,方形两颗。……"同时,黎元洪通电十一省,表示"引咎辞职。蛰处数年。思过不遑,敢有他念,以速官谤。果使摩顶放踵,可利天下,犹可解说,乃才轻力薄,自觉勿胜,诸公又何爱焉!前车已覆,来日大难,大位之推,如临冰谷"。他主张"废督裁兵",结束军阀混战的局面,引发了广泛关注。一方面,各省积极响应黎元洪的"废督裁兵"政策。另一方面,报载军费概况:"现在全国全年收入约四万万元,现有陆军除警备军不计外,统在一百六十万

---

① 朱鄂基著,朱炯整理:《朱鄂生日记》(第2册),凤凰出版社2021年版,第429、431、432页。

人以上，每一万陆军除军械移动费外，年需二百万元，即就此一百六十万人，统计需三万二千万元，加以督军师长之搜括［刮］，党系之纷争，其损失又数百万或千万，统计每年所费几尽岁入而犹或不敷，其他政费除借外债外，实无他法。"① 繁重的军费是造成中国积贫积弱的根源，而"废督裁兵"是解决这一问题的重要举措。

黎元洪虽已复职，但并无实权，军阀之间混战依旧。1923 年 4 月 18 日，朱鄂基阅报后记载："直、奉又动战机，双方虽未明白决裂，而调兵遣将，暗斗已萌，殆不可遏。奉、皖两系与南方之孙似已暗合，浙之虎头本为干木嫡系，拥兵观望，乘机思动。"各路军阀磨刀霍霍，混战加剧。19 日，朱鄂基读报后知晓："上海海军宣言，拒孙传芳入闽并与中央脱离，奉、直备战甚亟，沈鸿英入粤，杨森入川。孙、沈、杨均由吴子玉主动，皆所谓直系也。" 24 日，朱鄂基了解到"沈鸿英粤军败退，孙传芳入闽后，地位亦未稳固。奉、直两军在喜峰口一带，仍复汲汲备战"。6 月 20 日，朱鄂基了解到局势进一步混乱："至阴历五月一日（六月十四日），黎因王怀庆、冯玉祥被迫返津英租界寓宅，首都无首已一周矣。黎于去年阳历六月间被直系军人拥立，强迫进京，今则又被直系驱逐出都，在位之日适为一年〇［零］一日云。"同时，"黎赴津后，曾发出六道命令，撤回去年向国会辞职咨文，咨国会特任唐绍仪为国务总理（未到任，前督任农商总长李根源兼署），否认辞职咨文之寒电，府秘厅送命令于两院之公函"。② 黎元洪被迫下台，军阀纷争四起。

（二）知识分子的读报感想与复杂心态

一些知识分子的读报活动往往与其学术研究和写作联系在一起，他们以新闻为材料，发表对时政问题的看法。

胡适对于第一次直奉战争后的政治有着深入观察。他指出："颜惠庆跑了。黎元洪有命令，要亮畴代理国务总理，亮畴还不曾答应。推亮畴代理，

---

① 朱鄂基著，朱炯整理：《朱鄂生日记》（第 2 册），凤凰出版社 2021 年版，第 432、433、434 页。

② 朱鄂基著，朱炯整理：《朱鄂生日记》（第 2 册），凤凰出版社 2021 年版，第 506、508、519 页。

是特别的举动,是洛阳的意旨。照例总理缺人,先轮外交,次轮内务;内务本为张国淦兼的,是一个极刁猾的政客,播弄出许多政潮,后来不能不辞去,让孙丹林以次长代理,故轮到了司法代理总理。"他认为:"颜惠庆没有肩膀,跑了也好。"但他忧虑:"内阁中暗潮还是很多,亮畴太老实了,不知能干下去不能。"① 面对乱局,胡适希望有所作为。他发表其"好人政府"的主张,期望以"好政府主义"改变军阀政治的局面,实现"文人论政"的目的。

不同于胡适提倡改良政治,朱峙三侧重描述了战后的政治生态,并在日记中发表了一些自己的看法。1922年5月14日,他阅报得知"孙传芳、卢金山等主张中国统一办法,应请黎元洪复总统职",并且孙传芳、冯玉祥等"对大总统徐世昌不满",徐世昌"益愧思退"。朱峙三评价道:"此人不为冯道,又类操莽,哀哉。"6月6日,他阅报后记载:"徐世昌通电请黎元洪复职,将其在任经过申述,以印玺交国务院,即日出京住天津。"但浙军督军卢永祥"忽通电反对黎元洪复职"。虽然卢永祥反对,但黎元洪复职已成事实。13日,朱峙三阅报后披露:"北京国务院代表高恩洪到津,迎接黎元洪复职。吴佩孚等先亦通电,请黎入京。"次日,黎元洪在天津通电,"废督裁兵,十一日入京就职,又暂行大总统职权"。15日,报纸报道黎元洪就职,"任颜惠庆为内阁,周自齐等为阁员"。黎元洪复职后意图促成南北统一,故电邀孙中山、伍廷芳、李烈钧北上"共谋国是"。同时,为恢复旧国会,黎元洪下令旧国会移京,"到者已二百一十四人,明令撤销六年六月十一日解散国会令"。"孙洪伊主张恢复民八国会,设临时政府机构。"② 黎元洪试图通过恢复国会的形式加强统治,但各地以联省自治的形式对抗中央,致使黎元洪的意图流产。

各地在联省自治的旗帜下,发生了一系列纷乱,先是孙中山"率军舰永丰等六艘击岸上陈炯明军",后"唐继尧举[主]张联省自治",与陈炯明、赵恒惕"举相呼应",造成"广东省议会赞成统一,请孙文下野"。朱峙三颇

---

① 胡适著,曹伯言整理:《胡适日记全编》(第3册),安徽教育出版社2001年版,第746页。
② 朱峙三:《朱峙三日记》(第4册),国家图书馆出版社2011年影印本,第246、250、251、252、253页。

为孙中山鸣不平,认为"孙先生何苦劳神数年耶"。此后,广东纷争不断,"广东北伐军许崇智与陈炯明在韶关附近战争"。在朱峙三看来,"此又是中国人自杀政策也"。之后,陈炯明发动六一六事变,迫使孙中山出走上海。孙中山到上海后,发表宣言,表示以后统一意见,主要有四点:"一、护法当有合法国会,二、实施兵工计划,三、发展实业,四、尊重全民自治,不容军阀割据。"留沪国会议员与孙中山接洽后"纷纷北上"。①

与朱峙三的陈述不同,夏承焘对军阀政治及其后果的认识更为深刻。他先简要记载了直奉战后的政局。1922年6月5日,他通过报纸新闻了解到第一次直奉战争后的人事变动:"徐总统以孙传芳一电辞职出京,直系邀黎元洪出山,召集旧国会,南北有统一希望。"13日,他得知"黎大总统今日复位"。16日,报载"颜惠庆组阁,吴佩孚长陆军"。22日,他阅报得知"奉、直再战,奉又败"。②战事大致结束。

虽然直系取胜,但第一次直奉战争带来了一系列问题。首先是各界提倡的废督裁兵"实难办到",其次是南北纷争进一步扩大。夏承焘在日记中记载南方政局:"南方北伐,江西战事尚甚烈,吴佩孚辞陆军总长,荐陈炯明自代。内阁伍廷芳未南下,由颜惠庆暂代。"特别是在广东,陈炯明反对孙中山,几乎使孙中山在广东无立足之地。26日,夏承焘读报后得知"孙中山被叶举所逐,浙江、江西、河南已废督"。29日,他阅报后揭示:"广东战事甚烈,孙文已逃,粤军迎陈炯明返省,陈、吴携手,统一有望。"7月11日,他阅《申报》,知"孙文在黄埔建总统府,添招新兵,欲返攻省城。陈炯明不敢就省长职,粤人责备陈于此举能发而不能收"。20日,他又阅《申报》得知:"孙文在黄埔被陈炯明部下击逃,粤乱未已。"③

北方政局更为混乱。7月11日,他见《申报》所载新闻:"曹、吴意见

---

① 朱峙三:《朱峙三日记》(第4册),国家图书馆出版社2011年影印本,第253、255、256、262页。

② 夏承焘著,吴蓓主编:《夏承焘日记全编》(第2册),浙江古籍出版社2021年版,第715、717、718、720页。

③ 夏承焘著,吴蓓主编:《夏承焘日记全编》(第2册),浙江古籍出版社2021年版,第720、722、723、729、737页。

冲突，吴已返洛，统一目前无望。张作霖与吴议和，在关外招兵甚多，拟卷土重来。"他认为："不去庆父，鲁难未已，来日隐忧正大。"29 日，他阅报了解到"曹锟觊觎总统，暗与张作霖携手"。他并不看好曹锟当总统一事，认为曹锟的才能难以解决目前中国政局的危机。他评论道："其人既无才智，又惑于群小，将来恐蹈项城覆辙。因叹近日伟人之握大权者，未尝不知宦途艰危，特因一二亲近之欲图禄利者在旁怂恿，遂冒险以犯不韪，卒不惜身名以徇之。以项城之才犹不免此，况不若项城者哉！覆辙相寻，此我国所以多事。"① 他认为，曹锟既无袁世凯之才能，又觊觎总统之位，极有可能重蹈袁世凯之覆辙。

南北纷争，废督裁兵难以实现，夏承焘颇感担忧。他指出："外人谓军需独立，兵较易裁，实亦难办到，十年内中国恐无图强希望。"废督裁兵不成，中国无图强之希望，此时颇为流行国际共管之说。夏承焘对此依然不看好："近日外人又倡共管中国说，奉、直厉兵秣马，再战在目前。内忧外患相继而至，国人苟不人人有自觉心，恐不底于亡不止。"② 中国要实现图强，需国人有自觉心，方能奋发图强。这大概是夏承焘内心无可奈何的写照。

四、曹锟贿选与读者观感

1923 年最为瞩目的新闻事件当数曹锟通过贿选当上总统一事。年初，高凌霨助曹锟谋选总统，指派王克敏向中国银行收款一百五十万元，发行券六百万元。此事立即引起了卞白眉的注意。此事刊登于中文《泰晤士报》，中国银行颇为重视。卞白眉致电中国总行，希望由总行出面请求报纸更正。次日，英文《泰晤士报》更正。1 月 26 日，更正说明刊登于《新民意报》和《华北新闻》。27 日，中文《泰晤士报》更正。③ 此事极快得到解决。但曹锟成为卞

---

① 夏承焘著，吴蓓主编：《夏承焘日记全编》（第 2 册），浙江古籍出版社 2021 年版，第 729、746 页。
② 夏承焘著，吴蓓主编：《夏承焘日记全编》（第 2 册），浙江古籍出版社 2021 年版，第 737、766 页。
③ 卞白眉著，中国人民政治协商会议天津市委员会文史资料委员会编：《卞白眉日记》（第 1 卷），天津古籍出版社 2008 年版，第 231、232 页。

白眉一直关注的重点,在他此后的日记中多有记录。

曹锟利用军警逼迫黎元洪和内阁辞职。6月4日,听闻军警逼迫黎元洪退位而拥护曹锟上台,卞白眉感叹:"从此多故,恐悖得者,将亦悖失也。"5日,他听闻军警逼黎退位将于当晚实行。6日,内阁总辞职,而新内阁"恐难成"。13日,黎元洪被迫离京去职。他回忆:"去年六月十二就职,今年六月十三日去职,整周年也。现在京中无元首,无内阁,而人心并未恐慌,市面照旧办事,真异境也!曹氏欲来作总统,不知其如何入手也。"① 他并不看好曹锟谋求总统之位。

在上海闲居多年的刘承幹通过阅报了解了曹锟贿选的情形:"知国会议员于廿五日午后三时选举大总统,曹锟以四百八十票当选,计议员共到五百九十人,投孙文者三十三票,唐继尧二十票,岑春煊八票,段祺瑞七票,吴佩孚五票,废票十二张(将曹锟二字写错者),余则均一人一票,而票价每票五千元,乃颇普通面子上之数目,尚有暗中酬劳,则视其人势力之大小而分别之,无一定定数目,最大者亦有数万元之巨。"他进而嘀咕道:"然南方之民间各团体反对甚烈,不知能相安无事否?"② 在他看来,曹锟贿选会引发南方激烈的反对。

退隐上海崇明的王清穆也关注了黎元洪被逼辞去总统的消息。1923年6月14日,他记载黎元洪因索薪问题被迫出京的消息:"报载黎总统昨日出京,按连日军警索饷,并有冒充公民者,包围总统住宅。"结合所读新闻,他回顾了黎元洪当初任职时的誓言:"黎总统曾宣言无论如何,不能弃职潜逃,自蹈非法。"他颇为感慨,并且对时局甚感担忧:"依法而来,仍当依法而去,乃无几时而不能坚持,种种之被逼情状,殊属不堪。外交团谓此两日现象,足毁曹锟半生事业。吴佩孚一月前已电保定,略称在私交上希望曹氏立正大位,但思此时遽作总统,反速危亡,故宜从缓。无奈曹不如吴之明白,

---

① 卞白眉著,中国人民政治协商会议天津市委员会文史资料委员会编:《卞白眉日记》(第1卷),天津古籍出版社2008年版,第248、249页。

② 刘承幹:《求恕斋日记不分卷》,上海图书馆藏稿本电子版(编号:线善862624-74),1923年10月6日。

第五章 五四时期的新闻呈现、时政阅读与时事追踪

而左右多急功嗜利之徒，遂致演成此恶剧。"他进而指出："废人伦，则君臣之义不明，纪纲失坠，祸患方长，中华真不国矣。"① 可谓字字珠玑，直指要害。

黎元洪被逼辞职，各报社论态度不一。王清穆阅《新闻报》转载《字林西报》社论，该社论云：

> 美总统威尔逊在任时，墨西哥内乱，有武人郝泰者，以兵力据位为总统。威以郝之为人尚兵力，用欺诈略取名位，始终未认其为墨国元首。今中国北方之事亦正类此。黎总统为曹锟、冯玉祥威迫去职。以列国而论，中国元首何人，原所不问，然其人用何道而跻元首之位，则各国所宜问也。倘各国不察鼠窃狗盗之真相，贸然与之往来，则于中国人有大害，而各国欲恢复中国秩序，亦从此益难矣。十余年来中国种种战乱，皆为强夺总统而起。倘各国所承认之政府，仍为凭借武力强夺而得，则战乱必仍不绝。美国尚不承认墨西哥之暴举矣。各国曷尝不可仿行于中国，拥戴曹锟为无耻之举，列国正可乘机行仁义之举，使中国或可则生新气象也。②

他详加抄录后，颇有同感，指出："外报之论调颇能力持正义，而返观吾国人则如何可愧。"③

同时，又有报纸报道吴佩孚劝黎元洪"勿走"的电文："此电为交通方面所扣留，数日以前，尚有一电到院，系发于黎将去未去之时。其所主张谓对于元首不应失相当之敬礼。任期问题，应候国会解决。在未解决以前，对黎仍应拥戴。观此可信吴之识力毕竟在曹锟、冯玉祥、王怀庆、王承斌诸人之

---

① 王清穆：《农隐庐日记》（第 17 册），上海图书馆藏稿本（编号：线普长 744634-99），1923 年 6 月 14 日。
② 王清穆：《农隐庐日记》（第 17 册），上海图书馆藏稿本（编号：线普长 744634-99），1923 年 6 月 16 日。
③ 王清穆：《农隐庐日记》（第 17 册），上海图书馆藏稿本（编号：线普长 744634-99），1923 年 6 月 16 日。

上。"章士钊、梁启超等人亦劝勉黎元洪，指责曹锟逼迫太甚。①

对于时局，王清穆感慨良多。7月24日，他在日记中对民国总统选举事有一番论述：

> 民国总统之产生，由国会选举，此法仿自欧美。十二年中，历数前任选弊彰彰。予者受者同流合污，国会中虽有贤俊，心知其非而力弱势孤，莫能匡救，此等制度，万不可行。吾国古代唐虞禅让，本有成法，舜受尧禅，举舜者，尧也。禹受舜禅，举禹者，舜也。禹曾举益，亦主传贤，而当时民心归启，遂以天下属一家，致开后世征诛之局，然必贤如汤武而又遇桀纣之君，乃可言革命，断非莽操之徒，所得而假托也。民国宪法，宜规定总统资格，继任总统由现任者选举三人，交国会审查通过，非有绝对不合格之事实，不得否认。至三人中孰为总统，孰为副总统，当在国会请总统亲临，用掣签法定之，不得参一毫私意于其间，此采用古法而损益之，绝无流弊者也。②

此论既参照欧美总统选举的做法，又企图承接禅让制的传统，通过选贤与能，设计民国总统制。27日，他结合自己对宪法的理解，深入分析了主权在民。他指出：

> 民国约法有"主权在民"四字，未得正解，易滋误会。余谓宪法中必须加以诠释。大学道：得众，则得国；失众，则失国。众即民也。此两句的是"主权在民"之注脚。为总统者，但当与民同欲。至一切用人，行政既由政府负责，当然以全权属诸政府。此层在宪法中，应有明文规定，否则，误解"主权在民"，徒资少数国民不良分子之捣乱，而政府反

---

① 王清穆：《农隐庐日记》（第17册），上海图书馆藏稿本（编号：线普长744634-99），1923年6月23日，7月8日，7月13日。
② 王清穆：《农隐庐日记》（第17册），上海图书馆藏稿本（编号：线普长744634-99），1923年7月24日。

第五章 五四时期的新闻呈现、时政阅读与时事追踪

得诿卸责任,流弊甚大,不可不防。①

他认为,从民主共和的角度来看,黎元洪作为总统是法统归属,曹锟如此逼迫黎元洪在法统上是不成立的,会引发更大的流弊,需要慎重看待。

王清穆还结合时政新闻写就《救国罪言》一文,并引用《大学》要义。该文指出:"以为救国根本之计,约有三端:曰明伦,曰明法,曰明耻。明伦即君臣一伦,不可废之说。明法,则主权在民,四字应在宪法中诠释真谛,以防少数国民不良分子之借口捣乱。又总统之选举,宜仿古法,如十一日所记是。明耻,则劝国人改过迁善,力图自新。明伦,仁也;明法,知也;明耻,勇也。知仁勇三者,天下之达德,亦即大学明德中所固有也。"② 他从伦理道德的角度,强调总统选举宜参用古法,表达对曹锟逼迫黎元洪行为的不满。

黎元洪去职,谁接任总统成为各方势力关注的焦点。在天津的卞白眉对此颇为留意。1923年下半年,北京政府重新选举总统,发生了曹锟贿选事件。6月21日,外报载曹锟有"入京据位之意"。9月12日,京中大选,"以人数不足未成"。同时,黎元洪赴上海,"有在沪组政府意"。10月6日,曹锟"以四百八十票当选"。10日,曹锟就职,"宪法公布"。13日,曹锟嘱高凌霨"暂代阁"。③

曹锟以贿选的方式当上了民国总统。1923年10月7日,朱鄂基阅报得知:"国会开选举大总统会,曹锟以四百八十票当选,共到五百九十余人,孙中山得票三十余票,而黎元洪、徐世昌均无票。曹票代价每票普通五千元,南中舆论谓之贿选,浙籍议员王家襄、杜师业、沈钧儒等均在卖身之列。浙江卢督办日前有电反对选曹,措词甚为激烈,张省长亦有一电,语较平和,

---

① 王清穆:《农隐庐日记》(第17册),上海图书馆藏稿本(编号:线普长744634-99),1923年7月27日。

② 王清穆:《农隐庐日记》(第17册),上海图书馆藏稿本(编号:线普长744634-99),1923年7月30日。

③ 卞白眉著,中国人民政治协商会议天津市委员会文史资料委员编:《卞白眉日记》(第1卷),天津古籍出版社2008年版,第250、258、260、261页。

安徽督军吕调元加入江浙和平公约。"15日,他阅报后记载:"曹锟于十号进京就总统职,浙省军政本与中央脱离,现军民两长议定将地方行政事务亦与中央断绝关系,已通告各属,实为独立之变相。江苏省教育会议定十月五号(即选总统之日)为国耻日。"① 中国的政治生态进一步恶化,随即产生了一系列负面影响。

在温州的乡绅符璋亦记载了曹锟贿选的相关新闻。1923年6月18日,符璋阅报后写道:"黎元洪被迫于廿九下午出京到津,时军官索印未得,兵围车站,至初一日晨得京电,印已由其三夫人在法医院交出,始放走回寓。种种情形,报纸皆详极,未闻之恶剧矣。"10月11日,他阅报后记载了曹锟贿选后的舆论反响:"贿选总统竟于廿五日成功,沪、浙各公团多数宣言反对,众议员浙人邵彭瑞将五千元支票印出,具控于天津检察厅,厅中已给正式收据。时人各有数票,惟徐、黎一票无之。大选会签到五百九十三人,投票五百七十八,曹以四百八十票当选。孙文三十三票,唐继尧二零〔十〕票,岑春煊八,段祺瑞七,吴佩孚五,卢永祥五,王家襄、陆荣廷各二,张作霖、王士珍、李盛铎、汪兆铭、谭延闿、严修、唐绍仪、谷钟秀、张绍曾各一,陈炯明二,废票十二,共八十七。并四百八十,总共五百六十七票,与五百七十八票不符,差十一票。宪法亦于同日宣布。"② 新闻揭示了选举的具体情况,符璋读报后详加抄录,虽不予置评,但录以备考之意甚为明显。

在西安任中学教师的夏承焘,甚为留意直奉战后的时局。1923年8月4日,夏承焘阅报得知"江浙有战事消息",加之"潼关二十师与镇嵩军互相冲突",他认为战事冲突的原因是"直系觊觎总统",恐将引起"全国战事"。10月9日,他了解"曹锟以四百八十票选为大总统"。他对此结果并不看好,并预测:"南北决裂在旦暮间,首发难者或在浙江。时局益趋纠纷,奈何!"③ 他虽远离官场,但通过长期观察时政、饱览新闻,对时局的分析甚有洞察力。

---

① 朱鄂基著,朱炯整理:《朱鄂生日记》(第2册),凤凰出版社2021年版,第536、538页。
② 符璋著,温州市图书馆编,陈光熙点校:《符璋日记》(中册),中华书局2018年版,第852、866页。
③ 夏承焘著,吴蓓主编:《夏承焘日记全编》(第2册),浙江古籍出版社2021年版,第958、982页。

第五章　五四时期的新闻呈现、时政阅读与时事追踪

经常浏览报刊的朱峙三从 1923 年 6 月开始关注曹锟的新闻。9 日，他阅报后简述："内阁总理张耀［绍］曾近接近曹吴，欲固己位，但曹家花园开会，曹党仍欲倒阁。"12 日，他阅报后揭露曹锟的图谋："北京军警屡以军饷索欠为由，似逼黎总统退位。考警察罢岗，以威胁公府，皆曹党指使之。"7 月 4 日，他披露曹锟贿选的新闻："有北京贿选会之组织，曹锟欲为总统，以大量金钱收买两院议员。"此后，曹锟贿选的新闻不断见诸各报。19 日，他阅报后记载曹锟党羽的行径："京中曹党似欲曹锟为总统，其嬖人李彦青亦对与在京之国会猪仔议员相联络。"对于国会议员，朱峙三以"猪仔议员"称之，足见他对国会议员的鄙视。此后，这样的称呼一再出现在他的日记中。例如，9 月 19 日，他记载："报载众院议长吴景濂连日勾引两院猪仔议员，定卖选举票价，每票五千元，须先付。"又如，20 日，他揭批："两院无耻议员，连日与吴景濂商议票价，京中现正赶场售选举票。"①

曹锟贿选，逼迫黎元洪下台，使黎元洪不得不赴津。9 月 11 日，朱峙三阅报得知黎元洪被曹锟逼迫至津。浙督卢永祥欢迎黎元洪南下，黎元洪于 9 月 8 日由海道至申。黎元洪到上海后，分电孙中山及各省之拥护者，希望重新组织政府，但颇为失望："在申诸议员，对之甚冷淡，仅有政学系、安福系少数议员与之见面，口头表示欢迎，余则模棱两可，不能主张正义也。"黎元洪颇为无奈，"黯然返津"。在黎元洪黯然离场之后，曹锟则积极贿选。13 日，朱峙三读报得知："曹锟谋大选益急，遂出其金钱巨款，必求之。"次日，他读报纸新闻了解到："曹锟造孽钱甚多，曹家花园迭次开会，非达到目的不可，贿买两院在京者。议长王家襄尚知廉耻，逃之他方。如是众院之长奉人吴景濂，愿卖身为曹氏，包办大选矣。"10 月 5 日，他读报后记载："曹党所制宪法已告成矣。决定十月五日为大选之期。"曹锟贿选成功后，朱峙三愤然指出："曹氏不惜其造孽钱，丧其廉耻。而吴景濂等猪仔议员，贪曹氏重金，必促其做总统大梦，将来成功，恐亦如袁世凯之懊悔不已！"6 日，他阅报了

---

① 朱峙三:《朱峙三日记》（第 4 册），国家图书馆出版社 2011 年影印本，第 322、323、326、328、345 页。

解了曹锟贿选的详细过程："北京贿选会各有小组织,曹锟金钱,多分饬各走狗,与各俱乐部议员经纪接头,议定价即所谓卖身费也。大者每票价一万元以上,最低亦五千元。国民党议员,又分大孙派,小孙派二种。"7日,他阅报得知贿选议员为"研究系、讨论会、大孙派(孙文)、小孙派(孙洪伊)、安福系、向称反直系者、交通系、政学系、益友社"等,这些人员"或以全体名义定价出卖票价,或个人与曹走狗面议价格,人格扫地"。8日,他阅报后进一步了解一些参与议员的具体名单:"国民党议员出面,与曹氏走狗接头者,大孙小孙派中,湖北人有胡祖舜、范鸿钧二人,共和党之汤化龙,广东之杨永泰,现时什么意见无有也,只有看金钱多少耳。社会舆论,目为猪仔议员,无不唾弃之。大总统落得曹锟当选,有百分九十九把握。此时反对曹锟,恐无一二人耳。"①

曹锟贿选之后,各界议论纷纷。北京某报云:"为固宠分赃之计,两院议员白昼鹜身,招摇过市矣。"曹锟就总统职,外交团不承认,造成曹"窘甚"。有自北京来者告知朱峙三:"曹锟为总统时,猪仔议员投曹者四百八十票,到者共五百九十三人,票价每人五千。"11月9日,朱峙三读报后披露:"本月五号,北京众议院开会,吴景濂强据议长席,为反对派推之下,致两党互殴,市民称为肥猪互咬。"30日,报载:"曹锟本月廿八寿辰,在怀仁堂受贺。"朱峙三读报后感慨道:"想京中一干猪仔议员,必有又有一笔收入矣,哀哉人格。"②朱峙三对于军阀政治颇感失望。此后,他记载新闻的风格大变,只记事而不言政治。

总之,第一次直奉战争后,奉系退回到长城以外,直系执掌北京政权。曹锟通过贿选成为中华民国总统,但依然不能调和奉系军阀之间的矛盾。奉系军阀在经过两年准备后,发动了第二次直奉战争。这次战争以奉系的胜利而结束。报纸对此进行了较为详细的报道。读者在解读新闻的过程中,对军阀政治总体上感到失望、厌倦甚至愤怒。在他们看来,军阀政治是危害中国

---

① 朱峙三:《朱峙三日记》(第4册),国家图书馆出版社2011年影印本,第343、349、350页。
② 朱峙三:《朱峙三日记》(第4册),国家图书馆出版社2011年影印本,第352、353、358、364页。

社会的最大因素。特别是曹锟通过贿选当上大总统，使读者对所谓的议会政治极为反感。例如，曹锟贿选后，身为国会众议院议员的徐兆玮退出政坛，从此归隐，专心于藏书著述。可见，对于读者而言，曹锟贿选这一重大新闻，产生了极为恶劣的社会影响。

小　结

从报刊阅读史的角度来看，新闻即是历史，尤其是重大新闻事件的阅读，能够从个体日记记录的文本揭橥历史面相。1917—1923年，军阀混战，社会动荡不堪，引发了报刊读者极大的忧思。袁世凯称帝失败去世后，北洋政府形成了以皖系、直系、奉系为主导的军阀混战格局。其后的府院之争、张勋复辟、直皖战争、第一次直奉战争、曹锟贿选等事件皆是军阀混战的恶果。这类事件屡屡见诸报端，引发读者的广泛关注。作为这些事件的阅读者，他们对军阀混战的认知与解读各有特色，但他们厌恶战争，渴望和平，往往能在心理上产生共情。他们希望军阀能够停止混战，组建一个真正民主共和的国家，实现中国的独立自主。但事实上，这只是他们的主观愿望，各路军阀不会放下业已攫取的权力，只会打着民主共和的旗号实现权力的最大化。这恰恰是军阀混战不止的内在逻辑，也是战事新闻源源不断的重要原因。

报刊是读者获取新闻的重要源头，读者读报之后的行为展现了乱局下的社会百态。一些读者在读报之后与亲友交流、聚谈等，加深对事件的了解，进而采取措施，以求规避风险。一些读者则有破罐子破摔的心态，对于军阀混战视而不见，充耳不闻，消极逃避，对相关新闻往往述而不议，对政治也避而远之。一些知识青年则思想激进，反思军阀混战，积极探索解决之道，在黑暗中寻找中国的出路。报刊对军阀混战的报道虽然在态度和立场上有一定差异，但总体上反映了社会乱象。乱世中的读者对新闻呈现出的乱局，在政治上有着不同的考量，在行为上有着不同的选择，在阵营上也存在路线之争。可谓报呈乱世，乱世读报。

第六章

五四时期读者的报刊阅读与思想世界

五四时期，报刊注重思想启蒙和知识传播，尤其是杂志成为读者了解思想界动态的主要媒介。新文化运动不仅带来了民主和科学，也推动了阅读观念的变革，促使人们"渐知个人以外，尚有其他事物足以注意"，这些事物即社会国家之观念，"去真正觉醒之期不远矣"。① 面对新的媒介环境，读者的识见与需求大为改变："以往读者之与报纸，消闲的成分多，求知的成分少；商界读者多，学界读者少。新文化运动开展之后，青年学生求知欲昂进，成为报纸的新读者群，并逼使报纸在精神与内容上刷新。由是报纸对新文化运动，发挥促进与扩大的功效。"② 报刊与社会思潮存在互动互证的联系，而读者的阅读体验与积极参与，更能体现报刊在思想解放方面的作用。

第一节 五四时期的社会思潮与报刊阅读

五四时期，新式知识分子是报刊的重要读者群体。对他们而言，读报刊不仅是读新闻，更是读新知、读社会、读世界、读未来。彼时，无数青年学

---

① 戈公振：《中国报学史》，岳麓书社 2011 年版，第 169 页。
② 赖光临：《七十年中国报业史》，"中央日报"社 1981 年版，第 59 页。

生在他们的成长过程中,都难忘五四时期的报刊阅读经历。他们的回忆录、日记、书信,呈现了丰富的报刊阅读史,见证了他们的思想演变过程。

作为新文化运动的积极支持者,蔡元培在北京大学倡导兼容并包的精神,体现在他对新闻学术研究和同人办报的支持,以及他的报刊阅读实践之中。他平时比较留心新知识、新观点的阅读。例如,1918年2月7日,他读《诚报》第5版关于"德人拟行双妻之法之增户口而强国势"的论述,当日抄录于日记中。① 10月3日,《诚报》登载了一篇抽血治疗伤者的新闻,他颇感兴趣,抄录于日记中。② 由于忙于行政事务,他对《新青年》之类的杂志记载不多。

青年毛泽东对报刊有着特殊感情。他在回忆长沙求学的经历时指出:"我在长沙师范学校的几年,总共只用了160块钱——里面包括我许多次的报名费!在这笔钱里,想必有三分之一花在报纸上,因为订阅费是每月一元。我常常在报摊买书、买杂志。我父亲责骂我浪费。他说这是把钱挥霍在废纸上。可是我养成了读报的习惯。从1911年到1927年我上井冈山为止,我从来没有中断过阅读北京、上海和湖南的日报。"③ 通过阅读报刊,毛泽东从"种种主义"和"种种学说"中"刺取精华",从而"构成一个明了的概念"。④ 毛泽东的阅读经历并非个案,他代表了五四时期非常普遍的阅读体验。

舒新城在湖南溆浦县立高等小学和湖南高等师范学校读书期间,对于"社会之种种"惊醒"比较的快",皆因为持续不断地阅读《新青年》。《新青年》的发行方群益书社由湖南人陈子沛所办,舒新城对于"陈氏的议论""表同情",开始订阅《新青年》。在《新青年》的影响下,舒新城开始阅读新式报刊。"上海《时事新报》的附[副]刊《学灯》,《民国日报》的副刊《觉悟》,《北京晨报》的附[副]刊《晨报副刊》以及《每周评论》《星期评论》《新青年》《新潮》《解放与改造》《少年中国》《少年世界》等"成为

---

① 蔡元培著,王世儒编:《蔡元培日记》(上册),北京大学出版社2010年版,第246页。
② 蔡元培著,王世儒编:《蔡元培日记》(上册),北京大学出版社2010年版,第252页。
③ [美]埃德加·斯诺:《西行漫记》,董乐山译,东方出版社2005年版,第141页。
④ 毛泽东:《致周世钊信》,中共中央文献研究室、中共湖南省委《毛泽东早期文稿》编辑组编:《毛泽东早期文稿(1912年6月—1920年12月)》,湖南人民出版社2008年版,第428页。

舒新城"研习社会科学及文学、艺术、哲学等等的主要教本"。当时长沙无代售各种新式报刊的书店，只有一位姓黄的体育教员创办了《体育周报》，目的是与各种刊物交换，并且代售各种刊物，舒新城由此有了购买杂志的渠道。"我与他本相熟，托他把能办的刊物都送我一份，同时于本省的报纸而外，并由他代订《时事新报》《民国日报》及《北京晨报》一份。中秋节他送来一张账单，三种报纸连同五六十种定期刊物，共为九十余元。这数目是一年的费用，当然不算大。"受此影响，舒新城走上了一条阅报—投稿—办报的道路。舒新城回忆在福湘女校教书时指出："我欲养成她们的阅报习惯，每日都为之圈定若干段国内外的重大新闻，强其阅览，且于每次上课之最初最后数分钟或讲到课程与时势有关系时而询问之；对于当时的《教育杂志》《中华教育界》《新青年》《新潮》《星期评论》《解放与改造》《青年进步》《妇女杂志》等等亦复如是。所以学生的常识很有进步。"① 舒新城的阅读经历反映了新文化运动在湖南在地化成功的个案。

毕业于早稻田大学的杨尘因，辛亥革命后一直在《申报》副刊任编辑，出版了小说《新华春梦记》，因揭发袁世凯称帝内幕而名声大噪。他平时涉猎的报刊多为上海的主流刊物，1919年的日记中记录了他阅读的刊物有《东方杂志》《小说月报》《新青年》《小说季报》《北京大学月刊》《新潮》《春柳》《新教育》《新中国》《星期日》《民权画报》等。例如，1月31日，他记载："午后，阅《东方杂志》第十六卷第二号。"2月1日，他写道："接昨阅之《东方杂志》六卷。"又如，9月28日，他"阅《小说月报》第四年第三号短篇《俪景》一则，《侨民泪》一则"。② 殊为可惜的是，他只提及阅读刊物而未言说阅读感受。因此，我们无法窥测他对这些刊物的态度与观点。当年，他撰写了《上海民潮七日记》《江湖廿四侠》《儒林新史》《神州新泪痕》《燕云粤雨记》《中国未来魂》《孤岛美人记》《百弊丛书》《杨小楼》《春雨

---

① 舒新城：《我和教育：三十五年教育生活史（1893—1928）》，广东人民出版社2016年版，第109—113页。

② 杨尘因撰，许丽莉整理：《杨尘因日记（1919年1月1日—10月31日）》，广西师范大学出版社2015年版，第198、199、266页。

第六章　五四时期读者的报刊阅读与思想世界

梨花馆剧话》《戏剧谈话》《古今笑话》等文章，兼任几种报刊编辑，兼具读者、作者、编者多重身份。

艾芜在四川新繁县读中学时，热衷于阅读各类新式杂志。他回忆五四时期阅读的情况时谈道："我们一从热爱《学生潮》开始，就更进一步找寻学校图书馆的白话报刊了。成都出的《星期日》，北京出的《新青年》《新潮》《每周评论》，上海出的《星期评论》《少年中国》就成为以后课余经常的读物。那时候并不注意刊物是哪年哪月出的，只觉得它们是白话写的就新的很，每份杂志每张周刊，都象〔像〕树上初发的嫩叶、刚开的花朵叫人感到兴奋、快乐。老实说，刊物上有好多文章是读不懂的，但因为是白话写成，还是使我们喜欢念它，想尽量从里面吸收一些东西，即使懂得一句话，一个新名词，也是好的。"① 艾芜是偏远地区的学生，报刊于他而言就是"另外的世界"，为他提供了丰富的"知识仓库"。

青年学生谭正璧的课外阅读深受五四新文化运动影响。尤其是他于1919年就读设于上海的江苏省立第二师范学校后，广泛涉猎各种报刊。从他的日记中可以看出，他的阅读实践经历了从"适意泛读"到"专事研究"的过程。② 他阅读报刊的范围极为广泛，他的日记中涉及的报刊包括《中华小说界》《英语周刊》《解放与改造》《星期评论》《海潮音》《学生潮》《新生活》《少年中国》《童子军月刊》《太平洋杂志》《新青年》《新潮》《少年世界》《新社会》《心史丛刊》《东方杂志》《中国寓言》《大夏丛刊》《申报》《小说丛报》《中华小说界》《大中华杂志》《新申报》《民国日报》《教育杂志》《黑潮》《新妇女》《新芬》《女界铎》《通俗丛刊》《平民导报》《北京大学学生周刊》《学生杂志》《钱江评论》《民心周刊》《少年社会》《创造》《民铎》

---

① 艾芜：《五四的浪花》，中国社会科学院近代史研究所编：《五四运动回忆录》（下册），中国社会科学出版社1979年版，第961—962页。
② 王润英对谭正璧阅读报刊的收集整理不全。根据笔者的整理，除王润英整理的报刊，还有《少年社会》《创造》《民铎》《新社会》《小说周刊》《妇女杂志》《时事新报》《儿童世界》《文学旬刊》《儿童画报》《黄渡月报》《努力周报》《读书杂志》《晚霞》《小说世界》《国语月刊》等刊物。参见王润英：《从〈谭正璧日记〉看一位近代学人的养成》，《北方论丛》2021年第2期，第102—107页。

《新社会》《小说周刊》《妇女杂志》《时事新报》《儿童世界》《文学旬刊》《儿童画报》《黄渡月报》《努力周报》《读书杂志》《晚霞》《小说世界》《国语月刊》等五十余种。

可以看出，谭正璧阅报范围几乎囊括五四时期流行的主要刊物，对新思潮了解颇深。1919年年底，谭正璧制订1920年"杂志费预算表"，包括以下刊物：《新潮》《太平洋》《新青年》《少年中国》《少年世界》《新生活》《新社会》《星期评论》。他表示对这八种杂志"心里却非常的满意"，原因在于他如果"能够把他都细细儿的研究"，将来可能成为"新学家"。又依照谭正璧"素来欢喜看书"的脾性，如果哪种书被他看中了，"必百计的买他到手方罢"，如果有了预算，"明年何论怎么样，我必定照着他做，这经济问题，吾可顾不得了"。①"顾不得了"表明他对阅读新式书刊的执着。

就具体的阅读实践看，谭正璧颇为关注新式刊物《星期评论》《解放与改造》《太平洋》。他虽阅读《新青年》不辍，但记录得不多，反而对《星期评论》的具体内容摘录和评述较多。1919年11月7日，他读完《星期评论》中关于白话诗的评论后写道："我以前做的白话诗，自己看了，觉得没有生趣。今天，看了这《星期评论》上的胡适之先生的《谈新诗》，就知道他的缘故。为什么呢？胡先生说：'诗，须要用"具体的"做法，不可用"抽象的"说法。'我做的都是'抽象的'说法，所以不觉得好了。"彼时，他不仅读白话诗，而且作白话诗，还用白话作小说，深受白话文运动的影响。他收集每期《星期评论》。当没有买到《星期评论》第九期时，他去亚东图书馆、《民国日报》馆购买，仍未果，便"闷闷而归"。②

谭正璧的读报记录中还提及《解放与改造》。例如，他读到《解放与改造》中关于《工团主义之研究》一文时，就觉得"这种书一无价值"。依他的理解，中国处于"普及教育的发展时代"，能够使一国的人认识几个字"已是侥幸"。在中国阶级制度"尚未全去"的时代，"能够多普及几个中流社会

---

① 谭正璧著，王润英整理：《谭正璧日记》（第1册），凤凰出版社2021年版，第66—67页。
② 谭正璧著，王润英整理：《谭正璧日记》（第1册），凤凰出版社2021年版，第42、52页。

子弟,已是好了"。至于下流社会,既不多识字,又没有人告诉他们新学,更无法理解"工团主义",如何能够照着"工团主义"去做?"工团主义"不过是无理取闹罢了。谭正璧奉劝留洋归国的学子少翻译"似通非通的新学说",而去做些"实用有益的文字",免得"被人家笑"。① 从谭正璧对白话诗和"工团主义"的认识可以看出,他对白话文章的知识认同感更强,而对"工团主义"这种实践类的知识嗤之以鼻。这也反映了他的学术观念。

谭正璧对《太平洋杂志》偏爱有加。当他读到朱剑农的《宪法上的言论出版自由权》一文时,多引"法律上所规定的出版法",又联想到"近来被禁止的各报馆,并没有违背法律的记载",但政客恨报馆"详细记载"他们的非法举动,故不得不用强手段吓住他们。特别是罗斯福的"假若一个人不能为自由奋斗,就不配享自由",使他"最是佩服,愿吾同志都照他做"。② 虽然谭正璧喜阅《太平洋杂志》,但因为他对政治素来无多大兴趣,所以他依然在追求白话文运动的路上不断前行。

与谭正璧相比,王子壮受新文化运动的影响主要得益于演说和阅读相关文章。胡适的《中国哲学史》③ 出版后,受到学界诸人的批评。其中,梁启超的意见最受关注,其文在《时事新报》《晨报》上连载。④ 1922年3月4日和5日,梁启超就《中国哲学史大纲》之批判在北京大学连做了两天的讲座。王子壮前往聆听并记录了这两天的情形:"午后有梁启超批评胡适所著《中国哲学史大纲》之讲演,原定在三点。余一时往,大礼堂已人满大半,后乃拥挤异常,甚至台上梁先生之身后已有多人,真近来稀有之盛会也。至五点余始讲毕一半。""午后又往听昨之讲演,其批评之大旨,以胡之哲学史凡关于智识论,均发阐尽致,惟对于孔子及庄子之学说,有错解。又起首应详述孔

---

① 谭正璧著,王润英整理:《谭正璧日记》(第1册),凤凰出版社2021年版,第40页。
② 谭正璧著,王润英整理:《谭正璧日记》(第1册),凤凰出版社2021年版,第53页。
③ 应为《中国哲学史大纲》,该书于1919年2月由商务印书馆出版,系胡适在其博士论文《中国古代哲学方法之进化史》的基础上,结合他在北京大学教授中国哲学史的讲义编辑而成。该书出版后,梁启超很快提出批评,撰写了《评胡适之〈中国哲学史大纲〉》一文。王子壮在日记中记为《中国哲学史》,为简称。
④ 《时事新报》于1922年3月13日、14日两日连载,《晨报副刊》于1922年3月13日至17日五日连载。

老哲学之发生，而原书所言甚简。此外，梁又谓彼近来甚疑《道德经》为战国末年所出，并举许多之证据。余对此既不甚了然，兹可毋庸赘述也。"中国哲学研究非王子壮所擅长，因此，他只能以"毋庸赘述"来表示。他在聆听了梁启超对胡适《中国哲学史大纲》的批判后，依然阅读胡适创办的《努力周报》和《读书杂志》两种刊物，并表示报刊上刊载论文者甚多，"以梁启超、胡适之两先生之论最有价值"。①

12月1日，王子壮阅《晨报》创办四周年《纪念增刊》，认为其中梁启超《什么是文化》一文最好，"其大意谓有文化系与自然系，后者为物质的、生理的冲动，与无意识的模仿，完全受因果方法之支配。前者则'创造'为其内容，不受丝毫之牵连。其定义以文化为多数心能开积之共业"。他将该文主要内容摘录于日记中。20日，他又阅《晨报副镌》，其中有两文使他"膺服"，包括梁启超的《儒家政治学说》。他透露："继续载有数日，余均一一读之。"②

法学专业的实用性较强，因此，王子壮阅读刊物主要从实用主义的角度来理解。例如，1922年2月14日，他在图书馆阅读《学林杂志》中黄元彬所写《美日往还文中太平洋范围问题之解剖与山东问题》一文。此时正值华盛顿会议闭会，该文对环太平洋国家进行了论述，他读后认为是"煌煌巨文"。该文痛驳了"日本复文中所谓'既定事实'与'特定国问题'"，提出华盛顿会议的目的"既在维持世界和平，则凡将来足以扰乱和平之问题，皆应在讨论之例［列］"，而日本所提要求"足以扰乱和平矣"。黄元彬从国际法的专业角度论述道：

> 以苟不足扰乱和平，当然在除外，何必再求其除外乎。且所谓"既定事实"与"特定国间问题"二语，殊不对。日本之目的原在山东问题之免予讨论，不知巴黎和会吾国未签字，不足为既定，又"特定国"尤

---

① 王子壮：《王子壮日记》（第1册），"中央研究院"近代史研究所2001年影印本，第88、89、180页。

② 王子壮：《王子壮日记》（第1册），"中央研究院"近代史研究所2001年影印本，第214、230页。

第六章 五四时期读者的报刊阅读与思想世界

有语病,如太平洋会议之九国,一较诸万国,亦特定也。如青岛原系租与德,今又为日占领,是三国间之问题,亦不能如日本所想像[象],仅中日两国间之事也。进一步言,如此次英美日之限制海军,是亦特定国之问题,讵可免于讨论。信如是说,则太平洋会直无可议之事。是由此二语,已将太平洋会议根本打消矣。

王子壮认为作者所论甚好:"吾国之提案宜具体,而不宜用抽象原则,以强对弱,每利用抽象原则,以攫取利权。此论尤具卓识,溯此册杂志在十年九月出版,当时正当吾国舆论鼎沸。黄先生已能远虑及此,今太会既定,人莫不谓吾国之失,在不应提出十大原则,而宜先提具体问题矣。"①

对于《学林杂志》所载《"租借地"性质之研究》,在王子壮看来,"能根据法理,光明正大,驳倒多数学者之偏狭,议论尤令人配[佩]服不置"。因篇幅太长,他摘录其中的核心内容:

人之谓"租借地"为变形割让,皆系由偏狭爱国心,由政策上立论,至置法理于不顾。考其理由,不外以超越租借之范围,使租借国可以筑炮台、建筑物等。以致所谓主权者空无一物,不知民法上所谓租借,不亦将租借物置诸租借者管理之下乎,而绝不能以此而谓所有者无所有权也。盖所有权之所以为所有权,乃日后之返还请求权在也。在国际之租借亦然。矧租借条约明定有租借期限乎。一旦期满,因使返还请求权之结果,则主权如故,与割让之差,何啻天壤?②

11月14日,王子壮阅北京大学新出的《社会科学季刊》,对于陶孟和的《评社会主义运动》一文"最不满",原因在于他以为陶孟和"对此问题,当本诸社会学的眼光(陶专教社会学),评论其得失",认为作者"述说社会主

---

① 王子壮:《王子壮日记》(第1册),"中央研究院"近代史研究所2001年影印本,第70—72页。
② 王子壮:《王子壮日记》(第1册),"中央研究院"近代史研究所2001年影印本,第72页。

义运动之重大及其何以发生","只有四页之短文,实不足以厌人望也"。对于《社会科学季刊》第 2 期的内容,他比较满意:"周鲠生先生之《缔约权之限制》实为最有价值。余如燕树棠之《过错主义可否为责任能力唯一(根本)原因》,及陈启修之《中国改造及经济的背景》,均甚足观也。"①

与王子壮偏重法学和社会科学不同,在上海的吴芳吉则注重对现实政治和社会问题的思考。他固守传统,对新文化运动颇有微词。他阅读的杂志包括《新中国》《建设》《新潮》《新群》等。他读完《新中国》第八期后评论《山西阎锡山之用民政治》一文,称该文"谓为是官治,非民治,是被动,非自主,不过是变相之奴隶教育,未足为晋人喜也"。他认为此言"极有道理",指出阎锡山治晋"虽其民号小康,实则摧残人民生机于不知不觉之中,固无异张敬尧、倪嗣冲辈,特一个是明的,一个暗的而已。晋人从此无开明之望矣"。他读《建设》中汪精卫所写《人类之共存》一文后,指出此文"固有见识",并认为"然其文章究不脱八股气习。回忆十年以前,在《民报》所读他的文章,与今日再读他的文章,其所生感想,判若天渊。民党中书生似觉胡汉民较为健拔,汪精卫与章行严则豪[毫]不长进,且有退化之势。章固利令智昏,而汪亦未能免俗者,何耶?又此刻海上大出风头之女士,一为天津之刘清扬,乃所写书信狗屁不通,一为湘乡之张默君,乃所著论文一钱不值,直笑煞人也"。②他注重文言和古典传统,对所谓新潮人物大为不满。

吴芳吉受吴宓影响,对于新思潮嗤之以鼻。1918 年,吴芳吉与吴宓书信往来频繁。吴宓透露"深鄙北京大学诸人如胡适、陈独秀辈一流",推崇白璧德之新人文主义,认为它"推陈出新,去粗返真,以脱离无政府之个人主义,而归本于伦理美术之至理,以造就至善之文学,取各国文明之精华镕铸之。此其在世界地位,亦与我等在中国将来之攻斥《新青年》杂志一流同也"。在吴宓的影响下,吴芳吉对于《新青年》同人及北京大学学生颇为反感。他认

---

① 王子壮:《王子壮日记》(第 1 册),"中央研究院"近代史研究所 2001 年影印本,第 201、271 页。
② 吴芳吉著,傅宏星编校:《吴芳吉全集》(下册),华东师范大学出版社 2014 年版,第 1248—1249、1250 页。

为，新文化运动"说来说去，其意义愈不明了。至于今日，则所谓文化运动之意，只限于杂志报章一途，恍如惟办杂志报章者为文化运动，其余都配不上。而杂志报章中间，又惟应用白话者乃为文化运动，其余也配不上。故今日之文化运动，与三百年前欧洲之文化运动，大不相似。欧洲之文化运动，举凡家庭、社会、学术、宗教、政治、经济，无不加以刷新，兹则仅于白话文话净了几年，而于其他无一见诸实际。故今之文化运动，只可叫为一个'白话运动'。然即白话运动，求其真有潮流，亦并不是至善。不过，要打破此恶劣之社会，不能不向他表示同情，因为除此以外，没有办法的"。① 此论大为贬低新文化运动，体现出他的不合时流。

1921年2月，陈独秀道经上海，上海公学诸人宴请陈独秀，吴芳吉拟等陈独秀至"就席上痛骂之，看看北大教授究有甚么威风"，但陈独秀中途"为他人拉去"而未至，吴芳吉感到"殊可惜"。后来，上海公学邀请陈独秀演说，吴芳吉"偏不屑往听之"。② 此类内心独白，再次印证了吴芳吉对新文化运动的不满。

对于胡适、康白情等人的作为，吴芳吉亦不以为然。他讥讽道："此外尚有一位杜威博士（Dr. John Dewey），自昨春来华，迄今未归。与其弟子胡适，由上海而江宁，而北京，而山西，而奉天，而济南，到处演讲，可谓出了十足风头。半年以来，盖无地无时，莫不登载杜威讲演之辞，至今未罢休也。"言辞之间，充满了对胡适的不屑。康白情和吴芳吉都是四川人，两人在上海有交集。康白情受新文化运动影响颇深，言论颇新潮。吴芳吉对康白情不屑一顾，疏而远之。1920年年底，康白情邀请吴芳吉加入"新四川社"并邮寄"新四川社"章程请吴芳吉修改，吴芳吉颇不赞成。后来，吴芳吉更是批康白情"更不知英文为何物。……此真所谓'人不要脸，百事可为'"。对于康白情忠告吴芳吉"不合于真正白话文学"，吴芳吉更是付之一笑："现在所谓新文学或白话文学专家，都是粗鄙下材，更不配说文学上之创作。其有人稍

---

① 吴芳吉著，傅宏星编校：《吴芳吉全集》（下册），华东师范大学出版社2014年版，第1201、1258页。
② 吴芳吉著，傅宏星编校：《吴芳吉全集》（下册），华东师范大学出版社2014年版，第1263—1264、1280页。

强于他的，必拼命摧残，使人不能发展，而后快意。所以其材之粗鄙，尚不足罪。其摧残他人之材，使与之一同堕落，此等居心，乃不可恕矣。"①

此时的吴芳吉和友人正在编辑《新群》杂志。他在《新群》纪事中道出了创办的经过：

> 中国公学自民国四年停办，直到昨年乃得筹备复兴，《新群》杂志，即中国公学之编译社所设也。杂志主任为周淑楷，淑楷与吾以天人学会关系，因邀我来助之。共有编辑九人，在上海者五，在北京者四。上海之同居者淑楷外，为志武及我及梁乔山、刘南陔。淑楷专任一切应酬，每期作文，多关于国际纪载，志武则专著社会主义，梁乔山专评政治，刘南陔专论经济。吾则专于作诗，每期以十页为完卷。中国杂志界之以一人主持诗栏，而每月以十页之诗贡献于社会者，以《新群》为创首也。编辑月俸有受者，有未受者。大约每期作文二篇，自三十圆至五十圆不等。吾与梁老乔山、刘君南陔，则以中国公学教习之故，不兼受俸。所有经费，概由中国公学津贴，每月不下四百多圆。杂志内容，为社会、学说、翻译、诗曲、小说、纪闻六栏。其宗旨为"研究社会主义及鼓吹地方自治"，每期篇幅约一百二十页以上。总发行所托亚东书局经理，每册定价二角，凡代派者以七折计。昨年出版两期，每期已销四千份矣。一般舆论尚无如何表示，以其方始出版，且未起信于人也。同业携手之杂志，有《建设》《新青年》《新潮》《新教育》《新中国》《少年中国》《少年世界》《解放与改造》等，其中惟《新潮》诸人与《新群》暗里颇相排挤，因《新群》编辑多半是北大学生，与彼辈素不甚合，惟汪敬熙、刘南陔二人，则《新群》《新潮》都在。至我与志武及梁老为外来的，其余皆出自北京大学，与《新潮》同人都是一丘之貉了。②

---

① 吴芳吉著，傅宏星编校：《吴芳吉全集》（下册），华东师范大学出版社2014年版，第1257—1258、1251、1262、1265页。

② 吴芳吉著，傅宏星编校：《吴芳吉全集》（下册），华东师范大学出版社2014年版，第1254—1255页。

《新群》是中国公学的刊物，以反对《新潮》为主，其主张更接近于学衡派。因此，吴芳吉在日记中的言论多批判新思潮。

转向新学的刘绍宽在日记中记载了阅读新式刊物的经历。他对《改造杂志》情有独钟。1921年5月30日，他阅《改造杂志·论哲嗣学》后写道："研究遗传法：一、人是生物中一种，凡生物学上，同一定理；二、生物是一系的；三、物竞天择为定例；四、先天势力，非后天所能比；五、习不遗传；六、生殖细胞是永续的；七、人性是无数祖宗遗传的，多少和远近成比例。研究哲嗣学，要人类进步。"6月9日，他再阅《改造杂志·哲嗣学篇》，继续记载："生殖细胞之永续。细胞内有核子，男女配合时，两细胞之核各破其半，相合为一，而其半各消散于外。人各得父母一半，父与母各传四分之一，祖父母十六分之一，曾祖父母六十四分之一，历代祖宗各以此推之。所以平人性质相去不远，即有出类拔萃者，其子孙仍不能与彼同。奥教士曼德士以黄、绿豌豆杂试之，绿强黄弱：初次互传，其产皆绿；再互传种，绿三黄一；再互传种，永久黄色矣。"① 哲嗣学即遗传学，是西方新学的重要内容。通过阅读，刘绍宽了解了一些遗传学知识，延续了他在维新之后热衷于学习西学的习惯。

在法国巴黎大学攻读西洋哲学的徐旭生颇为留意国内刊物，例如他阅读了《哲学年报》《佛学丛报》《小说时报》《大中华》《东方杂志》《教育杂志》《太平洋》《甲寅》《哲学杂志》《新青年》等报刊，并对某些刊物的阅读有所记录和评价。例如，1917年5月28日，他阅《哲学年报》所载窦列克氏之《宗教与非宗教论》，认为该文"辞甚和平不冗，但有数段意颇晦暗"。31日，他阅《小说时报》，认为其中《月帘静影》篇"尤不可训"，该文"乃以家庭之专制、人情之变诈组成，而作者言之津津，以绮语文饰之，教淫教诈，必此等恶劣之小说矣"。7月2日，他阅读《新青年》，评价亦不高，指出："此杂志为伦理文学之激进派，意多常，而言激足致反动，而无益大体。"② 他的评价与不少留学欧美的知识分子的观感大不一样，值得关注。

---

① 刘绍宽著，温州市图书馆编，方浦仁、陈盛奖整理：《刘绍宽日记》（第2册），中华书局2018年版，第698、699页。

② 徐旭生：《徐旭生文集》（第8册），中华书局2021年版，第189、191、208页。

围绕新思潮的传播,不少报纸副刊刊登文艺性、思想性作品,广受读者好评。朱鄂基对《申报·自由谈》《时报·小时报》《时事新报·学灯》都有所关注。1916年12月23日,他写道:"《申报·自由谈》载光禄公在湖北学政任内有人作拆名姓联语,颇多不满之语,应与交涉。"此后,他将阅读副刊的重心转向《时报》。1917年1月27日,朱鄂基第一次看《时报》。3月2日,他摘抄了《时报》副刊上的诗庐诗句数联。8日,他阅《时报》所载"中华编译社函授部三次续招新生,有《林琴南先生宣言书》,社中教员林纾、陈石遗、易哭厂、天应我生、李定夷、蒋箸超、许指岩、王钝根、吴东园、苦海余生"。他还向《时报》投稿。6月11日,他将"集杜诗句成诸将七绝十首寄《时报》余兴部"。15日,他记录《时报》已将寄稿刊出,"赠有正书券一元二角"。7月6日,朱鄂基拟"《广新本事诗》七绝五首,并龚诗集句寄《时报》馆余兴部",也被刊出。①

1920—1922年,朱鄂基经常阅读《学灯》。从1921年始,他阅读《时事新报》的频率较高。8月26日,朱鄂基阅读《时事新报》并记载了招商局的一则新闻:"招商局在浦东陆家嘴祥生厂订造新江天轮船,业已竣工,昨日午后四时行下水礼。"1922年4月13日,他记载:"阅《时事新报》附刊,《学灯》合作,讨论佛教信札。"5月5日,他"整理《学灯》报纸"。31日,他写下当日阅读感受:"梁任公《情圣杜甫》一篇,满登杜集中名句,为《学灯》增色不少,时下所谓新体诗者诚不知作何语矣?"10月1日,他"披阅《学灯杂志》,内有徐庆誉所讲《学者》一篇甚佳"。2日,他见《学灯》所载文章:"梁任公《学问之趣味》《敬业与乐业》《科学精神与东西文化》均佳。吴文祺《近代国学之进步》、谛闲法师《净土法语》、梁任公《中国韵文里头所表现的情感》皆为可读之作。"②这皆是他阅读《学灯》的例证。

一些学术刊物的阅读也值得重视,包括《科学》等知名学术期刊在一些

---

① 朱鄂基著,朱炯整理:《朱鄂生日记》(第1册),凤凰出版社2021年版,第306、310、314、315、326、327、329页。

② 朱鄂基著,朱炯整理:《朱鄂生日记》(第2册),凤凰出版社2021年版,第380、421、426、430、456页。

高校和省级图书馆也可以见到。国内出版的高校学报、各学科的学报和专业杂志，也有不少读者关注。《地学杂志》就因"搜采丰富，鸿篇巨制，往往而有，既多中外地学新发明之说，而考古亦有极精确之考证，而近人游览调查之作，亦多有逸趣者"①，颇受贺葆真的重视，他在日记中有多次阅读该刊的记录。

总之，五四时期是新式知识分子热衷于阅读新式报刊的时期。报刊阅读促进了思想的解放和观点的碰撞，亦使中国的阅读文化逐渐向普通民众扩展，推动了新思潮的广泛传播。

第二节 《新青年》的阅读与思想变革②

《新青年》的读者主要分为两类。一类是知识人，他们对《新青年》的主张有不同的态度。另一类是知识青年，他们是《新青年》的主要读者群。先看与《新青年》渊源较深的作者。从阅读史的角度看，作者是《新青年》的"首席读者"，因此，作者是"阅读大众"的重要组成部分。③ 尤其是胡适与《新青年》的阅读和交往史值得关注。

《新青年》的一个重要议题是"文学革命"，胡适是倡导者。《青年杂志》创刊之初，陈独秀通过汪孟邹将《青年杂志》寄给远在美国的胡适。1916年年初，胡适致信《新青年》编辑部，询问译稿《决斗》之事，并指出《新青年》作为一个"写实主义"的杂志，为何将"古典主义"的长律推为"稀世之音"。陈独秀对胡适的批评表示虚心接受："一经足下指斥，曷胜惭感。"④

胡适在批评陈独秀的同时，提出文学革命的"八事"之论。陈独秀希望胡适撰述成文，"为祖国创造新文学"。1917年1月，《新青年》第二卷第五

---

① 贺葆真著，徐雁平整理：《贺葆真日记》，凤凰出版社2014年版，第387页。
② 关于《新青年》阅读史，参见许高勇：《〈新青年〉阅读与社会影响研究》，中央文献出版社2023年版。
③ ［新西兰］史蒂文·罗杰·费希尔：《阅读的历史》，李瑞林、贺莺、杨晓华译，商务印书馆2009年版，第256页。
④ 《陈独秀答胡适之》，水如编：《陈独秀书信集》，新华出版社1987年版，第39—41页。

期登载了胡适的《文学改良刍议》一文,建议文学改良须从以下八个方面进行:言之有物,不摹仿古人,讲求文法,不作无病之呻吟,务去滥调套语,不用典,不讲对仗,不避俗子俗语。① 陈独秀视《文学改良刍议》为"白话文学,将为中国文学之正宗",胡适当为"中国之沙克士比亚"。② 为响应胡适的文学改良论,陈独秀于《新青年》第二卷第六期撰文《文学革命论》,"以为吾友之声援",希望建设"平易的、抒情的国民文学""新鲜的、立诚的写实文学""明了的、通俗的社会文学"。③ 胡适凭借《文学改良刍议》在思想界站稳脚跟,"暴得大名",之后受蔡元培之邀,成为北京大学教授。

吴虞、胡适、钱玄同、鲁迅等人的身份经历了从读者到作者的转变历程。在这个过程中,《新青年》成为重要的媒介,用章清先生的话说,就是读书人"晋升的阶梯"。④ 他们与《新青年》之间互相成就。他们通过《新青年》"暴得大名",成为新文化运动的"意见领袖"。同时,他们凭借丰富的社会网络资源,使《新青年》成为一代"名刊"。

《新青年》还在同人群体外产生了广泛影响,一批知识人将《新青年》作为"概念工具"和"思想资源",改造他们的思想世界,乃至在思想上发生"革命"。赞誉者有之,批评者亦随之。

赞同《新青年》主张的读者,例如符璋"主张以新文体变易旧文体,号为'文学革命'者,有胡适、陈独秀辈,以白话著散诗文,均刊诸《青年杂志》,格调独创,前无所师"。⑤ 曾琦在日本阅读到《新青年》时,对歌德提出的"每遇政界有大事,震动心目,则黾勉致力于一种绝不关系此事之学问,以收吾心"言论颇为赞同,"与予意甚吻合,颇可法也"。⑥ 柳亚子对《新青

---

① 胡适:《文学改良刍议》,《新青年》1917 年第 2 卷第 5 期,第 1—11 页。
② 《独秀识》,《新青年》1917 年第 2 卷第 5 期,第 11 页。
③ 陈独秀:《文学革命论》,《新青年》1917 年第 2 卷第 6 期,第 1—4 页。
④ 章清:《清季民国时期的"思想界"——新型传播媒介的浮现与读书人新的生活形态》(下),社会科学文献出版社 2014 年版,第 669—783 页。
⑤ 符璋著,温州市图书馆编,陈光熙点校:《符璋日记》(中册),中华书局 2018 年版,第 671 页。
⑥ 曾琦:《曾慕韩(琦)先生日记选》,沈云龙主编:《近代中国史料丛刊》(正编第 2 辑第 19 册),文海出版社有限公司 1966 年版,第 15 页。

第六章 五四时期读者的报刊阅读与思想世界

年》更是激赏,认为《新青年》"宜写万本读万遍"。①

反对《新青年》的读者认为《新青年》提出的"文学革命"有诸多弊病。张奚若批评《新青年》的言论是"无源之水","有道理与无道理参半",其中某些"一知半解、不生不熟的议论,不但讨厌,简直危险"。② 徐兆玮认为《新青年》提倡的新体诗其实是"破坏文体","不值一粲"。③ 张棡认为《新青年》"抹杀国粹,专尚白话,自谓特识,而按之实际究仍是依傍洋文,鄙薄前哲,此殆世运使然,所以生此种怪物,令其扰乱文学界也。阅毕不禁废书三叹"。④ 从反对者的批评声中可以知晓《新青年》在营造"文学革命"时所面临的困境,也可说明不同读者眼中的《新青年》给中国思想界带来的重要影响。

还有一类读者就事论事,较为客观。他们在认同《新青年》主张的基础上,对其"激进"的一面表示反对。余绍宋从正、反两个方面评价《新青年》,认为《新青年》"内中主张多荒谬不经",但思想"极新颖,活泼,亦有足取者"。⑤

《新青年》的另一类重要读者是知识青年。1917年,北京成为新思潮中心,以北京大学学生为代表的"新青年"们通过阅读《新青年》等新式刊物,他们的精神世界产生了重要变化。同年,陈独秀出任北京大学文科学长,《新青年》出版阵地一并转移至北京大学。张国焘非常留心《新青年》的出版,但"北大同学知道这刊物的非常少"。随着胡适《文学改良刍议》和陈独秀《文学革命论》的发表,白话文运动开始,"活文学出现",《新青年》在北京大学学子中的影响力进一步扩大。⑥ 除北京大学,其他一些高校学生阅读《新青年》后思想上也发生了变化。程俊英在北京女子师范学校读书时,

---

① 上海图书馆编:《柳亚子文集·书信辑录》,上海人民出版社1985年版,第16页。
② 《张奚若至胡适》,中国社会科学院近代史研究所中华民国史研究室编:《胡适来往书信选》(上册),社会科学文献出版社2013年版,第23—24页。
③ 徐兆玮著,李向东、包岐峰、苏醒等标点:《徐兆玮日记》(第3册),黄山书社2013年版,第1966页。
④ 张棡著,温州市图书馆编,张钧孙点校:《张棡日记》(第5册),中华书局2019年版,第2299页。
⑤ 余绍宋:《余绍宋日记》(第1册),北京图书馆出版社2003年影印本,第543页。
⑥ 张国焘:《我的回忆》(第1册),东方出版社1991年版,第39页。

经李大钊介绍阅读了《新青年》《每周评论》。其中,《青春》《今》《我的马克思主义观》等文给程俊英的"教育尤为深刻"。程俊英在接触《新青年》后,逐渐认同胡适的文学革命主张。程俊英希望"能看到全部的《新青年》杂志",便前往胡适家借《新青年》。在借得全部《新青年》后,程俊英"一口气从第一卷读到末卷,顿觉头脑清醒,眼睛明亮",好像从孔子的"子曰诗云"的桎梏中爬出来。① 这样不间断的阅读,造就了时代之"五四青年"。

北京、上海由于是不同时期《新青年》出版地,对当地"新青年"影响可谓甚巨,而《新青年》对其他地方青年人的影响也较深刻,他们"阅读《新青年》,参与五四",呈现出《新青年》阅读的地方回响。例如,在新思潮的影响下,《新青年》等备受天津学生的欢迎。天津学生联合会每周举行学术讲演会,邀请新文化名人演讲新文化运动。② 诸祖耿在荡口教书时,受五四运动的影响,经常阅读《新青年》《向导》之类的刊物,因和"一群进步青年接触",他加入"锡社"。③ 当五四运动的浪潮冲击到四川成都时,艾芜开始阅读《新青年》,并且与同样阅读《新青年》的国文教员曾海门"格外亲近了好些,仿佛有什么东西,把师生间的距离缩短了"。④ 1924 年,聂绀弩在仰光做报馆编辑时,读到《新青年》,"发生兴趣",进而对一系列问题产生怀疑。⑤ 这种阅读的先锋体验与时尚隐喻着新旧文化的更替,亦表明《新青年》在青年人的观念变革方面埋下了种子。

知识青年的思想改变大多发生在中学学习阶段,而这种改变又与《新青年》的阅读联系在一起。随着《新青年》对马克思主义的传播,一部分社会青年群体被吸纳到各种革命网络中。一时间,阅读宣传革命思想的杂志成为

---

① 程俊英:《程俊英自述》,高增德、丁东编:《世纪学人自述》(第 2 卷),北京十月文艺出版社 2000 年版,第 51—52 页。
② 邓颖超:《五四运动的回忆》,中国社会科学院近代史研究所编:《五四运动回忆录》(上册),中国社会科学出版社 1979 年版,第 75 页。
③ 诸祖耿:《诸祖耿自述》,高增德、丁东编:《世纪学人自述》(第 1 卷),北京十月文艺出版社 2000 年版,第 299 页。
④ 艾芜:《五四的浪花》,中国社会科学院近代史研究所编:《五四运动回忆录》(下册),中国社会科学出版社 1979 年版,第 959—963 页。
⑤ 聂绀弩:《读〈在酒楼上〉的时候》,聂绀弩著,《聂绀弩全集》编辑委员会编:《聂绀弩全集》(第 4 卷),武汉出版社 2004 年版,第 148—151 页。

一种流行文化。一部分知识青年被这种阅读潮流吸引,参与其中,进而讨论国事,付诸行动。① 叶飞在厦门中山中学读书时,和同学互相"传看进步书刊,一起议论时事政治",其中,《新青年》是他最喜欢的杂志。在《新青年》的影响下,他接触到马克思主义,并走上革命之路。② 这些青年关于《新青年》的阅读史折射出知识青年转向革命具有共同的心路历程。《新青年》传播的马克思主义表征着对旧社会秩序与生活世界的挑战。知识青年从阅读世界出发,批判旧生活,对现状产生不满,进而加入革命的队伍。

1919年,郑超麟赴法国勤工俭学。他在回忆录中写道:"船上三十三天的生活决定了我的命运。"重要的原因是他阅读了《新青年》,"翻开第一篇文章是一个名陈独秀的人写的,题目忘记了,内容是关于孔子的学说之类"。这篇文章的观点对于从小接受"四书五经"教育的郑超麟来说不可接受,于是,他"写了一篇很长的日记,大骂陈独秀"。虽然"大骂"陈独秀,但"《新青年》杂志,以及这一类杂志,从此吸引了"他,"愈有反感,愈想借来看,渐渐地对于线装书不感兴趣了"。在阅读《新青年》后,郑超麟的"内心则完全改变了"。郑超麟写道:"潜伏的个人意识已经觉醒,从此我是自己的主人,我能支配自己的命运,而再不是父师及其他长辈给我安排的家族链条中一个环节了。"③ 可见,郑超麟特别重视这段阅读经历。

促使严灵峰思想再次发生转变的事件是新文化运动。五四新文化运动兴起后,严灵峰开始接受"新思潮"。当拜读了陈独秀、胡适的文章后,他感慨"实在使我十分兴奋",其中的文学革命对他触动很大。他开始对文学革命有了"强烈的兴趣",把大部分精力投入"新文学"和"新知识"上。同时,他所在的学校来了一两位从北京归来的"新教员",向他们传播陈独秀主张的"共产主义"。他对《新青年》有了更加欣赏的态度。在阅读了《新青年》的"劳动节专号"后,他增加了对劳工问题的注意。这使他的思想再一次发生转

---

① 唐小兵:《民国时期中小知识青年的聚集与左翼化——以二十世纪二三十年代的上海为中心》,《中共党史研究》2017年第11期,第64—80页。
② 叶飞:《叶飞回忆录》,解放军出版社2007年版,第8—9页。
③ 郑超麟:《郑超麟回忆录》(上册),东方出版社2003年版,第163—165页。

变。用他自己的话说:"我从民族主义的英雄思想,渐渐地转变为克己救世主义的基督徒了。我想用我的一切牺牲去拯救世界上一切受苦受难的劳苦群众。我几乎忘记了自己的一切!我此时还不懂共产主义的真谛;我只懂得'舍己从人'便是我的主义。我想在学校里团结一部分各县优秀的份子,研究'新村制度';怎样去组织'消费合作社'以减轻一般贫民的负担,怎样去发展'义务教育'以提高他们的知识和文化的水平线。我企图由我们几个人的力量去改造社会。"① 可以看出,这样的思想具有较强的无政府主义意味,比较符合当时一般知识青年的想法。

但急遽变化的社会形势并没有让他朝着无政府主义的方向发展,而是使他的思想再一次发生转变。当《新青年》成为中国共产党的刊物,《向导》《前锋》《中国青年》相继出版后,他夜以继日"拼命"阅读,使模糊的政治意识愈加明朗,并将主要精力投入阅读社会科学的书刊中。例如,他再次阅读了《新青年》,较为喜爱"较有文学价值的社会科学的文字"和"流畅的有刺激性的政治论文、宣言和信札"等。此外,《向导》《前锋》《中国青年》《努力》《未名》《莽原》《现代评论》《甲寅》《民国日报》《醒狮周刊》等刊物中"带讽刺和论战的文字"亦成为他阅读的主要内容。他说:"我的对于新问题的讨论的趣味越发增高了。我们的模糊的政治意识的头脑既卷入了这混沌迷离的新思潮澎湃汹涌的狂涛里;这又不能不染了更浓厚政治的色泽。"② 在书籍方面,《独秀文存》《胡适文存》《人生观之论战》《朱执信文集》成为他经常阅读的"小吃"。基于此,他开始思考人生的价值与意义。在与同学的谈话中,他表示:"我以为要解决人生的生活出路问题,自然,不能完全为社会一般人着想,而牺牲自己的一切;同时又不能专为自己个人自私自利而去牺牲别人。我看人类既是社会的动物,他就不能离开社会而独立的生存。在现社会的暗无天日的不平等的情形之下,'人吃人'的制度底下,单独为自己个了找[找了个]彻底的出路既不可能,那就必需把这个黑暗社会制度推翻

---

① 严灵峰:《我与社会科学》,《读书杂志》1933 年第 3 卷第 1 期,第 10—12 页。
② 严灵峰:《我与社会科学》,《读书杂志》1933 年第 3 卷第 1 期,第 12、23 页。

一下才有办法，我看要奋斗就是这样！同时还需要团结一部分人共同奋斗，才能改造这暗淡无光的活地狱！"① 此时的他开始有了明确的人生目标，即改变目前黑暗的社会，若要改变这种现状，就需要汲取社会科学的资源。

在走上革命道路的过程中，《新青年》对"革命青年"的影响各不相同，总体上看，仍按照"革命叙事"的方式进行。一些青年受《新青年》"文学革命""反孔"的影响，进而认同《新青年》的议题。② 殊为典型的是浙江省立第一师范学校诸生。施存统在浙江省立第一师范学校时，主动在书报贩卖部贩卖《新青年》等新思潮刊物。当马克思主义成为传播的主流时，"在一部分进步青年中产生了巨大的影响"。③ 这部分进步青年包括夏衍。夏衍在浙江甲种工业学校时，同学孙锦文介绍《新青年》给他读，并介绍他去拜访沈玄庐与沈仲九。沈仲九送给夏衍一册克鲁普得金撰写的《告青年》，对他"起了很大的影响"。看了《告青年》后，"只觉得社会太不合理、太黑暗了，非彻底革命不可"。④

诸如此类"革命青年"因阅读《新青年》而投身革命的案例不胜枚举。这些青年阅读与接受《新青年》，改变了他们的求学与人生轨迹。从他们相似的个体经验来看，以《新青年》为载体的马克思主义的传播，推动读者将自身与社会变革紧密联系在一起。

第三节　商务系报刊和中华系报刊的阅读与读者的知识世界

近年来，反思新闻史研究成为学界讨论的一个重要命题，相关研究汗牛充栋，多希望从不同的阐释框架书写新闻史，以避免出现"学术内卷化"的

---

① 严灵峰：《我与社会科学》，《读书杂志》1933年第3卷第1期，第23、16页。
② 罗常培：《自传》，杨扬、陈引驰、傅杰选编：《学人自述》，杭州大学出版社1998年版，第268页。
③ 施复亮：《五四在杭州》，中国社会科学院近代史研究所编：《五四运动回忆录》（下册），中国社会科学出版社1979年版，第754—755页。
④ 夏衍：《当五四浪潮冲到浙江的时候》，中国社会科学院近代史研究所编：《五四运动回忆录》（下册），中国社会科学出版社1979年版，第732页。

问题。从功能主义的路径出发，报刊作为"新闻纸"的价值得以拓展，报刊作为"知识纸"的功能得以挖掘，"知识传播"成为新闻史学家和历史学家共同关注的议题。在早期"报"与"刊"未分之际，中文传教士报刊起到了知识转型与知识传播的作用。① 随着报刊从未分到两分，报与刊呈现出两种不同的知识类型。② 报的"新闻纸"功能得以演进，而刊延展了"知识纸"的功能，报刊立足于知识而被读者接触、认识并加以使用。③

本节拟以商务印书馆与中华书局出版的报刊作为讨论的中心，从阅读史的角度对报刊的"知识传播"进行粗浅勾勒，试图说明刊物的"知识"如何在读者中传播及建构意义。需要说明的是，本节以商务印书馆和中华书局出版的报刊作为考量对象，源于上述刊物在读者的阅读世界中占有重要的比重，近代知识人的私人记载中出现这些刊物的例证俯拾皆是，这种普遍性很能说明问题。

一、商务系报刊的知识传播、阅读与知识人的精神世界

阅读史的中心议题是什么人在读、读什么、在哪里读和什么时候读这类问题，特别是怎么读和为什么读的问题。④ 商务系报刊和中华系报刊主要的读者群分为两种：知识人和边缘知识青年。读刊不同于读报：读报面对的是更为普通的读者，即具有语言能力的人便可成为报纸的读者，特别是随着白话文运动的开展，报刊用白话写作使读者群更为广泛，粗通文墨即能成为报纸的读者；读刊需要具有一定的文学素养，即阅读文本需要遵循一套规范。乔纳森·卡勒认为："读者的语言能力是理解字句的能力，而文学能力，也就是内

---

① 黄旦：《媒介变革视野中的近代中国知识转型》，《中国社会科学》2019 年第 1 期，第 137—158 页。
② 李玲：《从刊报未分到刊报两分——以晚清报刊名词考辨为中心》，《近代史研究》2014 年第 3 期，第 144—153 页。
③ 黄旦：《媒介就是知识：中国现代报刊思想的源起》，《学术月刊》2011 年第 12 期，第 139—148 页。
④ ［美］罗伯特·达恩顿：《拉莫莱特之吻：有关文化史的思考》，萧知纬译，华东师范大学出版社 2011 年版，第 132 页。

第六章 五四时期读者的报刊阅读与思想世界

化的文学规则,要复杂一些,是读者将语言次序转化为文学结构和意义的能力。"① 乔纳森·卡勒提出的文学能力是相对于文学阅读而言,但一点也不妨碍我们理解读报读者和读刊读者的区别。商务系报刊、中华系报刊作为"知识传播"的重要媒介,要求的应是具有文学能力的读者。知识人和边缘知识青年正符合这一要求,因而成为报刊的重要读者。

民国时期,商务系刊物在一般文化人群中流行的程度,大大超乎我们既有的认知。虽然我们无法精确估量读者的总量,但一些读者的阅读记录也许可以提供一些例证。商务系刊物与学术紧密联系在一起,因而受到知识分子的重视。

在商务系刊物中,《东方杂志》无疑是读者最为倾心的读物。身处东北的金毓黻、② 到广西南宁出差的白坚武,③ 皆能在当地购阅《东方杂志》。可见,《东方杂志》的发行网络已经覆盖中国边远区域。不特如此,在日本、法国留学的曾琦,④ 也经常阅读《东方杂志》,表明《东方杂志》不仅在国内流布,还在国外传播。

就《东方杂志》的传播而言,具体到个体的阅读体验,亦是言人人殊。蔡元培经常阅读的刊物就包括《东方杂志》,对其内容记载比较详细。例如,他摘录了第十四卷第九号之《俄罗斯民主论》一文:"此次俄国革命之所以成功,由民党不复作暴激行动,而于国民教育、社会事业,从大多数人民入手,以待时机之至。"他对此文表示高度的赞赏:"可为吾国民党规臬。"蔡元培的

---

① 转引自戴联斌:《从书籍史到阅读史:阅读史研究理论与方法》,新星出版社2017年版,第36页。
② 1921年1月23日记:"近日拟定[订]阅之杂志,曰《时事月刊》,曰《东方杂志》,曰《小说月报》,曰《学艺》,曰《改造》,曰《新潮》,曰《民铎》,皆国内著名之杂志也,约计年需奉洋二十元,不为多也。"参见金毓黻著,《金毓黻文集》编辑整理组校点:《静晤室日记》(第1册),辽沈书社1993年版,第220页。
③ 1918年1月9日记:"晚,同王梦迪散步街坊,购小说《琵琶记》《赏心闲乐集》《东方杂志》等小册。"参见白坚武著,中国社会科学院近代史研究所编,杜春和、耿来金整理:《白坚武日记》(第1册),江苏古籍出版社1992年版,第117页。
④ 曾琦在1918年1月5日记:"晨起阅《东方杂志》文苑数十首","晚归阅《东方杂志》至九钟寝"。2月19日记:"晚归,接《东方杂志》二册。"2月22日:"归阅《东方杂志》论文数篇。"2月24日记:"阅《东方杂志》十余页。"这样的记录比比皆是,再加上笔者所见曾琦日记为选录,故他阅读《东方杂志》应比日记记录还要多。参见曾琦:《曾慕韩(琦)先生日记选》,沈云龙主编:《近代中国史料丛刊》(正编第2辑第19册),文海出版社有限公司1966年版,第7、10、11页。

阅读旨趣非常明显，他欣赏《俄罗斯民主论》的缘由在于与政党政治联系起来。颇能看出蔡元培此时在关注国民党的发展。1917年10月31日，他阅《东方杂志》，对《种性与血统》一文颇感兴趣。该文对亚美利加侨奈氏之家系和纽约之球哥家族进行统计，发现前者子孙"未尝有一人犯罪"，而后者"夭者三百人"，其他九百人"无非羸弱及犯罪"。还有一个特例是买罗清加利容哥，和一"不识素性、精神薄弱之幼女"结婚，其后裔中，"精神薄弱者"一百四十三人，"自谋生计之能力者"仅四十六人，其他"皆不良之性质"。后一子孙与"纯良血统之女子结婚"，有不良性质的两人，其中，"嗜酒者"一人，"性欲异常者"一人，其余"皆身心健全，各有相当之地位"。在同号中，还记录了研究颜色与心理之关系的曼娜德白女士，谓"黄、紫、绿三色为人类良友，红色最无天良，青莲色亦为人类公敌"。①

还有一些关于婚姻育儿之类的知识也受到蔡元培的关注。1918年1月26日，他阅《东方杂志》中《婴儿当由国家保护论》一文，提到国家保护婴儿的方式有六种举措："一曰宜广设娠妇调养病院，并培养孕娠看护妇。二曰宜以〔给〕育儿之母以经济的援助。三曰及笄之女子宜施以良好之教育。四曰宜造成有学识材〔才〕干之稳婆多人。五曰宜增设卫生检察员。六曰设立种种有益于育儿之机关。"又有一则《内外时报》有关承认私生儿为公生儿的论述，引起蔡元培的兴趣。他极为反对，"盖世所谓婚姻者，不过以男女结合之事实，国家为之承认耳。若于定式婚姻有不可行时，国家亦不防退一步，以登录私生儿，粉饰排斥多妻主义之表面，而阴实默认其蓄妾"，如果政府"默认多妻主义可以流行，则其国中男女之真爱必致消亡，而妇德必陷于危局"。②第一次世界大战后，欧洲人口大减，如何增加人口成为国家面临的急迫问题。像《东方杂志》这样的刊物转载相关知识，对于蔡元培颇有启发。

身处四川成都的吴虞一直订阅《东方杂志》，但从1917年7月开始，吴虞表示不再订购《东方杂志》。这是一次非常有意思的自我言说。受《新青

---

① 蔡元培著，王世儒编：《蔡元培日记》（上册），北京大学出版社2010年版，第243页。
② 蔡元培著，王世儒编：《蔡元培日记》（上册），北京大学出版社2010年版，第246页。

第六章 五四时期读者的报刊阅读与思想世界

年》等新式刊物的影响,吴虞不再认同《东方杂志》的价值,故不再订购,阅读偏好发生了转移。一般而言,一旦阅读心态发生转变,思想观念变革接踵而至,阅读心态的转变与思想观念的变革存在直接关联。吴虞的注意力可能从《东方杂志》转移到《新青年》,但此后他的日记中仍有《东方杂志》的记录。例如,他记载:"阅《东方》,《科学的人生观》有敬爱事实一条,谓达尔文之最大供[贡]献于科学界,即为敬爱事实,其搜集材料,有至数十年而不得结果者,然达氏之学问事业,大半由此敬爱事实以成。又谓科学宜审慎,如侦探仅见血,不能断为杀人,必须聚集各方面事实以证之,然后始下一断语,此皆足为梁漱溟之药石。又言达尔文喜记录反对者之言论,以为将来证明学说之参考。亦如廖季平所言,讲学须寻仇人恩人之说相合。"① 此后,吴虞醉心于阅读《新青年》,并在《新青年》上发表了几篇重要文章,从一位地方性的"边缘知识人"一跃成为全国思想文化界关注的人物。

金毓黻也在日记中提及商务系刊物。金毓黻接触到的商务系刊物有《东方杂志》《教育杂志》《小说月报》等。他对商务系刊物赞赏有加,认为:"学术以有比较而进步,商务印书馆比年鉴于新闻界之日新月异,为争存竞进计,不得不力求改良;加以资本雄厚,报酬丰润,为他处所不及,学人士夫多乐往就,此所以有今日之现象也。"他尤为看重《东方杂志》,颇为真诚地写道:"受新文学界之打击,颇不为社会所重。实则社会之重与不重,与是志何关?以阅者多为以耳代目,不求实际也。以实际求之,是志本年之销路较往年为增,经一番打击有一番进步,余对此志不敢作诋諆之论也。"他认为《东方杂志》"极进步"。《东方杂志》革新的重要一面在于开辟"世界新潮"一栏:"纪[记]载有系统,且加以批评,欲知世界大势者不可不读。此栏余向未知注意,今始知之耳。"他阅至《东方杂志》第 17 卷第 13 期时,由衷地赞赏:"颇多斐然可观之作,又较上半年为进步矣。"他详加点评具体的文章,认为陈嘉异《论东方文化》一文"引证详赡,具有本原,颇能发挥吾国文明

---

① 吴虞著,中国革命博物馆整理,荣孟源审校:《吴虞日记》(下册),四川人民出版社 1984 年版,第 33—34 页。

之价值，以与西方对抗，诚带有国民性彩色之文字也"。① 显然，金毓黻注重《东方杂志》的学术价值。但因受陈独秀等新文化派人士的攻评，商务系刊物不得不进行改革，以改变其在新文化运动中的被动局面。金毓黻注意到这一层面，对《东方杂志》抱有更多的同情。

五四时期，强调传统的张棡在阅读旨趣和心态方面发生了细微变化，从他对《东方杂志》的阅读中可以看出。1918年6月5日，张棡看《东方杂志》所载《惠施哲学说》和《元也里可温考》两文，称内容"极精核，足增智识"。11月3日，他看《东方杂志》论中国学术之"太泥古，近于依赖性质"，颇能"切中当日经师弊病"。1919年3月2日，他阅《东方杂志》所载《研究心灵学》一文，认为语颇"奇辟可喜"。12月23日，他读《东方杂志》中章士钊之演说文一篇，感到颇"恺切有味"。1920年4月1日，他阅《东方杂志》"有日本人论中国文字远胜欧美，语语中肯"，真"足砭近日少年之媚外"。9月14日，他看《群众运动之感言》一文，称赞其文论事"极剀切透达"。② 张棡的记载和阅读心得颇为精要，表明他注重思想资源的获取。

刘绍宽长期坚持阅读报章，是《东方杂志》的忠实读者，对该刊所载政治类论文颇感兴趣。他在读完坚瓠《辟濮兰德之甋言》一文后认为：

云共和政治之优点，在能以政治上实际之经验作国民之教育。此语殆已成政治学上之常识。今按，以政治上实际经验作国民之教育，专制、立宪，亦皆如是；成周政教合一，固是如此；秦始皇以吏为师，当是此意，不过政体不同耳。唐后诗赋时文取士，未免隔着一层，德进、事举、言扬，不妨即于学校中寓政治实验之道，若必以此优点专属之共和，则太偏矣。然坚瓠语意，似以人民先有参加政治之经验，随以其经验施之

---

① 金毓黻著，《金毓黻文集》编辑整理组校点：《静晤室日记》（第1册），辽沈书社1993年版，第217、189、408、241页。
② 张棡著，温州市图书馆编，张钧孙点校：《张棡日记》（第5册），中华书局2019年版，第2078、2124、2159、2257、2288、2346页。

教育，此正子产之所谓以政学，孔子之所以斥子路之佞也。人人参加政治，即以播为学说，治丝而棼，无逾于此矣。此处合须商榷。①

他旁征博引，借古喻今，对文中提及的政治经验和政治教育有着深刻认知。此类评论体现出他对政治学有着长期的知识积累和深入研究。

在四川嘉州（今乐山）中学任英文教师的吴芳吉也经常看《东方杂志》，特别留意该刊 1918 年第 7 期中杜亚泉所写《中国之新生命》一文。该文认为："中国之新生命在于何处？则不外两途：一、发生新势力以排除旧势力；二、调整旧势力，以形成新势力。然而旧势力之排除调整，皆非易言。恒人视之，不免及汝偕亡叹矣。乃天下事，有自然而然出于人意外者。旧势力之代表，一为武人，二为官僚。今武人故［固］互相屠戮，官僚固互相倾陷，皆竭力自行排除。若深恐新势力之不易发生，特为廓清其障焉者，可知新势力之发生已在不远也。"该文进一步展望："吾国新势力之所在，可以推测之矣。则其人决非生活于政治上，惟储备其知识能力，从事于社会事业以谋自立的生活。且其人亦决不欲得有势力以排除他人，惟斤斤焉守其个人地位，保其个人名誉。标准于道德，斟酌于新道德以谋个人之自治。若此之人，自戊戌以来，几如凤毛麟角，不可一睹。而最近数年乃渐增其数。盖青年有为之士，惩于戊戌以来诸先进之种种失败，始有所觉悟。于是去其浮气，抑其躁心，乃从社会生活上与个人修养上着手，将来此等青年，一一遍布。表面上虽无若何势力之可言，而当旧势力颓然倾倒之时，其势力自然显露，各方面之势力自然以此势力为中心，而拱之矣。此吾人所深信者也。"他认真抄录之后，认为"斯论至有卓识，深得我心，可惜少年罕悟之也"。②

蔡元培、吴虞、金毓黻、张棡、吴芳吉等人对《东方杂志》的阅读都较为深入，但他们的关注各有侧重，旨趣殊异。从总体上看，阅读史与个体的

---

① 刘绍宽著，温州市图书馆编，方浦仁、陈盛奖整理：《刘绍宽日记》（第 2 册），中华书局 2018 年版，第 706 页。

② 吴芳吉著，傅宏星编校：《吴芳吉全集》（下册），华东师范大学出版社 2014 年版，第 1200—1201 页。

思想演化、社会变革与权力结构存在莫大的关联。阅读行为和文本表征的差异导致意义阐释的多元化。例如，蔡元培注重《东方杂志》中关于政党政治的表述，吴虞更多关注学术资源，金毓黻对《东方杂志》的革新更感兴趣，张棡留心记载历史学、哲学论文，刘绍宽和吴芳吉则关注政治和伦理问题。这种阅读旨趣的差异，折射出阅读文化的多重面相。

商务系刊物中还有一类专业性的刊物，读者阅读呈现出专业化的特点。例如，张棡长期担任中学教师，对《教育杂志》较有好感。1920 年 6 月 26 日，他看《教育杂志》所载何其英《论国语宜研究虚字》一文，称该文"字字精确，引证翔实"，的确是"读书人吐属"。他又看《论中学诸教员之不长进》，赞叹"语语搔着痛痒"，真是"金石良箴"，特别是将教员之不长进归咎于"政府之不优级薪俸"，以致"教育多贪钟点，无暇研究学问"，此为"颠扑不破之论"。他进而评价："近来《教育杂志》甚是进步，较十余年前之杂志，大有精粗之别，必当购置一份，为校内自镜之资也。"7 月 4 日，他看《教育杂志·论国语》，称其"极其透达可玩"。①

但《教育杂志》在改版之后，张棡颇为不满。他认为，《教育杂志》改横行"颇不便览"，周予同关于国文的论述"略拾胡适之、陈独秀唾余，便自矜贯通教科，而语气总不免蹈轻薄之病，且崇奉胡、陈二人学说如金科玉律"。言辞中透露出批判之意。他进而感叹道："学风之坏，出此卮言，亦吾国文教之一厄也。"② 此类记载表明一位"老新党"对《教育杂志》"革新"颇有微词，也折射出他对新文学运动的不满。

随新文化运动成长起来的新式人物，如金毓黻，则对《教育杂志》的改革予以较高的评价。他认为，《教育杂志》所载《论国语问题》一文"上行然后下效。官厅文告不肯改用国语，即是一种阻力。山西省官厅文告，早已改用国语，此即是该省的优点。手续上的顺序，应从政府先着手实行"。他赞

---

① 张棡著，温州市图书馆编，张钧孙点校：《张棡日记》（第 5 册），中华书局 2019 年版，第 2321、2323 页。
② 张棡著，温州市图书馆编，张钧孙点校：《张棡日记》（第 6 册），中华书局 2019 年版，第 2540 页。

叹:"此种议论,可谓先得我心。凡提倡一种主张,从事改革,首贵有上下一致之决心。若上行而下不应,或下行而上不提倡,皆足为进行之阻,不可不慎也。"①"得我心"一语,表明金毓黻赞同国语运动,思想较为开明。

张枫、金毓黻的《教育杂志》阅读史代表新、旧两类不同的读者。晚清以降,社会急剧变动,一些新式人物很快成为落后分子,时人名之曰"老新党"。张枫便是"老新党"的代表,对一系列改革表示不满,难以接受《教育杂志》的版面改革。金毓黻作为新文化派的支持者,对《教育杂志》的改革表示极大的赞同。这反映出不同读者对同一刊物,乃至同一观念的不同解读,与读者对社会、时局的认知密切相关。

商务系的文学性刊物阅读亦值得重视。金毓黻认为,《小说月报》"其中作手〔首〕为文学研究社诸巨子,面目为之一新,此吾国文学界之明星也"。他引用了沈雁冰的话来说明改革的成功:"文学目的是综合地表现人生,到现在也成了一种科学,其研究的工具,便是诗、剧本、说部。文学者,只可把自身来就文学的范围,用艺术手段表现出来,没有一毫私心,不存一些主观,所有思想及感情,一定是属于民众的、全人类的,而不是作者个人的。一言以蔽之:这总是人的文学,真的文学。"关于沈雁冰对文学的定义,金毓黻认为"此节所论,即文学之定义及界说也,可与傅斯年《文学的界说》一篇相参,皆最新之胜义也"。《小说月报》"稿件完全由文学研究会担任,会员多为国内有名文学家,是亦有彻底之改革矣!"② 他指出,周作人《国语改造的意见》一文"持论明通,为有数之名作"。除有此极高评价,他还抄录具体内容:"国语建设之后,一须采纳古语,二须采纳方言,三须采纳新名词。"又谓"编纂国语字典,宜以辞为单位。又,字典须包含两部:甲以汉字分部,由文字以求音训;乙以注音字母,由声音以求字训"。又谓"国语用词务须丰富,足供文艺之运用,故关于艺术学问上之名词,可以尽量采纳,以供自由

---

① 金毓黻著,《金毓黻文集》编辑整理组校点:《静晤室日记》(第1册),辽沈书社1993年版,第70页。
② 金毓黻著,《金毓黻文集》编辑整理组校点:《静晤室日记》(第1册),辽沈书社1993年版,第229、217页。

选用"。还谓"选词不妨丰富，而语法必须严密"。他认为："皆有极精确之理论、极合宜之主张。""此皆深造自得之言，非徒袭皮毛者所能梦见。"对于《小说月报》中所载"中国文学重要书目一篇"，他读后评价："文学史之作以朱希祖辑本最简括，曾毅辑者亦佳。"①

应该说，《小说月报》的改革比较成功，由新成立的文学研究会主编，一改从前鸳鸯蝴蝶派的风格，贴近现实，注重创新，自然成为读者关注的重点。此外，还需注意的是，像《小说月报》这样的文学性刊物所引发的文学阅读，在民国初期读者的报刊阅读中占有重要的位置。一些小说往往先在报刊上登载，后集腋成书，"二次传播"，广为传布。一些文学作品的优劣往往通过报刊读者的阅读效果得以体现，并通过读者之间的传阅产生涟漪效应。

从阅读旨趣上看，新与旧的差异比较明显。商务系刊物在读者的阅读世界中本来是很趋新的读物，但因不够"激进"，为《新青年》所攻讦，乃至沦为落后时代的读物，不得不进行革新，以图在多变的民国出版界中生存、发展。可是，仍被像张棡这样的"老新党"视为败坏学风。当然，更多读者还是比较赞同商务系刊物的。金毓黻认为，虽然有"讥《东方杂志》陈腐者"，但"求之国内，运命之长则与无之相等者，今年之《东方杂志》已为第十八年矣。凡办何事业者，如《东方杂志》之持久，与吾国之文化岂不有更巨大之补助哉！"②金毓黻肯定了《东方杂志》发行时间之历久和对文化传播的贡献。这种阅读旨趣的差异，反映出读者在输出意义过程中的不同样态。

二、商务系报刊、中华系报刊的实用阅读与边缘知识青年的思想世界

经过新文化运动的洗礼，一些边缘知识青年热衷于向报刊投稿，不仅通过写作获取稿酬，改善生活境遇，也通过投稿证实自己的能力，扩大社会影响力，还经由报刊媒介与编辑、读者建立广泛的交往网络，获得向上流动的

---

① 金毓黻著，《金毓黻文集》编辑整理组校点：《静晤室日记》（第2册），辽沈书社1993年版，第713、1061页。
② 金毓黻著，《金毓黻文集》编辑整理组校点：《静晤室日记》（第1册），辽沈书社1993年版，第214页。

第六章 五四时期读者的报刊阅读与思想世界

机缘。在这方面，恽代英、应修人等青年学子提供了很好的例证。

恽代英毕业于私立武昌中华大学。从恽代英留下的日记来看，他阅读的刊物主要包括《妇女杂志》《东方杂志》《小说月报》《教育杂志》《学生杂志》《少年》等。恽代英一边读刊，从报刊中汲取知识，一边写作、投稿，将一些翻译作品或稿件投给商务系报刊，如《东方杂志》《妇女杂志》等。由于他存留的日记不完整，他何时接触到商务系报刊不得而知，但从1917—1919年的日记来看，他对商务系《东方杂志》《教育杂志》等刊物研读较深，颇有心得。例如，对《东方杂志》所载《静的文明与动的文明》一文，他的评价是"颇有见地"，而《欧战之主因与旧式政策之灭亡》一文则"尤先得我心"。① 经过深入阅读，他对一些新型杂志渐渐有了好感，并产生写作欲望，开始进行创作活动，向这些刊物投稿。恽代英在《东方杂志》1914年第4期上发表了一篇《义务论》的文章。② 可见，此时或更早，恽代英已接触《东方杂志》。在2月的"行事预记"中，他拟抄《物质文明与精神文明》一文，并译一文，投稿《东方杂志》。③ 可惜此文未登载《东方杂志》。投稿失败后，恽代英又投《智识与经验》一文，不久便收到东方杂志社来函："稿极好，与吾自信如出一辙。闭门造车，出门合轨，颇足自慰。"这无疑增添了他的自信。7月29日，恽代英收到东方杂志社主编杜亚泉的来函，赞许《智识与经验》一文并咨询相关问题，恽代英做了详细回答。对于《智识与经验》一文，恽代英认为是"认识论中最有价值之文字。天启派哲学经此一打击，无死灰复然〔燃〕之理，而教育政治果〔课〕本此原理而行之，必进步非凡也"。因此，《智识与经验》一文"应无不售之理（文笔亦不似《论道德之尊严》之潦草），而又为适合学理，切应事实之作，谅无不受欢迎之理也"。④ 1917年

---

① 恽代英著，中央档案馆、中国革命博物馆、中共中央党校出版社编：《恽代英日记》，中共中央党校出版社1981年版，第8页。
② 恽代英：《义务论》，《东方杂志》1914年第11卷第4期，第7—9页。
③ 恽代英著，中央档案馆、中国革命博物馆、中共中央党校出版社编：《恽代英日记》，中共中央党校出版社1981年版，第27页。
④ 恽代英著，中央档案馆、中国革命博物馆、中共中央党校出版社编：《恽代英日记》，中共中央党校出版社1981年版，第41、122、129页。

10月,《东方杂志》登载此文。① 不久,恽代英收到该刊所赠书券。对于嗜杂志如命的恽代英来说,这当然是莫大的鼓舞。

由于积极投稿,恽代英成为商务系刊物的重要作者,兼具读者和作者的双重身份。他的一些译稿或文章常常发表于各刊物。他在《东方杂志》上共发文16篇,获得不少稿费或购书券,不仅增加了他的收入,而且使他获得了一定的知名度。他对1917年前四个月的投稿成绩做了一个统计:"所投者,二十篇,已售者,十四篇,得现金四十六元,得书券二十二元,将书券七折合现洋十五元四角,共得洋六十一元四角,此是自四月以上之成绩,平均计之,每月收入十五元三角半。"② 月平均收入甚至超过当时普通工人的薪资。

恽代英还在《教育杂志》《妇女杂志》《小说月报》上发表作品。投给《教育杂志》的《和平损失与战争损失》和《论统一的教育行政》两文,"意欲使海内教育界群起注意研究,以开教育史上之新纪元"。《教育杂志》能使"吾教育思想可公之世人","使世人知吾于教育之研究","使吾得与教育界大人君子相结纳,或为他日结纳之资","甚望有大人君子视吾说为可研究而研究之",以便使其"声[身]价自高"。当《教育杂志》拒绝登载他的《佣读主义》一文时,他颇为"扫兴"。针对《教育杂志》的征文,恽代英积极准备,"连日作《小学校职业教育实施法》","意欲攫取其一等之一百元书券。果达此目的,亦足震人耳目,令人注目。但自问所作文或未必有此资格。能居二等、三等亦可矣。即再降格,能得十元以上之赏金,亦聊以解嘲"。③他非常重视《教育杂志》的征文,希望能在教育界崭露头角。

因为《妇女杂志》《小说月报》"能得现金",所以恽代英经常投稿。对于《妇女杂志》"送来洋八元",恽代英极为高兴,"居然彼之投稿已有成绩

---

① 《智识与经验》刊出时名为《经验与知识》,不知是恽代英日记记载有误,还是《东方杂志》登载时改名。参见恽代英:《经验与知识》,《东方杂志》1917年第14卷第10期,第7—13页。
② 恽代英著,中央档案馆、中国革命博物馆、中共中央党校出版社编:《恽代英日记》,中共中央党校出版社1981年版,第80页。
③ 恽代英著,中央档案馆、中国革命博物馆、中共中央党校出版社编:《恽代英日记》,中共中央党校出版社1981年版,第36、38、54、206页。

第六章 五四时期读者的报刊阅读与思想世界

矣","此事虽小,可增长其自信力"。1917年2月14日,在恽代英的投稿失败记录中,《学生杂志》榜上有名。可见,恽代英较早接触到《学生杂志》。但自从投稿失败后,恽代英的日记中不见《学生杂志》踪迹。直到1919年5月31日,恽代英决定将《中国与日本最后之决斗》一文投给《学生杂志》,因为该刊"传播较速较广"。此后,恽代英的日记中才有阅读《学生杂志》的记录,可能与他当时热衷于学生运动有关。1919年,恽代英与同学组建启智图书室,所订书刊中就包括《学生杂志》《妇女杂志》。① 在阅读《学生杂志》的过程中,恽代英结识了《学生杂志》主编杨贤江,两人成为好友。

除商务系刊物,恽代英还阅读中华系刊物,并积极向中华系刊物投稿。例如,1917年,恽代英在1月的"行事预记"中记载:"又作《改良私塾刍议》投《中华教育界》,或另尚作文一篇。""能更译数篇投《中华妇女界》更佳。"② 2月的"行事预记"中,《大中华》《中华教育界》在其投稿之列。③ 在他2月14日的投稿失败清单中,《中华小说界》投稿失败两篇。④ 相对于向商务系刊物大量投稿,恽代英向中华系刊物投稿较少,可能因为中华系刊物不如商务系刊物影响力大,也可能因为中华系刊物稿酬不如商务系刊物丰厚。

除了在校学生对商务系刊物、中华系刊物颇为重视,社会上的边缘知识青年也较为关注刊物。应修人是一个典型。在应修人阅读的杂志中,商务系刊物占有重要的地位。应修人阅读的商务系刊物包括《东方杂志》《教育杂志》《妇女杂志》《小说月报》《学生杂志》《少年杂志》《英语周刊》等。在1917年4月8日的日记中,他就思虑订阅商务系刊物:"今日报载凡预定商务印书馆各种杂志满五元者有赠券,余思《东方杂志》内容尚佳,兼有中国大

---

① 恽代英著,中央档案馆、中国革命博物馆、中共中央党校出版社编:《恽代英日记》,中共中央党校出版社1981年版,第79、34、552、637页。
② 恽代英著,中央档案馆、中国革命博物馆、中共中央党校出版社编:《恽代英日记》,中共中央党校出版社1981年版,第7—8页。
③ 2月"行事预记"记:"译、作各一篇,送《教育界》。""译二篇,投《大中华》。"参见恽代英著,中央档案馆、中国革命博物馆、中共中央党校出版社编:《恽代英日记》,中共中央党校出版社1981年版,第27页。
④ 恽代英著,中央档案馆、中国革命博物馆、中共中央党校出版社编:《恽代英日记》,中共中央党校出版社1981年版,第34页。

事记，可备检阅，其《妇女杂志》《教育杂志》本致购，不如均去预定，计共八元，得赠一元。"13日，他和友人订阅商务系刊物："偕柏年至商务印书馆预定《东方杂志》十四卷四号起十五卷三号止，《教育杂志》九卷四号起十卷三号止，《妇女杂志》三卷四号起四卷三号止各一份，共八元四，一、三，得赠书券一元。后至四马路书摊欲补齐《妇女杂志》第一、二卷廿四册，以其多陈，不惬意，且须五元，觉贵未购。"8月6日，他至商务印书馆购《少年杂志》，"见有《妇女杂志》甚廉，即至二兄处假洋一元来，以八角购《妇女杂志》第一年十二期，尚新"。11月18日，他"至商务印书馆取《东方》第十，《教育》第十、十一，《妇女》第十一，《英语》第一〇七至一百十二"。① 之后，他订购商务系刊物的记录散见于日记中。

应修人还将他订阅的商务系刊物寄给他的父亲，起到二次传播的作用。他在4月16日的日记中写道："六时起，肃呈父亲禀，告金木寄物各事，寄上《东方杂志》第三号及夹又《机会》二册备阅，并云《东方》之《动植物进种新论》、《机会》之《发财人传》均尤兴趣云云。"23日，他又致信父亲，希望父亲能赞同他订阅《东方杂志》："七时起，钞［抄］收支单附寄父亲，并作禀告此事，并云此届置报为巨，惟《东方》论述世界国家状况，教育研究，教育妇女为家庭必备之书。儿以为均不可省，且有赠券，故去定。"他告知其父："儿以为书报能益身心，能广知识，犹购种子，所费甚微，善栽善培，则所获必甚大也，并云其余未敢浪费，而总结尚如是之巨，诚上海之不可居也等言。"②

应修人在日记中经常记载阅读商务系刊物的经历。例如，3月24日，他写道："彼有《妇女杂志》《小说月报》，余略观甚佳，亦拟购焉。"4月12日，他记载："《东方》第三号载有《动植物进种论》，云凡物均可以人工全，甚效。"5月3日，他写道："上楼取张柏年之《妇女杂志》二卷十二号阅之，多佳作。"8月21日，他回顾："上午有暇，阅沈彬章之《小说月报》第八号

---

① 应修人著，上海鲁迅纪念馆编：《应修人日记》，上海书画出版社2003年版，第22、25、59、91页。
② 应修人著，上海鲁迅纪念馆编：《应修人日记》，上海书画出版社2003年版，第26、28页。

中之《西美游记》述美农业之盛，令人神往。"① 这些简要的记载，表明商务系刊物是他学习新知的重要媒介资源。

彼时，应修人对中华系刊物关注较少，从他日记的内容看，只有《中华妇女界》和《中华实业界》的记载。1917 年 6 月 4 日，他和沈彬章至中华书局购买《欧美名家短篇小说》时，中华书局"内有杂志廉价部，选购《中华妇女界》一卷一至十二、二卷一至六，少一卷四，以《实业界》一册补之（每三分，计小六角）。本一卷每三角，二卷每二角，诚廉矣"。他回钱庄后告知友人中华书局内有廉价《中华妇女界》，于是，"夜同诸友至中华书局，为友选购《妇女界》多分［份］归"。第二日，庄友张辅廷邀请应修人至中华书局，应修人见"更有多份《妇女界》来，一之四仍无，为友购多份"。② 但他的日记中有关阅读中华系刊物的具体内容并不多见。

以上两位读者的阅读个案比较具体。从他们之后的人生道路来看，他们实现了从边缘知识青年向上层精英的转变：恽代英成为中国共产党早期领袖人物之一，应修人成为著名的湖畔诗人。青年时代的阅读经历，为他们后来的事业奠定了一定的基础。

在温州师范学校读书的夏承焘也以阅读商务系刊物为主，包括《东方杂志》《学生杂志》《小说月报》《教育杂志》等。从他的日记中可以看出，他阅读商务系刊物的记载非常零散，可能是偶尔翻阅一番，对于感兴趣的文章，他会认真品读并评论。1918 年 1 月 11 日，他阅《学生杂志》，内有《个人之卫生》一节，言"养生保身之道甚详"。对于身体羸弱的夏承焘而言，"事甚易易，殊可仿行"，但其大旨"亦不过起居有时，勤运动，少思虑，戒忿怒"，而他自身"平生于下之二者每犯之"，故"自今始，其当力戒之"。5 月 31 日，他翻阅《东方杂志》，内有《美人论中日亲善问题》一篇。该文谓"日本对于中国除亲善之道外别无可设施，备述日本未能并中国及中国不能亡之

---

① 应修人著，上海鲁迅纪念馆编：《应修人日记》，上海书画出版社 2003 年版，第 18、24、31、63 页。
② 应修人著，上海鲁迅纪念馆编：《应修人日记》，上海书画出版社 2003 年版，第 41、41—42、42 页。

原因甚详，理由亦颇充足"。他读后评价道：

> 以区区三岛乃欲上凌我国，岂真我四万（万）同胞毫无一血气勇敢男儿哉！读此令人顿销往日之悲观。然回顾内乱未息，外患方亟，吾愿同胞幸勿以他人之不能害我，遂宴安鸩毒，不自振兴，自蹈自侮人侮之祸。自今而后，当亟思补救，遏内乱，练强兵，兴实业，则乘桑榆之未晚，前途尚有廖乎？

此时正值中日为青岛问题交涉之际，在交涉过程中，中方完全处于被动，因此，他感触颇深。6月3日，他阅《小说月报·拿破仑传》，知"其定埃及，御法国，雄视全欧事甚详"。他在读后详述道："阅下为之胸臆勃勃生英气，不禁拍案叹曰：'大英雄当如是也！'因忆法兰西当危险时代，政昏民乱，国几不国，得一拿破仑，遂出为白人执牛耳，鞭笞天下，顾盼环球。"由彼及此，他希望中国能出现像拿破仑的英雄人物，"出而一奋国威"。[①] 他记录商务系刊物的阅读，或关乎自身，或关乎国家社会，具有很强的现实指向。

对于一些比较学术性的问题，夏承焘也多有记载。例如，1919年4月10日，他读《小说月报》"顾曲尘谈"一栏后感慨"论词曲南北曲之分，苦不能十分领解"。[②] 受新文化运动的影响，他广泛涉猎书刊，吸收科学研究方法，在学术方面初露才华。1923年后，他再订阅商务系刊物时，学识已大进。例如，1923年10月2日，他阅《小说月报》所载《读毛诗序》一文，评论其内容："小序乃后汉人杂采经传以傅会诗文者，必出在刘歆以后，大抵是后汉卫宏作。"1924年4月12日，他阅《东方杂志》"二十周年纪念号"下册梁启超所著《颜李学说与现代教育思潮》一篇，"甚有感"，并表示"沉迷故纸堆中，必自斩其生，决意废去诗词之习，从事劳动求实学"。[③] 从他阅读学术

---

① 夏承焘著，吴蓓主编：《夏承焘日记全编》（第1册），浙江古籍出版社2021年版，第218、288—289、290页。
② 夏承焘著，吴蓓主编：《夏承焘日记全编》（第1册），浙江古籍出版社2021年版，第357页。
③ 夏承焘著，吴蓓主编：《夏承焘日记全编》（第2册），浙江古籍出版社2021年版，第980、1044—1045页。

性刊物的历程看,他俨然是一位学术青年,学术性阅读为他在词学方面打下了坚实的基础。

在浙江第二师范学校就读的谭正璧对商务系刊物《东方杂志》《小说月报》《小说丛报》《学生杂志》《妇女杂志》《教育杂志》《儿童世界》《英语周刊》等阅读不辍。例如,他读到《学生杂志》所载《遗泄与斩伤之防免》一文,颇感新奇,"暗暗的[地]考察诸同学身体状况,觉得在这二者之中犯一桩的,着实不少"。他回忆看过丁福保的文章《少年进德录》,就想到"我们的精神,为何要被肉体强制住呢",认为"这是件狠[很]难制的事",于是"专门买些修养书看",才能减少对身体的伤害。他最后总结:"对于这桩事,应当自己觉悟。"又如,他读《小说月报》所载《陆沉集》一文后,认为此文"系记有清时一文字之狱,波澜曲折,颇堪悦目"。① 之后,他阅《小说月报》中王统照著《死后之胜利》一文,颇有心得,评论道:"为罗曼主义剧,描写之手段颇高,惟篇中事实在中国今日则殊难有相当者耳",这是"一味仿欧化之弊"。② 他喜欢记载具体内容,并书写自己的阅读感想。

谭正璧对《大中华》《中华小说界》亦有所涉猎。例如,他读《大中华》中吴贯因撰《读经与尊孔》一文,摘录其大要:"是说尊孔一定要的,读经可以不必。因为孔子的学说,在当时引用,吾们有应当崇拜的地方;但是现在行不通了,所以可以不必读。"他认为:"读经不必读,我是很赞成的;但是一定要尊孔,觉着有些带着偶像观,我就有些不赞成了。"按照谭正璧的意思,"读经一定要尊孔,尊孔一定要读经。因为读经的人,倘使不尊孔,读他做甚?尊孔的人不读经,怎的能够知道为什么要尊孔?两者是顺递的,不是并峙的。不知道对不对?"③ 他用一连串疑问表达对这个问题的看法。他认为《中华小说界》有如下益处:"一则搜集遗闻,可补史阙;一则译笔颖活,可启智慧;与此书之词新笔雅,直可鼎足而三。"他进而独白:"喜观小说,人或非之,然余之得力于小说者实多,难以言语云也,他日有闲,当分别论

---

① 谭正璧著,王润英整理:《谭正璧日记》(第1册),凤凰出版社2021年版,第250、69页。
② 谭正璧著,王润英整理:《谭正璧日记》(第2册),凤凰出版社2021年版,第383页。
③ 谭正璧著,王润英整理:《谭正璧日记》(第1册),凤凰出版社2021年版,第209页。

之。"显然,他认为读小说并非简单的消遣,而具有深刻的哲理。当他读到《中华小说界》所载《京师三十年来梨园史》一文时,认为其中数语"颇可研究":"《琼林宴》《吊金龟》出《包公案》。《庆顶珠》《艳阳楼》《通天犀》《白水滩》出《水浒》。"他特加按语"右所举者,除《吊金龟》果出《包公案》外,皆否。雯虽不才,小说已过目不少",并提出可以"考其出处":"《琼林宴》(见《七侠五义》);《庆顶珠》(见《征四寇》);《艳阳楼》(见《征四寇》);《通天犀》(不知所出,惟《水浒》则并无此事);《白水滩》(见《小五义》)。"他最后总结:"夫此区区戏剧之出处,误会如此。竟敢作《梨园史》,真不啻北人学泳矣。何《中华小说界》之编辑者,瞽目一至此耶?况吾闻之,《红楼梦索隐》,亦《中华小说界》编辑者之大笔也。则孟心史之饶舌,不为无见。"① 他对《京师三十年来梨园史》中的错讹颇为不满,认为《中华小说界》编辑不该犯如此之错误。

一些初出校门的知识青年,也关注商务系刊物。1917 年,杨贤江从浙江省立第一师范学校毕业后,到南京高等师范学校工作。1918 年 1 月 6 日,杨贤江收到《东方杂志》,阅章行严著《欧洲最近思潮与吾人之觉悟》一文,"为之大喜"。他认为,"此类文字,最足药近时国人思想消沉、文化陵夷之凤弊。所引述者为柏格森、倭铿、睿美士三哲之学说,而勖国人健以活动实行之要,且谓创造新知与修明古学并兴,具[俱]见卓、识超、思精。然吾未知喜阅此类文字而肯用心研究之者,几何人也"。②

杨贤江在日记中也表达了希望通过投稿赚取酬劳的愿望。1918 年 1 月 15 日,他颇为期待地写道:"一年之《现代教育》能为余赚银一百元乎,余日望之。" 3 月 18 日,他又描述其投稿意愿:"今日所作感言一篇,系将投寄《时事新报》者,实为赚钱计耳。" 5 月 2 日,他又表达了对稿酬的渴求:"前数日撰论、译文,多费脑力,赚钱念炽,优游心纷,默计暑假以前,恐难了却此桩心事。如壬丁,如母校十周纪念期迫眉睫,不能不赶;如本校杂志以及

---

① 谭正璧著,王润英整理:《谭正璧日记》(第 1 册),凤凰出版社 2021 年版,第 75、134—135 页。
② 杨贤江:《杨贤江全集》(第 4 册),河南教育出版社 1995 年版,第 200 页。

《学生杂志》,亦不能付诸阙如;更如《教育周报》《东方杂志》等,又思投寄数篇,以博几许酬银,便于偿还宿债。可以不为而竟至于不得不为,此所以为宿债欤。"① 杨贤江家贫,稿酬可以补贴家用。这反映出从农村走出来的学子在求学道路上的艰辛。

1923年,毕业于宁波斐迪中学初中部的张泰荣回乡任小学教员,成为一名典型的乡村知识青年。他积极阅读《学生杂志》《教育杂志》等商务系刊物。此时的他初任小学教职,毫无教学经验,亟须学习教学常识。因此,他颇为看重《学生杂志》《教育杂志》中的一些教学知识。11月8日,他阅《学生杂志》一章,表示"颇中趣味"。"趣味"是他阅读商务系刊物的重要旨趣。27日,他阅《学生杂志》一小时,"颇有所得"。具体得到什么,难以知晓,但表明他对这份杂志有着较强的心理寄托。28日,他阅《学生杂志》一小时,增加学识诸多,并表示每日行之,能巩固学问:"今日进步较他日为多,以后每日行之,持之以恒,毋再蹈前此覆辙,五年以后,学问当见有根底也。"此后几日,张泰荣皆有阅读《学生杂志》之记载,"颇有心得""颇得进境",并坚信"今吾知专心、有恒是成功的秘诀,勉而行之"。除《学生杂志》,他还阅读《教育杂志》。12月13日,他阅读《教育杂志》"学生自治"一题,又见启事新载此后特辟"小学教育论坛"和"教育评坛",以促进"国家的基础教育",并且"有报酬"。他读后决定"将来可研究详索而投几篇"。②

茅盾曾称《小说月报》反映了"老一代文学家艰辛跋涉的足迹",同时成为"老一代文学家在那黑暗年代里吮吸滋养的园地"。③ 不少知识青年喜爱《小说月报》,从不同角度记载了对这份杂志的观察、理解和记忆。例如,1911年,张静庐从龙山演进国民小学毕业后,当了四年学徒。1915年,17岁的张静庐任天津《公民日报》副刊编辑,平时喜欢读商务系刊物,尤其受《小说月报》影响甚大。他认为,这份杂志"内容注重文言的小说和近代掌故

---

① 杨贤江:《杨贤江全集》(第4册),河南教育出版社1995年版,第205、229、244页。
② 奉化市档案馆编:《张泰荣日记》(第1卷),宁波出版社2015年版,第90、93、94、96页。
③ 茅盾:《影印本〈小说月报〉序》,《文献》1981年第7期,第1页。

的笔记"。他将《小说月报》作为自学读物。他回忆道:"自学文言文,于是林琴南先生成为我唯一崇拜的偶像了。一本冷红生的《茶花女遗事》就不晓得掉了我多少眼泪呢!"①

不少作家在青年时代便是商务系刊物的读者,他们的阅读经历和态度有一定差异。冰心从《东方杂志》《妇女杂志》中的文苑栏目中,"初次接触到了'词'这个诗歌形式,并且喜爱了它"。② 郭沫若在学生时代就阅读了《东方杂志》和《小说月报》。"中国有数的两大杂志"却成为郭沫若"最不高兴"的读物。他认为,《东方杂志》和《小说月报》"里面所收的文章,不是庸俗的政谈,便是连篇累牍的翻译,而且是不值一读的翻译。小说也是一样,就偶尔有些创作,也不外是旧式的所谓才子佳人派的章回体"。他还认为,"报章的乱七八糟,就在今天也还没有脱出旧态,那可以不用说了"。③ 在北京大学法科就读的王子壮通过阅读《小说月报》排解日常之烦闷。他认为"青年人之生活多烦闷",因此,他阅读到《小说月报》中《烦闷》一篇时,颇感"顷[倾]倒,以其历历如绘,堪称不凡之笔"。对于青年人的烦闷之情,他评论道:

> 夫所谓烦闷,盖亦刹那之际,或一日数日,均各不同。余推其故,或由生理上,或精神上不安之所致也。征诸余近来以运动之故,精神较敏活,则此种时期特少,可信余言之不谬。今日午饭前后又有若是刹那之际,惟觉百凡事物,枯燥无味,字既不欲书,各书尤厌读,一时竟不知如何是好。后读余僭仟所写家信,精神为之一振,向之枯燥,渐逐出脑外。据余所信,或由脑力过劳,或以食物过多,二者必有其一焉。④

《小朋友》《少年》等商务系刊物也曾风靡一时。费孝通在苏州东吴大学

---

① 张静庐:《在出版界二十年》,江苏教育出版社2005年版,第20页。
② 冰心:《我和商务印书馆》,《1897—1987商务印书馆九十年——我和商务印书馆》,商务印书馆1987年版,第313页。
③ 郭沫若:《学生时代》,人民文学出版社1979年版,第37页。
④ 王子壮:《王子壮日记》(第1册),"中央研究院"近代史研究所2001年版,第69—70页。

第六章　五四时期读者的报刊阅读与思想世界

第一附属中学读书时，经常在商务印书馆《少年》杂志上发表文章。① 柏杨小时候最喜阅读之物为商务印书馆《小朋友》。② 陈伯吹认为《小朋友》"风行全国"，甚至"在交通不便的乡间也接触到了"。他称《小朋友》"不仅作为我给学生们选择课外补充读物的宝库，同时也作为我学习写作的蓝本，它是我在文学修养、写作实践上不出声的一位好老师"，"循循善诱地引起了我的创作冲动，并展示了美好的学习榜样"。③

《英文周报》作为学生学习英语的"辅助材料"，成为重要的课外读物。郭廷以通过阅读《英文周报》，考试成绩"不再落后"。④ 在北京师范大学附中求学的郭良才通过阅读《英文周报》学习英语。初学时，因"生字非常之多"，"又有看不懂的地方"，故"把它拦过一边"。随着学习的逐步加深，又觉得"很有意思"。⑤ 沈宗瀚经常订阅《英文周报》，作为学习英语的教材，每天学习一个半小时。⑥ 可见，《英文周报》作为学生学习的辅助材料，深受学生热捧。

以上仅对商务系刊物、中华系刊物的阅读情况做初步探讨。受史料的限制，很难从整体上对其进行深入研究。从构建有意义网络的角度看，上述读者的阅读经历具有代表性，从某些侧面说明了商务系刊物、中华系刊物的传播与阅读状况，有助于理解商务系刊物、中华系刊物的社会影响。

媒介作为"知识传播"的主体，不仅在《察世俗每月统记传》《东西洋考每月统记传》《遐迩贯珍》《六合丛谈》等早期传教士报刊中有所体现，而且在商务系刊物和中华系刊物中得到充分展示。可以说，"媒介就是知识"。⑦ 阅读是获取知识的重要途径，阅读规则和阐释策略会影响读者知识体系的建

---

① 《费孝通年谱》，费孝通：《费孝通全集》（第20卷），内蒙古人民出版社2009年版，第268页。
② 柏杨：《柏杨全集》（第24卷），人民文学出版社2010年版，第31页。
③ 陈伯吹：《我和中华书局及〈小朋友〉》，《新闻研究资料》1982年第1期，第151页。
④ 郭廷以口述，张朋园等整理：《郭廷以口述自传》，中国大百科全书出版社2009年版，第59页。
⑤ 郭良才著，散木编：《郭根日记》，三晋出版社2013年版，第16、17页。
⑥ 沈宗瀚：《沈宗瀚自述》（上册），黄山书社2011年版，第77页。
⑦ 黄旦：《媒介就是知识：中国现代报刊思想的源起》，《学术月刊》2011年第12期，第139—148页。

构，也影响"知识传播"的效果。读者如何接受和使用知识，通过他们具体的阅读经历得以证实。

总之，商务系刊物和中华系刊物提供的"知识仓库"，对知识人构建"知识资源"起到了重要的作用。知识人更看重报刊的人文主义阅读和消费主义阅读，对文本的阐释更注重内心的感受，构建起知识人话语空间。边缘知识人更注重实用主义阅读，希望得到社会认同，即所谓的"俗读者"。① 这两种不同的阅读取向，形成了不同的阅读价值观，构建了不同的阅读文化，展现了较为多元的个体阅读史。

第四节 知识人的报刊阅读与思想轨迹

在阅读史的研究中，阅读的目的与影响是重点讨论的话题之一。五四时期，知识人的消闲阅读值得关注。此类阅读行为不带有功利性目的，而是日常生活的一种消遣。个人阅读体验、价值观念的不同，使其在阅读过程中的选择有一定差别，乃至对个体读者的影响各异。特别是时代变化加速，抱有传统观念的读者难以适应时代的发展，对于新思想存在抵触心理，呈现出"月映万川"的阅读旨趣。② 新文化运动的兴起，表面上使一些读者的阅读呈现出从《东方杂志》到《新青年》的阅读转向。③ 这种转向实则是一个从旧式刊物向新式刊物转向的过程。这里所说的旧式刊物，指《礼拜六》《小说月报》等由鸳鸯蝴蝶派主导的小说类刊物，善于将清廷宫闱之传言衍化为小说，受到读者的热捧。新式刊物尤其是《新青年》之类的刊物，具有启蒙作用。虽然有这种整体转向，但不同读者的阅读旨趣迥异。有的读者将新式刊物视为"文化资源"，并在新式刊物上发表了诸多影响出版界的文章，以此成就俗

---

① 转引自戴联斌：《从书籍史到阅读史：阅读史研究理论与方法》，新星出版社2017年版，第160页。

② 章清：《清季民国时期的"思想界"——新型传播媒介的浮现与读书人新的生活形态》（下），社会科学文献出版社2014年版，第780页。

③ 王奇生：《新文化是如何"运动"起来的——以〈新青年〉为视点》，《近代史研究》2007年第1期，第29—32页。

世声名。有的读者从报刊中汲取"思想",通过不断整合,在学术方面做出一定贡献。有的读者虽然汲取了这些"思想资源",但在选择人生道路时,呈现出彷徨犹豫的复杂心态。有的读者"抵制"新式刊物传播的"思想资源",在日记中不时流露出对此类刊物的反感。

下面主要探讨白坚武、金毓黻、张棡、夏承焘四位读者的阅读心路历程,以此讨论他们面对时代变迁的所思所言所行。在讨论四位读者的阅读经历前,有必要对他们做简要介绍,有助于更好地理解他们的阅读心态。白坚武于1886年出生于河北交河,1907年考入天津北洋法政专门学校,与李大钊成为至交,先后成为李纯、吴佩孚的幕僚。金毓黻于1887年出生于辽宁辽阳,1913年考入北京大学,1916年毕业后返回辽阳,此后的活动范围主要在东北地区,亦学亦政,社交范围亦限于东北地区。张棡于1860年出生于浙江瑞安,大部分时间生活在瑞安,社交范围亦限于温州,属于传统的地方乡绅。夏承焘于1900年出生于浙江温州,他的思想不仅受新思潮的洗礼,而且受到张棡、学衡派等思想的影响,呈现出"中西新旧"的特点。他曾于温州、西安、杭州等地执教,对词学研究做出了突出贡献。从年龄和求学经历上看,张棡略长于白坚武、金毓黻,同时,张棡受教于传统私塾,其社交范围又局限于温州一带,因而在思想上偏向于传统。其他三人均接受新式学校教育,又因为社交范围较广,所以在接受思想方面偏新潮,但三人对于报刊的态度也有差异。

一、白坚武的杂志阅读与思想转变

1915年9月15日,《青年杂志》创刊,标志着新文化运动的发轫。新文化运动真正产生影响是在1917—1919年这段时间,从白坚武的阅读体验中可以得到印证。白坚武留下的《白坚武日记》(1915—1937)展现了大变局下一位书生的思想转变历程,而报刊在其中起到了重要作用。特别是1915—1921年,是他思想转变的重要时期,展现了一位书生从同情社会主义转向怀疑的变化过程。①

---

① 黄岭峻:《论白坚武的转变——一个价值相对主义含混性的实例》,《武汉大学学报(人文科学版)》2003年第4期,第397—398页。

白坚武阅读杂志有两个特点。

其一，阅读的杂志多由李大钊推荐，如《民彝》《晨钟报》《宪法公言》《新青年》《每周评论》等。1916年5月21日，白坚武阅《民彝》杂志，认为《国本》《民彝与政治》两篇"甚佳"，"多见到之言"，特别是《民彝与政治》一文，乃是李大钊所撰，他尤为关注。11月16日，他再阅《民彝》，"顾实君以四教、四绝、三慎之说赞护孔教"，他表示"终不谓然"。8月15日，由李大钊主编的《晨钟报》出版，白坚武"本良心之自由"，作《议会政党之回顾》一文刊载于此报。但随着李大钊的去职，白坚武的阅报记录中就没有《晨钟报》了。白坚武阅读的另一份报刊《宪法公言》也与李大钊有关。《宪法公言》由李大钊、高一涵、秦立庵、田克苏、白坚武等人筹办，第1期出版后，白坚武表示"遗憾甚多"。①

1918年4月26日，白坚武接李大钊来函，并收到《新青年》一册。此后，《新青年》在白坚武的阅报记录中频繁出现。李大钊还源源不断地邮寄一些新式刊物（如《每周评论》《新潮》《星期评论》《解放与改造》等）给白坚武阅读。

1918年年底，陈独秀创办《每周评论》，李大钊是参与者，给白坚武邮寄了一份。白坚武复函李大钊，期盼他将《每周评论》办出特色。白坚武说："国人道荒学废，凡百皆然。"即使是新闻事业，"在今日无一差强人意者"，由于"干涉多、经济乏然"，其根源上是"无真精神、真学艺"。白坚武认为，《每周评论》"于人之所无者毫无所缺"，只怕"经济不能持久"。1919年5月3日，他收到李大钊寄来的《每周评论》第19号，"附有北京大学新旧思潮舆论"。5日，他阅《每周评论》第8号上关于废督的观点，"从理论上、事实上证明军民分治之谬论，言特可取"。15日，他收到《每周评论》第21号。16日，他阅《每周评论》涵庐撰《青岛失败史》、只眼撰《对日外交的根本罪恶》等文，"皆真知灼见之谈"，一些言

---

① 白坚武著，中国社会科学院近代史研究所编，杜春和、耿来金整理：《白坚武日记》（第1册），江苏古籍出版社1992年版，第25、44—45、34、40页。

第六章　五四时期读者的报刊阅读与思想世界

论认为中国外交失利是曹汝霖、章宗祥的原因,"均支支节节,未能道其根本,千言万语无益也"。6月28日,李大钊致信白坚武,告知《每周评论》"禁止邮寄"。7月5日,白坚武收到《每周评论》第28号后再无《每周评论》之记录。①

白坚武还关注《新潮》杂志。对傅斯年所撰《人生问题》一文,他认为其"发披物质之罪孽"的见解,"可为精神界开一新纪元",今人"只想营营逐逐为子孙,而不知断子绝孙之结果,往往伏于不规则之营营逐逐之肇因也"。② 1919年7月9日,他阅《新潮》第5号,称《洋债》一文"最为警痛,直是中华民国缩影",《我的道德谈》"立论亦深透"。③ 10日,他阅《新潮》之《白话文学与心理改革》一文,"内有最正确之发挥一节",撮录于日记中,并表示"年来深悟政治以及各社会内幕,亟有待于根本澄清,绝对不赞成调和,调和在本身为自灭,对客体为投降。凡天地间事事物物皆不容有调和,政治社会更无论矣"。他强调傅斯年之文"实获余心"。④

阅读新式刊物后,白坚武非常赞同陈独秀的主张。当汉口《大汉报》上有"陈独秀君有病死之耗"的消息时,他颇为感慨地写道:"年来政客学子多逐逐于权利之场,立足兽蹄鸟迹中,即不满意现象,率噤不敢言",而陈独秀"独能为理想革进之先锋,难矣;躬行牺牲,尤难"。他视陈独秀为中国之"路得、卢梭"。倘若陈独秀"不幸",则"人道之明星陨坠"。他对于陈独秀

---

① 白坚武著,中国社会科学院近代史研究所编,杜春和、耿来金整理:《白坚武日记》(第1册),江苏古籍出版社1992年版,第173、194、195、196、200、201页。
② 内容如下:"我们只要想几千年前,人类要是只有这种观念,必定没有我们了;我们要是只有这种观念,必定没有后人了。"参见白坚武著,中国社会科学院近代史研究所编,杜春和、耿来金整理:《白坚武日记》(第1册),江苏古籍出版社1992年版,第183页。
③ 白坚武著,中国社会科学院近代史研究所编,杜春和、耿来金整理:《白坚武日记》(第1册),江苏古籍出版社1992年版,第202页。
④ 内容如下:"我们须得立定志愿去克服旧主义(不适时主义),这是改革的根本手段。天地间事不是东风倒西风,就是西风压倒东风,各不相下,便成旋风。旋风是最讨厌的,所以调和是迁就的别名,迁就是糟糕的绰号。政治上讲调和才有今日的怪现状,学术上讲调和才有所谓古今中外党……须知天地间事务不是一件一段的独立的,是互相关联的。所以西洋成西洋的系统,中国成中国的系统,动摇一件牵动多种,调和是没成效的,必须根本更换。"参见白坚武著,中国社会科学院近代史研究所编,杜春和、耿来金整理:《白坚武日记》(第1册),江苏古籍出版社1992年版,第202页。

病死之假消息表示悲痛:"苦恼众生,倘自知其所处之境,其吊悼陈君之泪涕当与江涛海波同量;脱并所处之境而不知,近亦不知,远亦不悟,陈君死不瞑目,更焉用千万劫之沙虫啾啾聚泣为?余观中国之人类,何酷似千万劫之沙虫也。"①

其二,白坚武关注政治改革和社会思潮。例如,对《太平洋》《解放与改造》《解放》等杂志的言论不仅有优劣之分的点评,还会抄录一些感兴趣的内容并表达自己的看法或意见。白坚武尤为关注《太平洋》杂志。他初次接触到《太平洋》是在1917年4月,距其创刊大概一个月之后。针对孙洪伊论日本与英美宪政之差别,他说:"东洋宪政不如英美,每议会与内阁决战,再选之结果,政府党多胜。斯良由自治基础之薄弱,而政府恒利用地方长官之势力暗收其效用,大隈曾利用之矣,今寺内又以此致胜焉,可征中央集权极重之国,其去宪政之精神也远矣。"《太平洋》主编李剑农的论述亦提及此点,"足征政家之思潮"。5月11日,白坚武阅《太平洋》第2期、第3期之《日俄新协约论》,"北进主义之说抉发甚透"。9月7日,他嘱托李大钊订《太平洋》。11月6日,他收到李大钊寄来《太平洋》杂志一册。1918年3月20日,他收到《太平洋》第9期,看过后表示"内容实精审,论议远彻,斯亦学士之辰星也"。8月15日,他依然对《太平洋》杂志表示赞许,"乱世横流,无人言学,该志诸君亦属明星也"。16日,白坚武在杂志上见代理总统冯国璋通电披露辞职文。"应为之事而不为,若此者而汲汲为之,又乌〔无〕关大体。"1919年年底,他再阅《太平洋》杂志,认为李剑农的《宪法上的言论出版自由权》和高一涵的《俄国宪法的根本原理》"最为医时"。②此后,《太平洋》杂志未出现在他的阅读记录中。

1919年12月28日,白坚武阅《解放与改造》中张东荪所撰《女子问题》一文后,评论道:"标明家庭之优越问题,实为有见到现状之处。"

---

① 白坚武著,中国社会科学院近代史研究所编,杜春和、耿来金整理:《白坚武日记》(第1册),江苏古籍出版社1992年版,第217页。
② 白坚武著,中国社会科学院近代史研究所编,杜春和、耿来金整理:《白坚武日记》(第1册),江苏古籍出版社1992年版,第66、72、86、98、128、154、222页。

第六章　五四时期读者的报刊阅读与思想世界

1920年2月27日,他阅《解放与改造》第9号周佛海所撰《物质生活上改造的方针》一文,"要讲物质上改造,首先要改造政治;要改造政治,首要推倒这般武人官僚的寄生阶级。所以物质上改造,第一要尽全力和寄生阶级斗争"。他表示此文"足为在新潮上出风头、懦弱趋避的人治治病。不除清障碍,曰说新组织都是空的"。3月31日,他阅《解放与改造》,认为"内容殊精实,惟文言夹杂之白话不敢赞成"。4月19日,他阅《解放与改造》之《德国革命论》,评价其"文采虽佳,仍不脱任公高足气味,有似是而非处"。①

1921年,除继续阅读《新青年》,白坚武开始阅读研究系刊物《改造》。3月4日,他阅蒋百里《新思潮之来源与背景》一文。6日,他在日记中记载:"连日手《改造》杂志以自遣。"他读蒋百里《代军阀而兴者谁?》一文,推测"军阀之后必为军阀之走狗、洋行之买办、地方之名流、民主社会派4种",并且"以现况推绎将来,诚有所见"。8日,他阅《改造》第4号关于蒋百里致彭一湖谈自治的信。文中称:"拿自己劳力来生活自己,这一个根本条件成立了,然后从此做出发点,则是自治云者,是向着一种合众亲爱互助方面进行的;反之,像现在情形,说中央不好、国家不行,所以要讲地方自治,这就是拿国家做出发点,则是自治云者,是向着一种分裂嫌恶抵抗进行的,乱子多着哩。这种乱子可是先要觉悟他不免,又要知道他不可行。所以国分省,省分县,县分村,村分家,家分个人,这真是最后5分钟的大难关,到了家分个人时代,真正自正(治)才会出来。"文中对美国联邦制颇为称道:"美国这个国家,当初他们只要生活于自由天地中,国不国是不相干的。他们得了生活与自由,什么东西都可以不要,人生观渐渐丰富起来。为打破种种障碍计,渐有合众的必要,于是家合为村,村合为邦、为市、为国。这个国是他们当时生活上的必要,所以那基础千隐[稳]万固。"他读后"佩为澈[彻]头澈尾之言,最有价值者即为自己治自己之第一条件所言"。他又

---

① 白坚武著,中国社会科学院近代史研究所编,杜春和、耿来金整理:《白坚武日记》(第1册),江苏古籍出版社1992年版,第224、238、244、247页。

结合现实政治进行评论:"此种零拆逐裂的自治,亦属政治当经过的阶级,不澈[彻]底破坏,不克根本改造。人言自治系建筑的,中国现在言地方自治系破坏的,有如久朽之舍,此亦拆之方法也。"10日,他读《改造》第5号,得知"蓝公武主张县知事民选,而以职业地方共同代表为基础"。他认为此说有成立之理由,"然以制度言,县既如此,省亦须同时规定,否则以任命之省长,必直接间接扰地方而有余"。8月6日,他阅《改造》第7号倭伊铿之《精神生活概说》一文,觉"于中夏士夫古说振顽立懦旨相同。"7日,他阅《改造》之《自由讲座》,"谈及全民教育,论全民政治基于全民教育,信然。"10日,他阅《改造》之《社会之社会化》一文,认为"博澈详尽,今世有作者可按言以施政"。他曾"每见街头待毙之乞丐形态,神经辄为痛击"。他感慨道:"不必侈谈高远,切实但能筹计亦复易措,乃谟无闻睹,即兹小小一端,当政者不得谓具人性;兽类不去,人类何存?"因此,"推翻现状之要,频年驰驱苦无较深根据以为着手地步","凡改革事业,非从新之外方进击,即须自旧之内方穿破,扰扰之世,大丈夫不可一日无权也。常处局外则愈形隔阂,不经其事不测其难,知其难而仍猛进者成矣"。19日,他阅《改造》第10号《消费协社》一文,称其"详审序事有条理"。9月9日,他阅《改造》第12号蓝公武《省宪意见书》,"准据美宪分权制而不赞议会政治,令立法、行政两部截然对峙,亦足稍挽时敝",他"终不赞联省割据私定省宪,非先定国宪以为提纲挈领,则割据纷乱之终局行至分崩离析而已"。10日,他阅《改造》所载《论中国文明之特色》一文,称其"有独到处"。①

值得注意的是,白坚武在流行思潮中注意到社会主义。他的日记中有诸多关于社会主义的记载。白坚武对于马克思主义的了解,很可能源于李大钊的介绍。1919年12月21日,白坚武在日记中记载了阅读《新青年》第6卷第5号顾兆熊《马克思学说》一文的感受:"马氏之经济论发抒特点甚多,虽不甚合实际,曙光在此。社会人类进化,已超家族制数级",而"乡人之顽滑

---

① 白坚武著,中国社会科学院近代史研究所编,杜春和、耿来金整理:《白坚武日记》(第1册),江苏古籍出版社1992年版,第301—302、302、302—303、303、324、325、326、329页。

无赖者,尚且以木偶式之亲族四出扰人","诚不知士人中竟有并下等理性而无之者","可哀",故"决心抱定好男不食回头食之义,让旧产避尘鬼他去"。他还引用谭嗣同的"五伦之道生于友"自勉。他独白"平生晤契友则喜,有急困则为友拯,枯死手足理性见解",因而"无一点可接一语"。他进而抱怨道:"平生误于家族者多",否则怎么会沦落到如此地步!他对马克思主义产生了浓厚的兴趣。在读到李达的《马克思还原》一文时,他赞叹"至有价值"。对于马克思主义的了解,促使他进一步了解社会主义的相关思想资源。同时,他站在维护马克思主义的角度写道:"余现觉宇宙间所有动止,俱由环境构成,物由心造,诚有此象。然展〔辗〕转以细索其因果,仍不出唯物关系。突然而有此内识,突然而有此外效,为世界所无之事。"攻击马克思主义唯物论的人非常多,但"不认其有充分理由",倘若"以马克思所论演证据不充足则有之",但"绝对信仰唯心论现未能也"。①

1920年,白坚武在《解放与改造》《改造》等杂志上进一步了解社会主义。1月2日,他阅《解放与改造》第7号上张东荪有关社会主义的论述,其中谈"破坏"一段云:"我以为中国从今天以后没有建设,只有破坏。这个破坏不是少数人故意做出来的,乃是大多数人的自然趋势,所以我叫他自然破坏。好像一座塔,辛亥革命不过破坏了一个塔顶,从此以后逐层破坏,到了今天还剩了好几层在那里没有破坏干净。现在全国都是怨气,布满了破坏的呼声,所以在最近的未来或者就有小破坏出现,然而大破坏还在后头咧!"他读后由衷地赞叹:"是言实为我所欲言者。"8日,他又阅《解放与改造》,称"有各种合作社式之辑载",认为"绿具戴尔式最适妥",并抄录罗塞尔言论中的一段:"科学家或艺术家,老时也许见了金钱代表的报酬心里快乐,不过当他们独往独来不顾非笑立意创造的时候,这种愿望决不是他们苦攻的动力。一切最重要的事业,都从一个不计算利害的冲动里发出,而发出后的好进步也不是受了报酬的鼓舞,却是全靠有个合宜的情形能使这冲动不死,能够供

---

① 白坚武著,中国社会科学院近代史研究所编,杜春和、耿来金整理:《白坚武日记》(第1册),江苏古籍出版社1992年版,第223、297、238页。

给活动时种种需要。"他认为此等精语"非科学家、艺术家本身不能道出心血里精神也。然人类约为物质环境构造居多,此等人在空间时间终居少数也"。4月2日,他再阅《解放与改造》并摘录其中精要:"罗塞尔言社会制度下有3种势力:一爱、二创造性、三生活之愉快。实可以表现民族进化之要素。盖强制的终不可以久,真自由乃在自然组织中。"1921年3月14日,白坚武阅《改造》第5号,记录所感:"张东荪讨论中国社会主义,谓宜想推充作工之法,中国人尚患在无工可作之期,话亦具相当之理。然主义原非刻板的,工国与农国本不同,一味任资本制度进行,贫乏者遭巨劫之后再施拯救,为民族设想不应如斯,伪劳农之说尤谬。改革决不能平稳安渡,秩序定有纷乱之处,俄、德皆然,而俄以土地广远尤延长。"果真如此,"关门研究以待,尚有实现期耶?"①

在此基础上,白坚武阅读了《共产党宣言》。10月4日,他阅《共产党宣言》译本第一章。② 6日,他又阅《共产党宣言》并称"语亦无甚他长,惟足能封闭资本家之口耳;其言劳动者早已无国之语,尤痛"。③

白坚武还阅读了哲学家罗素、无政府主义者克鲁泡特金的相关文章。8日,白坚武阅《罗素历略》。1921年1月23日,他阅罗素《民主与改革》一文,评价道:"痛抉民主之虚伪,所谓国会、学校、报馆内幕尽为揭露,非有澈[彻]底之改革,更以何法满足各民族之新希望?彼资本制度之结果,推襟肘见破绽毕现,即质诸明达的资本者之自身接续现状之法搜索已穷,而拥护其余沫者尚作泥中困兽,不久亦为枯木僵耳!欲来日之受祸浅,惟有早行解脱,不多造资本上之罪孽。罗素斯作真乃推倒民主招牌正宗社会主义之前驱也。"27日,他阅罗素《能够造成的世界》和《民主与革命》两文,并结合现实评论:"学者研索利弊至详,而实际之行往往不然也,就令不当亦不能

---

① 白坚武著,中国社会科学院近代史研究所编,杜春和、耿来金整理:《白坚武日记》(第1册),江苏古籍出版社1992年版,第229、230、244、304页。
② 日记中为《马克思宣言》,应为《共产党宣言》。参见白坚武著,中国社会科学院近代史研究所编,杜春和、耿来金整理:《白坚武日记》(第1册),江苏古籍出版社1992年版,第276页。
③ 白坚武著,中国社会科学院近代史研究所编,杜春和、耿来金整理:《白坚武日记》(第1册),江苏古籍出版社1992年版,第277页。

因此而不改革。"①

相比于罗素,白坚武更重视克鲁泡特金,认真研读他的著作。1920年10月11日,他阅《克鲁泡特金小传》及其艺术观,赞扬道:"足以清解心脾、开拓胸襟。克氏之精神,信以广被大陆欧美,今代学者或有其识解,未必有其诚毅。新俄之人物,诚足以愧死中邦之多言少行文化家。"1921年2月18日,报载克鲁泡特金病逝,他叹息:"东亚有哲人其萎之痛。"19日,他阅克鲁泡特金《面包略取》一文,称:"感人至深。以各种自由团体代国家政府未必不可实现,但自由团体普遍以后是否有国家政府同一之弊,斯则待研究之一问题也。主张集产主义者以国家总持一切,积久之后官营事业之弊亦不可免,锢〔痼〕弊既重势须澈〔彻〕底改造,顾无百代不易之良法耳。"3月2日,他阅克鲁泡特金《欧战论》和《告少年》两文,特别是《告少年》"尤为写实名作",他阅后"竟辄为哀感不禁"。②

彼时的白坚武思想极为驳杂,急切地希望在各种新思潮中寻找到解决中国燃眉之急的办法。依其阅读旨趣,白坚武对社会主义,乃至马克思主义进行了探索和思考。但事实上,他走上了另一条道路,最后沦为可耻的汉奸。在种种主义中,他的选择本身充满了迷茫。

二、金毓黻的新思潮阅读

1916年,金毓黻从北京大学毕业后,返回东北,此后往来于东北各地。他的日记始于1920年,对五四运动之后的杂志记载较多,比较细微地展现了一位青年的学术志向和新思潮对他产生的深刻影响。在他阅读的报刊中,能作为学术资源的报刊有《东方杂志》《新青年》《文艺》《中华杂志》《小说月报》《教育杂志》《唯是学报》《学艺》《新中国》《国学厄林》《新潮》《改造》《建设》《大学月刊》《高师学刊》《学衡》《华国月刊》等。这些杂志的

---

① 白坚武著,中国社会科学院近代史研究所编,杜春和、耿来金整理:《白坚武日记》(第1册),江苏古籍出版社1992年版,第277、294—295、296页。
② 白坚武著,中国社会科学院近代史研究所编,杜春和、耿来金整理:《白坚武日记》(第1册),江苏古籍出版社1992年版,第277—278、299、299—300、301页。

立场、主张和观点差异较大，他如何吸纳和判断，值得注意。

对于《新潮》杂志，金毓黻"用力较多"。他指出，"《新潮》初出版时，实具有批评之态度"，但"迨后数期则无之矣"。"某君批评北京大学出版之评论，顾名思义，宜以批评为主，而实际只有两篇，可谓名不副实。窃谓批评一事本不易言，即曰能之，或以有所顾忌，不敢肆意为之者亦不在少数也。譬如同为杂志月刊，而此志称许他志之佳，固其所乐闻；若指摘其纰缪，未有不勃然怒于色者。此在他国所不能免，而在中国为尤甚，真正以批评态度办报者之日少，由于此耳。"① 《新潮》引起的新文化运动对推动学术发展起到了重要作用，但他认为这份刊物的批判意识不够。

金毓黻对《改造》杂志评价较高。他在1921年1月28日的日记中写道："看《改造》杂志，章行严主张之造邦论，最爽直痛快，于无办法中想出办法，而其办法最为妥惬可行，特患今日政府、总统、督军不肯行耳。"他综述章士钊的政治主张有五个方面："一、中央不养兵，亦不发饷；二、各省能养兵多少，由各省民意机关与军民长官协定，中央一概不问；三、各省自订宪法及预算，他省及中央不得干涉；四、候各省人民与本省长官打架，打出自治基础，再行组织联省政府；五、在过渡时期，中央不必办统一，忙选举，任命官吏，内阁各部设法归并废除，并不必借债。"对于章士钊的"造邦论"，金毓黻提出疑虑："一、各省能否保不自由借债；二、人民是否有与军人打架之实力。"他认为，此二事"章氏尚未之论及"，因此，他"不得认为满意"。7月15日，金毓黻阅《改造》所载智荪《论新文学》一文，称"研究文学须有天才，否则必无所成"，又谓"闻诗歌而厌倦，读剧曲而欠伸，当自然之美，值人事之丽，而默然于中无所动，皆非治文学之所宜"。他认为，《论新文学》"皆鞭辟入里"，故应"引以自警者也"。②

在阅读《唯是学报》的过程中，金毓黻亦有不少独到见解。《唯是学报》

---

① 金毓黻著，《金毓黻文集》编辑整理组校点：《静晤室日记》（第1册），辽沈书社1993年版，第217页。
② 金毓黻著，《金毓黻文集》编辑整理组校点：《静晤室日记》（第1册），辽沈书社1993年版，第223、384页。

第六章　五四时期读者的报刊阅读与思想世界

由金毓黻在京友人黄离明、郑介石等人创办。友人赠送金毓黻《唯是学报》一册。他读后评论："观其内容及主张，系以科学方法整理国学，立言醇正，与一般竺旧之士拘执成见，而绝鲜变通者大异其趣，此可谓难能而可贵矣。余谓今日言学者之揭橥，或曰唯是，或曰唯真，或曰唯新，主张似异，其实从同。何以言之？求真理者必明是非，是即是真，即二即一，不可分也。然新之为用，即含真理，亦明是非。离乎真理是非，以言唯新，则新无所附丽，亦即无以自立。是新者即真即是，三者亦一也。真理愈明，是非愈定，而新愈有用矣。此理本无乖违，而囿于一隅者，安事区分，而争端始起，斯学者之大惑也。返以质之两君，未审有当否？"1920 年 7 月 10 日，金毓黻阅该刊所载林损《述古篇》一文，认为其论"泥古诬古之非，一指竺旧，一指骛新，二者各有所失，林氏颇欲持二者之中，而为此论。寻其所言，述古者，乃取古事以为今镜，犹孔子因夏、殷礼而损益之意，取舍之权，仍以宜于今不宜于今为衡，是其立说，与现世潮流思想并无乖违。述古之职，由斯而明，不图林氏竺守古学，反以持论自陷，且真理因之愈彰，此林氏之所不及料也"。① 此类见解，体现出他对此议题有着深入的理解和判断。

金毓黻对《文艺》和《学艺》的阅读，展现了他在文艺方面的兴趣。他从第一中学借到《文艺》杂志四册，其中一册载有李慈铭《越缦堂笔记》数则，"皆未刊之作"。他当时正在阅读《越缦堂日记》，看到李慈铭的未刊之作时，颇为惊喜。他认为，《文艺》杂志"选材极精，评论书画、诗词，均有创解，不愧旷世逸才"。但杂志主办者雷瑨"早已下世，该杂志亦不久停刊矣"。② 金毓黻对此甚为惋惜。他对《学艺》杂志也评价甚高，认为它"极朴实，专以研理为旨趣，绝无剽窃卤裂之弊"。他阅读《学艺》杂志源于有人"论其佳"。他于 1920 年 8 月 29 日晚购《学艺》二册，"阅之，知其语不我欺也"。其中，陈君《国文法草创》谓"研究国文法，当以国文为主体，使之

---

① 金毓黻著，《金毓黻文集》编辑整理组校点：《静晤室日记》（第 1 册），辽沈书社 1993 年版，第 71—72、72 页。
② 金毓黻著，《金毓黻文集》编辑整理组校点：《静晤室日记》（第 1 册），辽沈书社 1993 年版，第 13、23 页。

独立，不当取不甚关切之西文，强相比附。又指摘马氏《文通》中谬误之处多条"。他评价道："皆极精核，谓之草创，名从其实矣。"对于同期所载林志钧所写《题黄远庸遗集序》一文，他认为"议论透辟，允称佳制，亦载志中，走读一过，称快者再"。30 日，他阅《学艺》所载潘力山《论诗》一文，认为"有精警透辟之论"，称赞"皆具有卓见，非深于研理者不能几此也"，故录入日记。1921 年 8 月 26 日，他阅《学艺》杂志中郭沫若所撰《论我国当代思想》一文，谓"禹传子，为由公产制而入于私产制；禹作《洪范》，为由民主主义一变为神权政治"。他读后认为："议论皆确，惟禹实大有造于吾国，治水是也。""后世常称吾国曰夏土，曰禹域，即由禹王之功在生民，口碑永传也，夫然，故禹可以传子，一传子而人无异议，后世且目为天经地义，而弗敢缅越。故比较言之，得失诚不相掩。然无禹之功德，亦无以填抚区夏至四百年之久也。"次日，他阅《学艺》所刊胡霖《劳农俄国》一文后，写下自己的阅读感想："俄国革命始末最详，如尼古拉二世之昏聩，俄后之淫悍，舆情之激昂，皆为余所未知。今日读之，开我智慧不少矣。"当日又阅潘力山《论文言不能合一》一文，文中称："文学之为物，不可不自然，亦不可纯自然。不自然虽美而不真，纯自然虽真而不美，必调和于真与美二者之度，然后克称文学之职二无怍。"他读后颇有同感，指出："语极精到，可以持两者之平，而泯一切之争矣。"31 日，他阅《学艺》杂志中杨树达《韩诗内传未亡说》一文，评价其"语皆有据，自是可传之作"。这些文艺理论对他颇有启发，因此，《学艺》杂志成为他 1920 年"拟定（订）阅之杂志"。①

金毓黻也认真品阅《学衡》杂志。他对学衡派的学术观点和文化主张有深入了解。他在阅读《学衡》所刊梅光迪《评新文化》一文后，有如下评论：

　　语涉偏宕，殊患失平。间亦有中症之论，足箴一般揣摩风气者之失。然如文学一端，近人倡用语体，功盖不在禹下，若亦一概抹杀，非知言

---

① 金毓黻著，《金毓黻文集》编辑整理组校点：《静晤室日记》（第 1 册），辽沈书社 1993 年版，第 408、99、99—100、407—408、408、410、220 页。

也。吾国古文,艰深难晓,中材以下之士习而鲜通,由来久矣。障碍文化,本难为讳。若夫文章口语,组织各异,彼此相通,诚如翻译。而谓此经验为数千年文人所未有,吾不知其何所据而云然也。新文学家之缺点,不在主张之不当,乃在根柢之不深。彼辈太半稗贩西籍,不入我见,日以发挥个性诏人,曾不知己身仍依傍他人门户以讨生活,此根柢不深之失也。尚论之士,宜分别观之,既不能因其主张尚正而为之回护其失,亦不能因其植根浅薄遂并其主张亦一概抹杀也。①

此论可谓高屋建瓴,直指要害,客观且理性地指出了新文学家的主张和学术根柢之间的不一致,也表达了对学衡派复古主义主张的批判之意。

1922年4月24日,他阅《学衡》第4期,在日记中评述了《学衡》杂志的一些特点:"此志以梅光迪、胡先骕二君为主干,所著之文皆抨击新文化运动之失当,偏激失中之谈,触处皆是。所谓齐固失之,楚亦未为得之。特梅氏之文笔犀利,锐不可当,深文周内,故入人罪,亦政有不可及者在耳。"这可谓是对《学衡》"下定语",甚为精当。随后,他阅《学衡》第5期刘伯明译杜威《论中国思想》一文,认为其文"颇能予吾人以极大之觉悟。其觉悟为何?即谓吾国人对于人生之态度,为顺乎自然,安分知足,宽大和平,不怨天不尤人,此即吾国人空前之成功也"。② 此类由彼及此的评论,体现出他极强的文化洞察力。此后,他经常阅读《学衡》。例如,1923年3月24日,他购《学衡》杂志,读后认为"严几道与熊纯如书札最佳",所论"深中肯綮,今日国内政象,病亦坐此,殊可叹也"。③

1923年9月15日,《华国月刊》创刊,金毓黻予以关注。他记载该刊由章太炎"总持其事",编辑有黄侃、孙世扬、锺歆、但焘、李健、孙镜、田桓

---

① 金毓黻著,《金毓黻文集》编辑整理组校点:《静晤室日记》(第1册),辽沈书社1993年版,第512页。
② 金毓黻著,《金毓黻文集》编辑整理组校点:《静晤室日记》(第1册),辽沈书社1993年版,第586、603—604页。
③ 金毓黻著,《金毓黻文集》编辑整理组校点:《静晤室日记》(第2册),辽沈书社1993年版,第796—797页。

等人。其中，黄侃是金毓黻在北京大学求学时的导师，对他影响甚大。孙世扬、锺歆是金毓黻北京大学的同学。因此，金毓黻特别留意该刊。《华国月刊》第一期登出的文章有章太炎的《发刊词》和《新出三体石经考》，黄侃的《音略》，孙世扬的《国学通论》和《文学管窥》，锺歆的《词言通释》，汪东的《法言疏证》等。金毓黻对上述诸作皆有所点评，认为孙世扬的《国学通论》和《文学管窥》"文笔矜慎，议论精湛，如其为人，特患其意竭于言，不能驰骋上下，则为美中不足耳"，汪东的《法言疏证》"刺取其义训精美者如干条移著别简，故自可贵。寻其略例，谓以甄明学术，发扬国光为旨，取材则搜罗广博，庄谐并陈，务使读者兴味浓深，故其分类于通论学术之外，兼列文苑、小说、杂著、余兴"。金毓黻阅后评价此刊："足以知其体例之善矣。"此后，金毓黻的日记中有不少阅读《华国月刊》之记载。例如，11月15日，金毓黻阅《华国月刊》第二期，认为章太炎与汪东联句《大言》《小言》两诗，"皆饶趣味"。1924年6月6日，他阅《华国月刊》第九期中焦循所撰《〈孟子正义〉日课记》一文，了解焦循治《孟子》"始于嘉庆二十三年戊寅十二月，每日必草《孟子》数章，至翌年七月十四日毕业，次为四十卷，中间觏足疾，不为稍挫，用力可谓勤矣。据李次青《先正事略》，先生卒于庚辰七月，年五十八，盖经始于前二年，杀青满一岁，即归道山，则以过劳致疾也"，对焦循治学方式甚为膺服。《华国月刊》第二卷第二期所刊吴承仕"商榷《清建国别记》之作"引起金毓黻的注意。他"考证清初史事数则散载于日记中"，因而希望"它日有暇当钞出，请章君是正，不知沧海一勺能有壤流之助否耶？"①

能与《华国月刊》相比拟的刊物是章士钊主办的《甲寅周刊》。当《甲寅周刊》出版时，金毓黻即"去函购之"，认为章士钊"当能卓出常流"。他评价《甲寅周刊》"宗旨在拥护执政府，立意本不高，惟立言有物，行文雅饬，并世诸报惟《华国月刊》外，未见其比"。他阅《甲寅周刊》中香山诗

---

① 金毓黻著，《金毓黻文集》编辑整理组校点：《静晤室日记》（第2册），辽沈书社1993年版，第905、958、1129、1333页。

"一颗青铜子"之句,解释道:"号青铜子,后又感于秋雨梧桐之思,易曰秋桐,今复易号孤桐。"他对章士钊甚表同情。他认为,章士钊"近来行事,如主张毁法造法,教育厅长回避本籍,东南大学易长各问题,皆一意孤行,与事实相凿枘,诚不愧孤桐之称矣"。因此,他将《甲寅周刊》视为"遣寂之妙品","自首澈〔彻〕尾,一字不遗"地阅读。①

由于长期阅览各类杂志,金毓黻对学界动态、学术思潮有着深入观察。他于1920年9月5日在日记中总结:

> 近日学术界革新之事业方法有二:一曰整理国故,一曰迎受新潮。新潮之输入者,已具有条理,自无整理可言。至言整理国故,则多主用科学方法。胡氏《中国哲学史》之著,其见端也。然科学方法之何若,为研究学术之阶梯,引为先务,职是故耳。其余三事,皆为余素欲研究者,本无后先可言,所列次第,为明入手之序耳。余从事学问以来,积生二弊:贪多务博,一弊也;作辍无常,二弊也。务博之弊,为吾国学者通病,一事不知,儒者之耻。古训昭然,奉为科律,终乃至于无一事不知,无一事真知,学术不进,此之故也。吾人天资钝鲁,不能数科兼通,必有所取,有所弃,故不能以虚骛而害学也。②

他对学界的"方法论"有着较为深入的分析,结合自身的求学和研究经历进行了深刻反思,对博而不精的弊病进行了自我批判。他认为,学术界的重大变化皆由新文化运动引起。对于引起变化的中心人物胡适、梁启超等,他有着深入的观察。他指出:

> 胡适之论新思潮义意〔意义〕,有研究问题、输入学理、整理国故、

---

① 金毓黻著,《金毓黻文集》编辑整理组校点:《静晤室日记》(第2册),辽沈书社1993年版,第1399、1403、1403—1404、1405页。
② 金毓黻著,《金毓黻文集》编辑整理组校点:《静晤室日记》(第1册),辽沈书社1993年版,第106页。

再造文明四项。而新思潮的态度,则为评判的态度。《改造》载寓公《新思潮我观》一篇,解释"新思潮"三字之义最为切当透辟。盖胡氏用综合的解释,而寓公则用分析的解释,此其不同之点也。

观以上所论,梁氏可谓自知甚明,彼所揭之短处,虽有知言尚论之士,言能探骊,亦恐无以过此。之数言者,不啻为自身作传论、传赞。人苦不自知耳,如果自知,则他人之论皆无当也,以不若自知之深切著明也。吾国往世学者有一通病,曰不求精而务博。即曰能精,亦精者什一,而博者什九。又此方求精,他方复求博,欲一人之身万物皆备,此吾国学术所以不进步也。梁氏之好博,亦吾国学术界数千年之遗传性使然,梁氏实蒙其影响而非其咎也。新学巨子胡适之亦有好博而不求精之弊,试一翻其著述自知之矣。梁氏如能从此彻底觉悟,大加忏悔,而别作狭而深之运动,为学术界作一革新模范人物,诚吾国学术界前途之幸也。①

金毓黻曾言以学术为志业,又在北京大学接受了严格的史学训练,注重学术的专精,对梁启超、胡适的博而不精提出了尖锐的批评。他阅读杂志颇为认真,对于"得其心"之言论,都会加以摘抄或点评,体现出他的好学博闻和独立思考的风格。

从金毓黻涉猎杂志的类型看,他的阅读比较驳杂,不论是像《新青年》这样的新式刊物,还是像《东方杂志》这种被《新青年》打入"旧"系的杂志,抑或像《学衡》这样的反《新青年》的杂志,他均有深入研读,并且持论中允,颇有见地。尤其是对思想界因杂志之争而引起的变化,他都有所评述。对于思想界的种种变化,他能通过阅读杂志加以分析和评判。正是这种细致入微的阅读,使他不断积累诸多"学术资源",最终在史学方面屡有建树,成为东北史方面的专家。

---

① 金毓黻著,《金毓黻文集》编辑整理组校点:《静晤室日记》(第1册),辽沈书社1993年版,第132、220—221页。

三、张棡的消闲阅读与精神世界

五四时期,张棡已近花甲之年。他长期从事教育事业,在瑞安中学、浙江省立第十中学、浙江省立第十师范学校等校任文史教员。教课之余,阅读报刊是他的主要消闲方式。在他的日记中,阅读各类杂志的记载非常丰富。例如,1917年10月15日,他看《丙辰学艺杂志》,认为其"材料极丰富可读"。① 从1918年开始,他的阅读旨趣发生改变,注重学术性、知识性刊物阅读。6月25日,他看《新学报》所载朱隐青撰译《德谟克拉西主义》一文,评论其"词甚精切"。又看《教育杂志》所载何其英著《国文述见》一文,称赞其"义精而透",非"深悉国文甘苦者,决不能道一只字",他赞扬何其英是"洞今之名手"。8月10日,他读《国粹报》刘氏所撰《教育学史》《文学史》《名学史》诸篇,颇有收获,认为"皆博大精深,可以作教科资料"。② 这些评论言简意赅,表明他对重要文章的阅读细致入微,颇有心得。

对于白话文运动,张棡则痛心疾首,颇为反感。1920年9月19日,他阅胡适之《中国哲学史大纲》,评价该书"取周秦、老、孔、杨、墨各学派",均以"西洋哲学系统方法,条分件系",颇觉新颖,然而"信口诽谤,悍然反古",足见"近日之思潮惑人深"。10月28日,他感叹"近来滥恶白话体书""杂厕其间",败坏了文体。③

当张棡看到《学衡》反对新文化运动时,他自认为找到了知音,将《学衡》作为必读刊物。1922年2月24日,他看《学衡》,内有评驳"新文化及胡适之《尝试集》",皆"持之有故,言之成理",可谓"一壶千金"。4月14日,他阅《学衡》所刊《论中国人之病源说》一文,觉其"精警可爱"。④

---

① 张棡著,温州市图书馆编,张钧孙点校:《张棡日记》(第4册),中华书局2019年版,第1979页。
② 张棡著,温州市图书馆编,张钧孙点校:《张棡日记》(第5册),中华书局2019年版,第2321、2334页。
③ 张棡著,温州市图书馆编,张钧孙点校:《张棡日记》(第5册),中华书局2019年版,第2349、2365—2366页。
④ 张棡著,温州市图书馆编,张钧孙点校:《张棡日记》(第6册),中华书局2019年版,第2533、2550页。

言辞之中，充满对学衡派观点的认同。

出于对《学衡》的同情和喜爱，张棡进而关注学衡派同类刊物，如《文哲学报》《国学丛刊》《甲寅周报》等。1923年10月17日，他阅《文哲学报》，认为其内容"颇与《学衡》相似"，其末幅"随便谈谈"，驳"白话及新标点与注音字母"，词"甚直捷痛快"，便"携回录之"，准备做"趋新者对症之药"。30日，他看《国粹学报》文篇类栏目文章，"多精粹之作，探讨不尽"。12月2日，他阅《国学丛刊》所载《国人文学之决心》一文，赞叹其"引用颇富，可谓文学界参考书"。18日，他看《太平洋杂志·新制宇宙观与人生观》，称其"思想议论颇恢诡奇辟可诵"。① 对于《学灯》所载"离奇怪诞之哀启"，他甚为反感，认为纯是白话。内容为福州林骖自传，言其父系知县，仕宦十年"毫无政绩"，为人亦"了无善状"，而其留洋资费靠其父"剥夺民膏而来"。他认为"此种大逆不孝之文，公然布于报章，读之令人喷饭"。② 尽管他已在新式学校执教多年，但作为生员出身的传统士绅，他的语体与文体观仍然保留了科举时代的印记。

张棡的报刊阅读范围还包括流行的小说刊物，如《小说月报》《小说新报》《红杂志》《礼拜六》等杂志，他都有涉猎，并且记载所阅的一些趣闻之事。例如，1920年6月1日，他看《小说新报》中"旌德冤狱"一案，记载"彭宫保平反除暴"一事。③ 1923年11月6日，他读《红杂志》。该刊由严独鹤、程瞻庐主编，世界书局出版，"内容颇丰富可观，较之《世界小说》大有上下床之别"。之后，他经常购买《红杂志》。④ 这说明他颇为喜爱鸳鸯蝴蝶派的小说。

步入老年的张棡是一位难以被"塑造"的读者。他在青年时期思想较为

---

① 张棡著，温州市图书馆编，张钧孙点校：《张棡日记》（第6册），中华书局2019年版，第2717、2722、2732、2737页。
② 张棡著，温州市图书馆编，张钧孙点校：《张棡日记》（第7册），中华书局2019年版，第3181页。
③ 张棡著，温州市图书馆编，张钧孙点校：《张棡日记》（第5册），中华书局2019年版，第2313页。
④ 张棡著，温州市图书馆编，张钧孙点校：《张棡日记》（第6册），中华书局2019年版，第2724页。

开明，曾经是维新派的拥趸。但他植根于传统文化，大加挞伐新文化运动的"文学革命""白话文"观点，认为其浅薄幼稚，缺乏文采，是对传统中国文化的毁灭性破坏。因此，当《学衡》擎起反对"新文化"潮流的旗帜时，他认为找到了知音，不断地阅读《学衡》，积极吸纳其"思想资源"。同时，他又不得不阅读大量白话文报刊，还留恋鸳鸯蝴蝶派的奇异怪闻和风花雪月，在观念与行为上往往充满矛盾，体现出一位老年乡绅阅读世界的多重面相。

四、夏承焘的广泛阅读与学术养成

夏承焘是张棡的得意弟子，1916 年就读于温州师范学校（浙江省立第十师范学校）。此时，新思潮尚未在温州广泛传播，因此，他仍然以阅读旧式书刊为主。在校期间，对夏承焘产生影响的人有两位。一位是温州师范学校校长姜伯韩。姜伯韩留学日本，思想开放，对学生关爱有加。1918 年，夏承焘毕业前夕，姜伯韩推荐夏承焘求职。在夏承焘的日记中，经常出现对姜伯韩的溢美之言。例如，1919 年年初，夏承焘与友人高侠波访姜伯韩时，姜伯韩对两人言："近日求学之道，切不可泥之太旧，泥旧则不得知新，然求新亦不可入于魔道歧途，要之，须新旧参观[半]方为合宜。"夏承焘甚为服膺，认为"一夕[席]话，真胜读十年书"。① 另一位对夏承焘产生影响的人便是张棡。张棡时为温州师范学校教员，经常与学生交流思想，分享学术心得。夏承焘通过向张棡请教，获益匪浅。张棡对新思潮多有抵触，对传统旧学非常赞赏。夏承焘在旧学方面受到张棡的影响，对中西学保持了"各取一半"的态度。

夏承焘开始阅读新式刊物大概是在五四运动期间。1919 年 3 月 21 日，他阅《申报》，上载《旅美观察谈》一文论及"我国文字之特长"，"甚佳"。他读后大发感想：

> 我国无千年不易之皇祚，而独有五千年独传不灭之文字。较之欧美各国，如拉丁古时之文，越数百年而必变者，实朝菌之晦朔耳。我国所

---

① 夏承焘著，吴蓓主编：《夏承焘日记全编》（第1册），浙江古籍出版社 2021 年版，第 334 页。

以为世间第一古国者,厥源实在此。故如匈奴、鲜卑、金、辽、蒙古之为中国患者,大抵为文化之不及,卒见化于我也。又云美虽商业冠全球,而生活程度不及我国远甚,绸价、布价必奇昂。佳会令节,妇女皆戴纸衣、纸帽、纸盔,未有若我国人士之衣锦披绣者。窃谓东西文字之不同,实可引此为譬。中文精深耐久简练,犹布帛,富丽若美锦。西洋文字不耐久,犹纸衣纸帽,骤视未尝不可人意,而一著便破,此正与今人所主张白话文字相等耳。我国主张白话文字者,大抵以欧美文、言合一为言,而不知欧美文字之不耐久,其弊究何在。是诚大不解者矣。况一国有一国习惯文字,如纸衣纸帽,在美人戴之不足怪,若戴之华人头上,则见者且作三日呕矣。天下事其致之较难者,其成之也必能耐久,固不在文字之雅俗深浅而已。试以德文与英文较,则德文之繁杂自过英文,何以前五十年科学进步,德国反甚速也。若以文字之凝练精深为可废,何以当世言经济者必贵锦绣而贱纸衣纸帽哉。①

此文将今古文字比喻为贵锦贱衣,显然存在厚古薄今的倾向。他读后认为"此说妙在根本上解决世之主张改中文为白话文者,当以此示之"。说明文中观点颇能契合他的需要,他为之赞叹。

4月30日,夏承焘读《申报》后得知陈独秀"倡文学大革命"。文中称:"中国国文为贵族、为古典之一种艰深事业,不合近今世界潮流趋[向],著《新青年》一书,纯以白话体代文理,且谓孔子学术有碍中国文化之进步。"这是他较早记载有关文学革命的报道。当天,他还摘录了一般反对者的言说:"国文乃一国之国粹,中国所以未亡,端在国文犹在,苟举而废之,是无异自亡其国。"对于古文白话文之争,他评价道:

> 二说皆未免偏于极端。平心论之,中文较白话及他国文字艰深,固

---

① 夏承焘著,吴蓓主编:《夏承焘日记全编》(第1册),浙江古籍出版社2021年版,第348—349页。

第六章 五四时期读者的报刊阅读与思想世界

不待言,以之应近日世界潮流趋向,原非相宜。然我国无数千年不改之帝祚,而有数千年不灭之文字,一旦废之,亦甚可惜,况天下事,其致之难者,亡之必不易。揆之情理,有难能行之者哉!不过以之应用科学则不可,以为保国粹则必要,故关于科学文字,不妨代用白话,以济变通,而一般好古之士则任其研究中文,亦犹西洋各国之不禁人士读罗马拉丁文字也。此事关系重大,颇惹国人之注意,想自有高明者出而断之,姑拭目以俟之。①

他将文字的运用细分为人文和科学领域,可根据需要讲求古文或白话。这比之前的认知跃升了一个层次。之后,他甚为关注新思潮。

9月4日,他阅《时事新报》所载小说"因有感焉",对于启蒙起到重要作用的"小说""梨园""学校"有如下分析:

其能力之易感人,且易普遍者,前二者更胜于后,故小说与梨园虽微事,而实为神圣事业也。然惟其易感人,亦易坏人,世之作小说者每不解此,任其寸管摹写一种败风伤化之事,而尤以爱情、哀情诸种为最甚。以此饷之多数血气未定之少年,未有不被其害者。以最易劝导社会之利器,乃反以坏社会,岂不大可惜哉!故将来改良社会之方法,学校教育固不可少,而小说、梨园之教育尤不可不加注意也。其法无他,在上官厅方面,竭力禁止其坏社会者,且从旁辅导奖励其有益社会者;在作者自身方面,当专其破社会之笔端,而以救正社会为前提,须本良心上、道德上下笔,必使一篇一句一字有一篇一句一字之功效。如此则吾国社会前途其庶有豸乎。②

夏承焘认为,小说、梨园的创作要把握尺度,注重伦理道德,不可对青少年产生危害。创作者须有社会良心,要纠正其偏向。学校的作用尤大于小说、

---

① 夏承焘著,吴蓓主编:《夏承焘日记全编》(第1册),浙江古籍出版社2021年版,第367—368页。
② 夏承焘著,吴蓓主编:《夏承焘日记全编》(第1册),浙江古籍出版社2021年版,第415页。

梨园，对中国前途至关重要的也是学校，因此，改良社会需要先改良学校。这表明他对社会现象的分析较为客观，尤其是对学校教育的重要性有着深刻的认知，他的话语已受新思潮的影响。

9月24日，他阅读《学灯》所载《新思想与新运动》一文，读后"甚有所得"，对新文化运动有更深入的认识。他将此文摘录于日记中：

> 所谓新思想者，第一结合主义，非个人主义；第二，牺牲主义，非自由主义；第三，平等主义，非竞争主义；第四，劳动主义，非阶级主义；第五，世界主义，非国家主义；第六，理想主义，非复古主义。其大要乃不顾一身之利害，谋共同之幸福，促世界之进步，且以劳动的力量去分配经济，不从竞争上、阶级上分配经济，不以历史上事实推测将来，须用理想主义希望后日。盖近代科学发明，今日之所有，有乃昔日之所无者，不可泥古代陈迹以推测未来也。①

概而论之，此文特别强调除旧布新，破除陈见。他录而不论，其实也隐喻了他对文中观点的认同。在与友人的交谈中，他表示这种新潮流使他"颇受其益"，感叹："此种潮流发自欧西，奔腾澎湃，几遍世界。吾国虽未见实行，然亦已受其影响。盖平等、博爱之声浪日高一日，社会经济阶级之打破实势所必然。"② 这说明，他对"趋新"是颇为认同的。

此后，夏承焘更深入地阅读新式书刊。10月7日，他读胡适的《中国哲学史大纲》后感到"甚有味"，评论道："年来自觉头脑最趋向新思想，虽于旧文学不绝对拒绝，要亦以其足为新者之参考耳。盖生此二十世纪文化革新时代，当一意以求新为目的，不可泥执故旧。"这表明他进一步趋新的倾向。11月5日，他读《大战后新道德》《今日个人之革命》等文，对于新道德、新革命有所启发。在读完《大战后新道德》一文后，他"甚有得"。该文主

---

① 夏承焘著，吴蓓主编：《夏承焘日记全编》（第1册），浙江古籍出版社2021年版，第423页。
② 夏承焘著，吴蓓主编：《夏承焘日记全编》（第1册），浙江古籍出版社2021年版，第427页。

张:"道德问题当主张大公无私、平等及互相监督,谋社会幸福;学术问题当主张勿读死书,以书为参考品,自去搜寻新知识;礼节问题当主张简省忠诚,不可以礼节为笼络手段,将人以机械看待。"同样,他认为《今日个人之革命》"甚理足"。该文认为:"革命如改造旧屋,当从基础栋梁处一一改起,若只改一屋顶,与无改造无异。此吾国所以只有政治大革命,而无个人小革命,终无济于事。"① 新道德、新革命对于初出校门的夏承焘影响颇大,促使他不断吸纳"新知识",寻找新动力。

1920年,他阅读新思潮刊物更加频繁,逐渐了解了陈独秀、胡适的主张。例如,4月22日,他阅读《时报》中陈独秀论中国教育之缺点为"偏重主观及形式",他表示陈独秀的言说虽"未免极端",然"切中肯要语"。又如,他对胡适白话文的阅读颇具代表性。3月9日,他阅读《解放与改造》中胡适之《我(为)什么要作白话诗》一篇,"甚有心得"。他认为:"自新思潮发生以来,令吾人脑筋混乱,如文学革命,聆主张白话者一方面之言,何尝非语语透直,较彼艰深之文言为愈。然偶展古籍辄复觉□然古色,终胜彼浮华无底。要之,于是两道皆无真实学问,故茫然莫所适从。"在与友人夏正交流白话诗时,夏正以近日胡适新诗集见示,中有《谈新诗》一篇,谓:"我国诗体自三百篇变为骚,自骚变为汉魏古体,自汉魏古体变为唐律,由律变为词,由词变为曲,实已数次革命。今日之由文言变为白话,亦势所必然,且诗所以写性灵,若被文言对件所束缚,不能畅所欲言,不如白话之便利。"夏承焘认为此文"所论颇合理,特其末论白话诗之音韵格调须以双声叠韵,为之亦甚复杂,则于文言体诗之协平仄押韵相去几何哉?"通过对新思潮的了解,他的思想有了新的变化。在与友人陈志翀"坐谈新文化"的过程中,他指出:"处近日世界,风气所趋,要在求新,岂可犹泥古不变?特公妻共产之说在我国势不能行,不过为一派毫无见识之急进者之论调,置之勿理可也,安可因此而一笔抹杀新文化哉?吾辈青年将来须以社

---

① 夏承焘著,吴蓓主编:《夏承焘日记全编》(第1册),浙江古籍出版社2021年版,第427、437页。

会先觉自期，若执迷不悟而效二十世纪以前之经生腐儒之言论行为，势必逆潮流而退。"① 可以看出，他从原来的"偏古"立场逐渐倾向于支持新文化运动。

夏承焘虽然通过不断阅读了解新思潮，但依然感到困惑。他说："年来读书，于新学、旧学之间了无定见，每观新杂志及《时事新报》，未尝不悟泥古之非而求新之必要，然偶翻古籍辄复醰醰有味，薄新学不屑求。此心浑似浮萍逐水，随遇而安，安得向通儒硕士一决去就哉！"为解决这些困惑，他在暑假期间至南京高等师范学校进修，以期求新除惑。他说："近年以来我国人士知笃故拘墟之不足以抵世界新潮流，提倡新思想，一般改造建设之声浪弥漫遍地，虽未免过于激进，然亦过渡时之佳现象也。数年读书，只知求古而不通今，于新学毫无研究，恐不免故旧自封之讥。此行将一反从前所习，以求新为唯一目的也。"他进而指出："平生为学少师友切磋之功，故孤陋寡闻。暑校诸教师如胡适之、郭秉文皆新学巨子，此行倘得就近质问，亦可广见闻也。"求新知、广见闻成为夏承焘此行的目的。在南京高等师范学校进修期间，他聆听了胡适、郭秉文、杜威夫人、梅光迪、任鸿隽等人的演说，并且近距离与胡适交谈，获益匪浅，对于新旧文学有了新的认知。1920年年底，他进行了反思："今日沪地各报纸惟《时事新报》最主张提倡新潮流，乃辄今亦颇注意旧文学，毋论新旧文学之就为适用，然提倡者前后宗旨背道而驰矣。吾国人作事无一贯精神，不止提倡新文化者一事，或即不振之一原因乎？"②他开始注重旧文学的价值，在传统典籍方面用功甚多，并且在学术思想上向学衡派靠拢，以中国传统文化推动新文化的发展。他在新旧之间的矛盾、徘徊的心态，经常在日记中流露。

从1921年开始，夏承焘任教于陕西成德中学。其间，他刻苦阅读学术著作，为成为"一代词宗"奠定了基础。在西安期间，夏承焘阅读非常广泛，不仅包括各类中国传统典籍，还包括各类新式报刊。1922年1月15日，夏承

---

① 夏承焘著，吴蓓主编：《夏承焘日记全编》（第1册），浙江古籍出版社2021年版，第514、496、514—515、533—534页。
② 夏承焘著，吴蓓主编：《夏承焘日记全编》（第1册），浙江古籍出版社2021年版，第529—530、542、621页。

焘阅读梅光迪所著《文学概论》，表示昔日在南京高等师范学校时曾听他讲授，谓"文学趋势由散漫而渐严束，若埃及之金字塔。然近日新学子苦旧律诗之束缚，倡为白话诗，神韵索然，毫无意义"。梅光迪的言论以反对白话文学为主，夏承焘指出此论与胡适之辈立异，对其多表赞同。此后，他阅读学术性刊物甚多。例如，10月21日，他读《文哲学报》中徐景铨所撰《桐城古文学说与白话文学说之比较》一文，认为"驳白话文，甚有理"。该文称："方苞之必义以为经而法纬之，及言有物即所谓思想，且其甚真，又雅不喜用僻典生字，姬传之重考据、义理、词章，及梅曾亮之因时立言，斩绝陈言陈意，亦重时代个性。今日白话文家之所谓须言之有物、不模仿古人、须讲文法、不作无病之呻吟、务去烂〔滥〕调套语、不用典、不避俗语俗字、不讲对仗诸条，除不避俗语俗字外，余皆桐城派诸人所已言之者。"又称："艺术最重声与色，二者文言皆优于白话。"在夏承焘看来，如徐景铨所言，白话文来源于桐城派学说。此后，夏承焘经常阅读《文哲学报》。29日，他阅《文哲学报》所刊缪凤林《老子》篇后记载："《史记》谓老子苦县人，世之目论者，每据是谓其文学思想为春秋南方学者之首领，与孔子南北对峙。"根据缪凤林的考证，"实则苦县属陈，老子生时尚未属楚"。① 对于这些细节的考证，夏承焘记录在册，表明他颇为关注学衡派的观点。

从1923年开始，夏承焘阅读学术性刊物更为频繁。例如，5月，他不间断地阅读《哲学杂志》中《无所为而为》《知不可为及为而不有主义》《列子书中之转化论》《王船山的道德进化论》诸文，对《王船山的道德进化论》颇感兴趣，将其主要内容抄录于日记中。该文认为："清初学者，船山最为博大精深。其刑罚非威吓主义，与近世西哲所见极为相近。"他读后认为是"至理名言。船山于文质之说，则主文而不重质"。又如，12月，他连续阅读《国学丛刊》。8日，他购东南大学所办《国学丛刊》三本归，检阅李仲骞诗《壬戌岁暮杂感》三首，评价其诗"情文凄恻，几摩杜老之垒"，并描述当时

---

① 夏承焘著，吴蓓主编：《夏承焘日记全编》（第2册），浙江古籍出版社2021年版，第635、785、789页。

的心境:"久不见李君诗,孟晋如是之速,真足令人佩服。灯下搜索,欲和数首寄怀,枕上竟不能成寐。"读诗竟读到不能成寐,可见夏承焘对李仲骞诗的喜爱。18日,他阅陈钟凡《诗经毛传改字释例》一文,认为此文乃仿陈乔枞《毛诗郑笺改字说》。他读后指出:"陈乔枞谓古文省少,以'甲'为'狎'。《韩诗》正作'能不我狎',是'甲'、'狎'古今字。毛据今文以解古文,即改'甲'为'狎'也。"① 对于论文细节的考证,成为夏承焘日后治学的基础。从中可以看出,夏承焘日渐摸索到治学的门径与方法。

在逐渐靠拢学衡派的同时,夏承焘也关注学术界的学术争鸣。例如,1923年5月26日,夏承焘阅梁任公《评胡适之中国哲学史大纲》一文,谓:"《诗经》在孔、老二三百年前,不可以《采薇》《大东》《伐檀》《硕鼠》指为孔、墨、庄周、杨朱、许行思想所从出。"又谓:"《道德经》当出于战国之末。"原因有六:

> 一、老子八代孙与孔子十三代孙同时,不合情理。二、孔、孟书中无提及老子此书。三、孔子问礼于聃,则聃必为拘谨守礼之人,和五千言之精神不合。四、《史记》十有八九根据《庄子·天道》《天顺[运]》《外物》三篇,或谓老聃,或谓老莱子,主名不确定。五、"民多利器""国家滋昏"等激烈语,不似春秋时人所说。六、"王侯""王公""万乘之君""取天下"诸成语,不似春秋时人所有。"仁义"二字连用,亦始于孟子。"师之所处""荆棘生焉"等语,似乃经过马陵、长平等战后所说者。"偏将军""上将军"乃战国官名。故《道德经》在《庄子》前后,亦尚难断定也。②

他表示第三条、第六条两条,前人已言及,加之此前他阅读过《中国哲学史

---

① 夏承焘著,吴蓓主编:《夏承焘日记全编》(第2册),浙江古籍出版社2021年版,第915—916、917、918、1003、1006—1007页。
② 夏承焘著,吴蓓主编:《夏承焘日记全编》(第2册),浙江古籍出版社2021年版,第921—922页。

大纲》，因此，颇为关注两大名家的争论。这可作为他的学术探索的重要见证。又如，1924年3月13日，他阅《晨报副镌》所载吴稚晖《箴洋八股的理学》一文。该文斥"张君劢、梁任公、胡适之倡言国学"。他对吴稚晖"老而好骂"表示"不解"，联想到近来学术风气不佳之现象，"近人论学总火气太盛，开口即学山膏，习成风气，不以为怪"，连胡适有时也不免俗。在学术界只有梁启超"平心逊词，不为过高过激语"。① 他并不认同此类激进的做法。

从以上四位读者的阅读经历可以看出，地缘、学缘、业缘对于读者阅读选择有着重要影响，同时，个体的家庭出身、生活经历、社交网络也影响其阅读取向。例如，张棡"旧"的思想偏多，以至他对新式刊物不屑一顾，极为反感新文化运动对中国传统文化的破坏，对于陈独秀、胡适等人更是大加指责。夏承焘作为新文化运动的"宠儿"，受到新思潮的洗礼，他的学术思想中有"新"的成分。同时，他受到张棡等人"旧"思想的影响甚深，他的学术思想呈现出"新旧中西"夹杂的特点，乃至成为他以后治学的风格。受过新式教育的白坚武、金毓黻等人对于新潮流的认同度就很强。白坚武从新式刊物中寻求"政治资源"，从而在民国军阀混战的局面中不断吸纳新思想，视野较为开阔。但事实上，他并没有朝着"政治资源"所引导的道路前进。金毓黻从新式刊物中寻找"学术资源"，并通过报刊文献获取新史料、新方法，其后在学术方面有着诸多建树。在新旧冲突的五四时期，虽然读者都在接触和阅读新报刊，感受新文化运动的影响和冲击，但个体阅读的过程往往是曲折复杂的，简单地以新旧划分个体的阅读观和价值观，并不符合历史事实。

小　结

1917—1923年是宽泛意义上的五四新文化运动时期，也是民国报刊业发展的重要时期。彼时，政党性报刊逐渐衰弱，思想性报刊崛起，宣传文化的

---

① 夏承焘著，吴蓓主编：《夏承焘日记全编》（第2册），浙江古籍出版社2021年版，第1035页。

报刊占据主流地位，尤其是同人刊物，在思想界有着重要影响。新文化运动与新式报刊相互促进、相互成就，呈现出欣欣向荣的局面。

相对于对报纸新闻资讯的获取，五四时期的知识分子更注重对刊物思想的吸纳。在新旧剧烈冲突的大变革时代，要强调《新青年》在造就"新青年"方面的启蒙意义。同时，也应看到这一时期思想界复杂多变的事实。随着白话文运动和新思潮的广泛传播，新式报刊俨然成为知识青年"晋升的阶梯"，读报、投稿、办报之间并无明显的身份区隔，不少读者兼具作者、编者的身份。借助报刊，不少知识青年的人生际遇发生改变，个人才华得到展示，报刊成为他们的表演"舞台"。这与传统农业社会以土地为分配方式、工业社会以厂房为分配方式不同，报刊成为一种社会资源新的分配方式。读者可以通过阅读—写作—投稿—发表而成就声名，进而获得文化和经济资本。在晚清，这种模式以梁启超最为成功，但这样的个案鲜见。当历史的车轮行进至五四时期，不少传统知识分子已成为新的社会群体，文人论政也渐成潮流。在知识人不断被政治边缘化的过程中，他们争取文化资源的意识更为强烈。但是，除旧布新并非一蹴而就，一些传统士绅对新文化运动有着强烈的抵制，以海归派学人为主的学衡派引入白璧德的新人文主义，注重古典审美的价值观再塑，反对白话文运动。在科学、民主潮流之下，复古主义仍然暗流汹涌。鸳鸯蝴蝶派的文艺主张和市民文学也有较广阔市场。我们不能片面夸大新文化运动的"绝对主义"，更需要从边缘、幽暗和多元的角度，对五四时期的报刊阅读进行实事求是的分析。在一个多变的时代，必然存在多元的价值观，无论是《新青年》《学衡》《礼拜六》还是《东方杂志》，不同价值观的报刊都有存在的理由。在立体而多元的"观点市场"，它们的价值和影响都通过读者的阅读和评述得以印证。但由于史料的限制，选取的样本仍然有限，对五四时期报刊阅读的探讨，这仅仅是一个开端。

第七章

学生的报刊阅读与社会互动

相较于晚清学堂、书院学子对报刊资源的获取,民国时期学生的读报活动呈现出多元化的特点。这一时期,报刊不断深入学生的生活世界,对他们的日常阅读产生了深刻影响。一些学生借助报刊与社会建立广泛的联系,思想观念也产生深刻变化。他们留下的日记、笔记等资料对于探究民国初期阅读史、社会史、思想史有着一定的参考价值和理论意义。本章主要探讨学生与报刊之间如何产生联系,并借此认识和运用报刊媒介思考社会,反观自我和想象未来。

第一节 民国初期新式学校发展与学生读报活动的开展

民国初期,中等学校数目从 1912 年的 832 所增加到 1915 年的 1 110 所,人数达到 59 835 人。① 1916—1917 年,全国中学校学生总数为 72 354 人。② 1918 年,中学生总数增加到 117 740 人。③ 1922 年,全国共有中学校 547 所,

---

① 陈元晖主编,李桂林、戚名琇、钱曼倩编:《中国近代教育史资料汇编(普通教育)》,上海教育出版社 2007 年版,第 882 页。
② 朱有瓛主编:《中国近代学制史料》(第三辑上册),华东师范大学出版社 1990 年版,第 539—540 页。
③ 舒新城编:《中国近代教育史资料》(上册),人民教育出版社 1961 年版,第 375 页。

学生总数 103 385 人，师范学校 275 所，学生总数 38 277 人。① 学生数量不断增加而产生的阅读需求，对中国出版市场的繁荣有着直接的推动作用。随着现代学校的建立，图书馆成为必不可少的学习场所，而学校订阅的各类新书、报刊成为学生吸收思想资源的重要途径。新式教育的广泛开展为新式书刊培育了更多作者、读者，也对青年学生的成长起到了不可低估的作用。我们通过几位读者在校期间的报刊阅读经历，探讨他们的成长足迹。

学生读者的阅读范围，不同于社会上的一般读者。就读于浙江第一师范学校的陈范予在 1919—1922 年的日记中，记录的阅读的报刊主要包括《杭州学生联合会报》《浙江第一师范十日刊》《教育周报》《教育潮》《新青年》《新教育》《星期评论》《世界画报》《新潮》《时报》《申报》《时事新报》《浙江新潮》《新社会》《平民社会》《钱江评论》等。② 从中可以看出，新式刊物占有很大比例。徐铸成上小学时，经常到家附近的公共阅报处阅读报刊。及至省立无锡第三师范学校时，他也经常到学校阅报室阅读报刊。阅报室不仅有综合性大报《申报》《新闻报》《时事新报》《时报》《民国日报》，还有地方性报刊《无锡报》《新无锡报》，徐铸成"常细读不忍去"。③ 学校提供的报刊资源相对丰富，尤其是学校阅览室提供的免费阅读机会，使不少读者大开眼界。

一些学生读者还将阅读报刊与个人兴趣结合在一起。1913 年，顾颉刚就读于北京大学预科，颇喜欢戏剧的他往往通过报刊了解北京戏剧演出的最新消息。他最爱读的报纸是《时闻报》，皆因《时闻报》登载戏曲演出动态。例如，他在 1913 年 10 月 1 日记载："得天津寄来《时闻报》，知佩云昨晚与小达子排《大拾万金》。"翌日又记："《时闻报》寄来，知香水、达子昨夜演《大拾万金》，前夜演《四郎探母》。"至 12 月 16 日止，他所读之报相继有《时闻报》《亚细亚报》《新民日报》《国权报》《新中国报》等，他所记的内

---

① 《民国十一年度之几种全国教育统计表》，《教育杂志》1923 年第 15 卷第 10 号，第 1 页。
② 转引自章清：《清季民国时期的"思想界"——新型传播媒介的浮现与读书人新的生活形态》（下），社会科学文献出版社 2014 年版，第 778 页。
③ 徐铸成：《徐铸成回忆录》（修订版），生活·读书·新知三联书店 2010 年版，第 14 页。

容大抵为戏曲或与之相关人物。他认为"京中报纸载戏目者极鲜"。以他所见,"仅仅两三家耳"。在这二三家中,《新中国报》仅载天乐、中和两家。《群强报》仅载文明、广德两家。惟《国权报》"较繁",值得一看。《亚细亚报》的戏评甚好,但他已"数日不见",不知是"校中之停阅",还是"该报之停刊"。①

报刊作为"思想纸"对学生的人生道路转向产生了怎样的影响,值得重视。沈从文在学生时代受姓文的秘书的影响,开始订阅《申报》,从而开始接触湘西以外的世界。当五四运动的浪潮波及湘西时,他开始阅读《新潮》《改造》《创造周报》等新式书刊,在他的阅读世界中,"对于新书投了降,不再看《花间集》,不再写《曹娥碑》,却欢喜看《新潮》《改造》了"。② 此后,他的目光不再局限于湘西边城,而是投向了更远的北京。

报刊打开了一个新的世界,尤其是新式刊物的思想引导,对学生的价值观有着深刻影响。例如,夏衍在讲述自己的求学经历时指出:

> 《新青年》《解放与改造》等杂志,《觉悟》《学灯》等报纸上的副刊,不仅在青年学生中起了巨大的启蒙作用,而且还逐渐地把分散的进步力量组织起来,形成了一支目标比较明确的反帝反封建的革命队伍。就在这一年8月下旬,以第一师范学校的进步学生为中心,杭州的一些向往革命的青年,通过阅读《新青年》和给这个杂志写通讯的关系,开始联合起来,打算出版一份刊物,这就是这一年10月10日创刊的《双十》周刊。③

有着类似经历的还有高君宇。高氏在山西省立模范中学堂求学时,"一些宣传新思想、新文化的书、报、刊,开始在学生中间传阅",他"第一次接触到这些书刊和报纸时,就像铁屑遇到了磁石一样,被深深地吸引住了"。之

---

① 顾颉刚:《顾颉刚日记》(第1卷),联经出版事业股份有限公司2007年版,第1、2、27页。
② 凌宇:《从边城走向世界》(修订本),岳麓书社2006年版,第19、21页。
③ 夏衍:《懒寻旧梦录》(增补本),生活·读书·新知三联书店2000年版,第26页。

后，他阅读《晨报》《申报》《新闻报》等报刊，以及《康梁文钞》《章太炎文集》《西欧漫记》等"倾向进步、蕴含变革思想的书籍"。他认为："这些书籍报刊犹如一把神奇的钥匙，渐渐地启开了他的心扉；而他的思想则如一叶扁舟，在浩瀚的知识海洋里被那来自远方的清新而强劲的春风摇曳着、荡漾着……"① 郭沫若因住在乡下，较少接触报刊，因而对杂志有一种偏见。他对《东方杂志》和《小说月报》"最不高兴"，认为《新青年》"浅薄"，《学艺杂志》"太专门，太复杂"，因而希望办一本专门的文学杂志："找几个人来出一种纯粹的文学杂志，采取同人杂志的形式，专门收集文学上的作品。"② 郭良才在北京师范大学附中学习期间，虽较少记载报刊内容，但从其日记中国事一栏来看，每天皆有读报活动。对于时政要闻，他的评价是："无非是你打我攻，争地盘，夺兵权。无有记载的价值！"③ 邓子恢在回忆其学生时代思想变化的经历时，对几份重要刊物的影响历历在目。他说：

一九一五年曾参加过反对袁世凯与日本签订"二十一条"及抵制日本货运动，后又发动反对学校当局无理开除学生的学潮，当时只有空洞的爱国思想。在留日期间，目睹日人对华人的轻视态度，更增加爱国情绪。当时常看康、梁文集，颇受影响。五四运动后看了《新潮》《新青年》等杂志，思想上起了重大变化。一九二〇年看了无政府书籍，又向往无政府主义，不久看了《共产党宣言》乃信仰共产主义。一九二二年看了《向导》报，知道中国有共产党组织。④

张治中在回忆其思想转变时，亦注意到《新青年》《新潮》《向导》的价值。他说："最初，我是受了《饮冰室文集》的影响，以后读到许多新的出版物，给我以较大影响的是《新青年》《新潮》《向导》这一类的杂志，觉得这

---

① 王庆华：《高君宇传》，山西人民出版社 2013 年版，第 32—33 页。
② 郭沫若：《学生时代》，人民文学出版社 1979 年版，第 37—38 页。
③ 郭良才著，散木编：《郭根日记》，三晋出版社 2013 年版，第 22 页。
④ 邓子恢：《我的自传》，蒋伯英主编：《邓子恢闽西文稿（1916—1956）》，中共党史出版社 2016 年版，第 2 页。

些东西很合我的胃口。"这些刊物宣传的"新文化运动""民主与科学运动"对他的思想"起了决定性作用",使他"激进""前进"。[①] 与之类似,管文蔚在江苏省立第三师范学校求学时,《申报》连续报道了抵制日本的群众运动,促使他和同学们上街,"沿途讲演,分发传单",从而"提高了青年对卖国政府的认识"。《申报》《东方杂志》报道国共合作的新闻,使他对广东革命政府充满向往,渐渐走向革命的道路。[②]

新式报刊经由书信的介绍,在青年学子中产生广泛影响。柳亚子在五四时期已是文化名人。他在致友人的信中,告诫青年"负着改造国家的使命,责任是很重的",提倡青年"着意研究自然科学与社会科学,再有空闲的工夫,可以看看《新青年》《前锋》《新建设》《新民国》《向导周报》《中国青年》"等"正当的杂志和周刊"。[③] 在美留学的闻一多致其弟的信中亦有类似的观点。他说:"课外有暇当多阅杂志,以得普通知识。阅杂志原不是做学问之目的,亦非做学问之本身。但驷弟目下所需者是一普通知识之根柢,根柢既成,思想通澈,然后谈得到做专门的学问。此非文科独然,实科亦莫不然。我嘱驷弟多写信来质疑问难。我虽远隔重洋,书信往来,节序已迁,但研究学问,真理不改,时间不足以囿之也。"[④] 这表明,闻一多特别重视杂志在传输新知识方面的作用。

读报与投稿之间存在关联。张友渔在山西时,借助堂兄从天津寄来的《益世报》,能够"从报纸上了解国际国内形势,眼界为之大开,对时事的关心超过了一切"。他还是灵石县阅览室看报的常客,"看报,思考时局问题"成为他生活中的重要部分。在张友渔的认知中,报纸的功能是"揭露社会黑暗,主持正义,改良国家"。他将灵石县诈骗案的稿件投稿给《山西画报》,从此一发不可收拾,成就报人三十年。[⑤] 钱锺书在桃坞中学求学时,喜欢阅读《小说世界》《红玫瑰》《紫罗兰》之类的杂志。求学清华大学时,他开始在

---

① 张治中:《张治中回忆录》,华文出版社2007年版,第32页。
② 管文蔚:《管文蔚回忆录》,人民出版社1985年版,第15页。
③ 上海图书馆编:《柳亚子文集·书信辑录》,上海人民出版社1985年版,第47页。
④ 闻一多:《闻一多书信集》,群言出版社2014年版,第41页。
⑤ 张友渔:《报人生涯三十年》,重庆出版社1982年版,第2—4页。

《清华周刊》《大公报》《新月月刊》等刊物上发表文章。他的才华得以展现，受到师友的赞誉。① 报刊作为分享"社会资源"的平台，拉近了与读者的距离，甚至将读者吸纳到办报的队伍中。

对于初出校门而无法获取教育机会的青年而言，报刊充当了课外教材的作用。陶亢德在苏州李宏兴福记做学徒时，便热衷于读报刊。他回忆道：

> 我热心的是看报，庄里订着一份上海的《新闻报》，这报当天上午可以看到。送报的是个独眼龙，报纸用一块布裹住一半，背在背上，用右手拉出一份，在看缎子质地的"铜台"上一放，我一听到报纸落桌的声音，不管手中有无工作，也不看别人眼色，忙着去看。最先看的是副刊《快活林》。《快活林》每天有署名独鹤的短文、李涵秋的长篇。除了《新闻报》，我还偷空去隔壁"栈"里看一下《申报》。……《申报》的副刊也是后来名之为鸳鸯蝴蝶派或礼拜六派的天地，写长篇的名毕倚虹。当时的文坛由鸳鸯蝴蝶派或礼拜六派独占，市上的种种小说都是他们的作品，其中有一部名为叫《九尾龟》的长篇，很有名气，作者署名漱六山房，不知怎的给我打听到他的真姓名和住址（在苏州），曾经专门拜访过他一次。

从看《申报》《新闻报》副刊的文艺作品开始，陶亢德后来广泛阅读《东方杂志》《幻洲》《小说世界》《小说月报》等文艺性刊物。例如，他在苏州青年会工作时，《小说月报》"没有一期不看，没有一篇不看。巴金的《灭亡》、老舍的《赵子曰》或《老张的哲学》，都是这时期看的，不过合我口味感动我的作品，还是郁达夫的。在这时期，我还买过郑振铎编的《文学大纲》，他的上册却给人偷去了"。② 这样的阅读经历为他以后的文学创作奠定了基础。

与陶亢德相似，罗明回忆他在广东大埔当学徒时亦通过阅读《申报》《新

---

① 季进：《围城里的智者——钱锺书》，文史哲出版社2002年版，第14、19页。
② 陶亢德：《陶庵回想录》，中华书局2022年版，第34—39页。

闻报》了解时事。他说："当店是合股开的，有一位股东住在上海。他把阅读过的上海《申报》和《新闻报》定期寄回当店。每天晚上关上店门后，我就在煤油灯下读报纸。从读报中我知道了第一次世界大战，俄国'十月革命'，以及'五·四'运动等国内外大事。"对时政要闻和社会思潮的了解为他参加革命奠定了思想基础。至集美学校读书时，他又阅读了《新青年》《向导》《中国青年》和广东出版的《人民周报》《少年先锋》等刊物。此外，还有《共产党宣言》《马克思学说》《阶级斗争》《社会主义论集》等宣传马克思主义的著作，使他的革命思想得到进一步升华。此后，他投身于中国革命事业中。①

报刊阅读对于读者的职业规划亦有影响。例如，邹韬奋在学生时代就特别喜欢黄远生的"北京通讯"。他回忆："每次到阅报室里去看报，先要注意《时报》上有没有登着远生的特约通讯。"他阐述了两个理由："第一是他的探访新闻的能力实在好，他每遇一件要事，都能直接由那个有关系的机关，尤其是由那个有关系的政治上的重要人物，探得详细正确的内部的情形；第二是他写得实在好！"②徐铸成最爱读名记者邵飘萍、徐彬彬等人的特约通信："《申报》之《飘萍北京特约通信》、《时报》之《彬彬特约通信》、《新闻报》之《一苇特约通信》，对我有极大的吸引力。如当日不能看到，第二天必须到图书馆借出细读。此外，《时报》之《鲍振青东京通信》，也每篇不轻易放过。"这些通信将他带入了新的天地："有最新的信息，有内幕新闻，剖析入里，绵里藏针，而又文词秀丽，各有特色。"③受报界名流的影响，邹韬奋、徐铸成确立了以新闻记者为终生职志的理想。

第二节 为他日国人之导师——胡适

1910年7月，胡适考取庚子赔款第二期赴美留学官费生，至1917年学成

---

① 罗明：《罗明回忆录》，福建人民出版社1991年版，第3、8—9页。
② 邹韬奋著，文明国编：《邹韬奋自述》，安徽文艺出版社2013年版，第19页。
③ 徐铸成：《徐铸成回忆录》（修订版），生活·读书·新知三联书店2010年版，第14页。

回国，7年的留美经历成为胡适"思想和志业的定型时期"。① 在此期间，除学习外，读报、办报成为他生活的重要组成部分。胡适留美期间投稿和办报实践有："为《大共和日报》撰稿，担任《留美学生月报》主笔，受邀为陈独秀的《新青年》撰稿，编辑《留美学生季报》。"②

胡适最早接触的报刊是1904年由他的二哥推介的《新民丛报汇编》。在上海梅溪小学求学时，胡适就经常阅读各种报刊，并关注报纸上报道的有关日俄战争的"战事新闻"，例如"革命党万福华在租界内枪击前广西巡抚王之春"和"上海黄浦滩上一个宁波木匠周生有被一个俄国水兵无故砍杀"等新闻。1905年，胡适进澄衷学堂，开始阅读梁启超的政论，认为"梁先生的文章，明白晓畅之中，带着浓挚的热情，使读的人不能不跟着他走，不能不跟着他想"，其中，尤以《新民说》和《中国学术思想变迁之大势》"恩惠"胡适良多。1906年，胡适入中国公学，开始阅读《民报》，受到革命性鼓吹的影响。这一时期，胡适办《竞业旬报》，不仅给了他"绝好的自由发表思想的机会"，还给了他"一年多作白话文的训练"。③

胡适记日记始于1910年1月24日。从他的日记记载来看，他在美国阅读的中外报刊达25种之多，包括《时报》《国粹学报》《旁观报》《国风报》《小说时报》《神州日报》《大共和日报》《外观报》《纽约时报》《独立报》《图画周报》《甲寅》《每日电报》《世纪杂志》《民国报》《学生月报》《时事新报》《申报》《新闻报》《亚细亚日报》《国民公报》《留美学生月报》《大中华》《晚邮报》《新青年》等。通过阅读这些报刊，胡适了解了国内国际诸多时事新闻，为他成为"国人之导师"奠定了基础。

胡适久阅报章，知报章乃"舆论纸"，故非常重视报章之舆论的作用。胡适去美国不久，便得知一份名为 *Philadelphia Express* 的报刊"每日平均销八〇五五九份，星期日销一七七〇一〇份"，"然犹未为大报也，真令人可惊"。美国报纸"逢星期日则加图画增篇幅，价亦倍于平日，盖星期无事，几于无人

---

① 余英时：《中国近代思想史上的胡适》，联经出版事业公司1984年版，第21页。
② 闻学峰：《胡适办报实践与思想研究》，中国社会科学出版社2011年版，第36页。
③ 胡适：《四十自述》，安徽教育出版社2006年版，第48—71页。

不读报"。① 此后,他发现欧美有一种"剪报营业",从而了解到剪报之重要性。他记录道:"专为人撷择各国报上有关系之消息,汇送其人。如吾欲得各报所记关于中国之新闻或评论,则彼等可将国内外各大报之消息汇送余处。又如我欲知各报对于巴拿马运河免税一事之意见,则彼等亦可将各报之社论汇送余所。其为用至大至便,各杂志及外交人员都利用之,余之得 Browning Prize,曾记各报;前日纽约 Herald 冉[再]载其事,附以影片,今日即有二大剪报公司剪送此条寄与余,以为招徕之计也。"此外,胡适认为,阅读"杂志之有益"。通过阅读《外观报》上爱尔兰 Ulster 省与英国分离事,"于此问题之始末十得八九",他希望"每日能读一篇,得其大概","胜于翻阅全册随手置之多矣"。回顾以前阅读杂志的经历,他进行自我批评:"乱翻一过,辄复置之,真是失计。"②

胡适认为,报纸文字贵简要达意。1915年5月22日,他在日记中写道:"今之报纸,较之半世纪以前,其篇幅之扩充,何可胜计?今日《纽约时报》言其报每日全份之新闻栏约有十万字,可谓多矣。其实此亦无畏之繁冗,徒费读者目力心力耳。若此十万字之新闻,有人为之删繁芟复,则不须一万字已足达意而有覆盖矣。"③ 删繁就简,言简意赅,是胡适对报刊新闻的态度,也影响到他之后的办报活动。

胡适与友人郑君交流舆论家具备的品质,两人多有"意见相合之处"。他认为,舆论家应有以下品质:"(一)须能文,须有能抒意又能动人之笔力;(二)须深知吾国史事时势;(三)须深知世界史事时势。至少须知何处可以得此种知识,须能用参考书;(四)须具远识;(五)须具公心,不以私见夺真理;(六)须具决心毅力,不为利害所移。"此后,胡适以"舆论家"自任,同时告诫今日之记者,"不可不深知日本之文明风俗国力人心"。④ 随着对舆

---

① 胡适著,曹伯言整理:《胡适日记全编》(第1册),安徽教育出版社2001年版,第85—86、99页。
② 胡适著,曹伯言整理:《胡适日记全编》(第1册),安徽教育出版社2001年版,第273、203页。
③ 胡适著,曹伯言整理:《胡适日记全编》(第2册),安徽教育出版社2001年版,第155页。
④ 胡适著,曹伯言整理:《胡适日记全编》(第2册),安徽教育出版社2001年版,第14—15、29页。

论关切的不断加深，胡适知报纸之文字"贵简要达意"。基于对注意舆论之重要性的认知，他在投稿时选择了国内声名鹊起的《新青年》，在该刊物上大谈文学革命，为他后来成为"当代名流"提供了机缘。

投稿是胡适获取经济来源的主要方式之一。胡适留美时，兼做《大共和日报》"旅美记者"，每月为之供稿。《大共和日报》编辑叶德争与胡适关系甚笃，胡适在日记中多载寄稿给叶德争之事。例如，他在1912年10月6日记："检阅会中所藏旧杂志中所载滑稽画，择其优者集为一编，将为作一文，论《海外滑稽画》，送德争载之。"14日又记："得德争寄报甚多，一一读之。"至1914年，胡适终止与《大共和日报》的合作，原因是："一则太忙，二则吾与《大共和日报》宗旨大相背驰，不乐为作文矣。"① 此后，胡适出任《留美学生月报》"主笔之一"，编辑《留美学生季报》，继续参与投稿、办报实践。

在面临职业选择这一问题时，胡适表达出"他日为国人导师之预备"的志向。他说："吾生平大过，在于求博而不务精。盖吾返观国势，每以为今日祖国事事需人，吾不可不周知博览，以为他日为国人导师之预备。不知此谬想也。吾读书十余年，乃犹不明分功易事之义乎？吾生精力有限，不能万知而万能。吾所贡献于社会者，惟在吾所择业耳。吾之天职，吾对于社会之责任，唯在竭吾所能，为吾所能为。吾所不能，人其舍诸？自今以往，当屏绝万事，专治哲学，中西兼治，此吾所择业也。"② 因此，在攻读博士学位时，胡适将哲学作为自己的研究兴趣和职业志向。

1915年9月，《新青年》创刊。远在美国的胡适阅读该刊物时，对其提出的文学问题极有兴趣，于是致信陈独秀，指出："今日欲为祖国造新文学，宜从输入欧西名著入手，使国中人士有所取法，有所观摩，然后乃有自己创造之新文学可言也。"③ 对陈独秀而言，胡适的意见无疑是耳目一新的。但对

---

① 胡适著，曹伯言整理：《胡适日记全编》（第1册），安徽教育出版社2001年版，第161、164、267页。
② 胡适著，曹伯言整理：《胡适日记全编》（第2册），安徽教育出版社2001年版，第158页。
③ 胡适著，曹伯言整理：《胡适日记全编》（第2册），安徽教育出版社2001年版，第337页。

当时留美的中国学术圈内人士而言,这是个耳熟能详的话题。胡适、梅光迪为白话诗还进行过一场"笔墨战争",双方都不认输,乃至回国以后双方继续"笔战"。胡适凭着《文学改良刍议》在《新青年》上抢占先机,在文学革命领域占据一席之地,先于梅光迪成就"大名"。此后,当蔡元培邀请胡适加盟北京大学时,胡适迫不及待地从美国归国,入职北京大学,开启了"为国人之导师"的第一步。可见,胡适的成名与《新青年》有直接关系。

第三节 以办报为职志——吴宓

在近代中国新闻史上,文人办报不乏其人。从晚清的王韬、梁启超,到民国的陈独秀、胡适,他们在报刊史上有着重要影响。一般而言,报刊对文人生活的广泛介入,促使他们思考自身与报刊的关系,一些文人更是通过各种途径创办报刊,实现从读者到编者的身份转变,从而将他们的命运与报刊紧密结合在一起。吴宓便是热衷办报的学人。

从吴宓在1911年7月16日所记的日记判断,他自11岁就开始办报生涯。当年,他创办《童子月报》,12岁创办《陕西维新报》,13岁创办《少年世界》《敬业学报》《童子丛报》,14岁创办《童子日报》《童子杂志》《小说月报》,16岁创办《星星杂志》《陕西杂志》《陕西青年杂志》,虽然他所办的上述报刊都以失败告终,但他依旧志向不改。他在日记中写道:"他日有暇仍当重整旗鼓,为吾陕报界开一新天地。勿使十年来一片热心,一团志气,遂由此一蹶而不复振。"[①] 此后,吴宓又尝试创办《观摩新报》,虽也以失败告终,但对于吴宓而言,少年时期的办报经历,使他对报人这一职业有着强烈兴趣。

进入清华学校后,吴宓得到实践自己理想的契机,不仅有机会阅读大量杂志,还参与到《清华年报》的编辑工作中。在与同学汤用彤谈将来志向时,吴宓表示希望"联络同志诸人,开一学社,造成一种学说,专以提倡道德、

---

① 吴宓著,吴学昭整理:《吴宓日记》(第1册),生活·读书·新知三联书店1998年版,第110—111页。

扶持社会为旨呼号"。至于如何进行，吴宓认为应该"发刊杂志多种，并设印刷厂，取中国古书全体校印一过，并取外国佳书尽数翻译，期成学术文章之大观，而于国家精神之前途，亦不无小补"。基于这种想法，他希望以办杂志为业。1915年，他展望："拟他日所办之报，其英文名当定为Renaissance，国粹复光之义，而西史上时代之名词也。"①

赴美前夕，在选择所学科目时，吴宓表示希望选择学习"杂志"。他对杂志有着深刻的认知："杂志一途，则近二三年来之趋向。余生好文学，不厌深思远虑，而以修养之结果，期于道德之根柢完全。于风潮之来，可立当其冲而不移，遇事有正当之判决。社会之恶习，见之多而感之深，故治杂志业，则有以下之利益：（一）旁征博览，学问必可有成。（二）殚力著述，文字上必可立名。（三）针砭社会。（四）发扬国粹。（五）游美归后，尚可日日修学，日日练习观察，治事之余，兼有进境。……又，语有之，凡事不计成败得失，以一己全力赴之，精诚所聚，金石为开。虽有阻难，非少年所宜计。如此时便作退步想，未免辜负此生，故欲业杂志，当可望有一日之长也。惟杂志之中，交际营业，探访新闻，与百凡社会接触，余性大不宜。然杂志既以改良社会为旨，一洗圆滑敲诈之恶习，亦足以自树立。况在今日之中国，事务之敏捷，各方皆非美国之比，未尝不可从事也。"② 吴宓留学美国期间，师从白璧德学习文学，虽以不能习报业为憾，但以办报为职志的决心未改。

吴宓在美求学期间经常阅读国内的报刊，对于引领新文化运动的《新青年》《新潮》等杂志持批评意见："近见国中所出之《新潮》等杂志，无知狂徒，妖言煽惑，耸动听闻，淆乱人心，贻害邦家，日滋月盛，殊可惊忧。"他对白话文学的评价更是负面，认为白话文学导致"文学益将堕落，黑白颠倒，良莠不别"。他将新文学称为"乱国之文学""土匪文学"，③ 对陈独秀、胡适

---

① 吴宓著，吴学昭整理：《吴宓日记》（第1册），生活·读书·新知三联书店1998年版，第312、504页。
② 吴宓著，吴学昭整理：《吴宓日记》（第1册），生活·读书·新知三联书店1998年版，第508—509页。
③ 吴宓著，吴学昭整理：《吴宓日记》（第2册），生活·读书·新知三联书店1998年版，第90—91、115页。

资助留学美国的林语堂（《吴宓日记》中作林玉堂）更是不屑一顾。回国前夕，吴宓在《留美学生季报》上发表《记新文化运动》一文，大张挞伐新文化运动。由于对新青年派的主张持批评观点，吴宓回国后便加入反新青年派的阵营——学衡派。

新青年派开展的运动都是极为"趋新"的一面，促使一些知识分子思考东西文化的另外一面，即中国文化如何适应新时代，并在新时代生存与发展。东方文化派认为，东西文化可"调和"，并不针锋相对。学衡派追求"文化整体主义"，希望以中西传统文化为基础，创造出新文化。作为中国新人文主义的代表者，吴宓将报刊作为他阐述新文化的渠道，《学衡》和《大公报·文学副刊》成为他所倚赖的重要平台。

1922年，梅光迪创办《学衡》，首批参加者有刘伯明、马承堃、胡先骕、萧纯锦、邵祖平、徐则陵、柳诒徵等，他们以"论究学术，阐求真理，昌明国粹，融化新知。以中正之眼光，行批评之职事。无偏无党，不激不随"为宗旨①，正式开启了精英主义的办刊模式。吴宓作为《学衡》的"集稿员"，负责编排并撰写目录。自此，吴宓"集中全力于编撰《学衡》杂志"。②当杂志遭遇困境，其他人心有旁骛而纷纷远离《学衡》时，吴宓一人扛起承办《学衡》的重任，最终通过"自捐资以印《学衡》，每期费百金"，③将《学衡》延续到第79期而终。彼时，吴宓一边承担《学衡》的编辑工作，一边为《学衡》的发行工作奔走呼号，或通过人际关系，或投入广告费，为《学衡》在各大报纸上做广告，希望以此提高发行量。由于中华书局自身陷入员工罢工危机，再加上《学衡》销售量仅有"数百份"且"赔累不堪"④，1926年年底，陆费逵致函吴宓表示不愿出版《学衡》。为此，吴宓或寻求其他出版社

---

① 《学衡杂志简章》，《学衡》1922年第1期，第1页。
② 吴宓著，吴学昭整理：《吴宓自编年谱（1894—1925）》，生活·读书·新知三联书店1995年版，第229、233页。
③ 吴宓著，吴学昭整理：《吴宓日记》（第4册），生活·读书·新知三联书店1998年版，第17页。
④ 吴宓著，吴学昭整理：《吴宓日记》（第3册），生活·读书·新知三联书店1998年版，第258—259页。

出版，或致函与陆费逵熟识之人，皆无能为力。1927年年底，转机出现，中华书局摆脱危机，再加上梁启超从中协调，陆费逵答应续出《学衡》，由月刊改为双月刊，一年出版六期，每期出版费100元，由吴宓个人承担。即便如此，《学衡》也未能定期出版，第63期到10月才出版。笔者通过考证《学衡》封面日期和《吴宓日记》中记载，可以断定几乎每期都延期出版。

吴宓在主编《学衡》的同时，亦加盟《大公报》阵营，主编文学副刊。1927年12月初，吴宓致函张季鸾云："以季鸾之政治，与宓之文学，若同编撰一报，则珠联璧合，声光讵可限量。"他还草拟《文学副刊》编撰计划书，自荐主编《文学副刊》，以此"行其志"。对此函，张季鸾很快回复，表示"极为欢迎"，敦促吴宓尽快赴津洽谈。对此，好友陈寅恪"极赞成"，认为"此机不可失"，并表示愿意协助吴宓办《文学副刊》。另一好友 winter 也"欣允竭力相助"。吴宓极为重视此事，草拟《办理〈大公报·文学副刊〉待商决之各问题》，第二日即赴津与张季鸾、胡政之等商谈，最后议定由吴宓"包办"《大公报·文学副刊》。吴宓从此开始了办《大公报·文学副刊》的生涯，《大公报·文学副刊》也成为他宣扬"新人文主义"的又一阵地。①

吴宓格外重视主编《文学副刊》，除聘请赵万里、浦江清、张荫麟等人协助办副刊，亦对选稿、排版等工作亲力亲为，多次"校对"第1期排版底样，以防出现错误。1928年1月2日，《大公报·文学副刊》第1期面世，吴宓"急阅"并"甚为喜慰"。从此后一系列重大情况的处理上，可以看出吴宓对编辑工作的重视程度。对于第10期发生《胡适评注词选》排版为四号字事件，他"愧愤异常"，认为张季鸾等人"献媚于胡适氏"，致函责之，但事实是"宓以红笔批明者"。吴宓对此颇为自责："宓一时荒唐，自家错误，而妄以责人；且牵引大题目，几伤感情。可见人间几多误会，悉出不经意之故。"对于遗失稿件和擅改稿件次序，吴宓"阅之甚愤"，致函张季鸾和胡政之，表示如再有遗失稿件事，"决不愿续办"。对于因广告

---

① 吴宓著，吴学昭整理：《吴宓日记》（第3册），生活·读书·新知三联书店1998年版，第447、448、448—449页。

而停版《文学副刊》，吴宓祈盼"勿再停歇《文学副刊》"。另外，为增加语体文和新文学，吴宓邀请朱自清加盟《文学副刊》，以此为"宣传作战之地"。吴宓还注重《文学副刊》的改革。1929 年 1 月 19 日，吴宓宴请赵万里、浦江清、张荫麟，计划对《文学副刊》进行改版，以更好适应其发展。①吴宓编辑《大公报·文学副刊》至 1930 年 8 月，之后便赴欧游学，脱离了与《文学副刊》的关系。

学术性杂志的功用在于传播思想、启迪民众、培育国民，以促成"阅读大众"的形成。吴宓编辑《学衡》的目的即在于此，希望通过《学衡》"论究学术，阐求真理，昌明国粹，融化新知"，从而创造一种"整体文化主义"，消弭新青年派对中国传统文化的冲击，以此促进中西文化的融合发展，创造出一种新文化。从这个角度看，吴宓加盟《大公报》主编《文学副刊》，是继续阐扬《学衡》宗旨的一种体现。

第四节 以报刊为思想工具——恽代英

恽代英是湖北武昌人，在（私立武昌）中华大学读书时就是"报刊迷"。他将阅报视为增进学识的重要途径："今日，少年不肯买正当杂志，诚如先生所言，代英尝推其病根所在，以为此乃中国人各怀除课堂外无学问之观念所致，然亦多不明看杂志之利益，而国中杂志办理亦或间不得其法也。代英自问受看杂志之利益甚多，而以西国杂志比之，中国杂志时有不及之点。"② 从恽代英留下的日记来看，他阅读的报刊种类繁多，以学生类报刊为主。1915—1921 年，他阅读的报刊包括：《妇女杂志》《东方杂志》《中华教育界》《青年进步》《妇女时报》《大中华》《少年周刊》《科学》《教育杂志》《时报》《小说时报》《小说新报》《小说画报》《小说海》《留美学生季报》《北

---

① 吴宓著，吴学昭整理：《吴宓日记》（第 4 册），生活·读书·新知三联书店 1998 年版，第 3、34、37、190、196、197 页。
② 恽代英著，中央档案馆、中国革命博物馆、中共中央党校出版社编：《恽代英日记》，中共中央党校出版社 1981 年版，第 263 页。

京大学日刊》《每周评论》《申报》《时事新报》《汉口日报》《解放与改造》《新青年》《新潮》等。他从报刊中汲取与道德修养、日常生活及各类学科相关的专门知识，从而扩充自己的思想资源库。

恽代英一边读报，从报刊中汲取知识，一边写作、投稿，将一些文章或翻译作品投给多家报刊。他不仅与《妇女杂志》关系密切，还与《东方杂志》等商务系刊物有所联系。他还向多家报刊投稿，文章分布于《妇女杂志》《东方杂志》《青年进步》《妇女时报》《时事新报》等刊物。特别是《妇女杂志》，成为恽代英与妻子沈葆秀结缘并建立新式家庭的例证。① 恽代英在中华大学撰写的《义务论》《文明与道德》《美国元老院议员之健康》《结婚问题之研究》《经验与智识》等文都发表于《东方杂志》。② 可见，恽代英的写作主题非常丰富，也可从侧面看出他的阅读面和知识面非常广泛。

恽代英在上大学时已经完婚，维持家庭生计成为他学习之余的重要任务，他的日记中经常有向岳父借钱还钱的记录，而通过投稿获取的稿酬成为他重要的经济来源。他对稿酬的记录甚详："于《妇女杂志》赚洋十元（译体育二篇，家政一篇）及书券若干，《女子交际问题》。于《青年进步》赚洋十元，《职业与学问》等。于《新青年》赚洋十元，《基督教平议》。小说与少年读物于《环球》赚洋十元。此外，在《东方》仍赚书券若干，尚须他处赚现洋若干。"恽代英1917年的收入合计现洋109元，书券35元2角。由于已成家，恽代英希望通过投稿还清"宿债"，因而暂未获得的稿酬也被他收录："计妇女杂志社三稿共一万一千三百余字，预计可得酬十六元余。但禁食篇恐未必售耳。小说丛报社一稿，计八千余字，余索酬十元，但恐亦未必售耳。如能尽酬，则差可了一切债。"③

---

① 周叙琪：《阅读与生活——恽代英的家庭生活与〈妇女杂志〉之关系》，《思与言》2005年第3期，第107—190页。

② 恽代英：《义务论》，《东方杂志》1914年第11卷第4期，第7—10页；《文明与道德》，《东方杂志》1915年第12卷第12期，第4—8页；《美国元老院议员之健康》，1917年第14卷第6期，第35—38页；《结婚问题之研究》，《东方杂志》1917年第14卷第7期，第7—13页；《经验与智识》，《东方杂志》1917年第14卷第10期，第7—13页。

③ 恽代英著，中央档案馆、中国革命博物馆、中共中央党校出版社编：《恽代英日记》，中共中央党校出版社1981年版，第156、128页。

1915 年，恽代英就读于中华大学文科中国哲学门，他和黄负生、梁卻文、冼百言创办《道枢》，但该刊只发行了几期就无疾而终。1917 年 2 月 24 日，光华大学校长陈时希望恽代英能编辑《光华》，恽代英以妨碍佣读主义之进行委婉推却。26 日，陈时仍召恽代英，"任以全权办学报"，恽代英始同意，但对《光华》订立如下要求："封面刊要目，报上登要目广告。绝对不要无价值论文。学事共居八分之一。不分门类。务求与学生功课有益。"① 由此可以看出，恽代英办报的宗旨是追求实用。

恽代英在回忆这段经历时指出："在五四运动以前，我在武昌做学生"，"那时候全国一般的思想界都可怜极了，只有《新青年》与其他一二刊物，稍稍鼓吹一点'离经叛道'的思想。这一种鼓吹，对于我便发生了影响；我可以说我本是一个富于怀疑批评精神的人，我向来又只爱看课外书报而不爱正经功课，所以我的思想便首先被摇动了。"② 摇动之后，恽代英便开始信仰马克思主义。

第五节　以报刊为人生指导——杨贤江

杨贤江是浙江慈溪人，1912—1917 年就读于新文化运动的重要发源地浙江省立第一师范学校。此时的浙江省立第一师范学校校长经亨颐思想开明，鼓励学生阅读课外书报，积极学习各类新知，学校的学习氛围颇为浓厚。曹聚仁将北京大学、湖南省立第一师范学校与浙江省立第一师范学校并称为"新时代的文化种子"，③ 表明它们在传播新文化方面做出了特殊贡献。在这种氛围下，杨贤江通过报刊积极学习各种新知。阅读报刊成为杨贤江形塑知识结构与思想观念的重要途径。从他 1915 年和 1918 年的日记中可以发现，他读过的报刊多达 40 余种，具体统计如表 7-1 所示。

---

① 恽代英著，中央档案馆、中国革命博物馆、中共中央党校出版社编：《恽代英日记》，中共中央党校出版社 1981 年版，第 40 页。
② 恽代英：《应该怎样开步走？》，《中国青年》1925 年第 96 期，第 689—690 页。
③ 曹聚仁：《我与我的世界》，上海三联书店 2014 年版，第 112 页。

表 7-1 杨贤江 1915 年和 1918 年阅读的报刊

年 份	报 刊
1915 年	《教育杂志》《大中华》《京师教育报》《中华学生界》《中华教育界》《杭报》《科学》《沪报》《东方杂志》《朝日新闻》《校友杂志》《太阳》《实业之日本》《英文杂志》《学生杂志》《进步》《南社丛刊》《青年》《新民丛报》《留美学生季报》《申报》《中华童子界》《越铎报》《世界杂志》《教育周报》《妇女杂志》《教育研究》《都市教育》《时报》《敬业学报》《甲寅》《新青年》
1918 年	《东方杂志》《进步杂志》《光华杂志》《青年进步》《英文杂志》《教育杂志》《新青年》《新闻报》《杭报》《中华教育界》《修养杂志》《中学世界》《新申报》《小说月报》《学生杂志》《北京大学日刊》

从杨贤江的阅报记载中可以看出他阅读的连贯性。因崇拜梁启超,杨贤江阅读清季梁启超主编的《新民丛报》。从 1915 年 5 月 20 日起,杨贤江开始阅读《新民丛报》,到 6 月 19 日,这一个月几乎每日都有阅读《新民丛报》之记录。对于一些印象深刻的论断,他会记录到日记中。6 月 26 日,在停阅一周之后,他"继阅"《新民丛报》至 7 月 9 日回乡之前。虽不知这份当时已停刊近十年的刊物有何种魔力吸引他不断阅读,但《新民丛报》的后续影响通过他的阅读经历可以窥得一二。

杨贤江因求学于浙江省立第一师范学校,故颇为留意教育类、学生类刊物。除商务系的《教育杂志》《学生杂志》《英文杂志》与中华系的《中华教育界》《中华学生界》《中华童子界》外,其他教育类、学生类刊物(如《京师教育报》《教育周报》《教育研究》《都市教育》)亦成为杨贤江阅读的重点。例如,他在 1915 年 2 月 27 日阅《京师教育报》后评论:"报为行政机关之公报,故详公牍记载,读之令人于京师教育界情形可以为指导之助。"5 月 2 日,他再阅《京师教育报》,重申了上述观点,"备载公牍、教案、调查等事甚详"。6 月 5 日,他阅《京师教育报》中《教育学说》一文,认为"多摘诸教育史"。7 日,他又阅《京师教育报》,得悉"开乐贤会之宗旨及一切手续,深可为他日办学之助"。①

---

① 杨贤江:《杨贤江全集》(第 4 卷),河南教育出版社 1995 年版,第 8、48、72、73 页。

除《京师教育报》，杨贤江阅读频率较高的要数《青年教育》。1915年11月17日，他阅《青年教育》所载《论青年之精神》一文，指出该文"与余所经历者适相吻合"，并表示"不幸而受其害，今虽悔恨，其如不及何"，故愿今日之青年"赖有正当之指导者以矫助之也"。12月1日，他继阅《青年教育》，谓"青年之研究，既重在观察与读书，又贵有考察之功，则知识能活用"。基于这一观点，他反思："余反省自己之研究，除读书外，他几无可言，岂不失之偏与？须顾及上栏格言才好。"9日，他又阅《青年教育》并记载："不完全乃世界常态，吾人正惟其不完全，故须尽力研究，使趋于完全之一点，万不可抛却生命谋自杀云。"他认为，"此说甚是，足以勉励吾人力趋向上，又是抑制吾人自以为满足之恶习。曾公之求缺陷不欲求全，殆即此意欤。"①

其他一些教育刊物也被纳入杨贤江的阅读范围，如《教育周报》《教育研究》《都市教育》等。1915年9月20日，他阅《教育周报》，知"本校以能说省城话为考查实习成绩之条件"，他深表赞同："诚为必要之举。处其地而不能语其语，不亦可羞之事乎！"10月9日，他阅《教育研究》所载《论学校园之重要》一文，文中认为学校园"实为学校设备之一，盖其效用广博，学生得益浩大也"。他认为"今之学校，大部囿于财，故校舍多狭窄"，但"无论其如何狭窄，能善利用隙地培植相当实物，未始不可为学校园。所恨今之教师多未受师范教育，见闻有限，只能于纸上罔教生徒，脑海中实未尝存有此种观念耳。然则吾侪可不勉哉！"11日，他读《都市教育》，并对此刊表示肯定："当阅首册，内容丰富，材料适切，印刷亦可，价值又廉，诚研究小学教育及欲观都市教育状况者所当手置一编者也。录其唱歌一首及《课外教育简明表》，备将来实施之用。"② 可见，作为师范生，他希望以后投身教育界，非常关注"教育知识"，因而阅读教育类刊物成为他的兴致所在。

彼时，由中华基督教青年会创办的报刊《青年》和《进步》，以及1917年两个刊物合并的《青年进步》对青年学子的修养产生了重要的影响。例如，

---

① 杨贤江：《杨贤江全集》（第4卷），河南教育出版社1995年版，第172、180、184页。
② 杨贤江：《杨贤江全集》（第4卷），河南教育出版社1995年版，第134、146、148页。

前清官僚恽毓鼎,以及前文提及的恽代英、舒新城和恽代英的同学余家菊等人皆是《青年》《进步》的读者。① 杨贤江也是《青年》的重要读者之一。1915年4月2日,他阅《青年》,对于"知识非由书籍可得"的观点深表赞同,认为:"吾人之思想、经验,实为之主,书籍不过如显微镜、远望镜然,只能尽辅助之作用,而不能不用目专用镜也。深切著明,修学箴言,欲得实益者,不当如是耶?今知过矣,勇改为尚,虽乏指教,自力亦无不可也。"5月22日,他至基督教讲堂阅《青年》,内载菩生君所论"今日青年之缺点,罗列十端",他认为"有病皆现,无句不确,洵药青年之良剂也"。他接着补充道:"又以缺乏自觉、奋励、忍耐、审断、进取五者为今日青年之大病。惟其不自觉,故于人生茫然,不知责任之如何;惟其不奋励,故小挫而即心灰意冷;惟其不忍耐,故浅尝薄涉,难期功成;惟其不审断,故为事多冒昧苟且;惟其不进取,故安故蹈常,毫无远大之志。是故余睹一般青年,余实不觉为我国前途危也。"6月5日,杨贤江又阅《青年》,记载此期刊载的文章:"有《有志少年宜读之书籍》之论文,如《自助论》、《勤俭论》、《品性论》、《义务论》、《卫生新义》、《延寿新论》、《人心能力论》、《伟人修养录》等,均为勉励振奋人心之书,凡欲成功立业者,不可不读者也。"9日,他再阅《青年》后记载其中内容:"人求快乐有三诀:第一,每日记忆善事;第二,每日须有陶性怡情之事,如天之丽日彩云,地之奇花异草,均可为娱乐之资;第三则每日助人以力,即为人尽力是也。如是行之成习,则自觉心广体胖矣。"他读后感慨道:"可见小善之亦不可不为也。"②

杨贤江阅读《进步》杂志后大量摘抄其中内容,对重要文章录以备考。1915年4月24日,他阅该刊所载《读书勺言》一文后摘录:"书之选择宜如其性,而精读实为不易之法门,又须以公平之心接书,而后下以判断。"5月15日,他阅《疲者之卫生法》一文后记载:"须注重于合理之食物、适当之运动、新鲜之空气及快乐之心意,所谓心广体胖者是也。"10月31日,他阅

---

① 张仲民:《胡适何以"暴得大名"?——关于五四新文化运动史研究的再思考》,《广东社会科学》2019年第6期,第117—119页。
② 杨贤江:《杨贤江全集》(第4卷),河南教育出版社1995年版,第26、61—62、72、75页。

《学校造就人才之本意》一文后摘抄:"学校为涉世之预备,学子亦当练习世故。"① 他摘录之后,并未发表具体感想。

杨贤江在阅览报刊的同时,还对新闻舆论的作用有所思考。1918年10月11日,他对报纸上刊载的国庆评论加以批评:"昨日国庆,读各报评论,大都感慨之言多而颂祷之词少。报纸言论虽未足云代表舆论,要之,亦可观民心之所趋。如此哀愁之音,殊非民气发扬之证可知矣;此自然之趋势实非可矫情为之,则国事之不堪设想又可知矣。"他表示:"夫他国国庆之日,举国人民欢欣鼓舞,乐且如狂,以视我国国庆萧索景象,相去为何如哉!呜呼,国庆!"② 他对于因国庆而引发的舆论表示深切关怀,希望国人自奋,而非自怨自艾。

1915年7月13日,杨贤江自杭州返乡度暑假。因家里未订报刊,他在假期经常前往太和镇的一家名为"和太行"的商号阅读《申报》,后又读《时报》,通过阅读两种报刊了解新闻。15日,他至"和太行"阅《申报》,目的是"聊悉大势,以慰吾心"。但是,每日的阅读没有"以慰吾心",反而"终觉奄奄庸庸,无磅礴奋发气象"。他认为"国中报纸,实抱不满足之意",盖因"主新闻者,多非专门人材,半为糊口地耳",足见他对《申报》的质量颇为不满。8月19日,他表示要改阅《申报》为《时报》,"余固以《时报》为优也,故甚乐阅之"。③ 此类见解,说明他颇为看重报纸品质。

杨贤江阅报主要关注灾害新闻。例如,1915年7月18日,他阅《申报》,知"粤省既大水又益以大火",他发出无奈的感慨:"惨矣!天灾荐臻,奈何!"8月2日,他阅《申报》了解"上海于十六夜亦遭大风雨,损失甚巨",他又叹息道:"天灾匝地,嗟!吾民几何不丧生耶!"连日的大风雨迫使轮船停航,亦导致报纸送达的时效性降低。直到7日,他再次看到《申报》,才发现余姚受灾情况较上海尤甚,他悲天悯人地写道:"何天之不矜恤吾民耶!"④

---

① 杨贤江:《杨贤江全集》(第4卷),河南教育出版社1995年版,第42、57、159—160页。
② 杨贤江:《杨贤江全集》(第4卷),河南教育出版社1995年版,第303页。
③ 杨贤江:《杨贤江全集》(第4卷),河南教育出版社1995年版,第97、103、116—117页。
④ 杨贤江:《杨贤江全集》(第4卷),河南教育出版社1995年版,第99、109、111页。

杨贤江还关注教育发展的情况，并为教育新气象感到"可喜"。1915年7月27日，他阅《申报》得知"大总统自立一模范小学于北京，树之风声，四方促同，教育普及兆端于兹"。他认为"是可大为欢祝者也"。8月11日，他阅《申报》后记载："初等小学校此后将改名'国民学校'；高等小学校亦分为二：一系单立者；一系附设中学校，另名'预备学校'云。"13日，他阅报又知"浙师校经子渊等已到京师，预备开全国师范校长会议。事关吾侪，甚愿煌煌诸公，有以福吾侪也"。17日，他阅《申报》后特地记载："全国师范校长会议已开会。"他感慨道："夫一国之根本在教育，而教育之良图莫如培植师范生。今开此会，诚我国教育界振兴之机会也。"①

读者的知识结构有其发展的内在理路，阅读报刊可以感受时代脉动，从而更好地理解时代的发展，将此与个体的命运联系起来，或许可以成为改变命运的重要方式。出于思想史的意图对刊物的阅读进行考察，关注读者在不同时期通过阅读接受的知识给养与思想影响，成为个体思想不断完臻的重要过程，即所谓深度阅读的重要性。从上述阅读记录来看，杨贤江知识谱系的形成与报刊阅读紧密相连。通过他的日记分期逐日考索他的阅读趣味的演变，辅之以其他材料，可以厘清他的阅读取向与思想立场之间的生成关系。

杨贤江在1918年阅读的报刊有《东方杂志》《青年进步》《修养杂志》《时事新报》《学生杂志》《教育周报》《新青年》《北京大学日刊》《现代教育》等。相较于1915年，杨贤江在1918年所阅报纸的质量和水平明显逊色不少。这并不意味着他没有1915年努力，而是因为时间和空间的改变带来的影响，一方面表明他的阅读习惯有所改变，另一方面表明工作导致他的阅报精力大大减少。在具体的阅读上，他对《青年进步》杂志仍情有独钟。1918年1月15日，他回顾："数日来，每于下午四时后在室内行'六段锦'（《进步杂志》所载），可以舒筋骨、振精神，自然之补剂也。"27日，他阅《青年进步》后记载："观察力有四［三］缺点：（一）成见。各信其所信，然其所然，不中事物之真；（二）附会。以臆见推测，断其如何；（三）误观。由错觉

---

① 杨贤江：《杨贤江全集》（第4卷），河南教育出版社1995年版，第104、113、114、116页。

所致。由此观之,平常自诩有卓识者,难保其一无谬误。个人之注意既各不同,外界影响又足致迷惑,故吾人不可自信所见为十分之的确,要当随时随地留心练习,或达于较准之一点也。"6月2日,他阅《青年进步》所载丽诲君《中学生之锻炼》一文,文中"条举十数端,中有耐长久之读书与听讲",他甚有心得,谓:"足以警惰一节,甚好,余将实行。"在他看来,"以一小时为节,而往往不及六十分,似觉分工多而收效少",故"此后时间改长而事务减少,在社会办事,不能不如此也"。12月8日,他阅《青年进步》后写道:"有感于自身颇有趋私利、轻公务之倾向。虽属勤学,分所当然;然居于此间,果为何事?顾名思义,则此种行为实迹近于营私,揆之道德不应出此。今后当勉力自戒,总以学校委托事件为第一当尽之职务,办公有暇,方治学问,庶几于天良、于人道无愧色焉。"26日,他阅《青年进步》后总结道:"优胜之捷术,在有科学的知识与训练,既定计划,决心实行,此言殊扼要。一言蔽之,人生事业,当先预算是也。余于求学稍有把握,可以循涂而进;然于立身处世,尚无准绳可据,似又失之偏。今年瞬将匝岁,所望新年开始,此一年之预算,亦从此立定进行耳。"① 由此可见,他颇为喜爱《青年进步》,阅读甚为细致,收获甚多。他将《青年进步》中的知识资源与自身的实践相互比照。这种比照亦在他阅读《修养杂志》上有所体现。1918年4月20日,他在日记中记载:"《修养杂志》所刊材料颇精当,今日译《勉强与趣味》一篇,其余短篇,拟译出实吾笔记。"10月20日,他上午阅《修养杂志》中《论大我之快乐》一篇,"说明利己之不可、大我之真福,颇警辟"。阅《伟人之行迹》一篇,"说明天才即勤勉,援引西洋名人实例以资佐证,足发人深省,有猛厉之志,俱良材料也"。② 阅读产生行动,行动催生创作。此类阅读、思考与创作的结合,体现出他对报刊资源的高度重视。

杨贤江由读报而办报的经历,体现出他的职业志趣。在浙江省立第一师范学校求学时,他就致信商务印书馆英文部部长邝富灼:"作致邝富灼先生信

---

① 杨贤江:《杨贤江全集》(第4卷),河南教育出版社1995年版,第205、210、258—259、325、332页。
② 杨贤江:《杨贤江全集》(第4卷),河南教育出版社1995年版,第239、306—307页。

一，已完稿，惟未誊清。余不识先生，然余欲效菲斯的见康德故事，求助于先生，俾得入函授学社英文科之愿。"① 他模仿菲斯求教康德事，致信邝富灼表达了对他的景仰。1921年，作为"重要投稿者"的杨贤江任职商务编译所，开始对《学生杂志》进行改革。5月，他在《学生杂志》第八卷第五号上刊出"本志刷新预告"，开始对《学生杂志》进行改革："本志出版，已经八年了，在这八年当中，蒙全国教育界、学生界的欢迎，销数日增，实在感激得很！但本志同人，看了时代流转、思潮变迁的形势，常恐不能适应全国学生情意上、理智上热诚的要求；所以常常在这边设法改良，使得可以随时俱进，做个学生界最要好的朋友。现在想就能力所及，定于本年七月号起，再加刷新，除登载有关增进理智的文字外，更当多收发扬情意的材料。务使读者既能得着切实的知识，又能涵养活泼的趣味，因以完成个人美满的生活。"② 在他看来，如何让以学生为主体的读者获取新知、培养情趣，是这份杂志的根本目的。

此外，报刊成为拓展杨贤江社交圈的重要渠道。1918年1月20日，他在《光华杂志》上看到恽代英的文章，称其文"说得来可称透辟"。他便致信恽代英，对其组织互助社"愿纳交以策进行"，"深佩其热心实力之有成，能即知即行之，不可及也"。他在恽代英的感召下，希望组建"中华学生力行会"，目的是"树帜于全国，广考他国学生之行事，参考本国社会之情状，为一国社会之中坚，一变因循巽懦之风气"，并表示"将与恽君商之"。③ 对此，恽代英复信指出："大抵仍不能自信己之能力，未肯放手作助人事。然助人初非谓摩顶放踵，惟就可度者度之，用力少成功大。人多于此不肯似自己事同一留心，贤者亦不免此耶。其言就业后感想颇有可注意者。"④ 至此，两人经由报刊这一媒介正式建立了联系，为之后共同走上革命道路埋下了伏笔。

---

① 杨贤江：《杨贤江全集》（第4卷），河南教育出版社1995年版，第128页。
② 《本志刷新预告》，《学生杂志》1921年第8卷第5号，第1页，转引自杨贤江：《杨贤江全集》（第3卷），河南教育出版社1995年版，第698页。
③ 杨贤江：《杨贤江全集》（第4卷），河南教育出版社1995年版，第207、249页。
④ 恽代英著，中央档案馆、中国革命博物馆、中共中央党校出版社编：《恽代英日记》，中共中央党校出版社1981年版，第378页。

第七章 学生的报刊阅读与社会互动

小　结

　　五四时期，新式传播媒介不仅是新闻传播的主要渠道，还是新思想、新知识、新文化的重要载体。近代教育体制内的学生们除了课堂学习，阅读报刊也成为他们接受新知的重要渠道。随着时代的发展，新式报刊愈来愈深地影响学生群体的生活轨迹。因此，需要通过读者的报刊阅读活动，探讨他们如何利用报刊资源充实日常生活，如何借此改造自我，如何表达情感认同和价值取向，如何由此形成群体感知与社会意识，如何参与政治和社会运动，如何进行思想启蒙和社会变革。新式报刊与新文化运动相互促进、相互成就。以知识分子和青年学生为主体的读者，在新文化运动和大众媒介的影响下，成为促进社会变革的主要力量。受新式报刊的影响，青年学生们的民族主义意识开始觉醒，他们的社会使命感和政治参与意识极为强烈，在一定程度上促进了新型文化共同体的形成。

　　以《新青年》为代表的五四新文化运动塑造了两种文化，一种是学术文化，一种是政治文化。一些知识分子和青年学生在《新青年》的影响下走上了学术的道路，以《新潮》为阵地，致力于继承和发扬《新青年》的启蒙思想，使新文化运动波及大江南北。一些青年学生在五四运动之后负笈海外，归国后致力于学术活动。另外一些知识分子弘扬《新青年》的政治文化，以《国民》等杂志为阵地，延续文人论政的传统，大力宣传政治文化，在五四运动后纷纷从事政治活动，期望以自身努力改变中国"落后挨打"的局面。十月革命后，他们纷纷接受马克思列宁主义。他们认为，要建立一个和平安定的中国，需要推翻帝国主义、封建主义两座大山的统治，代表无产阶级的政党才是中国的领导力量。这是 20 世纪二三十年代中小知识青年"左翼化"的重要原因。① 随着中小知识青年"左翼化"程度的逐步加深，他们成为 20 世

---

① 唐小兵：《民国时期中小知识青年的聚集与左翼化——以二十世纪二三十年代的上海为中心》，《中共党史研究》2017 年第 11 期，第 64—80 页。

纪 20 年代后期革命的中坚力量。这不仅促进了国共合作，还推动了中国革命的纵深发展，塑造了 20 世纪 20 年代的革命文化。他们的报刊阅读也具有"革命化"色彩。

第八章

大革命时期的时局变动、报刊阅读与读者心态

1924—1927年是中国新闻事业"大发展、大变动"时期。① 这一时期重要的特征是政党报刊的兴盛,尤其是无产阶级报刊成为推动社会变革的重要组成力量。

1922年9月,中国共产党第一份机关报《向导》创刊。《向导》主动抛出"共产主义""阶级斗争""推翻国际帝国主义""打倒军阀""国民革命""北伐战争"各类理论或时政热点话题供读者讨论,接受读者批评,引导读者响应大革命。除了《向导》,中国共产党还创办了不少地方党报党刊和群众性报刊,为读者了解中国革命的形势提供了重要资讯来源和学习读物。

与此同时,国民党报刊在这一时期也得到较大发展。1924年,中国国民党第一次全国代表大会召开,国共合作正式形成。在共产党和国民党左派的帮助下,国民党改组《民国日报》,创办各类党报、军人报刊,宣传孙中山的新三民主义,巩固国共合作的成果。但随着孙中山的逝世,这些报刊被国民党右派掌握,沦为右派反革命的工具,特别是在四一二事件和七一五事件等反革命活动中污名化共产党和国民党左派,直接造成国共分裂,产生了恶劣影响。

---

① 方汉奇主编:《中国新闻事业通史》(第二卷),中国人民大学出版社1996年版,第125页。

这一时期，民营报刊专业化、职业化水平得到进一步提升。民营大报《申报》《新闻报》等报刊不断发展，发行量不断攀升，进一步巩固了上海报业中心的地位。新记《大公报》《商报》《世界日报》等报刊的创办，促进了民营报刊的繁荣和发展。民营报刊注重经营效益和专业经营，强化新闻报道，尤其在第二次军阀混战、浙奉战争、五卅惨案、北伐战争等重大新闻事件的报道中，突出主题，注重实效，深入评论，有助于读者加深对事件的认知。

经过直皖战争和第一次直奉战争，中国的政局发生了重大变化。以段祺瑞为首的皖系军阀倒台。同时，直系内部发生了重大分化，曹锟因北京政变遭软禁，吴佩孚成为直系北方的代表，孙传芳在南方崛起，北洋军阀形成了张作霖、吴佩孚、孙传芳三足鼎立的局面。这一时期读者了解到的政治变化主要是上述三派大军阀和其他小军阀之间的博弈。

北伐战争的进程得到读者的关注。1924年1月，中国国民党第一次全国代表大会在广州召开，以国共合作为基础的国民革命开始兴起，全国革命形势发展迅速。在南方，以国共合作为基础的广州国民政府成立，组建了国民革命军。在北方，北洋军阀之间的混战加剧，最终以国民革命军的北伐胜利告终。持续不断的战争是读者观察时政的重点。从事件史的角度看，报刊读者对重大新闻的叙事，是了解这一时期报刊新闻传播及其社会影响的重要内容。

第一节　第二次直奉战争与读者观感

第一次直奉战争后，奉系退守东北，图谋再起。为此，张作霖在东北进行了军事改革，积极备战，为第二次直奉战争做好准备。1924年9月，浙江军阀卢永祥和江苏军阀齐燮元为争夺江浙一带的利益发起江浙战争，成为第二次直奉战争的导火索。不少读者留意报刊相关报道，从不同侧面记载和评论此次战争的进程，表达了他们对时局的关注。

一、直奉矛盾的激化与读者因应

五四之后，上海进一步确立中国报业中心的地位，上海读者获取有关时

第八章　大革命时期的时局变动、报刊阅读与读者心态

局的相关信息颇为便利。身处上海的读者对于时局的敏感度也高于其他地区。长居上海的王伯祥几乎每日都有阅读报刊的记载。王伯祥往往结合时政要闻，在日记中"再现"重要新闻事件并加以评论，体现出他对时政的观察和认知能力，作为其阅读史的重要内容。例如，他在1924年1月1日的日记中记载："上午在寓看《新闻报》，报有增刊五张，把十二年的中央大事、各省大事、上海大事等分别记录，甚有史材之用。"10日，他阅报后特别提及"众院忽成会，通过孙宝琦组阁"，他评论道："北京政象的奇幻真是令人莫测！尤奇的，便是通过孙阁之议员就是高凌霨的宪政党。"在他看来，孙宝琦组阁是在直系军阀曹锟的授意下进行的。2月8日，他针对当时的局势，在日记中总结道："知去岁之杪以迄于兹，世界百事已大有变动。中国北京政府无大事，惟齐燮元已于春节就苏皖赣巡阅使任。广州建国政府尚未正式成立，而加拉罕已代表苏俄致电表示赞同，第一承认孙文为建国总统者其惟苏俄乎！英国已承认苏俄，促派专使商悬案，意国亦有承认苏俄说。美前总统威尔逊以病胃死，当世失一政杰，甚可惜。日本解散众议院，恐有大风潮。"① 这些大事，显然是他长期观察时政，经过系统分析和综合比较后方能娓娓道来。

长期观察时事的卞白眉也在日记中记载了曹锟治下北京政府的人事变动。1923年，曹锟在反对声浪中当上总统，并在1924年推选出新的内阁成员。1924年1月10日，孙宝琦组阁案通过议院，高凌霨代阁辞职。13日，卞白眉在日记中记载，孙宝琦任总理昨夜发表，内阁成员如下："顾维钧外交，程克调内务，王克敏财政，吴毓麟交通、颜惠庆农商，王宠惠司法，范源濂教育，李鼎新海军，陆锦陆军。"在此次内阁任命中，中国银行总裁王克敏以"不就"财政部长职而引发关注。11日，社会上就开始出现王克敏"出阁"之传闻。13日，卞白眉在日记中对王克敏"不就"财政部长这一举动表示怀疑，他分析道：王克敏曾"立誓不连续长财"，称"强迫即将其砍头亦不干"，"软求虽对之磕头亦不干"。虽"意似坚决"，但"未必能永守不移"，皆因王克

---

① 王伯祥著，张廷银、刘应梅整理：《王伯祥日记》（第1册），中华书局2020年版，第1、5、17页。

敏经常"信誓旦旦亦易食言而肥",曾听闻王克敏在清朝灭亡时以"殉节自矢",并表示"若仕民国",则"不啻倡优",但很快改其志在民国为官,并且他平日一言一行"多飘忽不足恃"。曹锟"若略假以颜色",王克敏"必又兴高采烈"。14日,卞白眉在日记中记载:王克敏表示"已避往大觉寺"。又有传言孙宝琦派蔡廷干至大觉寺寻找王克敏就职,孙宝琦对王克敏的扭捏作态表示"不满意",但王克敏此次执掌财政部是曹锟授意。孙宝琦本欲推选龚仙舟、赵剑秋为财政总长,实其本意在"自兼",但曹锟"未允"。15日,孙宝琦就职,又派周寄梅寻找王克敏。①

总的来说,曹锟的统治并不牢固,面临内外双重危机。一方面,直系虽然赢得了第一次直奉战争,但是并未完全消灭奉系势力,张作霖在东北厉兵秣马,准备卷土重来。另一方面,在直系内部,吴佩孚像一颗冉冉升起的明星,威胁到曹锟的统治。随着吴佩孚势力的不断增强,至第二次直奉战争时,吴佩孚取代曹锟,成为直系的领导者。

二、 江浙战争与读者的近距离观察

1924年9月,浙江督军卢永祥和江苏督军齐燮元在江浙地区开战。报刊对这场战事进行了较为全面的报道,读者亦深切关注战争的进展。8月20日,《申报》刊载了标题为《戎首》的时评,对江浙用兵事进行了分析:"江苏已定某为司令,某为指挥,某为一路,某为二路,某为三路。十六开军事会议,十八又开军事会议。会议之后,各将领已返防地,准备进行。"时评指出:"假使此消息而确,开战之期将必不远矣。假使此消息而确,以前不为戎首之言,其何说之辞。假使此消息而确,以前以两省人民为重之言,其何说之辞。假使此消息而确,是以前所有之誓言,皆谎言也。是明示人,以军阀必无信。假使此消息而确,是全无人民之观念在其心目中也。是江苏者,齐燮元之江苏,非江苏人之江苏也。"② 随着江浙风云变幻,报刊上关注战事的报道逐渐

---

① 卞白眉著,中国人民政治协商会议天津市委员会文史资料委员会编:《卞白眉日记》(第1卷),天津古籍出版社2008年版,第276、277页。

② 冷:《戎首》,《申报》1924年8月20日,第6版。

第八章 大革命时期的时局变动、报刊阅读与读者心态

增多,如《苏绅对时局请齐督宣布真相》《浙绅请卢张宣布意见》《汇录各界呼吁和平之消息》等。① 此后几天,《申报》每日将江浙时局之昨讯刊载出来,以供读者了解最近之消息。31 日,《申报》在《自由谈》中开创了"江浙风云特刊"的专栏,方便读者了解相关进展。9 月 3 日,江浙战争打响。4 日,《申报》刊载了时评《战之起点》,指出战事已开,"此次江浙战事,必延时日。延时日之后,必引起别方之战事,愈引愈多,必至全中国尽陷于战涡之中。其战祸之烈,必为革命以来所未有。何则?各方以前所有之积忿之羁縻与压迫,皆将乘此时机而发动也。盖以积势而言必有此一日,今日江浙之起衅,或适当其日耳"。② 此后,《申报》连篇累牍地报道江浙战争的相关情况,使读者全方位地了解战争的进程。特别是身在战区的读者,尤为关注战事。

战前,商务印书馆编辑王伯祥就通过报纸了解相关新闻。1924 年 8 月 21 日,王伯祥阅报得知:"江浙军阀互斗,近又旧事重提。吴江、平望及昆山、宜兴一带,节节布防,报载消息甚恶,戎首实为齐燮元。"他认为:"国民军训练之不可缺。否则非但直辖军队不应征调,即应调矣,亦不能自由通过各地也。实力制止祸乱,会是殆莫良图。"27 日,他描述了战争给上海带来的影响和变化:在交通方面,"西行车未开,北站已为何丰林所占,西来车则人甚拥挤呈丧乱象";在住宿方面,"各旅馆盛满,据说各家所到戚族亦复平添不少云";在物价方面,"钞票已不甚通行,米价突然大涨,或者来源已塞,而奸侩复乘此掠夺耳"。但信息的真伪似乎又不能确定,他写道:"前线接触说未确,恐又不甚爽利也。"对于社会乱象,王伯祥认为:"不宜相持,还是速出一战,倒易解决,否则旷日持久,徒乱人意矣。"28 日,他读报后分析:"战讯仍不见开展,环顾居民惊惶之象则加甚。谣传米已无存,虽重价亦难买云。各地迁来避难者仍络绎不绝,正不知伊于胡底也?"29 日,他进一步了解:"江浙战息,依然相持,来源既受军事包围,不可以通,则此间民食问题

---

① 《本埠新闻》,《申报》1924 年 8 月 20 日,第 13 版。
② 冷:《战之起点》,《申报》1924 年 9 月 4 日,第 4 版。

将大起恐慌矣。军阀之造恶,真可恨也!"① 由此可见,他极为关注战前形势的变化,并对军阀之间的战争表达了痛恨之情。

9月,江浙双方督军之间的战争正式打响。7日,王伯祥阅报得知:"浙军确胜,惟乏后援,少生力之接应军耳。中山已宣告出师,奉张亦持满待发,或者有补于反直系之军心乎!"孙中山和张作霖准备加入江浙战争,但他判断:"沪上一般舆论,颇以浙败为速收残局之妙策者,是乃苟安性成,难与言正义矣。"8日,他了解:"战报仍大捷,惟无知者总喜播散不静稳的空气耳,以此又吃紧,实则听不了许多也。"9日,王伯祥在商务印书馆与同人讨论战场情况的话题,有谓"浙军败退,已在宋园附近作战者",有谓"华洋交界处已建立铁丝木栅,并派有万国义勇团逻守者"。他认为,此时的谣传是"风鹤频闻,情形极恶"。11日,战争进入相持阶段,他在日记中记载:"战线进退,两方各不出十里,实则未有胜负耳。"他认为,战争对社会的影响是巨大的:"不但百业停顿,而人心惶惶,天天有谣言来相撄心矣。"12日,他阅报后记载:"两军阵线无大变动,而浙军之在西路者大胜利。盖由长兴进占湖汊,再进则直发宜兴矣。"基于此,他预测:"则东路必松,此间或不致重见恐慌也。"14日,他听闻"浙军已入宜兴,陈乐山已请委知事接替矣",同时,"卢永祥有委定前绍县知事王嘉曾往署说",若战势果真如此,则"惊之有据,上海方面当可大见松缓也"。②

9月下半月,战争陷入僵局。15日,王伯祥阅报得知"前线战讯仍沉寂",并且"宜兴陷落之说尚未证实",他猜测"彼此都入相持状态,俱不肯浪战以耗损实力也"。面对战争造成的诸多行业停业的情状,他认为:"人民悬之于此,急待战事速了,始有生业可言耳。"此后两日僵局依旧。17日,他在日记中记载:"战讯依然,恐浙军不甚顺利耳。盖此间消息,例无败报,两挺手已足征前线不利矣。否则铺张扬厉,将不胜其鼓舞也。由是相

---

① 王伯祥著,张廷银、刘应梅整理:《王伯祥日记》(第1册),中华书局2020年版,第99、101、102页。
② 王伯祥著,张廷银、刘应梅整理:《王伯祥日记》(第1册),中华书局2020年版,第105、106、107、108页。

第八章 大革命时期的时局变动、报刊阅读与读者心态

持，必致延长，至有害于百姓，宜一般不辨是非之社会只求速了耳。"18日，他又写道："战况依然，大约真入相持状态矣，人民祈求不战不可得，而既开战后，求速战以决胜负又不可得，军阀真不可理喻耶！不然，既出于一战以求逞，宜不待敌方之增援而进攻也。"① 由此可见，王伯祥担忧战争陷入僵局。

从 19 日开始，战事朝着有利于江苏的方向发展。王伯祥阅报得知"杭州生变，卢永祥已移扎龙华"。闻此消息，商务印书馆中"又起慌乱之象"。后又在馆中"确闻炮声，因益纷乱"。20 日，他阅报后记载："苏曾并力攻浙，而浙未必即却，可见相持之事转赘，且夕不能即决也。"21 日夜十二时，他听"炮声又作，恚甚。不图屡遇兵凶，竟一至于是也"。23 日，他知："战况依然沉寂，大约此间须坐待奉直变化矣。但浙军总攻击之讯已喧传，意者日内当有大战乎？"他认为："在我们此时此地位看，固求战事速了，俾得安心生活也。然而大憝不去，国难未已，似亦不能不希望正义之伸张，则战祸虽酷也不得不忍痛须臾了。"② 从上述内容可以看出王伯祥对军阀混战的厌恶与痛恨。

进入 10 月，战事移至上海及其周边地区。10 月 1 日，因闸北治安"可以无虑"，在外躲避战乱多日的王伯祥拟"明日亦将搬回"闸北。3 日，他了解到松江方面"闽、苏各队，已于昨日向浙、沪联军正式开火，胜负尚未分晓"。9 日，他得知"沪松车通"，足证"闽、苏军队又被联军击退"。10 日，他在家看"《申报》《时事新报》《民国日报》，以均有增刊也"。对于战况消息，他评价为："如故"，"又成相持之局"。12 日夜，他"饱听炮声，手痛为之移念，竟忘却矣"。13 日，他知"卢、何已去，情势大变，于午后三时许，全家出去"。③ 通过报刊，王伯祥时刻关注江浙军阀混战的进程，并根据战事

---

① 王伯祥著，张廷银、刘应梅整理：《王伯祥日记》（第 1 册），中华书局 2020 年版，第 109、110 页。
② 王伯祥著，张廷银、刘应梅整理：《王伯祥日记》（第 1 册），中华书局 2020 年版，第 110、111、112 页。
③ 王伯祥著，张廷银、刘应梅整理：《王伯祥日记》（第 1 册），中华书局 2020 年版，第 115、117、118、119 页。

进程调整自己的生活节奏。

江浙战争后，浙江军阀卢永祥通电下野，江苏军阀齐燮元和福建军阀孙传芳控制浙江、上海等地，共同分享战后成果。11月3日，王伯祥读报后记载了战后军阀抢夺胜利果实的情况："军情及政情俱混沌，浙江孙传芳的态度尤堪注意，不识有否取金陵的意味也？鄂军援苏总指挥张允明署衔之告示，竟称奉总统令维持地方治安，凡先到沪上之军队统归指挥；上海防守总司令江苏陆军第一师长白宝山署衔之告示，亦称奉浙闽巡阅使孙训令委任云云：二者皆不及齐燮元，可见江苏军权统一之迷梦殆非齐等所得克践矣。"他进而担忧"兵戈再起，终亦徒苦吾民耳。于军阀之下场，最大限亦不过去位也"。7日，坊间谣传："白师、孟旅、张旅、郑师已联合，将合力去齐，江湾已大有人逃此，情势甚迫，租界万国义勇团已出防。"他认为"屡有逆忆，决非无因空谈"。为验证谣言是否属实，他至车站"觇虚实，才得定心"。至车站后，王伯祥发现"并无其事"，并且"知齐已回宁，则即有事亦不会在北闸发生问题矣"。12日，他判断："政局依然未定，而沪上军事已渐决，只问齐、孙间有无问题，否则将有苟安状态出现耳。小民依然小民，曾不因此次激刺而有所觉怪，来日大难，正未有已时也！"①

寓居于上海的徐乃昌同样关注江浙战争。1924年9月3日，他阅《时事新报》号外，得知江浙两军开战："安亭、黄渡间，宜兴、长兴间均同时开战。"此后三日，他记录了战争的进程："今日苏军由浏河进攻，占优势，浙军退罗甸。""今日浙军攻苏军进浏河。""昨浙军攻苏军，进安亭。"战争陷入胶着状态。至9月下旬，随着孙传芳的参战，浙军凸显败势，卢永祥逃入上海。徐乃昌多日读报后在日记中留下了卢永祥逃入上海后有关浙军的记载："浙军潘国纲败退龙游，警厅夏超主中立，卢永祥于昨晚来沪，除发行军用票五十万元，另索浙商会三十五万元。署务由夏超代理督办，关防交王锡荣接收，运使杜纯辞职，委沙灶地垦局王锡荣接充，张载扬辞职陆军二师师长，

---

① 王伯祥著，张廷银、刘应梅整理：《王伯祥日记》（第1册），中华书局2020年版，第125、127、129页。

第八章 大革命时期的时局变动、报刊阅读与读者心态

委警备队总参议周凤岐代理,政务厅长徐鼎年辞职,委秘书钱显曾代理,财政厅长张寿镛辞职,委前烟酒局长萧鉴代理,烟酒局长陈长毂辞职,议会副长祝绍基代理,印花税处长委沈铭代理。"此后,苏闽联军节节胜利。22 日,他记载:"苏皖军晚入湖州。"24 日,他阅报得知"孙传芳午后三时抵杭州"。27 日,他阅《时报》知晓"孙传芳已克嘉兴,进攻嘉善"。①

孙传芳在占领浙江后,继续进攻上海。10 月 10 日,徐乃昌读报后得知"孙传芳攻克松江"。卢永祥召开军事会议,拟继续作战,但因部下反对,卢永祥通电下野,"同何丰林出走"。徐乃昌还透露了浙军内部的一些情形:"四师师长由旅长夏兆麟继任。十师师长由旅长朱声广继任。上海防守司令刘永胜、护理军使卢永祥十五日八时乘日轮去沪,今晨十一时抵长崎。苏军中之湖北第五混成旅旅长张允明率军至沪。杨化昭仍拟继续作战,推徐树铮为总司令,自为副司令,整理残部,归队改编。阁议派王瑚、李厚基赴沪宣慰。"②随着徐树铮被上海工部局软禁,江浙战争以苏闽胜利而告终。

时任太湖水利局督办的王清穆忽闻江浙两省备战,惊愕不已,感叹道:"中外震惊,况军队所至,骚扰不堪,民苦流离,怨声载道,桀纣之失,天下失民心也。政府愿弃江浙则已,否则,急令两省撤防,以待地方人民协商善后,公代揆席,责无旁贷,解纷排难,赖公一言。"他还记载所读新闻:"沪宁铁路昆山以东昨已拆断,形势急迫,殆不能免于一战。"对于关系一向和好的江浙突然发生战端,他不能理解,难以接受。1924 年 9 月 4 日,他阅报得知"苏浙两军业已开战",颇为痛心地写道:"以个人权利之争,而牺牲国家军队,地方无数生命,以徇之。武夫之肉,其足食乎。"于是,他联络江浙和平代表通告两省:"沉痛之至,以九月三日为两省省耻纪念日,永矢勿[弗]谖。然既知耻矣,当思所以雪耻之法。书中谓望我两省人民,同心勠力,以共和之精神,谋自卫之方略,划两省地方为中立区域。"从他的角度考量,解决战端"须从自治入手,非一蹴所能"。本次战事,实发端于两方争夺上海制

---

① 徐乃昌著,南江涛整理:《徐乃昌日记》(第 2 册),凤凰出版社 2020 年版,第 570、571、573、574、575 页。
② 徐乃昌著,南江涛整理:《徐乃昌日记》(第 2 册),凤凰出版社 2020 年版,第 578、579 页。

造局，故"宜去此不祥之物，莫如变卖，改为商厂，专造农工器具，不制枪炮，所得售价，即充赔偿人民因战祸所受之损失"。他认为，制造和平第一步应"裁撤护军使，并不得驻兵队"。此外，两省需要"以民治为根本"。以江浙两省论，"江宁、杭州为两省民政总机关所在，不容派驻军队。两省江海要塞，归海军部直辖，陆军则另择适宜地点，分别派驻，归陆军部直辖。如是而省政可以独立，自治可以进行"。这是和平的第二步。最后，"应办之事，抑民国总统出于武人争夺贿选，实国民之大耻，不为纠正，则全国永无统一之望，且此后大势，只可先求分治，必实能分治而后可期统一。彼拥兵者欲以武力统一，荒谬殊甚。愈逞武力，愈见分崩，战祸蔓延，迭相报复，徒苦地方人民耳。安在其能统一也"。① 他认为两省发生战端的根源是武人政治。因此，根治战端需要祛除武人政治，方能统一。

为解决两省战端，各类组织纷纷提出保障和平的主张。浙江自治法大会有会员提出："齐卢宣战，此系江浙军阀争战，并非江浙人民争战。无论何方胜利，不能为省自治法保障，故本会应抱定不管主义为是。"在王清穆看来，"此说太消极，既主张省自治，应有节制军阀之办法，整理财政，训练民团，以植自治之基础，则国民额数可以大减，不至有喧宾夺主之患矣"。9月15日，上海慈善团体致电吴佩孚，"请其制止江浙兵争，并谓佳电劝齐督严申军纪。不知军队训练全在平时，今已晚矣，言极沉痛"。②

此外，王清穆摘录了吴佩孚要求齐燮元严明军队纪律的佳电。9月13日，他阅报得知，吴佩孚要求齐燮元通饬将领"严申军纪，有军旅之道，纪律为先，仁义之师，人心所附"。对此新闻，王清穆认为："不知军纪全在平时训练，齐氏安足语此。若云人心所附，则此役适得其反，吴殆闻苏军无纪律，乃作此无聊之规劝耳。"14日，报纸又载吴佩孚发给齐燮元关于军费的通电："苏省军费每年七百余万，必有劲旅可用。余对直鲁豫防守，责无旁贷，为有

---

① 王清穆：《农隐庐日记》（第19册），上海图书馆藏稿本（编号：线普长744634-99），1924年9月3日，9月4日，9月9日。

② 王清穆：《农隐庐日记》（第19册），上海图书馆藏稿本（编号：线普长744634-99），1924年9月12日，9月14日。

第八章 大革命时期的时局变动、报刊阅读与读者心态

余力,当为齐助。"王清穆对吴佩孚通电的解读是"言下有爱莫能助之意"。他评价道:"至苏有劲旅,齐且不能自信,开战之后,迭求各方援助,张皇轻躁内怯,可知所谓客军,大率强暴之徒,扰害地方则有余,出力打仗则不足,何我民之不幸也。"①

虽经各方斡旋,但江浙之战相持不断。9月20日,王清穆根据新闻描述战况:"浙局变化,卢已移至龙华,宣言以浙事还浙人自治,并将长兴军队调沪,加入战线。"基于此,他解读卢永祥的用意,认为:"以卢氏自为计,争点在淞沪区域及上海制造局,故龙华为其大本营,不得不以全力守护。长兴接战,数日不能得手,而卫防不战自退,内部勾引可疑,遂决然舍去杭州,移动西路军队并集东路,且以浙江还浙人,乐得践其宣言。此卢之明决军事布置,亦为不谬。"站在浙人的角度考虑,他认为:"迎孙去卢,必有乘此得意者,惟浙谋自治,正在进行,以后必能拒绝军人干涉,而后自治可以实行。恐浙人意见不一,卒归停顿。"但不论是卢永祥,还是孙传芳,犹如"前门拒虎,后门进狼"。"浙人虽悔其何及乎。尤难者,浙人对于曹氏贿选,曾声明反抗,孙来而沉默不言,知非浙人所甘,其必出于力争自治无疑。"②

对于江浙之战,王清穆感慨颇多,在日记中沉痛地写道:"清室之亡,亡于伪立宪;民国之乱,乱于伪共和。无论君主民主制,治皆以道德为本,法律为辅。清季以来,人心不正,纲纪荡然。入民国而恣肆益甚,争权夺利,上下成风。今日齐卢之战,地方人民损失至巨,而苏更甚于浙,以作战均在苏境也。苏人柔弱畏葸,社会久无真是非,几有君子枉为君子,小人乐得为小人之势。故提倡道德,人必目为迂阔,而国中立法行法之人,无往而非违法,现状如此,焉得不乱。"对于局势,他分析道:"然两省相形,苏之痛苦尤甚。彼倡四省攻浙之计者,必以为克期可以戡定也。而孰知其结果乃为八省攻苏,齐惟仇卢,故浙之反攻,本在意中。若直鲁豫鄂皖赣闽七省皆助齐

---

① 王清穆:《农隐庐日记》(第19册),上海图书馆藏稿本(编号:线普长744634-99),1924年9月14日,9月15日。
② 王清穆:《农隐庐日记》(第19册),上海图书馆藏稿本(编号:线普长744634-99),1924年9月20日。

而所攻，亦不出乎浙攻之苏。简言之，直以苏攻苏耳，当局尝以保境安民相标榜，而民所受其赐者若是，是我苏人所最为痛心者也。"①

此后，王清穆亲身投入江浙的矛盾调停中。江苏兵灾善后筹备会在镇江开成立大会，通过简章，推定职员，王清穆被推为副会长，"又分总务、文牍、调查、统计、经济五部，各推主任干事暨干事员若干人"。对于筹备会，他认为："此固吾苏最重要之事，不审能得几何成效也。"王清穆致电颜惠庆内阁，表示："淞沪祸根，在制造局，度地迁移，并裁军使，务祈早决，以慰舆情。其房屋基地与船厂全部宜召，变作商办，售价充赈兵灾。未售以前，先抵借四五十万金，交冯梦老支配拨用，地广灾重，财部十万，断不济事，请赐裁。"②

久居上海的刘承幹记载江浙战争的新闻较晚。1924年9月19日，他阅报后才得知："浙军在衢州、处州两处为孙馨远（传芳）军大败，常山、江山、龙游、庆元、龙泉相继失守，杭州戒严，卢子嘉督办（永祥）将关防交与省议会后通电移沪督师。"在他看来，卢永祥作为一省督办却"移沪督师"，属于逃避行为。浙江官场亦为之变动："督办一职，属军务厅长周赤忱（承菼）暂署，张暄初省长（载阳）托病辞职，省长一席由警察厅长夏定侯（超）代理，第二师师长由警备队总参议周恭先（凤岐）代理。连日湖州之长兴，太仓之浏河均败北。"对于这样的人事安排和战况，刘承幹颇为欣慰："大约战事可望结束。余心稍慰，因迁延下去，商业将不堪设想，民间之损失，亦无穷矣。"③

孙宝琛本拟由沪至杭，但受江浙战争的影响，不得不中断行程并时刻关注战事进展。1924年9月3日，他读报后得知"苏浙两军已实行开火，浙军稍占优胜"。此后，他急切地了解战争近况。4日，他了解苏浙两军在"嘉定

---

① 王清穆：《农隐庐日记》（第20册），上海图书馆藏稿本（编号：线普长744634-99），1924年9月29日，10月8日。
② 王清穆：《农隐庐日记》（第20册），上海图书馆藏稿本（编号：线普长744634-99），1924年10月2日，10月19日。
③ 刘承幹：《求恕斋日记不分卷》，上海图书馆藏稿本电子版（编号：线善862624-74），1924年9月19日。

第八章　大革命时期的时局变动、报刊阅读与读者心态

一带亦已接触,互有胜负"。5日,他知晓浙军大败的消息:"中路退守南翔,左翼浏河失守,退至罗店。"11日,他又获知"江浙前线仍在原防开火",对此,他颇为担忧,"旬日防线无变动,不知何日始能了结"。① 对浙江当局颇具好感的他,在知道浙军败退的消息后,忧虑重重。

浙军的失利引发了连锁反应,闽军亦加入战场。17日,孙宝琛阅报知"闽浙两军亦已开火"。18日,他了解了最近的战况:"闽军已逾仙霞岭,浙军不战而退,潘国纲退至衢州,卢退龙华。"10月2日至3日,他阅报了解闽浙两军在石湖荡开火的消息:"浙军退至离松江九里之斜塘桥。"战事逐渐逼近上海。10日,他知"闽军进逼松江明星桥,浙军退守华庄"。他进而判断:"离沪更近矣,恐终难守。"11日,他知"松江失守"。松江失守后,上海市内人们恐慌不已,"华租两界一律特别戒严。……前线各路军队均退回沪闸北南市,城内人民大起恐慌,纷纷迁徙,秩序颇乱"。②

在浙军节节败退的情形下,浙江各地纷纷独立。孙宝琛通过报刊了解具体报道,并加以披露。10月10日,他得知"宁绍台三属宣告独立"。15日,报纸新闻称"宁波宣告独立,又发生战事"。一时之间,纷乱不已。26日,他了解"苏军白宝山移驻城内"的消息。在他看来,"是园居民又不能安枕"。③

孙传芳在战胜卢永祥后,又兵指齐燮元,意图占领江苏。12月27日,孙宝琛阅报了解了孙传芳和陈乐山对峙的消息:"陈乐山回松复任第四师长,孙馨元〔远〕下动员令,调至嘉善一带,陈乐山亦将队伍调松,沪杭铁路已断。"对此,孙宝琛颇为担忧:"恐江浙居民又要遭兵祸矣。"28日,他阅报得知齐燮元离开南京,"仍逗留兵轮,意在作战,大约恐奉军不来"。他大骂道:"非要弄到江浙破产不止,真不知其是何居心。"29日,他阅报进一步知晓孙传芳和陈乐山两军"已于昨日开火,陈退守石湖荡",如此一来,"松属

---

① 孙宝琛:《孙宝琛日记不分卷》,上海图书馆藏稿本电子版(编号:T47017-41),1924年9月3日、9月4日、9月5日、9月11日。
② 孙宝琛:《孙宝琛日记不分卷》,上海图书馆藏稿本电子版(编号:T47017-41),1924年9月17日、9月18日、10月2日、10月3日、10月10日、10月11日、10月13日。
③ 孙宝琛:《孙宝琛日记不分卷》,上海图书馆藏稿本电子版(编号:T47017-41),1924年10月10日、10月15日、10月26日。

复遭兵祸,想亦劫运使然,殊堪浩叹"。他与友人交谈后得知孙传芳与齐燮元合作,"驱宫振声、张克斋,龙华、高昌庙均为浙军所得,宫已通电辞职,张则退守西区,战事甚烈"。此后,战事才慢慢平息。1925 年 1 月 15 日,他阅报后知悉:"张军已均缴械,六师、十九师亦均逐渐开拔,城内已暂可无虞。"19 日,他得知"苏军已溃退至苏"。① 至此,江浙军阀混战暂告一段落,他为之一慰。

在南京,时任江苏教育厅厅长的蒋维乔较为简略地记载了江浙战争的相关情况。1924 年 10 月 2 日,他描述战争带来的严重影响:"战事已及一月,苏、浙两军或胜或负,防线仍未稍动,伤亡至多,人民之遭祸尤烈,农工商业一切停滞,学校弦诵阒绝,苏浙菁华如苏、松、太、杭、嘉、湖,无一处不遭劫,军阀之祸亟矣。"可见,他甚为痛恨军阀混战。14 日,他记录了卢永祥、何丰林逃往长崎的消息,并表示:"浙军全部投降,战事已结束。"② 他对江浙战事的关注亦随之结束。

浙江上虞的金松涛于 1924 年 8 月 29 日知江浙战之谣"将成事实",颇感悲观:"地方涂炭,生民不幸之甚",但愿"化险为夷,转祸为福,则江浙人民之幸也"。但战局并未如他所愿转祸为福,反而愈演愈烈。9 月 6 日,他阅报得知江浙战争"初五日巳刻开战,苏先发难,交锋后浙军胜利"。此后一段时间,他记载了战争的相关新闻。例如,9 月 12 日,他阅报后披露"苏浙两军胜负未分"。20 日,他看新闻所载依然是"江浙战事无大变动"。但他接友人信后得知:"卢永祥因潘国纲反戈,引闽军入浙,乃离杭至沪,战事或可早告结束也。"果然,他再阅报时知悉:"卢永祥以松江失陷,大事〔势〕已去,偕何丰林乘轮离沪,战告结束。"③

浙江余姚的朱鄂基也极为关注江浙战事的进程,报纸新闻是他主要的信

---

① 孙宝琛:《孙宝琛日记不分卷》,上海图书馆藏稿本电子版(编号:T47017-41),1924 年 12 月 27 日,12 月 28 日,12 月 29 日,1925 年 1 月 11 日,1 月 15 日,1 月 19 日。
② 蒋维乔著,林盼、胡欣轩、王卫东整理:《蒋维乔日记》(第 3 册),上海人民出版社 2021 年版,第 1553—1554、1556 页。
③ 金松涛:《甲子年日记一卷》,上海图书馆藏稿本(编号:线善529891),1924 年 8 月 29 日,9 月 6 日,9 月 12 日,9 月 20 日,10 月 16 日。

息来源。1924年8月27日,朱鄂基阅报得知"江浙风云又起,和平使者百方调解,奔走不遑"。28日,朱鄂基记载新闻:"江浙和平代表请求两省当道各派军事专家划出缓冲地点。"虽经各方斡旋,但江浙"日趋决烈[裂],战事不远"。9月4日,朱鄂基阅报后揭示:"苏军集于昆山,与浙军接触于黄渡,苏城拉夫甚扰,沪宁车不通,沪车至黄渡止。"此后几日,随着战事发展,战争日趋激烈,他的日记中有关江浙战争的新闻甚多。7日,他阅报后描述:"浏河战氛甚恶,苏浙两省学校开学一律展期,惟教会学堂不受影响。上海华界拉夫风潮大作,恐战线距沪不远。"8日,他了解到"镇海居户因关外驻有闽舰四艘,纷纷逃避,徙甬徙沪络绎不绝"。10日,他阅报记载战事近况:"江、浙军在黄渡、浏河、宜兴胜负不一。奉、粤亦复思动,战局扩大,殊有延长之势。"11日,新闻称:"黄渡、浏河之战,战线并不移动。"又云:"浙军曾退至真茹[如],苏军后援殊众,大势强弱已判,仍无收束之象。"13日,他阅沪报所载新闻后认为:"偏于浙方,无可凭信,只能观其战线之远近,以为两方进退之准。"15日,他披露前方消息:"浏河、黄渡战事消息沉寂,两军渐趋宜兴一带。"① 战争陷入胶着状态,战事扑朔迷离。

江浙之战引起了奉系和直系孙传芳的介入,朱鄂基对此也十分关注。17日,他得知"京奉车至山海关止,防务甚亟"。19日,他了解到孙传芳已加入战局,并在日记中记载:"闽军孙传芳攻衢甚急。黄渡、浏河、宜兴阵线均无变动。夜闻省中有电致参会,系夏超、萧鉴具名。卢督移师上海,张省长载扬[阳]、张厅长寿镛均辞职。又闻常山、江山、庆远[元]等县已改步易向,时局当有变化。"20日,他阅报后得知战事最新进展:"闽军至浙边仙霞关,浙军第一师潘国纲军队均无斗志,江山、常山以次失守,以致闽军水陆并进,其先锋队距闸口只十余里。浙卢得潘败消息,将印信交于夏超收受,担任省垣治安预备,即日离省,以谢浙人,有移沪督师通电,系阳历十八日发。"② 在江苏、福建两军的夹击下,浙军节节败退。

---

① 朱鄂基著,朱炯整理:《朱鄂生日记》(第2册),凤凰出版社2021年版,第596、597、598、599、600页。

② 朱鄂基著,朱炯整理:《朱鄂生日记》(第2册),凤凰出版社2021年版,第600、601页。

朱鄂基所在的余姚沦为主战场。因此，各类消息纷至沓来，传闻四起，真假难辨。22日，他闻"甬江昨日有罢市之事。潘师长之兵有一部已受闽方运动，其余尚思坚持。六府庙忽驻有警备队二十余人，谓系保护地方而来，一时谣言颇众"。23日，他获知"浙第一师潘国纲兵队因第七团第四营张国威受闽方运动反攻，以致衢防全失，节节退守，均已回至五夫原防，甬姚官绅齐集五夫营地，当日复集于宁波之后乐园，公推代表二人，宁属陈南琴、绍属田时霖往省疏通，以守防安境为宗旨，卢永祥、张载扬［阳］、何丰林、臧子平、杨化昭各军对于苏方战争仍极勇奋，而民党中人蒋尊簋等颇有至甬与潘军接洽者"。24日，他得知"潘师长之兵约百余人至元泰强当，损失五百余元，鞋店、钟表店亦有强勒赊买等事，人心顿觉不定"。① 这些听闻，反映了战事给地方社会和民众造成的危机和恐慌。

在朱鄂基看来，各种传闻需要通过报刊新闻加以证实，因此，他更急切地阅读报纸所载最新消息。25日，他阅报得知"沪杭车路炸断，闽军先锋已抵闸口"。26日，他阅报后记载："浙军陈乐山自宜兴撤回，缩短战线，驻扎嘉兴一带。苏军陈调元已由长兴径向杭垣省中，夏超电迎闽军，孙传芳又电苏齐，请在浙境毋动兵爨［衅］，以免糜烂。民党蒋伯器、屈文六等至甬与潘国纲接洽，拟宣布宁郡独立。"他读后感慨地指出："此事虽未征实，恐环境空气所迫，日趋恶劣。闻城中绅富家有移沪者，中产之家有徙乡间亲串家者。"27日，他阅报得知："宁波旅沪同乡致甬商会，请潘师长维持地方治安，此外概勿与闻等语，意在言外，颇为纯正，商会暂认军饷每月四万，民党蒋、屈两君并未至甬，浙省旅京同乡汪大燮等答沪上同乡电，大略谓浙督命令既经发表，将来民政仍归浙人主持，省长一席定候可望真除等语。"28日，他阅报后揭示战事新动态："孙传芳由杭趋嘉，苏军陈调元亦有到嘉之说。直、奉两方之师已在朝阳接触，京津均已戒严，津浦快车停开。"②

随着江浙战争范围的扩大，朱鄂基继续追踪战争的发展状况。10月1日，

---

① 朱鄂基著，朱炯整理：《朱鄂生日记》（第2册），凤凰出版社2021年版，第602页。
② 朱鄂基著，朱炯整理：《朱鄂生日记》（第2册），凤凰出版社2021年版，第602、602—603、603页。

他阅报记载:"黄渡到浏河、嘉定一带均有剧烈之战,阵线无大变动。闽军孙传芳由嘉兴、松江趋赴龙华,苏军陈调元在嘉与闽军会合。"10日,他阅报后综述新闻:"苏、闽军至明星桥,截断淞沪交通,联军有被包围之状。又云明星桥已由联军夺回,《时》《申》两报均如此载及,惟《新闻报》但云胜负未详。潘师长通电辞职。甬《时事公报》载,自治委员会明日当有成立之电,闻伍旅长力守前议,甬姚和平之系,仅此一线耳。"① 各报消息不一,他深以为忧。

作为战事的观察者和受害者,朱鄂基频繁阅读报纸,也结合新闻与见闻了解战事的走向,关注地方时局和亲友安危。10月9日,他阅《宁波时事公报》后记载:"旅沪浙绅蒋伯器、屈文六等于前日莅甬,昨晨又有李征五、褚慧僧、徐建侯、庄萃墅、应季审等到甬组织浙江自治委员会,实行浙民自治,暂定十一旧府属各推定委员一人,杭属顾子才,嘉属褚慧僧,湖属周佩箴,宁属李征五,绍属蒋伯器,台属屈文六,金属吕戴之,衢属毛西峰,严属邵瑞起,温属殷铸夫,处属杜志宇,并设委员长一人,画[划]分军事、民政两部,参谋处、秘书处、参议厅则直辖于委员会,定即日成立。"同日,他得知:"潘国纲留申未回,自民党抵甬后,诘问伍旅长文渊宗旨,伍以师长若照前议,以保境安民为重,当然一致进行。田时霖等亦在会议之列,仍守前月廿五日之议,颇有词采,然不为民党所愿,将来趋势如何,须视浙东之命运。"11日,他闻"乡间谣风颇盛,所闻消息未尽正确之故"。同时,《甬报》新闻称:"伍旅长仲源就第一师长之职,所谓自治委员会已告停顿云。"沪报则报道:"明星桥战事尚在相持之中。"12日,他描述当地形势:"昨夜十点钟有专车由甬到姚,系台温原驻第一师第二团团本及第二营兵队,约三百余人,分驻东岳庙、接待寺、龙山书院、第一山、关帝殿。今晚五点零又有兵队抵姚,驻井头庵。"报纸又报道:"松江已被闽军夺据,明星桥尚在相持不下之时,战事甚剧。"14日,他记载当日见闻:"甬早车不到,车站电话消息,伍被刺,全城罢市等语,电线已断。至洪宅、邵义庄探询,均未值。至

---

① 朱鄂基著,朱炯整理:《朱鄂生日记》(第2册),凤凰出版社2021年版,第605、607页。

车站闻伍受微伤,镇守使王桂林与郝旅联合,推民党某公,宣布浙省自治政府,城中迁徙者甚众,大小舟舆为之一空。"① 这些具体记载,揭示了军阀混战给黎民百姓带来的灾害。作为乡绅,朱鄂基感同身受,充满了悲戚和无奈。

《猗猗草堂日记》的作者记载了苏州受战争影响的情况。1924年8月30日,他描述了受江浙战争的影响,苏州人心恐慌的局面:"因时局日紧,居民纷迁,路鲜行人,墙门大户十九均账召租而钉木锁,沿途拉夫,故小贩匿迹,乡人均不进城,况如元旦。其实并未开火交战,尚在彼此设防,人自惊慌扰乱耳。"受战局影响,铁路不通,阻断了报刊的流通,因此,当地民众难以得知战争的相关情况,人心惶惶,街市混乱不堪,谣言满天飞。有言浙军胜,有言苏军胜,他颇感不安地写道:"败军入城,亦大可虑。此时之安危,正不可测度也。将来之结果,亦岂能逆料哉。如果奉张入关,各处响音〔应〕,大乱糜烂,不知至如此地步耳。"至9月10日,他才购阅报纸,得知浏河、昆山、黄渡一带的战况:"浏河一方战最剧,昆山、黄渡已成荒墟,人民死伤不知多少。"他还得知"奉张已将入关","北方亦将大乱",他甚为痛惜地写道:"从此南北东西之无不有兵祸,不知如何结果。"12日,他听闻齐燮元败、卢永祥胜,"昆山、黄渡已停战,浏河一方战正剧",并且再有张作霖入关之谣传,他甚为悲愤地指出:"大局不堪设想,不知闹到如何地步而后已。"多日战乱后,他自我安慰道:"处此时局,乃意中事,徒惊自扰,生死听天,余心镇静。"至10月,江浙战争才见分晓。15日,他阅报后知悉:"卢何等主要头目以松江失守,暗雇日轮逃去,所有兵军败。余二万余人见主帅已走,始树白旗降苏。昨夜运来降兵八千,遣散缴械,齐令吴县会同商会急措四十万以济急需。"几日后,苏州市面恢复正常:"人民渐复,观前街又男女拥挤,各店营业,热闹非前数日之情形。"② 这位佚名的苏州人对战事忧心忡忡,但见人民又享热闹,则为之欣慰。

---

① 朱鄂基著,朱炯整理:《朱鄂生日记》(第2册),凤凰出版社2021年版,第606、607、608页。
② 佚名:《猗猗草堂日记》(第14册),复旦大学图书馆藏稿本(编号:484057),1924年8月30日,9月7日,9月10日,9月12日,9月27日,10月15日,10月19日。

第八章　大革命时期的时局变动、报刊阅读与读者心态

浙江奉化的张泰荣对江浙战事关注较早。作为知识青年的他对于战事的理解比较感性，听闻战事消息后，情绪波动极大。1924 年 8 月 31 日，他阅《四明报》后总结"江浙风云已甚紧急，几有朝夕开火之势"，并痛心疾首地指出："此事上场后，此之痛苦当莫可言喻，思念及此，不禁欲泣。"9 月 2 日，他在日记中描述了战事与现实交融的苦境："黄叶声多，苍苔色死，风凄凄而入户，雨淅淅而潇灵，秋信几报，心怀萧条。而加以江浙风云日趋紧急，愁时愁事，寒哉吾心，凄然欲泣。"入秋之景与战事日紧，使他心生悲观之感，而这样的悲观情绪随着战争的进程日渐加深。5 日，他阅报纸后哀叹："江浙风云之紧急已达于极点，中心之焦灼实莫可言宣。"他由江浙之战联想到风雨飘摇的国家，不禁又生悲观情绪："盖战端既开，迷漫全国，国家之元气既伤，民生实为之涂炭烬尽，中心思维哀伤欲泣。"痛苦之余，他更产生无能为力之感，发出悲天悯人之叹："力弱智乏，僻居山壤，只得束手待天而已。"此后，每次知晓战事，都能引发他的无限伤感。18 日，他阅报纸后叹息："近日战争剧烈，尸骸枕积，村落丘墟，不能无感于怀。"19 日，报纸又到，他感慨："余自战事发生以来，阅报几有所癖，且阅时能耐琐不厌。"22 日，他阅《新闻报》得知："潘国纲率闽兵反攻，杭城陷，张、卢均逃避上海，危急万分。"他读报后"不胜惋悼"。对于浙江的战败，他非常痛心："盖杭城既为闽孙所有，异省人民天然不加保护而彼方之兵士到处蹂躏也在所难免。呜呼！吾浙江人民何辜，而遭荼毒，思之岂不痛哉？"10 月 19 日，他阅报得知卢永祥、何丰林"逃赴日本"，外界"风声紧急异常"，内地"宁海土匪猖獗"。身处乱局，他无法独善其身，悲观之感又由心生，写道："血肉横飞，风雨满城，草木为泣之秋，令这样弱不惊［禁］风、不惯担忧的一个我，何能耐得呢？"① 不管是耐得还是不耐得，张泰荣忧国忧民的悲观之情流露于笔端，颇能体现他的性情。

在浙江温州，张棡、符璋等人亦通过报刊了解战争的进展。张棡从 1924

---

① 奉化市档案馆编：《张泰荣日记》（第 1 卷），宁波出版社 2015 年版，第 136、137、138、139、143 页。

年9月起便开始关注战争的进程。4日，张棡阅《时报》后记载："赣、皖、苏、闽四省兵已经划定战线，水陆四面环攻浙省，外间人心恐慌，银根紧迫日甚一日。"11日，他阅《时报》所载新闻后得知："苏浙已于是月初六七在黄渡一带开火，浙占胜势，苏兵击死数百人。"同时，谣言四起，当地人纷传"平阳交界已经兵事开仗"，瑞安"各富户风鹤惊心，纷纷搬迁"，导致"城居人家迁徙几空"。又有传言称："码道渡船一律吊起，其大峃埠、宁波梭诸船，则联为飞云江浮桥，恐近日隔江之人亦不易过江。"谣言四起，张棡借助报刊新闻寻求事实真相。20日，他阅《时报》后证实："苏浙局面，卢督与何丰林、陈乐山两师兵正着着进行，颇占优势，岂有突然为张载扬〔阳〕、夏超两人推倒，即默然以去之理。"即使"张、夏反抗，冀保目前治安，而卢挟方强之兵，亦未有不倒戈相向之理"，故"未见治安先招扰乱"。他进而感叹："浙江一省从此大局糜烂矣，可胜悼哉。"因时局动乱，他颇为忧虑，当日作诗三首，以示对战争局势和个人前途的担忧。23日，因大儿"抄录《申报》数纸"，他"方知近日消息真象〔相〕"，"盖卢督办在浙久为潘国纲、夏超所忌，此次衢州方面着着失败，皆是潘师有意退让，以致闽兵唾手入浙"。他颇为担忧浙江局势，感叹道："为个人权利而破坏大局，由表面观之，浙江苟且偷安，夏、潘二人实功之首也。倘将来卢督攻曹获胜，反戈向杭为问罪之师，则夏、潘亦罪之魁也。现在武人如此无心肝、无廉耻，朝秦暮楚，同舟胡越，中国安得而不亡，人民焉望享幸福耶。"①

随着战争形势好转，停战在即，张棡内心稍安。即便如此，当听闻"因败兵退回，隔岸又放火号"的消息时，他描述"全城恐慌之象，不可言喻"。他在日记中进一步披露当地人逃难的情形："凡数日前稍老成镇定者，亦乘夜冒险出城而逃。吾戚项小溪父子于三更时逃出，因无船只得步行赴吾侄公衡家。洪筱湘、东园两乔梓于黑夜雇轿一顶、船一只由塘干至丁田不过十余里，竟索去脚力大洋九元。又闻有人挈眷赴茶山者，由瑞至茶山亦不过六七十里，

---

① 张棡著，温州市图书馆编，张钧孙点校：《张棡日记》（第6册），中华书局2019年版，第2813、2815、2816、2817、2819页。

竟被船夫勒去二十四元。乘机勒索,寇盗不如。"如此趁火打劫,他深为痛恨地写道:"此中国人心之恶习,以较日本旧岁大地震时,死者不计其数,有从死里逃生者,雇人力车运送,车夫非特不勒,反愿减平时车价,安送到其目的地。其仁暴相去正不可以道里计。"10月19日,他阅《瓯江报》后得知战事最新进展:"卢永祥、何丰林因子弹缺乏失战斗力,已将司令卸手离沪而去",又有消息称"沪淞一带已帖有闽军镇守使安民告示",又有消息称潘国纲"将师长辞交伍文渊接手"。他在日记中对武人政治大加批评:"大局如此变迁,何苦倡言独立,涂炭生灵,今日武人真可谓毫无心肝。"①

久居温州的符璋在日记中也留下了江浙战事的相关记录。1924年10月17日,他综述连日所得消息:"孙传芳于十二日入松江城。卢永祥、何丰林以第四师师长陈乐山不欲再战,即于十五日电告下野,所有护军使及第二混成旅之关防交留守司令刘永胜暂管,第十师步队交朱声广,第四师归夏兆麟。卢、何即于是日乘日本轮出口,或云赴东洋,或云赴奉天。潘国纲将第一师交与第二旅,旅长伍文渊于初十日接事。"18日,他阅"报馆来十一至十七报七纸",其中,16日、17日两日报载:"松江失守,卢、何下野及甬江自治政府甬宣言即变局各情颇悉。"20日,他阅《申报》后得知宁波自治消息:"甬江阳历十五宣布自治事定于十四夜,所纪各节及伍文渊受伤赴沪,卸去师长事颇详。"23日,符璋阅报后得知宁波新情况:"甬江自治又变,各酋均回沪,郝旅长于十七号赴镇海,十八号至沪,通电辞职。盖杭兵已到,百官自治,军官与通者多,势不能不去也。"②从上述记载看,符璋颇为关注松江、宁波战局。

除江浙沪地区的读者极其关注战争进展,战区外亦有一些读者留心报刊相关报道。在天津的卞白眉于1924年8月25日听闻吴佩孚支持齐燮元主战,江浙"交哄","二、三星期后恐即须实现"。27日,他闻"沪宁车已不通",认为"江浙已起战事"。9月初,盘踞浙江的卢永祥与盘踞江苏的齐燮元为争

---

① 张棡著,温州市图书馆编,张钧孙点校:《张棡日记》(第6册),中华书局2019年版,第2820、2831页。

② 符璋著,温州市图书馆编,陈光熙点校:《符璋日记》(下册),中华书局2018年版,第919、920页。

夺上海的统治权,发生了战争。3日,江浙宣布"开战"。8日,两军在黄渡、安亭间"战事甚烈",至于谁胜谁负,中外报纸"所传胜败情形不一,大致互有进退"。19日,路透社电载,"东南战事暂停",卢永祥退至龙华,夏超"自治",浙南军降孙传芳,宜兴浙军降苏。10月13日,卢永祥兵败,通电下野。① 此后,卞白眉将关注点聚焦于北方战事。

寓居北京的左绍佐于1924年8月28日注意到东南兵事,他形容"销[消]息甚紧",并得知"使馆得领事电,已于昆山一带接触"。他长叹不已:"自枪炮作战械杀人之器,惨烈不可言喻,天意其有所怒耶? 抑人心之戾,有以致之耶? 可为长叹也。"9月3日,多日来他通过报刊得知不少战事新闻,在日记中颇感忧虑地写道:"东南患气日蕴日深,大局牵动,不免且召外兵矣。"②

在西安的毛昌杰虽然很少提及江浙战事,但偶见《新秦报》得知"江浙开战",对大局深为忧虑,在日记中感叹:"从此必牵动天下矣。"③ 虽是片言只语,但亦说明这一事件对他有较大触动。

江浙地区在19世纪70年代就有阅报风气,早期《申报》在江浙一带广为传阅。读书人向来较为关注报刊新闻。至20世纪20年代,江浙报刊文化进一步下移,乡村社会已有不少报刊读者,加上图书室、阅报社等公共阅读机构的发展,新闻传播较为广泛。江浙战事爆发后,激发了江浙各地读者的读报欲望,他们特别留意报刊对战争的报道,关心地方时局和个人、亲友的安危。一些读者更是在行动上想方设法阻止战争发生,例如王清穆极力斡旋,希冀阻止战事。从新闻的在地化角度看,江浙战事通过地方性读者的广泛关注,体现了地方性事件的巨大传播力,并对江浙地方社会有着深刻的影响。

---

① 卞白眉著,中国人民政治协商会议天津市委员会文史资料委员会编:《卞白眉日记》(第1卷),天津古籍出版社2008年版,第306、307、308、310、313页。
② 左绍佐:《左绍佐日记》,湖北省图书馆编:《湖北省图书馆藏稿本日记四种》(第34册),国家图书馆出版社2021年影印本,第434、440页。
③ 毛昌杰:《君子馆日记》,沈云龙主编:《近代中国史料丛刊》(正编第18册),文海出版社有限公司1966年版,第395—396页。

三、第二次直奉战争与读者因应

第二次直奉战争是第一次直奉战争的延续，是军阀之间为抢夺最高利益进行的战争，对社会产生了极大的破坏力。战事甫一开端，报刊就进行了快速、细致的报道和评论，便于读者了解战况。1924年9月17日，《大公报》"国内专电"刊载了第二次直奉战争爆发的消息："奉军于十五号拂晓，向朝阳直军开始攻击，早十时占领朝阳城，直军全部溃退。""据最高军事机关接得来电，称奉军已据朝阳，更前进军队，直军按预定计划，先行退却。"[①] 19日，刊载于《申报》的时评《张吴之战》指出："战局既发展至于各处，则今后最后之胜负成败，当就全局所有之大势以决，而不以一时一隅定之。一时一隅胜而大势负，则仍不得不负。一时一隅败而大势成，则亦不得不胜。试观德奥虽屡胜屡成，而卒至于负且败者职是故也。"[②] 通读《申报》相关报道可知，第一次直奉战争期间，《申报》上关于江浙战争的报道占据较大篇幅，使读者更多地关注江浙风潮，对战争留下较多记录的多为江浙沪的读者。从新闻的接近性和在地化的角度看，江浙沪的读书人自然对江浙战争多一份关注。而第二次直奉战争发生在京畿地区，是全国性事件，新闻的接近性较弱，读者对第二次直奉战争的细节描述较少，这从一些读者留存下来的日记中可见一斑。

战争爆发时，郑孝胥任溥仪小朝廷内务府大臣，忙于宫廷内务。1924年10月13日，郑孝胥综述了战事的大致情况："吴佩孚至山海关，前军大捷。闻卢永祥、何丰林今日离沪。"24日，他阅《京报》号外所载关于吴佩孚、冯玉祥往复二电，电中大意谓："吴不意冯之入京，疑通电为捏造者；冯复敬电，求其同意停战。"此电乃冯玉祥发动北京政变后对吴佩孚的态度，希望吴佩孚通电下野。此外，友人黄默园前来告知最新消息："冯怨吴，欲报之，今夜当使曹下停战及免吴职令。"同时，《导报》新闻云："李景林回奉逐张作霖。"冯吴矛盾无法调和，28日，报载"吴冯将战"。11月21日，

[①] 《国内专电》，《大公报》1924年9月17日，第3版。
[②] 冷：《张吴之战》，《申报》1924年9月19日，第3版。

《晨报》刊载了"段祺瑞明日入京"的消息。几日后,报纸"列阁员名,以交通属余"。① 虽然只有短短几字,但此次战事为郑孝胥的仕途带来转机,他读后自然颇为欢喜。

在商务印书馆忙于编写教科书的王伯祥对第二次直奉战争关注较少。1924年11月4日,王伯祥在日记中简述战局后感叹:"惟吴败曹退,大局正有一日千里之势的发展,不知怎样的结局呢? 我们住在此地的,固然希望本处平靖,安知别处不靖,他们的希望正和我们一样啊!"受江浙战争失败带来的消极影响,王伯祥对第二次直奉战争亦持负面看法。14日,他综合所读新闻后分析道:"直隶省长即属之李景林,燕人士亦太会利用时机矣。惟有一事真堪顾虑,则张作霖之野心终难戢之耳。……此间宫邦铎已就淞沪镇守使职,而张允明复挟孙传芳力将实任护军使,则前途风云或即将大展也。又安往宁枕耶!"19日,他阅报后得知时局新动向:"齐燮元、孙传芳、萧耀南、刘镇华、吴佩孚、杜锡珪、马耿甲、蔡成勋、周荫人、萨镇冰、张福来、李济臣、刘存厚、刘湘、杨森、邓锡侯、袁祖铭、黄毓成、金汉鼎、林虎、洪兆麟筱日通电,在武昌组织'护宪军政府',并发布组织大纲十条,自为元帅,一切以元帅会议行之。斥冯、张,恐混战之局,不出旬月间矣。首先发动处其在山东之津浦路线乎!"21日,他读报后进一步分析直奉战局:"吴佩孚之护宪军政府,拔梯者多——昨日韩国钧与江苏省教育会俱有电驳筱电,显系齐燮元授意,而报载萧、孙诸人及林、洪等均貌合神离,尤征不能合作——恐疑抑不能,将致孤立取亡耳。"他在日记中对吴佩孚如是评价:"吴佩孚尽有罪恶,而就个人人格论,实超诸豕之上,未可以覆败少之也。况局势尚未大定耶!"②

江浙战事初现端倪后,王清穆认为战争不会这么简单。他根据时政新闻分析:"奉天因浙事响应,京洛亦调兵出发。东北风云,猝然掀动,关内外地

---

① 郑孝胥著,中国历史博物馆编,劳祖德整理:《郑孝胥日记》(第4册),中华书局1993年版,第2019、2021、2022、2028、2029页。
② 王伯祥著,张廷银、刘应梅整理:《王伯祥日记》(第1册),中华书局2020年版,第126、130、132、133页。

第八章　大革命时期的时局变动、报刊阅读与读者心态

方人民，惨遭劫运，流离颠沛，其情状必无异于吾苏。彼好战者，绝不顾及，抑何不仁之甚也。"① 此后，他阅报了解直奉战争的具体情形："报载外人由滦州回京者，目见骡马倒毙，沿路皆是。古北口来者云，沿途骡马倒毙，亦多因不给草料，强负重载所致。"他呜呼不已，感叹"何其不仁也"。他借用孟子的话表达了悲愤之情："善战者，服上刑，彼不仁而居高位者，人心所不附，天理所不容，孰谓能善终也。"②

张泰荣于1924年9月25日知晓直奉战事，认为"将来战争非可预料"。27日，他阅《新闻报》后记载了"江浙战事无何变动"和"奉天将有剧战"的消息。10月31日，他阅报获知"东北大局陡生剧变，冯玉祥进京，已逼令曹锟下野。一方面奉直停战，吴佩孚已无归路，各方均推戴段祺瑞出山"。他从天命的角度解读第二次直奉战争，认为："可知凡事之变化非常人所能逆料。总而言之，逃不出'天数'二字下，于今益信。"③

卞白眉在日记中简述了江浙战争中张作霖响应卢永祥而引发的第二次直奉战争的大致进程。1924年9月11日，他阅沪报所载新闻，上有奉军"出师"通电的消息。15日，张作霖响应卢永祥，进兵山海关。19日，曹锟派吴佩孚出兵迎战。吴佩孚信誓旦旦地表示"四十五日以内，可以平定奉事"，具体是"十五日备战、十五日战争、十五日善后"，命令"各军固守榆关及朝阳"，不允许"轻退"，亦不允许"轻入敌地"，当以"奇军破奉"。25日，报纸有奉军占朝阳和万家屯说。10月4日，龚汉治被免职，朝阳失守说被证实。9日，山海关"战事颇烈"，有"奉军占九门"和"奉军退败"两个不同的谣言。16日，"奉军乘东北风攻占九门"，但九门晨复被直军"夺回"。20日，直军"失而复得"九门口及石门寨，但"伤亡甚重"。④ 随着战事不断推

---

① 王清穆：《农隐庐日记》（第19册），上海图书馆藏稿本（编号：线普卡744634-99），1924年9月21日。
② 王清穆：《农隐庐日记》（第20册），上海图书馆藏稿本（编号：线普长744634-99），1924年10月10日。
③ 奉化市档案馆编：《张泰荣日记》（第1卷），宁波出版社2015年版，第139、144页。
④ 卞白眉著，中国人民政治协商会议天津市委员会文史资料委员会编：《卞白眉日记》（第1卷），天津古籍出版社2008年版，第309、310、311、312、313、314页。

进，谣言亦起，纷传第二次直奉战争中吴佩孚阵亡的消息。10月24日，卞白眉在日记中记载："安利洋行外人言，谓领事馆消息，吴佩孚将军及军官八人，为乱兵刺死，但未知确否。"他表示："此公一生好战，死生以之，尚不愧为豪杰也。"① 有关吴佩孚阵亡的假消息，对一直关注直奉战事的卞白眉而言，具有一定的震撼力。

在北京的左绍佐侧重记载了城内的动向。1924年9月23日，他注意到"内城东西提捉马甚紧"，表示"现象不佳"。24日，他认为拉马拉夫现象"不甚安谧"，猜测这是直奉战争的准备："直省以全力抵御张军，闻外省调来队伍陆续取齐，当在三十万上下，战局收束，未卜何时也。"他痛恨地骂道："天发杀机，地发杀机，人发杀机。"②

通过上述记载可以看出，读者对第二次直奉战争战况的关注弱于江浙战争，可能因为报刊上关于第二次直奉战争新闻报道较少，也可能因为江浙读书人留下的日记较多，导致关于江浙战争的记录较多。此外，从存留文本来看，有关第二次直奉战争的新闻细节也不多。但随着北京政变的发生，不少读者被事件吸引，关于北京政变的新闻成为一些读者关注的热点议题。

四、北京政变与读者观感

第二次直奉战争中引发读者关注的焦点，莫过于冯玉祥发动的北京政变。一方面，直系内部分裂，总统曹锟被冯玉祥软禁；另一方面，溥仪被赶出皇宫，宣统帝"名存实亡"。冯玉祥倒曹锟属于突发性事件，并且是在第二次直奉战争的关键时刻。读者从报刊或其他渠道知晓此消息时，惊讶不已，并对此事褒贬不一。1924年10月23日，冯玉祥回京，囚禁曹锟，联名通电主和。24日，《大公报》"国内要闻"刊载了《北京政局之剧变：冯王反戈回京，曹吴倒矣》的消息："今早六时半，冯玉祥所部之第八旅，突然开入都城，占据

---

① 卞白眉著，中国人民政治协商会议天津市委员会文史资料委员会编：《卞白眉日记》（第1卷），天津古籍出版社2008年版，第315页。
② 左绍佐：《左绍佐日记》，湖北省图书馆编：《湖北省图书馆藏稿本日记四种》（第34册），国家图书馆出版社2021年影印本，第462、463页。

第八章　大革命时期的时局变动、报刊阅读与读者心态

天坛一带。所部军队亦陆续回京,遍布城厢各要路口,监守各交通机关。京中电报电话,均完全不通,即日有重大表示。并闻胡景翼、王承斌、王怀庆、米振标、孙岳均已一致。曹锟即日下野。"① 25 日,《申报》发表题为《另一局面》的时评,指出:"北京将又另开一局面矣。冯胡军队到京倒曹倒吴,停战集议,已祛旧势力,而树新势力。非复前时之北京矣。""此另一之新局面果胜于前之局面耶。固人人所望也,然倒曹倒吴之后,曹吴之属,果能安然听令耶? 奉直之间停战,而其战又将移于他处耶? 斯又人人所惧也。"从评论中可以看出《申报》倾向于支持冯玉祥的倒曹行为,期待"此三五年来旧仇新恨之丛案于此而告一结束"。② 冯玉祥倒戈事件发生后,读者在日记中各抒己见,形成了不同的看法和观点。

身处北京的左绍佐关注冯玉祥回京的相关信息。1924 年 10 月 23 日,他注意到冯军回京,在日记中披露:"各军袖上有'誓死救国'字。市上颇安静,此军皆习教,其数在四万以上,朝阳一路无战事,或转赴榆关耶。"此时的他尚不知晓冯军回京的意图,第二日才明白,"主于停战,其理颇长"。他认为冯玉祥回京会引发一些不可预料之事,评论道:"世变难测,来日不可知,使人闷闷。"当冯玉祥软禁曹锟时,他描述京城社会局势"尚平静、秩序未乱"。在他看来,"自杀自弊是中国目前情态",并为之一叹。不甘失败的直系准备反扑。30 日,他读报后获知"廊房[坊]、丰台皆有备战之信,时局消息不甚平和"的消息,评论道:"此关气数,未可以人事臆测者也。"③

在天津,卞白眉对北京政变亦有关注。1924 年 10 月 23 日,卞白眉午后闻京津电话、电报及火车均不通。据日报及在租界各华字报号外称"系冯玉祥率军反京武装调和","迫曹、吴下野"。25 日,他参加银行公会聚餐时,多数人认为冯玉祥所为"不直",不仅不能"真办到和平",而且"徒滋纷扰"。英文《泰晤士报》亦对冯玉祥"大加讥评"。对于冯玉祥发动北京政

---

① 《北京政局之剧变:冯王反戈回京,曹吴倒矣》,《大公报》1924 年 10 月 24 日,第 4 版。
② 冷:《另一局面》,《申报》1924 年 10 月 25 日,第 3 版。
③ 左绍佐:《左绍佐日记》,湖北省图书馆编:《湖北省图书馆藏稿本日记四种》(第 34 册),国家图书馆出版社 2021 年影印本,第 499、500、504、505、507 页。

变，多数人"祖吴而非冯"。卞白眉认为，冯玉祥"虽助奉亦为适当"，但"办理此事，实未得法"，因为冯玉祥"进行迂缓，胆量太小"，"实不及"吴佩孚"勇敢神速"。卞白眉二子持同样看法，认为冯玉祥假托基督信徒，"实行诡诈"。11月8日，卞白眉记载冯玉祥"迁清废帝出宫"的消息。① 事态的发展超乎他的预料，他对冯玉祥的认知也发生转变。

在上海，王伯祥对北京政变事件经历了从"听闻"到"确信"的过程。1924年10月24日，他听闻冯玉祥发动北京政变，但因"沪报京电不通"，他不敢确定，从"外人方面无线电消息"知"都中剧变"。一说"冯玉祥前锋张之江已抵京逼曹者"，一说"孙岳与冯合作者"，一说"曹锟已出走者"，由上述消息并不能确定北京政变的详情，但可以确定的是"京津交通已断"。他认为，"直系的内讧未必无因耳"，若果然如此，则"吴佩孚其殆矣"。26日，他看报后了解"京状甚混沌"，但不知"冯玉祥究否放逐曹锟也"。同时，他从沪报上得知"卢永祥、徐谦俱得冯氏电。一召返国，一促入京"，冯玉祥似"已握最高权柄"。29日，他阅报后描述"京局仍复如昨"，并且当日"吴佩孚已在津指挥"。他判断，既然吴佩孚在津作战，那么"此次停战之运动，事实上实移近京、津作战耳"。此外，新闻称"卢小嘉与臧致平今已遄返上海"，他提出疑问："此间战局，又将复现，不知他们为什么当初要出于一走也？"不管战局事实如何，他对事变本身非常震惊，感慨道："武人弄柄，谁都不能信任。国民正义，必恃自己有以申之也！"②

从11月开始，战争局势逐渐明朗。11月1日，他阅报后披露："冯玉祥已得势，吴佩孚将败剑，而此间复有第十师不稳消息及臧致平重来海上之讯，恐又将引避也。"6日，他阅报纸所载"北京电"，得知"溥仪业于昨日午后四时废号出宫，住醇王府"。他在日记中评价冯玉祥发动北京政变一事："冯玉祥入京以来，此举差强人意，于国于溥，而有所裨，惟黄郛以孺子据阁揆，乃乘时

---

① 卞白眉著，中国人民政治协商会议天津市委员会文史资料委员会编：《卞白眉日记》（第1卷），天津古籍出版社2008年版，第314、315、316、317页。
② 王伯祥著，张廷银、刘应梅整理：《王伯祥日记》（第1册），中华书局2020年版，第121—122、122页。

第八章 大革命时期的时局变动、报刊阅读与读者心态

建此大绩，为不平即侥幸成功耳！"13 日，他阅报后得知"冯玉祥、王承斌到津晤张作霖后忽失踪"，有传言冯玉祥"被扣留"，王承斌"逃英租界"。王伯祥判断，如果传言为真，"则北方政局又将大变，而奉张之势力又咄咄逼人矣"。他认为："不信张作霖有救国热忱，此番入关，正有以启其贪耳。外传彼有复辟阴谋，故冯知之而特对溥仪下辣手，今有此被拘之讯，或不虚诬张作霖乎！"14 日，王伯祥阅报后揭示真相："冯玉祥被拘是谣，王承斌则确被迫去职矣。"① 至此，他较为全面地披露了北京政变，完成了他的又一次事件史书写。

同在上海的徐乃昌也特别关注北京政变。1924 年 10 月 24 日，徐乃昌阅《东南晚报》知"冯玉祥偕王承斌、胡景翼率队由古北口回京"，他预料可能有大事发生。次日，他阅报后记载冯玉祥通电停战及向曹锟提三点要求的消息："（一）下令停战，（二）收拾前方队伍，（三）不分党系，开全国会议，解决国是。又载，昨日下午府院联席会议下令停战，各守原防，听候中央筹议，结束讨伐军总副司令等职，撤消山海关一带军队，责成王成［承］斌、彭寿莘维持，吴佩孚免本兼各职，派办青海垦务。"此后几日，他急切地关注事件进程。27 日，他结合新闻披露了冯玉祥组建国民军和吴佩孚通电反对冯玉祥的消息："冯玉祥军入京后，时组国民军。""吴佩孚廿七日由秦皇岛通电反对冯玉祥，一面激励将士东讨外叛，一面分领大军清除内奸。"他还记载了其他军阀反对冯玉祥的消息。28 日，他读报后记载："王怀庆、胡景翼等三十六将领通电，抗拒冯玉祥。"29 日，他记载"齐燮元、孙传芳等沁电，萧耀南等宥电，均反对冯玉祥"的消息。② 可以看出，他较为关注冯玉祥发动政变的过程，留心记载各地的反冯声音，反映了他个人的看法。

当徐乃昌得知冯玉祥驱逐宣统帝的消息后，作为前清遗老，他护主心切，表达出义愤之情，在日记中愤愤不平地写道："昨日午后，皇上为冯逆玉祥逼移醇王府，所有神武门及景山守卫队两营亦被逆军缴械，府之四周派兵驻守，禁止出

---

① 王伯祥著，张廷银、刘应梅整理：《王伯祥日记》（第 1 册），中华书局 2020 年版，第 124、127、130 页。

② 徐乃昌著，南江涛整理：《徐乃昌日记》（第 2 册），凤凰出版社 2020 年版，第 582、582—583、583 页。

入。"从他使用"冯逆"一词可以看出他的愤恨。他颇为留意宣统帝善后的消息。11月27日,他阅报得知新成立的临时执政府有重新讨论逊清小朝廷的优待条件,内心颇为怡悦。但几日后,他阅报知晓了宣统帝出走的消息:"初三日皇上驾临东交民巷,初入德医院,旋徙居日使馆,住大楼西屋。"① 他大为失落,意气难平。

同样身处上海的刘承幹得知北京政变的消息后,心情复杂。1924年10月25日,他阅报知晓了冯玉祥回京的消息:"吴佩孚为张作霖所败,直军将领冯玉祥、王承斌等率师回京,围住总统府,逼曹锟下令免吴佩孚职,即日停战,请曹退位。"② 11月6日,他阅报后得知"国民军领袖冯玉祥五日令鹿钟麟、张璧、李煜瀛率兵入宫,逼皇室立时迁让"。他详细地记载了政变的过程:

> 偕内务府绍英入神武门,先见荣源,谓民国国民均有总统资格,清帝深居宫中,放弃选举权利,殊失优待之意。现奉院令修正优待条件,请宣统取消帝号,交出国玺,将宫殿让出。至清室珍宝,系属私有,民国不取分毫。惟古物系国有,应归政府保管。帝开御前会议,决交出国玺两方,立即迁出。谕知太监宫女百余,每人十元。三点钟,鹿钟麟派汽车五辆护送帝、后妃及亲属等至什刹海醇王府邸。帝态度从容,谓事在意中,政府派队保护王府,一面由警厅布告市民知悉。六日起,皇室内务府派四人,警卫部警厅各派二人,在宫中点交物件。所有财产设委员会保管,以李煜瀛为委员长。其院令修正清室优待条件五条件,系一、永除皇帝尊号,与国民享同等权利;二、民国每年补助清室家用四十万,并特支二百万开办工厂,收容旗籍贫民;三、清室照原条件第三条移出宫禁,自由择居,民国仍保护;四、清室宗庙陵寝永远奉祀,民国派兵保护;五、清室私产归清室享有,公产归民国。③

---

① 徐乃昌著,南江涛整理:《徐乃昌日记》(第2册),凤凰出版社2020年版,第585、592、593页。

② 刘承幹:《求恕斋日记不分卷》,上海图书馆藏稿本电子版(编号:线善862624-74),1924年10月25日。

③ 刘承幹:《求恕斋日记不分卷》,上海图书馆藏稿本电子版(编号:线善862624-74),1924年11月6日。

第八章 大革命时期的时局变动、报刊阅读与读者心态

刘承幹嗟叹不已,对冯玉祥充满了鄙夷,讥讽道:"忆壬戌冬冯玉祥犹蒙恩赏紫禁城骑马,今年又赏热河避暑山庄办公房屋一所,乃反复无常,忍心出此,可为小人之尤者也。"两天后,他再阅报纸,上载国务院通电称"宣布修改优待条件,撤消帝号,每年改为五十万元"。对比前后优待条件,他"闷恨无已"并表示"纸上空言,何曾克践,迨至近年卖物度日,几至绝粮,而犹作此欺人之谈,谁复信之"。他为宣统小朝廷鸣不平。12月1日,他阅报后披露宣统帝逃避东交民巷的消息:"皇上昨日傍晚匆匆偕庄思〔士〕敦出避交民巷,盖段入京就总执政后,首将看护醇邸之冯军撤去,故得出险也。先至德医院,不敢留,再至英使馆,恐冯军出激烈手段,亦未允,乃至日本兵营,日公使芳泽恃有兵力,邀入使馆居之。芳泽一面电告政府,一面报告外部。"他读后颇为欣喜地写道:"念皇上此行,必因过激派欲不利于圣躬,万不得已,而出此一著。"①

时任太湖水利局督办的王清穆记载了冯玉祥发动北京政变前的建国大纲:"愿邦人共同讨论:(一)建设清廉政府;(二)用人以贤能为准;(三)对内实行亲民政治;(四)对外讲信修睦;(五)信赏必罚,财政公开。"对于"建国大纲",报载各国人士对"冯之和平主义认为甚好,惟言手段如何,则视措施而定。对吴之武力主义,认为决难成功,并劝吴勿骄,宜猛回头讲和平,则事业未尽",并谓"江浙直奉及此次京津战事,系大选不慎之结果"。王清穆评价道:"按,外人观察中国情势如此透澈〔彻〕故,于是就利害辨析极精。若我国人之言论,反多模糊颠倒,岂真是非不明耶,抑亦道德堕落,慑于势利之所致也?"冯玉祥主张停战,但吴佩孚不允,"将在京津间作战,两方各有党援,不即遏止,祸益扩大"。王清穆致电冯梦老,认为:"东南战祸,牵连东北,波及京畿,大伤天地之和,尤拂人民之意。公是仁者,负天下望,请电颜阁,约朝野贤达,急筹弭兵,共商善后,保留将才以卫国,议办灾振〔赈〕以安民。公领衔发电,蔚芝与穆皆愿附骥。"对于这样的主张,章太炎

---

① 刘承幹:《求恕斋日记不分卷》,上海图书馆藏稿本电子版(编号:线善862624-74),1924年11月8日,12月1日。

支持改革意见,谓:"统一不如分治。各省自治,而上尚须分为数国,或分为二,或分为三,或分为四五,悉由形势便利,军民愿望而成。"又谓:"其次如行政委员制,乃勉徇统一之论,原非上策。"对于上述两个对策,王清穆认为:"二者皆未妥。分治制之主张,必至分为无数小国,甚有一省分为数国,而争端永无已时。委员制有每省一人,或数人之主张。人类不齐,意见纷扰,恐亦难于久安长治。总之,国人只知权利,不重道德,无论何种制度,皆不能行。如为国任事之人,注意修人格,怀廉耻,则分治可也,统治亦可也。而依历史之关系,分治究不如统治。"①

此后,冯玉祥将溥仪赶出皇宫的新闻,引起了王清穆的关注。1924年11月8日,他阅报后记载:"国民军入大内,逼清帝出宫,并立时修正优待条件。"他闻之表示"极可骇",对冯玉祥的态度从赞赏转变为鄙视:"此等军人,不识仁义道德为何物,纯袭用绑票手段,恃强威赫[吓]。如清室有人以正义力争,清帝移出宫禁,必须宽期筹备,修改优待条件,亦须双方派员协商,不能以少数人意思取决于立谈之项,以此抗议,未始不可从缓。惜乎,宣统左右无此胆识也。"② 作为前清旧臣,他内心仍然有着强烈的君王思想,对冯玉祥的不满乃是肺腑之言。

在浙江余姚,朱鄂基于北京政变第三日通过阅报得知详情。1924年10月25日,他首次在日记中记录北京政变新闻。他阅报后记载:"冯玉祥由古北口回京,京津铁路、电线均断绝。直奉战线集中山海关,各有胜负。"26日,他再揭政变后的新消息:"冯玉祥、王承斌、王怀庆、胡景翼等请曹锟退位,即免吴佩孚各职,下令停战,北京交通已恢复。"28日,他阅报后披露:"冯玉祥、王怀庆、王承斌、孙岳军队满布京畿,吴佩孚有日通电云,一面仍饬前敌将士进攻,自己带领兵队回京等语。萧耀南有联络苏浙皖三省之说,段祺瑞由津电李思浩北上,冯电别府,卢永祥回沪。"局势变得更为复杂,引发

---

① 王清穆:《农隐庐日记》(第20册),上海图书馆藏稿本(编号:线普长744634-99),1924年10月25日,10月29日,10月30日,11月5日。
② 王清穆:《农隐庐日记》(第20册),上海图书馆藏稿本(编号:线普长744634-99),1924年11月8日。

第八章 大革命时期的时局变动、报刊阅读与读者心态

他的读报欲望。29日,报纸称"吴佩孚已抵津,王怀庆通电附吴"。30日,他进一步知晓:"冯玉祥兵队驻廊坊,吴佩孚兵驻杨村、丰台,闻已有接触。萧耀南、齐燮元、孙传芳均有通电响应吴派,曹锟仍在公府,停战令、吴佩孚免职令均下,着吴任青海垦务,吴佩孚自称已奉密令代行大总统职权。"①

冯玉祥掌握北京政权后,采取了一系列举措。对此,朱鄂基在日记中亦有记载。首先是软禁曹锟。11月6日,朱鄂基阅报后记载:"曹锟通电辞职大总统职务,由国务总理代摄。吴佩孚由塘沽登海舶南下,鄂萧、皖马、苏齐、浙孙、赣蔡、闽周仍附直系。浙江援吴之孟旅因津浦路断,至徐州折回。"其次是将溥仪驱逐出紫禁城。9日,朱鄂基读到溥仪被赶出紫禁城的新闻:"清室溥仪十一月五日迁居醇亲王府,取消帝号,优待费每年五十万,另筹二百万办工厂,为旗民生计,所有宫内财产,组织委员会分别清有及民国有两种,正在进行。"② 他对此并未置评,早已倾向共和的他,似乎并不同情宣统帝。

在苏州的《猗猗草堂日记》的作者于1924年10月28日知晓了北京政变的情况。他阅报后惊悉:"北京变化,冯玉祥驱曹总统退位,返叛吴佩孚,倒戈向张作霖,截断吴军后路,包围政府,固守京城,不识如何结果。"10天之后,他再次阅报后记载了北京政变的善后情形:"吴佩孚败北,下海窜溃。曹大总统锟辞职下野。清帝宣统逼出宫,移居醇王府第。朝政纷乱,冯玉祥等拥段祺瑞入京,而段尚须征各方意见。"他预料段祺瑞出山后会"约孙文辈共议"。在他看来,这样的善后"决无好结果",颇为担忧时局。他认为,军阀混战只是基于利益,毫无道义可言。他揭露:"冯玉祥得张三百万而卖友。讵张进关至天津,不以冯为然,一言不合即捕冯,嗣后之势力范围在张,而段亦未必能上台。"③ 军阀之间的争斗使得局势愈加复杂。

在杭州的陈曾寿在北京政变后的几天心境颇为复杂。1924年10月26日,他阅报得知"曹逆被逐,为之一快"。从此处表述可以看出,陈曾寿对曹锟甚

---

① 朱鄂基著,朱炯整理:《朱鄂生日记》(第2册),凤凰出版社2021年版,第612、613页。
② 朱鄂基著,朱炯整理:《朱鄂生日记》(第2册),凤凰出版社2021年版,第615、616页。
③ 佚名:《猗猗草堂日记》(第14册),复旦大学图书馆藏稿本(编号:484057),1924年10月28日,11月7日,11月14日。

为反感,以"逆"相称。在他看来,曹锟被逐是好事。但之后他阅报得知"冯逆玉祥以兵逼,上出宫,迁醇王府",对于忠于清室且以遗老自居的他而言,此事令他悲痛万分,"恨不能生食其肉",恨不能生食冯玉祥,亦是他内心的真实写照。他对冯玉祥恨之入骨,但"推原祸始,袁段之罪,不容于死也"。因此,他听闻冯玉祥被张作霖扣留,便"为之一快",并对张作霖表示高度支持:"张若能乘战胜之威,扫除群孽,可以定霸,恐非其人耳。"① 他认为溥仪小朝廷的艰难处境已无力改变,只好将希望寄托于像张作霖这样的军阀。

在温州的符璋突闻北京政变之消息。1924年10月29日,他访友人沈仲纬,知"冯玉祥、王承斌有兵变说,吴景濂亦预事,吴为王之师,一年来皆在王署"。30日,他阅《申报》后了解"北京政变甚详"。"冯玉祥于廿三号入京,合作者胡景翼、孙岳三人及王承斌、王怀庆等不一,与张作霖部李景林先已接洽。"冯玉祥进京后,软禁了曹锟,命曹锟"下令停战",并"免吴佩孚职,向国会辞职",而曹锟本人"在府、在使馆、在津所说不一"。又有报道称曹锟"密电吴率兵来救",吴佩孚"亦通电讨冯护曹",而"大局未知如何"。在地方,"山东、山西则响应冯,张福来则助吴"。同时,一批政客"主张废总统制,用委员制,仿美利坚费拉德费亚会议,以免酿成墨西哥之乱"。冯玉祥进京后,"自称国民军第一军总司令,胡二、孙三各为副司令"。徐谦通电:"清帝已成民国内乱犯,应即治以国法以绝乱萌。"② 从他新闻叙述的内容看,他应该看了多日的报纸。

北京政变成为直系大败的直接原因,符璋在日记中对这一事件有详细记载。11月8日,符璋阅报得知:"曹锟于阳历二日下野,黄郛代阁摄政。吴佩孚既失滦州,而北仓、杨庄大败,现率残兵万人登日舰逃,逃向何方尚未悉。"之后,段祺瑞通电表示准备出山。同时,"山东独立,兵队难行"。10

---

① 陈曾寿:《陈曾寿日记》,湖北省图书馆编:《湖北省图书馆藏稿本日记四种》(第44册),国家图书馆出版社2021年影印本,第341、343、344页。
② 符璋著,温州市图书馆编,陈光熙点校:《符璋日记》(下册),中华书局2018年版,第921、922页。

日，符璋阅最近两日报纸后披露："清皇室被迫于阳历五日午刻出宫，迁居后海甘石桥醇王府，取消优待条件。宣统欲入交民巷使馆，不允。任此者为鹿钟麟、张璧、直绅李煜瀛及绍英。五日十时入见，午时即完全出宫。英、荷、日三国均质问。"他对冯玉祥的行动并未表明态度。20日，他阅新闻得知"吴佩孚已由沪宁至鄂回洛阳"。22日，他阅《申报》后记载："十省联盟拥段讨冯。肇和舰上九省会议，推齐为主，宁、鄂设总机关，请曹锟南下行使总统职权，未到，暂由吴佩孚代。组织北伐军，进攻冯、张。武昌已组护宪军政府，由齐通电。"他认为新一轮内战将起，事态严重。27日，他阅报得知："段祺瑞于廿五日即廿二号入京，廿四号就职。其名义为临时执政，不设总理，直辖九部。传说阁员中以郑孝胥任交通，岂非奇谈？张作霖出私财四百三十万现洋赈直隶灾，此举为共和以来所未有，人心归向，自其理也。彼每省给二万元者，视此何如？段就职日，解除宣统监视。外人谓执政之权，与迪克推多相伴。"①

进入12月，北京政变引发的政局纷争愈演愈烈，12月1日，北京公联会电全国，宣布"国会议员十大罪"。同时，"蔡成勋于廿三宣告下野。冯玉祥辞职，并电约吴佩孚解除兵柄，一同出洋"。段祺瑞临时执政后，一方面"慰留"冯玉祥，另一方面"聘梁启超、郑孝胥、荫昌充顾问"。此外，还有"瑜、璆两太妃出宫"和"拒贿议员二百七十九人宣言成立非常国会"等新闻，可谓纷乱不断。5日，他阅报得知："宣统帝于初三日即阳历十一月廿九号申刻偕英人庄斯〔士〕敦赴交民巷，先欲入德医院，继欲入和〔荷〕使馆，未成。后为日使芳泽迎入日使馆，帝后亦至，馆前后门增加日兵守卫。电告政府，一面派书记官通知段执政，英、美、法使馆均电告本国。其时陈宝琛、柯劭忞、罗执〔振〕玉、载涛均到使馆。"②至此，他关于北京政变的新闻叙事告一段落。

---

① 符璋著，温州市图书馆编，陈光熙点校：《符璋日记》（下册），中华书局2018年版，第923、923—924、925、926页。
② 符璋著，温州市图书馆编，陈光熙点校：《符璋日记》（下册），中华书局2018年版，第927、928页。

    同在温州的张棡了解到北京政变的相关消息已是1924年11月。11月3日，他阅旧日《时报》方得知直系冯玉祥"反戈赴京逼曹停战免吴佩孚职"，电请"段祺瑞进京"，并且"派兵监守曹锟，逼其退总统"。吴佩孚"特不奉命"，亦"回戈进兵赴京津讨冯"，双方"互有责言"，不知"鹿死谁手"。他对军阀混战之局面颇为感慨："真世界未有之奇事"，足见"武夫辈朝秦暮楚，反复无常，徒害生灵、縻财贿"，诛之"实不胜诛"。14日，他阅《时报》新闻，知冯玉祥一面"将吴佩孚逐退，曹锟下野"，一面"遣兵逼清宫宣统退位，削除帝号，减少皇室费，仅给五十万应用，特支出二百万办北京贫民养赡所，尽先安插旗民之无籍者，太监千余名，每人给洋十元，一律遣散"。有着传统帝王思想的他知晓此事后，情绪比较低落，在日记中写道："满清名词，从此遂烟销云灭矣，岂不哀哉。"他进而感慨："宣统夷为平民，而优待清室条件渐次取销〔消〕，诸遗老断断争之，而康南海争之尤力，被逐逋臣，犹恋恋亡清，是亦不可以已乎，何其好为干预也。"① 他颇为同情宣统帝的遭际。

    其他一些读者对北京政变的记载较为简略。例如，孙宝琛于1924年10月24日知晓冯玉祥回京的消息，在日记中简述："冯玉祥军于昨晨开回京城，京津轮车，电线电话均断。吴子玉电曹速避，以免危险，有曹已出京之说。都门又有一大变局。时局真不堪设想。"② 又如，金松涛在1924年10月28日阅报后披露："北京政局大变，冯玉祥统兵入京，要曹琨〔锟〕停战，免吴佩孚职，将集南北要人，共议和平。"对于政变，他寄予厚望："战祸可望转机，未始非人民之幸也。"③ 毛昌杰关注吴佩孚战败的消息，在日记中写道："吴子玉有下野通电。若然，洛阳可免战事，幸已。"④ 这些碎片化记载，各有侧重，都反映出读者对这一事件有所关注。

---

① 张棡著，温州市图书馆编，张钧孙点校：《张棡日记》（第6册），中华书局2019年版，第2835、2837、2852页。
② 孙宝琛：《孙宝琛日记不分卷》，上海图书馆藏稿本电子版（编号：T47017-41），1924年10月24日。
③ 金松涛：《甲子年日记一卷》，上海图书馆藏稿本（编号：线善529891），1924年10月28日。
④ 毛昌杰：《君子馆日记》，沈云龙主编：《近代中国史料丛刊》（正编第18册），文海出版社有限公司1966年版，第408—409页。

五、第二次直奉战争善后、执政府统治与读者感受

第二次直奉战争以奉系胜利、直系失败告终,奉系掌握了北京政权,并成立了以段祺瑞为主导的执政府。执政府是南北妥协的产物,唯奉系马首是瞻。政局如此波谲云诡,令人目不暇接,难以猜度。不少报纸的态度也前后不一,新闻报道真假难辨,令读者的新闻解读也复杂多变。

卞白眉通过报刊新闻了解执政府成立的相关时间节点。1924年11月21日,新成立的执政府将分设两院,"一治军政,一治民政"。22日,段祺瑞进京。24日,段祺瑞就任临时执政,并定暂行法。26日,段祺瑞宣布新阁员名单:"外交唐绍仪、内务龚心湛、财政李思浩、教育王九苓、农商杨庶堪、司法章士钊、交通叶恭绰、海军林建章、陆军吴光新。"但唐绍仪不就职。之后,卞白眉记载了一些时政要闻。12月12日,齐燮元被免职,卢永祥"宣慰苏、皖",同时听闻奉系对苏"有武力解决之意"。21日,齐燮元"自称"保安司令。在战局不利的情况下,齐燮元联合孙传芳组成浙沪联军,阻挡卢永祥的进攻,"齐燮元自称为江浙联军第一军司令,孙传芳为第二军司令"。①

直系战败后,徐乃昌特别留意吴佩孚的举动。例如,1924年11月16日,他记载了吴佩孚由吴淞抵江宁的消息:"吴佩孚于十八日晨六时乘华兴轮由吴淞上驶,十九日晨二时抵江宁。"19日,他读报后披露了吴佩孚组织护宪军政府的消息:"吴佩孚廿一日抵汉口,廿二日七时赴洛,以南京会议决设护宪军政府于武昌,订组织大纲十条,苏齐领衔通电,由鄂译发。"12月4日,他又获知吴佩孚回洛阳的消息:"吴佩孚初六日午后离洛到郑州,初七日午前二时离郑南下,暂驻鸡公山。"他也关注执政府的相关新闻。11月23日,他阅报得知"段祺瑞至京执政,行大总统职权"。次日,他阅报后获悉段祺瑞将就任临时执政的新闻:"段定廿四日上午十时就临时执政,职下临时政府制度及权限令对内外声明,一切法律条约与临时政府制度不抵触者皆有效。总执政

---

① 卞白眉著,中国人民政治协商会议天津市委员会文史资料委员会编:《卞白眉日记》(第1卷),天津古籍出版社2008年版,第319、320、323、324、330页。

印铸二颗，小印银质，大印铜质，双钮嘉禾柄，文为'中华民国临时执政'。段通电政见，主持制定国宪，促成省宪，改订军制，屯兵实边，整理财政，发展教育，振兴实业，开拓交通。"① 时局大变，他述而不议，以作记忆和考据之用。

为弭兵止戈，王清穆通过报馆通告，阐发了自己对时局的观点和态度。1924年11月27日，他寄报馆通告，表达了对和平的建议。该通告云："国事之纷乱，由于国人少是非，欲期拨乱反正，必先表白是非。……论冯固当如是，观冯以外之人物，亦当如是。总之，治国之道，是非明而后功罪无可淆，亦是非明而后好恶得其正。管见所及，愿就正于邦人，君子有以教之。"在他看来，人明是非可以消弭战祸。28日，他又寄报馆通告，表达了国家防卫的重要性。该通告指出：

> 昨通告论观人明是非计达，迩来国人受欺者，莫如保境安民四字，不求甚解，犹是不明是非耳。论民国之境，东北自鸭绿江，遵海而南至于闽粤，是谓七省海疆。西南则滇桂之边界，西则卫藏之边界，北则新疆、蒙古、东三省之边界。所赖国军，以固我围者，惟此四境。若划省而为境，是民事非军事，军民混合，非国民之所许也。故人云亦云之保境，实属废〔费〕解。至于安民，乃中央政府之事，亦各省行政官吏之事，军人无与焉。其事维何？养民、教民、卫民（警察或乡团）而已。必也养之有其道，教之有其方，卫之有其术，三者备而民始安，匪易言也。……诸今之军人，岂贤于尧舜哉？而侈然曰安民安民，何其言之不怍也。军人当以不扰民为天职，而其要尤在乎不扰。治民之官人，徒知军纪不良之扰民为害，而不知悉索敝赋之扰官，以扰民其为害尤广也。必也，军队归中央直辖，防地由中央调度，饷需出中央运筹，夫而后官，不为军人牵掣，民亦得各安其业矣。今之执政者，有救民水火之心，召

---

① 徐乃昌著，南江涛整理：《徐乃昌日记》（第2册），凤凰出版社2020年版，第588、589、594、591页。

第八章 大革命时期的时局变动、报刊阅读与读者心态

集军事会议，度必筹计及此，以慰国人之望。区区愚见，所以诠释保境安民之正义。质之海内贤达，以为何如？①

通告从国家论的角度指出了解决当前时局问题的关键举措，即军队由国家统一直辖、调度和运筹，废除武人政治，才能解救万民于水火。显然，这在军阀混战时代难以实现。

虽然江浙战争中齐燮元取得胜利，但因奉系取得了第二次直奉战争的胜利，奉系支持的卢永祥虽败而未败。12月12日，王清穆知中央政府决议下令免除齐燮元江苏督军的职务，并派卢永祥为苏皖浙赣宣慰使。他思忖道："奉军南下与否，视齐氏是否抗命为断，孙省长暂兼善后督办。"15日，他悉齐燮元去职，孙传芳就任江苏督军，表示"奉军南来，当可作罢"。19日，他又悉齐燮元尚不离宁，有军事会议推为保安总司令之说，南京大起恐慌。王清穆评价齐燮元道："此人不明事理，顽钝无耻，将重为地方之累，殊属可恨。"在与友人讨论江浙时局时，王清穆表示："东南战祸，苏齐实为戎首。卢氏反对贿选，名义甚正。吾辈论人要当鉴别是非，主持公理，彼以齐卢等视者，特觉不得其平。"②

王清穆极为关注段祺瑞的执政府相关情况。12月29日，他总结道："近日段执政用人属于安福派者居多，殊不厌人望。"当读到《字林西报》关于中国形势的评论时，他多表赞同并评价道："虽多激切而大势了然，殆所谓旁观者清。"30日，他分析了当时的中国形势："北方诸首领宗旨各异，貌合神离。瞻念前途，危机四伏。推其病原，不外乎权利之心太重，或欲扩张势力，或欲争夺地盘，循环报复，莫知所终，彼辈宣言，恒以利国福民为标帜。而实际皆不然，口是心非，其谓之何。"在这样的形势下，段祺瑞发禁止招兵和实行裁兵两道命令终将"弁髦"，他由此感慨道："段氏亦难乎其为执政矣。"③

---

① 王清穆：《农隐庐日记》（第20册），上海图书馆藏稿本（编号：线普长744634-99），1924年11月27日，11月28日。

② 王清穆：《农隐庐日记》（第20册），上海图书馆藏稿本（编号：线普长744634-99），1924年12月12日，12月15日，12月19日，12月21日。

③ 王清穆：《农隐庐日记》（第20册），上海图书馆藏稿本（编号：线普长744634-99），1924年12月29日，12月30日，12月31日。

朱鄂基颇为留意南方直系抵制奉系一事。1924年11月11日，朱鄂基得知："上海总商会、县商会电致苏齐转吴子玉，请求和平等语，以吴已到南京矣。宁台镇守使孟昭月昨晚过姚往甬履任。"虽然上海总商会、县商会电转吴佩孚，希望吴佩孚以"和平"起见，不兴兵戈，但时事复杂，难以预测。12日，朱鄂基阅报后记载："孙传芳拥段护吴通电，全浙旅沪公会通电，孙传芳视浙省为征服地，欲废除第一、第二师等语，恐吾浙又将多事矣。"与此同时，直系抵制范围不断扩大。20日，他综述新闻："齐燮元、孙传芳等组织护宪军政府，通电十省联合……李景林长直、王承斌辞职。郑士琦在东省严守中立，不令奉军南下，其南省之兵亦不得北上。沪上护军使张允明原系鄂军，奉段令速就职。齐、孙通电中央政府，中断期间不受任何命令。苏绅汪凤瀛、王清穆等电请苏齐下野，以谢苏人。"23日，他阅报后了解时局动向："护宪军政府篠日之电系吴佩孚一人之意，即领衔之齐亦未赞同。陆续均有拥段通电，段有廿六号入京之说。"24日，他了解到"段祺瑞二十四号进京。……北京摄阁总理黄郛全体交卸与临时政府执政"。①

12月，张作霖、冯玉祥、段祺瑞三派矛盾开始激化。7日，朱鄂基综述近闻："冯玉祥决计下野，豫省自胡景翼、孙岳兵队与张福来、李济臣在彰德一带接触，段令停战，张福来宣布辞职，吴佩孚南遁，有避居鸡公山之说。张作霖出京有回奉之意，苏人旅京同乡请齐燮元解职。"在江浙地区，军阀之间的斗争更加激烈。15日，朱鄂基了解到"苏齐免职，韩国钧以省长兼任军事善后之职。卢永祥为苏皖赣宣抚使，苏人电拒来苏，省教育会一电甚佳"。19日，朱鄂基知晓"浙人吕公望、褚辅成等在沪开会，拟仍就甬江地方宣布独立，为驱孙之计，旅沪甬人开紧急会议云云。苏齐尚留江宁，其眷属已至沪"。21日，他阅报后记载："宁波旅沪同乡发布长言，反对民党至甬，措词甚壮。"又报载："江宁军队公推齐燮元为保安总司令，并与闽浙联合反抗奉军南下，时局骤紧。"30日，他阅报得知："陈乐山接任第四师师长，浙使孙传芳通电反对，遣卢香亭率师至嘉善，致与陈师冲突，业已开火，现在陈师

---

① 朱鄂基著，朱炯整理：《朱鄂生日记》（第2册），凤凰出版社2021年版，第616、618、619页。

第八章 大革命时期的时局变动、报刊阅读与读者心态

防守枫泾,并与驻沪浙人联合褚辅成等连电中央驱孙。苏齐于阳历二十七日抵沪。"①

虽然执政府已经按照流程成立,但政变后的北京政局极不稳定。张棡通过阅读报纸更多地了解此时的政治局势。1924年11月18日,张棡阅《时报》,知冯玉祥、段祺瑞、张作霖三人又"意见不同",他感慨道:"时局之变幻,真不可以测度者。"21日,他阅《申报》,知段祺瑞"仍留天津未入京"。12月14日,他阅《时报》,知曹锟为"贿选之主动,应受法律裁判",而受贿议员数百人,"已由法律检查证据派警逮捕"。这些议员昔日为"座上客",而今日为"阶下囚"。张棡为受贿议员"羞之"。②

执政府代表奉系的利益,受到直系抵制乃早晚之事。11月25日,张棡阅报得知吴佩孚组成九省联军,"反抗中央冯玉祥政府",自号曰"护宪国民军","暗戴曹锟为大总统",又以吴佩孚为"暂时护军大元帅"。张棡感叹:"恐此后奉直派又有一番大战争,而中国更无一片干净土矣。"12月27日,他阅《时报》知浙江省孙传芳、夏超两人有"岌岌可危之势",不独江苏省齐燮元之"被逐"。③

符璋在日记中也记录了战后的情况。12月16日,符璋阅报得知:"巡阅使已裁,齐燮元免职,由韩国钧兼军事善后。卢永祥充江浙宣抚使,蔡成勋逃。"17日,符璋了解到"赣督理方本仁,省长胡思义均任命,齐燮元遁"。25日,他阅报后记载:"苏齐现为保安总司令,反抗中央,纷纷调兵,浙孙有联盟之说。"31日,他进一步知晓:"齐于廿七号离宁到沪。廿八号,四师陈乐山之兵与孙传芳兵战于嘉兴。卢于廿八号过蚌埠。"④

其他一些读者简略地记载了第二次直奉战争的善后工作。《猗猗草堂日记》

---

① 朱鄂基著,朱炯整理:《朱鄂生日记》(第2册),凤凰出版社2021年版,第624、630、631、633页。
② 张棡著,温州市图书馆编,张钧孙点校:《张棡日记》(第6册),中华书局2019年版,第2839、2840、2852页。
③ 张棡著,温州市图书馆编,张钧孙点校:《张棡日记》(第6册),中华书局2019年版,第2842、2857页。
④ 符璋著,温州市图书馆编,陈光熙点校:《符璋日记》(下册),中华书局2018年版,第929—930、930、931页。

的作者描述了奉军将到江浙一带的情形："报言奉军将到,而杭孙军与齐燮元拒卢永祥,已在昆山开濠[壕]。"大战在即,苏州又一次引发混乱,"苏为必争之地,是以惊恐异常,富室逃避一空,五六团之小冲突在其次也"。① 金松涛关注奉军南下,并且对受灾百姓充满怜悯之情。1925 年 1 月 15 日,金松涛阅报得知:"沪局又乱,孙齐联合逐张明允[允明],宫邦铎抵抗卢永祥,败兵抢劫,百姓受灾诚可悲悯。"21 日,"卢齐又在镇江交战",他心中怜悯之情更甚:"真小百姓之大不幸也。"② 刘承幹也了解浙乱之局。他在日记中写道:"阅报载陈乐山到松,就浙江第四师师长职,驱夏兆麟而逐之,孙馨远督理。闻警派卢香亭进攻松江,在枫泾开战,乐山兵败,退守松江。虽系小战,人心惶悸,而余昨日出申未蹈危险,亦云幸矣。"③ 徐兆玮极为反感军阀混战,在日记中痛批:"骄者必败,古有明训,军阀之兴亡尤堪借证,民国以来,如张勋、吴佩孚,其武力几不可一世,而兴也勃焉,亡也忽焉。今奉天亦届盈满之时矣,吾恐其为张、吴之续也。"④

可以看出,虽然北京政变导致直系执掌政权失败,但居于南方的直系依然拥有较强的实力。随着孙传芳的崛起,吴佩孚回到洛阳之后,军阀混战的格局仍未打破,意味着中国依然处于军阀时代。随着奉系在第二次直奉战争中占据上风,军阀混战进入新的阶段。

第二节 军阀混战、浙奉战争与读者因应

第二次直奉战争后,张作霖、冯玉祥掌握北京政权,共推段祺瑞临时执政,并相邀孙中山北上商谈"和平"问题。但和平之景不长,张作霖和冯玉

---

① 佚名:《猗猗草堂日记》(第 14 册),复旦大学图书馆藏稿本(编号:484057),1925 年 1 月 12 日。
② 金松涛:《甲子年日记一卷》,上海图书馆藏稿本(编号:线善529891),1925 年 1 月 15 日,1 月 21 日。
③ 刘承幹:《求恕斋日记不分卷》,上海图书馆藏稿本电子版(编号:线善862624-74),1924 年 12 月 29 日。
④ 徐兆玮著,李向东、包岐峰、苏醒等标点:《徐兆玮日记》(第 4 册),黄山书社 2013 年版,第 2728 页。

第八章　大革命时期的时局变动、报刊阅读与读者心态

祥争夺北方利益，展开战争，以冯玉祥通电下野、张作霖重掌北京政权告终。但张作霖势要武力统一中国，奉系势力逐渐向南方渗透，影响到直系，双方爆发了浙奉战争。最终，郭松龄的突然倒戈导致奉系失败。

一、孙中山北上与读者的时事观察

孙中山北上和去世是重大新闻事件，对中国社会有着深刻影响。报刊对此进行了详略不同的报道。不少读者读报后甚为重视，在日记中加以记载和评论，拉近与事件的距离，留下个体的事件史记录，从不同角度"再现"了孙中山去世前后的政治和社会形象，为探讨这一时期的政治生态和派系斗争提供了多元视角。

朱鄂基很快通过报刊了解孙中山北上相关新闻。1924年11月22日，他阅报后摘录要点："孙中山招待新闻记者，主张召集国民会议，现在须注意者：一、为人民生活之救济；二、为外交方面之挽救。其词甚富。"这是孙中山北上需要解决的重要问题，朱鄂基对此特别关注，为之后论述这一问题留下伏笔。24日，他读报得知"孙文取道日本北行，已往神户"。1925年1月8日，他得知孙中山进京。29日，他阅报后记载："孙中山病重，进协和医院。"[①] 这些碎片化的新闻叙事，很难看出他对孙中山北上的态度。

郑孝胥在日记中简述了传孙中山因肝病去世的消息。1924年12月7日，他得知"孙文病胆发炎"之消息。1925年1月28日，东西报皆言"孙文死"，他读报后甚为震惊，但不敢确信。29日，报纸复传"孙文未死"。直到3月12日，各报纷纷刊载："孙文今日死。"[②] 他记而不论，但表达了对这一事件的高度关注。

在天津的卞白眉也关注孙中山病重及去世的相关新闻。1924年12月4

[①] 朱鄂基著，朱炯整理：《朱鄂生日记》（第2册），凤凰出版社2021年版，第619、635、641页。
[②] 郑孝胥著，中国历史博物馆编，劳祖德整理：《郑孝胥日记》（第4册），中华书局1993年版，第2032、2039、2044页。

日，孙中山到达天津，"工团等等欢迎者甚多"。卞白眉当日留意报刊的相关报道。1925年1月28日，他阅报得知孙中山"肝病甚危"，"已入协和割治"。2月11日，报纸透露孙中山"病渐危"。15日，有新闻报道："孙中山若病殁，有在中央公园国葬说。"18日，新闻称孙中山"病颇危殆"，家属要求将他移出医院，但医院认为"恐危险，示不负责"。21日，报纸报道孙中山"出医院已改服中药"，虽"似稍好"，但"仍殊无把握"。24日，报纸纷纷报道孙中山"日趋衰弱，恐将不起"。3月13日，他读报后得知孙中山于12日病逝于京邸。① 从他行文的风格看，他极为关注孙中山的病情，留意新闻细节，但并没有结合时局进行评论。

远在温州的张棡也颇为留意孙中山北上及去世的相关新闻。1924年11月21日，他阅《申报》得知"孙中山已自粤抵沪"，而段祺瑞"仍留天津未入京"。报纸为孙中山北上进行"预热"。但他之后很少记载孙中山北上的活动。至1925年3月30日，他读报惊悉孙中山已经逝世。新闻报道孙中山的"丧事之热闹，饰终之矜宠，一时无两"，又报道孙中山"殓尸之棺现暂用铜"，"又用玻璃"，此"真闻所未闻"。他认为，孙中山作为国民党党魁，其功在于"造成民国共和"，但他的罪状是"破坏旧道德，养成新潮流"，使"天下不知礼义廉耻为何物"。② 在张棡看来，孙中山是功过并存的历史人物。

在长沙湘江中学学习的贺尔康已是共青团员，思想倾向革命。他从报刊上读到关于孙中山去世的消息不是十分确切，因而内心十分不安，在日记中写下自己的感想："不过我们就要十二分加倍的努力！因中国的革命未成，孙先生就死了，他现担的这副三百斤革命事业——担子，我们应去继任他的这副担子，努力的快向前进，并不要悲观，这是我们青年应有的态度。"3月14日，报载孙中山去世的消息确切，他记录了同学们听闻此消息的状态："各同学都很惊异，口里也发出唉！唉唉！叹息的音。又叹息说道：中国真没有希望

---

① 卞白眉著，中国人民政治协商会议天津市委员会文史资料委员会编：《卞白眉日记》（第1卷），天津古籍出版社2008年版，第321、332、334、335、336、339页。

② 张棡著，温州市图书馆编，张钧孙点校：《张棡日记》（第6册），中华书局2019年版，第2840、2895—2896页。

第八章 大革命时期的时局变动、报刊阅读与读者心态

了,真的没有希望了呀!这是段祺瑞的幸福了,这时段等的哈哈恐怕是笑个不已。"总而言之,"他们都叹中华民国的妈妈死早了,中华民国没有乳吃恐怕就会同死"。① 16日,湖南学联开临时代表大会议决各校停课一日,以示哀悼。学生会召集全校教职员及学生开会追悼孙中山。何叔衡登台演讲,高度赞赏孙中山:"孙先生的精神百折不回,始终为革命、是为人民而奋斗。这时孙先生死了,是中国的国民革命的不幸;而又是东方弱小民族的大不幸。他的革命事业尚未成功,我们应更努力去做呵!只有这样,今天我们来追悼才有意义。"② 贺尔康拟以《孙中山》为题作文一篇,在自己主编的学生会刊物《日光周刊》上发表。此后,他记载湖南省为悼念孙中山举行的各类活动。

1925年春,已是中共党员的杨闇公在重庆担任共青团地委组织部长、书记。他听闻孙中山去世的消息,悲痛欲绝,呼吁:"我们应作一种很大的追悼会。在孙的主义上,我们虽只能同得到一半儿的路程,但他的伟大人格,和中国目前的需要,是我们应当表示尊崇,借以激动一般死气沉沉的国人们的。俾国民于这个大纪念中有所警觉!"③ 此种心境,与他加入中国共产党之后对国共合作的认知有关。他无比崇敬孙中山,悲痛之情流露笔端。

孙中山去世后,湖北省城各学校停课开追悼大会,朱峙三因其他事未至追悼会一观"为憾"。他对孙中山有创造共和之名却无共和之实引以为憾:"中山手造民国,共和成立,本其主义实行,中国未始不可自立矣。如共和徒有虚名,而国乱民贫,群雄割据,军阀专制甚于君主专制矣。此则中山所不及料者也。"④ 作为辛亥革命的积极参与者,他对孙中山的评价源自他长期的革命实践和深入观察。

深受旧思想影响的刘承幹则表达了不同的看法。他阅报得知孙中山去世

---

① 贺尔康著,湖南历史考古研究所现代史组整理:《贺尔康烈士的日记》,湖南历史资料编辑委员会编:《湖南历史资料》(1960年第1期),湖南人民出版社1960年版,第37、38页。
② 贺尔康著,湖南历史考古研究所现代史组整理:《贺尔康烈士的日记》,湖南历史资料编辑委员会编:《湖南历史资料》(1960年第1期),湖南人民出版社1960年版,第39页。
③ 杨闇公著,杨绍中、周永林、李畅培编辑整理:《杨闇公日记》,四川人民出版社1979年版,第261页。
④ 朱峙三:《朱峙三日记》(第5册),国家图书馆出版社2011年影印本,第130页。

后,以"逆贼孙文"称呼,并对革命极尽诋毁之言:"忆自革命以来,商旅不宁,士民涂炭,除改阳历外,毫无建白,糜烂粤东,与张献忠相仿,西南各省民不聊生,全国骚然,亦受影响。今党人四布,歌功颂德,淆乱是非,诚咄咄怪事哉。"① 字里行间,足见他对孙中山和民主革命的不满之情。

二、军阀混战、奉系南下与读者因应

1925 年是历年军阀混战中比较特殊的一年。1924 年,第二次直奉战争以奉系胜利而告终,张作霖充满信心地准备统一中国,却依然受到实力强大的直系的抵制和反对,军阀混战又起。至 1926 年,以国共合作为基础的北伐战争开始,国民革命军势如破竹地席卷全中国。面对变局,不少读者留心观察报刊新闻和相关言论,通过新闻叙事和评论,记载了他们的见闻,留下了对这一重大事件的个体阅读史。

1925 年年初,从军阀对峙的局势来看,依然是直系军阀对奉系军阀的抵制。朱鄂基的日记对这一阶段中的重要事件记录颇详。他较为留意孙传芳抵制奉系势力进入江浙地区这一事件。1 月 8 日,他阅报得知:"第四师师长陈乐山与孙传芳所遣之卢香亭兵队冲突,退守松江,现在已回上海。"孙传芳"使歌日电段,措词渐硬,不无骄矜之意"。朱鄂基在日记中连续发问:"不知全浙公会诸伟人又将何以为情也?世道人心,谁能维持耶?"由此可见,孙传芳对张作霖的抵制有了初步成效。10 日,朱鄂基知晓"卢永祥已到南京,全浙公会电段驱孙,对于孙之歌电驳斥甚力"。虽然孙传芳对中央政府发表的通电"措词渐硬",但孙传芳派系仍遭到全浙公会的抵制。11 日,朱鄂基了解到段祺瑞对孙传芳"歌电"亦不满,表示"孙既因服从中央而入浙,仍应本服从之志而不必攻苏,从前浙既欢迎,故得兵不血刃,现在苏未欢迎,何故遣兵入苏"。②

孙传芳虽在浙江遭到抵制,但依然占领浙江和上海。13 日,朱鄂基阅报

---

① 刘承幹:《求恕斋日记不分卷》,上海图书馆藏稿本电子版(编号:线善 862624-74),1925 年 3 月 13 日。
② 朱鄂基著,朱炯整理:《朱鄂生日记》(第 2 册),凤凰出版社 2021 年版,第 635、636 页。

第八章 大革命时期的时局变动、报刊阅读与读者心态

得知："上海护军使张允明遁租界，镇守使官[宫]邦铎通电辞职，齐、孙联合设司令部于镇守使署内。"卢永祥达到南京后"尚无宣言"，沪总商会"请求执政及已经退职之齐速即弭兵，恐亦空言无效"。17日，朱鄂基阅报后记载："孙齐删电请裁上海护军、镇守两使，并改兵器制造局为工厂，中央业已准行。"同时，"奉军前锋至镇江，其地苏军对抗。苏州城门已闭四日，葑门外军队有冲突"。19日，他读新闻后简述："奉军已占镇江，避乱至沪者甚众。"①

随着奉军逐渐南下，局势更加混乱。23日，朱鄂基描述当日见闻："苏州前日五、六两团之争，城内尚无十分恐慌。其时军队悉数出城，道尹下令闭城，警察、商团维持秩序，密渡桥之战，城中未闻枪声。侄婿许菊甫前日由苏来，言之甚详，并说曹智老全家均已先期来沪。近日齐军退无锡，常锡均被劫，距苏甚近。近又闻已有退回上海者，闸北形势又紧，各报均休业，间有特刊。"28日，他阅报后得知最新动向："奉军抵无锡，齐燮元退至苏城，其一部兵队已到沪闸北纷扰，通缉齐燮元令已下。"29日，他进一步了解："奉军张宗昌抵苏，齐已至沪。……浙孙因恐奉军窥浙，驻兵嘉兴。"30日，他知晓："齐燮元由沪赴日，奉军张宗昌已抵沪，上海领事团议定租界内及界外侨人驻在地，不得有政治关系人暂为容留，由北京公使通告执政府。"②双方虎视眈眈，上海局面颇为复杂。

2月5日，朱鄂基阅报后摘录双方谈判新闻："沪局问题迭电，由陆长吴光新、孙传芳代表王金钰及张宗昌等在总商会磋议，大体早已决定。二日下午九时孙传芳由杭抵沪，即由王金钰、杨邦藩、王彭年等同至静安寺路沧州旅馆谒见吴光新，并由吴电邀张宗昌到来，三人晤面，双方签字，协议内容：孙氏将兵工厂交出，驻厂军队一律撤去，一面将上海附近军队于三日内撤开，孙军退至松江，奉军退至昆山以西。"形势似乎大有好转。12日，他读报后

---

① 朱鄂基著，朱炯整理：《朱鄂生日记》（第2册），凤凰出版社2021年版，第636—637、637—638、638页。
② 朱鄂基著，朱炯整理：《朱鄂生日记》（第2册），凤凰出版社2021年版，第638—639、641页。

披露好消息:"北京宣传共和,南北统一纪念。"① 虽无评论,却隐喻了他对和平的向往。

王清穆从奉军南下的角度记录这一阶段的军事斗争。1925年1月28日,他阅报后记载鲁军胜利和齐军失利的消息:"张宗昌军已过常州,齐军节节败退,沿途劫掠。目下形势苏州颇吃紧。"30日,他得知齐燮元逃往日本并在败退前劫掠无锡的相关消息:"齐燮元逃往日本。齐军自无锡败后,专事抢掠,不复成军。张军追躐迅捷,已过苏州东下,故苏州得保安全,亦云幸矣。"2月3日,他记载江阴、无锡兵祸甚烈的相关消息:"齐军失江阴炮台,遁入城中,与奉军相持七日,故城中损失甚巨。无锡城中无恙,而城外焚烧劫掠,商业精华尽失。"他甚为愤怒地写道:"齐氏军队素无训练,此次两度作战,纵兵蹂躏地方,几遍江南各属。若斯人者,罪不容诛矣。"②

徐乃昌也关注江浙一带的局势。1925年1月11日,他阅报得知:"齐燮元、孙传芳组织江浙联军,总司令齐任第一路,孙任第二路,对付奉军。驱逐张允明后,进驻苏州。今晨二时,张允明部与苏六师、十九师在徐家汇附近接战,午后二时,张允明逃。"次日,他读报后了解张作霖、卢永祥的动态:"十七日卢永祥抵宁,晨就宣抚使职,张作霖二时专车回奉,苏州秦洸军一二两团十七日混战于西门外密渡桥,十八日上午二团战败一团。"28日,他详细摘录了直系抵制奉系失败的相关情况:

齐燮元自去腊再集弟[第]六师、弟[第]十九师,为联军第一司令,拒卢永祥。经奉军张宗昌,于廿三日攻克镇江丹阳,进军常州,正月初三日再克无锡。初四日齐逃,沪苏昆驻兵亦纷散,劫掠不能成军,溃兵退沪约七千人,沪南北居民迁徙者众。奉军先锋队到沪,齐燮元于上午十时乘日光丸赴日本,参谋刘玉珂等偕行。晚租界各界路时别戒严,宫邦铎出任收抚溃兵。

---

① 朱鄂基著,朱烔整理:《朱鄂生日记》(第2册),凤凰出版社2021年版,第642、644页。
② 王清穆:《农隐庐日记》(第21册),上海图书馆藏稿本(编号:线普长744634-99),1925年1月28日,1月30日,2月3日。

第八章 大革命时期的时局变动、报刊阅读与读者心态

齐之败在无锡,因十九师于局势紧急时不奉命令。齐之阴谋家为孙发绪、陶家瑶、温世珍、吴梦兰、刘玉珂,军官则吴恒瓒、王凯庆、李樾、田祖荫、马宝琛、高保恒也。①

1925年1月中旬,齐燮元兵败通电下野,逃往日本。孙传芳与张宗昌议和,江浙战争终告结束,但奉直之间的冲突依然是民众热议的话题。卞白眉对此也十分关注,并在日记中加以披露。2月15日,报载张作霖敦促执政府下令讨伐孙传芳,以继续"进攻"。18日,卞白眉得知宜兴、长兴一带"又有奉、浙冲突"之说。21日,新闻报道卢永祥、张作霖、孙传芳"各怀己见",东南局势"恐仍不免纠纷"。24日,卞白眉读报后披露"奉、浙两军均由沪邻近撤防"。随着战争结束,张作霖调离直系一些将领,4月27日,新闻称直系将领郑士琦调皖,张宗昌督皖。8月4日,卢永祥被奉系排挤,"辞职照准",郑谦顶替卢永祥任"苏督"。30日,新闻报道杨宇霆督苏,姜登选督皖。② 奉系一系列行动挑动了孙传芳紧张的神经。

在政府方面,因段祺瑞倒台,张作霖、吴佩孚推出颜惠庆组阁。1926年5月10日,卞白眉阅《晨报》得知颜惠庆内阁有"成立希望",因有张作霖让吴佩孚"放手做去"之说。11日,《晨报》新闻又称颜惠庆仅"副署内阁",正式内阁"尚未定"。13日,卞白眉得知颜惠庆内阁成立,但张作霖"仍未同意"。颜惠庆组阁后"阁员就者尚少",并且颜惠庆就职时宣言"颇失词",乃"不学无术"之辈,被杜锡珪代替。③

拟至西安成德中学任教的夏承焘因胡景翼、憨玉琨争夺河南统治权而滞留途中,期待早日停战,从而能够由豫入陕并早日就职。他每日阅报,了解战争进展,在日记中摘录了不少新闻。1925年2月25日,新闻报道豫中胡景

---

① 徐乃昌著,南江涛整理:《徐乃昌日记》(第2册),凤凰出版社2020年版,第605、608—609页。
② 卞白眉著,中国人民政治协商会议天津市委员会文史资料委员会编:《卞白眉日记》(第1卷),天津古籍出版社2008年版,第334、335、336、346、361、364页。
③ 卞白眉著,中国人民政治协商会议天津市委员会文史资料委员会编:《卞白眉日记》(第1卷),天津古籍出版社2008年版,第400、401页。

翼、憨玉琨"已开火"，但政府否认，派孙岳军驻郑州为缓冲，"并遣王揖唐便道调解"，他认为"或和或战，总望其早日能解决"。28日，他阅报了解陕西刘镇华"分七路攻胡景翼"，战事"如爆发，当展火线六七百里"，并且"牵动全局，孙岳已赴郑调停"。3月1日早，他阅报得知胡景翼、憨玉琨在荥阳汜水开火，憨玉琨"不支"。他表示非常担忧，"战事不早结束，将扩大，不知何日能北上"。2日早，他阅报后得知"胡军有入洛消息，刘、憨军各路皆败"。3日，报纸新闻称胡景翼已于2日"入洛阳"，刘镇华、憨玉琨军"退至陕州"，他读后内心犯愁，"由晋赴陕之道未知通否"。20日，《郑埠报》报道陕军已自渭北渡河，与刘镇华在陕残部"交绥"，包围潼关，"战事甚激"。陕北镇守使井岳秀、第三师师长田玉洁通电"拒刘"，眼看"战局扩大，更难望结束"。他又阅《申报》得知刘镇华、憨玉琨残部在嵩山，"拟由密县南攻郑州"。他颇为焦虑地写道："将有他变，未卜确否？"① 为防事态再起变化，他们一行人最终决定经郑州至石家庄，转道西行至太原，再南下风陵渡过黄河至西安。所幸一路有惊无险，安全抵达西安。

　　刘承幹也通过报纸了解河南、陕西战乱不断的消息。他综述近日见闻："中州河南地方群盗如毛，各争土地。胡景翼虽已逝世，而头目犹尚繁多。其大者岳维峻、孙岳两不相下，小亦不知凡几。吴佩孚所驻洛阳地方，近亦蹂躏糜烂，奸淫掳掠，杀人放火，残忍异常，纪不胜纪。最可惨者，陕西督军刘镇华军事失败，逃至河南故乡。而陕人怨毒未消，将其部下及旅陕豫人擒获数千，牵至山野，用巨石击碎头颅，不用刀枪，杀人如草，残忍如此，闯献不如。"对于纷乱的时局，他颇为悲愤地写道："时局至斯，而犹群赞共和幸福，余终百思不得其故也。"②

　　毛昌杰同样关注陕西、河南一带的军阀混战。1925年4月10日，他的得意门生胡景翼病逝。他于16日知晓该消息后写道："大骇，饭后出门，不数

---

① 夏承焘著，吴蓓主编：《夏承焘日记全编》（第2册），浙江古籍出版社2021年版，第1072、1075、1076、1088页。
② 刘承幹：《求恕斋日记不分卷》，上海图书馆藏稿本电子版（编号：线善862624-74），1925年4月20日。

武遇、扶万亦如是言,赶往南院门,看他报如何纪载,乃亦只《新秦》一分,闷闷归。"虽皆传胡景翼病逝,但毛昌杰仍旧表示"无确信,当是谣言"。直到 19 日,他读报后才最终确认了胡景翼病逝的"凶耗",表示"痛彻于心"。胡景翼病逝对他打击甚大。胡景翼去世后,西北政局变化颇大。8 月 31 日,他阅电报,知"陕督任孙岳,吴苍孙改陕西护军使,冯焕章任甘肃督办,仍兼西北边防督办,李虎臣任陕西帮办、豫陕甘剿匪总司令,陕甘边防督办孔繁锦均裁撤。又姜登选任安徽督办,杨宇霆任江苏督办"。对于这样的变局,他颇为欣慰地写道:"此令一发,陕局暂时可免纷扰,亦大幸也。"①

三、浙奉战争与读者观感

北方局势稳定后,奉系军阀开始介入南方地盘的争夺,与直系孙传芳发生了冲突,双方爆发了浙奉战争。对此事件,通过不同读者留下的相关记载和评论,可以看出他们对时政新闻不同的关注点。

一直在寻求政治机会的郑孝胥甚为关注张作霖与孙传芳之间的矛盾和斗争。1925 年 10 月 18 日,他得知"孙传芳出兵向上海、苏州、昆山、宜兴"等地,邢士廉"不战而退",杨宇霆"将退驻徐州"。孙传芳、夏超、周荫人、萨镇冰联名通电:"只诛张作霖一人。"19 日,姜登选"驻南京",杨宇霆"至徐州"。20 日,南京改为由陈调元防守。22 日,吴佩孚"至武昌",杨宇霆"赴奉天",同时,奉军"集徐州",呈现出"江北将战"的局面。29 日,奉军以俄兵"为先锋",与浙军、豫军"小战","皆破之",造成孙传芳兵渡江后"进退维谷"。岳维峻"持中立",吴佩孚"不能入洛",齐燮元"谋归南京",陈调元、白宝山、马玉仁"皆持观望"。12 月 5 日,北京、天津之间"战事颇急"。② 报刊对双方的军事活动和布局有着细致的报道,郑孝胥在日记中再现了这些细节,表明他甚为关注时局。

---

① 毛昌杰:《君子馆日记》,沈云龙主编:《近代中国史料丛刊》(正编第 2 辑第 18 册),文海出版社有限公司 1966 年版,第 419、429—430 页。

② 郑孝胥著,中国历史博物馆编,劳祖德整理:《郑孝胥日记》(第 4 册),中华书局 1993 年版,第 2067、2068、2070、2075 页。

卞白眉主要从孙传芳、冯玉祥、张作霖三者之间的博弈这一视角记载浙奉战争。1925年10月15日，孙传芳结成五省联盟反奉，浙奉战争开始。17日，孙传芳到上海。吴佩孚与冯玉祥约定，如果早日出兵，则天津归冯玉祥所有，否则，先出兵者得天津。23日，吴佩孚自称"十四省联军总监"，加入反奉战争。25日，姜登选辞职，蚌埠归直系手。同时，冯玉祥暂取旁观，两不相助。① 29日，因直系联军"人各一心"，奉军被国民军掣肘，"不敢猛进"。30日，奉军占海州，传闻"奉军已自徐州向北退"。11月2日，李景林表现出"欲战"冯玉祥之意，但不得不"在京畿左近布防甚严"。4日，奉直两军在固镇"相持"。6日，孙传芳军得徐州，奉军损失"铁甲车十余辆"，所部俄军"大半均伤亡"。21日，奉军表示已难守住山东、直隶两省。23日，报纸及传言皆有奉军不守济南之说。② 新闻报道似乎对奉军不利。

久居江苏常熟乡下的徐兆玮远离战场，对浙奉之战关注较少。1925年10月14日，他听闻有关江浙战役的传言，当日在阅《申报》后写道："消息日紧，将成事实。"15日，他读报后得知"杨宇霆已令邢士廉退驻苏州"的消息，他对于战事能否发生表示怀疑，在日记中猜测："大约无为戎首之意，颇闻人言浙方若发动，杨主退让，以徐州为驻地，不知于意云何？"21日，他阅报后简要记载有关战争的情况："金陵苏军已变，杨、郑皆走，江南暂无兵事矣。"22日，他阅报后颇感疑虑地写道："浙军已渡江至乌衣，用兵何骠疾乃尔？"③ 总之，从徐兆玮的日记中可以看出，他始终带着一系列疑问来看这场战争，对前方具体战况记载不多，感受不深。

徐兆玮侧重新闻强调张作霖、吴佩孚、孙传芳三人之间的纷争局面，并摘录相关报道。1925年10月23日，他留意吴佩孚的相关新闻："吴佩孚将至汉口，萧耀南亦通电响应。"同时，西报载："徐州为反奉派军队所占"，徐兆

---

① 卞白眉著，中国人民政治协商会议天津市委员会文史资料委员会编：《卞白眉日记》（第1卷），天津古籍出版社2008年版，第371、372页。
② 卞白眉著，中国人民政治协商会议天津市委员会文史资料委员会编：《卞白眉日记》（第1卷），天津古籍出版社2008年版，第373、374、376、377页。
③ 徐兆玮著，李向东、包岐峰、苏醒等标点：《徐兆玮日记》（第4册），黄山书社2013年版，第2727、2729页。

第八章　大革命时期的时局变动、报刊阅读与读者心态

玮认为"战局益扩大矣"。24 日，他关注到吴佩孚通电反奉的消息，"吴佩孚已有通电，盖至汉口矣"。同时，得知以孙传芳为主导的浙军"抵滁州，节节前进，奉军已无抵抗力"，时局危迫。他甚为忧虑地写道："不知战地究在何处也？"25 日，他阅报后记载："奉军已弃蚌埠，盖皖军响应也。"26 日，他了解浙军胜利的消息："浙军已占蚌埠，已证实，作战必在滁州，冯玉祥尚无左右袒之表襮也。"① 通过上述记载可以看出，身为一名江浙人，徐兆玮明显更为关注浙军胜利的战况消息，内心期待浙江能尽快恢复安定局面。

同为浙江人的符璋对浙奉战争的新闻叙事较为详细。1925 年 10 月 19 日，他见电报得知："孙传芳于十七号就浙闽苏皖赣五省总司令职，讨伐奉张，各区戒严。冯已同日举事，吴尚未有明文。诣沈，沈亦所闻相同。"20 日，他摘录前线战事新闻："浙军已占宜兴，上海奉军由沪退苏州，将退镇江，浙取攻势，苏取守势。"21 日，他了解到"孙氏讨奉通电已见，词意均得体，较前敌司令布告为佳，军事殊顺利"。22 日，他通过报刊知晓："浙军已占苏、常，分五路入金陵，奉军邢旅退至镇江，将为苏军白、陈等所包围。苏军响应浙军者计四师三旅，奉军只有两师，宜乎无抵抗力而退让也。"11 月 14 日，他阅新闻得知："孙传芳青日到徐，联军与豫军会攻山东，张昌宗［宗昌］败伤，退德州，陕军队头已到济南。又云蒸日联军占济南，鲁张逃，冯军全数出动。"基于上述战况的综合分析，符璋认为"奉军不振如此，宜其败也"。②

因发生郭松龄倒戈一事，张作霖无暇南顾，孙传芳的势力得到不断巩固。12 月 19 日，符璋阅报后披露："孙传芳委陈调元为皖总司令，即督军也。委陈陶遗、王普、邓如琢为苏、皖、赣省长。邓本段所任之皖督办，与孙之任苏督办同日命令者也。王普既拒邓，孙亦阻邓，邓不能就职，由皖退浔，于歌日电致联军将领，略云：'论事势则隐然一政府，论法理似觉无此特权。民国十四年来，从无军人特委省长之先例。昔日奉侵苏、皖，犹假中央命令以

---

① 徐兆玮著，李向东、包岐峰、苏醒等标点：《徐兆玮日记》（第 4 册），黄山书社 2013 年版，第 2729—2730、2730、2730、2731 页。
② 符璋著，温州市图书馆编，陈光熙点校：《符璋日记》（下册），中华书局 2018 年版，第 968、969、971 页。

行；今我所为，变本加厉，岂不窃恐国人讪笑，将士离心，不独累馨帅盛名，亦足使联军解体。各帅如以此有商榷余地，应请早为补救之谋，必系结合信条，请将成约宣布'云云。孙恐引起纠纷，乃任邓为赣长以转圜。"① 他细加抄录人事任命方面的细节，意犹未尽，期待浙军获胜，地方早归安宁。

徐乃昌从江浙纷争的角度反映浙奉战争的局面。1925年10月12日，他在日记中提及"浙江有军事行动消息"，"苏军在龙华、吴淞者退苏常"和"浙军到沪"。17日，他记载孙传芳就任五省总司令的新闻："孙传芳通电，就浙、闽、苏、皖、赣总司令职。昨弟[第]二军占领上海，弟[第]四军占领宜兴，敌军望风先遁，现正追击中。晨至沪，旋返之苏。"② 但之后局势如何演变，他很少提及。

刘承幹侧重关注孙传芳的行踪。他了解孙传芳抵抗奉军南下的消息："孙馨远就闽浙苏皖赣五省联军总司令之职，起兵讨张作霖，出兵将驻沪奉军驱逐。邢士廉率师退至苏州，浙军亦已到彼，奉军再退。苏省各将领亦起而应之，讨奉助孙，故奉军不得不退。"同时，有杨宇霆战败、退守徐州的消息："杨邻葛（名宇霆，奉天人，现任江浙督办）拟退至徐州，再图进攻，以大队均聚集于此，恐奉军与浙军迟早终必有一战也。"为抵抗奉军，上海拉夫现象严重，刘承幹阅报后记载："昨日起，南市火车站又在拉夫，以沪上完全为浙军，所有道尹、县知事、警察厅长均由孙馨远委人[任]。"③ 军阀混战，百姓遭殃，此类细节颇能证实社会动荡局面。

朱鄂基的日记中有关浙奉战争的记录较少。1925年10月21日，他阅报得知："浙军已抵镇江。萧耀南通电应浙。吴佩孚有到汉之说。杨宇霆、郑谦离宁。奉军集于徐州。"22日，他读报后简述新闻："浙军抵宁，苏军陈调元、白宝山、马玉仁均已反奉。姚地城中停止拉夫，此风盛于四乡，闻警备

---

① 符璋著，温州市图书馆编，陈光熙点校：《符璋日记》（下册），中华书局2018年版，第979页。
② 徐乃昌著，南江涛整理：《徐乃昌日记》（第2册），凤凰出版社2020年版，第691、692页。
③ 刘承幹：《求恕斋日记不分卷》，上海图书馆藏稿本电子版（编号：线善862624-74），1925年10月17日，10月18日。

第八章　大革命时期的时局变动、报刊阅读与读者心态

队多人下乡。"① 作为余姚知名人士，他特别留意地方社会的安危。

张棡对浙奉战争的记载也较为零碎。1925 年 11 月 15 日，他阅《申报》得知江浙联军与奉军在徐州一带开火，奉军"渐致失败退去"。因为张作霖、冯玉祥"尚未融洽"，所以张作霖只得"暂作退让"，并非"真见败于联军"。浙奉之争"胜负必有一番大战"，才能"明其真相"，然而"人民已不堪涂炭"。12 月 24 日，张棡阅《申报》后知悉李景林反冯"又获胜仗"，此为"冯平时反复无常之果报"。② 但之后他对战事的相关新闻记载较少。

暑假回到温州的夏承焘，之后任教于温州十中，并表示不再赴陕。1925 年 10 月 23 日，他阅报后了解到有关浙奉战争的相关信息："奉军已退出南京，守徐州，防陇海路"，又"吴佩孚、萧耀南皆已响应"。他猜测"浙军此次战事，恐非两三月所能了"。27 日，他阅报得知"浙军已追奉军过江，奉军集徐州，观河南动静"，吴佩孚"已抵汉口"，岳维峻"兵开至豫东"，冯玉祥军"先奉军抵京"。他判断"两方胜负只视岳、冯二人态度，一旬左右当有大战"。③ 相对于之前他对军阀混战的详细披露，他对浙奉战争着墨不多。

孙宝琛重点关注奉系节节败退的消息。1925 年 10 月 16 日，他阅报得知奉军撤退的消息："奉军已撤退，守苏常，浙军占领淞沪，宜兴接触，已在目前。"此后，浙军节节胜利。17 日，他得知"浙军已追赴黄渡"。18 日，新闻称"浙军进占常州，奉军退镇江"。20 日，又有奉军撤退的消息："奉军已退浦口，浙军到宁。"在孙宝琛看来，"江南一带目前可免战事，恐奉未必肯了，仍要反攻耳！"④

哲苏老人对军阀之间互相联盟之事困惑不已，他在日记中写道："阅报，有七省联盟、八省联盟、九省联盟之说，皆近两月间事。内中又分拥段、拥

---

① 朱鄂基著，朱炯整理：《朱鄂生日记》（第 2 册），凤凰出版社 2021 年版，第 701 页。
② 张棡著，温州市图书馆编，张钧孙点校：《张棡日记》（第 6 册），中华书局 2019 年版，第 2982、2997 页。
③ 夏承焘著，吴蓓主编：《夏承焘日记全编》（第 2 册），浙江古籍出版社 2021 年版，第 1219、1222 页。
④ 孙宝琛：《孙宝琛日记不分卷》，上海图书馆藏稿本电子版（编号：T47017-41），1925 年 10 月 16 日，10 月 17 日，10 月 18 日，10 月 20 日。

吴两派，而反对奉张，则同一方针。五花八门，真莫测其结果所在也。"之后又有"张作霖病故，齐燮元到沪"等谣言。在他看来，"时局不能平靖也"。此后，奉系南下，战争谣言更多。1925年9月10日，他阅报后记载："宇霆杨欲索还淞属四县，因之江浙战谣又起。"10月13日，他阅报后得知"苏浙战谣又起"。此后几日，战谣不断。15日，报载"苏人避沪者纷纷，或谓宜长间业已接触"，他感叹："人心浮动，于此可见。"谣言颇多，而沪报成为辟谣的重要手段，因此，他急切地希望能够阅读沪报。16日，沪报未到，因"驻沪奉军开回苏常，车辆专供运兵故，客车不通耳"。17日，虽"浙军已到苏，路桥已修复"，但因"运兵未毕"，故"沪报仍不到"。直到20日，他才阅沪报了解新动态："杨宇霆已离宁，吴佩孚将出山。"时局波谲云诡，他感叹："天下从此多事矣。"①

四、郭松龄倒戈与读者阅读感想

在浙奉战争中，郭松龄倒戈一事对奉军影响极大。在徐兆玮看来，"东三省恐难自全矣，军阀无上之权威果足恃哉？"② 可以看出，徐兆玮对奉军能力持怀疑态度。

卞白眉较早地从报刊中知晓郭松龄倒戈一事。1925年11月24日，他知山海关方面奉军有人"兵变"。26日，他阅《华北明星》报知"此次反奉之举系郭松龄发难"，李景林"为所迫仍一致行动"。12月4日，报载"李景林有击郭松龄后路"。8日，报载郭松龄"以兵诈降"，降后"复倒戈"，致使"奉军不支"，退出锦州。③

符璋对于郭松龄倒戈及兵败被杀的相关记载更为详细。1925年11月29

---

① 哲苏老人：《晚晴楼日记不分卷》（第1册），上海图书馆藏稿本（编号：线普539972-74），1925年7月30日，8月18日，9月10日，10月13日，10月15日，10月16日，10月17日，10月20日。

② 徐兆玮著，李向东、包岐峰、苏醒等标点：《徐兆玮日记》（第4册），黄山书社2013年版，第2745页。

③ 卞白眉著，中国人民政治协商会议天津市委员会文史资料委员会编：《卞白眉日记》（第1卷），天津古籍出版社2008年版，第377、378、379页。

第八章　大革命时期的时局变动、报刊阅读与读者心态

日,符璋阅报得知:"郭松龄、李景林对奉独立,郭在初八即廿三号在滦州发通电,逼张作霖下野,拥戴张学良而驱逐杨宇霆,电文出饶汉祥,盖已充其秘长也。郭与豫军合作,与冯亦通,随郭而变者多至数师。奉天内部亦有变叛,郭并请以岳督鲁、冯督直,李景林赴热河,而已居东三省,足见声言拥戴张学良出于滑稽。张作霖将为吴佩孚第二,段现以向日事张者事冯,冯已撤退之近畿军队重入北京。"12月10日,报纸又载:"郭松龄父枪毙,李景林母拘禁。奉天发表生擒郭松龄者赏八十万元,献首级者八万元,杀死者五万元,毁其兵站者四万元,捕其将官者一万元;不肯投降奉天军者,逮捕后即枪毙。""李景林反郭松龄,又发豪电讨冯玉祥,电文痛发冯之为人,为各酉电音第一。"1926年1月1日,符璋阅报后披露:"郭松龄于廿三号大败在逃,并妻被获,旋即枪毙枭首。获时先断其足,死状甚惨。其顾问林长民亦枪毙。"4日,符璋进一步了解:"郭松龄于廿四日下午为穆师长部下王团长永清拿获。"①

郑孝胥较为简略地记录了郭松龄兵败被杀一事。1925年12月19日,郑孝胥知日本"止郭松龄兵勿过辽河"。26日,郑孝胥闻郭松龄"被获",与其妻子"皆枪决",林长民"中流弹","未知死否"。27日,郑孝胥知林长民、饶汉祥"皆死于白旗堡",殷亦农"逃入新民屯"。②

毛昌杰通过电文了解郭松龄反戈的消息。他记载:"攻出山海关,已至绥中,自称东北国民军,并迫张作霖下野。李景林中立,自称国民第四军,陕军则李纪才在济南,樊老二在德州,邓宝珊在保定,虎臣住郑州,以待时机。"③

1925年12月2日,张枬阅《申报》,得知奉军郭松龄"内变",通电反正,并逼迫张作霖下野。他痛斥道:"近日军阀皆无心肝,自埋自掮,形同狐兔,而所最受苦者独我平良之百姓耳,岂不痛哉!"6日,张枬阅《申报》所

---

① 符璋著,温州市图书馆编,陈光熙点校:《符璋日记》(下册),中华书局2018年版,第973、975—976、980—981、981页。
② 郑孝胥著,中国历史博物馆编,劳祖德整理:《郑孝胥日记》(第4册),中华书局1993年版,第2080、2081、2082页。
③ 毛昌杰:《君子馆日记》,沈云龙主编:《近代中国史料丛刊》(正编第2辑第18册),文海出版社有限公司1966年版,第437页。

载"郭松龄通电文一篇",认为该文"骈四俪六,颇见周致,或云此是饶汉祥手笔,盖饶向为黎元洪秘书,今则为郭氏秘书云"。24 日,他阅《申报》,得知李景林反冯"又获胜仗",认为这是"冯平时反复无常之果报"。他对郭松龄兵败被杀表示惋惜。1926 年 1 月 7 日,他阅《申报》,再次记载知上月奉天郭松龄"倒戈反张",使张作霖"几不保其地盘",不料数日前郭松龄大败,郭氏夫妇"被捕枪毙",总参议林长民亦"遭流弹死"。他感叹:"胜败无常,祸福顷刻,可见好兵者,未有不天夺其魄也。"①

夏承焘也对郭松龄倒戈一事有所了解。1925 年 12 月 5 日,他阅报知"郭松龄在山海关返戈向奉,杀姜登选"。② 1926 年 1 月 9 日,善谈时政的曹明甫厅长告知夏承焘"郭松龄败死,张作霖复起"。③ 在夏承焘看来,这个消息实在是出人意料。

五、张冯之战与读者观感

在张作霖看来,郭松龄倒戈一事与冯玉祥密切相关。因此,郭松龄事件结束后,张作霖将矛头直指冯玉祥,不断驱逐冯玉祥在京势力。两者矛盾不断激化,最终导致双方发生新一轮冲突。

卞白眉在日记中对张冯之争记载甚详。1925 年 11 月 29 日,北京城中民众游行示威,焚毁要人私宅,"迫段下野"。同时,由冯玉祥领导的国民军占领天津,引起直奉军阀的合围。直奉军阀暂时达成和解,讨伐国民军。12 月 31 日,冯玉祥决定下野,有西北督办一职让张之江代理、甘肃督办一职让李鸣钟代理之说。1926 年 1 月 5 日,冯玉祥下野之通电发表,同时,吴佩孚主张国是之通电发表。7 日,张作霖亦有下野之说,将军事交吴俊升掌领,离开沈阳。11 日,冯玉祥辞职的要求"照准"。13 日,李景林率七万奉军反攻天

---

① 张棡著,温州市图书馆编,张钧孙点校:《张棡日记》(第 6 册),中华书局 2019 年版,第 2987—2988、2990、2997、3001 页。
② 夏承焘著,吴蓓主编:《夏承焘日记全编》(第 2 册),浙江古籍出版社 2021 年版,第 1246 页。
③ 夏承焘著,吴蓓主编:《夏承焘日记全编》(第 3 册),浙江古籍出版社 2021 年版,第 1270 页。

第八章 大革命时期的时局变动、报刊阅读与读者心态

津。21 日，奉军占领山海关，进至昌黎、滦州。①

2 月 25 日，国民军失马厂。同时，国民军内部一、二、三军冲突，退至唐官屯。3 月 4 日，卞白眉闻有"国民军一军退至杨柳青，并有一军缴三军械"之说，这一迹象导致"河北人颇恐慌"。5 日，他读报得知冯玉祥被任命为"直、豫、陕宣抚使"。9 日，他得知"国民军复得马厂"。18 日，国民军在大沽口炮击日舰引起中日纠纷，国、奉两军表示退出天津以免引起国际争端。国民军离津后，李景林派便衣兵卒潜入租界，张贴李景林布告。23 日，李景林到天津，天津特别戒严，"如有行人即格杀勿论"，城内亦是"各铺户均闭门，军卒冲打商会，商会无人"。进入 4 月，战争局势变幻莫测，卞白眉非常关注新闻。4 月 3 日，联军退至廊坊，奉军进驻南苑。4 日，奉军飞机在北京投掷炸弹。10 日，卞白眉得知："田维勤军已进京，曹锟释放，段氏被监视，并有限奉方三日内退兵之说。"又闻"京中戒严，晚间无电灯，且全城电话不能互通，市面似尚无恙"。14 日，李景林因被奉系排斥，逸避日本租界。17 日，奉军驻北京城外，"不拟入城，商会派人迎往。张学良派往一团、褚玉璞派往一团"。18 日，段祺瑞回吉兆胡同，"自行复职"。②

因受到国民军的威胁，直奉两系达成谅解，拟共同对付冯玉祥和南方政府。对于此事，卞白眉在日记中也有披露。21 日，张作霖、吴佩孚举王士珍"为大元帅"。22 日，段祺瑞自京回津。5 月 1 日，王怀庆就任京卫戍司令。3 日，曹锟通电"退职"。翌日，张作霖通电，谓"政治问题宜公开解决"。12 日，《晨报》载国民军近曾反攻联军。14 日，奉军撤退，使国民军、吴佩孚军"自战"。6 月，奉直两系为进一步结成联盟，决定在天津会晤。5 日，吴佩孚抵达保定。7 日，张作霖至天津。24 日，张学良、张宗昌"进京"。26 日，张作霖"进京"。28 日，吴佩孚进京与张作霖会晤。29 日，张作霖、吴佩孚相见取得"似甚圆满"的结果。吴佩孚当晚出京赴前敌，下令攻击国民

---

① 卞白眉著，中国人民政治协商会议天津市委员会文史资料委员会编：《卞白眉日记》（第 1 卷），天津古籍出版社 2008 年版，第 377、381、385、386、387 页。
② 卞白眉著，中国人民政治协商会议天津市委员会文史资料委员会编：《卞白眉日记》（第 1 卷），天津古籍出版社 2008 年版，第 391、392、393、394、395、396、397、398 页。

军。30日，张作霖出京。奉直联军使国民军节节败退。8月15日，奉直联军占南口。21日，奉直联军占张家口。① 之后，卞白眉很少关注战事的进展。

郑孝胥较为关注奉直联军和国民军的冲突。1925年12月11日，郑孝胥得知"杨村战甚烈，河北惊扰"。12日，他阅报后记载："彭寿莘在杨村前敌指挥作战，诱敌深入，陷触电网，死者数千人"，张作霖"佳电以十五万元犒军"。马厂之战，奉军全胜，邓宝珊、徐永昌兵"溃散"，冯军"退落垡"。13日，晚报载，冯军三旅"锐进"，直军右翼胡毓坤以"短兵接战，杀敌三千余人"。同时，冯军"猛攻直军左翼"，直军窦联芳"围之"，皆"缴械"，此战冯军被降者"一万三千四百五十六人"。14日，直军追击冯军"至廊房[坊]北望镇"。15日，冯玉祥部下鹿钟麟在北京"宣布中立"，城内"秩序甚乱，东交民巷尚安谧"。同时，李景林号称"直鲁联军总司令"，鲁军两旅"肃清国民二军"，以二旅会直军第一师"绕袭北京"。16日，张宗昌言，俘冯军"一千九百余名"，可与李景林军"合力破京畿、定大局"。17日，冯玉祥军被直军"击溃，死伤甚多"。18日，冯军在喜峰口被客军"击溃"。19日，李景林与张宗昌"会面"。20日，闻孙岳与冯玉祥"意见甚深"，并且冯军攻击难以有效果。24日，闻直军"南退"，冯军"已到新车站"，李景林向马厂"移动"，与鲁军"会合"，"以图反攻"。②

冯玉祥一派在张冯之战中的走势从战争初期的开局不利转向战争后期的节节胜利，战局的反转最终导致李景林出走直隶。郑孝胥在日记中密切关注此变局。1926年1月5日，冯玉祥发二电，一致段祺瑞，"请讯下明令，准免西北边防督办及甘肃督办各职"，一通电"下野"。通电后，冯玉祥"由张家口率随员二十余人乘汽车赴库伦"。2月23日，报言李景林"据沧州"，冯玉祥"拒于马厂"。27日，报言杨柳青、陈官屯之间"将有恶战"。3月8日，郑孝胥闻"直鲁军马厂败退"。9日，报言参战的毕士澄"不利"，奉系将与

---

① 卞白眉著，中国人民政治协商会议天津市委员会文史资料委员会编：《卞白眉日记》（第1卷），天津古籍出版社2008年版，第398、399、400、401、403、406、407、412、413页。
② 郑孝胥著，中国历史博物馆编，劳祖德整理：《郑孝胥日记》（第4册），中华书局1993年版，第2077、2077—2078、2078、2079、2080、2081页。

第八章　大革命时期的时局变动、报刊阅读与读者心态

冯玉祥"议和"。4月11日，国民军释放曹锟，而"欲执"段祺瑞，但段祺瑞已"逃匿"。12日，鹿钟麟通电，声讨吴佩孚、段祺瑞之罪状，释放曹锟，意欲"挑成"吴佩孚、张作霖之"隙"。20日，段祺瑞通电下野，逃入东交民巷，北方陷入无政府状态。①

符璋从政治的角度详细记载和解读张冯之争。1925年11月30日，他阅报得知"章炳麟主迎黎，张謇赞成其策"。但此策遭到了吴佩孚的抵制，吴佩孚声讨"曹非窃国，段实毁法，元洪误国，断难通融"。若如吴佩孚所言，"则曹且将复位矣"。冯玉祥电致张作霖，表示"亟下野，否即兵戈相见。语极峻厉，新订合作盟约效果如是"。同时，段祺瑞的执政府已呈日落西山之势，一个重要的标志是"曾毓隽赴津，在前门车站被鹿钟麟捕去，经段声说未释，后始准保"。12月10日，新闻报道称，为推翻段祺瑞的统治，"京城学生合工人、市民组学生革命军、敢死队、工人保卫团，于阳历十一月廿八包围吉兆胡同段宅，章士钊、朱深、李思浩、刘百昭、姚震、曾毓隽、叶恭绰住宅皆（被）捣毁。旗上大书'首都革命'及'杀卖国贼'、'扫除安福余孽'字样"。同时，"京畿警卫司令部鹿钟麟维持秩序"。冯玉祥"催发三令"："一免张作霖，任郭松龄；二免张宗昌，任李纪才；三免李景林，段许即办。"对于段祺瑞的安福系，符璋认为："段氏所用，大别之可分为安派与福派，介于两派之间者又有太子派，统安福系之策画［划］，可以纵横捭阖四字包括。三派鼎峙，互相异趣。甲主联张，乙主联冯，丙则又欲联长江系以制张、冯。各行其是，互相倾轧，遂致三面无一讨好，转结恶感。各派皆拼命搜刮，新机关叠床架屋。此辈无一不身兼数职，甚至有一人兼十余之多。一年来耗费之国帑达九千余万元，其接济奉方之军费尚不在内。"27日，他披露："张、郭之战，郭大败。冯、李之战，李忽败，已失津沽。"②

1926年，张冯之争加剧。1月4日，符璋通过新闻得知："徐树铮于廿九

---

① 郑孝胥著，中国历史博物馆编，劳祖德整理：《郑孝胥日记》（第4册），中华书局1993年版，第2083、2089、2091、2095、2096、2097页。

② 符璋著，温州市图书馆编，陈光熙点校：《符璋日记》（下册），中华书局2018年版，第973—974、976、977、980页。

夜在廊房［坊］为陆建章子陆承武复仇枪毙，承武有通电。有谓系国民军张之江所捕，卅日，奉冯玉祥命枪杀，盖陆建章为冯故妻之父，陆承武任国民军参谋，主张杀之，并非在当场也。"7日，他了解："冯玉祥又表示下野，夫谁欺？孙岳电请废督办而省长民选。"9日，他阅报后得知要闻："冯玉祥电辞本兼各职，取消'国民军'字样，归之'国军'。西北督办委张之江，甘督委李鸣钟。郝国玺充联军第九军郑俊彦之参谋长，报登其由宿迁到宁。"2月5日，新闻纷传"冯玉祥并未下野出洋，仍在平地泉办事"。25日，他阅报后记载："明令讨吴。卢金山、刘佐龙为鄂督、长，谓吴佩孚盘踞汉皋，勾结陕、豫土匪扰乱中原，着派卢、刘就近剿办，岳维峻、李云龙统率各军会同剿办，早遏乱萌云云，完全安福主张，禀承冯玉祥意旨。冷巢云，某报登有冯亲笔电函，谓与吴贼势不两立，非明令讨伐不可。"3月8日，新闻又称："段以冯为直豫陕宣慰使，派员迎之。"4月15日，形势又有大变："段祺瑞于十号逃入使馆，以鹿钟麟发令讨段，兵围公府及私宅，改编卫队，释曹锟，电迎吴佩孚入京主政，所指金佛郎与惨杀学生及任安福三大罪，颇快人心。"24日，他通过报纸新闻了解："段祺瑞因鹿钟麟退出京城，遂回公府，通电复职。不两日，以吴佩孚电口气不佳，逃往天津，又通电辞职。"① 他虽对时政录而不议，但字里行间表达了对纷争的不满。

《爻石轩日记》的作者在北京记载了张作霖和冯玉祥为争夺北京争战不已一事。1926年4月2日，他阅报得知："昨日之炮初次系联军用飞艇掷炸弹落西直门，炸死七十岁老妪。"为争夺北京，奉系使用飞艇投掷炸弹，消灭冯玉祥在京军事力量。此后，他多次记录相关情况。例如，3日，他连闻"炮声四五声，飞艇绕于空中，大抵只掷炸弹于下"。他颇为不安地写道："日处围城之中，危之极矣。"4日，飞艇又出，他出门望，"在四五分钟，始闻地上炸声，则飞艇之高，不知几百由旬也"。飞艇"忽而东来，忽而西去，连闻炸声五六次，其一则声颇近，似在东城，附近地危矣，险矣"。对于奉系利用飞

---

① 符璋著，温州市图书馆编，陈光熙点校：《符璋日记》（下册），中华书局2018年版，第981、982、986、990、991、996、998页。

艇投掷炸弹轰炸北京城的做法，他痛心道："吾民之死于无日矣。李军之声名扫地矣。不知几时可平安无事也。"①

在飞艇的不断骚扰之下，北京城内人心惶惶。11日，他阅《中美晚报》知"炸弹计掷九枚，一魏光胡同，二西郊船坞，三西郊广通寺，四顺治门外二枚，五西直门车站，六全浙会馆三枚"。他感叹道："仅安四五日，而故态复萌，奉军是何心理邪？"12日，飞艇投掷炸弹再起："又闻五六中轧轧之声，继闻轰烈之音，知奉军飞艇又光临我京，亦赠我同胞元宵矣。人皆谓无死所，朝不保夕，予则置诸坦途，盖京城人民数万，果能正中于予，是天赐也。然奉军害我也。"这使他内心又起痛恨："死生有命，富贵在天，岂人当欺我哉，特恐从旁炸及，不死不潜，始痛苦万分矣。幸毋遭钌可耳。"之后，他阅晚报知"炸弹又掷十许处，且死伤小孩子及北人数名"。他在日记中记录了被炸死市民的情形："今日炸弹连掷十二次，炸死市民四人，炸伤军警七人，市民九人。"他还详细描述了死伤者的情况。②

13日，他忽闻飞艇声，并且听人言炸弹声，后来澄清为"国军之飞艇示威，而奉军之艇何曾来过邪"。他阅《顺天时报》得知："一弹落西直门车站，几炸死一个美国亚洲第三考古队队长安竹士。……距炸弹仅十五英尺，又掷一弹，距汽车四十尺。"他评论道："若果炸死洋人一名，即以其人之道还治其人之身，可称大快事。盖炸弹造于洋人，即以其身使之可云。"14日，新闻报道云："昨日午前奉军飞艇又来掷炸弹二枚，在城外远处，人物俱无恙。因国军亦有飞艇架炮翱翔于空中，彼方知有备，遂掷二弹而归。"此后，国民军"每日午前以飞艇空中翱翔一周，以御敌，法至美矣"。在他看来，"予惜防之不早耳。然亡羊补牢，见犬顾兔，犹未晚也，愿我国军有恒心矣，可耳"。③

---

① 佚名：《夊石轩日记不分卷》（第3册），上海图书馆藏稿本（编号：线普522596-99），1926年4月2日，4月3日，4月4日。
② 佚名：《夊石轩日记不分卷》（第3册），上海图书馆藏稿本（编号：线普522596-99），1926年4月11日，4月12日。
③ 佚名：《夊石轩日记不分卷》（第3册），上海图书馆藏稿本（编号：线普522596-99），1926年4月13日，4月14日。

《猗猗草堂日记》的作者简略地记载了张冯之争的情况。1925年11月9日，他阅报得知最新战况："徐州奉军退让，孙得徐州，以北京冯与张决裂，奉欲顾后路，故退弃也。"近来北京、天津形势日紧，恐难免战事，"段执政恐位不固"。15日，他阅报后得知"忽又和平，冯张联手。段命令韩，强令冯与岳维峻维持京汉路，令张与李景林防护津浦路，相机制止，以遏乱萌"。新闻又称："孙传芳进据苏境，而武汉乘机倡乱，越轨而行，残民以逞答，任其恣睢无忌，荼毒中原，何以奠民生而维国纪等语。"①

左绍佐注意到"津沽皆有战事"，但不同于以往报纸的连续报道，执掌北京政权的奉系对报纸实行检查制度，因此，他"无从得外间真信"。1926年1月27日，左绍佐得知"京汉车不通，津浦车不通，京奉路不通，皆有战事"。②3月29日，他读报后记载了京畿附近的战事："近畿战事方殷，气象惨淡，人心惶恐。"4月3日，他了解李景林用飞机投掷炸弹的新闻并记载："昨日李景林兵于上午十时在西直门外三里许娘娘庙地方，以飞机抛掷炸弹。今日又来抛却，有四五处，前门外草厂胡同、西城小红锣厂、皇城内光明殿，此处云死三人。又一处忘之。"4日，又有飞机投掷炸弹。此后，飞机不断投掷炸弹，报纸多有报道。11日，"今日辰刻有飞机在城外掷炸弹，午刻去"。12日，"辰刻有飞机翔绕南城下斜街，落弹一枚，死一人，伤数人。北半截口水果铺落一枚，伤一学徒，颇重。西珠市口落一枚，伤二人，余未悉。明日宜见报纸矣"。13日，"辰刻有飞机抛炸弹，在西北城，不甚了悉，炮声殊远"。③

为争夺北京政权，张冯之争愈演愈烈。4月15日，左绍佐闻"近畿炮声不绝，奉军续有大队开到，其作战当更激烈"。16日，新闻称"国民军退入南口，奉联军未追，都中尚称安谧"。连日战争造成城内城外大众生活苦不堪言，"居民被害之惨苦，可为流涕"，"市面萧条，钱庄皆闭，城外难民流离逃散，惨状

---

① 佚名：《猗猗草堂日记》（第15册），复旦大学图书馆藏稿本（编号：484057），1925年11月9日，11月15日。

② 左绍佐：《左绍佐日记》，湖北省图书馆编：《湖北省图书馆藏稿本日记四种》（第35册），国家图书馆出版社2021年版影印本，第452、458、515页。

③ 左绍佐：《左绍佐日记》，湖北省图书馆编：《湖北省图书馆藏稿本日记四种》（第36册），国家图书馆出版社2021年版影印本，第96、100、101、108、109页。

第八章 大革命时期的时局变动、报刊阅读与读者心态

不可言","城外大兵云集,四郊居民被害,惨酷万状,城中市面因奉票、军用票无担保品,大抵闭门歇业,未知变象如何"。对于战祸,左绍佐甚感悲戚地写道:"兵气杀气沴气怨气合为诊气,纯乎甾〔灾〕气,纯乎死气。此时惟须闭门静坐,不可出入,令心中百虑俱空,直如世外,直如深山穷谷,不闻不见,乃是正辨。"①

王伯祥对张冯之战的具体进程关注较多。1926年2月16日,他阅报得知:"京汉路上风云甚恶,吴佩孚志在图豫,邓宝珊已率部由直省抽调归郑,预备南下。国民二军殆将并力南御矣。"20日,他阅报后记载:"湖北军阀萧耀南暴死,吴佩孚遂得一意孤行,出兵攻豫。孙传芳暂持观望。直、豫国民军因以棘手应付。"对于战乱,他深为痛恨地写道:"呜呼!军阀互哄,民家受殃,无耻政客又出其卑污勾结之技能以从事挑拨,于中取利,国几乎其不亡!凡属血气,吾知其必能联手共起以与恶势力奋斗而同以'摧灭反革命'为目标矣。"② 4月18日,他得知"国民一军已完全退出北京"后对时局颇感迷惑,写道:"入京接防者奉部乎,抑吴部乎,则未之知,恐武剧便在俄顷耳。前途只有混战,难来清明之望也。"22日,他读报后得知北京局势大变:"段早离京赴津,北京实权又落张作霖系手中。连日在京排除异己,甚至搜索北大。闻之堪痛恨。来日大难,不知京民将何以延生耳。吴佩孚素以刚愎见称,乃此次急于求功,竟甘心与作霖携手,实不可料也。"6月1日,王伯祥描述上海局势:"上海戒严司令部今日撤销,即日解严,或者民众头上之压迫稍可减轻也。但军法处及侦探机关仍存在,军阀杀人,依然可以借此蛮干耳。"③

刘承幹简要记载了段祺瑞被逐和国民军联合吴佩孚拒奉军的新闻:"段执政(祺瑞)已为国民军鹿钟麟所驱逐,逃入交民巷,执政府卫队缴械,曹仲珊(锟)恢复自由,放出延庆楼,国民军联合吴子玉(佩孚)以拒张雨亭

---

① 左绍佐:《左绍佐日记》,湖北省图书馆编:《湖北省图书馆藏稿本日记四种》(第36册),国家图书馆出版社2021年版影印本,第110、112、113页。
② 王伯祥著,张廷银、刘应梅整理:《王伯祥日记》(第2册),中华书局2020年版,第384、386页。
③ 王伯祥著,张廷银、刘应梅整理:《王伯祥日记》(第2册),中华书局2020年版,第406、408、421页。

(作霖)，现驰电子玉，请其入京主持大政。"①

朱鄂基对张冯之争的关注度比较低，记载不多。1926年3月27日，他读报了解到"冯系国民军以王聘卿（士珍）力劝平和，业已撤回原防。奉系李景林又入天津"。4月8日，他阅报得知战事的新进展："国军（冯系）固守京城，直系吴佩孚有饬代表往与国军联合之语，奉军李景林、张宗昌饬飞机向京城抛掷炸弹，东交民巷避难者众，屋价骤昂。"5月11日，他读报得知张作霖和吴佩孚联合，决定一致对冯玉祥作战："吴佩孚主护宪，张作霖主护约法，纷纭不定，冯系国民军退至南口以北，无大战事。"② 随着北伐军开始北伐，朱鄂基将关注重点转移至南方的战争局势。

张棡简略地记载了张冯之争的部分报道。例如，1926年4月17日，他阅沪上各报。新闻称北京"已呈险象"，奉军以飞机掷炸弹，人民"纷纷逃避"，总警队长鹿钟麟反戈"围逼总统府"，段祺瑞"避匿东交民巷使馆"，曹锟"已释放"，一致"拥戴吴佩孚"，而吴佩孚"尚未敢入京"。6月1日，张棡阅《申报》得知"北方、粤、湘各处尚未见平和"。③ 此类记载较为片面，很难全面反映军阀混战的进展。

随着阎锡山在山西的地位逐渐稳固，一系列"保境安民"的措施便开始施行。从刘大鹏的日记中可以看出他对阎锡山的态度的转变。1923年，阎锡山在晋省全面推行禁烟，"拟限一两月肃清"。刘大鹏认为："政虽善而未免操切之患，草野烟民莫不惊□□之害，往往波及不吸烟之家，村长且有被烟民所杀者。"1923年年底，曹锟当选为总统，有更换晋督之传闻。刘大鹏回顾了山西的情形："晋人莫不恐慌，以为一行更换晋督，势必捣乱，大则战争，小则变政，则治安之晋省，恐亦流入不安之漩涡矣。近闻各报宣传吴佩孚不承

---

① 刘承幹：《求恕斋日记不分卷》，上海图书馆藏稿本电子版（编号：线善862624-74），1926年4月12日。
② 朱鄂基著，朱炯整理：《朱鄂生日记》（第3册），凤凰出版社2021年版，第731、735、741页。
③ 张棡著，温州市图书馆编，张钧孙点校：《张棡日记》（第7册），中华书局2019年版，第3038、3058页。

第八章　大革命时期的时局变动、报刊阅读与读者心态

认误换晋督也。此为极好消息，晋人可以再享治安之幸福矣。"① 从"晋政苛虐"到"治安之晋省"，可以看出刘大鹏对阎锡山的态度发生了巨大的变化。因此，当1926年阎锡山加入军阀混战时，刘大鹏认为阎锡山的目的是"保境安民"，希望晋人能支持阎锡山参战。

1925年，冯玉祥主导的北京政变失败后，退守河南。1926年，盘踞山西多年的阎锡山自觉羽翼丰满，便占据娘子关，伺机而动，准备在军阀混战中谋求利益。在刘大鹏看来，此举是在山西面临"被国民军所围，四面楚歌，声浪最盛"的危急局面下，"用心武备，以冀三晋安全"之选择。3月3日，他在日记中写道："国民军现在河南、直隶被众攻击，吾晋边关于是日紧一日，阎督招兵募饷因之迫切，而三晋人民皆是燕雀处堂，不知后灾，往往抵抗捐款，疑可谓愚之甚矣。"对于阎锡山募兵参战，刘大鹏表示支持，认为晋人"抵抗捐款"的做法是"愚之甚"。此后，他在日记中多次记载了报纸所刊的战争消息。例如，7日，他"五更睡醒，挑灯阅报"，择要记载河南一带的战事："国民军业经战败者多，鄂军已占据河南开封府、郑州。豫督岳维峻不知到何处……"10日，他继续关注河南战事："河南督办岳维峻兵败到洛阳车站，遭一炸弹……幸免未死……而河南为吴佩孚所得。晋军于本月二十日出娘子关布置于井陉……等处，国民军之溃军亦皆远□，总指挥商师长亦到石家庄设晋军总司令部。"13日，报纸报道冯玉祥在河南的战事不妙："豫督岳维峻兵败逃避陕西不得，欲越嵩过□被他兵所阻，现正进退维谷之际，河南国民军有败不能振之势，吴佩孚所统之鄂军大为发展，可望得河南矣。"14日，他再次披露国民军失利的消息："时河南国民军为鄂军所败，尚有战事，直隶国民军被张宗昌、李景林联军所攻，奉军由山海关进攻国民军亦将败溃，吾晋军于上月二十日分三路出发，一由娘子关至直隶石家庄，一由井陉到元氏、乐城等处，一由五台出龙泉关抵正定府。"由上述内容可知，刘大鹏将战争的起因归咎于国民军，并未认识到军阀混战的本质，原因在于他一直将晋军与国民军的战争误认为是"保境安民"的战争。直到晋军走出山西，

---

① 刘大鹏遗著，乔志强标注：《退想斋日记》，北京师范大学出版社2020年版，第281、285页。

在直隶与国民军战斗之后，他才意识到晋军已失去"保境安民"的本意。18日，他阅报纸后语气大变，写道："晋军在直隶顺德府一带与国民军接触，于上月底本月初已获胜仗，则失'保境安民'之本意。"①

此后，刘大鹏持续关注、记载晋军与国民军的相关战况。4月2日，他留意冯军失败的报道："河南之国民军已败，直隶之国民军退至西北据驻居庸关、归绥特别区，仍是第一军盘踞与我晋北□□，恐受其侵扰，而大同一带则危险也。"3日，他记载了晋军增兵的报道："吾晋增兵不已，闻现有兵十五六万，而招募之兵日日从吾里经过，自南而北到省编练，队伍日益加多，此吾省之大患也。"5月2日记载："晋军在大同北与第一国民军战，已败一阵，未知确否，小败犹不足虑，若是大败，则吾晋危矣。"27日，他又摘录晋军与国民军大战的消息："晋军在大同殆将两月，本月初十日与第一国民军已经开战，《晋阳日报》亦载其事，谓战于天镇水磨口、得胜口、助马口、杀虎口等处，相持四五日，晋军获胜，国民军北窜，死伤甚众，晋军则未免有死者。"对于此战事，他感慨道："嗟乎，吾晋既与敌战，则晋人之受害势必不免，大洋之数突然涨至四千二百文有奇，亦以晋北战事故也。"军阀酣战，乡人却载歌载舞，刘大鹏叹道："晋军与国民军正在酣战之时，而里人茫然不知，竟于今日演唱儡傀［傀儡］之小戏。"② 总之，刘大鹏以山西之安危来评价军阀混战，可以看出他对事件的看法仅基于本省立场，地域观比较狭隘。

对于这一时期段祺瑞的相关新闻，刘大鹏也有所记载。4月25日，他阅报纸所载段祺瑞新闻："中央政府临时执政段祺瑞于上月二十九日，逃入东交民巷使馆中藏匿，嗣经众请出维持现状，至本月初八日，段又重入交民巷，次日即实行下野，出京前赴天津。北京现无执政之人，政局又为之一变也。"5月11日，他重申了自己的观点："'国不可一日无君'，古今皆然，今年北京

---

① 刘大鹏遗著，乔志强标注：《退想斋日记》，北京师范大学出版社2020年版，第287、289、290、291页。

② 刘大鹏遗著，乔志强标注：《退想斋日记》，北京师范大学出版社2020年版，第292—293、293、296、299页。

第八章　大革命时期的时局变动、报刊阅读与读者心态

临时执政段祺瑞,因直奉联军进攻国民军其势炭炭,段执政畏惧,于上月三十日逃避入东交民巷外国使馆……中国之乱可谓极也。"17日,他综合近日新闻,对时局表示担忧:"时政乱国危,是非莫不颠倒,皂白莫不混淆,君子皆退藏山村,小人显耀于要□,群黎百姓不堪政界之暴虐,如水益深火益热,望谁出而拯斯民耶?"① 他对战争的结果和时局的走势表现出极大的无奈和失望。

当阎锡山决定与吴佩孚、张作霖合作"共剿"国民军时,刘大鹏还心存和平的希望。6月10日,刘大鹏据北京、天津报纸得知:"大同已于上月十六日被第一国民军攻陷,而大同已非吾晋所有矣。"12日,他进一步了解战事新闻:"奉直联军由京分三路进兵,攻击西北国民军。"23日,在太原城中的刘大鹏闻"晋北军事尚紧,始知大同一川均被贼蹂躏特甚,败退至雁门关扼守,晋军死伤至三万有奇,敌死亦众,可畏也已"。7月2日,他记载吴佩孚、张作霖联手打击国民军的新闻:"吴佩孚、张作霖俱入京在怀仁堂会议,先定同力合作攻击西北,务期灭国民军,是日下午两巨头各下总攻击令。"国民军与直奉激战的场面让刘大鹏发出悲天悯人的感慨,他写道:"民亦苦矣","军阀之争,生灵涂炭","凡有人心者能不恻然哀悯乎","人民死亡有目不忍观,耳不忍闻之惨"。②

长期在西安生活的金石考据专家毛昌杰侧重关注陕军的动态。1926年3月6日,他在署中阅报得知陕军动向:"潼关失守,我军退驻华县,省长派蔡祥苻往慰问,赵卫麻王诸将并拟派南浦,往晋与阎督有所接洽。"9日,他得知陕军战局不利的消息:"敌军已至新丰。顷闻筱亭言,赤炳文由东返夺回潼。此说殆不足信。若然,则一二日内省城又起大恐惶也。"10日,他阅报得知"赤旅克服潼关,西攻至吊桥"。此后,局势更是急转直下:"汴梁确为吴军所得,岳西峰、李虎臣均被困陕州。天津被李景林反攻,亦有此说。杨虎臣〔城〕西边战事颇得手,惟子弹缺乏,现已移开来省,拟向省东行,为

---

① 刘大鹏遗著,乔志强标注:《退想斋日记》,北京师范大学出版社2020年版,第295、297、298页。
② 刘大鹏遗著,乔志强标注:《退想斋日记》,北京师范大学出版社2020年版,第300、301、302、304、307、308、309页。

豫西援助，而令卫总丞西归敌孔吴。"15日，他阅京电，"直隶战事甚确，三军失败，实意中事也"。① 各类战乱新闻令他甚为困顿。

夏承焘侧重了解各派军阀的动向。1926年2月22日，他阅报得知："鄂督萧耀南元旦出缺，豫南吴佩孚、豫西张治公、鲁省张宗昌战事尚未结束，去冬至今已二三月。"他感慨道："蜩螗鼎沸，国人亦熟视无睹。"27日，他了解到下野的冯玉祥"有再出山说"。对于军阀之间的混战，夏承焘深感无望，写道："近日军阀互讧，无真邪正、真是非，能保境安民者即为好军阀。阎锡山督晋十五年，前月吴、冯之争，忽欲加入旋涡，恐欲终为张全义、冯道而不可得。"② 在夏承焘看来，军阀混战本为无义之战，但已不能以此作为判断标准，像阎锡山能保境安民者为好军阀，但终难免加入军阀混战之列，实在可惜。4月18日，他阅报得知"段执政被鹿钟麟逼逃"，北京局势又将"大变"，一星期后"不知又是何如局"。他将军阀争战类比为《山海经》中"许多人面兽身者纸上相角逐"。5月4日，他阅新闻知"奉鲁及吴佩孚联军北上追击国民军"，时局"尚难逆料"。③ 随着下半年北伐战争的展开，时局逐渐明朗，但新的危机接踵而来，使夏承焘不得不重新进行判断和选择。

第三节　五卅运动与读者观感

1925年5月30日，为抗议日本纱厂枪杀顾正红，上海学生在租界内发表演说、散发传单，抗议帝国主义的侵略，遭到英国巡捕枪杀，导致死伤多人，此谓五卅惨案。惨案发生后，多家上海报纸跟进报道，最终引发全国性的运动。5月31日，《申报》发表的时评《沪上之两大事件》指出："南京路之学生案如何处理，亦为今日最要之问题，盖当此人心愤激之余，中外当局必谋

---

① 毛昌杰：《君子馆日记》，沈云龙主编：《近代中国史料丛刊》（正编第2辑第18册），文海出版社有限公司1966年版，第445—447页。

② 夏承焘著，吴蓓主编：《夏承焘日记全编》（第3册），浙江古籍出版社2021年版，第1301、1304、1331页。

③ 夏承焘著，吴蓓主编：《夏承焘日记全编》（第3册），浙江古籍出版社2021年版，第1342、1353页。

第八章　大革命时期的时局变动、报刊阅读与读者心态

所以解决之法。苟处置一不得当,风潮即不易遽息,我故希望当局能以至公之心,出以妥善之手腕处理此事,借平国人愤激之心,则我人之所望也。"①当日的《申报》"本埠新闻"以《昨日学生演讲之大风潮》为题详细报道了五卅运动。②此后,《申报》接连报道了五卅运动的情况,俾使读者了解运动的进展。《大公报》于6月1日刊发了《上海学生警察冲突详报》的报道,将其视为学生与警察的冲突。③各地读者从不同角度记载了这场运动,以示对学生运动的关注,对国家和民族的关心。

在五卅惨案发生次日,在上海的张志潭即通过友人刘鸣鉴知晓此事:"沪上学生因工潮讲演,捕房开枪弹压,伤毙十余人。商人不平,议罢市主义,战争自亦肇始矣。"他将五卅惨案理解为战争肇始,之后颇为关注事态的发展情况。6月1日,他回顾了五卅惨案的原委:"沪事闻是英捕开枪,学生死六人,伤二十余人,沪已罢市。英人素强毅,不知将何以处此也。"2日,他根据新闻判断:"沪事英捕又伤数华人,事益扩张,恐难解。"4日,他阅报得知:"沪事仍未了,三日仍有街市战,使团专力压迫,人民愤郁太深,事可忧也。"5日,他阅关于沪事的电文并记载:"沪上之事,乃人不满临时政府在北京处分学生事激成。又谓沪上团体颇一致。"他颇为担忧:"斯事发生,已近旬日,不特无了结办法,且其势日益蔓延,恐劳动者由罢业而失业,由一埠而他埠,燎原之势既成,将智者亦难善后矣。"④此后,他通过阅读各报了解事态的最新变化,忧心时局。

长期担任小学教师的朱鄂基甚为关切五卅运动,连日读报后,以摘抄的形式记录了惨案发生后的社会动态和各方博弈情况。6月3日,他阅报后抄录:"五月卅号(闰四月初九日,星期六)上海西捕枪毙学生,激动公愤等情,先是日商冤杀内外棉纱厂工人顾正洪[红],由工人方面出面哀求学生援助,文治大学学生因散发传单,开会追悼,即被巡捕拘去,以致激起各大学

---

① 默:《沪上之两大事件》,《申报》1925年5月31日,第4版。
② 《昨日学生演讲之大风潮》,《申报》1925年5月31日,第13版。
③ 《上海学生警察冲突详报》,《大公报》1925年6月1日,第4版。
④ 张志潭:《张志潭日记》,王建朗、马忠文主编:《近代史研究所藏稿钞本日记丛刊》(第57册),国家图书馆出版社2020年影印本,第327、327—328、328、329—330、330—331页。

暨各中学学生结队游行，分投演讲，经过南京路时巡捕干涉，因拘数名，带入老闸捕房，群众蜂拥而往，彼此殴击，捕乃开枪，当场伤毙四五名，拘入二十余人，内有工商各界之人，不尽是学生。"这大致反映了事件的过程。4日，他读报后记载事件的后续影响："昨日公共租界罢市，天蟾舞台墙畔聚集多人，西捕开枪又伤毙多人，各团体、各学校校长均有表示，多数休业停课，南洋中学亦罢课。"他摘抄了《申报》记者陈冷对于此次事件的评论："自予执笔报纸以来，上海之因事而罢市者，及今凡三见。其一为大闹公堂之周生有案；其二为五四案；其三即此次南京路惨案。周生有案为俄人强暴也，五四案为北京学生被拘也。此次则为学生死伤也。"6日是上海公共租界罢市第三日，他抄录报上有关上海罢市的一些情况："杨树浦又有死伤案。银行、钱业均停市。各种工人多罢工者。虞洽卿及省委专员到沪后，向各方探问消息，尚未正式交涉。"一些记者以自己特殊的方式表达对五卅惨案的态度。例如，《申报》记者陈冷用"悲哀"两字表示近状，并且引《小时报》主笔旧著《黑暗上海》一书"真谶言"。同时，朱鄂基详摘了外交部致意大利公使照会。该照会指出，外交总长"不得不向贵公使提出最正式之抗议，并声明保留俟查明详情后再提相当之要求，并请将前情转达驻京有关系公使查照，迅饬上海领事团，速将被捕人全释，并就地与特派江苏交涉员妥商办理，免再发生此类情事"。他还抄录了北京使团领袖意大利公使覆文。该覆文扭曲事实，指出五卅事件"责在示威者，而不在租界当道，租界当道以后且有处置甚善之证，审讯犯罪诸人之会审公堂，谕令诸人临时保释"，并假惺惺地表示："希望中政府以有关系代表所抱之同样调和精神，继续研究此不幸事件，以期上海秩序与安宁得以尽速恢复。"① 北京使团领袖意大利公使的覆文将五卅惨案的罪魁祸首加之于游行群众，但朱鄂基不赞同这种论调，继续关注惨案的进展。

7日，朱鄂基摘抄了《申报》"外部送交外交团领袖意使关于沪事之第二

---

① 朱鄂基著，朱炯整理：《朱鄂生日记》（第2册），凤凰出版社2021年版，第663、664—665、665—666页。

第八章　大革命时期的时局变动、报刊阅读与读者心态

次抗议文"。抗议文重申了前照会的论调，并表示："公共租界当局之横暴态度已激起民情之愤懑，致发生上海商界与工人宣告停业之甚严重效果，租界当局实负全责，本总长为尊重人道计，不得不再向贵使提出极强烈之抗议，并请贵使将此情转达驻京有关系各使，尽速严饬驻沪领事团，立即停止开火，以免再有流血情事。"朱鄂基还留意摘录五卅惨案发生后上海各界的反响："各业罢工者又不少。捕房封闭南大附中。……总商会正在调停，谓与法租界无关，且法领梅礼蔼允许主持公道，故今日有开市之说。公共租界华捕大部分罢岗。"连日听到关于沪案的不利消息使朱鄂基焦躁不安，他颇为担忧国事，指出："吾国频年内哄，召侮有由，可为痛哭。"①

9日，朱鄂基摘录了"公共租界罢市第六日"的相关报道："法租界商店复业。小沙渡二〇一号大夏大学亦被租界当道解散。工部局之华顾问许建屏等五人均向纳税华人会辞职。"他还抄录了7日《申报》所载"使团对于沪案二次牒文及派员"和8日《申报》所载"临时执政鱼电慰问被害人民"的新闻。对于双方之间的争执，他表示"交涉甚棘手，恐成不了之局"。同时，他关注了宁波对五卅惨案的一些反响："城中二十团体开会演讲，组成沪案后援会，此系昨日下午事，今日有女学生六人来募捐。"12日，他抄录了9日至12日三天的相关报道。9日，《申报》报道了公共租界罢市第8日的情形："华界商店复业。约翰离校学生进行组织大学，开第四次委员会，报告王省三捐地百亩助建校舍。海员加入罢工。"此外，他抄录了公共租界罢市第9日的情况："使团所派委员晨间抵沪。张学良、郑谦之亦将到沪。公廨昨日审讯五卅被拘者，正会审官关炯之，正陪审领事美国雅克博氏，交涉使署代表斐斯律师，捕房律师梅脱兰，学生代表梅华铨律师，捕房西捕头爱活生、副捕头枭，该案逮捕者共四十九名，而临讯到案者十八人。……"他抄录《申报》"外部第三次驳覆沪案致义领使照会"全文。该照会表示："中国政府鉴于此次案情之严重，民情之悲愤，金以为租界官吏，至少须自动的先行取消戒严令，撤回海军陆战队，又解除商团巡捕武装，释放被捕人并恢复被封与占据

---

① 朱鄂基著，朱炯整理：《朱鄂生日记》（第2册），凤凰出版社2021年版，第666—667、668页。

各学校之原状，庶上海地方，得于最短时间内，自然停止非常之状态。俾交涉易于进行。为此照会贵使查照，希即转达有关系各国公使，饬知驻沪领事团，遵照办理。"① 所谓弱国无外交，即便有外交部的三次照会，但中国人民提出的合法要求依然难以得到满足。

此后几日，朱鄂基断断续续地抄录了与五卅运动相关的新闻和消息。16日，他摘抄了13日、14日两日沪案审讯的相关内容。他抄录了13日《申报》中关于"公共租界罢市第二十二日"的情形："张汉卿学良军长今晨抵沪，其行辕在闸波［北］共和路前第一军司令部内之洋楼。公共公廨审讯大一案具结开释。"此外，他抄录《申报》14日关于"汉交涉员电京""外部致英照会"和"沪上公共租界罢市第二十三日"的消息。特别是"沪上公共租界罢市第二十三日"消息："工商学联合会所要求交涉之条件，许使以所提之先决条件已于十二日向领袖领事提出，而正式之十三条件亦于今日上午提出，此条件曾经会同修正云。六国使团委员有十四日回京覆［复］命之讯。沪总商会等电京，沪案请就地解决。"②

20日，朱鄂基阅19日报纸后摘录："六国委员因会审公廨等条，与此次交涉案并无直接关系，且外部提交使团亦无此条，似非委员权限所有，碍难续议，已于昨日晚车北行，公共租界仍罢市，前途殊难乐观也。"24日，他阅报后关注市面动向："沪市原定初二开门，因学生干涉而止，现有初六开市之说。宁波西物肆葆山被学生捣毁，日本人坐车不付车资，反殴车夫，激动众怒。沪案交涉移归中央后尚未开议。"30日，他得知市面消息："晨间七时，工商学各界因沪案游行，实获未参加，然此次经募救济沪工款项为数在百元以外，亦不落人后也。"③ 持续长达一月之久的五卅运动暂告一段落。此后，在朱鄂基的日记中再未见到关于此事件的相关记录。

在奉化的张泰荣于6月4日听闻"上海因罢工风潮，让［酿］成巨变，

---

① 朱鄂基著，朱炯整理：《朱鄂生日记》（第2册），凤凰出版社2021年版，第668—670、670—671页。
② 朱鄂基著，朱炯整理：《朱鄂生日记》（第2册），凤凰出版社2021年版，第672—673页。
③ 朱鄂基著，朱炯整理：《朱鄂生日记》（第2册），凤凰出版社2021年版，第673、674、675页。

第八章　大革命时期的时局变动、报刊阅读与读者心态

轮船将有不开之说，一时难从探得真相"。5日，多日不曾看报的张泰荣终于等到了报纸，知晓轮船不开的原因是五卅惨案。他异常激愤，在日记中写道：

> 唉！西捕有这样无人道吗？竟伤毙了我同胞计五十余人之多，现在上海各界一律罢工，誓雪此仇，此固举国同胞所当表示同情哩！言论自由、集会自由，为立宪国家的天经地义。此次为一工人被日人击毙，学生为工人雪冤，发起唤醒民众的运动，强恶西捕，竟敢强迫解散，竟至武力禁止，遂致血肉横飞，演从来未有的惨剧。此辱可忍，孰不可忍，吾谓稍有血气者，谁不愤激？我愿全国同胞，一致对待，务必夺〔达〕到目的而后休，余亦愿为后盾。①

激愤之余，他继续关注五卅惨案的最新进展。9日，他综述新闻后评论道："上海风潮，日甚一日。自小沙渡流血惨剧、南京路杀身奇祸发生之后，陆续仍有击死所闻。此乃素号文明之大不列颠民族，竟采用庚子拳匪之屠戮手段，横暴凶残，且又过之，聆兹噩音，悲愤莫遏，寝皮食肉，此恨难销。"他加入游行团的队伍，"向各村奔走，唤醒民众"。10日，张泰荣做"游行旗三十余盏"，上书"小沙渡流血惨剧""南京路枪死奇祸""同胞拼命"等条幅。此后几日，他在奉化各地积极演说，让国人知晓五卅惨案，进而推动反对帝国主义的运动。24日，张泰荣阅报知"日侨于前日又击毙我华工多人"，表示要加入抗议的队伍，以尽个人绵薄之力："目无人道，无待说了。地球未破，公理终有伸张的一日。只是现在要努力和他抗议，我极愿为此事尽个人之责，虽茹苦含辛，也（在）所不辞。"②

左绍佐在6月6日关注到沪案："上海洋巡捕枪毙华人之案，风潮日见扩大，罢市罢工渐见激烈，尚未有调停之法。"8日，他记载后续新闻报道"上海英捕枪害华人之案风潮未息"，进而评价道："弱国之民，性命土芥之

---

① 奉化市档案馆编：《张泰荣日记》（第1卷），宁波出版社2015年版，第190、191页。
② 奉化市档案馆编：《张泰荣日记》（第1卷），宁波出版社2015年版，第192、194页。

不如也。"① 由此可以看出他对沪案的忧虑态度。

张棡于6月7日才关注到五卅惨案。新闻报道上海学生在租界演讲，突被英租界巡捕"妄加干涉"，逮捕学生及工人，学生向之理论，不仅不允许"释放"，而且"连发排枪数十响，致枪伤毙命者九人，重伤者十余人，轻伤者不计其数，头破脑裂血流满地，惨不忍睹"。于是，学界、工界"大动公愤，驰电请究"。北京及各处学生不下数十万人"相率罢课"，要求政府"严重交涉，争回国体，抚恤死者"，真是"学生国民等之酿巨变"。当两项巨变"正不知如何解决"时，张棡甚为凄楚，"不禁为中国前途大痛哭"。7月22日，他阅《时报》，新闻主要关注北京政府针对五卅运动这一议题，但"无定局"，而东南大学"为争校长事"，亦"相持未决"。时局纷乱，教育腐败，"真令人忧心如捣"。②

6月10日，在成德中学任教的夏承焘阅《申报》后才得知"上海英捕枪毙学生四人，商界罢市，各校罢课，风潮甚激"。夏承焘颇为关注学生爱国运动，特别留意五卅运动的后续报道。12日，他阅《申报》了解事态的进展："上海英捕枪毙华人风潮日益扩大，华人死者已二十余人。约翰大学学生以悬国旗与校长起争执，全体离校。"14日，他阅报得知："沪上五卅惨案，近风潮益扩大，约翰大学解散。"此后，成德中学放假，他启程返回温州。返温途中，他通过报纸了解学生爱国运动的进程。23日，他阅17日《申报》得知"沪案正在交涉中，中委员四，外委员六"。28日，他阅报上所载梁启超"论沪案"，阅后"甚使人感动"。回到温州后，他急切购阅报纸了解五卅运动的相关情况。例如，8月4日，他阅《申报》所载"沪案英人拖延"新闻，认为恐怕"无好结果"。③ "无好结果"是夏承焘的真实心态写照，国家羸弱，军阀混战，人民福祉无人关心。在当道者看来，学生的爱国之心与得罪英国

---

① 左绍佐：《左绍佐日记》，湖北省图书馆编：《湖北省图书馆藏稿本日记四种》（第35册），国家图书馆出版社2021年影印本，第292、296页。
② 张棡著，温州市图书馆编，张钧孙点校：《张棡日记》（第6册），中华书局2019年版，第2919—2920、2937页。
③ 夏承焘著，吴蓓主编：《夏承焘日记全编》（第2册），浙江古籍出版社2021年版，第1126、1128、1131、1132、1151—1152页。

第八章 大革命时期的时局变动、报刊阅读与读者心态

两者权衡，终会不了了之。

五卅运动爆发时，范文澜任教于南开大学。他留意报刊上的相关报道，对整个事件及后续影响有较为全面的了解。他后来回忆：

> "五卅"运动起来，才打得我半动，我开始知道帝国主义的凶暴残忍（当然，帝国主义到底是什么，并不懂得），非轰跑它不能救中国。我参加天津市民大游行，从出发到回校，没有掉队，嗓子叫哑了。半路上坐车回校的同事们，半取笑半当真地问我"你老夫子也会起劲吗？明天再游行，你该叫得更响些"。我很愤怒，用同样态度答道："你们真是聪明家伙，连叫口号也留后步"。后来××党派人来学习征求党员，我干脆拒绝加入。简单的理由之一，是看不起那些"喊口号也留后步"的先生们，而这些先生们，正是老牌××党员。①

"××党员"指国民党员。范文澜拒绝加入国民党的重要原因是老牌国民党员只"喊口号也留后步"，他从心理上拒绝了国民党。一年后，范文澜成为一名共产党员。他回忆："过了不多时候，有一位共产党员因同乡关系来找我谈话，我们一见如故，谈得很痛快，我发表一大套乌讬［托］邦的幻想，不能自圆其说的时候，还提出不少幼稚的疑问。我这位同乡耐心给我解释，并且借我一本《共产主义ABC》看，我读了以后才知道革命不是快意高谈，而是伟大艰苦的实际行动，回头看'追踪乾嘉老辈'那个'大志'，实在不但不大，而且是渺乎小哉了。我毫不犹预［豫］地放弃老营寨，愿意在新时代前面缴械投诚。"② 他虽然从心理上拒绝了国民党，但思想还处于混沌中。当同乡将《共产主义ABC》借给他阅读时，他内心产生了极大的震撼，促使他加入中国共产党。可见，五卅运动对他思想的转变产生了重大影响。

总体而言，关注五卅运动的读者特别关注帝国主义问题，反对英、日等

---

① 范文澜：《从烦恼到快乐》，《中国青年》1940年第3卷第2期，第67页。
② 范文澜：《从烦恼到快乐》，《中国青年》1940年第3卷第2期，第67—68页。

列强干预中国内政，极为痛恨他们的暴行，支持学生和民众的游行。尽管读者对事件的记载详略不同，对细节的呈现各有侧重，新闻文本的选择也有一定差异，但他们都通过报刊新闻的阅读，迅速捕捉到这一事件的新闻价值，将个体的阅读过程与事件史的陈述和评论结合起来，从不同角度反映出这一重大事件对他们所产生的深刻影响。

第四节　国民革命军北伐与读者因应

　　1926年7月，国民革命军开始北伐，势如破竹地打败了以吴佩孚、孙传芳为首的直系军阀，将革命的范围从珠江流域拓展到长江流域，并于1927年成立了南京国民政府，实现了全国形式上的统一。1926年是中国近现代历史上重要的时间节点。参与北伐的一位将领魏益三后来回忆："1926年，在中国近代史上是动荡最激烈的一年。在这一年，北洋军阀的统治已经处于崩溃的前夕，军阀混战的次数最多，动员的人数最大，涉及的地域也最广，而大小军阀之间互相火并，离合拥拒的形势也发展到最微妙的程度。"① 单从"一年史"的角度考察，1926年，中国社会极为动荡，上半年军阀混战，下半年国民革命军北伐，张作霖、吴佩孚、孙传芳试图联合，抵制国民革命军，但吴佩孚、孙传芳相继被消灭，张作霖也于1928年被日军炸死，随即张学良宣布东北易帜。时事变幻莫测，读者应接不暇。他们如何看待时局的变化？又在时局中做出了何种因应？

　　学界关于北伐战争的研究汗牛充栋。总体而言，北伐战争研究经历了从南方立意的角度过渡到更宽广的视角，如地域南北之别、文化新旧之争、社会舆情互动等。② 本节则从时政阅读的角度出发，通过读者的日记记载，探究北伐战争对时局变动、军事斗争、社会生活等方面造成的深刻影响。

---

　　① 魏益三：《我由反奉到投冯投吴投蒋的经过》，中国人民政治协商会议全国委员会文史资料研究委员会编：《文史资料选辑》（第51辑），文史资料出版社1981年版，第215页。
　　② 李在全：《北伐前后的微观体验——以居京湘人黄尊三为例》，《近代史研究》2018年第1期，第23—40页。

第八章　大革命时期的时局变动、报刊阅读与读者心态

一、两湖战场与读者观感

北伐战争开始前,《申报》连续报道了广州国民政府准备北伐的动态,俾使读者了解时局。

北伐战争开始后,国民革命军兵分两路:一路由湖南、湖北进入江西,既而攻占江浙地区;一路由福建、浙江进入江苏、上海。北伐军于1926年7月9日从韶关出发进军湖南,很快进抵长沙。7月9日,《申报》刊载了南北两战之消息的时评。① 10日,《申报》以"本馆要电"刊载了北伐军出征的消息。② 其他报刊也连篇累牍地报道了北伐新闻,为读者提供了丰富的新闻资源,读者的新闻叙事和评论也丰富多样,颇值得探究。

(一) 两湖战场与官绅的阅读心态

从读者记录来看,虽然国民政府宣布1926年7月9日正式北伐,但读者关注的时间明显要晚一些。在天津的卞白眉于7月14日才知唐生智进长沙的消息。③ 在苏州的哲苏老人于7月16日通过阅报得知"唐军已抵长沙,叶军退岳州。蒋介石誓师北伐,声势甚盛"。在他看来,"时局恐有重大变化"。④ 在温州的张棡于7月19日才通过阅《申报》了解奉直两方之兵"陆续备战",而粤东国民军"下动员令"北上讨伐奉直。对于这场影响全国政局的战争,他的观感是"战祸日深,民不聊生"。他将战争与南方水灾带来的影响叠加考虑,进而发出悲天悯人的感慨:"正不知生灵涂炭,今年伊于何底也!"23日,张棡阅《申报》后得知:"张、吴合攻冯派国民军未甚顺手",而"广东革命军总司令蒋介石已提兵北上,专讨吴佩孚"。张棡对国民革命军北伐并不抱有好感,认为此战"虎噬狼争,正不知鹿死谁手也"。⑤ 在太原乡下的刘大鹏对国民革命军北伐持负面看法。不论是国民军,还是北伐军,刘大鹏在日记中均称之为"赤

---

① 冷:《南北两战之消息》,《申报》1926年7月9日,第5版。
② "本馆专电二",《申报》1926年7月10日,第7版。
③ 卞白眉著,中国人民政治协商会议天津市委员会文史资料委员会编:《卞白眉日记》(第1卷),天津古籍出版社2008年版,第409页。
④ 哲苏老人:《晚晴楼日记不分卷》(第2册),上海图书馆藏稿本(编号:线普539972-74),1926年7月16日。
⑤ 张棡著,温州市图书馆编,张钧孙点校:《张棡日记》(第7册),中华书局2019年版,第3078、3079页。

化军",甚至称之为"贼""匪"。例如,他在 8 月 17 日写道:"广东蒋介石亦为赤化党,现统兵北伐,已到湖南,系遥应西北赤军,俾吴佩孚首尾不能相顾也。似此情形,中国之乱不知伊于胡底矣,天意茫茫令人难测。"刘大鹏则非常赞赏吴佩孚。当南北国民军遥相呼应时,他为吴佩孚感到担忧:"俾吴佩孚首尾不能相顾也。"① 整体而言,湖南的北伐战争远离他们居住的地方,对他们的生命财产暂不构成威胁,他们的远距离观察主要以新闻报道为主。

北伐军占领长沙,拟挺进湖北,在湖南岳阳时引起了一些读者的关注。8 月 22 日,卞白眉在日记中记载了吴佩孚到武汉的消息。26 日,他阅报后了解"北军中有倒戈者,唐生智占岳州"的新闻。② 徐乃昌于 8 月 25 日关注到北伐军占领岳州的消息:"党军蒋,十四日占领岳州,联军吴,退守新堤。又载奉军十四日占领平地泉,又载粤党部定二十日开大会,欢迎冯玉祥率全军加入国民党,任冯为军事委员会会员。又载徐谦、李鸣钟抵粤,是日午后三时,吴佩孚抵汉口。"③ 8 月 27 日,郑孝胥阅报得知岳阳"已失",唐生智、蒋介石"兵逼鄂境",吴佩孚"已赴汉口"。④《猗猗草堂日记》的作者于 8 月 29 日阅报知晓了"岳州失守"的消息,他预测湖北恐成为战场:"武汉危而吴佩孚南下,孙传芳援鄂,消息日恶,恐中秋时吾苏恐受惊。"⑤ 这些记载都是只言片语,读者似乎并无特别的评论。

此后,读者将关注点多放在湖北战场,并对湖北战事记载甚多。籍贯湖北应山的左绍佐颇为关注北伐军在湖北的行动。9 月 2 日,他通过报刊了解因战事而物价上涨的消息:"湖北战事,近闻吴子玉北军颇占胜利,但省城物价斗[陡]涨,金融短绌,皆受影响。" 3 日,他记载了武昌失陷的传闻:"京汉车尚卖票,武昌失陷之说,自属子虚。或言武昌、汉阳、夏口皆失,湖北

---

① 刘大鹏遗著,乔志强标注:《退想斋日记》,北京师范大学出版社 2020 年版,第 308 页。
② 卞白眉著,中国人民政治协商会议天津市委员会文史资料委员会编:《卞白眉日记》(第 1 卷),天津古籍出版社 2008 年版,第 413 页。
③ 徐乃昌著,南江涛整理:《徐乃昌日记》(第 2 册),凤凰出版社 2020 年版,第 787 页。
④ 郑孝胥著,中国历史博物馆编,劳祖德整理:《郑孝胥日记》(第 4 册),中华书局 1993 年版,第 2113 页。
⑤ 佚名:《猗猗草堂日记》(第 16 册),复旦大学图书馆藏稿本(编号:484057),1926 年 8 月 29 日。

电报已不通,卖票实无其事。但南军尚有纪律,自长沙、岳州以来,于居民秋毫无犯。记此以待证实,大抵三两天总有的信。"4日,他依然不知武昌失陷的确切消息:"武昌消息殊不了了。吴子玉督战受伤之说,今日报纸亦约略言之。张雨亭有入关信,亦以鄂中兵事紧急,谋分兵南下,以助吴抵蒋。或传蒋兵三十万,恐亦不确。"5日,他收到"武昌未失"的消息。① 从上述记载来看,他对南军并无好感,多从北军的角度来记录湖北战场的相关情况。

6日,左绍佐听闻"北军已陷长沙,南军后路已断",他为北军庆幸,写道:"此信若的,湖北形势自可稳固无虞。"9日,传有"南军形势甚恶"的消息。10日,他"迭见报纸",确信"京汉路不通,并电信不通。汉阳失陷,自非虚言"。15日,他得知南军至广水,广水距应山颇近,他极为担忧应山的状况:"吾邑之乱象不堪涉[设]想矣。如之何?"18日,他得知汉阳、汉口被南军占领的消息:"汉阳、汉口皆为蒋军占领,武昌赖刘玉春苦守,至今尚在北军之手,但消息不甚通。"至10月13日,武昌亦被占领:"武昌完全入南军手矣。"② 他的语气中颇带遗憾之感。

卞白眉重点关注武昌的得失。8月31日,他听闻有武昌失陷之传言。次日,他表示武昌失守"未证实"。9月3日,他阅《华北明星报》所载"武昌失守"新闻,而其他报谓"未失",但"危急或不免"。6日,他听闻武昌又有"转危为安"之说。8日和11日,他通过阅报知晓汉阳"失守"和汉口已被占领的消息。③

9月10日,王清穆也注意到粤军攻占武汉的消息:"粤军占汉阳、汉口,吴佩孚兵败,有不能复振之势。湘东粤军侵入赣境,战事亦已发动,东南风云变色,正不知祸之所届也。"④

---

① 左绍佐:《左绍佐日记》,湖北省图书馆编:《湖北省图书馆藏稿本日记四种》(第36册),国家图书馆出版社2021年影印本,第271—272、273页。
② 左绍佐:《左绍佐日记》,湖北省图书馆编:《湖北省图书馆藏稿本日记四种》(第36册),国家图书馆出版社2021年影印本,第273、278、279、283、285、308页。
③ 卞白眉著,中国人民政治协商会议天津市委员会文史资料委员会编:《卞白眉日记》(第1卷),天津古籍出版社2008年版,第414、415页。
④ 王清穆:《农隐庐日记》(第25册),上海图书馆藏稿本(编号:线普长744634-99),1926年9月10日。

在北京的郑孝胥也关注武昌战事。9月3日，他阅报得知"武昌失守"。5日，他阅报得知武昌"大战已三日"，吴佩孚"重兵在汉阳"，任命靳云鹗为"前敌副司令"，马济、王都庆"袭长沙"。9日，他阅报知汉阳"已失"，吴佩孚"退至"孝感，靳云鹗"犹守"武昌。郑孝胥对吴佩孚的节节失守较为失望，认为"吴佩孚不知严防汉阳及兵工厂"，真是"庸才"，国民革命军已"无归路"，不得不"致死于武汉"。10日，张作霖"欲令"李景林"率师救鄂"。23日，郑孝胥知"刘玉春、陈嘉谟守武昌二十余日"，北伐军"尽锐攻之，不克"，同时，江苏兵"克平江"，武昌城内"出兵反攻，围遂解"。10月11日，他了解到武昌已"开城"投降，北军"改编"，得"军费二十万"。27日，他进一步得知刘玉春"被杀"，吴佩孚"哭之恸"。① 郑孝胥对两湖战场的记载较为细致，但评论不多。

朱鄂基从1926年9月开始关注国民革命军北伐。9月3日，他阅报后记载北伐报道："北伐军蒋介石自岳州东渐，武汉迁避者甚众。吴佩孚由〔有〕受伤之说。甬上运兵往沪，有拉夫者。"4日，他阅报后莫衷一是："武昌不守，或云未失。"同时，闻"荃侄已于日前徙沪，汉口租界屋价又昂，由沪驶汉轮船至九江止"。5日，他阅报后证实"武昌尚在坚守，浙兵有援赣者"。10日，他得知汉阳、汉口被南军攻占的新闻："汉阳、汉口均入南军之手，闽赣接触，孙传芳七日电语，无复和平之望。"13日，他进一步了解最新战况："吴佩孚退至孝感，武昌尚由陈嘉谋〔谟〕、刘玉春坚守。赣省萍乡已为北伐军所得，孙传芳有即须动兵之说。"16日，他了解到"宁、奉两方由靳云鹏南下商洽联合，唐少川、徐绍桢电吁和平，措词尚正。全浙公会褚慧僧、蒋伯器等虽称运动和平，而实际则为民党地也。武昌危在旦夕，调停决裂，吴佩孚已至信阳"。17日，他甚为关注北军动向："吴佩孚在武胜关布防，武胜关为河南信阳、湖北应山交界地，即沈尹戌所谓直辕也。"② 北军逐渐败退，

---

① 郑孝胥著，中国历史博物馆编，劳祖德整理：《郑孝胥日记》（第4册），中华书局1993年版，第2114、2115、2116、2119、2121页。

② 朱鄂基著，朱炯整理：《朱鄂生日记》（第3册），凤凰出版社2021年版，第772、773、774、775页。

他的新闻叙述大致反映了战事的进展。

张棡注意记载北伐战争的重要节点。9月7日，他阅《申报》得知吴佩孚与蒋介石"战争"，吴佩孚败，"武昌已经失陷"。18日，他阅《申报》后记载南方革命军"攻围"武昌，汉阳已"陷落"，吴佩孚"率师退却"。26日，他阅《浙江日报》得知直奉两系"连［联］合出兵"，专讨蒋介石。对于这场南北纷争，虽不知鹿死谁手，但"生灵已遭涂炭"。29日，他闻"革军蒋介石恃胜轻进，深入重地，使北军与东南六七省联合攻之，吾恐其终归于蹶也"。① 他似乎并不看好北伐军。

符璋也从1926年9月开始关注湖北战事。9月5日，他阅报后重点强调"武昌于一号不守，吴有受伤说，又云已死，尚待证实"。15日，他摘录南军推进的新闻："蒋已得汉阳及汉口，吴退武胜关，势大不支，武昌危在旦夕。"27日，他综述了北军的不利局面："武昌仍未下。南昌于二十号为党军所陷，廿一号为联军夺回。孙于廿夜乘轮赴九江。苏军注全力于赣北，兵多至六七万人。安福系谋恢复段氏。吴氏之直军多叛，不独豫省各军也，所任前方之靳云鹗与吴意见不合。报传吴已弃信阳退保。奉张、苏孙已通谱。"30日，他记载战事胶着状态："南昌于阳历九月二十日为党军所得，廿一为联军夺回；廿二复失，廿三复得。"②

10月，战争范围进一步扩大，符璋多次摘录报纸所载战事细节。14日，他了解到"武昌于双十节入南军手，刘玉春、陈嘉谟被捕"。15日，他摘录报纸所载新闻："五省联电响应十三公使主张停战、召集国民会议，署名者为周荫人、卢香亭、陈调元、郑俊彦、夏超、萨镇冰、陈陶遗、李定魁、高世读、陈仪、白宝山、周凤岐等十二人。"但此类所谓调停建议毫无意义，战事甚为激烈。11月10日，他阅报后记载："九江于五号为党军占领，并占德安、武穴。孙氏率全部官兵并轮船退走，七号抵南京，五省戒严。周凤岐兵三千

---

① 张棡著，温州市图书馆编，张钧孙点校：《张棡日记》（第7册），中华书局2019年版，第3094、3097、3100、3101页。
② 符璋著，温州市图书馆编，陈光熙点校：《符璋日记》（下册），中华书局2018年版，第1017、1019、1021、1021页。

余人一律降彼,周不知下落。"12月7日,他得知"福州已入党军手,有两路攻浙说"。① 在符璋的笔下,南军不断向北推进,势如破竹。

当吴佩孚节节败退时,刘大鹏对北军的形势颇为担忧。9月15日,他读报后总结:"南军蒋介石北犯,已陷汉阳、汉口,吴佩孚已由汉口退至孝感也。""犯""陷"等字样表明他倾向于支持吴佩孚。19日,他结合报纸报道综述:"江汉之间现又大战,粤军已占湖南,又侵湖北,吴佩孚之兵节节败退,告急于北,而奉张命将出师南下援吴,务期歼灭赤化之军。援吴之军奉天八万,黑龙江、吉林各两万,山东五万,共一十七万,晋军两团手掷弹。"字里行间表明他期望吴佩孚取得胜利。11月23日,他分析了吴佩孚、孙传芳失利的原因和当前局势:"吴佩孚军杂心者多,恐不能灭赤化之贼,孙传芳部亦多倒戈之将领,致将江西九江失守,吴孙二军阀深恐由此败不能再振兴而起也。"② 此种判断,显然来自他平时对北伐新闻的关注。

刘大鹏将南北之争视为军阀混战,在日记中对南北之争表示哀伤和无能为力:"当此中国无主之时,军阀互争,官吏贪虐,土匪蜂起,乘机肆扰,生灵涂炭,百姓流离失所,怨声载道,令人耳不忍闻,目不忍观。而当权执政之人视民如草芥,并置不问。宜乎各省皆有土匪,不能扑灭也。"③

其他一些读者对两湖战场的记载较为简略。例如,林荣在10月12日阅报知"双十节唐生智攻入武昌"。④《猗猗草堂日记》的作者于9月9日闻"吴佩孚武昌失守",但此事是谣传。10月13日,他阅报知悉武昌被北伐军占领。对于这样的结果,他痛惜道:"苦守卅七天,计穷力竭,从大众之救饿民,开城放难民,致为党人所算,而刘玉春、陈嘉谟二人名垂千古矣。"他认为这是吴佩孚的过错,"如早许北军南下援救,解围久矣,何致

---

① 符璋著,温州市图书馆编,陈光熙点校:《符璋日记》(下册),中华书局2018年版,第1023、1027、1031页。

② 刘大鹏遗著,乔志强标注:《退想斋日记》,北京师范大学出版社2020年版,第310、311、316页。

③ 刘大鹏遗著,乔志强标注:《退想斋日记》,北京师范大学出版社2020年版,第313页。

④ 林荣:《潞生日记》,王建朗、马忠文主编:《近代史研究所藏稿钞本日记丛刊》(第78册),国家图书馆出版社2020年影印本,第8—9页。

死数万人民而城仍不保哉"。11月22日，他在日记中记录时局的变化："近旬来孙军败，失江西九江。蒋军势益浩大，奉张进关会议，孙请张宗昌南下，局势一变。"①

（二）知识人的报刊阅读与北伐感想

从教育经历看，出生于19世纪八九十年代并接受新式教育的人在民国初期可被称为知识人。他们大多厌倦军阀混战，积极支持革命。至北伐战争时，他们有的已过不惑之年。因此，称他们为知识青年可能不合时宜。借用罗志田的论说，可以称他们为知识人。② 与民国初期对革命的兴奋相比，他们的心境有了较大的变化，对于北伐战争的态度也有复杂的心态。

1926年，黄尊三已46岁，在日记中总结最近时事时写道："两湖之战祸，方兴未艾，近闻粤桂黔鄂联军，开入湘境，不下十余万人。"之后，他对北伐战事记载甚详。9月8日，黄尊三阅报得知"北伐军于七日入汉口，汉阳危急"，又知"孙传芳对粤军下'哀的美敦书'，限期退出湘鄂。据此，则长江各省之卷入战涡，为期当不在远"。10月21日，他读报后归纳："武昌未开城时人民所受痛苦，惨不忍言，为之凄然。"③

在江西战场，战局呈胶着之势。9月11日，黄尊三阅报得知："孙传芳进兵萍乡，战局日益扩大，时间延长，交通梗塞，物价腾贵，困守都门，生路断绝，将来诚不知死所。"12日，报纸继续报道江西战事："粤赣两军，已在修水开火，吴佩孚移驻信阳，孙传芳赴九江督师，南北混战，不知何日可了。"11月7日，新闻报道"九江被粤军奇袭失陷"，他判断："果尔，则孙传芳之地位正复危殆。"他进而评论道："南北之战，数月于兹，中经重重变化，至今仍在混战状态，所苦者仅老百姓耳。又闻张作霖有入关主政之说，果张来京做总统，逆料其不到半年，准定失败而去。"8

---

① 佚名：《猗猗草堂日记》（第16册），复旦大学图书馆藏稿本（编号：484057），1926年9月9日，10月13日，11月22日。
② 罗志田：《失去重心的近代中国：清末民初思想与社会的权势转移》，《道出于二：过渡时代的新旧之争》，北京师范大学出版社2014年版，第10页。
③ 黄尊三著，谭徐锋整理：《黄尊三日记》（下册），凤凰出版社2019年版，第587、591、601页。

日，他得知南军在江西、湖北多地获胜的消息："九江、武穴、德安等地，均为南军占领，孙传芳退湖口。"9日，他进一步获知："南军占九江后，势益盛，孙退南京，南昌后路已断，卢香廷［亭］进退维谷。加以黄梅失陷，唐生智之势更张，而湖口、芜湖、安庆相继动摇，陈调元仓卒［猝］归皖，北伐军将来实有无穷之希望。"① 早年加入同盟会的他，对国民革命军的胜利自然颇为欢欣。

对于南北之争，黄尊三思索良多，认为欧美和日本因"从无内战"，故"国势皆蒸蒸日上，人民安居乐业，幸福无量"。而联想到中国，内战"无日无处无之，国势衰败，财政破产，人民流离死亡，无家可归"。他认为中国贫弱之缘由有二，"一为军阀资本主义，一为官僚资本主义"，两者密切相关，"官僚若无军阀为后援，则官僚之资本破产；军阀若无官僚为内助，则军阀亦不能久存，二者狼狈为奸，故无年不有内战，无月不换中枢。欲得国家太平，人民安乐，非使军阀无兵可用，兵皆为国，则军阀自倒，军阀倒则官僚自随之，今人动反对国家资本主义，或反对国家社会主义，余以为只要属于国家，终比属于一二军阀官僚为优"。② 虽然这些思考切中要害，但对于解决中国之根本问题用处不大。

为抵挡北伐军的进攻，北洋军阀试图联合。11月12日，黄尊三阅报后记载："奉张在津大会议，有十省拥张为元首之说。"他评论道："此说是否能见事实，尚难逆料，余意张氏总以慎重为上。"18日，报纸报道"天津开各省代表会议，共推张作霖为大元帅"。22日，他午后阅报得知天津会议的结果："共推张作霖为总司令，孙吴张阎为副司令，出兵五十万南下，逆料南北大战，期将不远。"28日，他得知北军新动向："奉张出兵计划变更，以杨宇霆不赞成故也，奉张果能取消出兵南下之议，特内部整理，培养收息，比较总为得计。"30日，报纸重点报道"奉张命张景惠赴郑，与吴佩孚接洽京汉出兵问题"。12月2日，他知晓张作霖成为安国军总司令的新闻："奉张受十五

---

① 黄尊三著，谭徐锋整理：《黄尊三日记》（下册），凤凰出版社2019年版，第591、591、603、603—604页。

② 黄尊三著，谭徐锋整理：《黄尊三日记》（下册），凤凰出版社2019年版，第598页。

第八章 大革命时期的时局变动、报刊阅读与读者心态

省推戴,昨日已就安国军总司令职。"①

在南方,随着北伐战争的节节胜利,国民政府亦有诸多举措。12月2日,黄尊三得知"粤政府移鄂,宣布以武昌为国都",他"由是而观",知南军"将来完全胜利,国都恐不必仍在北京"。21日,他阅报知"国民政府迁鄂,请汪兆铭回国主政之说"。25日,他阅报知"蒋中正通电主张对外废除不平等条约,对内开国民会议。"②

1926年9月,冯玉祥易帜,宣布接受国民党的领导。11月13日,黄尊三阅报后得知"冯玉祥出兵河南,唐生智、蒋中正会师九江"。30日,他阅报后了解到"商震与冯军联合,包头、归化一带,布满青天白日旗"。形势大变,南军继续推进。12月18日,他阅报知晓"冯玉祥移驻陕西"。③ 持续不断的战争引发了黄尊三的忧虑,北京甚危。他认为:"时局如此,北京岂可久居,拟俟痣病稍愈,将房产变卖,毅然回南。"④ 此种判断,源自他对北伐形势的总体认识。

1927年,国民政府持续推进北伐战争,南北之间的战争形势逐渐明朗:南方政府胜利在握,北方军阀节节败退。1月13日,报纸报道吴佩孚发表《中国建设大纲》,提出系列主张:"平民政治,内分政治、经济、军事、社会、教育五项,关于政治者,如拥护五色旗,禁止武人干政,缩小省区,确立地方自治,废除不平等条约,行职业选举。关于经济者,如行保护贸易,关税自主,废除苛税,防制资本,保护劳动,其[兴]办实业。关于军事者,如裁兵,划定驻区,施行兵工制,及征兵制。关于社会者,如定救贫制度,农村改良。关于教育者,如取国家主义,行国家教育政策,及强迫国民教育等。"之后,黄尊三关注河南方面的战事。19日,他阅报纸所

---

① 黄尊三著,谭徐锋整理:《黄尊三日记》(下册),凤凰出版社2019年版,第604、605、606页。

② 黄尊三著,谭徐锋整理:《黄尊三日记》(下册),凤凰出版社2019年版,第606、608—609、609页。

③ 黄尊三著,谭徐锋整理:《黄尊三日记》(下册),凤凰出版社2019年版,第604、606、608页。

④ 黄尊三著,谭徐锋整理:《黄尊三日记》(下册),凤凰出版社2019年版,第608页。

载吴佩孚通电，得知"河南首先废督，为各省倡，亦武人中之难得者"。22日，报纸新闻称"奉鲁军两路赴豫，吴将交郑州于奉张而下野"。2月17日，他阅报得知："奉军已渡河，进迫郑州。直鲁联军，为援浙故，向浦口集中。"3月1日，他披露"奉军积极图郑州，靳云鹗拒之"。2日，新闻云"孙传芳已通电下野"，他感慨道："孙以长江五省之盟主，不两月而瓦解，政治舞台，可谓变化莫测。"孙传芳下野后，国民革命军将北伐的目标对准奉系军阀和吴佩孚。18日，报纸报道："奉军入郑州，吴佩孚赴洛阳。"20日，他阅报后总结："江南形势，鲁军不利，苏皖党军，正联合以取金陵。"31日，报载："徐州会议，奉鲁军决固守津浦线。"4月14日，他了解到"北军占浦口，孙张会攻南京"。[①] 南北双方在江苏混战，他对国民革命军充满期待。

1926年，朱峙三年届不惑，在荆州沙市谋生。7月27日，他阅报后认为"湘局益不佳，以后危险，真堪虑也"。对于连日来湘战吃紧的传闻，他认为："北洋军阀年来压制小民之事甚多，以舆论证之。此次湘战，恐不易收束。"此后，他持续关注湘战的情形，一面是江水日涨、洪水滔天，另一面是湘战愈烈，他"心绪未安"，在日记中多次表达"闷甚""心甚忧""心焦灼"等情绪。直到8月25日，他得知"长沙早已失守，北军大败"。北伐军在取得长沙后，一路北上，攻占湖北各地。29日，他闻"省城动摇，南军至咸宁"，心绪不宁之感愈演愈烈。9月1日，他读报后披露"武昌城已闭，汉口、汉阳早已失守"。3日，他得知"汉口已失，武昌被围，正在紧急中"。担忧的心情持续了大概半月之后，他最终决意返回武昌。16日，他从沙市上船，一路东行，于19日至城陵矶时，遇南军朝船放枪，要求检查船中诸人。检查无事后，船又近簰洲，遇日本上船，用铁筒传话告知"武汉南北军今晨枪炮声甚烈，前途危险殊甚"。近武昌时，"武昌、汉阳南北军枪声齐作，向余船中击射，诸客伏匿不敢言，而茶房三四人则鼓掌谈笑以为快，此真幸

[①] 黄尊三著，谭徐锋整理：《黄尊三日记》（下册），凤凰出版社2019年版，第611、612、616、617、618、620、622、623页。

第八章　大革命时期的时局变动、报刊阅读与读者心态

灾乐祸之徒"。① 至四时抵六码头，宿京草旅馆。此后，他近距离观察了南北军在武昌的战事详情。

1926年，王伯祥37岁，他主要关注江西战场局势的变化。11月6日，他阅报后记载："孙调驻杭军队赴宁，车运因以阻格，遂有昨谣。但九江必已危甚，否则孙不必抽此箱底之衣也。声言援赣，其实因宁防耳。时局有急转直下之势，三日内或有分晓乎！"7日，他于晨间看报知"九江已陷，孙传芳退宁。然则时局又有剧变矣"。9日，他阅报后认为："赣、皖俱不稳，孙阀或将难支乎！"10日，报载："南昌、九江俱入革军手，鲁军已集中临城，恐将乘机窥苏也。"他认为："果尔，则苏人再罹张军之铁蹄亦意中事耳。"②

1926年，夏承焘27岁，他将北伐战争视为南北之争，预测此战会引起新的社会动乱。9月6日，他阅报后总结战事："广东蒋介石北伐军已下武昌，吴佩孚有负伤身死说。"他认为："长江若入北伐军之手，不但东南半壁不得平安，恐将引国际战争，北京公使已各电本国政府，询对付赤化主张。"他担忧北伐战争不仅使东南一隅"不得平安"，而且恐会"引国际战争"。11月11日，他闻"江西已落蒋介石北伐军手，孙传芳退守南京"。12日，他阅报知"九江确已入南军手"。③ 之后，他将关注点转移至浙江。

在成都的陈元畅在日记中对北伐战争期间的政局变动记载较多。1926年，正值南北军酣战武昌之际，他详细记录了这一事件。9月1日，他观察发现报纸上声讨吴佩孚之声"较前更多"，占"全幅之半"。同时，唐生智代表抵达成都，但不见"有如何行动"。2日，他阅《四川日刊》"号外"，记录了诸多时政新闻："北伐军前月二十八占领岳州及城陵矶，宜汉间交通停滞。""北伐军总司令前月十三日抵长沙，受热烈之欢迎。"他评价吴佩孚："前四年之吴佩孚颇受全国赞颂，今年复起于武汉，亦可谓成功，而一般心理多反对之，

---

① 朱峙三：《朱峙三日记》（第5册），国家图书馆出版社2011年影印本，第411、413、416、417、421、429、431、433、437、448、451、452页。
② 王伯祥著，张廷银、刘应梅整理：《王伯祥日记》（第2册），中华书局2020年版，第471、472、473页。
③ 夏承焘著，吴蓓主编：《夏承焘日记全编》（第3册），浙江古籍出版社2021年版，第1445、1495页。

推究其原因,系吴主意不定,时而反奉,时而联奉,又捧一极不满人心之曹锟,兼之时而攻湘,时而侵粤,又肆其野心于蜀,使各地皆不安宁,故人厌之。"30日,他从报中知武汉战争"经过情形",根据各报报道知"北军所受损失颇多",吴佩孚"受此巨大教训",其顽固思想"或可略变",但此后战局"不能推测",至于哪方会取得战争胜利更是"难判定"。10月8日,一些报纸称"南昌等处被南军占领",另一些报纸称"北军又据武汉三镇",因各党派为自身利益而"夸大,不足信"。南北军之争很快影响到四川。12月21日,他阅报得知四川军阀刘湘宣布脱离北洋政府,就任革命军"军职之礼单与宣言"经各报发表。28日,他关注各报所载"党军委任各委员"新闻,总府街等处旗帜店"赶造青天白日旗",民党在川北会馆"筹备军民联欢会"。①

总体上看,知识人对北伐战争的记载与自身的经历、立场和利益相关。他们大多反对军阀混战,对国民革命军持相对友好态度,希望尽快结束内战,实现国家统一。他们重点关注湖南、湖北、江西、安徽等地战事的进展,对形势变化甚为敏感,阅读心态深受战事的影响。

二、收回租界运动与读者观感

1926年年底至1927年年初,发生了汉口、九江收回英租界事件。从国家主权的角度看,这是一次重大胜利,在外交史上也有重要的价值与意义,特别是收回租界一事发生在北伐战争期间。该事件的动态与进展成为一些读者关注的重点,并引发他们的讨论。

北伐军攻占汉口后,爱国群众虽举行了诸多演讲活动,但遭汉口英国水兵枪杀驱逐,引起诸多纠纷。林荣在日记中记录甚详。1927年1月5日,林荣阅报得知"汉口英水兵因干涉演讲,发生冲突,戮毙华人一人,伤二人"。此事件拉开了中国收回汉口英租界的序幕。此后,国民政府收回英租界的步伐不断加快。7日,报纸称:"汉口英租界公私机关及商店一律闭门,侨民纷

---

① 陈元畅:《陈元畅日记》,王建朗、马忠文主编:《近代史研究所藏稿钞本日记丛刊》(第74册),国家图书馆出版社2020年影印本,第20、20—21、36、40、62、64页。

登军舰避难。"8日,林荣读报得知:"汉口英租界正式由中国当局接管,组织英界临时管理委员会。英当局采取消极方针,自动的将陆战队、警察队悉行撤退,租界维持治安之责,全归由国民政府主持,但中国方面以陆战队虽已撤退,仍由外国之义勇队巡弋界中,要求英领解散,英领旋示允纳,立予解散。"此后,英国对于汉案的态度发生了改变,"英政府对汉案态度极强硬",谓"决不能由中国强行收回租界。如中国不赔偿道歉,则采相当对待之方法。鄂当局担保外人安全,所有英界之公署,均由华人接管"。12日,报纸称英国"驱逐舰八艘抵汉",陈友仁"声明接管汉英界原因"。14日,报纸报道"汉案开始交涉"。在交涉过程中,英国态度强硬。26日,林荣记载报纸新闻:"英国借口保护侨商,陆续遣派海陆军队来华,并运动各国共同出兵对华。"英国虽态度强硬,但效果并不明显,故转而与北京政府交涉。30日,英使不得不妥协。林荣阅报得知:"英使向奉张外顾表示愿交还租界及海关权。"2月21日,林荣知"汉案协定签字"。在收回汉口英租界的过程中,国民政府计划同时收回九江英租界。1月9日,他了解到"九江英租界英兵步哨与民众发生冲突,华人一名受重伤"。此后,国民政府开始执行收回九江英租界的程序。不特如此,国民政府开始与其他国家商谈收回租界事宜。1月16日,他阅报后披露:比利时政府突然中止"比约诉讼进行",愿意开始"会商中比新约"。21日,林荣读报后得知"中日修约会议今日在外交大楼举行"。①

徐乃昌简略地记录了汉口、九江反英斗争的相关情况。1927年1月6日,他阅《申报》《新闻报》等报刊了解汉口反英斗争的情况:"廿九日起汉口义勇军武装戒备,初一日午,党部宣传队在江汉关演讲,围听民众千余人。义勇队武力干涉,民众被刺刀杀伤二人,义勇队亦伤二人。初一日,群众拥入英界,占领工部局及税关,封锁英人商店,驱逐英人,以中国警察维持秩序,党代表驻捕房办公。"9日,他记载了九江反英斗争的报道:"九江形势严重,

---

① 林荣:《潞生日记》,王建朗、马忠文主编:《近代史研究所藏稿钞本日记丛刊》(第79册),国家图书馆出版社2020年影印本,第17、27、36—37、49、57、63、108、129、196、40、72—73、88页。

遍处抢劫，中国当道无能控制，英人避入英舰。"显然，他是站在纷乱的角度看待反英斗争。2月20日，他阅报得知反英斗争以中英双方签署协议而完结，他对此事的关注也随之结束。①

黄尊三也在日记中留下了汉口、九江反英斗争的记录。1927年1月6日，黄尊三饭后阅报得知"有汉口排英风潮激烈，群众与陆战队发生冲突之说"。8日，报纸又有"汉口中国军队，已实行占领英租界，组织临时管理委员会之说"。20日，他阅报后记载："国民政府外交部长陈友仁，对英提出以下之三条件，一，承认国民政府；二，汉口九江英租界之公共建筑物，以支付相当代价为条件，交还中国；三，开入中国内河战船应迅速撤退。"25日，报纸称："陈友仁对英宣言，力争恢复独立权，并声称粤俄乃一时提携。"陈友仁的对英宣言得到第三国际的支持。2月1日，黄尊三阅报后得知此事的国际反响："第三国际，号召工人，阻止英国出兵来华，英劳工党赞成陈友仁之宣言。"8日，他阅报得知事件进展："陈友仁对汉案，以英兵未撤，不受强制签字。"21日，黄尊三阅报得知最终结果："汉案于十九日经欧迈与陈友仁协定签字。"② 他还摘录了协定内容。至此，反英风潮以外交手段告终。

相对于林荣、徐乃昌、黄尊三等人较早了解收回租界运动，刘大鹏知晓时已经较晚，新闻已成旧闻。1927年1月29日，刘大鹏阅近日《晋阳日报》方知"党军占领湖北后即驱逐英国人在汉口租界，业已将租界之权收回"。因收回租界，"英、美、法、意、日本等国已有兵舰到上海、九江、汉口停泊，共六十三舰，势将开战"，他感慨道："嗟乎！中国内讧数年于兹，今赤化党占领江汉又葱［匆］起外交，必有一场恶战。"③

在上海的一些读者简略记载了汉口收回租界的报道。例如，《民国日报》社社长胡朴安对于收回租界问题不是十分确定。1927年1月5日，他听闻"国民政府因英水兵事，以武力收回租界，英国人皆已退出汉口"。对于消息

---

① 徐乃昌著，南江涛整理：《徐乃昌日记》（第2册），凤凰出版社2020年版，第826、827、842页。

② 黄尊三著，谭徐锋整理：《黄尊三日记》（下册），凤凰出版社2019年版，第610、612、613、613—614、615、616页。

③ 刘大鹏遗著，乔志强标注：《退想斋日记》，北京师范大学出版社2020年版，第320页。

第八章 大革命时期的时局变动、报刊阅读与读者心态

真假，他表示"俟明日报纸之证实，将来结果如何，亦非一时所能逆料也"。次日，他即表示"汉口消息已证实，但系彼此商酌，由华兵暂时维持秩序"。① 同在上海的王燮功阅报后记载："汉口英兵杀伤华人"造成汉口"全埠大诈［哗］"，"党军入驻租界，英侨尽室迁沪"。② 基于此，当上海租界戒严且英兵越界布防时，他颇为担忧收回租界一事会引发第二次中英冲突事件。

因政潮波及而滞留日本的董康通过阅读《朝日新闻》《日日新闻》《朝日夕刊》等报刊了解国内政局的变化。1927年年初，围绕中英谈判问题，董康简略记载了一些情况。例如，1月28日，他阅《朝日新闻》得知："吾国英使有自动撤废天津租界之协议，又英之国务卿有容认吾国撤废不平等条约之要旨八条。"在董康看来，虽然英国有退让之意，但此举会让日本得寸进尺："日本且有渐进之意，先抛弃满洲之领事裁判权。"他希望"当局早日觉悟息争，以副瀛寰之属望"。又如，31日，他阅《朝日新闻》载伦敦电关于英国外务大臣乾姆巴兰对于中国新政策三条的宣言："一、缓和治外法权，民刑诉讼由中国法院裁判；二、容认外国人与中国人同样课税；三、交还租界应附以保留行政上若干条件。"③ 日本报纸的报道，使他能够从不同的角度了解事态的变化。

三、闽浙战场与读者因应

两湖战争节节胜利之际，国民革命军在闽浙战场受到鼓舞，东路军开始进攻福建，引起了读者的关注。郑孝胥对闽浙战场的记载比两湖战场晚了一个多月。1926年10月18日，郑孝胥阅报知浙江夏超"独立"。27日，郑孝胥知孙传芳乘齐燮元、卢永祥交兵之际，袭浙江、江苏而取之，"自称五省联盟，众莫之服也"。及至蒋介石攻江西，孙传芳亟与张作霖、张宗昌"言和"，以"讨赤化自效"。当江西战场胜负"未决"时，浙江人蒋介石"使人诱夏

---

① 胡朴安撰：《朴学斋日记（1899—1947）》（第20册），复旦大学图书馆藏稿本（编号：484095），1927年1月5日、1月6日。
② 王燮功：《天华盦日记》，上海图书馆藏稿本（编号：568719），1927年1月7日。
③ 董康著，王君南整理：《董康东游日记》，上海人民出版社2018年，第40、42页。

超叛孙",陈调元、周凤岐、白宝山等"皆拥兵观望"。孙传芳知陈调元等"有异志",乃亟宣言其无他。孟昭月轻兵攻浙,浙军不战而退。夏超走,孙传芳遂以陈仪为浙省长。郑孝胥"观其处置,似较有理者"。12月29日,报言"杨宇霆亦免职"。① 北军频频失利。

1927年,北伐战争仍在进行,郑孝胥在日记中也有诸多记载。1月10日,报言浙西孙传芳部队"屡胜"。14日,报载:"吴佩孚布告,所持政策亦剽窃'排外''护工'之语。张学良、王宠惠论汉口逐英人事,亦以收回租界为言。"郑孝胥由此认为"彼等皆染赤化,南北主义略同,实皆狂妄无知,殆甚于义和团。天实为之,以造成共管之局矣"。26日,郑孝胥重申了"共管"的观点。他分析道:"英国宣布陆军三旅赴上海为防卫军,少将敦肯为司令,印度、马尔[耳]他、香港皆调兵来沪,法、美皆派兵,唯日本称不同意。"他认为"共产灭共和,共管灭共产"。他继续阐述:"上海为世界第三商埠,亚于纽约、伦敦,今为赤党所逼,不能不自筹防卫。日来中比、中日皆在北京议改约,此各国见好于北方之象。然度北方转骄,或有他变,则各国必大失望。盖自辛亥以来,列国助袁世凯而败,助段祺瑞而败,欲助吴佩孚、张作霖而皆将败;南方既为俄人所蛊,北方亦渐以排外为能。将成共管之局,谁能止之乎?"②

忙于编辑工作的王伯祥仍然留心记载江浙地区的战事情况。1926年10月17日,王伯祥阅报后摘录新闻:"杭州确已宣布和平,与持战者异趣矣。夏超之警备队已抵石湖荡,而孙军亦已在松江之东设防,沪杭车早不通。兵事动作,似又在目前。但我不为此惧,止[只]愿早早解决,使此间军警表明态度耳。军警固以地方为重,则顺逆向背,知之必熟;否亦早为奋斗,早资结束,终较阴持两端为有益地方也。"21日,他继续关注浙江战事:"浙事大变,夏超已逃。孙军已进越嘉兴而南矣。但夜间沪上仍大戒备,依然为之不

---

① 郑孝胥著,中国历史博物馆编,劳祖德整理:《郑孝胥日记》(第4册),中华书局1993年版,第2120、2121、2125、2128页。
② 郑孝胥著,中国历史博物馆编,劳祖德整理:《郑孝胥日记》(第4册),中华书局1993年版,第2129、2130、2131—2132页。

第八章 大革命时期的时局变动、报刊阅读与读者心态

安眠也。眠食且不定,遑论有所写作乎!"22 日,他阅报后综述:"夏走事似确,浙局当然大改变。孙传芳或可暂安江东乎!就大局言,浙事所关甚大,失败实滋痛心;就个人论,夏超阴谋鬼蜮,屡倒主帅,数引外寇,在浙人亦应共逐之也。此论,予自谓极平恕矣。"23 日,他阅报后证实"浙事失败",但"此间谣言甚盛,戒备仍严,虚惊依然也。然予等为谈宴之乐所蔽,一切不问,则亦甚安。夜睡反较往日宁贴焉"。24 日,他阅《申报》后记载:"党人在斜桥等处举事,不成散逸。"他甚为惊异,颇为不满地评论:"党人何不智乃尔!不起于事变倏来之顷,而谋幸于局势已定之候,想非真出党人之意,或投机流氓欲乘此揭竿,冀有所弋获乎!不禁太息。恐沪上从此多事矣,搜索机关与逮捕党人,将纷至沓来耳。"25 日,他阅各报得知"华、租各界俱特别戒严"。局势变化甚快。12 月 23 日,王伯祥综合报纸所载新闻写道:"孙传芳部将孟昭月昨晚入杭州,缴第一师留杭部队之军械。浙自治已成绝影矣。天心不厌祸,恐将复寻干戈也。周凤岐犹在富阳,再进则两军交绥正难幸免耳。"①

1927 年年初,北伐军进至杭州附近,王伯祥较为详细地记载了相关新闻。1 月 4 日,王伯祥阅报后认为:"杭战已实,火车今日有来无往。形势大约十分严重也!"5 日,他描述他的阅读心境:"杭州战报,报纸甚不明晰,不识真相若何,颇觉闷损。"7 日,他阅报后判断:"昨日上海防守司令李宝章召各报记者谈话,嘱勿登载军事消息。从此,杭州战讯将无由征实矣。一般悬之于家乡安否之徒其何以慰此方寸乎。"30 日,他在日记中颇为失望地写道:"日来各报停刊休假,举凡一切隔膜影射之消息亦无处索之,殊感闷损也。此一星期中,不知将有若何之新局势转变否?"②

一星期后,各报正常印行。王伯祥读报后认为"消息已大通,但无真确之信"。2 月 8 日,他针对近来时事发出质问:"终宵听火车声,不识何事?岂调兵援浙耶?报纸所载消息,百无一实,此闷葫芦甚难安处矣。虽然,又

---

① 王伯祥著,张廷银、刘应梅整理:《王伯祥日记》(第 2 册),中华书局 2020 年版,第 464、465、466、467、486 页。

② 王伯祥著,张廷银、刘应梅整理:《王伯祥日记》(第 2 册),中华书局 2020 年版,第 523、530 页。

有何法！如此中国，只有小民痛苦耳。"17 日，王伯祥与叶圣陶至跑马场附近，见"几于遍地是英兵及印兵，触目惊心，殊令人愤火中烧也。英人一方在汉交涉，以退兵为词，诱令签字；一方却天天增兵，来压吾境。狡猾可恨，幸外长陈友仁有以拒之也"。同日，他阅外报得知"杭州为国民革命军占领，孙军退松江，情状甚迫，治安危机将一触即发矣"。①

徐乃昌也关注闽浙战场。1926 年 10 月 24 日，徐乃昌阅《时报》后记载："苏军昨日下午入杭垣，夏超于前日下午三时率保安队全部离杭，退往富阳、桐庐。孙传芳令陈仪为浙省长，并声讨罪魁夏超。"直到次年，他才再次记录浙江的相关情况。1927 年 2 月 18 日，他摘录了孟昭月退守松江的新闻。此后，他多有关注此类消息。例如，28 日，他闻"孙传芳、张宗昌到沪后，即赴松江视察防线，午后返沪，在龙华司令部开军事会议"。②

刘承幹摘录并分析了江浙一带的革命形势。1926 年 10 月 18 日，他记载浙江独立的消息："浙已独立，在洋桥左右两军，闻已接触，恐湖班轮船不能开也。"24 日，他得知上海国民军在上海举事的新闻："南市国民军竖青天白日旗举事，谋劫制造局，幸警察已有风声，严防以备，故未成事，乃华界大戒严。"25 日，他阅报得知"浙事已平"的消息。③ 这里的"浙事已平"，指夏超独立失败。

孙宝琛侧重关注南北军在浙江的纷争。1926 年 12 月 16 日，他披露了"党军占浙，杭沪车断，苏军往嘉禾一带布防"的消息，暗忖道："战祸恐又难免矣。"25 日，他得知"苏军已开富阳，与党军相距不远"，他进一步研判道："恐战祸即在目前矣。"27 日，他阅报后了解南北军开战的消息："联军已在钱江与浙军冲突，战祸更急矣。"1927 年 1 月 4 日，他阅报后记载："富阳一带，苏浙两军昨已开火。"他感慨道："时局纷扰，军阀横行，不知何日

---

① 王伯祥著，张廷银、刘应梅整理：《王伯祥日记》（第 2 册），中华书局 2020 年版，第 532、533、535—536 页。
② 徐乃昌著，南江涛整理：《徐乃昌日记》（第 2 册），凤凰出版社 2020 年版，第 805、841、844 页。
③ 刘承幹：《求恕斋日记不分卷》，上海图书馆藏稿本电子版（编号：线善 862624-74），1926 年 10 月 18 日、10 月 24 日、10 月 25 日。

第八章 大革命时期的时局变动、报刊阅读与读者心态

方能安静,为之浩叹。"① 内乱不止,他颇为心忧。

在上海的王燮功重点关注北伐军进占杭州的情形。1927 年 1 月 4 日,他阅报得知上海戒严之由来,系"联军、党军已在钱唐〔塘〕江开战",又因"沪宁路中电杆被人截断一处",以致火车停驶。浙事牵动着他紧张的神经,以致他逐日通过新闻纸追踪浙事。此时,浙事"不甚过剧",只"每夕戒严",并且"消息沉闷",谣传颇多,不知真假。②

身在苏州的《猗猗草堂日记》的作者听闻"浙省夏超独立",感叹"平〔凭〕空自己家内又起风波矣",并对夏超独立表示鄙夷:"时局之乱,原在意中,惟不料不由北来,而由内溃出耳。"1926 年 10 月 23 日,他阅报得知"杭夏超已失踪而逃",颇为高兴地写道:"大事可望平,而孙军亦赶到矣。"对于夏超节节溃退而逃,他表示夏超是"微服而遁,可谓儿戏",但他颇不看好时局,战事暂时停止,"又可苟安一时"。浙江独立失败后,孙传芳系重新执掌浙江。他阅报后得知"杭事已了","杭新省长陈仪昨日接印任事,战事已结束,地方已复原状",并且闻夏超"已死于乱兵之手"。不久,"宁已戒严,苏沪亦大有惊惶之象"。12 月,北伐军进攻浙江,重新引起了他的关注。12 日,报纸报道北伐军至玉山、衢州的消息,引起杭州的恐慌,"富室逃沪"。对于奉军未南下支援的消息,他猜测"内容必另有变化也"。15 日,他知北伐军至杭州,"嘉兴将开战,局势日紧,有力者均思遁沪"。他颇为沮丧地写道:"惟有听天由命,镇静也,常徒忧无益耳。"③

王清穆颇为留意报纸所载夏超独立事,评价道:"浙局变动,虽即平定,而嘉兴颇受惊恐。"至 1926 年年底,形势更加恶化,"五省联军战败后,孙氏投奉,邀直鲁军为援。苏皖浙三省人反对之,声言组织自治,冀免战祸,浙江有兵两师,足以自卫,苏无一兵一卒,奈何"。在这种情形下,王清穆认为:"募

---

① 孙宝琛:《孙宝琛日记不分卷》,上海图书馆藏稿本电子版(编号:T47017-41),1926 年 12 月 16 日、12 月 25 日、12 月 27 日、1927 年 1 月 4 日。
② 王燮功:《天华盦日记》,上海图书馆藏稿本(编号:568719),1927 年 1 月 4 日、1 月 5 日、1 月 6 日。
③ 佚名:《猗猗草堂日记》(第 16 册),复旦大学图书馆藏稿本(编号:484057),1926 年 10 月 17 日、10 月 23 日、10 月 24 日、11 月 2 日、11 月 9 日、12 月 12 日、12 月 15 日。

兵不多，省界驻苏军队果能服从民意，苏省认供饷粮，惟应守两条件，一由苏人公推军长，二军队须简阅改编，点名发饷。"① 他希望以此拯救江苏形势。

在余姚的乡绅朱鄂基记载了大量北伐战争时与浙江相关的新闻。1926年10月19日，朱鄂基阅《申报》后记载："浙江夏定侯已与粤系联合，隐然有独立之意，沪杭路断。"20日，他阅报得知"松江未失，枫泾一带浙之警备队防守甚众，沪杭路断"。《新闻报》报道："夏超于十六日正式就十八军军长之职，铣日电告广东政府，赣战尚在相持之中。"23日，他阅报后摘录最新战况："孙传芳令孟昭月部下兵队陆续由苏抵沪，即趋嘉善，已与夏之警备队接触，夏不能支，孙派第一师长陈仪任浙江省长，陈尚在徐州。浙派近分三种：地方公团主保境安民；陈乐山、张载扬［阳］等主联奉；马叙伦等主联粤。"②

12月3日，朱鄂基阅报后综述各地战事："鲁军至浦口，孙氏亦有南归之说。上海、（及）江、浙、皖三省联合会蔡元培等电拒鲁军，并拒孙南来。闽省已有党军何应钦攻入，福州甚危。县知事陈东声辞职已准，绅商均无挽留消息，反不如前任陈毓陶至亏欠公项之二万以上者，临去时尚得县、参两会竭诚请留也。"16日，他阅报知浙江局势："浙三师师长周恭先凤岐在衢州接受国民政府，第二十六军军长蒋伯器、俞炜丹屏均集省垣，省长兼一师师长陈仪将所部兵队迁至甬温，号称驻防联军。孟昭月部有至嘉兴枫泾者，浙人原有自治呼声，借免齐楚之事，为时迫促，似已徒托空言。又闻前任省长夏超九月中旬避居日本，昨日由沪坐北京轮船来甬，早车过姚，本地警备队得密电集省。"17日，他阅《申报》进一步揭示战事动态："陈省长辞职，十一日避去。周恭先兼一师长，党军与联军防区相隔仅四十里，浙西接触恐已不免，浙人之在沪者运动开会，以上海为特别市，而苏人则默焉无言，总商会诸公亦无所宣布。冯玉祥之部已夺陕西，赤化普遍，果孰是孰非耶？"18日，他再阅《申报》后披露："浙局略趋缓和，陈仪未走，出维秩序，孟昭月兵队

---

① 王清穆：《农隐庐日记》（第26册），上海图书馆藏稿本（编号：线普长744634-99），1926年10月24日，12月13日。

② 朱鄂基著，朱炯整理：《朱鄂生日记》（第3册），凤凰出版社2021年版，第797—798、798页。

第八章 大革命时期的时局变动、报刊阅读与读者心态

到笕桥,周凤岐退富阳,又云萧山党军颇众。沪杭路修复。"22 日,他了解到"张宗昌抵宁。冯玉祥之部已出潼关东行"。①

同时,浙江余姚革命风起。12 月 19 日,朱鄂基闻"城中有人拟设党部,省中尚在联军势力之内,人心顿觉不定"。21 日,他记载省中有独立事:"省中因党军未来,联军止于长安,绅商集商浙省独立,仍有倾向自治之势,以免南北之争。"22 日,他进一步揭示浙江局势:"省中自治会推定蒋伯器为军政务长,陈公侠为民政事长,于十九日宣布。"24 日,他通过《申报》知晓杭州方面的消息:"孟昭月兵队入杭,陈仪、蒋尊簋离省,局势已变。"25 日,他进一步了解浙江方面的部署:"驻甬一师部开至五夫,闻陈公侠抵绍,浙中党派分歧,莫测用意所在。"29 日,他知晓"一师集中绍兴,在西兴掘壕,对抗省中联军"。② 这说明南北双方对浙江的争夺颇为激烈。

温州处于南北军交锋的要地,受冲击非常大。在温州的符璋、张棡、夏承焘等读者对战争记录颇多。1926 年,符璋 75 岁,已经老朽,遭逢如此战乱,深感痛苦不已。10 月 31 日,符璋得知"夏超已为人击毙,孙电保全其家产,不复株连"。11 月 10 日,符璋阅报后了解后续报道:"夏超尸四号发现西湖古荡,弹由脑后入,左眼出,尸尚完全,已拍照棺敛[殓]。乃父八十二,由某绅伴送赴沪。尚有云其已至东洋,居某地方。"12 月 25 日,他记载浙江独立的新闻:"杭州于十九号宣布自治,选出委员九人。"28 日,他了解:"孟昭月兵入杭,缴陈仪械,自治各人逃匿无踪,并派兵攻兰溪。某军官上超武船,令所过居民店家皆闭楼窗,不许窥,或谓即周荫人也。平、瑞、乐所有警备队闻皆缴械。"③

北方军阀节节败退,张作霖、孙传芳、吴佩孚企求联合,共同应战。11 月 25 日,符璋读到相关新闻:"孙传芳宅在法界二十四号,于十八夜秘密到津乞援张作霖,并向杨宇霆蔡园议定划定地盘:孙浙,张宗昌苏,褚玉璞山

---

① 朱鄂基著,朱炯整理:《朱鄂生日记》(第 3 册),凤凰出版社 2021 年版,第 822、826、827 页。
② 朱鄂基著,朱炯整理:《朱鄂生日记》(第 3 册),凤凰出版社 2021 年版,第 827、828、829 页。
③ 符璋著,温州市图书馆编,陈光熙点校:《符璋日记》(下册),中华书局 2018 年版,第 1026、1027、1034、1035 页。

东，张学良直隶，韩麟春河南。直鲁兵十五万攻江西。"26日，符璋阅报得知战事新动向："奉鲁军南下分三线：安庆第一，浦口第二，蚌埠第三。三省联合会二次通电拒孙拒奉鲁军入境，入境以敌视之，宣言殊简明。浙一师及三师均调回，浙陈仪与蒋介石议和，经蒋百器说合可行。"27日，报纸报道："奉军负京汉全线责任，鲁军负津浦全线责任。江苏耆绅唐文治领衔电请鲁张出兵，浙、沪及皖南归孙负责，苏及皖北由张担任。鲁张将率兵坐镇南京，以二十万人攻赣。"12月7日，新闻称"张作霖称'安国总司令'，张宗昌、孙传芳副之"。① 北方军阀的所谓联盟有虚张声势之嫌。

  符璋也关注江浙一带战况。1927年1月14日，符璋闻"周荫人设司令部于宁海，联军由海道至甬，独立取消"。17日，他阅报得知："浙一师余、石两旅长弃萧山、绍兴逃百官、宁波，联军已渡江入绍兴城，富阳党军退至严州。"28日，他闻"曹厅长缺亦动"，又闻"党军反攻，仍到桐庐"。30日，他得知："第一师石旅只余二百余人，余旅尚余一团零两营，其一团现到丽水，此间甬军议招来改编，而该团以未奉旅长令尚观望。石、余二人均在沪。"2月15日，他记载见闻："兰溪党军败退，本日闻来伟良开往海门，兵队被甬上联军击败，未知确否。"②

  根据符璋的记录，闽军过境温州时有敲诈勒索之行径。2月13日，他得知："曹氏于昨夜到。余索十万，曹索四十万。"20日，他通过报纸了解其他地区被抢劫情形："严州为联军所扰，较温州十倍。建德县有吴姓殷户，资四五十万，店铺甚多，剽掠焚烧，十去八九。地方未逃避之妇女，十三四以上，六十以下，悉遭强奸，无一免者。余知事曾任该邑，得有通函，故知之详。"因勒索，军人"为愿败不愿胜"，盖因"胜未必升官，败则尚可发财，愈出愈奇，愈趋愈下，几于同一心理"。③ 在他看来，这实在是一种怪现象。

---

① 符璋著，温州市图书馆编，陈光熙点校：《符璋日记》（下册），中华书局2018年版，第1030、1031页。
② 符璋著，温州市图书馆编，陈光熙点校：《符璋日记》（下册），中华书局2018年版，第1038、1042、1043、1049页。
③ 符璋著，温州市图书馆编，陈光熙点校：《符璋日记》（下册），中华书局2018年版，第1048、1053、1046页。

第八章　大革命时期的时局变动、报刊阅读与读者心态

　　张棡、刘绍宽、夏承焘等人还关注南北军过境温州的情形。1926年12月16日，张棡闻福建省孙传芳溃兵退驻温州，有"暴动行为"，导致家家皆"思挈眷避远"。18日，他闻闽兵溃退而来，"人心惶惶"，妇女老少大半"逃避下乡"。29日，他阅《申报》得知，闽兵周凤岐部"自闽窜温"，大半"沿途掳抢，勒索饷糈"，造成"民不堪苦"之局面。蒋介石已"分派军队九路攻浙"，"尾追败兵"，如果败兵"驻温不退"，恐"战争之祸悬于眉睫"。①

　　1927年，新年伊始，战争依旧。1月12日，张棡闻北伐军过境温州，对北伐军不抱有好感的他称此举"居心殊不可测"。2月8日，他闻党军"又获大胜"，杭州联军"恐不能久踞"，而瑞安有"党军将到"之宣传，"孰胜孰负，真相不明"，他感叹"无从悬揣之"。14日，他阅《时事新报》，知直奉联军将龙游党军"击退"，闽军由甬赴温"以断党军后路"。同时，西方列强均派兵来中国"干涉战事"，孙传芳通电告国人，"痛斥'赤化'之罪魁"，言语颇"恺切有味"。②

　　刘绍宽在日记中对于过境闽军的新闻也有不少记载。1926年12月21日，刘绍宽知"董胜标晨往永嘉，薛亦农与同去。午后有某副官来，为苏埏旅中将官"。董旅在温州勒索钱财，为温人所诟病。22日，他披露："苏埏一旅于今日到，又有董旅一团，分寓县议会、坡南小学等处，苏索去现洋五千元。"此后，勒索事件一再发生。23日，刘绍宽知"苏旅于今晨四时去，蒋旅又董旅一团于今日陆续到，蒋索去现洋四千元"。刘绍宽听闻他人所传有感勒索情形之谣言，记载："蒋军晨去。午后卫队来，团副王姓、旗官祝姓住县议会，亦分住坡南第一小学。闽军旧历十五日入浙。"有关军队勒索的记录在刘绍宽的日记中比比皆是。25日，刘绍宽了解到"卫队索去洋二千元"。28日，他知"卫队仍派黄团长来索款"。31日，他进一步知"闽军开后，卫队王团长

---

① 张棡著，温州市图书馆编，张钧孙点校：《张棡日记》（第7册），中华书局2019年版，第3126、3127、3131页。
② 张棡著，温州市图书馆编，张钧孙点校：《张棡日记》（第7册），中华书局2019年版，第3138、3148、3150页。

复遣黄营长带一连人来平索款,云瑞平共筹十万。连日磋商,并外间搜括,仅凑足一万交去,并送五百元与营长,于今晚始开拔而去"。①

相比于闽军的勒索行径,国民革命军的纪律较好。1927年1月10日,刘绍宽阅报后记载:"周恭先败退桐庐,孙军已占富阳。"2月11日,他描述了曹万顺过境的情形:"十七军曹万顺军长有师三营、一军部、两连过境,上午到一营,傍晚余营皆到,各界欢迎者几千人。"15日,刘绍宽再次揭示:"此次曹军过境,欢迎联合会举余为总主任,实则余无所事事,筹款画策皆王志澄、陈小垞、姜啸樵,买办皆阮伯陶。军纪虽尚佳,然亦因招呼周至,有以维系之也。"② 由此可知,曹军过境,未勒索,军纪尚佳,未给温州带来较大破坏。

1926年,26岁的夏承焘任教于瓯海公学,颇为关注时局的发展。10月23日,夏承焘闻"江、浙已开战",浙败,夏超"已下野",由张载阳"主持省政"。24日,他通过杭州来电了解到夏超战败的消息:"夏定侯警备队与孙传芳军在嘉兴激战一昼夜,夏军溃败,夏逃,孙委陈仪长浙,权由张载阳代。"温州国民党人"前日曾悬青天白日旗,且开会筹备庆祝北伐成功提灯大会,皆因此中止"。11月21日,夏承焘闻"周荫人溃兵有退入浙省消息",温州"恐不得平安"。25日,他听闻"孙传芳已退出南京来杭",又闻闽省周荫人将"溃退入温"。他表示:"江苏如入北伐军手,山东奉军势必南下江浙,糜烂不堪设想。"27日,他阅报得知:"孙传芳赴天津见张作霖、张宗昌求救,奉、鲁允以十五万兵南下,孙放弃苏省为浙督办,张作霖为全国讨赤总司令。"28日,他得知浙省已有人"拟迎蒋介石,日内时局将有变化",福州海军"已与南军订条件",温州"或可无事"。③ 但最终,周荫人战败,退经温州,给温州带来了诸多灾难。1927年1月11日,夏承焘阅《时事新报》了

---

① 刘绍宽著,温州市图书馆编,方浦仁、陈盛奖整理:《刘绍宽日记》(第2册),中华书局2018年版,第843、844、845页。

② 刘绍宽著,温州市图书馆编,方浦仁、陈盛奖整理:《刘绍宽日记》(第2册),中华书局2018年版,第847、848页。

③ 夏承焘著,吴蓓主编:《夏承焘日记全编》(第3册),浙江古籍出版社2021年版,第1480—1481、1482、1503、1507、1510、1511页。

第八章 大革命时期的时局变动、报刊阅读与读者心态

解到"浙西联军与周凤岐部党军已开战,党军败退,联军孟昭月已占富阳"。① 党军虽暂时败退,但不久后卷土重来。夏承焘弃教从军,效命于军中秘书处,为国民革命军处理文书等事宜,对于战争进程更加了然于胸。

北伐战争主要发生在南方,因此,南方读者有不少亲历战事,见闻较多,对新闻记载较详,而北方读者的记载较略。但在北京,林荣在日记中侧重披露闽浙战场的相关情形。1926 年 10 月 23 日,林荣阅报得知"苏浙开火",浙江"败",夏超"有出逃之传说"。24 日,他阅日报,得知"夏超出走宁波,江浙事将解决"。11 月 9 日,他得知孙传芳"退南京",陈调元"全军回皖",张作霖"不日入关"。24 日,报纸称孙传芳"微服至津",商讨"迎奉鲁军南下"。12 月 12 日,新闻称党军"入浙,有进抵衢州说"。16 日,他阅报得知党军便衣队"迫近杭州"。18 日,他读报后得知孙传芳部队"入杭",国民革命军"退往富阳"。19 日,他了解到张宗昌"抵浦口",孙传芳"亲迎过江,请张移宁坐镇。本人愿驻常州指挥浙东西军事"。20 日,他阅报后知悉张宗昌、孙传芳在南京开"军事会议","决定前线由褚玉璞指挥"。22 日,报纸称陈仪等人"于浙江组织委员制之自治政府"。23 日,他阅报后了解张作霖"定二十七日入京",郑洪年"有长交通消息",张宗昌、孙传芳在南京会议"结果","张攻九江,孙防苏浙"。24 日,他阅报后知悉孙传芳部队进入杭州,"逐陈仪"。②

此时,张作霖为维护北京政府的统治,任命顾维钧为国务总理。林荣在日记中有记载此事。11 月 30 日,他知顾维钧内阁"通电总辞职","潘复已来京就财政总长职",闻"有潘代之说"。12 月 1 日,他知张作霖、吴佩孚"均致电顾维钧",表示"挽留顾阁"。4 日,他阅报得知安国军总司令张作霖"有入京镇摄消息"。5 日,他记载汉口"工潮勃兴","罢工之事日有所闻",

---

① 夏承焘著,吴蓓主编:《夏承焘日记全编》(第 3 册),浙江古籍出版社 2021 年版,第 1532 页。
② 林荣:《潞生日记》,王建朗、马忠文主编:《近代史研究所藏稿钞本日记丛刊》(第 78 册),国家图书馆出版社 2020 年影印本,第 46—47、51、129、171、231、249—250、263、270—271、272、281、284、287 页。

南军"有将入福州之消息"。6日,他得知京畿奉军将"开赴京汉线",张作霖"迟早必须进京",顾维钧内阁"实行更动",当在张作霖"抵京后"。英国报纸论中国的国民革命运动是"一种不可约束之开化力"。8日,他阅张作霖发表重要宣言,称"有不爱国则已",若爱国则非"崇信圣道不可"之表述。10日,他阅报得知奉军"陆续南下",西北军有"出潼关之消息"。11日,报载刘镇华部"退陕州",西北军渐抵"阌乡附近"。28日,他得知新政府"决于阳历新年成立"。29日,新闻云张作霖到京后,新政府"仍在酝酿中","靳云鹏组阁决定实现,惟产生方式尚须研究"。1927年1月1日,他阅报了解到"前传张作霖元旦在太和殿受贺不确"。①

之后,南北内战继续,林荣对此亦有记载。1927年1月18日,他得知浙战"中心移到浙西"。22日,报纸新闻称直鲁军"将沿陇海路入豫助吴",奉军一时"尚不拟渡河"。2月10日,他得知张作霖"通电声明奉军入豫之理由",谓"豫军既无丝毫进展,奉军义难坐视,希望豫中各将领协同动作,誓收武汉,进取粤湘"。12日,他阅日报知浙战孙党两军"在桐庐、富阳间相持"。15日,奉军前线"尚未渡河","河北防务已接收,褚玉璞军由陇海路入豫,意将与京汉线之奉军呼应,解决豫局"。19日,报纸新闻称杭州"失守",孙传芳部队"退守嘉兴"。②北军渐成颓势。他主要站在北洋政府的立场记录战事进展,隐喻他对北洋政府的关注。

同在北京的郭曾炘在日记中对北伐一事的相关记载不多。1926年10月28日,郭曾炘阅报得知"九江、南昌、武穴全没于南军",认为"东南局面又变矣"。11月1日,他阅报得知"张雨亭已到津"。11月27日,他连日阅报后总结:"福州正在纷乱之中,不知结局如何。"12月6日,他又综述新闻:"浙省已入南军之手,不知战局如何。惟浙人手腕灵活,且犹知敬老宿,

---

① 林荣:《潞生日记》,王建朗、马忠文主编:《近代史研究所藏稿钞本日记丛刊》(第78册),国家图书馆出版社2020年影印本,第181、185、195—196、199、202—203、210、217、221、309—310、323、354页。

② 林荣:《潞生日记》,王建朗、马忠文主编:《近代史研究所藏稿钞本日记丛刊》(第79册),国家图书馆出版社2020年影印本,第78、92、158—159、165、173、191页。

第八章 大革命时期的时局变动、报刊阅读与读者心态

绚斋频年居乡，颇极优游之乐。不似闽中少年之派别复杂，互相倾轧也。"①

寓居北京的左绍佐注意到张作霖、孙传芳应对北伐军的策略："张作霖为安国军大元帅，孙传芳、张宗昌副之。"1927年2月20日，他总结道："党军风势甚利，自粤来占湘占鄂占九江占闽占浙，皆不甚费力，现而从事于皖豫矣。"②称呼由"南军"改为"党军"，他的心理开始发生一些细微的变化。

在天津的卞白眉侧重记载闽浙战场的相关概况。1926年10月17日，他知夏超宣布浙江"独立"，浙军退回浙江。同时，九江、南昌之间南北军"仍然相持"。11月7日，他读报后得知九江被党军"攻占"。20日，他闻孙传芳至津向奉系求援。③

身处山西的刘大鹏并不认为国民革命军能够取得胜利，相反，他相信军阀才能领导中国的未来。当吴佩孚、孙传芳败局已定时，刘大鹏将胜利的希望寄托在张作霖身上。1926年12月7日，他记载了张作霖改奉军为安国军的新闻："张作霖入山海关驻节天津，乃改奉军为安国军，凡与奉合作者均称为'安国军'。张作霖在天津业于上月二十七日就安国军总司令之职。孙传芳、张宗昌为副司令。一致讨赤，一征江南蒋介石，一征西北冯玉祥。"17日，他读报后得知张作霖、孙传芳联合之消息："安国军总司令张作霖仍在天津蔡家花园筹备南征赤化之军，已委孙传芳、张宗昌、阎锡山为副司令"，"一致讨赤，不容赤党横行，扰乱中华。立意若斯，但未卜天心允许与否？"他希望张作霖能够取得胜利，并将胜利与"天心"联系起来。1927年1月4日，他记载新闻："至北京政府无人主持，上月底张作霖以'安国军总司令'的名义由天津入于北京，组织中央政府。"④此类狭隘之见，说明他对军阀政治的本质缺乏基本的认知。

---

① 郭曾炘著，窦瑞敏整理：《郭曾炘日记》，中华书局2019年版，第2、3、12、14页。
② 左绍佐：《左绍佐日记》，湖北省图书馆编：《湖北省图书馆藏稿本日记四种》（第36册），国家图书馆出版社2021年影印本，第378、447页。
③ 卞白眉著，中国人民政治协商会议天津市委员会文史资料委员会编：《卞白眉日记》（第1卷），天津古籍出版社2008年版，第419、422、423页。
④ 刘大鹏遗著，乔志强标注：《退想斋日记》，北京师范大学出版社2020年版，第317、318页。

四、国民革命军进占上海与读者新闻叙事

1927年2月18日,北伐的东路军占领杭州,直逼上海。对此,一些读者颇为关注北伐军进占上海的情形。

2月18日,王伯祥知晓"华报已喧传联军退松江矣",但"十时尚可通行,奇极!"19日,因下午上海全市罢工,王伯祥未到商务印书馆,认为"此间局面,依然混沌,究不知前线何如,本地当局态度何如也。至沉闷。夜坐听雨,正难卜治安之命运耳。思之惧然"。20日,他阅报后记载:"防守司令昨斩散放罢工传单者二人,并有格杀勿论之布告。则形势紧张可知矣。"他的所见所闻显示出局势愈加紧迫。21日,他晨起待报不至,因与叶圣陶出,同访胡愈之,知"今日各报相约暂停,以说话不易措词也"。郑振铎踵至,悉"昨又大杀被捕工人。如此大屠杀,恐自有上海以来所未之有也。吁!其何以自解于国际法律耶!为之叹息久之。旋与振、圣、愈同出,途遇贩报者,居然购得《时事新报》,谓今日只此一报出版,以迫于司令部之命,不得不出耳"。22日,他感慨:"旷古未闻之大屠杀依然进展,无论报载耳闻,俱不禁为之怃然。"24日,他上午阅报得知"总工会已有自认失败,即日复工之通告"。25日,他阅报后记载:"鲁军毕庶澄已到沪,暂驻北站。果尔则谣言将愈盛,宜乎搬家外出者之多矣。"① 这一时期,因报纸资源紧张且消息真伪难确,王伯祥在日记中更多地记载了他在日常生活中的所见所闻,借此了解战事进展。

3月10日,王伯祥阅报后记载沪埠李宝章部"俱已撤调过江,屯驻南通。此间全由鲁军毕庶澄部接防,惟高昌庙及浦东一带仍由周荫人部自闵行开来填扎"。21日,他阅报了解"国民革命军确已占领龙华矣","为之大喜"。22日,他知"闸北火尚未息,危殆万状",阅报又得知"薛岳之师已派往北站助缴毕军之械","心少慰"。23日,他晨起阅报得知"昨日下午四时,闸北溃兵已完全缴械矣"。27日,他晨起后与叶圣陶"四出探访,讫无确息",知

---

① 王伯祥著,张廷银、刘应梅整理:《王伯祥日记》(第2册),中华书局2020年版,第536、537、538、539页。

第八章 大革命时期的时局变动、报刊阅读与读者心态

"炮声之起在浏河方面,因彼地仍有大批直鲁军残部蟠据,故派兵缴械,于是开炮也"。早七时以后,"即未闻炮",见"一部分俘虏由浏运此"。28日,报纸新闻称:"昨日炮声为渤海舰队来袭淞口,为杨树庄舰队所击退,双方炮火至烈,故震及全市也。"4月18日,他阅《申报》《时报》得知:"上海情形依然混沌,惟闸北及租界之戒严则稍松矣。"19日,他饭后外出购报,阅后了解到"商务总厂已开工"。20日,他看《苏州明报》,新闻报道:"今日起,沪宁路已多开客车,常沪间恢复区间车矣。"① 至此,上海市面基本恢复平静。

在北京的郑孝胥简略地记录了北伐军进占上海的情形。1927年2月19日,郑孝胥知"上海戒严,张宗昌将渡江救浙江"。3月1日,报言张宗昌"至南京",孙传芳"将求去","党人欲攻安徽,意在断津浦路,若北军能自九江、南昌、萍乡循铁路以攻长沙,彼将何如!"24日,报言"赤军据上海",宝山路、北四川路与党军战,"焚数千家"。26日,报纸新闻称"赤军入南京","攻各国领事馆,英领事重伤,英医士死一人;英、美兵舰发炮攻之,华人及党军死伤二千人"。② 他在日记中多次称北伐军为"赤党",以示他对北伐军的态度。

王燮功对北伐军进占上海的新闻记载颇详。彼时,上海工人罢工风潮日甚一日。1927年2月19日,因总罢工,"南北电车停驶,邮信停送",而总罢工之因由,系"为党军助威"和"反对英兵入境"。因纱厂罢工,"市场上纱价倍涨,情势纷乱"。20日,王燮功阅报知"罢工风潮方兴未艾"。21日,因罢工风潮,诸多报纸停止出版,仅《时事新报》出版,"篇幅极简,语焉不详,消息沉闷,可悲可惧"。在王燮功看来,"报纸停版之由,一则军事当局监视过严,记载既失真实,言论复失自由。而邮政停顿,仅销本埠,营业上又不能不顾及也"。24日,只有《时事新报》《申报》两种报纸出版,"各项工人已有全体复工说,报纸亦载有总工会通告,惟邮差尚未实行送信也"。27

---

① 王伯祥著,张廷银、刘应梅整理:《王伯祥日记》(第2册),中华书局2020年版,第542、545、546、547、548、549、557页。
② 郑孝胥著,中国历史博物馆编,劳祖德整理:《郑孝胥日记》(第4册),中华书局1993年版,第2135、2136、2138页。

日，《申报》《新闻报》皆出版，但因受到管控，不敢随便报道时局，"大局消息仍神秘"。对于时局的报道，各报态度不一。3月7日，王燮功认为《申报》所载"军事信息甚麻木"，便"改购《时事新报》"了解时局。①

南北军为争夺上海发生了激烈的冲突。2月23日，王燮功阅《时事新报》知"昨夕六时许，浦江舰军〔军舰〕突向兵工厂开炮十余响"，又有"便衣兵袭击闸北警区（五区三分所）"。鲁军抵"常锡"，"孙传芳已莅沪"。24日，又有"孙传芳已赴日本"之说，是否确定尚等待时日。25日，除鲁军毕庶澄部到沪，"其他军事消息殊沉闷"。26日，他阅《时事新报》后记载："自联军退出嘉兴后暂入休战状态，但革命军昨又前进，逼近沨〔枫〕泾，石湖荡及松江尚在联军手。"27日，他阅《申报》得知"张宗昌与孙传芳俱于今晨莅沪"。② 报载"英兵日越界布防"，他颇为担忧："兹举又恐引起纠纷矣。"加之"汉口等处排英宣传甚烈"，引发上海一系列反英宣传："街衢间高张图画，英兵戴假面具，一手挟战舰，一手挟来福枪，与华人谈判。又一图绘英教士亦戴假面具，手持十字架，架上遍装钉与刺刀。"这样的局面导致英兵云集上海，加之越界布防，"愈令倡排英说者振振有词"。③

进入3月，南北方争夺江浙一带战事更加激烈。3月1日，王燮功阅报得知"孙偕鲁张返宁"，"苏州与平望间电信有阻"。2日，新闻报道："孙部将退驻通州、崇明、海门。昨闻崇明已有军队。"5日，报载"吴江附近战事剧烈"，又有"党军已抵苏之盘门"的消息，还听闻上海工人"有第二次大罢工之举"，其标帜为"反对军用票，欢迎北伐军"。11日，报载"昨晨宜兴附近大战"，又有"吴光新任淞沪督办，李宝章部调驻通州，常之英部来沪"的消息，他感慨道："是此间已无孙军立足地矣。"④

---

① 王燮功：《天华盦日记》，上海图书馆藏稿本（编号：568719），1927年2月19日，2月20日，2月21日，2月24日，2月27日，3月7日。
② 王燮功：《天华盦日记》，上海图书馆藏稿本（编号：568719），1927年2月23日，2月24日，2月25日，2月26日，2月27日。
③ 王燮功：《天华盦日记》，上海图书馆藏稿本（编号：568719），1927年2月26日。
④ 王燮功：《天华盦日记》，上海图书馆藏稿本（编号：568719），1927年3月1日，3月2日，3月5日，3月11日。

第八章 大革命时期的时局变动、报刊阅读与读者心态

此后，王燮功颇为关注上海的情形，每日通过报纸报道了解时局的变化。13日，他得知"驻淞之杨树庄海军舰昨悬青天白日旗，真茹〔如〕附近铁路被拆断"。14日，新闻称："南市亦有兵卒向当铺以旧絮被强典十羊事，县署昨约绅商会议，供应军米万二千石。苏浙两财政厅长暨海关监督昨午宴请商界，商用军用票一千万元。"在他看来，"扰民困商之政，层出不穷已"。17日，报纸报道直鲁军"在苏州河捉船百余艘"及"南市拉夫"的消息，"均极纷扰"。又有"北车站之开车人及生火夫全体罢工"的消息。① 上海社会纷乱不已，他为之不安。

北伐军猛攻上海，战斗异常激烈。20日，王燮功得知周凤岐部已退至江北，"松城已失"。他分析："果尔，沪地立可解决矣。"21日，他知悉"党军已抵新龙华，正向高昌庙前进"，又闻"昨夜炮声不绝"，但他家"无闻之者，可怪也"。周凤岐部"似已去尽"，驻沪官员"纷纷辞职"，时局有"急转直下"之势。此后，北伐军开进上海，与直鲁军激战，战况颇为惨烈。他对相关新闻记载颇详："前昨（十七日）下午三时，革命军第一军何应钦部第一师薛岳兵由闵行开抵新龙华，五时进高昌庙，沿途在颛桥镇与直鲁军战，甚烈。直鲁军悉退往闸北，毕庶澄已降，被任四十一军长，专驻防吴淞、闸北一带。惟昨夜革命军之便衣军与别动队在闸北与鲁军大战，死伤众多，枪炮迄未停响。宝山路大火，近午未息，被烧至数千家云。便衣军别动队活动最力，七警区及总厅全被占得，死伤甚少。"战后贴出布告甚多："一为国民革命军先遣别动队司令部司令官刘英、副司令张鼎，二为长江下游陆海军讨抚使署第二路司令兼第一二路总指挥许宝祥，三东路江淮别动队司令胡抱一，四东路军别动队第一路司令王桂林，五江苏江防要塞先遣独立第三旅旅长周熊，六东路前敌总指挥部上海临时指挥徐朗。"此外，又有争夺警察厅厅长之事："一刘春圃，云王桂林委，一陈贤庚，则名为市公安局长，一张久本第五师师长，一邹竟，云系钮惕生所委县知事，一说顾馨，一又云姚紫，若又云

---

① 王燮功：《天华盦日记》，上海图书馆藏稿本（编号：568719），1927年3月13日，3月14日，3月17日。

陈勇三，自以陈为近。"① 总之，时局变幻，市面混乱，令人焦灼。

北伐军占领上海后，开始着手重建工作。上海临时市政府设立县公署，钮永建、白崇禧、杨杏佛、王晓籁、虞洽卿、陈光华［甫］、罗亦农、汪寿华、林钧、何洛、丁晓先、侯绍裘、王汉良、陆文韶、郑毓秀、谢福生、李伯［洵］之、王景云、顾顺章十九人当选为委员。王燮功特别记载了审判厅由郑毓秀接收，皆因郑毓秀为女性。此外，"教育局由丁晓光接收。白总指挥已命令复工"。3月24日，王燮功阅报得知"今日一律复工，学校亦上课"的消息，还有一些人事任命的消息："警察厅长改称公安局长。又电报局长为杨谱笙，铁路局长为杨杏佛，电话局长为李熏谋，电料局长为朱其清。"②

徐乃昌本对北伐军不怀好感，随着北伐军节节胜利，他关注战事进展。1927年3月，孙传芳、张作霖失利的新闻多次出现在徐乃昌的记录中。例如，19日至22日，他披露了孙传芳、张作霖败退的消息。19日，他阅报得知"宜兴、吴江均于昨日失守"，又闻"周荫人军队在松江、闵行，先退高昌庙，运至扬州"。可见，孙传芳、张作霖在逐渐败退。20日，他闻毕庶澄、冯绍闵、郑俊彦等均在败退的同时有倾向党军的消息，还有孙传芳、李振亚重整军队的消息。"通检该师部队，并定大通为该师集中地。"21日，他阅报后着重摘录几则新闻："党军占领新龙华"，"南京十六日各国领事令侨民妇孺避难"，"吴光新、许沅、傅疆均辞职，警厅长刘嗣荣出走，各工厂总同盟罢工"，南军有占领上海的可能，"南市、闸北均有战事，而闸北巷战尤烈，党军方面约死二百余人，工人四十余人，学生四十余人，余皆商人组织之别动队及正式党军之别动队。其铁路两旁行人不及逃避中弹死者亦多。宝山路大火，损失甚巨"。22日，上海、长江以南多处皆为党军所占领。新闻报道："今日上海举行市民会。昨夜苏州、无锡已为党军占领。闸北工商队同鲁军败兵激战。宝山路大火，自昨日起，至今午止，蔓延一昼夜。北站鲁军完全缴

---

① 王燮功：《天华盦日记》，上海图书馆藏稿本（编号：568719），1927年3月20日、3月21日、3月22日。
② 王燮功：《天华盦日记》，上海图书馆藏稿本（编号：568719），1927年3月23日，3月24日。

械。夜十时北站有地雷爆发,毁车辆一列,货栈及邻近市房均有损失。赖世璜抵无锡,白崇禧到上海,蒋介石赴前线督战,已到安庆。"① 徐乃昌一改以前对北伐军充满敌意的态度,较为看好国民革命军的前景。

从 25 日至 30 日,徐乃昌接连记载了国民革命军和蒋介石的相关动态。25 日,他关注褚玉璞军队退出南京城而北伐军进入南京城的消息:"褚玉璞于下午令部队退出南京,退时大肆劫掠,过下关,混乱发生火灾,同时浦口亦大火。晚党军入城,英、美、日领事馆被抢,侨民亦多伤害,英、美军舰炮击城中,日陆战队上岸救护,外侨相率乘轮来沪。租界防范骤严。" 26 日,他读报后得知"蒋介石总司令由安庆乘楚同军舰过芜、宁抵沪。租界防范更严"。27 日,他进一步了解到蒋介石到沪的相关报道:"蒋总司令下戒严令,严(防)暴动,(一)禁止市民大会开会,(二)不准强迫工人罢工,(三)不准集众滋扰,(四)不准散布谣传。违者处以军法。"此后,南北军对峙于长江两岸,直至南军打过长江,相继占领沿岸各地。28 日,他阅报得知:"廿四日晨,渤海舰队袭攻吴淞,互战一小时,共发炮四十余响。" 29 日,他阅报后进一步了解到南军到达南京的消息:"廿一日第一军长何应钦、第二军长鲁涤平、第六军长程潜及独立师长贺耀祖先后率部到宁。何留宁,担任筹画对鲁军事,程担任追击江北军。" 30 日,他阅报知晓南军相继占领镇江、扬州的消息:"廿一日北伐军占领镇江,廿三日占领扬州,廿四日赖世璜抵宁,贺耀祖就任四十军军长。蒋总司令委程潜兼南京卫戍司令。"② 可以看出,徐乃昌较为注重国民革命军的各种报道。

孙宝琛也关注北伐军进占上海的动态消息。在上海战事即将陷入胶着之际,他了解到鲁军不断到沪的消息。在他看来,南北军"恐终不免一战也",乃至"纷扰不已,老百姓受累不堪矣"。北伐军在占领杭州后,进攻上海。1927 年 3 月 22 日,报纸报道:"闸北大火焚烧四千余间。鲁军在闸北一带与工党冲突,

---

① 徐乃昌著,南江涛整理:《徐乃昌日记》(第 2 册),凤凰出版社 2020 年版,第 850 页。
② 徐乃昌著,南江涛整理:《徐乃昌日记》(第 2 册),凤凰出版社 2020 年版,第 851、852、852—853 页。

枪炮齐施,死伤不少,亦浩劫也。"① 如此规模的浩劫使他颇为惊叹。

胡朴安侧重记载上海工人起义的斗争。1927年3月21日,他在日记中写道:"是日下午一时,工人与别动队在闸北驱逐鲁军,战斗颇烈,交通阻隔。予适在持大上课,由靶子场入站四川路,此时惟此路可通,不逾时亦断绝矣。入夜枪炮声更甚,宝山路大火。"次日,他得知了工人取得胜利的消息:"是日战犹未息,到下午四革命军到,尽将鲁军缴械,上海全埠皆为革军所领矣。"28日,上海完全解放,他颇为欣慰地写道:"此数日上海大定,惟租界与华界之交通完全断绝,极感不便。除到国大上课外,余皆未能去上课。《民国日报》每日为作论文一篇。路局一切悉在改革之中,颇匆遽也。"②

刘承幹通过阅读《新申报》和《时事新报》上刊载的新闻了解党军占据上海的消息。1927年2月23日,他阅报得知军舰配合南军攻打上海的消息:"昨日傍晚有建威、建康两兵舰新从福州开驶来沪。受党军运动,向南市制造局开炮卅余,致南市法界都有流弹,幸流弹并不炸开,故未大伤人。开炮者见所谋不成,均已逃避一空。此两舰已为海军司令部扣留矣。"3月21日,又有薛岳军来沪的消息:"党军何应钦部下之师长薛岳所部军队由闵行绕道来沪,已抵龙华。""常州已失,苏州危在旦夕,势必不保。"在他看来,"联军闻风披靡,不战自溃,看其势,非特孙传芳必倒,恐张宗昌亦站不住,继倒无疑"。22日,报载:"苏州、无锡、松江等处均已失守矣。"对于这样的时局,他感慨道:"风声鹤唳,草木皆兵,海内汹汹,正不知何时得已也,噫!"25日,报纸有南京被占的消息:"党军已得南京,江以南尽入党军之手矣。张宗昌军队统退徐州,乃孙传芳在海州,恐亦不能久站。总工会横行不法,种种干涉商家营业,不能做矣。世难年荒,可胜浩叹。"6月20日,他得知张作霖就任海陆军大总统的消息:"张作霖受各将领推戴,于下午在怀仁堂就海

---

① 孙宝琛:《孙宝琛日记不分卷》,上海图书馆稿本电子版(编号:T47017-41),1927年2月25日、2月27日、3月22日。
② 胡朴安撰:《朴学斋日记(1899—1947)》,复旦大学图书馆藏稿本(编号:484095),1927年3月21日、3月22日、3月28日。

第八章 大革命时期的时局变动、报刊阅读与读者心态

陆军大元帅之职,遂下令潘复组阁。"① 战事扑朔迷离,他为之焦灼不安。

在江苏常熟的徐兆玮也对上海时局多有关注。1927年2月22日,他阅《常熟日日报》得知"沪英租界前昨全体罢工,电灯、自来水均断。又无线电讯,松江城内于十七日大遭焚掠"。受战争波及,多数报刊"因印刷工人罢工停刊"。27日,他阅《时事新报》后方知"上海工人已于今日复工,鲁军渡江者逾万人"。28日,战事稍歇,沪上各报"昨日已照常发行,消息不至阻滞矣"。他阅报后记载:"张宗昌与孙传芳均到上海,此后交锋当在松江、嘉兴之间。"他判断"后事殊难逆料也"。②

国民革命军抵达上海后,符璋阅读大量相关报道并予以记载。1927年3月2日,符璋读报后得知:"党军已至淞〔松〕江,陈、来之省防军及十七军由海道攻松,左、右翼由湖州攻苏州、长兴攻宜兴。十九军未知在何处。学生及党人在沪被杀者不少,商务印书馆中人尤多,传闻已杀百余人,凡在街中分散、披阅传单及看广告者,不分皂白,首随刀落,有砍断手臂者,惨不可名。"4日,新闻称:"党军十七入杭,白崇禧、何应钦先后到,联军退至松江,全浙入手。省政府成立,委员选出,大约日内齐集,未集之前皆由东路总指挥部政治主任胡公冕主之。胡为楠溪人,任用楠溪人不少,颇有权势。"10日,他了解:"孙氏之联军尽调江北休息,江以南防地尽归鲁军。松沪尚未交锋,皖则甚扰。"13日,他进一步知晓:"十九军由何应钦令暂编委十五师,余宪文为师长,奚骏声为副师长。"26日,报纸报道:"上海鲁军退出,党军已逼金陵。"4月2日,他阅前四日报证实"上海、江宁于阳历三月廿二、廿三为白崇禧、何应钦所攻下"。报纸详载上海市面情况:"上海总工会率工友八十万人响应,党军故得之甚易。鲁军退败,将北车站、宝山路一带焚烧,死人数百,毁屋数千幢,惨不可言。周凤岐在龙华,海军杨树庄早已投南,毕庶澄以反侧被拒,缴械逃亡。上海特别市政所成立,蒋介石亦抵

---

① 刘承幹:《求恕斋日记不分卷》,上海图书馆藏稿本电子版(编号:线善862624-74),1927年2月23日,3月21日,3月22日,3月25日,6月20日。
② 徐兆玮著,李向东、包岐峰、苏醒等标点:《徐兆玮日记》(第4册),黄山书社2013年版,第2886、2887、2888页。

沪。江宁未下,孙传芳于十八号先逃赴扬,褚玉璞追之不及,褚亦旋逃。"①

在杭州的夏承焘颇为留意上海局势。1927年2月25日,他阅报后综述新闻并判断:"党军已收复嘉兴,直、鲁军南下,至南京、上海附近,必有大战。"3月3日,他阅《申报》和宁波《时事公报》后,摘录最新战况:"豫省靳云鹗、魏益三已西连冯玉祥、南引唐生智以抗奉,皖省陈调元已易帜向党军,南京危,入豫之奉军已退出,直、鲁军将成僵局,江苏问题或即可解决。惟上海一隅,外兵云集,党军如必欲外人交还租界,恐将发生国际战争。"上海已成为南北双方争夺的核心城市。4日,他阅报后记载:"孙传芳向张作霖辞职,孟昭月向孙辞职,孟已率部退徐州,直、鲁军在松江者皆已退至上海。"14日,他阅报得知"吴兴、长兴间皆已开火"。25日,省垣杭州开庆祝省政府成立大会,国民政府迁鄂,"上海、南京皆已入党军中手"。②至此,国民革命军初步实现了北伐的目标。

在两湖战场、江西战场节节胜利的情况下,英美等政党要人"主张承认南中政府"。与此同时,战争持续推进。卞白眉关注上海的得失。1927年2月20日,他阅报得知"上海大罢工"。3月10日,他了解北军的最新战况,陈调元降南军,"安庆、芜湖均早失"。18日,有"上海独立、南京失守之谣"。21日,卞白眉得沪电,称"上海事实上已入党军之手",南京"似亦颇可危"。22日,电报称"南京之失亦在旦夕之间"。25日,他得知南京被南军占领。同时,河南奉军"不利",张学良、韩麟春有"希望和平之宣言"。③

林荣颇为关注上海罢工情形和南北双方之间的战争。1927年2月20日,他阅日报,得知上海各业工人同盟"大罢工",要求孙传芳军及英军"退出上海","前后参加者将达十三万之众"。25日,新闻报道称上海当局"大捕工人学生",各路商会联合会"本决定自昨日起大罢市二日,以总商会反对"。

---

① 符璋著,温州市图书馆编,陈光熙点校:《符璋日记》(下册),中华书局2018年版,第1055—1056、1056、1058、1058—1059、1061、1062页。

② 夏承焘著,吴蓓主编:《夏承焘日记全编》(第3册),浙江古籍出版社2021年版,第1546、1550、1551、1560、1567页。

③ 卞白眉著,中国人民政治协商会议天津市委员会文史资料委员会编:《卞白眉日记》(第1卷),天津古籍出版社2008年版,第425、436、437、438、439页。

第八章　大革命时期的时局变动、报刊阅读与读者心态

26日,他知国民革命军前锋"已逼近苏境",嘉兴、嘉善"均为党军所有","沪杭线孙军现均撤至松江,孙传芳任卢香亭为前敌总指挥,鲁军渡江者已有六万人"。28日,他知晓张宗昌、孙传芳"同赴松江商防守计划",张宗昌"决定分三路迎击党军","毕庶澄任正面,刘志陆任左翼,程国瑞任右翼。鲁军将与党军直接冲突"。此后几日,林荣因生病未记日记。3月5日,他阅报得知"党军由长兴攻宜兴",意在"截断沪宁交通",张昌宗、孙传芳"均增防苏州","孙传芳改任周荫人为前敌总指挥,因卢香亭称病"。6日,他阅报知晓鲁军移防的新闻,"鲁军由松江移守苏州"。7日,新闻报道鲁军和国民革命军在"苏州附近激战"的消息。17日,他知奉军三路"包围郑州",党军刘佐龙部"入豫"。19日,他得知奉军"占领郑州","荣臻部首先入城,吴佩孚出走洛阳,靳云鹗退许昌"。25日,新闻称鲁军"由南京退守江北"。①上海的得失事关全局,成为北伐的关键之战。

董康也将关注重点放在南北双方的上海之争上。1927年2月26日,他阅《日日新闻》所载"松江之役苏军复败"消息,分析后认为这是一个重要的转折,因"此后为鲁军与南军直接交绥矣"。② 此后,南军很快占领上海。3月19日,他阅《日日新闻》后得知南北军激战于松江的消息,但"胜负尚未判明"。21日,他再阅夕刊,得知南北军胜负已分,"南军已达龙华,北军沿铁路退却",并且有毕庶澄倾向南军的消息:"毕庶澄欲与南军通款,未调协,集中上海,租界异常警备。"22日,有南军占领上海的消息:"北四川路稍见骚动,余尚平安。"③ 军事斗争是南胜北退,董康感慨不已。他对比袁世凯当国以来的政局现象和国民党主倡的政策后认为:"自项城当国,权诈是依,战祸循环,因之不辍。此次党军主倡廉洁,颇浃民望。"④ 他对北伐寄予厚望,希望南军获胜。

---

①　林荣:《潞生日记》,王建朗、马忠文主编:《近代史研究所藏稿钞本日记丛刊》(第79册),国家图书馆出版社2020年影印本,第194、213、217、220—221、224、226、227、263、271—272、295页。
②　董康著,王君南整理:《董康东游日记》,上海人民出版社2018年,第60页。
③　董康著,王君南整理:《董康东游日记》,上海人民出版社2018年,第90、92、96页。
④　董康著,王君南整理:《董康东游日记》,上海人民出版社2018年,第73—74页。

五、宁汉之争与读者阅读感受

1927年2月21日,武汉国民政府正式开始运作。武汉国民政府以汪精卫为首,召开了国民党二届三中全会,旨在取消和限制蒋介石的权力。同时,国民革命军攻取上海、南京,成立了以蒋介石为首的南京国民政府,形成了宁汉之争的格局。关于宁汉之争的报道见诸报端,引发了读者的无限猜想。

王燮功对北伐战争后期的新闻,特别是宁汉之争报道,有着强烈的兴趣。1927年3月17日,他综述新闻:"党军克宜兴,宜常间战甚烈,双方死伤甚众。"18日,他阅报后认为形势更加朝着对北伐军有利的方向发展:"秣陵关已失,宜兴亦陷,南京城内虽无大抢劫,但军队已向民家任意攫取物件。"因北军不断劫掠民家,"此间自益惊惶,商会供应闽军日需八千元,所筹得之款今日止已告罄,势难为继"。19日,他阅报后得知:"南京雨花台附近有炮声,党军占吴江,而常州前夜已有悬党旗者。"20日,他读报后了解北军败局:"联军大失势,苏锡两城亦退尽,此间周部已开拔大半矣。"24日,他阅报得知"南京于昨日上午攻克",有"奉将于珍在开封为靳云鹗战败"的消息。25日,报纸又载"宁城英领事受伤,外侨亦有死伤者,外舰大放炮,华人死伤二千余"的消息。在王燮功看来,"又惹起大风波矣"。南京事件造成上海租界戒严,"工部局所颁布告尤严厉"。27日,他了解到租界戒严原因有三:"一、南京外侨有死伤;二、晨间渤海舰队潜袭吴淞,双方互轰四五十炮;三、今日开市民大会。"因租界戒严,"预行避居租界者已纷纷南返"。28日,他知"党军占扬州"。① 南军势如破竹,形势大好。

报纸对蒋介石和汪精卫的报道引起王燮功的注意。3月27日,他读报后得知"国民革命军总司令蒋介石昨下午二时半到沪"。4月4日,他读报后了解到汪精卫也于昨日来上海,"与蒋介石会议"。他对汪精卫寄予厚望,评价道:"此君为党中最崇拜者,近忽托病不问事,自党军克武汉后挽劝函电,日见诸报纸,真有斯人不出,如苍生何之慨。今果翩然出山,当拭目以觇其

---

① 王燮功:《天华盦日记》,上海图书馆藏稿本(编号:568719),1927年3月17日,3月18日,3月19日,3月20日,3月24日,3月25日,3月27日,3月28日。

第八章　大革命时期的时局变动、报刊阅读与读者心态

后。"在此之后，蒋介石发动"四一二"反革命政变。19 日，王燨功阅报得知汉口方面的电讯："彼地之中央执行委员会免蒋介石职，军队已向九江移动。"同时，"南京政府昨成立，今日沪上各团体开庆祝会于新舞台"。①

此后，王燨功经常记载蒋介石的相关报道。例如，7 月 4 日，他在日记中披露了"蒋介石来沪"的消息。8 月 14 日，他得知"蒋介石由南京遁沪，局势骤变"的消息。15 日，报纸报道："蒋介石通电下野，已回奉化原籍，盖精锐尽丧，部属携贰，宜其无立足地也。南京诸要人纷纷去职，变化之速如此。"蒋介石下野前后，上海局势亦有变化。先是上海政府重新改组："黄膺白（郭）今日就市长职，市长下设十局长，一财政徐青甫（鼎年），二农工商潘公展，三教育朱经农，四公用黄伯樵，五卫生胡鸿基，六工务沈君怡，七土地朱炎之，八公益黄涵之。"再是白崇禧负责上海治安问题："白崇禧为淞沪卫戍司令，管辖上海军警，以前戒严司令，副司令取消，罪大恶极之杨宪、陈群辈均离沪。"② 经此一番调整，形势又大变。

王清穆对蒋介石下野的消息颇感震惊。他读报后记载："蒋介石宣言下野，八月八日发，今日沪报始披露。"不太看好国民政府的王清穆认为："国民政府根本动摇，冯焕章坐镇中州，有举足轻重之势，其能执牛耳，以定大局乎？试拭目待之。"③ 在他看来，国民党内部争斗，局面不稳。

徐乃昌通过蒋介石的动向了解宁汉之争。1927 年 4 月 4 日，他阅报后记载："蒋介石通电专事军旅，拥护汪精卫负责党务及政治、财政、外交"，蒋介石又"委陈其采为上海市政府财政委员（会）主席"。报纸还报道："国共两党领袖汪精卫、陈独秀组合宣言辟谣，协商根本合作。"9 日，他阅报得知："蒋介石今晨至宁。白崇禧留守上海。蒋总司令封闭中央总政治部。国民政府监察委员三十三军柏文蔚驻沪代表甘乃光昨总司令部以有嫌疑致被拘

---

①　王燨功：《天华盦日记》，上海图书馆藏稿本（编号：568719），1927 年 3 月 27 日，4 月 4 日，4 月 19 日。

②　王燨功：《天华盦日记》，上海图书馆藏稿本（编号：568719），1927 年 7 月 4 日，8 月 14 日，8 月 15 日，7 月 7 日，8 月 21 日。

③　王清穆：《农隐庐日记》（第 28 册），上海图书馆藏稿本（编号：线普长 744634-99），1927 年 8 月 15 日。

留。"此后，蒋介石发动反革命政变，大肆屠杀共产党员。与此同时，为与武汉国民政府分庭抗礼，蒋介石成立南京国民政府。19日，新闻称："国民政府定都南京，于昨日九时行就职礼。到吴稚晖、蔡元培、蒋中正、邓泽如、胡汉民、张静江、蒋作宾、柏文蔚、李石曾、甘乃光、黄绍竑、陈铭枢。"20日，徐乃昌阅《江南晚报》后记载："汪精卫已于十六日发表反蒋之声明，据同日某日报载，将依中央会议去蒋介石之党籍，免总司令之职，逮捕蒋氏。"汪精卫与蒋介石矛盾激化。为协调国民党内部纷争，蒋介石下野。8月14日，新闻报道："蒋介石昨日由宁至沪，宣言下野，当即乘江天轮到镇海，即往奉化。李宗仁任国民革命军副司令，胡汉民、叶楚伧、蔡元培、吴稚晖、钮惕生、陈果夫等均纷纷去宁。"① 蒋介石下野的举动暂时调和了国民党派系斗争。

王伯祥也关注蒋介石下野的报道。1927年8月15日，他阅报后方知"蒋中正已离职去宁，且已回抵奉化故里"。他阅蒋介石的去职宣言，认为此事颇有缘由。其中，"胡汉民、吴敬恒、蔡元培、李煜瀛、张人杰皆联翩去，一若以蒋去留为进退然"，他感到此事"殊莫名其妙"。18日，他在日记中大发感慨："日来谣诼繁兴，人心又浮动矣，自诩识机之先者又纷纷运送箱箧入租界矣。不知租界当局，近方挑衅，日伺我旁，昨日竟以江湾扣留其军用飞机翼翅故，拆断梵王渡铁路，以遮我沪杭之交通，则不但寄人篱下足以羞愤，即不计此，亦殊非乐土耳。中国今日，实已竟赴覆亡之径，军人足以取祸，民众实不可恃，政客跳踉，徒促祸发，吾竟无奈何，亦惟甘遁颓废，吾寻我乐而已。"19日，他读新闻后写道："英军拆毁梵王渡路轨事已解决，卒由我送还飞迁机翼始撤退。中国之外交，实堪痛哭矣。"20日，他阅报得知上海市面戒严报道："昨夜起，每晚十二时后，断绝交通。盖以谣言故而戒严也。上海只见戒严而不见解严，但不多时后，又无形弛懈矣。一有事故，又张皇布告，故重见迭出，只见戒严也。"22日，他阅报继续关注上海时局："上海政

---

① 徐乃昌著，南江涛整理：《徐乃昌日记》（第2册），凤凰出版社2020年版，第855、856、860、860—861、898页。

第八章 大革命时期的时局变动、报刊阅读与读者心态

局又变,或可由此少安乎!盖淞沪戒严正副司令撤消,代以淞沪卫戍司令,仍由白崇禧任之。辖区军警,统归节制。第一告示即废止东路前敌总指挥部及政治所属部,第二告示即痛斥清党时滥捕虐杀之流弊,严禁各机关径行逮人。无论是否诚意,而手腕之漂亮实非蒋所能及矣。"[①] 上海是宁汉双方急欲控制的要地,上海的动向颇能反映政局的变动。

国民党内部斗争不止,形势十分紧张。刘绍宽也从中窥探一二。1927年8月18日,他阅报后评论:"蒋介石下野,有宣言书甚长,看来时局又大变矣。"此种见解,自然来自他平时的新闻观察。22日,他接友人信件,知"蒋下野后,苏鄂合作北伐,尚可乐观,否则,外患内忧,不堪设想"。[②] 在他看来,继续北伐,可以掩盖宁汉之争的不少矛盾,对国民党是有利的。

符璋也特别关注国民党内部势力及其形势的报道。1927年4月28日,他读报后特别记载:"冯玉祥脱共产入三民。唐生智辞职照准,亦因左派疑之。"这说明国民党内部派系之间存在诸多变动因素。6月24日,他阅报得知:"冯玉祥十九抵徐会蒋。拥蒋电阎无表示,宣布晋军分十路出兵北伐。南京市政府刘纪文在门首设纳言箱以求民隐。"7月2日,他阅报后记载:"北京元帅改《讨赤令》为《息争令》,其气已馁,其言已卑,终不免于降之一字,青天白日旗已悬于五色旗之上矣。"[③] 这说明北伐已告胜利。

报纸上也有诸多"左右之争"的相关报道。3月15日,符璋阅《申报》所载江西方面国军的动向:"李烈钧就江西省长职时,南昌开公民大会,蒋介石演说,谓共产不过为经济发展之一方法,有数国情形或适用之。但若中国采行共产制则为大害,徒使中国倾覆与革命耳。蒋对外人之态度极为友好,已向南昌外人声明必予以绝对之保护,并发出通告,劝谕人民保全外人友谊,予外人以安全。"此外,他还通过新闻了解到"蒋为右派,无怪与左派不合。

[①] 王伯祥著,张廷银、刘应梅整理:《王伯祥日记》(第2册),中华书局2020年版,第598、599、600页。

[②] 刘绍宽著,温州市图书馆编,方浦仁、陈盛奖整理:《刘绍宽日记》(第2册),中华书局2018年版,第876、877页。

[③] 符璋著,温州市图书馆编,陈光熙点校:《符璋日记》(下册),中华书局2018年版,第1069、1080、1082页。

左派噩噩欲起其魁汪精卫以抗蒋，两派之冲突分裂时已近矣"。此类报道揭示了汪蒋矛盾的根源。4月2日，他通过多日来的新闻报道，认为国民党内部呈三足鼎立之势："革命党三派，左、右、中之外，又曰广东派、南昌派、汉口派，汉口即左派之共产也。"10日，他进一步揭露汪蒋纷争的激化："汪精卫已回国，在沪开会，以公产为主体，以三民为友党。吴稚晖与之辩论，甚中窍要。国共两派之分裂在即，蒋宣言不问政治，政治归汪，而专任军务。汉口委员会将江西政务委员全数更换，明示反蒋，又欲免蒋职，谭延闿力争未得而去。江西通电拥蒋。福建开大会游行拥蒋，当场捕办反对者二人。"14日，他的好友冷巢来谈"党中左右派分裂情形"，他得知《时事新报》农历三月初六日所登较《申报》初四、初五所登详备。他认为"瓦解即在目前"。之后，他读报后得知："总政治部被封，捕十九人，邓演达亦被捕，邓为共产派首领也。闽省初三之拥蒋大会亦为反对共产，有一条驱逐政务委员戴任及他数人，当时反对者五人被拘，逃去四人，仅将为首之方毅威一名游街枪决，戴任经方馨涛保护离闽。蒋介石于八号迁江宁。"16日，他详细揭露了蒋介石发动"四一二"反革命政变后各地的情形："杭州于阳历十二日搜查工会，解除纠察队武装，并打省党部，捕获男女党员二十余人。总工会及纠察队被解散，党务人员养成所封闭。……宁波于九日由防守司令王俊派兵将总工会、市党部、农民协会捣毁，捕去三十余人，伤二十余人，死一人。上海出事亦在十二日，所有南市、闸北、浦东、沪西以及吴淞、江湾等处被缴械之纠察队有十四处，惟工会未曾封闭，执行者为二十六军军队。……江宁亦发生同样事实。……"21日，他对各地政变后的形势有如下记载："左、右派大宣战，左派之为国民痛恨，见各通电、宣言，已不胜书，总罢工之恶潮或难再见。南京国民政府定十八号办公，即居督署，总部别迁。湘省变更审判土豪劣绅条例，紧急时不经审判，由民众径行处理，绅富被决者日以数十计，旧文豪、帝制余孽叶德辉十一号枪毙。十七号，北京先哲祠公祭康有为，七十岁。"①

---

① 符璋著，温州市图书馆编，陈光熙点校：《符璋日记》（下册），中华书局2018年版，第1058—1059、1062、1063—1064、1064、1065—1066、1066—1067、1068页。

第八章　大革命时期的时局变动、报刊阅读与读者心态

8月17日，符璋读报后颇为意外地写道："蒋介石去职，其事固在意中，不料如是之速也。"18日，他阅报后继续关注蒋介石和政要的动向："蒋于十三由沪行，十四抵甬，十五到奉化。何应钦、李宗仁为正副总司令。胡汉民、张静江、蔡元培、李石曾、吴稚晖十四日电冯玉祥，不赴安庆之会，各回故里。"22日，他阅报后综述要闻："某外使谓此次宁方变化不是左右问题，乃是士官生与内地生势力之竞赛结果，长安无所过虑。国民党第四次大会原定十月一日，现改九月十五日。全体大会大概在宁召集，在武汉代表出席时，随带武汉军队入宁以作护卫。唐生智派军人对于宁派军人似以蒋、汪同时下野为交换条件。"此后，国民党各派系暂时联合，宁汉合流大势已定。9月15日，新闻纷纷报道"武汉政府陆续迁宁"。18日，他阅报后记载："汪精卫于十三号通电下野。河南之靳云鹗、田惟勤、方振岳与冯玉祥脱离，自称'联合军'。靳、冯军队已开战。"军阀之争又起。10月24日，报纸要闻称："南京褫唐生智本兼各职治罪，以通敌也，上海市党部以六大罪状加之，谓与张、孙新协定。"① 他感慨道："由帝国而民国、而军国、而党国、而盗国，不至于兽国，其势不止。"②

刘绍宽着重记载了北伐后各地的一些情况。1927年4月30日，他阅报后记载地方要闻："长沙惩治豪绅事，叶德辉被枪决。河南兵乱困苦之极。阎锡山治晋亦改变方针，讲三民主义。"6月4日，他得知"扬州已入党军手，蚌埠、固镇皆已得矣。日人出兵胶济，以保护侨商为名"。③ 他甚少关注有关宁汉之争的新闻。

刘承幹特别关注叶德辉被枪毙的消息。1927年4月18日，他阅前日报知晓此事，"长沙枪毙叶焕彬吏部（德辉）之说"。他最初颇为疑虑，直到其他各报皆报道此事才获确认，"且宣布罪状，有帝制遗孽及反革命种种罪名。始

---

① 符璋著，温州市图书馆编，陈光熙点校：《符璋日记》（下册），中华书局2018年版，第1090、1090—1091、1091—1092、1096、1102页。
② 符璋著，温州市图书馆编，陈光熙点校：《符璋日记》（下册），中华书局2018年版，第1107页。
③ 刘绍宽著，温州市图书馆编，方浦仁、陈盛奖整理：《刘绍宽日记》（第2册），中华书局2018年版，第862、868页。

知的确,与南翔陈巽倩太史(枏)被害事同一律,可叹可惨"。此外,他简略记载了有关蒋介石的新闻:"蒋介石下野,返奉化原籍。"他感慨道:"大约内哄甚烈,故非常神速,离江宁到上海,即回奉化,事前非常秘密。闻部下将领(如李宗仁辈)有变故即出走。"①

针对蒋介石下野,不少读者仅看到表象,并未深入分析国民党内部争斗,尤其是对蒋介石"以退为进"的谋略并不知情。一些读者认为这是蒋介石下台的标志,还有读者认为蒋介石从此将退出政界。例如,孙宝琛将蒋介石回奉化视为逃跑的行径,在日记中写道:"报载蒋介石已逃回甬,各要人亦均联袂而跑,搜括已饱,一哄而走,真可谓不要脸。"② 所谓的"逃",很难解释蒋介石和政要们的真实目的。

针对国民党内部矛盾,报纸多有披露。1927年2月28日,卞白眉阅报后得知"党人计划将来迁都南京"之意,以期"局面一新"。他对此评价道:"不知政局之清浊,不在乎地点,而在乎人心。人心污浊,虽易地弗良。如将来仍容所谓官僚政客者混迹其间,则无论迁至何所,亦无澄清之望。"3月14日,他阅报后总结:"党政府左、右派争辩颇烈。蒋、徐互相责难。"4月5日,他记录了汪精卫、蒋介石会晤调和的消息:"汪、蒋会晤,有调解之意,以后国民党之进行,颇堪注目。"9日,他进一步揭示:"民党'左'、'右'派争斗颇烈。"15日,他阅报知"蒋、唐合作迫压'左'派"。6月25日,他记载蒋介石、冯玉祥"谅解"的新闻:"冯、蒋似有谅解,冯要求汉政府去不良分子。"8月23日,他阅报知蒋介石下野、宁汉合流的新闻:"蒋介石下野后,汉、宁有合并之势。"12月24日,他阅报后得知蒋介石复任之说:"蒋又有复任之说,但党人内部似仍未和谐。"③

虽然国民革命军即将取得北伐胜利,但其内部分化严重。黄尊三特别关

---

① 刘承幹:《求恕斋日记不分卷》,上海图书馆藏稿本电子版(编号:线善862624-74),1927年4月18日、8月15日。
② 孙宝琛:《孙宝琛日记不分卷》,上海图书馆藏稿本电子版(编号:T47017-41),1927年8月15日。
③ 卞白眉著,中国人民政治协商会议天津市委员会文史资料委员会编:《卞白眉日记》(第1卷),天津古籍出版社2008年版,第436—437、438、440、441、448、455、471页。

第八章　大革命时期的时局变动、报刊阅读与读者心态

注国民党未来走向，报刊相关报道引发他持续阅读和评述。1927年4月10日，他阅报后记载："蒋介石实行以武力对付左派，上海、南京皆以右派军人驻守。"15日，他记载宁汉之争的报道："党政府紧急会议，讨伐蒋介石，蒋派南京会议，另设政府。"16日，他读报后摘录要闻："民党监察委员，宣布武汉派罪状，一阻丧革命士气，二窃开中央会议，三破坏三民主义，四排斥农工政策。"23日，他阅报得知宁汉斗争进一步加剧："武汉政府命令，除蒋党籍，取消总司令，国民革命军归军事委员会统辖。"24日，报载："蒋军解除程潜武装。"29日，他通过阅报进一步了解："汪精卫与汉政府通电，反对南京政府。"①

进入5月，宁汉两政府间斗争更加激烈。5月1日，黄尊三阅报后择要记载武汉方面的举措："武汉国民（党）中央招待［执行］委员会，宣布蒋介石十二大罪状，……谭延闿由汉出走。"2日，他重点关注南京方面的消息："宁政府议决仍设革命军总司令。"5日，他阅报后得知："蒋军进逼九江，武汉政府动摇。"8日，他了解到因受蒋军进攻，武汉政府"为缓和对外关系，改唱民主主义"。6月17日，形势大变，报纸称"宁对武汉，提出封锁武汉政府"。7月6日，黄尊三摘录要闻："冯玉祥、汪兆铭成立妥协，唐生智拒蒋联冯。"宁汉之争持续进行。14日，他阅报得知："蒋军三路攻鄂，唐生智对蒋宣战。"15日，他进一步知晓"武汉军进攻安庆，武汉下游已开火"。②

为响应北伐，冯玉祥、阎锡山等地方军阀纷纷易帜。5月12日，报纸纷纷报道"冯玉祥通电，就第二集团军总司令，于昨日占领陕州"。6月6日，黄尊三阅报得知阎锡山方面的报道："太原开时局会议，遵奉三民主义。"9日，他阅报后简要记载"晋阎力冯军北进"。10日，他进一步揭示阎锡山的举动："太原议决，五路出师，阻冯唐北上。"23日，新闻称"冯蒋妥协成立"。24日，他简述蒋冯合作的新闻："徐州会议，蒋冯完全妥协，冯誓服从三民主义。"25日，他记载了蒋介石、冯玉祥、阎锡山谅解合作的新闻："蒋

---

① 黄尊三著，谭徐锋整理：《黄尊三日记》（下册），凤凰出版社2019年版，第623、624、625页。
② 黄尊三著，谭徐锋整理：《黄尊三日记》（下册），凤凰出版社2019年版，第626、631、635页。

冯阎三角谅解告成，北伐与讨共并进。辛博森谓北方军事，一交通阻滞，二各军畛域太深，三上下隔阂，四不注意宣传，将来恐难持久。"蒋冯阎合作后，北伐取得进一步胜利。7月18日，他读报后披露："晋军接防石家庄，唐汪密议改组汉政府，以冯任北伐，唐任对宁，并下令免邓演达职。"①

此后，国民党内部纷争更加激烈。8月9日，黄尊三阅报后记载："武汉政府令唐生智、张发奎攻南昌，而蒋则倾全力谋复徐州，冯玉祥分兵助之，故津浦战事，日来甚为激烈。"15日，新闻报道有"蒋中正下野之说"，他认为："果尔，则民党内讧，恐日加甚。"16日，他早起阅报得知"蒋下野电已发表……北伐，武汉政府移宁三事"。他结合蒋介石过往经历评述："蒋为浙之奉化人，自粤出兵北伐，未数月占有长江各省，因专断过甚，致内部分裂，为鲁所乘，而失败，辞职，来日大难，不知如何收拾。"9月17日，他阅报后披露："汪精卫通电下野，蒋汪不两立，蒋去而汪不保，所谓两败俱伤者非欤？然而民党之暗礁尚多，成功尚远也，吾于是为国家前途惧。"直到11月17日，他才又记载："宁汉之战，告一段落，双方已下停战令。"18日，他阅报后记载："程潜等解散武汉政治分会，拟设两湖临时政府，请南京政府任命厅长，名义上武、宁势力可谓统一。"22日，他深入分析国民党内部各派系，指出："民党现有蒋派、汪派、胡派、西山派、广西派、广东派、湖南派，各派内讧不已，如何能成统一之切。"他极为忧虑国民党派系斗争。28日，他阅报后认为："宁桂分裂，正在酝酿［酿］，桂军李宗仁、白崇禧，以武汉为相据，不受南京政府之指挥。"因宁桂之争，他感叹："国家前途，不胜悲观。"29日，他记载国民党左右派之争："国民党左右两派，倾轧益甚。上海学生联盟总会拥护中央全体会议，打倒西山派，某君主谋之粤垣政变，及此次之上海会议，殆为左派恢复势力之变形。加以南京惨杀学生案发生，西山派颇受嫌疑。"他根据见闻判断："国民党虽主张大团结，而实际已成四分五裂之形，前途绝可悲也。"因国民党内部纷争激烈，一些党内人士主张调和，

---

① 黄尊三著，谭徐锋整理：《黄尊三日记》（下册），凤凰出版社2019年版，第627、629、630、632、636页。

第八章　大革命时期的时局变动、报刊阅读与读者心态

停止内部斗争。30日，他阅报后摘录："宋子文主张停止西征北伐，与民休养，行省的自治，军队须在省外活动。"他分析："按宋主停战与民休息，及省的自治是也，然军队在省外活动，是否与停止战事之主张不相矛盾，且是否不扰乱他省之治安，而引起省与省之冲突。"12月1日，他阅报后记载："南京二十二日庆祝讨唐胜利大会，中央党务学校代表某君高呼打倒西山派，打倒南京市党部，……开枪击死三人。"他知此次事件"名为庆祝讨唐，实是反对南京政府，而左右两派益如水火也"。2日，他阅报得知西山会议派的动向："张继、谢持等西山派，发表宣言，拥护特委会，称中央特委会系经武汉、南京、上海之中央党部正式决议而成，非经第三次全国代表大会取决，不能变更。"①

国民党内部各派系争斗不止。李烈钧强调"以党治国"。12月3日，报载："李烈钧在南京演说，以党治国则可，以一党治国则未当，若仅以一党治国，则民主的专制与君主专制何异？"黄尊三对此表示赞同，认为："李君在党治空气包围中，又处中央执行委员的地位，公然有此至公之言，诚属难能。"4日，他阅报得知："南京政府下令讨伐张发奎、黄琪翔，为桂粤二派冲突之始，说者谓此令非得浙派之同意，似不能下，今既下此，是浙桂二派合作之表证，其或然欤？"6日，黄尊三通过报纸了解到"汪派与西山派到底不能相容，张发奎广东派之苦迭达，为西山派攻汪之材料。十一月二十二日之南京惨案，又为汪攻击西山派之口实，而南京政府实权则握于西山派之手"。8日，他读报后摘录："粤派招汪精卫反主粤政，另组粤滇鄂湘联合政府。桂系则联合浙系以对抗之，而武汉又有程李之争，南方局面，真愈闹愈坏。"9日，他通过阅报了解到"宁派南园会议，到者二十六名，吴稚晖主张自动取消特委会"。10日，他得知"蒋介石声明党国危急，应速团结，反对以个人权势，阻害会议，因此警告，第三次之预会重复开成"。11日，他读报后综合分析："两湖战云又起，即旧唐军与宁军决裂，程胡同属宁军，为湖

---

① 黄尊三著，谭徐锋整理：《黄尊三日记》（下册），凤凰出版社2019年版，第630、640、645、661、662、664页。

北地盘,故又将发生互斗。山西奉晋之战,正在进行。冯鲁之争,亦复激烈,徐州争夺之战,死人数万。粤桂之争,方兴未艾。民党预备会议,各派意见冲突,恐无良好结果,国事如是,民将何堪!"12 日,他综述新闻:"第四次预备会,依汪兆铭粤派十一名,提出蒋介石总司令复职案可决。复议决第四次全体会议,明年一月一日起,至十五日,在南京举行。冯玉祥复电拥蒋,是蒋之再起,已成定局,然是否能统一南方局面,则不可知。"21 日,他读报后知晓"汪兆铭抵港,已声明下野"。① 蒋介石取得了重大胜利。

张嘉璈也关注蒋介石和其他军阀合作的相关报道。1927 年 4 月 21 日,他记载了蒋介石和冯玉祥合作的消息:"晨冯玉祥代表毛以亨来,商汇款,至西安。"他还听闻"蒋介石已允月协济冯五十万元,拟汇至西安转太原,再运现至西安,允其介绍至津中行接洽"。此外,有蒋介石与孙传芳合作的相关消息:"中间人拟于今日派人至江北与孙接洽,劝其发布宣言,俾蒋无顾江北之忧。若劝为之代拟一稿携去,此举若成,于蒋之津浦线作战大有裨助也。"但张嘉璈很快获知蒋孙合作破裂的新闻,"因孙不欲北伐也"。此后,"各军开拔赴前敌应战",② 准备即将到来的大战。

在日本的董康重点记载北伐后期的新闻。随着北伐军一路北上,国民党东西两军夹攻南京。1927 年 3 月 24 日,在国民军占领南京当天,董康通过阅《朝日夕刊》知晓:"南军占领南京、镇江,取缔上海过激派,淮、徐一带当不致糜烂。"北伐军在占领南京的过程中,与美军发生冲突,引发了外交事件。25 日,董康阅报得知:"南军在南京逐鲁军,后与美军冲突,死约两千余人。"此后,冲突加剧。董康阅报后记载:"南京事日见[渐]扩大,日、英、美以保护侨民调军舰前往。"他认为:"党军入苏,首宜蠲除烦苛,与民更始,用副元元渴望。诸凡外交问题,俟根基巩固,自可迎刃而解也。"27 日,他阅报进一步了解:"南京炮击事出于误会,蒋介石至南京停留三小时即

---

① 黄尊三著,谭徐锋整理:《黄尊三日记》(下册),凤凰出版社 2019 年版,第 665、665—666、666、667、669 页。
② 张嘉璈:《张嘉璈日记》,上海图书馆藏稿本电子版(编号:线善862900),1927 年 4 月 21 日、4 月 27 日、5 月 25 日。

第八章　大革命时期的时局变动、报刊阅读与读者心态

至上海，已有调解方法。"①

蒋介石在调解了中美冲突后，继续消灭奉系军阀的残存势力。3月27日，董康简述《朝日夕刊》所载新闻："吴淞北军残部与南军战，仍败退。"败退之时，一些北军将领倒戈，其中，以毕庶澄为典型。21日，董康就听到毕庶澄"欲与南军通款"的传闻。4月4日，他阅《朝日夕刊》得知"毕庶澄于上月二十八日在徐州枪毙"，并且有"五日褚玉璞奉张宗昌之命枪毙毕庶澄，六日复毙其部将马文龙"的新闻。对于毕庶澄被枪毙，董康感触颇深，在日记中评论：

> 历年争战，莫不以主义为揭橥，其实皆竭亿兆之精神博个人之权利。吾侪小民，耕凿成风，依时动息。所怵者兵戈，所虑者盗贼，所惧者苛繁，其他悉所不问。尝游巴黎，见拿破仑殡宫及凯旋门，在在侈张其丰功伟烈。继访美国华将军故居，计宫室、车服、器皿，在昔年平价不过数千元。而二国之兴衰，舆论自有评判。所愿吾国人人学易学之华将军，庶几偃息有期。如以拿破仑自命，则寰宇崩裂，如泽猛之灾有何分别？即使有雄才大略，可以统驭枭杰，如古来嬴政、曹瞒，蒙古成吉思汗，所谓膺运而生者，皆吾民丁劫运也。今此辈怙乱争雄，殃民祸国，无论为异党所屠，或本党火并，俱属上应天殛，大快人心也。②

15日，他阅《每日夕刊》得知南北军对峙的局面："孙军出入于沪宁线之丹阳，十四日不战而向扬子江岸退却，常锡尚安谧，本日可开始通车。孙军复防党军袭击，放弃镇江，集中于西距镇江八十华里之地点，残部尚有万人。党军增兵援应，以一部压迫孙军，一部渡江，已入扬州。津浦线方面，第七军李宗仁氏占领蚌埠，向固镇前进。蚌埠以南鲁军全被包围。党军占优势。"③友人致信董康，劝他归国任监执委员，他婉拒之："此职莫

---

① 董康著，王君南整理：《董康东游日记》，上海人民出版社2018年版，第100、101、107页。
② 董康著，王君南整理：《董康东游日记》，上海人民出版社2018年版，第107、92、123、128页。
③ 董康著，王君南整理：《董康东游日记》，上海人民出版社2018年版，第137—138页。

详其性质。余素不谈政治,更何能作政治中之机械?为蠲除烦恼计,仍宜淡漠置之。"① 受政潮冲击的董康对于政治颇为失望。他加盟上海法科大学,以教书为业。

六、读者对国民党政权理论体系的解读

不同于其他军阀,国民党实行的是党治,有其理论体系。其中,三民主义是最重要的理论体系。随着北伐战争的节节胜利,孙中山的著述《建国方略》《实业计划》《民权初步》《三民主义》《中国国民党第一次全国代表大会宣言》《建国大纲》等得到传播,成为读者了解国民党理论体系的必读品。

张棡在阅读孙中山的《三民主义讲演集》之后,对国民党的看法发生了改变。1927年4月22日,张棡阅读《三民主义讲演集》后即表示"孙氏之说当有研究价值"。第一章"知难行易"论"极中肯綮,且引证孔、孟之语,亦甚有条理",于是,他"取此主义细细阅之"。先读"民族主义",并详加抄录。他认为,孙中山的观点"尤是切理餍心之谭。何近之盲从革命者,绝不一细读之也"。②

朱鄂基对孙中山的三民主义也有所关注。1927年6月6日,他阅读了戴季陶的《告国民党同志书》,开始对三民主义有所了解:"孝慈为民族主义之本,信义为民权主义之本,仁爱为民生主义之本。又以孔子之学为和平之基。"13日,他阅《中山丛书》内"社会主义说"。此后,他多次阅读《中山丛书》,进一步了解三民主义。15日,他阅《中山丛书》"要耕田者有其田",认为"近日农民协会宣传之语,殆本于此,所谓'谁生厉阶,至今为梗者'也"。18日,他阅《中山丛书》附录《国民党第二次全国代表大会宣言》,认为"甚透辟"。21日,他阅读孙中山的《伦敦蒙难记》。25日,他阅读"戴季陶所著《孙文主义之哲学的基础》、孙镜亚著之《对于孙文主义哲学的基础之商榷》"。28日,他"抄录孙中山的生平"。7月4日,朱鄂基阅读完《中

---

① 董康著,王君南整理:《董康东游日记》,上海人民出版社2018年版,第137页。
② 张棡著,温州市图书馆编,张钧孙点校:《张棡日记》(第7册),中华书局2019年版,第3171—3172页。

第八章 大革命时期的时局变动、报刊阅读与读者心态

山丛书》并表示：">尚须重阅此书，近人引用颇多，几于圣经贤传等量齐观。所谓'半部《论语》足以治天下'，岂其然耶？"①

朱鄂基花费一个月左右的时间阅读完《中山丛书》，并有"重阅"之计划，可见他对《中山丛书》的重视程度。8月，朱鄂基又开始阅读与三民主义相关之书籍。例如，9日，他"阅中山《民权主义》，摘其要旨录之"。11日，"再阅中山《民生主义》"。②朱鄂基多次"重阅"与三民主义相关的书籍，表明他已经做好迎接新生政权的心理准备。

黄尊三也开始关注三民主义。1927年8月17日，黄尊三至市场买《三民主义》一册。此后，他连日阅读《三民主义》，并认为"中山先生不主张为个人之自由平等而牺牲国家，主张牺牲个人之自由保全国家"的见解"甚是"。③

与其他几位读者相比，知识青年张泰荣阅读三民主义的相关书籍较早。1925年9月，张泰荣就开始阅读孙中山的相关论著。29日，他阅《建国方略》，认为："即想见中山之为人，此后当静心的看下去，也须看他些微的模样！"12月5日，他阅《中山先生思想概要》，对孙中山为人表示钦佩："委实令人油然而起仰慕伊为人之忱，一番刻苦精神，余当知所模范矣。"15日，他又阅《中山先生思想概要》之"上李鸿章书"，钦佩之情亦甚，并表示："真拜倒先生思想之缜密，爱国之热忱，为国家不可多得之人才也，惜乎已往矣。"25日，他读孙中山先生之《三民主义》，表示拜服孙中山："委实钦佩他识见之远大，步骤之妥当，恐欲中国之强盛，舍此而未由。我更拜服先生乃是救中国和普救全世界弱小国家之神人也。"④

1926年，张泰荣更加频繁地阅读三民主义相关书籍。1月27日，张泰荣阅读《建国方略》"行易知难篇"之第二、三、四、五、六章，认为"甚矣，他之深于研究也"。3月10日，他继续阅读《建国方略》"实业"第一、第二

---

① 朱鄂基著，朱炯整理：《朱鄂生日记》（第3册），凤凰出版社2021年版，第863、864、864—865、865、866、867、868—871、872页。
② 朱鄂基著，朱炯整理：《朱鄂生日记》（第3册），凤凰出版社2021年版，第881页。
③ 黄尊三著，谭徐锋整理：《黄尊三日记》（下册），凤凰出版社2019年版，第641、642页。
④ 奉化市档案馆编：《张泰荣日记》（第1卷），宁波出版社2015年版，第208、218、220、221页。

计划，并表示更加"佩服先生学问之宏，思想之富，一生之脑汁精神，尽留纸上，欲中国之富强，实合先生之方略而末由。伟哉先生！宜其举国崇拜，名振全球也"。① 可以看出，张泰荣早期阅读三民主义时，仍停留在对孙中山个人人格魅力之仰慕的层面，并未上升到付诸实践这一层面。

当北伐战争行进至江浙地区时，张泰荣已将三民主义应用于基层党治之实践中。1927 年 1 月 27 日，他阅《三民主义》《建国方略》，认为"救国之心，于兹益切"。28 日，他又埋首于《三民主义》一书，认为"大有心得，惟望从早能实现也"。31 日，他披阅《建国方略》，感"总理之功，诚伟矣大矣"。2 月 1 日，他于灯下读《建国方略》，表示"一腔热血，愿奋斗以至毕生也"。2 日，他阅完《建国方略》"之一"，表示"中山先生之精神，真足取法，要当勉力效之也"。3 日，他表示"中山先生之眼光及调查之真确"，并且"颇有意从事于是项之救济也"。4 月 6 日，他阅《全国代表大会宣言》《中山全书》等，表示"颇不寂寞，且稍有进益"。7 日，他阅《中山演讲集》一百二十余页，表示"大都对于军人训练、建筑广西道路、造成新国家诸标题材料"，并认为这些材料"均深有学理根据及研究所得之精华，阅毕洵为有益"。11 日，他又阅《中山先生丛书》，表示孙中山"一生精血，尽在乎此，足以阐发新思想"。② 此后，他将孙中山的国家治理理念应用于奉化的基层党治中。

投笔从戎的夏承焘在军中能够较为便利地阅读到孙中山及其相关的各类著述。他阅读了《三民主义》《孙文学说》《国民讲演集》等书籍，对于"世变日亟"的社会风气极为厌恶，在日记中表达了极度不满。他结合时局详加评论：

> 世变日亟，领袖群众者皆狂放少年，才识之无，能作白话文，阅《三民主义》一过者，即恃其利吻长喙，高呼打倒口号，攫得要津，拔茅连茹，肆行无忌。革命党中前辈，年事逾三十者半在被排之列。近

---

① 奉化市档案馆编：《张泰荣日记》（第 1 卷），宁波出版社 2015 年版，第 226、241 页。
② 奉化市档案馆编：《张泰荣日记》（第 1 卷），宁波出版社 2015 年版，第 290、298、307 页。

日如蔡孑民、蒋中正、张静江辈皆已惴惴不安其位。胡适之三四年前一崭新人物,今已有人以其不满冯玉祥驱逐溥仪出宫,指斥为复辟派,其他更无论已。士不悦学,初中未卒业即出于地方行政。中国旧文学固久已不知为何物,西土新科学亦在所吐弃。放言妄论,薄书呆子如非人类,甚至揭打倒知识阶级口号相号召。如所言,必返于茹毛饮血始为真文明,较前年广东学生唱打倒国粹者更不成话。狂飙骇浪,致全国人心理皇皇[里惶惶],莫知适从。孙中山曩倡三民主义,尚甚重中国旧道德,谓孝悌、忠信、和平及《大学》致知格物、正心修身可以救亡,后生奉行,乃反其说。中山有灵,当抱恸九原。历览史传,纷乱之世,社会尽失常态,未有如今日之甚。以此辈乳臭小生而能经纶国是,吾必不信。①

军中的所见所闻和三民主义所倡导的社会风气,都使夏承焘产生反感情绪。于是,他毅然决然地结束军旅生涯,重返教职岗位,并表示以后将以教师作为终生职志。

七、继续北伐与读者感想

1927年4月18日,南京国民政府成立,与武汉国民政府分庭抗礼。"七一五"反革命政变后,宁汉合流,武汉国民政府与南京国民政府合并,成立了统一的南京国民政府。南京国民政府成立后,宣布继续北伐,争取消灭孙传芳、张作霖的势力,实现全国统一。对于读者而言,南北纷争不断,带给中国的依然是动荡不堪。

对于如何解决复杂的国内时局,郑孝胥在日记中提到"国际共管"这一设想。1927年6月10日,他摘录《天津日日新闻》中《英人提倡共管中国》一文:

---

① 夏承焘著,吴蓓主编:《夏承焘日记全编》(第3册),浙江古籍出版社2021年版,第1570页。

据政界某要人表示意见，谓中国现局日形纠纷，旅华外观察家曾留心考察一切，以为中国人民须候长久时期方能解决内部纠纷。外国如欲作军事的或外交的干涉以解决中国时局问题，乃不可能之事。其唯一方法只有组织国际共管中国委员会，由英、美、法、日、德、意六国各派代表一名为该会委员，以完全管理中国境内之军事。各委员之任期为三年，期内担任完全责任。首先，由各国代筹二百五十兆元以为行政经费。外交家或政客不得充当委员，委员人才须与美国商部长贺华氏相仿佛。此外，又组织对该委员会负责之中外混合委员会，使中国人得在上述之会内受训练。①

虽有"共管"之说，但未有停战之势。18日，郑孝胥读报后记载："孙传芳、张宗昌、吴俊升、张作相、褚玉璞、张学良、韩麟春、汤玉麟联名发'铣'通电，公推张作霖为海陆军大元帅，以今日午后三时就职。宪法、约法皆废除，共和民国以今日亡。"7月2日，报载"鲁军稍胜"。7日，他阅报得知孙传芳部下彭德铨、周荫人所部陈以桑"皆降南军"。8日，报载鲁军与青岛司令祝祥本"夹攻"陈以桑，陈败，"将退至海州"。8月16日，他得知蒋介石"通电下野"，其党胡汉民、张静江、蔡元培、吴稚晖、黄郛等"皆去"，南北方皆有"政争之变"，似乎会实现郑孝胥所言"大势必趋于共管矣"。②

王伯祥也通过报刊继续关注北伐的进程。1927年8月27日，王伯祥阅报得知："孙传芳军昨晨渡江南袭，遮断宁、镇交通。只有镇江、无锡电而无南京电，谣言因以大起，里中迁徙者又相属于道矣。最可恨者，颇有身着戎装而坐车拥箱篮入租界之人也。"28日，他早起阅报所载前方新闻："渡江之孙军已无能为，惟宁、镇尚未通车，且仍不见南京电报耳。"29日，他阅报后

---

① 郑孝胥著，中国历史博物馆编，劳祖德整理：《郑孝胥日记》（第4册），中华书局1993年版，第2147—2148页。

② 郑孝胥著，中国历史博物馆编，劳祖德整理：《郑孝胥日记》（第4册），中华书局1993年版，第2149、2151、2155页。

第八章 大革命时期的时局变动、报刊阅读与读者心态

记载:"宁垣无线电,知尚无恙,然孙部尚背江顽抗,未能肃清南岸也。"他感叹:"值此百业凋残,乃复飘摇风雨,引领来日,诚不胜其殷忧矣。"①

进入9月,南北军战斗依然激烈。4日,有传闻称:"渤海舰队之海圻等舰前晚又来袭淞口,未得逞,昨午后四时许又用飞机驶探高昌庙一带,抛弹四枚,二落浦中,一炸,一未炸,幸未伤人。"21日,王伯祥读报后综述:"昨日改编三十一军郑绍虞部,分头在莘庄、戚墅堰、龙华等处由军委会派兵截缴枪械。沪杭、沪宁两路遂车阻不通。今日各报俱载此事,而《新闻报》则留一大空白,竟无只字及之。岂检查者撤之欤?但别报何以不撤也?"22日,他进一步知晓:"郑绍虞部缴械事已完毕,报已载其罪状,盖孙传芳渡江南袭时,伊曾密与勾连也。"此后,南北纷争依然不断。10月9日,他阅报得知:"二十六军易帅已定局,以陈焯继周凤岐,昨就职矣。沪上政状,或可苟安,何应钦当得从容入浙主政也。"10日,王伯祥记载最近所阅报刊有《新闻报》《申报》《时事新报》《商报》《民国日报》《时报》等,"《商报》无增刊,《时报》仅增图画,余俱有增刊若干张。然精彩绝鲜,不敌往年远甚也"。在他看来,南京国民政府的统治"年年今日,犹有点缀,不图国民政府统治之后翻不增盛如是乎!"②

符璋对南京国民政府继续北伐一事亦有所关注。1927年6月7日,他阅报后综述新闻:"徐州以南无北军,奉军由河南退河北。唐生智已占郑州,冯玉祥已至洛阳,北京恐慌,要人多移眷入交民巷,租一椽小屋,月须千金。逊帝与后亦入日界屋。王国维在颐和园投河自尽。"19日,报纸报道张作霖的新举措:"张作霖谓改称革命军,悬青天白日旗,虽粉骨碎身亦做不到。三民主义当加入'民德'为'四民'。孙、张均到京会议,仍主战,将改组内阁。"20日,报纸又称"张作霖于十八日下午二时在居仁堂就海陆军大元帅职"。24日,他了解到"帅府设秘书、参议两厅,外交、

---

① 王伯祥著,张廷银、刘应梅整理:《王伯祥日记》(第2册),中华书局2020年版,第602、603页。
② 王伯祥著,张廷银、刘应梅整理:《王伯祥日记》(第2册),中华书局2020年版,第605、611、612、618、619页。

庶务、收支、指挥、承宣、监印、编译、侍从等八处。内阁秘书改名秘书丞，参事改为都事，佥、主以下添司务"。① 张作霖的动向对国内局势有着重要影响。

重返教职岗位的夏承焘也时刻留心战争的最新情况。1927年5月21日，他阅《申报》得知"日兵已有二千人至青岛，开向济南，扬言保护日侨"。6月1日，他阅《申报》后记载："奉鲁军败，日本欲出兵山东挠阻党军，其元老院则极反对。"他认为："彼邦之厌恶军阀殆与我同。天之所坏，不可支也，不过时日后先耳。拭目俟之。"8日，新闻称："奉张将被杨宇霆等将帅逼拶下野，北伐军已抵山东各省，反对日本出兵山东甚烈。"10月12日，他阅报了解："阎锡山与奉军已交绥于京绥、京汉路线，冯玉祥在郑如不早动，晋恐不支。"22日，他阅报进一步知晓："晋、奉交绥已数日，晋电南京政府，谓商震军已围攻北京，南军渡江北伐者甚多。"同时，在沪宁之争中失利的唐生智"勾结张作霖图北伐军后路，此出意外者"，故"国府褫其军职"。11月5日，夏承焘阅《申报》，进一步了解冯晋与奉系之间的大战："涿州晋、奉战事极烈，晋阎五路出兵窥京津，三路是便衣军，以发动不一致，奉军得反攻正定，否则一举下省隶矣。豫冯如不急进，晋恐不支。"18日，他阅报后记载："唐生智败，已遁日本，汉口已下。奉军五次攻涿州，晋军尚坚守城中，尸积八九尺。"此后，国民革命军节节胜利，为赢得形式上的统一奠定了基础。留心时政的夏承焘认为"自惟执教为予正业，不可见异思迁"，② 从而最终确立了以教师为终生职业的目标。

北伐的首期目标在于解决直系军阀在南方的统治，当直系被打败后，奉系成为北伐的下一个目标。卞白眉重点关注国民革命军与奉系作战的新闻。1927年6月2日，他得知山东境局势"颇紧"，还有张学良"失踪说"的传言。11日，新闻称"张宗昌、孙传芳进京"。17日，他阅报后记载："张作霖

---

① 符璋著，温州市图书馆编，陈光熙点校：《符璋日记》（下册），中华书局2018年版，第1077、1079、1080页。

② 夏承焘著，吴蓓主编：《夏承焘日记全编》（第3册），浙江古籍出版社2021年版，第1605、1606、1611、1662、1666、1667、1680、1691、1700页。

第八章 大革命时期的时局变动、报刊阅读与读者心态

将作大元帅,有潘复组阁说。"26日,他关注报纸所载张作霖通电,称"认孙中山为老友,不反对三民主义"。① 但是,山西军阀阎锡山通电讨伐奉系,一场激战即将爆发。9月30日,他阅报得知"奉、晋有冲突之势",乃至"京中人心颇慌"。10月1日,新闻报道"奉、晋决裂局势已成"。3日,报纸新闻登载张作霖下令讨伐阎锡山、张宗昌,"张入京过津"。6日,卞白眉阅报了解到奉军"势颇不振,士气甚馁,有保定不守说"。②

林荣较为留意南北之争后期的动向,记载了不少相关新闻。例如,1927年5月7日,他读报后得知奉军和国民革命军"在确山以北发生战事",唐生智部"战败"。10日,新闻称蒋介石"开军事会议","决行北伐,分三路:一、由浦口津浦沿线;二、由镇江向扬州;三、由芜湖、安庆向安徽北部"。15日,他阅报知张作霖"定日内南下视察各处","预定由京汉路南行,先至石家庄,会晤阎锡山,次由郑州转陇海路往开封,巡视军政情况,再赴徐州,俟与张宗昌、孙传芳会商后,即由津浦路北上返京"。16日,新闻报道称蒋介石"下总攻击令",北伐军"开进长江北岸"。30日,他阅日报知奉军和北伐军"在汝南方面激战"。6月17日,他阅日报知张作霖"发表讨赤通电",讨伐国民革命军。19日,又有张作霖就任"海陆军大元帅"的新闻。③ 这些新闻事关北伐进程,他予以摘录,以表达关切之意。

南京国民政府成立后,蒋介石宣布继续北伐。黄尊三对相关新闻多有记载。1927年5月30日,他得知"奉张令奉吉黑各军,三日内集中锦州援鲁"。6月2日,他阅报得知"奉军移防正定,党军暂止徐州",双方对峙。12日,他读报后记载:"蒋介石提议张作霖下野,取消安国军名称,改称国民革命军,服从三民主义,奉拒绝之。"14日,他得知前方新闻:"北伐军次取山东,已占海州,郑州会议,以河南与冯。"16日,新闻称"吴佩孚进窥武汉,

---

① 卞白眉著,中国人民政治协商会议天津市委员会文史资料委员会编:《卞白眉日记》(第1卷),天津古籍出版社2008年版,第446、447、448页。
② 卞白眉著,中国人民政治协商会议天津市委员会文史资料委员会编:《卞白眉日记》(第1卷),天津古籍出版社2008年版,第459、460页。
③ 林荣:《潞生日记》,王建朗、马忠文主编:《近代史研究所藏稿钞本日记丛刊》(第80册),国家图书馆出版社2020年影印本,第26、39—40、60、64、135、194、203页。

冯决由郑南下讨之,并枪决田维勤"。18 日,他读报后得知"张作霖经孙传芳等推戴,今日就海陆军大元帅职"。27 日,他了解到"张作霖本日迁居新华宫,张通电认三民主义为友,并下和平革新令"。①

张作霖虽然名义上承认三民主义,但实际上想和南京国民政府分庭抗礼。9 月 4 日,黄尊三概述"孙传芳渡江之兵,尽葬鱼腹"。30 日,他知奉晋两军对抗,"已在石家庄附近开火,从此北数省又多事也"。10 月 3 日,他下午阅报得知"张作霖通电讨阎"。但此后,奉军节节败退。6 日,他读报后择要记载:"西路方面,奉军大败,势甚难支,人心恐慌。"11 月 19 日,报载:"奉军猛攻涿州城,死伤人民,焚毁房屋无数,痛哉涿民,是谁之咎?"他读后认为,自战祸发动,人民除直接受兵祸外,经济上之影响,更为重大,"北方因赋税之烦苛,逃兵之跋扈,产业亦陷于衰颓,南北相较,其祸唯均"。12 月 18 日,他阅报后得知"何应钦占徐州,北军退韩庄,徐州争夺战,至此告一段落,一进一退之间,人民之死亡损失,不知几许"。② 此类描述,反映了战乱给民众带来的深重灾难。

老迈的刘大鹏对吴佩孚、张作霖的"好感"并没有带来预想的结果,时局反而变得危殆。1927 年 6 月 5 日,他记载当日见闻:"省城各机关业于端午前一日悬挂青天白日旗,显示附入国民党,大反奉军。"7 日,他得知阎锡山加入国民革命军的消息:"吾晋先改督办为晋绥总司令,本月初四又改晋绥陆军为国民革命军。"一向反对国民党的他,却没有评论此事。11 日,他记载晋省归入国民革命军的消息:"山西变政,将省长取消,全省政务均由国民革命军北方总司令兼管。所有晋北镇守使、晋南镇守使、冀宁道尹、河东道尹、雁门道尹全行裁撤,政务厅改为秘书厅,警察处改为民政厅,审判厅改为司法厅。……"③ 山西在名义上已归从南京国民政府。

---

① 黄尊三著,谭徐锋整理:《黄尊三日记》(下册),凤凰出版社 2019 年版,第 628、629、630、631、632 页。
② 黄尊三著,谭徐锋整理:《黄尊三日记》(下册),凤凰出版社 2019 年版,第 643、649、650、661、668 页。
③ 刘大鹏遗著,乔志强标注:《退想斋日记》,北京师范大学出版社 2020 年版,第 325、325—326、326 页。

第八章 大革命时期的时局变动、报刊阅读与读者心态

已病入膏肓的左绍佐也简略地记述了北伐的相关情况，他从战事给民间带来灾难的角度来解读这场战争。1927年4月17日，他总结："南方兵事之棘，民不聊生。"此后，他记载了北军失败的相关情况。5月18日，他评论道："孙鲁皆败，蒋氏声势日益浩大，时局未可知。"25日，他记载奉系失败的消息："张宗昌败，战线至徐州。张学良败，战线至郑州。其消息皆恶。"6月24日，报纸又有"冯玉祥、蒋中正、阎锡山皆有攻击奉张之说"。对此，他颇为沮丧地写道："此间恐非乐土。"① 此后，因疾病缠身，他较少读报，最终于1928年去世。

担任北京师范大学校长的徐旭生在这一时期正带着西北科学考察团在西北考察，他主要通过阅读《华北明星报》了解奉系如何应对北伐的消息。1927年6月25日，他阅《华北明星报》，着重了解"张作霖自为大元帅，命潘复组阁；南军已入山东南境"的消息。30日，他收到数天前的《顺天时报》，读后总结："时局尚无大变化，不过潘复组阁已成，教育总长为刘哲等事。"7月18日，他又阅《华北明星报》，读后写道："无何大事，惟有徐州会议，南京派对于武汉主张用武力解决，冯派不赞成，主张左右联合。"28日，他借来《华北明星报》数份，摘录多条重要新闻："奉军退至顺德，冯军进至彰德；山东方面则南军退至山东江苏界上；南京、山西、奉天正在谈和，主要的条件，为各守防地，三方合力对付武汉的共产党，奉天承认三民主义，并允许国民党在境内设立等类。……"他读后分析："大约武汉政府势力日渐缩小，俄人已全解职，蒋介石意欲先解决武汉，后图大局，是为事实。"8月7日，他又借阅《华北明星报》，归纳道："无甚要事。大约南北京和议不成，南京并宣言议和系谣传，绝无其事。何健［键］在武汉驱逐共产党事似真，然又有人谓共产党与俄人全聚在张发奎军中，系一种策略，谋与蒋介石血战。"② 在非常艰苦的条件下，他依然通过《华北明星报》了解时局，可以看出他对北伐的关心与关注。

---

① 左绍佐：《左绍佐日记》，湖北省图书馆编：《湖北省图书馆藏稿本日记四种》（第36册），国家图书馆出版社2021年影印本，第471、524、529、567页。
② 徐旭生：《徐旭生文集》（第8册），中华书局2021年版，第250、252、258、264—265、272页。

小　结

　　1924—1927 年通常被认为是"北洋体系的崩溃与南方新势力的兴起"的年代，"有道伐无道"成为这一时期的特征。① 对于波谲云诡的时局和纷争不断的社会，读者近距离接触社会的方式便是阅读报刊，可以说，"报纸是一种群体的自白形式，他提供群体参与的机会。报纸可以给事件抹上一层偏见的色彩，因为它既可以借用事件也可以完全不借用事件。然而，正是由于将许多新闻和事件并列于报端使公众每天耳濡目染，才使报纸具有令人感兴趣的多重性的广阔范围"。② 处于不同时空的读者通过报刊，拉近与新闻事件的距离，对时局有着深度观察和理解，对国家和社会的现实和未来进行深度思考。可以看到，这一时期重大新闻事件层出不穷，报纸新闻突出表现为"战乱"这一主题。从军阀混战到北伐战争，战事牵涉每个读者的神经，与他们的工作、生活和社交有着直接关联。读者出于个人经历、自身利益和政治立场等方面的原因，对内战的解读有一定差异。一些读者在阅读北洋军阀混战的新闻之后，新闻叙事有所不同，留下的新闻文本也有较大差异。但他们都认为军阀混战给中国带来了深重的灾难，人民财产损失严重，生命安全受到威胁。由此，北京政府的威信一步步丧失，从而形成了"无道"之现象，而南方军政体系的兴起，特别是国民革命军的节节胜利，让读者深入解读军政体系融为一体的国民党，进而形成了"有道"之现象。因此，"有道伐无道"是多数读者对国民党的认知。之后，国民党内部发生的分裂和纷争，又使读者开始怀疑南京国民政府是否真的可以解决军阀混战的问题，尤其是国民党右派对共产党的疯狂屠戮与军阀的所作所为并无差别。在寻求答案的过程中，读者将报刊作为理解政治变化的重要媒介和工具，他们的读报时分因此而充满

---

① 罗志田：《转折：1924—1926 年间北洋体系的崩溃与南方新势力的兴起》，《近代史研究》2011 年第 4 期，第 149—159 页，《"有道伐无道"的形成：北伐前夕南方的军事整合及南北攻守势易》，《中国社会科学》2003 年第 5 期，第 177—190 页。

② [加]马歇尔·麦克卢汉：《理解媒介——论人的延伸》，何道宽译，商务印书馆 2000 年版，第 256 页。

了政治追问和时代关切。从这个角度看,读者的所读所记所感,在很大程度上受到战乱的影响。报纸是社会的"容器",不同读者都可以从中获取新闻资源,他们对新闻的认知和运用与变幻莫测的时局相关,也与个体的需求、理解和想象密切相关。

第九章

读者、报刊与政治的联动:《向导》的阅读史

1921年7月23日,中国共产党在上海成立。作为一个新成立的政党,发行刊物是宣传其政治主张、聚合党内力量、扩大社会影响的重要方式。中国共产党也不例外。中共一大通过的《中国共产党第一个决议》就针对宣传问题作了专门的规定:"一切书籍、日报、标语和传单的出版工作,均应受中央执行委员会或临时中央执行委员会的监督。""每个地方组织均有权出版地方的通报、日报、周刊、传单和通告。不论中央或地方出版的一切出版物,其出版工作均应受党员的领导。""任何出版物,无论是中央的或地方的,均不得刊登违背党的原则、政策和决议的文章。"[1] 可见,中国共产党早期就将宣传工作摆在特别突出的地位,因此,如何利用报刊宣传党的主张也就成为新生的中国共产党的重要议题。其中,《向导》作为中国共产党早期的宣传刊物之一,是中共中央第一份政治机关报,对研究"中国共产党早期历史和党的创建及大革命时期历史"提供了"宝贵而系统的资料"。[2]

近年来,阅读史成为学术界的热点之一,关于革命的阅读史成为中国共

---

[1] 《中国共产党第一个决议》,中共中央党史研究室、中央档案馆编:《中国共产党第一次全国代表大会档案文献选编》,中共党史出版社2015年版,第7页。

[2] 蔡铭泽:《〈向导〉周报研究》,福建人民出版社2004年版,第14页。

产党革命史研究的十大议题之一。① 革命的阅读史主要从两个方面来考量并涌现出一系列成果：一是马克思主义经典文献的阅读史，二是党报党刊的阅读史。在党报党刊阅读史方面，学者主要缕析中央苏区时期的《红色中华》、延安时期的《晋察冀日报》《新华日报》《解放日报》等党报党刊阅读史。② 中共中央第一份政治机关报《向导》的阅读史研究付诸阙如。本章尝试从读者主体的角度分析《向导》的传播和社会影响。

第一节 《向导》的问世、出版与发行

1922年9月13日，《向导》周报在上海创刊。陈独秀撰写《本报宣言》发刊词，希望以"统一、和平、自由、独立"四个标语呼号于国民之前。③《向导》总发行所设在上海老西门肇浜路兰发里三号，分售处有广州昌兴马路二十八号、上海亚东图书馆、北京国立大学出版部、长沙文化书社等。④《向导》早期发行量应在一千份左右，⑤ 后来，发行量"增加到三万份"。⑥ 伴随发行量的增加，其社会影响随之扩大。在1923年12月北京大学成立25周年纪念日举行的民意测评中，《向导》周报获得220票，名列全国周刊第一名。⑦

---

① 张智超、邓红：《新文化史视域下中共革命史研究的十大议题》，《中共党史研究》2023年第4期，第131—133页。
② 林绪武、管西荣：《苏区的公共阅读建构——以〈红色中华〉的大众阅读为例》，《人文杂志》2021年第2期，第103—112页；李金铮：《读者与报纸、党政军的联动：〈晋察冀日报〉的阅读史》，《近代史研究》2018年第4期，第4—25页；董昊、王建华：《发行、阅读与编读互动：重庆〈新华日报〉的阅读史》，《新闻与传播研究》2021年第12期，第21—37页；李丹：《从阅读史的角度考察〈解放日报〉改版后与读者的关系》，《新闻记者》2022年第8期，第59—70页。
③ 《本报宣言》，《向导》第1期，1922年9月13日，第2页。
④ 《向导》第1期，1922年9月13日，第1页。
⑤ 关于《向导》周报早期发行量，学者有不同的看法。方汉奇、张之华认为是两三千份，蔡和森自己坦言是三千份，负责发行的徐梅坤认为是一千份左右。徐梅坤负责《向导》周报的发行，他的说法应较为可信，因此，本书采用徐梅坤之说。参见肖甡、姜华宣整理：《徐梅坤回忆〈向导〉的出版发行情况》，中国社会科学院近代史研究所：《"二大"和"三大"：中国共产党第二、三次代表大会资料选编》，中国社会科学出版社1985年版，第669页。
⑥ 中共中央党史研究室第一研究部译：《共产国际、联共（布）与中国革命档案资料丛书》（第1卷），北京图书馆出版社1997年版，第736页。
⑦ 方汉奇、张之华主编：《中国新闻事业简史》（第2版），中国人民大学出版社1995年版，第208页。

可见，《向导》已广受社会关注。

《向导》周报的发展并非一帆风顺。为提高《向导》发行量，编辑同人采取"降价""团购打折""批量销售优惠""代销"等多种形式。① 发行初期，《向导》多次调整定价。《向导》第1期定价"每份连邮费大洋三分，以后有增刊不另加价"。② 到第4期就发生了变化："零售每份铜元四枚，半年大洋七角，全年大洋一元三角。"③《向导》第7期甚至推出了团购优惠："本报为便利工人及学生起见，凡经工人团体和学生团体之介绍，直接向本报定阅全年或半年者，概照定价七折。"④ 至第15期，《向导》同人刊发《敬告本报读者》一文，希望读者诸君"赞助"《向导》，并提出了四个理由："《向导》有一种不可磨灭的价值""《向导》是中国共产党的政治机关报""敌人压迫本报""本报是有组织的活动的表征"。⑤《向导》对每一条理由分而述之。

至于行之有效的赞助办法，《向导》认为要从以下三个方面入手：

（一）以金钱捐助本报。如有捐助本报金钱者，以三分邮票起码，寄交发行通讯处。本报接到钱或邮票后，即发一收据；如在相当期间之后，没有接到收据，即请来函质问。

（二）请直接向发行通讯处定阅本报。长江流域和珠江流域各省向上海发行通讯处定阅；黄河流域和关外各省向北京发行通讯处定阅。

（三）为本报宣传，务使本报销路推广，定阅人数增加，并自动的劝人捐助本报。⑥

此后，《向导》周报多次调整价格。例如，第34期打出"全年大洋一元

---

① 徐方平：《蔡和森与〈向导〉周报》，中国社会科学出版社2006年版，第68页。
② 《定价》，《向导》第1期，1922年9月13日，第1页。
③ 《定价》，《向导》第4期，1922年10月4日，第1页。
④ 《本报启事》，《向导》第7期，1922年10月25日，第8页。
⑤ 《敬告本报读者》，《向导》第15期，1922年12月27日，第8页。
⑥ 《敬告本报读者》，《向导》第15期，1922年12月27日，第8页。

第九章 读者、报刊与政治的联动:《向导》的阅读史

二角"的广告。① 第 71 期更是打出了"国内一元寄足四十期,国外一元寄足二十五期"的优惠价。② 为尽量盈利,《向导》周报同人决定将《向导》第 1—50 期汇集成刊,"每本实售大洋一元五角"。③ 第 93 期又打出广告,出版第一集第三版,"预约每集只收大洋一元",并且决议将第 51—100 期作第二集汇集出刊。不仅如此,《向导》仍大幅度地降价:"订阅国内一元寄足六十期,国外寄足三十五期,邮费均在内。"此外,还实行"代销"等措施:"凡介绍定阅本报五份(六十期为一份)以上者,赠阅本报十五期,十份以上者,赠阅三十期,二十份以上者,赠阅四十期,五十份以上者,赠阅一百期。""特别优待,每份大洋二分,三百份以内五折,[三]百份以上四折,寄费在内。"④ 可见,《向导》同人深谙销售之道。通过不断降价优惠与打折,扩大其销售网络,对拓展市场起到了重要作用。

《向导》还在其他报刊上登载广告,以便能够获得更多读者的关注。《向导》先后在《民国日报》《中国青年》《中国工人》上刊载广告。1922 年 9 月 14 日,《向导》在《民国日报》上刊载广告,称:"本周报每星期三出版,第一期目录如下:本报宣言(本报同人)、联省自治与中国政象(独秀)、统一借债与国民党(和森)、日本政党改造之趋势(李达),每份售洋三分,邮费在内。总发行所在本埠老西门肇浜路兰发里三号,分售处上海亚东图书馆、北京大学出版部、长沙化文书社、广州昌兴马路念八号本报分售所。此白。"⑤ 10 月 4 日,《向导》第 3 期广告在《民国日报》上登出。⑥ 18 日,《向导》登载迁移地址广告,表示将发行所从上海迁往北京。⑦ 此后,《民国日报》多次登载《向导》广告。《中国青年》《中国工人》与《向导》相互宣传,互相刊载广告。

---

① 《定价》,《向导》第 34 期,1923 年 8 月 1 日,第 1 页。
② 《定价》,《向导》第 71 期,1924 年 6 月 18 日,第 1 页。
③ 《向导》第 57 期,1924 年 3 月 19 日,第 8 页。
④ 《本报启事》,《向导》第 93 期,1924 年 12 月 3 日,第 8 页。
⑤ 《向导周报出版》,《民国日报》1922 年 9 月 14 日,第 2 版。
⑥ 《向导周报》,《民国日报》1922 年 10 月 4 日,第 12 版。
⑦ 《向导周报迁移广告》,《民国日报》1922 年 10 月 18 日,第 2 版。

《向导》的发行区域较为广泛，覆盖全国，乃至国外的安南、巴黎、东京、柏林等地。从重点发行区域看，《向导》创刊之初，发行代售处仅有广州、上海、北京、长沙等地，自第 4 期始已扩增到武昌、太原、济南、南京、成都等地，第 7 期时杭州已有代售处，第 14 期时已扩至香港，第 26 期时巴黎中国书报社代售《向导》周报。随着代售处的增多，《向导》的发行量越来越大，最高达到三万份，以至蔡和森雄心勃勃地指出《向导》"轻而易举地就可增加到十万份"。① 《向导》同人不仅利用代售处发行《向导》，还将零售作为发行方式之一。《向导》同人鼓励个人代售《向导》。杭州一位叫徐洁身的印刷工人，以卖《向导》为生，最后当了《向导》的个体推销员。②

第二节 《读者之声》的设置及其评价

一、《读者之声》的设置

《向导》设有《读者之声》专栏，主要刊登读者来信，听取读者的意见、建议与评价。从读者来信看，学生投稿最多。虽然《向导》面对的读者主要是学界、工人界、农界，但从读者来信的职业构成来看，学生读者较为关注，因而投稿较多，工人投稿较少，农民几乎没有。这可以从青年团广州地委的一项报告中略见一二。1925 年 4 月，青年团广州地委的报告指出，《向导》"在广州只知识者看，一般工农群众一因国语白话，二因意义深奥，很少看得明白"。③

从《读者之声》专栏的设置来看，《向导》十分重视听取读者意见。《向导》周报第 3 期、第 4 期连续以"本报启事"欢迎读者诸君"对于本报的主张如赐批评，不论赞成反对一概在本报发表"。④ 《向导》周报总共发行 201

---

① 中共中央党史研究室第一研究部译：《共产国际、联共（布）与中国革命档案资料丛书》（第 1 卷），北京图书馆出版社 1997 年版，第 736 页。
② 徐方平：《蔡和森与〈向导〉周报》，中国社会科学出版社 2006 年版，第 68 页。
③ 广东省档案馆、广东青运史研究委员会编：《广东青年运动历史资料》（第 1 册），广东省档案馆 1986 年版，第 412 页。
④ 《本报启事》，《向导》第 3 期，1922 年 9 月 27 日，第 8 页；《本报启事》，《向导》第 4 期，1922 年 10 月 4 日，第 8 页。

第九章 读者、报刊与政治的联动:《向导》的阅读史

期,其中,《读者之声》文章有 116 篇。兹将第一集至第五集中每一集《读者之声》文章的篇数列表如下。

表 9-1 《读者之声》篇数列表①

集　数	第一集	第二集	第三集	第四集	第五集	合计
篇数(篇)	48	23	10	19	16	116

从表 9-1 可以看出,早期《读者之声》篇幅较多,占《向导》总发表文章数的比重较大。这一时期也是《向导》"论政"较频繁的时期,很可能与主编有关。根据蔡铭泽的研究,《向导》周报的主编依次为蔡和森、彭述之、瞿秋白,而陈独秀自始至终是《向导》"相依之一人"。② 陈独秀对来自读者的意见和建议情有独钟,不管是《甲寅》还是《新青年》,"读者栏"始终相伴如一,《向导》也不例外。至于《读者之声》的多寡,可能与主编有关。《向导》早期主编蔡和森较在意读者的地位,因此,彼时的《向导》中《读者之声》篇数较多。彭述之继蔡和森之后担任主编,《读者之声》篇幅大量减少。瞿秋白时期的《向导》,《读者之声》的篇幅又开始增多。

二、读者对《向导》的评价

对《读者之声》进行细致的考察,或许能窥探读者与《向导》之间的互动关系。作为中国共产党的机关报,读者对《向导》充满期待。《向导》周报在发表了欢迎读者批评的《本报启事》后,收到的第一封来信是来自广州的一名叫陈复的读者。他对《向导》周报的"主张非常赞成",相信《向导》是"四百兆同胞的救命符",皆因《向导》提出的打倒帝国主义和国内军阀的主张能够使国人过上"人的生活",《向导》能够让国民"赶快起来实行革命运动,打倒一切封建式的军阀,夺得一切政权,创造真正的民国。然后联

---

① 《向导》出版分为五集,第一集为第 1—50 期,第二集为第 51—100 期,第三集为第 101—150 期,第四集为第 151—175 期,第五集为第 176—201 期。
② 蔡铭泽:《〈向导〉周报研究》,福建人民出版社 2004 年版,第 17—19 页。

合全世界被压迫的民族,来推倒国际资本主义,瞧着共产主义的路做去",我们才有"幸福可言",才能够过"人的生活"。① 从陈复来信中的马克思主义观念可以推测,他应该阅读过《共产党宣言》之类的马克思主义读物,言语中打下了深刻的马克思主义烙印。从这个角度来看,马克思主义在中国的早期传播在像陈复这样的读者身上产生了一定的影响。

一些读者将《向导》视为指明灯。湖南省立第三师范学校的学生晓晴将《向导》周报喻为"把一般醉生梦死的人们警醒"的"木铎",认为《向导》"不遗余力的攻击恶社会,终究有赤色的革命底成功"。其中,晓晴对高君宇和春默合著的《介绍一篇国民革命的纲领》一文大加赞赏,认为"《介绍一篇国民革命的纲领》是最好没有的文章了","确实可以供我们的参考和采取"。② 可见,中国共产党提出的反对帝国主义和军阀混战的宣传已开始受到读者的关注并产生影响,革命的意识开始在读者身上逐渐形成。

不少读者深受《向导》政治立场和思想宣传的影响,在信中多谈及该刊的作用、价值和地位。例如,湖南常德的师范学生宋先礼致信高君宇,称赞《向导》"竟能任这黑暗的中国,给人民一个很光亮的道路","全国人民没有一个不欢迎、不庆祝",表明《向导》周报"反对帝国主义和国内军阀割据"的主旨宣传在读者心中留下了深刻的印象。③ 长沙的读者 LM 认为,《向导》是"中华民族底福音"。LM 每读《向导》,"即滚滚地沸腾着革命的热血,红红的燃烧着爱民众的真心"。④ 湖北黄梅的李子芬和 LM 有相同的看法,认为《向导》是"中国无产阶级的福音"。《向导》"所指导的方向是万分正确而剀切的",编辑同人们所进行的工作是"二千年来历史上破天荒的荣誉作业"。他希望共产党做两个方面的工作:"(一)大规模的思想界消毒运动;(二)大规模乡村共产主义运动。"对于李子芬的言论,陈独秀认为:"大规模的思想界消毒运动"是"现代青年的当头棒喝,真是一针见血的话";对于"大规

---

① 《读者之声》,《向导》第 7 期,1922 年 10 月 25 日,第 8 页。
② 《读者之声》,《向导》第 12 期,1922 年 12 月 6 日,第 8 页。
③ 《读者之声》,《向导》第 13 期,1922 年 12 月 23 日,第 7—8 页。
④ 《读者之声》,《向导》第 26 期,1923 年 5 月 23 日,第 8 页。

模乡村共产主义运动",他却不敢苟同,皆因"共产主义运动须以工厂工人为主力军",在乡村适合于"国民运动",并且"国民运动是中国目前所急紧所可能的工作,只有国民运动能打倒军阀,开辟我们共产运动的途径"。① 广州读者曾国光称《向导》"真是一丝的曙光",希望《向导》周报的诸先生"不断地奋斗",从而令"群众渐渐地苏醒起来,团结起来的可能,或发动的准备"。② 香港的伟仁对《向导》推行的国民革命运动深表赞同。针对社会上出现的各类层出不穷的救国理念,他认为只有"集合全国商人工人学生农民等国民代表会议,开始进行国民革命运动"才是拯救中国的唯一办法。③ 喜子认为,《向导》是"黑暗的中国的一颗明星,实是引导一班被压在帝国主义和军阀之下的人向光明路上走的一盏明灯,实是真正能够解放一班被压迫的人们的言论"。他希望《向导》多刊载关于国际国内反帝国主义的消息。对此,《向导》记者认为喜子的来信"所言甚是",采纳了喜子的建议并希望他多多投稿。④

一些读者对《向导》提出中肯的建议,并期待《向导》能够更切实地指导革命工作。例如,德连认为《向导》有着"谋解除民众痛苦最热烈,并得民众最信仰的言论",希望《向导》"严厉的批评,切实的指教",对革命工作中最需要者"热烈的主张,严厉的敦促",务使解除"民众目前的痛苦",使民众信仰"革命政府",巩固"革命政府的基础",实现"打倒帝国主义打倒军阀"的革命任务,"完成国民革命的工作"。⑤ 广东兵工厂的工人认为《向导》是"国民革命的导师""工人阶级的喉舌",希望《向导》登载《马超俊在兵工厂之十罪状》。⑥ 这些来信体现了读者的阅读观感和内心需求。

《向导》除获得国内读者的赞许,还收到国外读者的赞颂。远在德国的叔

---

① 《读者之声》,《向导》第34期,1923年8月1日,第6页。
② 《读者之声》,《向导》第27期,1923年5月30日,第6页。
③ 《读者之声》,《向导》第33期,1923年7月18日,第8页。
④ 《我们应注意反帝国主义运动的消息》,《读者之声》,《向导》第121期,1925年7月16日,第8页。
⑤ 《国民政府与广东革命民众》,《读者之声》,《向导》第175期,1926年10月12日,第15页。
⑥ 《来件照登》,《向导》第87期,1924年10月15日,第15—16页。

隐、潘明、语罕致信《向导》，称《向导》为"四万万蹍在国内外强盗脚下苦难同胞的赤卫军之先锋队"，并捐赠英金四磅，"聊助公等笔墨之资"。①《向导》的价值在读者的一篇篇《读者之声》中得以体现，成为"中共中央第一份政治机关报"的最好见证。

当《向导》遭到查禁时，读者深表同情。《向导》第95期登载了一则《本报启事》，通报上海通讯处遭巡捕搜查一事，希望本报同人和爱读本报诸君"一致的起来反对万恶的帝国主义与军阀，拥护全国的言论自由"。②随后，第96期《读者之声》刊登了南京读者夏梦生的来信，他希望国民"快起来反抗外国人摧残中国的言论自由"，"联合着来拥护中国人的言论出版的自由权，拥护这引导全国群众到自由之路的向导周报"。③当巡捕搜查《向导》上海通讯处一事发生后，读者马道甫虽"以未明真相故不敢置议"，但当他读完"何秉彝君上海通信"知晓此事的来龙去脉之后，他对《向导》表示同情，"早就料定帝国主义有此一着"，并认为"《向导》精神早已深入广大群众中间，经过这一着之后，中国人民愈能接受《向导》的'向导'，愈能联合起来作《向导》言论和行动的后盾"，因而需要强调，"反帝国主义的言论与行动是中国目前经济政治条件所必然造成的，并非检查《向导》通讯处，甚至于封闭了《向导》，所能够取缔得了"。④

除了众多赞扬《向导》周报的读者，也有一些读者向《向导》提出疑问，希望《向导》予以回答。此外，对于不同的批评意见，《向导》也予以登载。"加入国民党而同情于共产党"的南京学生梁由对《向导》周报上"所有的言论""十分赞成"。针对孙中山去世后的国民党左右分化和右派攻击"共产党及污蔑陈独秀先生的论调"，梁由极不赞成。对于"陈独秀秘密赴汉晤吴佩孚"之传言，梁由希望《向导》能予以回答。《向导》记者认为，国家主义者和国民党右派的造谣"出于情理之外"。关于"陈独秀秘密赴汉晤

---

① 《读者之声》，《向导》第25期，1923年5月16日，第8页。
② 《本报启事》，《向导》第95期，1924年12月17日，第8页。
③ 《读者之声》，《向导》第96期，1924年12月24日，第7—8页。
④ 《读者之声》，《向导》第97期，1924年12月31日，第8页。

吴佩孚"之传言,《向导》记者认为应"一笑置之,不值得郑重声明"。《向导》发表希望萧淑宇等改组派及西山会议派"歇手""别空费心力"的言论,只因《向导》的文字"完全根据事实立论"。①惠民以《社会革命成功以后》为题向《向导》发问,希望《向导》回答共产主义社会的图景是什么。《向导》记者希望惠民阅读《共产主义的ABC》,这样可以解答惠民的疑惑。②映胜在读了《向导》第160期上答倬云《革命的目的》后,"很觉正确"。但他因听了他人关于"革命的目的"的解释后,发觉同《向导》同人的解答"很不相合",对《向导》的回答"起了一种怀疑",故致函《向导》,将这几种解释告知《向导》同人,以求《向导》能给予答复。③安志成在阅读《中国共产党对于时局之主张》后,特意致函《向导》,指出曙光在《河北日报》上发表的《阅中国共产党对于时局之主张之批评》一文的错误之处:"你所主张的是无方法无目的的国民会议,中国共产党所主张的是有方法有目的的国民会议;你所主张的国民会议是毫无意义的不过供你作几篇文章赚几个大钱罢了,中国共产党所主张的国民会议是解决中国时局的不二法门。"他劝告曙光君"别在醉梦之中引以自豪了"。④

针对《向导》的不足之处,一些读者致信《向导》,希望《向导》有所革新。广州宏英学校的邓悲世认为《向导》"半注意在民主主义革命,社会主义革命反不甚积极",希望《向导》周报将"社会主义大革命"进行到底,"别再掩[偃]旗息鼓了"。《向导》将邓悲世的言论引为"同调",同时指出中国革命非经历民主革命而直接进行社会主义革命具有"浪漫"色彩,而"社会革命是不能靠这种浪漫方法成功的"。⑤ LM赞同《向导》有诸多优点,也认为《向导》有"小疵",即《向导》"只向着有成见有知识的一些不生产的及利害相反的人们说话,而不向着具有革命情绪且有潜势力的劳苦民众说话",建议《向导》须将"教导无产阶级的使命负起来,多印附张"。至于行

---

① 《读者之声》,《向导》第143期,1926年1月21日,第11—12页。
② 《读者之声》,《向导》第168期,1926年8月22日,第15页。
③ 《读者之声》,《向导》第177期,1926年11月4日,第14—15页。
④ 《读者之声》,《向导》第39期,1923年9月8日,第7页。
⑤ 《读者之声》,《向导》第34期,1923年8月1日,第7页。

之有效的方式，即遵循以下四点：

（一）纵横普遍的宣传共产主义及民治主义（文字要浅显易懂）；

（二）说明中国危弱之因，及今后改造之方；

（三）用刺激力大，感情色浓的词句说出被迫害人们之危殆悲惨，及所以致此之因与今后得到幸福之路；

（四）用简明而涵义广大的标语，向民众去呼号。

上述意见可以归纳为"用通俗的文字去纵横普遍宣传"。对此，《向导》同人回复，可以用"浅显的文字，向民众普遍宣传"，但"决不愿在本报上离开问题而谈主义"，"用简单的标语来煽动民众的愤恨心，这种名词运动断不能当作家常便饭"。① 读者冬原以家乡的情况为例，指出农民读不懂《向导》，皆因《向导》周报"文字太深了"，《向导》周报的"那些'列宁''马克思''实际''封建''军阀'他们确实看不懂，比较看得懂的，是'共产'两字"。冬原还认为《向导》周报"价钱太贵了""买也买不起"。他进而批评《向导》周报：是"希望资产阶级觉悟，让步，而尽量的给他们向导看呢"，还是"主张无产阶级起来革命而尽量的给他们向导看呢"？"既不瞎想帝国主义让步，却偏偏又要做要受过很好的教育的朋友才能看得懂的东西，需要革命而不知革命为何物者却偏偏不能给他看懂，这是一个什么的向导？"② LM和冬原的疑问反映了一个共同的问题：《向导》的主要读者是谁？作为中国共产党的机关报，《向导》的读者主要是工农阶级，但事实上，《向导》的读者并非工农阶级，而是受过教育的知识分子和学生。这点从《读者之声》中可见一斑。因此，一些读者希望《向导》更加通俗化，以便能够吸引更多下层民众阅读《向导》，从而推动中国革命的发展。

一些读者提出疑问后，还就如何办刊提出具体建议。例如，黄埔军校的

---

① 《读者之声》，《向导》第 26 期，1923 年 5 月 23 日，第 8 页。
② 《豆腐涨价与〈向导〉周报》，《读者之声》，《向导》第 166 期，1926 年 8 月 6 日，第 14—15 页。

第九章 读者、报刊与政治的联动:《向导》的阅读史

德莲认为《向导》是"谋被压迫阶级被压迫民族解放的各刊物中最得民众同情及信仰的一种刊物"。他读过《向导》后,常常会产生一系列困惑,因而向《向导》提了两个方面的建议。第一,注重上层的工作。组织一个介绍学术的团体,充分介绍书报,"使同情及信仰《向导》者,可作进一步研究工夫"。第二,对于知识幼稚、被压迫最深而不能阅读《向导》及其他革命的刊物的工农阶级,应另出专刊宣传。① 成都的海帆阅读《向导》周报后表示"实行共产主义的途径与手段,阶级争斗的原因与实质,略知其概念而已",希望《向导》同人"继续做翻译的工作,对马克思列宁等学说的书,重新翻译,以应宣传"。② 一些读者则直接提出改进意见。例如,高兴难希望《向导》出汇刊时"增添目录",魏以新希望《向导》印刷第三版时"加印题目索隐和著者索隐",董云峰希望《向导》降低报价,曾培洪希望资助《向导》周报。这些读者来信对《向导》提高办刊质量有着很好的借鉴作用,因此,《向导》记者"甚为感激""诸先生之热心",还希望读者"随时指教俾得改良,至为欣幸"。③

读者对《向导》的赞许、批评与建议,都从爱护刊物、指出问题、提高质量的角度,体现了读者与编者的良好互动,为编者及时了解刊物的动向、问题提供了较为全面的资讯。尤其是读者对于如何端正办刊宗旨、如何设置栏目、如何注重通俗化、如何扩大发行等方面的具体意见,对编者改进办刊质量起到了重要作用。尊重读者,善待读者,是《向导》办刊的宗旨,也是成功的经验。这使《向导》能够在艰苦的环境中得以生存,为反帝国主义和反军阀创造了良好的舆论环境。

三、《向导》投稿的刊载

《读者之声》不仅欢迎读者来信批评《向导》,而且积极刊登读者来稿。稿件主要介绍读者提出的各种问题,以及国内外的一些革命情况。读者通过

---

① 《读者之声》,《向导》第161期,1926年7月7日,第12—13页。
② 《介绍马克思主义著作之重要》,《读者之声》,《向导》第161期,1926年7月7日,第12页。
③ 《读者之声》,《向导》第94期,1924年12月10日,第8页。

来稿成为作者。大量的读者来稿，不仅提升了办刊质量，丰富了刊物内容，也推动了《向导》"共同体"的发展。

在校学生和知识青年是《向导》的重要作者群体，他们积极为刊物写稿，与《向导》建立更为紧密的联系。例如，武源就中华大学共产党与国家主义派之争斗的来龙去脉撰文致函《向导》。① 子毅颇为关注顾维钧住宅之炸弹案，撰文投稿至《向导》。他阅读《新闻报》知顾维钧住宅之炸弹是日本所为，皆因报复顾维钧在外交事务中亲近英美而损害日本利益这一行为。② 徐州培心中学的学生朱务平致信《向导》，详述培心中学收回学校教育权的经过，希望"教会学校的同学，群起破坏教会学校"，更希望"全中国同学，群起帮助教会学校的同学并群起改良中国自办的学校！"③ T. C. 针对路透社谣传孙中山去世的消息致函《向导》，并表示深知帝国主义对中国新闻的侵略为害之甚，希望"将那些造谣生事的，侮辱中国的外国新闻记者，驱逐出境，一个不留"。④ 萧楚侣撰文称，希望国民注意三K党对中国革命的危害，即三K党与新中国党及研究系之间的关系。⑤ 随后，萧楚侣又提醒国民注意三K党将引来法西斯的祸水，对中国革命的发展极为不利。⑥ 永犹关注英国工党内阁，撰文表示这个号称为工人服务的政党其实和其他帝国主义一样"实行帝国主义的侵略政策"，因此，我们要完成国民革命，"则必首先打倒为国民革命之大阻碍的帝国主义"。⑦ 安南华侨谭明如将法国帝国主义迫害安南共产党员高孤雁、韦炳琪、彭劲峰之事致信《向导》，希望《向导》能为上述诸君"呼吁"，并求得"被压迫阶级及弱小民族""同情和助力"。⑧ N. Fierce、慧蝉、

---

① 《武昌中华大学武剧之真相》，《读者之声》，《向导》第164期，1926年7月21日，第14—15页。
② 《顾维钧宅之炸弹案》，《读者之声》，《向导》第69期，1924年6月11日，第7—8页。
③ 《徐州教会学校奋斗的经过》，《读者之声》，《向导》第70期，1924年6月18日，第8页。
④ 《新闻的侵略》，《读者之声》，《向导》第71期，1924年6月18日，第5页。（原文如此）
⑤ 《我们因为三K党而要注意的两件事》，《读者之声》，《向导》第72期，1924年7月2日，第7页。
⑥ 《法西斯的祸水已经来了!》，《读者之声》，《向导》第74期，1924年7月16日，第7页。
⑦ 《英工党内阁与帝国主义》，《读者之声》，《向导》第85期，1924年10月1日，第12页。
⑧ 《法国帝国主义对安南华侨之高压》，《读者之声》，《向导》第158期，1926年6月16日，第14—15页。

第九章 读者、报刊与政治的联动：《向导》的阅读史

钟亮等人致信《向导》，介绍了广西的革命情形。① VS 致信《向导》，告知《向导》同人"国民党广东省党部选举之内幕"。王纯礼撰写《革命军及工农群众及革命党》一文，投稿《向导》。梁芬致信《向导》，告知湘事解决之后湖南政局的变化。② 彝初向《向导》投稿一文，呼吁青年学生努力觉醒起来"参加革命战线，铲除我们的敌人"。③ 张永年的《国民革命之主体是小资产阶级吗？》、林可彝的《这就是帝国主义的心理》等文，皆在《向导》的《读者之声》栏目发表。④ 这些文章的刊载，营造了一个良好的读者-编者沟通氛围，使读者的思想能够在《向导》上传播。

一些读者在读了《向导》的文章后，对某些问题产生了疑问，也会致函《向导》，希望《向导》能够刊出，并作出回答。崇庆元通场高小学生赵成章对共产党给予了较高的评价，认为共产党"为中国民众谋幸福，为世界人民谋福利，倡共产之说，作人权之谋，热心勇往，不遗余力"。同时，他对于革命之说不甚明了，故提出三个问题，希望《向导》予以回答。第一，劳动界能否"起来革命"？第二，一般民众谋生尚难，何能打倒军阀？第三，"共产主义之设施情形""又为何如乎"？《向导》记者认为，赵成章之提问"系一般农村青年初受革命风潮震动，愿意从事革命而又不明了中国目前革命的意义者"，《向导》周报"愿意借答复先生之问，以袪除这一些青年的误会"。针对赵成章提出的三个问题，《向导》记者的回答如下。第一，中国革命的主体是"劳动界为主体之国民革命，并非少数智识分子去联络劳动界的革命"。同时，诸多例证证明，劳动界已经起来革命，可能因"革命风潮尚未波及"

---

① 《国民政府治下之广西》，《读者之声》，《向导》第 165 期，1926 年 7 月 28 日，第 13—14 页；《国民政府治下之广西》，《读者之声》，《向导》第 176 期，1926 年 10 月 19 日，第 13—15 页；《再说〈国民政府治下的广西〉》，《读者之声》，《向导》第 188 期，1927 年 2 月 16 日，第 13—14 页。

② 《国民党广东省党部选举之内幕》，《读者之声》，《向导》第 187 期，1927 年 2 月 7 日，第 11—12 页；《革命军与工农群众及革命党》，《读者之声》，《向导》第 191 期，1927 年 3 月 12 日，第 14—15 页；《湘事解决后趋流》，《读者之声》，《向导》第 200 期，1927 年 7 月 8 日，第 16 页。

③ 《告青年学生》，《读者之声》，《向导》第 161 期，1926 年 7 月 7 日，第 14—15 页。

④ 《国民革命之主体是小资产阶级吗？》，《读者之声》，《向导》第 187 期，1927 年 2 月 7 日，第 6—10 页；《这就是帝国主义者的心理》，《读者之声》，《向导》第 190 期，1927 年 3 月 6 日，第 13—16 页。

成都劳动界，成都劳动界尚未起来革命，但成都劳动界"迟早是要跟着全国劳动界起来革命的"。第二，革命风潮高涨时，"民众自然会武装起来"革命，"武装"比"谋生"更为"切要"。第三，"共产主义社会的设施情形"并非"一二句话所能答复"，请看《共产主义的 ABC》第三编"共产主义与无产阶级专政"。"要言之，在共产主义社会里，社会生产是有秩序的，没有阶级，没有强弱，没有贫富，一切平等。"①

湖南革命大学的倬云因学校"学术研究会"讨论"革命的目的"，人云亦云而不得答案，故致信《向导》，希望《向导》记者能回答。《向导》的答复是："要求民族独立，推翻封建社会，同时顺应世界潮流，促成世界无产阶级革命之发展，与世界革命势力联合，铲除一切封建社会资本主义社会遗留，以建立无阶级的共产主义社会。"② 此类回答，对普遍性问题有着针对性的指导。

作为已经加入国民党的学生，张永年在读了《国民党右派告同志书》后，产生了四个疑问，故致函《向导》，希望《向导》能回答。第一，为什么《国民党右派告同志书》有"所谓共产党之加入国民党，是利用国民党的招牌，宣传他们的共产主义和运动阶级斗争，是诬蔑挑拨的政策，阴谋毒辣的手段，来推翻国民党"之言？第二，为什么国民党说"广州的国民政府名义上是归本党统治的机关，实际上是被共产党利用的现象"？第三，为什么有"国民党左派"之说？第四，苏俄是一个"赤色帝国主义"的新式帝国主义国家吗？针对这四个问题，《向导》记者答复如下：此小册子是由上海的国民党伪中央发行的，而上海伪中央"反国民政府反苏俄反共产"等论据根本不能成立，因此，不必相信伪中央的"造谣和诬蔑"。③ 通过解答，读者应该对此问题有了深入认识。

读者就某一具体问题的提问，需要编者实事求是地回应。例如，中国国

---

① 《劳动界的知识与武装》，《读者之声》，《向导》第 153 期，1926 年 5 月 15 日，第 15—16 页。
② 《革命的目的》，《读者之声》，《向导》第 160 期，1926 年 6 月 30 日，第 14—16 页。
③ 《读了〈国民党右派告同志书〉之后》，《读者之声》，《向导》第 162 期，1926 年 7 月 14 日，第 14—16 页。

第九章 读者、报刊与政治的联动:《向导》的阅读史

民党政治讲习班的学生严寿山听了陈公博的课后,致函《向导》,希望《向导》能回答两个问题:第一,为什么共产党没有第一次全国代表大会宣言;第二,陈公博脱离共产党的真实原因是什么。《向导》的回答是,中国共产党第一次全国代表大会并没有宣言,而中国共产党开除陈公博的原因是陈公博反对国共合作。① 又如,读者邢适生对共产党在整理党务案中的行为表示怀疑,认为共产党在整理党务案中无所作为,希望《向导》能给予一个回复。《向导》记者指出:"本报曾经以自己的观点指出此整理党务案之意义(见本报一五七期)。""整理党务案是关于国民党'内部问题,无论如何决定,他党均无权赞否'。"② 此类回答,言简意赅,直接指出了问题的关键所在。

读者容零因当今社会"龌龊腐败"而向往共产社会,但共产社会"'各尽可能,各取所需',再无别的思想与要求","人们的思想一定变了机械式的,对于科学的发明,物质的建设,文明的进步,没有人关心理到",他认为共产社会是"退化的社会",希望《向导》能回答此问题。《向导》的回答是,共产社会"决不是退化的社会,而是进步极高的社会",到共产社会后,"以前用于阶级斗争的一部分精力完全可以节省起来,用在向自然界的斗争上面"。"人类除了用极少数精力以满足日常生活所必需者外,其余一切都可用之于科学的发明物质的建设文化的进步。"③ 此类理论阐释,不仅回答了读者提问,也起到理论宣传作用。

读者通过阅读《向导》产生的理论上的疑虑,经由编者的解答,形成互动文本,可以进一步阐释理论和宣传政治。例如,符琇致函《向导》,请教军事行动与民众运动之间的关系这一问题。《向导》认为:"北伐要建设在民众的势力上面,北伐的军事行动中要兼顾到民众的利益。""军事行动要和民众运动结合并进。"④ 蒙尔廖致信《向导》,对于"世界文化进步之根本动力是社会的生产力不是人的欲望"不甚理解,对于苏联的新经济政策和国共合作

---

① 《中国共产党与陈公博》,《读者之声》,《向导》第 165 期,1926 年 7 月 28 日,第 13 页。
② 《国民党的整理党务案》,《读者之声》,《向导》第 180 期,1926 年 12 月 5 日,第 15—16 页。
③ 《共产社会是退化的社会?》,《读者之声》,《向导》第 181 期,1927 年 1 月 7 日,第 15—16 页。
④ 《军事行动与民众运动》,《读者之声》,《向导》第 191 期,1927 年 3 月 12 日,第 14 页。

等问题产生疑问,希望《向导》能给予答复。① 缪扶植在看了蒙尔鏖致《向导》的信后,也有一些疑问,致函《向导》。对于涉及他切身利益的读书与革命问题,他希望《向导》能够给予回答。② 旅居英国的郑人我致函《向导》,希望《向导》记者告知如何在英国加入革命的队伍。③ 沈滨祈、朱近赤致函《向导》,希望《向导》解答"国民革命之归趋"的问题。④ 以上所有问题都得到《向导》同人的解答,使《向导》赢得了一定的读者声誉。

通过与读者交流和对话,编者能够将问题引入更深层次的探讨。应该说,《读者之声》中讨论最多的问题是青年对革命的困惑问题。对此,《向导》同人一一回答,虽然有些问题没有很好地予以解答,但通过编读之间的互动,不仅吸引了一些读者参与到《向导》的《读者之声》的讨论中,而且传播了中国共产党的主张,促使更多读者了解、支持中国共产党,促使他们在思想上产生转变,加入革命的队伍。

第三节 《读者之声》的讨论话题与编读之间的互动

《向导》推出《读者之声》栏目的目的在于加强读者与《向导》之间的互动,赢得读者的信赖。讨论的议题多体现在时事要闻方面。由于时事要闻具有一定现实指向,公共讨论不仅使《向导》宣传的主旨深入人心,而且给读者提供了交流平台,形成了互动的"场域"。《读者之声》栏目的设立,促进了编者与读者之间的政治交流。编者与读者讨论了诸多时政要闻和热点话题,其中,突出的议题包括:阶级斗争、无政府主义、军阀割据、帝国主义侵略、国民革命、北伐战争、广东教育、收回教育权运动等。

---

① 《三个问题》,《读者之声》,《向导》第178期,1926年11月15日,第15—16页。
② 《剥削农民以读书呢?解放农民以革命呢?》,《读者之声》,《向导》第184期,1927年1月21日,第14—16页。
③ 《华侨与革命》,《读者之声》,《向导》第186期,1927年1月31日,第13—14页。
④ 《国民革命之归趋》,《读者之声》,《向导》第193期,1927年4月6日,第14—16页。

第九章 读者、报刊与政治的联动：《向导》的阅读史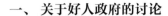

一、关于好人政府的讨论

《向导》创刊之初，正值胡适提出"好人政府"这一主张之际，引发的争端导致读者分为两派。1922年5月7日，胡适创办《努力周报》，表示希望"好人"能够出来组织政府。这种观点在社会上产生了极大的影响。《向导》读者陈此生对胡适提出的通过组织好人政府这一方案解决中国的分裂问题表示不赞同，认为胡适的主张分明就是"画饼充饥"，真正解决中国问题的办法只有通过"民主主义的大革命，把所有军阀完全推倒，才有实现统一之可说"。① 高君宇给胡适戴上"小资产阶级"的帽子，认为应该"打倒军阀和外国的压迫"。他进而挖苦在《主张》上署名的王宠惠"急急忙忙整天累旬为了军阀搜款张皇，不特把从前主张的丢之脑后"，而不再实现"我们的政治主张"。② 田诚同样挖苦王宠惠"除了进行卖国借款，帮军阀忙军饷，替军阀下任免官吏以外，连一个治安警察条例都不能取消"。③ 张国焘直接将胡适归于"小资产阶级和平派"的行列。在张国焘看来，胡适提出的《我们的政治主张》根本行不通，唯一可行的是"革命的民主派和各派社会主义团体联合的革命运动"。④

二、关于惠州主义的争论

《向导》周报的主要读者是青年学生。在教育界发生的一些事情，自然受到学生的特别关注，尤其是陈炯明提出的"惠州主义"⑤，对广东省教育界影响极大。一些青年学生受到惠州主义的荼毒，成为陈炯明的拥护者。因此，倾向于《向导》的一些学生积极发言，希望消除惠州主义的影响。有关惠州

---

① 《一个会议能解决时局吗?》，《读者之声》，《向导》第7期，1922年10月25日，第6页。
② 君宇：《王博士台上生活应给"好人努力"的教训》，《向导》第5期，1922年10月11日，第6—7页。
③ 田诚：《真不愧好人奋斗》，《向导》第9期，1922年11月8日，第4页。
④ 国焘：《我们对于小资产阶级和平派的劝告》，《向导》第13期，1922年12月23日，第5—6页。
⑤ 惠州主义指对陈炯明地方保护主义的支持，以示城墙坚固的惠州在政治地位上与广州匹敌。参见费约翰：《被误解的革命：1923—1926年国民革命时期的国家与社会》，董玥主编：《走出区域研究：西方中国近代史论集粹》，社会科学文献出版社2013年版，第251页。

主义在《向导》上的讨论始于曾国光在该报上发表的《国民党领袖与教育事业》一文，该文表达了他对国民党教育事业的不满。曾国光认为以孙中山为首的国民党"轻视教育事业"，希望孙中山"马上不要轻视教育事业，那才可以令国人到倾向国民党的路上走，那才是中国的幸福"。对于曾国光提出的孙中山"轻视教育事业"的问题，《向导》记者的回答是孙中山"并不是轻视教育"，他"轻视教育事业"皆在于广东教育机关"只算是维持一班教职员的饭碗和制造学生的文凭"机关罢了，"有何教育之可言"。特别是一些学生受到陈炯明惠州主义的影响，"公然大骂孙中山是军阀，公然用无政府口气印散传单攻击帮助民主革命的人们，公然群起抗阻同学做人民慰劳会的运动"，"像这样反革命的教育，绝对没有为他筹'救命费'的必要"。[①] 孙容玉屏对孙中山亦是"服膺"，当读到陈独秀驳曾国光的《国民党领袖与教育事业》时，孙容玉屏表示"甚快我心"。他认为《向导》所支持的"解散这些反革命的教育机关""确是最勇气，最彻底的主张"，并表示"十二分同情"。此外，他更希望"认真甄别其余各教育机关中之反革命，不识大义，不知大势的教育人员，和这些昏蛋的惠州主义化的学生"。[②] 潮音针对《向导》提出的广州教育的"不好"有感而发，因而投稿《向导》。他认为《向导》指出了广州教育的弊端，我们不应该"不知领情，反怪人家揭破了我们的丑处"，而应该"努力起来改革，单单反对人家批评是不中用的"。[③]

《向导》记者对曾国光提问的答复受到"广高"（广东高等师范学校）学生梁我的批评。他因《向导》记者的言论而"大受打击"，认为广州教育界经历多次"政潮之震荡"之后，"脑筋既有昏迷之势"，对于孙中山"光明磊落之政治革命，亦未参与，此自是广州教育界之罪过！"至于《向导》记者回答的"拥戴陈炯明的惠州主义恶化了全广州市的学校"，更是"荒谬"，梁我奉劝《向导》记者："此后发言，不要徒逞笔锋！甚幸！"[④] "广高"的另一位

---

① 《读者之声》，《向导》第27期，1923年5月30日，第6—8页。
② 《读者之声》，《向导》第30期，1923年6月20日，第7页。
③ 《读者之声》，《向导》第30期，1923年6月20日，第7页。
④ 《读者之声》，《向导》第28期，1923年5月23日，第8页。（原文如此）

第九章 读者、报刊与政治的联动:《向导》的阅读史

学生仲容却赞同《向导》的意见。他认为,广州教育本身有缺点却不肯承认,"有一班学生还毫不觉得羞耻,反要替一班饭桶职教员辩护"。他幽默风趣地说道:"我久已为富于革命精神的广东人招魂了!"①

关于惠州主义的拥护者对广东教育界产生的影响之讨论,引发了广东农专刊物《农声》与《向导》之间的一场论战。《农声》与《向导》的论战始于《农声》上发表的一篇署名为善友的《请看向导记者的言论》的文章,该文对《向导》中的言论提出了诸多批评,而这种批评自然不被共产党员和共青团员接受。广东政法学校学生、共青团员郭瘦真针锋相对地与善友辩论,认为《农声》之言是"一蹋[塌]糊涂的说话",指出《请看向导记者的言论》六大谬误:"一、误孙中山为军阀;二、误陈独秀为伪革命——即反革命;三、误无政府的非政治空气是好现象;四、误无政府主义是真实革命;五、误陈炯明是广东或中国的好人;六、误军阀是良善者。"郭瘦真表示,这六大谬误竟然让广州的大多数学生信以为真,真是"昏蛋至极",故不得不"徒浪费笔墨""教训"。②当郭瘦真在《向导》上发表了驳《农声》的文章后,善友又发一文,对郭瘦真进行驳论。郭瘦真又致函《向导》,表达了他对善友的不满。他认为,善友中了陈炯明惠州主义化的毒,"暗中做反革命如陈炯明等的走狗,在我们革命进行中来捣鬼,实在下流"。③

惠州主义是陈炯明统治广东时期遗留下来的产物,作为地方保护主义的举措,在学生中拥护者甚众。当孙中山与陈炯明决裂时,就有学生起而反对孙中山的"怪相"。因此,孙中山产生了在教育方面革新的想法。1924年,孙中山联合广东国立高等师范学校、广东法科大学、广东农业专门学校,成立国立广东大学,任命邹鲁为校长。由此可以看出,孙中山为摆脱惠州主义对广东教育界的负面影响,做了诸多方面的努力,也印证了《向导》所宣传的孙中山"并不轻视教育"这一论断的正确性。

---

① 《读者之声》,《向导》第30期,1923年6月20日,第7—8页。
② 《读者之声》,《向导》第30期,1923年6月20日,第6—7页。
③ 《读者之声》,《向导》第31—32期,1923年7月1日,第14—15页。

三、关于阶级斗争的讨论

阶级斗争是《向导》周报不懈宣传的主题之一。《向导》所宣传的阶级斗争的相关话题受到读者的广泛关注。广东大学法科教授梁明致三次致信《向导》，对阶级斗争论提出疑虑，要求编者予以解答。梁明致，字云池，广东梅县人，英国爱丁堡大学文学硕士，回国后任广东大学法科教授。梁明致在读了陈独秀撰写的《什么是国民党左右派》一文之后，对阶级斗争不甚明了，故致函《向导》，希望《向导》能给一个明确的答复。他认为阶级斗争是"无谓的举动，不能发生效力的"，是"一个事实，不是一个理想"。一些人将阶级斗争误解成"劳工专政"，而"劳工专政"是"将劳工阶级一变为压迫人的阶级"，从而"违背平等原则"，对国民革命运动发展肯定有影响。在他看来，阶级斗争不应理解为劳工专政，应为"扶助劳工，提高他们的地位，保护或增进他们的利益"。在对阶级的划分上，梁明致亦不甚了解，认为一个个体的人应有多种阶级的成分，他对如何判断一个人的阶级属性有疑问。梁明致希望陈独秀回答这些问题。可能由于陈独秀事务繁忙，这些问题皆由瞿秋白回答。瞿秋白一一指出梁明致的错误之处，并以马克思主义的方法解释阶级斗争在中国施行之必要性，从而对梁明致进行了一次马克思主义教育。在对阶级的划分上，瞿秋白指出，阶级的"根基是建筑在经济上面"，"无论哪一个人都各属于某一阶级"，"在某一定的时期，一个人只属于一个阶级"，不存在"同是一个人或有二个或二个以上的阶级"。在有关阶级平等性的问题上，瞿秋白谈到"资本家阶级和工人阶级不但在经济上政治上文化上不是平等，即在社会进化的意义上亦不是平等"，因此，"被压迫者阶级的解放，人类才能平等"。"无产阶级专政不仅没有违背平等原则，而且正是过渡到完全平等社会的必要的条件。"在阶级斗争和阶级联合的问题上，两者并不对立，"在阶级争斗之中，必要时，利害有相同之点的几个阶级仍然可以暂时联合战线，共同反对别的阶级"。①

---

① 《对于阶级争斗之一个疑问》，《读者之声》，《向导》第144期，1926年2月3日，第14—16页。

瞿秋白一一解答了梁明致的疑惑,但梁明致仍不理解,故再致信《向导》讨论阶级斗争这一话题。对于阶级斗争与阶级联合问题,梁明致认为"未敢确信其必然者也","恐怕还是'二者不可得兼'"。关于阶级的分野标准,梁明致并不赞同以经济为唯一的标准,认为阶级的划分"当从本国社会的实际情形上,找一个比较适当的标准"。对于阶级斗争与国家的问题,梁明致不甚明了。例如,在阶级斗争与蒙古的问题上,梁明致并不赞同共产党提出的蒙古"民族自决",希望《向导》予以解答。

瞿秋白遵循不怕批评的精神,一一给予回答。在阶级斗争与阶级联合问题上,瞿秋白认为阶级斗争与阶级联合并不矛盾,五卅运动恰好证明了这个论断。在五卅运动中,资产阶级的退出是"背叛全民族的利益"的举动,因此,在国民革命运动中,要坚持阶级斗争和阶级联合。通过阶级斗争,肃清国民革命运动中的内奸;通过阶级联合,团结一切可以团结的力量进行国民革命运动。对于阶级的分野标准问题,瞿秋白认为马克思主义者的观点是"唯物史观的观点",马克思主义者"认定社会经济结构是其他一切社会现象的基础,而阶级分化是社会经济的一重要的原素,阶级分化根本的标准只是生产机构的占有","这是马克思的阶级分野的标准"。梁明致的阶级分野标准是因"望文生义"而产生的错误观点,非马克思主义的分野标准。在阶级与国家问题上,瞿秋白认为"国家就是统治阶级维持其统治的工具","国家是阶级社会里一种特殊的产物"。作为一名共产主义者,"绝不否认国家在现社会的存在",尤其是现在的中国,"只有共产党人才真正是爱国者,只有他们看清了中国在世界革命中所占的地位,只有他们才知道中国怎样去找到一条出路"。归结到一点,即中国革命的问题仍然是阶级斗争的问题:"对内是中国工人农民学生商人等大多数民众联合向帝国主义和军阀等斗争,对外是全世界被压迫阶级和被压迫民族联合向全世界帝国主义的资产阶级的斗争。"中国的无产阶级需要"与世界无产阶级势力联合起来,做到中国的独立,再进一步做到世界的大同"。关于阶级斗争与蒙古问题,瞿秋白认为"俄蒙的关系,和日本之于朝鲜,英国之于西藏,是完全两样"。在这点上,瞿秋白希望梁明致参考《向导》周报第146期所载《孙中山先生逝世周年纪念日告国民党党员书》一文，通过阅读此文能够得到很好的答案。①

梁明致仍有疑惑，第三次致信《向导》周报，对于无产阶级的分野标准问题阐述了自己的想法。首先，梁明致指出他致信《向导》谈论阶级斗争问题其实是想"从理论上实际上把这个问题弄到清楚，俾大家对他有个明了观念，免得生出许多误会，许多无谓的纠纷，而影响到国民革命"。其次，梁明致认为"肃清内奸并非阶级斗争问题"。再次，梁明致认为瞿秋白驳"阶级斗争与阶级联合""不能相容"的理由"很简单"，"何消说呢？""马克思有产无产之分，当然是指生产机构之有无，何待详说。"最后，梁明致认为"以生产机关为阶级分野最根本的标准"的合理性恐怕值得商榷。总之，梁明致从中国历史发展的角度认为中国阶级斗争的特殊性在于"中国压迫人的阶级，是有权兼有钱的人，并不止是有钱的人"，"无权无钱的阶级与有权有钱的阶级斗争"，目前的阶级斗争"能否新开局面，消灭这互争统治权的循环现象，是目前一个很重要的问题"。

此信仍由瞿秋白进行回复。瞿秋白细致明了地向梁明致阐述马克思主义阶级斗争的观点。首先，需要知晓"生产机关"的概念。生产机关包含两个要素：劳动对象和劳动工具。了解生产机关的概念后，就知道"阶级分野的标准则是一样的"，即"生产机关的占有不仅为近世产业社会阶级分野的标准，而且也是一切人类社会阶级分野的标准"。瞿秋白认为梁明致的错误之处在于"不了解甚么是生产机关"。其次，"中国共产党在言论上、在行动上从来未曾把中国看做仅仅有二个阶级"，梁明致所指的"阶级二分"属于无稽之谈。再次，梁明致的"中国压迫人的阶级，是有权兼有钱的人"一说是"找到了一个'标准'，去区分中国的社会阶级"，"不是以生产机关的占有做标准"，他划分的标准是"在'中国社会阶级论'中又新翻了一次花样"，而非马克思主义的划分标准。最后，关于中国共产党的阶级属性问题，瞿秋白认为"中国共产党是无产阶级的"，是"以真正无产阶级为基础去联合""中国的农民、手工业者、知识分子、小商人、小地主、小资本家以及一般的小资

---

① 《对于阶级斗争的讨论》，《读者之声》，《向导》第146期，1926年3月17日，第13—16页。

产阶级"而进行"共同利益的国民革命"。①

梁明致与《向导》周报的三问三答在很大程度上厘清了阶级斗争的相关问题,有关这一问题的讨论在《读者之声》栏目中引起了强烈的反响,《读者之声》栏目很好地传播了中国共产党对于阶级斗争这一问题的基本立场和观点。

第四节 《向导》的政治宣传与读者的联动

一、推翻帝国主义的立场态度

中国共产党通过《向导》四发《中国共产党对于时局的主张》,鲜明地指出中国共产党革命的目的是"推翻国际帝国主义和国内军阀的统治,建设共产主义社会"。在《读者之声》栏目中,围绕革命的目的进行了较多讨论,以达到政治宣传的目的。

在推翻帝国主义和国内军阀统治方面,较多读者认识到半殖民地给中国带来的危害。一些读者对曹锟、吴佩孚、张作霖等大军阀的统治极为不满,纷纷致函《向导》,指出军阀的危害。北京的一言认为,北洋军阀是帝国主义侵略中国的"前驱","无产阶级的同胞们及将到无产阶级地位的同胞们,大家要最猛烈的攻击这北洋军阀",从而实现"马克斯[思]所谓的政权归于无产者之手,形成无产阶级的国家,大家集于共产主义旗帜之下"。② 广州美华学院的邓汉琼致信陈独秀,将曹锟、吴佩孚等人比作狼,将黎元洪比作狈,称他们"狼狈为奸"。陈独秀回复邓汉琼,认为将黎元洪视为曹锟、吴佩孚的"狈"是"过于抬高"黎元洪了,希望不要被支持曹锟、吴佩孚的政客"作正言所误"。③ 云南第二师范学校学生 H. S. Cheng 痛恨中国的两大军阀曹锟和吴佩孚。他指出,军阀利用"家臣内阁和傀儡元首的政府霸占我们民意上的共和政府",并对人民进行大屠杀,同胞"应该赶紧起来组织民主革命的战斗

---

① 《三论阶级斗争》,《读者之声》,《向导》第 150 期,1926 年 4 月 23 日,第 9—15 页。
② 《无产阶级与北洋军阀》,《读者之声》,《向导》第 35 期,1923 年 8 月 8 日,第 8 页。
③ 《读者之声》,《向导》第 24 期,1923 年 5 月 9 日,第 6—7 页。

力，打倒这北洋军阀"。① 白青对曹锟、张作霖等人献媚日本深表不满，希望国民将抵制日货进行到底。同时，需要国民联合起来开展"国内革命运动"和"世界革命运动"。② 涤寰针对警察罢工问题致函《向导》，希望通过《向导》告知警察不要被曹锟利用。③ 保定工人 ABC 阅读《泰晤士报》后知晓曹锟、吴佩孚的兵工政策并对此深表担忧，就此询问《向导》记者。《向导》回应称曹锟、吴佩孚的兵工政策对"工人阶级不利"，因此，《向导》将一如既往地攻击兵工政策。④ 太原一中学生崇德对曹锟当选总统不满，希望国民组织起来进行"二次革命"，"工人罢工、农人罢野、学者罢课、商人罢市"，并将此作为革命党的后盾，"以完成十数年来未成功之革命事业"。⑤

在反军阀、反封建、反帝国主义运动中，读者纷纷投稿表达自己的立场。例如，灿真认为日本因发生大地震，无暇顾及中国局势，没有对张作霖、段祺瑞等人上台之争表示支持，才使曹锟顺利当上总统，并造成中国军阀争战的局面，因此，进行国民革命才能解决军阀混战的局面。⑥ 汝良认为曹锟能当上总统皆因"国民不参与国政"，因此，必须对不良政治进行改良，"我负救国责任之农商工学各界同胞，只有参预国政，打倒军阀之一法"。⑦ 北京的蔚英为言论界"鸣不平"，认为中国的言论虽被军阀控制，但应该"尽力去反抗封建式的军阀以至于消灭为止"，而最好的方式莫过于"一方面要排斥滛〔谣〕乱神话的一切出版物，一方面要攻击最反动最黑暗的言论机关"。⑧ 还有一些读者对国内军阀压迫国民的行径深表不满，故致函《向导》，希望《向导》予以刊登。山东济南的德民认为北洋政府哀悼列宁没有诚意，原因是北洋政府不仅不承认苏俄的国际地位，反而支持旧俄白党控制中东路。他认为

---

① 《我们中国的两位大军阀》，《读者之声》，《向导》第 27 期，1923 年 5 月 30 日，第 8 页。
② 《抵制日货与曹锟媚日》，《读者之声》，《向导》第 37 期，1923 年 8 月 22 日，第 7—8 页。
③ 《读者之声》，《向导》第 31—32 期，1923 年 7 月 11 日，第 14 页。
④ 《读者之声》，《向导》第 39 期，1923 年 9 月 8 日，第 5—6 页。
⑤ 《读者之声》，《向导》第 44 期，1923 年 10 月 27 日，第 8 页。
⑥ 《日本地震与曹锟贿选的完成——有前因徒〔后〕果的关系》，《读者之声》，《向导》第 45 期，1923 年 11 月 7 日，第 6 页。
⑦ 《曹锟贿选》，《读者之声》，《向导》第 46 期，1923 年 11 月 16 日，第 8 页。
⑧ 《言论界之不平鸣》，《读者之声》，《向导》第 53—54 期，1924 年 2 月 20 日，第 15—16 页。

第九章 读者、报刊与政治的联动：《向导》的阅读史

北洋政府的哀悼是惺惺作态，敬悼列宁最好的方式是"联合全国人民直接与加拉罕君缔结最惠国的条约"，最终"共同解放东方各弱小的民族"。①

对于军阀的种种劣迹，读者也致函《向导》谴责军阀。一名叫 C. H. L 的读者对湖南军阀赵恒惕做省长深表不满，特致信《向导》，表示"行多[多行]不义必自毙"，希望通过努力推翻赵恒惕在湖南的统治。② 北京"中大"的谢兼度认为《晨报》有替陈炯明辩护而"专说疯话"的行为，并略举几例进行论证，希望"大家快帮助孙先生先打倒这个深嫉革命的军阀"。③ 德中致函《向导》，对阎锡山统治下的山西愤愤不平。④ 一平认为造成中国乱局最大的缘由是"民众崇拜权威的心理"造成其"崇拜军阀"，他略举安徽军阀马联甲的事例说明"崇拜军阀底危害"。⑤

还有读者对中国政治人物表示不满。梁五一因不堪忍受日本上海纱厂工人的虐待和压迫而致信《向导》，并对研究系不支持中国国民革命运动表示反感。⑥ 雅零对帝国主义查禁《向导》和安福系政客禁寄《向导》甚为不满，认为《向导》是"明灯"，"唤醒了不少在迷梦中的青年"，希望全国的同胞起来打倒"帝国主义与封建军阀"。⑦ 汉职对李景林、张宗昌、吴佩孚、张作霖、章太炎、徐绍帧之流的"反赤"深表不满，认为他们反赤是"为自己的财产不稳，或是怕失了现在优越的地位"，"为各个人自己的利益"。⑧ 敬翼将王正廷视为"英美之奴"。⑨ 马道甫对留美归国博士马素诋毁共产主义的言论深表不满，指斥其受美国"拜金主义"的影响而抵制中国的国民革命运动。⑩

对于西方列强的侵略行径，读者极为愤恨，在投稿中表达自己的见解。

---

① 《有诚意敬悼列宁吗?》，《读者之声》，《向导》第 53—54 期，1924 年 2 月 20 日，第 16 页。
② 《读者之声》，《向导》第 15 期，1922 年 12 月 27 日，第 7 页。
③ 《晨报——陈炯明的辩护人——专说疯话》，《读者之声》，《向导》第 46 期，1923 年 11 月 16 日，第 8 页。
④ 《阎氏统治下的山西》，《读者之声》，《向导》第 53—54 期，1924 年 2 月 20 日，第 15 页。
⑤ 《崇拜军阀的罪恶》，《读者之声》，《向导》第 68 期，1924 年 6 月 4 日，第 7 页。
⑥ 《读者之声》，《向导》第 103 期，1925 年 2 月 21 日，第 8 页。
⑦ 《安福政府查禁本报的反响》，《读者之声》，《向导》第 104 期，1925 年 2 月 28 日，第 8 页。
⑧ 《非反赤》，《读者之声》，《向导》第 158 期，1926 年 6 月 16 日，第 15—16 页。
⑨ 《真不愧为英美之奴》，《读者之声》，《向导》第 37 期，1923 年 8 月 22 日，第 8 页。
⑩ 《读者之声》，《向导》第 96 期，1924 年 12 月 24 日，第 8 页。

育南对外人屠杀华人"忿忿不已"。他通过一系列报道及其对比指出"外力宰制下之华人生命""一文也不值"。① 再万以"外国帝国主义及中国军阀可以救中国么?"为题进行发问,答案显然是否定的。他认为解救中国的方式是"团结起来继续革命以为数十年革命尚未成功之国民党之后盾,合力攻倒军阀而抵抗外国帝国资本主义国家,再造新世界"。② 涤寰对英国《泰晤士报》提出的"设立一真正代表全国之中央政府乃中国人及凡与中有关系之人之极大宝物"的提议感到可笑,称其是讥讽中国国民无"常识"。③

在有关临城劫车案的相关讨论中,帝国主义提出"国际共管"的方案,受到读者的抨击,他们通过《向导》表达意见。笔名为勐的读者认为,临城劫车案发生后,"铁路共管案和铁路警备案"已成为北洋军阀媚外的重要方式。④ 对于临城劫车案引发的国际争端及铁路权的管辖问题,日本报刊发表了诸多有利于中国的言论。在白青看来,日本此举是"假亲善"的表现,需要明了的是,不管是英美法,还是日本,对中国的侵略从未停止。⑤ 针对帝国主义提出的"国际共管"方案,武昌的栩文希望通过革命的方式"革去军阀的命,脱离国际帝国资本主义的压迫"。⑥ 大亮颇为关注日本口中的"湘省改宪案",认为不论是日本,还是英美,皆赞成"联省自治",而这只不过是"帝国主义者所异口同声,用以宰割中国的好方法"。⑦ 萧楚侣对"对德参战之功罪"发表评论,认为梁启超鼓吹中国参加第一次世界大战实际上引发了一系列问题,主要有如下七个方面:第一,督军团解散国会;第二,南北分裂以迄于今;第三,皖奉直三系互相消长,以演成今日这种群雄割据之局;第四,

---

① 《外力宰制下之华人生命》,《读者之声》,《向导》第63期,1924年4月30日,第7页。
② 《外国帝国主义国家及中国军阀可以救中国么?》,《读者之声》,《向导》第41期,1923年9月23日,第8页。
③ 《好个"英报亦反对临案通牒"》,《读者之声》,《向导》第47期,1923年11月27日,第8页。
④ 《铁路共管案和铁路警备案》,《读者之声》,《向导》第39期,1923年9月8日,第5页。
⑤ 《日报关于英国护路提案的宣传》,《读者之声》,《向导》第38期,1923年8月29日,第7—8页。
⑥ 《革命》,《读者之声》,《向导》第35期,1923年8月8日,第7—8页。
⑦ 《日本帝国主义口中的湘省改宪案》,《读者之声》,《向导》第85期,1924年10月1日,第12页。

参战借款二千万日金；第五，高徐顺济垫款二千万日金；第六，满蒙四路垫款二千万日金；第七，还有现虽取消而在历史上终是留一污点的海陆军共同防敌军事协定。这些问题都是梁启超等"名流""热心鼓吹参战"而造成。因此，萧楚侣讽刺梁启超等人"为不虚笔舌之劳矣"。① 鲍荫昌将外人在中国内地设立教堂、学校视为侵略中国的一种方式，进而提问："我们爱国的同胞应当若何的负这一种反抗的责任去抵制列强的侵略，唤醒麻木的国民呢！"②

不少读者认为，不管是帝国主义，还是国内军阀，都是中华民国最大的敌人，只有通过国民革命推翻两者的统治，才能建立新中国。他们极为关注国民革命，纷纷在来稿中提出自己的观点和建议，有力地配合了《向导》的政治宣传。

读者在来稿中往往提出明确的口号，宣扬自己的主张。例如，广州甲工学生黄居仁希望通过全国人民的努力"打倒军阀"。③ 北京政法专门学校学生岳斌周、周化南希望由"智识阶级组织一国民革命运动大同盟"，让他们用"罢税"的手段，做国民革命运动的"后盾"。④ 白青肯定国民革命在解决军阀割据中的重要性。⑤ 针对中国的乱源和挽救中国的各种主张，炳认为只有进行民主革命"打倒北洋军阀，灭绝国际帝国主义侵略中国的野心"。⑥ 童炳荣希望"全国的农工商学各界，团结起来"进行国民运动，才能实现"渴望的统一问题"。⑦ 文恭通过报刊了解北京反帝国主义大同盟的成立并知晓其活动经历，希望不仅北京成立反帝国主义大同盟，全国各地都应行动起来，组织反帝国主义大同盟，并通过以下五个策略，实现国民革命的胜利："一、联合反帝国主义祖国的苏维埃俄罗斯；二、联合东方弱小民族，如高丽、安南、

---

① 《对德参战之功过》，《读者之声》，《向导》第70期，1924年6月18日，第7页。
② 《外人在中国内地设立教堂案》，《读者之声》，《向导》第65期，1924年5月14日，第6—7页。
③ 《打倒军阀》，《读者之声》，《向导》第37期，1923年8月22日，第8页。
④ 《读者之声》，《向导》第37期，1923年8月22日，第8页。
⑤ 《赞成吴佩孚处置议员的办法》，《读者之声》，《向导》第39期，1923年9月8日，第6页。
⑥ 《中国的乱源和挽救中国的各种主张》，《读者之声》，《向导》第39期，1923年9月8日，第8页。
⑦ 《国民运动》，《读者之声》，《向导》第42期，1923年9月30日，第8页。

印度等；三、联合各帝国主义国家中革命的无产阶级；四、做大规模的反帝国主义的普遍宣传；五、排斥任何帝国主义的商品。"①

一些读者还从理论上进一步阐释革命的具体方案。例如，赤云对中国的国民革命运动给予较高的评价，认为取得中国革命的胜利，需要有以下四个方面的认识：

一、中国的国民革命运动已与世界的劳动运动发生密切的关系，国际劳工协作为我们的后盾。

二、苏俄的反对干涉中国运动是工人、学生，真正的民众所发起，他们真正是殖民地弱小民族之解放运动——中国国民革命的好友。

三、苏联政府人物预料中国民治主义终能战胜，与各帝国主义国家的政府人物主张非干涉中国不可，有天渊的差别。

四、我们要与苏俄民众及政府实际联合起来，扩大革命的势力，做解放我们自己的运动。②

还一些读者对国民革命不甚了解，故致函《向导》，希望《向导》予以具体回应。陆耀文、江沛两人以"怎样实现国民革命"致信《向导》，希望《向导》给予一个明确的答复。《向导》希望陆耀文、江沛两人"请速即联合于有六年奋斗历史之第三国际中国支部——中国共产党。这才是赞成第三国际主张与策略的一切人们之必然的合理的行动"。③

国共合作对于国民革命有着重要影响。一些读者致函《向导》，对国共合作深表赞同。云南省第一中学校的吕品希望通过革命推翻北洋军阀的统治，而革命的大本营是国民党，但国民党自身宣传不够，《向导》应"努力替国民

---

① 《国民革命与反帝国主义运动》，《读者之声》，《向导》第80期，1924年8月27日，第5—6页。
② 《俄国工人学生发起对干涉中国与中国国民革命运动》，《读者之声》，《向导》第85期，1924年10月1日，第11—12页。
③ 《怎样实现国民革命?》，《读者之声》，《向导》第147期，1926年3月27日，第14—15页。

党宣传",此"国民党之幸""四亿同胞之幸"。① 郭瘦真将国民党和国民的关系比作"新婚夫妇",将列强比作"三姑六婆",国民党之言论为讨好"三姑六婆"而不注意修好与"夫君"之关系是"很危险的"。② 童炳荣希望国民党不要与"满清遗毒的北洋军阀"合作,应专注于"连〔联〕合国民来做国民革命运动"。③ 广东公立法政专门学校学生郭汉鸣针对共产党加入国民党有感而发,希望共产党的加入能够推动国民革命的发展。对于国民党内一些反共产党的人士,共产党应把他们当作"捣乱派、糊涂虫",希望孙中山对国民党内的"捣乱派、糊涂虫""严加惩办"。④

二、读者对国共合作与北伐的探讨

在国共合作问题上,《向导》的读者较为关注孙中山领导的广东国民政府的性质问题。有人认为孙中山也是军阀,对此,一些读者致信《向导》,指出孙中山与军阀的本质区别。广东公立法政专门学校学生郭真瘦〔瘦真〕从进化论的角度辨析孙中山进行的革命统一和吴佩孚进行的武力统一。他指出,孙中山领导的革命统一是"顺着进化潮流的,是为我中国民族争自由的",而吴佩孚的武力统一是"反革命的是退化的,是要做秦始皇般的专制帝君的",因此,学生应赞同孙中山的革命统一论,以求得中国的自由。⑤ 广东省立第一甲种工业学校学生童炳荣致信《向导》,指出有些人将孙中山当作军阀是一种误解。他认为,孙中山对于革命"有一种坚忍不拔的意志",应该将孙中山与北洋军阀区别开来。⑥ 广州美华学院的邓汉钟对广东学生界的某些学生反对孙中山护法大业深表不满,认为这些学生"实实在在缺乏群众的浓厚感情,热烈的牺牲精神和精确的判别能力"。⑦ 汕头嘉应学艺中学学生刘此生对苏俄支

---

① 《读者之声》,《向导》第34期,1923年8月1日,第6—7页。
② 《读者之声》,《向导》第34期,1923年8月1日,第7—8页。
③ 《读者之声》,《向导》第34期,1923年8月1日,第8页。
④ 《读者之声》,《向导》第31—32期,1923年7月11日,第15页。
⑤ 《革命统一与武力统一》,《读者之声》,《向导》第29期,1923年6月13日,第8页。
⑥ 《读者之声》,《向导》第31—32期,1923年7月11日,第15页。
⑦ 《读者之声》,《向导》第29期,1923年6月13日,第7页。

持中国国民革命表示怀疑,皆因以下三个方面:第一,中俄协定;第二,蒙古问题;第三,新经济政策。刘此生致函《向导》,希望得到回答。《向导》记者花了两期《读者之声》的篇幅回答刘此生提出的问题。《向导》将这些问题归为"苏俄与中国民族解放的问题"。《向导》回复称,事实上,苏俄对中国革命的支持不遗余力,但其触犯了国民党右派和军阀的利益,因此,国民党右派和军阀组织起来攻击苏俄。希望刘此生不要太在意,继续支持中国的国民革命运动。①

一些读者对于革命有着深刻认识。例如,宁一平对两种革命——革民众旧习性底命和革万恶军阀底命进行了层层推究,其观点颇具前瞻性。他认为,革民众旧习性底命"为重要","第一种革命不达到相当底程度,……第二种革命一定永远革不彻底",故需用"科学社会主义"谋"全社会生活底平允改善"和"扫荡人类利己基本罪恶底主义",从而"使两种革命根本解决"。②

在读者来信中,北伐战争也是关注度极高的议题之一。睢县的于枫冷认为,乡人对北伐存在两种不同的见解:第一,其子弟加入国民党的知晓国民政府,希望北伐能"解除他们所有一切痛苦,但他们却不想自己有什么动作";第二,不了解国民党,将北伐视为"南方人打北方人"。他希望《向导》能宣传北伐之意义。③张人杰致信《向导》,希望《向导》为维护北伐计,"望以后明辨事理,郑重立言,此间如确有不善处,不妨函电相绳,资为药石"。④符琭针对《论国民政府之北伐》一文中的观点提出了诸多疑问,希望《向导》能给予回答。⑤黄埔军校学生黄世见对《论国民政府之北伐》也存有疑问,故致函《向导》,提出了五个问题,希望《向导》能给予回答。⑥冥飞也

---

① 《苏俄与民族解放》,《读者之声》,《向导》第148期,1926年4月13日,第14—16页。
② 《两种革命的推究》,《读者之声》,《向导》第45期,1923年11月7日,第6—7页。
③ 《关于"北伐"之两种不同的观念》,《读者之声》,《向导》第167期,1926年8月15日,第14—15页。
④ 《读者之声》,《向导》第171期,1926年9月20日,第11页。
⑤ 《读者之声》,《向导》第171期,1926年9月20日,第11—12页。
⑥ 《读者之声》,《向导》第171期,1926年9月20日,第12—13页。

第九章 读者、报刊与政治的联动：《向导》的阅读史

不赞同《论国民政府之北伐》中的某些言论，因而致函《向导》，希望陈独秀予以解答。① 这些提问，从不同侧面反映出读者对北伐的性质、宗旨和价值存在疑问，希望《向导》能够澄清事实，说明理由，指引方向。

第五节 《向导》的社会动员与读者阅读反响

《向导》的社会动员机制主要表现在将马克思主义与中国的实际情况相联系，即《向导》推动马克思主义中国化的进程，从而促进了中小知识青年接受《向导》宣传的观念，并将其与现实结合起来，动员广大读者积极参与到大革命的洪流中。

一些知识青年被《向导》吸引，将《向导》的"思想资源"视为自己的"行动指南"，从而加入大革命。例如，朱德在德国时"更多的时间是花在细读《向导》杂志上"，通过阅读《向导》，朱德"也开始分析自己过去的生活和行动"。② 叶飞在厦门中山中学读书时，和同学互相"传看进步书刊，一起议论时事政治"，其中，《新青年》《向导》等刊物是叶飞"最喜欢看的刊物"。在《向导》等刊物的影响下，叶飞接触到马克思主义，并走上"革命之路"。③ 左权在好友宋时轮的介绍下，阅读《向导》，并且经常和同学讨论各种社会问题，相互激烈争论，为走上革命道路奠定了坚实的基础。④ 黄克诚在湖南第三师范求学时，就已阅读毛泽东在衡阳开办的书报贩卖部所出售的《向导》《新青年》等"革命报章杂志"，对新思潮产生兴趣。1924年，黄克诚认真阅读《向导》等革命刊物，渐渐认识到革命对改变中国的重要性，因而参加国民党组织。他又阅读了《共产党宣言》等马克思主义经典著作，最终"选定了马克思主义阶级斗争的道路，并决心去寻找中国共产党"。⑤

---

① 《读者之声》，《向导》第171期，1926年9月20日，第13—14页。
② ［美］艾格妮丝·史沫特莱：《伟大的道路——朱德的生平和时代》，梅念译，东方出版社2005年版，第183页。
③ 叶飞：《叶飞回忆录》，解放军出版社2007年版，第8—9页。
④ 左太北：《我的父亲左权——一个抗日英雄的成长史》，中国书籍出版社2014年版，第72页。
⑤ 黄克诚：《黄克诚回忆录》（上册），解放军出版社1989年版，第13—18页。

1923 年，恽逸群至上海，结识了共产党员杨锡类和陈叔璇，被推荐阅读《向导》《新青年》等刊物，他赞同《向导》提倡的"政治革命"。在《向导》的指引下，他的思想观念发生巨大变化。恽逸群回到常州后，积极宣传革命，"把《新青年》《向导》《共产主义 ABC》等中共刊物，偷偷地分发到一个个相熟的青年和共产党员手中"，有力地推动了常州革命的发展。① 五四运动前，聂荣臻看到《新青年》上介绍社会主义的文章，表示这些文章"众说纷纭，各有各的主张，无政府主义、社会民主主义也夹杂其间"，他认为这些办法"不能解决中国面临的问题"。直到看到《向导》，其中的文章"越来越多地涉及到中国现实的政治问题，对各种政治主张的分析，对军阀混战，都有具体的剖析"，使他的思想"起了比较大的变化"。② 莫文骅在广西省立一中读书时，在校的老师向学生介绍《向导》《新青年》《中国青年》等革命性刊物阅读，莫文骅在阅读了革命书刊和马克思列宁主义理论著作后，入团入党，成为一名坚定的共产党员。③ 滕代远在湖南省立第二师范学校求学时，在同乡兼同学滕代顺和滕代胜的影响下，开始阅读《向导》《新青年》等报刊，并且经常和他们"一起研究学习心得，探讨国家大事"，他"慢慢地对民族和国家的命运开始关注起来，有了自己的认识，逐步走进大革命的滚滚洪流之中"。④ 胡乔木在上初中时就读过《向导》等刊物，此后开始"倾向革命，向往马克思、恩格斯描述的共产主义社会"。⑤ 吴亮平在南洋中学求学时，就阅读了《向导》这一革命书刊，对学习"社会主义理论产生了兴趣"。⑥ 孙叔平将《向导》作为他的"日常读物"，并在左选右选之中，选中了拥护国共合作闹"国民革命"的道路。⑦ 孙席珍在《向导》《中国青年》等刊物上"仔细寻找真理，终于明确了只有信仰马克思主义，在共产党领导下，走社会

---

① 顾雪雍：《奇才奇闻奇案——恽逸群传》，上海人民出版社 1996 年版，第 24、31 页。
② 聂荣臻：《聂荣臻回忆录》，解放军出版社 1986 年版，第 8、26—27 页。
③ 莫文骅：《莫文骅回忆录》，解放军出版社 1996 年版，第 10 页。
④ 滕飞：《我的父亲滕代远——一生征战未下马》，中国书籍出版社 2015 年版，第 8 页。
⑤ 胡乔木传编写组：《胡乔木传》（上册），当代中国出版社、人民出版社 2015 年版，第 6 页。
⑥ 雍桂良 等：《吴亮平传》，中央文献出版社 2009 年版，第 4 页。
⑦ 北京图书馆《文献》丛刊编辑部、吉林省图书馆学会会刊编辑部编：《中国当代社会科学家》（第 3 辑），书目文献出版社 1983 年版，第 99 页。

第九章 读者、报刊与政治的联动:《向导》的阅读史

主义道路,才能救中国"。① 赵超构在浙江省立第十中学外的"小书铺"阅读《向导》。② 邓小平在法国勤工俭学时,就阅读过《向导》,并且将《向导》列为"过去常看的书报和杂志"之一类。③ 此外,一些女性读者,如向警予、陈铁军、焦琴、蔡碧衍、区夏民、许冰等,皆有阅读《向导》的记录。④ 许多中小知识青年通过阅读《向导》加入革命的行列,体现了《向导》在引领革命思潮方面的重要作用,说明了《向导》的社会动员机制对中小知识青年的影响。

在法国和俄国学习的经历中,对郑超麟影响最大的报刊非《向导》莫属。郑超麟在建立共产党旅法小组四个月后,收到从国内寄来的《向导》第1期。他读后披露:"我们大家都看了,都讨论了。"此后,郑超麟阅读了几乎每期《向导》。1923年,郑超麟在莫斯科东方大学求学时继续阅读《向导》。他记载:"收到国内寄来的《向导》更快,阅读也更方便。"很可惜,郑超麟未留下阅读《向导》的感受,但至少可以说,他接受了《向导》宣传的诸多观念,对他倾向于马克思主义产生了极大的影响。之后,他积极为《向导》写稿,撰写的《法兰西的"左联"与"工农联合"》一文发表于《向导》第74期。1924年9月,他回到中国,参与《向导》的编辑工作,完成了从《向导》的一名读者、作者向编者的身份转变。⑤

1927年,北伐战争打到上虞时,徐懋庸积极参加各类反帝反封建的运动。不特如此,徐懋庸还读了不少关于共产党的书刊。他回忆:"如《共产党宣言》、《左派幼稚病》,还有陈独秀著的《共产主义ABC》,布哈林著的《唯物史观》。有一套长江书店出版的《社会科学讲义》(原来是中共党校上海大学

---

① 北京图书馆《文献》丛刊编辑部、吉林省图书馆学会会刊编辑部编:《中国当代社会科学家》(第5辑),书目文献出版社1983年版,第129页。
② 赵则玲:《报界宗师——赵超构评传》,浙江大学出版社2009年版,第20页。
③ 中共中央文献研究室编:《邓小平年谱(1904—1974)》(上册),中央文献出版社2009年版,第28页。
④ 参见中华全国妇女联合会妇女运动历史研究室编:《中华女英烈》(第1集),人民出版社1981年版,《中华女英烈》(第2集),人民出版社1984年版。
⑤ 《纪念〈向导〉创刊七十周年(书面发言)》,郑超麟:《郑超麟回忆录》(下册),东方出版社2003年版,第219页。

的课本），有蔡和森、恽代英、瞿秋白等的著作，印得很讲究。此外，还经常看中共的刊物《向导》和《中国青年》，我对萧楚女批评国家主义派的文章《照妖镜下的醒狮派》（即国家主义派），特别爱读，觉得他文笔犀利、生动，与鲁迅的杂文有异曲同工之感。"读了这些书后，他"大开眼界"，虽"理解得很少"，但依然"根据所读的心得，到知识分子训练班去讲课"。① 因阅读较多马克思主义书刊，他的思想发生转变，倾向于共产党。

从以上读者阅读《向导》的例证中可以看出，他们深受这份刊物的影响，不少人选择了马克思主义这一救国道路，《向导》提供的"思想资源"与"概念工具"使他们认识到中国正在遭受帝国主义和军阀的压迫，加之国内军阀混战带来的影响，使他们完成了思想转变，从而投身中国革命的实践之中。

当然，也有读者对《向导》持负面评价。在巴黎的曾琦于1923年7月23日阅读《向导》后对陈独秀有如下评价："其人忽而主张超国，忽而主张造国，忽而主张宗教，忽而反对宗教，忽而主张共产，忽而主张民治，前后矛盾，不一而足，志慕孙中山，而无孙氏坚强之意志，行类梁任公，而无梁氏渊博之学问，然固已负海内之重望，为青年所推崇，则今日中国人才之缺乏可知矣，时局安望有转机乎？"② 从曾琦作为国家主义代表人物的立场来看，他对于中国共产党的理念持反对态度，对《向导》的宣传主张同样持反对意见。曾琦对陈独秀的看法有偏见在所难免。他回国后创办《醒狮》周报，与《向导》进行论战。颇为怀念旧学的朱鄂基于1927年3月27日阅读《向导》后认为："主义全系左倾，虽词理新颖，要为大乱之阶。"③ 朱鄂基阅读《向导》时正处于国共合作破裂前夕这一事件节点上，报纸上关于左右派之争的报道对他的理解和判断产生了一定的影响，故他有此评论。

---

① 徐懋庸：《徐懋庸回忆录》，人民文学出版社1982年版，第45页。
② 曾琦：《曾慕韩（琦）先生日记选》，沈云龙主编：《近代中国史料丛刊》（正编第2辑第19册），文海出版社有限公司1966年版，第57页。
③ 朱鄂基著，朱炯整理：《朱鄂生日记》（第3册），凤凰出版社2021年版，第850页。

第九章 读者、报刊与政治的联动:《向导》的阅读史

小　　结

　　《向导》早期的《读者之声》成为读者发表意见的"公共领域",充分体现了这份中国共产党机关刊物在公共讨论和政治传播方面所发挥的重要作用。中期的《读者之声》成为刊登读者来稿的平台,一些共产党员的来稿发表在《读者之声》上,《向导》成为各地国民革命运动的宣传阵地。通过《读者之声》,关于国民革命的一些问题得到较好的宣传,如孙中山推行的国民革命的合法性、国共合作的必要性、北伐的重要性等议题,获得了读者的广泛关注,起到了重要的舆论导向作用。

　　早期的读者阅读《向导》后,对《向导》的言论大多表示赞同。一些读者深受中国共产党政治主张的影响,通过思想改造成为马克思主义者,如广州读者郭瘦真、童炳荣、黄居仁,湖南读者宋先礼等。他们通过阅读《向导》,接受中国共产党的政治主张,学习马克思主义理论,在思想上不断接近中国共产党,在行动上倾向革命,并通过积极投稿,就反帝、反封建、反军阀的具体问题与编者展开深入讨论,形成读者、编者、作者的互动网络,推动政治宣传、社会动员和革命实践。《向导》在引导青年学生走向革命方面做出了积极贡献。

　　通过对《读者之声》的考察,既应看到《向导》对青年的引导和塑造,也应认识到《向导》在思想宣传和政治动员等方面的不足之处,如郑超麟冒充读者"马道甫"致函《向导》事件。① 虽然此事件产生的影响不及《新青年》的"双簧信"事件,但对读者而言,《向导》同人以读者之名赞美《向导》实为欺骗行为,他们认为《向导》上刊载的一些溢美之言并非完全符合事实。但瑕不掩瑜,《向导》的读者多为革命青年,许多青年学生通过阅读《向导》而对马克思主义产生浓厚的兴趣,将《向导》作为人生的"向导",

---

① 郑超麟在回忆录中提到冒充"马道甫"给《向导》写了两封信,即《马素博士的告密》《向导周报与上海外国捕房》。参见郑超麟:《郑超麟回忆录》(下册),东方出版社2004年版,第219页。

不断吸取其中的革命道理和政治观点，积极探索中国革命的道路，结合自己的社会实践。《向导》通过"投书"这一"公开信"的方式，集中讨论人生信仰、社会问题和革命理想，引发广大青年学子、知识分子的广泛关注，通过提问与问答的方式，形成以读者为中心的"阅读共同体"，进一步对广大读者进行思想启蒙、理论灌输和革命宣传，体现出《向导》对读者的导向作用。

《向导》倡导反对帝国主义、军阀混战，使更多读者很好地了解中国社会的性质和主要矛盾。尤其是直皖战争、两次直奉战争，让一些读者深恶战争却无可奈何。对此，《向导》提供的阶级斗争思想成为解决中国问题的关键。一些读者经历了从《新青年》到《向导》的阅读转变。《向导》不仅启蒙了读者，而且动员读者加入革命的队伍，为革命的发展添砖加瓦。这是其他报刊所不能比拟的。革命报刊阅读不仅引导读者思考，而且促使读者行动，从而推动中国革命进入一个新的时期。

第十章

学术性刊物与知识人的学术性阅读

经过五四运动的洗礼，各类新型知识分子加入办报的行列，直接推动了思想革命的兴起，也间接促进了学术性阅读的发展。彼时，政局变动频仍，一些传统士绅和知识分子在关注时局变动的同时，也产生了学术阅读的兴趣，从而提升他们的学术内涵和研究能力，促进学术思想的转化和传播，并通过这种方式来消解因时局产生的烦闷之情。这一阶段的知识人对学术阅读的关注和强化值得分析和考察。

第一节　知识人的学术阅读概述

1924—1927年，受军阀混战加剧和北伐战争的影响，知识分子不断被边缘化，中小知识分子的政治旨趣大为弱化，而学术性阅读得到进一步强化。阅读兴趣的转变对中小知识分子产生了重要的影响，知识分子的专业阅读和思想性阅读大大增加。随着新式教育的发展，尤其是分科化教育的推行，知识分子的类型化更为明显，他们的专业阅读更具学术色彩，而由于收入、专业、职业、兴趣的差异，他们的阅读内容、范围也更具个性。

一、传统士绅的学术阅读

传统士绅，指对五四时期提出的新观念、新主张持中立乃至反对意见的士绅阶层，大概类似于瞿骏提出的"老新党"。① 传统士绅的阅读范围新旧交织，其中不乏新式报刊，他们的阅读旨趣反映出这一群体的某些特征。

进士出身的徐兆玮是典型的新旧交织的"老新党"。他曾是维新运动和辛亥革命的坚定支持者，但坚决反对白话文运动。1923 年，曹锟贿选，身为国会众议院议员的徐兆玮对此表示反感和抗拒，南归常熟，从此无意政治，一心投身于常熟的文化事业中。之后数年，徐兆玮阅读刊物的特征非常明显，包括阅读像《科学》这样的学术性刊物。例如，1926 年 12 月 9 日，他阅《科学》第十一卷第六期《中国科学·史料号》中王国维《最近二三十年中中国新发现之学问》一文。文章认为近二三十年中国新发现之学问分五项："一殷墟甲骨文字，二敦煌塞上及西域各地之简牍，三敦煌千佛洞之六朝唐人所书卷轴，四内阁大库之书籍档案，五中国境内古外族遗文。"他认为此文"盖在北京清华学校为暑期学生讲演者，后附陈列书籍目录，足资考证"。② "足资考证"表明徐兆玮对待此文的态度是留待后续"考证"，这在一定程度上体现了他的阅读旨趣。徐兆玮还经常阅读《红玫瑰》等消遣类刊物。1924 年 9 月 14 日，徐兆玮购《红玫瑰》第六号一册、《小说新报》第七号一册，表示"无以消遣，聊伴岑寂耳"。③ 可见，他在阅读《红玫瑰》《小说新报》等报刊时带有明显的消遣意图。

余姚乡绅朱鄂基阅读《东方杂志》《小说月报》《创造周报》等刊物。总的来看，朱鄂基阅读《东方杂志》的记载较多，但他一般简要提及，没有阅读感受和反馈记录，因而难以了解他的阅读过程和内心感受。1924 年 7 月 23 日，朱鄂基从其侄处读到《创造周报》，记载该刊"系郭沫若主任，泰东书局

---

① 瞿骏：《老新党与新文化：五四大风笼罩下的地方读书人》，《南京大学学报（哲学·人文科学·社会科学）》2017 年第 1 期，第 80—81 页。
② 徐兆玮著，李向东、包岐峰、苏醒等标点：《徐兆玮日记》（第 4 册），黄山书社 2013 年版，第 2862 页。
③ 徐兆玮著，李向东、包岐峰、苏醒等标点：《徐兆玮日记》（第 4 册），黄山书社 2013 年版，第 2616 页。

第十章 学术性刊物与知识人的学术性阅读

出版"。8月3日,他阅《小说月报》后评论道:"中国文学研究的重要书籍介绍,其关于戏曲、诗歌等书目颇有未睹者。"① 相对于经常阅读各种报纸,他阅读刊物较少,尤其是思想性、学术性刊物在他的阅读总量中所占比重不高。

温州士绅张棡对小说类刊物情有独钟。1924年1月7日,他看《红杂志》所载《李飞侦探之古塔孤囚》一文,认为"极有趣味"。4月24日,他看《礼拜六》所载《香草美人》一文,认为"情节有味"。② 从字里行间可以看出,张棡对《红杂志》《礼拜六》等鸳鸯蝴蝶派杂志的阅读注重"趣味""有味",以休闲消遣为主。张棡还对报纸副刊所载一些小说比较感兴趣。1926年7月13日,他阅《日报汇编》中《金陵猫儿山冤狱》一文,因该案是"光绪丁丑年间发生,直至光绪壬午年始破案,凡承讯大员失入者,皆问罪谪戍,而参将胡某抵命"。同日,阅《说林》中《花牌楼之狱》一文,认为即是此案,但其中姓名"大半传闻失实"。③ 此类小说,颇有猎奇之意,兼谈历史掌故,他颇感兴趣。

值得注意的是,长期在中学执教的张棡对一些旧式的学术刊物兴趣颇浓。1924年9月14日,他检《庸言》报计二十六册,"竭一日工夫为各循各类分门编次",以便"闲时浏览"。该报由梁启超主编,继《国风》报而行者。张棡认为,其中门类分配不及"《国风》之有条理",然而有"精粹处",故继《国风》报而类编。④ 1926年4月14日,张棡至中华书局看《华国月刊》。该刊由章太炎主编,其中多"考据之作",如"唐大圆、但焘、黄侃等皆撰著之有价值者"。1927年6月15日,张棡阅《时报》得知王国维投昆明湖自尽。他回顾王国维的简历后写道:"王君长于国学,尤精龟甲文考据,其著述多散见于《国粹学报》及章氏《华国》、吴氏《学衡》各报中,与上虞之罗氏振玉、余杭之章氏太炎,均为

---

① 朱鄂基著,朱炯整理:《朱鄂生日记》(第2册),凤凰出版社2021年版,第592、594页。
② 张棡著,温州市图书馆编,张钧孙点校:《张棡日记》(第6册),中华书局2019年版,第2742、2776页。
③ 张棡著,温州市图书馆编,张钧孙点校:《张棡日记》(第7册),中华书局2019年版,第3075页。
④ 张棡著,温州市图书馆编,张钧孙点校:《张棡日记》(第6册),中华书局2019年版,第2815页。

吾浙灵光。"他认为，今日章太炎、罗振玉为"海上寓公"，而王国维"先厌世去"，可谓"世衰道微，邪说横行，哲人其萎，可胜悼哉！"① 张棡对王国维投湖自尽一事表示惋惜。他曾受教于经学大师孙诒让，对传统文化有着深厚感情，对于《庸言》《国风》等宣扬古文考据的学术性刊物自然心有所系。

张棡的温州同乡刘绍宽除了阅读《学衡》，还关注《华国月刊》。他读了但焘刊登于《华国月刊》上的《纲纪篇》一文后，大发学术感想，写道："谓国号民主，未尝无莽、操，未尝无卢杞、李林甫，未尝无外戚恩幸，未尝无藩镇交通。货贿所盗者，民众之财；命相置将所窃者，民众之柄。号令黜陟，不徇民众之好恶，而出于一二人之喜怒，非独坏民国之纪纲而已，乃并民国所以立纪纲者而坏之。"但刘绍宽并不赞同但焘的言说，认为："未尝无贪官污吏，未尝无豪强兼并，未尝无游侠恣睢，未尝无流寇叛乱，而受其荼毒者，无非借以所号召于民众者，曰国民、国民也，呜呼！吾民何辜而受斯世之毒？痛乎！""章氏生徒虽与孙中山皆出同盟会，而政见不同，如但焘限田均田制度论，皆指斥孙中山均地说之非，可谓较著详明。黄侃申《文心雕龙》'《文心》之作也，本乎道'之说，而驳文以载道之言未尽谛当。文以载道，戒饰虚车，言本无弊，不过枵儒借此自文，未免授人以可攻之隙耳。斥末及本，似觉矫枉过正。"② 可以看出，他对古代典章制度和历史文献有着深厚的功力。他的阅读心得颇见功底。

由此可见，一些传统士绅偏向于阅读守旧的报刊，尤其是对弘扬国学的刊物较感兴趣。这与他们长期受到传统教育的影响有关，也与他们平时博览古籍有关。同时，他们也读一些小说类刊物，聊以遣兴。他们对旧学甚为眷念，对古文和典籍有着特殊的感情。一些报刊尽管是新式媒介，但呈现的依然是旧学的内容，如《学衡》《甲寅》《庸言》等刊物受到传统士绅关注，与此类刊物的价值取向和读者定位有关。

---

① 张棡著，温州市图书馆编，张钧孙点校：《张棡日记》（第7册），中华书局2019年版，第3037、3192页。
② 刘绍宽著，温州市图书馆编，方浦仁、陈盛奖整理：《刘绍宽日记》（第2册），中华书局2018年版，第790—791页。

二、青年知识分子的学术阅读

青年知识分子一般接受了新式教育,受到新思潮的影响,对新式书报有着浓厚的兴趣。在青年知识分子的学术阅读中,王伯祥的阅读经历颇值得重视。1922年,王伯祥受高梦旦之聘,任商务印书馆历史地理方面教科书编辑之职。因工作之便,王伯祥可以经常阅读各类报刊,他1924—1927年的日记中有大量阅读报刊的记载。

王伯祥的阅读范围相当广泛,刊物主要有《小说月报》《文学》《学衡》《南国》《学灯》《东方杂志》《努力周报》《文史地》《学生杂志》《史地学报》《地学杂志》《星海》《民国日报·觉悟》《国学季刊》《醒狮》《甲寅》《现代评论》《民铎》《国学丛刊》《科学》《清华学报》《清华周刊》《语丝》《京报副刊》《莽原》等,几乎囊括了当时较有影响的专业性刊物。

对于五四新文化运动之后流行的四大副刊,王伯祥皆有所涉猎。1924年,柳诒徵的一些著述在《时事新报》副刊《学灯》上登载,王伯祥不太看好他的文章。2月12日,王伯祥在《学灯》上看到柳诒徵的演讲稿,表示"已续下了,只是未完",但他评价道:"已看够了,不必再看下去,实令我大失所望。"在王伯祥看来,柳诒徵所言中国文化皆是"君臣、父子、兄弟、夫妇、朋友五伦"而已,但这些"应该痛斥"。14日,王伯祥又看《学灯》"柳翼谋之讲演",认为柳诒徵之说"越说越没道理,只是三十年前老顽固的口吻,徒然叫人看他不起罢了"。王伯祥认为,柳诒徵的学说"不过茶坊酒肆的'三阿爹'说此,本没什么稀奇",虽是堂堂东南大学的教授,但"奈何也同此无聊",由此看来,"他的著作也够瞧了"。① 王伯祥对于柳诒徵的论点并不赞同,对其学术水平也评价较低。

王伯祥经常阅读《觉悟》《京报副刊》。1924年6月1日,他看《民国日报·觉悟》所载《青年科学》一文,其中谈及"神经衰弱的症象",他发表读后感:"我倒有什九犯着,宜乎心神不宁,时感没趣也。我在角直得失眠

---

① 王伯祥著,张廷银、刘应梅整理:《王伯祥日记》(第1册),中华书局2020年版,第19、20页。

症,此病已伏根。今稍烦于肆应,当然要加剧的。很可怕!"① 1926 年 2 月 26 日,他读《京报副刊》中吴稚晖所写《章士钊—梁启超—陈独秀》一文,"一气读毕",又看顾颉刚的《记京岳庙与苏岳庙七十二司之比较》,表示"亦看一过",② 但未谈及阅读感想。

对于其他流行刊物,王伯祥多有涉猎。1924 年 11 月 15 日,他读《醒狮》旬刊第六号,读后在日记中发表感想:"盖少年中国学会的同志所出,用以提倡新国家主义者,圣陶定阅,以其例赠者转送我也,中间颇有精到处,虽隘,犹胜于侈谈理想的主义也。我甚愿矢同情焉。"1925 年 10 月 12 日,他夜读周予同《经今古文之论争及其异同》一文,评价道:"甚佩精核。予同不常为文,偶得此,颇珍。"又读《莽原》周刊,见"豫材〔才〕(鲁迅)所作短文",他认为"极讽谏之能事,但微嫌过刻,宜乎树怨之多"。③ 1926 年 6 月 3 日,他夜读《科学》,指出翁文灏之《谈中国地质》"深入显出,至易领会",张其昀之《风俗论》则"尚未编完,见及之部分亦自可观"。10 月 28 日,他夜看《东方》和《清华周刊》,对所看内容进行总结:"梁任公讲演之《历史研究法》《儒家哲学》,最使我注意。陈震异之《大上海建设策》,外廓甚大而内容不充,殊令人失望。"④

王伯祥编辑《文学》杂志,故经常将《文学》与其他刊物进行对比。1924 年 1 月 19 日,他记载"玉诺送我《思明报》副刊《鹭江潮》",读后,他认为有转载《文学》者,"宜乎渠在厦门人皆目为文学会之宣传者而备受挤扼"。22 日,他在泰东书局为叶圣陶买得田汉主办的《南国》半月刊第一号,归而读之,感到"尚惬意",惬意之处在于"尤美者,印刷纸张都好",《文学》与之相比,"真是相形见绌",由此可见,他本意在于《文学》能够"脱

---

① 王伯祥著,张廷银、刘应梅整理:《王伯祥日记》(第 1 册),中华书局 2020 年版,第 68 页。
② 王伯祥著,张廷银、刘应梅整理:《王伯祥日记》(第 2 册),中华书局 2020 年版,第 388 页。
③ 王伯祥著,张廷银、刘应梅整理:《王伯祥日记》(第 1 册),中华书局 2020 年版,第 130—131、299 页。
④ 王伯祥著,张廷银、刘应梅整理:《王伯祥日记》(第 2 册),中华书局 2020 年版,第 422、468 页。

离《时事新报》自己印行",也仿照《南国》"这种款式"。① 1926年2月22日,他"为《文学》办理定报等事——今日开始为四报联定第一号"。这四报是"北京大学《国学周刊》《语丝》《新女性》《文学周报》"。他还特加说明:"今年起,四社联合代订,如一人同时选订二种以上者,例得八折。逆料前途,当有进展。"②

王伯祥不仅非常关注新式刊物,还涉猎传播传统学术的刊物。1924年5月16日,他读《国学丛刊》第二卷第一期,"深致不满",表示《国学丛刊》"越出越像课艺",对于《国学丛刊》创办方东南大学的保守也加以批评:"东南大学夙以守旧闻,其实连旧的实际也没有,守什么呢?他们最大的成绩,只是努力于反时代思想的宣传而已。譬如金陵学院的创行,全省中等学校国文教学研究会的发起,反而都含有此种毒素在内。"③ 1926年1月25日,他夜读《国学丛刊》第二卷第四号,认为:"首揭广告,谓将暂止于此,以后拟改为不定期刊也。此刊本不十分餍人,今且失据,可知东大之不振实一落千丈矣。"④ 言外之意,作为新派的王伯祥并不看好东南大学的"趋旧"的做法,认为其所办刊物难有作为。

比王伯祥小10岁的夏承焘尚处于学术探索阶段,他异常勤奋,除了阅读大量古典文献,还广泛涉猎各类学术刊物,在词学研究上已奠定坚实的基础。1925年,夏承焘阅读的刊物包括《史地学报》《国粹学报》《甲寅》《民铎》《学衡》等。6月,他在西安阅读了《史地学报》中《中国近三百年学术史》《与钱玄同论古史书》两文,特别是后文,他读后认为:"周代人心目中最古的人是禹,到孔子时有尧、舜,到战国时有黄帝、神农,到秦有三皇,到汉以后有盘古等,时代愈后,传说的古史期愈长。"针对顾颉刚提出的"层累地造成的中国古史",他认为"论甚奇韧",但有其合理性。8月,回到温州后,他阅读了《国粹学报》上章绛所著《原道(上)》一文。该文提出:"伊尹、

---

① 王伯祥著,张廷银、刘应梅整理:《王伯祥日记》(第1册),中华书局2020年版,第9、10页。
② 王伯祥著,张廷银、刘应梅整理:《王伯祥日记》(第2册),中华书局2020年版,第387页。
③ 王伯祥著,张廷银、刘应梅整理:《王伯祥日记》(第1册),中华书局2020年版,第61页。
④ 王伯祥著,张廷银、刘应梅整理:《王伯祥日记》(第2册),中华书局2020年版,第378页。

太公、管仲虽知道，其道盗也，得盗之情以网捕者，莫若老聃，而韩非最知老子。"又谓："汉文戾法，不能用老；诸葛治蜀，庶有冥府。《原道（中）》谓老之不尚贤，谓名誉、谈说、才气也；墨之尚贤，谓材力、技能、攻伐也。"12月2日，他阅《民铎》上刊载盛朗宣所作的《二千年前之大学》一文。该文"取四史及各杂书资料排比参考"，谓"汉时太学有寄宿生、特别生、外国留学生及半工半读制"，他读之"甚趣"。但他认为"半工半读不引《后汉书·梁鸿传》，梁鸿为太学生，学毕牧豕上林苑中"想必是"漏略不少，可补辑之"。① 这些有关古代思想史的述评，体现了他的学术功力。

从1926年开始，夏承焘阅读的刊物主要有《华国》《改造》等。1月5日，他读《华国》所载章太炎《书五礼通考后》一文，该文认为："曾国藩身仕异族，以此书另揭和亲一门，故甚重之，以为在马、杜二书之上。"又谓："秦桧后人由江宁徙无锡，秦蕙田为桧苗裔，此书重和亲，盖欲回护祖恶。"他读后评论："太炎在前清倡民族革命，故于曾文正甚肆丑诋，见于《章氏丛书》者不一而足，要皆非平情之论，今则尤可以不必。"对于章太炎在《华国》杂志中诋毁曾国藩，夏承焘并不赞同。3月10日，他阅《华国》所载《鞠躬改拜议》一文，认为"鞠躬本训谨敬，皇侃训曲身，误"。他指出："古礼跪不可复，而拜可复。共引各经注证十余条。"7月2日，他偶阅《改造》杂志中梁启超所作《中国韵文里头所表现的情感》一文。该文将情感分为"奔迸、回荡、蕴藉、象征、浪漫、写实诸种表情法"，引《诗经》以下"各代诗词曲实之"，"无甚精蕴，笔墨亦懈"。他评价此文"惟以表情法分类研究旧文学，别开门径，确有兴趣"。文中称："五胡乱华时，西北新加进数民族，文学界亦于温柔敦厚外另开伉爽真率一派。"当他看到《东方杂志》中汪国垣《读书举要》一文所提"开列国学书目"时，他认为"较梁任公所开更简当"。对于开列书单这种行为，他考证："此事始于龙翰臣、袁爽秋、张之洞，近人胡适之、章太炎等皆竞效之，所列举相因，无所

---

① 夏承焘著，吴蓓主编：《夏承焘日记全编》（第2册），浙江古籍出版社2021年版，第1124、1160、1243—1244页。

出入，甚厌看。"① 这些记载和评述，表明他具有很好的旧学根底，又有独立的学术批判精神。

1927 年，北伐正在如火如荼地进行，夏承焘在日记中除了记录北伐战争的进程，还通过阅读《新青年》《少年中国》《语丝》《国学》《北新》等刊物了解学界的动态，加强学术训练。4 月 9 日，他阅读《新青年》所载胡适的《易卜生主义》一文，摘录要点："易卜生于法律、宗教、道德三者，皆施极大胆之攻击，令人神旷。有二名言足记者，一曰：'不可泥服从多数之迷信，多数党常不及少数党之合理。'又曰：'世界最孤力者，常是最强有力者。'" 27 日，他阅读《少年中国》中恽震所译莫泊桑小说《月光》，比较感兴趣，在日记中摘录："一教主欲狙击其侄女与情人，出门见月而软化。"他认为，小说全篇虽短小不及二页，但颇为精妙，"写自然美感之力，妙到毫颠。描摹月色，直欲吸人入书缝中，窥此江光树影通明雪亮之夜景"。他认为该文"意、局、趣三者具备"，甚至将其视为中国人译外国小说"为第一"。6 月 29 日，他阅《语丝》杂志，表示"膏豚好骂，于学术无所发明，周作人、树人等主之"。11 月 2 日，他又阅《语丝》，对其内容进行点评："疑古玄同《废话》一篇，遍斥十三经，称文王为大军阀、姬大帅，周公为姬少帅，孔子为山东老学究、孔二先生，孟子为孟老爹，董仲舒为董道士。""《易经》除去一小部分很幼稚的哲学思想外，其价值功用等于问心处起课、关帝庙求签。孔子对于政治、道德、学问……皆无细密精心见解。"他认为："此等论调五六年前尚闻之咋舌，在今则句句可点头，廓清腐旧退化思想，并非悖谬之论。"相比之下，他对《北新》杂志的阅读较为轻松。11 月 3 日，他阅《北新》杂志，认为"鲁迅白话文，并剺哀梨，可谓爽快"。12 月 8 日，他阅《北新》杂志中鲁迅的《魏晋风度及文章与药及酒之关系》一文，认为"考何晏以后士夫服五石散事甚趣，此事未见他书考述"。② 从上述记录可知，"爽快""甚趣"等表述意味着他从

---

① 夏承焘著，吴蓓主编：《夏承焘日记全编》（第 3 册），浙江古籍出版社 2021 年版，第 1267、1313、1384、1490 页。

② 夏承焘著，吴蓓主编：《夏承焘日记全编》（第 3 册），浙江古籍出版社 2021 年版，第 1581、1593、1615、1677—1678、1678、1701 页。

《北新》杂志中获得学术知识的同时，也感到颇有趣味。

夏承焘还阅读《文艺史概要》《华盖集》《华盖集续编》《远生遗著》《塔·叛逆的女性》《热风》《红楼梦考证》等时人创作的著作或文论。1927年4月2日，夏承焘以三元半购买了下列新书："德国柯祖基《阶级争斗》，刘宜之《唯物史观浅释》，俄国郭范仑科《新社会观》，张资平《文艺史概要》，丁丁《革命文学论》，《中国革命问题论文集》，《新青年》杂志，《向导周报》等八九种。"他表示："年来寝馈古籍，于今世思潮反不明了，亦非善学之道。今日守旧者薄新而竺新者厌旧，皆坐懒惰不学之故，以后二者交修，不当畸倚。"① 可以看出，他的治学态度是：不仅要寝馈古籍，还要了解新学，达到兼收并蓄的目的。

夏承焘不仅关注鲁迅主办的《语丝》，对于鲁迅的作品《华盖集》《华盖集续编》《热风》等也有阅读兴趣。1927年4月11日，他读鲁迅的《华盖集》，认为该集"嬉笑怒骂，如吴敬恒，而无吴之太甚"。该集谓"读中国书时总觉得就沉静下去，与实人生离开，读外国书——但除了印度——时往往就与人生接触，想做点事，劝青年要少——或者竟不——看中国书，多看外国书"。与吴稚晖"不看线装书亦同其主张，总是过偏之语"，以夏承焘的经验观之，"客陕时大雪拥被读《阳明集》及颜习齐书，当为之绕室狂走，其可一概抹杀中国书不能兴奋意志！"此时，他对鲁迅作品持批判态度，但到了下半年，他对鲁迅作品的评价就发生了改变。10月20日，他阅读鲁迅的作品《坟》，高度赞赏："十语必四五语骂人。信手而书，体裁段落，皆非所顾。有阅至终篇，覆视开端，相距千里者。文体解放，至此极矣。极寻常语经其笔端，堪发大噱。下语深刻，俚文中时掺入文言句，若庄若谐，自成一派。"22日，他阅鲁迅的《小说旧闻》，表示此文"不如蒋瑞藻《小说考证》之详赡，间载蒋书已引者"。11月9日，他阅读鲁迅的《华盖集续编》，认为"周君文字近日有人比之为德国尼采，思想界之先驱者，然此编仍不免于骂人说笑而已"。21

---

① 夏承焘著，吴蓓主编：《夏承焘日记全编》（第3册），浙江古籍出版社2021年版，第1575—1576页。

日,他阅鲁迅的作品《热风》,评价为"笔意深刻,自成作风。自胡适等倡新文学至周氏兄弟辈起,乃成白话文学。下一语一字,沉思乙乙,有非文言所能达者。说理记事,允宜此体。然鲁迅好为嬉笑怒骂之词,习久亦复可厌。近见其以丽体为小序,楚楚动人,亦时杂游戏笔调"。① 可见,夏承焘逐步加深了对鲁迅作品的理解,高度评价其思想和艺术价值。

通过抄录学术性、思想性文章,夏承焘不仅了解中国近代学术的基本脉络,还逐步了解治学的门径和取法,为他在词学方面开展研究奠定了坚实的基础。换言之,仅是师范学校毕业生的夏承焘通过不断刻苦阅读,深入钻研,新旧并用,中外互通,才能在学术上崭露头角,成为一代词宗。在此过程中,新式报刊为他提供了重要的"概念工具"和"思想资源"。他凭借这些"概念工具"和"思想资源",去发掘新的学术观点和学术思想。他的这条道路,"是时代与个人的多种因素的综合作用的结果"。②

比夏承焘小2岁的张泰荣是奉化的一名小学教员,他立志为奉化的孤儿事业做出贡献。张泰荣虽受五四新文化运动的影响,但并未确立以学术为志业的职志,而是投入奉化的孤儿事业。因此,他阅读报刊的次数屈指可数。1924年1月3日,张泰荣记载阅读了《学灯·教育研究号》。7月1日,他又阅读《学灯》,表示《开倒车》《爱的研究》两文"学问渊深,获益良多"。③ 此类偶尔的学术性阅读,很难对他产生深刻的学术影响。这也从另一个角度证实,阅读量与知识量正相关,要成为一名知名学者,需要长期的学术训练。

第二节 知识分子的商务系刊物阅读

受五四新文化运动的冲击,商务印书馆改革,旗下的刊物亦纷纷革新,顺应新文化运动发展的潮流,进而推广发行,扩大影响。尽管《新青年》领

---

① 夏承焘著,吴蓓主编:《夏承焘日记全编》(第3册),浙江古籍出版社2021年版,第1582、1665、1666、1686、1692页。
② 钱志熙:《夏承焘先生早年学术道路试探》,《中文学术前沿》编辑委员会编:《中文学术前沿》(第五辑),浙江大学出版社2012年版,第1页。
③ 奉化市档案馆编:《张泰荣日记》(第1卷),宁波出版社2015年版,第100、128页。

时代之潮流，但改革后的商务系刊物仍占据较大的市场份额，有着较为广泛的社会影响。在后五四时期，不少读者记载了阅读商务印书馆刊物的情况。相对而言，他们对中华系刊物的阅读较少。这间接说明中华书局旗下杂志在与商务印书馆杂志的竞争中处于劣势。创刊于 1915 年 1 月的《大中华》杂志在出版了两卷之后停刊，其他刊物亦纷纷停刊。商务系刊物的发展，则通过不同读者的阅读经历得到证实。

长期在商务印书馆任职的王伯祥对商务系刊物的喜爱更不待言，他阅读频率较高的刊物是《东方杂志》。1924 年 4 月 1 日，王伯祥阅读《东方杂志》"二十周年纪念号"，认为纪念号"颇多有用之作"。当他阅读三四篇之后，感到"似比申报馆之《最近之五十年》为精要"。5 月 12 日，他阅《东方杂志》第二十一卷第六号中冯式权所著《北方的小曲》一文，评价此文"很不差"，或许会引起顾颉刚的注意，并且从此文的自跋知作者是"学理科的人，尤为难能"。他认为，如果是这样的话，则"毛子水有子嗣响"。13 日，他阅《东方·谶纬考》一文。6 月 21 日，他读《东方杂志》第二十一卷第九号中李笠的《国学用书撰要》和苍园的《我之所以异于佛者》，对于此类文章，他"看之聊当消遣"。8 月 4 日，他阅《东方杂志》第二十一卷第十二号中周守一所著《士气与国运》一文，认为此文"颇中肯痛快，近来有数文字"。他又看梁启超所著《清代学者整理旧学之总成绩》一文，次日记载续看梁文。12 月 4 日，他阅《东方杂志》中登载梁启超一文，并综合评论道："本期为清代的传记、谱牒、方志等学，讲来尚好，只是不免错误，竟误南浔镇为县名而置乌程之上，又以乌青镇归之苏州，似不能为自命大师恕也。"① 他在 1925 年阅读《东方杂志》的记录不多，而在 1926 年阅读颇为频繁。总体而言，《东方杂志》作为百科全书式的读物，对他吸纳新知有着重要影响。

徐兆玮一直是商务系刊物的忠实读者，从 1904 年阅读《东方杂志》开始，他每年都订阅商务系刊物。1924 年 4 月 15 日，徐兆玮至上海商务印书馆

---

① 王伯祥著，张廷银、刘应梅整理：《王伯祥日记》（第 1 册），中华书局 2020 年版，第 41、59、60、76—77、92、93、137—138 页。

定《东方杂志》《妇女杂志》《教育杂志》《小说月报》《少年》"共五种各一年"。1925年5月1日，他至中华书局购《小朋友》，至商务印书馆购《儿童世界》《儿童画报》，又定《小说世界》一年。① 徐兆玮所在的常熟与上海很近，又有铁路相连，因此，他往上海访友或公干之际，顺路前往商务印书馆订购杂志。

就具体的刊物类型而言，徐兆玮对《东方杂志》《小说月报》《教育杂志》《妇女杂志》《小说世界》等商务系刊物均有涉猎。就日记中出现的阅读频率而言，《东方杂志》居首位，他的日记中留有诸多关于阅读《东方杂志》的记录。1924年12月5日，徐兆玮阅《东方杂志》所载梁启超的《清代学者整理旧学之总成绩》，上有"张月霄金吾自撰年谱，书名《言旧录》"，他读后颇感兴趣，写道："此书不知刊入何种丛书，当访求之。"6日，他继续阅梁启超所撰文章，内载："所举有名诸志，如李慈铭之《光绪绍兴府志》、《会稽新志》，缪荃孙《荆州府志》《昌平县志》《民国江阴县志》，孙森楷《民国合川县志》，均未见，录目以待购求。"② 徐兆玮阅读的刊物中学术的成分居多，对于一些未见之著作，他总会访求找书。他在阅读时有抄录其中重要内容的习惯，并进行考证或点评。

针对所阅文章的观点，徐兆玮往往旁征博引，融会贯通，由此及彼，进行再度阐释。例如，1925年8月25日，他阅《东方杂志》第十三号中姚大荣所著《风怀诗本事表微》一文，"以《静志居琴趣》及集中诗附会之，引《晋玉诗话》，冯孺人之妹名寿常，字静志，谓其说甚误"。《风怀诗本事表微》指出《晋玉诗话》中关于静志的考据有误，错误之处在于"竹垞元稿虽以静志为题，而静志确非彼姝之字，乃系自彼姝摹写王子残帖中拈出"。他非常赞同作者的观点，认为："此解静志颇确，为篇中扼要处。"又如，1926年10月26日，他阅《东方杂志》第二十三卷第十七号，有"孟心史之《臧三

---

① 徐兆玮著，李向东、包岐峰、苏醒等标点：《徐兆玮日记》（第4册），黄山书社2013年版，第2571—2572、2682页。

② 徐兆玮著，李向东、包岐峰、苏醒等标点：《徐兆玮日记》（第4册），黄山书社2013年版，第2637页。

耳辨》"一文，据"《吕氏春秋》作藏三牙"，谓"伪撰《孔丛子》者，不明其故"，因"疑牙不可以两三计，遽改为耳"，盖"其胸中先横一鸡三足之底本"。他认为孟森的《臧三耳辨》一文"辨［辩］驳之理所言甚辨"，故他"因移录之"。11月14日，徐兆玮阅《东方杂志》第二十三卷第十九号中汪国垣《读书举要》一文，认为此文"盖嫌梁启超、胡适所论列，尚觉过多，而更约之，其导言谓芟其繁芜，补其漏略，共分七部：一纲领、二丛载、三稽考、四哲学、五史学、六文字、七文字学，其说亦多可采，如云近人《汉书艺文志讲疏》颇冗杂，备览而已，《中国人名大辞典》搜采颇富，惟不载明出处，亦是一病"。他总结"皆研究有得之言"。12月1日，他阅《东方杂志》第二十一号中姚大荣《辩画征录》一文，载"王石谷与吴渔山绝交事之诬考证，极细密，又辩叶廷琯《鸥陂渔话》，谓石谷之绝交因渔山入天主教，而非为借画不还"。他加上按语："渔山入教在康熙壬戌年，五十一岁矣，石谷果与绝交，则应自是年后不复往还，并姓字亦不复道及矣。"基于此，他认为"读书有得，非率尔空谈也"。①

对于一些常识性的"学识"，徐兆玮也会有厌烦之情，并认为"无烦另举"。1927年5月12日，徐兆玮阅《东方杂志》第二十四卷第二号中郑宗海《记忆阳历各月日数之捷诀》一文，载"七前单大，八后双大。盖七、八两月皆为大建，两月相连而为大建者惟此，自七上溯、自八下行皆大小相间，至于二月为二十八日，闰年则为二十九日"，他抱怨"又尽人皆知，无烦另举也"。②

徐兆玮在阅读《东方杂志》时，会抄录或摘录感兴趣的文章，在抄写之中感受学术的妙处。例如，1925年8月6日，《东方杂志》第十二号《新语林》栏目有《日本之机器说话》一文，载："人造的说话机不但是像留声机一样能够发音，并且可以按照文字的拼音，任人借这机器自由说话，第一个发明机器的人要算英国柏杰德爵士。"另有鲁彦《干爷和干妈》一文，载：

---

① 徐兆玮著，李向东、包岐峰、苏醒等标点：《徐兆玮日记》（第4册），黄山书社2013年版，第2714、2847、2853—2854、2860页。
② 徐兆玮著，李向东、包岐峰、苏醒等标点：《徐兆玮日记》（第4册），黄山书社2013年版，第2911页。

第十章 学术性刊物与知识人的学术性阅读

"湘乡还有一种拜干也极通行,拜讨饭婆为干妈,用红布写了干女的名字及生日,系在干妈的讨饭篮上,给了她一点旧衣服和饭菜,仍让她讨饭去。又有拜一匹大黄狗为干爷,给了它一碗肉骨拌饭,又叫孩子在大黄狗面前跪下去叩了个头,喊了一声干爷。通俗以为孩子越贱越易养,所以湘乡的富贵人家多令儿子作狗崽。此外还有拜牛为干爷的,相传凡孩子脱了牙齿不生的,做了牛崽,便会生出来,此亦异俗也。"又如,1926年5月7日,《东方杂志》第二十三卷第三号中谢冠生《历代刑法书存亡考》一文"颇详赡",载:"参用法人比雷及日本人浅井虎夫二氏所著书,比雷氏所著见《法国远东学校丛书》,浅井虎夫氏所著见《京都法学会研究丛书》。"[①] 徐兆玮抄录此类文论或因兴趣所致,或为研究所用,或有助于他藏书所用。

在徐兆玮涉猎的商务系刊物中,《小说月报》占据十分重要的地位,1924年之后数年,他均有大量阅读记录。例如,1925年4月12日,他阅《小说月报》第十六卷第一号上郑振铎《文学大纲·中国戏曲的第一期》一文,得知所列参考书目有元刊杂剧三十种,特地写道:"日本有影印本,近上海朴社亦有影印本,此书未见,当购求之。"14日,他读《小说月报》第十六卷第二号上郑振铎《文学大纲·中国小说的第一期》一文,对其中小说版本进行考究:"清光绪中敦煌石室发见[现]唐五代人钞本小说数种,其中如目连入地狱故事等,现藏于京师图书馆;如《唐太宗入冥记》《秋胡小说》等,现藏于伦敦博物馆;其后有《梁公九谏》叙狄仁杰谏武后事,为宋人所作;又有《大宋宣和遗事》,见于《士礼居丛书》中。近来又有《京本通俗小说》《新编五代史平话》《大唐三藏法师取经诗话》等三种,陆续刊出,最古的白话小说现在所能得到的已尽于此了。"1926年5月17日,他阅《小说月报》第十七卷第二号上郑振铎《文学大纲·中国小说的第二期》一文,认为"考证颇详",[②] 并摘录其核心内容。由此可见,他颇为关注小说流变和版本,阅读相

[①] 徐兆玮著,李向东、包岐峰、苏醒等标点:《徐兆玮日记》(第4册),黄山书社2013年版,第2708—2709、2792页。

[②] 徐兆玮著,李向东、包岐峰、苏醒等标点:《徐兆玮日记》(第4册),黄山书社2013年版,第2676、2677、2795页。

关文献之后,会引经据典,详加考究,进行互文性研究,提出自己的观点和学术心得。

徐兆玮还经常阅读《小说世界》。《小说世界》创刊于1923年,与商务系其他学术性刊物不同,《小说世界》以"只取立意高尚,有艺术趣味"为宗旨,① 颇能打动徐兆玮。1925年12月30日,徐兆玮阅《小说世界》第十二卷第六期中烟桥所撰《祝枝山考》一文,读后综述其内容:"枝山生而枝指,故自号枝山,又号枝指生。《三笑》谓伯虎六指,张冠李戴矣。又《三笑》谓枝山在杭州书'今年真好晦气,全无财帛进门'两语于春联,遂起诋让,评理明伦堂,此亦伯虎事也,见王道衡《私记》。此二条可入小说考证。"他又阅第十二卷第九期中徐仲可所写《纯飞馆笔记》一文。该文指出:"我国古昔早有影戏,萌于汉,成于宋,惟非以生人演之,有类傀儡戏耳。"1926年5月3日,他读《小说世界》后摘录烟桥《宋江与方腊》一文,并透露:"可摘入《黄车掌录》。林琴南长篇创作尚有《京华碧血录》及《巾帼阳秋》两种。《容膝轩寻梦录》记洪杨时事颇有可资谈助者,为郑子愚所作。蒋孟洁著《小说考证》及《小说考证续编》《小说考证拾遗》,为读小说者参考之书,今又撰《小说枝谈》一种,不久将在本刊发表。"1927年2月13日,他读《小说世界》第十四卷第十八期中胡寄尘所撰《乩仙始末》一文。该文认为:"乩仙确有一千五百年以上之历史,然'乩'字之出现则不过三百余年,盖满清以前皆作'箕仙',而又作'乩仙','乩'字似亦不见于他书,疑清以前无此字也。"但他认为:"胡氏说实不确,即征之《康熙字典》乙部,乩下引《说文》:卜以问疑也。《通典》:西国用羊卜,卜师谓之厮乩。"基于此,他质疑道:"胡氏何不一检而妄断谓清以前无此字耶?"② 徐兆玮对胡寄尘关于"乩仙"的考证产生怀疑,认为胡寄尘的考证不够严谨,有错讹之处。此类批判式阅读,体现出他深厚的文史功底和考据功夫。

徐兆玮的日记中还有阅读《妇女杂志》《教育杂志》的不少记载。例如,

---

① 《本社启事》,《小说世界》1923年第1卷第1号,第1页。
② 徐兆玮著,李向东、包岐峰、苏醒等标点:《徐兆玮日记》(第4册),黄山书社2013年版,第2755—2756、2791、2882页。

第十章 学术性刊物与知识人的学术性阅读

1926年4月20日,徐兆玮阅《妇女杂志》第一号中经庵所著《歌谣中的家庭问题》一文,文章内容"分她的父母、她的姊妹、她的媒妁、她的公婆、她的小姑、她的丈夫、她的兄嫂、她的儿子、她的舅母与继母"等章节,他表示"分类颇有趣味"。7月24日,他阅《教育杂志》第十八卷第六号,读后特地记载:"商务印书馆原有涵芬楼为藏书之所,今东方图书馆即合楼中旧储及新购之书而成。涵芬楼先后得会稽徐氏镕经史斋、长洲蒋氏秦汉十印斋、太仓顾氏谀闻斋、北平盛氏意园、丰顺丁氏持静斋、江阴缪氏艺风堂诸家旧本,而于东西名家撰述及岁出新书历年购取亦多,故得今时之巨观也。"① 徐兆玮颇爱藏书,当他得知《教育杂志》中有藏书楼之消息时,便抄录于日记中。

夏承焘也广泛阅读商务系刊物,如《东方杂志》《小说月报》《教育杂志》等,他曾长期购阅。1927年4月,他连续几日阅读《东方杂志》。12日,他阅读《东方杂志》"国际现势号"。该文认为"近日世界政治重心由西方移至东方,以中国为国际外交最后鹄的",并分析原因有四:"一、自《罗加拿公约》签定德、法携手,欧洲暂无列国冲突危险,专意经营东方。二、英、美与法、日两派在华利益冲突。三、苏俄对欧西资本主义国取侧攻战略,联络东方弱小民族,引起列强注意。四、中国民族独立运动日益膨胀。日本人口平均每年增七十万人,八十年后当现在之二倍,领土平均每人止[只]得九亩十三步,收获不过七十四元。""国际现势号"对国际国内形势的分析,令人耳目一新。在夏承焘的日记中,对于中国时政问题的记录以军阀混战为主,但"国际现势号"将中国问题视为国际问题的重要核心,促使夏承焘连续几日阅读"国际现势号"。他又读金岳霖所作《美国》一文,该文述"美国国情,庄谐杂出",他赞叹"可作教材"。13日,他阅彭学沛《国际的新局面》一文,该文述"法、德携手及欧洲列强嫉视美国",他认为此文"笔古甚超脱,且饶兴趣",并且"法国每人负债一万三千佛[法]郎,足见其战后财政之困窘"。15日,他阅楼桐荪的《法兰西之现势》、何作霖的《棒喝主义下

---

① 徐兆玮著,李向东、包岐峰、苏醒等标点:《徐兆玮日记》(第4册),黄山书社2013年版,第2788、2818页。

之意大利》两篇文章，还将何作霖文章的核心内容摘录如下："激烈派社会党首领慕沙［墨索］里尼以一铁匠之子，由小学教师一跃而为首相，以其暴力威服全国，自命拿波仑，论者以为欧洲二次大战之导线。"夏承焘由墨索里尼联想到中国今日之形势，表示"亦以棒喝为盾，深惧将有蹈慕氏之往武者"。①

到1927年年底，夏承焘还阅读了《小说月报》《教育杂志》等刊物。11月13日，他读《小说月报》中胡寄尘所作《续镜花缘》一文，评论此文"'伉俪国'题目甚佳，结构欠密，文笔亦懈"。15日，他阅读《小说月报》"中国文学研究专号"，并记载该专号刊载的文章作者和题目："张友鸾《西厢记的批评与考证》，谢康《西厢记的考证问题》，日本盐谷温《中国小说概论》，谢无量《明清小说论》，沈雁冰《中国文学内的性欲描写》，严既澄《韵文与骈文》，陈垣《十四世纪南俄人之汉文学》等。"16日，他读"中国文学研究专号"下册。12月4日，他摘录了"中国文学研究专号"的部分文章，并评论："刘大白《中国诗的声调问题》，主不尽废平仄，欲以轻重声，易平实平、曲折之抑扬。台静农《宋初词人》、郑振铎《研究中国文学的新途径》，皆可浏览。"5日，他阅《小说月报》中郭绍虞《中国文学演进之趋势》和《赋在中国文学史上的位置》两文。② 可以看出，他主要关注文学的发展趋势。这与之后他选择词作为研究对象有一定关系。

作为教师的夏承焘阅读《教育杂志》后，会对教育问题发表看法。例如，他对丰子恺的《无学校的教育》一文颇感兴趣。该文译自日本西村伊川吾子的《学校》一文，文中极言"学校教育之流弊"，谓"社会可不需学校"。该文讲述了西村教育子女的方式及成果："西村身任日本私立学校文艺院院长，而八子一女皆受家庭教育，不入学校，长女十一岁能著童话出版。西村主子弟在家半工半读，女子则兼理家事，不必入学校。"夏承焘读后认为："此虽

---

① 夏承焘著，吴蓓主编：《夏承焘日记全编》（第3册），浙江古籍出版社2021年版，第1583—1584、1584、1587—1588页。
② 夏承焘著，吴蓓主编：《夏承焘日记全编》（第3册），浙江古籍出版社2021年版，第1688、1689、1690、1698、1699页。

第十章 学术性刊物与知识人的学术性阅读

极端之论,然学校沮[阻]滞天才,流弊昭然。中国女子学校尤极无谓。"①

一些读者对商务系刊物的阅读具有选择性。例如,张棡对《小说月报》情有独钟,他的日记中较多地记录了阅读《小说月报》的经历。1924年8月15日,他阅《小说月报》所载《周小仙棋谱》一文,读后感叹:"觉其勾心斗角,殊见妙远之致。"16日,他读《小说月报》中《陆沉集》《百尺楼》两文,认为"清初文字之狱惨核少恩",以至"侠女报仇,须眉有愧",此亦"人生之快事"。②1927年4月13日,他读《小说月报》中《清宫词》《济泰游记》《菩萨谈》等文,认为描写"丘八之骚扰,僧尼之惊慌,地绅之议论",颇"淋漓尽致"。③这些零散的述评,说明张棡对《小说月报》的一些文章有着深入解读,并留下了深刻印象。

张泰荣也经常阅读《小说月报》。1924年11月25日,他阅《小说月报》中《别后》《牺牲》两篇,表示"真为凄然生感";晚阅《小说月报》中《炮火之花》《破寨之夜诗选》两篇,不禁泪流满面。1925年5月4日,他捧读《小说月报》,认为该刊的文章"同样有增悲之魔力,以惯弹悲调者,而又周旋于悲愁书画中,使我黯然销魂,郁得天空都沈沈[沉沉]的了"。19日,张泰荣阅《小说月报》中《父亲》一章,其中说"无母之痛苦,纸上滴滴是泪痕",他阅后"不禁放声大哭,弃书不忍再读了"。6月2日,他阅《小说月报》中王以仁《落魄》一文之后,感到"贫苦的压迫,真有立时致[置]人于死地的魔力,同时并战兢自检的重加一番节俭的热烈心肠"。④此类阅读感想在张泰荣的日记中有不少记载。

值得注意的是,张泰荣还将《小说月报》中的一些小说编为剧本。1924年12月25日,他表示所编剧目《一个逃兵》原稿取自《小说月报》。1925

---

① 夏承焘著,吴蓓主编:《夏承焘日记全编》(第3册),浙江古籍出版社2021年版,第1698—1699页。
② 张棡著,温州市图书馆编,张钧孙点校:《张棡日记》(第6册),中华书局2019年版,第2808页。
③ 张棡著,温州市图书馆编,张钧孙点校:《张棡日记》(第7册),中华书局2019年版,第3167—3168页。
④ 奉化市档案馆编:《张泰荣日记》(第1卷),宁波出版社2015年版,第148、184、186—187、190页。

年 5 月 5 日,他编剧《牺牲》,"内分四幕,情意绵邈,兴趣奇郁,颇有价值",此剧的原稿也取自《小说月报》。①

第三节 《学衡》《甲寅》的传播与阅读

后五四时期,《学衡》《甲寅》的传播与阅读值得关注。一方面,《学衡》《甲寅》总结了新文化运动以来的得失利弊,使读者对新思潮有了更深一层的了解;另一方面,《学衡》《甲寅》以"守旧"的形象呈现于读者面前,受到反对新文化运动读者的关注,这些读者对于《学衡》《甲寅》持支持态度,热衷于阅读旧式刊物,表明对传统文化有着深厚的眷恋。

《学衡》创办于1922年,以"论究学术,阐明真理"为主旨,本质上反对新文化运动。《学衡》的主张受到一些对新文化运动持保守意见的人的关注,像张棡、刘绍宽、夏承焘、王伯祥等都认同并赞赏《学衡》的宗旨。

1926年4月12日,张棡至中华书局买《学衡》杂志第41—49期,其中缺少第43期。他阅后赞赏该刊"内容甚佳",因而先购八本,其25至40期,"容俟托店友补购之"。5月1日,他看《学衡》中《学者之术》一文,认为该文痛抉近日学风之弊,"言言警切,字挟风霜,名作也"。7月14日,他再阅《学衡》中《希腊文学史》和《五百年前南京国立之大学》两篇,认为"精博有味"。17日,他阅《学衡》中《西塞罗说老篇》一文,赞叹该文"语颇旷达"。22日,他读胡先骕评胡适的《中国五十年文学》一文,以为诛心之论,称道该文"驳辩痛快,语语切理",而胡先骕抵抗胡适,犹如"太公诛华士,孔子戮少正卯,邪不胜正,物理之常,造物固具有一种婆心"。23日,他看《学衡》中《再论我之中国文学观》一文,该文批驳"胡适之八不谬说",他认为该文如同"基洞穿七扎,丝毫无可躲避","令人一读一击节"。11月27日,他读《学衡》中《新文学之痼疾篇》一文,该文批驳《东方文库》中"所引诸谬说",他读后极其"痛快"。与之相比,他对《东方文

---

① 奉化市档案馆编:《张泰荣日记》(第1卷),宁波出版社2015年版,第154、184页。

第十章 学术性刊物与知识人的学术性阅读

库》的看法则大打折扣。《东方文库》是商务印书馆《东方杂志》之汇编，五六年前的《东方杂志》编辑"尚有价值"，因近来"以白话为宗旨"，所辑者皆"浪漫恶派"，张㭎表示"久不欲观"，"宜其为《学衡》所纠"。①

刘绍宽与张㭎有着类似的感受，对《学衡》的主张表示赞同。1925 年 5 月 1 日，刘绍宽阅《学衡》第三十八册，比较看重《评进化论》一文，写道："皆予数年前所欲言而不敢出者。盖欧战之后，欧洲学说变迁，始敢昌言而排挤之。自达尔文等说出，酝酿数百年，而成欧战，创深痛巨，始觉其谬。而我孔孟之说幸未澌灭，或可因此而流入欧洲，普遍世界，此亦天不丧斯文之一征也。"可见，他非常赞同以孔孟为主的传统文化，认为传统文化至少没有引发像欧洲那样的战乱。1926 年 5 月 28 日，他又阅《学衡》，认为柳诒徵的《中国文化史》一文"甚佳"。②刘绍宽比较看重中国传统文化，认为中国传统文化有救世的因子，能够产生强大的文化凝聚力。

夏承焘认为《学衡》极端地反对"胡适诸人新文体"的说法是"偏激之论"。他虽然并不认同《学衡》的偏激之论，但会对《学衡》的一些观点进行辨析。例如，《学衡》第六、七、八期中关于"严复与友人札，自辨帝制列名之诬"和"论欧战，逆意德人必败"之言论，他认为"无不先见之明"；关于中国衰弱的原因，"由上无循名责实之政，深切周至，洵确论"。又如，《学衡》所载刘永济《中国文学通论》一文，他认为："重形文字之缺点，为文摹写人声，弃字形于不顾，致用字无准的，字义混淆。"③

王伯祥总体上认为《学衡》"颇可观"。1924 年 2 月 29 日，他至中华书局购买《学衡》第二十六期，"中有袁同礼之《永乐大典考》及武昌高师所出之《文史地杂志》一卷一号各一册"。又因《文史地》中有夏孝諴的《南

---

① 张㭎著，温州市图书馆编，张钧孙点校：《张㭎日记》（第 7 册），中华书局 2019 年版，第 3035、3044、3076、3077、3079、3079—3080、3120 页。
② 刘绍宽著，温州市图书馆编，方浦仁、陈盛奖整理：《刘绍宽日记》（第 2 册），中华书局 2018 年版，第 782、822 页。
③ 夏承焘著，吴蓓主编：《夏承焘日记全编》（第 2 册），浙江古籍出版社 2021 年版，第 1245、1248 页。

北朝经学概论》,他认为该刊"颇可观览"。①

与《学衡》同样"守旧"的《甲寅》也受到一些读者的关注和喜爱。1925年,时任司法总长兼教育总长的章士钊创办《甲寅》。该刊注重弘扬传统文化,坚守人文精神。徐兆玮对该刊颇有期待。1925年9月24日,他第一次读到《甲寅》第九期中《光宣诗坛点将录》一文,在日记中透露:"欲观其全,闻振华书局寄售,往索之,前数期已罄,只得十号一册。"其中有"孙雄为专一把捧帅字旗一员地健星险道神郁保四"的表述,他认为"可为谑而虐矣"。28日,他读《甲寅》第十期中《书林丛讯》一文,文中提到"龙门造象[像]虽为巨观,然其制作之奇玮,与夫历史关系之巨大,终不若大同之武州石窟尤为震铄古今。宣颖与近人陈垣均有撰记,日本山本照相馆有摄影,缘轮轨之便,闻风瞻拜者遂多"。据《梦碧簃石言》所述,"则巩县石窟寺为时虽稍后,其可宝亦不在武州之下"。据武氏《授堂文集》称,"其最早者题普泰元年字,是为魏节闵帝,然则巩寺后于龙门,而龙门又后于武州也"。他读完该文后,颇受启发,并透露:"武州石窟撰记未见,当访觅之。"②

为阅读完整的《甲寅》,徐兆玮开始四处搜求,以求完璧。9月29日,徐兆玮收到吴季英寄来的《甲寅》第一、二、三期,又复函拟订阅半年。他读完《甲寅》周刊前三期,指出"所为《毁法辨》《代议非易案》《科举议》均在其中,欲废代议而复科道,宜首其主张总统制也"。他认为虽然章士钊"专制君主悬于心目,不自觉其言之迂谬",但赞成章士钊提出的"学生考试"观点,认为"非由学校出身者亦得保送,恐又开一幸进之门耳"。10月9日,徐兆玮于天禄阁得到《甲寅》第七、八期两期,"始得睹汪国垣《光宣诗坛点将录》之全,其配合虽未的[得]当,然光宣诗人十得八九矣"。③ 从他对该刊的点评中可以看出,因政治失意,他寄情于读书,希望在学术上有

---

① 王伯祥著,张廷银、刘应梅整理:《王伯祥日记》(第1册),中华书局2020年版,第27页。
② 徐兆玮著,李向东、包岐峰、苏醒等标点:《徐兆玮日记》(第4册),黄山书社2013年版,第2722、2723页。
③ 徐兆玮著,李向东、包岐峰、苏醒等标点:《徐兆玮日记》(第4册),黄山书社2013年版,第2723—2724、2726页。

所成就。这可从曹培根所著《徐兆玮著述考》知徐兆玮钟情于读书著述。①

此后，徐兆玮频繁地阅读《甲寅》。在 1926 年的阅读经历中，徐兆玮较为关注《甲寅》中《说林》栏目。1 月 9 日，他阅《甲寅》第二十四期《说林》上载曹孟其所撰文章，他摘录其文云："袁太常等庚子之死，其疏稿流传外间，极为人所称颂。瞿止庵当宁时，遍求档案，竟不可得。故太常门人章梫为太常立传，不肯载抗疏事，盖太常既殉国难，皆欲成其美名，故代撰是奏，揭之报纸，或曰即其家人为之尔。"他认为："太常疏稿有石印本，盖为而未上者，曹云代撰，亦未确。"29 日，他阅《甲寅》第二十七期《说林》，曹孟其云："近日盛行同善社之道，既有类于朱方旦，又有合于黄天教。"徐兆玮对此表示怀疑："阳虎似孔子耶？人出于羊人耶？"又见"书肆有《中国黑幕大观》"，载"燕栖楼主所述之灯花教"，故"其异同之迹殆俨然可辨"。他认为"其文冗长，因如新、旧书唐［唐书］合注例，区为上下，节次如左，今录其一条"。又见"道光六年首创者为一妇人。道之见存统师，据传道者云，为十六世祖。如用呼毕勒罕例，则首创者当在朱方旦以前。用衣钵例，则远为朱方旦，近者道光六年之妇人都无不可"。徐兆玮对此较为感兴趣，表示"今同善社遍国中矣，而发其覆者实鲜，录此条以俟搜访"。30 日，他阅《甲寅》第二十六期《说林》，曹孟其云："王先生告余所选古文辞，江浙人颇有违言，以为偏袒湖南。"又云："周星叔、孙子余用力不多，即王先生亦以为看同乡面子。"徐兆玮表示"李越缦日记亦曾言，其未录宗涤楼为不备，是同时友朋早有指摘也"。② 可见，徐兆玮阅读《甲寅》更在意该刊的学术性，这与他阅读商务系刊物的目的如出一辙。

此类阅读记录在徐兆玮的日记中还有很多。例如，2 月 25 日，徐兆玮阅读《甲寅》第二十九期上蔡文镛函，他特别提及："《四库全书·十三经注疏正字》八十一卷，仁和沈廷芳撰。"通过徐兆玮的考证，"此书作者实为嘉善浦镗"。他接着补充道："镗，嘉善廪贡生，其于《十三经注疏正字》创始于

---

① 曹培根：《文学书香录》，江苏教育出版社 2014 年版，第 190—197 页。
② 徐兆玮著，李向东、包岐峰、苏醒等标点：《徐兆玮日记》（第 4 册），黄山书社 2013 年版，第 2758、2764 页。

乾隆戊午，六易稿而成。镗与沈廷芳为挚友，殁后廷芳许为付梓，故廷芳为镗作传，曰《正字》书存余所，故人苦心，会当谋诸剞劂，芳得附名足矣。"而镗弟铣作《秋稼吟稿序》，有曰"《正字》书沈椒园先生许为付梓，今已入《四库全书》，而非兄之名也"。根据这些例证，"《正字》书非出诸沈氏手，决无可疑"。考究"阮氏《注疏校勘记》多引浦镗说"，盖"即采自《正字》"，是"阮氏已知其非沈所著"。他认为"此可补蔡所未及"。又如，3月29日，他阅《甲寅》第一卷第三十四号《孤桐杂记》后记载："亡友张咏农以重金购得何贞老日记十余册，迹近神亡，其涂改处尤见钞手癖习，愚断为子弟录副之本，非真物也。但以咏农极其珍视，且欲以原价出脱，愚因未敢直言，今其人往矣。近在易寅村处亦见相类何书，愚偶不慎以实语之。寅村大不怿，因各他品不尽示愚。可见赏鉴中直道之不易行也。"徐兆玮进一步论述："翁文恭师日记中搀伪迹，人多不信，惟孙师郑亦力主是说，今读孤桐所记《猿叟日记》，为子弟录副之本，益可证文恭之日记不尽足据也。"正在阅读《翁文恭日记》的徐兆玮，当看到《猿叟日记》有作伪之嫌时，联想到《翁文恭日记》是否也存在作伪嫌疑，由此似可辅证《翁文恭日记》"不尽足据"。4月22日，徐兆玮读《甲寅周刊》第三十四号上梁启超著《中国历史研究法》一文，认为此文"颇为日本史家桑原骘藏所讥讪，中有纪阿拉伯人，所记录者一事甚为谬误"。他读《甲寅》第三十五号后概述："郑逸梅所著短篇笔记《梅瓣集》，一百二十二页载梁启超著《清代学术概论》一书，独乾隆诗人袁、蒋、赵三大家，以赵为赵执信。"他认为："此误也，执信即秋谷，在三人之前，任公偶然笔误，重版时当更正之。"① 可见，徐兆玮阅读《甲寅》时非常注重其学术性，往往根据文章内容进行对比、考据和阐释，对其中存在的舛误加以辨识和纠正，体现出他的严谨的学术态度和深厚的学术功力。

1927年《甲寅》复刊后，徐兆玮经常阅读该刊。例如，1月15日，他读《甲寅》中赵淦《救济粮荒之治标策》一文后记载："急谋粮食产量之增加、

---

① 徐兆玮著，李向东、包岐峰、苏醒等标点：《徐兆玮日记》（第4册），黄山书社2013年版，第2771—2772、2782、2788页。

价格之平落尤为今日要务,其道维何,则厉行粗粝食料是也。米麦对人体滋养之主要成分多在外皮,已为世人所公认,吾人所倚为主要食品之精米白面,菁华已去,徒饶渣滓,取快口腹,失吾人需食之本计。今若我国悉以全麦制为面粉,制米亦仅限于碾去谷皮,则面粉产量可增四分之一,米量可增八分之一,均之为增多共量六分之一,则是每岁增益之量已足为今日不给之量之七倍而强。"他认为"义极精审,非实有见地者不能言"。又如,3月7日,他阅《甲寅》第四十三号,上载苏报案旧事:"章太炎狱中与吴君遂、张伯纯书,又致吴君遂书,于苏报案可称信史。行严亦报中主撰,名捕独免此,办案者江苏候补道俞恪士力也。"章士钊跋云:"是案本六人,号六君子,实则除章、邹外,惟龙积之略有时望。余三人,一陈仲岐,为苏报馆主陈梦坡之子;一陈吉孚,为馆中账房;一则钱保仁也。""太炎书中称保仁为镇江流氓,则其人可知已。"① 此文对于了解苏报案有所裨益,因此,徐兆玮特加记载。

徐兆玮较为关注《甲寅》中《孤桐杂记》,在日记中对这个栏目文章的记载也比较多。例如,1927年1月29日,他记载《孤桐杂记》中关于马吊的消息:"明末马吊之盛,正如今之雀牌,士夫之家莫不有之,而其亡国有谓即由于此。"另有尤西堂《戒赌文》一节称:"吾闻此风明末最盛,曰闯,曰献,又曰大顺,流贼作乱,其名皆应相公、马吊、百老。阮姓南渡亡国,不祥先谶。读此憬然。"徐兆玮加上按语:"马吊之法,王弇州实始创焉,当时特偶尔游戏之作,不料后来弊习一至于此。依尤文观之,似清初余风犹烈。闻之蒯礼卿丈,近百年来尚不断有人习之,此戏旧在秦淮宴集间盛行,故金陵犹有知者。丈自言颇明其法,惟同博者难觅,究未知其法何似也?"可见,他十分了解马吊的渊源。30日,他记有《孤桐杂记》中王书衡关于诗词在报纸上传播的言论:"诗词在报纸上揭载最易,讹误展[辗]转流传,反为身后之累,故不敢轻于披布。愚托曹纕蘅请其抄寄近作,入《甲寅诗录》,乃有是答。盖凡得意诗文为人写误一字,作者见之无从补救,真使人恨入骨。"他读

---

① 徐兆玮著,李向东、包岐峰、苏醒等标点:《徐兆玮日记》(第4册),黄山书社2013年版,第2874、2891页。

后颇有同感,写道:"书衡所谈,当以满腔同情寄焉者也。书衡为人矜慎,故作此语,若夫以标榜为事者,其心理适反是。"①

除《孤桐杂记》外,徐兆玮对《甲寅》的《通讯》栏目亦感兴趣。1927年2月11日,他阅《甲寅》第四十一号《通讯》所载叶德辉函并摘录:"弟闭门著书,《乾嘉诗坛点将录》诗征久已属草,自乾隆丙辰始,至道光丙申止,百年之间国运之盛衰,人才之消长,以及诗派之变迁一二采录甚详,包括甚富。此书成,自谓又一必传之作,盖原书本出游戏,易于流传,今加之以国故,辅之以选诗,使作者面目精神人人可以想像,岂非极有趣味之书乎?往年收藏有清一代诗文集颇多,本储为清史之用,年华虚度,事已无成,此特其绪余,亦尚存史例也。"此类信函,虽然语气为私人交流,但涉及学术问题,刊之于《甲寅》上,颇有广而告之之意。28日,他录《甲寅》第四十二号《通讯》上的沈宗畸函:"拙编《便佳簃杂钞初稿》十八卷,续增为二十卷,今又补二卷,中有极可珍之稿,乃弊友近著,一记戊戌政变,二记庚子拳乱,三记沈北山惨狱。此君戊年几罹党祸,庚年家为拳毁,北山为其业师,故所记较翔实可信也。京中捧坤伶之风实自樊、易、罗三人倡之,拙编载彼等诗词甚多。又梅伶三十生日,贵胄达官登堂者之姓名及诗联称谓,均一一备载,譬之照妖镜,若辈无遁形矣。"又记章士钊跋云:"钊得此函不十日,而沈君即化去,钊曾及其未死,以一律题其所著杂钞云:小说诗家沈亚之,一编隐隐重当时。花生自古传江笔,樗散何嫌步郑丝?世士自同丘蚁贱,吾怀只诉蠹鱼知。尺书无限依依意,尔我交期视此词。"他读后加按语:"北山门人,不知何人。沈君殁后所著书,未审有人刊行否?读此辄生无涯之感也。"此类函件,类似宣传旧学著作,通过自荐、他荐而进行推广。4月20日,他阅《甲寅》第四十五号《通讯》上的丁洽明《泰州教》,其文云:"安徽石埭县周太谷,一传为李晴峰,李后分南北两派,各有异同。当世号为泰州教,又号为太谷教,其教中人则号为土教。盖以伏羲为金教,文王为木教,周公

---

① 徐兆玮著,李向东、包岐峰、苏醒等标点:《徐兆玮日记》(第4册),黄山书社2013年版,第2878页。

第十章　学术性刊物与知识人的学术性阅读

为水教，孔子为火教，太谷则为土教，此犹五德运与道统之陈说也。清末主教者为黄永年，号锡朋，海宁人，寓苏州枫桥。开县李范之于民国三、四年间曾访黄于苏州，见其厅事横一额曰'退谷'，其联曰：尧舜之道，孝弟而已；孔子之道，忠恕而已。与之语，如坐春风中，其弟子男女均有，而礼法严肃。贵池刘逊甫于民国戊午以二百金购其教中注四书一部，类多西汉纬说，莫能明其究竟。近世名辈如毛实君、乔损庵、陈伯严、胡漱唐皆敬仰彼教，毛、乔尤教中龙象。乔于清末为御史，入台第一折即请昭雪黄岩一案，清廷下山东抚臣查复，时杨文敬为东抚，延未复也。记泰州教近事最翔实。"① 该文对泰州教的源流进行了详细考证，是《孤桐杂记》中有关泰州学案的进一步补充。

晚年思想较为保守的张棡也经常阅读《甲寅》。1925 年 10 月 7 日上午，他看《甲寅》，其中对章士钊有如下介绍："章氏名士钊，号行严，从前本革命巨子，与章氏太炎同姓不（同）宗，而认为昆弟，现为北京教育总长兼司法部长，为主持学风事乃与北大、东大数校起反对。然章氏学问甚好，非寻常留学生可比，且宗旨亦较康、梁辈正大，故段执政极契重之，不致为盲从新少年所排挤。"下午，他再阅《甲寅》，内容论及"整顿男女校学风，易选举为考试，废国会而用台谏，兴中国以农业，斥白话文之决不可行"，他认为这些议论皆"磊磊，悉当人心"，诚"近日报界之明星"。15 日，他读《甲寅》，认为"极有见到之语"。② 1926 年 4 月 4 日，他看《甲寅》，认为其通讯部内有数则驳"新文化白话，语语中肯"，当应"另录之"。③ 可见，张棡颇为赞同《甲寅》的立场，对其评价甚高。

思想守旧的刘承幹首次阅读《甲寅》，就对该刊给予了非常高的评价。他在日记中写道："夜阅《甲寅周刊》，每星期出一册，乃长沙章行严（士钊）

---

① 徐兆玮著，李向东、包岐峰、苏醒等标点：《徐兆玮日记》（第 4 册），黄山书社 2013 年版，第 2881—2882、2888—2889、2903 页。
② 张棡著，温州市图书馆编，张钧孙点校：《张棡日记》（第 6 册），中华书局 2019 年版，第 2966—2967、2969 页。
③ 张棡著，温州市图书馆编，张钧孙点校：《张棡日记》（第 7 册），中华书局 2019 年版，第 3032 页。

所办，其中文字亦以行严自己为最多，虽是英国留学生而学问颇有门径，且思想甚旧，见理甚明，不以现在之办学者为然。勒马悬崖，回头是岸，若行严者可谓铁中之铮铮、庸中之佼佼者矣。京师学界以其异己，群起而攻。方今新学少年不悟自己之执迷，反排他人之顽劣，公理之不彰，一至于此，良可叹也。"① 字里行间充满了对《甲寅》的由衷赞叹，他对旧学的念兹在兹也表露无遗。

偏爱古典诗词的夏承焘对《甲寅》也表现出极大的热诚。1925 年 9 月 29 日，他阅读《甲寅》后感叹："近日学校学阀把持及生徒嚣张之弊甚痛切。"五四运动以来，学生"弃学干政"，造成"流弊纷然"，"异敌者不敢撄其锋，有作用者怂恿豢嗾之，致有近日轩然学潮，言之痛叹"。虽然《甲寅》创刊者章士钊"反白话文甚力，斥为不通"，但《甲寅》中"所撰各文，骈丽〔俪〕堆垛，貌仿幾知〔知幾〕《史通》之体"，亦未免"矫枉过正"。此类评论，可谓不刊之论，表明他对该刊有着客观理性的认识。11 月 18 日，他阅《甲寅》中吴康所作《明学》一文，特加摘录："夫学先之以知方，次之以考辨，终之以明类。王应麟、杨慎、朱彝尊孳孳为学，而不可与知方。朱熹、王守仁之徒知方矣，而或不能考辨。郑玄、王念孙之徒，考辨矣，而不能明类。至其知方而不舛，考辨而不驳，明类而不疑者，其惟庄周、孙卿乎？孟子亦知方、明类矣；而考辨或失于粗。"② 对于《甲寅》，他或点评，或抄其概要，由此可以看出他对学术有着极大兴趣。

《甲寅》也受到新式知识分子的关注。王伯祥就经常阅读该刊。1925 年 8 月 14 日，他读《甲寅》后评论："章士钊自道功绩，竭力吹张，于其措置各事无不隐恶扬善，而于他人之动作则讥弹甚至，策士之口真可畏哉！"③ 此后，王伯祥的日记中多有阅读《甲寅》之记载。例如，1926 年 2 月 23 日，他夜看《甲寅》第 29 期和第 30 期，认为"章士钊与吴敬恒抬杠，持言甚辨，但章之志行终无以掩吴

---

① 刘承幹：《求恕斋日记不分卷》，上海图书馆藏稿本电子版（编号：线善 862624-74），1926 年 4 月 21 日。
② 夏承焘著，吴蓓主编：《夏承焘日记全编》（第 2 册），浙江古籍出版社 2021 年版，第 1200、1234 页。
③ 王伯祥著，张廷银、刘应梅整理：《王伯祥日记》（第 1 册），中华书局 2020 年版，第 280 页。

也"。3月10日,他于夜间随意阅览《甲寅》第31期后披露:"此志自本期起,兼印报纸,取费折半,予即购报纸所印者,以予不在珍藏也。"这道出他读《甲寅》的目的。1927年1月4日,他看《甲寅》第36期,得知该刊"又复活出版"。① 在他看来,《甲寅》并不是他理想中的精品,但闲来翻阅,不无助益。

思想较为前卫的黄尊三也比较关注《甲寅》。他在阅读了《甲寅》后认为:"该志为章行严所办,文笔尚猷,论理亦透,代表旧思想,是其特色。"他对章士钊一边行政一边办刊表示高度肯定,评价道:"行严为行政官,公务之外,尚能结文字缘,诚属难能。"② 他未必同意《甲寅》的观点,但赞赏该刊的品质,体现出他在学术上的包容并蓄。

小　　结

五四运动之后,随着高等教育的发展,大学作为学术生产的"基地",集结了大量知识分子。不少学者在教书育人之余,以同人办刊的方式创办了不少学术性刊物,并以这些刊物为阵地,形成了社会主义、民主主义、无政府主义、实用主义、自由主义、文化民族主义、女性主义等各种思想流派,《新青年》《学衡》《甲寅》《东方杂志》《庸言》《科学》等杂志都有自身的立场,代表不同的学术观点和文化主张,形成学术思想百花齐放的局面。这些学术性刊物作为"思想资源"和"概念工具",对读者的思想世界有着深入且广泛的影响。学术性阅读是读者学术思想形成和发展的重要基础。读者"知识仓库"的建立、"知识资源"的储备、"概念工具"的运用,皆源于学术性阅读,即学术性阅读才能生产知识,知识进一步催生信仰。后五四时期,中国学术发展进入一个新的时期。借助科学的研究方法,专业划分越来越细致。要获取专业性的知识,必须阅读学术性刊物。学术性刊物成为读者充实"知识仓库"的重要途径。以夏承焘为例,出生于1900年的他毕业于以培养

---

① 王伯祥著,张廷银、刘应梅整理:《王伯祥日记》(第2册),中华书局2020年版,第387、392、522页。
② 黄尊三著,谭徐锋整理:《黄尊三日记》(下册),凤凰出版社2019年版,第557、558页。

中小学教师为宗旨的温州师范学校。1918年，他在毕业之际，经多方人士奔走筹谋，至离城二十余里的任桥第四高小任教。此后，夏承焘任教于温州多所小学，为稻粱谋。1927年，夏承焘确立了以词学为研究重点的学术旨趣，"拟以四五年功夫专精学词"。① 经历如此变化，可从他的学术性刊物阅读史中略见一斑，而他的日记提供了完整的考察线索。他的日记展现了其学术性阅读的"细节"，以及获取知识和转变思想的一些重要节点。从夏承焘的经历不难看出，学术性阅读与学术性知识生产相辅相成，从而"再现"了一个知识人的学术成长史。

值得注意的是，读者有选择性地从学术性刊物的"知识仓库"中获取养料。例如，鲁迅在编辑《创造》《语丝》杂志时，已订阅商务系杂志《小说月报》《妇女杂志》《东方杂志》，故其日记中有经常收到商务印书馆寄来上述杂志之记录。虽不知商务系杂志对鲁迅的影响如何，但初步判断，鲁迅订购上述杂志与他在1925年创办《语丝》有关。根据鲁迅的记载，1925年1月他竟然连续两次收到《东方杂志》。② 又如，徐兆玮是商务系刊物的忠实读者，通过长期阅读、抄录和评论，他将杂志知识融会贯通，并结合已有的学术积累，进行对比、提炼、借鉴和反思，体现出学术性阅读的深度"介入"。他的日记本身也就成为学术杂记，真实地反映了商务系刊物对他的学术阅读和学术创作所产生的深刻影响。商务系刊物已经成为读者重要的"知识来源"，他们从商务系刊物中汲取"养料"，并将其转化为学术思想，融入学术生产和知识传播之中。我们在强调《新青年》在塑造"新青年"的作用的同时，应该看到后五四时期各类学术性刊物在推动学术进步和繁荣方面的重要作用。

---

① 夏承焘著，吴蓓主编：《夏承焘日记全编》（第3册），浙江古籍出版社2021年版，第1679页。
② 1925年1月23日记："下午收《东方杂志》一本。"1月31日记："下午收《东方杂志》一本。"2月16日记："收《妇女杂志》一本。"2月25日记："下午收《妇女杂志》一本。"3月17日记："收《东方杂志》《妇女杂志》《小说月报》各一册。"如此频繁地收到商务印书馆寄来之杂志表明其已订阅商务系杂志。参见鲁迅：《鲁迅全集》（第15卷），人民文学出版社2005年版，第549、553、556页。

第十一章

阅报组织与公共读报活动的拓展

阅报组织的兴起与清季的社会启蒙运动有关。根据章清的研究,早期具有阅报社雏形的是藏书楼。① 藏书楼为报刊阅读提供了场所,成为晚清士人接受新知的重要场域,在一定程度上发挥了启蒙的作用。随着新式学堂的兴起,如何为学生提供便利的阅读场所成为一些教育者颇为关注的问题。为解决学生阅读问题,张元济在北京创办的通艺学堂特设"阅报处",为报刊阅读者提供便利。② 阅报社大规模的出现是在1905—1906年,此时的报章与"开发下层社会民智的关系已经格外受到关注,特别为下层社会设想的阅报社也开始出现"。③ 阅报社不仅成为民众推行社会运动的重要组成部分,而且形构了晚清社会的"公共空间",阅报者成为中国报刊阅读早期的"公众"。

学界关于晚清阅报组织的研究成果比较丰富。李孝悌认为,清末的阅报社推动了社会下层的启蒙运动。④ 章清认为,阅报社培育了早期的"阅

---

① 章清:《清季民国的"思想界"——新型传播媒介的浮现与读书人新的生活形态》(下),社会科学文献出版社2014年版,第681—682页。
② 张元济等:《为设立通艺学堂呈总理各国事务衙门文》(光绪二十三年八月二十四日),谕旨批复总理各国事务衙门奏片,"札行该学堂绅董刑部主事张元济等钦遵可也"。参见《张元济诗文》,商务印书馆1986年版,第108—109页。
③ 李孝悌:《清末的下层社会启蒙运动:1901—1911》,河北教育出版社2001年版,第50页。
④ 李孝悌:《清末的下层社会启蒙运动:1901—1911》,河北教育出版社2001年版,第48—64页。

读公众"。① 常恒畅、杨雨认为，阅报社不仅使阅报之风气渐开，为报刊发展提供强劲动力，而且促进了文学的传播与新变。② 高俊对清末阅报社团进行述论，指出阅报社团采取的种种社会动员策略，为之后的历次民众运动所借鉴，形成了至今行之有效的舆论宣传模式。③ 李斯颐对清末十年的阅报讲报活动进行论述，指出"阅讲报活动作为这一时期的新事物之一，应当在报史研究中占有一席之地"。④ 蒋建国将晚清阅报组织与公共读报活动联系在一起，认为晚清阅报组织"对促进社会启蒙和报刊文化的传播有着重要价值"。⑤ 民国时期，有关阅报社的相关史料不仅散布在一些报刊中，也散见于一些社会教育论著中。但长期以来，学术界对此问题尚付阙如。鉴于此，本章拟对民国时期阅报组织做初步探讨，揭示官方、各类社会团体推动阅报活动的发展过程。

第一节 民国初期的阅报组织与读报活动的推广

因为报刊的"政治纸"功能被政府重视，所以阅报组织颇受政府青睐。一般而言，读报有助于促进政治的社会化，读者在阅报组织中进行公共阅读，有助于他们了解时政，开阔视野，增长见识，公共阅报组织在推进大众阅读方面起到重要作用。此外，民国初期阅报组织的兴起与致力于大力推广社会教育有关。1915年，教育部颁布了《通俗教育讲演规则》，以指导各地阅报讲演活动。阅报组织采取的种种社会动员策略，如设置阅报专栏、张贴海报等宣传手法，在民众阅报活动中被继承和发扬，并成为行之有效的宣传策略。

1912年，中国社会由专制走向共和，报业发展呈现"风起云涌、蔚为大观"之势，造就了大众阅读的兴盛景象。在报刊的嵌入过程中，报刊的可得性

---

① 章清:《清季民国的"思想界"——新型传播媒介的浮现与读书人新的生活形态》（下），社会科学文献出版社2014年版，第670页。
② 常恒畅、杨雨:《近代阅报社研究》，《湖南社会科学》2013年第2期，第264—267页。
③ 高俊:《清末阅报社团述论》，《社会科学》2012年第11期，第156—163页。
④ 李斯颐:《清末10年阅报讲报活动评析》，《新闻研究资料》1990年第2期，第103—122页。
⑤ 蒋建国:《晚清阅报组织与公共读报活动的发展》，《社会科学战线》2016年第2期，第132—143页。

第十一章　阅报组织与公共读报活动的拓展

是考察读者阅读的前提条件，无论读者通过何种方式获取报刊，报刊地理与阅读密不可分。报刊地理不仅展现报刊从中心流向边缘的发行环节，而且有益于地处边缘的读者有机会接触到中心城市发行的报刊，以便从边缘走向中心。在这一过程中，阅报组织提供了诸多便利条件，使读者能阅读到中心的报刊。

从报刊地理的角度看，北京作为全国的政治中心，阅报组织的发展占据了一定的区位优势。民国初期以来，阅报组织开启民智的职能为地方当局所重视。北京京师学务局将公众阅报所设置于宣讲所内，署理北京市的公众阅报所事务，并将阅报事宜纳入官方的管辖范围内。据《教育部行政纪要》的统计，民国初期北京主要阅报所如表 11-1 所示。

表 11-1　京师各公众阅报所①

名　称	地　址	报纸种数	阅报平均人数	职　员	经　费
第八阅报处	附第一宣讲所内	文言报 8 种，白话报 3 种，教育报 1 种	每日平均五六十人，星期日较多	宣讲所职员兼充，不另支薪	每月购报费三元
第二阅报处	附第二宣讲所内	文言报 8 种，白话报 3 种	每日平均六七十人，星期日较多	公众阅书处司事兼管，不另支薪	同前
第三阅报处	附第三宣讲所内	文言报 8 种，白话报 3 种，教育报 2 种	每日平均二十余人	公众阅书处司事兼管，不另支薪	同前
第四阅报处	附第四宣讲所内	文言报 9 种，白话报 3 种，教育报 2 种	每日平均四五十人	同前	同前
第五阅报处	附第五宣讲所内	同前	同前	同前	同前
第六阅报处	附第七宣讲所内	文言报 10 种，白话报 3 种，教育报 4 种	每日平均四十人	同前	同前

---

① 《教育部行政纪要》，沈云龙主编：《近代中国史料丛刊》（三编第 10 辑第 97 册），文海出版社有限公司 1986 年版，第 210—211 页。

续 表

名称	地址	报纸种数	阅报平均人数	职员	经费
第十阅报处	附第八宣讲所内	文言报13种，白话报6种	每日平均三四十人	由学区司事兼充，不另支薪	同前
第七阅报处	附第九宣讲所内	文言报8种，白话报4种，教育报1种	每日平均四五十人	由公众阅书处司事兼管，不另支薪	同前
第九阅报处	附第十宣讲所内	文言报8种，白话报3种		由宣讲所司事兼充，不另支薪	同前

作为教育机构的京师学务局开始署理阅报事务，意味着官方将阅报处纳入教育管理的范畴。这说明民国初期的公众阅报社已有专门机构进行管理，报刊的社会教育功能颇受官方重视。

北京阅报社的地位自应受到重视，其他省份的阅报社及相关情况也不容忽视。1916年，教育部组织了各省公众阅报所的调查，具体情况如表11-2所示。

表11-2 各省公众阅报所①

所属	几处（处）	报纸种数（种）	每日平均阅览人数（人）	备考
京兆	10	12	40	
直隶	124	14	40	私立10处，余系公众筹办
奉天	45	10	50	私人设立者1处，余由公家补助及公益团体附设
吉林	17	5	60	公款补助，近来交涉日繁，故阅览人数较他省为多
黑龙江	5	4	50	

---

① 《教育部行政纪要》，沈云龙主编：《近代中国史料丛刊》（三编第10辑第97册），文海出版社有限公司1986年版，第211—213页。

第十一章　阅报组织与公共读报活动的拓展

续　表

所属	几处（处）	报纸种数（种）	每日平均阅览人数（人）	备　考
山东	113	14	60	公款补助及公益团体附设者101处，余12处系私人创办
河南	139	12	30	私立11处，余由公家补助
山西	77	10	30	私立14处，余由各地方机关附设，亦有公家补助者
江苏	187	18	50	私人创办58处，余皆公立
安徽	30	8	20	公立45处，余由私人筹设
江西	106	10	20	私立2处，公家补助及附设者104处
福建	52	8	40	多系各处附设，私立者只有5处
浙江	170	14	30	私立47处，余皆附设或公家筹办
湖北	103	16	50	省立2处，私立25处，余由公家筹办
湖南	39	11	40	
陕西	15	9	30	
甘肃	91	5	20	私立4处，余皆附设
新疆	5	4	20	
四川	156	12	30	多系公家筹设，私立者只1处
广东	149	17	50	私立70处，余由公家或团体筹设
广西	54	5	20	公家设立48处，余系私立
云南	99	8	30	公立93处，余系私人筹设
贵州	16	4	20	地处边远，苗族尤未开化，阅览人数甚少，私立只1处
热河	6	5	30	

从24个省级行政区的调查来看，各地公众阅报社的数量呈现出分布不均的情况，超过100所的省份有直隶、山东、河南、江苏、江西、浙江、湖北、

四川、广东。从报刊分布的地域看,广东、四川、湖北、浙江、江苏地区的地方因报刊数量较多,已建立起县一级的阅报场所。山东、河南等北方省份的阅报社数量较多的缘由在于地方官员彰显政绩。民国初期的公众阅报社多以官办阅报社为主,表明官方甚为重视阅报组织。从阅报社职能的角度看,此时的阅报组织被称为"公众阅报所",不仅区别于晚清出现的阅报社,也区别于南京国民政府成立后的"民众阅报所"。这表明此时阅报组织的职能在于培养"公众"。

值得注意的是,不仅"公众阅报所"推动了读报活动的发展,由阅报所改名的"通俗图书馆"也推动了阅报活动的延展,这可以从《林传甲日记》中略见一斑。林传甲(1877—1922),福建侯官人,1905年奉令调往黑龙江办学务,至1916年因病辞职,前后凡十年。他留下的《黑龙江教育日记》记录了"清末民初教育体制的发展与嬗变",为"研究黑龙江乃至整个近代教育史、文化史的第一手资料"。① 林传甲为推动黑龙江通俗图书馆的发展不遗余力,为黑龙江社会教育的普及做出了重大贡献。

林传甲于1912年5月5日在日记"社交"一栏中记载"组织阅报所"。11日又有"筹办阅书报社"之记录。这个阅书报社位于黑龙江教育总会东前门万寿寺内,阅书报社请于学使委任师范毕业生耿经臣为社长,报刊由省城各学校捐送,桌椅由各学校移用。社长"管教育品陈列所事宜,征各校各科成品,以备展览"。至于阅书报社具体章程,6月8日和15日开会两次,商议并通过相关决议。20日,教育总会又组织"陂东草堂阅书报社"。②

1913年,随着教育部社会教育的推广,阅报社被纳入通俗教育部分,"阅书报社"通过"增购书籍"等举措后,旋即改名为"通俗图书馆"。8月3日,林传甲被任命为通俗教育社社长,负责通俗图书馆的具体事宜。12日,

---

① 《整理前言》,林传甲著,况正兵、解旬灵整理:《林传甲日记》(上册),中华书局2014年版,第2页。
② 林传甲著,况正兵、解旬灵整理:《林传甲日记》(上册),中华书局2014年版,第293、296—297、311、314、317页。

社会教育司颁布施行了《通俗图书馆简章》，为黑龙江省第一个通俗图书馆具体规定了通俗图书馆管理人员、经费来源、开放时间、开放细则等章程。① 为配合通俗图书馆推广阅报活动，黑龙江省教育界相继创办了《黑龙江教育界》和《通俗教育报》两份刊物。

除公众阅报社和通俗图书馆推行报刊阅读活动培育"阅读公众"，巡行文库亦积极推动读报活动的开展。1918年发布的《教育部行政纪要》对巡行文库如何深入基层进行社会教育等问题进行详细说明："巡行文库为通俗教育之一种，其办法较之通俗图书馆稍繁，须由各县设通俗文库总部一所，采集人民必需而易晓之各种图书（图如最简单之世界图、本国图及本省、本县等图；书如各种有益小说及新闻杂志、自治法令等项）。输送城镇乡各支部，再由支部转送各村落阅览所，限定日期阅毕，由各处送回总部收存。"但由于"年来各省设立者尚不甚多，据部视学报告及调查表调查所得，除奉天设立十七处，江苏设立四处，四川设立一处，甘肃设立四处，云南设立四处外，其余均未设立。"② 由上述记载可见，官方推进巡行文库的效果并不理想。

值得注意的是，一些民办阅报组织纷纷设立。在嘉兴放鹤洲，便有阅报社成立之相关消息："嘉兴南门外放鹤洲为古名胜之一，现有病颠君发起组织阅报社，以为开通民智之助。"③ 1914年创办于寿县的会文阅报社也值得注意。1924年，会文阅报社举办十周年纪念会，大致介绍了会文阅报社的概况："寿县西南六十里枸杞园集，于民国三年，经戴佑丞、谢吉叔两君，纠集同志，筹资组织会文阅报社，除订购各报任人披阅外，又添购书籍，贩运文具，以开通内地风气，利便［便利］乡僻士子为职志。近年社务发展，于集南辟地数十亩，将来提倡森林，已遍植黄金树及其他果木花卉，供人观览。近又添设报纸分销处，阅报者愈形便利。前次举行成立十年纪念，高扎松棚，国旗招展，来宾甚众，参观络绎于道。而《申报》分销处金字招牌点缀其间，

---

① 林传甲著，况正兵、解旬灵整理：《林传甲日记》（下册），中华书局2014年版，第452、511、516—517页。
② 《教育部行政纪要》，沈云龙主编：《近代中国史料丛刊》（三编第10辑第97册），文海出版社有限公司1986年版，第213—214页。
③ 《放鹤洲增设阅报社》，《时事新报》1914年7月5日，第9版。

益令人称羡，谓此蕞尔之地，有此创举，诚裨益人民非浅云。"① 从报道中可以了解该阅报社的基本概况，如创办时间、创办人、发展的基本概况、阅报社的社会影响等。

整体上看，民国初期的阅报组织规模小、分散，对公众阅报活动的推广难以达到预期的效果。同时，受党争和政争的影响，加上阅报组织由个别政府组织或地方政府部门推行，这一时期关于阅报组织与读报活动的个人记录较少。民国初期阅报组织的发展不尽如人意，在思想启蒙和推进大众阅读上仍需进一步改进。但作为一种新型的社会组织，公众阅报社所产生的示范效应颇值得关注。

第二节 新文化运动时期的阅报组织与读报活动的延展

社会团体从事推广阅读组织工作，源于新文化运动的演进与报业的发展。从报章发展的角度看，新文化运动促进了中国近代报业的繁荣，也在无形之中推动了报刊的阅读革命，使阅报读者数量激增，阅读新报成为风尚。在推进阅报活动大众化的过程中，各类社会组织发挥的作用功不可没。当阅报的重要性被大家认可时，许多社会团体便将阅报组织的发展纳入日常工作范畴，成为阅报组织发展的重要推力。其中，以上海的阅报社、阅报牌最为典型。

上海作为当时中国的报业中心，报纸的发行遍及沪上，报纸普及率也比其他地区高出许多。但从现有的史料来看，晚清时期上海面向普通公众的阅报组织较少，是一个值得探讨的问题。随着上海人口的激增，特别是广大农村贫困人口涌入上海，由于生活困难、文化程度不高等，贫民花钱阅报成为一种奢望。整个社会也有因"消费习惯、爱好的偏差以及较远地区交通不便、购买报纸不易等等方面的具体问题"，报纸的阅读"远未普及"。② 如何推广

---

① 《枸杞园会文阅报社成立纪念》，《申报》1924年5月15日，第11版。
② 郑祖安：《旧上海街头的"民众阅报牌"》，上海市历史博物馆编：《都会遗踪》，上海书画出版社2009年版，第24页。

第十一章 阅报组织与公共读报活动的拓展

阅报，使阅报观念深入人心，受到一些社会团体的关注。其中，少年宣讲团发挥了功不可没的作用。

少年宣讲团于 1912 年 1 月 1 日成立，以"改良风俗""补助教育"为己任。1919 年 8 月 1 日，少年宣讲团在其总部法租界嵩山路 47 号设立"公众阅报社"，订阅上海各大报纸，供民众免费阅读，由此开始了少年宣讲团推广阅报社的历程。① 对此，《申报》《新闻报》《民国日报》《时事新报》等报刊进行了报道。其中，《新闻报》的报道如下："本埠少年宣讲团附设公众阅报社于前日（十三日）上午举行开幕式，来宾到者甚多。由该社团干事员招待参观各部，至十时开谈话会。首由汪震报告宗旨及组织法。次郑介尘演说社会教育之进步，实为我国家将来进步之预备。汪春鉴说公共事业之困难，深佩少年人办事精神云。次团员薛毅等相继演说，并感谢来宾，后摄影纪念。末茶点至下午一时方散。"② 1920 年 7 月，少年宣讲团通告各界，拟于 8 月 1 日下午举行纪念仪式，并讨论阅报社进行方式。③ 1921 年 5 月 3 日，少年宣讲团决议在南市闸北设立公众阅报牌。④ 少年宣讲团商议在上海西门泰亨里口创立十一处"公众阅报牌"，以后渐次推广。⑤ 1922 年 3 月 19 日，少年宣讲团在老西门中华路口举行公众阅报牌奠基典礼。⑥ 1923 年，在小东门南首设阅报牌一处。⑦ 1925 年，少年宣讲团将阅报牌推广到上海各处，包括西门九亩田、福佑路九曲桥、十六铺等处。⑧ 少年宣讲团推行阅报社、阅报牌，免费为公众服务，经各界提议，期望以《新少年报》换全国各省出版之日报、周报、月报。⑨ 同年，少年宣讲团希望在闸北设立公众阅报牌，致函沪北工巡捐局，希

---

① 沈席华：《上海少年宣讲团的光辉历程》，上海市历史博物馆编：《都会遗踪》（第 3 辑），学林出版社 2011 年版，第 27 页。
② 《公众阅报社开幕式》，《新闻报》1919 年 7 月 17 日，第 10 版。
③ 《公众阅报社举行周年纪念》，《申报》1920 年 8 月 7 日，第 11 版。
④ 《少年宣讲团职员会纪》，《申报》1921 年 5 月 4 日，第 11 版。
⑤ 《少年团设公众阅报牌》，《申报》1921 年 6 月 3 日，第 11 版。
⑥ 《少年宣讲团设公众阅报牌》，《民国日报》1922 年 3 月 20 日，第 11 版。
⑦ 《少年团增设阅报牌》，《申报》1923 年 4 月 20 日，第 18 版。
⑧ 《少年宣讲团扩充阅报牌》，《申报·本埠增刊》1925 年 7 月 3 日，第 1 版；《少年团添设阅报牌》，《申报·本埠增刊》1925 年 10 月 3 日，第 2 版。
⑨ 《上海公众阅报社征求全国报纸启》，《申报》1921 年 6 月 22 日，第 8 版。

望设立三处阅报牌,请其发给免费建筑执照。① 作为一个社会团体,少年宣讲团的积极意义在于通过其自身的努力,推动大众文化运动。

此后,少年宣讲团统计了阅报人数。例如,《公众阅报社半年之报告》报告了1919年7—12月进入公众阅报社的人数:"七月份七百七十三人,八月份一千另廿八人,九月份一千三百四十五人,十月份一千二百三十六人,十一月份一千二百十三人,十二月份一千四百七十四人。以上共计六月七千另六十八人云。"② 1920年1—6月阅报人数如下:"一月份一五三六人,二月份一六一四人,三月份一四一九人,四月份一七一二人,五月份一八一一人,六月份一九五六人,共计一万零四十八人。"③ 与1919年下半年相比,阅报人数有了显著的增加。在阅报时间上,少年宣讲团在《申报》《新闻报》《民国日报》等报刊上通告阅报人士,"增加阅报时间,特改自上午九时起,至下午四时半止"。④

此外,少年宣讲团连续四年举办了公众阅报社周年纪念会。第一次公众阅报社成立周年纪念大会于1920年8月8日下午三时举行,总干事汪龙超报告开会宗旨,顾云翔致纪念词。纪念词表达了少年宣讲团在推广社会教育上的努力:"本团成立九年,如宣讲、学校、日刊,皆积极进行,未稍自懈。公众阅报社,系于去年成立,逐日阅报之人甚多,然总以未能普及为憾。现正筹备建筑团所,将来逐渐扩充。若能所设一处阅报社,即多一公益之地。此后本团同人,各宜自主。"来宾张乘槎演说阅报社的历史和少年宣讲团对于普及平民教育的重要性:"中国廿余年以前,报纸甚少,更无所谓阅报社。光绪乙未年,北京五城各会(即救火义集)始在前门天桥骡马市、崇文门大街、

---

① 《闸北组设公众阅报牌之函请》,《申报》1925年6月29日,第11版。
② 《公众阅报社半年之报告》,《民国日报》1919年12月31日,第11版;《公众阅报社消息》,《神州日报》1919年12月31日,第10版;《公众阅报社之成绩》,《时事新报》1919年12月31日,第2版。
③ 《公众阅报社半周(年)之成绩》,《民国日报》1920年7月22日,第11版;《公众阅报社半年之成绩》,《申报》1920年7月23日,第11版;《公众阅报社之成绩》,《神州日报》1920年7月22日,第10版。
④ 《公众阅报社通告各界》,《申报》1919年12月10日,第11版;《公众阅报社改订时间》,《新闻报》1919年12月10日,第2版;《公众阅报社改定时间》,《民国日报》1919年12月10日,第11版。

东西单牌楼等处，大街之旁，搭置庐棚，派员讲报。所讲之报，亦只上海、广州内埠等处所出版之三数种。于是北京下等社会始知世界之上，有所谓报纸者。自讲报团体成立，即为中国通俗讲演之起点。较之一味宣讲圣谕者，有上下床之别矣。近年报纸发达，阅报社亦因之加多。如寰球学生会、青年会，均设有阅报社，然总是局部范围，于公众二字似未脱尽限制。今如贵团之办法，无论何人，皆得自由来社阅报，用意在普及平民教育。至为钦佩，惟冀贵团所早日观成，逐渐推广，则鄙人甚希望于贵团诸君，努力急进。"此外，还有陶云生、胡砚香、甘梅领、武尚先、陈子如等演说阅报的重要性等问题。①

第二次纪念会于1921年7月17日举行，"由胡砚香主席报告成绩及将来之希望，继由朱志伟、谷剑尘、陈子和、王溶水、汪龙超、陈贤本、李升诸君演说，于进行上多有讨论。散会后，复由招待员李士林、董国耀、周子樑、洪志堂、陈子模诸君招待摄影，并至通俗游艺部、款以茶点而散"。② 第三次纪念会于1922年7月15日举行，"首由社长朱志伟报告三年中经过情形，及将来之发展与计划。次行纪念礼毕，各团员及来宾演说，于进行上多有所发表。末由该团通俗游艺部合奏国乐，摄影散会"。③ 第四次纪念会于1923年8月11日举行，"首由主任李元龙报告开会志趣，及本届进行状况。次由汪理事长报告成立以来之经过。末由各团员发表意见，多有改良谋进之论。至十时散会。各团员以庆欣之余，即在少年路举行游行宣讲。陈克家讲劝戒纸烟，次王慎声、费席珍、李元龙化装〔妆〕演讲奸商，末由祝湘石奏乐，唱改良小曲，颇使听者觉悟，至十一时乃散"。④ 纪念会旨在通过演说的形式让更多

---

① 《公众阅报社周年纪念》，《申报》1920年8月9日，第11版；《公众阅报社周年纪念会》，《民国日报》1920年8月9日，第11版。

② 《公众阅报社二周（年）纪念会》，《申报》1921年7月19日，第15版；《公众阅报社二周（年）纪念会纪》，《民国日报》1921年7月19日，第11版；《公众阅报社二周（年）纪念会志》，《新闻报》1921年7月19日，第14版；《公众阅报社二周（年）纪念会》，《时事新报》1921年7月19日，第9版。

③ 《公众阅报社三周（年）纪念记》，《申报》1922年7月17日，第14版；《公众阅报社三周（年）纪念记》，《民国日报》1921年7月17日，第11版。

④ 《公众阅报社四周（年）纪念会记》，《申报》1923年8月13日，第18版；《公众阅报社四周（年）纪念会纪》，《新闻报》1923年8月13日，第2版。

人知晓阅报的重要性，从而加入阅报者的行列。

此外，少年宣讲团的一个重要贡献是推进了阅报牌的发展。最初的阅报牌用油毛毡搭成遮檐，挂上几面置报纸的铁丝网框架，后用玻璃框架替代了原来的铁丝网框架。相比于阅报社，阅报牌因节省空间、费用及管理便利，一时之间受到广大阅报者的欢迎。受此启发，读者宋紫云建议将阅报室改良为阅报牌，不仅有助于读者阅报，而且有助于管理，以免那些缺乏社会公德的读者因剪报、偷报而损坏报纸。①

在少年宣讲团的推动下，一些社会团体纷纷加入创办阅报组织的队伍。徐家汇商界王宗宪等人联合学界诸人组织阅报室，不仅可以每日自由阅报，而且该镇乡民可将先一日之报携回阅看。② 辛酉学社于1922年7月30日在上海东西华德路创办公共阅报所。在建成礼上，辛酉学社邀请少年宣讲团总干事汪龙超作少年宣讲团公共阅报社之历史及办法的演说，旨在模仿少年宣讲团的一系列推广阅报社的做法。③ 鉴于社会上一般平民缺乏国民常识，毫无社会国家观念，久记社在社门口置公众阅报牌，每日将重要日报三大张张贴其上，希望无力购买报章者到此阅报。④ 上海联益善会附设阅报室，准备各类中西日报，任人参阅。⑤ 1923年5月20日，晚社开办阅报室，"无论何人，均可入内观看，不取费用"。⑥ 平民自治会创立阅报牌的议案也提上日程。⑦ 尚贤堂添设阅报室，供人阅览各种报纸。⑧ 鉴于南市阜民路缺乏公共阅报室，中华贫民善会开会商议拟办"平民阅报室"，附赠时疫药水，使阅报室增添了慈

---

① 宋紫云：《改良阅报室的一个建议》，《农民教育》1932年第2卷第7期，第23—24页。
② 《徐家汇商民办阅报室》，《民国日报》1921年1月21日，第11版。
③ 1921年，辛酉学社成立于上海，是致力于宣传新文化、新思想的一个社会团体。受少年宣讲团推广阅报社的启发，辛酉学社积极创办阅报所。参见《辛酉社公共阅报所开幕》，《申报》1922年7月25日，第15版；《辛酉学社阅报所开幕》，《申报》1922年7月31日，第15版；《辛酉学社阅报所开幕》，《民国日报》1922年7月31日，第11版；《辛酉社公共阅报所开幕》，《民国日报》1922年7月25日，第11版。
④ 《久记社置设公众阅报牌》，《申报》1922年9月23日，第15版。
⑤ 《联益善会附设阅报室》，《民国日报》1923年3月19日，第11版。
⑥ 《晚社阅报室明日开始实行》，《申报》1923年5月19日，第18版。
⑦ 《平民自治会议设阅报牌》，《申报》1923年6月13日，第18版。
⑧ 《尚贤堂添设阅报室》，《申报·本埠增刊》1924年4月30日，第2版。

善事业的功能。① 电车工人俱乐部在成立后,就将设立阅报室的建议提上日程。② 沪北五区商业联合会决定除订有本埠报纸外,再增添外埠京津汉粤各地区报纸。③

与官办阅报社注重政治目的不同,社会团体设立阅报社的自治意识、文化服务意识要强烈得多,并体现出社会团体的社会服务意识。以上社会团体大多以"改良风俗""补助教育"为宗旨,通过"免费阅报"的手段吸引公众的关注。

阅报社创设人员的广泛性,表明各种力量对这一新兴组织的重视。少年宣讲团总干事汪龙超起初的任职为商务印书馆编辑,后来辞去职务,专注于少年宣讲团事务。受少年宣讲团的影响,成立于1921年的辛酉学社致力于宣传新文化、新思潮,积极创办阅报所。辛酉学社的主要负责人为洋行职员朱穰丞。1921年,他辞去工作,创设辛酉学社,专注于文化事业。他特设阅报室,积极推动阅报事业的发展。社会各界创设阅报社的热情,与新文化运动融为一体,成为趋新人士关注的重要公益领域。

随着新文化运动的开展,社会各界人士对阅报组织的重视和提倡,促使阅报组织得以大规模发展,从北京、上海渐次推广到其他地区,对阅报活动的拓展起到了重要的作用。同时,阅报组织的仪式化阅读,对公共阅报活动起到了推动作用,拓展阅报活动成为有识之士的共识。由于对报刊"开通民智、增进民福"的功能定位的肯定,众多趋新人士希望利用公共空间扩充阅报社的范围,例如在市公厅内附设阅报社,不仅能有效利用市公厅的空间,而且能有效防止政府下发报资被私吞的腐败行为。④ 有人还建议改良祠堂,创建阅报社。这表明有关人士希望在乡村推广阅报活动,通过在祠堂增加阅报社空间,从而"开通民智,增进民福"。⑤ 这些举措表明人们对阅报的重视,希望通过各种形式培养国民的阅报习惯。一些读者还建言,希望"各地居民

---

① 《贫民善会将设阅报室》,《申报·本埠增刊》1926年5月9日,第1版。
② 《电车工人俱乐部成立》,《申报》1927年2月9日,第14版。
③ 《沪北五区商业联合会之扩充》,《申报》1921年9月20日,第15版。
④ 钱潮模:《市公厅》,《申报》1920年9月30日,第17版。
⑤ 景:《祠堂的改良》,《申报》1920年9月18日,第16版。

起而自谋因拟公共阅报社",解决贫者"苦无资购阅,若更欲广见闻"的烦恼。① 另一些读者认为国人"阅报似有蒸蒸日上之势,但内地之冷淡则依然如故",须设露天阅报处,"只须制木板几方（每方至小可容报纸一张）",如此,不仅"建设经费既省",而且"收效极宏","中人之家亦可独力创造",团体或资本家"更易如反掌"。② 除上述意见和建议,一位署名为冰伯的《申报》读者详细列出组织简易公共阅报社的各项要求,以解决阅报之难：

范围　由一百家组织而成,因过广路远,阅者不免奔走之苦。

经费　既曰公共阅报社,至少应备报数十种,故须月有二十余元至三十元之经费,方可成立,此款由一百家按月捐助,各视其房租之高下以定出捐之多寡,惟最多月不得逾八角,至少不得逾一角。如是每户即平均以三角计算,一百家每月亦可捐三十元矣。

地址　须有宽大幽静之室一间,百家之中若有公共会所能借屋一大间更善,否则略载预定报数在捐款内提十分之一租屋,不足以每月阅过旧报拍卖补充。若有屋可借捐款自可不动,旧报拍卖之资,则储充善举,但此项房租须要求屋主廉价。

布置　社中置阅报桌椅,壁悬字画（以能起人爱国观念者为佳）。此项费用在第一第二两月各户捐款内先以多数充之。俟布置齐全,再广定报纸。

经理　由百家公选一老而无事者经理报社诸事,每月杪各家即将捐款送交是人,月终是人须将出入之数宣布。

管理　是职□任社中□扫理报,每星期更一人,由百家轮派尽义务。

附记　每晚九时锁门,经理管理均在家宿食。③

从冰伯的建议中可以看出,他颇为重视推广公共阅读,并期待形成制度。

---

① 冰伯：《公共阅报社之简易组织法》,《申报》1920年10月11日,第16版。
② 谈士：《各地亟宜倡设露天阅报处》,《申报》1924年3月8日,第17版。
③ 冰伯：《公共阅报社之简易组织法》,《申报》1920年10月11日,第16版。

第十一章　阅报组织与公共读报活动的拓展

可以说，他代表了一些长期想阅报而无报可读的人的心态。

值得注意的是，一些平民阅报所也应运而生。例如，一些人士提倡平民学校的教师"每天须选择报纸上面的国家大事、地方新闻以及常识等"，"讲演三四十分钟给他们听"，另外在"校中多备几份《申报》使他们课外阅看"，"一方面使他们晓得一点普通知识，一方面就是唤起他们看报的兴味"，从而培养起"他们定阅报纸的志愿"。① 无锡旅沪小学在校内"附设公众阅报牌所，购备日报杂志及有益之小说，任人入内阅览，不取分文"。② 吉林省立图书馆何馆长以吉省女子教育日见发达，而阅书报最足以启知识，增长学问，故特添设女书报室以便随意观览。③

阅报开启民智的观念深入人心，如何拓展阅报活动便成为有识之士的共识。在新文化运动的推动下，"公共阅报社""平民阅报社"不断兴起，阅报组织呈现出欣欣向荣发展的态势，对激发公众的热情起到了重要的推动作用。各类团体纷纷加入创立阅报社的运动，构成了新文化运动的"合力"。

阅报组织的扩建也影响到学校阅报社的发展。北京大学法科学生发起"阅书报社"，致力于"购阅各种关于法理上之书报，以补图书馆之缺"。④ 华石认为学校是最宜提倡阅报之处，但结果不能令人满意。因学校提供的阅报室条件有限，学生下课后，阅报室中"人满之患，前者倚据于桌，后者不得已伏于前者之背，更后者竟望而却步"，学校阅报室不能满足所有学生阅报的需求。他建议学校"废除形式之阅报室，于学校外组织一大阅报室。凡学校已阅之报即可置此中，任社会上之识字者浏览"，学校应提倡一般人民重视阅报。⑤

在房山，也有阅报社设立，"房山县风气闭塞，人民智识愚陋，兹有任某等发起组织阅报社，其文云：启者、各界同志、公同组合阅报社一处，以开通民智、输入新知识为宗旨，任人随便阅览，非敢谓有益社会，亦聊尽各人之天职，所有本社应用物件，及各种报张，均由各界指既假借而来"。该阅报社

---

① 杨橘泉：《平民学校宜养成学生阅报的习惯》，《申报》1924年5月29日，第17版。
② 《无锡旅沪小学添设夜校及阅报所》，《申报》1924年11月15日，第15版。
③ 《添设女子阅报室》，《民国日报》1919年10月31日，第7版。
④ 《阅书报社之发起》，《北京大学日刊》1917年12月1日，第4版。
⑤ 华石：《学校宜提倡阅报》，《申报·常识》1923年8月10日，第1版。

除呈请立案外，特拟定简章十条，凡阅报诸君，均须遵守，以重公益："（一）本社各报，系由各界捐借而来，阅时须存保存心，不可随便揉擦，以重公共之物，免负捐报人之公益之心；（二）阅报诸君，阅报时，由何处取报，阅毕仍交原处，不可乱扔而免混乱；（三）来本社阅报诸君，不准随便谈笑，并有不规则之诙谐语；（四）本社地方窄小，不可随便吸烟吐痰，以重卫生，而免污秽；（五）本社茶水灯油煤火，由组合人捐募，房间棹灯等，由教会暂行借用；（六）本社阅报时间，由上午九点起，至十一点止，下午由四点起，至五点止；（七）如有谈道者，本社后院有教会主任接洽，本社概不招待；（八）本社星期日，特请诸大演说家，于下午五时讲演长幅报纸，届时仍望诸君禁止喧哗；（九）本社一切事宜，由各界组合人负责，其管理报张煤火茶水，启闭门户之事，暂烦教会一人代理；（十）本社章程，如有未尽适宜之处，得随时修改。"① 1924 年，又有房山县阅报社扩充之举动："前年该县各界所组阅报社，今已成立二年。每届旧历十二月中旬开会一次，由会计报告出入银钱账目，并讨论募款等进行。是日众发起人到会者已过半数，届时沈县长亦亲莅该会。首由邹善庭君报告，前年由各界如何组织法，如何进行，甚为县长所嘉许。次由会计刘雁如君报告出入账目。其次由李荫溪君请县长输捐。蒙县长捐助洋每月五元，又特捐《申报》一份。又蒙县长请讲演报纸为开通民智之要务，宜多备报纸，为开通民智之计。计当日认捐者，已有数十元，时至四时半，始由社长宣布闭会。"②

在全国各地，各类阅报社纷纷创办。其中，江苏各地的阅报社值得关注。1919 年，在张謇的支持下，南通拟设立阅报社："南通慈善公益各事业逐渐兴举，而不甚难举之阅报社尚付阙如。南街虽有一处，乃系基督教外人所办。能独自订阅一报者，舍赴基督教外别无他法。近有某君发起创办该社，苦于资本无着，特陈请张啬公予以赞助，已得啬公允许，不日当可成立矣。"③ 1923 年，江阴成立了澄江阅报社："江阴地处偏僻，交通不便，冬令尤甚，现

---

① 《房山县组织阅报社》，《益世报》1922 年 3 月 5 日，第 11 版。
② 《房山县阅报社之扩充》，《益世报》1924 年 2 月 14 日，第 10 版。
③ 《创办阅报社》，《时事新报》1919 年 10 月 2 日，第 6 版。

在时局紧张,沪报到埠,辄隔数天,消息迟阻,殊属可憾。而通俗教育馆设在城隍庙西厅,地极幽邃,阅者寥寥。北外为商业繁盛,人烟会[荟]萃之区,转无阅报社之设立,诚社会教育之缺点。兹有李和华等联合商界同志,假澄江桥西面市立七校余屋,即日购办沪报,设立澄江阅报社,借以开通地方风气。"①

无锡的阅报社发展较快。1920年,无锡志成阅报社创立,"北乡堰桥镇志成爱国团近以灌输智识,并使普通人通晓时事起见,特组织志成阅报社"。该文还指出,因报界受安福系的把控,特别是王郅隆的操控,言论界受无限的羞耻。因此,阅报社在挑选报纸方面,要挑选像《救国日报》《民国日报》《中华新报》《时事新报》《强国日报》《锡报》等有价值的报纸。② 在天上市张村,也有阅报社之组织:"天上市张村一带,风气素来闭塞。近由徐达初、胡振亚、王钧、陈湘涛等,集合同志十余人,在张村镇留春园内组织阅报社,托城中冯国钧代定申锡等报,不日成立,凡社员非社员,皆可随意披阅。"③ 1921年,无锡北上乡东桥镇设立阅报社:"北上乡东桥镇商店林立,贸易渐盛,惟阅报社尚付阙如。兹华楚兰等有鉴及此,遂组织阅报社,附设于该镇救火会内,定《新闻报》《新无锡报》各一份,任人观览。"④ 1922年,富安乡添设阅报社:"富安乡胡埭镇有教员朱杰前在警务学堂卒业,现任乡立第十四校教习,其教法之精勤,素著人口。兹在该镇杨宗祠内设立阅报社一处,以供众览,一般好学子弟趋之若鹜,咸以该教员热心公益,开通地方风气,感颂不置。又闻该教员已函请钱学董呈县立案,以资持久。"⑤

启迪民智、开通民气、提高国民素质成为创办阅报场所的共识,对一些知识分子产生了重要影响。当时任教于浙江第一师范学校的陈望道,在回忆录中特别提到"书报贩卖部"的作用:"五四后宣传工作一般通过报刊来进行。报刊影响很大,对青年有启发、教育作用。我们一面写文章,一面在许

---

① 《北外组织阅报社》,《时事新报》1923年12月20日,第5版。
② 《爱国团组织阅报社》,《锡报》1920年2月9日,第3版。
③ 《组织阅报社志闻》,《锡报》1921年3月24日,第3版。
④ 《东桥镇设立阅报社》,《新无锡》1921年4月17日,第3版。
⑤ 《富安乡添设阅报社》,《新无锡》1922年4月19日,第3版。

多地方组织书报贩卖部,挨门推销进步书报。通过推销书报,找订阅者谈话,发展组织。书报贩卖部这个方式,在学校里很流行,贩卖书报的都是较进步的青年。"① 在校学生恽代英与同道建立互助社,积极推动各种文化运动的发展。1918 年 6 月,他和同人"设公共图书馆以交换所有书籍,并公之大众","所备图书,以最近杂志及新书为要,其大部旧书不在重要之列"。② 1917 年 7 月,他和同人创办"启蒙图书室",以推动民智开发。1919 年 7 月,他和同人拟"启智图书室附卖最新书报办法",表明图书室"所卖书报暂订如下:《新青年》《新潮》《新教育》《新中国》《少年中国》《教育潮》《学生》《每周评论》《救国日报》"。③

毛泽东创办的"文化书社"值得关注。1920 年,毛泽东创办"文化书社",旨在"代售书报"。该社"营业范围,为书、杂志、日报三类。书计一百六十四种,杂志计四十五种,日报计三种"。④

不仅图书馆、书社等具有阅报社的某些功能,一些茶楼为吸引顾客,也会备几份报纸供顾客阅读。在苏州第一中学堂求学的叶圣陶和顾颉刚去茶馆就并非以喝茶为目的,而是去看报,皆因他们所订阅之报不能保证时效性。通过在茶馆阅报,他们及时知晓辛亥革命的最新动向,表达了对辛亥革命的关怀。当南军胜利时,他们欣喜若狂。当南军不利时,他们则流露出忧伤的感情。由此可见,在报刊的影响下,他们认为推翻清廷成为合理之举。⑤

徐铸成回忆,他与报刊的关系始于阅报社。1920 年,小学生徐铸成第一次在阅报处读的两份报纸是《申报》和《新闻报》,阅读的内容包括广告、

---

① 陈望道:《回忆党成立时期的一些情况》,中国社会科学院现代史研究所、中国革命博物馆党史研究室选编:《"一大"前后:中国共产党第一次代表大会前后资料选编》(第 2 册),人民出版社 1980 年版,第 22 页。
② 恽代英著,中央档案馆、中国革命博物馆、中共中央党校出版社编:《恽代英日记》,中共中央党校出版社 1981 年版,第 395 页。
③ 恽代英著,中央档案馆、中国革命博物馆、中共中央党校出版社编:《恽代英日记》,中共中央党校出版社 1981 年版,第 590 页。
④ 《文化书社第一次营业报告》,张允侯、殷叙彝、洪清祥、王云开:《五四时期的社团》(一),生活·读书·新知三联书店 1979 年版,第 53—54 页。
⑤ 叶至善、叶至美、叶至诚编:《叶圣陶集》(第 19 卷),江苏教育出版社 2004 年版,第 5—12 页。

专电、通讯等"看不大懂的新闻",但这吸引了年幼的他。自此之后,他"每天放了学,总溜到育婴堂去看半小时报才回家,慢慢地由生吞活剥而逐渐理解一些内容","有时也对同学津津乐道我的'见闻'"。① 陆费逵在南昌时,隔日去一次家附近的阅报社,"午前九时去,午后五时出来。带一点大饼馒头作午餐"。后来,他因阅读次数较多,渐与管理员熟识,以至管理员将大门钥匙交给他。陆费逵在三年的阅报过程中,"学问渐渐进步,文理渐渐通顺,常识渐渐丰富"。② 刘少奇在玉潭学校求学时,经常去学校阅报室内读报。阅报室内订有上海的《申报》《新闻报》和天津的《大公报》,加之学校进步老师的鼓吹,刘少奇"开始经常关心国家大事"。③ 臧克家在山东省立第一师范学校求学时,经常到邓广铭负责的书报介绍社中阅读新式书刊,阅读的刊物包括《创造月刊》《创造季刊》《创造日》《洪水》《语丝》《北新》《莽原》《浅草》《沉钟》等报刊,甚至还有《共产党宣言》《政治经济学大纲》等马列书籍和《三民主义》等书籍。在新式书刊的影响下,他们还拿到社会上散发宣传,使山东省立第一师范学校成为革命活动频繁、新文艺空气浓厚的学校。④

小　结

阅报组织是近代以来社会启蒙思想在中国传播和实践的产物。随着报纸种类的增加,人们对报纸的认可度不断提高,促使阅报者数量日渐增加。但中国报刊"知识仓库"的复杂性,导致报刊分布地域不平衡,报刊阅读的大众化存在较多困难。由于报刊的普及率不高,倡导建立阅报社便成为社会启蒙运动中的重要议题。

阅报社是在中国近代图书馆尚未出现或为数甚少的情况下,为适应群众

---

① 徐铸成:《报海旧闻》(修订版),生活·读书·新知三联书店 2010 年版,第 122 页。
② 陆费逵著,文明国编:《陆费逵自述》,安徽文艺出版社 2013 年版,第 15 页。
③ 中共中央文献研究室编:《刘少奇传》(上卷),中央文献出版社 2008 年版,第 9—10 页。
④ 钱锡生、陶中霞:《泥土情深——臧克家》,文史哲出版社 2004 年版,第 34 页。

需求自发创办的社会公益性文化组织。它经历了由私办向公办的转变历程后，最终融入社会教育系统。阅报社、阅报牌针对的是更为广泛的普通民众，使无力购买报刊者能够接触到大量社会信息。这对开启民智起到了重要作用。从兴办者的角度看，与创办和维持报刊相比，运营阅报社显然更加简单易行。从阅读者的角度看，阅报社不仅能够免除购买报章的费用，而且易于被普通民众接受。读者可以同时接触到大量报刊，满足对于信息的需求。此外，"向昔不知报刊为何物"的目不识丁者，通过读者的二次传播，亦能有机会成为报刊的"受众"，从而建立起与外部世界的联系。基于此，阅报社将报刊的影响直接推向社会最底层。

阅报社与社会教育的结合，实际上使阅报成为社会教育的重要内容。这一结合产生的最直接的影响就是大众读报活动的推广，报刊日益成为人们生活中重要的组成部分，有利于报刊文化的"下移"。报刊作为"新闻纸"，在传递信息方面无出其右，"阅报知世界"成为不少民众的共识。新文化运动的本质是用知识本位的新学取代伦理本位的旧学。报刊作为"知识纸"，极大地推动了新文化运动的发展，也促使许多社会团体加入创办阅报场所的行列，从而推动了报刊文化的普及与发展。

结　语

　　本书探究了袁世凯统治时期和北洋政府统治时期约16年的报刊阅读史，揭橥了阅读的政治机制、文化机制、社会机制对中国社会的影响，进而指出这一时期报刊阅读在社会转变过程中的作用、价值与意义。总体而言，本书将读报活动置入中国社会变迁的角度进行考察，揭示报刊媒介如何介入读者的日常生活，对读者的精神世界产生了怎样的影响，如何推动社会发展的进程，试图探究报刊阅读中的基本问题：读者为何加入报刊阅读活动？为何阅读的政治机制很难改变读报人的命运？为何阅读的文化机制为读报人提供了"上升的阶梯"？为何阅读的社会机制促使读报人积极投身到革命的洪流中，为革命事业献身？为何阅读的联动机制更能推动社会变革？总之，报刊阅读史研究的目的就是探究报刊对人产生了怎样的影响，而读者又是如何通过报刊去适应社会的变化，从而体现读者、报刊与社会的互动。

一

　　阅读是一种相遇，读者接触报刊是阅读的缘起。在电视剧《毛泽东》中有一段场景。毛泽东第一次进东山学堂时，在地上看见了一堆即将丢弃的报纸，"不知报纸为何物"的毛泽东问萧子升此为何物。萧子升答曰：报纸。毛泽东疑问道：报纸？报纸是什么？萧子升回答道：报纸是专门登载新闻的，无论外面发生了什么新鲜事,它都会登载出来,因而也叫新闻纸。毛泽东表示要看看。这段场景虽有虚构的成分在内,但把毛泽东第一次读报纸的画面形象地呈现出来。从此,毛泽东一生与报刊结下了不解之缘。第一份对毛泽东产生影响的报刊是《新民丛报》,韶山毛泽东同志纪念馆还保存着毛泽东阅读《新民丛报》第四号时留下的批注。在长沙时,毛泽东先后读到《民立报》《甲寅》《新青年》等报刊,对毛泽东早期思想的形成产生了重要的作用。[①]和毛泽东同时代的许多知识青年经历了阅读《新民丛报》—《民立报》—《新青年》—《向导》的过程,在阅读的过程中思想不断变化,从信仰康有为、梁启超转向成为陈独秀、胡适的拥趸,进而在革命的洪流中加入革命的队伍,成为一名"革命青年"。从读者初识报刊到产生心理影响,进而推动观念的变革,是一个幽微复杂的过程。

  读者在不同时期的阅读有其重心。报刊和读者都是特定历史阶段的产物,有着明显的时代印记。民国初期是以读报纸为主、以读杂志为辅的时代。随着政党报刊的发展,报刊在舆论引导和政治传播中的作用得以提升,读者读报纸成为常态。不管是《民立报》《神州日报》等政党报纸,还是《申报》《新闻报》等商业报纸,都全方位地报道了民国初期的政局变化,使读者能够通过报纸了解时局的发展。民国初期政局变化频仍,军阀混战初显,国家陷入混乱之中,引发了读者极大的担忧。通过报纸了解时局的变化是读者获知国家大事的重要途径。

  五四新文化运动时期进入读者以读刊为主、以读报为辅的时期。之所以如此,与社会风气转变存在密切的关联。袁世凯去世后,人们的思想得到极大的解放,《新青年》以民主和科学为口号,带动了一大批刊物的发展,传播新思想、新思潮的刊物得到读者的广泛认同,特别是许多知识青年正处于"觅路"的阶段,新式刊物提供的"思想资源"和"知识仓库"正好满足了知识青年的需求。知识青年与刊物的结合,带动了一大批知识青年走上读

[①] 许高勇、高国庆:《青年毛泽东的报刊阅读与思想起源》,《出版发行研究》2020年第4期,第107—111页。

刊—投稿—发表的道路。知识青年将报刊视为"上升的阶梯",促成知识青年成就俗世声名,这是知识青年人生道路的重大转变。

知识青年人生道路发生另一次重大转变是在大革命时期,这一时期是读报和读刊相辅相成的阶段。从报纸阅读方面来看,报纸上关于军阀混战的新闻层出不穷,连绵不绝的战争促使读者思考国家与民族的命运和前途。此时,国共两党都在积极争取知识青年加入革命的道路,尤其是国共两党的报刊宣传,多以国家民族为主题,引发了读者的革命热情,为读者选择道路与主义提供了方向。读报便具有明显的意识形态导向。此后,国民革命兴起,为北伐战争的胜利奠定了基础。

需要强调的是,以日记为媒介书写报刊阅读史较为真实地反映了读者的阅读经历和心态。学界关于日记研究,以陈左高《中国日记史略》为典范,使日记真正成为一门独立学问。① 桑兵以日记为史料探究民国肇基前后亲历者的心路历程,书写了日记记录者在朝代更替之际的不同心态,颇具启发性。② 中国近代是最为激荡的时代,也是目前所知日记存留最多的时期。不同读者从不同角度记录了社会变迁,表达出时代与历史的差异。诚如桑兵所言:"借着性情政见千差万别的日记主人们的身手耳目,顺着历史的进程重新经历一番时代风云的变幻,深入体察革命时代的波谲云诡之下,形形色色的不同人等是如何面对巨变,适应形势,调整自我,在进入新时代的过程中设法立足存身,以致有所施展发挥。"③ 虽然桑兵只对民国成立前后的历史有所阐发,但整个近现代中国何尝不是如此。本书从个体的角度书写大事件,角度多样、视野迥异,丰富了对事件史的分析,有助于在大历史框架下寻求新的历史叙事。日记提供了新的新闻解读方式,从日记记录者的角度"再现"事件史更是一种新的尝试。

北洋政府时期始于袁世凯被选为中华民国临时大总统,终于1927年南京

---

① 陈左高:《中国日记史略》,中国书籍出版社2020年版。
② 桑兵:《走进共和:日记所见政权更替时期亲历者的心路历程(1911—1912)》,北京师范大学出版社2016年版。
③ 桑兵:《走进共和:日记所见政权更替时期亲历者的心路历程(1911—1912)》,北京师范大学出版社2016年版,第5页。

国民政府成立，经历了宋教仁被刺、二次革命、袁世凯称帝、府院之争、张勋复辟、五四运动、直皖战争、直奉战争、曹锟贿选、五卅运动、北伐战争等影响中国历史的大事件。身处这一时期的日记主人们将政局变动、军阀混战记录在日记中，表达了他们对时代的关切，他们深思战争给社会带来的破坏和灾难。同时，不同读者对于政局变动、军阀混战的关注点各有侧重，评述各异，心态多样，风华多重，说明新闻事件对个体影响极为复杂。

从个体日记对新闻的述评解读民国初期历史，可谓别有意蕴。从中可以看出，民国初期，袁世凯更容易被官绅阶层接受，因为袁世凯是从旧官僚中走出来的强权人物，是官绅阶层利益的代言人，所以他们在日记中表达了对袁世凯的支持，多描述袁世凯统治下中央和地方的"善政"。值得关注的是，官绅阶层对待袁世凯的态度存在政治博弈。他们支持袁世凯的缘由在于袁世凯可能在一定程度上会支持宣统帝复辟。但随着袁世凯不断强化统治，于1916年宣布称帝，这些官绅阶层，特别是一些地方士绅的复辟梦破灭，他们对袁世凯的态度发生了重大变化，在日记中以"贼"来指代袁世凯，表达出对袁世凯的憎恨。随着中国进入军阀混战的局面，官绅阶层更多关注政局变化能给他们带来怎样的机遇，以图东山再起。当1917年张勋复辟后，他们的内心流露出欣喜之情，随时准备重整旗鼓，积极拥抱复辟后的新政权。而复辟失败，使他们的心情跌入低谷，他们不知未来政局走势如何。随着军阀混战的加剧，他们密切了解事态的发展，虽然对军阀混战的评价不多，但字里行间表达了强烈的不满又无可奈何的心态。有的直斥军阀混战对中国社会的摧残，甚至表达了对清廷的向往。他们的阅读心态依据立场、身份、思想的不同而变化，表明政治阅读与阅读政治之间紧密相连。

与官绅阶层相比，知识青年拥护孙中山、黄兴、宋教仁等革命派领袖。一方面，源于知识青年在求学阶段阅读革命性报刊，深受革命思想的影响，①甚至一些知识青年与革命派存在千丝万缕的联系；另一方面，革命为他们提

---

① 蒋建国：《清末学堂学生的读报活动与观念变革》，《新闻与传播研究》2014年第7期，第103—128页。

结　语

供了"上升"的契机，他们希望通过革命改变命运，体现自我价值和社会价值，因而在革命之际纷纷参军、加入政党，希图改变人生的命运。随着袁世凯统治的强化及称帝失败后造成政局动荡不安，不少知识青年意识到通过政治手段难以改变人生命运，因此，当新文化运动兴起后，他们积极拥抱新文化的到来，希望能在新潮流中寻找到一条新的人生道路。新文化倡导的白话文有利于他们直白书写，报刊也俨然成为一种社会资源分配的重要手段。他们通过报刊展现自身的观念和价值，也获得了俗世声名。

从迷茫、彷徨中走出来的知识青年面对的是军阀混战加剧、中国遭受帝国主义欺辱的黑暗现实，"冲破牢笼"成为不少知识青年阅读报刊的共同心态。当报纸满载国家民族遭受欺辱和军阀为争夺北京最高统治权而混战不已的新闻时，知识青年需要突破普遍的压抑感，努力承担拯救国家民族危亡的重担。彼时兴起的各类主义成为他们读报时分的"巨大话语"，这也是无政府主义在当时大行其道的主要原因。无政府主义的主张为知识青年描绘了社会的理想蓝图，使诸多知识青年颇感兴趣。毛泽东、恽代英、杨贤江等人都曾是无政府主义的追随者，但他们的实践最后以失败而告终。他们又开始新一轮"觅路"之旅，最终选择了马克思主义。因此，后五四成为革命的时代，甚至影响了中国20世纪三四十年代的革命活动。日记所载，皆为心史，为我们了解读者的心路历程提供了较为可信的史料，日记中的读者将报刊视为拉近现实、思考社会、关注未来的媒介。在日记中，读者、报刊与社会有着复杂的互动关系。

二

本书按照时间线索对1912—1927年的报刊阅读史进行了较为全面的研究，但按照时间线索的线性描述也有一些问题，即难以深究报刊对读者，尤其是对中国社会产生的影响。因此，以下几个问题仍需进一步探索。

首先，要区分报刊和书籍对读者的影响。书籍和报刊表征两种不同的知识类型：书籍以前人世界为导向，属于对前人经验的总结；报刊属于现实性知识，以现实社会为标准。从近代中国的具体语境来看，"以儒家典籍为代表的中国传统书籍大多固定不变，传达的是一套恒久的意识形态；中国近代报刊与书籍虽有交融的时段，但最终从儒家典籍中分离出来，以时务、新闻和评论等'通今'知识，赋予它的文人读者切实的'政治现实主义'精神"。① 很显然，这样的差异对读者的影响截然不同。

本书以探讨人与报刊之间的关系为主，间或涉及书籍阅读的问题。事实上，书籍阅读对人的影响也至关重要。晚清士人的西书阅读是一场静悄悄的革命，对晚清社会变迁产生了重要影响。② 而一些中国传统经典著作的阅读，对读书人的影响更是天渊之别。以《红楼梦》为例，不同群体对《红楼梦》的解读迥然不同，通过对《红楼梦》阅读史的研究，可以把握《红楼梦》对中国人的精神慰藉。③ 至于民国时期，五四新文化运动时期以报刊为资料编辑的《饮冰室合集》《独秀文存》《胡适文存》《吴虞文存》等新式书籍成为诸多读者必读的书籍，像鲁迅的《故乡》阅读史形塑了现代中国的文学空间。④ 20 世纪二三十年代的社会科学书籍更是对知识青年的革命转向起到了重要的作用。⑤ 因此，北洋政府时期出版的各类新式书籍，特别是社会科学书籍，对读者产生了怎样的影响，是一个值得关注的命题。需要探究如何全面地评估新式书籍对读者和社会的影响。

就具体的书籍阅读而言，一些知识青年呈现出书刊皆读的阅读层次。以夏承焘为例，他不仅阅读时下流行的报刊，而且阅读四书五经、《明夷待访录》《红楼梦》等传统经典著作，更有《饮冰室合集》《中国哲学史大纲》《胡适文存》《三民主义》等新式书籍。夏承焘的阅读史便从阅读传统经典著作开始，在经典著作中"觅路"，最终确立了以词为中心的学术研究路径。纵观夏承焘的阅读史，书刊并读为他的学术提供了引领作用。如果仅探究夏承

---

① 卞冬磊：《从报刊史到报刊阅读史：中国新闻史的另一种视角》，《国际新闻界》2015 年第 1 期，第 160 页。
② 相关成果参见潘光哲：《晚清士人的西学阅读史（1833—1898）》，"中央研究院"近代史研究所 2015 年版；蒋建国：《晚清士人的西书阅读与意义之网——以日记史料为中心》，《中国社会科学》2022 年第 5 期，第 183—203 页。
③ 李根亮：《〈红楼梦〉阅读史》，齐鲁书社 2021 年版。
④ ［日］藤井省三：《鲁迅〈故乡〉阅读史——现代中国的文学空间》，董炳月译，南京大学出版社 2013 年版。
⑤ 唐小兵：《后五四"社会科学"热与革命观念的知识建构——以民国时期左翼期刊为中心的讨论》，《史林》2022 年第 1 期，第 130—141 页。

焘的报刊阅读史而不关注书籍对他的影响，便难以完整地呈现他学术思想的脉络，更难以描绘他的思想史。其他诸如恽代英、杨贤江、陈范予、白坚武、顾颉刚、金毓黻、张棡、吴虞、周作人等人的人生道路也与书籍阅读存在密切的关联。在"读者—阅读—书刊"的联动过程中，不仅要关注新式书刊对读者成长史的重要意义，还要关注传统经典著作对读者产生的深远影响。报刊和书籍是读者阅读的双重面向，不可偏废。尤其是报刊与书籍知识之间的"联动"，要予以高度重视。

其次，要注意文本阅读和实践阅读的差异。媒介的物质形态是人们获取信息的主要方式，不管是书籍还是报刊，都是文本作为媒介的物质形态的重要表现。因此，文本阅读构成了阅读史的主要方式。就具体的报刊阅读而言，报刊上呈现的文本是读者获取新闻的主要形式，报刊文本通过读者的阅读后产生影响，读者、阅读、报刊文本是报刊阅读史研究的核心要素。北洋政府时期是中国新闻现代化的重要时期，其特色是新闻的专业化。专业化的报道追求新闻的真实客观，特别是对时政新闻的报道，要求客观呈现出来以供读者阅读，而客观呈现的方式就是文本。从这个角度看，研究报刊阅读史在很大程度上就是研究报刊文本的传播和阅读。如何回答报刊文本是否被阅读、报刊文本对读者产生了怎样的影响等问题，构成了报刊阅读史的重点与难点。报刊文本真实存在，读者如何从报刊文本中获取信息和知识，就需要从读者的角度进行理解和考察。既然是读者，就要关注读者留下的日记、回忆录、自述、文集、全集等文献，并且需要通过这些文献来考察报刊阅读史。

文本阅读之外的另一种阅读形式是实践阅读。实践阅读，指阅读是在具体时空之中，包含与自身、他者关系的，以具体特定的物质形式的读物为对象的具身活动。具体而言，实践阅读不仅关注文本本身，还关注与阅读相关的身体、时空、技术等方面的维度，使阅读具有现代性的视野。[①] 此类实践阅读注重文本之外的意义阐释。在本书的研究中，我们强调新闻事件史的文本

---

① 詹佳如：《文本之外：媒介视野的阅读史研究》，黄旦主编：《中国传播学评论》（第九辑），中国传媒大学出版社2020年版，第71页。

解读，对具体读者的阅读空间、环境、心态等方面的探讨较为欠缺。尤其是对非事件性的通俗阅读重视不够，以致难以探索阅读与日常生活的关联。

需要强调的是，书写完整的报刊阅读史主要还是以文本阅读为中心。近年来，一些学者提出从实践阅读的角度考察报刊阅读史。但事实上，离开具体的文本，无法解读阅读的价值和意义。因为实践阅读是一种以阅读为中心的具身活动，而这样的具身活动在一定时期内变化不太明显，难以勾勒报刊阅读史的完整画面。例如，晚清社会兴起的讲报听报活动以阅报社的形式呈现，在五四新文化运动时期出现了另外一种新的形式——阅报牌，最后以读报组的形式得到展演。如果仅以阅报组织的形式呈现报刊阅读史的面貌，恐有难度，加之实践阅读史需要文献的辅助才能完成。又如，关于民国初期普通民众的读报活动，由于缺乏具体的史料和阅读文本，很难进行探讨，这是阅读史的局限所在。

最后，要关注其他媒介方式对读者的影响。例如，通讯社、广播、电话、电影等新式媒介的发展，改变了民众的媒介消费方式，带来了深刻的社会变革。以电话为例，电话于1877年传入中国，但大规模普及是在20世纪20年代，并在新闻事业中得到应用。这种新型传播媒介节省了报馆的采访、经营成本，并且在消息灵敏性和时效性上有所保证，因而被报馆大量采用。① 不仅新闻事业中以电话作为采访的重要手段，而且电话的普及使得一些专门机构，甚至一些私人可以通过电话了解事态的发展。1922年4月28日，第一次直奉战争打响，供职于中国银行天津分行的卞白眉除通过阅报了解战争的发展进程外，还经常与北京进行电话沟通，了解最新消息。例如，4月29日，他在日记中记载："与宋寿臣电话中接洽京中兑券情形。震修电话，谓奉军于两路败挫。"晚间又有与京中通话记录："晚间京中电话谓黄村一带有战事，或谓西路直军系冯玉祥出奇制胜。"又如，5月3日友人李伯芝来电话告知"外间传言吴佩孚阵亡，奉军在我行强提三百万钞票"事，皆是通过电话沟通，甚至有通过电话与北京总行确认谣言的通话记录。② 此类记载在卞白眉的记录中

---

① 王明亮：《电话在早期中国新闻事业中的应用》，《新闻春秋》2013年第4期，第26—31页。
② 卞白眉著，中国人民政治协商会议天津市委员会文史资料委员会编：《卞白眉日记》（第1卷），天津古籍出版社2008年版，第197、198页。

比比皆是，表明电话在银行业中得到较为普遍的利用。在常熟的徐兆玮也通过电话了解江浙战争和亲人去世、新宅题词的相关情况。既然在日记中有电话这种新型传播媒介的记录，表明电话开始逐渐渗透到人们的日常生活中，对人们的资讯获取、社会交往有着一定影响。虽然时人了解时政的主要方式是阅读报刊，但新型媒介的出现仍突破了人们接收信息的单一性，使他们从不同角度获取信源，增加了新闻来源的广度。媒介技术的发展在无形之中拓展了人的视野，通讯社、广播、电话、电影等新型传播媒介的普及提高了信息传播的速率，改变了人们接收新闻的方式，提升了人们的生活效率。有关报刊媒介与这些新媒介的关系，以及读者如何通过不同媒介获取资讯、加强交流，尚有很大的研究空间。

总之，本书对北洋政府时期的报刊阅读史进行了初步研究，从政治阅读、文化阅读、社会阅读三个维度，探讨读者、报刊与社会之间的关系，揭橥读者阅读时政新闻的所思、所言、所感，尤其是重大新闻事件对读者所产生的深刻影响。但本书在报刊阅读研究的深度、高度、广度方面仍有不少差距，尤其是在读者阅读的影响方面，还缺乏深入分析。对报刊如何"介入"普通读者的生活世界，有待进一步"深描"。本书主要以日记史料研究报刊阅读史，虽强调阅读过程和文本呈现，但日记史料之间缺乏逻辑关联，不同读者之间的穿插与"承接"显得比较"生硬"，逻辑关系难以理顺，在意义阐释方面更缺乏关联度和整体感。这是本书研究的遗憾，也是研究阅读史的困难所在。

参考文献

一、电子及数据库资料

1. CADAL 民国书刊数据库
2. 大成老旧全文数据库
3. 瀚海堂报刊数据库
4. 抗日战争与近代中日关系文献数据库
5. 民国大全数据库
6. 民国时期期刊全文数据库（1911—1949）
7. 《申报》数据库
8. 晚清期刊全文数据库（1833—1910）
9. 中国近代报刊数据库

二、报刊资料

《报学杂志》《北平大学区教育旬刊》《晨报》《晨报》《春秋》《大公报》《东方日报》《东方杂志》《福报》《福尔摩斯》《福建教育周刊》《革命青年》《河南统计月报》《济南市市政月刊》《甲寅》 *The Weekly Review of the Far East*（《密勒氏评论报》）《时报》《教育与人生》《教育杂志》《金刚钻》《京报》《晶报》《流言》《每周评论》《民国日报》《民众教育月刊》《囊锥研究》《努

力周报》《清华学报》《清华周刊》《山西省立民众教育馆月刊》《上海报》《上海滩》《上海通志馆期刊》《少年》《社会日报》《申报》《神州日报》《时事新报》《世界小报》《首都教育研究》《首都市政公报》《铁报》《文华图书馆专科学校季刊》《向导》《小日报》《小说日报》《笑报》《新潮》《新青年》《新世界》《新闻报》《兴华报》《学衡》《学生杂志》《庸言》《禹贡》《浙江民政月刊》《中华图书馆协会会报》

三、资料汇编

1. 陈伯熙编著：《上海轶事大观》，上海书店出版社2000年版。
2. 陈元晖主编，李桂林、戚名琇、钱曼倩编：《中国近代教育史资料汇编（普通教育）》，上海教育出版社2007年版。
3. 耿云志：《清末民初的"衍圣公"——孔令贻》，中国科学院近代史研究所中华民国史组编：《中华民国史资料丛稿特刊》（第二辑），中华书局1974年版。
4. 广东省档案馆、广东青运史研究委员会编：《广东青年运动历史资料》，广东省档案馆1986年版。
5. 胡仲持：《关于报纸的基本知识》，上海生活书店1937年版。
6. 湖北省报业志编纂委员会编：《湖北省报业志》，新华出版社1996年版。
7. 金仲华编：《报章杂志阅读法》，中华书局1935年版。
8. 刘瑞兴主编：《连续出版物管理史料选》，中国统计出版社1994年版。
9. 吕绍虞编：《书报杂志阅读的方法》，友联出版社1937年版。
10. 桑兵主编：《各方致孙中山函电汇编》（共十卷），社会科学文献出版社2012年版。
11. 沈云龙主编：《近代中国史料丛刊三编》（共100辑），文海出版社有限公司1986年版。
12. 舒新城编：《中国近代教育史资料》（上、中、下册），人民教育出版社1961年版。
13. 王绿萍编著：《四川报刊五十年集成（1897—1949）》，四川大学出版社

2011 年版。

14. 武汉地方志编纂委员会主编：《武汉市志·新闻志》，武汉大学出版社 1991 年版。

15. 中共中央党史研究室第一研究部译：《共产国际、联共（布）与中国革命档案资料丛书》（共 21 卷），北京图书馆出版社 1997 年版。

16. 中共中央党史研究室、中央档案馆编：《中国共产党第一次全国代表大会档案文献选编》，中共党史出版社 2015 年版。

17. 朱有瓛主编：《中国近代学制史料》（第二辑下册），华东师范大学出版社 1989 年版。

18. 邹鲁编著：《中国国民党史稿》，《民国丛书》编辑委员会编：《民国丛书》（第 1 编第 25 册），上海书店 1989 年版。

四、全集、文集

1. 柏杨：《柏杨全集》（全 25 卷），人民文学出版社 2010 年版。
2. 陈寅恪：《寒柳堂集》，生活·读书·新知三联书店 2001 年版。
3. 费孝通：《费孝通全集》（全二十卷），内蒙古人民出版社 2009 年版。
4. 顾潮编：《顾颉刚卷》，中国人民大学出版社 2014 年版。
5. 海宁市档案局（馆）编：《宋云彬文集》（共五卷），中华书局 2015 年版。
6. 黄远生：《远生遗著》（全 4 卷），商务印书馆 1920 年版。
7. 金克木著，段晴、江力编：《师道师说：金克木卷》，东方出版社 2013 年版。
8. 李抱一著，黄林编：《李抱一文史杂著》，湖南人民出版社 2009 年版。
9. 林一厂著，林抗曾整理：《林一厂集》（上、下册），广东人民出版社 2015 年版。
10. 鲁迅：《鲁迅全集》（共十八卷），人民文学出版社 2005 年版。
11. 吕思勉：《吕思勉论学丛稿》，上海古籍出版社 2006 年版。
12. 聂绀弩著，《聂绀弩全集》编辑委员会编：《聂绀弩全集》（共十卷），武汉出版社 2004 年版。

13. 欧阳哲生编：《胡适文集》（共 12 册），北京大学出版社 1998 年版。

14. 邵飘萍著，肖东发、邓绍根编：《邵飘萍新闻学论集》，北京大学出版社 2008 年版。

15. 唐文权编：《雷铁厓集》，华中师范大学出版社 2011 年版。

16. 王理孚撰，张禹、陈盛奖编注：《王理孚集》，上海社会科学院出版社 2006 年版。

17. 吴芳吉著，傅宏星编校：《吴芳吉全集》（全三册），华东师范大学出版社 2014 年版。

18. 徐珂著，孙安邦、路建宏点校：《康居笔记汇函》（全二册），山西古籍出版社 1997 年版。

19. 徐旭生：《徐旭生文集》（全十二册），中华书局 2021 年版。

20. 严复著，汪征鲁、方宝川、马勇主编：《严复全集》（共 11 卷），福建教育出版社 2014 年版。

21. 杨昌济著，王兴国编注：《杨昌济集》（全两册），湖南教育出版社 2008 年版。

22. 杨贤江：《杨贤江全集》（全 6 卷），河南教育出版社 1995 年版。

23. 叶至善、叶至美、叶至诚编：《叶圣陶集》（全 26 卷），江苏教育出版社 2004 年版。

24. 郁达夫著，吴秀明主编：《郁达夫全集》（全十二卷），浙江大学出版社 2007 年版。

25. 郑逸梅：《郑逸梅选集》（全 6 卷），黑龙江人民出版社 1991 年版。

26. 中共中央文献研究室第二编研部编：《少年任弼时作文选》，中央文献出版社 2004 年版。

27. 中共中央文献研究室、南开大学编：《周恩来早期文集（1912 年 10 月—1924 年 6 月）》，中央文献出版社、南开大学出版社 1998 年版。

28. 中共中央文献研究室、中共湖南省委《毛泽东早期文稿》编辑组编：《毛泽东早期文稿（1912 年 6 月—1920 年 12 月）》，湖南人民出版社 2008 年版。

29. 中国李大钊研究会编注：《李大钊全集》（全五卷），人民出版社 2013 年版。

30. 周振鹤：《周振鹤自选集》，广西师范大学出版社 1999 年版。

五、日记、书信

1. 白坚武著，中国社会科学院近代史研究所编，杜春和、耿来金整理：《白坚武日记》（全两册），江苏古籍出版社 1992 年版。

2. 卞白眉著，中国人民政治协商会议天津市委员会文史资料委员会编：《卞白眉日记》（共四卷），天津古籍出版社 2008 年版。

3. 蔡元培著，王世儒编：《蔡元培日记》（上下），北京大学出版社 2010 年版。

4. 陈炳华：《钝盦日记五卷》，李德龙、俞冰主编：《历代日记丛钞》（第 171 册），学苑出版社 2006 年版。

5. 陈范予著，[日]坂井洋史整理：《陈范予日记》，学林出版社 1997 年版。

6. 陈怀澄著，许雪姬编注：《陈怀澄先生日记》，"中央研究院"台湾史研究所 2016 年版。

7. 陈元畅：《陈元畅日记》，王建朗、马忠文主编：《近代史研究所藏稿钞本日记丛刊》（第 74 册），国家图书馆出版社 2020 年影印本。

8. 陈曾寿：《陈曾寿日记》，湖北省图书馆编：《湖北省图书馆藏稿本日记四种》（第 44 册），国家图书馆出版社 2021 年影印本。

9. 董康著，王君南整理：《董康东游日记》，上海人民出版社 2018 年版。

10. 鄂多台：《鄂多台日记》，沈云龙主编：《近代中国史料丛刊》（三编第 58 辑第 578—580 册），文海出版社有限公司 1990 年版。

11. 恩光著，许庆江、董婧宸整理：《恩光日记》，凤凰出版社 2020 年版。

12. 符璋著，温州市图书馆编，陈光熙点校：《符璋日记》（全三册），中华书局 2018 年版。

13. 傅增淯：《澄怀堂日记附澄怀杂存》，清华大学图书馆编：《清华大学图书馆藏稿钞本日记丛刊》（第 16—21 册），国家图书馆出版社 2018 年影印本。

14. 顾颉刚：《顾颉刚日记》（全十二卷），联经出版事业股份有限公司 2007 年版。

15. 郭良才著，散木编：《郭根日记》，三晋出版社 2013 年版。

16. 郭曾炘著，窦瑞敏整理：《郭曾炘日记》，中华书局 2019 年版。

17. 何宗逊著，韩宁平、夏亚平整理：《何宗逊日记》（全二册），凤凰出版社 2019 年版。

18. 贺葆真著，徐雁平整理：《贺葆真日记》，凤凰出版社 2014 年版。

19. 贺尔康著，湖南历史考古研究所现代史组整理：《贺尔康烈士的日记》，湖南历史资料编辑委员会编：《湖南历史资料》（1960 年第 1 期），湖南人民出版社 1960 年版。

20. 胡骏：《补斋日记》，沈云龙主编：《近代中国史料丛刊》（第 8 辑第 71—76 册），文海出版社有限公司 1986 年版。

21. 胡朴安撰：《朴学斋日记（1899—1947）》，复旦大学图书馆藏稿本（编号：484095）。

22. 胡适著，曹伯言整理：《胡适日记全编》（第 1—5 册），安徽教育出版社 2001 年版。

23. 黄秉义著，周兴禄整理：《黄秉义日记》（全五册），凤凰出版社 2017 年版。

24. 黄侃：《黄侃日记》，江苏教育出版社 2001 年版。

25. 黄尊三著，谭徐锋整理：《黄尊三日记》（上、下册），凤凰出版社 2019 年版。

26. 蒋维乔著，林盼、胡欣轩、王卫东整理：《蒋维乔日记》（全八册），上海人民出版社 2021 年版。

27. 金松涛：《甲子年日记一卷》，上海图书馆藏稿本（编号：线善 529891）。

28. 金毓黻著，《金毓黻文集》编辑整理组校点：《静晤室日记》（全十册），辽沈书社 1993 年版。

29. 李辅燿著，徐立望、胡志富主编：《李辅燿日记》（全十册），浙江大学出版社 2014 年影印本。

30. 林伯渠著，湖南省档案馆校注：《林伯渠日记》，湖南人民出版社 1984 年版。

31. 林传甲著，况正兵、解旬灵整理：《林传甲日记》（全二册），中华书局 2014 年版。

32. 林荣：《潞生日记》，王建朗、马忠文主编：《近代史研究所藏稿钞本日记丛刊》（第 78—80 册），国家图书馆出版社 2020 年影印本。

33. 凌盛仪：《凌盛仪日记》，湖南图书馆藏稿本（编号：275/5）。

34. 刘承幹：《求恕斋日记不分卷》，上海图书馆藏稿本电子版（编号：线善 862624-74）。

35. 刘承幹著，陈谊整理：《嘉业堂藏书日记抄》（上、下册），凤凰出版社 2016 年版。

36. 刘大鹏遗著，乔志强标注：《退想斋日记》，北京师范大学出版社 2020 年版。

37. 刘绍宽著，温州市图书馆编，方浦仁、陈盛奖整理：《刘绍宽日记》（全五册），中华书局 2018 年版。

38. 陆费墀：《民国八年日记一卷》，上海图书馆藏稿本电子版（编号：817591）。

39. 陆宗篯：《补过日新》，苏州博州馆编：《苏州博物馆藏近现代名人日记稿本丛刊》（第 32—36 卷），文物出版社 2018 年影印本。

40. 马济中：《济中日记不分卷》，上海图书馆藏稿本（编号：线普长 53632-40）。

41. 毛昌杰：《君子馆日记》，沈云龙主编：《近代中国史料丛刊》（正编第 2 辑第 18 册），文海出版社有限公司 1966 年版。

42. 孟宪彝著，彭国忠整理：《孟宪彝日记》（上、下册），凤凰出版社 2016 年版。

43. 缪荃孙著，张廷银、朱玉麒主编：《缪荃孙全集·日记》（全四册），凤凰出版社 2014 年版。

44. 耆龄著，裘陈江整理：《耆龄日记》，凤凰出版社 2020 年版。

45. 钱玄同著，杨天石主编：《钱玄同日记》（整理本）（上、中、下），北京大学出版社 2014 年版。

46. 绍英著，张剑整理：《绍英日记》（全二册），中华书局 2018 年版。

47. 水如编：《陈独秀书信集》，新华出版社 1987 年版。

48. 宋运贡：《寓兰日记不分卷（1914—1917）》，上海图书馆藏稿本电子版（编号：826441-5）。

49. 孙宝琛：《孙宝琛日记不分卷》，上海图书馆藏稿本电子版（编号：T47017-41）。

50. 谭正璧著，王润英整理：《谭正璧日记》（全三册），凤凰出版社 2021 年版。

51. 童保喧著，宁海县政协教文卫体和文史资料委员会编：《童保喧日记》，宁波出版社 2006 年版。

52. 王伯祥著，张廷银、刘应梅整理：《王伯祥日记》（全二十册），中华书局 2020 年版。

53. 王闿运著，吴容甫点校，中华书局编辑部修订：《王闿运日记》（全六册），中华书局 2022 年版。

54. 王清穆：《农隐庐日记》，上海图书馆藏稿本（编号：线普长 744634-99）。

55. 王燮功：《天华盦日记》，上海图书馆藏稿本（编号：568719）。

56. 王振声著，徐慧子、李周整理：《王振声日记》，凤凰出版社 2017 年版。

57. 王子壮：《王子壮日记》（全 10 册），"中央研究院"近代史研究所 2001 年影印本。

58. 翁斌孙著，张剑整理：《翁斌孙日记》，凤凰出版社 2015 年版。

59. 吴承湜：《吴承湜日记五种》，李德龙、俞冰主编：《历代日记丛钞》（第 119 册），学苑出版社 2006 年版。

60. 吴焘：《吴焘日记》，王建朗、马忠文主编：《近代史研究所藏稿钞本日记丛刊》（第 19—21 册），国家图书馆出版社 2020 年影印本。

61. 吴宓著，吴学昭整理：《吴宓日记》（全十册），生活·读书·新知三联书店 1998 年版。

62. 吴虞著，中国革命博物馆整理，荣孟源审校：《吴虞日记》（上、下册），四川人民出版社 1984 年版。

63. 夏承焘著，吴蓓主编：《夏承焘日记全编》（全十二册），浙江古籍出版社 2021 年版。

64. 谢觉哉：《谢觉哉日记》（上、下卷），人民出版社 1984 年版。

65. 徐乃昌著，南江涛整理：《徐乃昌日记》（全四册），凤凰出版社 2020 年版。

66. 徐兆玮著，李向东、包岐峰、苏醒等标点：《徐兆玮日记》（全六册），黄山书社 2013 年版。

67. 徐志摩著，虞坤林整理：《徐志摩未刊日记》（外四种），北京图书馆出版社 2003 年版。

68. 许菊圃：《日记》，上海图书馆藏稿本（编号：线普 492437）。

69. 严修著，《严修日记》编辑委员会编：《严修日记》（全四册），南开大学出版社 2001 年版。

70. 颜惠庆著，上海市档案馆译：《颜惠庆日记》（全三册），中国档案出版社 1996 年版。

71. 杨闇公著，杨绍中、周永林、李畅培编辑整理：《杨闇公日记》，四川人民出版社 1979 年版。

72. 杨昌济：《达化斋日记》，湖南人民出版社 1978 年版。

73. 杨尘因撰，许丽莉整理：《杨尘因日记（1919 年 1 月 1 日—10 月 31 日）》，广西师范大学出版社 2015 年版。

74. 姚永概著，沈寂等标点：《慎宜轩日记》（上下册），黄山书社 2010 年版。

75. 叶昌炽：《缘督庐日记》（全 12 册），广陵书社 2014 年影印本。

76. 佚名：《癹石轩日记不分卷》，上海图书馆藏稿本（编号：线普 522596-99）。

77. 佚名：《猗猗草堂日记》，复旦大学图书馆藏稿本（编号：484057）。

78. 应修人著，上海鲁迅纪念馆编：《应修人日记》，上海书画出版社 2003 年版。

79. 余鸿钧：《余鸿钧日记》，苏州博物馆编：《苏州博物馆藏近现代名人日记稿本丛刊》（第 24 卷），文物出版社 2018 年影印本。

80. 余绍宋：《余绍宋日记》（全十册），北京图书馆出版社 2003 年影印本。

81. 恽代英著，中央档案馆、中国革命博物馆、中共中央党校出版社编：《恽代英日记》，中共中央党校出版社1981年版。

82. 恽毓鼎著，史晓风整理：《恽毓鼎澄斋日记》（共2册），浙江古籍出版社2004年版。

83. 曾琦：《曾慕韩（琦）先生日记选》，沈云龙主编：《近代中国史料丛刊》（正编第2辑第19册），文海出版社有限公司1966年版。

84. 翟文选著，宋皓琨整理：《翟文选日记》，凤凰出版社2020年版。

85. 张棡著，温州市图书馆编，张钧孙点校：《张棡日记》（全十册），中华书局2019年版。

86. 张朝墉：《张朝墉日记》，王建朗、马忠文主编：《近代史研究所藏稿钞本日记丛刊》（第36—44册），国家图书馆出版社2020年影印本。

87. 张嘉璈：《张嘉璈日记》，上海图书馆藏稿本电子版（编号：线善862900）。

88. 张志潭：《张志潭日记》，王建朗、马忠文主编：《近代史研究所藏稿钞本日记丛刊》（第57—58册），国家图书馆出版社2020年影印本。

89. 赵南公：《赵南公日记》（全六册），上海交通大学出版社2016年影印本。

90. 赵元成：《辛亥日记》，复旦大学图书馆藏稿本（编号：484077）。

91. 赵元成著，倪春军整理：《赵元成日记》（外一种），凤凰出版社2015年版。

92. 哲苏老人：《晚晴楼日记不分卷》，上海图书馆藏稿本（编号：线普539972-74）。

93. 郑孝胥著，中国历史博物馆编，劳祖德整理：《郑孝胥日记》（全五册），中华书局1993年版。

94. 中国社会科学院近代史研究所中华民国史研究室编：《胡适来往书信选》（上、中、下），社会科学文献出版社2013年版。

95. 周恩来著，中共中央文献研究室、中国革命博物馆编：《周恩来旅日日记》，中央文献出版社1998年影印本。

96. 周作人：《周作人日记》（上、中、下），大象出版社1996年影印本。

97. 朱鄂基著，朱炯整理：《朱鄂生日记》（全四册），凤凰出版社2021年版。

98. 朱峙三：《朱峙三日记》（全十八册），国家图书馆出版社2011年影印本。

99. 朱峙三著，胡香生辑录，严昌洪编：《朱峙三日记（1893—1919）》，华中师范大学出版社 2011 年版。

100. 左绍佐：《左绍佐日记》，湖北省图书馆编：《湖北省图书馆藏稿本日记四种》（第 24—36 册），国家图书馆出版社 2021 年影印本。

六、自述、回忆录、传记、年谱

1. 《1897—1987 商务印书馆九十年——我和商务印书馆》，商务印书馆 1987 年版。

2. ［美］艾格妮丝·史沫特莱：《伟大的道路——朱德的生平和时代》，梅念译，东方出版社 2005 年版。

3. 包天笑：《钏影楼回忆录》，上海三联书店 2014 年版。

4. 曹聚仁：《我与我的世界》，上海三联书店 2014 年版。

5. 丁文江、赵丰田编：《梁启超年谱长编》，上海人民出版社 1983 年版。

6. 冯自由：《革命逸史》（共六集），中华书局 1981 年版。

7. 高增德、丁东编：《世纪学人自述》（共六卷），北京十月文艺出版社 2000 年版。

8. 顾雪雍：《奇才奇闻奇案——恽逸群传》，上海人民出版社 1996 年版。

9. 管文蔚：《管文蔚回忆录》，人民出版社 1985 年版。

10. 郭沫若：《学生时代》，人民文学出版社 1979 年版。

11. 郭廷以口述，张朋园等整理：《郭廷以口述自传》，中国大百科全书出版社 2009 年版。

12. 胡乔木传编写组：《胡乔木传》（上下册），当代中国出版社、人民出版社 2015 年版。

13. 胡适：《四十自述》，安徽教育出版社 2006 年版。

14. 黄克诚：《黄克诚回忆录》，解放军出版社 1989 年版。

15. 季进：《围城里的智者——钱锺书》，文史哲出版社 2002 年版。

16. 凌宇：《从边城走向世界》（修订本），岳麓书社 2006 年版。

17. 陆费逵著，文明国编：《陆费逵自述》，安徽文艺出版社 2013 年版。

18. 罗明：《罗明回忆录》，福建人民出版社 1991 年版。
19. 罗苏文：《沪滨闲影》，上海辞书出版社 2004 年版。
20. 茅盾：《我走过的道路》，人民文学出版社 1997 年版。
21. 莫文骅：《莫文骅回忆录》，解放军出版社 1996 年版。
22. 聂荣臻：《聂荣臻回忆录》，解放军出版社 1986 年版。
23. 钱锡生、陶中霞：《泥土情深——臧克家》，文史哲出版社 2004 年版。
24. 全国政协文史和学习委员会编：《所忆·张申府回忆录》，中国文史出版社 2012 年版。
25. 商金林撰著：《叶圣陶年谱长编》（全四卷），人民教育出版社 2004 年版。
26. 沈宗瀚：《沈宗瀚自述》（全三册），黄山书社 2011 年版。
27. 施锐编著：《奋斗一生——纪念施廷镛先生》，南京大学出版社 2008 年版。
28. 舒新城：《我和教育：三十五年教育生活史（1893—1928）》，广东人民出版社 2016 年版。
29. 舒新城著，文明国编：《舒新城自述》，安徽文艺出版社 2013 年版。
30. 孙家振：《退醒庐笔记》，上海书店出版社 1997 年版。
31. 陶亢德：《陶庵回想录》，中华书局 2022 年版。
32. 滕飞：《我的父亲滕代远——一生征战未下马》，中国书籍出版社 2015 年版。
33. 王庆华：《高君宇传》，山西人民出版社 2013 年版。
34. 王造时：《王造时自述》，叶永烈编：《王造时：我的当场答复》，中国青年出版社 1999 年版。
35. 吴宓著，吴学昭整理：《吴宓自编年谱（1894—1925）》，生活·读书·新知三联书店 1995 年版。
36. 夏衍：《懒寻旧梦录》（增补本），生活·读书·新知三联书店 2000 年版。
37. 徐懋庸：《徐懋庸回忆录》，人民文学出版社 1982 年版。
38. 徐梅坤：《九旬忆旧——徐梅坤生平自述》，光明日报出版社 1985 年版。
39. 徐铸成：《报海旧闻》（修订版），生活·读书·新知三联书店 2010 年版。
40. 徐铸成：《民国记事：徐铸成回忆录》，广西人民出版社 2015 年版。

41. 徐铸成：《徐铸成回忆录》（修订版），生活·读书·新知三联书店 2010 年版。

42. 颜惠庆：《颜惠庆自传——一位民国元老的历史记忆》，吴建雍、李宝臣、叶凤美译，商务印书馆 2003 年版。

43. 叶飞：《叶飞回忆录》，解放军出版社 2007 年版。

44. 雍桂良等：《吴亮平传》，中央文献出版社 2009 年版。

45. 余英时：《中国近代思想史上的胡适》，联经出版事业公司 1984 年版。

46. 张国焘：《我的回忆》，东方出版社 1991 年版。

47. 张静庐：《在出版界二十年》，江苏教育出版社 2005 年版。

48. 张菊香、张铁荣编著：《周作人年谱（1885—1967）》，天津人民出版社 2000 年版。

49. 张友渔：《报人生涯三十年》，重庆出版社 1982 年版。

50. 张允和：《曲终人不散——张允和自述文录》，湖北人民出版社 2009 年版。

51. 张治中：《张治中回忆录》，华文出版社 2007 年版。

52. 赵则玲：《报界宗师——赵超构评传》，浙江大学出版社 2009 年版。

53. 郑超麟：《郑超麟回忆录》，东方出版社 2003 年版。

54. 中共中央文献研究室编：《邓小平年谱（1904—1974）》（上、中、下），中央文献出版社 2009 年版。

55. 中共中央文献研究室编：《刘少奇传》（上、下卷），中央文献出版社 2008 年版。

56. 中国人民政治协商会议全国委员会文史资料研究委员会编：《辛亥革命回忆录》（第四集），文史资料出版社 1963 年版。

57. 中国社会科学院近代史研究所编：《五四运动回忆录》，中国社会科学出版社 1979 年版。

58. 朱文通主编：《李大钊年谱长编》，中国社会科学出版社 2009 年版。

59. 邹韬奋著，文明国编：《邹韬奋自述》，安徽文艺出版社 2013 年版。

60. 左太北：《我的父亲左权——一个抗日英雄的成长史》，中国书籍出版社 2014 年版。

七、专著

1. 卞冬磊：《古典心灵的现实转向：晚清报刊阅读史》，社会科学文献出版社 2015 年版。

2. 蔡铭泽：《〈向导〉周报研究》，福建人民出版社 2004 年版。

3. 曹培根：《文学书香录》，江苏教育出版社 2014 年版。

4. 陈先初：《程潜与近代中国》，湖南大学出版社 2004 年版。

5. 陈忠纯：《民初的媒体与政治：1912—1916 年政党报刊与政争》，厦门大学出版社 2011 年版。

6. 陈左高：《中国日记史略》，中国书籍出版社 2020 年版。

7. 戴联斌：《从书籍史到阅读史：阅读史研究理论与方法》，新星出版社 2017 年版。

8. 邓毅、李祖勃编著：《岭南近代报刊史》，广东人民出版社 1998 年版。

9. 丁淦林等：《中国新闻事业史新编》，四川人民出版社 2008 年版。

10. 丁中江：《北洋军阀史话》（全四册），商务印书馆 2012 年版。

11. 董玥主编：《走出区域研究：西方中国近代史论集粹》，社会科学文献出版社 2013 年版。

12. 方汉奇、张之华主编：《中国新闻事业简史》（第 2 版），中国人民大学出版社 1995 年版。

13. 方汉奇：《中国近代报刊史》，山西人民出版社 1981 年版。

14. 方汉奇主编：《中国新闻事业通史》（第一卷），中国人民大学出版社 1992 年版。

15. 戈公振：《中国报学史》，岳麓书社 2011 年版。

16. 管翼贤纂辑：《新闻学集成》，中华新闻学院 1943 年版。

17. 洪煜：《近代上海小报与市民文化研究（1897—1937）》，上海书店出版社 2007 年版。

18. 黄天鹏：《新闻学入门》，上海光华书局 1933 年版。

19. 姜泣群编：《民国野史》，山西古籍出版社、山西教育出版社 1999 年版。

20. 瞿骏：《天下为学说裂：清末民初的思想革命与文化运动》，社会科学文献出版社 2017 年版。

21. 赖光临：《七十年中国报业史》，"中央日报"社 1981 年版。

22. 李根亮：《〈红楼梦〉阅读史》，齐鲁书社 2021 年版。

23. 李金铨主编：《文人论政：知识分子与报刊》，广西师范大学出版社 2008 年版。

24. 李楠：《晚清、民国时期上海小报研究——一种综合的文化、文学考察》，人民文学出版社 2005 年版。

25. 李频：《大众期刊运作》，中国大百科全书出版社 2003 年版。

26. 李孝悌：《清末的下层社会启蒙运动：1901—1911》，河北教育出版社 2001 年版。

27. 李新、李宗一主编：《中华民国史》（第二卷）（1912—1916）（下），中华书局 2011 年版。

28. 梁启超：《清代学术概论》，东方出版社 1996 年版。

29. 梁群球主编：《广州报业（1827—1990）》，中山大学出版社 1992 年版。

30. 刘惠吾编著：《上海近代史》（上、下），华东师范大学出版社 1985 年版。

31. 罗志田：《道出于二：过渡时代的新旧之争》，北京师范大学出版社 2014 年版。

32. 罗志田：《国家与学术：清季民初关于"国学"的思想论争》，生活·读书·新知三联书店 2003 年版。

33. 马光仁主编：《上海新闻史（1850—1949）》（修订版），复旦大学出版社 2014 年版。

34. 马学新、曹均伟、薛理勇等主编：《上海文化源流辞典》，上海社会科学院出版社 1992 年版。

35. 孟兆臣：《中国近代小报史》，社会科学文献出版社 2005 年版。

36. 倪延年主编：《民国新闻史研究（2015）》，南京师范大学出版社 2015 年版。

37. 潘光哲：《晚清士人的西学阅读史（1833—1898）》，"中央研究院"近代史研究所 2015 年版。

38. 秦绍德：《上海近代报刊史论》（增订版），复旦大学出版社 2014 年版。

39. 桑兵：《走进共和：日记所见政权更替时期亲历者的心路历程（1911—1912）》，北京师范大学出版社 2016 年版。

40. 尚小明：《宋案重审》，社会科学文献出版社 2018 年版。

41. 唐惠虎、朱英主编：《武汉近代新闻史》（上下卷），武汉出版社 2012 年版。

42. 王汎森：《傅斯年：中国近代历史与政治中的个体生命》，王晓冰译，生活·读书·新知三联书店 2012 年版。

43. 王润泽：《北洋政府时期的新闻业及其现代化（1916—1928）》，中国人民大学出版社 2010 年版。

44. 王文科、张扣林主编：《浙江新闻史》，浙江大学出版社 2010 年版。

45. 王云五：《商务印书馆与新教育年谱》（全二册），江西教育出版社 2008 年版。

46. 闻学峰：《胡适办报实践与思想研究》，中国社会科学出版社 2011 年版。

47. 项士元编：《浙江新闻史》，之江日报社 1930 年版。

48. 徐宝璜：《新闻学》，中国人民大学出版社 1994 年版。

49. 徐方平：《蔡和森与〈向导〉周报》，中国社会科学出版社 2006 年版。

50. 余英时等：《五四新论：既非文艺复兴，亦非启蒙运动》，联经出版公司 1999 年版。

51. 曾虚白主编：《中国新闻史》，三民书局 1989 年版。

52. 章清：《"胡适派学人群"与现代中国自由主义》（全新修订本），上海三联书店 2015 年版。

53. 章清：《清季民国时期的"思想界"——新型传播媒介的浮现与读书人新的生活形态》（上、下），社会科学文献出版社 2014 年版。

54. 赵君豪：《中国近代之报业》，商务印书馆 1940 年版。

55. 赵晓兰、吴潮：《传教士中文报刊史》，复旦大学出版社 2011 年版。

56. 祝均宙：《图鉴百年文献：晚清民国年间小报源流特点探究》，华艺学术出版社 2013 年版。

八、论文

1. 卞冬磊：《从报刊史到报刊阅读史：中国新闻史的另一种视角》，《国际新闻界》2015 年第 1 期。

2. 常恒畅、杨雨：《近代阅报社研究》，《湖南社会科学》2013 年第 2 期。

3. 高俊：《清末阅报社团述论》，《社会科学》2012 年第 11 期。

4. 侯中军：《一战爆发后中国的中立问题——以日本对德宣战前为主的考察》，《近代史研究》2015 年第 4 期。

5. 黄旦：《媒介变革视野中的近代中国知识转型》，《中国社会科学》2019 年第 1 期。

6. 黄旦：《媒介就是知识：中国现代报刊思想的源起》，《学术月刊》2011 年第 12 期。

7. 黄岭峻：《论白坚武的转变——一个价值相对主义含混性的实例》，《武汉大学学报（人文科学版）》2003 年第 4 期。

8. 霍新宾：《"五四运动"一词的早期文本传播与语义演化》，《中共党史研究》2019 年第 10 期。

9. 蒋建国：《清末学堂学生的读报活动与观念变革》，《新闻与传播研究》2014 年第 7 期。

10. 蒋建国：《晚清士人的西书阅读与意义之网——以日记史料为中心》，《中国社会科学》2022 年第 5 期。

11. 蒋建国：《晚清阅报组织与公共读报活动的发展》，《社会科学战线》2016 年第 2 期。

12. 荆学民、苏颖：《中国政治传播研究的学术路径与现实维度》，《中国社会科学》2014 年第 2 期。

13. 瞿骏：《老新党与新文化：五四大风笼罩下的地方读书人》，《南京大学学报（哲学·人文科学·社会科学）》2017 年第 1 期。

14. 李德芳：《梁启超〈异哉〉一文的公开发表问题》，《近代史研究》1998 年第 3 期。

15. 李玲：《从刊报未分到刊报两分——以晚清报刊名词考辨为中心》，《近代史研究》2014 年第 3 期。

16. 李斯颐：《清末 10 年阅报讲报活动评析》，《新闻研究资料》1990 年第 2 期。

17. 罗志田：《"有道伐无道"的形成：北伐前夕南方的军事整合及南北攻守势易》，《中国社会科学》2003 年第 5 期。

18. 罗志田：《转折：1924—1926 年间北洋体系的崩溃与南方新势力的兴起》，《近代史研究》2011 年第 4 期。

19. 马建标：《历史记忆与国家认同：一战前后中国国耻记忆的形成与演变》，《近代史研究》2017 年第 2 期。

20. 桑兵：《大众时代的小众读书法》，《学术研究》2013 年第 11 期。

21. 桑兵：《〈新青年〉与新文化运动》，《学术月刊》2020 年第 5 期。

22. 沈静：《"大公"精神的承续与衰退——以王记〈大公报〉（1916—1925）言论为核心的研究》，华中科技大学博士学位论文，2015 年。

23. 唐小兵：《后五四"社会科学"热与革命观念的知识建构——以民国时期左翼期刊为中心的讨论》，《史林》2022 年第 1 期。

24. 唐小兵：《后五四时代的家庭革命与社会改造思潮——以〈中国青年〉〈生活周刊〉〈申报〉为中心》，《天津社会科学》2022 年第 2 期。

25. 唐小兵：《民国时期中小知识青年的聚集与左翼化——以二十世纪二三十年代的上海为中心》，《中共党史研究》2017 年第 11 期。

26. 唐小兵：《形塑家庭问题的思想资源与社会想象——以民国时期出版的"社会问题"系列图书为中心的考察》，《东岳论丛》2021 年第 7 期。

27. 王奇生：《新文化是如何"运动"起来的——以〈新青年〉为视点》，《近代史研究》2007 年第 1 期。

28. 韦胤宗：《阅读史：材料与方法》，《史学理论研究》2018 年第 3 期。

29. 杨琥：《章士钊与中国近代报刊"通信"栏的创设——以〈甲寅〉杂志为核心》，《安徽大学学报（哲学社会科学版）》2012 年第 4 期。

30. 詹佳如：《文本之外：媒介视野的阅读史研究》，黄旦主编：《中国传播学评论》（第九辑），中国传媒大学出版社 2020 年版。

31. 张华腾：《从中立到参战：第一次世界大战中的中国政府》，《南开学报（哲学社会科学版）》2020 年第 2 期。

32. 张仲民：《胡适何以"暴得大名"？——关于五四新文化运动史研究的再思考》，《广东社会科学》2019 年第 6 期。

33. 章清：《民初"思想界"解析——报刊媒介与读书人的生活形态》，《近代史研究》2007 年第 3 期。

34. 周叙琪：《阅读与生活——恽代英的家庭生活与〈妇女杂志〉之关系》，《思与言》2005 年第 3 期。

35. 周月峰：《五四后"新文化运动"一词的流行与早期含义演变》，《近代史研究》2017 年第 1 期。

36. 周振鹤：《日本外务省对中国近现代报刊的调查资料》，《复旦学报（社会科学版）》1994 年第 6 期。

九、译著

1. [美] 埃德加·斯诺：《西行漫记》，董乐山译，东方出版社 2005 年版。

2. [美] 鲍威尔：《我在中国二十五年——〈密勒氏评论报〉主编鲍威尔回忆录》，邢建榕、薛明扬、徐跃译，上海书店出版社 2010 年版。

3. [英] 菲利普·史蒂文斯：《第一次世界大战史》，许宗瑞译，时代文艺出版社 2014 年版。

4. [美] 费正清编：《剑桥中华民国史（1912—1949 年）》（上卷），杨品泉等译，中国社会科学出版社 1994 年版。

5. [德] 哈贝马斯：《公共领域的结构转型》，曹卫东、王晓珏、刘北城等译，学林出版社 1999 年版。

6. [英] 李德·哈特：《第一次世界大战战史》，林光余译，上海人民出版社 2014 年版。

7. [美] 罗伯特·达恩顿：《拉莫莱特之吻：有关文化史的思考》，萧知纬译，华东师范大学出版社 2011 年版。

8. [加] 马歇尔·麦克卢汉：《理解媒介——论人的延伸》，何道宽译，商务印书馆 2000 年版。

9. ［新西兰］史蒂文·罗杰·费希尔:《阅读的历史》,李瑞林、贺莺、杨晓华译,商务印书馆 2009 年版。

10. ［日］藤井省三:《鲁迅〈故乡〉阅读史——现代中国的文学空间》,董炳月译,南京大学出版社 2013 年版。

图书在版编目(CIP)数据

中国报刊阅读史:1815—1949.第二卷,北洋政府时期:1912—1927/许高勇,蒋建国著.
上海:复旦大学出版社,2024.9.
ISBN 978-7-309-17504-2

Ⅰ.G219.29

中国国家版本馆CIP数据核字第20241P3U05号

中国报刊阅读史(1815—1949)第二卷 北洋政府时期(1912—1927)
许高勇　蒋建国　著
出品人/严　峰
责任编辑/朱安奇

复旦大学出版社有限公司出版发行
上海市国权路579号　邮编:200433
网址:fupnet@fudanpress.com　http://www.fudanpress.com
门市零售:86-21-65102580　团体订购:86-21-65104505
出版部电话:86-21-65642845
上海盛通时代印刷有限公司

开本 787毫米×1092毫米　1/16　印张 48.75　字数 721千字
2024年9月第1版
2024年9月第1版第1次印刷

ISBN 978-7-309-17504-2/G·2602
定价:198.00元

如有印装质量问题,请向复旦大学出版社有限公司出版部调换。
版权所有　侵权必究